Das große Handbuch der Möbelrestaurierung

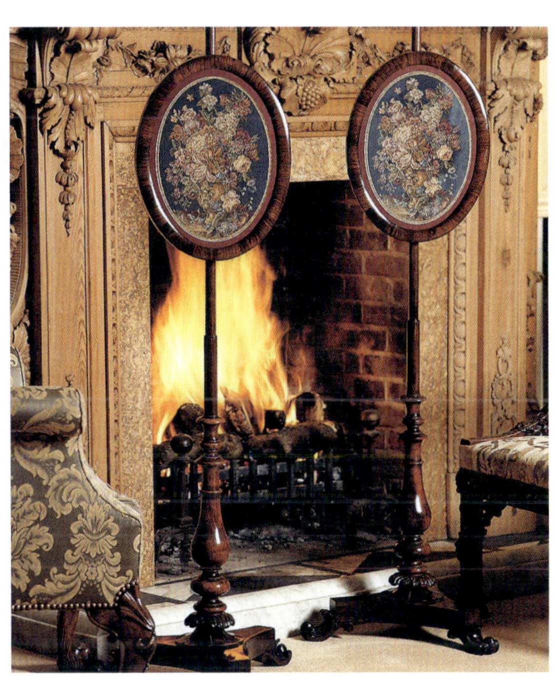

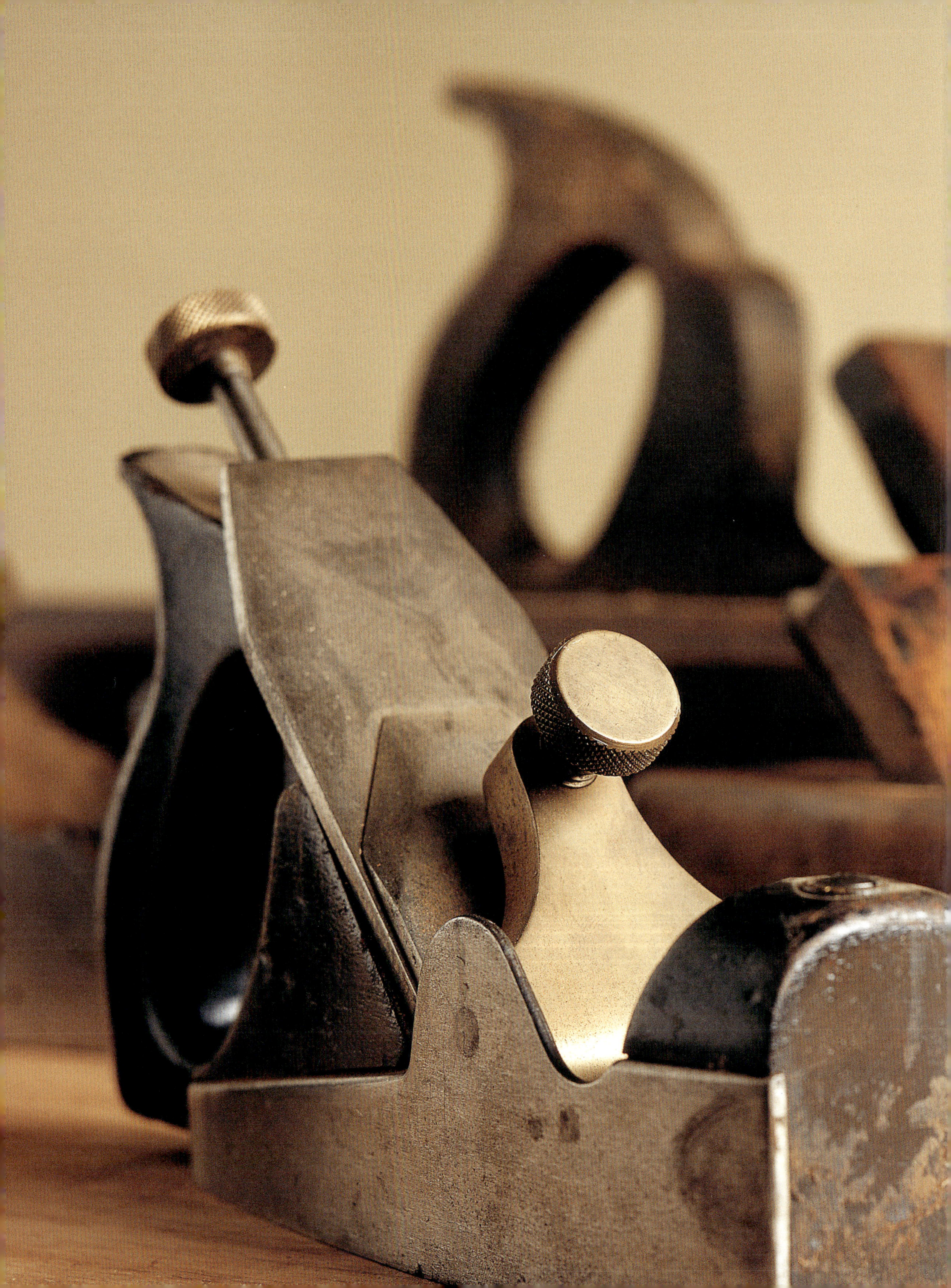

William Cook

Das große HANDBUCH der Möbelrestaurierung

Fotos von
John Freeman

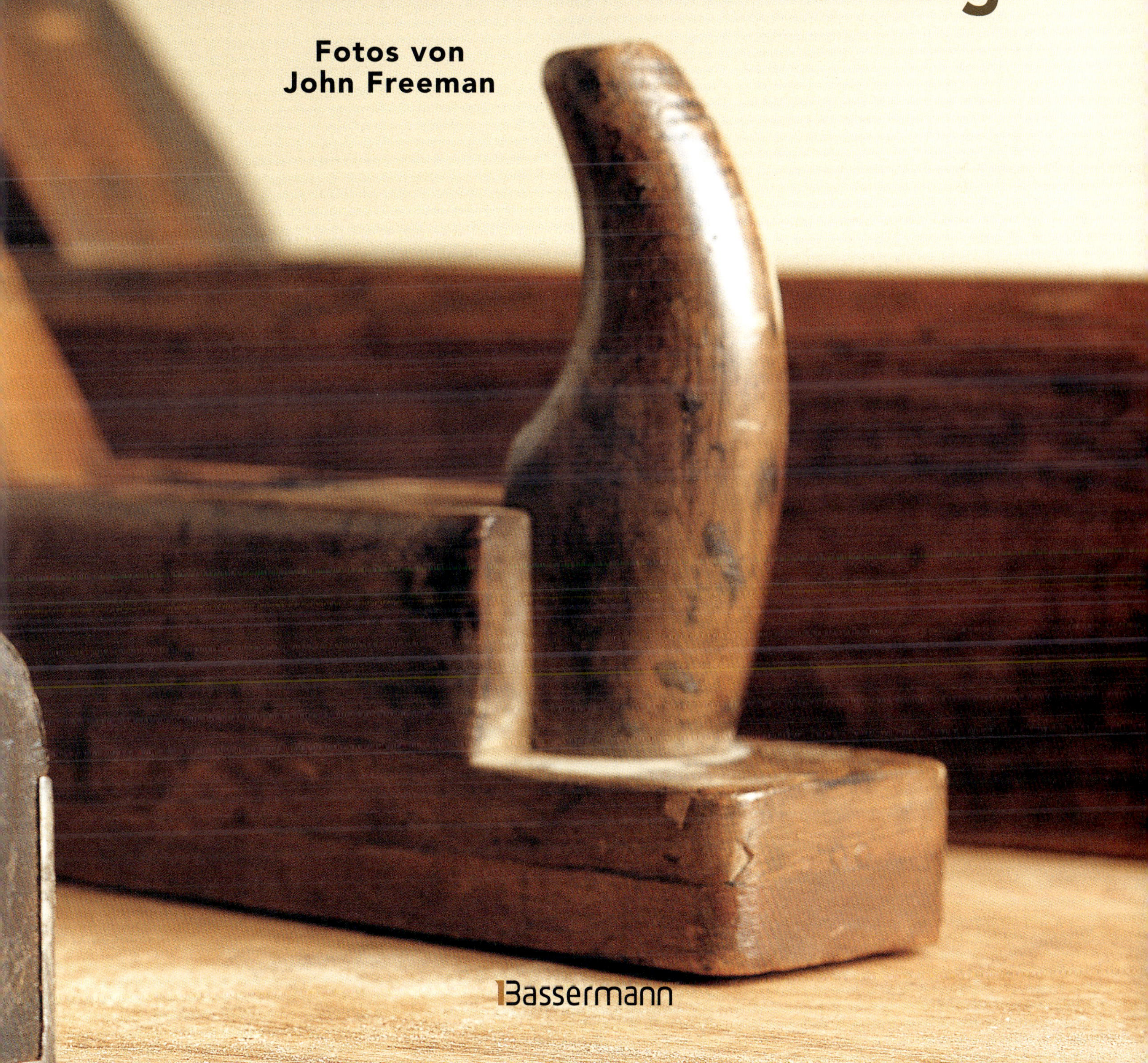

Bassermann

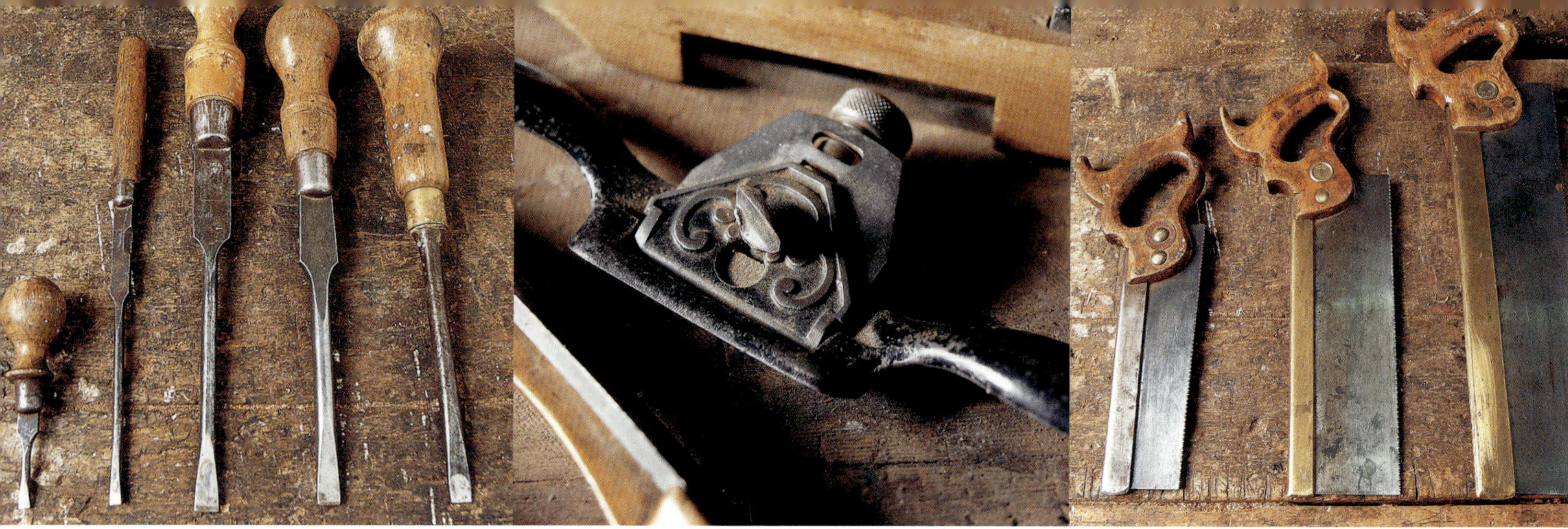

ISBN 978-3-8094-4457-2

1. Auflage

Die Originalausgabe erschien auf Englisch unter dem Titel *Furniture Repair & Restauration*

Übersetzung: Maria Gurlitt-Sartori unter Mitarbeit von Marianne Menzel
Recherchen für die deutsche Ausgabe: Christoph Gurlitt
Fotos: John Freeman

Projektleitung dieser Ausgabe: Dr. Iris Hahner
Umschlaggestaltung: Atelier Versen, Bad Aibling
Satz: kreativsatz Nadine Thiel, Baldham
Herstellung: Elke Cramer

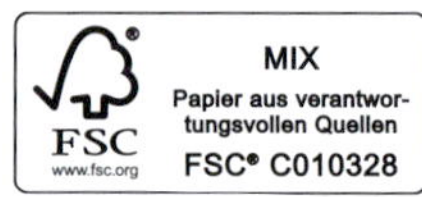

Litho für diese Auflage: Regg Medie GmbH, München
Druck und Bindung: Alföldi Nyomda Zrt., Debrecen

Printed in Hungary

INHALT

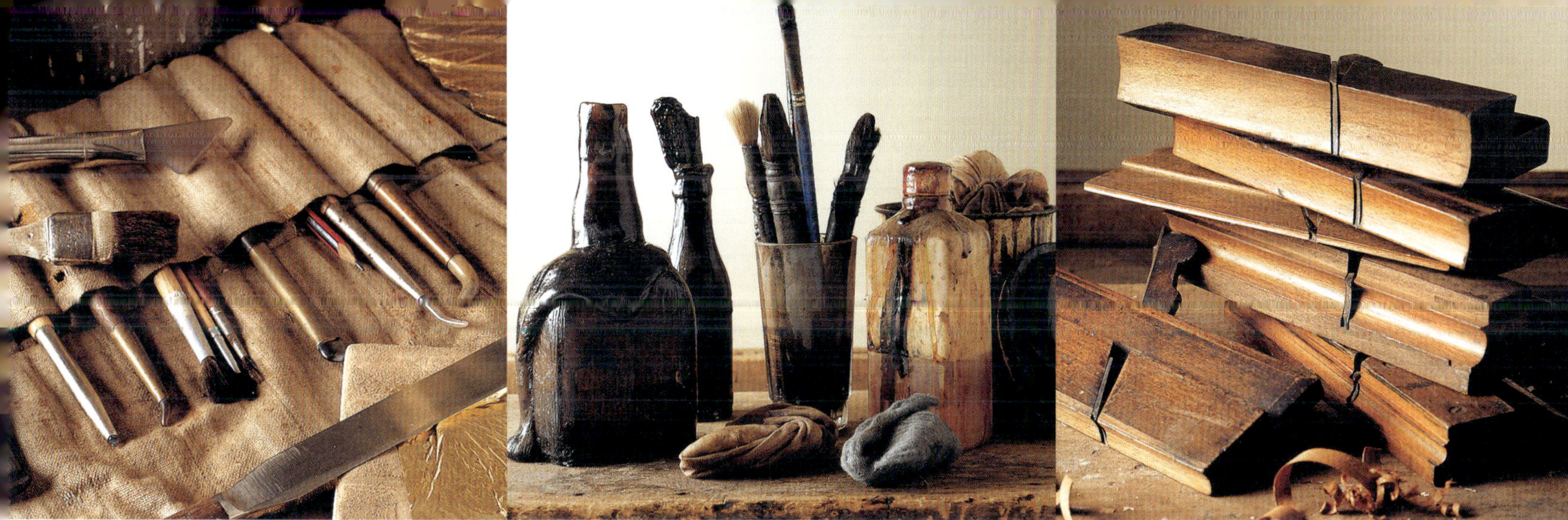

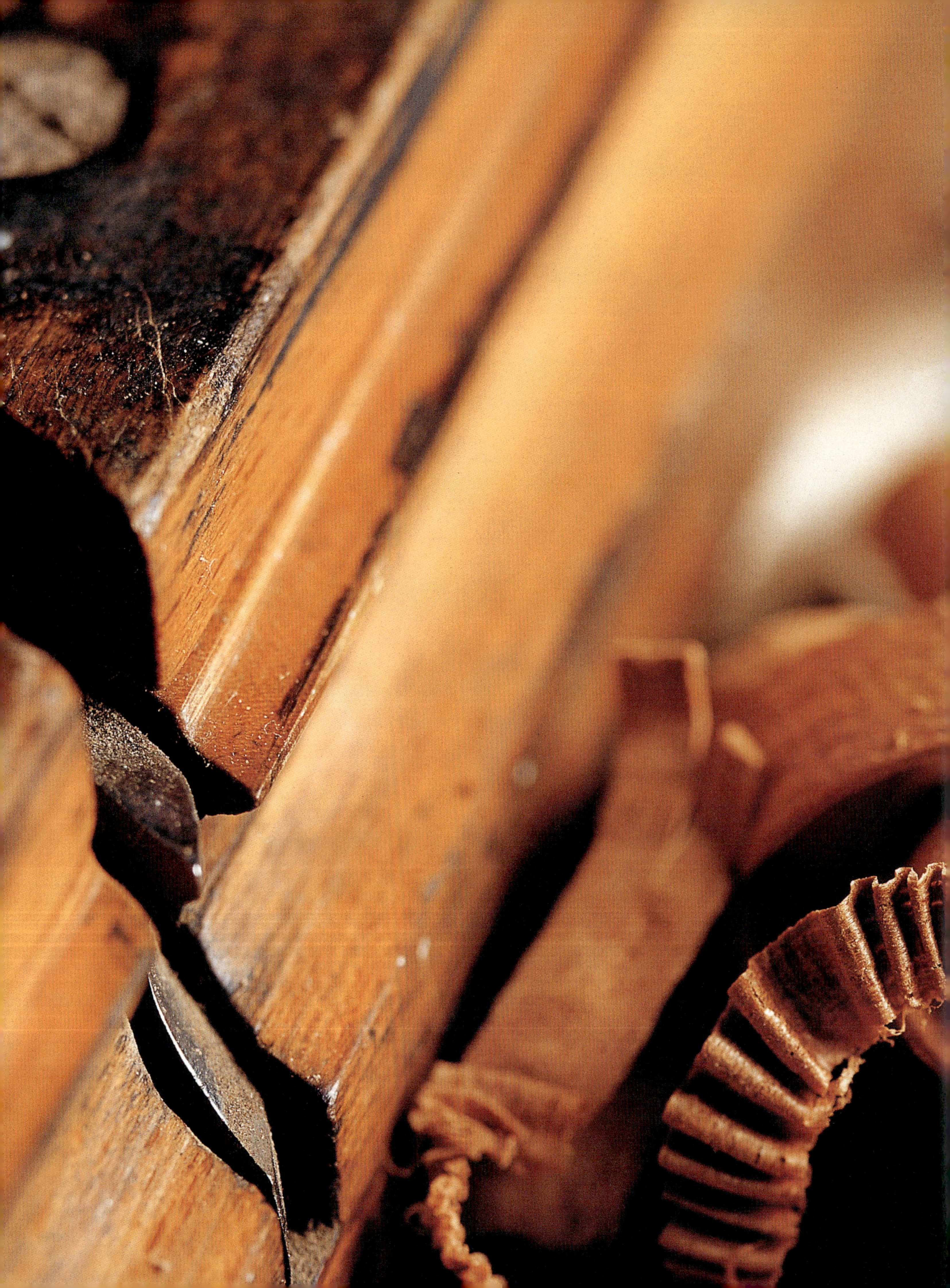

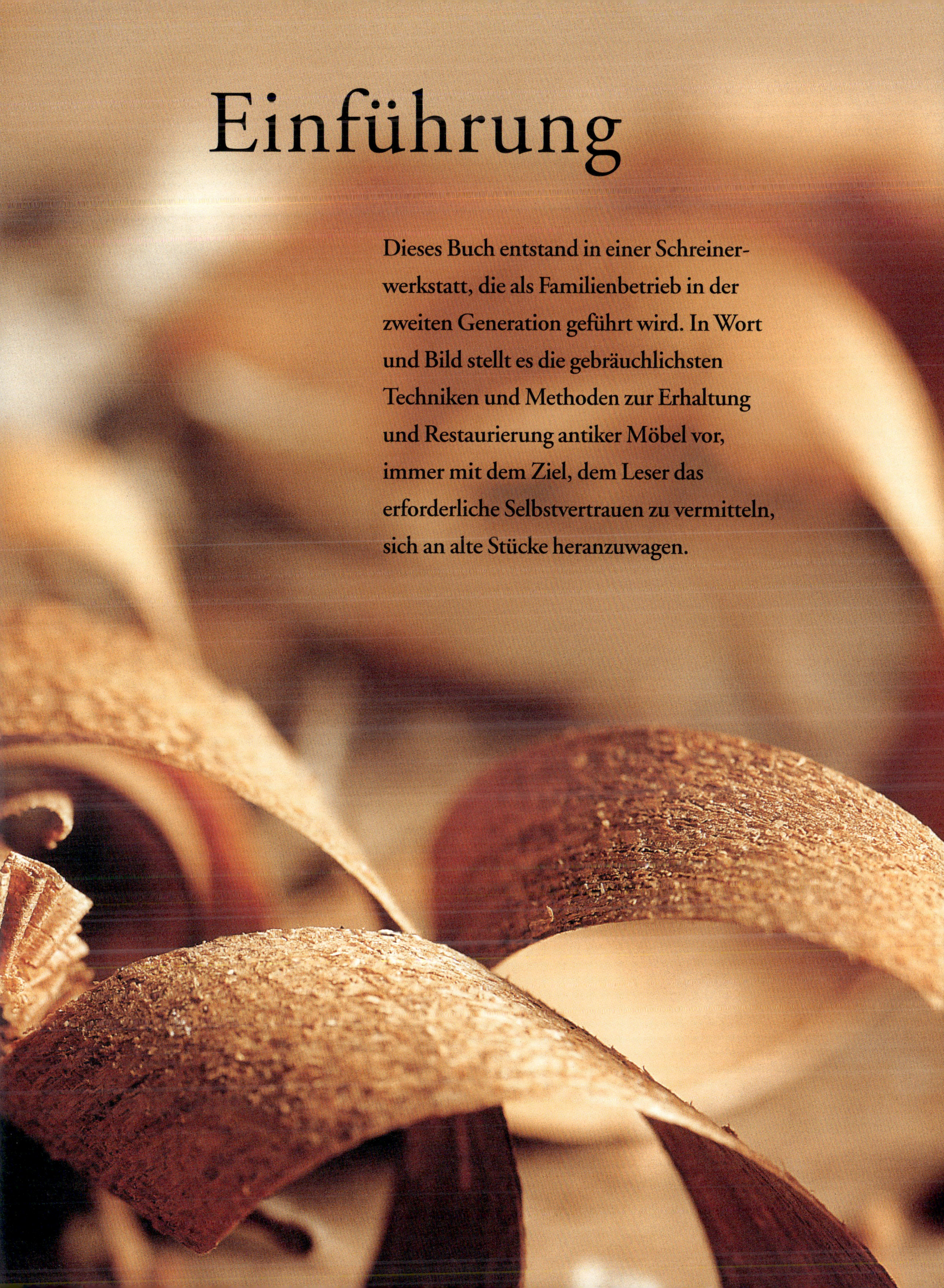

Einführung

Dieses Buch entstand in einer Schreinerwerkstatt, die als Familienbetrieb in der zweiten Generation geführt wird. In Wort und Bild stellt es die gebräuchlichsten Techniken und Methoden zur Erhaltung und Restaurierung antiker Möbel vor, immer mit dem Ziel, dem Leser das erforderliche Selbstvertrauen zu vermitteln, sich an alte Stücke heranzuwagen.

Zur Geschichte der Möbelrestaurierung

Früher oder später erfordert jedes Möbelstück eine gewisse Zuwendung. Die Herangehensweise dabei hat sich im Lauf der Jahre gewandelt. Während sich der Restaurator von jeher mit den nach jahrelangem Gebrauch auftretenden Verschleißerscheinungen konfrontiert sah, gilt es heute auch auf die Folgen moderner Umwelteinflüsse zu reagieren und auf nachträgliche Modifikationen einzugehen – Faktoren, die zwangsläufig zu einem Umdenken in Bezug auf die Möbelrestaurierung geführt haben.

Seit Möbel gebaut werden, fallen unweigerlich auch Reparaturen und Instandsetzungsarbeiten an, die einer fachmännischen Hand bedürfen, um der Abnutzung entgegenzuwirken. Seit dem Mittelalter war der Tischler oder Schreiner vor Ort dafür zuständig. So sieht man immer wieder Ausbesserungen, die ganz offensichtlich nicht vom Erbauer selbst vorgenommen wurden, manchmal nicht einmal das gleiche Holz zeigen. Wenn angebrochene Stühle gar durch Winkeleisen vom Hufschmied zusammengehalten werden, erscheint dies schon paradox, zumal deren Fertigung erheblich mehr Zeit erfordert haben muss, als nötig wäre, um den Stuhl auseinanderzunehmen und sachgemäß instand zu setzen. Da dies aber gleichzeitig bedeutet hätte, die Polsterung zu entfernen und somit einen weiteren Handwerker, den Polsterer nämlich, einzuschalten, erschien eine Reparatur »in situ« wohl einfacher.

In diesem Zusammenhang darf nicht vergessen werden, dass Antiquitäten in der Vergangenheit keineswegs gleichermaßen beliebt waren wie heute, geschweige denn einen derart rapiden Wertzuwachs verzeichnen konnten. Sie wurden bestenfalls als etwas hochwertigere Stücke aus zweiter Hand betrachtet. Unzählige Geschichten ranken sich um Berge von Stilmöbeln, die entweder verbrannt oder einfach weggeschmissen wurden, nur weil sie etwas Zuwendung gebraucht hätten. Viele Stücke wurden aber auch dem jeweiligen Zeitgeschmack angepasst oder den Erfordernissen entsprechend verändert, sei es, dass Beine oder Griffe ausgetauscht wurden, um mit der Mode Schritt zu halten, oder manch ein Möbel einfach verkleinert wurde. Ein klassisches Beispiel ist der frühe Kissenfuß, der im ausgehenden 17. Jahrhundert dem

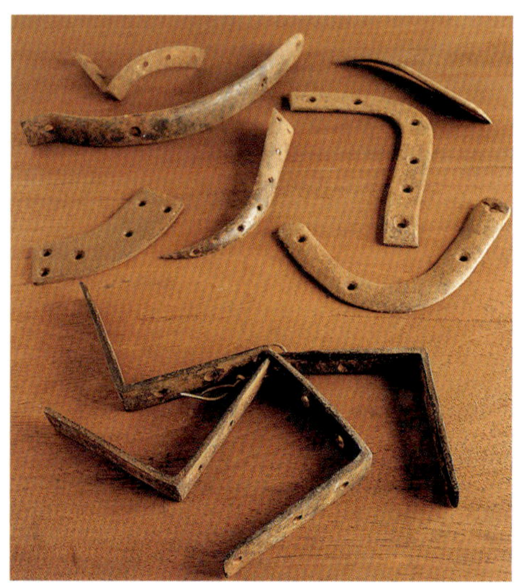

Oben: *Vom Hufschmied gefertigte Eisen, wie sie zur provisorischen Verstärkung aus den Fugen geratener Möbel vielfach eingesetzt wurden.*

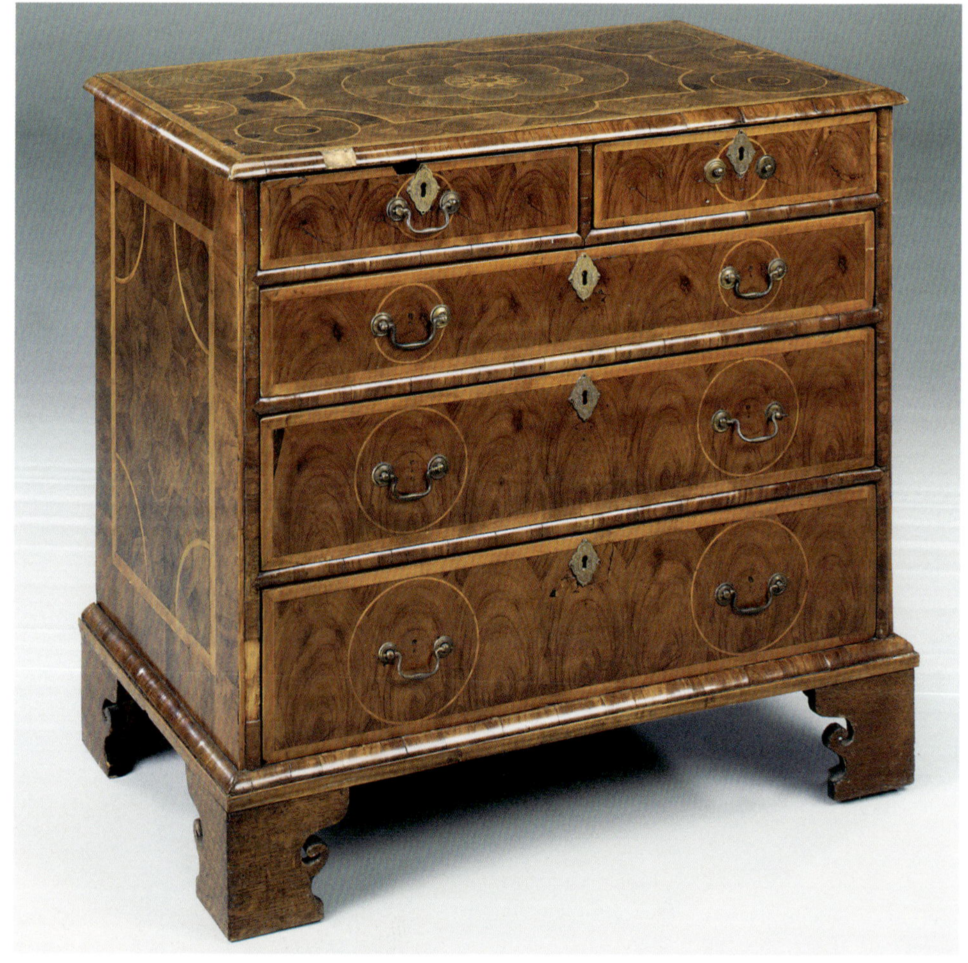

Rechts: *Hier ein klassisches Beispiel eines Möbelstücks, das über die Jahre immer wieder den wechselnden Modeströmungen angepasst wurde. Die ursprünglichen Kissenfüße dieser aus dem späten 17. Jahrhundert stammenden Kommode sind im Lauf des 18. Jahrhunderts durch Konsolfüße ersetzt worden. Ins Auge fallen auch die auf das spätere 18. Jahrhundert zurückgehenden, nachträglich angebrachten Schwanenhalsgriffe.*

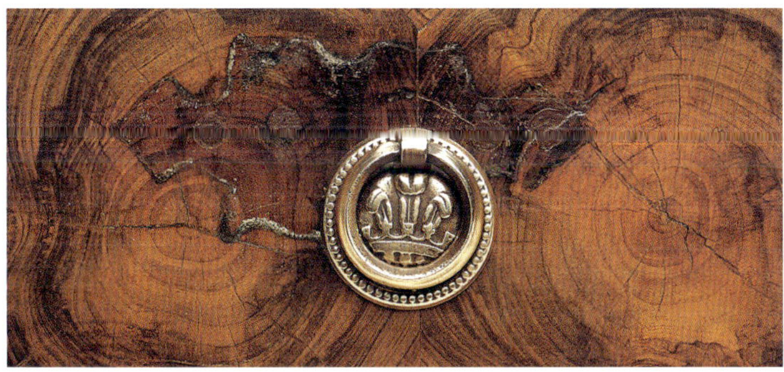

Hier ein Beispiel einer Schubladenfront aus dem späten 17. Jahrhundert, an die ein typischer Regency-Ringgriff angebracht wurde. Darunter sind Spuren mehrerer »Vorgänger« erkennbar.

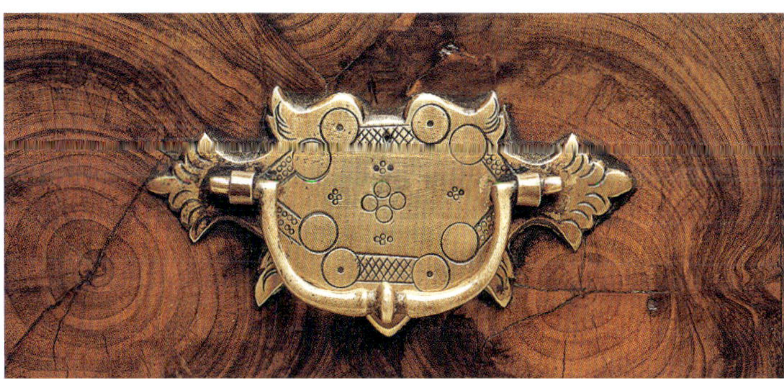

Nach eingehender Untersuchung des in Form eines dunkleren Schattens erkennbaren ursprünglichen Griffs wurde ein der damaligen Zeit entsprechender Stilgriffbeschlag angebracht. Vorteilhaft ist, dass dieser die Löcher des vorhergehenden Griffs verdeckt.

Stil der Zeit entsprach, und im 18. Jahrhundert durch den neumodischen Konsolfuß ersetzt wurde. Meist folgten solche Veränderungen sowohl praktischen als auch ästhetischen Erwägungen – da die Steinböden unmittelbar auf Erdfundamenten auflagen, hätte der ursprüngliche Kissenfuß über den Stein womöglich so viel Feuchtigkeit absorbiert, dass ein allmähliches Abfaulen kaum zu verhindern gewesen wäre.

Die Berufsbezeichnung »Restaurator« ist verhältnismäßig neu; früher hätte sich der »gelernte« Kunsttischler seiner Aufgabe angenommen. Jene Kunsttischler dürften allerdings weit kompetenter gewesen sein als das Gros derer, die sich heute mit solchen Attributen schmücken, denn damals hieß es zunächst einmal eine jahrelange Lehre zu durchlaufen, um sich von der Pike auf mit den einzelnen Sparten des Handwerks vertraut zu machen. Nachdem heute jedoch leichtere und besser bezahlte Beschäftigungen winken, die weniger manuelles Geschick erfordern, im Übrigen auch weniger Betriebe mit entsprechendem Potenzial bereit oder auch nur finanziell dazu in der Lage sind, Lehrlinge auszubilden, erscheint es kaum verwunderlich, dass sich Menschen mit entsprechender Fähigkeit und Ausbildung absetzen und ausschließlich als Restaurator betätigen.

Für angehende Restauratoren gibt es eine ganze Reihe Schulungsmöglichkeiten. Das Spektrum reicht von Kurzlehrgängen, die sich über einige Monate erstrecken, bis zu den Ausbildungsmöglichkeiten der Berufsfachschulen, die ein bis drei Jahre dauern. Welchen Weg man auch einschlägt, man darf nicht vergessen, dass zwischen Klassenzimmer und Werkstatt Welten liegen. Nichts kann die Stunden ersetzen, die man an der Hobelbank steht, um seine Fertigkeiten zu verfeinern, oder die Zeit, in der man einem Restaurator über die Schulter schaut.

Früher war die Arbeit in einem Handwerksbetrieb so aufgeteilt, dass der Tischler die erforderlichen Restaurierungsarbeiten übernahm und der »Polierer« sich um die Farbe, die entsprechende Oberflächenbeschichtung oder den Wachsauftrag kümmerte. Heute übernehmen die Restauratoren jedoch zunehmend beide Rollen, die des Tischlers und die des Polierers. Angesichts fehlender Lehrstellen und der Schwierigkeit, kompetente Fachkräfte zu finden, gilt es, als Restaurator vielseitig und flexibel zu sein. Allerdings erwachsen aus dieser Vielseitigkeit auch ganz spezifische Probleme, denn wo nicht nur die typischen Schreinerarbeiten, sondern auch die Oberflächenbehandlung vorzunehmen ist, bleibt zwangsläufig weniger Zeit. Größere, alteingesessene Werkstätten werden mit Sicherheit Tischler und Polierer beschäftigen, während junge Betriebe meist nur einen von beiden einstellen können. Es ist schon grotesk, dass antike Möbel nie höher im Kurs standen als heute, die Restauratoren aber dennoch häufig unterbezahlt sind, und das, obwohl sie mit ihrer Arbeit entscheidend zur Wertsteigerung eines Stücks beitragen (im Fall einer schlechten Instandsetzung allerdings auch zur Wertminderung).

Zu den bedeutendsten Entwicklungen der letzten Jahre gehört, dass Restauratoren neuerdings befugt sind, entsprechend ihrer Qualifikation abzurechnen. Diese Befugnis erweist sich unter Umständen aber als zweischneidiges Schwert, öffnet sie doch all jenen Tür und Tor, die nur darauf gewartet haben, vom einfachen Schreiner oder leidlich ausgebildeten Tischler zum Restaurator »aufzusteigen«. Es genügt eben nicht, über solide handwerkliche Fähigkeiten zu verfügen, wenn etwa fundierte Kenntnisse über Konstruktionstechniken des 18. Jahrhunderts fehlen oder aus Unkenntnis nicht nachvollzogen werden kann, wie sich Licht, Fett, bestimmte Wachse und Abnutzungserscheinungen auf Aussehen und Charakter eines Stücks ausgewirkt haben. Mangelndes

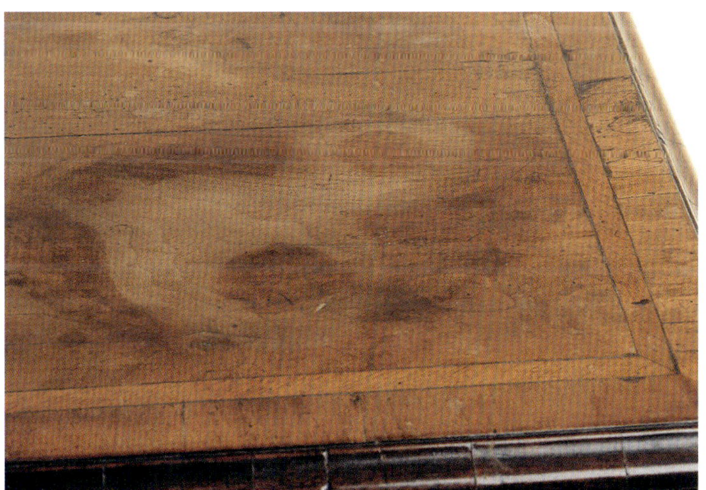

Oft befasst sich der Restaurator auch mit kleineren Problemen, wie den durch Feuchtigkeit entstandenen Flecken auf dieser Tischplatte.

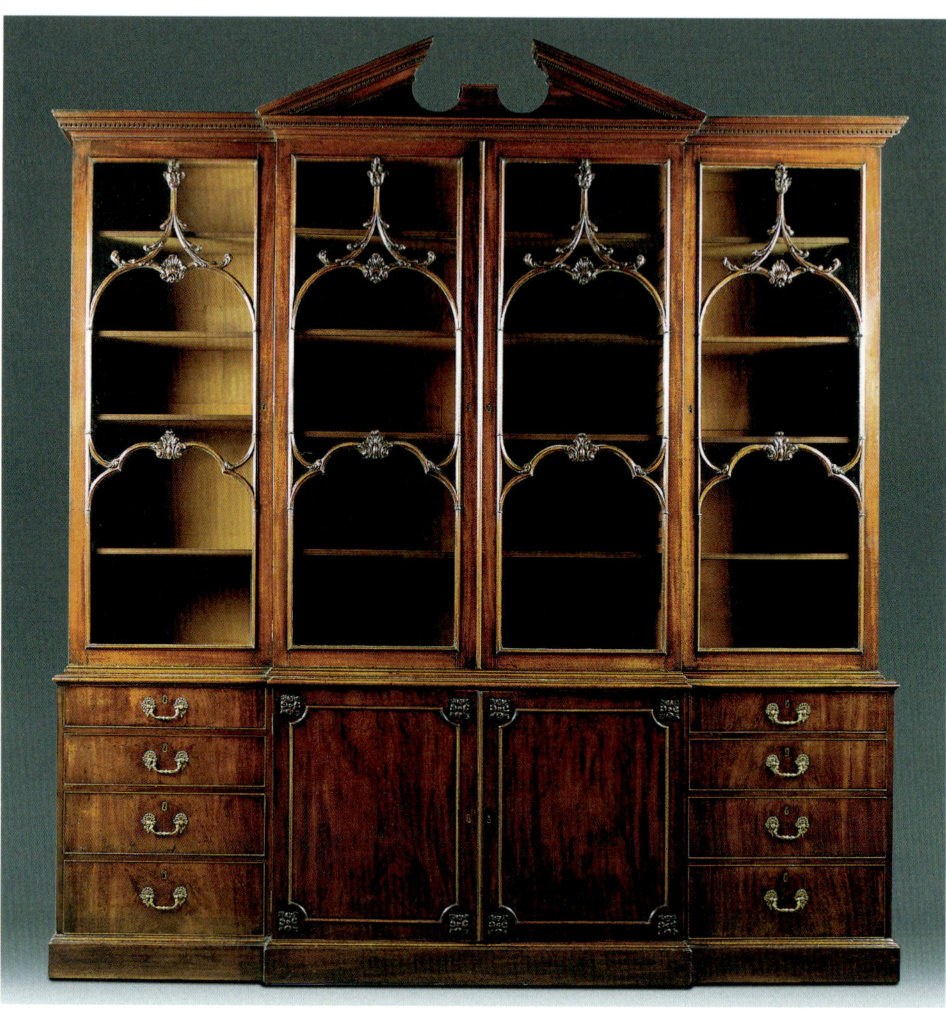

Im 18. Jahrhundert mussten selbst angesehene Kunsttischler wie Thomas Chippendale, dem dieser Bücherschrank mit vorspringendem Mittelteil zugeschrieben wird, eindringlich um Begleichung ihrer Rechnung bitten.

Basiswissen kann indes verheerende Folgen haben, denn Charakter, Farbe und Patina einer Antiquität entwickeln sich über Jahrzehnte, um nicht zu sagen Jahrhunderte und lassen sich, durch unsachgemäße Restaurierung erst einmal zerstört, kaum je noch zurückgewinnen.

Im Bestreben, solche üblen Praktiken zu bekämpfen, wurden verschiedene Berufsverbände gegründet. Der wohl bekannteste weltweit ist die British Antique Furniture Restorers' Association (BAFRA), die 1980 von einem Kreis renommierter Restauratoren ins Leben gerufen wurde, um Traditionsbewusstsein und Qualitätsstandards zu garantieren. Die Aufnahme und Mitgliedschaft ist an strenge Richtlinien gebunden, und zur Klärung von Streitfällen gibt es eine Schiedsstelle. Dass die Organisation auf enge Zusammenarbeit mit den Fachschulen und Auszubildenden bedacht ist, versteht sich von selbst; schließlich gilt es zu gewährleisten, dass ausnahmslos Absolventen mit bester Qualifikation Eingang finden und theoretisches Wissen niemals über die praktischen Fähigkeiten dominiert.

Auch wenn bislang lediglich auf die Rolle des Polierers und Tischlers im Wandel der Zeit eingegangen wurde, sollte nicht vergessen werden, dass es noch andere Disziplinen gibt, die in die Tätigkeit des Restaurators hineinspielen: Da ist auch der Polsterer, Sattler, Lackierer und Vergolder, die, um nur einige zu nennen, zur Wiederherstellung und Erhaltung antiker Möbel beitragen. Allerdings zeichnet sich eine bedenkliche Entwicklung ab: Es fehlt gegenwärtig in den heute weniger begehrten Sparten der Möbelrestauration massiv an Neuzugängen. Wer aber bereit ist, über Jahre das Handwerk zu erlernen, kann sicher sein, dass ihm die Arbeit nicht ausgehen wird, denn generell gilt auch hier, dass je größer die Fähigkeiten, desto stärker die Nachfrage nach Zeit und Können.

In der Vergangenheit wurde die Kunstfertigkeit des Restaurators zwar gewürdigt, nicht immer aber angemessen entlohnt. So weiß man von den großen Möbeldesignern des 18. Jahrhunderts, wie etwa Thomas Chippendale, dass sie das ihnen zustehende Honorar oft erst nach mehrmaliger Aufforderung erhielten. Nachdem inzwischen aber immer weniger Antiquitäten zum Verkauf stehen und diese Stücke in kürzester Zeit eine enorme Wertsteigerung erfahren, ist die Situation eines ausgebildeten und kompetenten Restaurators heute besser denn je. Händler wie Privatleute erwerben zwangsläufig Möbelstücke, die einer Restaurierung bedürfen, bevor diese sich weiter verkaufen oder nutzen lassen. Jüngere Leute, die das eine oder andere Stück erben, wissen durchaus um dessen Kunstfertigkeit und Wert und erkennen die Notwendigkeit, es zu erhalten und zu pflegen, wenn es »weiterleben« und an nachfolgende Generationen weitergegeben werden soll.

Die Zahl der im Handel angebotenen erstklassigen Antiquitäten schrumpft zusehends, während die steigende Nachfrage die Preise auf den Auktionen ins schier Unermessliche hochschnellen lässt. So erklärt sich auch, dass Sammler, Händler und private Interessenten immer häufiger den sachkundigen Rat des Restaurators einholen, um Irrtümer in Bezug auf Konstruktion, Zustand und Originalität auszuschließen.

Ziel jedes Restaurators ist es, ein Stück so wiederherzustellen, dass es in seinem ursprünglichem Glanz erstrahlt.

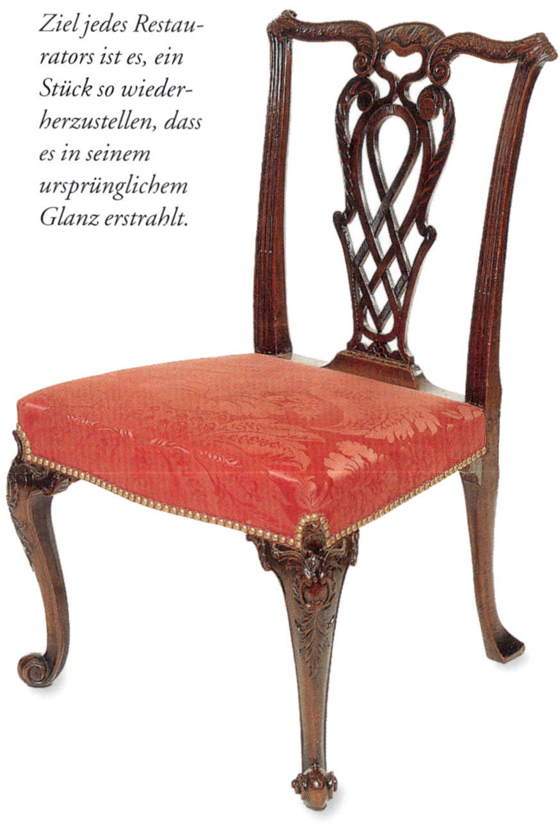

Restaurieren oder Konservieren

In Bezug auf alte Möbeln gibt es zwei grundverschiedene Philosophien: Restaurieren oder Konservieren. Unter Restaurieren versteht man, ein Stück so authentisch wie möglich in seinen Originalzustand zurückzuführen, während es beim Konservieren lediglich darum geht, es soweit instand zu setzen, dass es wieder funktionsfähig ist. Für beide Richtungen lassen sich überzeugende Argumente anführen, von Bedeutung ist aber der gemeinsame Anspruch, dass ein altes Möbelstück wieder verwendungsfähig gemacht werden soll.

Auch wenn der Begriff »Konservieren« allgemein bekannt sein dürfte, so steht er im Bereich der Möbelrestaurierung doch für einen relativ neuen Denkansatz. Seit Möbel gebaut werden, fallen unweigerlich Reparaturen an, ob es nun größere Schäden, Spuren unsachgemäßen Gebrauchs oder Abnutzungserscheinungen zu beheben gilt.

Zunächst einmal hieß die Lösung dieser Probleme ganz einfach, sämtliche beschädigten Teile zu restaurieren oder in einem dem Original ähnlichen Holz zu ersetzen. Sofern es sich um ein relativ neues Stück handelte, brauchte man sich über Aspekte wie farbliches Anpassen und Kaschieren der Ausbesserung keine Gedanken zu machen, denn der Restaurator verfolgte vorrangig ein Ziel: das Möbel wieder gebrauchsfähig zu machen. Sofern ein Stück im Lauf der Zeit aber eine derartige Wertsteigerung erfährt, dass die Kosten jene für einen Mittelklassewagen übersteigen, sind gänzlich andere Parameter anzulegen. Entwickelt haben sich daraus zwei Philosophien: Während die erste ein Stück unter Verwendung von altem Holz, möglicherweise von zu Bruch gegangenem Mobiliar, so wiederherstellt, dass die Reparatur kaum ins Auge fällt, verzichtet die zweite bewusst auf die Kaschierung der Grenzen zwischen Alt und Neu.

Restaurierungsmaßnahmen wie das Verleimen gelockerter Verfugungen, gebrochener Beine und Stuhllehnen oder die Erneuerung abgenutzter Schubladen-Laufleisten bedürfen keiner weiteren Diskussion. Problematisch wird es jedoch, sobald ein Bein gebrochen und falsch eingesetzt wurde oder ein Stück Furnier fehlt. Wie im Kapitel über Werkzeuge, Ausrüstung und Materialien dargelegt, darf man von einer guten Werkstatt erwarten, dass sie über einen Lagerbestand an Hölzern aus dem 17., 18. und 19. Jahrhundert verfügt. Diese Bestände aus nicht mehr restaurierbarem altem Mobiliar erweisen sich als unentbehrlich, wenn es darum geht, Farbe, Maserung und Textur eines Stücks anzupassen. Der Konservator wird ins Feld führen, dass sämtliche neuen Teile aus neuem Holz zu erstellen und lediglich so gut wie möglich anzupassen sind. Wie immer man die Sache angeht, wichtig ist, dass man den Rat eines Schätzers einholt, bevor man ein bedeutendes Möbelstück ausbessert.

Eingehend diskutiert wird zunehmend auch die De-Restaurierung, das Rückgängigmachen unsachgemäßer Instandsetzungen oder Modifikationen, wie sie in der Vergangenheit häufig erfolgten. Ihre Berechtigung bezieht sie aus der Überzeugung, mit den heute verfügbaren Mitteln qualifiziertere Arbeit leisten zu können. Während dieser Hang zur Perfektion manch einem überzogen erscheinen mag, ist dem Liebhaber alter Möbel nichts so sehr ein Dorn im Auge wie schlecht ausgeführte Reparaturen oder die Verwendung falscher Materialien. Selbst wenn ein früherer Restaurator sein Bestmögliches getan haben mag, spricht nichts dagegen, sich des Stücks heute erneut anzunehmen und mit authentischen Materialien oder verbesserten Fertigungsmöglichkeiten ein optimales Ergebnis anzustreben.

Manche Restauratoren verwenden moderne Klebstoffe, weil diese reversibel sind und die Möglichkeit bieten, das Werkstück zu einem späteren Zeitpunkt erneut auseinanderzunehmen. Dieser löbliche Ansatz erübrigt sich allerdings, weil das Gros der beim Restaurieren verwendeten Bindemittel auf organischen Stoffen basiert und sich ohnehin wieder auflösen lässt. Sachgemäßes Arbeiten, geeignete Materialien und Hölzer vorausgesetzt, dürfte auch kaum Anlass bestehen, das Werk noch einmal auseinanderzunehmen.

Auch sollte der Restaurator im Auge behalten, dass es Generationen braucht, bis sich eine patinierte Oberfläche entwickelt. Daher gleicht es einem Verbrechen, wenn Möchtegern-Restauratoren in ihrer Unerfahrenheit stümperhafte Restaurationen vornehmen oder übertriebene Reinigungsprozeduren einleiten. Was Oberflächen anbetrifft, so gilt grundsätzlich, dass Farbe und Patina so weit wie möglich erhalten bleiben sollten. Die heute gebräuchlichen Poliermethoden werden im Kapitel über Oberflächen und Polituren ausführlich behandelt; vorweggenommen sei hier, dass es auch in dieser Sparte zwei Richtungen gibt. Der Konservator bevorzugt zum Auffrischen einer Oberfläche einfach nur Wachs. Während dieser Ansatz in der Theorie durchaus logisch erscheint und gelegentlich auch gar nichts anderes in Frage kommt, darf nicht vergessen werden, dass ein Stück oft nur deshalb eine stumpfe und trübe Oberfläche zeigt, weil die oberen Politurschichten zerstört sind. In diesem Fall wird der Restaurator diese Schichten vorsichtig entfernen und ersetzen, um die ursprüngliche Schönheit des Holzes mit seinen vielfältigen Schattierungen und Tönen erneut hervorzuholen. Dabei handelt es sich um einen Bereich, der allergrößte Kunstfertigkeit erfordert, denn wenn die über Generationen aufgebaute Oberfläche erst einmal abgetragen ist, wird sie sich durch nachträgliches Wachsen keinesfalls ersetzen lassen. Auch hier gilt es, wie bei vielen Dingen, sorgfältig abzuwägen, um ein möglichst gutes Ergebnis zu erzielen.

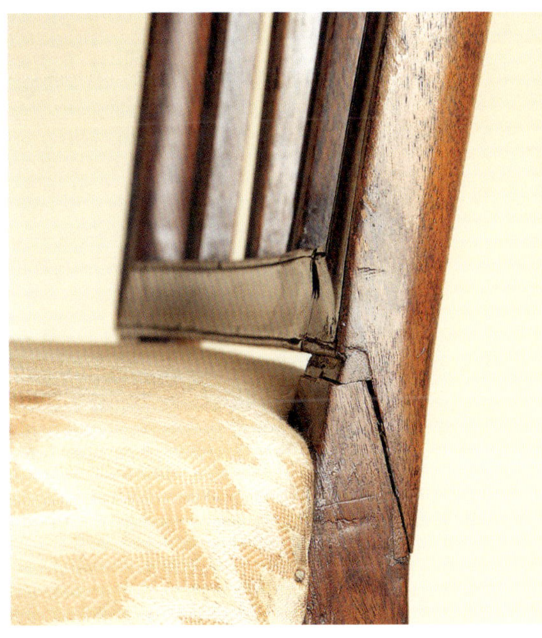

Größere Strukturschäden, wie etwa eine gebrochene Rückenlehne, bedürfen der Restaurierung, nicht etwa der Konservierung.

ANTIQUITÄTEN ERWERBEN

Für den Kauf antiker Möbel bieten sich zwei Hauptquellen an: Antiquitätenhändler und Auktionen. Antiquitätenmessen sind eine weitere gute Quelle, allein schon weil sie mit einer Reihe konkurrierender Stände aufwarten. Dem Internet-Fan bietet sich außerdem der Online-Kauf, wenn derzeit auch erst in den Anfängen. Jede dieser Quellen birgt Vor- und Nachteile – letztlich liegt es beim Käufer abzuwägen, welche seinen Vorstellungen am ehesten entspricht.

AUKTIONSRÄUME

In den meisten größeren Städten finden Auktionen statt, auf denen regelmäßig Antiquitäten versteigert werden. Der ausliegende Katalog beschreibt die einzelnen Lose und enthält je nach Auktionshaus auch Fotos sowie Angaben über den Schätzwert. Informieren Sie sich genau über die jeweils geltenden Geschäftsbedingungen. Fast alle Auktionshallen erheben eine Kaufgebühr, zu der noch Steuern hinzukommen. Denken Sie daran, diese Posten einzukalkulieren, denn Gebot und tatsächliche Faktura können beträchtlich auseinanderklaffen.

Begutachten Sie jedes Los eingehend, und notieren Sie sich eventuelle Schäden. Bevor Sie bieten, sollten Sie sich klar machen, welchen Betrag Sie zu zahlen bereit sind, wobei zu dieser Preisvorstellung, wie gesagt, noch die Kaufgebühr und Steuern hinzukommen. Die meisten Auktionshallen verlangen von den Bietenden eine vorherige Registrierung. Halten Sie an dem Preis fest, den Sie sich als Limit gesetzt haben. Ein verbreiteter Fehler beim Ersteigern ist, sich im Eifer des Gefechts zu überhöhten Geboten hinreißen zu lassen, das Los schließlich zu sichern und hinterher festzustellen, dass man beträchtlich mehr bezahlt hat, als ursprünglich beabsichtigt. Einer der größten Nachteile eines Auktionskaufs besteht darin, dass man sich nach Abschluss des Gebots nicht umbesinnen und vom Kauf zurücktreten kann. Sobald der Auktionshammer fällt, gehört die Ware Ihnen.

Privatpersonen haben letztlich aber dennoch oft das Gefühl, auf Auktionen preisgünstiger zu kaufen als beim Händler. Gewiss, man kann vielleicht schon einmal ein Schnäppchen machen.

Da die meisten Auktionen aber auch von Händlern besucht und genau beobachtet werden, ist man gut beraten, sich an deren Verhalten zu orientieren, denn diese werden kaum grundlos von einem Gebot absehen.

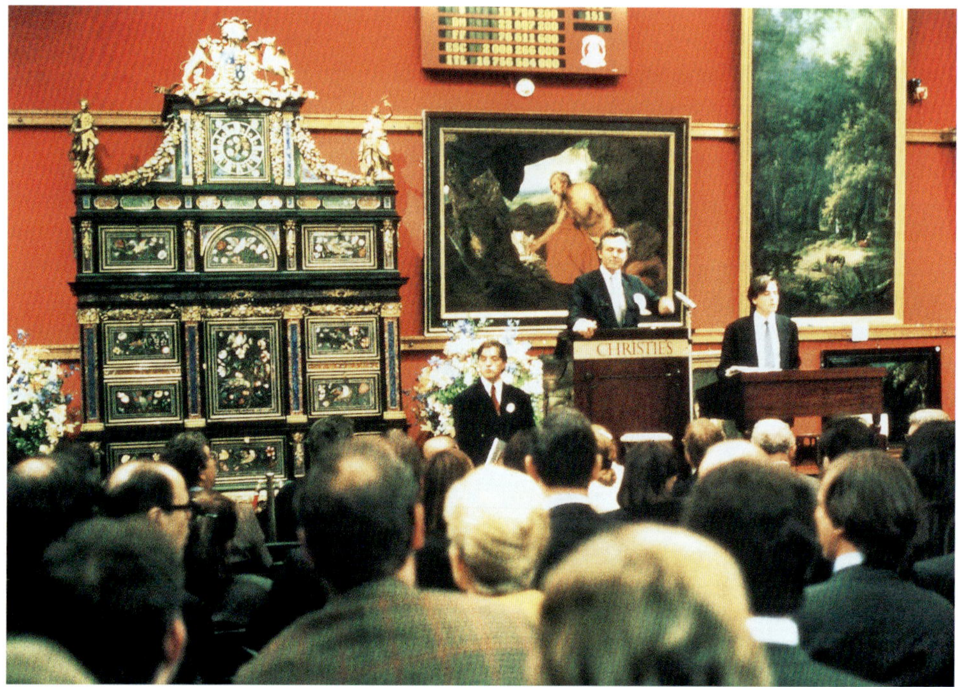

Oben: *Auktionsräume, die Händlern und Privatleuten offen stehen, finden sich in den meisten größeren Städten.*

Unten: *Ein typischer Antiquitätenladen präsentiert die zum Verkauf stehenden Möbel meist in ansprechendem Rahmen.*

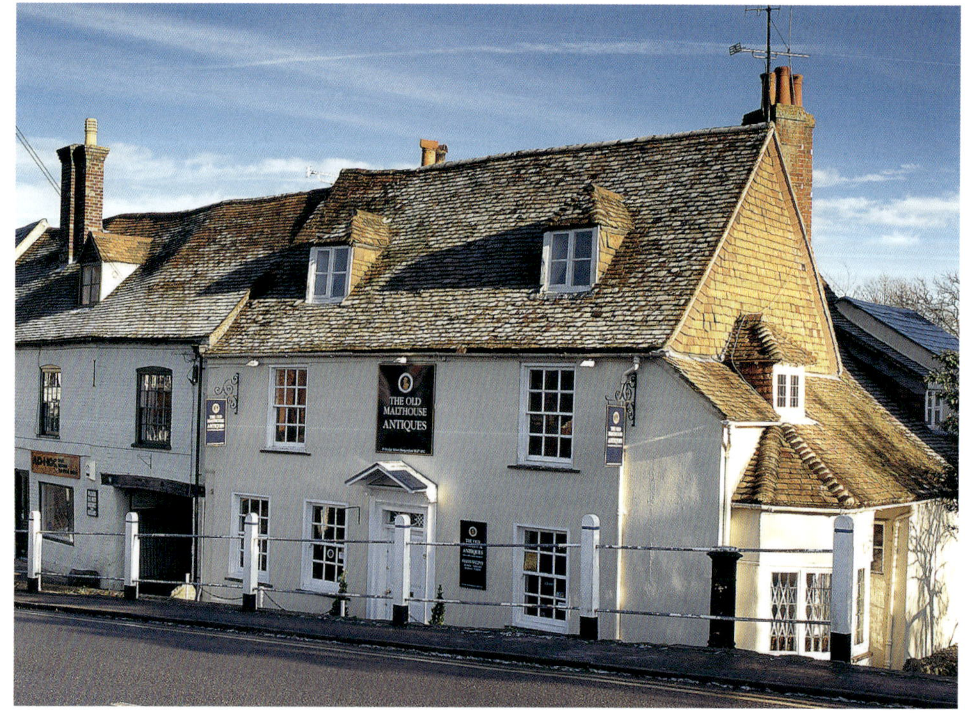

ANTIQUITÄTENLÄDEN

In den meisten größeren Städten dürfte es mindestens einen Antiquar geben, der alte Möbel unterschiedlicher Qualität anbietet. Die Händler lassen sich in zwei Kategorien unterteilen – den Großhändler und den Einzelhändler –, wenngleich manche in beiden Bereichen tätig sind.

Der Großhändler handelt, wie der Name bereits sagt, mit größeren Mengen vorwiegend mit anderen Händlern. Seine Bestände werden entsprechend rasch umgeschlagen und sind infolgedessen kaum je als Ganzes zu besichtigen. Die Preise dürften in der Regel zwar etwas niedriger liegen als beim Einzelhändler, falls man sich aber zum Kauf entschließen sollte und auf »Großhandelspreise« fixiert ist, wird man auf Restaurierungsmöglichkeiten, Zustellung der Ware sowie Rückgaberecht wohl verzichten müssen. Selbst wenn sich diesbezüglich entsprechende Absprachen treffen lassen, werden dafür vermutlich Zusatzkosten entstehen.

Beim Einzelhändler hingegen ist das Sortiment klar ausgeschildert, sachgemäß beleuchtet und ansprechend präsentiert. Außerdem wird der Einzelhändler jederzeit gern auf Fragen des Interessenten eingehen und diesem oft sogar die Möglichkeit bieten, das Stück einmal zur Probe mitzunehmen. Normalerweise sind die Transportkosten im Preis enthalten. Falls das Möbel bereits restauriert ist, wird der Händler bereitwillig erklären, was alles instand gesetzt wurde. Wenn man beim Einzelhändler also etwas mehr auf den Tisch legen muss, sollte man bedenken, dass alles seinen Preis hat.

Für welche Quelle Sie sich auch entscheiden, das Beste ist immer, jemanden zu finden, zu dem Sie Vertrauen haben und der Ihnen fachlich kompetent und fair erscheint. Was die Preise anbelangt, lassen die meisten Händler innerhalb einer bestimmten Spanne mit sich reden, wobei man bald auch merkt, inwieweit der eine oder andere bereit ist, Zugeständnisse zu machen. Seriöse Händler gehören oft einem anerkannten Handelsverband an und sind somit verbandsspezifischen Normen verpflichtet, die im Fall von Unstimmigkeiten auch als Grundlage für eine Schlichtung dienen können.

ANTIQUITÄTENMESSEN

Antiquitätenmessen erfreuen sich wachsender Beliebtheit, denn sie bieten dem Käufer Gelegenheit, an einem einzigen Tag das Sortiment vieler verschiedener Händler zu sichten. Das Angebot reicht von eintägigen Messen vor Ort bis zu großen, in Hotels oder speziellen Zentren stattfindenden mehrtägigen Ausstellungen, die mit grandiosem Angebot aufwarten. Versuchen Sie auf solchen Messen zunächst einen möglichst umfassenden Überblick über das Angebot zu gewinnen, bevor Sie sich zum Kauf entschließen. Erfragen Sie, was immer Sie über ein Stück wissen möchten – der Händler wird Ihnen gern die entsprechenden Informationen geben. Falls erforderlich, sollten Sie sich auch nach Details und Maßen erkundigen, um sicherzugehen, dass das Stück passt. Manche Händler sind, wie gesagt, auch bereit, dem Interessenten ein Möbel zur Probe mitzugeben. Nicht selten gehen die besten Arbeitsbeziehungen zwischen Händler und Interessent auf erste Kontakte im Rahmen einer Antiquitätenmesse zurück.

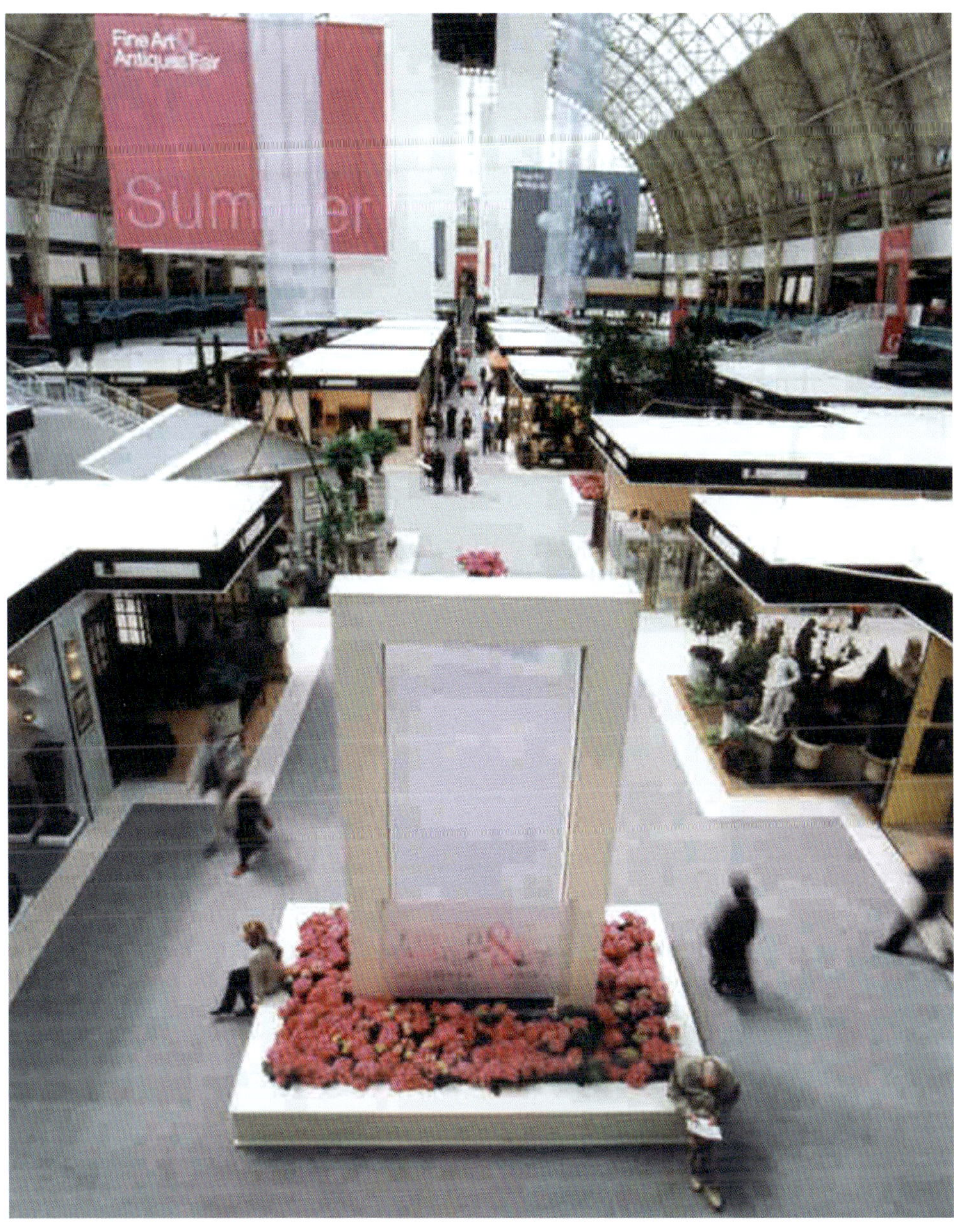

Antiquitätenmessen erweisen sich als geradezu ideal, um ein großes Sortiment an Möbeln an einem einzigen Tag zu besichtigen.

INTERNET

Mit diesem verhältnismäßig neuen Medium des Antiquitätenkaufs verbinden sich mehr oder weniger gute Erfahrungen. Einige größere Auktionshallen bieten zwar breit gefächerte Online-Auktionen. Während es sicherlich Bereiche gibt, in denen solche Auktionen Erfolge verzeichnen, ist es bei Möbeln eher so, dass die potenziellen Kunden das Stück tatsächlich vor sich haben und es als Ganzes betrachten bzw. sich hinein- oder daransetzen möchten. Das Gleiche gilt auch für die Händler-Website, die sich als Werbemittel bewährt, weniger als Verkaufsmedium.

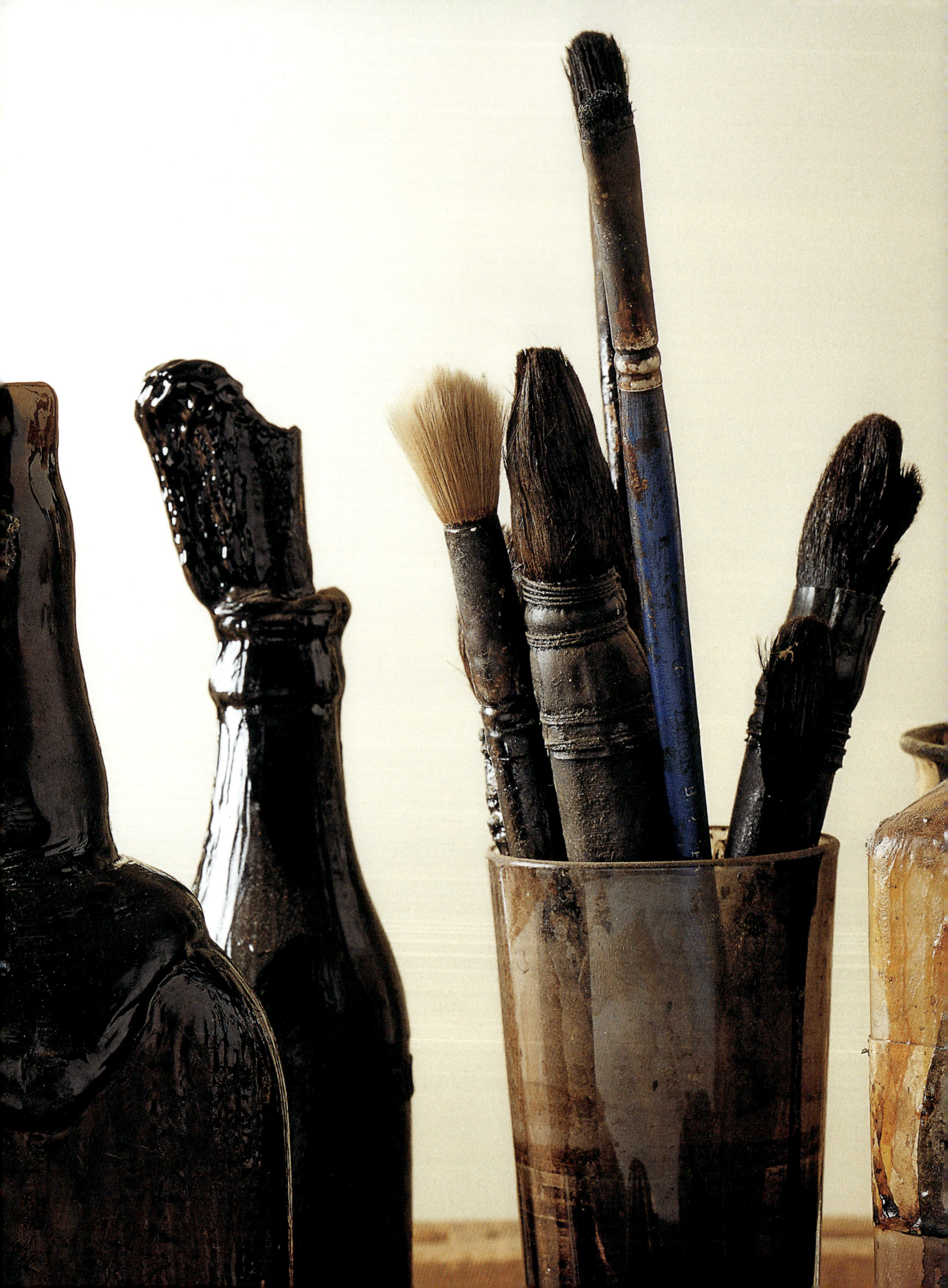

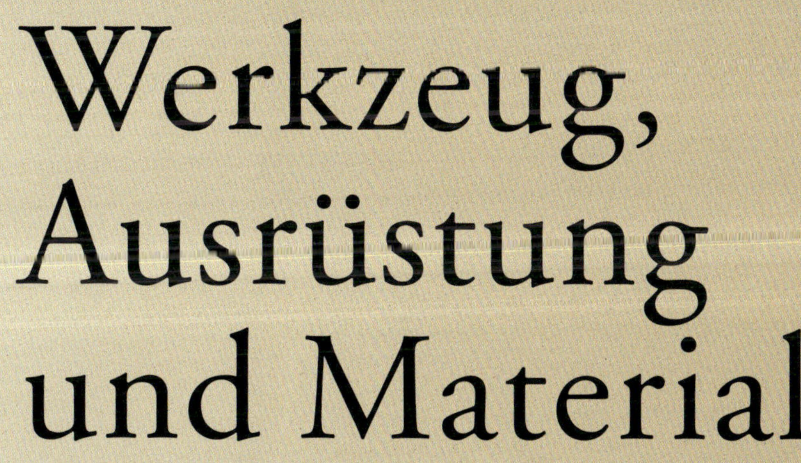

Werkzeug, Ausrüstung und Material

Was wäre ein Restaurator ohne das entsprechende Werkzeug, die erforderliche Ausrüstung und das passende Material? Was oftmals von Generation zu Generation weitergereicht wird, verdient sorgfältig und geschickt behandelt zu werden, stellt es doch eine Basis dar, ohne die auch der beste Restaurator nicht in der Lage ist, selbst einfachste Restaurierungsarbeiten sachgemäß auszuführen.

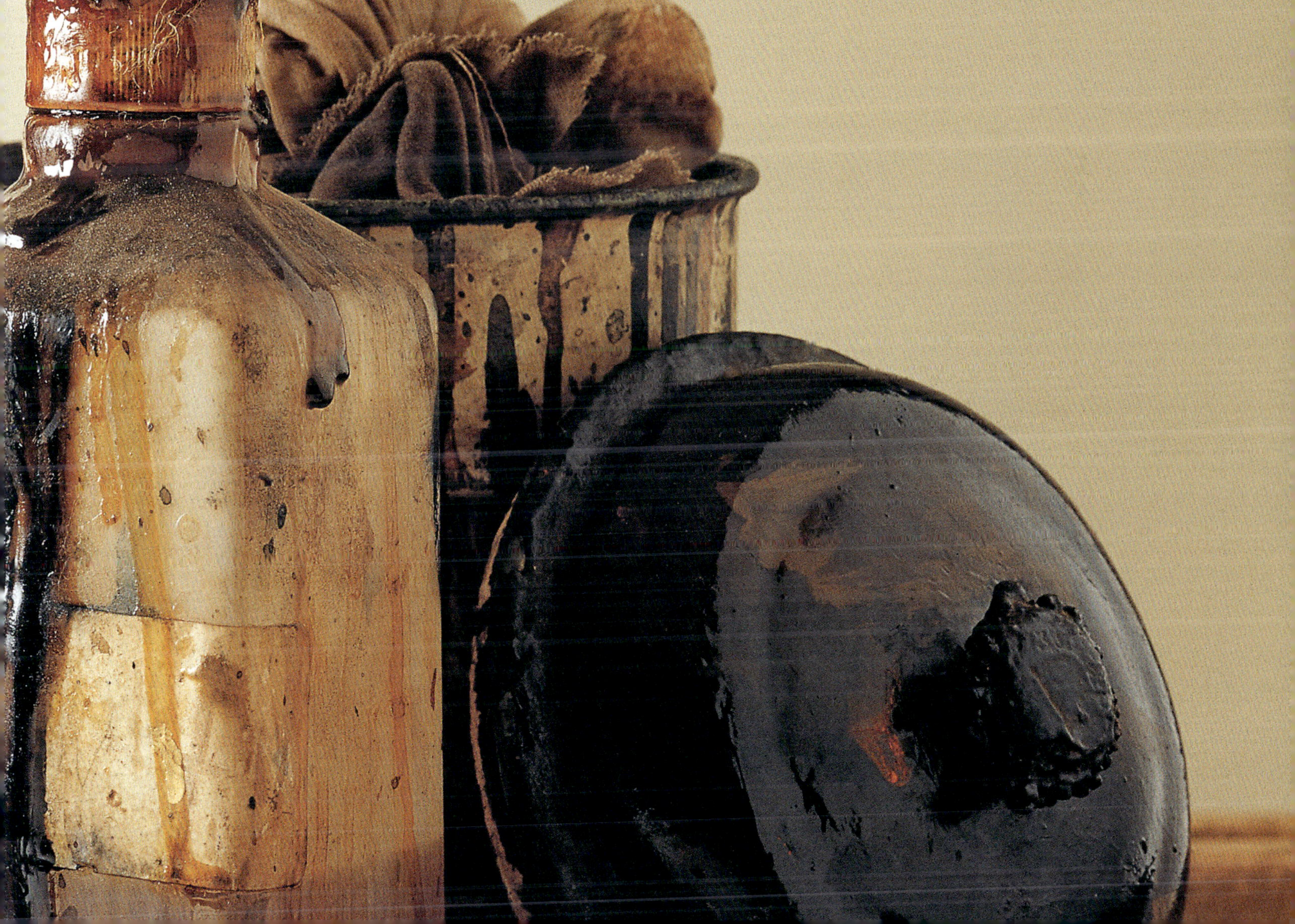

Einrichten einer Werkstatt

Wo die Werkstatt eingerichtet wird, ist meist eine Frage der verfügbaren finanziellen Mittel bzw. der räumlichen Gegebenheiten. Die Werkbank ist der wichtigste Einrichtungsgegenstand einer Werkstatt. Hier sollte ausreichend Platz zum Arbeiten sein, aber auch genügend Raum für die Möbel, die restauriert werden, sowie für die erforderlichen Werkzeuge und Maschinen – nehmen Sie sich also Zeit für die sorgfältige Planung Ihres Arbeitsbereichs.

Ihre Werkbank

Bevor Sie entscheiden, wo Ihre Werkbank stehen soll, heißt es einige Faktoren in Betracht zu ziehen, die als Voraussetzung für gute Arbeitsbedingungen gelten.

Der wichtigste Faktor ist die Optimierung der Lichtverhältnisse. Tageslicht ist ideal, so dass man die Hobelbank, wo immer möglich, unter ein Fenster oder Oberlicht stellen wird. Hängen Sie Leuchtstoffröhren über der Werkbank auf. Falls Sie beabsichtigen, auch Polituren aufzubringen, sorgen Sie dafür, dass zusätzlich normale Lampen verfügbar sind, denn das Licht der Leuchtstoffröhren verfälscht die Farben. Unabhängig von der Art der Beleuchtung empfiehlt es sich, die Wände weiß zu streichen, um für bestmögliche Lichtreflexion zu sorgen.

Reihen Sie Ihre Werkzeuge übersichtlich und griffbereit in einem Werkzeuggestell auf. Sortiert nach Hämmern, Sägen oder Stemmeisen, finden Sie auf einen Blick, was Sie brauchen. Bewahren Sie Werkzeuge, die Sie nicht täglich benötigen, wie etwa Schnitzeisen, sorgfältig in Segeltuch-Rolltaschen eingepackt auf, um die scharfen Schneiden zu schützen. Achten Sie vor allem auf eine freie und saubere Arbeitsfläche. Denken Sie daran, dass Sie viel Zeit an dieser Werkbank verbringen werden. Falls sie Ihnen zu niedrig ist, sollten Sie Vierkanthölzer unterlegen. Wo immer möglich ist ein Holzboden einem Betonboden vorzuziehen, denn auf Beton bekommt man sehr viel schneller müde Beine.

Falls Raum und Budget es erlauben, empfiehlt es sich, zwei getrennte Arbeitsbereiche einzurichten, einen für die Schreinerarbeiten und den anderen als staubfreien Raum für die Oberflächenbehandlung. Diese Zweiteilung gewährleistet eine optimale Nutzung des Raums.

Die ideale Werkbank

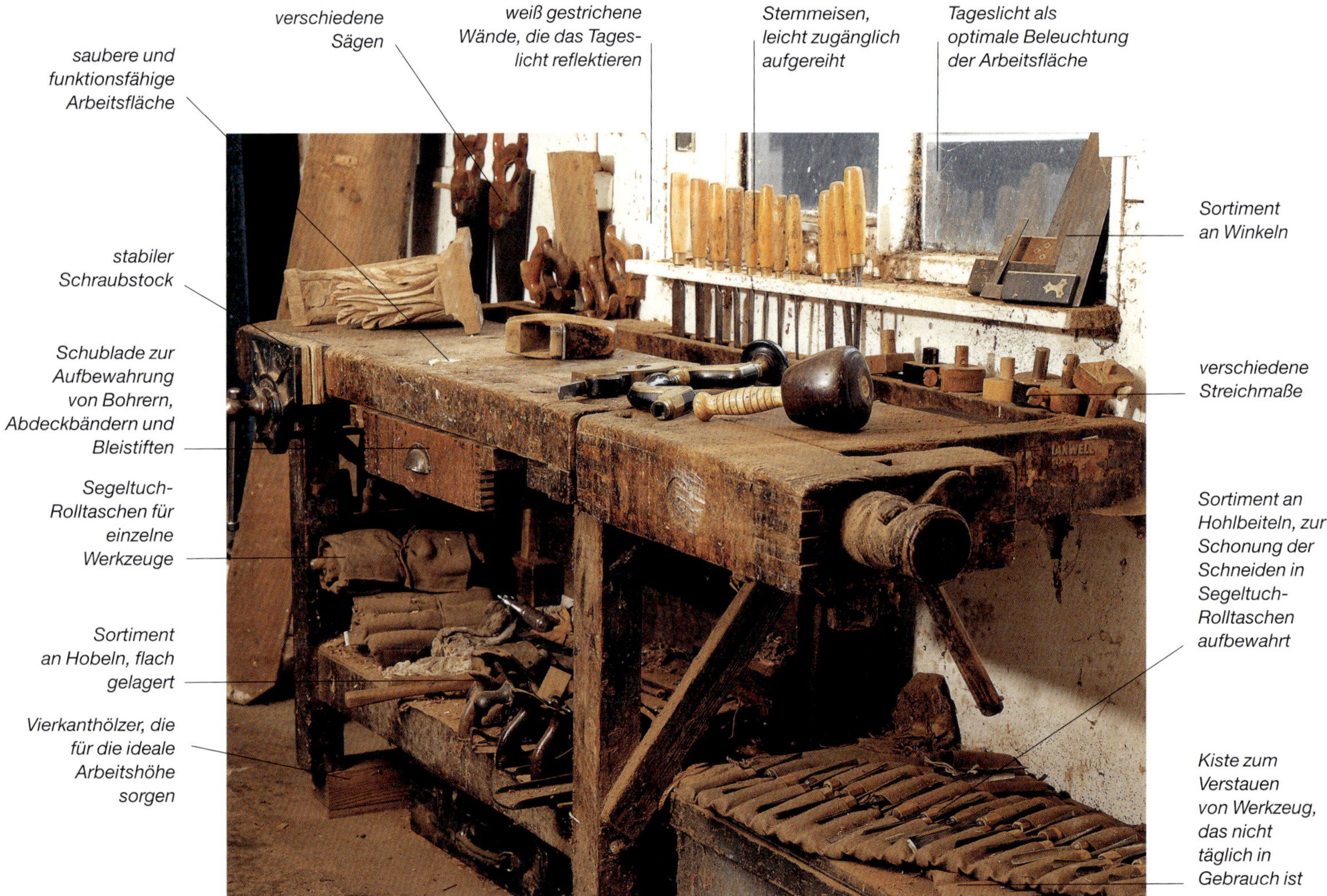

Ihr Werkzeug

Werkzeug, wie es im 18. und 19. Jahrhundert benutzt wurde, ist zum Restaurieren antiker Möbel zweifellos ideal. Für den Hobby-Restaurator stellen moderne Werkzeuge indes eine brauchbare und realistische Alternative dar. Wer aber die berufliche Laufbahn eines Restaurators einzuschlagen gedenkt, tut gut daran, einen möglichst großen Bestand an altem Werkzeug aufzubauen, denn was seit eh und je von Handwerkern für Handwerker gefertigt wurde, ist an Qualität nicht zu überbieten. Der Stahl von damals bleibt wesentlich länger scharf, und alte, aus Buchsbaum oder Rosenholz gefertigte Griffe liegen spürbar besser in der Hand als moderne Kunststoffgriffe. Die zahlreichen Namen, die sich bisweilen auf dem Griff eines alten Werkzeugs eingestanzt finden, bezeugen, dass es über Generationen von Hand zu Hand weitergereicht wurde. Wo aber lässt sich altes Werkzeug auftreiben? Versuchen kann man es über spezielle Handwerksmessen oder Flohmärkte. Gute Möglichkeiten bieten vielfach auch Leistungsshows des Handwerks vor Ort und Versand-Angebote in der Tageszeitung. Wer das Glück hat, die Werkstatt von einem Tischler, der in den Ruhestand tritt, zu erwerben, sollte sich eine solche Gelegenheit keinesfalls entgehen lassen, selbst wenn das Geld für den Kauf zusammengekratzt oder notfalls aufgenommen werden muss.

Wo es an altem Werkzeug fehlt oder ein entsprechendes Sortiment erst im Aufbau ist, sollten für den Anfang moderne Äquivalente gekauft werden, wobei stets nur die beste noch erschwingliche Qualität in Frage kommt. Eine Ausnahme bilden die Zwingen, denn Spannknechte sowie moderne Parallel- und Bügelschraubzwingen sind eine feine Sache. Da es sich um teure Ausrüstungsgegenstände handelt, wird man sie am besten nach und nach anschaffen.

Für den Anfang kann man sich ein Sortiment moderner Schraubendreher, Sägen und Stemmeisen zulegen und diese mit der Zeit durch ältere Exemplare ersetzen. Einige Werkzeuge wie etwa Federspangen lassen sich aus alten Sprungfedern auch leicht selbst herstellen (s. S. 215).

Die meisten Tischler ergänzen ihren Werkzeugbestand zeitlebens, und selbstverständlich wird jeder am liebsten mit seinem eigenen Handwerkszeug arbeiten, das, einmal angeschafft, ein Leben lang halten sollte.

Wer erst einmal Gefallen am Restaurieren gefunden hat, wird bald auch ein eifriger Sammler von Werkzeug werden. Für den berufsmäßigen Restaurator ist der Aufbau eines entsprechenden Sortiments eine Zukunftsinvestition. Grundsätzlich gilt es, sorgfältig damit umzugehen, es instand zu halten und, wenn nicht in Gebrauch, in Rolltaschen eingewickelt aufzubewahren.

Sicherheit

Dass in einer Werkstatt gewisse Sicherheitsvorschriften einzuhalten sind, gebietet allein schon der gesunde Menschenverstand. Bedenken Sie, dass die Werkstatt als potenzielle Gefahrenzone für Kinder unzugänglich sein sollte. Scharfe Werkzeuge sind mit Vorsicht zu handhaben und nach Gebrauch sofort wieder sicher zu verwahren. Vergewissern Sie sich, dass ein funktionsfähiger Feuerlöscher bereit steht und bewahren Sie alle entflammbaren Materialien in einem feuerfesten Schrank auf. Gewöhnen sie sich an, Sägemehl und Späne abends aus der Werkstatt zu schaffen. Auch gute Belüftung ist wichtig, insbesondere wenn mit Abbeizmitteln oder anderen Chemikalien gearbeitet wird. Bewahren Sie Beizen oder andere Flüssigkeiten in deutlich beschrifteten Schraubgläsern auf. Tragen Sie je nach Tätigkeit entsprechende Schutzkleidung. Binden Sie langes Haar zusammen, legen Sie Halsschmuck und Armbänder vor der Arbeit ab und tragen Sie zum Schutz der Kleidung eine lange Schürze.

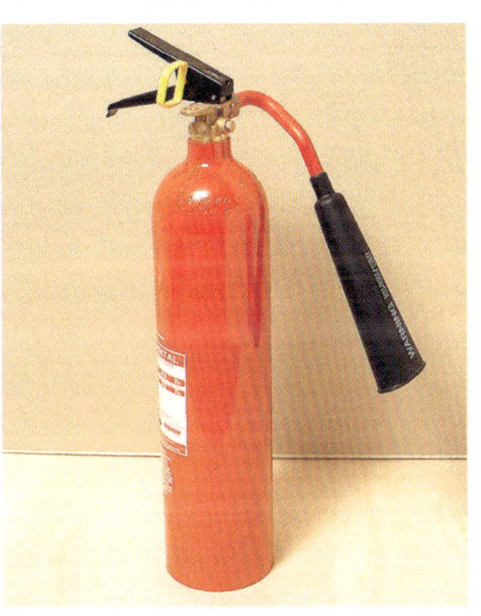

Ein Feuerlöscher (Pulverlöscher) ist an jeder Außentür anzubringen.

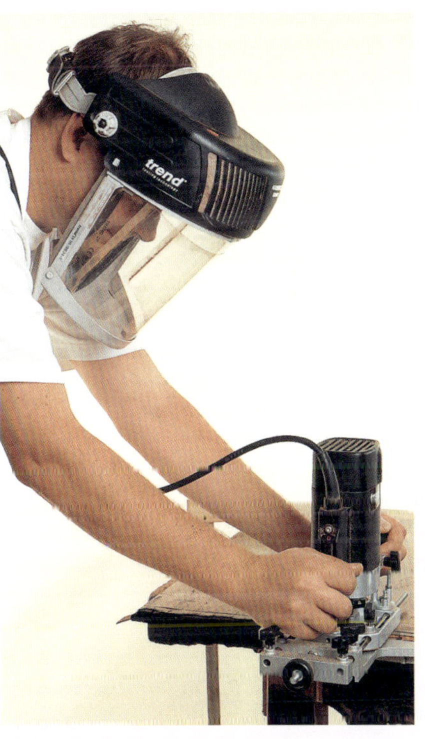

Oben: *Tragen Sie beim Gebrauch von Elektrowerkzeugen, die viel Sägemehl oder Späne erzeugen, eine Gesichtsschutzmaske.*

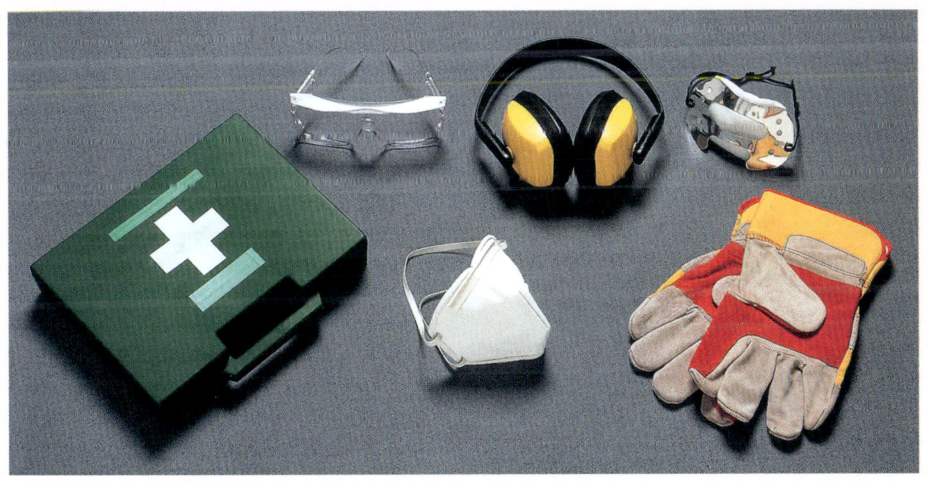

Links: *Zur Grundausstattung für Gesundheit und Sicherheit gehören ein Erste-Hilfe-Koffer, Schutzbrille, Gehörschutz, Staubschutzmaske, Handschuhe und Atemschutzgerät.*

SÄGEN UND MESSWERKZEUGE

Sägen müssen scharf gehalten werden, denn feine Arbeiten lassen sich nur mit einer einwandfrei schneidenden Klinge ausführen. Obwohl moderne Elektrosägen eine Erleichterung darstellen und zweifellos ihren Platz in der Werkstatt haben, sind Handsägen wie etwa die Feinsäge für Präzisionsarbeiten unentbehrlich. Messwerkzeuge wie Stechzirkel, Greifzirkel (Innen- und Außentaster) und Streichmaße sind eine wichtige Voraussetzung für saubere Tischlerarbeiten – Grund genug, sie sorgfältig zu behandeln.

SÄGEN

Die drei am häufigsten verwendeten Sägen für Restaurierungsarbeiten sind die große Zapfensäge, die kleinere Zapfensäge und die Fein- oder Zinkensäge, jede mit einer unterschiedlicher Anzahl an Zähnen. Je mehr Zähne pro Zentimeter, desto feiner der Schnitt. Über die feinste Zähnung verfügen die Laubsägen und kleinen Bügelsägen, die für feinste Arbeiten geeignet sind.

Die großen Absetzsägen zum Teilen größerer Platten sind in zweierlei Ausführung erhältlich: die Querschnittsäge ist für Schnitte quer zur Faser, die Längsschnittsäge für Schnitte längs zur Faser vorgesehen. Seit der Einführung der modernen Band- und Kreissägen sind die großen Absetzsägen zwar seltener in Gebrauch, dennoch gehört in jede Werkstatt mindestens jeweils ein Exemplar.

Sägen werden praktisch täglich verwendet, wobei man für jede Arbeit das entsprechende Modell benutzen sollte. Wer eine Miniatur-Feinsäge für alles verwendet, beschädigt die Zahnung und wird sie für diffizilere Arbeiten wie das Einschneiden von Schwalbenschwanzverbindungen nicht mehr gebrauchen können.

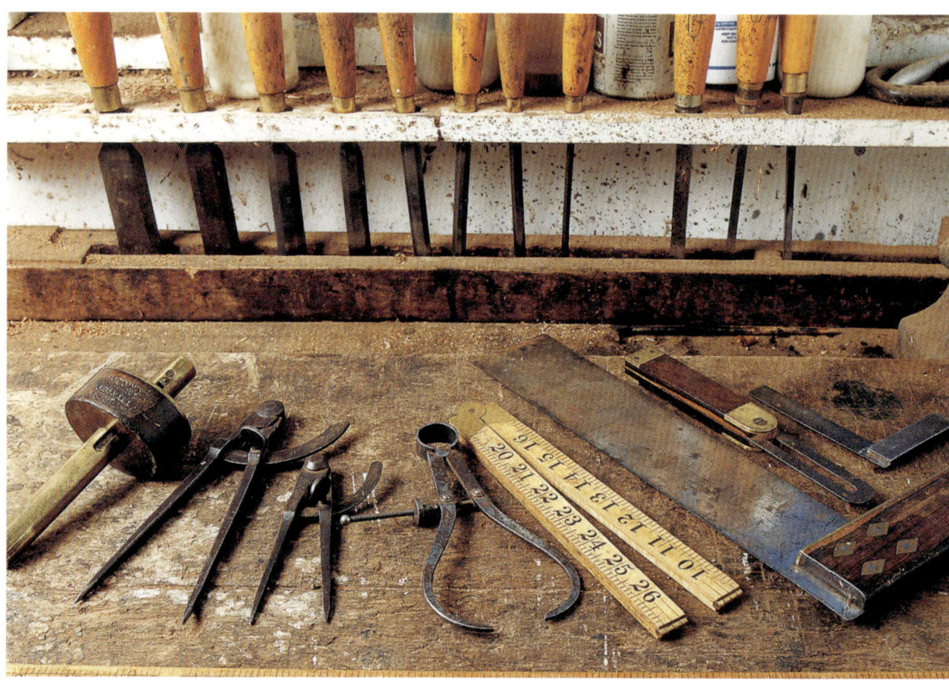

Eine Reihe zuverlässiger Mess- und Prüfwerkzeuge – unerlässlich für akkurat ausgeführte Restaurierungsarbeiten.

Die Säge ist ein Präzisionswerkzeug. Man kann sie zwar selbst nachschärfen, gibt sie aber besser einem Fachmann, der beim Schärfen auch die Zähne wieder genau ausrichtet.

Wenn sich ein Holz nur schwer sägen lässt, reibt man etwas Kerzenwachs über die Schneide der Säge, damit sie sich leichter führen lässt.

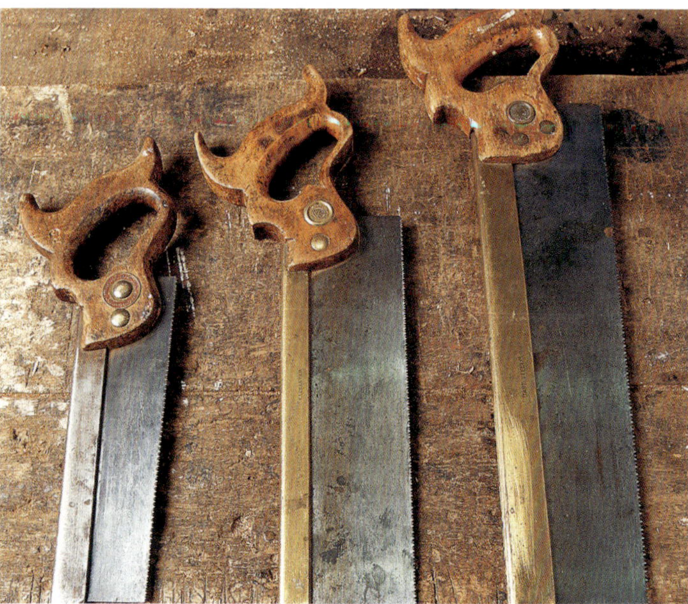

Drei gängige Sägen, jede mit unterschiedlicher Anzahl an Zähnen pro Zentimeter. Allgemein gilt: Je mehr Zähne, desto feiner der Schnitt.

MESS- UND PRÜFWERKZEUGE

»Zweimal messen, einmal schneiden« heißt ein alter Spruch der Schreinerzunft, der auch heute noch gilt. Präzises Messen ist ausschlaggebend, denn wo es anfangs an Genauigkeit fehlt, darf kein vernünftiges Ergebnis erwartet werden. Schlimmstenfalls wird man dadurch ein wertvolles Möbelstück verderben, bestenfalls noch einmal von vorn beginnen müssen. Zum Messen benötigt man Stechzirkel, Streichmaße, Greifzirkel (Innen- und Außentaster), Schreiner- oder Anschlagwinkel, Schmiegen und Meterstäbe aus Buchsbaum. Prüfen Sie jeden dieser unentbehrlichen Helfer, ausgehend von einem festen Anschlag, der ersten genau plan geschliffenen Schnittkante als Bezugspunkt für präzises Messen.

Hämmer und Schraubendreher

Hämmer, vom kleinen Schreinerhammer für leichte Arbeiten bis zu schwereren Hämmern zum Zerlegen von Möbeln, sind für die Restaurierung ebenso unentbehrlich wie die verschiedenartigen Holzhämmer, wobei sich der Bildhauerklüpfel als besonders brauchbares Werkzeug erweist. Auch ein größeres Sortiment verschiedener Schraubendreher sollte zur Hand sein, je nach Situation mit langem und kurzem Schaft. Achten Sie auf scharfe Schneiden.

Hämmer

Der Restaurator wird in seiner Werkstatt meist zwei bis drei verschiedene Typen verfügbar haben: den leichten Schreinerhammer, den so genannten Schlosser- oder Querhammer, der Möbelschreinern als Universalhammer dient, und einen schwereren Hammer zum Zerlegen des Rahmens und Einschlagen großer Nägel. Schlagen Sie mit dem Hammer nie auf andere Werkzeuge. Um ein Stemmeisen ins Holz zu treiben, verwendet man ausschließlich den Holzhammer.

Wenn die Finne eines Hammers verschmutzt und abgenutzt ist, feilen Sie diese zunächst plan, entfernen mit einem feinkörnigen Schleifpapier den Schmutz und rauen die Fläche leicht auf. Diese Prozedur ist mindestens zwei- bis dreimal im Monat fällig.

Holzhämmer

Diese sind eigens für Schläge auf den Griff eines anderen Werkzeugs, eines Stemmeisens oder Beitels etwa, vorgesehen. Es gibt sie in verschiedenen Formen und je nach erforderlicher Schlagwirkung auch unterschiedlich schwer. Ein gutes Beispiel ist der Bildhauerklüpfel, dessen Kopf aus Pockholz bereits bei einer einfachen Bewegung aus dem Handgelenk einen sehr starken Druck ausübt.

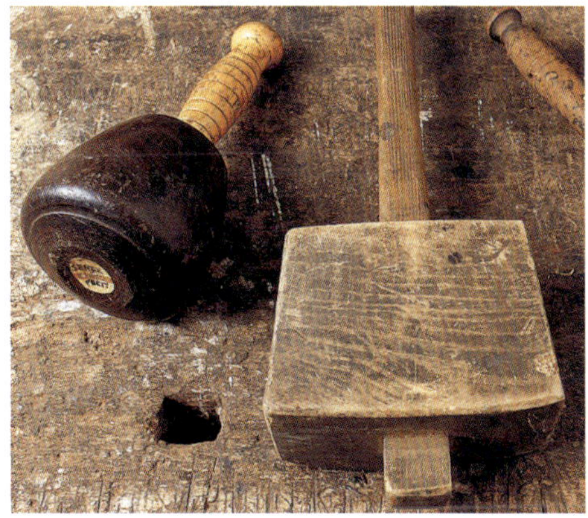

Zwei traditionelle Holzhämmer – es bewährt sich, mehrere zur Hand zu haben.

Außerdem muss beim Schwingen dem Hammer keinerlei Aufmerksamkeit geschenkt werden, da der gerundete Kopf das Werkzeug in jedem Fall trifft, so dass sich der Bildhauer ganz auf sein Werkstück konzentrieren kann.

Größere Hämmer sind für gröbere Arbeiten, die leichteren für die Feinarbeit vorgesehen. Der Holzhammer mit trapezförmigem Kopf wird für die anfallenden Schreinerarbeiten und zum Zerlegen von Möbeln verwendet, wo ein großer Hammer Druckstellen im Holz hinterlassen würde.

Schraubendreher

Schraubendreher kann man nie genug haben. Ob auf Märkten direkt ab Lieferwagen gekauft oder in Secondhand-Läden erstanden, es lohnt sich, etwas Zeit für die Zusammenstellung eines Sortiments traditioneller alter Werkzeuge aufzuwenden, zumal diese preisgünstiger sind als neue. Alte Schraubendreher erkennt man an ihrem längeren Schaft, der die Hebelwirkung verbessert. Ihr Heft besteht aus Buchsbaum- oder Buchenholz und liegt besser in der Hand als ein Heft aus Kunststoff. Kleine Schraubendreher mit kurzem Schaft eignen sich, um Schrauben an schwer zugänglichen Stellen zu entfernen.

Achten Sie beim Kauf eines gebrauchten Schraubendrehers darauf, dass die Schneide gerade und eben ist. Eine abgenutzte oder unebene Schneide muss plan geschliffen werden, da ein Schraubendreher, der sich nicht richtig in den Schraubenschlitz einfügt, die Schraube entzwei brechen kann. Denken Sie daran, dass ein Schraubendreher zum Entfernen und Eindrehen von Schrauben gedacht ist und nie als Hebel verwendet werden darf. Man beschädigt dadurch die Schneide und verbiegt den Schaft.

Ein Sortiment alter Schraubendreher mit unterschiedlich langem Schaft

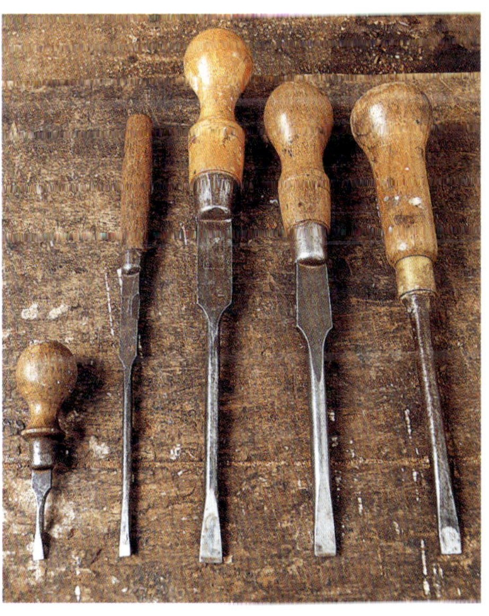

Handhabung eines Hammers

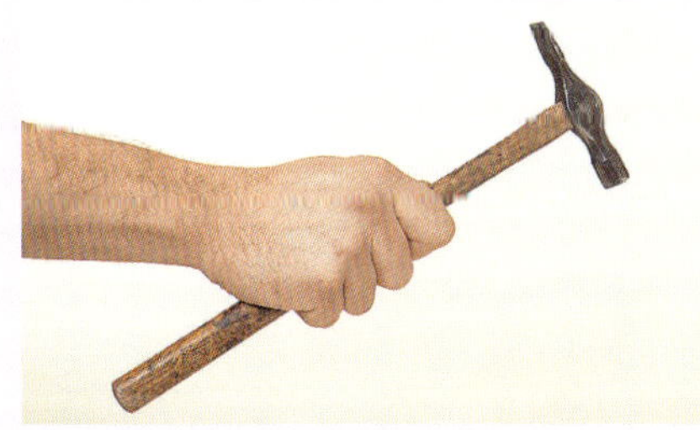

1 Was immer wieder falsch gemacht wird, ist den Hammer in der Mitte des Stiels zu fassen, in der Annahme, ihn besser und gezielter handhaben zu können. Genau das Gegenteil ist der Fall.

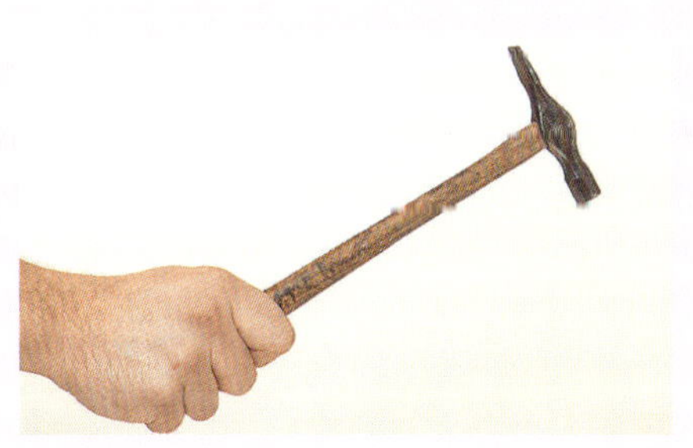

2 Wenn Sie den Hammer am Stielende halten, stimmt das Gleichgewicht, was die Führung erleichtert. Schlagen Sie den Nagel mit einigen mittelstarken Schlägen ein, anstatt mit einem einzigen Schlag.

Werkzeuge zum Glätten und Verspannen

Zum Restaurieren benötigt man ganz unterschiedliche Hobel und Zwingen, wobei die modernen Werkzeuge ihren traditionellen Gegenstücken auffallend ähnlich sind. Einige Hobel sind mit einem Anschlag versehen, andere mit auswechselbaren Klingen, während die Profil- oder Kehlhobel über spezielle Sohlen und Schneiden für Profilierungen verfügen. Da man für bestimmte Arbeiten ganz bestimmte Zwingen und Hobel benötigt, empfiehlt es sich, ein möglichst breites Sortiment anzuschaffen.

Hobel

Die frühen Hobel bestanden aus einem Holzkorpus, bis sie im 18. und 19. Jahrhundert von Metallhobeln abgelöst wurden; nur die Profilhobel bestehen nach wie vor aus Holz.

Unter den vielen Hobelvarianten, alle für einen bestimmten Verwendungszweck, seien der nützliche Schlichthobel, der Putzhobel und die kleineren Hirnholz- und Simshobel für feinere Arbeiten genannt. Profil- oder Kehlhobel verfügen über Spezialsohlen und besondere Eisen für die Profilierung dekorativer Leisten, Hohlkehlen und Karniese, wie sie sich an Kastenmöbeln im Bereich von Gürtelgeschoss, Basis und Kranz finden. Inzwischen hat aber die moderne Oberfräse mit zahlreichen Fräsern weitgehend deren Platz eingenommen. Obwohl der Schabhobel keineswegs wie ein Hobel aussieht, trägt er seinen Namen zu Recht, denn er arbeitet nach dem gleichen Prinzip.

Das Eisen jedes Hobels ist so gestaltet, dass ein sauberer Schnitt entsteht, ohne die Fasern aufzureißen. Sachgemäß angesetzt, erzeugt ein einwandfrei geschärftes Eisen beim Schnitt durch das Holz einen angenehmen Schabton.

Ziehklingen und Schaber

Die Ziehklinge besteht im Grunde aus einem Stück Metall mit Schneidgrat und dient dem Reinigen der Oberflächen und dem Entfernen von Hobelrückständen vor dem Schleifen.

Am häufigsten verwendet wird die rechteckige Ziehklinge; sie eignet sich für geformte Profile, für die aber auch eigens zugerichtete Klingen sehr brauchbar sind. Am gängigsten ist der seinen Namen zu Recht tragende »Schwanenhals« aus dem Sortiment französischer Ziehklingen, mit dem sich konkave Bereiche abziehen lassen.

Ziehklingen müssen so scharf sein, dass sie dünnste Späne abschaben, nicht nur Schleifstaub erzeugen. Um die Klinge zu schärfen, ziehen Sie ein hartes gewölbtes Stück Metall, wie etwa einen Schraubendreher, über die Schneide, um einen Grat anzuziehen.

Schleifpapiere

Die frühesten Schleifmaterialien bestanden aus grobnarbiger Schafhaut, dem so genannten Chagrinleder. Es wurde getrocknet und wie das heutige Schleifpapier verwendet. Diesem folgte fein gemahlenes Glas oder Sand, jeweils auf Papier aufgebracht, was in den Begriffen Glaspapier und Sandpapier noch anklingt. Obwohl es inzwischen unzählige Schleifpapiere gibt – Siliziumkarbidpapier, Elektrokorundpapier und Granatschleifpapier –, wird als Oberbegriff immer noch von Sandpapier gesprochen. Diese Papiere sind in verschiedenen Körnungen erhältlich, wobei die meistverwendeten vom grobkörnigen 80er- bis zum feinen 320er-Schleifpapier reichen.

Schleifpapier wird aber kaum je allein verwendet, sondern über Schleifklötze aus Kork oder Holz gewickelt. Für bestimmte Profile benötigt man gegebenenfalls einen dem Profil angepassten Schleifklotz. Restauratoren verfügen mit der Zeit über ganze Sortimente unterschiedlich ausgeformter Schleifklötze.

Beim Schleifen wird man immer mit der gröbsten Körnung beginnen und sich allmählich zu der feinsten vorarbeiten. Wenn Sie das Holz dazwischen regelmäßig feucht abwischen und trocknen lassen, bevor Sie weiterarbeiten, erhalten Sie eine glattere Oberfläche. Falls eine Wasserbeize als Überzug vorgesehen ist, verhindert dieses Befeuchten das Aufrichten der Fasern beim Beizen.

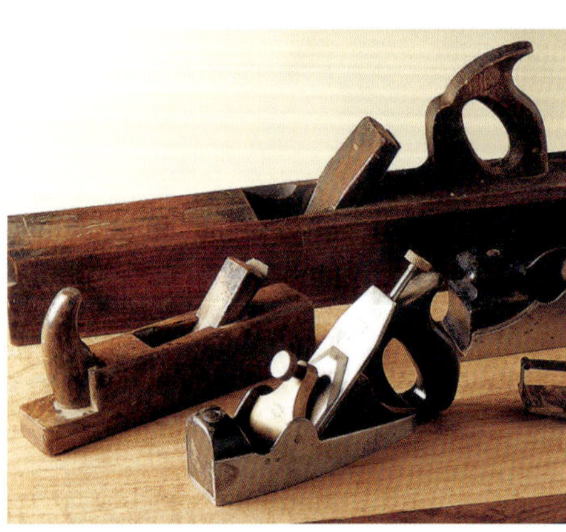

Eine Auswahl an Hobeln, die einen Einblick in die verschiedenen Formen und Materialien vermittelt.

Der Schabhobel, eine Kreuzung aus Hobel und Ziehklinge (Schaber), hat sich beim Formen von Holz als vielseitiges Werkzeug bewährt.

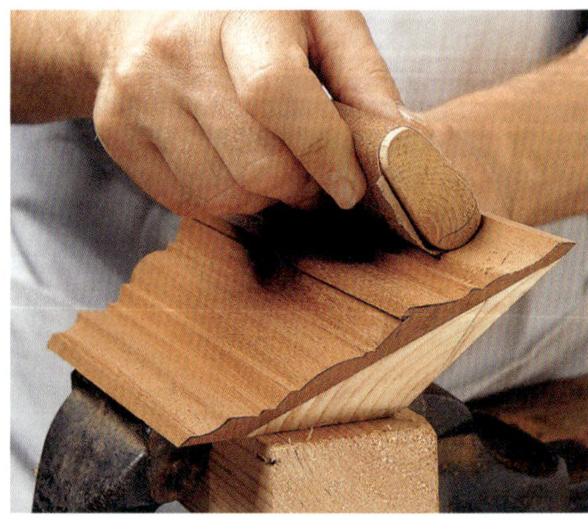

Dem Profil angepasste Schleifklötze, die in Verbindung mit Schleifpapier zum Glätten von Zierleisten dienen.

ZWINGEN

Jede der vielen unterschiedlichen Zwingen hat ihre ganz spezifische Aufgabe. Die bekanntesten sind der lange Spannknecht, die Bügelschraubzwinge, die es in diversen Größen gibt, der Bandspanner und die Parallelzwinge. Moderne Zwingen weichen von den traditionellen kaum ab. Auch wenn sie relativ teuer sind, so empfiehlt es sich doch, eine möglichst große Auswahl anzuschaffen.

Gewöhnen Sie sich an, Zwingen immer mit einer Zulage zu verwenden, um Dellen und Druckstellen im Holz zu vermeiden. Ziehen Sie die Klemmen auch nie zu stark an, da durch übermäßiges Pressen empfindliche Stücke beschädigt werden können.

Für das Verleimen eines komplexeren Werkstücks empfiehlt es sich, zunächst »trocken« auszuprobieren, welche Klemmen geeignet sind und in welcher Reihenfolge sie am besten eingesetzt werden. Das kostet zwar etwas Zeit, erspart aber Ärger, wenn der Leim bereits aufgebracht ist und abbindet. Außerdem haben Sie auf diese Weise alles bei der Hand – gute Startbedingungen also.

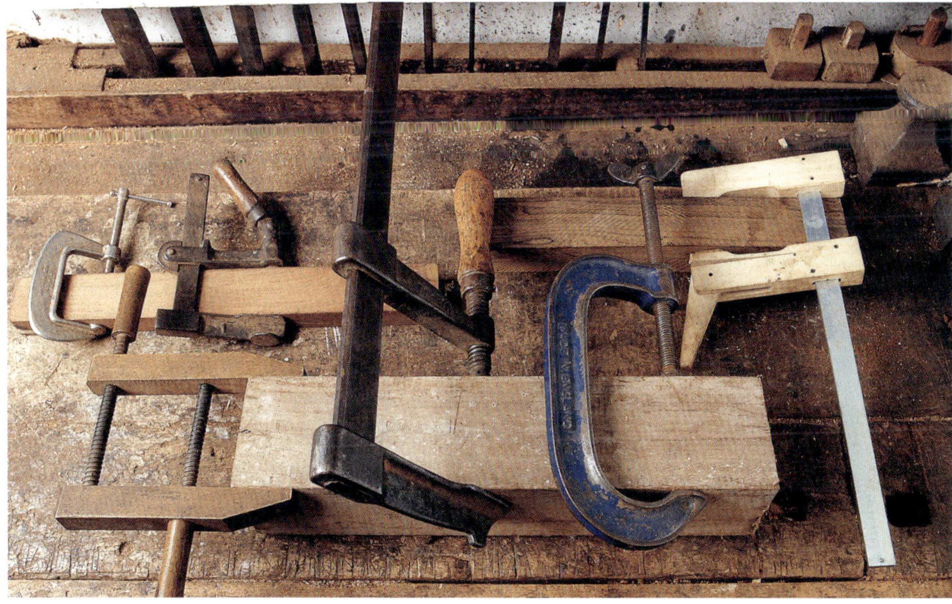

Eine ganze Reihe moderner und traditioneller Zwingen von Bügelschraubzwingen bis zu Spannknechten, wie sie für viele Restaurierungsarbeiten erforderlich sind

Herstellen eines Bandspanners

Die meisten Zwingen sind im Handel erhältlich, mit Ausnahme des Bandspanners, der – der jeweiligen Form angepasst – in der Werkstatt erstellt wird. Mit ihm lassen sich ovale oder runde Werkstücke spannen. Dabei überträgt sich der Druck gleichmäßig auf den gesamten Umkreis.

Sie benötigen einen kleinen Hartholzklotz, ein Stahlband (wie zum Zusammenhalten von Baumaterial), kleine Schrauben und eine Zwinge.

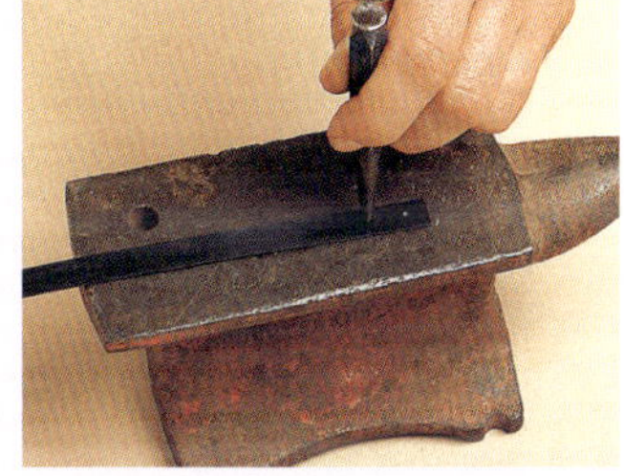

1 *Schneiden Sie zweimal ein Stahlband zu, dessen Länge jeweils etwas kürzer ist als der Umfang des Rahmens, und stanzen Sie in jedem der Enden zwei Führungslöcher vor.*

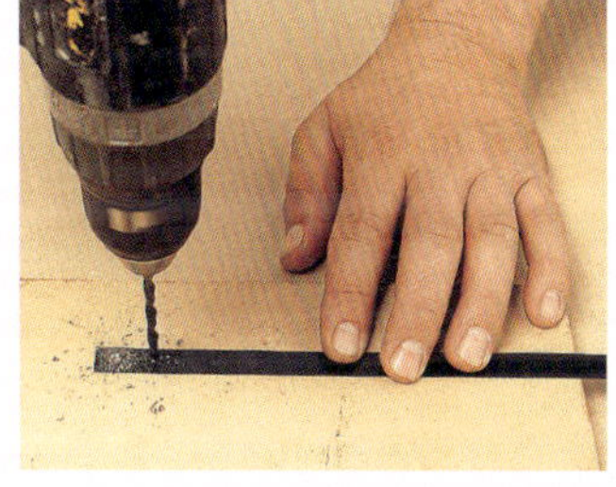

2 *Bohren Sie mit einem Metallbohrer zwei kleine Löcher durch die vorgestanzten Markierungen. Denken Sie daran, ein Abfallholz zu unterlegen, um die Werkbank zu schonen.*

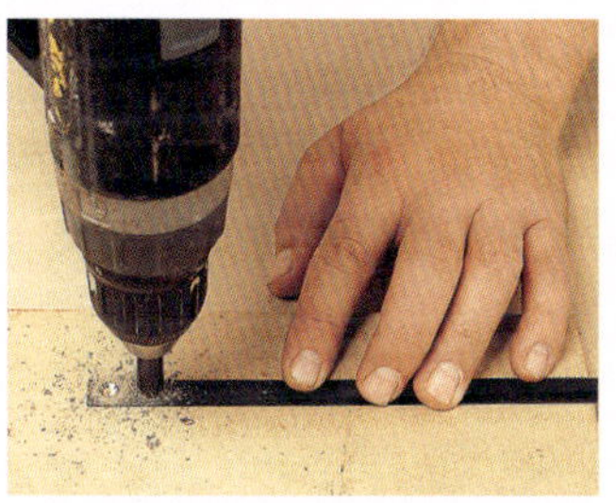

3 *Versenken Sie die beiden zuvor gebohrten Löcher, damit die Flachkopfschrauben nicht über das Band hinausstehen.*

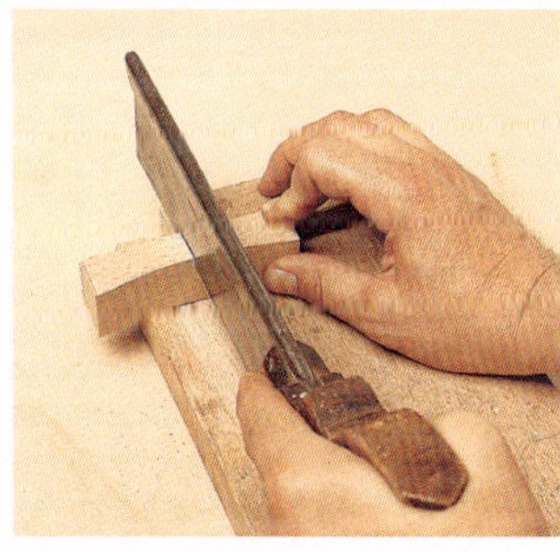

4 *Schneiden Sie einen Vierkantblock aus Hartholz zu. Verwenden Sie eine Bandsäge, um die Rundung dem Projekt anzupassen. Zerteilen Sie den Block in zwei Hälften.*

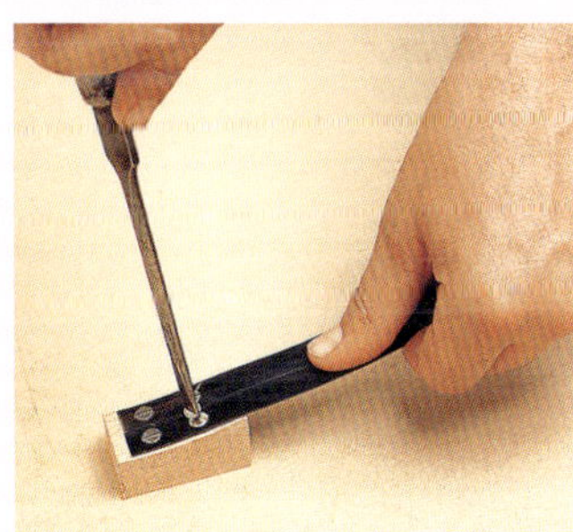

5 *Schrauben Sie die beiden Längen des Stahlbands auf die konkave Seite des Hartholzblocks und achten Sie darauf, dass die Schrauben in der Versenkung verschwinden.*

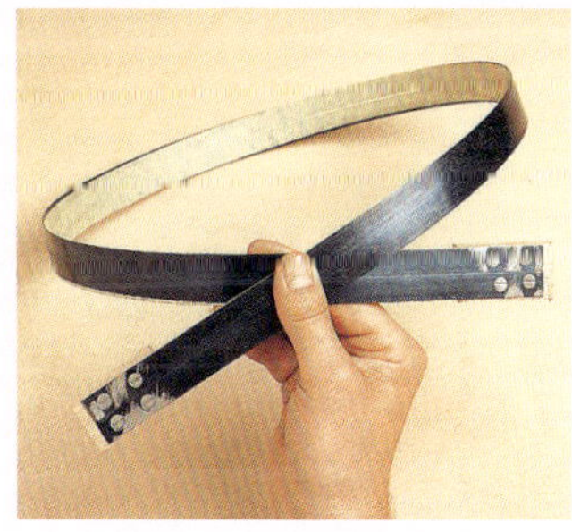

6 *Ziehen Sie zum Schluss die Schrauben randbündig mit dem Metallband fest; so verhindern Sie unnötige Kratzer oder Abdrücke.*

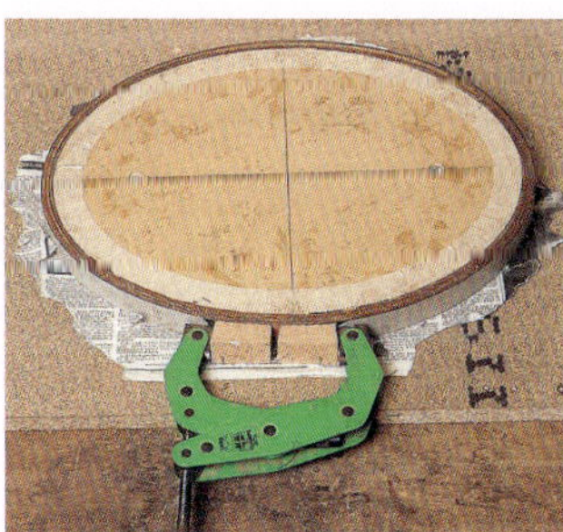

7 *Der Bandspanner in Gebrauch. Die Hartholzklötzchen werden zusammengepresst, um Spannung zu erzeugen.*

Stemmeisen und Schnitzwerkzeuge

Sämtliche hier vorgestellten Werkzeuge dienen, jedes auf seine Art, dem Abschälen von Holz, und für alle gilt generell, dass scharfe Schneiden Voraussetzung sind, um das Holz tatsächlich durchzuschneiden und nicht die Faser aufzureißen. Wer gern schnitzt, wird mit der Zeit ein ganzes Sortiment an Spezialwerkzeugen ansammeln. Im Allgemeinen bleiben die Schneiden alter Eisen länger scharf als die neuen Varianten, was dem hochwertigeren Stahl zuzuschreiben ist.

Stemmeisen

Der Kunsttischler oder Restaurator arbeitet in der Regel mit drei Arten von Eisen: dem so genannten langen Stecheisen, dem Lochbeitel und dem Stemmeisen, wobei innerhalb dieser Kategorien, der jeweiligen Arbeit entsprechend, eine ganze Reihe verschiedener Breiten erforderlich ist.

Das lange Stecheisen ist mit seinen abgeschrägten Kanten und seiner besonders langen Klinge hauptsächlich zum Abschälen, Ausgleichen und Auskehlen (Kannelieren) vorgesehen. Es ist ausschließlich mit der Hand zu führen und sollte nie mit dem Holzhammer getrieben werden.

Der Lochbeitel dient, wie der Name sagt, dem Ausstemmen tiefer Löcher. Aus diesem Grund ist seine Klinge sichtbar dicker als die des langen Stecheisens und des Stemmeisens. Die Stärke der Klinge verträgt einen kräftigen Hammerschlag und das Aushebeln des Holzabfalls aus einem tiefen Loch.

Das Stemmeisen mit seiner kürzeren und dickeren Klinge mit rechteckigem Querschnitt eignet sich für stärkere Beanspruchung und lässt sich in Verbindung mit einem entsprechenden Holzhammer verwenden.

Schnitzwerkzeuge

Kaum ein Bereich der Möbelrestaurierung erfordert so großes manuelles Geschick wie das Holzschnitzen. Die Gestaltungskunst des Schnitzers lässt sich mit der des Malers vergleichen, nur dass der Schnitzer mit dem Medium Holz arbeitet und das Ergebnis dreidimensional ist.

Die erforderlichen Werkzeuge, die in die Tausende gehen können, unterscheiden sich durch ihre spezifische Eignung und Stärke. Bevor sich der Holzschnitzer also ans Werk macht, wird er die erforderlichen Werkzeuge zusammenstellen und schärfen. Oft muss eine Schneide, je nach Härte des Holzes, im Verlauf des Schnitzens alle paar Minuten nachgeschliffen werden.

Kleine Schnitzwerkzeuge sind für ganz feine und kunstvolle Arbeiten erforderlich. Sie lassen sich kontrollierter führen und ermöglichen es dem Schnitzer, feinste Holzspäne mit einem Minimum an Kraft zu entfernen.

Zu dem unüberschaubaren Sortiment an Schnitzwerkzeugen gehören die Hohlmeißel, mit denen die Konturen der Schnitzerei herausgearbeitet werden, die Geißfüße oder V-Meißel, die für längere Bögen vorgesehen sind, Löffeleisen, mit denen der Hintergrund ausgehoben wird, Äderungsmeißel (Bockfüße) zum Schnitzen feinster Details wie etwa floraler Motive, und Fischschwanz-Meißel, die wie die Löffeleisen Holzrückstände entfernen.

Die vielen unterschiedlichen Schnitzwerkzeuge lassen auf ein komplexes Procedere schließen, und tatsächlich sollte man bedenken, dass es Jahre dauern kann, bis ein Holzschnitzer das gesamte Spektrum dieser Handwerkskunst beherrscht.

Manche Projekte erfordern vom Holzschnitzer Hunderte von Stunden geduldiger und präziser Arbeit, vor allem aber die Fähigkeit, ein vorhandenes Schnitzwerk so zu erfassen und nachzuschneiden, dass es dem ursprünglichen so nahe wie möglich kommt. Den wahren Meister erkennt man daran, dass er seine Neuschöpfung nahtlos mit dem Original zu verbinden versteht.

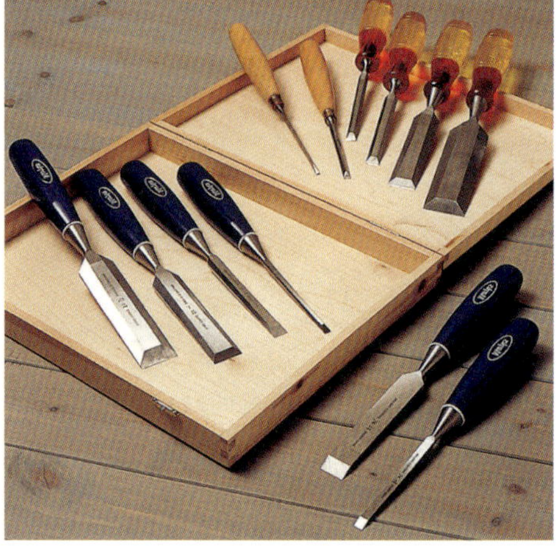

Obwohl man mit der Zeit über eine ganze Sammlung alter Werkzeuge, oftmals aus zweiter Hand erworben, verfügen wird, empfiehlt es sich, auch moderne Äquivalente anzuschaffen.

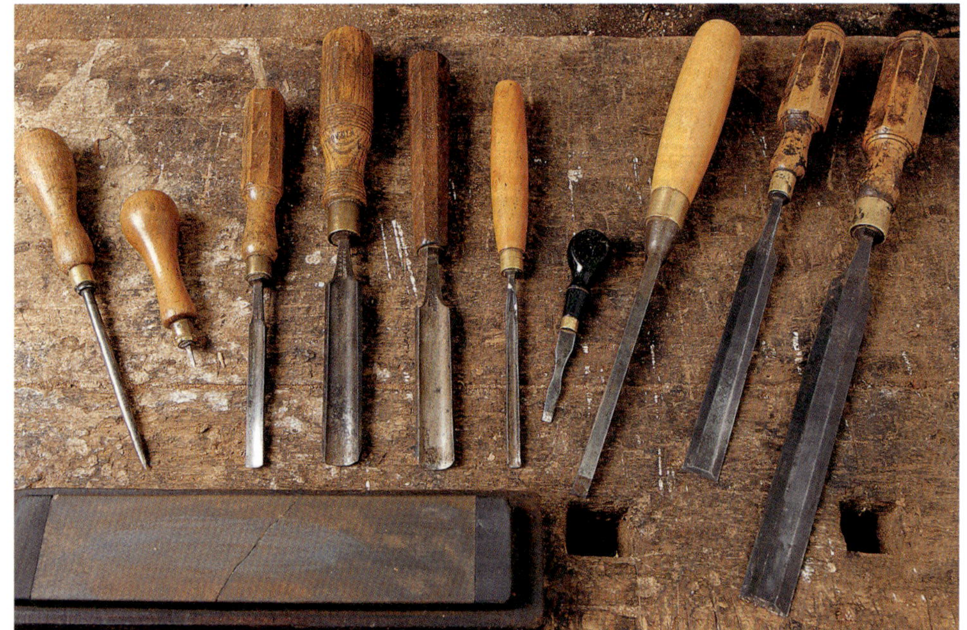

Eine Auswahl an Stemmeisen, Hohlbeiteln und Ahlen (zum Vorstechen kleiner Löcher), wie sie der Restaurator täglich verwendet

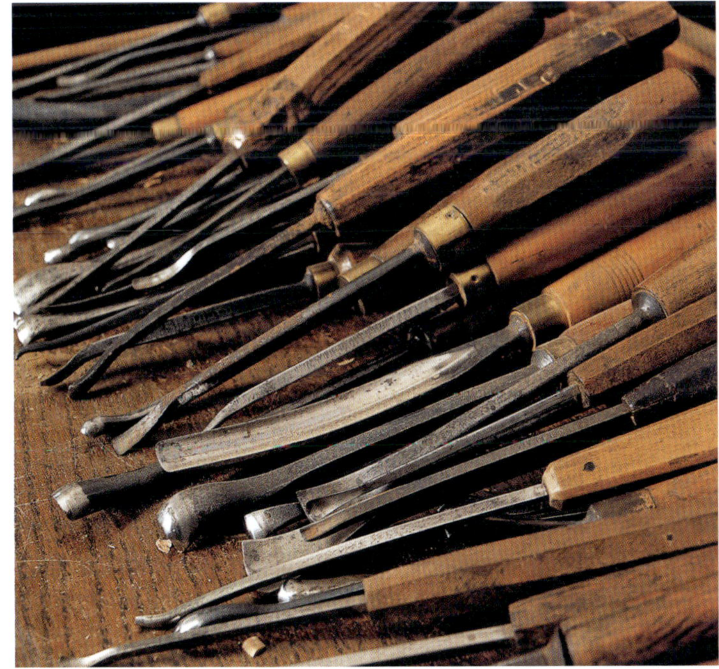

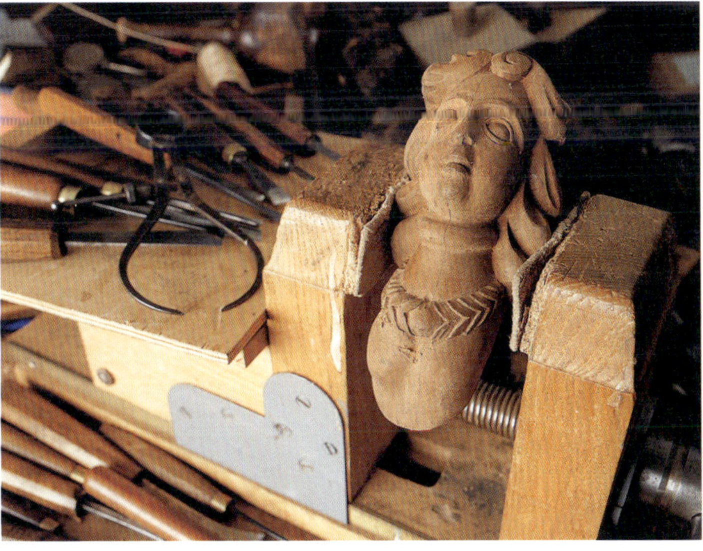

Links: *Nur einige der in die Hunderte gehenden Schnitzeisen als Voraussetzung für meisterhafte Arbeit*

Oben: *Eingespannt in einen speziellen Schraubstock, ist das Stück von allen Seiten zugänglich.*

Schärfen eines Stemmeisens

Zu den wichtigsten Werkzeugen des Kunsttischlers oder Restaurators gehören die verschiedenen Stemmeisen. Sie werden zum Ausstemmen, Ausgleichen und Ausformen von Holz verwendet. Ihre permanente Schärfe ist eine Grundvoraussetzung. Wo diese nicht erfüllt ist, riskiert man die Faser aufzureißen, anstatt das Holz sauber auszuschneiden. Wenn die Schneidfase eines Eisens nicht mehr scharf ist, lässt sie sich innerhalb von wenigen Minuten problemlos nachschleifen.

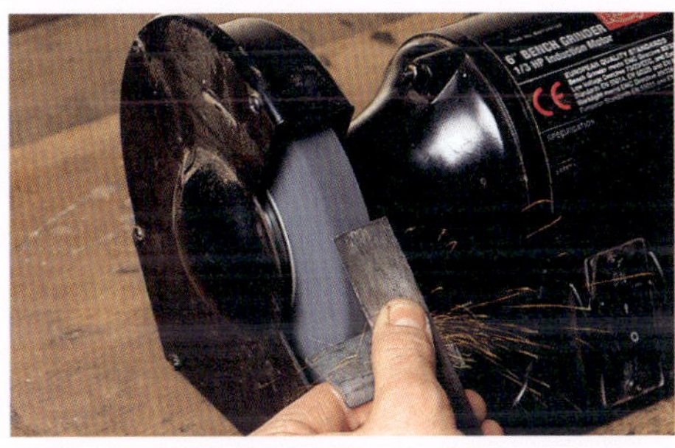

1 *Mit Hilfe einer Trockenschleifmaschine und dem feineren der beiden Abziehsteine wird das Eisen in einem Winkel von etwa 25°–30° angelegt. Beenden Sie den Schleifvorgang, sobald die Fase eben ist, weil anderenfalls die Klingenlänge und somit die Lebensdauer des Eisens verkürzt wird.*

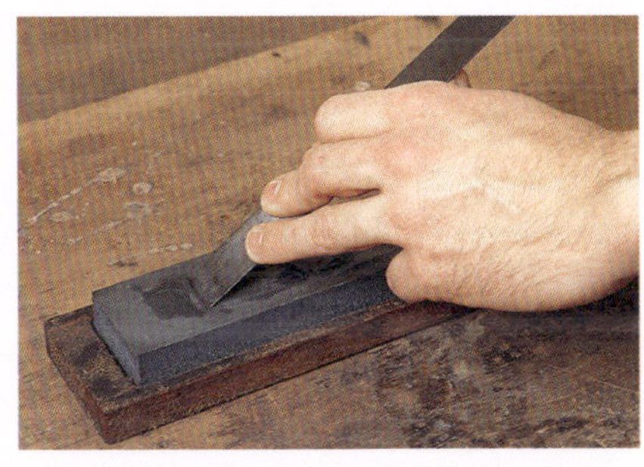

2 *Benetzen Sie einen Abziehstein mit feinem Öl, um ihn gleitfähig zu machen, und ziehen Sie das Stemmeisen mehrere Male in einem Winkel von etwa 25–30° über den Stein. So erzeugen Sie eine scharfe Schneide,*

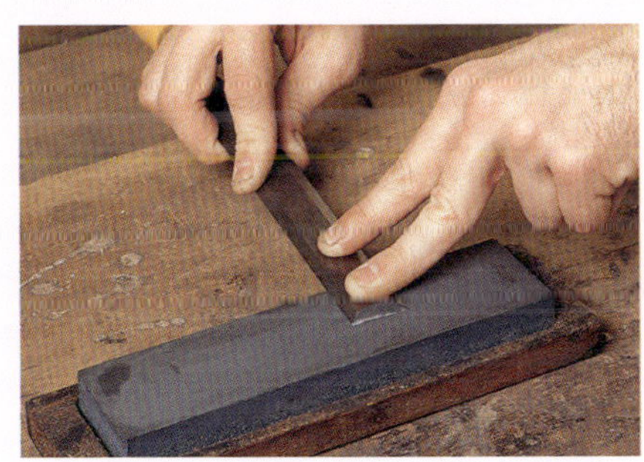

3 *Drehen Sie das Stemmeisen um und legen Sie es flach auf den Stein. Schieben Sie es mehrere Male unter leichtem Druck hin und her, um den entstandenen Grat abzuschwächen. Ziehen Sie das Stemmeisen auf einem Stück Leder ab, um den Grat zu entfernen.*

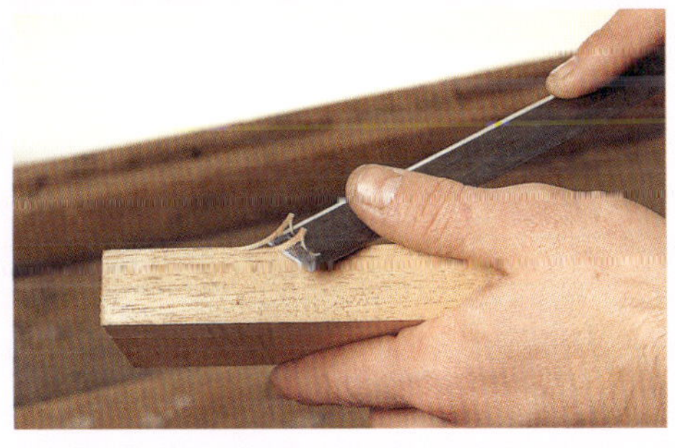

4 *Testen Sie die Schärfe Ihres frisch abgezogenen Stemmeisens, indem Sie einen Span von einem Stück Holz schneiden und zugleich den Grat entfernen, wenn er nicht bereits am Leder abgezogen wurde.*

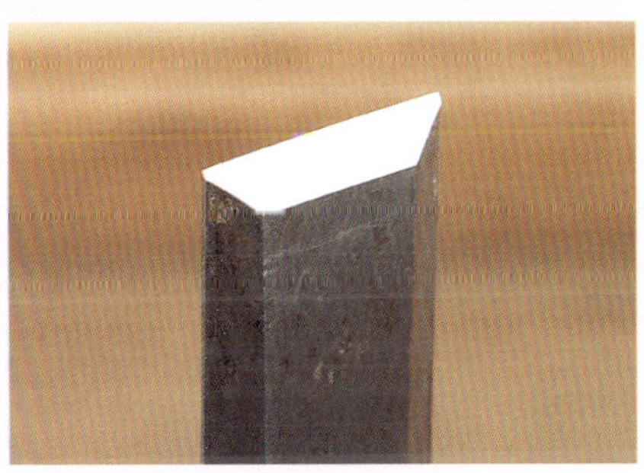

5 *Das obige Bild veranschaulicht, wie die fertige Fase eines sachgemäß abgezogenen Stemmeisens aussehen sollte.*

DRECHSELEISEN

Seit dem Mittelalter werden im Möbelbau gedrechselte Teile eingesetzt. Während sich die Drehbänke mit der Zeit wandelten – die frühesten Exemplare wurden allein durch menschliche Kraft angetrieben –, unterscheiden sich die Grundtechniken und Prinzipien kaum von denen der frühen *Chairbodgers* oder Stuhlflicker, die in der Vergangenheit mit ihrer Drehbank von Ort zu Ort zogen. Die Werkzeuge, die heute in Schreinerbetrieben verwendet werden, sind denen, die vor Hunderten von Jahren verwendet wurden, noch immer ähnlich.

Die Ausstattung der Drechsler gliedert sich in Mess- und Drechselwerkzeuge. Da es bei der Arbeit auf Genauigkeit ankommt, sind Stechzirkel zum Abmessen von Länge und Breite sowie Greifzirkel zum Erfassen der Außen- und Innenmaße unerlässlich. Beide übertragen das Maß von einer Schablone (Muster) und lassen sich bei laufender Drehbank verwenden.

Die Drechseleisen, die über lange Klingen und Hefte verfügen, um sich der starken Drehbewegung entgegenzustemmen, gliedern sich in vier Gruppen: Da sind zunächst die Hohlbeitel, mit denen das Holz grob zylinderförmig zugerichtet, dann die Stemmeisen mit schräger Fase, mit denen die endgültige Form des Zylinders herausgearbeitet wird. Kratzeisen oder Schaber werden zum Einschneiden von Nuten und Schneckengewinden und die Geißfüße oder V-Meißel zum Ausheben langer Schlitze oder Furchen sowie zum Trennen der gedrechselten Teile vom Abfallholz verwendet.

Da die Werkzeuge stark beansprucht werden, müssen sie scharf gehalten und regelmäßig auf Bruchstellen geprüft werden. Der Restaurator wird also ausnahmsweise besser mit neuen Werkzeugen arbeiten als mit ihren alten »Äquivalenten«, denn über Jahre strapazierte Klingen oder spröde gewordene Hefte können, wenn sie bei Gebrauch brechen, zu Verletzungen führen.

Wichtig ist deshalb auch immer die sachgemäße Handhabung der Werkzeuge. Um Gefahren vorzubeugen, empfiehlt sich ein Drechselkurs, denn ohne Vorkenntnisse sollte man sich nicht an die Drehbank stellen.

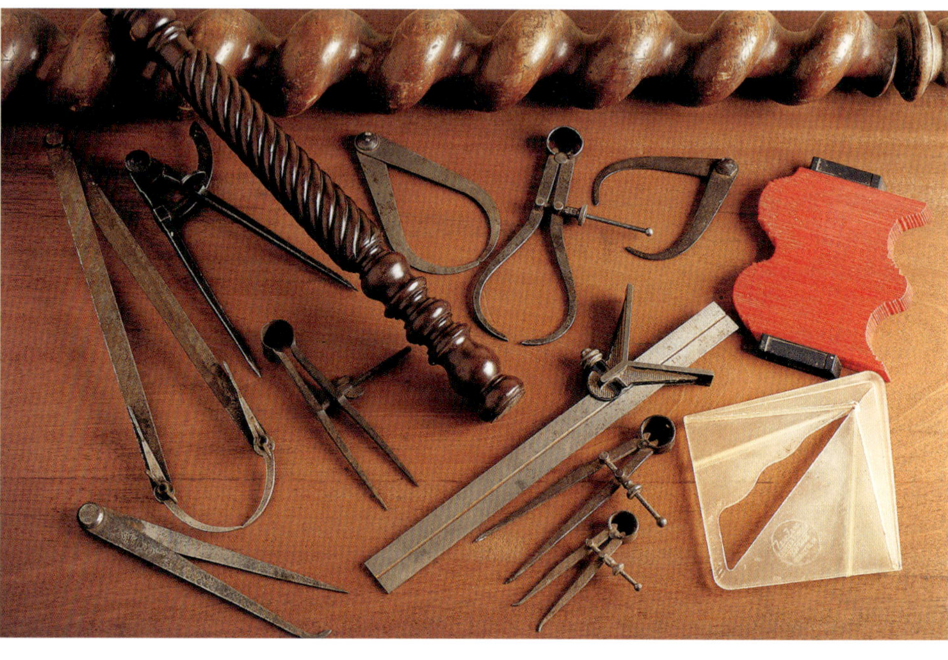

Ein breites Sortiment an Mess- und Drechselwerkzeugen ist Voraussetzung für saubere und akkurate Drechselarbeiten.

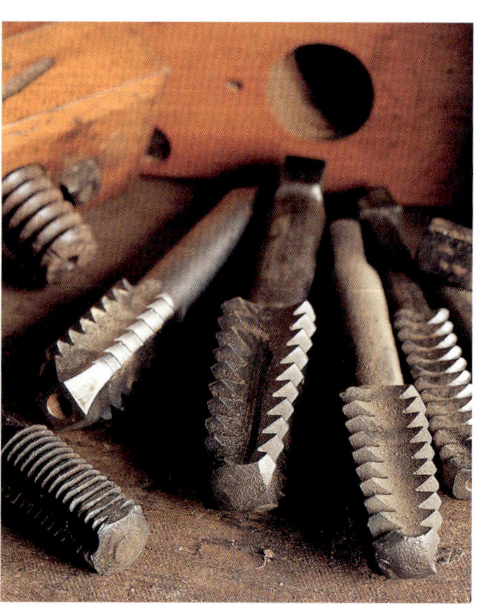

Links: *Bohrer und Kluppen, das Pendant zu heute verwendeten Drehbänken.*

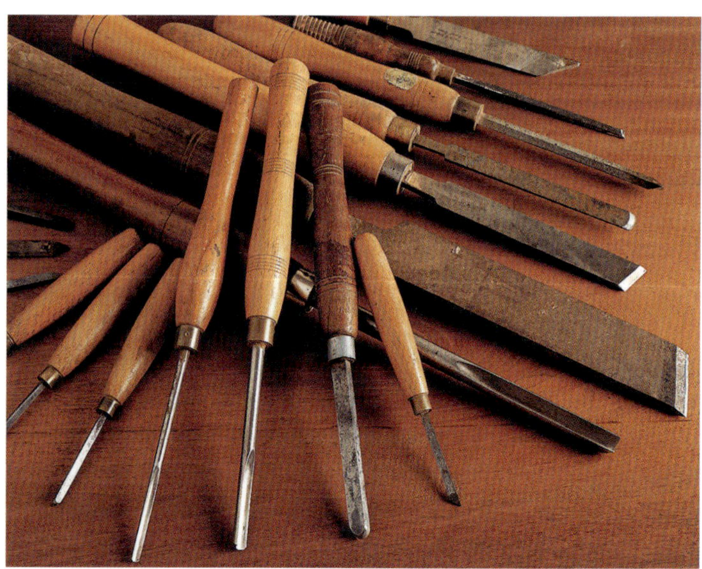

Rechts: *Drechseleisen unterscheiden sich erkennbar von den gängigen Holzstemmeisen.*

Schneiden eines Außengewindes

Beim Drehen und Schneiden eines neuen Gewindes ist zu beachten, dass Außen- und Innengewinde einander entsprechen müssen. Empfehlenswert sind Gewindeschneider bzw. Zapfenschneider oder Kluppen (Werkzeuge mit Innengewinde zum Erzeugen von Außengewinden) und Gewindebohrer (Stahlzylinder mit Außengewinde zum Schneiden von Innengewinden), die als zweiteilige Sätze im Handel erhältlich sind. Zu beachten ist, dass sich die Arbeit, einmal angefangen, nicht unterbrechen lässt, bis das Gewinde fertig ist. Ein Absetzen bedeutet, dass Sie kein einwandfrei passendes Paar erhalten.

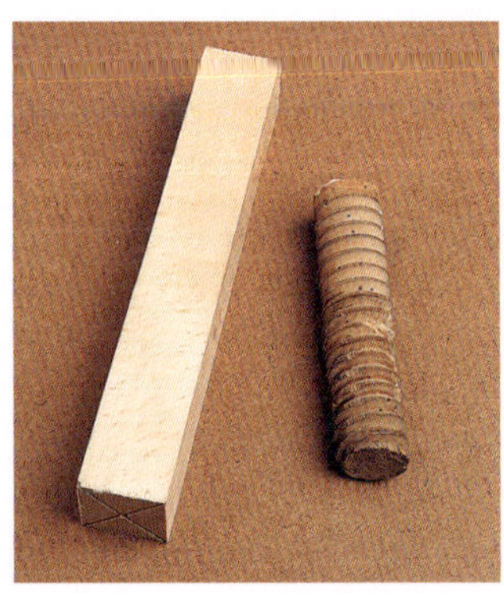

1 *Nehmen Sie ein Stück Holz und schneiden Sie es in einem etwas größeren Durchmesser als die Breite des Gewindes, das hergestellt werden soll.*

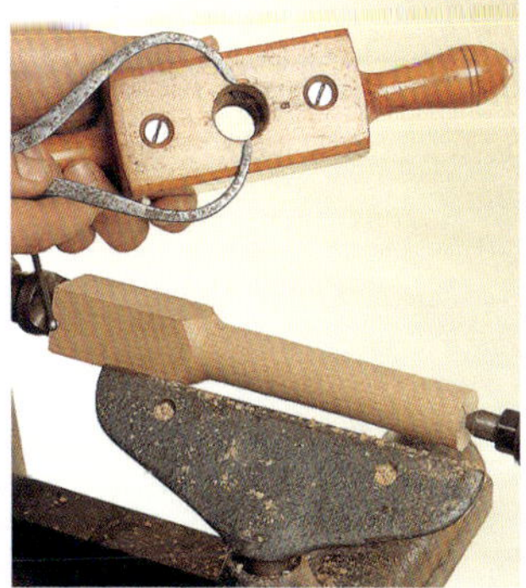

2 *Spannen Sie das Vierkantholz in die Drehbank ein. Messen Sie die Größe der Gewindeöffnung mit einem Greifzirkel und vergleichen Sie dieses Maß dann mit der Größe des gedrechselten Holzes.*

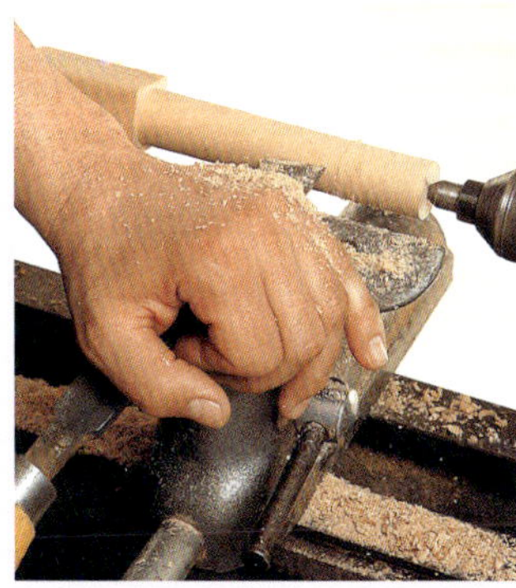

3 *Drehen Sie den Zylinder ab, bis er den erforderlichen Durchmesser hat; beim Überprüfen des Maßes hilft immer wieder der Greifzirkel.*

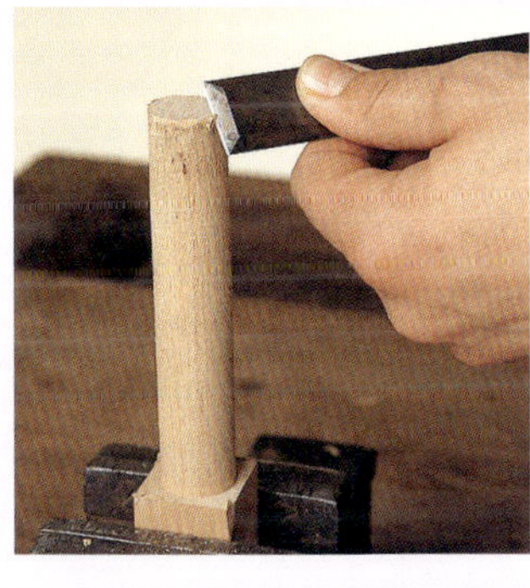

4 *Spannen Sie den Zylinder in einen Schraubstock ein und schälen Sie mit einem scharfen Stemmeisen eine Führungskante ab. Sie erleichtert das Ansetzen des Gewindes.*

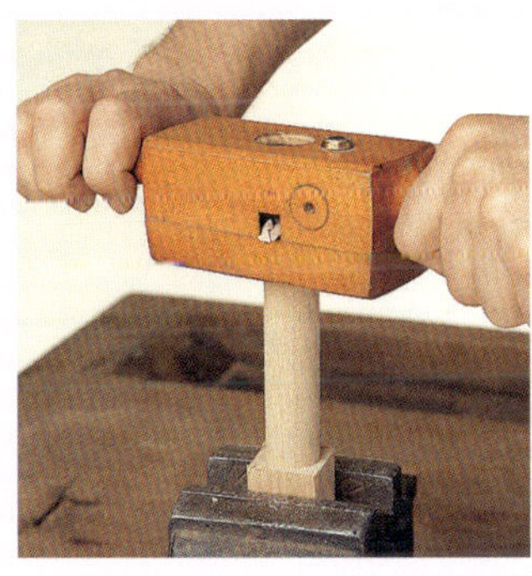

5 *Setzen Sie den Holzgewindeschneider (Kluppe) auf den gedrehten Zylinder. Beginnen Sie im Uhrzeigersinn damit, das Gewinde zu drehen.*

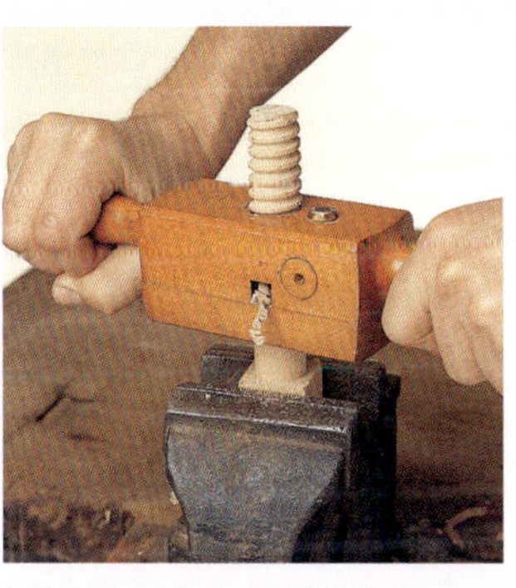

6 *Achten Sie auf eine genau waagrechte Führung der Kluppe und führen Sie jeweils eine volle Drehung im Uhrzeiger- und eine halbe im Gegenuhrzeigersinn durch, um zu verhindern, dass sich Späne auf der Schneide festsetzen.*

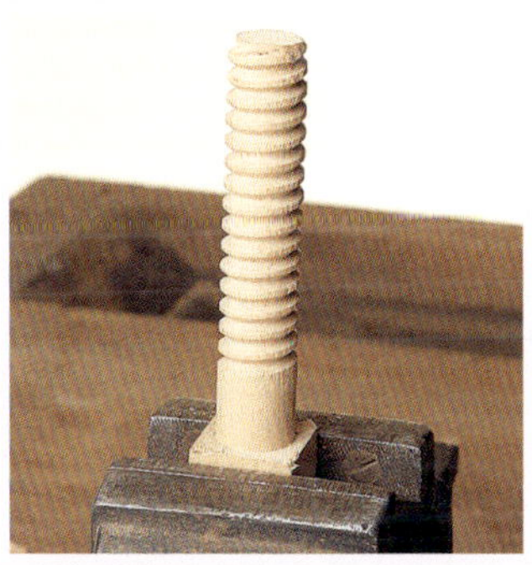

7 *Fahren Sie auf diese Weise fort bis zur Basis und entfernen Sie die Kluppe. Nehmen Sie den Holzzylinder aus dem Schraubstock und schneiden Sie ihn auf die erforderliche Länge zu.*

Schneiden eines Innengewindes

Nun muss ein passendes Innengewinde geschnitten werden, das dem Außengewinde entspricht. Sollten die beiden Gewinde verschieden groß sein, gibt es nur eine Lösung: das Innengewinde mit einem passenden Holzstück zu verzapfen, und das Holz dann für das Innengewinde neu auf die dem Außengewinde entsprechende Größe zuzuschneiden.

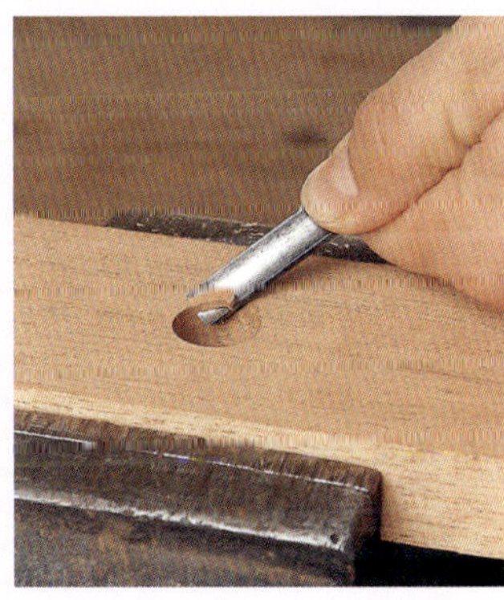

1 *Spannen Sie ein Stück Holz in einen Schraubstock und bringen Sie mit einem Bohrer ein dem bereits gedrehten Außengewinde entsprechend großes Loch ein. Schälen Sie mit einem scharfen Stemmeisen eine Führungskante ab.*

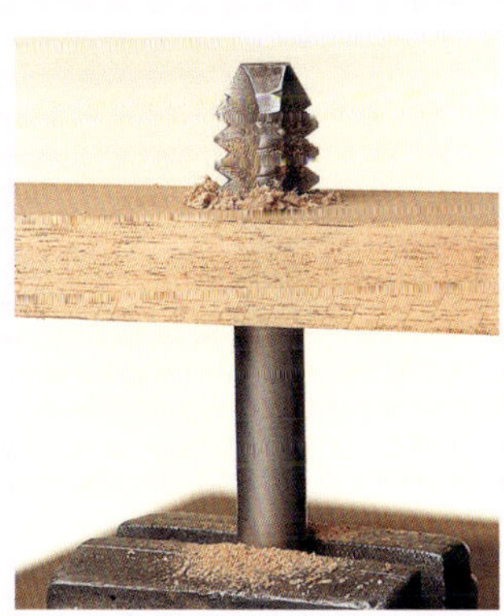

2 *Spannen Sie den Gewindebohrer in den Schraubstock und positionieren Sie die Führungskante über dem Bohrer. Drehen Sie das Holzstück um jeweils eine volle Drehung im Uhrzeiger- und eine halbe im Gegenuhrzeigersinn.*

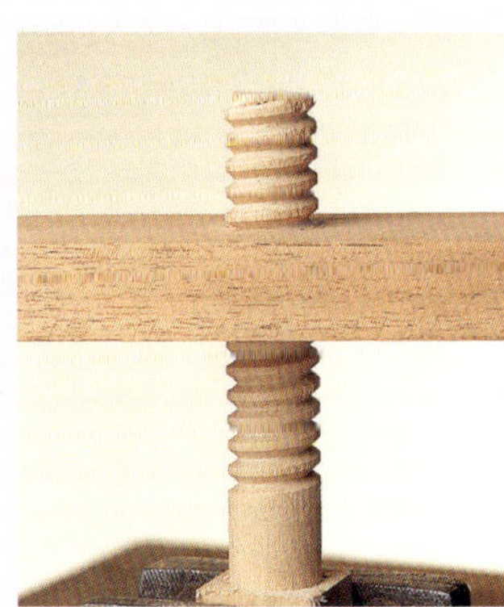

3 *Am Ende müssten Außen- und Innengewinde einwandfrei ineinander passen und leicht drehbar sein.*

MASCHINEN

Obwohl das Restaurieren alter Möbel traditionell ein Handwerk ist, das vorwiegend mit manuell geführten Werkzeugen erfolgt, können Maschinen das Leben manchmal leichter machen. Die im Lauf des 19. Jahrhunderts massenhaft eingeführten mechanischen Werkzeuge leiteten einen radikalen Wandel in der Möbelproduktion ein. Auch wenn Maschinen nie einen versierten Handwerker ersetzen werden, kann die neue Generation der von Hand geführten Elektrowerkzeuge in einem Schreinerbetrieb doch wertvolle Arbeitszeit sparen helfen.

Der Einsatz großer Maschinen in einer Restaurationswerkstatt ist recht begrenzt. Tatsächlich fehlt es meist schon am verfügbaren Platz für einen voll ausgestatteten Maschinenpark, insbesondere für die schwereren Maschinen. Dennoch können bestimmte Maschinen dem Restaurator eine Hilfe sein. Als geradezu unentbehrlich erweisen sich die Bandsäge und die Drehbank.

Von Hand geführte elektrische Maschinen wie Bohrmaschinen oder Akku-Bohrer, Stichsäge und Elektro-Oberfräse sind eine große Arbeitserleichterung. Daher lohnt es sich, ein möglichst großes Sortiment unterschiedlicher Fräser anzuschaffen. Der Kauf eines Kombi-Maschinentischs erweitert die Einsatzmöglichkeiten einer Fräse zusätzlich. Je nach Budget und verfügbarem Raum wird man sich auch eine Kreissäge, Hobelmaschinen und Säulenbohrmaschinen zulegen. Obwohl gewiss nicht täglich in Gebrauch, können sie bei Bedarf Stunden an Arbeit einsparen. Wie für alle Maschinen gilt auch hier, dass es einer sachgemäßen Einführung bedarf, und die Sicherheitsbestimmungen zu beachten sind.

BANDSÄGE

Die Schneide der Bandsäge besteht aus einem flexiblen Stahlband, das sich in Form einer Endlosschleife bewegt. Sie eignet sich zum Schneiden von Bögen und Winkeln oder um Streifen von breiteren Platten abzuschneiden. Ihre Einsatzmöglichkeiten sind durch die Tiefe des Sägebetts und die Dicke der Schneide begrenzt.

Üben Sie nie übermäßigen Druck auf die Schneide aus, Sie beschädigen sonst entweder das Stahlband oder die Führungsschiene, was ein Herausspringen der Säge verursachen kann.

Generell gilt, dass man die Säge mit der ihr eigenen Geschwindigkeit arbeiten lässt. Unverhältnismäßige Kraftanwendung führt zur Überstrapazierung des Motors, der dann automatisch langsamer arbeitet.

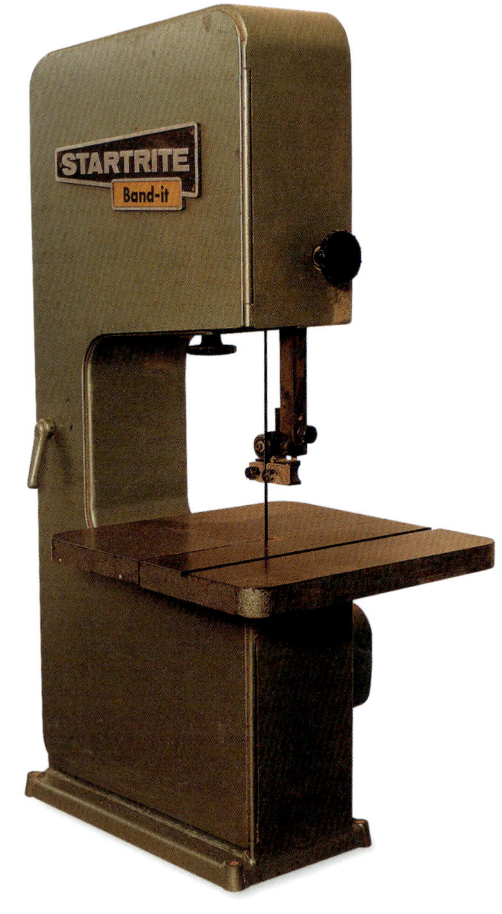

Bandsäge

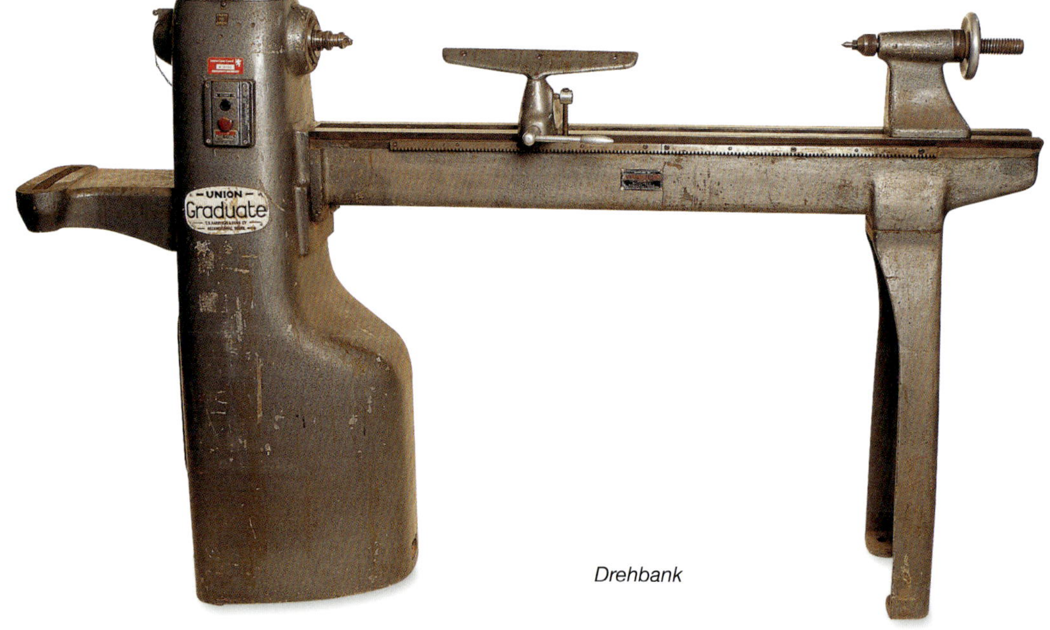

Drehbank

DREHBANK

Die Drehbank lässt sich sehr vielseitig einsetzen, angefangen beim Drechseln von Stuhl- oder Tischbeinen über Spulen, Perlstableisten und Spindeln bis zum »Kopieren« von Griffen, dekorativen Medaillons und stilisierten Blütenmotiven (Paterae).

Aufgrund der hohen Drehgeschwindigkeit, mit der Drehbänke arbeiten, ist ein entsprechend schweres Schutzgehäuse erforderlich, das der Vibration standhält. Aber auch mit diesem für die Restaurierung von Möbeln idealen Gerät sollte man sich in einem entsprechenden Lehrgang vertraut machen, bevor man damit zu arbeiten beginnt und sich womöglich ernsthafte Verletzungen zuzieht.

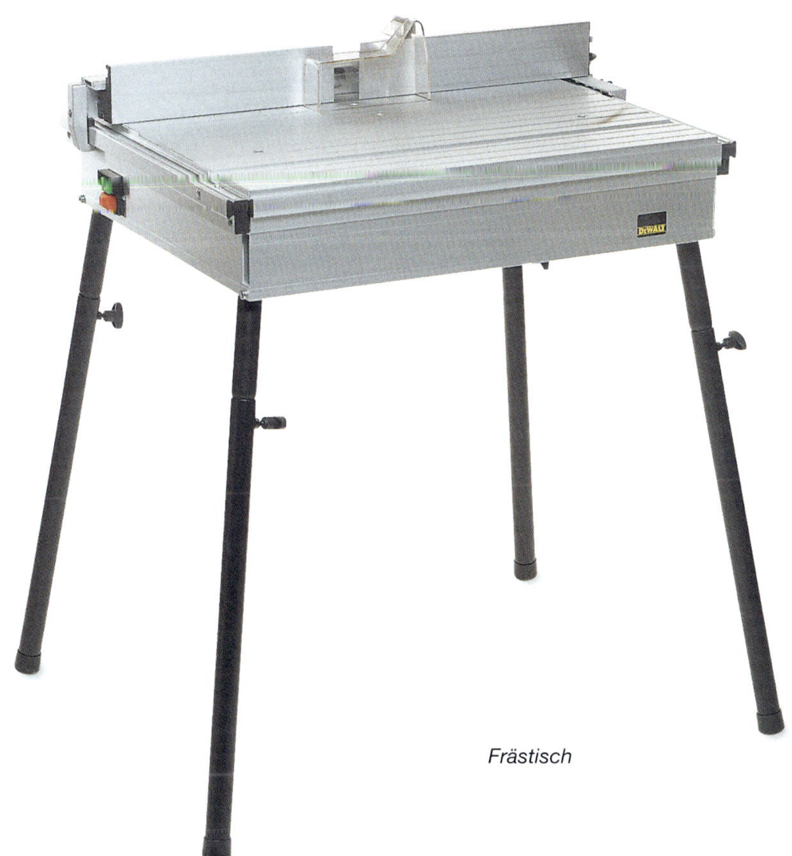

Frästisch

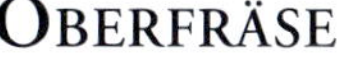

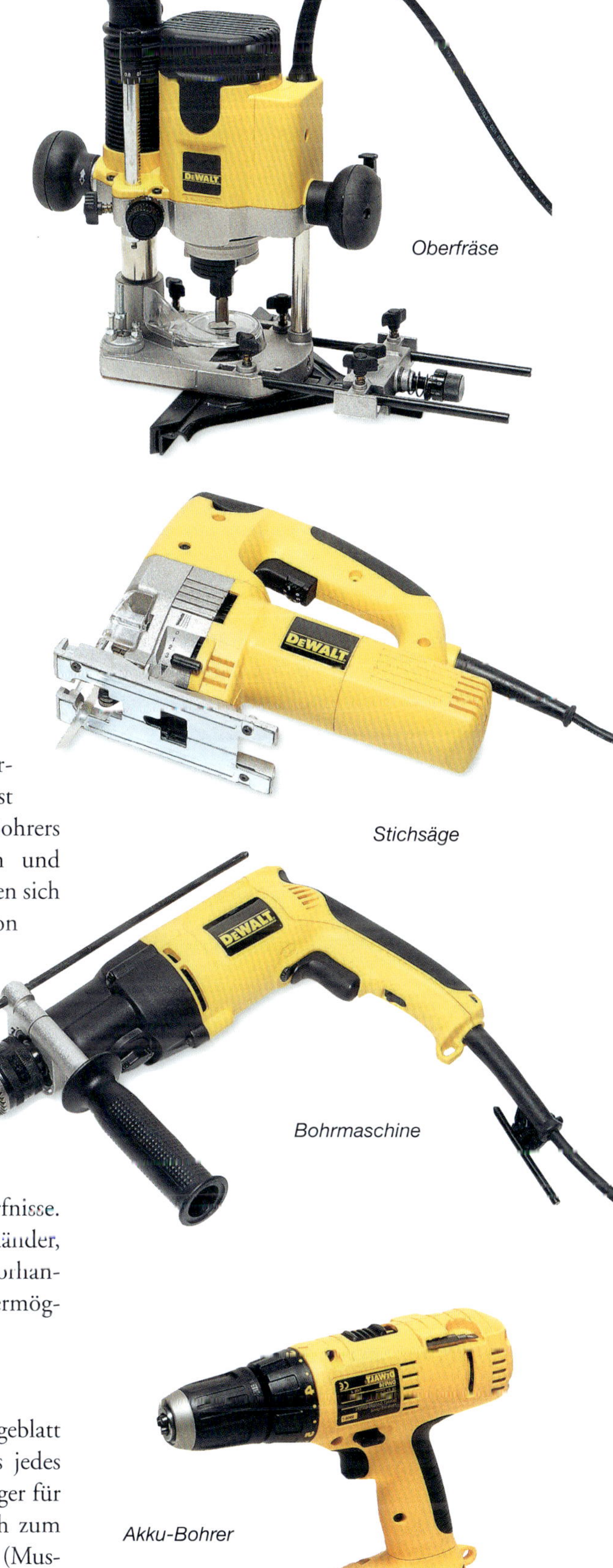

Oberfräse

Stichsäge

Bohrmaschine

Akku-Bohrer

Oberfräse

Die Oberfräse ist ein vielseitiges Werkzeug, das mit der Hand geführt wird. Die Schneide dreht sich mit hoher Geschwindigkeit und erzeugt einen sauberen, gleichmäßigen Schnitt. Sie lässt sich mit einer Anschlagvorrichtung bzw. einem Tiefenanschlag sowie mit unzähligen Fräsern versehen. Beachten Sie beim Gebrauch die Sicherheitsvorschriften: Keine lose sitzende Kleidung tragen, das Haar gebunden halten und eine Schutzbrille aufsetzen.

Frästisch

Wer über einen Kombi-Maschinentisch verfügt, kann die Oberfräse von oben nach unten montieren und zu einer Spindelfräsmaschine umfunktionieren. Der Tisch sollte mit einem stabilen Anschlag und den erforderlichen Schutzeinrichtungen versehen sein und sich zum Verstauen platzsparend zusammenklappen lassen.

Elektro-Bohrmaschinen

Akku-Bohrer und Bohrmaschinen mit Netzanschluss sind in der Werkstatt universell einsetzbar. Auch wenn man den traditionellen Handbohrer verwenden wird, wo für die Ausführung diffiziler Arbeiten lediglich eine Umdrehung des Bohrers erforderlich ist, bietet die elektrische Bohrmaschine im Vergleich zu herkömmlichen Bohrern große Vorteile. Kaufen Sie sich ein möglichst gutes Gerät. Im Fall eines Akku-Bohrers sollte ein zweiter Akku vorhanden und immer geladen sein. Diese Bohrer lassen sich normalerweise auch zum Ausdrehen von Schrauben verwenden, allerdings kaum im Zug feiner Restaurierungsmaßnahmen, da die Köpfe alter Messing- und Stahlschrauben brechen würden. Ob mit Netzanschluss oder Akku, für beide Versionen gibt es unzählige Vorsätze für unterschiedlichste Bedürfnisse. Im Handel erhältlich sind auch Bohrständer, die, falls keine Säulenbohrmaschine vorhanden ist, exaktes senkrechtes Bohren ermöglichen.

Stichsäge

Das sich auf und ab bewegende Sägeblatt einer Stichsäge schneidet problemlos jedes Plattenmaterial, eignet sich aber weniger für Feinarbeiten. Als ideal erweist es sich zum groben Ausschneiden von Schablonen (Mustern), wenn die Teile zu groß sind für eine Handsäge. Beachten Sie, dass das Sägeblatt durch das Holz geht und unterhalb weiter schneidet – gehen Sie entsprechend vorsichtig mit der Säge um.

HÖLZER SAMMELN UND LAGERN

Eine wesentliche Voraussetzung für die Möbelrestauration ist ein umfassender Bestand entsprechender Hölzer, und jede Werkstatt wird versuchen, ein möglichst breites Sortiment anzulegen. Was der Laie auf den ersten Blick eher für einen Haufen Feuerholz halten würde, ist für den Möbelrestaurator ein unbezahlbarer Schatz, denn ohne diesen Fundus alter Hölzer wäre es schier unmöglich, bestimmte Restaurierungsarbeiten auszuführen.

Jeder Restaurator dürfte den Ehrgeiz haben, ein Stück so »unsichtbar« wie nur möglich zu restaurieren. Eine wichtige Voraussetzung dafür sind alte Oberflächenhölzer und Furniere, die sich dem Original in Farbe und Maserung weitgehend anpassen. Auch wo Profile zu ersetzen sind, muss das verwendete Material dem Typ des Originals entsprechen, um ein möglichst gutes Resultat zu erzielen.

Zwei bei Restauratoren gleichbleibend begehrte Hölzer sind kubanisches Mahagoni und Honduras-Mahagoni, die im 18. Jahrhundert beliebtesten Materialien für feine Möbel. Da sie im Handel heute kaum noch erhältlich sind, sollte man wirklich jedes Stück, das sich beschaffen lässt, kaufen und aufheben, bis Bedarf besteht.

Ein Bestand an Bruchholz setzt sich, wie der Name schon sagt, aus Teilen alten Mobiliars zusammen, das nicht zum Restaurieren erworben wurde, sondern einzig und allein, um – sorgfältig zerlegt und nach Hölzern sortiert – bei der Restaurierung besser erhaltener Stücke Verwendung zu finden. Das können mit Kreuzfugenfurnieren versehene eichene Schubladenfronten sein, die darauf warten, beim Ausbessern oder Ersetzen einer fehlenden Schublade eingesetzt zu werden, oder eine alte Tischplatte aus kubanischem Mahagoni, die sich als Material für einen fehlenden Konsolfuß eignet oder mit einem Profilhobel in eine neue, mit einer Hohlkehle versehene Platte verwandeln lässt.

Es gibt unzählige Möglichkeiten, solches Bruchholz aufzutreiben, ob beim Trödler, auf Auktionen oder vom Sperrmüll. Eine viktorianische Truhe, die kaum etwas kostete, kann so viel Eichenholz und Mahagoni abwerfen, dass sich der Preis mehrfach auszahlt, nicht zu vergessen auch die alten Beschläge.

Einen umfassenden Bestand alter Materialien anzulegen, kann eine Lebensaufgabe sein. Damit dieser Bestand auch wächst, sollte man es sich zur Gewohnheit machen, die Hölzer, die verwendet werden, jedes Mal durch eine mindestens gleichgroße Menge zu ersetzen.

Die Einordnung in entsprechend unterteilte und beschilderte Regale erspart bei der Suche eines bestimmten Stücks Zeit und Mühe. Außerdem behält der Restaurator auf diese Weise den erforderlichen Überblick und weiß, welche Furniere auslaufen oder nicht mehr verfügbar sind.

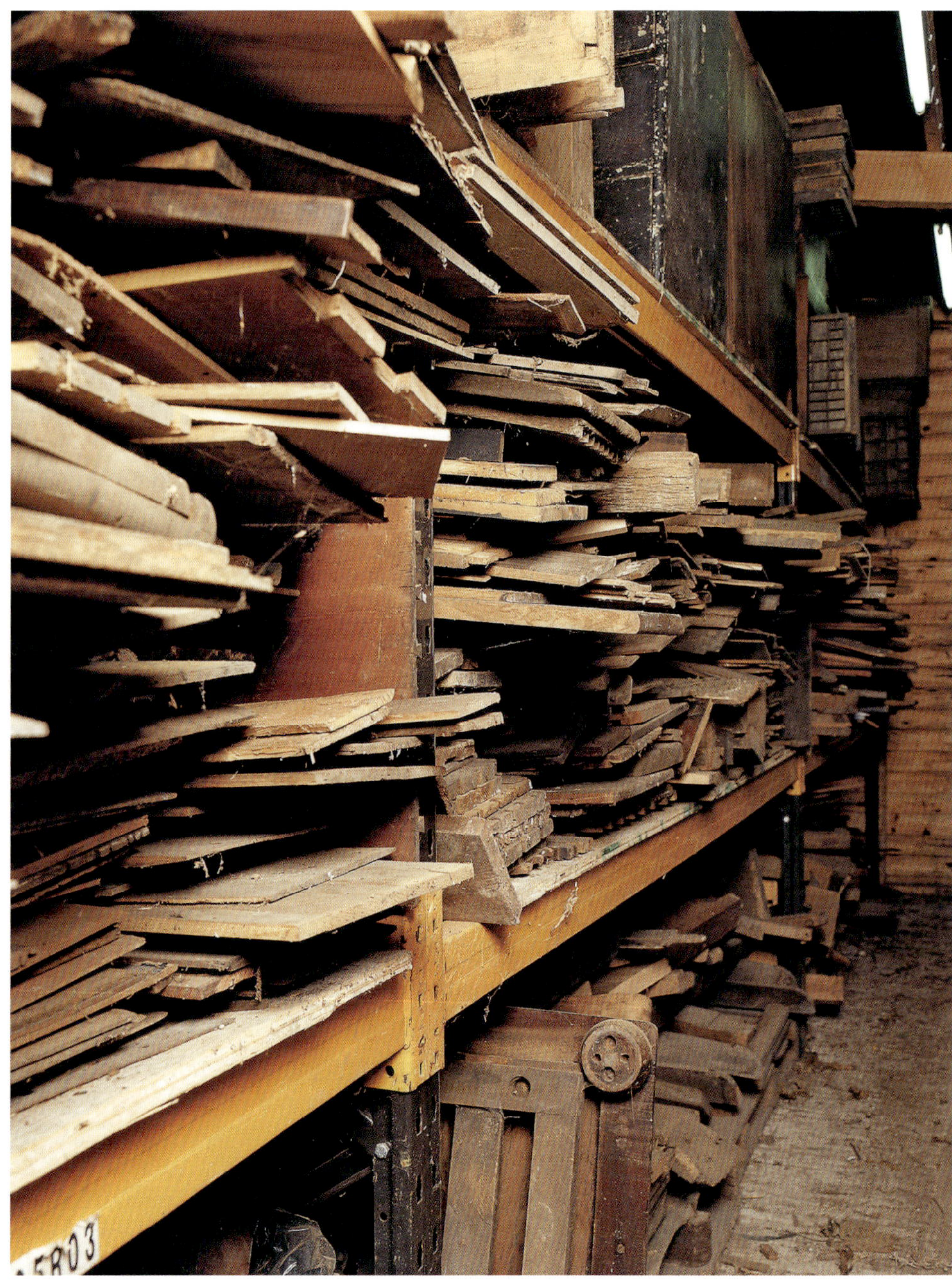

Ein gut ausgestattetes und übersichtlich angeordnetes Lager mit alten Hölzern bietet dem Restaurator das erforderliche Material für schlichtweg jedes Restaurierungsprojekt.

Sämtliche Furniere sollten vom Trägerholz gelöst (s. S. 30) und in einem Furnierlager getrennt verstaut werden. Nägel und Schrauben sind vorher zu entfernen, sei es, um intaktes Material wiederzuverwerten (s. S. 44), oder einfach nur um unnötige Kratzer zu vermeiden. Der Lagerraum sollte trocken, allerdings nicht übermäßig beheizt sein, denn zu viel Wärme kann Verwerfungen und Sprünge im Holz verursachen.

Während ein Großteil der Hölzer aus alten Beständen stammt, empfiehlt es sich auch, wo sich die Gelegenheit bietet, einige neue Hölzer wie Nussbaum, Eibe oder Eiche zu kaufen, um etwa Landhausmöbel zu restaurieren. Diese Bestände sollten dann, professionell in Bretter geschnitten, in einem Gestell aufbewahrt werden, das eine gute Luftzirkulation gewährleistet. So können sie im geschlossenen Raum trocknen und natürlich ausreifen.

Wo es dafür an Platz fehlt und neue Hölzer jeweils erst bei Bedarf angeschafft werden können, gilt es zu bedenken, dass an der Luft getrocknetes Holz dem im Ofen getrockneten vorzuziehen ist, da sich ersteres auf lange Sicht als stabiler erweist. Dem Laien mag das Lager eines Restaurators wie ein Sammelsurium an Hölzern erscheinen. Der Besitzer jedoch kennt seinen Bestand, selbst die vor Jahren erworbenen Stücke. Wenn eine bestimmte Maserung oder Oberfläche gefragt ist, weiß er auf Anhieb, wo er das entsprechende Material damals verstaut hat. Ebenso wie entsprechendes Werkzeug, ist auch ein umfangreiches Lager an alten Hölzern unabdingbare Voraussetzung für eine handwerklich gute Restaurierung.

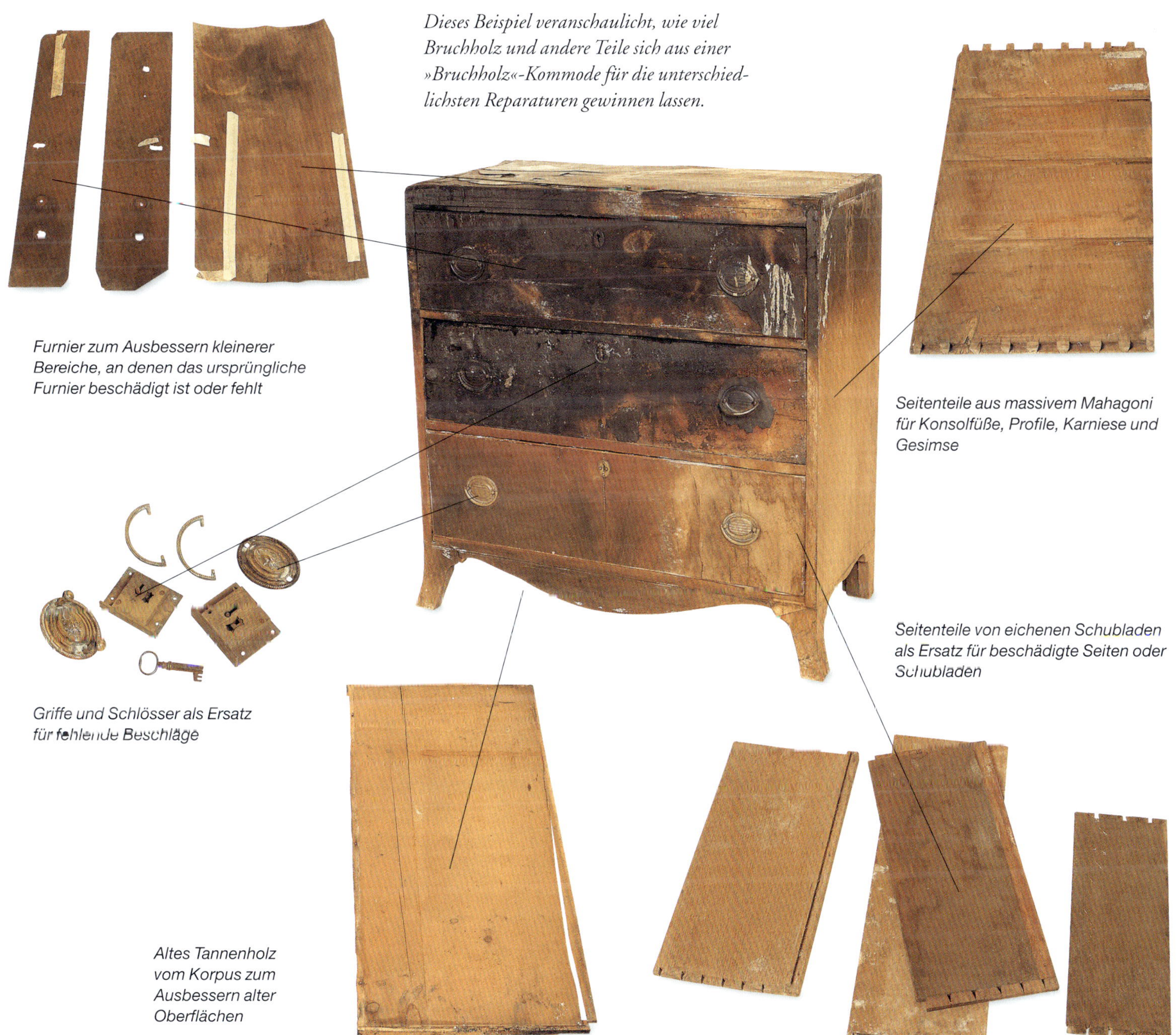

Dieses Beispiel veranschaulicht, wie viel Bruchholz und andere Teile sich aus einer »Bruchholz«-Kommode für die unterschiedlichsten Reparaturen gewinnen lassen.

Furnier zum Ausbessern kleinerer Bereiche, an denen das ursprüngliche Furnier beschädigt ist oder fehlt

Seitenteile aus massivem Mahagoni für Konsolfüße, Profile, Karniese und Gesimse

Seitenteile von eichenen Schubladen als Ersatz für beschädigte Seiten oder Schubladen

Griffe und Schlösser als Ersatz für fehlende Beschläge

Altes Tannenholz vom Korpus zum Ausbessern alter Oberflächen

FURNIERE SAMMELN UND LAGERN

Während die frühen Möbel alle aus Massivholz gebaut wurden, verwendet man seit dem ausgehenden 17. Jahrhundert vermehrt auch Furnier. Die ursprünglich mit der Säge geschnittenen Furniere wurden in der zweiten Hälfte des 19. Jahrhunderts von den durch Abschälen bzw. »Messern« des Baumstamms gewonnenen Messerfurnieren verdrängt, die mit ihren dünneren und somit preisgünstigeren »Blättern« weitere Einsatzmöglichkeiten boten. Wo immer möglich empfiehlt es sich, umfassende Bestände an gebrauchten und neuen Furnieren anzulegen.

Furniere bilden ebenso wie Hölzer aus altem Mobiliar (s. S. 28) eine wichtige Arbeitsgrundlage für den ambitionierten Restaurator. Obwohl der Fachhandel die unterschiedlichsten Furniere bereithält, wird der Restaurator unabhängig davon versuchen, in einem Schuppen oder ungenutzten Raum seinen eigenen Vorrat anzulegen. Dieses Lager sollte aber, wie gesagt, nicht nur neue Furniere enthalten, die es gebündelt und mit Schnur zusammengehalten im Paket zu kaufen gibt, sondern auch alte Furnieroberflächen von nicht mehr restaurierbaren Stücken umfassen.

Da sich die Farbe bestimmter Hölzer mit der Zeit verändert und oft stark von der Originalfarbe abweichen kann, empfiehlt es sich, eine möglichst große Auswahl an Furnieren zur Verfügung zu haben.

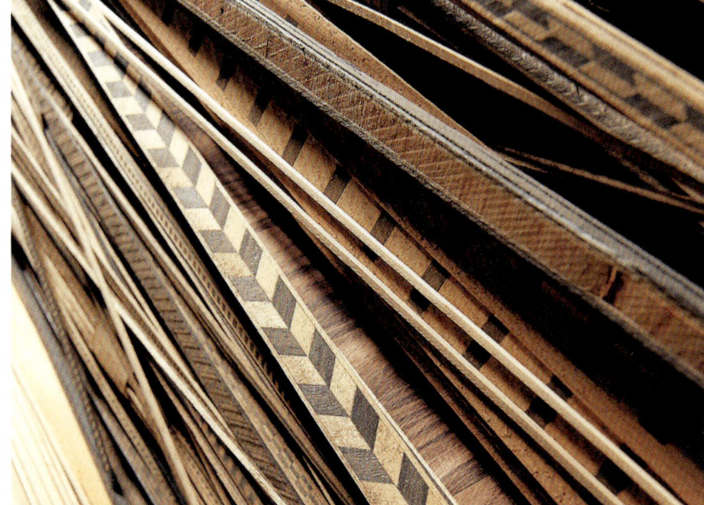

Als sehr brauchbar erweisen sich Bänder und Adern, wie sie in Verbindung mit Furnierarbeiten immer wieder eingesetzt werden. Der Fachhandel hält ein breites Sortiment bereit.

Allerdings gilt es diese alten Furnieroberflächen zunächst einmal von ihrem Trägerholz zu lösen, bevor man sie lagern kann. Dazu legt man ein feuchtes Tuch auf das Furnier und bringt ein heißes Bügeleisen auf. Der Dampf weicht den ursprünglichen Knochenleim auf, so dass sich das Furnier mit Hilfe eines Messers mit flacher Schneide, das zwischen Furnier und Trägerholz geschoben wird, leicht ablösen lässt. Den alten Leim wäscht man, solange er noch klebrig ist, mit warmem Wasser ab.

Die Furniere werden dann zwischen zwei Lagen Papier gelegt und gepresst. Eine Hand-Furnierpresse eignet sich dafür am besten, aber auch zwei mit Gewichten beschwerte flache Holzplatten erfüllen den Zweck.

Die trockenen Furniere werden dann zwischen anderen neuen Stücken einsortiert und im Furnierlager verstaut. Lange »Blätter« sollte man flach lagern, am besten auf Lattenregalen, die eine gute Luftzirkulation gewährleisten. Kleinere Stücke zum Ausbessern von Querfurnierbändern oder Einlegearbeiten lassen sich in Schuhkartons aufbewahren. Im Lagerraum sollte die Luft nicht zu trocken sein, weil sonst die Gefahr besteht, dass sich die Furniere zusammenziehen, spröde werden und reißen. Ein leicht feuchter und kühler Raum eignet sich zur Lagerung am besten.

Um ein bestimmtes Furnier im Lager auszuwählen, sollte man zu zweit sein, denn nur wenn an beiden Enden des Furnierpakets angepackt wird, lassen sich die einzelnen Blätter bedenkenlos drehen. Falls irgendwo ein Riss im Furnier entdeckt wird, sichert man ihn mit braunem Packband.

Wird ein Furnier aus dem Regal genommen, müssen die restlichen Blätter wieder in ihrer ursprünglichen Reihenfolge aufeinander gelegt werden. Andernfalls kann es passieren, dass das Paket verschiedene Furniere enthält, was die Übersicht beträchtlich erschweren dürfte.

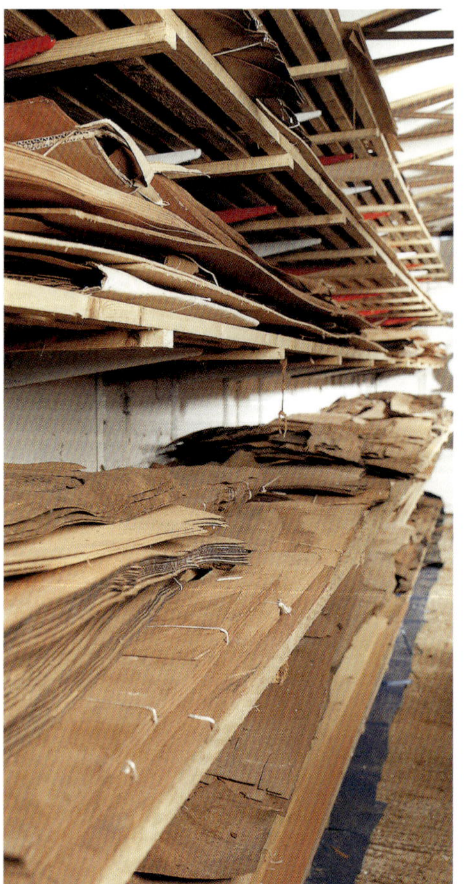

Jedes Furnierlager sollte Regale enthalten, auf denen die Furniere flach gelagert und übersichtlich einsortiert werden können.

Farbe und Patina

Die beiden wichtigsten Aspekte, unter denen ein antikes Möbelstück betrachtet wird, sind zweifellos Farbe und Patina. Während gemeinhin angenommen wird, es handle sich dabei um ein und dasselbe, unterscheidet der Fachmann zwischen diesen beiden Aspekten, die für Käufer und Sammler gleichermaßen entscheidend sind. Die Schönheit der Farbe und der Oberflächenpatina, die Möbelstücke im Lauf der Zeit entwickeln, ist ausschlaggebend für den Wert eines Stücks, ebenso wie ihr Fehlen eine gravierende Wertminderung bedeutet.

Farbe

Die Farbe eines Stücks ist Teil der Oberfläche des Holzes. Diese Oberfläche zeigt, wie das Holz über die Jahre auf den Einfluss des Sonnenlichts reagiert hat. Interessant ist, wie unterschiedlich zwei Teile des gleichen Holzes, Kuba-Mahagoni etwa, reagieren können. Es hängt vielfach davon ab, wie stark ein Stück dem Licht ausgesetzt war oder wie dicht die jeweilige Maserung ist. Auch wird ein massives abgerundetes Teil, eine Stuhllehne etwa, ganz anders reagieren als etwa der flache Deckel einer Truhe. Furnier verändert sich im Übrigen wieder ganz anders als ein Stück aus Massivholz.

Bestimmte Hölzer wie etwa Königsholz und Palisander verändern sich im Lauf der Zeit signifikant; beide zeigen anfangs eine ausgeprägte Purpurtönung, die sich, über Jahre dem Licht ausgesetzt, in einen Goldton verwandelt. Die Veränderung von Mahagoni, einem Holz, das nach dem ersten Polieren ausgeprägt rötlich schimmert, reicht von dunklem Nussbraun bis zu heller Honigtönung. Leider wird diese Färbung durch übertriebenes Reinigen ganz leicht zerstört, denn die Chemikalien verändern Töne, Farben und Schattierungen des Holzes. Zu bedenken ist, dass sich die Originalfarbe, wenn sie erst einmal verändert wurde, nicht wieder herstellen lässt.

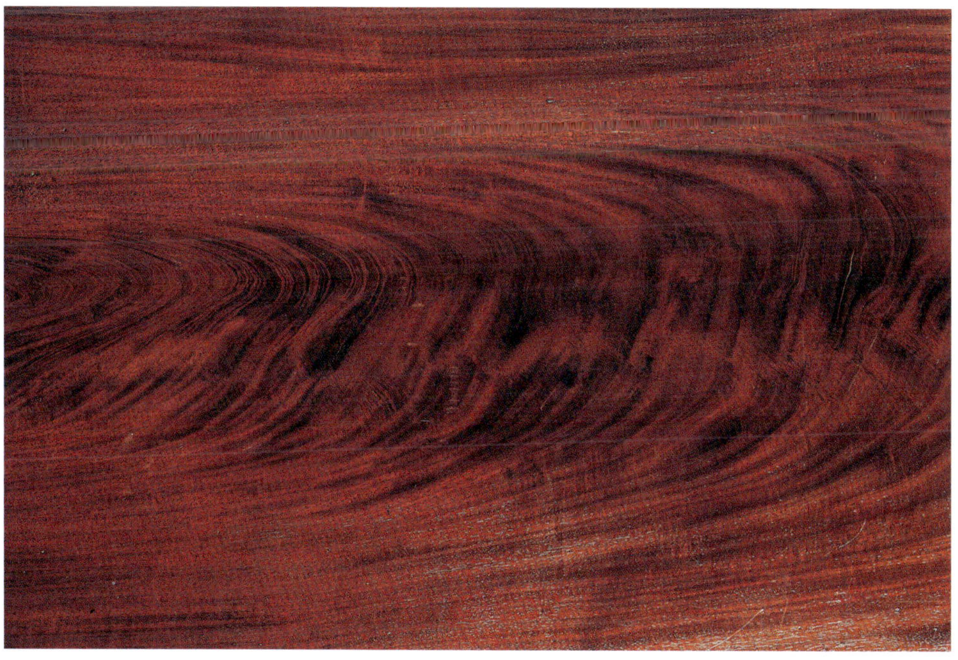

Oben und unten: *Diese Fotos veranschaulichen die unterschiedliche Oberfläche der Innen- und Außenseite eines Teetischs aus Mahagoni aus dem 18. Jahrhundert. Die Innenseite, die zeitlebens geschlossen und lichtgeschützt war, hat ihre ursprüngliche rote Farbe bewahrt (oben). Im Gegensatz dazu hat die Oberseite des Tischs eine warme Tönung angenommen und nach Generationen des Wachsens eine wunderbar patinierte Oberfläche entwickelt (unten).*

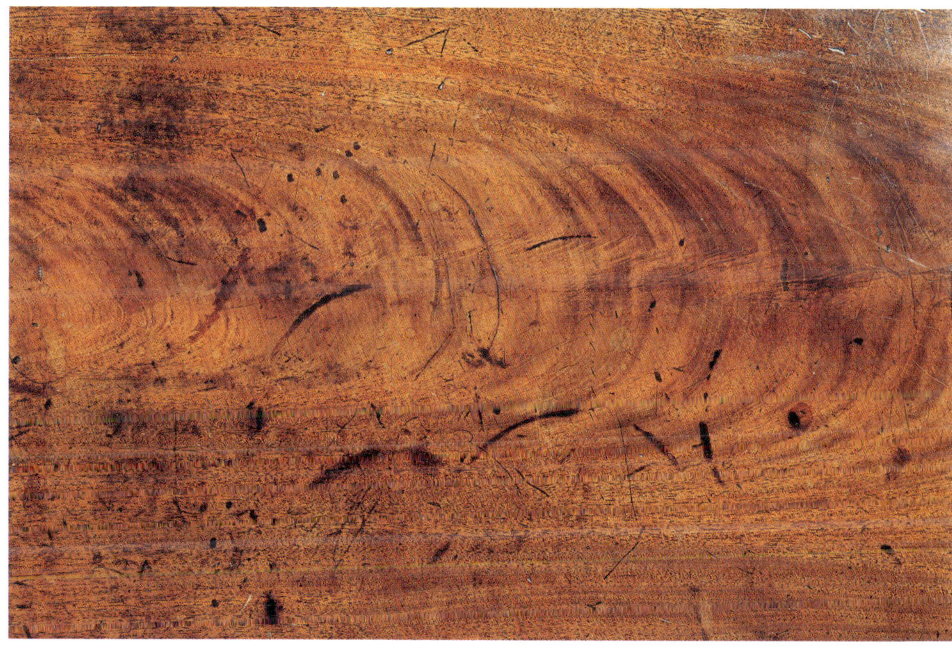

Patina

Der Begriff »Patina« lässt sich am besten als die Geschichte eines Stücks beschreiben, die sich in Farbe und Glanz seiner Oberfläche widerspiegelt. Technisch ist diese über Generationen der Oxidation im Bereich einer polierten Fläche entstanden, in Verbindung mit Schichten von Möbelwachsen, natürlichem Fett und Staub. Zahlreiche Faktoren können zur Veränderung ihres Erscheinungsbilds beitragen, wobei nicht nur das Sonnenlicht eine Rolle spielt, sondern auch, wie viel Wachspolituren im Lauf eines »Möbellebens« aufgetragen wurden, ob Lösemittel angewandt und welche Überzüge das Stück ursprünglich erhalten hatte. So wird sich die Patina eines Stücks aus Mahagoni, das aus der Mitte des 18. Jahrhunderts stammt und seinerzeit einen Ölüberzug erhielt, grundlegend unterscheiden von einem aus dem frühen 18. Jahrhundert aus Nussbaum, das in der Regel mit einem Lack und Wachs überzogen wurde.

Während sich edle Stücke oft auch durch eine schöne Patina auszeichnen, wird man eine wirklich einzigartige Patina kaum je finden; falls doch, gilt es, alles zu tun, um diese zu erhalten.

FURNIERE UND MASSIVHOLZ

Allein schon die Vielfalt unterschiedlicher Hölzer und Furniere macht den Reiz von Möbeln aus, ob es sich nun um alte oder moderne Stücke handelt. Die zahllosen neuen Holzarten, die im Lauf der vergangenen Jahrhunderte entdeckt und importiert wurden, inspirierten Kunsttischler und Designer zu immer neuen Techniken, um deren einzigartige Vorzüge zu erproben und auszuschöpfen. Die Öffnung der Weltmärkte steht somit in engem Zusammenhang zum Wandel, den die Entwicklung des Möbeldesigns über Generationen erfahren sollte.

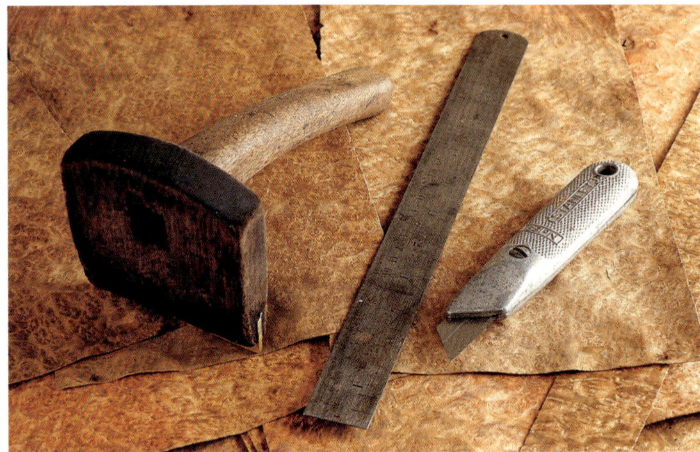

Die Werkzeuge, die zum Schneiden und Aufbringen von Furnieren erforderlich sind, haben ihren Charakter über die Jahrhunderte kaum gewandelt.

Im 16. Jahrhundert wurde nahezu sämtliches Mobiliar noch aus Massivholz gebaut. Erst im Lauf des 17. Jahrhunderts begann das Furnier eine immer wichtigere Rolle in der Möbelfertigung zu spielen, was auch Veränderungen hinsichtlich der Konstruktionstechniken mit sich brachte. Der Korpus bestimmter Stücke bestand von da an nämlich lediglich aus einer Art Rahmenwerk, das mit Furnier verkleidet wurde. Holländische, französische und italienische Möbelschreiner experimentierten mit Marketerie- und Parketterie-Mustern, während man in anderen Ländern heimische Hölzer wie Nussbaum und Ulme in Furnierform zu verarbeiten begann, um – verglichen mit dem ehemals verwendeten Massivholz – ein Maximum an Material zu gewinnen, das sich durch eine schöne Maserung und dekorative Muster aus Maserknollen und Stammenden auszeichnete. Diese Wurzelfurniere, die in massiver Form viel zu instabil wären, da sie von Natur aus zum Reißen und Verwerfen neigen, ließen sich nun in dünnere Furniere schneiden und auf einen stabilen eichenen Korpus aufbringen.

Die ersten Furniere wurden von Hand geschnitten. So entstanden in mühsamer Arbeit dicke Furniere, die ziemlich teuer waren; da hochwertige Möbel damals aber ohnehin noch als Luxus galten, spielte der Preis kaum eine Rolle. Erst als im 19. Jahrhundert Maschinen zum Einsatz kamen, wurden die Furniere dünner und erschwinglicher. Vormals teure Hölzer wie Mahagoni und Seidenholz ließen sich nun für ein weitaus breiteres Spektrum an Möbeln nutzen.

Wie Furniere geschnitten werden

Um Furnierschichten oder so genannte "Blätter" zu gewinnen, wird der Baumstamm in einen Rahmen eingespannt, der sich gegen einen Druckbalken und ein Schälmesser dreht oder entlang einem scharfen Messer auf und ab gleitet. Je nach Einspannen des Stamms werden ganz unterschiedliche Bereiche der Zeichnung in der Maserung freigelegt.

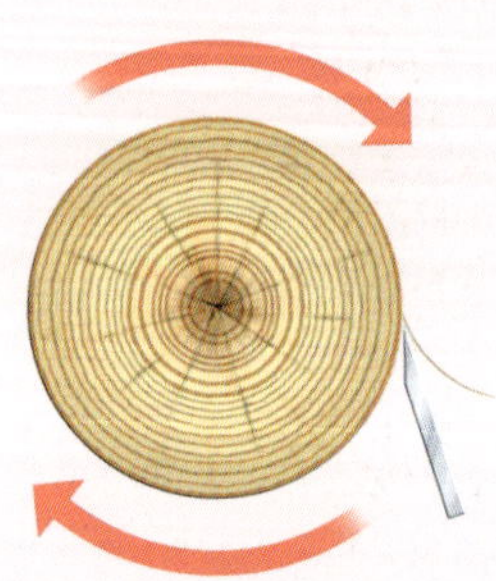

Schälschnitt-Furniere folgen den Jahresringen des Baumstamms. Sie werden wie eine riesige Rolle Papier vom Stamm abgeschält und sind somit sehr groß.

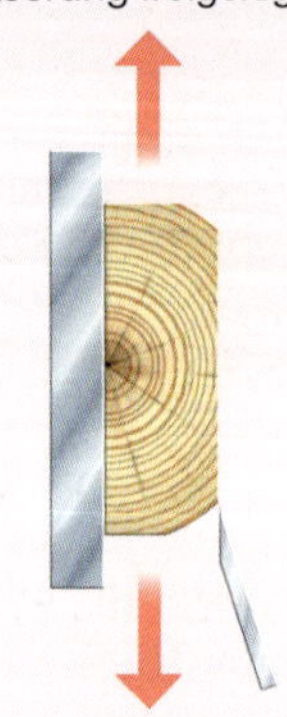

Tangential gemesserte Fladerfurniere werden parallel zur Mittellinie des Stamms gewonnen. Hölzer mit ausgeprägter Wachstumsstruktur eignen sich am besten für diese Schnitt-Technik.

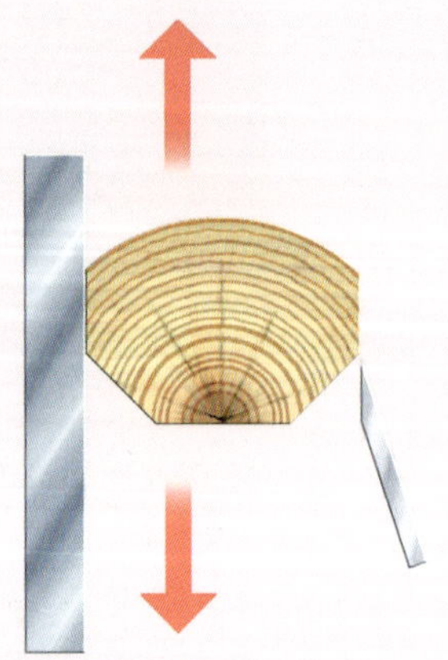

Im Quartierschnitt gewonnene Furniere werden im rechten Winkel zu den Jahresringen geschnitten. Auf diese Weise werden die breiten Markstrahlen freigelegt.

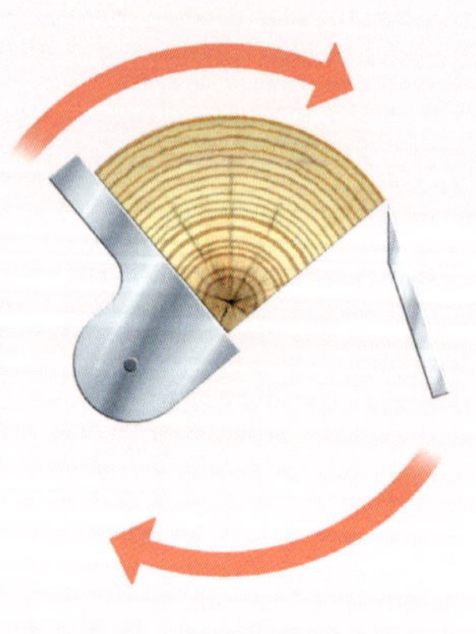

Für annähernd radial gemesserte Furniere wird die Schneide leicht abgewinkelt von der Viertelposition geführt, um ein ansprechendes paralleles Streifenbild zu erzeugen.

Furnier-Schnittverfahren

Ein Vorteil, den Furniere im Vergleich zu Massivholz bieten, und den Kunsttischler sehr rasch schätzen lernten, besteht in der breiten Palette unterschiedlicher Maserbilder, die sich von jedem Baum und jeder Baumart gewinnen lassen. Dieser Vorteil bedeutete für Fertigung und Entwurf, dass ein Spektrum an Hölzern und Gestaltungsmustern verfügbar war, das sich als gleichermaßen einzigartig wie dekorativ erwies.

Obwohl keine zwei Furniere genau identisch sind, lassen sie sich, entsprechend dem Teil des Baums, von dem sie stammen sowie ihrer Musterung und Form grob in die folgenden Kategorien einteilen:

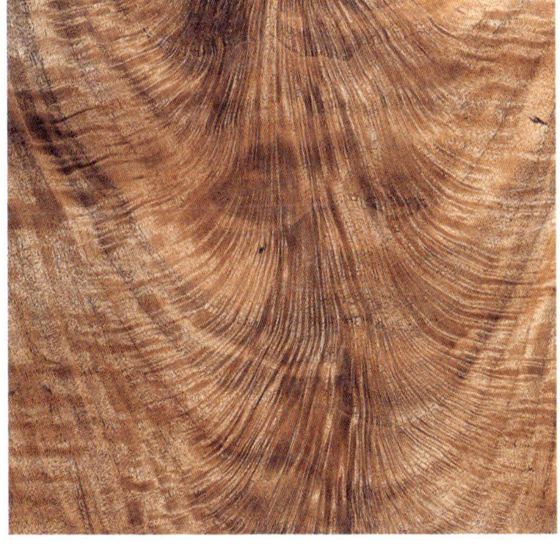

Pyramidenfurnier

Das Pyramidenfurnier wird aus der Gabelung eines Baumstamms geschnitten, dem Bereich also, in dem er sich teilt. So entsteht ein Federeffekt, der bei Hölzern wie Mahagoni für Schubladenfronten und Deckplatten sehr begehrt war. Mit seinem wirbeligen Faserverlauf entsprach Mahagoni-Pyramidenfurnier dem Zeitgeschmack des 18. und 19. Jahrhunderts.

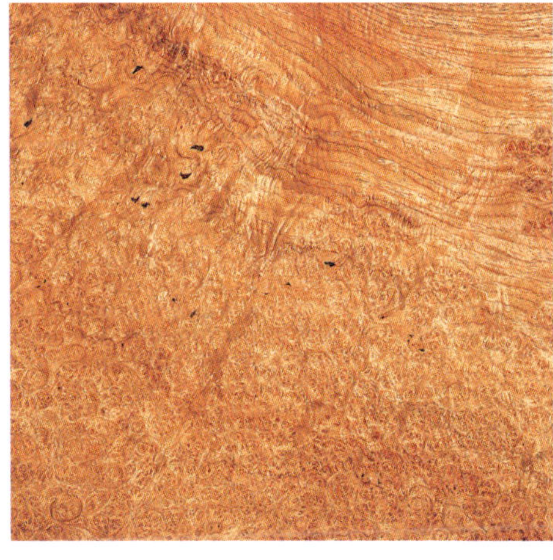

Maserfurnier

Maserfurnier gewinnt man aus den zahlreichen Knollen, die sich im Bereich der Astansätze an Baumstämmen bilden. Diese Maserknollen finden sich oft in ganzen Verbänden am Fuß des Baums. Die lediglich in Form kleiner Stücke erhältlichen Furniere reißen leicht, solange sie nicht auf einem stabilen Untergrund verleimt sind.

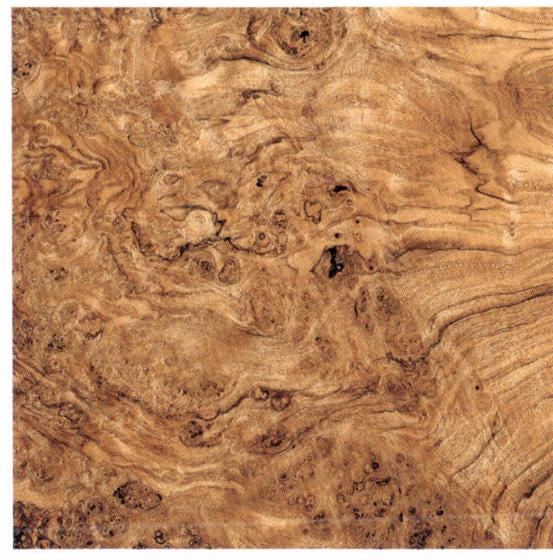

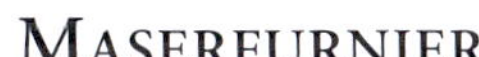

Wurzelfurnier

Dieses Furnier wird, wie der Name schon sagt, aus dem Wurzelbereich des Baums geschnitten. Es zeichnet sich durch dichte Maserung sowie eine unregelmäßige und lebhaft bewegte Zeichnung aus.

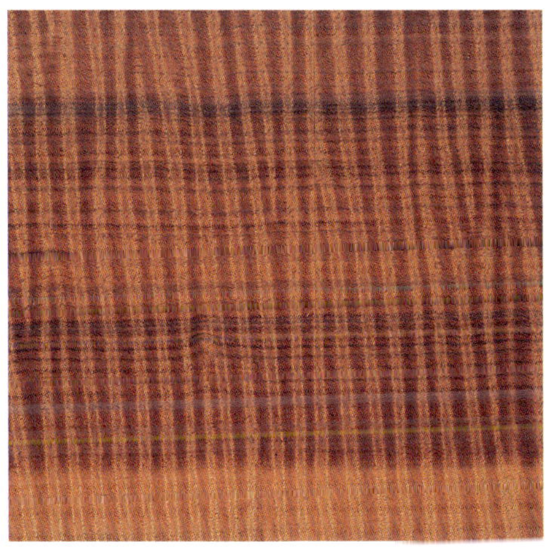

Riegelfurnier

Dieses Furnier wurde von jeher im Geigenbau eingesetzt. Charakteristisch sind die meist im rechten Winkel zur Maserung verlaufenden Bänder. Im 18. Jahrhundert besonders beliebt waren Mahagoni und der auch als *harewood* bezeichnete chemisch behandelte Bergahorn mit seiner silber- bis dunkelgrauen Tönung.

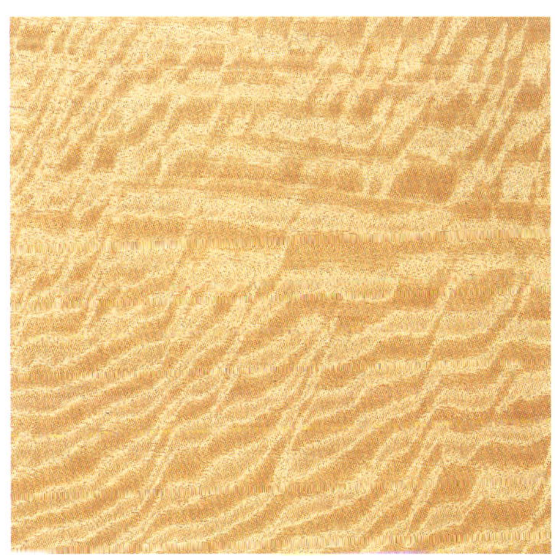

Spiegelfurnier

Dieses weniger willkürlich als Maserfurnier gezeichnete, dennoch aber sehr bewegte Furnier war besonders beliebt für Deckplatten, die in Kreuzfugenform furniert wurden, sowie für gestürzte Furnierbilder.

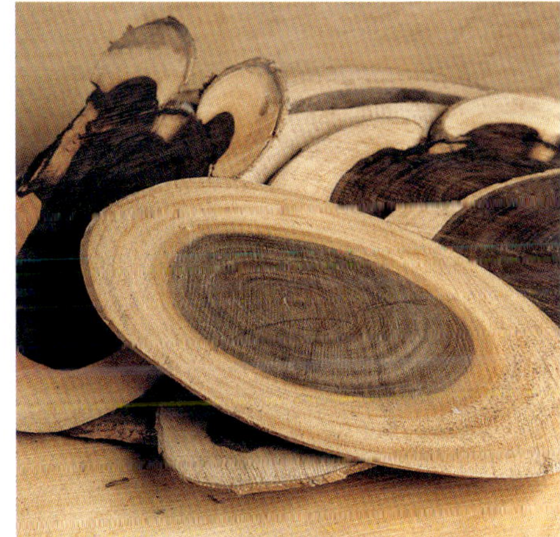

Hirnholzfurnier

Beim Schnitt durch den Ast entsteht das Hirnholzfurnier, das mit seinem charakteristischen Ringmuster einer geöffneten Auster gleicht (in England als *oyster veneer* bezeichnet). Im 17. und frühen 18. Jahrhundert wurden dafür gern Olivenholz, Nussbaum und Goldregen verwendet.

Furnierverarbeitung

Obwohl sich Furniere natürlich auch einfach Blatt für Blatt aufbringen lassen, wirken sie, zu dekorativen Mustern verlegt, sehr viel interessanter. Das Spektrum der Möglichkeiten ist begrenzt und wird oft auch von der Furnierart sowie Herkunft oder Alter des Stücks bestimmt. Um Furniere zu Verbänden zusammenzusetzen, sollten Blätter aus ein und demselben Paket ausgewählt, vor allem aber immer in der Reihenfolge des Schnitts aufgebracht werden, weil das »Bild« andernfalls leicht verschoben erscheinen kann.

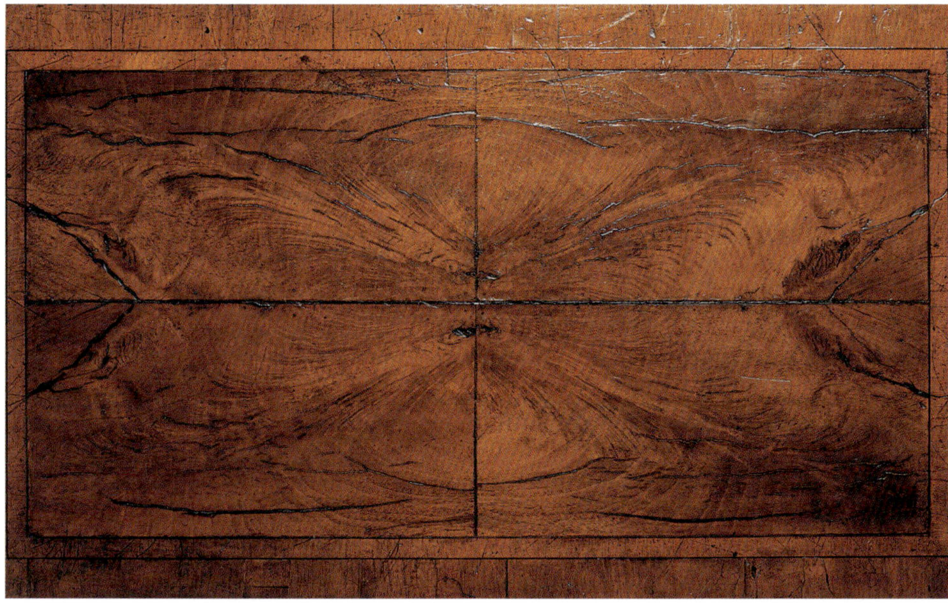

Kreuzfuge

Die Kreuzfuge besteht, ausgehend von einem Mittelkreuz, aus vier Teilen. Bevorzugt eingesetzt wurden für diese Kreuzfugenbilder die Spiegelfurniere, bisweilen aber auch Maserfurniere, oftmals von einem Rahmen aus Querfurnierbändern umgeben. Im 19. Jahrhundert wurden runde Tischplatten mit strahlenförmig von der Mitte ausgehenden Pyramidenfurnieren belegt – eine Technik, die als Furnieren in Segmenten bekannt wurde.

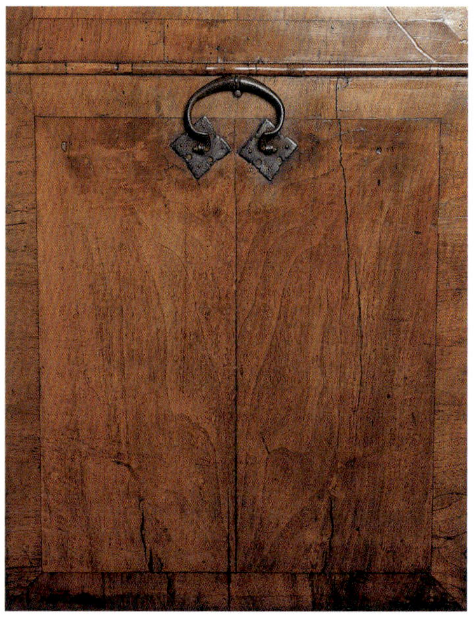

Gestürztes Furnierbild

Beim gestürzten Furnierbild werden zwei aufeinander folgende Blätter eines Pakets auseinander geklappt, so dass ein spiegelbildliches Muster entsteht, vergleichbar den Flügeln eines Schmetterlings. Man verwendet dafür gern Spiegelfurnier, beispielsweise im Seiten- oder Frontbereich von Truhen und Schreibtischen oder in der Mitte einer Tischplatte.

Ungestürztes Furnierbild

Diese Technik war im 17. Jahrhundert verbreitet, insbesondere als Einfassung von Marketerie-Truhen. Wo es ein dekoratives Mittelfeld rasch rundum zu furnieren galt, konnten auf diese Weise auch ungünstig geschnittene Furnierreste verwertet werden, zumal sie ohnehin den Zierpaneelen angepasst werden mussten. Die Umrandungsfurniere wurden nach den Marketerien aufgebracht.

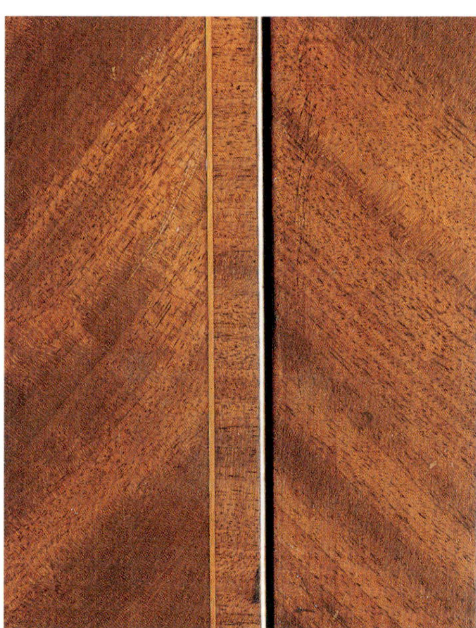

Diagonales Furnierbild

Bei diesem Verfahren werden die Furniere im Winkel geschnitten und aufgebracht. Auch wenn man es relativ selten sieht, war es an hochwertigen Stücken aus dem 18. und 19. Jahrhundert vor allem als Dekoration der Türpaneele beliebt.

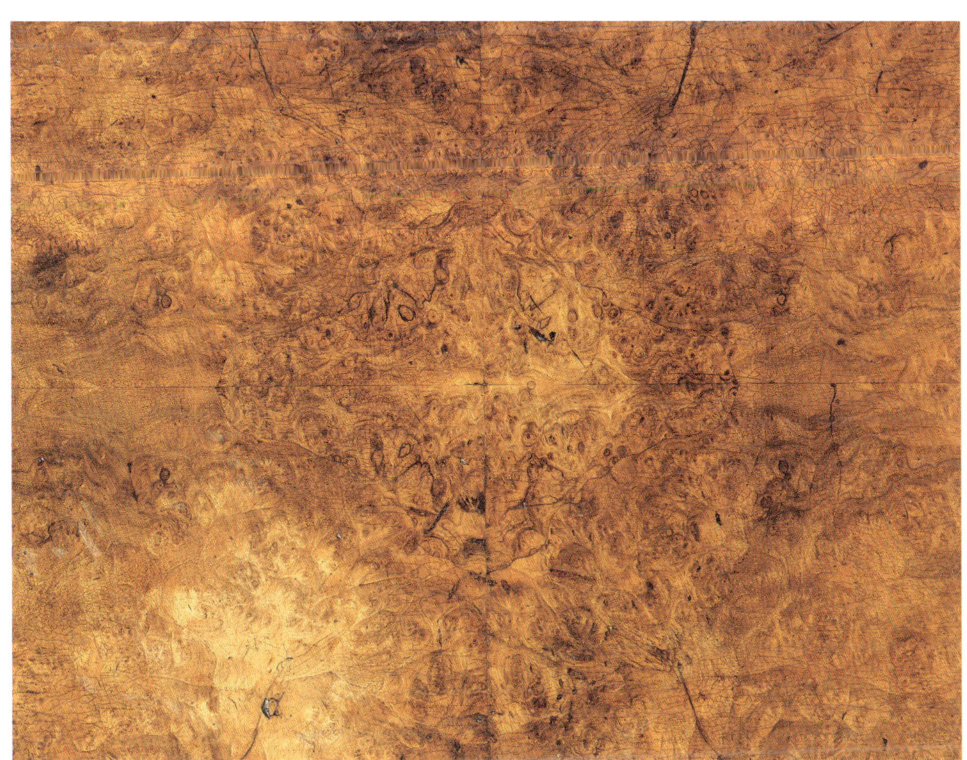

Blattfuge (Verblattung)

Diese Technik bietet sich an, wo eine gerade Kante nicht möglich oder unerwünscht ist, wie etwa bei der Verwendung von nur in kleinen Stücken verfügbaren Maserfurnieren. Während man die Furniere im Bereich des Mittelkreuzes gerade schneidet, sollten die Fugen, die die verschiedenen Teile verbinden, möglichst unauffällig bleiben, um den Anschein zu erwecken, dass jedes Viertel aus lediglich einem Stück und nicht aus mehreren Teilen besteht. Am ehesten verliert sich ein wellenförmig geschnittener Rand in der bewegten Maserung. Mit der Zeit zieht sich das Furnier allerdings wieder geringfügig zusammen, so dass die Fugen wieder sichtbar werden können.

Furnierarten

Wie Massivholz verändern sich auch Furniere aufgrund von Lichteinwirkung, Politur und Wachs. Tatsächlich können die Farbvarianten von Furnier sehr ausgeprägt sein, und diese Farben, Töne und Schattierungen sind es letztlich auch, die unter Sammlern so begehrt sind. Obwohl unzählige Hölzer verwendet werden und die Auswahl entscheidend vom Ursprung und Alter des Stücks abhängt, besteht das Gros beliebter Antiquitäten heute aus den im Folgenden vorgestellten Hölzern.

Mahagoni

Unter den zahllosen Mahagoni-Arten sind die zwei für die Möbelherstellung des 18. und 19. Jahrhunderts gängigsten Arten das Mahagoni, das aus Kuba *(Swietenia mahogoni)* bzw. aus Honduras *(Swietenia macrophylla)* stammt. Mit seiner intensiv roten Farbe und der dichten, harten Maserung war dieses massive Holz wie geschaffen für die Möbelfertigung. In Furniere geschnitten, wirkt es ausgesprochen dekorativ, insbesondere wo die begehrten Pyramidenfurniere als Dekoration der Türpaneele von Bücher- oder Wäscheschränken eingesetzt werden.

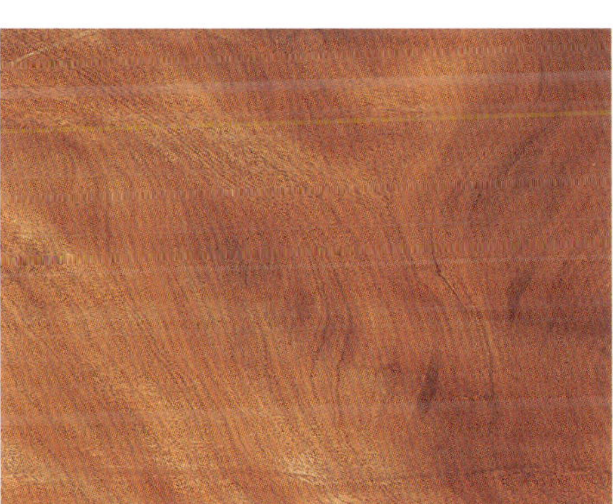

Kuba-Mahagoni-Furnier vor dem Aufbringen und Polieren

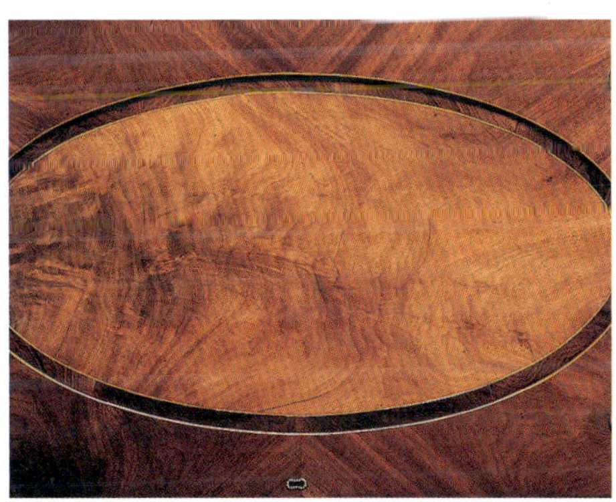

Ein Paneel aus wirbeligem Kuba-Mahagoni (Pyramidenfurnier), das mit den Jahren eine reich patinierte und schöne Oberfläche entwickelt hat.

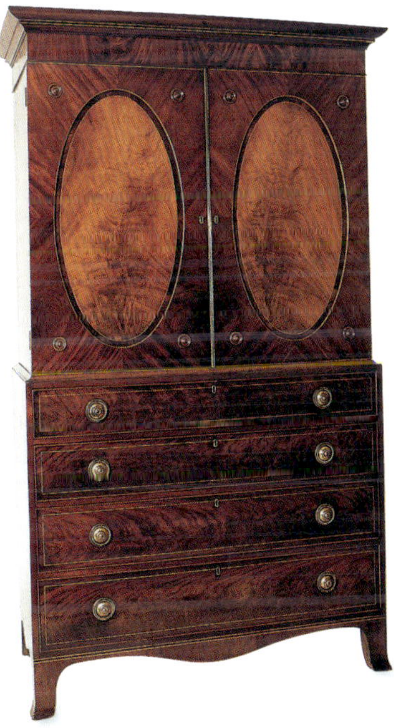

Wäscheschrank, Ende 18. Jahrhundert, durchgängig furniert mit Kuba-Mahagoni und eingelegten Paneelen aus Pyramidenfurnier.

Walnuss

Vom 17. Jahrhundert an wurde in der Möbelherstellung bevorzugt Europäisches Nussbaumholz *(Juglans regia)* eingesetzt, wobei es gegen Ende des Jahrhunderts für die feineren Stücke zunehmend in Furnierform in Mode kam. Obwohl Walnussbäume in den wärmeren europäischen Ländern wie Frankreich, Italien und der Türkei beheimatet sind, wurden sie auch in England gepflanzt. Der strenge Winter des Jahres 1709 vernichtete jedoch einen Großteil der europäischen Walnussbäume, was Frankreich 1720 zu einem Exportverbot veranlasste. Die Verwendung für Möbel in Furnierform ging im Lauf des 18. Jahrhunderts zwar merklich zurück, erfreute sich Mitte des 19. Jahrhunderts aber erneut großer Beliebtheit. Nach dem ersten Polieren ist Nussbaumholz beinahe orangefarben, nimmt aber mit den Jahren eine honigfarbene oder intensiv nussbraune Tönung an.

Nussbaumfurnier

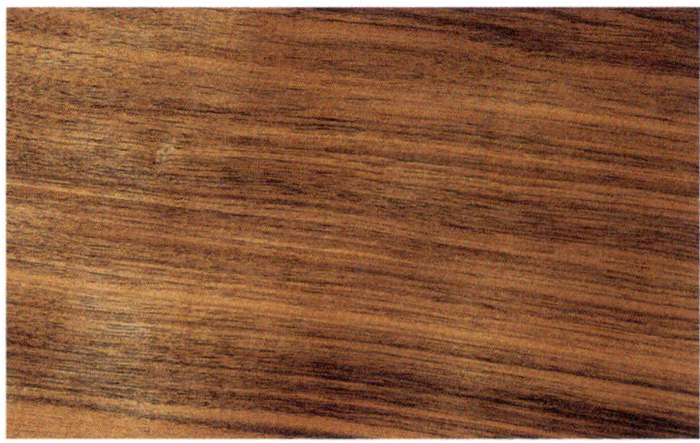

Nussbaumfurnier nach 300 Jahren der Behandlung mit Wachs

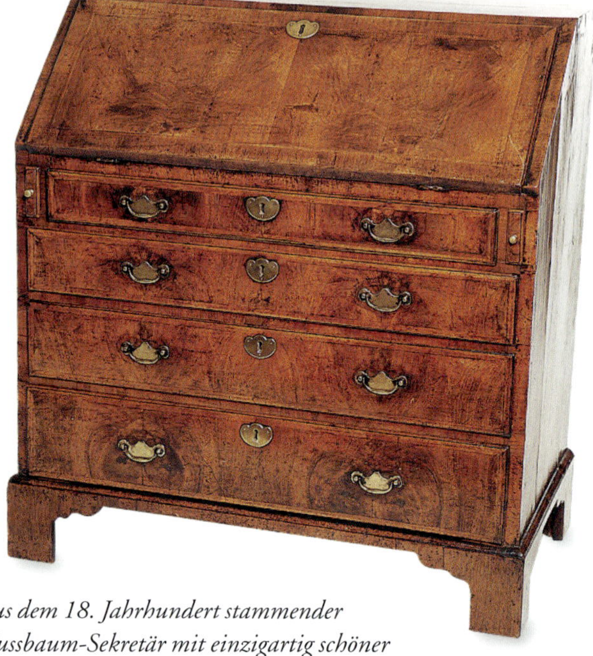

Aus dem 18. Jahrhundert stammender Nussbaum-Sekretär mit einzigartig schöner Farbe und Patina

Palisander

Dieses Holz kommt in zwei Formen vor: als ostindischer Palisander *(Dalbergia latifolia)* und brasilianischer Palisander *(Dalbergia nigra)*. Im 18. Jahrhundert wurde ostindischer Palisander als Massivholz für indische und anglo-indische Möbel verwendet, während brasilianischer Palisander in Furnierform im Lauf des 19. Jahrhunderts bevorzugt wurde. Man sieht das Furnier immer wieder auf Tischplatten, auf einen Mahagoni-Korpus aufgebracht. Nach der ersten Politurschicht ist Palisander intensiv purpurfarben, entwickelt aber einen warmen vollen Ton und färbt sich manchmal sogar goldbraun.

Brasilianisches Palisanderfurnier

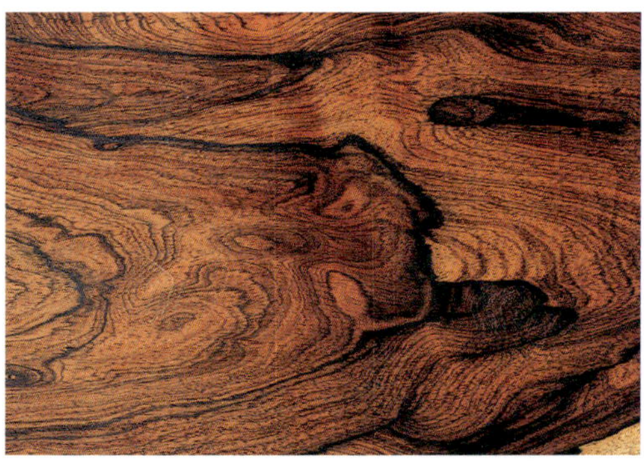

Brasilianisches Palisanderfurnier, das eine intensive Färbung entwickelt hat

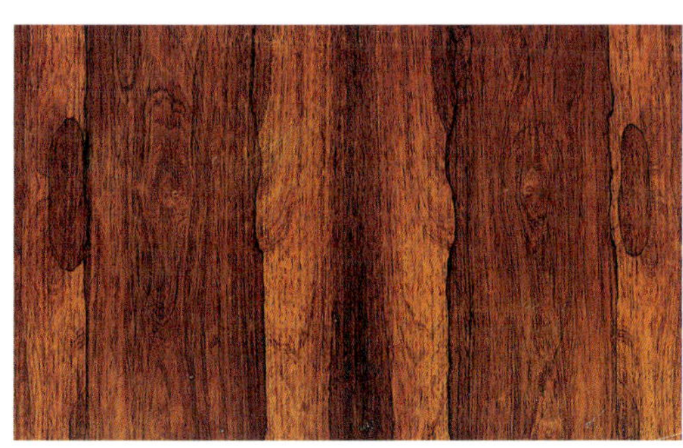

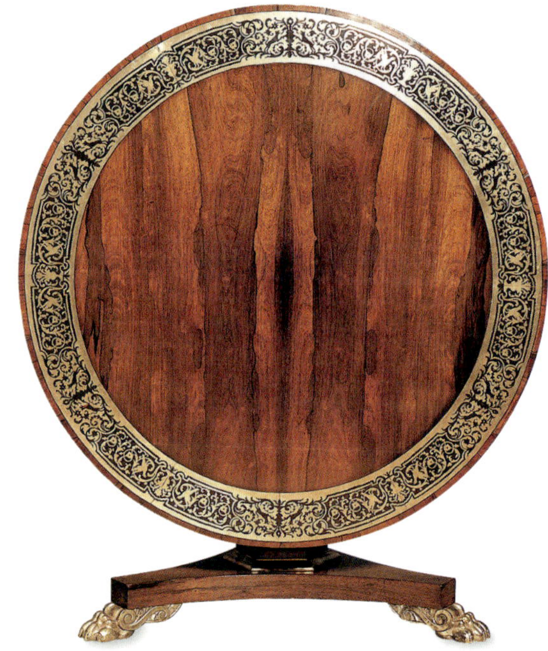

Tischplatte im Regency-Stil um 1815, furniert mit brasilianischem Palisander und eingerahmt mit einer Einlegearbeit aus Messing.

Seiden- oder Satinholz

Westindisches Satinholz *(Zanthoxylum flavum)* stammt von den Karibischen Inseln, ostindisches Satinholz *(Chloroxylon swietenia)* aus dem südlichen Indien und Sri Lanka. Für die Herstellung von Möbeln war das Holz bis um die Mitte des 18. Jahrhunderts aber nicht gefragt. Obwohl Satinholz im ausgehenden 19. Jahrhundert gelegentlich als Massivholz verwendet wurde, diente es hauptsächlich als dekoratives Furnier. Ostindisches Satinholz, wie man es an Stücken aus der zweiten Hälfte des 19. Jahrhunderts kennt, ist verglichen mit der westindischen Varietät in der Farbe intensiver und zeigt bei radial gemesserten Furnieren in der Mitte oft einen charakteristischen Bandstreifen. Die nach der ersten Politur gelbe Färbung entwickelt sich mit der Zeit zu einem intensiven Goldton.

Westindisches Seidenholz, unmittelbar nach dem Messern

Westindisches Satinholz-Furnier, mit der Zeit zu einer goldgelb-orangefarbenen Tönung nachgedunkelt

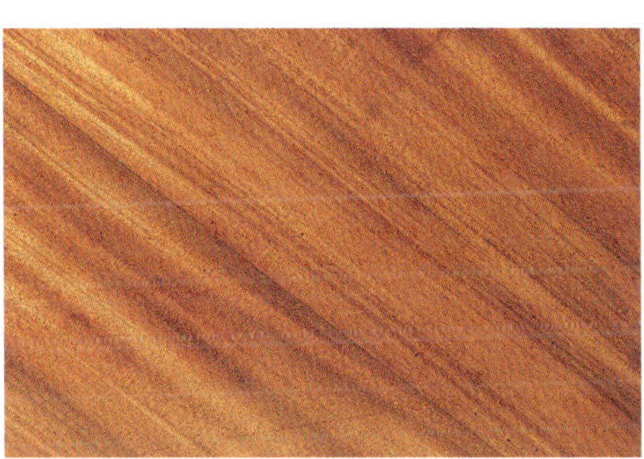

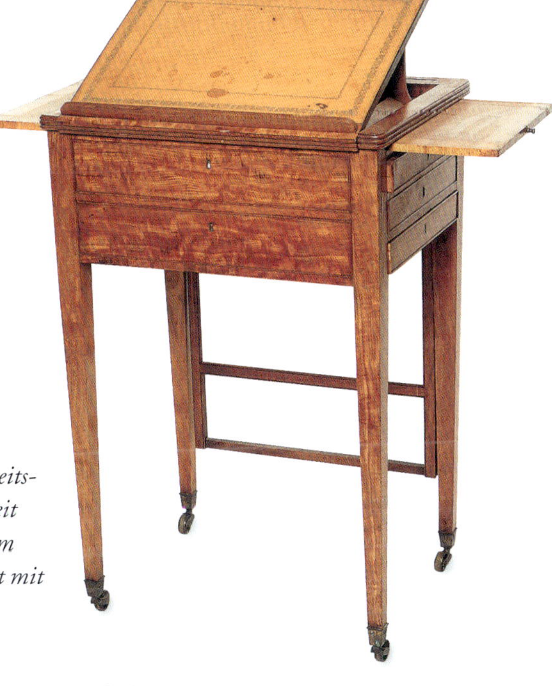

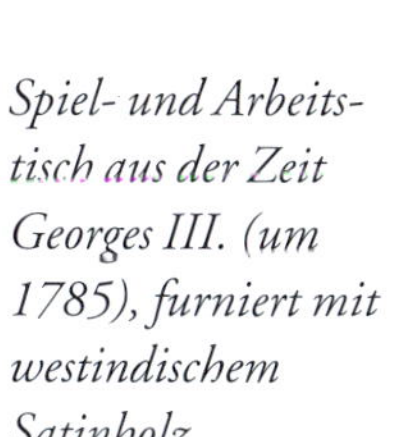

Spiel- und Arbeitstisch aus der Zeit Georges III. (um 1785), furniert mit westindischem Satinholz

Eiche

Die Gattung *Quercus* zählt mehr als 600 Arten, wobei die Europäische und die Englische Eiche beide *Quercus robur* angehören. Bis zum 17. Jahrhundert bestand die Mehrzahl der Möbel aus Eichenholz. Im Lauf des Jahrhunderts sollten indes die neuen importierten Hölzer in Mode kommen und die Eiche auf die hinteren Ränge verweisen, so etwa als Holz für den Korpus von Kommoden oder schlichte Gebrauchsmöbel. Nach dem Schnitt zeigt Eiche eine helle Honigfarbe. Radial gemessert, treten die charakteristisch silbern glänzenden Markstrahlen zutage. Nach dem ersten Wachsen kann Eichenholz deutlich dunkler werden und mit der Zeit sogar noch nachdunkeln.

Unmittelbar nach dem Schnitt zeigt Eiche eine helle, goldene Färbung.

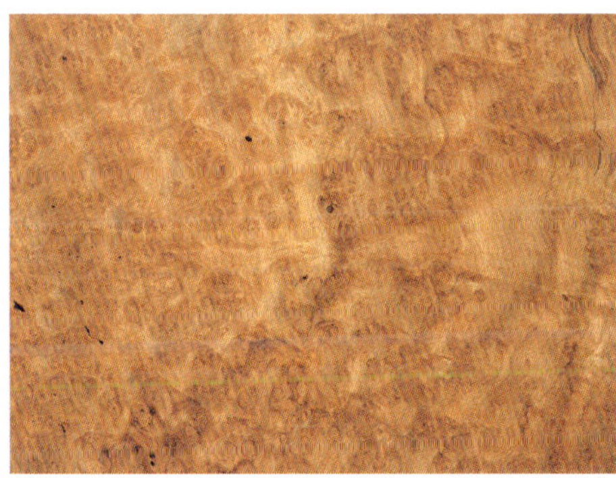

Mit der Zeit und über Generationen gewachst, nimmt Eiche eine warme Tönung an.

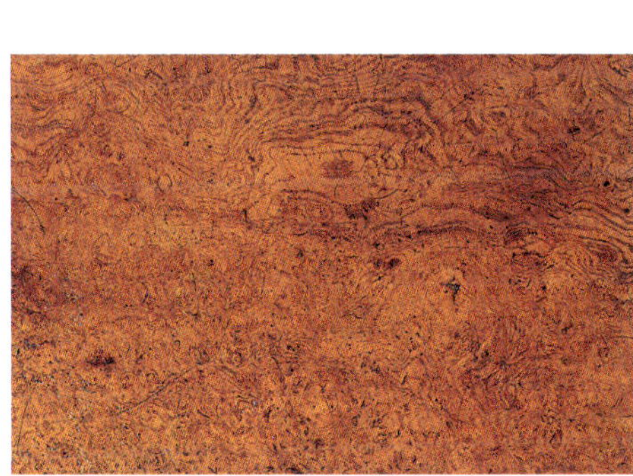

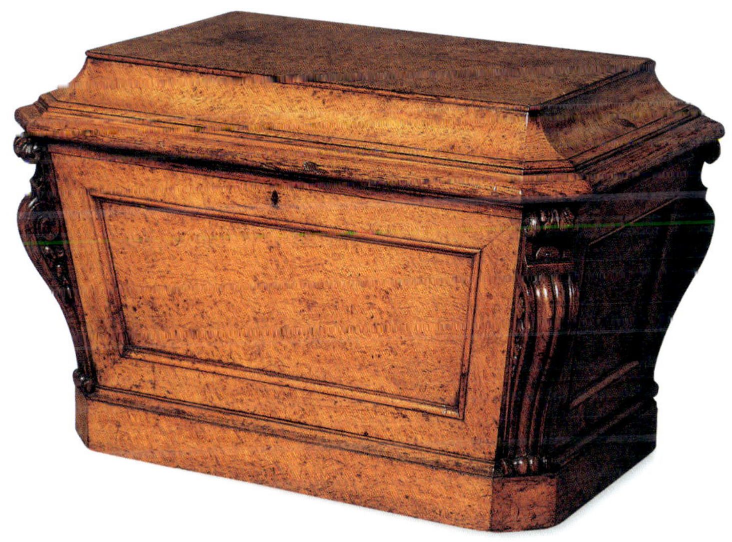

Ein aus dem frühen 19. Jahrhundert stammender Weinkühler aus Eichenmaser

POLITUREN UND LEIME

Zu den reizvollsten Charakteristika antiker Möbel gehört ihr einzigartiges Maserbild. Die Behandlung mit Politur und Wachs schützt, nährt und pflegt das Holz nicht nur, sondern unterstreicht auch seine Wirkung.

Die heute angewandten Polituren und Techniken sind weitgehend die gleichen wie Generationen zuvor, obwohl die Restauratoren ihre Polituren und Leime früher selbst herstellen mussten.

POLITUREN

Seit Möbel aus Holz gefertigt werden, versucht man ihre Faser auf unterschiedliche Weise zu versiegeln. Zum Polieren wurden von jeher Wachse aufgebracht, wobei im 17. Jahrhundert Lacke hinzukamen, die das Holz schützen und zugleich verschönern sollten. Im Lauf des 19. Jahrhunderts wurde ein neues Verfahren, die Schellackpolitur, entwickelt, die, aus dem zähen harzhaltigen Sekret der Lackschildlaus gewonnen, mit einem in Leinen eingebundenen Baumwollkern, dem so genannten Polierballen, aufgebracht wird (s. S. 66–67). Diese erfüllte sämtliche Anforderungen eines wirksamen Überzugs und brachte Maserung und Zeichnung so beliebter importierter Hölzer wie Mahagoni, Seidenholz und Palisander bestens zur Geltung.

Für die Oberflächenbehandlung von Holz benötigt man nicht viel Ausrüstung: Rohwatte und ein Leinentuch oder einen anderen, nicht fusselnden Stoff für den Polierballen, Stahlwolle in unterschiedlichen Stärken sowie ein Sortiment an Pinseln und einige saugfähige Lappen zum Auspolieren.

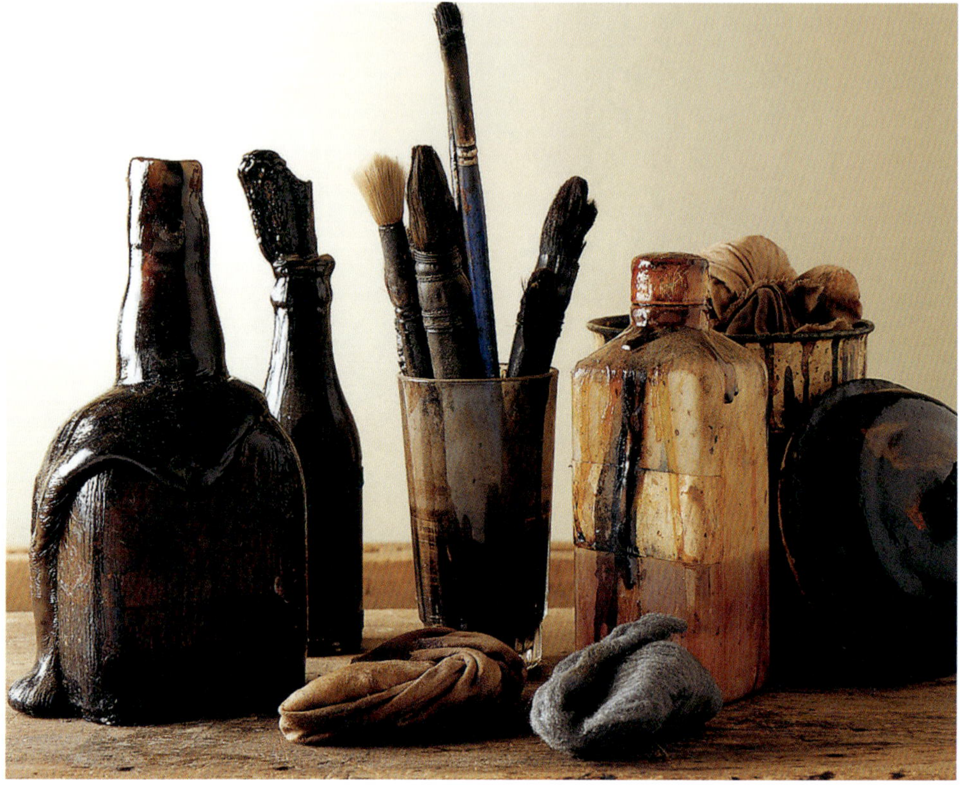

Pinsel, Polituren und Beizen werden für beinahe jede Restaurierung benötigt – Grund genug, ein entsprechendes Sortiment bei der Hand zu haben.

Man verwendet Schellackpolitur, die es in flüssiger Form oder als Schellackplättchen zum Mischen mit (Brenn-) Spiritus zu kaufen gibt, und in einer Glas- oder Plastikflasche aufbewahrt wird. Um Ausbesserungen einzutönen oder zu färben, benötigt man verschiedenfarbige Pigmente, die sich mit Wasser oder Spiritus mischen lassen, sowie in diversen Tönen erhältliche Wachsstangen zum Auskitten. Zum Auspolieren wird Methylalkohol aufgebracht, der anschließend in einem feuerfesten Schrank zu verstauen ist. Sämtliche Materialien sind im gut sortierten Fachhandel erhältlich.

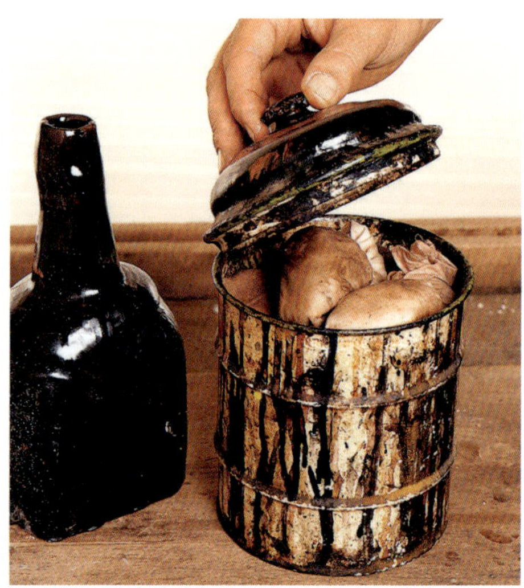

Polierballen sind luftdicht verschlossen aufzubewahren, damit sie nicht austrocknen.

Da einer der Hauptvorzüge eines alten Möbels in seiner Farbe und seiner Patina besteht, heißt es sorgfältig abzuwägen, welche Politur die richtige ist. Es erfordert ein gewisses Geschick, um eine Oberfläche nach Entfernen der schadhaften Schichten aufzufrischen, zumal es Schicht für Schicht neu aufzubauen gilt. Dabei beschränkt man die Arbeit an kleinen Flächen am besten auf die schadhafte Stelle, um angrenzende Bereiche nicht zu beeinträchtigen. Geduld und Erfahrung sind Grundvoraussetzungen für eine erfolgreiche Restaurierung. Aber auch ein gutes Farbgefühl ist erforderlich, um Flecken und Ausbesserungen so zu kaschieren, dass sie nicht auffallen. Außerdem bedarf es fundierter Kenntnisse der traditionellen Techniken und Materialien, um beurteilen zu können, ob ein Stück gereinigt oder besser in seinem Originalzustand belassen werden sollte. Übertriebenes Reinigen verdirbt nicht nur das Erscheinungsbild, sondern bedeutet auch eine erhebliche Wertminderung.

Wer sich beruflich mit der Beschichtung von Oberflächen befasst, wird Jahre benötigen, um sein Handwerk zu beherrschen. Vor diesem Hintergrund betrachtet, ist die Arbeit des Polierers durchaus gleichwertig mit der des Tischlers oder Restaurators.

Leime

Bis ins 15. und frühe 16. Jahrhundert wurde in der Möbelfertigung nur sehr wenig Leim verwendet. Stattdessen wurden die Fugen mit Pflöcken oder Holzstiften, einer Art Schusternägeln ohne Kopf, zusammengehalten. Im 17. Jahrhundert dann fanden mit der zunehmend komplexeren Möbelproduktion und differenzierteren Entwürfen die Tier- oder Knochenleime (auch: Glutinleim) Eingang in die Möbelproduktion.

Während im Lauf der Jahre neue Bindemittel entwickelt wurden, werden für Restaurierungszwecke nach wie vor Knochen- und Hautleime verwendet. Der Leimkocher mit seinem typischen Leimgeruch ist der gleiche geblieben wie im 17. und 18. Jahrhundert, und wie damals gehört es auch heute noch zum täglichen Pflichtprogramm des Lehrlings, ihn morgens als erstes auf das Feuer bzw. die Heizplatte zu stellen.

Zu den drei in heutigen Betrieben meist verwendeten Leimen gehören der Knochenleim, der PVA- oder Weißleim und der Harnstoffharzleim. Jeder wird für ganz bestimmte Aufgaben benötigt und je nach erforderlicher Bindung eingesetzt.

Knochenleim

Dieser Leim wird heute genau wie vor 300 Jahren aus Tierfüßen und Haut gewonnen. Die beim Kochen entstehende Flüssigkeit wird in kaltes Wasser gegossen, was eine Kristallisierung in Form von Perlen bewirkt. Er muss dann mit Wasser angemischt und über Nacht eingeweicht werden, bevor er in einem speziellen Leimkocher zum Schmelzen gebracht wird.

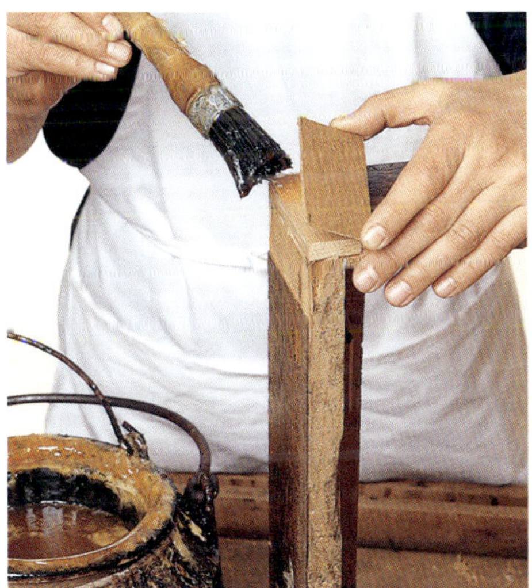

Knochenleim wird in heißem Zustand mit einem Borstenpinsel aufgebracht.

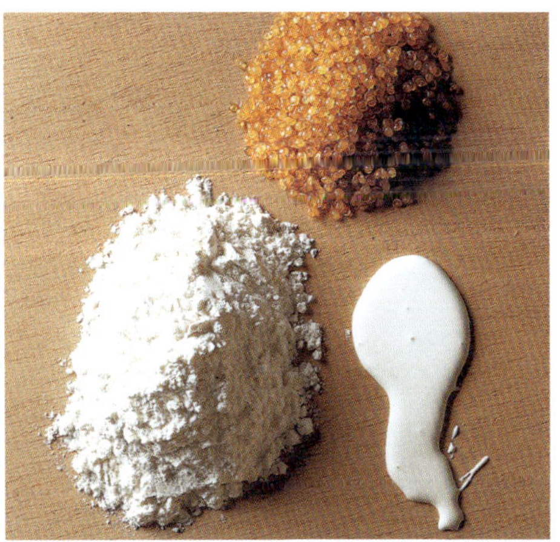

Die drei gebräuchlichsten Leime heute sind (von oben im Uhrzeigersinn): Tier- oder Knochenleim, PVA- oder Weißleim und Harnstoffharzleim.

Der Leimkocher oder Gesso-Kessel besteht aus einem doppelwandigen eisernen Topf, in dessen innerem Behälter Wasser erhitzt wird. Das Wasser wird zum Kochen gebracht; danach lässt man es auf kleiner Flamme weiter köcheln, um den Leim gebrauchsfertig zu halten. Dabei bildet sich auf der Oberfläche eine Kruste, die vor dem Auftragen abzukratzen ist.

Man sollte allerdings gut aufpassen, dass der Behälter mit dem heißen Wasser nicht austrocknet, weil sonst der Leim überhitzt wird und seine Bindefähigkeit verliert. Wo es dennoch einmal passiert, muss der Leim weggeworfen und neuer angesetzt werden.

Am Ende eines Arbeitstags wird der Leimkocher von der Heizquelle genommen, beiseite gestellt und am nächsten Tag einfach wieder erhitzt und weiter verwendet. Obwohl sich der Leim Tag für Tag abkühlen und wieder erhitzen lässt, hat es sich bewährt, ihn einmal wöchentlich neu anzusetzen.

Knochenleim ist ideal für Restaurierungsarbeiten, denn er gewährleistet eine gewisse Flexibilität im Bereich der Fugen und lässt sich mit heißem Wasser oder Spiritus (Alkohol) entfernen, außerdem bindet er sofort nach dem Auskühlen ab. Er lässt sich je nach erforderlicher Konsistenz mit Wasser weiter verdünnen und empfiehlt sich somit auch für Furniere und Oberflächen (s. S. 79), die neu furniert werden müssen.

Ein Nachteil von Knochenleim ist, dass er weder extreme Hitze noch Kälte verträgt und auf einen kräftigen Schlag oft so empfindlich reagiert, dass sich die Leimfugen lösen können. Dennoch würde wohl keine Werkstatt auf ihren Leimkocher verzichten wollen.

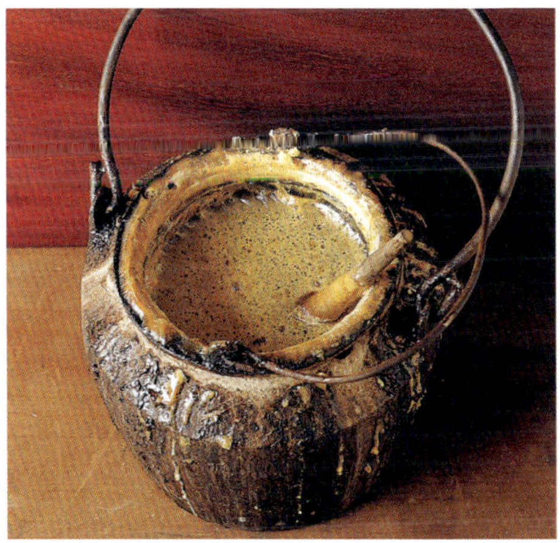

Tierleime wie etwa Knochenleim werden vor Gebrauch in einem doppelwandigen Leimkocher erhitzt. Der Wasserbehälter darf beim Erhitzen nie austrocknen.

PVA-Leim

Ein weiterer häufig verwendeter Leim ist der Polyvinylacetat- oder PVA-Leim (auch als Weißleim bezeichnet). Man kauft ihn in flüssiger, bereits gebrauchsfertiger Form. Er lässt sich problemlos handhaben, zumal keinerlei Vorarbeit erforderlich ist; außerdem ist er extremen Temperaturen gegenüber unempfindlich. Die Leimfugen bzw. Oberflächen müssen nach dem Aufbringen des nicht wieder anlösbaren Leims unter Druck abbinden (trocknen).

Diese einfache Handhabung macht PVA-Leim zu einem universell einsetzbaren Tischlerleim, der für alle empfehlenswert ist, die nicht ständig einen Leimkocher am Köcheln halten wollen. Wo lediglich eine kleine Ausbesserung ansteht, lohnt sich der Aufwand oft auch nicht, eigens Knochenleim anzusetzen.

Harnstoffharzleim

Für Projekte, die ein Bindemittel erfordern, das eine Form oder Gestalt zusammen hält, ist Harnstoff-Formaldehyd-Bindemittel oder Harnstoffleim ein idealer Kleber. Man erhält ihn in Pulverform oder als mit Wasser verdünnte, cremige Paste. Sobald der Leim aufgetragen ist und die beiden Flächen haften, müssen sie mit entsprechenden Zwingen gespannt werden.

Harnstoffharzleim ist vielseitig verwendbar. Seine natürliche weiße Färbung lässt sich durch Beifügen farbiger Pigmente kaschieren. Außerdem sind auch wasserfeste Arten erhältlich. Ein Nachteil ist, dass der Leim leicht bröckelt, was ihn für Fugen total ungeeignet macht, denn ein Schlag kann genügen, und die Bindung ist zunichte.

VERGOLDEN UND BEIZEN

Mit dem Vergolden und Beizen bieten sich zwei Methoden, Holz zu überziehen und optisch aufzuwerten. Während der Restaurator heute Beizen hauptsächlich verwendet, um Ausbesserungen zu kaschieren, dienten sie im 17. und 18. Jahrhundert oftmals dazu, minderwertigen Hölzern den Anschein kostspieliger exotischer Holzarten zu verleihen. So wurde Birnenholz etwa schwarz gebeizt, um das damals sehr begehrte und teure Ebenholz zu imitieren.

VERGOLDEN

Seit Jahrhunderten werden Möbel durch Vergolden geschmückt und veredelt. Verbreitete Techniken sind das Öl- und das Wasservergolden (s. S. 73–75), beide mit einer ganz unterschiedlichen optischen Wirkung. Abgesehen davon, dass spezielle Materialien und Werkzeuge erforderlich sind, benötigt der Vergolder vor allem Geduld und Geschick.

Vor dem Vergolden gilt es die Fläche mit Gesso aufzubauen, einer Mischung aus Schlämmkreide (pulverisiert), Hasenleim und Leinsamen (gekocht), die in einem Gesso-Kessel zum Schmelzen gebracht wird. Mit wenigen Lagen lässt sich eine dicke gleichmäßige Beschichtung aufbauen, durch Zugeben von Sand auch mit Struktur.

Dann folgt als weiterer Untergrund vor dem Vergolden eine Schicht Bolus (Bologneserkreide), ein in Rot, Weiß oder Blau erhältliches Gemisch aus Ton und Wasser. Sobald dieses trocken ist, wird der aus Alkohol, Hasenleim und Wasser bestehende Vergolderleim aufgebracht. Die Fläche ist nun zum Auflegen des Blattgolds vorbereitet.

Das zum Vergolden verwendete Gold wird zunächst maschinell gewalzt und dann von Hand in unterschiedlich feine Blätter getrieben. Der Handel hält, je nach Karatstärke, die unterschiedlichsten Legierungen bereit.

Achatstifte werden zum Zusammenfügen der Fugen zwischen den Blättern und zum Polieren verwendet. Diese Poliersteine bestanden ursprünglich aus Hundezähnen, werden inzwischen aber aus synthetischen Materialien hergestellt.

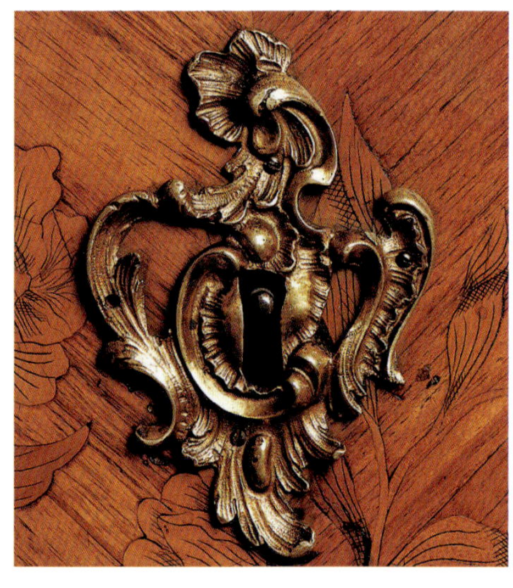

Im 17. und 18. Jahrhundert waren die Metallbeschläge an feineren Stücken gelegentlich feuervergoldet (s. S. 45).

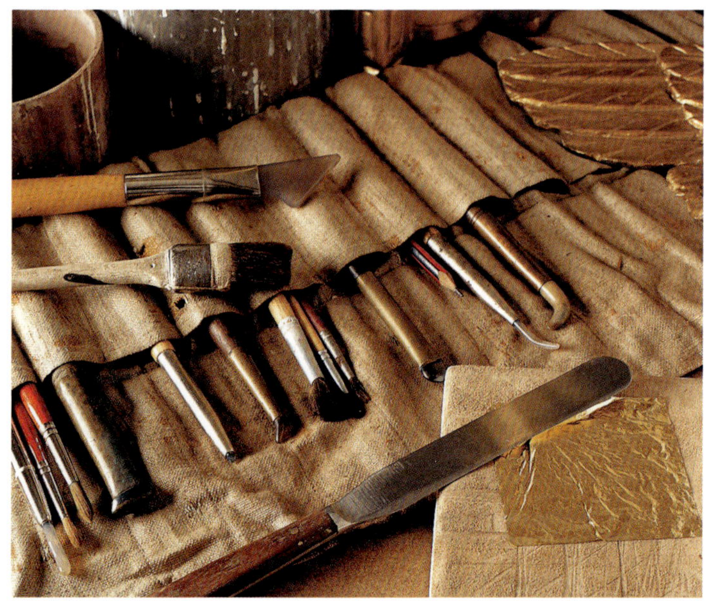

Die Werkzeuge des Vergolders sind im Grunde die gleichen, die schon vor Jahrhunderten verwendet wurden, auch wenn die so genannten Wolfs- oder Hundezähne inzwischen aus Kunststoff bestehen.

Wasservergolden

Blattgold lässt sich beim Wasservergolden nicht einfach auf das blanke Holz applizieren, sondern erfordert zum Auftragen des Goldes einen Untergrund aus Gesso und Bolus. Glatt gestrichen, erhält es abschließend einen dezenten Alterungseffekt.

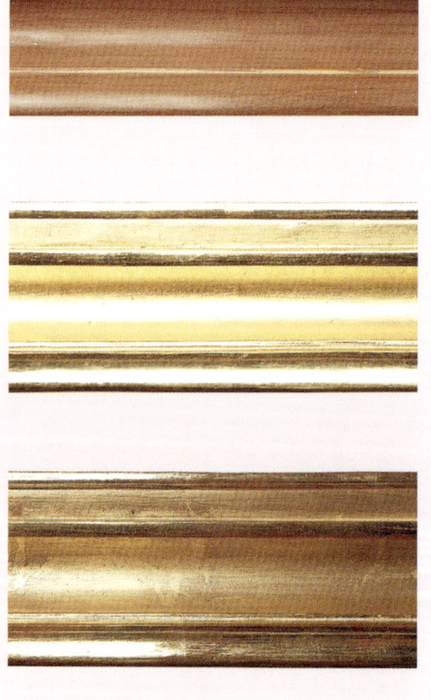

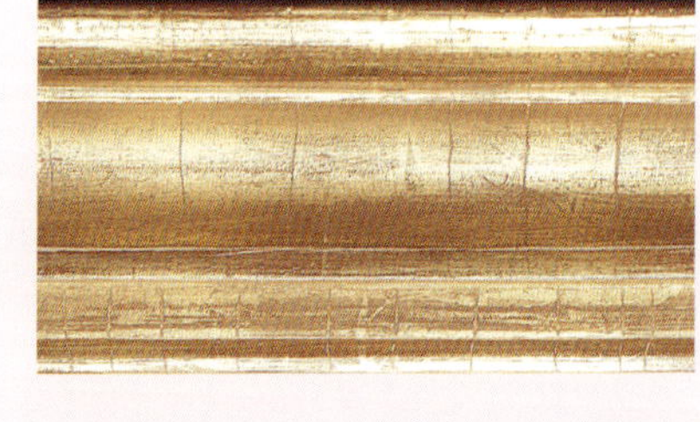

Beizen

Die meisten farbigen Beizen sind Wasser- oder Spiritusbeizen; nur selten werden langsam trocknende Ölbeizen verwendet. Sie dienen zum Einfärben ausgebesserter Stellen oder dem farblichen Angleichen bzw. Kaschieren von Kerben. Obwohl manche Beizen gebrauchsfertig erhältlich sind, empfiehlt es sich, sie in Pulverform zu kaufen und sie, um ein möglichst breites Spektrum an Tönen und Farben zu erhalten, selbst mit Spiritus oder Wasser zu mischen.

Die meist mit Brennspiritus (Methylalkohol) gelösten Spiritusbeizen trocknen schnell, weil sich der Spiritus an der Luft rasch verflüchtigt. Sie sind für größere Flächen nicht geeignet, da sich Ansätze und Streifen kaum vermeiden lassen, wenn manche Stellen – oft schon nach kürzester Zeit – trocken sind. Spiritusbeizen werden in der Regel nach dem Polieren aufgetragen. Wird die Politur auf die Beize aufgetragen, so löst der in der Politur enthaltene Spiritus die Beize an und bewirkt eine Aufhellung der Oberfläche.

Da Wasserbeizen langsamer trocknen, lässt sich die Farbe auch auf großen Flächen gleichmäßig und ohne Ansatz verteilen. Sie werden meist vor der Politur aufgebracht. Ein Nachteil ist, dass sich die Fasern aufrichten können und geglättet werden müssen, bevor weitere Überzüge folgen. Sowohl Spiritus- als auch Wasserbeizen lassen sich nach dem Auftragen mit weiterem Spiritus bzw. Wasser verdünnen.

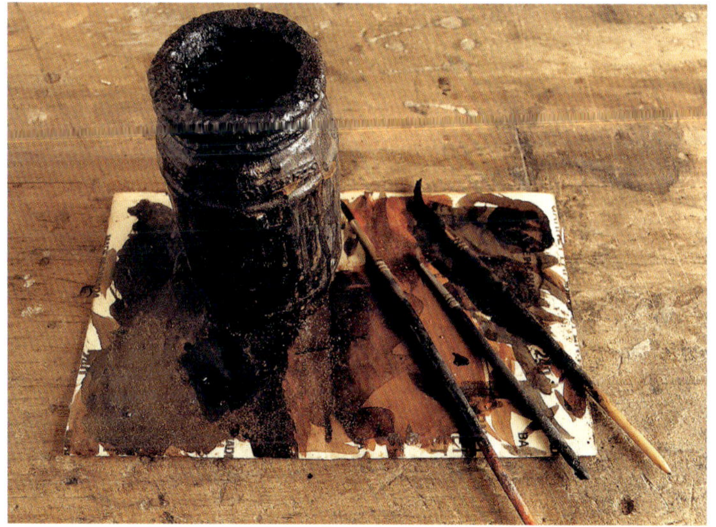

Beizen müssen dem jeweiligen Objekt oft ganz individuell angepasst werden.

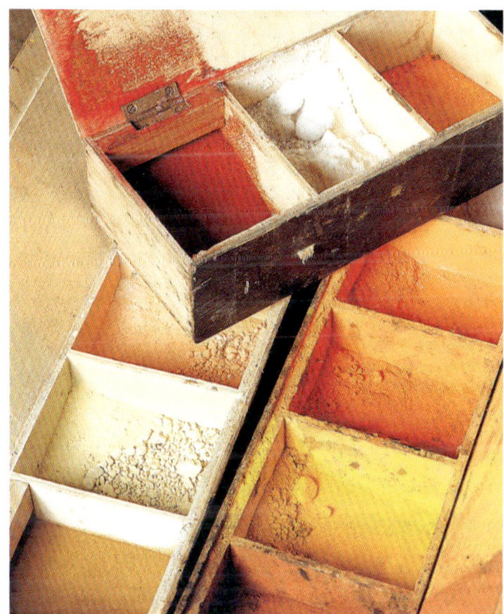

Beizen sind in Form von Farbpulver erhältlich und lassen sich mit einem entsprechenden Lösungsmittel mischen.

Andere Beizen, wie etwa farbige Wachse, werden bei der Restaurierung von Möbeln seltener eingesetzt. Die Verwendung beschränkt sich auf ein leichtes Abtönen der Farbwirkung nach dem Polieren.

Beizen lassen sich mit einem Rundholz, das mit Stoff umwickelt ist (s. S. 69), oder mit dem Pinsel auftragen. Dieser sollte nach Gebrauch gründlich mit einem Lappen gereinigt werden. Eine Alternative wäre, etwas Politur mit einer kleinen Menge Beize zu mischen und anstatt mit einem Polierballen mit einem Tuch (s. S. 70–71) aufzubringen. Auf diese Weise lässt sich die Fläche leicht abtönen, ohne dass die Spiritusbasis die Farbe aufhellt.

Anmischen einer Beize auf Spiritusbasis

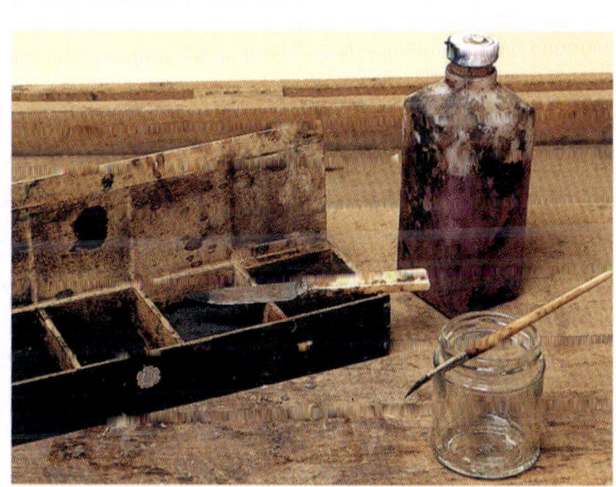

1 *Verwenden Sie zum Mischen von Beizen immer ein sauberes Gefäß und ein Messer mit flacher Klinge oder einen kleinen Teelöffel. Brennspiritus (Methylalkohol) ist ein ideales alkoholisches Verdünnungsmittel.*

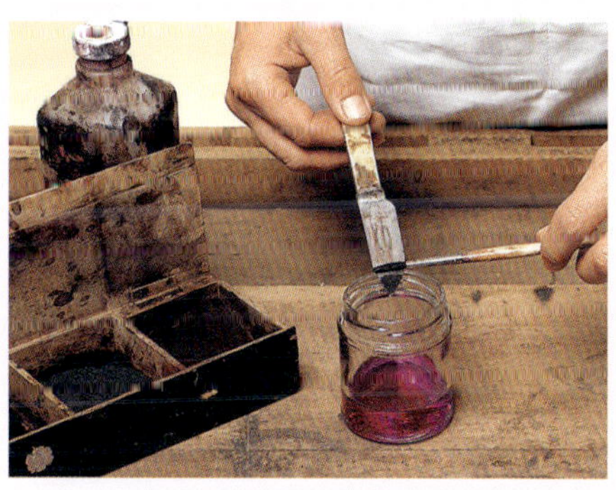

2 *Schütten Sie die erforderliche Menge des Methylalkohols in das saubere Gefäß. Um ja nichts zu verschwenden, empfiehlt es sich, das Pulver in die Flüssigkeit zu geben (nicht umgekehrt). Wählen Sie ein Pulver aus, das dem erforderlichen Farbeffekt entspricht, und geben Sie es jeweils in kleinen Mengen zu.*

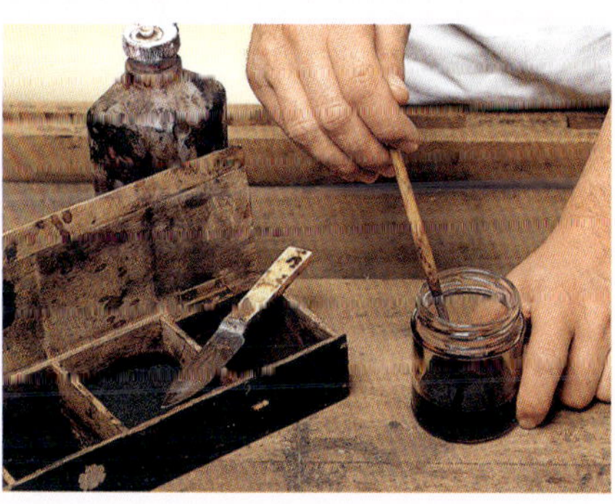

3 *Rühren Sie mit einem sauberen Pinsel um. Falls ein intensiverer Beizton erwünscht sein sollte, geben Sie noch mehr Pulver hinzu. Nach dem Auftragen der Beize wird der Rest weggeschüttet und sämtliches Zubehör gründlich gereinigt. So verhindert man, dass die nächsten Beizen Rückstände der vorher verwendeten enthalten.*

POLSTERUNG UND LEDER

Die meisten Restauratoren sind mit den routinemäßig anfallenden Polsterarbeiten durchaus vertraut. Dennoch ist das sachgemäße Polstern antiker Sitzmöbel ein Handwerk für sich, das man erst nach mehrjähriger Lehre meisterhaft beherrscht. Ein fundierter Einblick in Methoden und Techniken der Polsterei kommt dem Restaurator bei seiner Arbeit aber ebenso zugute wie Grundkenntnisse über die dekorative Prägung von Leder.

POLSTERN

Um Polsterarbeiten durchzuführen, benötigt man zweierlei Werkzeug: zum Abnehmen der bestehenden Polsterung und zum Aufpolstern. Dass dieses Werkzeug ganz unterschiedlich aussehen kann, hängt mit den jeweils unterschiedlichen Techniken und Traditionen zusammen. So hebt man die Polstermöbel in Großbritannien und den USA etwa auf eine Werkbank oder ein Gestell, damit der Polsterer im Stehen arbeiten kann, während sie in Frankreich auf den Boden gestellt werden und die Arbeit im Knien erfolgt. Entsprechend der Vorliebe der Franzosen für Möbel mit runderen Formen verwenden die Polsterer in Frankreich zum Nähen der weich rollierten Ränder gebogene Nadeln. Für die in England bevorzugten strengeren und schärferen Kanten sind hingegen längere und geradere Nadeln erforderlich.

Obwohl Polster gelegentlich auch mit Heu gestopft wurden, war Rosshaar von jeher das gängigere Material. Da Rosshaar aber immer schwerer zu beschaffen ist, werden als Ersatz vielfach Schweineborsten verwendet. Polsterwerkstätten kaufen als Quelle für Rosshaar alte Rosshaarmatratzen, um Haar zur Verfügung zu haben, das sich kardieren (auseinander rupfen) und wiederverwerten lässt. Eine andere Möglichkeit ist synthetisches Haar. Vor die Wahl gestellt, dürfte sich der qualifizierte Polsterer allerdings immer für Naturhaar entscheiden. Neu hinzugekommen ist auch der Tacker, denn zum Fixieren des Stoffs werden anstatt der Kammzwecken manchmal auch Polsterklemmen verwendet.

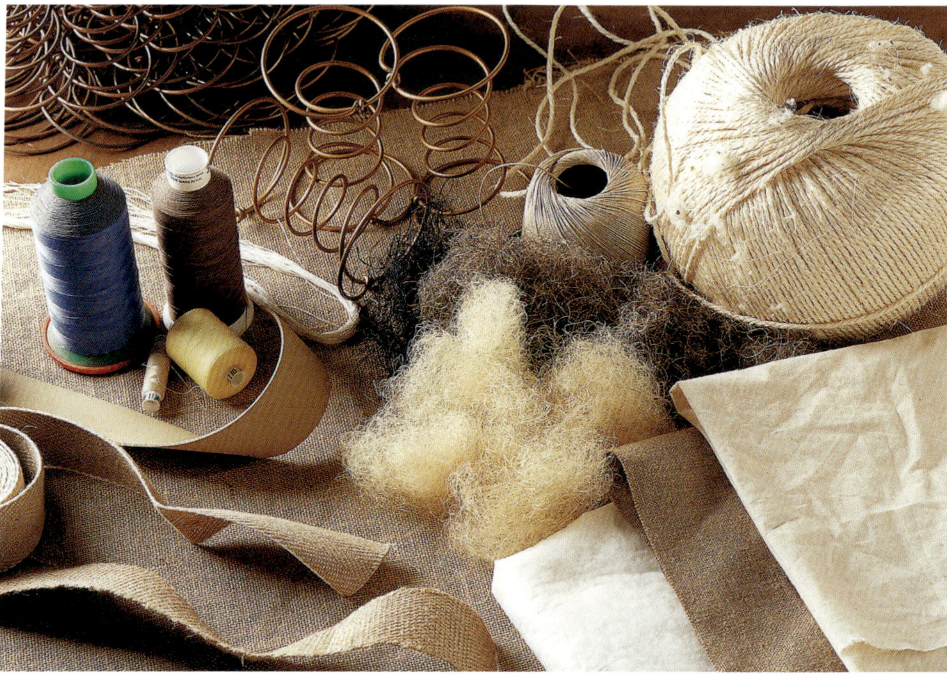

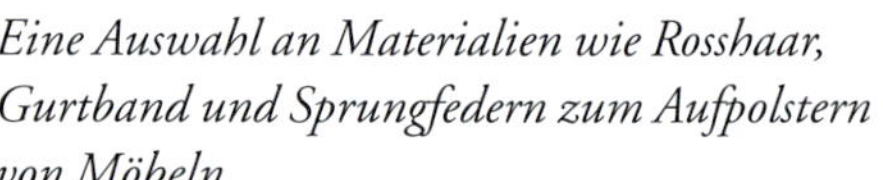

Eine Auswahl an Materialien wie Rosshaar, Gurtband und Sprungfedern zum Aufpolstern von Möbeln

Die Kissen füllt man am besten mit den traditionellen Daunenfedern, denn die modernen synthetischen Materialien sind zu leicht, um das authentische Gefühl alter Polster zu vermitteln. Traditionell wurden die Daunen in einen Beutel aus Ziegen-Veloursleder gestopft und auf dieses »Futter« der Oberstoff aufgebracht. Damit war gewährleistet, dass die Federn nicht durch den Oberstoff dringen. Heute ist man zu wachsbeschichtetem Baumwollfutter übergegangen. Für die dünneren Flachpolster von Esszimmerstühlen lässt sich auch hochwertiger Schaumstoff verwenden, falls das auf einer gummierten Trägerplatte aufgebrachte kardierte Rosshaar im Handel nicht erhältlich sein sollte.

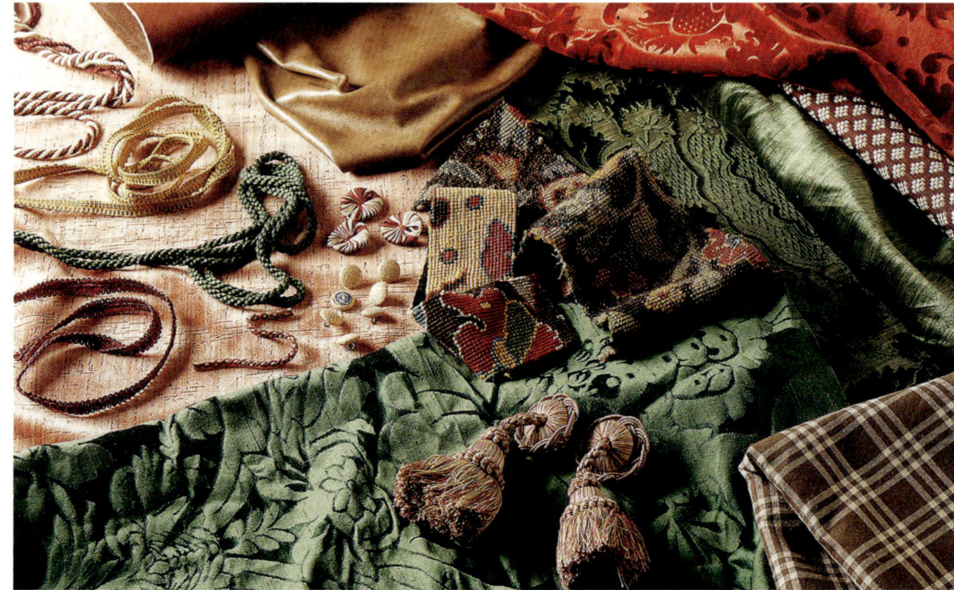

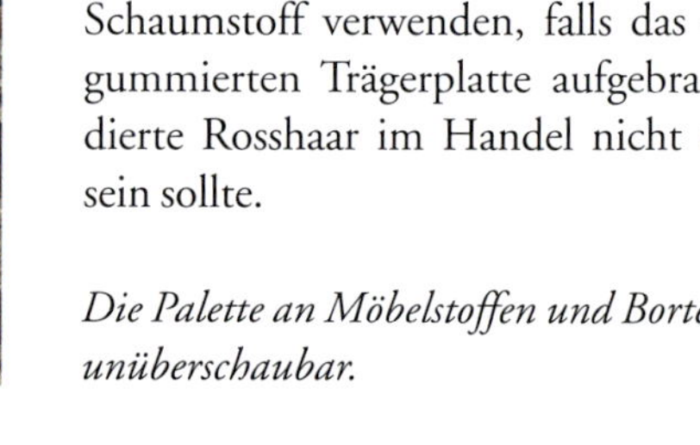

Die Palette an Möbelstoffen und Borten ist unüberschaubar.

Was das Gurten betrifft, so unterscheidet man zwei Verfahren: das Überpolstern und das Polstern von eingelegten Sitzen. Beim Überpolstern erhält man eine härtere und flachere Linie, wie sie für englische Polstermöbel vom 17. Jahrhundert an charakteristisch war. Im kontinentalen Europa hingegen war das Polstern eingelegter Sitze verbreitet, das mit Sprungfedern im Inneren ein runderes Bild ergab. Es hängt also vom Stil des Stuhls ab, welches Gurtverfahren das angemessenere ist. Da beide vertretbar sind, kann die Wahl dem persönlichen Geschmack überlassen bleiben.

Leder

Seit dem 17. Jahrhundert erfreuen sich Schreibtischauflagen aus Leder, ob lose oder fest integriert, großer Beliebtheit. Es ist also keineswegs ungewöhnlich, Möbel aus dem 19. Jahrhundert mit Lederauflage, gelegentlich gar einen Sekretär oder Tisch mit dem aus dem 18. Jahrhundert stammenden Original-Leder zu finden, das dank sorgfältiger Behandlung erhalten ist. Meist sind die Lederoberflächen allerdings so spröde, rissig oder abgenutzt, dass sie ersetzt werden müssen.

An Leder wurden vor allem Spaltleder (Schafleder) und Rindsleder verwendet. Das in kleineren Stücken verfügbare Spaltleder wurde oft für die Deckplatte des so genannten Davenport, eines zierlichen Schreibmöbels der Regency-Zeit, aber auch für die ausklappbaren Schreibplatten von Sekretären sowie Schreibkästen verwendet. Für größere Sekretäre und Schreibtische wurde meist das in größeren Stücken vorliegende Rindleder verarbeitet. Generell kann man davon ausgehen, dass für edle Möbel das hochwertigere Rindleder dem Spaltleder vorzuziehen ist.

Bei der Auswahl des Leders sollte man ein Stück mit möglichst wenig Narben zu finden versuchen, vor allem auch das oft faltige Leder vom Halsbereich aussondern. Das Leder wird in seiner natürlichen Gerbfarbe auf die Platte oder den Schreibtisch aufgebracht und erst in situ gefärbt. Voraussetzung ist, dass die Oberfläche des Holzes absolut plan ist und weder Spalten noch Risse aufweist, die sich durch das Leder hindurch abbilden können.

Sobald das Leder aufgebracht und gefärbt ist, sollte man sich über das Bordürenmuster, eine Prägung mittels Rollenstempel, Gedanken machen. Zur Wahl stehen Goldpressung oder Blindpressung. Beide werden mit einem zuvor erhitzten Rollenstempel (s. S. 233) aufgebracht, der ein Muster auf die Lederoberfläche prägt. Während die Goldprägung nach Aufbringen und Färben des Leders erfolgt, wird das Ornament bei der Blindprägung in die Oberfläche getrieben, solange das Leder noch feucht und ungefärbt ist. Dann erst wird die tiefe Prägung mit einer entsprechenden Beize gefärbt. Der Goldprägeeffekt entsteht durch Abrollen des Rollenstempels über einem Goldfolienband, das dann ein Goldmuster zurücklässt. Typ und Stil der Bordüre können vielfach ein Anhaltspunkt für die Datierung eines Möbelstücks sein. Die Prägestempel sind in einem breiten Spektrum unterschiedlicher Stile erhältlich.

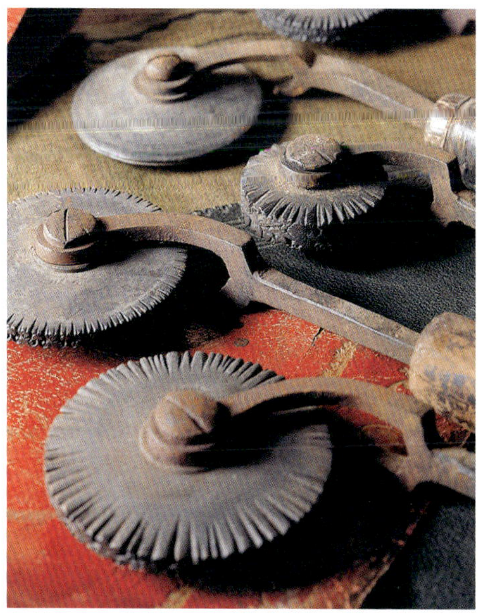

Rollenstempel werden vor Gebrauch erhitzt. Der gleichmäßig feste Druck gewährleistet ein ausgezeichnetes Ergebnis.

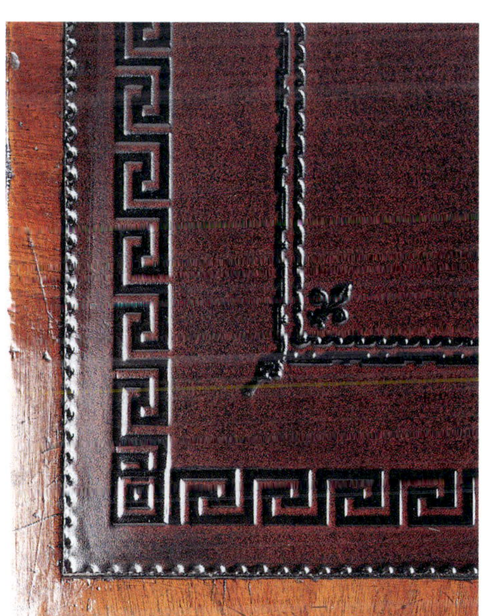

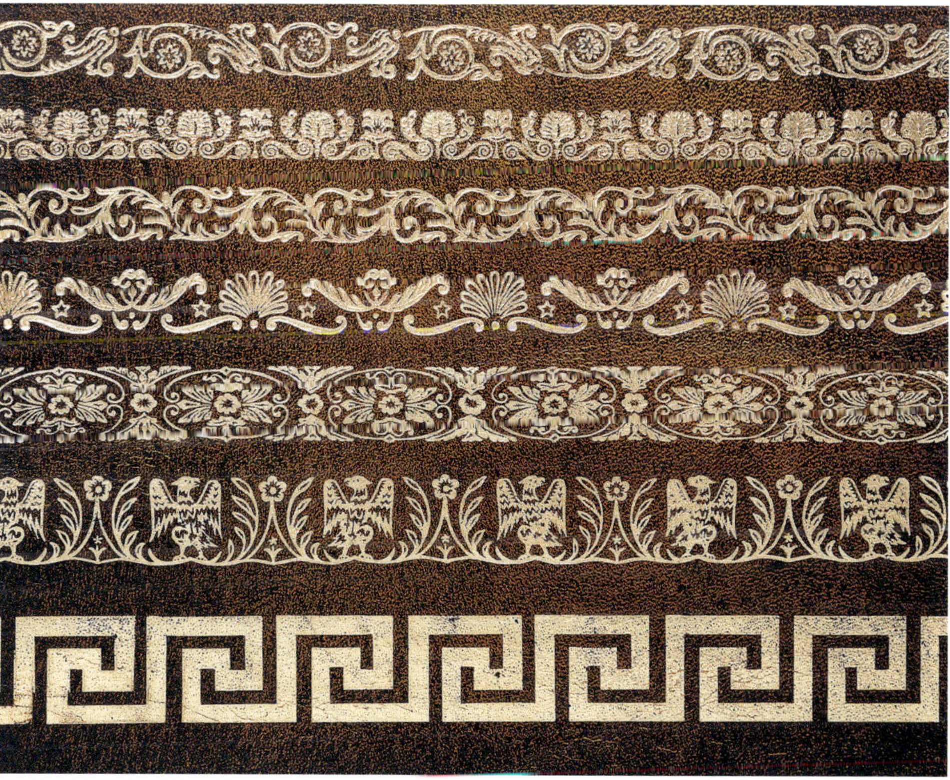

Oben: *Beim »Blindpressverfahren« wird der Rollenstempel ohne Blattgold aufgebracht.*

Rechts: *Eine Auswahl an Musterbordüren, wie sie Rollenstempel bieten.*

PROFILE UND PROFILHOBEL

Die vom ausgehenden 17. Jahrhundert bis zum frühen 19. Jahrhundert zunehmend kunstvolleren Möbel überraschen durch Profile in den unterschiedlichsten Formen und Stilen. Vorbei waren die Zeiten, in denen die Kunsttischler ihre Hobel selbst angefertigt hatten, denn angesichts des wachsenden Bedarfs an Hobeln entstand mit dem anbrechenden 18. Jahrhundert ein neuer Handwerkszweig, der sich ganz auf deren Fertigung spezialisierte. Mit ihren immer komplexeren Profilen verbinden sich die noch heute bekannten Namen von Thomas Granford und Robert Wooding.

Die frühen Profil- oder Kehlhobel wurden aus Buchsbaum oder Buche gefertigt und waren 25–28 cm lang. Gegen Ende des 18. Jahrhunderts einigte man sich auf das Standardmaß von 24 cm. Meist gravierte der Werkzeugmacher seinen Namen in das Hirnholz der Sohle. Oft finden sich hier sogar die Namen mehrerer Kunsttischler – ein Hinweis darauf, dass der Hobel durch mehrere Hände gegangen sein muss.

Die Auswahl unterschiedlicher Profilhobel ist unbegrenzt, und die Profile reichen von einfachen Leisten im Bereich der Basis oder der Mitte (Gürtelgeschoss) bis zu den differenzierten Beispielen, die für die kunstvollen Giebel an Möbeln des 18. Jahrhunderts verwendet wurden. Im späten 17. und dem frühen 18. Jahrhundert bestand das Gros der Profile an Nussbaummöbeln aus Hirnholzzierleisten. Erst in der zweiten Hälfte des 18. Jahrhunderts, als die Mehrzahl der Möbel aus importiertem Mahagoni bestand, wurden Profile parallel zur Faser geschnitten.

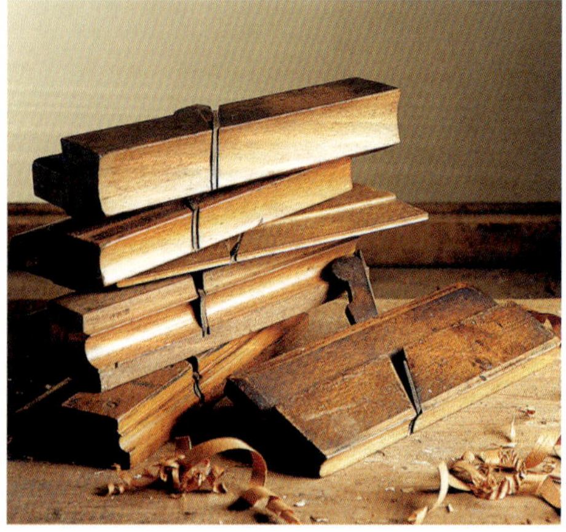

Kehlhobel vergangener Zeiten bestanden meist aus Buchsbaum oder Buchenholz. Ihr schöner Korpus macht sie zu begehrten Sammlerstücken.

Fertigung einer Hohlkehle

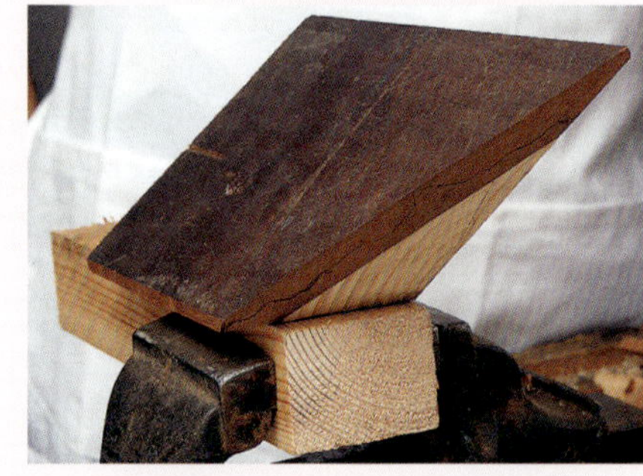

1 *Leimen Sie zunächst das ausgewählte Material randbündig auf eine Tannenholzunterlage, die wiederum – auf einen Holzklotz geleimt – in einen Schraubstock eingespannt wird.*

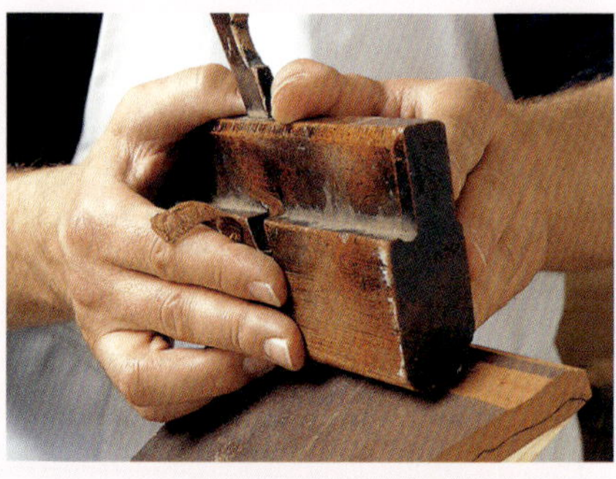

2 *Hobeln Sie das Holz mit langen, gleichmäßigen Bewegungen ab. Achten Sie auf ein gut geschärftes Eisen, welches das Holz schneidet, ohne die Faser anzureißen.*

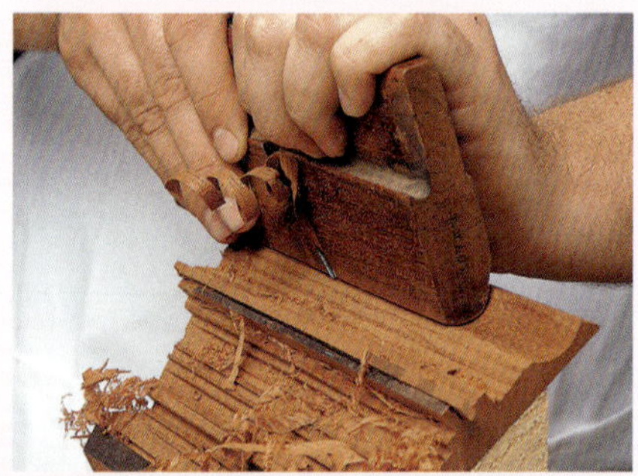

3 *Um schneller tiefere Kehlen zu erhalten, ziehen Sie das Holz mehrmals durch eine Kreissäge. Ein Anschlag garantiert parallele Linien, die sich mit dem Hobel bearbeiten lassen.*

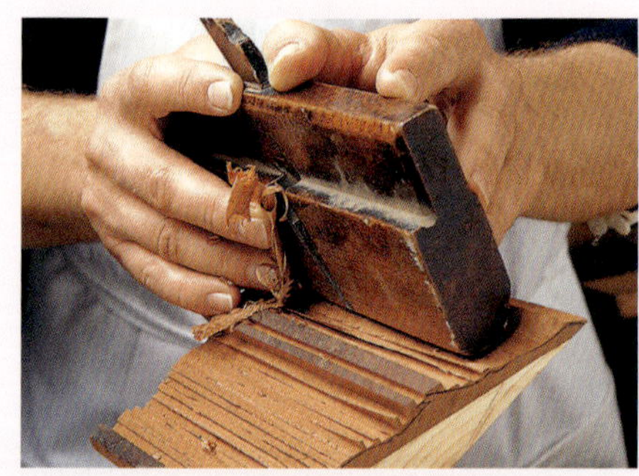

4 *Fahren Sie fort, die Profile zu formen, indem Sie ganz verschiedene Hobel verwenden. Beginnen Sie an einer Kante und arbeiten Sie jeweils parallel weiter.*

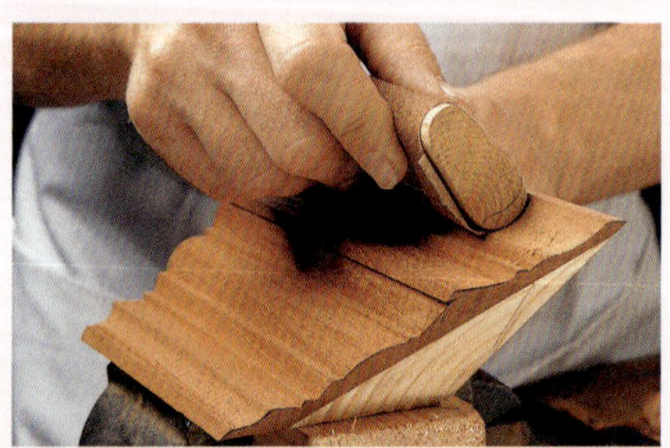

5 *Sobald die Profilierung abgeschlossen ist, glätten Sie die Oberfläche mit feinem Schleifpapier, das um einen Schleifklotz gewickelt wurde, der der Form des Profils entspricht.*

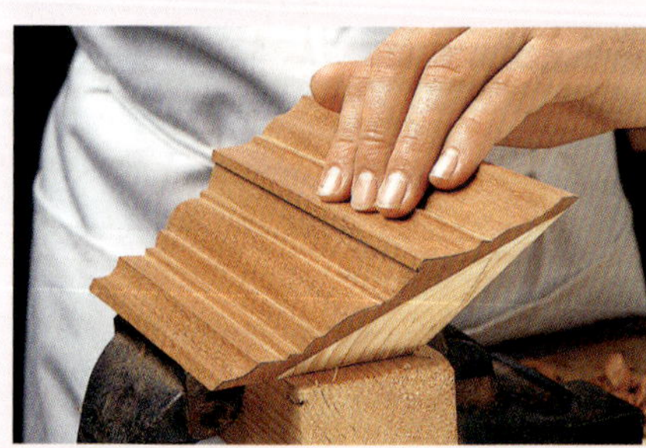

6 *Die fertige Hohlkehle muss dem ausgewählten Profil in seiner scharf konturierten sauberen Linienführung genau entsprechen.*

Griffe und Beschläge

Auch die Griffe der Möbel haben sich im Lauf der Jahrhunderte gewandelt, sowohl in Stil und Dekor als auch in den verwendeten Materialien. Wenn sie vielfach durch neue ersetzt wurden, die allerdings keineswegs immer dem Stil des Stücks entsprachen, so nicht etwa weil das Original abgenutzt war, sondern vielmehr, weil man mit dem jeweiligen Zeitgeschmack Schritt halten wollte. Die Beschläge waren dem Einfluss der Mode weit weniger ausgesetzt, obwohl es Versuche gab, sie durch eigens gefertigte dekorativere Versionen anderen Metallteilen anzupassen.

Die Anfänge

Im Mittelalter wurden die frühen ausgehöhlten Koffertruhen vermutlich durch hölzerne Dübel zusammengehalten und die Deckel über Rundzapfen in Bohrlöchern bewegt, die aber bald schon von metallenen Klappscharnieren abgelöst werden sollten. Mit dem Auftreten der Stollen- oder Plankentruhe wurde auch vermehrt Metall verwendet. Die Kasten- oder Koffertruhen des 14. und 15. Jahrhunderts waren zur Verstärkung oft mit eisernen »Bändern« gesichert. Mit Beginn des 15. Jahrhunderts wurden immer kunstvollere Beschläge gebräuchlich; die Schmetterlingsbeschläge, die tatsächlich den Flügeln von Schmetterlingen gleichen, wurden oft mit eingestanzten und eingravierten Dekorationen verziert.

Die Griffe jener Zeit waren ringförmig und bestanden, wie auch die Beschläge, aus Eisen.

Diese aus dem 15. Jahrhundert stammende Eichentruhe zeigt die charakteristischen Scharniere aus schwerem, schmiedeeisernem Bandelwerk.

Das 17. Jahrhundert

Mit der zweiten Hälfte des 17. Jahrhunderts kamen grundlegende Änderungen in Gang. Um diese Zeit entwickelte sich die Fertigung von Beschlägen, Griffen und Schlössern zu einem eigenständigen kunsthandwerklichen Bereich (s. S. 48–49). Eisen wurde bald schon durch Messing ersetzt, eine wesentlich leichter formbare Legierung aus Kupfer und Zink. Zugleich traten an die Stelle des Hufschmieds vor Ort spezialisierte Kunsthandwerker, vom »Designer« und Schnitzer des Modells bis zum Ausformer, der den Griff goss und mit Ornamenten schmückte. Die Kanten des Griffs wurden dann abgeschrägt und mit einem Überzug aus Lack poliert, um ein Nachdunkeln zu verhindern. Mitte des 18. Jahrhunderts wurden die edelsten Stücke feuervergoldet.

Das 18. Jahrhundert

Bis zum frühen 18. Jahrhundert waren die Messinggriffe an Schubladen mit dünnen Bandeisen gesichert. Verdrängt wurden diese schließlich von schmiedeeisernen Pflöcken oder Knäufen, die auf der Rückseite der Schublade angebracht wurden.

Im Lauf des ausgehenden 17. und des frühen 18. Jahrhunderts wurden Griffe und offene Griffbeschläge, ob schlicht oder mit Gravur versehen, immer mit dem passenden

Griffbeschläge wie diese mit entsprechendem Escutcheon (Schlüsselschild oder Schlossblech) sind typisch für das 18. Jahrhundert.

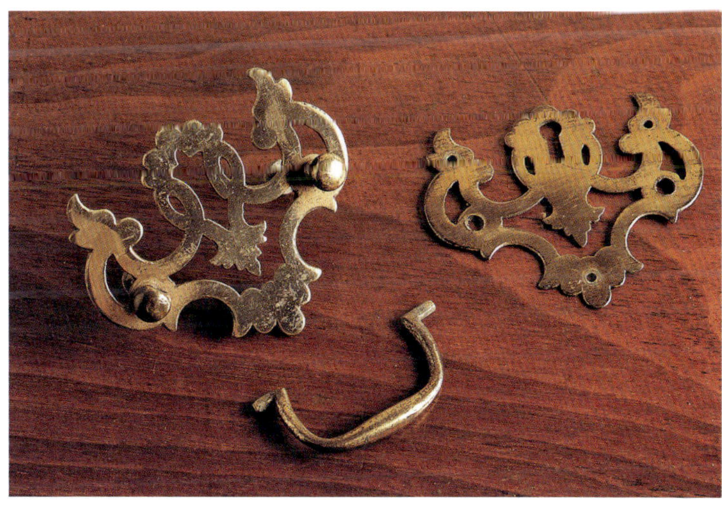

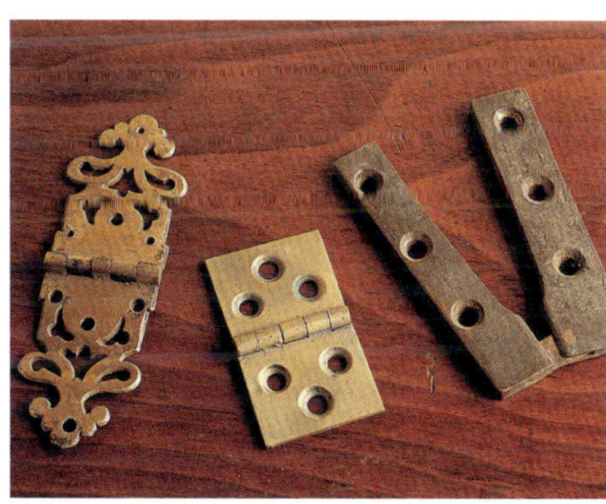

Je nach Verwendungszweck waren die Beschläge dekorativer oder rein funktionaler Natur.

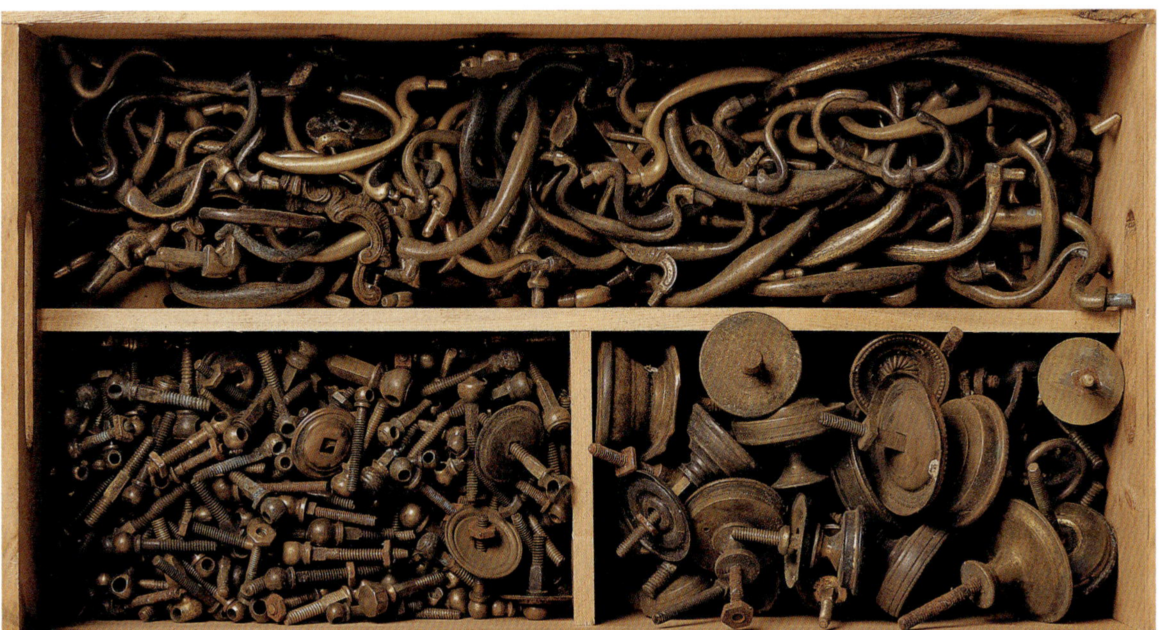

Der ambitionierte Restaurator ist gut beraten, für die Instandsetzung von Möbeln eine Sammlung antiker Griffe anzulegen.

Schlossblech (Escutcheon) gefertigt, um dem Möbelstück ein ruhigeres und ausgewogeneres Bild zu verleihen.

Bereits zu Beginn des 18. Jahrhunderts wurden die Beschläge normalerweise in der Gießerei vor Ort gefertigt. Um die Mitte des Jahrhunderts wurden jedoch Gießereien gegründet, die sich auf die Fertigung von Beschlägen unterschiedlichster Stilrichtungen spezialisierten, wobei Griffe und andere Messingwaren auch exportiert wurden, vor allem für amerikanische und holländische Möbel.

Ein weiteres Material, das damals gelegentlich zum Einsatz kam, war Packfong, eine Legierung aus Kupfer und Zink mit einem Nickelzusatz, der ihm ein silberähnliches Aussehen verlieh, und dies zu einem Bruchteil der Kosten von Silber. Ursprünglich aus dem Orient importiert, wo Packfong schon vorher verwendet wurde, fand es sich oft an Exportmöbeln oder in Form dekorativer Beschläge an Messerkästen.

Gegen Ende des 18. Jahrhunderts wandte sich der Zeitgeschmack erneut dem Ringhenkel zu. Im Gegensatz zu den früheren Versionen, die geschmiedet waren, wurden sie nun aber oft aus einem Blatt Messing ausgestanzt, das sich, mit einem höheren Kupfergehalt angereichert, leichter bearbeiten ließ. Sie waren meist sehr dekorativ und zeigten in der Mitte ein Motiv, das wie die Knäufe, die im Lauf des frühen 19. Jahrhunderts folgten, dem Zeitgeschmack entsprechend bestimmte Themen aufgriffen. Motive, denen man immer wieder begegnet, sind die Löwenmaske oder die Straußenfedern als Wappenzeichen des Prince of Wales.

Das 19. Jahrhundert

Um diese Zeit gab es eine wachsende Zahl an Gießereien und zugleich auch eine ganze Reihe allgemein zugänglicher Vorlagen. Bemerkenswert ist, dass sich im Lauf dieser Epoche der Holzknauf durchsetzen konnte. So wurden die originalen Messingbeschläge von Möbeln des 18. Jahrhunderts vielfach abgenommen und durch klobige, unansehnliche Holzgriffe ersetzt.

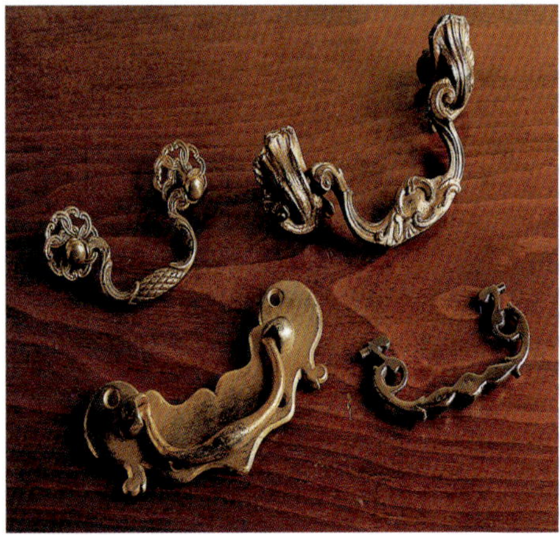

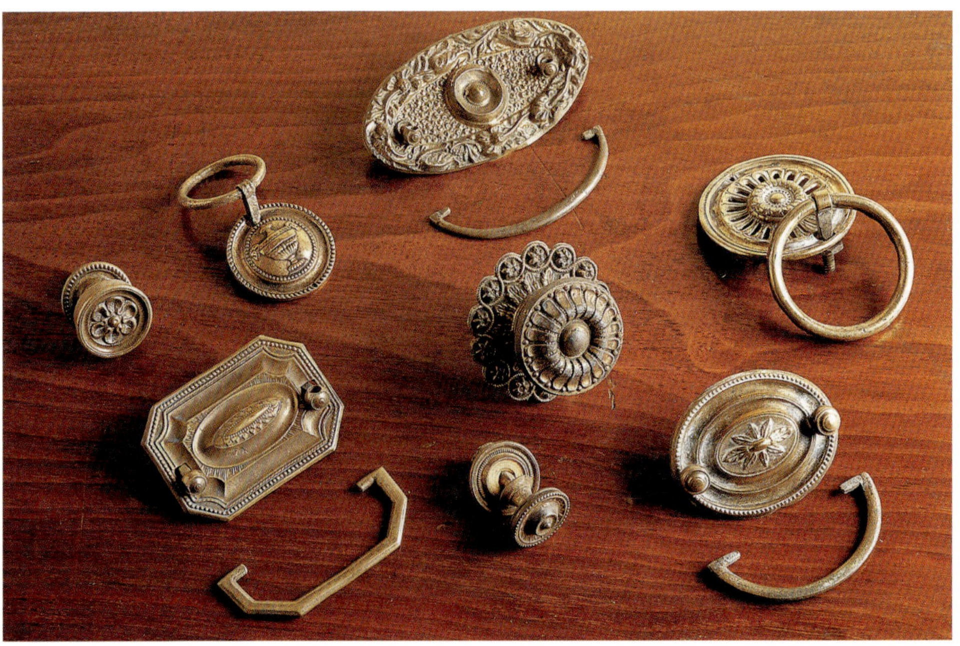

Oben: *Die typischen Schwanenhalsgriffe des 18. Jahrhunderts in unterschiedlichen Ausführungen.*

Rechts: *Eine Auswahl typischer Knäufe und Griffe aus dem 18. und 19. Jahrhundert*

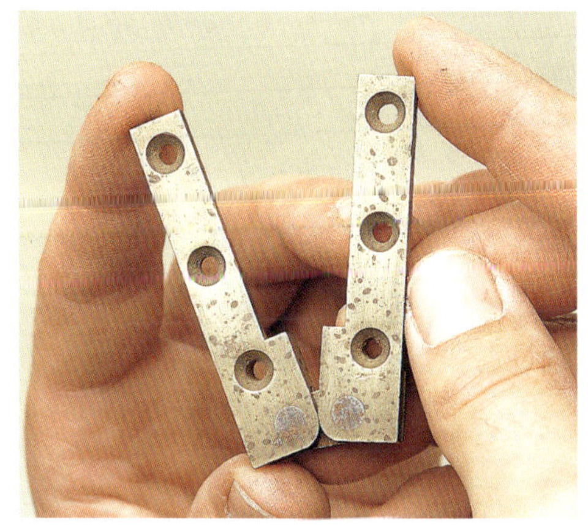

Links: *Ein auf das 18. Jahrhundert zurückgehendes Lappenscharnier, wie es für Spieltische verwendet wurde. Es gewährleistet beim Aufklappen, dass beide Platten auf einer Höhe liegen.*

Rechts: *Das Entfernen antiker Metallbeschläge erfordert große Sorgfalt, denn oft sind die Teile so spröde, dass sie ganz leicht auseinander brechen.*

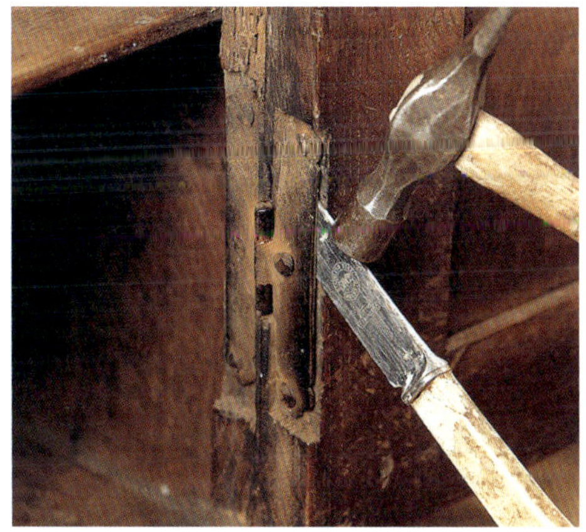

Griffe ersetzen

Im Lauf der Jahrhunderte haben sich Mode und Geschmack immer wieder gewandelt. Daher wurden intakte Beschläge auch immer wieder durch »Zeitgemäßeres« ersetzt. Wenn der Restaurator die Beschläge heute also häufig austauscht, so keineswegs immer, um Schäden zu beheben, sondern allein um ein Stück in seinen Originalzustand zurückzuversetzen. Am besten wird man sich anhand von Nachschlagewerken zunächst einmal mit den verschiedenen Stilrichtungen der Messingbeschläge vertraut machen, bevor über einen Ersatz entschieden wird. Manchmal geben auch Abdrücke und Schatten am Möbel selbst Aufschluss über Größe und Typ der ursprünglichen Beschläge.

Oft wurden diese Ersatzbeschläge an Schubladen und Türfronten aber auch ganz anders angebracht. Um auf das Beispiel der viktorianischen Holzknäufe zurückzukommen, wurden diese oft mit großen Schrauben befestigt. Die so entstandenen Löcher lassen sich auf unterschiedliche Weise kaschieren, sei es, dass man einen Stilgriffbeschlag, der den Schaden überdeckt, aufbringt oder die Löcher mit entsprechendem Holzkitt füllt.

Gelegentlich fehlt aber auch ein Originalgriff, ein einzelnes Exemplar eines Paars oder Sets. Dann gibt es drei Möglichkeiten: sich beim Trödler nach einem entsprechenden Exemplar von einem anderen Möbel umzusehen, ein Einzelteil oder ein ganzes Set bei einem auf Stilbeschläge spezialisierten Händler zu bestellen oder bei einer noch traditionell arbeitenden Spezialgießerei einen Abguss in Auftrag zu geben. Bei der Fertigung eines Abdrucks wird entweder mit einem Sandbett oder dem Wachsausschmelzverfahren in verlorener Form *(à cire perdue)* gearbeitet; beide Verfahren werden nebenstehend erläutert.

Erstellen einer Kopie

Wenn das Profil des Metallteils nicht zu kunstvoll gestaltet ist, wird man das Sandformverfahren anwenden. Dazu legt man das eine Exemplar als Schablone in eine zweiteilige Form, von der jede Hälfte mit feinem Abgusssand gefüllt ist. Die Form wird dann vorsichtig auseinander genommen und die Schablone, die im Sand ihr Profil (Hohlform) hinterlassen hat, entfernt. Die beiden Hälften der Form werden dann wieder miteinander verbunden und mit geschmolzenem Messing ausgegossen. Nach dem Abkühlen wird der Kasten geöffnet und das neu gegossene Metallteil entnommen.

Das Sandformverfahren bietet sich für schlichte Metallteile an, erweist sich für kunstvollere Entwürfe mit Einschnitten oder ziselierten Ornamenten aber als ungeeignet. Diese würden verschwinden, sobald das Stück vor dem Ausgießen aus dem Sand gehoben wird. In diesem Fall wird man sich also das Wachsauschmelzverfahren in verlorener Form zunutze machen.

In dem unten veranschaulichten Beispiel fehlt eines der Schlüsselschilde eines Escutcheon-Paars, so dass ein Abguss gemacht werden muss. Da es sich um ein sehr kunstvolles Schild handelt, bietet sich von vornherein nur das Wachsausschmelzverfahren an.

Zunächst wird von dem Escutcheon ein Gummimodell erstellt. Die Gussform besteht aus zwei Teilen, jede mit ineinander passenden Markierungen, die beim Herausnehmen des als Schablone verwendeten Escutcheons der exakten Positionierung dienen. Die leere Form wird dann wieder zusammengesetzt und flüssiges Wachs hineingegossen. So entsteht ein perfektes Double des Escutcheons, das sämtliche Details originalgetreu wiedergibt.

Sobald der Wachsabdruck abgekühlt und das Wachs hart ist, wird die Wachskopie aus der Gummiform genommen. Sie wird dann in eine zweiteilige Gipsform eingeschlossen und erhitzt. Dabei härtet der Gips durch, während das Wachs gleichzeitig schmilzt, so dass ein einwandfreies Negativprofil des Original-Escutcheons entsteht. Dann wird geschmolzenes Messing in die Gipsform gegossen, das das flüssige Wachs verdrängt.

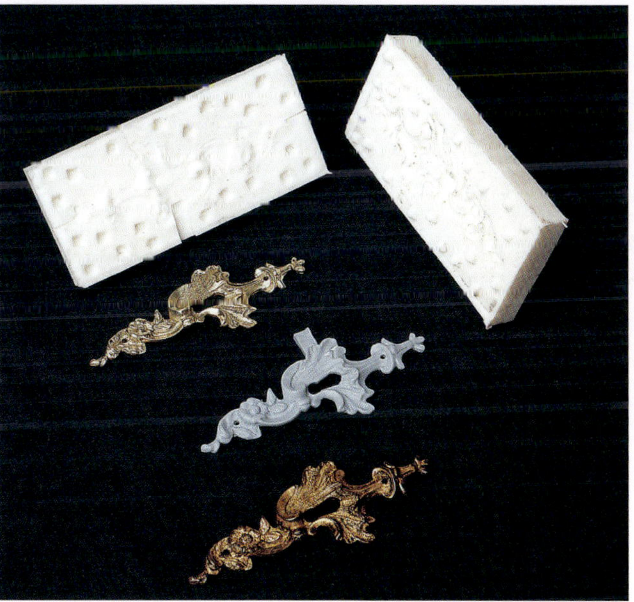

Sobald sich die Form abgekühlt hat, wird sie geöffnet und man erhält eine originalgetreue Kopie des ursprünglichen Escutcheons (Schlüsselschild). Nach dem Putzen wird sie entsprechend eingefärbt und lackiert.

BESCHLÄGE, LAUFROLLEN, METALLTEILE

Betrachtet man die unterschiedlichen Beschläge, Laufrollen und anderen Metallteile einmal näher, so spiegeln auch sie den Einfluss ihrer Zeit, des vorherrschenden Stils und des Ursprungslands wider. In der Vergangenheit wurden solche Teile je nach Bedarf bei der Gießerei vor Ort in Auftrag gegeben. Manchmal geben die Original-Metallteile auch Aufschluss über den Urheber des Stücks. Im 18. Jahrhundert brachten die Gießereien Vorlagenbücher heraus, und oft findet sich ihr Name auch eingestanzt in Scharniere, Laufrollen oder Schlösser.

Anders als heute, da Schrauben, Nägel und Messingbeschläge zu Zigtausenden maschinell produziert werden, waren die Messingteile früherer Zeiten ausschließlich handgemacht. Blatt- oder Schuhnägel mit flachem Kopf und manuell gefertigte Schrauben mit dezentrierten, von Hand geschnittenen Gewinden waren Kunstwerke für sich. Wie hochwertig sie sind, bezeugt die Tatsache, dass sie sich nach über 300 Jahren noch immer betätigen lassen.

Ebenso wie der Bestand an alten Hölzern (s. S. 28) oder Oberflächenfurnieren (s. S. 30) stellt auch ein Bestand an Messingbeschlägen eine wichtige Voraussetzung für die Arbeit des Restaurators dar. Sämtliche alten Nägel, Schrauben oder Messingteile, die von einem Möbelstück entfernt werden, warten hier auf künftige Verwendung. Während Gießereifachbetriebe Abgüsse antiker Beschläge, Laufrollen und Galerien (kleiner ornamentaler Einfassungen, die eine Schreib- oder Tischplatte begrenzen) herstellen, gibt es für das Original letztlich keinen Ersatz. Jedes der hier erwähnten Messingteile ist schließlich ein Einzelstück, das eigens auf seine spezifische Rolle »zugeschnitten« wurde.

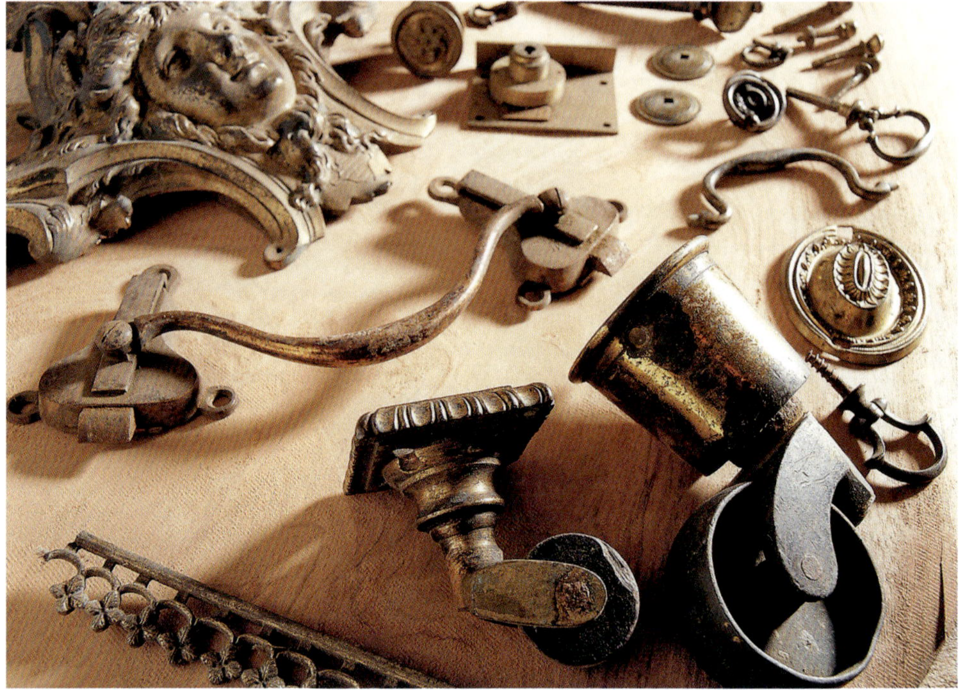

Eine Auswahl an Metallteilen aus dem 18. und 19. Jahrhundert, darunter Beschläge, Laufrollen und Galerien.

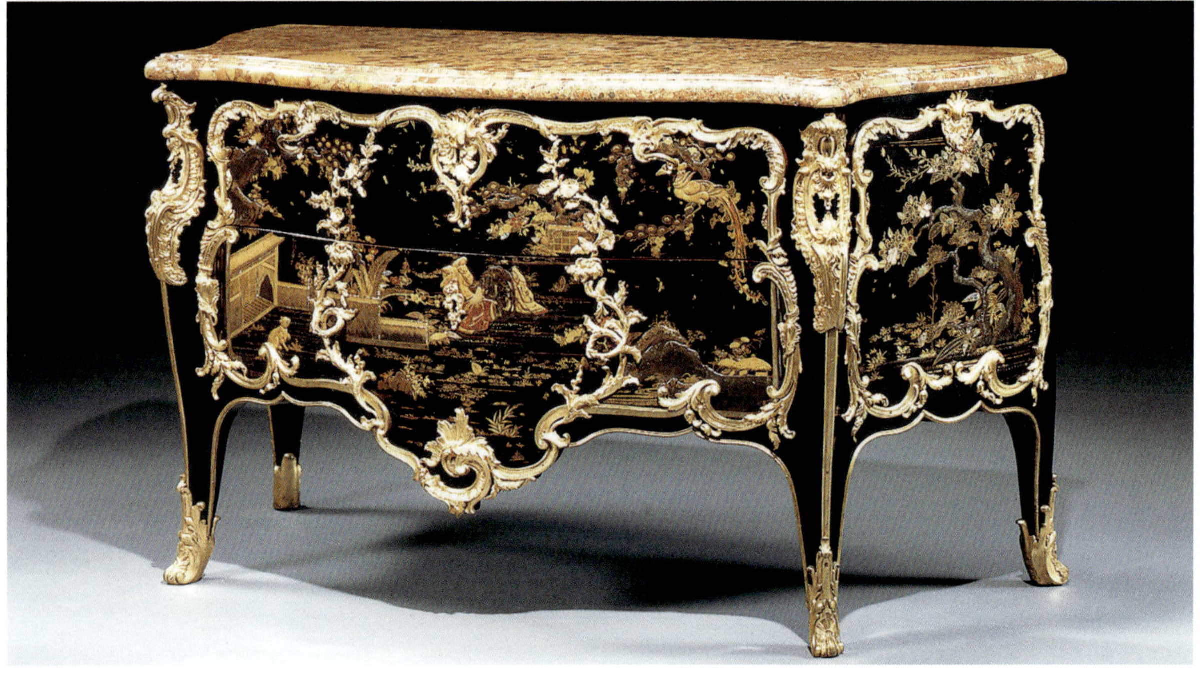

Eine aus der Mitte des 18. Jahrhunderts stammende japanische Lackkommode, reich verziert mit Ormolu-Beschlägen.

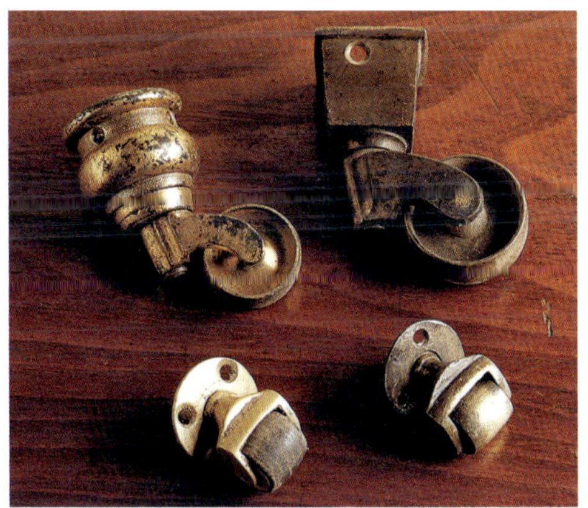

Ein Sortiment an Messinglaufrollen aus dem 18. und 19. Jahrhundert, die auch nach langjährigem Gebrauch noch funktionsfähig sind.

Im 18. und 19. Jahrhunderts kannte man zwei Verfahren, um ein Korrodieren der Messingoberfläche nach dem Gießen zu verhindern: das Feuervergolden und das Lackieren. Das Feuervergolden war allerdings eine so kostspielige Prozedur, dass sie nur für feinste Beschläge, Galerien und Griffe in Frage kam. Dazu wurde ein Gemisch aus Quecksilber und Gold auf die Metallteile aufgebracht und erhitzt. Das Quecksilber verflüchtigte sich, während sich das Gold mit dem Metall verband. So entstand ein voller und fein glänzender Überzug; allerdings war dem Quecksilber-Vergolder aufgrund der austretenden Dämpfe meist nur ein kurzes Leben vergönnt.

Das zweite Verfahren war das Lackieren; es erzeugte ein ähnliches Bild, wenn auch nicht ganz so opulent wie das Feuervergolden. Leider haben die meisten Griffe aufgrund der in den Putzmitteln enthaltenen starken Lösungsmittel ihren ursprünglichen Glanz verloren. Wo feuervergoldete und lackierte Oberflächen noch weitgehend intakt sind, sollten sie behutsam gereinigt werden (s. S. 61). Meist genügt schon ein gelegentliches Abreiben mit einem feuchten Lappen.

Abstumpfen eines Nagels

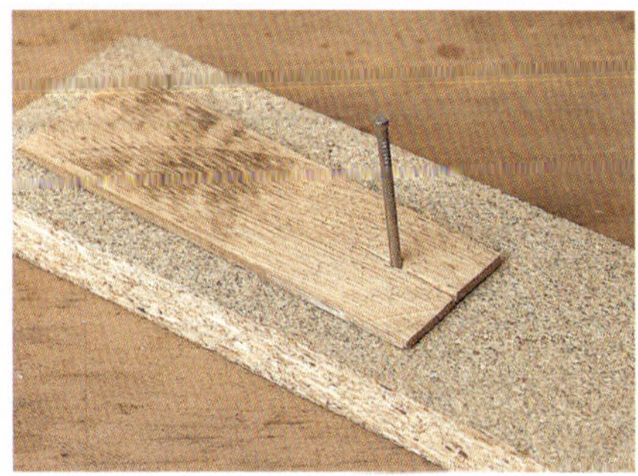

1 *Beim Einschlagen eines großen Nagels in ein Stück Hartholz wie Eiche besteht die Gefahr, dass sich das Holz spaltet, was auf die scharfe Spitze zurückzuführen ist, die wie ein Keil wirkt.*

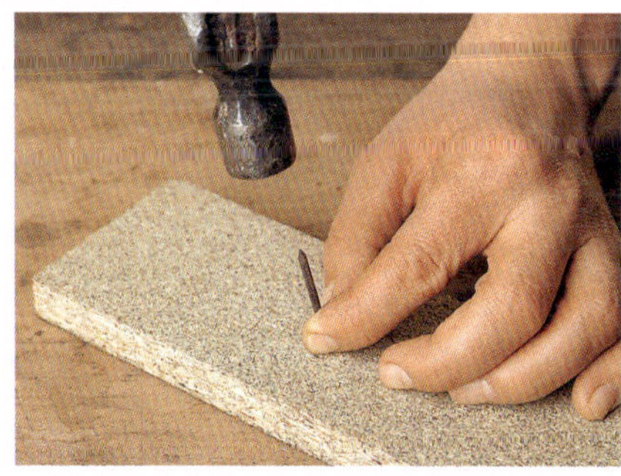

2 *Dies lässt sich leicht verhindern, indem man die Spitze des Nagels vor Gebrauch abstumpft.*

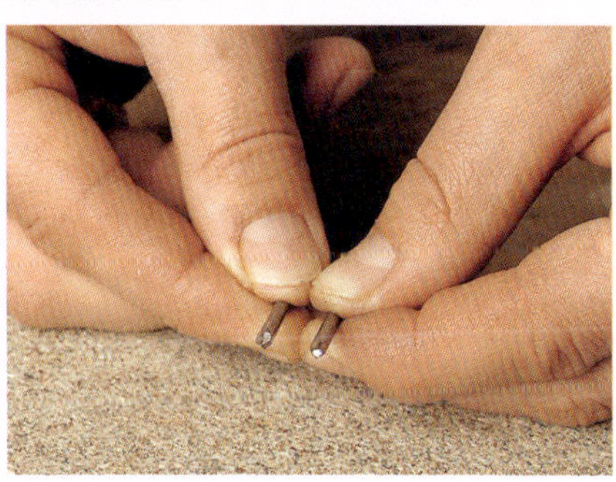

3 *Ein bis zwei Hammerschläge genügen, um den gewünschten Effekt zu erzeugen.*

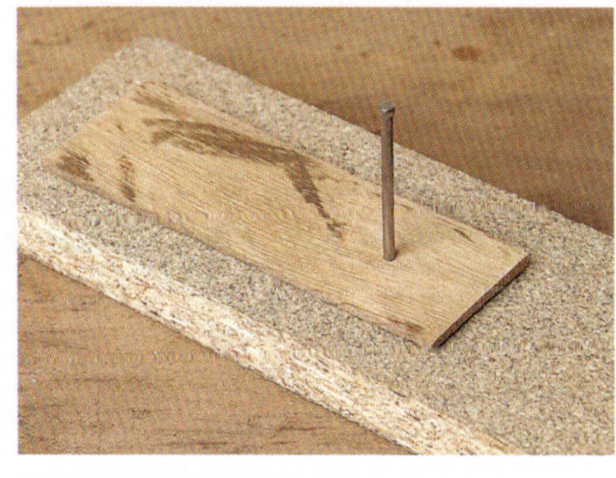

4 *Mit einer stumpfen Spitze lässt sich der Nagel in das Holz schlagen, ohne dass sich dieses spaltet.*

Einen Nagel entfernen

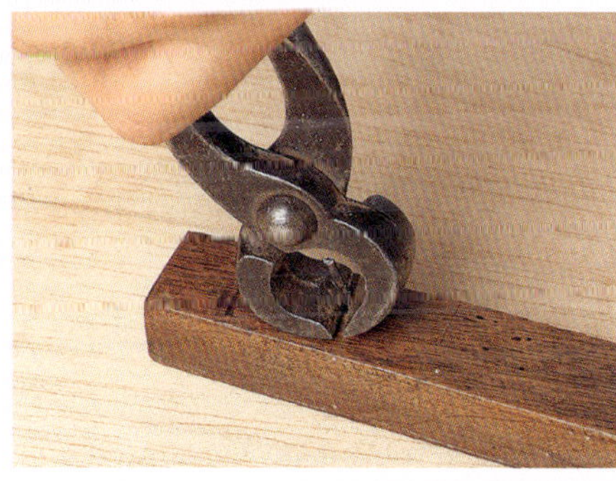

1 *Wenn ein Nagel aus einer polierten Fläche entfernt werden muss, sollte die Zange das Holz, wie hier abgebildet, nicht berühren.*

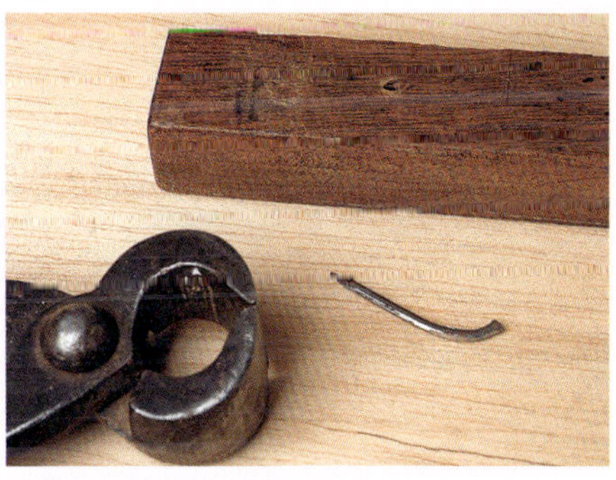

2 *Der durch die Zange ausgeübte Druck kann, auf das Holz übertragen, Dellen verursachen und einen Abdruck auf der polierten Oberfläche hinterlassen.*

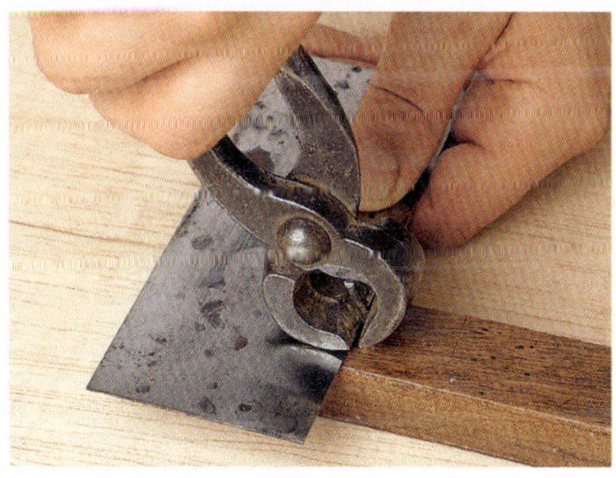

3 *Am besten legt man eine kleine Metallplatte zwischen Zange und polierte Oberfläche. Hier wurde ein Schaber verwendet, aber auch ein dünnes Stück Holz erfüllt den Zweck.*

SCHLÖSSER UND SCHLÜSSEL

Da es die unterschiedlichsten Schlüsseltypen gibt, sollte jede Werkstatt ein möglichst großes Sortiment bereit halten. Für die einfacheren Schlösser genügt oft ein Ersatzschlüssel, der kaum oder gar nicht verändert werden muss. Solche antiken Schlüssel findet man vielerorts, ob beim Schlosser, Trödler oder auf Flohmärkten. Im Fachhandel erhältlich sind aber auch Rohlinge, die sich dem Schloss anpassen lassen.

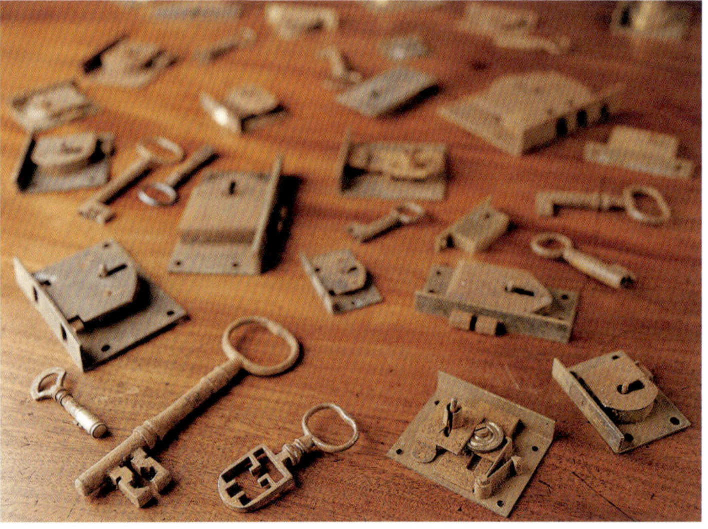

Es lohnt sich, ein möglichst großes Sortiment an Schlössern aus nicht mehr gebrauchsfähigen Truhen und Schränken anzulegen.

Die frühesten Schlösser entstanden um 2000 v. Chr. und wurden von den Ägyptern entwickelt, aber auch die Römer fertigten und verwendeten Schlösser. Jahrhundertelang in Gebrauch, waren sie auf englischen Möbeln des 14. und 15. Jahrhunderts keineswegs ungewöhnlich. Immer wieder finden sich Beispiele aus dieser Zeit mit ihrem typischen flachen Schließblech und dem dahinter verborgenen Schließmechanismus, der Sicherheit gewährleistete. Gegen Ende des 15. Jahrhunderts entstanden immer dekorativere Schlösser, die zunehmend Verbreitung fanden.

Die auch gegen Ende des 17. Jahrhunderts noch kunstvoll ziselierten Schlösser wurden mit der vermehrten Herstellung von Truhen und anderen Verwahrmöbeln durch schlichtere Stahlschlösser mit einfachem Schließmechanismus verdrängt. Für die immer feineren Möbelentwürfe wurden auch immer speziellere Schlösser benötigt. Sekretäre erforderten Winkelschlösser für die beweglichen Frontklappen, Schrankschlösser wurden mit Links- oder Rechts-Einrastmechanismus gefertigt, und wo auf zusätzliche Sicherheit Wert gelegt wurde, wie etwa bei einem Escritoire (Schreibschrank), wurden Schlösser mit drei bis vier Stiften eingesetzt, die sich selbst mit Gewalt kaum öffnen ließen. Auf dem europäischen Kontinent findet man häufig zweigängige Schlösser, bei denen der Schlüssel zweimal umgedreht wird, was die Sicherheit erhöht.

Im Lauf des 18. Jahrhunderts ging man dazu über, für hochwertigere Schlösser Messing zu verwenden, auch wenn es weiterhin billigere aus Eisen gab. Die zunehmende Perfektionierung der Herstellung von Messingschlössern erreichte mit Robert Barrons Entwicklung eines geradezu revolutionären Hebelsystems 1778 einen Höhe- und Wendepunkt. Im Gegensatz zu früheren Schlössern, die auf einem Verwahrsystem und einer einzigen Zuhaltung basierten, arbeiteten diese mit zwei Zuhaltungen, die gewährleisteten, dass das Schloss nur aufsprang, wenn die Zuhaltungen gleichzeitig zurück und in eine bestimmte Höhe gehoben wurden. Dieses Hebelsystem wird auch in heutigen Schlössern noch verwendet.

Im 18. Jahrhundert wurde das Schloss von Joseph Bramah weiterentwickelt, der 1784 ein Patent für ein System erwarb, das auf einem röhrenförmigen Schlüssel mit Einkerbungen am Ende basierte. Um das mit Federn versehene Schloss zu betätigen, musste der Schlüssel genau positioniert werden. Zu jedem Schloss gehörte ein eigens gefertigter Schlüssel; schon die geringste Abweichung genügte, und das Schloss ließ sich nicht öffnen. Falls dieser Schlüssel also verloren ging, konnte nur der Fachmann weiter helfen.

Dass sich der Kunsttischler auf ein spezifisches Schloss für seine Möbel festlegte, kam relativ selten vor. Eine Ausnahme bildet der berühmte Designer und Möbelbauer des 18. Jahrhunderts, Thomas Chippendale. Der S-Schlüssel mit entsprechendem Schlüsselschild gilt unter Fachleuten und Sammlern als eine Art Markenzeichen für Stücke aus der Hand Chippendales; allerdings ist keineswegs erwiesen, dass er der einzige war, der

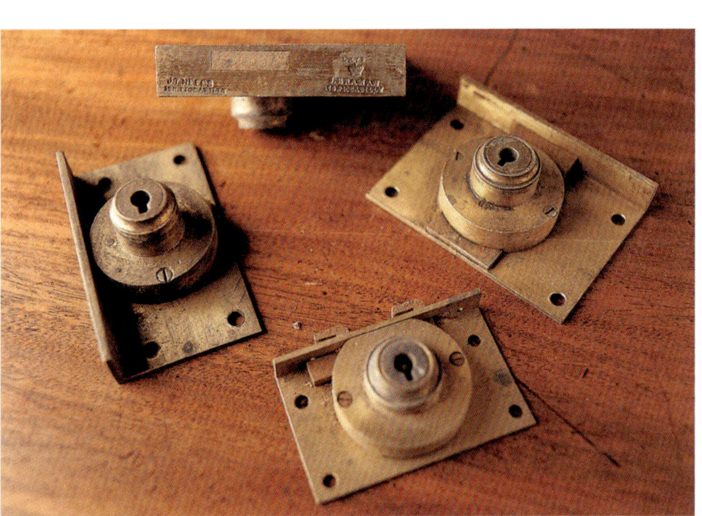

Eine Auswahl an Bramah-Schlössern mit ihrem besonderen Patentstempel

diese Variante bevorzugte. Zeugnisse dafür finden sich an Möbeln in Brocket Hall, Harewood House und Nostell Priory, alles Auftragsarbeiten von Chippendale.

Während das Gängigmachen von Schlössern und ein eventuelles Ersetzen des Schlüssels durchaus Sache einer kompetenten Restaurationswerkstatt ist, sollte man nicht vergessen, dass manche Schlösser so kunstvoll gearbeitet sind, dass diese in die Hand eines spezialisierten Schlossers oder Restaurators gehören.

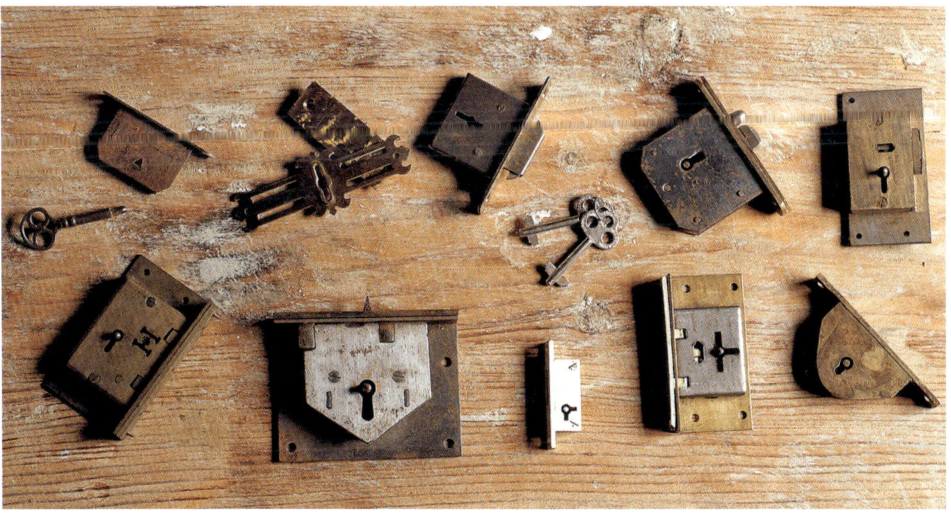

Im Lauf des 18. und 19. Jahrhunderts wurden die unterschiedlichsten Schlösser entwickelt, jedes für eine spezifische Aufgabe.

Ein Schloss gängig machen

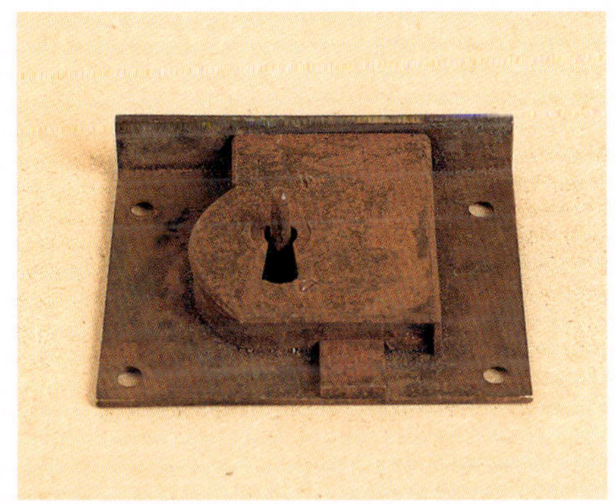

1 *Jahrelang in Gebrauch, können sich in Schlössern alle möglichen Schmutzteile wie etwa Staub, Wachs und selbst Insektenreste ansammeln, die die Funktionalität eines Schlosses beeinträchtigen – ein Problem, das sich aber rasch beheben lässt.*

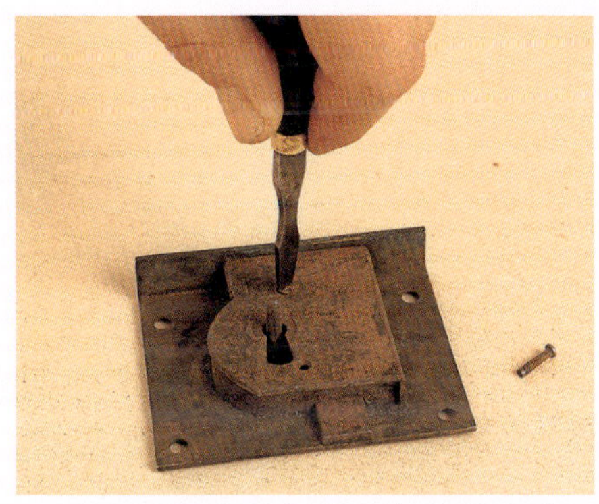

2 *Bauen Sie das Schloss aus und legen Sie es flach auf eine saubere Oberfläche. Schrauben Sie die Verbindungsschrauben vom Schließblech. Verwahren Sie die Originalschrauben sorgfältig.*

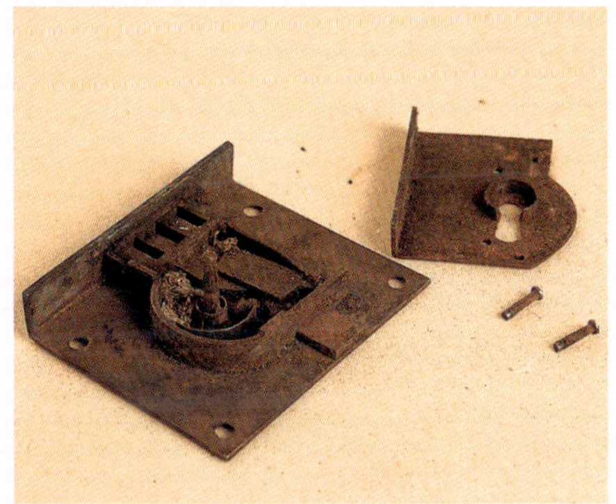

3 *Schieben Sie den Schraubendreher vorsichtig zwischen Deckplatte und Schließblech und lockern Sie das Schließblech mit möglichst wenig Kraftanwendung. So können Sie sehen, ob sich im Schließmechanismus Schmutzteile angesammelt haben.*

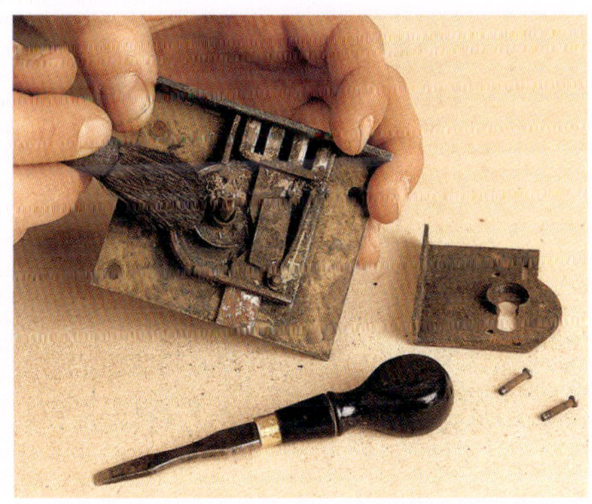

4 *Entfernen Sie diese ggf. mit einem weichen Pinsel. Vergewissern Sie sich, dass nicht noch andere Schäden vorliegen. Falls sich irgendwo Rost findet oder Teile abgebrochen sind, muss ein sachkundiger Schlosser die Restaurierung übernehmen.*

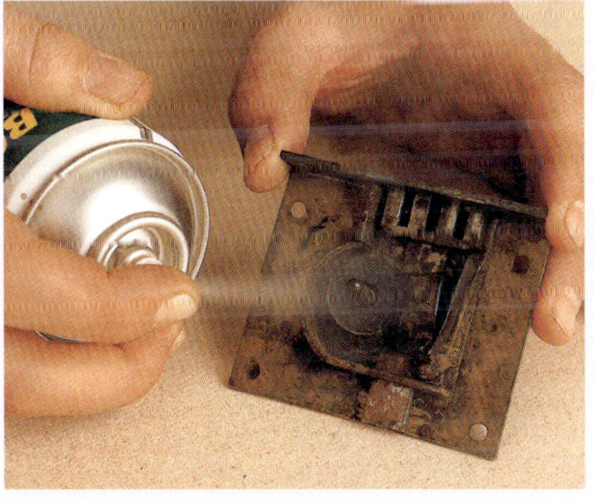

5 *Wenn das Schloss sauber ist, machen Sie den Schließmechanismus mit einem trockenen Silikon-Spray gängig. Verwenden Sie keine Schmiermittel auf Ölbasis, da sie Staub anziehen und verharzen.*

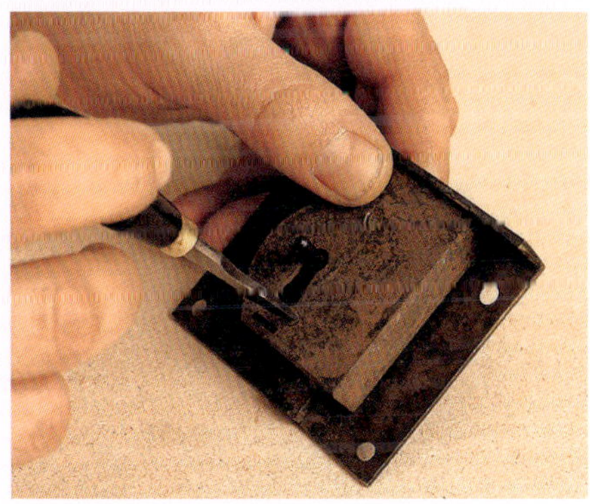

6 *Prüfen Sie, ob sich das Schloss leicht öffnen und schließen lässt, bevor Sie das Schließblech wieder aufsetzen und mit den Original-Schrauben verschließen. Vergewissern Sie sich noch einmal der Gängigkeit, bevor Sie das Schloss wieder einsetzen.*

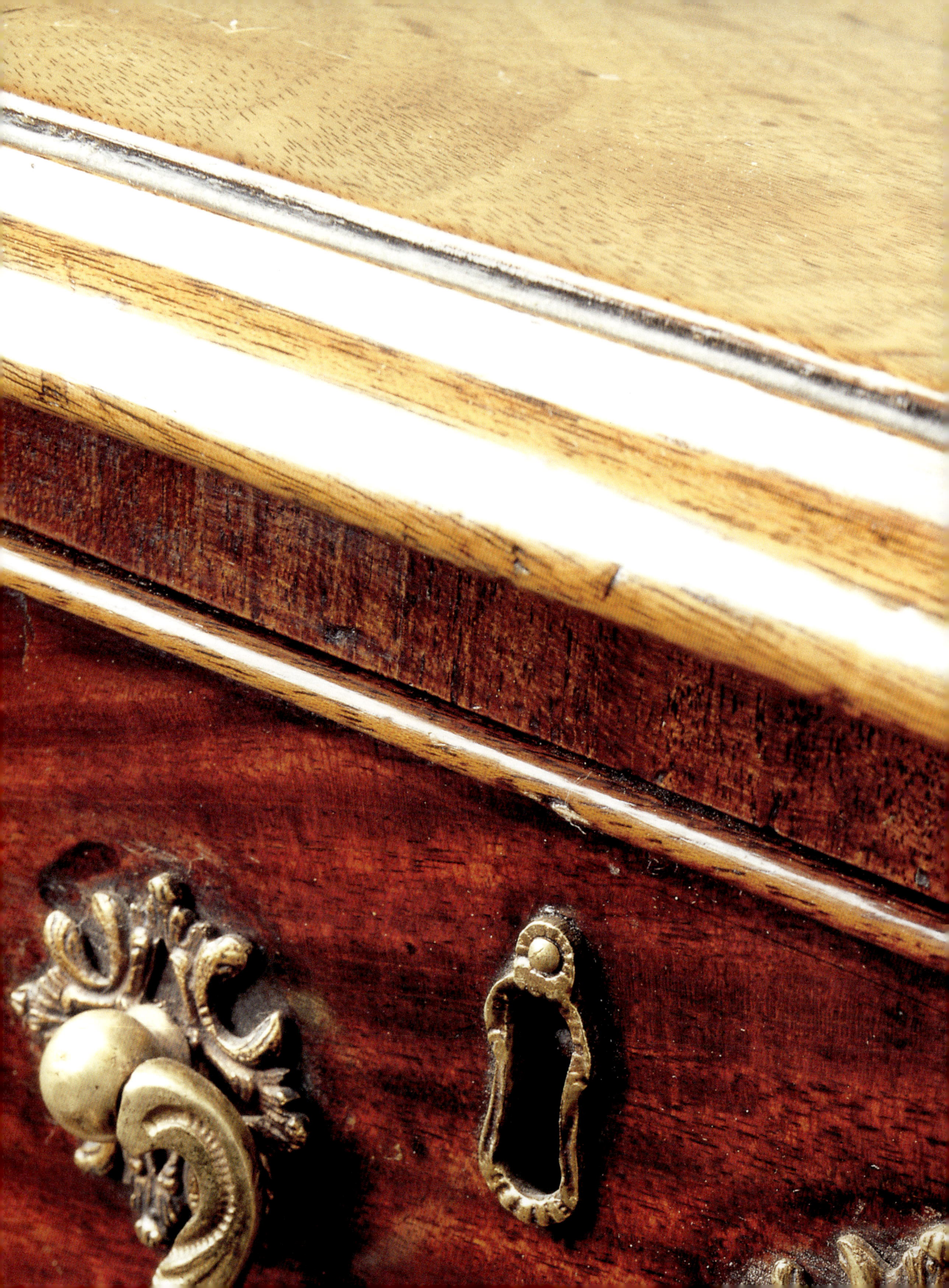

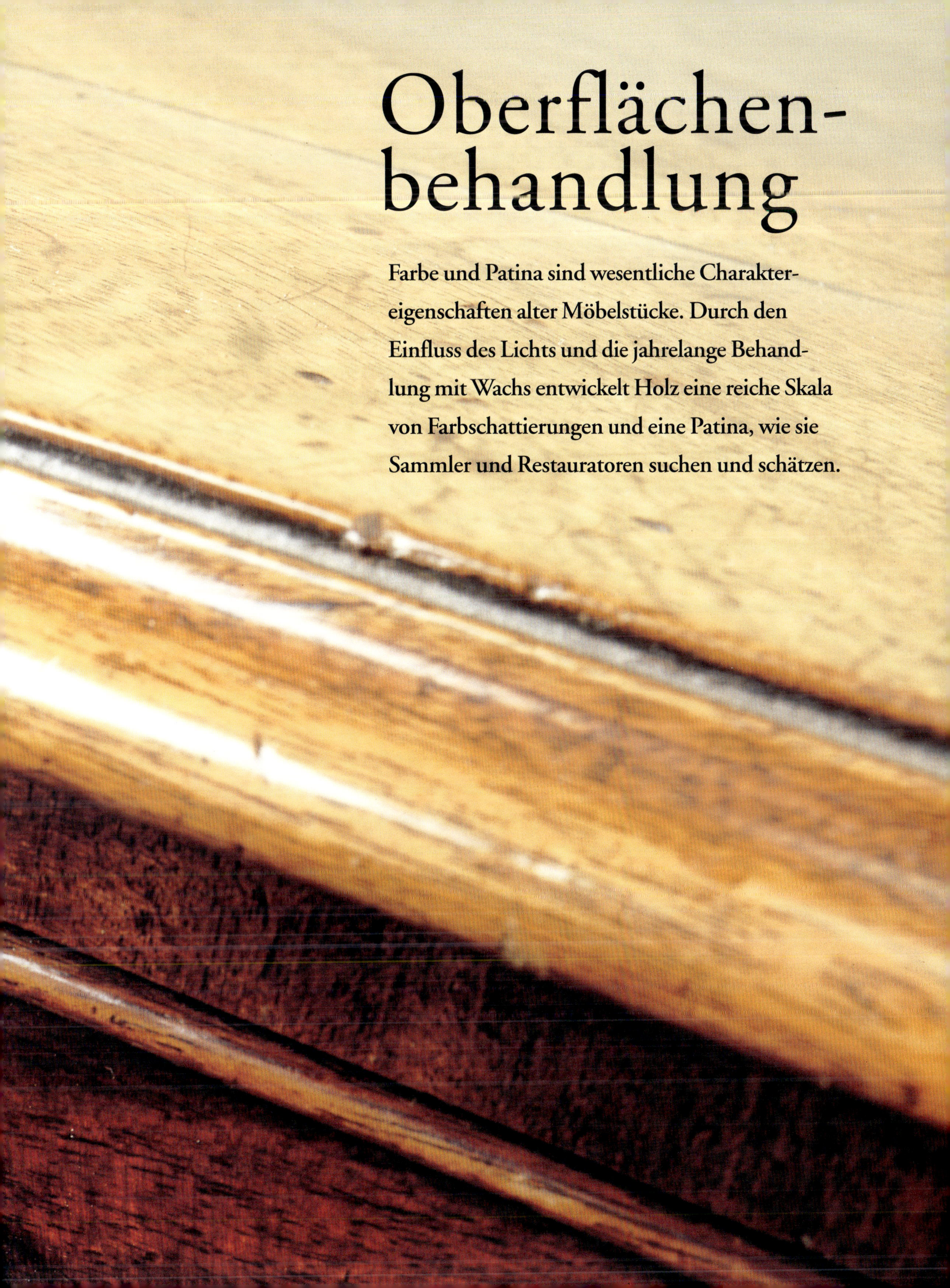

Oberflächenbehandlung

Farbe und Patina sind wesentliche Charaktereigenschaften alter Möbelstücke. Durch den Einfluss des Lichts und die jahrelange Behandlung mit Wachs entwickelt Holz eine reiche Skala von Farbschattierungen und eine Patina, wie sie Sammler und Restauratoren suchen und schätzen.

Restaurieren beschädigter Oberflächen

Bei alten Möbeln finden sich die unterschiedlichsten Oberflächen und daher auch die unterschiedlichsten Schäden, sei es durch Hitze, Wasser, Feuchtigkeit, Fett, Schmutz oder Oxidation. Um diese zu beheben, bedarf es jeweils ganz spezifischer Maßnahmen. Dabei gilt es sehr behutsam vorzugehen, denn ein schlecht restauriertes Möbelstück sieht nicht nur hässlich aus, sondern verliert auch erheblich an Wert.

Oberflächenschäden am Furnier, Massivholz, Marmor, Leder oder an der Vergoldung lassen sich in zweierlei Kategorien einteilen: die durch Unachtsamkeit verursachten oder im Lauf der Jahre durch normalen Gebrauch und Verschleiß entstandenen Schäden.

Einige lassen sich durch gründliches Reinigen und Wachsen weitgehend beheben, manchmal jedoch muss die Oberfläche abgebeizt und erneuert werden. Das ist bei Vergoldungen kein großes Problem – irgendwann sind solche Stücke immer wieder einmal neu vergoldet worden. Polierte Oberflächen sollte man jedoch so wenig wie möglich behandeln und notwendige Arbeiten auf die beschädigte Stelle beschränken.

Generell stellt sich die Frage, ob eine Oberfläche restauriert oder in ihrem Zustand belassen werden sollte. Bei einem erst kürzlich entstandenen Schaden ist eine Reparatur selbstverständlich. Wenn es sich aber um einen alten Schaden handelt, können Beize und Kratzer schon mit zahllosen Wachsschichten überzogen worden sein, die inzwischen zum »Charakter« des Stücks gehören. In diesem Fall muss man sich entscheiden, ob man eine unansehnliche Stelle beseitigen oder eine ansonsten schön patinierte Oberfläche belassen will. Ein erfahrener Restaurator wird solche Schäden erfolgreich beheben können. Ein Amateur sollte es bei gut gebeizten und polierten Stücken lieber nicht versuchen. Sowohl Sammler wie Besitzer alter Möbel neigen eher dazu, einen kleinen Schaden hinzunehmen, um die Unversehrtheit des Stücks zu erhalten.

Kürschner

Wenn der Leim, der eine furnierte Oberfläche mit dem Trägerholz verbindet, nicht mehr richtig abbindet, sei es durch Überalterung, Hitze- oder Wasserschäden, bilden sich Blasen oder so genannte Kürschner. Man kann sie durch Aufpressen angewärmter Holzstücke oder durch neues Verleimen beseitigen.

Schäden durch Feuchtigkeit

Wasserschäden, direkt oder indirekt auf einer polierten Oberfläche entstanden, bilden weiße Flecken – auch als »Ausblühen« bezeichnet. Man behandelt sie gewöhnlich durch erneutes Polieren und Wachsen; manchmal wird man allerdings nicht umhin kommen, die Oberfläche abzutragen und neu zu beschichten.

Alkohol- und Wasserflecken

Alkohol- oder Wasserspritzer, die nicht sofort entfernt werden, können in eine polierte Oberfläche eindringen und dunkle oder schwarze Flecken bilden. Man kann versuchen, sie mit einem milden Bleichmittel zu behandeln, das den Fleck allerdings nicht immer ganz beseitigt. Besser ist es, diese Prozedur Fachleuten zu überlassen.

Kerben und Dellen

Kerben an Tisch- oder Stuhlbeinen kann man oft ignorieren, Dellen auf einer ebenen Oberfläche müssen jedoch beseitigt werden. Wenn die Kerbe oder Delle nicht zu tief ist, wird sie häufig mit Dampf behandelt, der die Fasern erneut aufrichtet.

Brandschäden

Brandflecken entstehen meist durch Zigaretten. Ob man sie restauriert oder nicht, sollte man sich gut überlegen, wobei ein Brandfleck im Furnier leichter zu korrigieren ist als im Massivholz. Aber auch dies wird man besser Fachleuten überlassen.

Kratzer

Kratzer sind die häufigsten Schäden bei alten Möbeln. Kleinere Kratzer an der polierten Oberfläche können durch erneutes Wachsen behandelt werden, tiefere müssen gefüllt und mit Beize eingefärbt werden.

Sonne

Direkte Sonneneinstrahlung wirkt sich auf polierte Oberflächen oft ungünstig aus, denn die Politur kann austrocknen und sich verfärben. Wenn die farbliche Veränderung gleichmäßig und ästhetisch ansprechend wirkt, kann man sie belassen. Bei fleckigen Oberflächen wird man die betreffenden Stellen jedoch neu einfärben und farblich anpassen müssen.

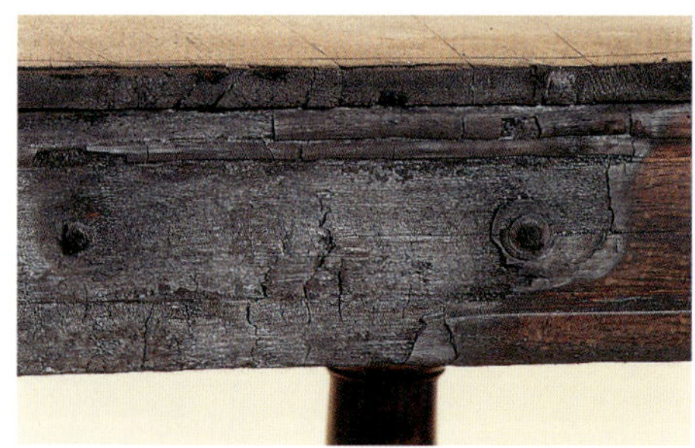

Brandschaden

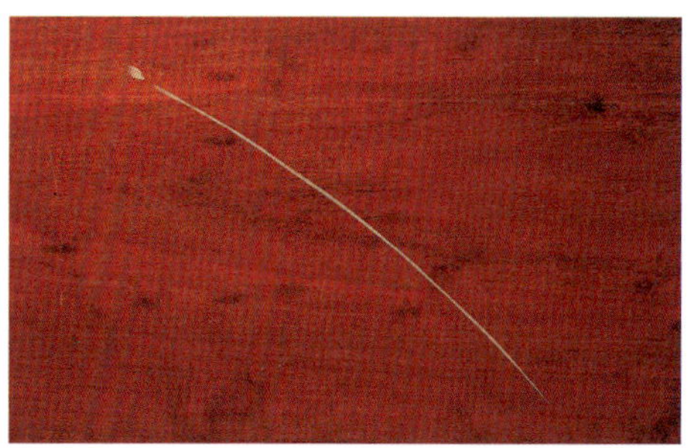

Kratzer

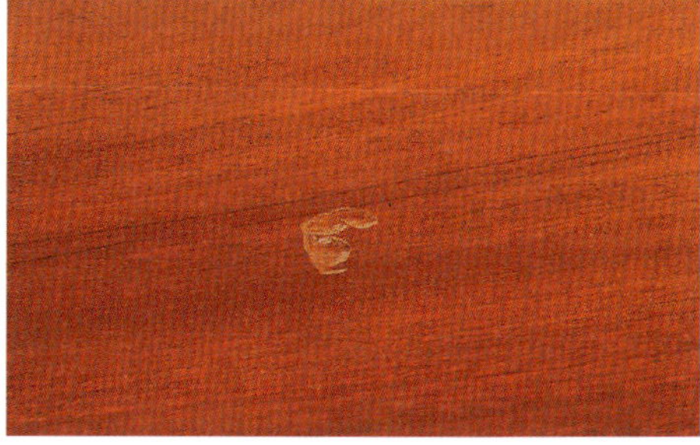

Delle

Kürschner entfernen

Das Nussbaumfurnier einer kleinen Regency-Chiffonnière hat schlimme Blasen geworfen. Der erste Reparaturversuch wurde mit einem angewärmten Holzstück (s. S. 78) durchgeführt, das den Leim unter dem Furnier aufweicht, damit er wieder abbindet. Bringt dies keinen Erfolg, kann man neues Bindemittel durch einen Schnitt im Furnier einführen. Arbeiten Sie dabei vorsichtig, um die Oberfläche nicht zu verkratzen.

Material und Werkzeug

- scharfes Messer
- PVA-Leim (Weißleim)
- sauberes weißes Papier
- Holzblock
- Bügelschraubzwinge
- Polierballen
- Politur
- Wachs
- Baumwolllappen

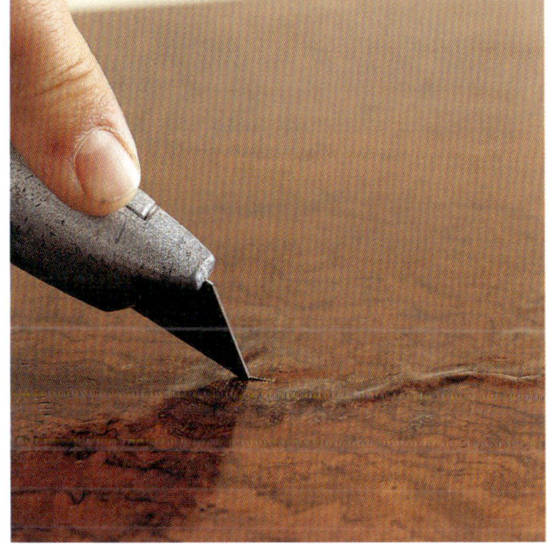

1 Mit einem scharfen Messer werden kleine Einschnitte in den Kürschner im Furnier vorgenommen, die bis zum Trägerholz reichen. Schneiden Sie in Faserrichtung, damit man die Schnitte später nicht mehr sieht.

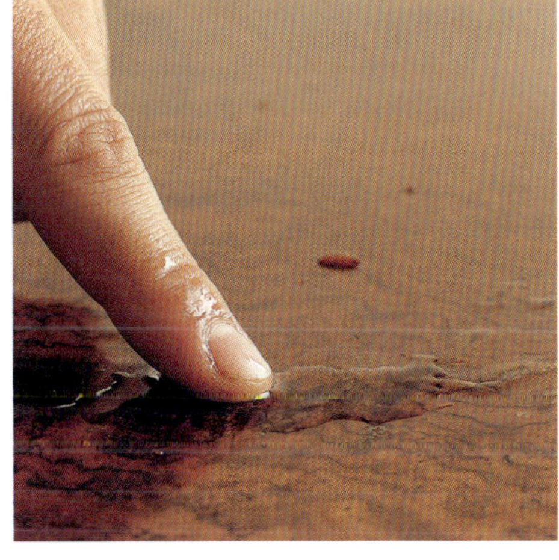

2 Verreiben Sie etwas Wasser über dem Kürschner, damit es durch die Schnitte eindringen kann.

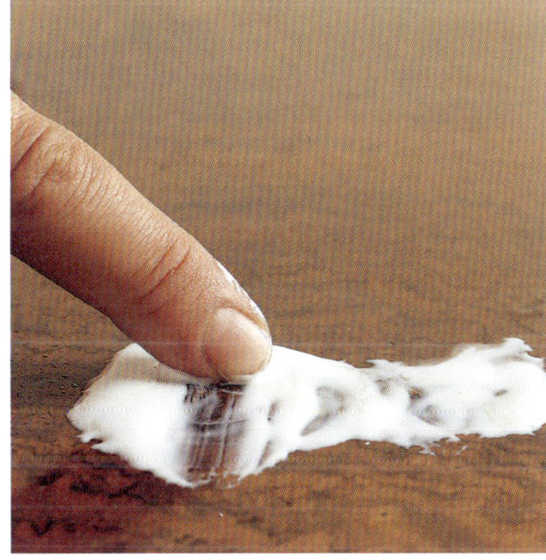

3 Verreiben Sie mit dem Finger etwas PVA-Leim auf dem Kürschner und arbeiten Sie ihn mit kreisenden Bewegungen ein. Das Wasser unter dem Furnier saugt den Leim durch die Schnitte an und verteilt ihn so zwischen Furnier und Trägerholz.

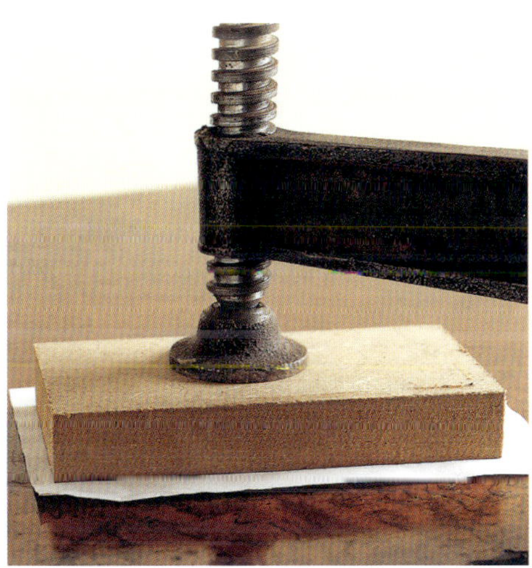
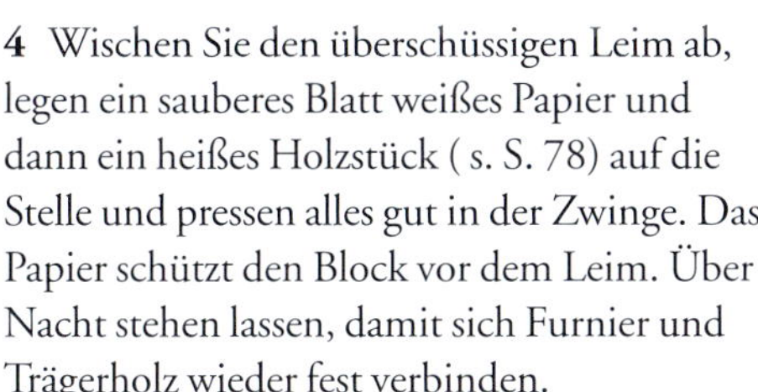

4 Wischen Sie den überschüssigen Leim ab, legen ein sauberes Blatt weißes Papier und dann ein heißes Holzstück (s. S. 78) auf die Stelle und pressen alles gut in der Zwinge. Das Papier schützt den Block vor dem Leim. Über Nacht stehen lassen, damit sich Furnier und Trägerholz wieder fest verbinden.

5 Entfernen Sie Holzstück und Papier und wischen Sie Papierreste mit überschüssigem Leim vorsichtig feucht ab. Kleinere Wärmeschäden, die durch das heiße Holzstück entstanden sein können, werden mit einer dünnen Schicht Politur mit dem Polierballen überpoliert, bevor man neu wachst (s. S. 66–67).

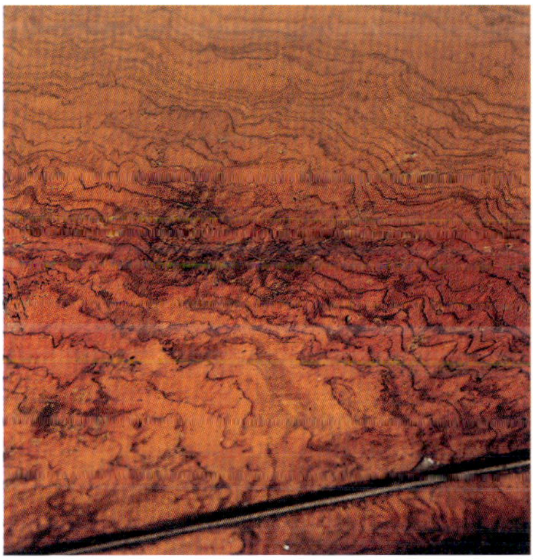

Nach der Politur ist vom Kürschner nichts mehr zu sehen.

Entfernen von Wasserflecken

Die Abbildung zeigt ein verbreitetes Problem polierter Oberflächen: Wasserflecken, wie sie durch das Abstellen von feuchten oder heißen Gefäßen entstehen. Auf diesem Tisch hat eine nasse Vase ihre Spuren hinterlassen. Zum Glück ist das Wasser nur in die obere Politurschicht eingedrungen und hat das eigentliche Holz nicht beschädigt. Die betroffene Politur muss entfernt, die Stelle neu mit Politur und Wachs aufgebaut und der Holzpatina angepasst werden. Die Oberfläche zeigt ein Kreuzfugenfurnier, was bedeutet, dass die Maserung in vier verschiedenen Richtungen verläuft, das Wachs daher mit kreisförmigen Bewegungen aufgebracht werden muss.

Material und Werkzeug
- Methylalkohol
- Baumwolllappen
- Polierballen
- Politur
- Wachs

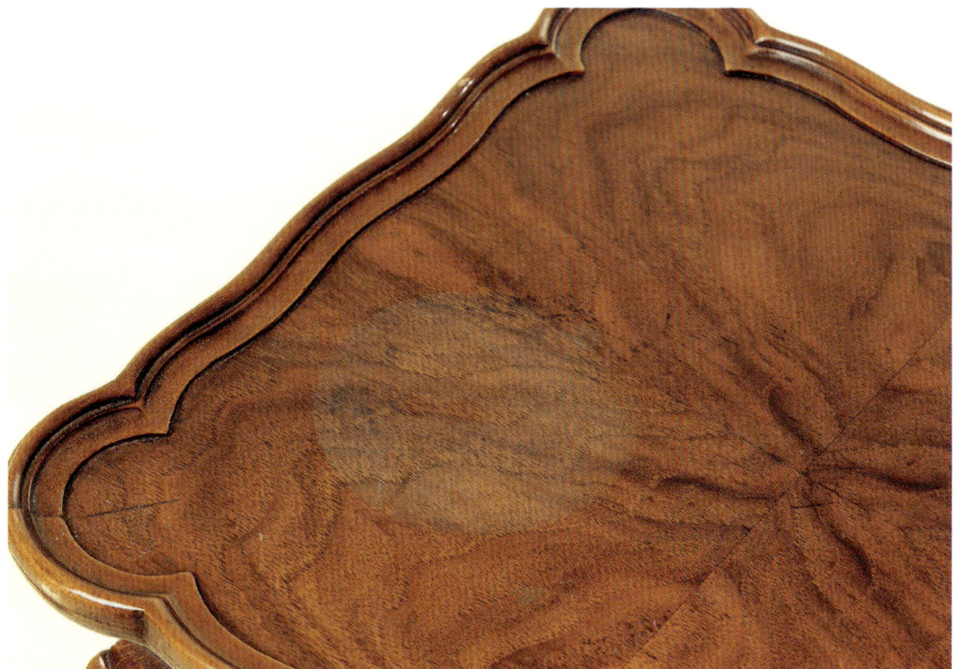

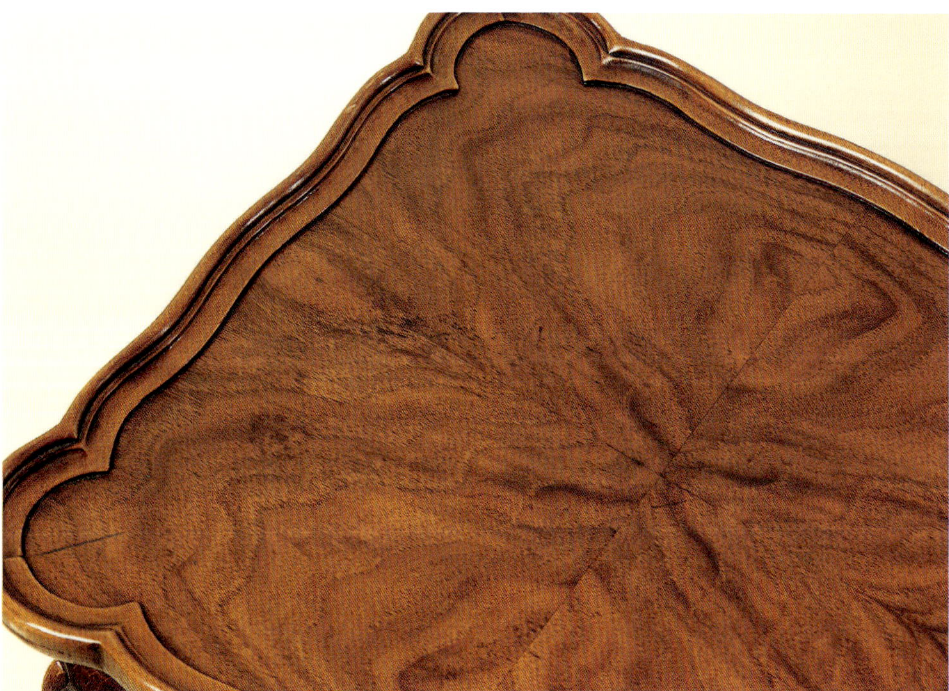

Der Wasserfleck ist inzwischen beseitigt, ohne dass Farbe oder Patina des Tischs beeinträchtigt wurden.

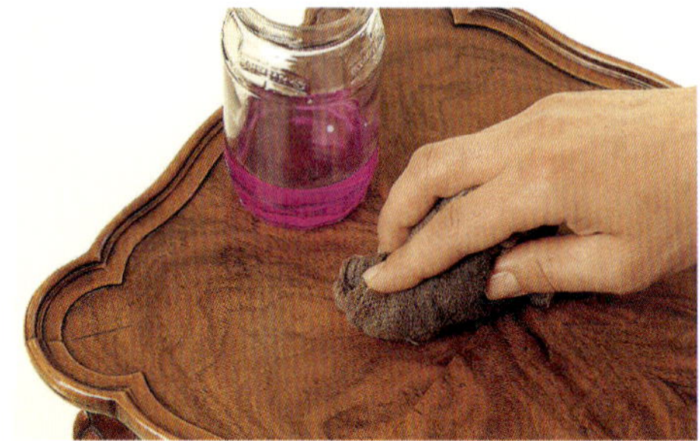

1 Säubern Sie die betroffene Stelle vorsichtig mit einem in Methylalkohol getauchten Baumwolllappen, um die beschädigte Politur zu entfernen.

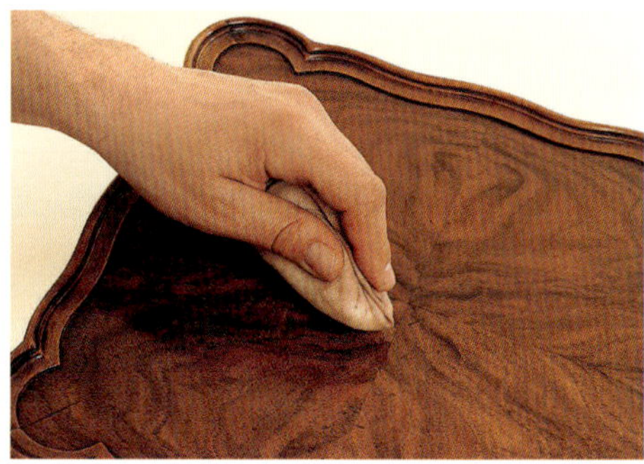

2 Tränken Sie einen Polierballen mit Politur (s. S. 67) und überziehen Sie die gereinigte Stelle mit einer dünnen Schicht, um die Oberfläche wieder aufzubauen. Dann polieren Sie die ganze Oberfläche, damit sie wieder einen einheitlichen Farbton zeigt (s. S. 67).

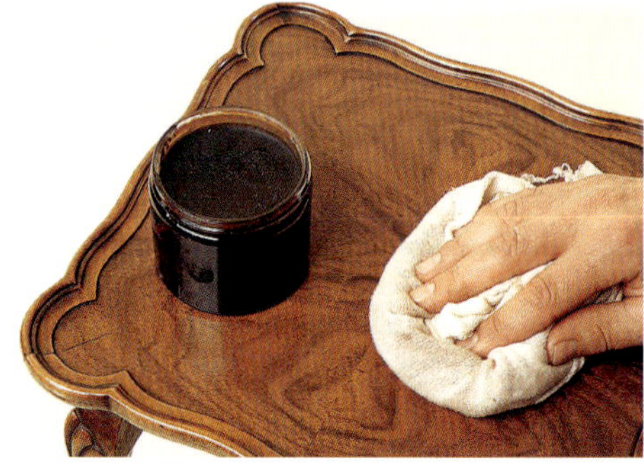

3 Warten Sie, bis die Politur getrocknet ist, dann wachsen Sie die ganze Fläche mit kreisförmigen Bewegungen (s. S. 68).

Dellen hochdämpfen

Dellen und Druckstellen entstehen immer wieder auf poliertem Furnier, sei es, dass etwas auf die Fläche fällt oder ein Möbelstück umgestellt wird. Die meisten dieser Stellen lassen sich, wie hier gezeigt, mit Dampf ausgleichen und anschließend mit Politur kaschieren. Manchmal sind sie allerdings schwer zu beheben. Sofern sie nicht unmittelbar ins Auge fallen, empfiehlt es sich meist, kleinere Dellen zu akzeptieren und sie als Teil des Möbels, seiner Geschichte und seines Charakters zu betrachten.

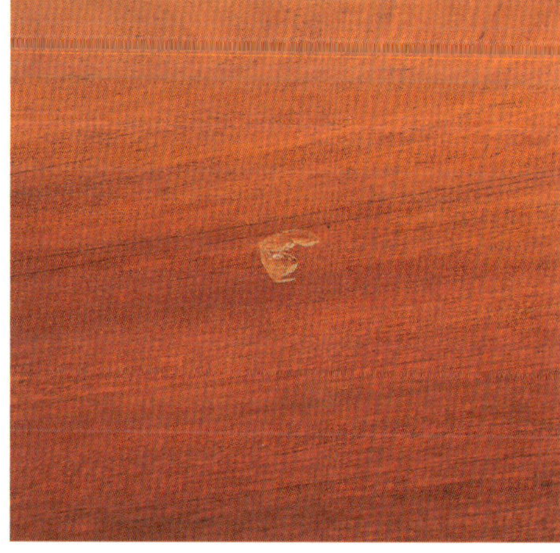

Material und Werkzeug

- Baumwolllappen
- Bügeleisen
- feine Stahlwolle
- Methylalkohol
- feines Schleifpapier
- feiner Pinsel
- Spiritusbeize
- Polierballen
- Politur
- Wachs

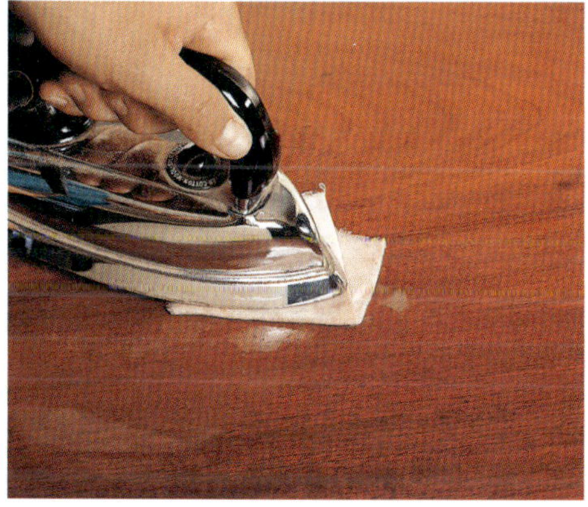

1 Legen Sie einen feuchten Baumwolllappen über die Stelle und pressen Sie ihn mit der Spitze eines heißen Bügeleisens an. So entsteht Dampf, durch den sich die eingedrückten Holzfasern aufrichten. Achten Sie darauf, nur die Spitze des Bügeleisens einzusetzen und die Stelle so genau wie möglich zu lokalisieren.

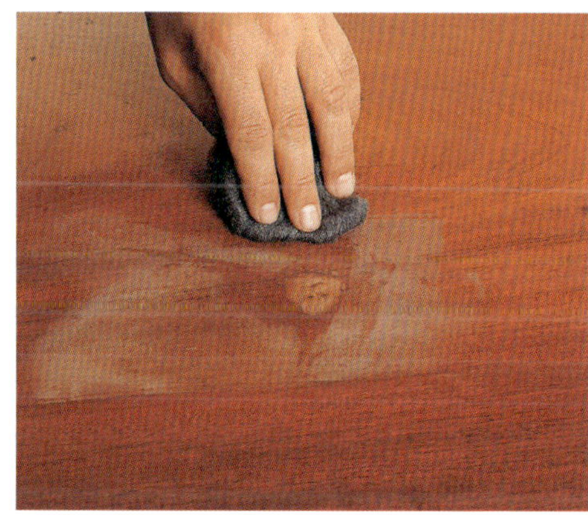

2 Die Fasern sind hochgedämpft, aber der Dampf hat rundum kleine Schäden angerichtet. Entfernen Sie die beschädigte Politur mit feiner Stahlwolle und Methylalkohol.

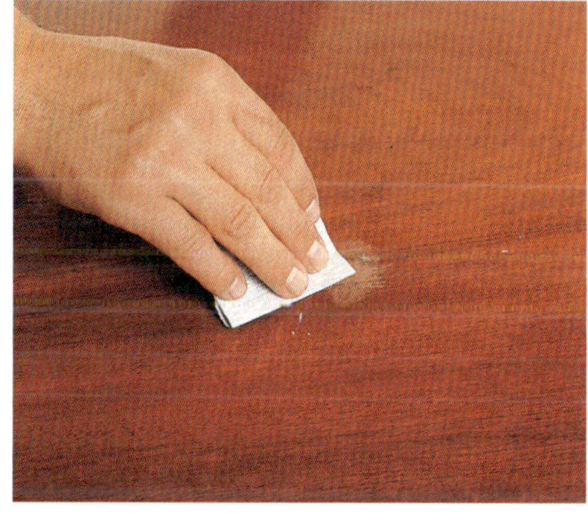

3 Durch die Hitze haben sich die Holzfasern aufgerichtet. Reiben Sie die Stelle leicht mit feinem Schleifpapier ab, bis sie glatt ist.

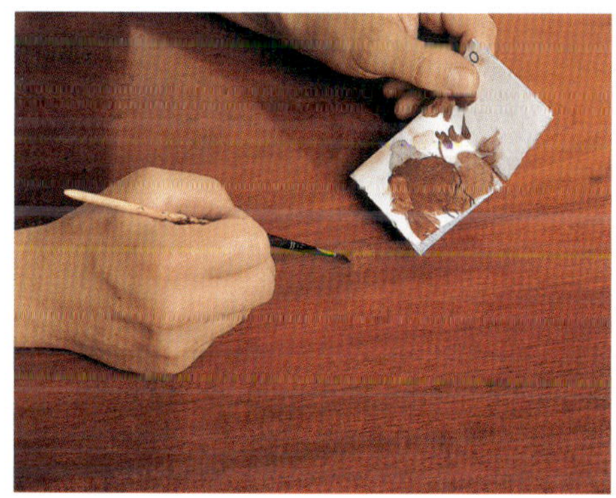

4 Mischen Sie Spiritusbeize in der passenden Farbe an (s. S. 41) und überstreichen Sie die reparierte Stelle vorsichtig, um sie zu überdecken. Tränken Sie einen Polierballen mit Politur und versiegeln Sie die Fläche mit kreisrunden Bewegungen, bis sie ganz bedeckt ist (s. S. 66–67). Lassen Sie die Politur aushärten.

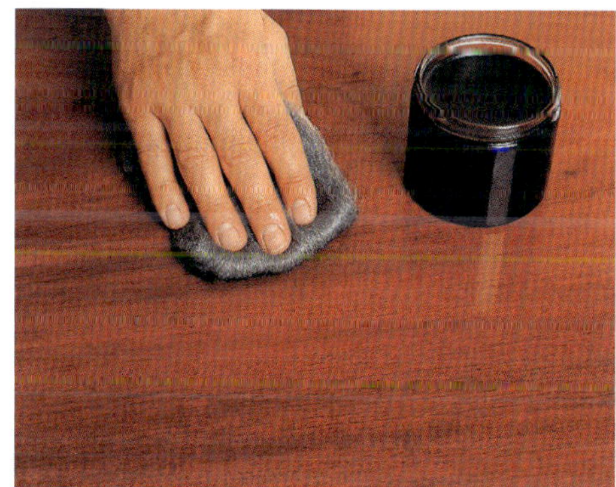

5 Wachsen Sie die Stelle mit feiner Stahlwolle, dann wachsen Sie die restliche Oberfläche mit einem weichen Baumwolllappen, bis die Farbe angeglichen ist.

Rechts: *Zum Schluss sollten weder Anzeichen einer Delle noch Spuren der Reparatur sichtbar sein.*

Kratzer kaschieren

Ein einzelner Kratzer auf sonst makellosen Oberflächen ist nicht ungewöhnlich. Man sollte versuchen, ihn so gut wie möglich zu kaschieren, ohne die restliche Politur zu beschädigen. Läuft der Kratzer parallel zur Faser, lässt sich leicht Abhilfe schaffen. Läuft er aber wie hier quer dazu, ist es schwierig, den Schaden zu beheben, obwohl man mit Wachskitt, Polieren und Beizen passable Ergebnisse erzielen kann.

Material und Werkzeug

- feine Stahlwolle
- Wachskitt
- Messer mit breiter, flacher Klinge
- feines Schleifpapier
- Polierballen
- Politur
- Spiritusbeize
- feiner Pinsel
- Baumwolllappen
- klares Wachs

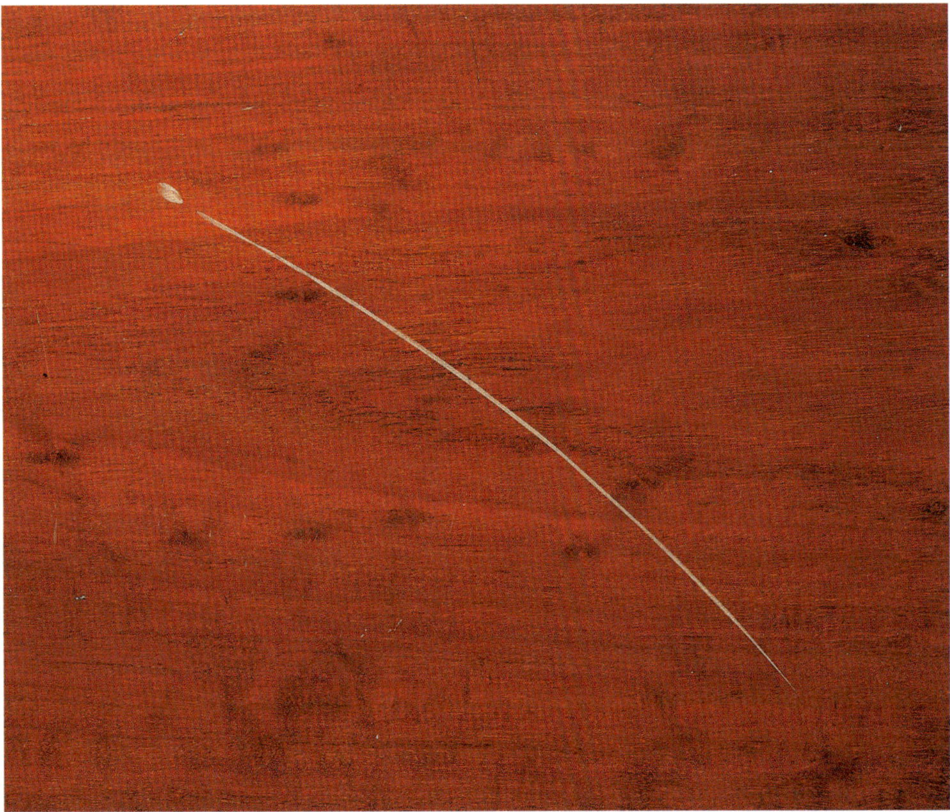

Tipp

Farbigen Wachskitt zum Restaurieren von Möbeln gibt es im Fachhandel in großer Auswahl.

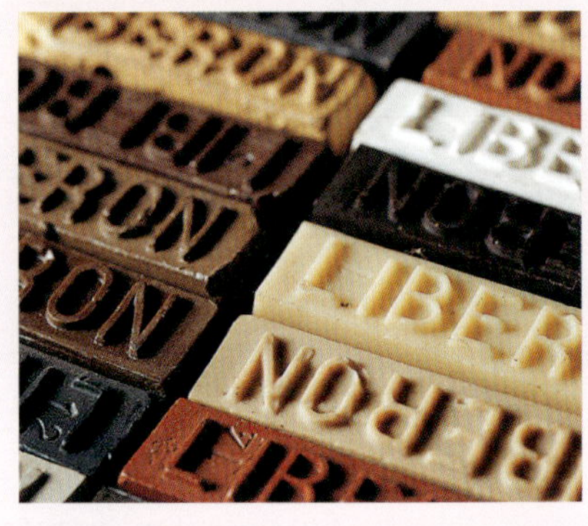

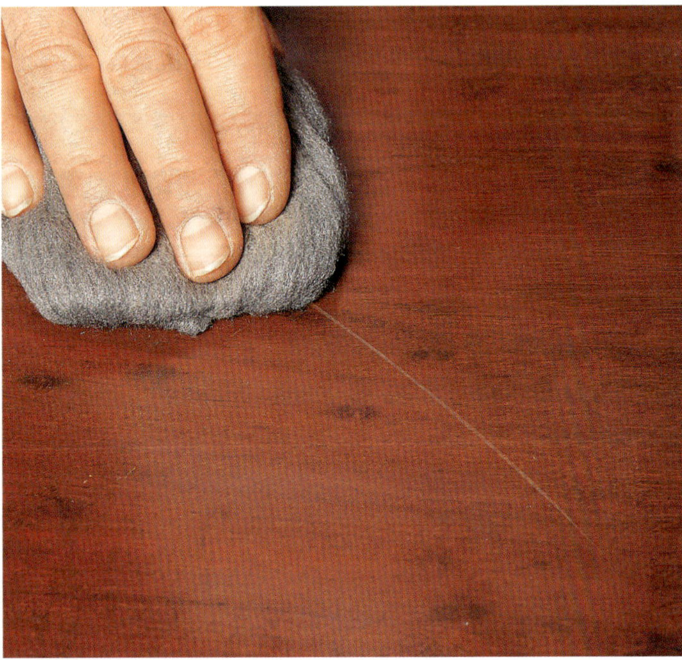

1 Wischen Sie mit feiner Stahlwolle vorsichtig über die Schadstelle, um das Wachs von der Oberfläche zu entfernen.

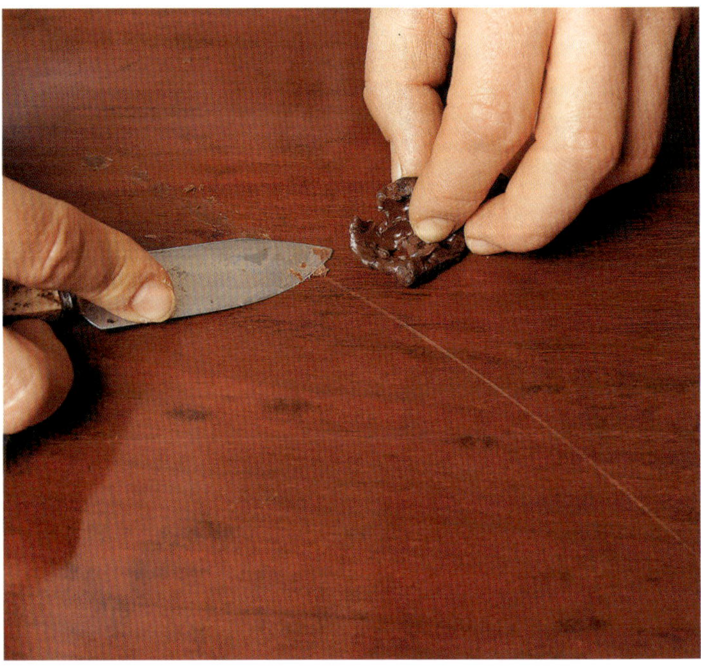

2 Wählen Sie ein Wachs, das sich möglichst gut der Farbe der Tischfläche anpasst. Streichen Sie es mit dem Messer in den Kratzer.

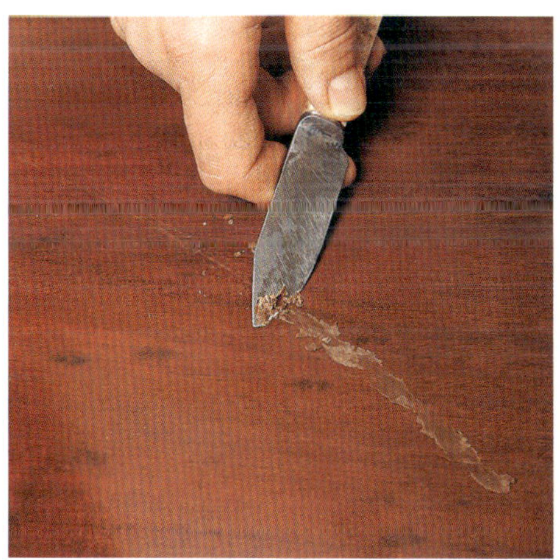

◁ **3** Lassen Sie das Wachs aushärten und entfernen Sie dann den Überschuss mit dem Messer. Arbeiten Sie sehr vorsichtig, um die umgebende Politur nicht zu beschädigen.

▷ **4** Entfernen Sie die letzten überschüssigen Wachsreste mit feinem Schleifpapier. Arbeiten Sie behutsam, um die übrige Politur nicht zu beschädigen.

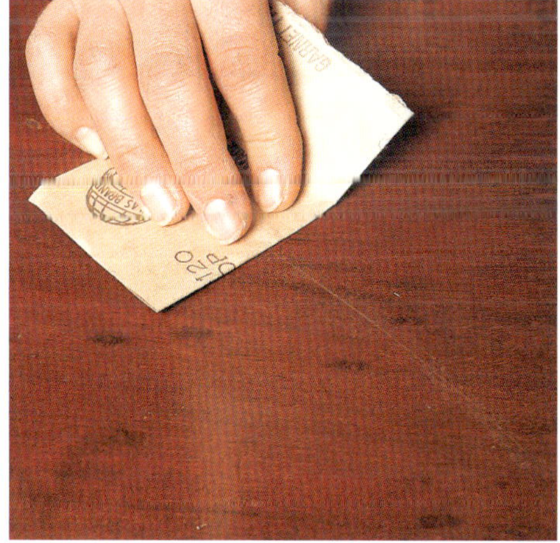

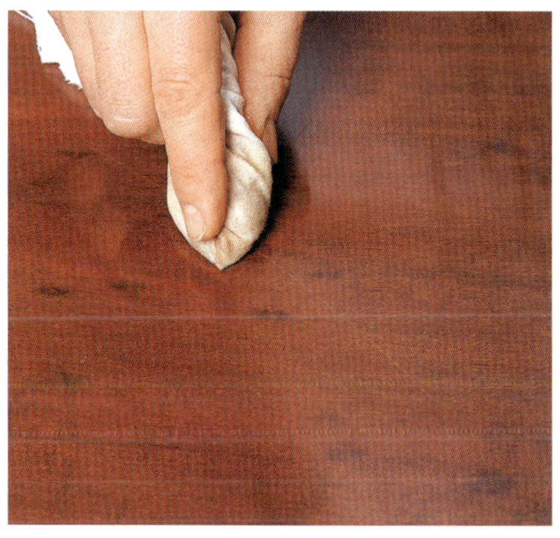

5 Tränken Sie einen Polierballen mit Politur und bringen Sie damit eine Schicht Wachs über dem Kratzer auf, um die Reparatur farblich anzupassen (s. S. 66–67).

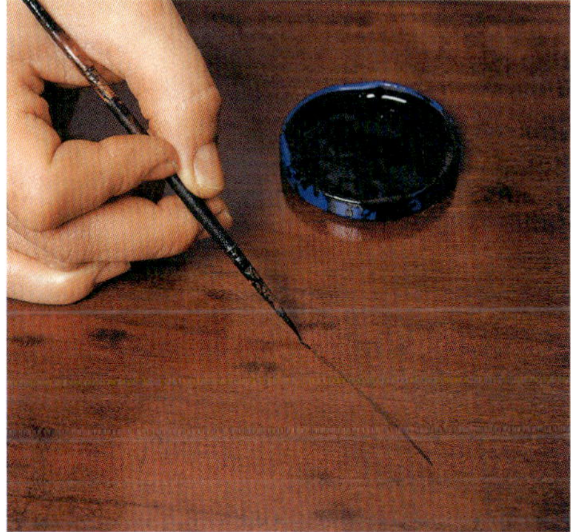

6 Mischen Sie Spiritusbeize in einer etwas dunkleren Farbe als das Politurwachs an (s. S. 41) und übermalen Sie den Kratzer mit einem feinen Pinsel. Wenn die Beize getrocknet ist, wird die Stelle mit einem anderen Polierballen noch einmal überpoliert.

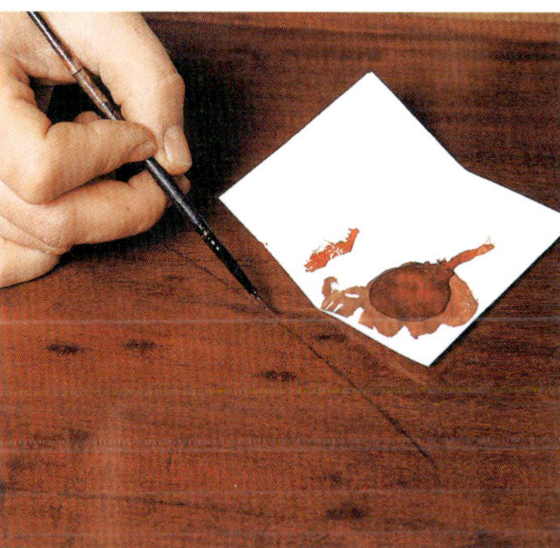

7 Mischen Sie nun eine Spiritusbeize passend zur Originalfarbe der Oberfläche und übermalen Sie den Kratzer mit einem feinen Pinsel, um die Reparatur farblich anzugleichen. Lassen Sie die Stelle trocknen und versiegeln Sie sie dann mit dem Polierballen.

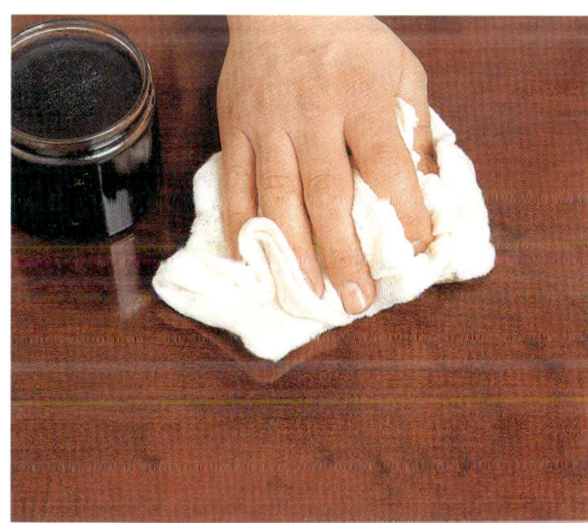

8 Ist die Politur getrocknet, wird die ganze Tischfläche mit Wachs überzogen. Lassen Sie das Wachs trocknen, anschließend wird die Fläche mit einem weichen Tuch glänzend auspoliert (s. S. 67).

Rechts: *Obwohl der Kratzer nicht vollständig verschwunden ist, wirkt er kaum noch störend. Vor allem wurde die Politur um den Kratzer bei der Reparatur nicht verändert.*

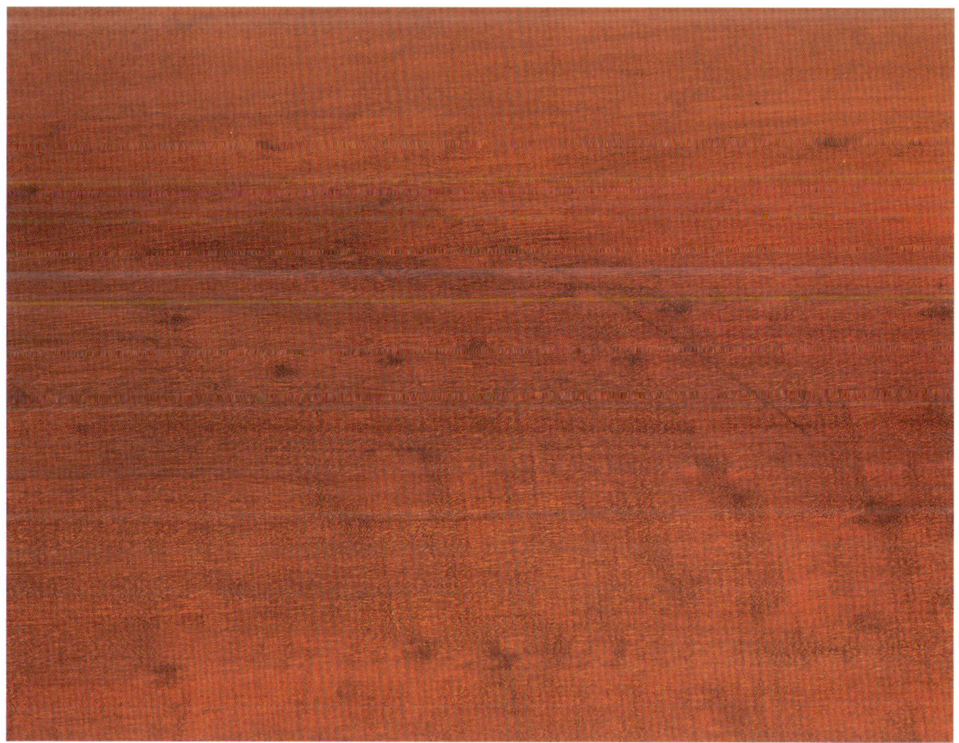

Reinigen und Auffrischen

Es liegt am Naturprodukt Holz, dass Oberflächen im Lauf der Zeit oxidieren oder einstauben und Wachse sowie Fette eine neue Schicht auf der Oberfläche bilden. Während dies bei Holz erwünscht ist, benötigen Metall, Marmor und Leder gelegentlich eine Reinigung oder Auffrischung ihrer Oberfläche. Die verschiedenen Materialien erfordern zwar ganz verschiedene Methoden, für alle aber gilt, dass regelmäßiges leichtes Abreiben eher die gewünschte Wirkung erzielt als übertriebene Reinigungsprozeduren, die oft einen geradezu unnatürlich harten Glanz erzeugen.

Zu den vorbeugenden Maßnahmen, mit denen sich die Notwendigkeit einer Reinigung oder Auffrischung in Grenzen halten lässt, gehört regelmäßiges Wachsen, denn Wachsen nährt und pflegt sowohl Holz als auch Leder.

Marmor ist porös und muss, um Flecken, etwa auf Tischoberflächen, zu vermeiden, regelmäßig leicht mit Klarwachs behandelt werden. Wachsen schützt die Oberfläche nicht nur, es verleiht ihr zugleich eine schöne Patina. Auch regelmäßiges Abstauben verhindert das Entstehen einer Schmutzschicht. Am besten verwendet man dafür einen trockenen Baumwolllappen. Von Hausmitteln wie einer Essig-Wasser-Mischung ist generell abzuraten.

Wie Sie die aufgeführten Oberflächen pflegen, veranschaulichen die folgenden Beispiele.

Marmor reinigen

Im Lauf der Jahre kann auf Marmoroberflächen eine Schicht von Schmutz, Fett und schmierigem Ruß entstehen. Wie Holz entwickelt Marmor im Lauf der Zeit eine warme Patina. Das kann manchmal Farbe und Charakter des Marmors verschönern, aber es kommt doch der Zeitpunkt, an dem eine Reinigung nötig ist. Diese Marmortischplatte ist so gut erhalten, dass sie lediglich einer Reinigung und Versiegelung bedarf.

Material und Werkzeug
- **Sodakristalle**
- **Klarwachs**
- **Baumwolllappen**

▷**1** Lösen Sie eine Hand voll Sodakristalle in 4,5 l warmem Wasser auf. Reinigen Sie damit die Oberfläche mit einem Baumwolllappen. Achten Sie darauf, nicht zu viel zu entfernen, da die natürliche Patina des Marmors Teil seines Charmes ist.

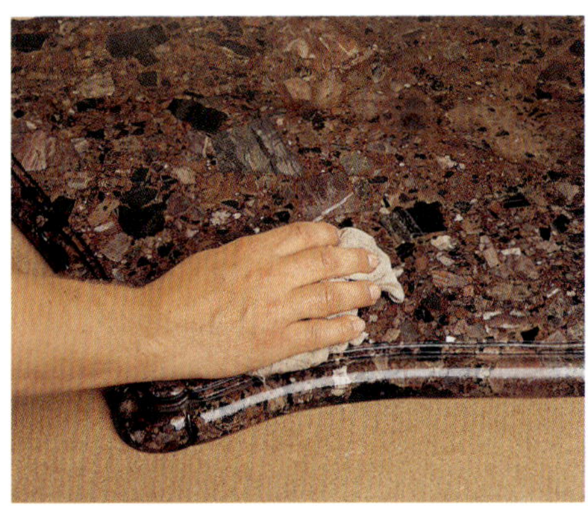

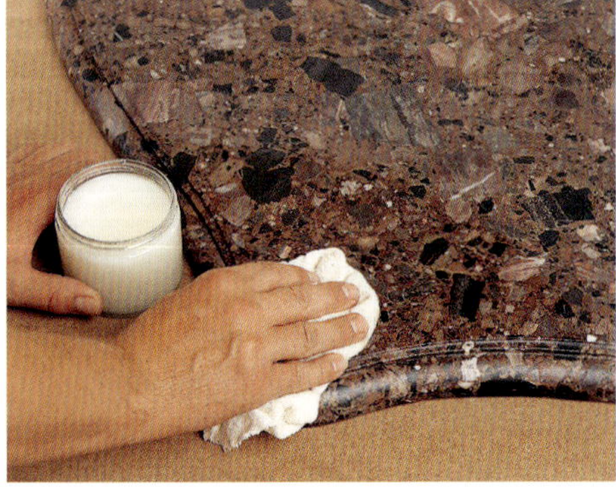

2 Tragen Sie mit einem Tuch in kreisenden Bewegungen eine dünne Schicht Klarwachs auf und lassen Sie es aushärten.

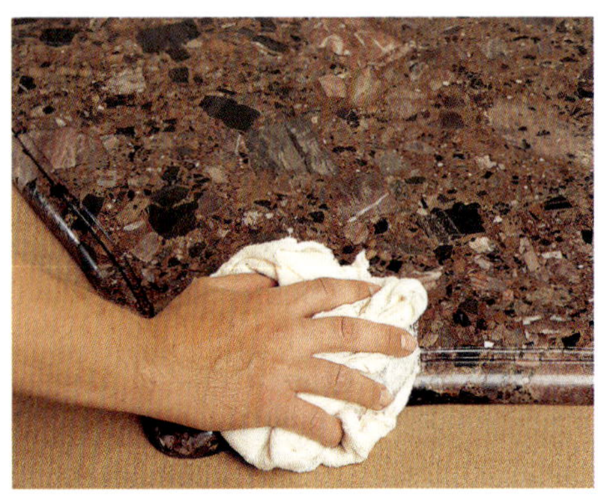

3 Ist das Wachs trocken, polieren Sie die Fläche, bis sie glänzt und die warme Patina des Marmors wieder zum Vorschein kommt.

Tipp

Eine Marmorplatte kann nicht sichtbare Bruchstellen enthalten, die manchmal unter dem eigenen Gewicht aufbrechen. Tragen Sie Marmor deshalb immer hochkant, um keine Brüche zu riskieren. Denken Sie daran, dass Marmor sehr schwer ist, und lassen Sie sich helfen, wenn Sie ein großes Stück umstellen müssen.

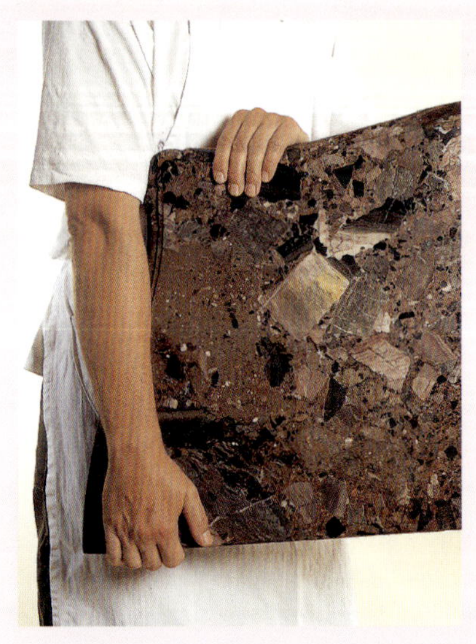

Metall reinigen

Einige Metallbeschläge, meist die aus Messing, sind vergoldet, einige mit einer Lackschicht überzogen, die Oxidieren und Blindwerden verhindert. Inwieweit Messing geputzt wird, ist eine Frage des persönlichen Geschmacks. Während die einen es matt bevorzugen, wünschen andere nur bestimmte Teile glänzend, und wieder andere haben die Vorstellung, dass Messing glänzen muss wie einst Uniformknöpfe. Oberflächlicher Schmutz sollte vorsichtig entfernt werden, um zu verhindern, dass eventuell erhaltene Spuren von Vergoldung oder Lackierung beschädigt werden. Hier werden zwei Stücke eines aus dem frühen 19. Jahrhundert stammenden Frieses aus gegossenem Messing gereinigt: einmal auf sanfte Weise mit Sodakristallen, dann aber auch mit einem stärkeren Spezialreinigungsmittel. Der Fries war ursprünglich feuervergoldet.

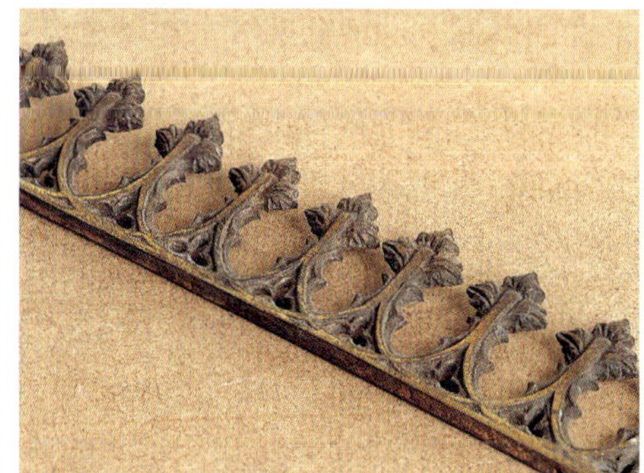

Material und Werkzeug

- Sodakristalle
- weiche Zahnbürste
- Entfettungsmittel
- Schutzhandschuhe

Tipp

Fassungen, Beschläge, Friese oder Griffe werden vor dem Reinigen am besten von den Möbeln abgenommen, um eventuelle Schäden an der Politur zu vermeiden. Notieren Sie sich genau, wie sie montiert waren, damit sie wieder richtig angebracht werden können.

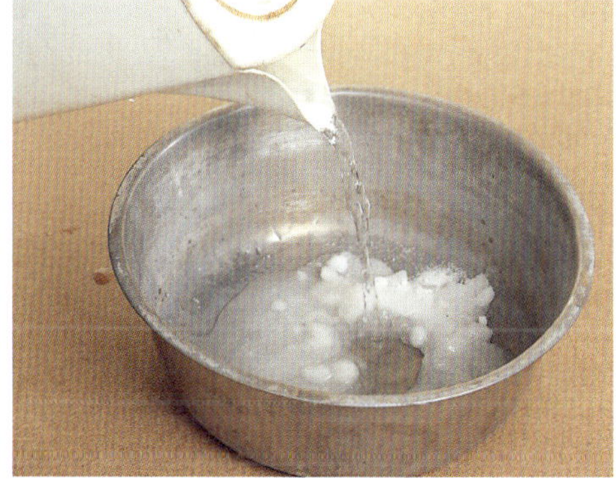

1 Das Arbeiten mit einer Lösung von Sodakristallen in Wasser ist ein relativ schonendes Verfahren. Schmutz und Fett werden sanft entfernt, ohne das Metall darunter anzugreifen. Lösen Sie eine Hand voll Sodakristalle in 4,5 l warmem Wasser in einem Gefäß auf, das groß genug ist, um die Teile darin einzutauchen.

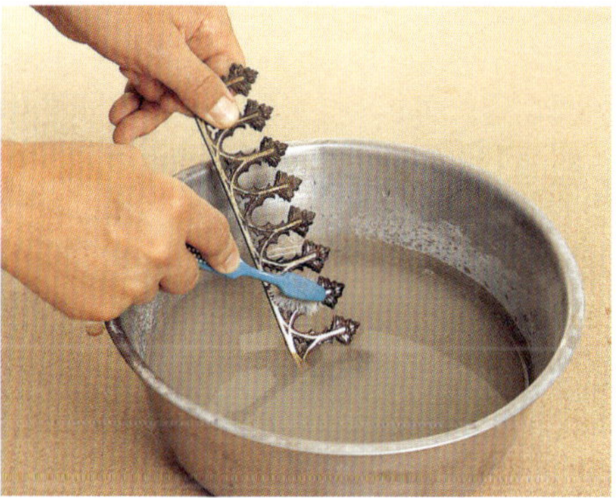

2 Schrubben Sie die Ablagerungen mit einer weichen Zahnbürste vorsichtig ab. Bei dieser schonenden Methode können Sie kleinere Schmutzreste im Hintergrund stehen lassen, damit das gereinigte Metall später nicht zu blank wirkt. Bei einem Möbel mit schöner Farbe und Patina ist dies oft die beste Lösung.

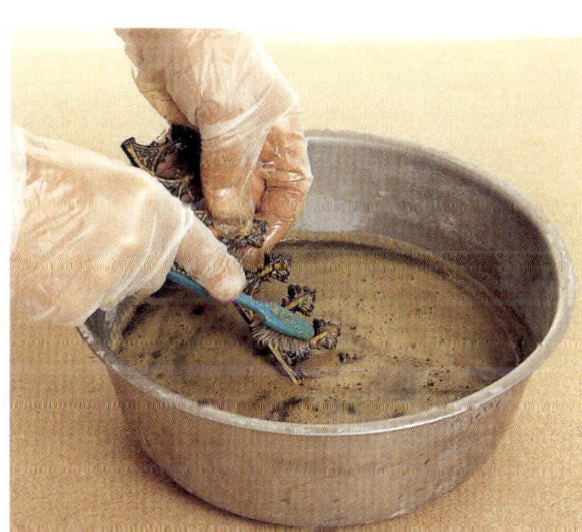

3 Will man allen Schmutz entfernen und die Vergoldung so originalgetreu wie möglich erhalten, ist ein starkes Entfettungsmittel zu empfehlen. Das Messing wird einige Minuten in dem Mittel eingeweicht, dann wird der Fries mit einer weichen Zahnbürste abgebürstet. Es empfiehlt sich, bei dieser Arbeit Handschuhe zu tragen, um die Haut zu schonen.

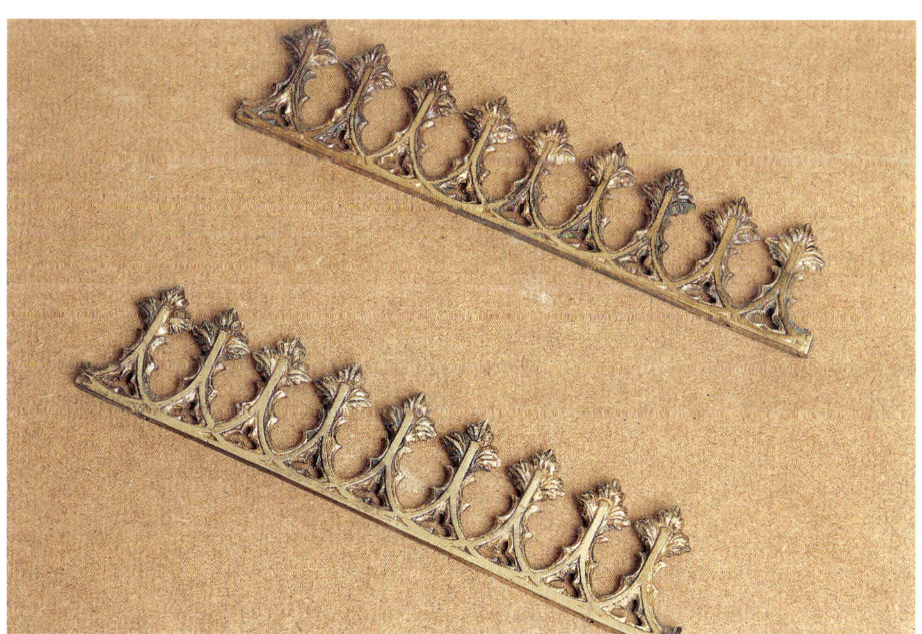

Der obere Fries wirkt nach der Reinigung mit Soda weicher und leicht mattiert. Der untere Fries wurde mit einem Spezialreinigungsmittel behandelt und macht einen härteren, glänzenderen Eindruck.

Leder auffrischen

Leder wurde bei alten Möbeln oft für die Oberflächen von Schreibtischen und als Polstermaterial verwendet. Allerdings neigt Leder dazu, auszutrocknen und spröde zu werden, hat also meist ein kürzeres Leben als das Möbel, das es ziert. Daher kann das Leder im Lauf der Zeit schon mehrfach erneuert worden sein, vielleicht auch nur, weil der Besitzer des Möbels eine andere Farbe wünschte. Oft kann aber eine abgenutzte Lederfläche auch den Charakter eines Möbels ausmachen – Grund genug, sie aufzufrischen. Auf dieser Lederfläche sieht man deutlich, wo das Leder durch eine Schreibunterlage geschützt war, und wie blass, abgenutzt und trocken die äußeren, ungeschützten Stellen geworden sind; sie sollen jetzt aufgefrischt werden.

Material und Werkzeug
- **Pinsel**
- **Klarwachs**
- **Lederpflegemittel oder Sattelseife**
- **Polierballen**
- **Politur**
- **Spiritusbeize**
- **feine Stahlwolle**
- **weicher Baumwolllappen**

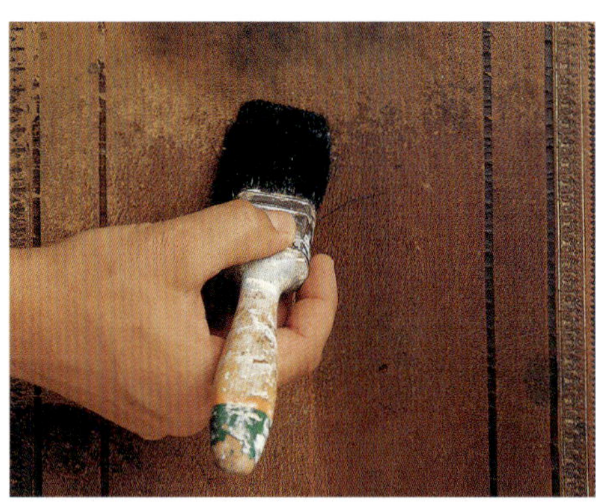

1 Streichen Sie eine Schicht Klarwachs über die ganze Lederfläche; es nährt das Leder und sorgt für eine Schutzschicht. Nehmen Sie kein farbiges Wachs, da es den Farbton des Leders verändern könnte. Zusätzlich kann man ein Lederpflegemittel aufbringen.

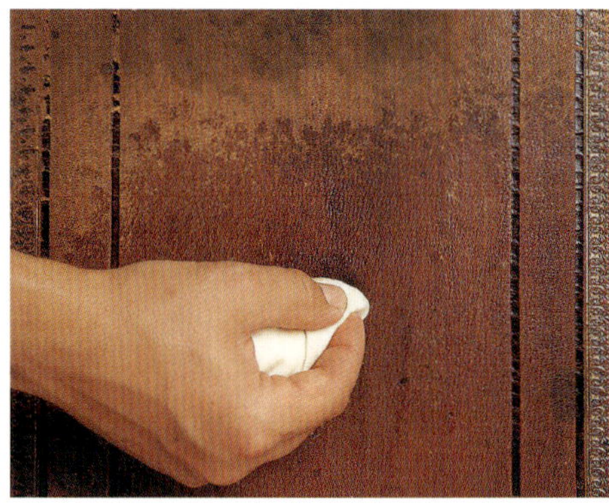

2 Wenn das Wachs getrocknet ist, tragen Sie mit einem in Politur getränkten Polierballen eine dünne Schicht auf (s. S. 66–67). So lassen sich die Poren versiegeln, gleichzeitig entsteht eine Schutzschicht für das anschließende Beizen. Wenn die Poren ungeschützt sind, können einige Flächen mehr Farbe annehmen als andere, was zu einem fleckigen Gesamtbild führt.

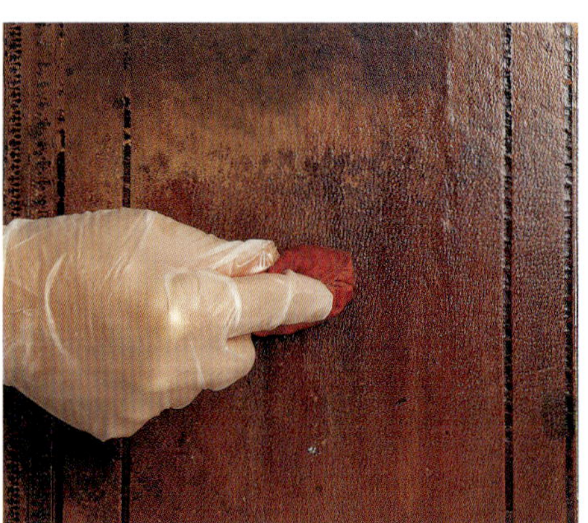

3 Mischen Sie Spiritusbeize in der passenden Farbe an (s. S. 41) und tragen Sie, gleichmäßig von oben nach unten vorgehend, mit dem Polierballen eine dünne Schicht auf. Diese Maßnahme wird die abgenützten Flächen zwar nicht ganz erneuern, gleicht sie aber den weniger abgenutzten besser an. Wenn die Beize trocken ist, versiegeln Sie die ganze Fläche mit einer dünnen Schicht Politur in der passenden Farbe.

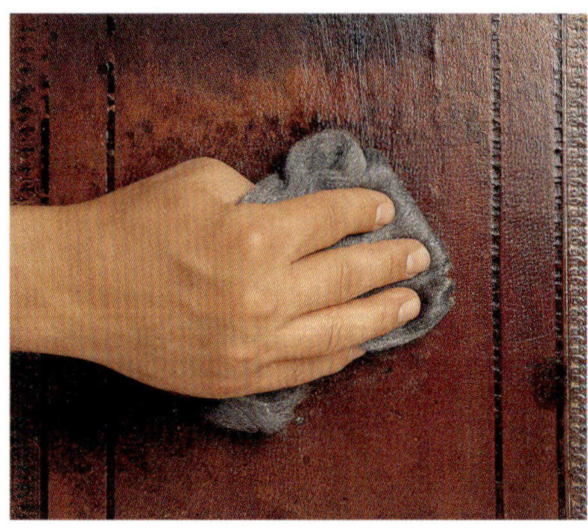

4 Ist die Politur getrocknet, wird sie leicht mit feiner Stahlwolle abgerieben. Tauchen Sie die Stahlwolle vorher in Wachs, um die Oberfläche möglichst schonend zu behandeln. Mit einem weichen Baumwolllappen auspoliert, erhält das Leder einen matten Glanz.

Rechts: *Das Leder ist nun aufgefrischt und wieder geschmeidig. Zur weiteren Pflege muss es nur noch ab und zu gewachst werden.*

Polierte Oberflächen auffrischen

Mit der Zeit führt Verschleiß an den meisten Möbeln zu Verfärbungen und leichten Druckstellen. Kleine Kratzer, Wasser- und andere Flecken beschädigen meist nur die oberste Politurschicht, daher behebt man diese Schäden besser durch Aufarbeiten als durch komplettes Neupolieren (s. S. 56, 58–59). Diese Arbeit erfordert Sorgfalt, Geduld und Geschick, doch mit der richtigen Methode können Flecken beseitigt, die Originalfarbe und der alte Schimmer wieder hergestellt werden.

Die Oberfläche dieser georgianischen Kommode war durch mehrere Wasserflecken, Kratzer und andere Schäden verunstaltet. Offensichtlich war aber keiner der Schäden unter die oberste Politurschicht gedrungen. Die Oberfläche musste also nur systematisch restauriert werden. Dafür bieten sich ganz verschiedene Methoden, die, vorsichtig angewandt, zu guten Ergebnissen führen. Die Devise heißt immer, mit größter Sorgfalt zu restaurieren, den vorhandenen Schaden zu beseitigen und keinen neuen zu verursachen.

Material und Werkzeug

- Messer mit breiter, flacher Klinge
- feine Stahlwolle
- Leinöl
- Politur
- Leinentuch
- Wattebausch
- Methylalkohol
- feine Pinsel
- Oxalsäure
- Spiritusbeize
- Polierballen
- farbiges Wachs
- weiche Baumwolllappen

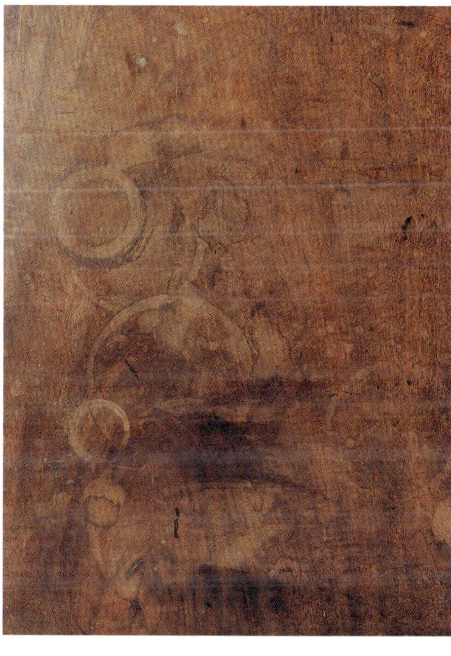

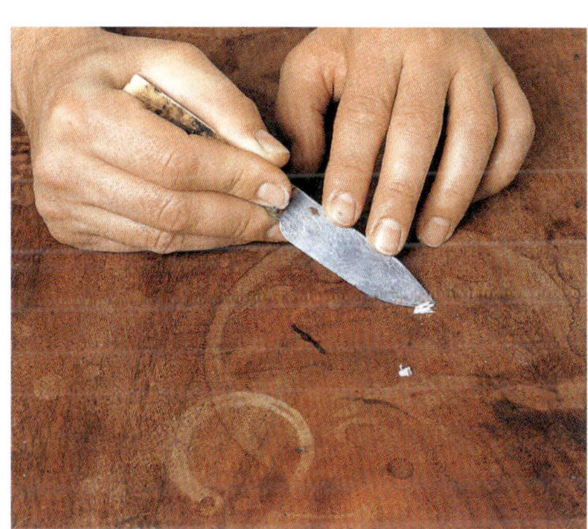

1 Entfernen Sie mit dem Messer zuerst kleinere Flecken, wie etwa von Kerzenwachs, indem Sie die Klinge vorsichtig im 45°-Winkel über die Oberfläche ziehen. Passen Sie auf, dass keine neuen Kratzer entstehen.

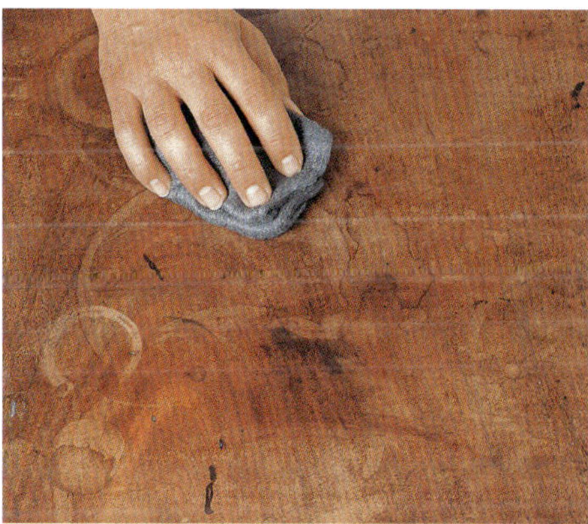

2 Reiben Sie die Oberfläche vorsichtig mit feiner Stahlwolle ab. Achten Sie dabei auf den Faserverlauf, damit nicht winzige neue Kratzer entstehen, die sich später nur schwer entfernen lassen. Arbeiten Sie lediglich mit ganz leichtem Druck.

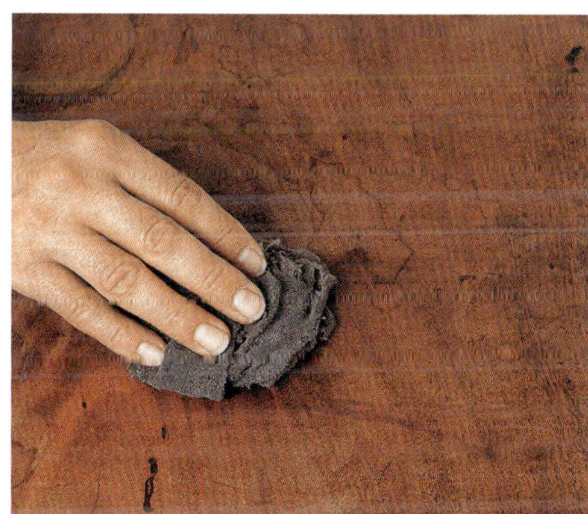

3 Tränken Sie einen Lappen mit Leinöl und wischen Sie vorsichtig mit kreisförmigen Bewegungen über die Fläche. Das weicht die obersten Schichten der Politur etwas auf und lässt die neue Farbe und Politur besser einziehen.

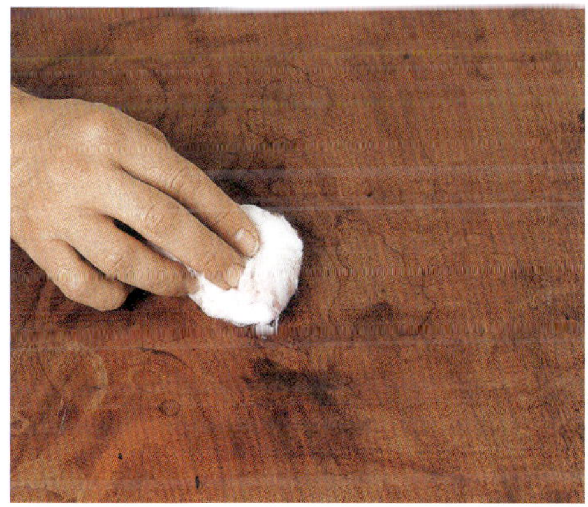

4 Feuchten Sie einen Wattebausch leicht mit Methylalkohol an und nehmen Sie eventuell überschüssiges Öl auf.

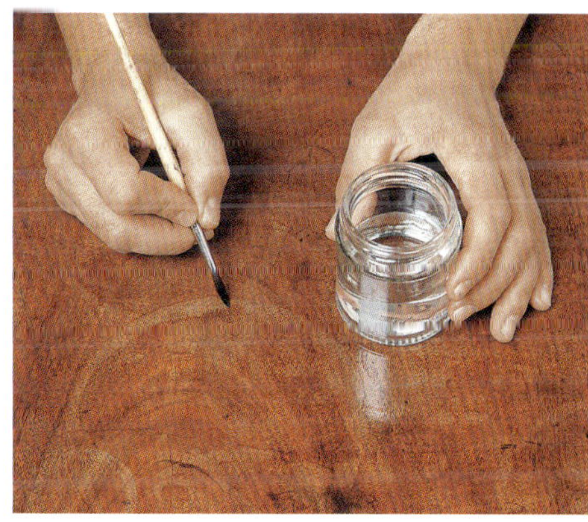

5 Übermalen Sie die inneren und äußeren Ringe der Wasserflecken mit Oxalsäure. Verwenden Sie einen feinen Pinsel. Bestreichen Sie jeweils nur die Ränder, die immer die dunkelsten Stellen solcher Flecken sind. ▷

Polierte Oberflächen auffrischen … Fortsetzung

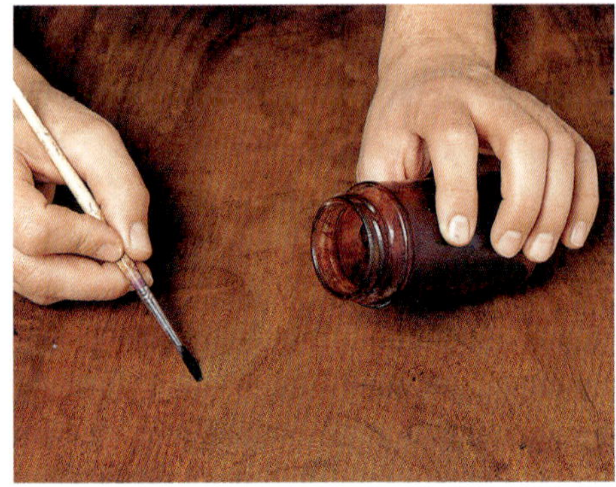

6 Mischen Sie Spiritusbeize in der passenden Farbe an (s. S. 41) und tragen Sie sie mit einem feinen Pinsel auf. Versuchen Sie dabei, farbliche Übergänge zu erzielen und nicht nur die Flecken mit Farbe zu übermalen. Lassen Sie die Beize trocknen.

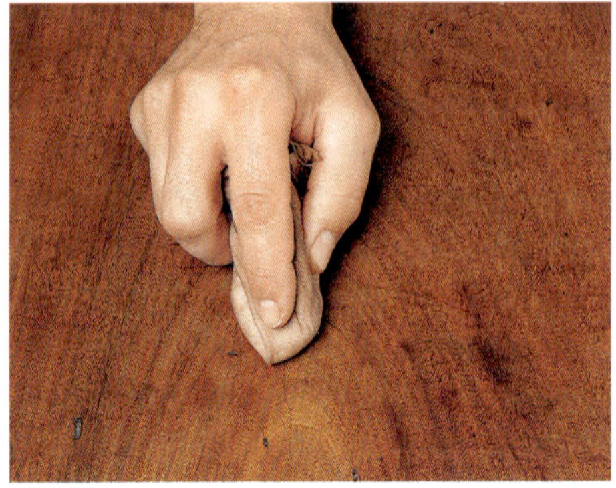

7 Tränken Sie einen Polierballen mit Politur und beschichten Sie die Fläche gleichmäßig Bahn für Bahn (s. S. 66–67). Lassen Sie die Oberfläche trocknen und wiederholen Sie den Vorgang, bis die durch das Leinöl entfernten Schichten wieder aufgebaut sind.

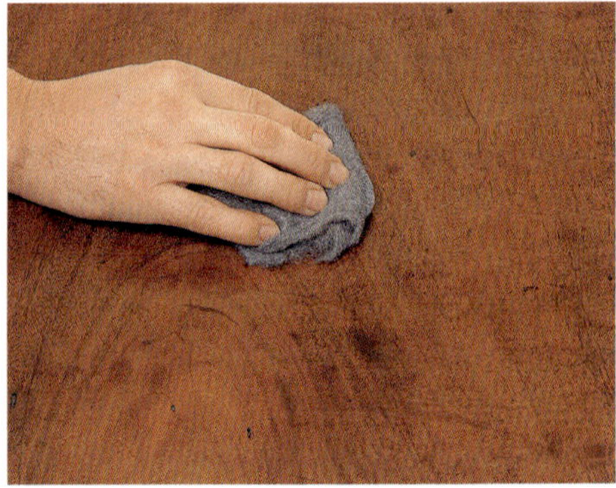

8 Nun bearbeiten Sie die Fläche in Faserrichtung mit feiner Stahlwolle, um eine gleichmäßig ebene und nicht zu glänzende Oberfläche zu erhalten.

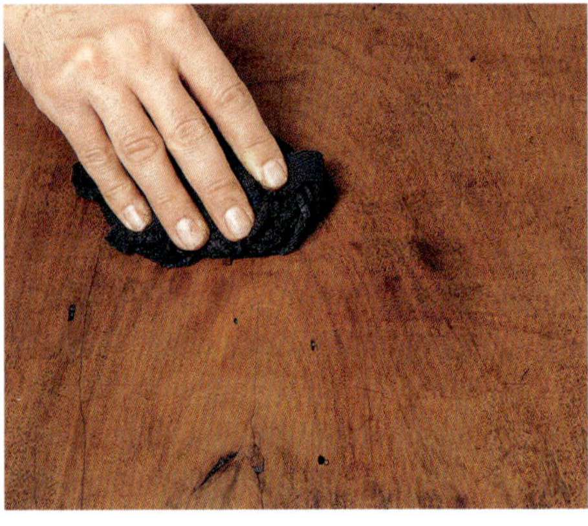

9 Wählen Sie ein zur Holzfarbe passendes Wachs und verreiben Sie es mit kreisenden Bewegungen mit einem weichen Baumwolllappen. Lassen Sie es etwa eine Stunde trocknen.

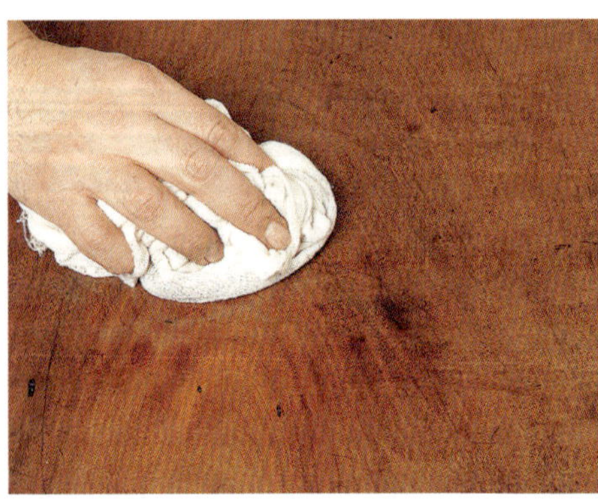

10 Polieren Sie die Oberfläche in Faserrichtung vorsichtig mit einem weichen Lappen; die unteren Politurschichten könnten noch weich sein; zu starkes Polieren kann zu hässlichen Streifen führen.

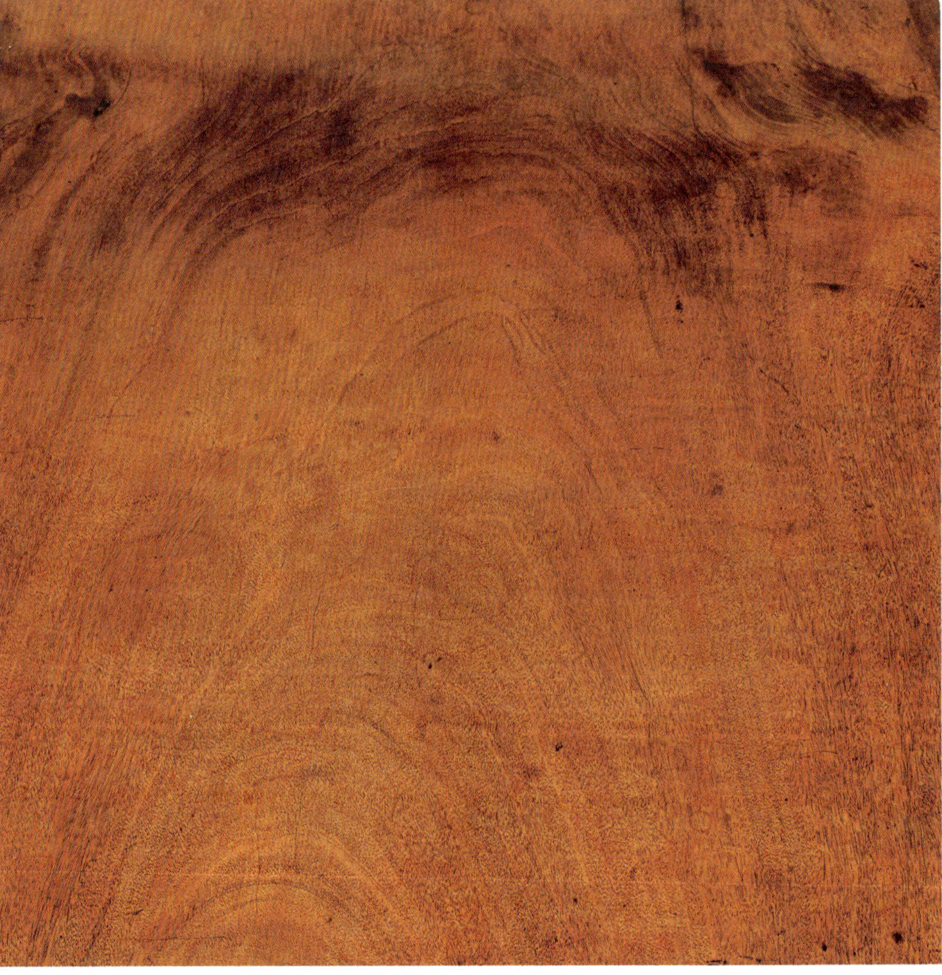

Die Oberfläche ist nun frei von Flecken und Verfärbungen. So aufgefrischt, kommen die ursprüngliche Maserung, Farbe und Patina wieder zur Geltung.

Polieren und Färben

»Polieren« beschreibt die Methode, Fasern mit Politur zu füllen, so die Oberfläche zu glätten und ihre Wirkung zu steigern. Heute arbeitet man vorwiegend mit Schellackpolitur, was heißt, dass Schellack zusammen mit Öl, meist Leinöl, mit einem leinenen Polierballen auf das Holz aufgetragen wird. In der Geschichte alter Möbel gibt es jedoch zwei ganz verschiedene Methoden: den Gebrauch von Lacken auf Öl- oder Spiritusbasis, und Schellack, der erst im 19. Jahrhundert eingeführt wurde. Beide führen zu schönen Oberflächen, die im Lauf der Jahre durch Einwirkung von Licht und Oxidation den Reiz der heute so begehrten Sammlerstücke ausmachen.

Das Polieren einer neuen Oberfläche oder das Überpolieren einer alten bedeutet im Grunde dieselbe Arbeit, denn in beiden Fällen werden viele dünne Schichten zu einem Überzug aufgebaut. Nach der Fertigstellung sollte die Politur so transparent sein, dass Farbe und Maserung des Holzes darunter sichtbar sind. Manchmal wird man die Politur allerdings entsprechend einfärben müssen. Diese Färbetechnik unterscheidet sich vom Beizen mit Spiritus, Wasser oder Öl, das den Farbton des Holzes an sich verändert und nicht nur die Politur tönt oder färbt.

Wo immer Politur zu entfernen ist, sollte dieser Vorgang Schicht für Schicht erfolgen, um Schäden an Farbe oder Oberfläche des Stücks nach Möglichkeit zu vermeiden. Ist die beschädigte Schicht vorsichtig entfernt, kann eine neue aufgetragen werden, wieder Schicht für Schicht, bis die gewünschte Oberflächenwirkung erzielt ist. Hat man zu viel Politur aufgebracht, kann die Wirkung klebrig sein, bei zu wenig Politur kann die Maserung offen, geradezu »ausgehungert« wirken und nach dem Wachsen fleckig aussehen.

Schellack

Vor dem frühen 19. Jahrhundert wurden die Oberflächen von Möbeln hauptsächlich mit Lacken und Ölen, wie Leinöl, und verschiedenen Wachsmischungen behandelt. Sie wurden mit Pinseln oder Baumwolllappen aufgetragen, nachdem die Poren mit Gipsporenfüller oder Bimsmehl versiegelt worden waren. Diese Polituren dienten als Schutz des Holzes und konnten mattglänzend poliert werden.

1820 kam eine neue Technik aus Frankreich in Mode. Es war die Verwendung von Schellack, einem Produkt, das aus den Schalen der Lackschildlaus gewonnen wird. Schellack wurde in Spiritus aufgelöst und Schicht für Schicht aufgetragen, was eine feste, glänzende Fläche ergab. Im Lauf der Jahre, und durch den Gebrauch von Wachs, werden die hartglänzenden Oberflächen weicher, je nach Stil und Entstehungszeit des Möbels kann die Oberfläche hart und glänzend erscheinen oder einen weichen, nahezu matten Schimmer zeigen.

Material und Werkzeug

- Wattebausch
- Leinentuch
- Politur
- feine Stahlwolle
- Methylalkohol
- weicher Baumwolllappen
- Schellack
- Leinöl
- klares Bienenwachs

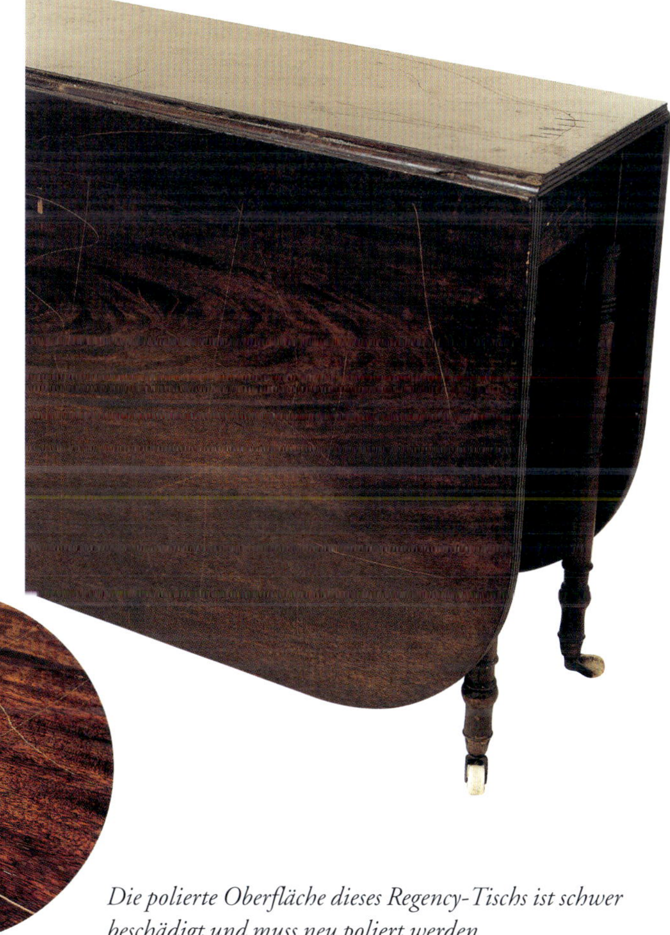

Die polierte Oberfläche dieses Regency-Tischs ist schwer beschädigt und muss neu poliert werden.

▷

Einen Polierballen herstellen und tränken

Der Polierballen ist ein wichtiges Werkzeug, um Schellackpolitur aufzutragen. Er lässt sich ganz leicht anfertigen, denn man benötigt dafür lediglich Rohwatte oder unbehandelte Baumwollfasern und ein quadratisches Stück Leinen oder nicht fusselnden Stoff. Der Polierballen funktioniert wie ein Schwamm. Er wird mit einer gewissen Menge Politur getränkt, die durch Ausquetschen auf der Oberfläche verteilt wird, wenn man unter Druck poliert. Polierballen kann man auch zum Beizen des Holzes verwenden.

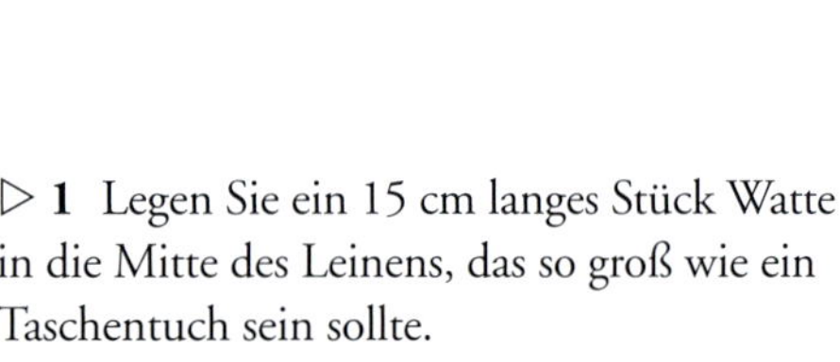

▷ **1** Legen Sie ein 15 cm langes Stück Watte in die Mitte des Leinens, das so groß wie ein Taschentuch sein sollte.

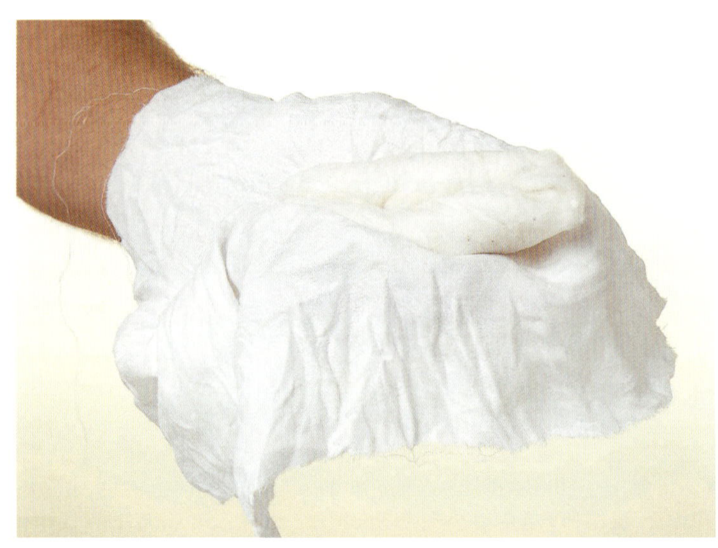

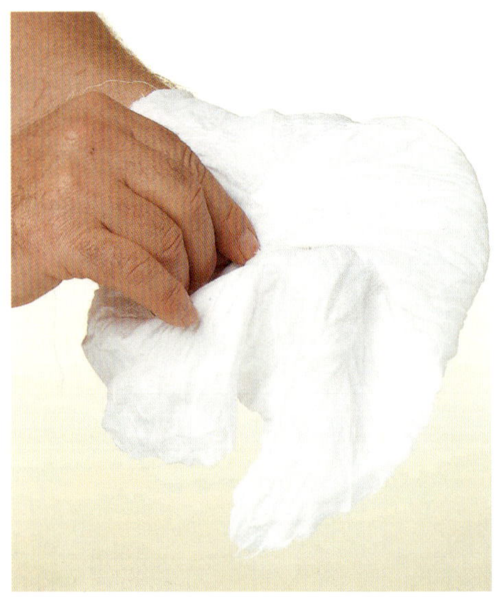

2 Falten Sie die Stoffecken zur Mitte nach innen und fassen Sie sie in der Mitte Ihrer Handfläche zusammen.

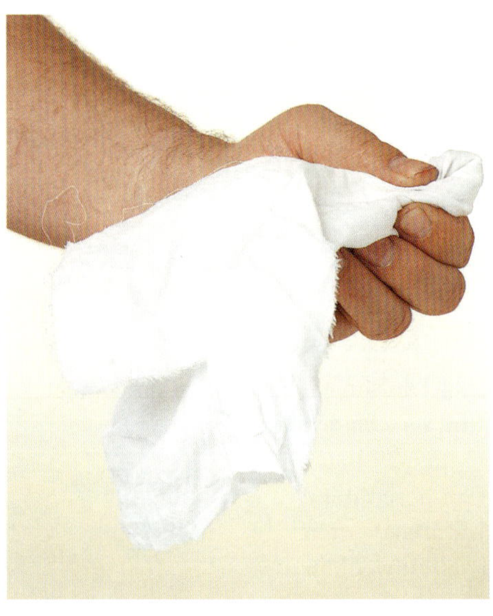

3 Sind die äußeren Ecken zusammengeschlagen, drehen Sie die Enden zu einer Art Griff zusammen.

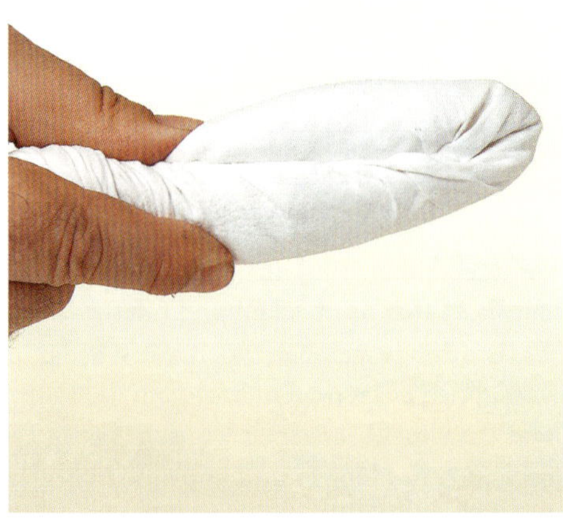

4 Der Ballen ist fertig, wenn der Griff straff zusammen gedreht ist. Zum Polieren kleinerer, komplizierterer Flächen richten Sie sich einen entsprechend kleineren Ballen.

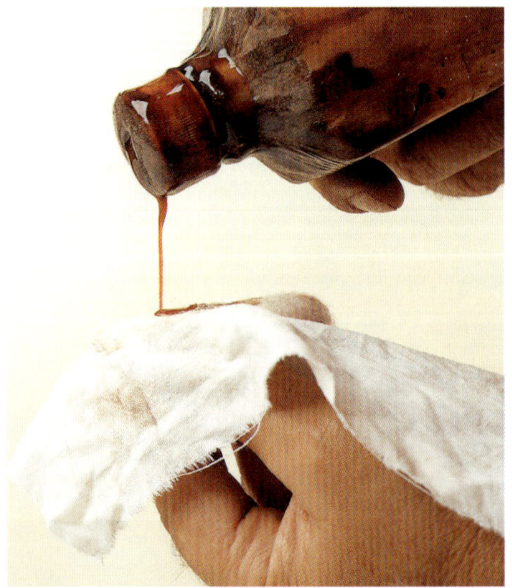

◁ **5** Zum Tränken öffnen Sie die Stoffhülle, um an die Watte zu kommen, über die eine kleine Menge Politur gegossen wird. Mit einiger Übung lässt sich die richtige Menge leicht abschätzen: Wenn der Ballen zu trocken ist, gleitet er nur stockend über die Oberfläche, ist er aber zu nass, wird die Politur lediglich auf der Oberfläche verteilt.

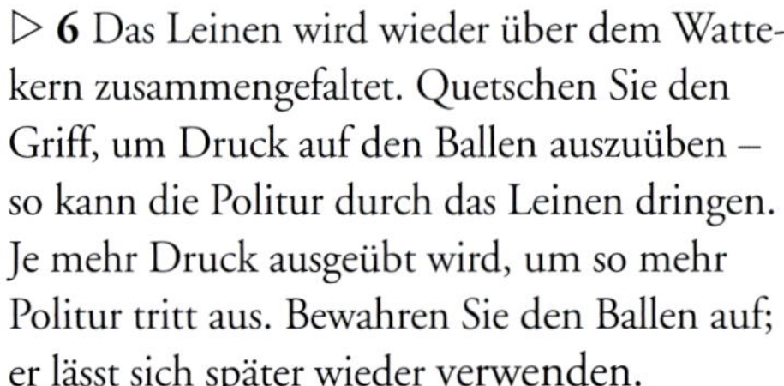

▷ **6** Das Leinen wird wieder über dem Wattekern zusammengefaltet. Quetschen Sie den Griff, um Druck auf den Ballen auszuüben – so kann die Politur durch das Leinen dringen. Je mehr Druck ausgeübt wird, um so mehr Politur tritt aus. Bewahren Sie den Ballen auf; er lässt sich später wieder verwenden.

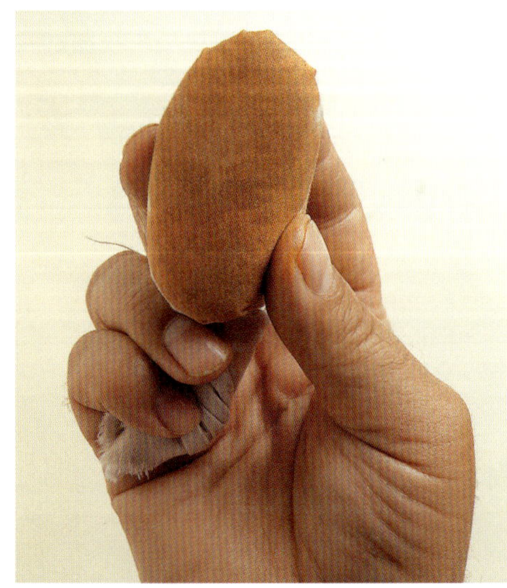

POLITUR AUFBRINGEN

Liegt ein großflächiger Schaden auf der Oberfläche vor, müssen Sie vor dem Aufbringen der neuen Politur die alte Politurschicht mit Methylalkohol entfernen. Neues Holz wird ebenso poliert, dabei müssen die Fasern erst mit Bimsmehl und Politur gefüllt und dann mit sehr feinem Schleifpapier behandelt werden.

Ist der Polierballen getränkt, kann die Politur aufgetragen werden. Diese Arbeit erfordert Zeit, denn die Politur muss über Nacht aushärten, bevor sie glänzend poliert oder mattiert werden kann.

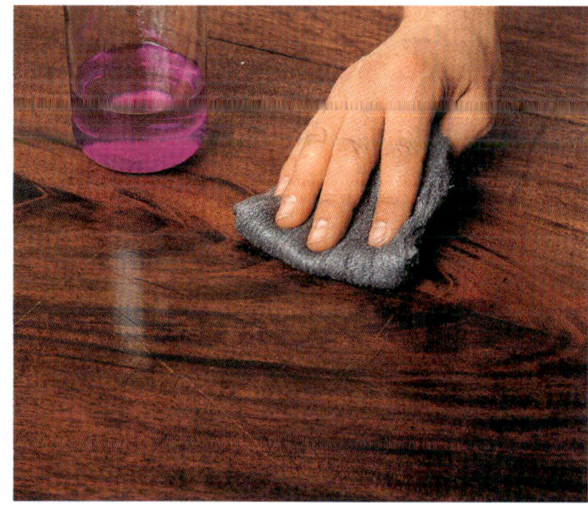

1 Entfernen Sie die alte Schicht aus Politur und Wachs mit feiner Stahlwolle und Methylalkohol.

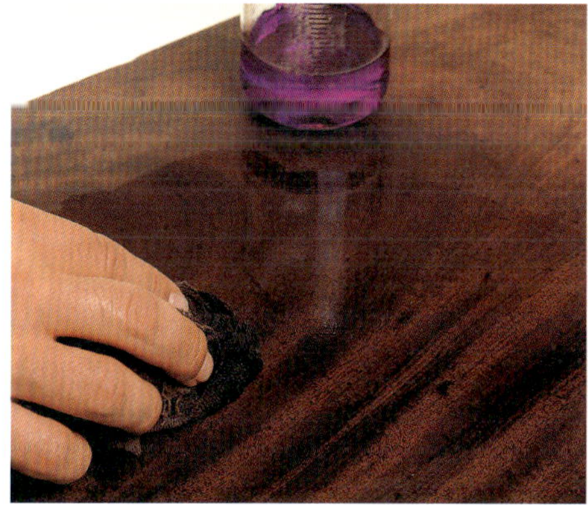

2 Ist die alte Schicht entfernt, wischen Sie die Oberfläche mit einem weichen Baumwolllappen und Methylalkohol ab.

Tipp

Beim Polieren mit dem Polierballen (Schritt 3) soll die Fläche aufgebaut und die Fasern gefüllt werden. Zunächst wird die Politur mit geraden, gleichmäßigen Bewegungen in Faserrichtung (obere Abb.) aufgetragen, dann mit kreisförmigen (Mitte) und schließlich mit Achterbewegungen (unten).

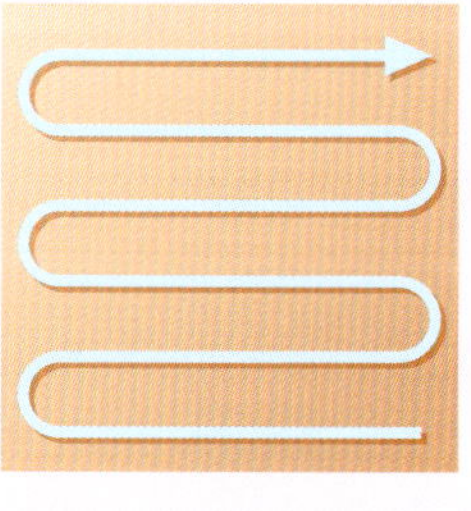

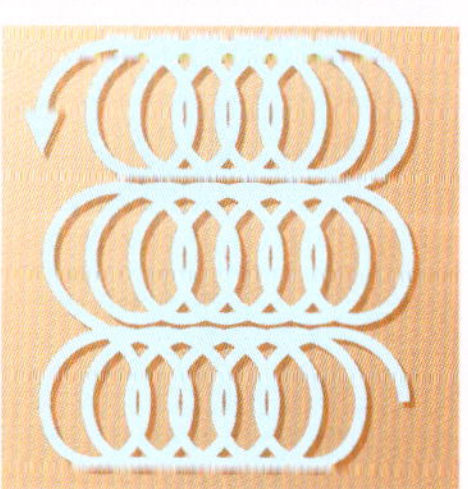

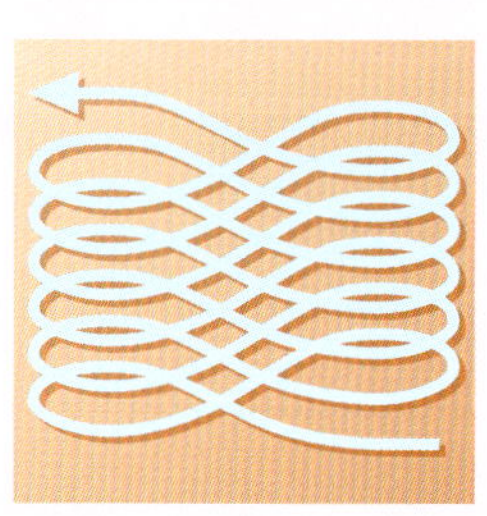

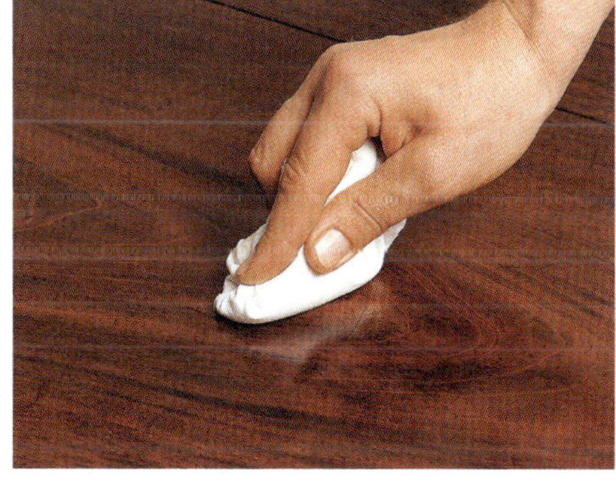

3 Polieren Sie die Oberfläche mit Schellack und dem Polierballen (s. Tipp). Geben Sie einige Tropfen Leinöl auf die Oberfläche, damit der Ballen besser gleitet. Mit dieser Technik, dem so genannten »Aufbauen« der Oberfläche, werden die Fasern gefüllt. Lassen Sie den Überzug mindestens 24 Stunden lang aushärten.

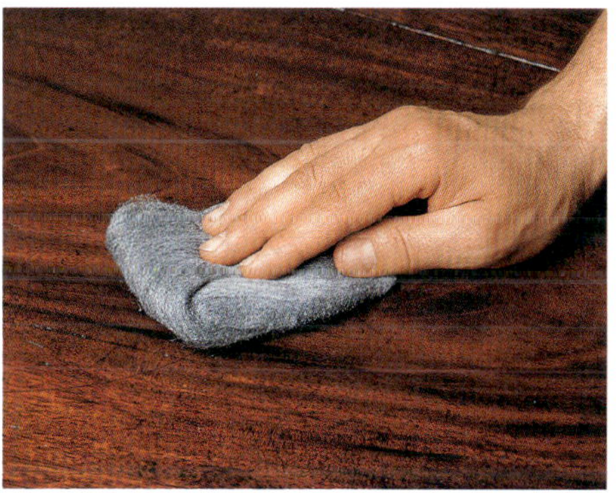

4 Wenn die Politur ausgehärtet ist, reiben Sie sie leicht mit feiner Stahlwolle ab. Arbeiten Sie mit leichtem Druck in Faserrichtung, um mögliche Unebenheiten in der Politur zu beseitigen. So erhalten Sie auch einen schöneren Glanz.

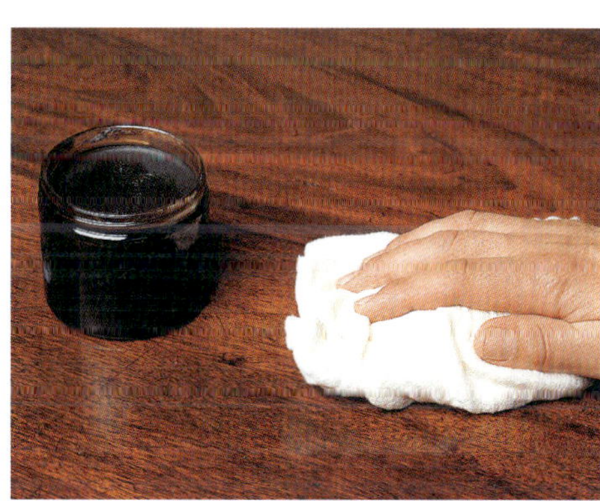

5 Tragen Sie zum Schluss eine Wachsschicht auf. Arbeiten Sie vorsichtig, da die Oberfläche noch empfindlich ist. Eine Woche ruhen lassen, damit die Politur gut durchhärtet.

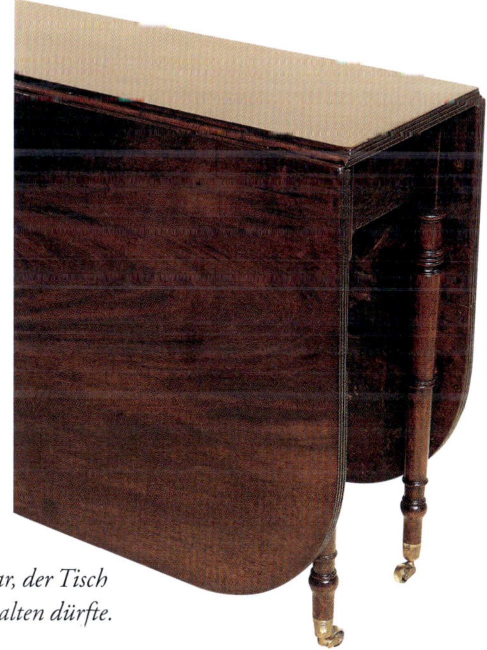

Rechts: *Nach der Politur sind die Kratzer unsichtbar, der Tisch hat einen gleichmäßigen matten Glanz, der Jahre halten dürfte.*

Wachsen

Alle alten Möbel benötigen eine regelmäßige Behandlung mit Wachs. Wachs nährt, pflegt und schützt das Holz. Durch die Kombination von Wachs, natürlichem Fett und Oxidation entsteht die begehrte Patina der Oberfläche. In der Vergangenheit wurden die verschiedensten Arten von Wachs benutzt, wobei jede Werkstatt ihre eigenen, streng gehüteten Rezepturen hatte. Es ist ein weit verbreiteter Irrtum, dass sich die Oberflächenwirkung durch häufiges Wachsen intensivieren lässt. Übermäßiges Wachsen führt zu schmierigen Oberflächen, da Wachs durch Wachs aufgeweicht wird. Dann bleibt als einzige Lösung, alles Wachs zu entfernen und die Fläche neu einzuwachsen. Es empfiehlt sich daher, jeweils nur eine dünne Wachsschicht aufzutragen und dazwischen längere Pausen einzulegen. Verwenden Sie ausschließlich Produkte aus natürlichem Wachs.

Material und Werkzeug

- Klarwachs
- weiche Bürste
- weiche Stofflappen
- Pinsel

Wachsen auf einer glatten Oberfläche

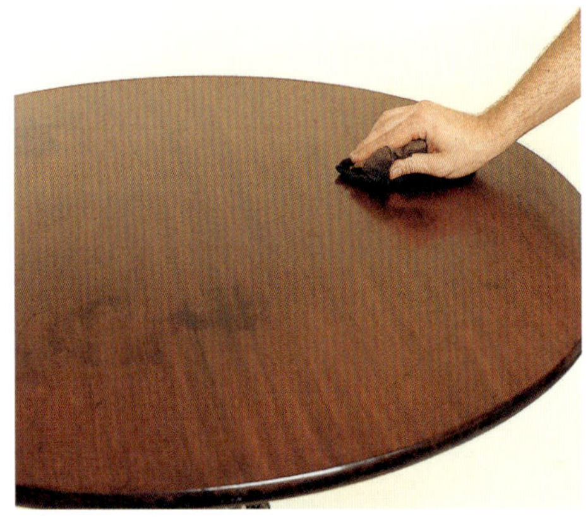

1 Tragen Sie mit einem wachsgetränkten Lappen eine dünne Schicht auf. Vermeiden Sie eine zu dicke Schicht; Sie ersparen sich beim Auspolieren viel Mühe und Zeit.

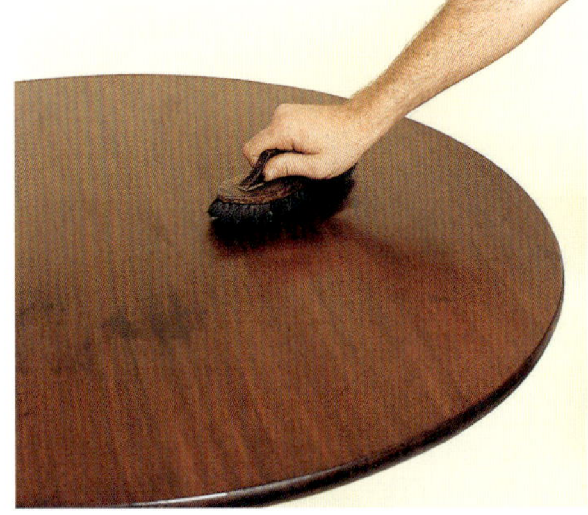

2 Verteilen Sie das Wachs gleichmäßig mit einer weichen Bürste. Achten Sie darauf, die Oberfläche nicht zu beschädigen, arbeiten Sie immer in Faserrichtung und fahren Sie mit großen, gleichmäßigen Bewegungen von einer Seite zur anderen.

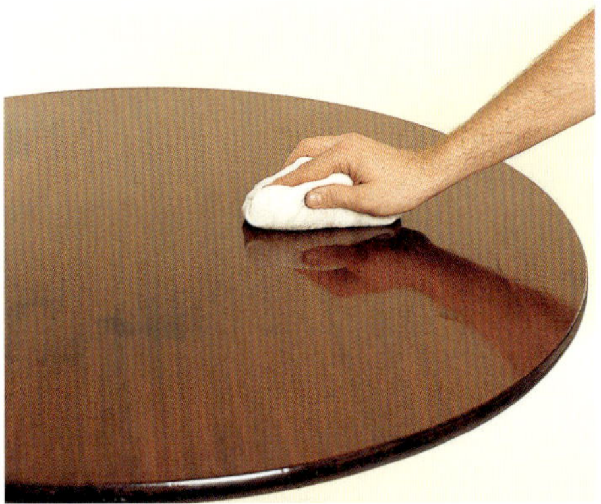

3 Lassen Sie das Wachs einige Minuten härten, bevor Sie die Oberfläche kräftig mit einem weichen Lappen, immer in Faserrichtung, polieren. Mit einem sauberen Lappen verleihen Sie der Oberfläche zum Schluss den gewünschten Glanz.

Wachsen einer geschnitzten Oberfläche

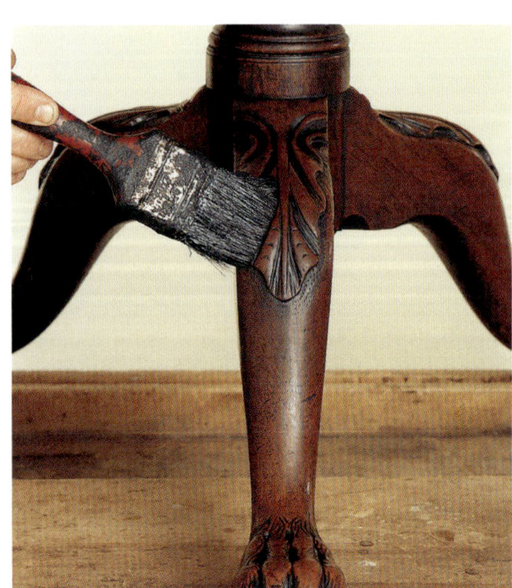

1 Aufgrund der Erhöhungen und Vertiefungen empfiehlt es sich, mit dem Pinsel eine dünne Schicht Wachs aufzutragen, das in der Konsistenz weder zu hart noch zu weich sein sollte.

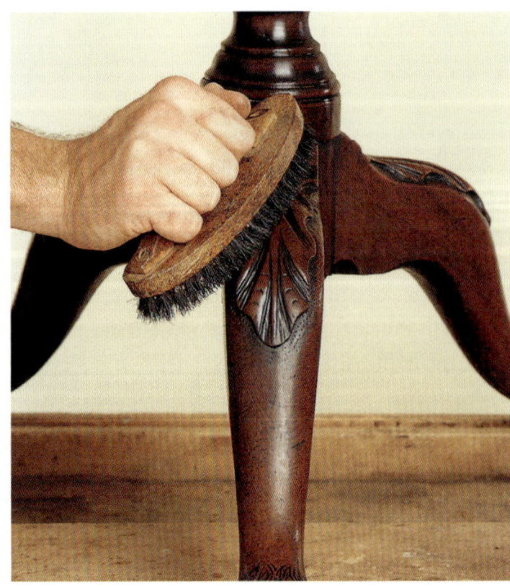

2 Lassen Sie das Wachs einige Minuten härten, dann polieren Sie die Schnitzerei mit einer weichen Bürste – so wird überschüssiges Wachs entfernt und alles gleichmäßig verteilt.

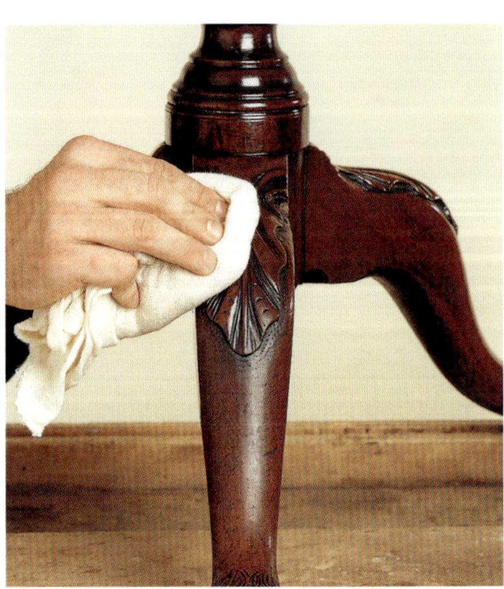

3 Polieren Sie die Glanzlichter mit einem weichen Lappen, ideal dafür ist ein besonders saugfähiges Tuch.

Beizen

Farben und Lacke haften nur auf der Holzoberfläche, Beize jedoch dringt in das Holz ein und ändert dessen Farbe dauerhaft – ein Grund, warum Restauratoren Beize bevorzugen. Beizen verschönert langweiliges Holz, es verändert auch die Farbe von neuem Holz und erleichtert somit die Anpassung an die ursprünglichen Teile eines Möbelstücks. Dieser Sekretär wurde mit neuem Holz ergänzt, das, entsprechend gebeizt und poliert, kaum mehr ins Auge fällt.

Material und Werkzeug

- Spiritusbeize
- Baumwolllappen
- Holzdübel
- feiner Pinsel
- Polierballen
- Politur
- Methylalkohol
- weicher Pinsel
- Wachs

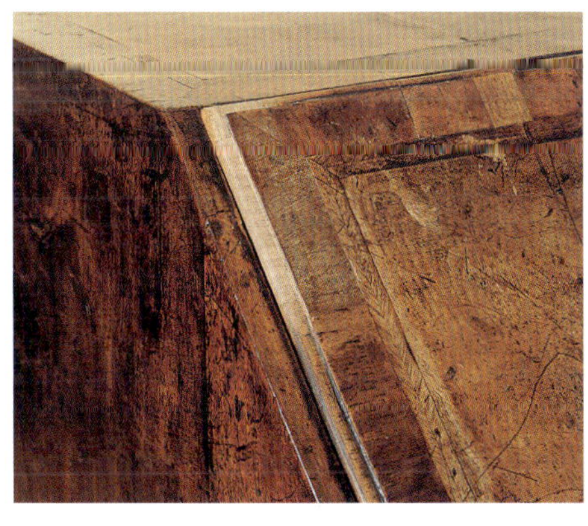

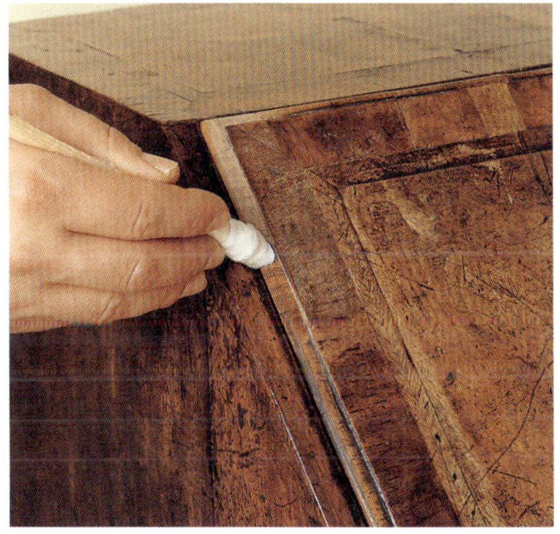

1 Verwenden Sie Spiritusbeize in einer zur Möbelfarbe passenden Tönung. Für eine so kleine Stelle wickeln Sie einen Lappen um das Ende eines Dübels und tragen damit die Beize auf das neue Holzstück auf. Bei einer größeren Fläche verwenden Sie zum Beizen einen weichen Pinsel. Tragen Sie die Beize auf, bis eine einheitliche Farbwirkung erreicht ist und lassen Sie sie trocknen.

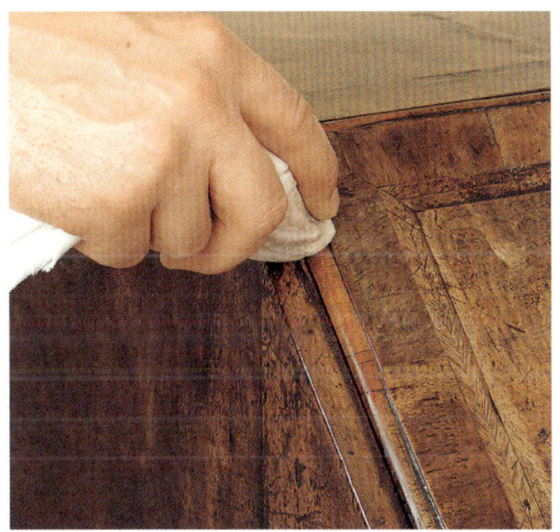

2 Sollte die neu gebeizte Stelle nicht gleichmäßig glatt sein, muss eine neue Schicht aufgetragen oder mit einem Pinsel in Faserrichtung nachgearbeitet werden (s. S. 72). Sind Sie nach dem Trocknen mit der Farbe zufrieden, bringen Sie mit dem Polierballen eine Schicht Politur auf die neu gebeizte Stelle auf und überziehen Sie anschließend die gesamte Fläche (s. S. 66–67). Lassen Sie die Politur trocknen.

Tipp

Am besten eignen sich für diesen Zweck Spiritusbeizen, verdünnt mit Methylalkohol, denn sie trocknen sehr schnell. Sie sind allerdings nicht leicht zu beschaffen und noch schwieriger zu verarbeiten, weil sie überlappende Flecken hinterlassen können. Lösungsmittel- und Wasserbeizen sind gebrauchsfertig gemischt erhältlich und leichter zu verarbeiten.

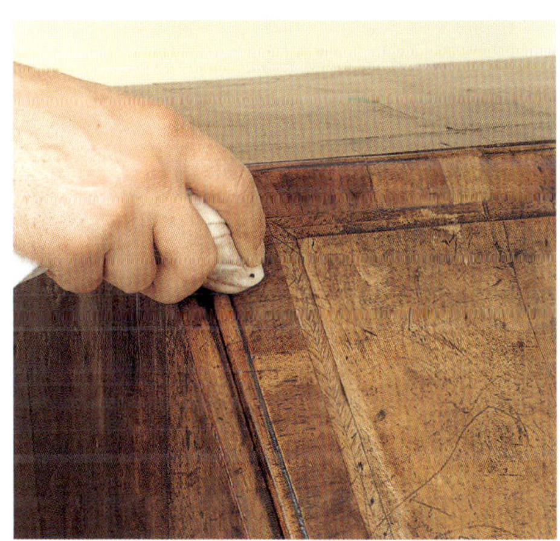

3 Geben Sie einige Tropfen Methylalkohol auf den Polierballen und tragen Sie etwas von der Politur ab (abpolieren). Neues und altes Holz sollten sich nun nicht mehr unterscheiden.

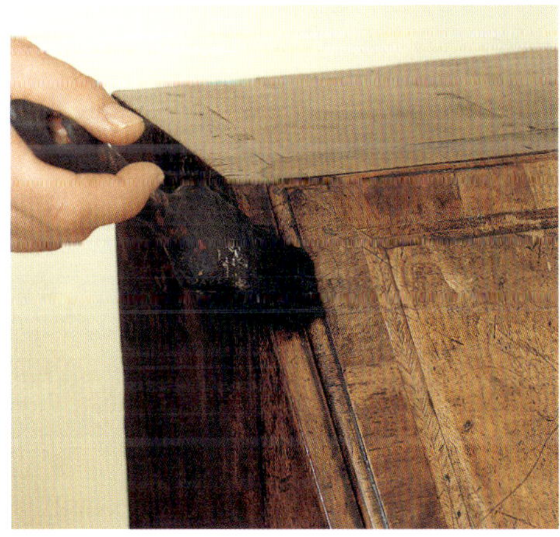

4 Verteilen Sie mit einem weichen Pinsel etwas Wachs über das neue Holz und das ganze Möbelstück, um einen sanften, gleichmäßigen Glanz zu erhalten.

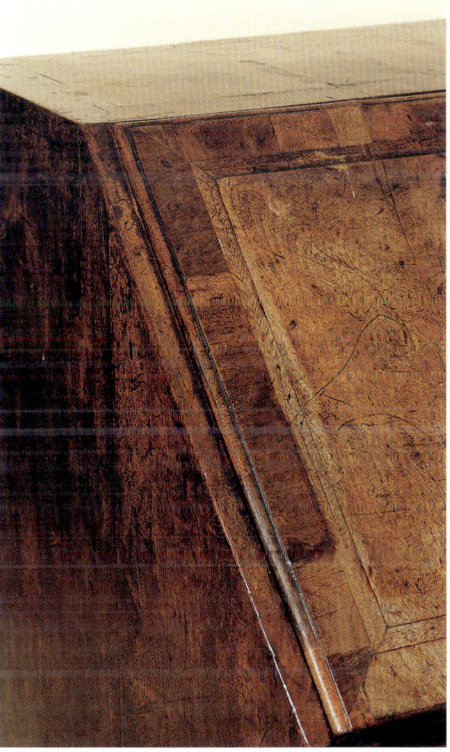

Gebeizt und poliert ist das eingesetzte neue Holzstück nicht mehr vom alten Holz zu unterscheiden.

Angleichen der Farbe

Das Zimmer, für das ein Tisch ursprünglich in Auftrag gegeben wurde, wird kaum je der Platz sein, an dem er für immer stehen bleibt, und bei größeren Ausziehtischen sind selten alle Platten in Gebrauch.

Eine zusätzliche Platte kann unter dem Bett oder hinter einem Schrank verstaut worden sein, wo ihre Originalfarbe erhalten geblieben ist, während die benutzten Teile verblichen oder abgenutzt erscheinen. Will man den Tisch in voller Größe nutzen, wird man die Farbe der verschiedenen Platten angleichen müssen.

Bei diesem Mahagoni-Tisch verrät die warme, gleichmäßige Farbe und Wachspatina, dass meist zwei Teile in Gebrauch waren, denn das selten benutzte Mittelteil ist viel dunkler als die anderen Platten. Um den dunkleren Teil farblich anzupassen, muss die Originalpolitur mit einem schwachen Abbeizer entfernt und das Holz dann mit Oxalsäure oder einem Bleichmittel aufgehellt werden.

Material und Werkzeug

- Schutzhandschuhe
- schwacher Abbeizer
- Pinsel
- Messer mit breiter, flacher Klinge
- grobe Stahlwolle
- Baumwolllappen
- Methylalkohol
- Oxalsäure
- saugfähiger Lappen
- Bleichmittel
- Essigsäure
- Dübel
- Polierballen
- Politur
- Spiritusbeize
- feine Stahlwolle
- dunkles Wachs

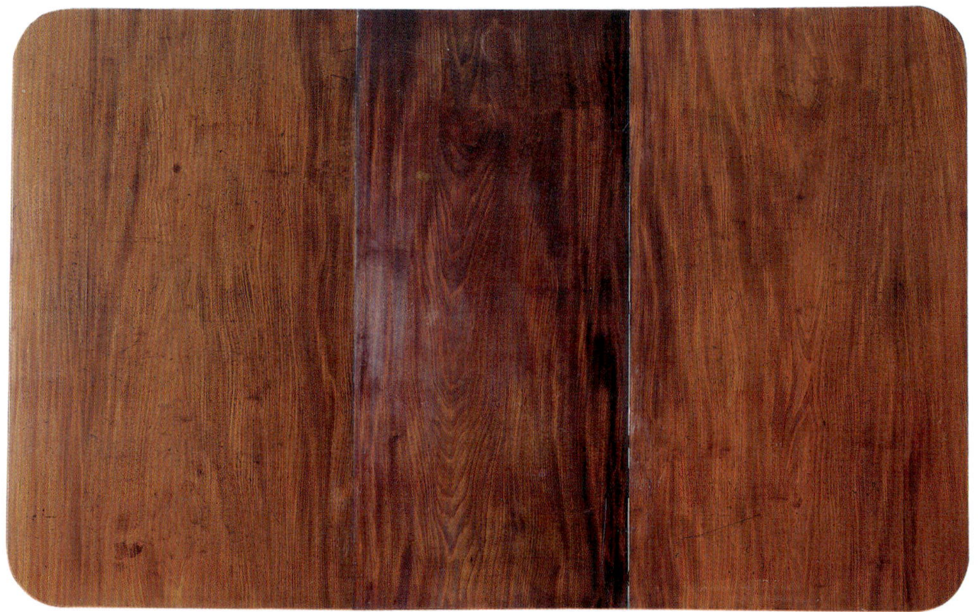

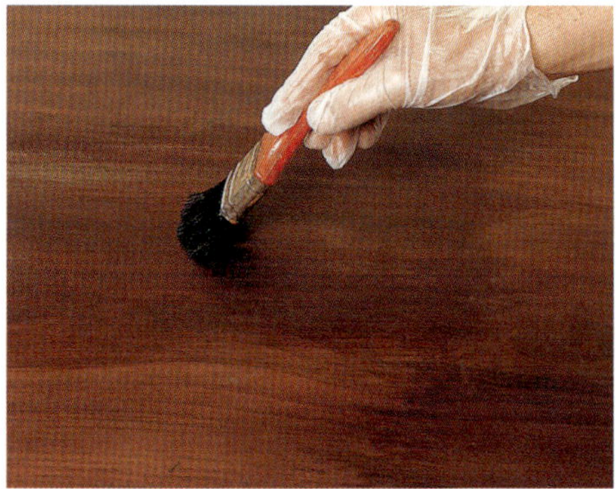

1 Bringen Sie mit einem Flachpinsel in Quadraten mit 30 cm Kantenlänge ein schwaches Abbeizmittel auf; es genügt, weil nur die obersten Wachs- und Politurschichten entfernt werden müssen. Das Holz darf keinesfalls angegriffen werden.

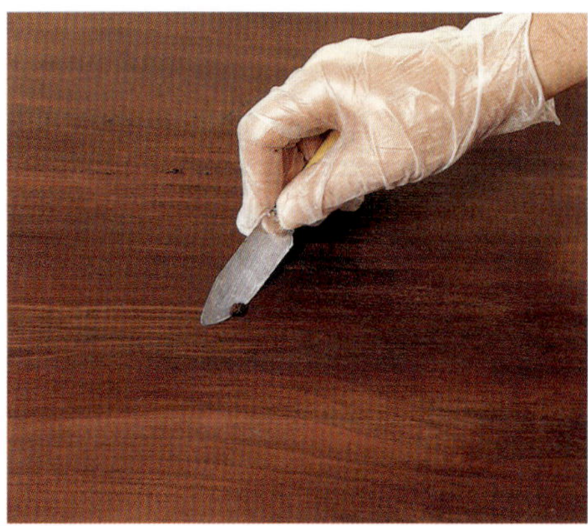

2 Sobald die Politur nach dem Auftragen des Abbeizers eine glasige, wie geronnen wirkende Konsistenz annimmt, entfernen Sie die abgelöste Wachs- und Politurschicht vorsichtig mit einem Messer. Achten Sie darauf, das Holz nicht zu beschädigen.

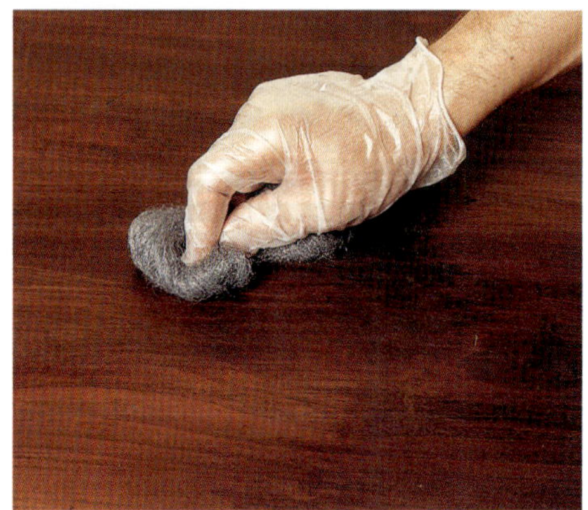

3 Entfernen Sie alle Reste von Wachs und Politur mit grober Stahlwolle. Arbeiten Sie vorsichtig und ohne Druck, damit keine unnötigen und hässlichen Schäden entstehen.

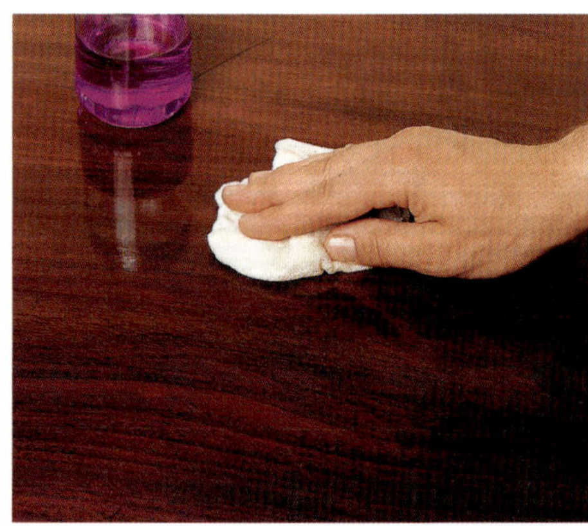

4 Verreiben Sie mit einem sauberen Baumwolllappen Methylalkohol über der Fläche, um eventuelle Reste des Abbeizers zu neutralisieren. Achten Sie darauf, die ganze Fläche gleichmäßig zu bearbeiten.

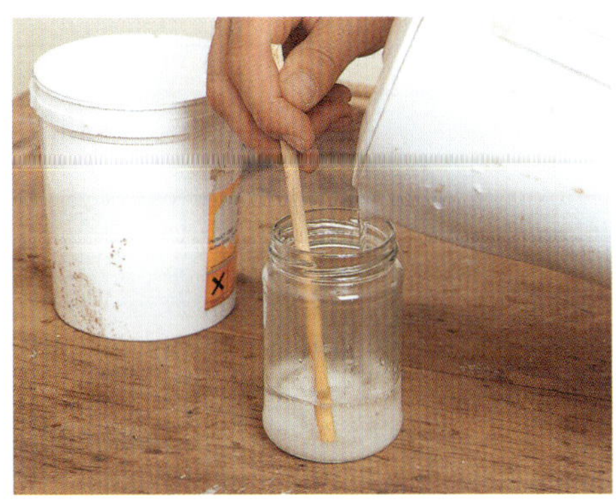

5 Sind Politur und Wachs entfernt, wird das Holz in der gewünschten Farbe eingefärbt. Zunächst mischen Sie Oxalsäure im Verhältnis 1:10 mit heißem Wasser und tragen die Mischung mit einem Ballen aus saugfähigem Stoff auf.

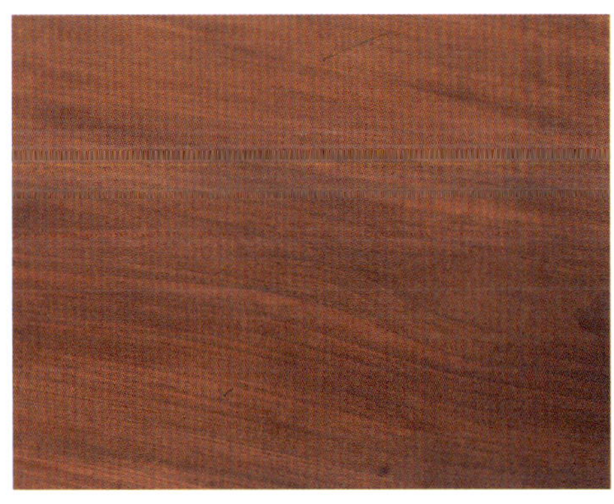

6 In diesem Fall war die Mischung zu schwach, um die Farbe entsprechend aufzuhellen, ein Grund, es noch einmal mit einem Bleichmittel zu versuchen.

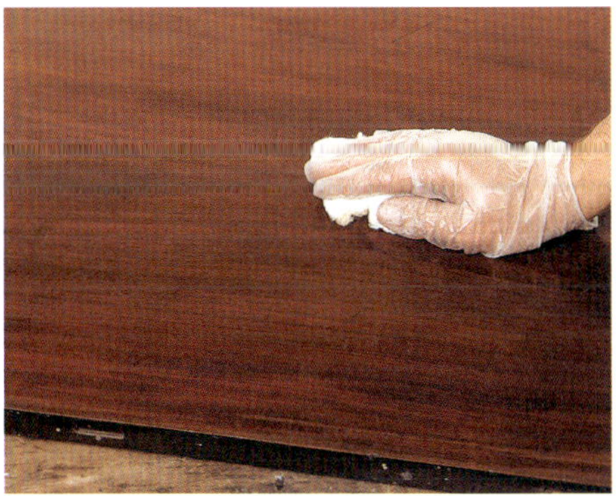

7 Um die Tischplatte weiter aufzuhellen, bringen Sie das Bleichmittel mit einem Lappen auf; tragen Sie dabei Handschuhe. Arbeiten Sie zunächst mit einer Mischung aus Bleichmittel und Wasser im Verhältnis 1:3; sollte auch dies nicht ausreichen, verwenden Sie eine Mischung im Verhältnis 1:1.

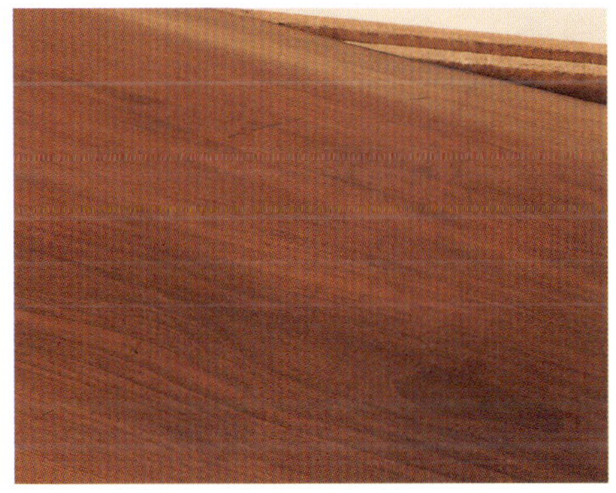

8 Ist der richtige Farbton erreicht, neutralisieren Sie das Bleichmittel mit Essigsäure, die Sie mit einem Lappen oder einem mit Stoff umwickelten Dübel auftragen. Nun kann die Platte poliert und passend zum übrigen Tisch eingefärbt werden.

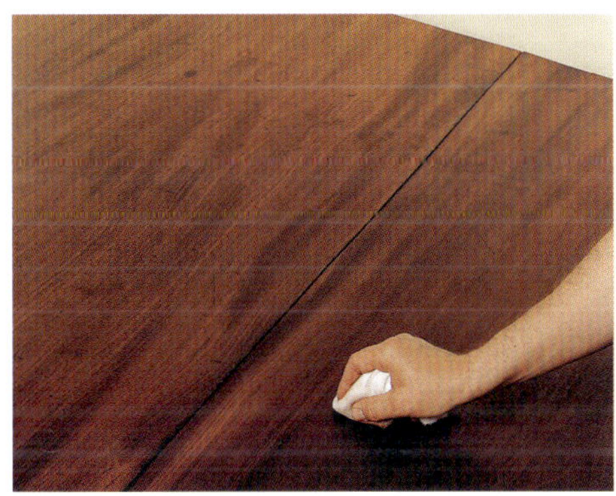

9 Legen Sie die bearbeitete Platte neben eine der beiden anderen, um die Farbe zu prüfen. Tränken Sie einen Polierballen mit Politur und überziehen Sie die aufgehellte Platte mit einer dünnen Politurschicht, um den endgültigen Farbton zu erzielen.

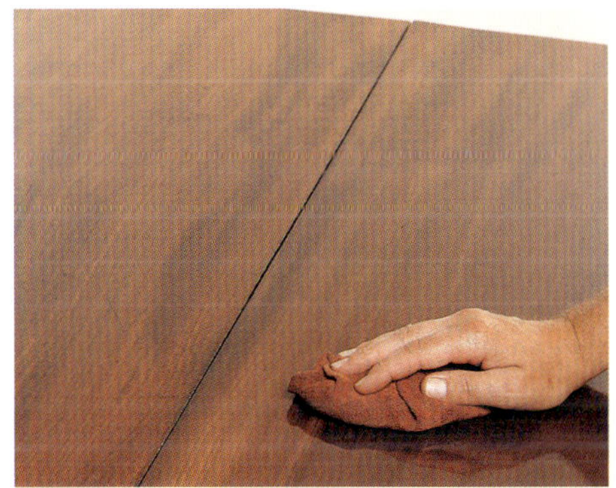

10 Sollte die Farbe immer noch nicht ganz harmonieren, mischen Sie Spiritusbeize in der gewünschten Farbe an (s. S. 41) und überziehen Sie damit mit einem Lappen die ganze Fläche oder auch nur einen bestimmten Teil.

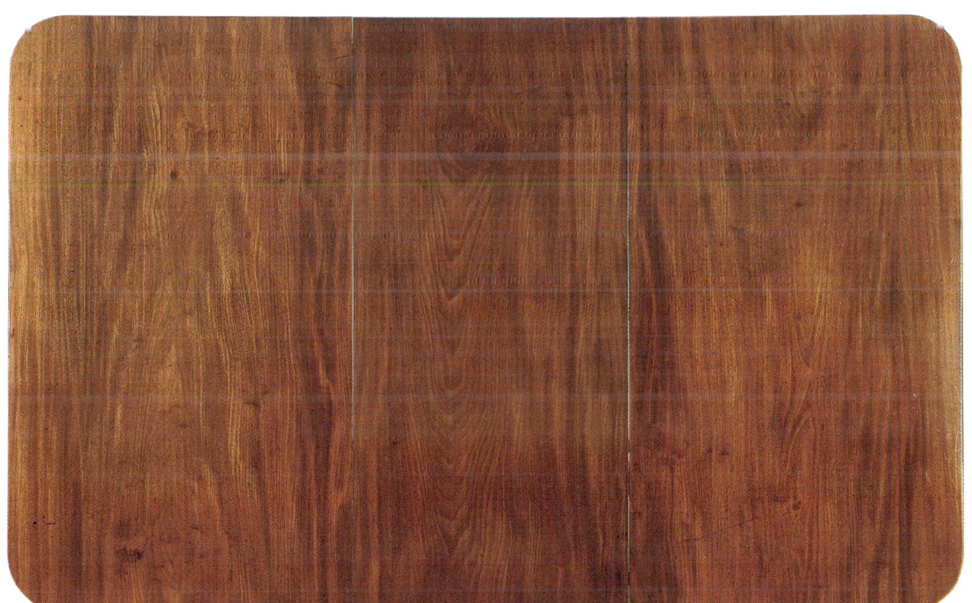

Nach dem Auftragen der Farbbeize sind noch mehrere Politurschichten erforderlich (s. S. 66 bis 67). Lassen Sie jede Politurschicht gut einziehen, bevor Sie die nächste auftragen. Es empfiehlt sich, die letzte Schicht ein paar Tage ruhen zu lassen, um zu gewährleisten, dass die Fasern vollständig gefüllt sind. Ist die Oberfläche ausgehärtet, wird sie vorsichtig mit feiner Stahlwolle poliert, dann wird mit einem weichen Lappen eine Schicht dunkles Wachs aufgetragen (s. S. 67). Arbeiten Sie immer in Faserrichtung.

Maserieren

Für die Herstellung von Möbeln wurde im späten 18. und frühen 19. Jahrhundert Palisander aus Indien, Südamerika und von den Westindischen Inseln importiert. Da es sich um ein sehr teueres Holz handelte, wurde es in massiver Form nur für besonders edle Stücke verwendet, gewöhnliche Möbel hingegen wurden aus Buchenholz gefertigt, das sich aufgrund seiner Härte gut verarbeiten ließ. Buche wurde mit dem Pinsel wie Palisander gemasert. Eine solche "Ersatzmaserung" verbleicht jedoch mit der Zeit, so dass das Buchenholz, wie bei diesem Regency-Stuhl, bald wieder zum Vorschein kommt. Hier muss die Palisandermaserung erneut imitiert und anschließend patiniert werden. Um einen solchen Alterungseffekt vorzutäuschen, bieten sich verschiedene Methoden an, wie etwa feine Stahlwolle. Sie können aber auch mit selbst hergestelltem Werkzeug experimentieren.

MATERIAL UND WERKZEUG

- **hellbraune Spiritusbeize**
- **feine Pinsel**
- **Schraubendreher**
- **Polierballen**
- **Politur**
- **dunkelbrune Spiritusbeize**
- **Wachs**
- **Baumwolllappen**

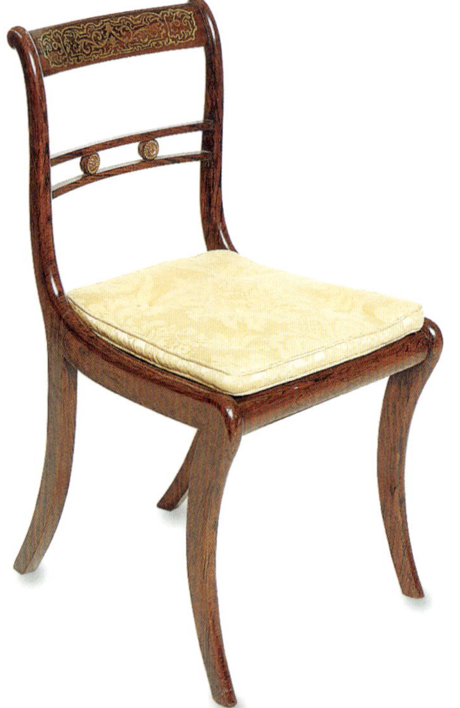

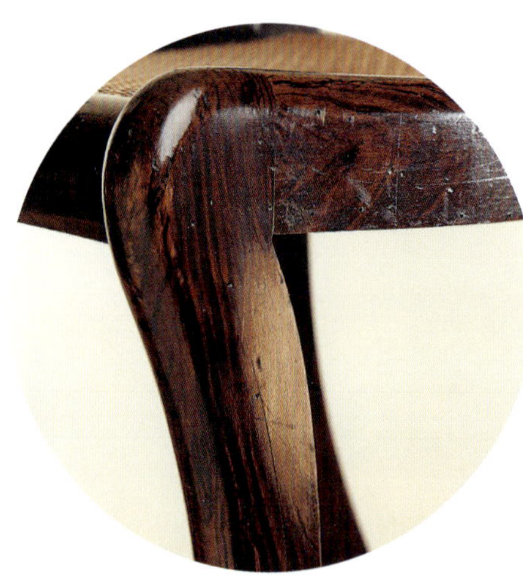

An einem Stuhlbein ist ein Teil der Maserung verblichen, das Buchenholz darunter liegt frei.

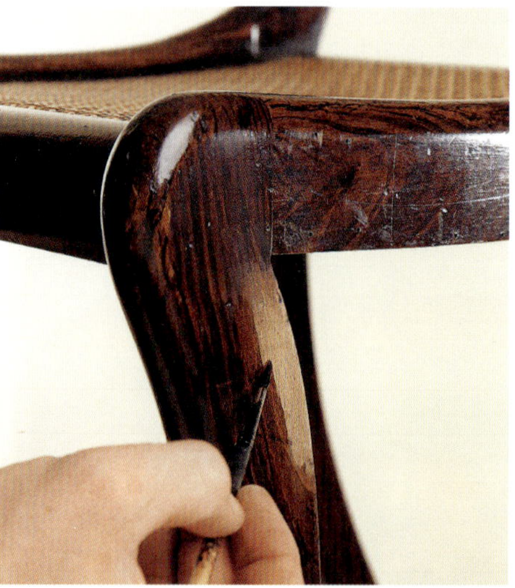

1 Tragen Sie eine Schicht farblich passende hellbraune Beize auf, um die Farbe dem Stuhl anzugleichen (s. S. 69). Lassen Sie sie trocknen und tragen Sie dann mit dem Polierballen eine dünne Schicht Politur auf.

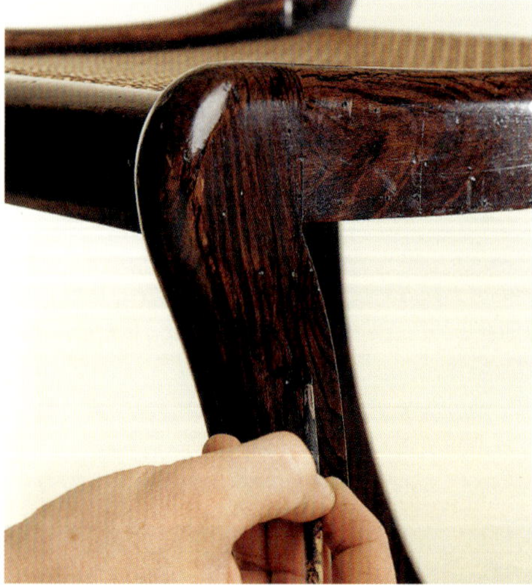

2 Mischen Sie dunkelbraune Beize im Ton der Palisandermaserung und bringen Sie die Maserung mit einem feinen Pinsel auf. Als Vorlage dient, wenn nötig, ein anderes Stück Palisander.

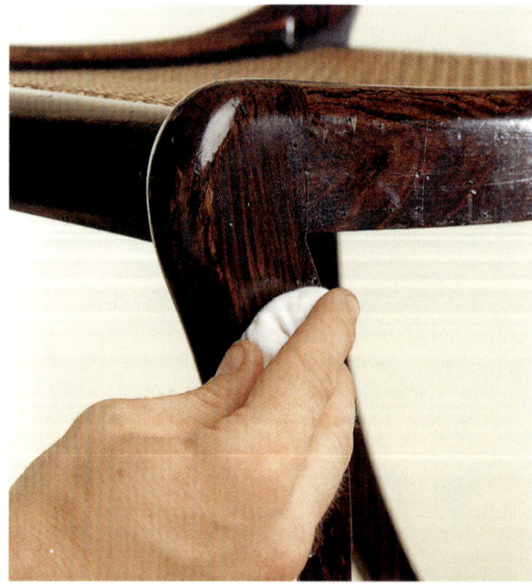

3 Ist die Maserierung trocken, arbeiten Sie sie behutsam mit einem Schraubendreher nach. Mit dem Polierballen wird noch eine Schicht Politur aufgetragen, bevor das Stuhlbein abschließend mit einem Lappen gewachst wird.

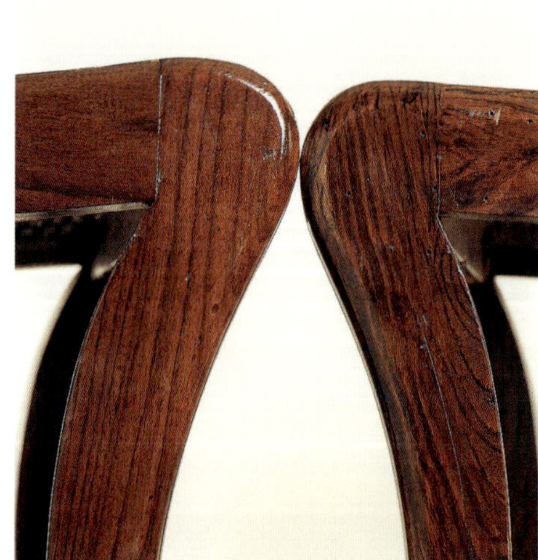

Der gemaserte Buchenstuhl (rechts) ähnelt nun dem Stuhl aus massivem Palisander (links). Beides sind Stühle für einen Esstisch, entstanden um 1810.

Vergolden

Vergolden erfordert Geduld und penibles Arbeiten. Manuell hergestelltes, 0,025 mm starkes Blattgold ist teuer, daher wäre es klug, vorher mit billigerem Blattmetall zu üben, bis man die Technik beherrscht.

Dieser geschnitzte und vergoldete Holzrahmen aus dem 18. Jahrhundert ist wurmstichig, daher haben sich die Drahthaken gelöst und das Bild ist auf den Boden gefallen, was beträchtlichen Schaden verursachte. Zum Glück blieben die meisten Teile zusammen.

Material und Werkzeug

- Knochenleim
- Epoxidharzkleber
- Werkzeug zum Schnitzen
- Gesso und Gesso-Kessel
- großer weicher Pinsel
- feines Schleifpapier
- Bolus
- Vergolderleim
- feiner Pinsel
- Blattgold
- Vergolderkissen
- Vergoldermesser
- Vergolderpinsel aus Iltishaar oder ein guter Künstlerpinsel
- Polierstein

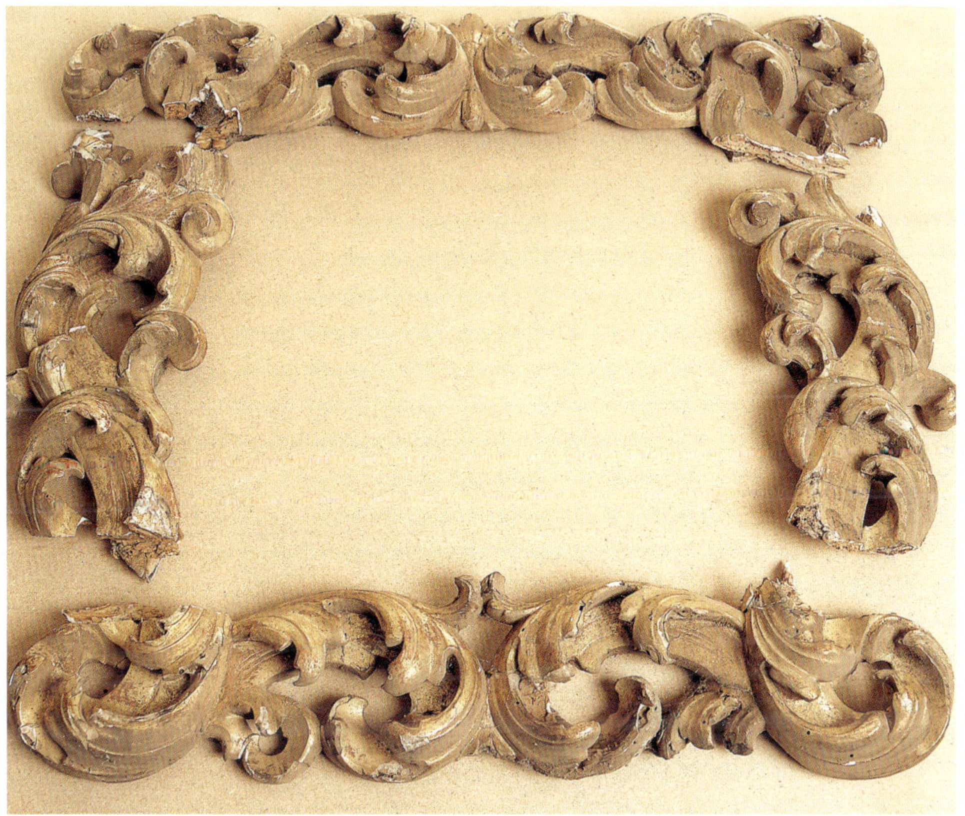

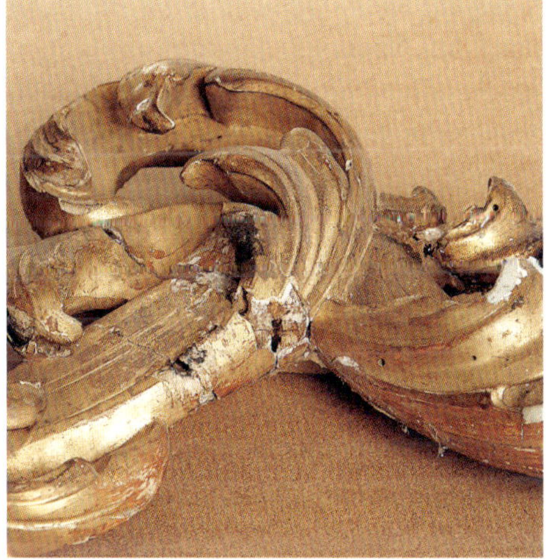

1 Legen Sie den Rahmen auf eine ebene Arbeitsfläche und verleimen Sie die einzelnen Teile. Lassen Sie sie trocknen.

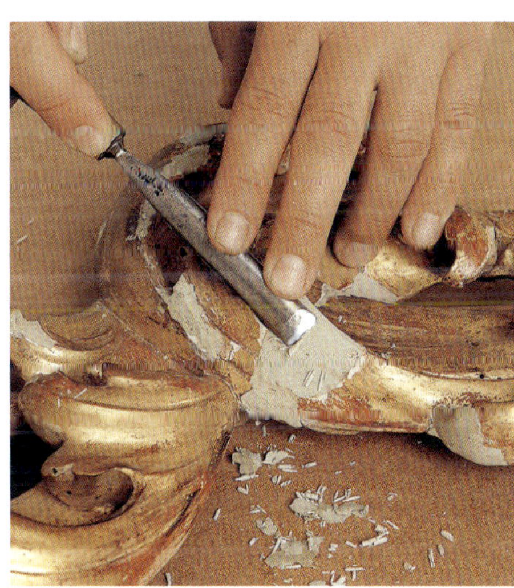

2 Füllen Sie herausgefallene Teile mit Epoxidharzkleber. Dieser nützliche Füllstoff ist so stark wie formbar und verbindet sich gut mit den beschädigten Teilen.

3 Wenn das Harz durchgehärtet ist, arbeiten Sie die Linien des Rahmens mit Schnitzwerkzeug nach.

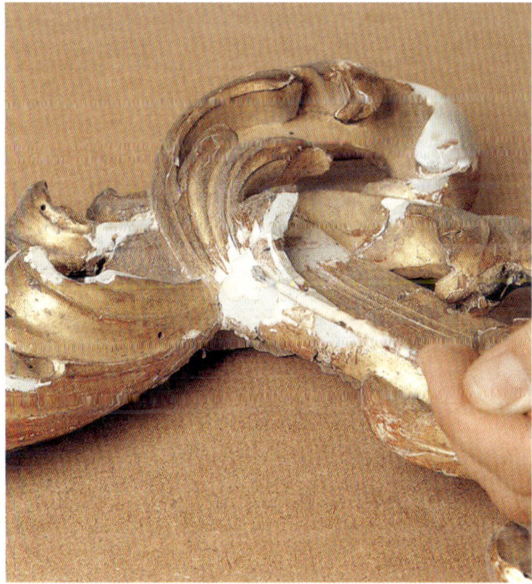

4 Erwärmen Sie Gesso, bis es eine schwere, cremige Konsistenz annimmt. Tragen Sie es mit einem weichen Pinsel in mehreren Schichten auf den Rahmen auf, bis die erforderliche Stärke erreicht ist. Lassen Sie sie trocknen. ▷

Vergolden … Fortsetzung

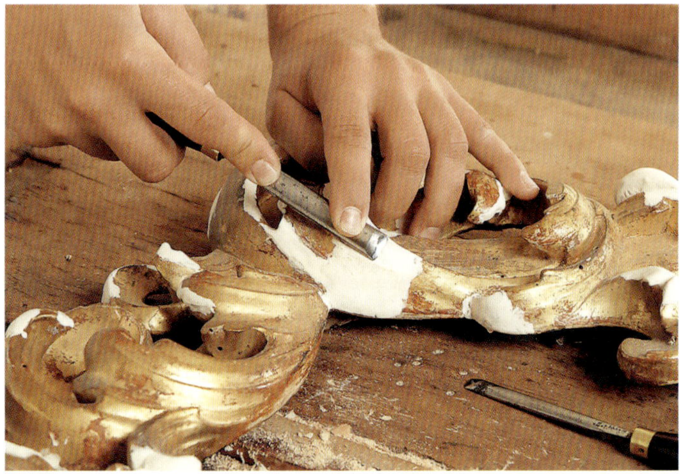

5 Formen Sie das Gesso mit Schnitzwerkzeug und modellieren Sie sämtliche Details nach. Geschnitzt wird stets das Gesso, nicht das Holz, ein Grund, warum viele edle Spiegel mit geschnitztem Rahmendekor erstaunlich schlicht wirken, wenn sie vor dem erneuten Vergolden bis auf das Holz abgebeizt werden.

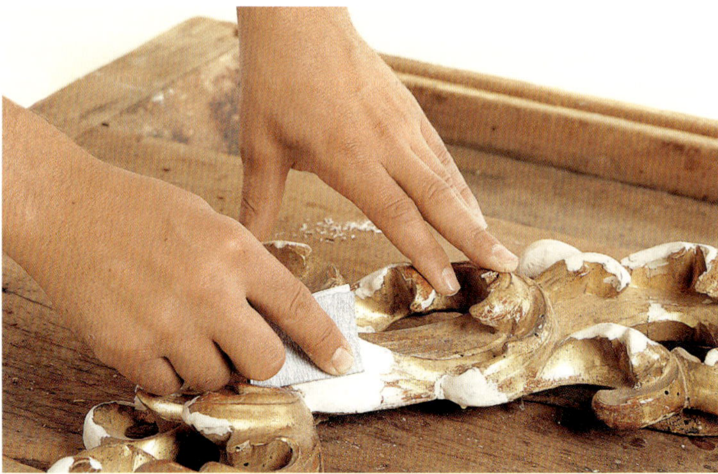

6 Das Gesso wird ganz leicht mit feinstem Schleifpapier bearbeitet, um kleine Unebenheiten auszugleichen und die Bögen und Rundungen zu glätten.

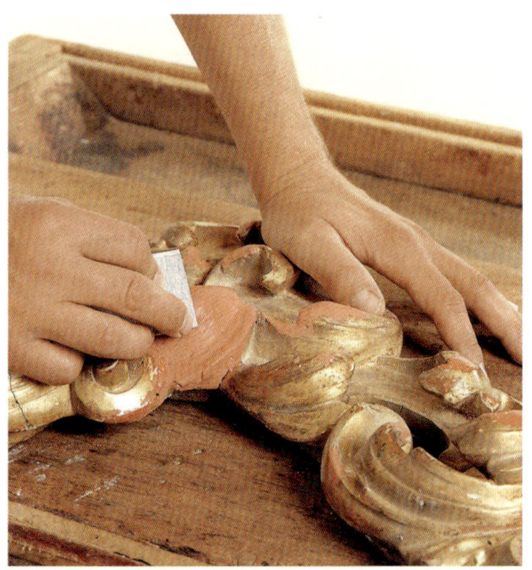

◁ **7** Tragen Sie eine dünne Schicht Bolus auf das Gesso auf. Hier wird roter Bolus verwendet, der zur Originalfarbe des Spiegels passt. Wie Gesso wird Bolus erwärmt und mit einer weichen, trockenen Bürste aufgetragen. Reiben Sie es nach dem Trocknen leicht mit feinem Schleifpapier ab.

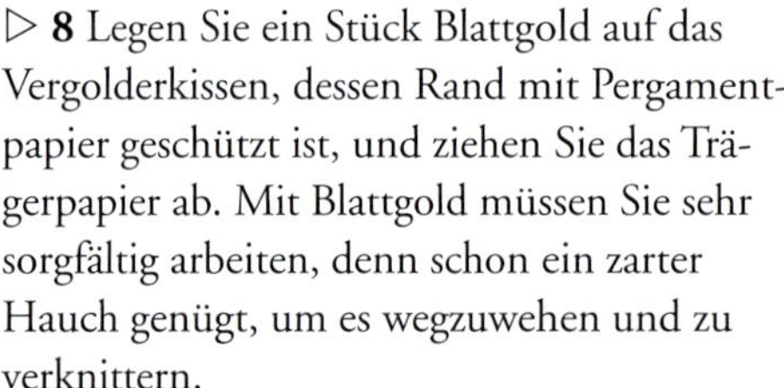

▷ **8** Legen Sie ein Stück Blattgold auf das Vergolderkissen, dessen Rand mit Pergamentpapier geschützt ist, und ziehen Sie das Trägerpapier ab. Mit Blattgold müssen Sie sehr sorgfältig arbeiten, denn schon ein zarter Hauch genügt, um es wegzuwehen und zu verknittern.

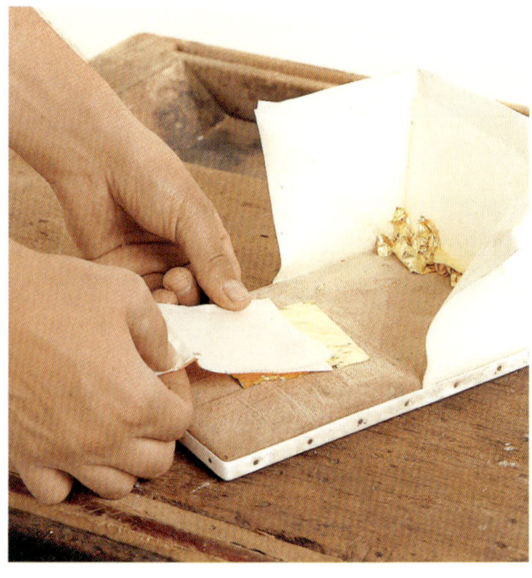

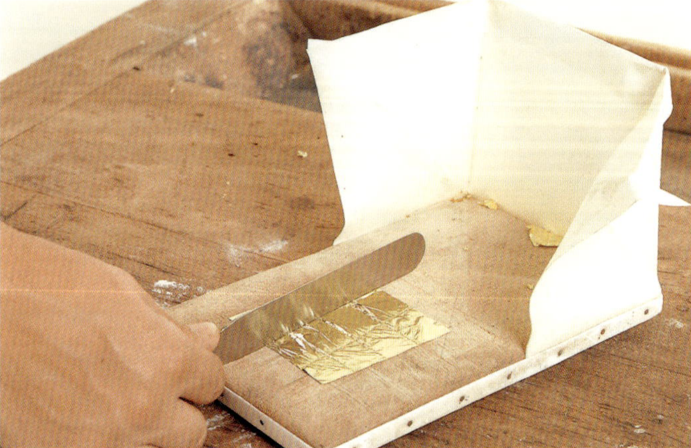

9 Mit einem Vergoldermesser mit stumpfer, breiter Klinge schneiden Sie nun das Blattgold mit möglichst wenig Druck in kleine Stücke. Der Verschnitt des Blattgolds bleibt hinten auf dem Kissen liegen und dient später zum Ausfüllen kleinerer Lücken.

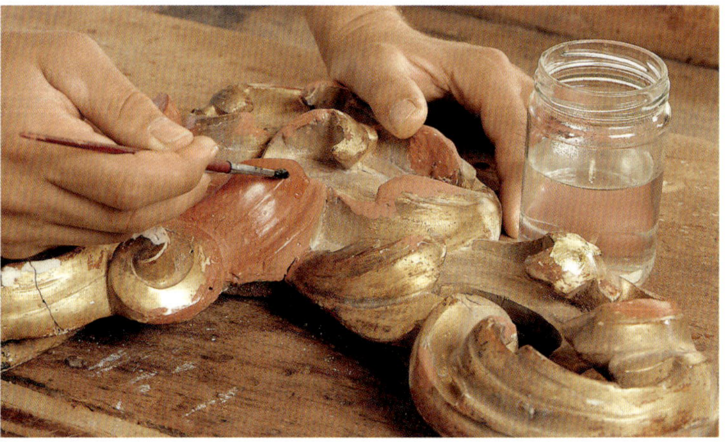

10 Tragen Sie mit einem feinen Pinsel eine Schicht Vergolderleim auf. Bestreichen Sie jeweils nur einen kleinen Abschnitt, auf den Sie dann gleich das vorher zugeschnittene Blattgold aufbringen.

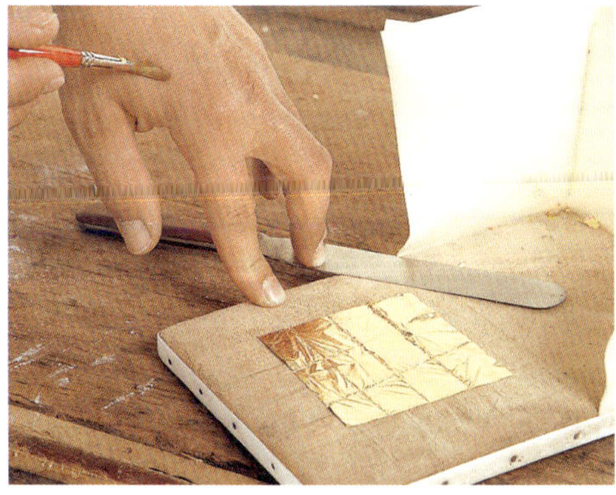

11 Blattgold ist so dünn, dass die Verarbeitung schwierig sein kann. Eine der besten Techniken ist es, einen elektrostatischen Effekt auszunutzen. Reiben Sie einen sauberen Vergolder- oder Künstlerpinsel an Ihrer Haut, um ihn elektrisch aufzuladen.

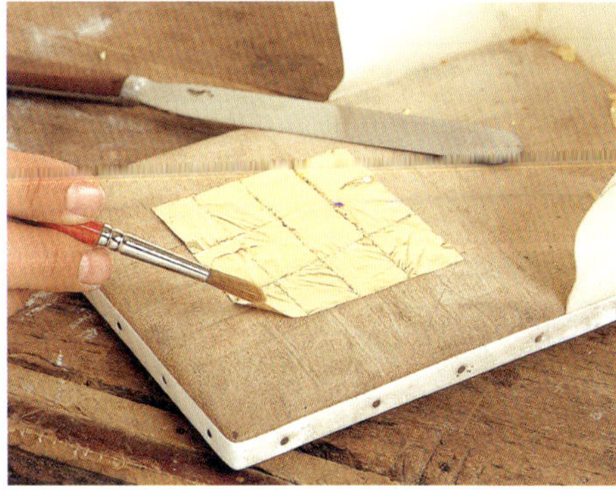

12 Sie brauchen das Blattgold mit dem so magnetisierten Pinsel nur zu berühren, um es vom Kissen zu nehmen und auf den Rahmen aufzubringen.

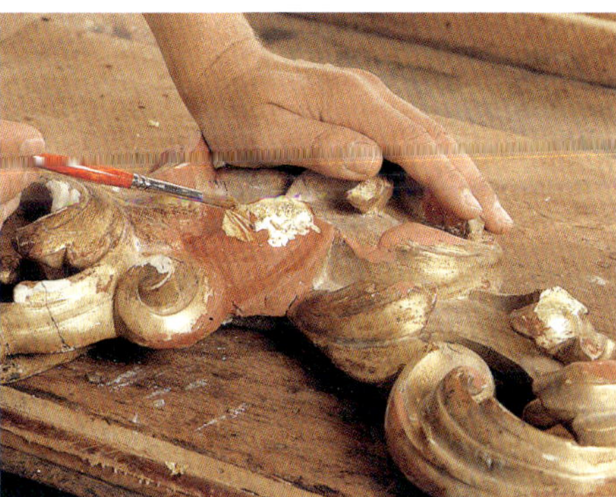

13 Positionieren Sie das Blattgold auf dem vorbereiteten Rahmenstück. Der Leim sorgt dafür, dass es sich den plastischen Formen anschmiegt. Arbeiten Sie Stück für Stück weiter, bis die gesamte Bolusfläche bedeckt ist. Vergolden erfordert viel Geduld.

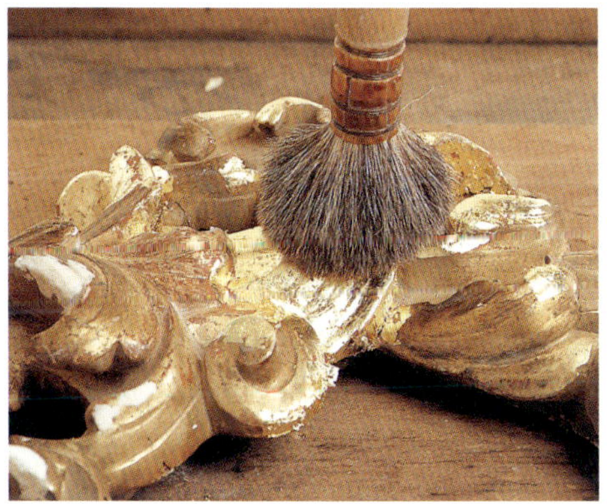

◁ **14** Wenn Sie ein größeres Stück vergoldet haben, stauben Sie alles mit einem dicken weichen Pinsel ab. So werden lose Blattgoldreste entfernt und etwaige freie Stellen sichtbar. Zum Füllen von Lücken verwenden Sie Blattgoldverschnitt.

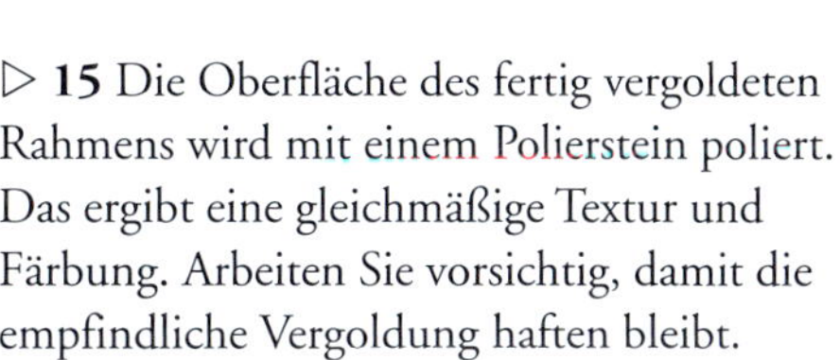

▷ **15** Die Oberfläche des fertig vergoldeten Rahmens wird mit einem Polierstein poliert. Das ergibt eine gleichmäßige Textur und Färbung. Arbeiten Sie vorsichtig, damit die empfindliche Vergoldung haften bleibt.

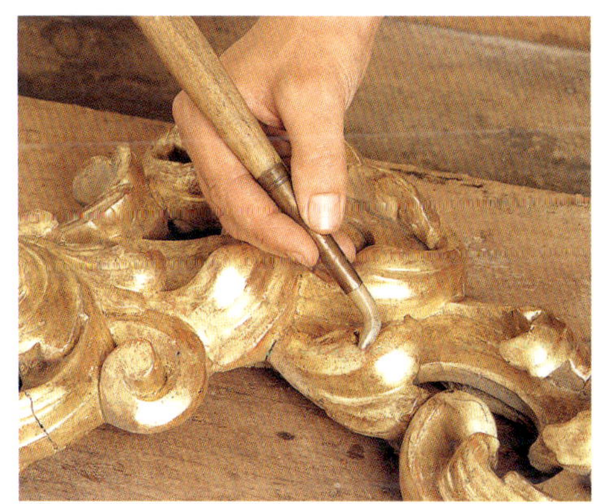

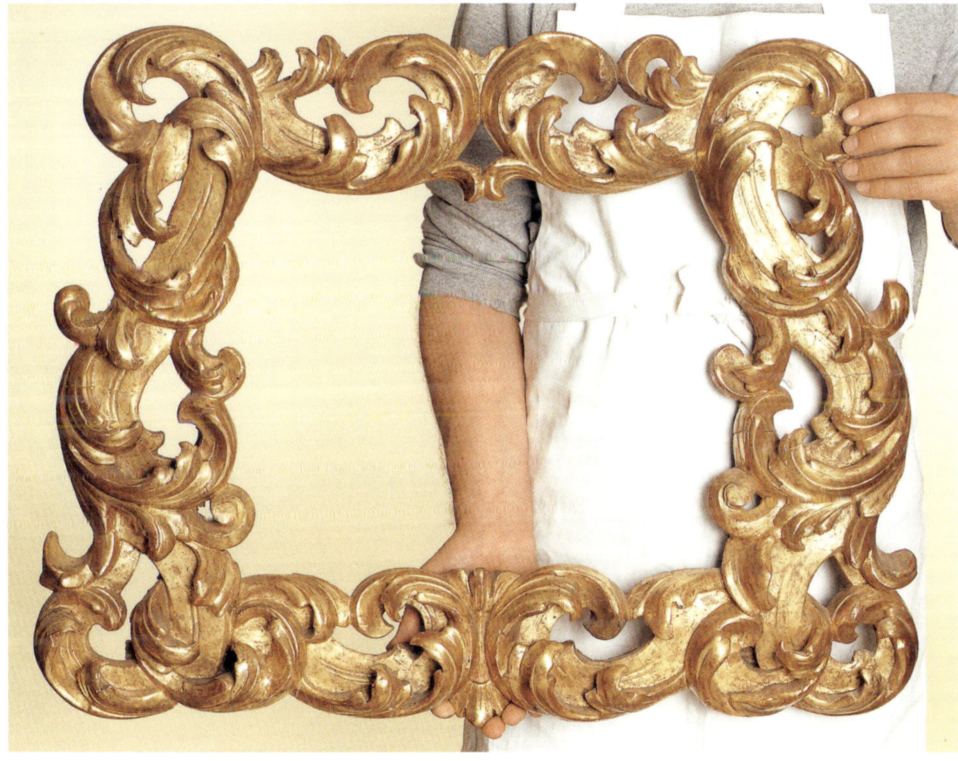

Der restaurierte Rahmen kann nun wieder einen Spiegel aufnehmen. Von den beträchtlichen Schäden ist nichts mehr zu erkennen.

Ölvergolden

Vergolden mit Öl ist weniger heikel als Wasservergolden. Nach dem Auftragen des Gesso wird der Teil, der vergoldet werden soll, mit speziellem Ölvergolderleim bestrichen. Das Blattgold wird direkt aufgelegt und haftet mit seiner Rückseite. Ölvergoldung kann auch unmittelbar auf eine Holzfläche aufgebracht werden. Anders als beim Wasservergolden wird die vergoldete Oberfläche anschließend nicht poliert, hier bestimmt der Karatgehalt des Blattgolds die Oberflächenwirkung.

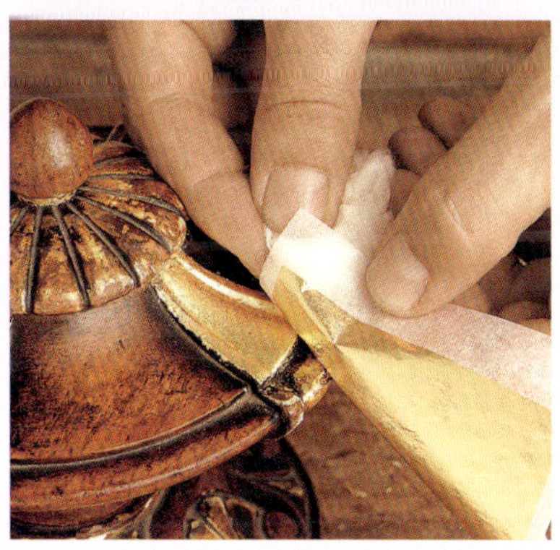

FURNIEREN

In der Geschichte des Möbelbaus hat die Einführung neuer Techniken immer wieder nachhaltige Veränderungen für Entwurf und Form der Möbel mit sich gebracht. Die Technik des Furnierens, bei der dünne Holzschichten auf ein anderes Trägerholz aufgelegt werden, entwickelte sich im 17. Jahrhundert und wurde allein schon deshalb begrüßt, weil sie den Möbeln ein ungleich eleganteres Erscheinungsbild verlieh. Holz, das bisher nur massiv verarbeitet wurde, konnte nun, in dünne Lagen geschnitten, so verwendet werden, dass die unterschiedliche Maserung der Hölzer das Aussehen der Möbel entscheidend verschönerte. Wurzelholz und besonders dekorativ gemasertes Holz, das nicht stabil genug war, um massiv verarbeitet zu werden, konnte nun zugeschnitten und auf massives Trägerholz aufgebracht werden. Die Entwicklung des Furniers war somit tatsächlich ein riesiger Fortschritt in der Geschichte des Möbelbaus.

Die Verwendung von Furnieren im Möbelbau erfreute sich gegen Ende des 17. Jahrhunderts bereits wachsender Beliebtheit. Vor dieser Zeit waren Furniere als Dekoration eher sparsam eingesetzt worden, vorwiegend in Verbindung mit dekorativen Marketerie- und Parketterie-Arbeiten. Damals wurde Furnier vor allem zur Verschönerung auf Massivholz aufgebracht. In Form von Kreuzfugen- oder gestürzten Furnierbildern zierten häufig Oberflächenfurniere die Schubladenfronten. Im letzten Viertel des 18. Jahrhunderts war es üblich, teures und dekoratives Furnier wie Mahagoni auf ebenso teurem, aber massivem Mahagoni-Trägerholz zu verlegen.

Diese Praxis spiegelte die Philosophie einer Zeit wider, in der die Verwendung von Furnier eher ästhetisch als ökonomisch begründet war. Eine hochwertige Möblierung galt nicht zuletzt als Statussymbol, an dem Reichtum und gesellschaftlicher Rang des Möbelbesitzers gemessen wurden. Nachdem man im 19. Jahrhundert schließlich in der Lage war, Holz maschinell zu schneiden, konnten dank der Verwendung von Furnier erschwinglichere Möbel produziert werden, die – mit so begehrten und teuren importierten Edelhölzern wie Mahagoni oder Palisander belegt – der wachsenden Nachfrage nach Möbeln aus der inzwischen zu Wohlstand gekommenen Klasse der Kaufleute entgegen kamen.

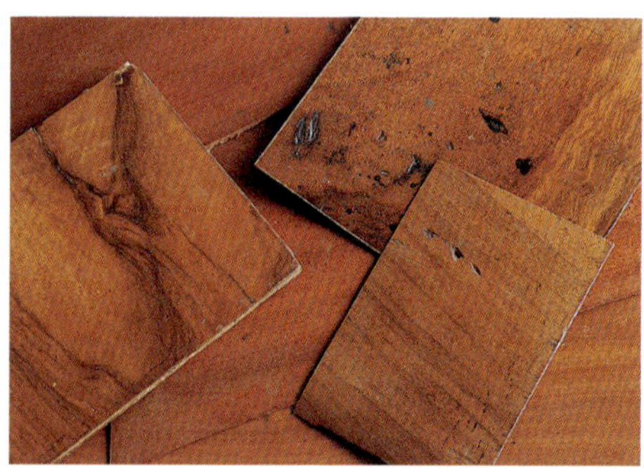

Eine Auswahl alter Furniere

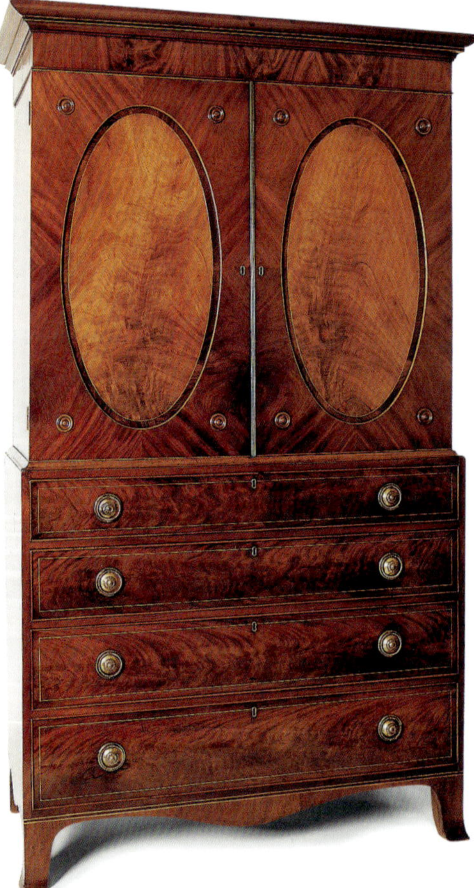

Der Wäscheschrank aus der Zeit Georges III. zeigt überall lebhaftes Mahagonifurnier.

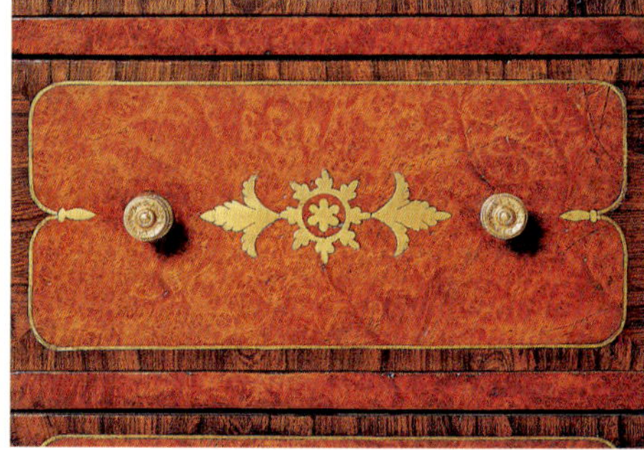

Die Front dieser Regency-Kommode zeigt schön gemasertes Palisander, Amboyna-Maserknollenfurnier und intarsierte Messing-Dekorationen.

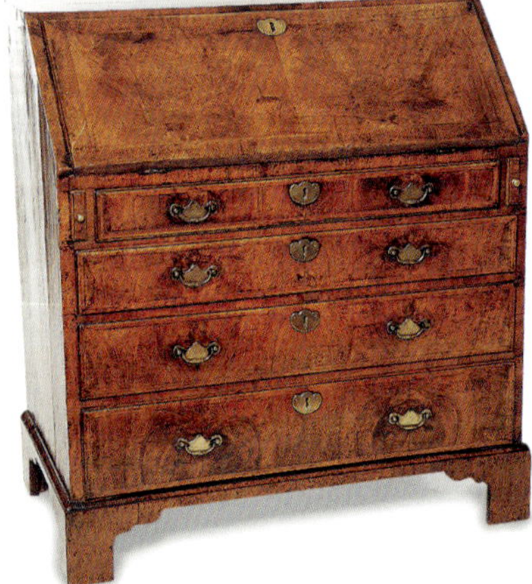

Ein Sekretär aus dem späten 17. Jahrhundert, der ganz mit Nussbaum furniert ist.

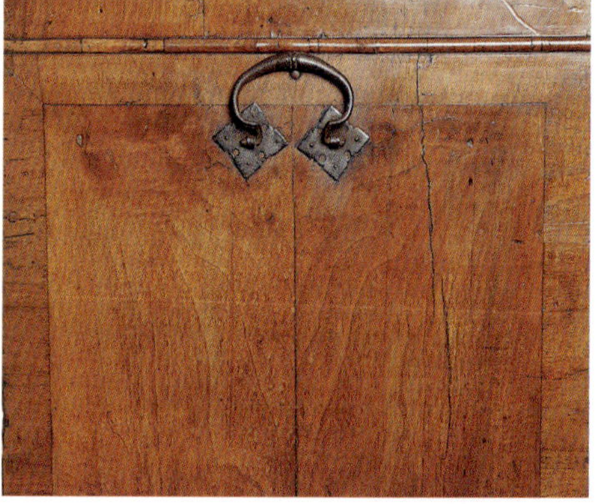

Gestürztes Furnierbild aus Nussbaum

Furnier entfernen

Normalerweise muss Furnier nicht entfernt werden. Es kann aber sein, dass es sich gelöst hat, und in diesem Fall wird man es durch Erwärmen und Pressen wieder befestigen (s. S. 78). Es kann aber auch sein, dass es ganz fehlt oder aufgrund einer früheren, unprofessionell ausgeführten Reparatur doch einmal abgenommen werden muss. Auf dem Bild rechts erkennt man ein eingesetztes rechteckiges Furnier: Wäre es im Faserverlauf geschnitten worden, hätte es sich besser eingefügt – ein Grund, das alte Furnier vollständig zu entfernen, bevor ein neues eingesetzt wird.

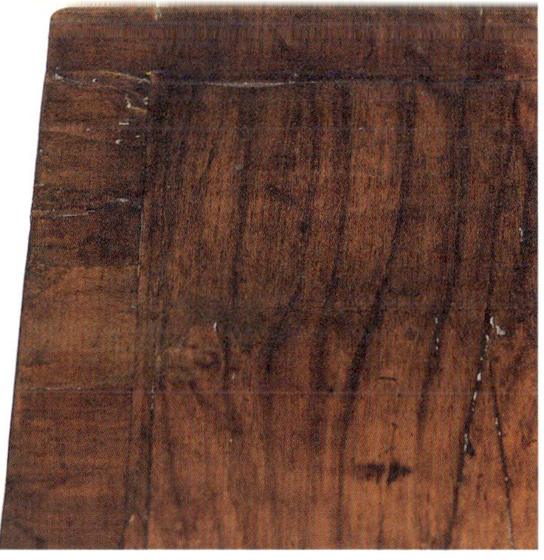

Material und Werkzeug

- feine Stahlwolle
- Methylalkohol
- Stahllineal
- Teppichmesser
- Abdeckband
- Stecheisen
- Bügeleisen
- Furnier
- PVA-Leim
- Zulagen
- Bügelschraubzwingen
- Polierballen
- Politur

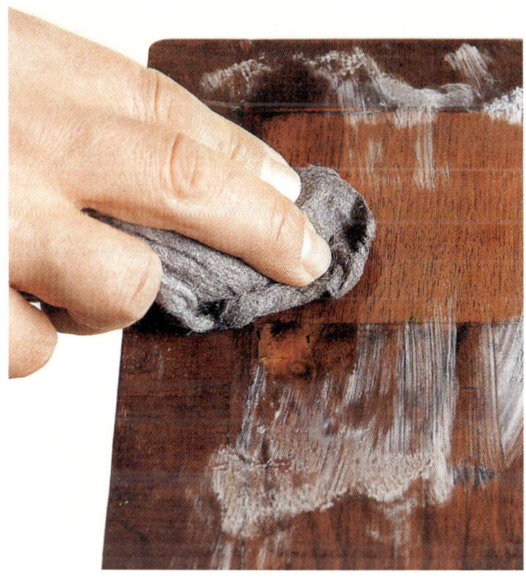

1 Wischen Sie mit in Methylalkohol getränkter Stahlwolle über das zu entfernende Furnier, bis sich die Politur ablöst. Nun können Sie die Anschlussstellen zu dem anderen Furnier deutlich sehen.

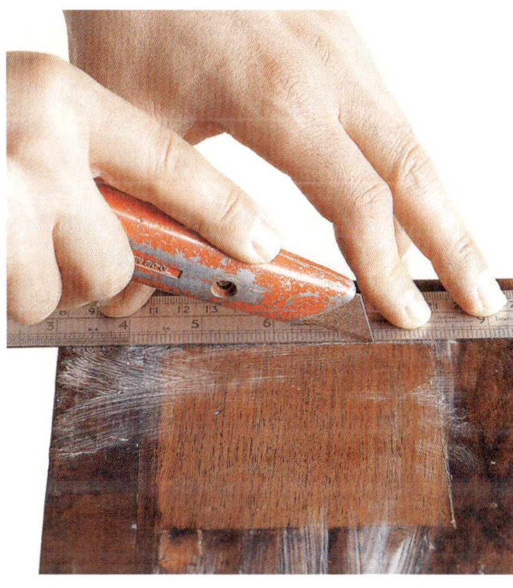

2 Legen Sie das Stahllineal an und schneiden Sie mit dem Teppichmesser exakt entlang der Ränder. Achten Sie darauf, gleichmäßig durch das Furnier zu schneiden.

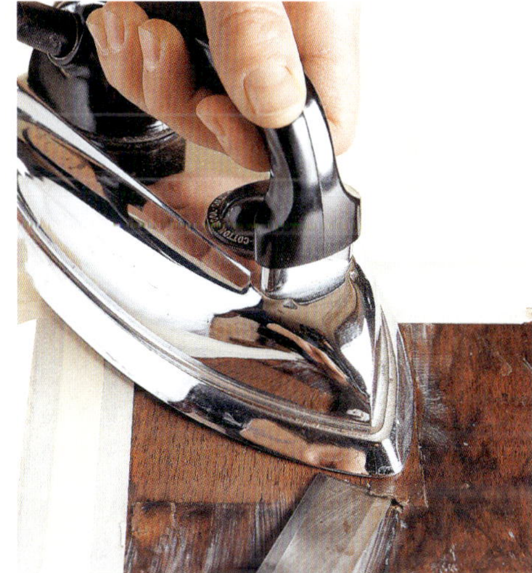

3 Schieben Sie ein Stecheisen unter das Furnier und stellen Sie ein heißes Bügeleisen darauf. Das Furnier wird Stück für Stück vollständig abgenommen. Passen Sie auf, dass das Bügeleisen nicht mit dem Original-Furnier rundum in Berührung kommt.

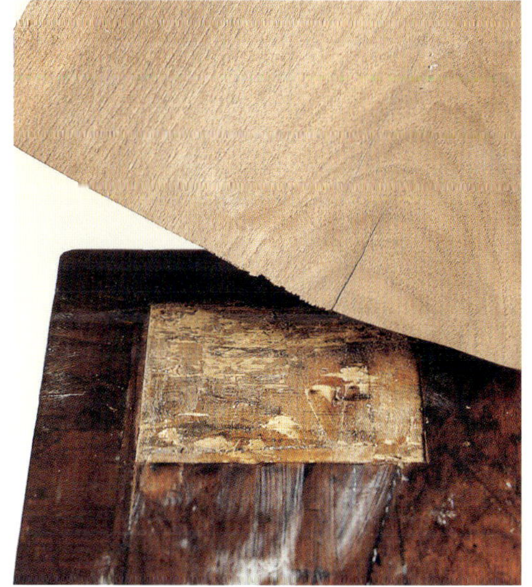

◁ **4** Wählen Sie ein in Faser und Muster passendes Furnier und schneiden Sie das Stück der Maserung folgend zu; es sollte etwas größer als die auszubessernde Stelle sein.

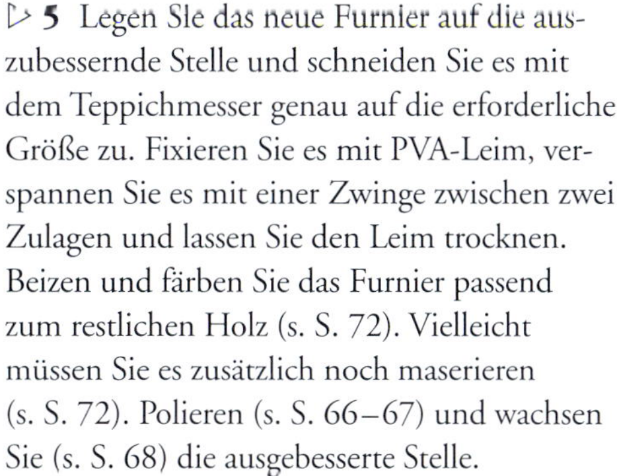

▷ **5** Legen Sie das neue Furnier auf die auszubessernde Stelle und schneiden Sie es mit dem Teppichmesser genau auf die erforderliche Größe zu. Fixieren Sie es mit PVA-Leim, verspannen Sie es mit einer Zwinge zwischen zwei Zulagen und lassen Sie den Leim trocknen. Beizen und färben Sie das Furnier passend zum restlichen Holz (s. S. 72). Vielleicht müssen Sie es zusätzlich noch maserieren (s. S. 72). Polieren (s. S. 66–67) und wachsen Sie (s. S. 68) die ausgebesserte Stelle.

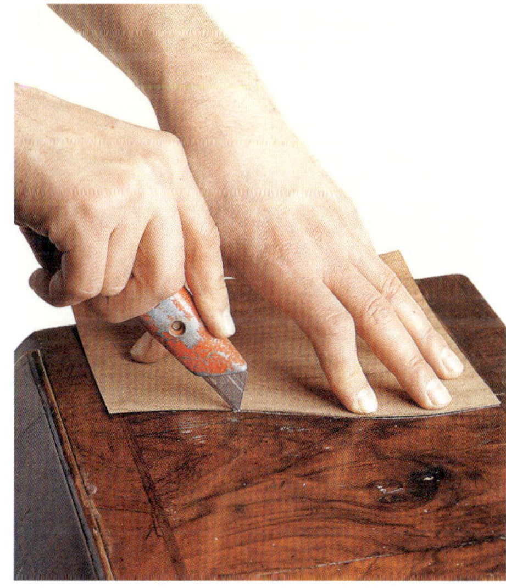

Furnierstücke einsetzen

Kleine Furnierstücke lassen sich problemlos aufleimen und pressen, schwieriger ist es oft, das richtige Furnier zu finden. Bei großen Furnierstücken kann man keine Zwinge ansetzen und muss mit anderem Leim und einem Furnierhammer arbeiten – ein recht kompliziertes Verfahren. Zum Furnieren konvexer oder konkaver Oberflächen sind Formzulagen erforderlich, um über die Zwingen beim Trocknen gleichmäßigen Druck auszuüben. Es kommt immer wieder vor, dass furnierte Ecken und Kanten fehlen oder nach jahrelangem Gebrauch abgesplittert sind.

Material und Werkzeug

- MDF-Platte
- Bügeleisen
- Schraubendreher
- Papier
- Zulage
- Bügelschraubzwingen
- Furnier
- PVC-Leim
- Ebenholz-Adern
- Abdeckband
- Polierballen
- Politur

Kleine Furnierstücke einlegen

Diese kleine Standuhr ist mit kubanischem Mahagoni furniert. Das Furnier ist lose, einige Stücke und die Ebenholz-Aderung sind abgebröckelt und verloren gegangen. Gelockertes Furnier muss nicht erneuert werden, Sie können es einfach wieder aufleimen.

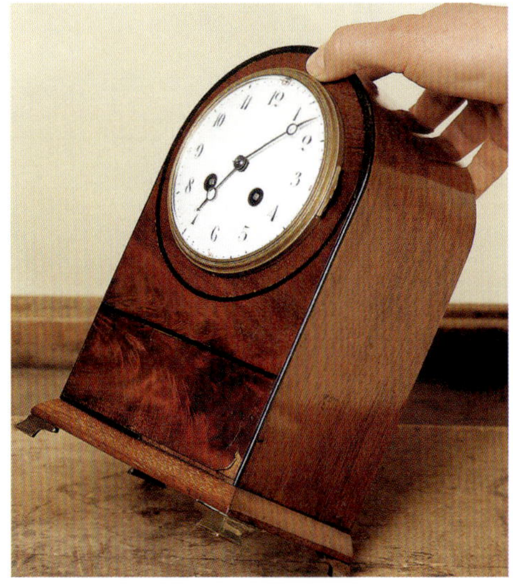

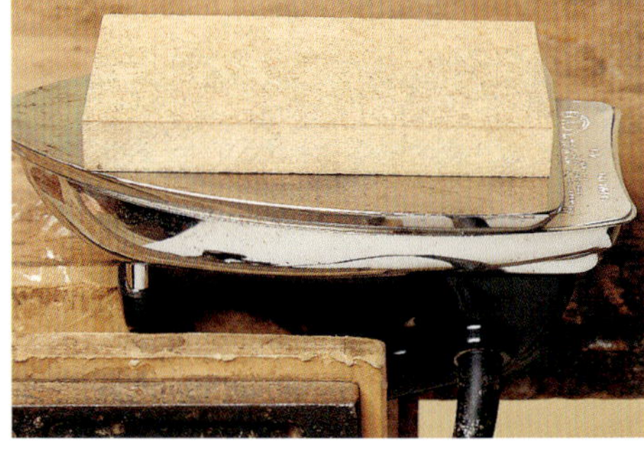

1 Das Furnier wird wieder mit Knochenleim befestigt – dazu reichen oft Hitze und Druck. Erhitzen Sie ein Stück MDF-Platte etwa fünf Minuten mit dem Bügeleisen.

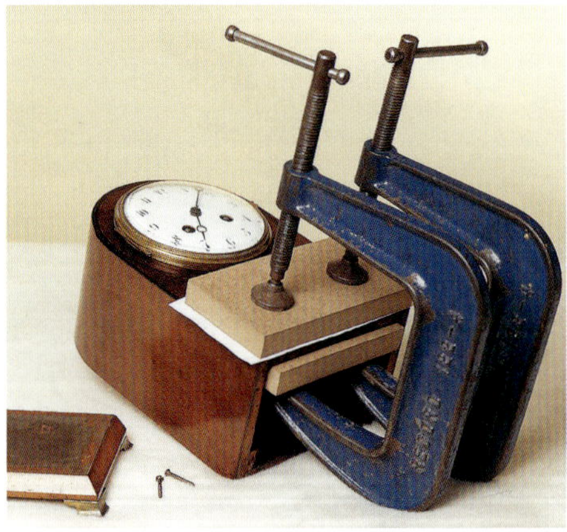

◁ **2** Nehmen Sie den unteren Teil des Gehäuses ab. Heben Sie die Schrauben gut auf. Legen Sie die Zulage mit einem Stück Papier auf das Furnier, um das Gehäuse nicht zu beschädigen, bevor Sie die warme Platte mit der Zwinge festklemmen und gepresst lassen, bis die Platte abgekühlt ist.

▷ **3** Schneiden Sie ein Furnier zu, das etwas größer ist als das fehlende Stück. Begradigen Sie den Rand der beschädigten Stelle entsprechend dem neuen Furnierstück und leimen Sie dieses auf. Lassen Sie es in der Zwinge, bis der Leim getrocknet ist.

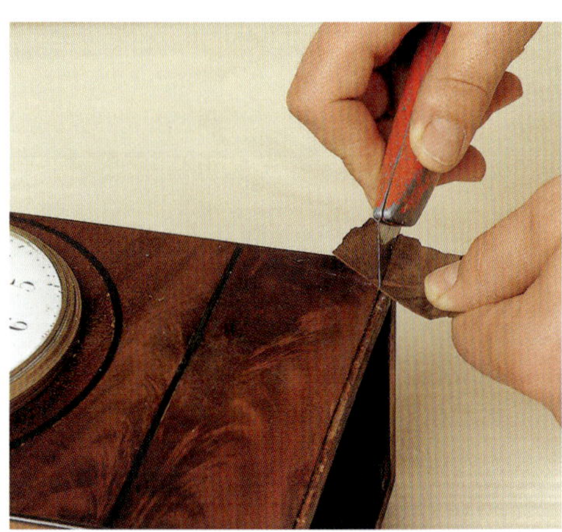

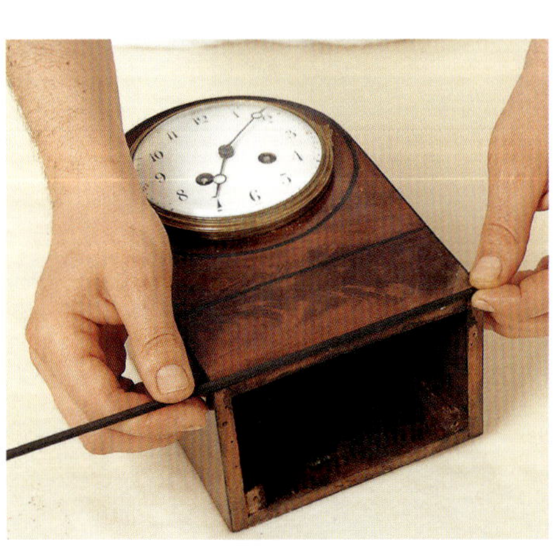

◁ **4** Wählen Sie eine neue Ader aus Ebenholzfurnier, schneiden Sie sie auf die entsprechende Länge, bevor Sie sie aufleimen und mit Abdeckband sichern. Es erübrigt sich, den Streifen vorher anzufeuchten, da er nicht geformt werden muss. Schrauben Sie den Sockel wieder an. Tränken Sie den Polierballen mit Politur und überziehen Sie das ganze Gehäuse mit einer dünnen Politurschicht.

Rechts: *Da ein genau passendes Furnier gefunden wurde, ist die reparierte Stelle nicht mehr zu erkennen.*

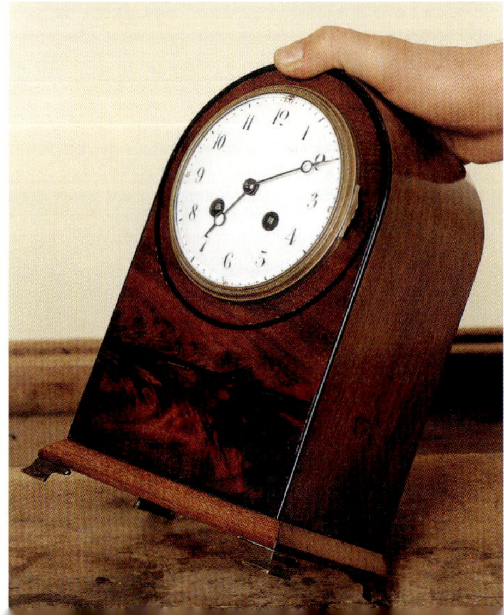

Grosse Furnierflächen verlegen

Für die Restaurierung alter Möbel wird selten neues Furnier verwendet. Bei schlimmeren Brand- oder Wasserschäden oder dem Fehlen einer größeren Fläche wird man allerdings keine andere Wahl haben. Man benötigt dafür kaum anderes Werkzeug, als es die Möbeltischler bereits vor 200 Jahren verwendeten.

Material und Werkzeug

- feiner Porenfüller
- Kittmesser
- Zahnhobel
- kurzer dicker Rundpinsel
- Knochenleim
- Zeitungspapier
- Furnier
- Furnierhammer
- Baumwolllappen
- flaches glattes Holzstück
- Teppichmesser
- Stahlrichtscheit
- Ziehklinge
- mittelfeines, feines und sehr feines Schleifpapier
- Schleifklotz

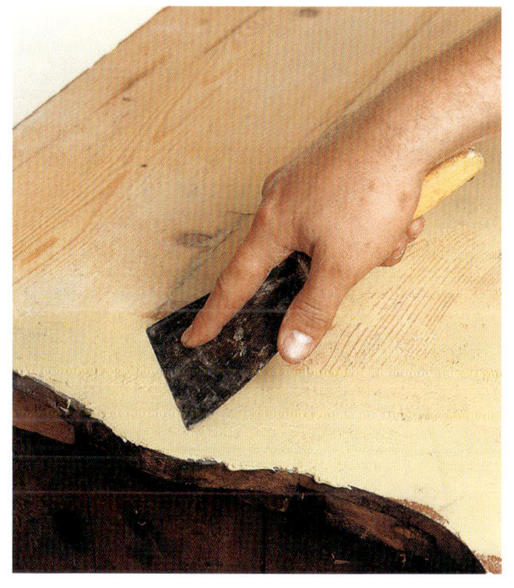

◁ **1** Bereiten Sie zuerst das Trägerholz vor und streichen Sie feinen Porenfüller in Dellen und Kratzer. Ist die Fläche uneben, wird man es später am Furnier sehen.

▷ **2** Wenn der Porenfüller gehärtet ist, hobeln Sie das Holz mit einem Zahnhobel glatt. Damit wird die Oberfläche auch für Furnier und Klebstoff vorbereitet.

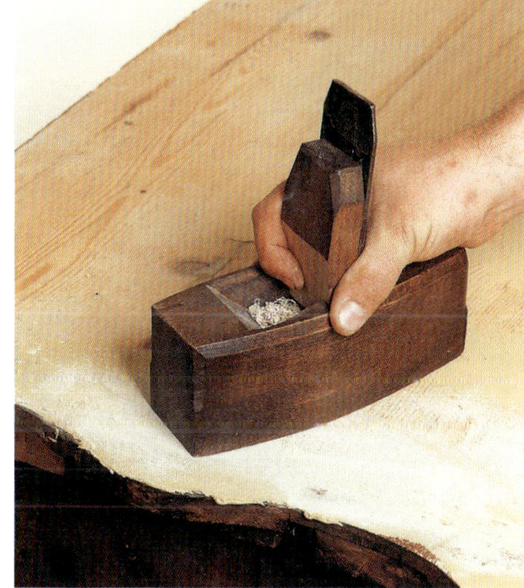

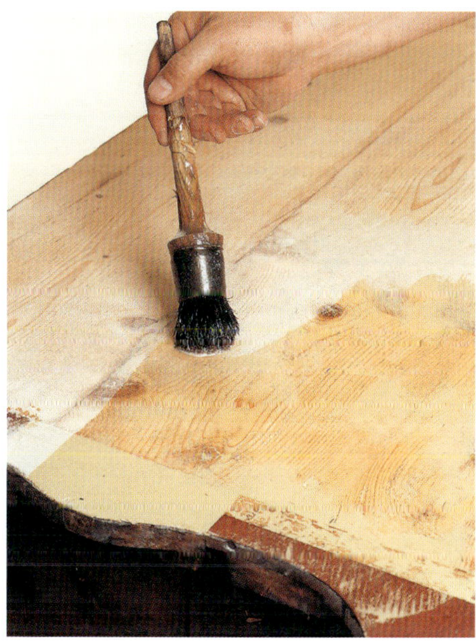

3 Streichen Sie eine Mischung aus Knochenleim und heißem Wasser auf die Fläche. Auf diese Weise füllen sich die Fasern und es entsteht eine ebene Fläche, auf der sich der Leim gleichmäßig verstreichen lässt. Andernfalls können sich später im Furnier Kürschner bilden. Decken Sie die übrigen Teile des Möbels mit Zeitungspapier ab.

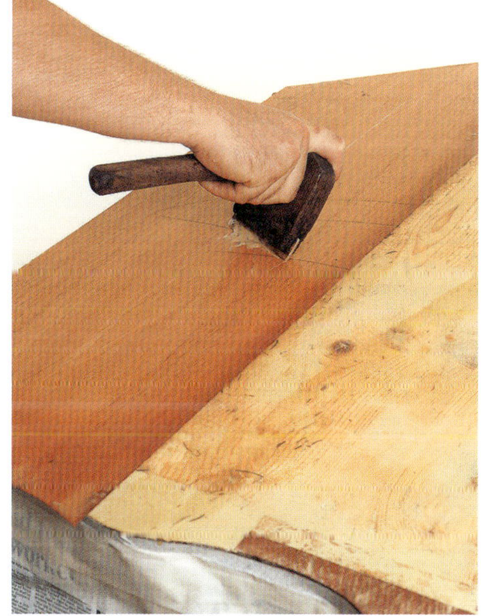

4 Furnieren Sie zunächst nur die eine Hälfte der Fläche, damit der Leim geschmeidig bleibt. Bestreichen Sie die Fläche großzügig mit Leim, legen Sie das Furnier auf und pressen Sie mit einem Furnierhammer überschüssigen Leim heraus. Tauchen Sie den Hammer in eine Mischung aus Leim und heißem Wasser, um ihn gleitfähig zu machen.

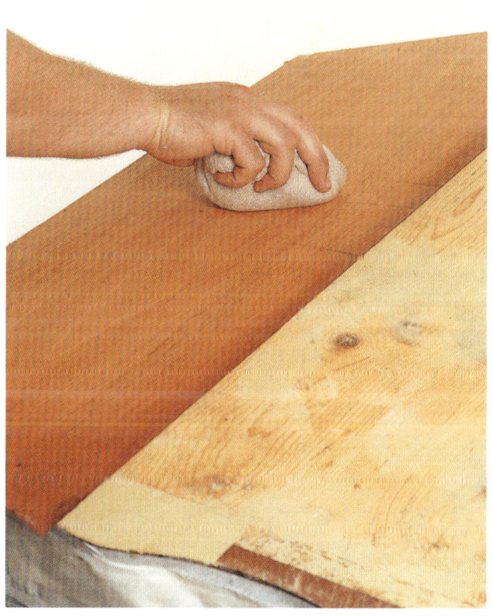

5 Wenn die eine Hälfte furniert ist, reiben Sie das Furnier mit einem feuchtwarmen Baumwolllappen ab, um alle Leimreste zu beseitigen.

▷

Große Furnierflächen verlegen ... Fortsetzung

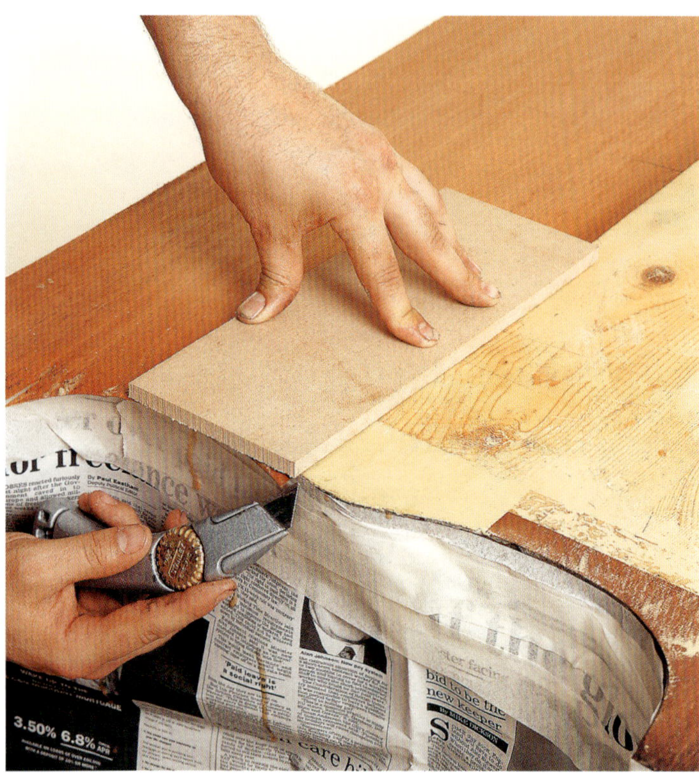

6 Schneiden Sie das überstehende Furnier zurecht, indem Sie ein flaches Holzstück über den Rand legen und die Schnittlinie mit dem Teppichmesser der Form des Korpus folgend anreißen. Das Holzstück verhindert ein Absplittern des Furniers.

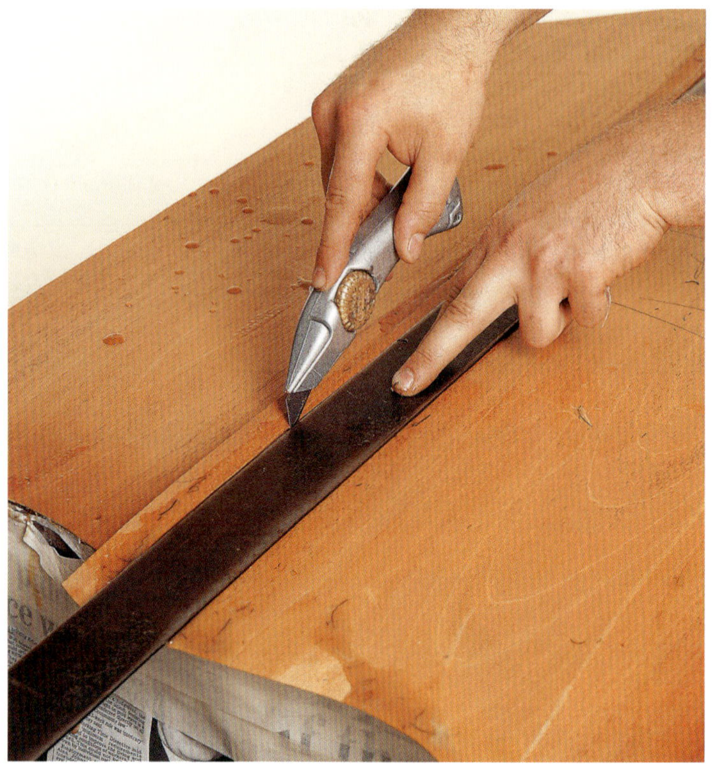

7 Furnieren Sie nach dem gleichen Prinzip auch die andere Hälfte. Das neue Stück sollte das schon verleimte Furnier etwas überlappen, damit der Anschluss genau passt. Legen Sie ein Stahlrichtscheit an und schneiden Sie mit dem Teppichmesser durch beide Furnierhälften.

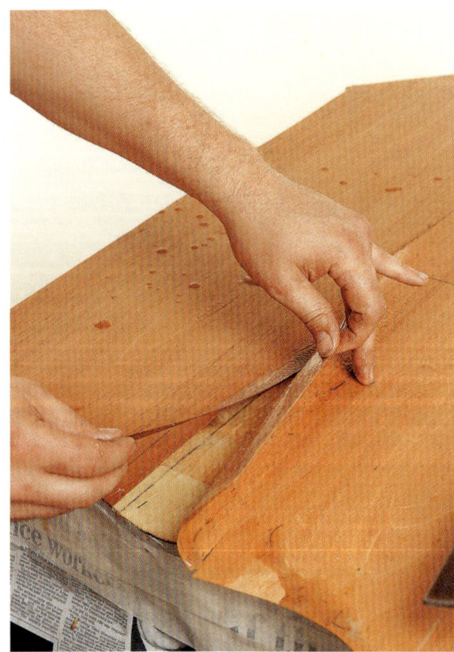

8 Wenn Sie die abgeschnittenen Streifen entfernen, erhalten Sie eine nahezu unsichtbare Fuge. Fahren Sie mit dem Furnierhammer über die Stelle, um die Ränder anzudrücken, und lassen Sie sie über Nacht trocknen.

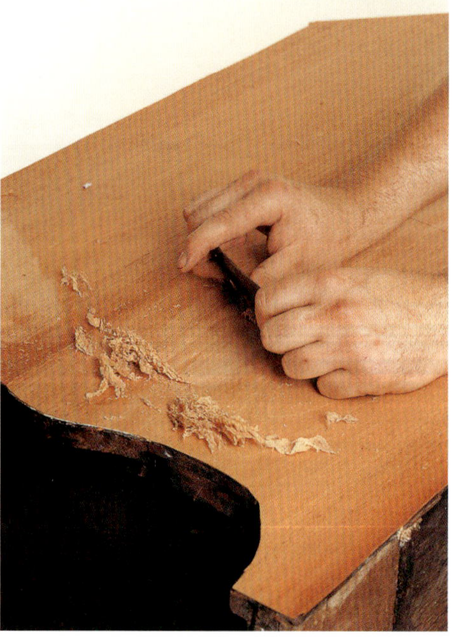

9 Ist der Leim trocken, gehen Sie mit der Ziehklinge über die neu furnierte Fläche, um noch unebene Stellen auszugleichen und die Fasern, die sich durch die Verwendung von warmem Wasser aufgerichtet haben, zu glätten.

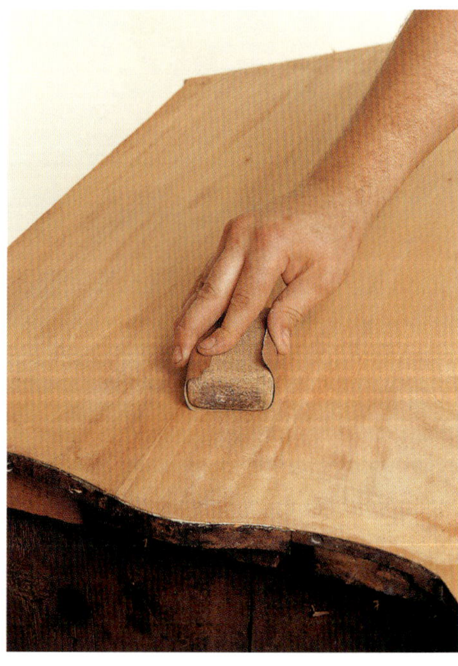

10 Zuletzt bearbeiten Sie die Fläche mit mittelfeinem, feinem und schließlich ganz feinem Schleifpapier, das um einen Schleifklotz gelegt wird. So entfernen Sie kleinere Kratzer und bereiten das Furnier zum Polieren vor.

Verlegen von gebogenem Furnier

Gelegentlich wird man auch ein Stück Furnier für ein Möbelstück mit geschwungenen Formen richten oder ersetzen müssen. So kann sich das Furnier im Bereich einer Profilleiste gelöst haben. Hier zum Beispiel ging ein Stück vom Gesims verloren, so dass ein passendes Ersatzstück angefertigt und dann furniert werden muss.

Material und Werkzeug

- **Fichten- oder Mahagoniholz**
- **Bandsäge**
- **Simshobel**
- **Furnier**
- **Pinsel**
- **Knochenleim**
- **Bügelschraubzwingen**
- **Teppichmesser**
- **gebogene Ziehklinge (Schwanenhals)**
- **feines Schleifpapier**

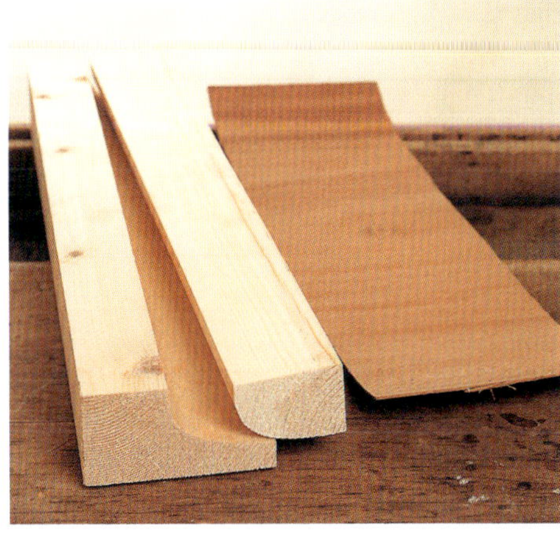

1 Sägen Sie mit einer Bandsäge oder dem Schabhobel aus Fichte oder Mahagoni das Trägerholz und eine entsprechende Formzulage (Schablone), die sich der inneren Wölbung bzw. dem Original-Profil genau anpasst. Glätten Sie beide Teile mit einem Simshobel. Wählen Sie ein Stück Furnier, das etwas größer ist als das Trägerholz bzw. die Profilleiste.

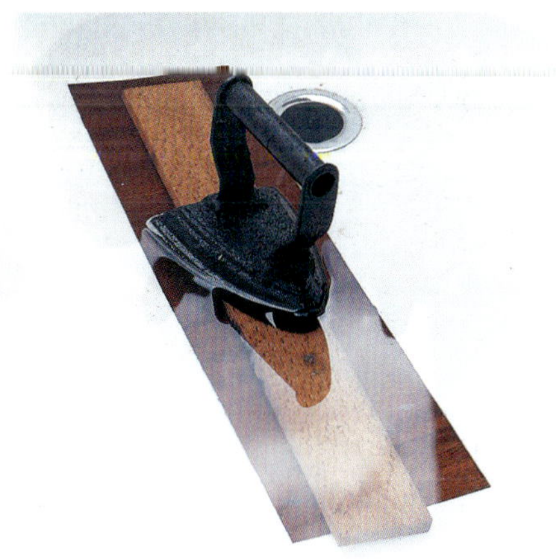

2 Machen Sie das Furnier durch Einweichen in warmem Wasser geschmeidig, damit es später beim Auflegen nicht reißt oder splittert. Am besten eignet sich eine alte Zinkwanne, in der sich auch lange Stücke einlegen lassen. Falls Sie verschiedene Furniere benutzen, müssen Sie jedes Mal das Wasser wechseln, damit das Furnier nicht fleckig wird.

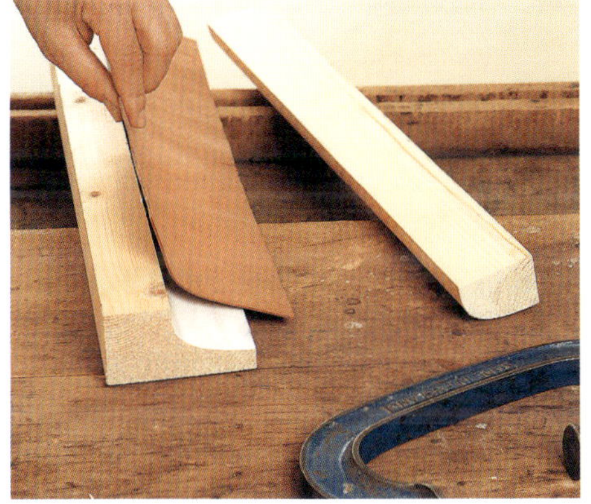

3 Nehmen Sie das Furnier aus dem Wasser, und bestreichen Sie, solange es noch weich und biegsam ist, das Trägerholz bzw. die Profilleiste mit Knochenleim; drücken Sie das Furnier fest auf.

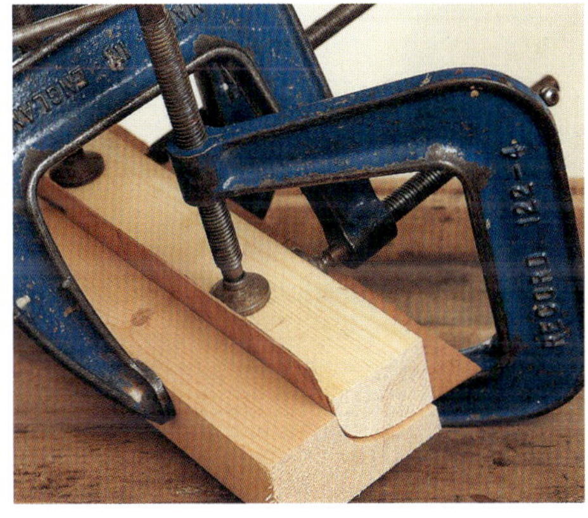

4 Legen Sie die Formzulage auf das Furnier und verspannen Sie die Teile mit Schraubzwingen – der Druck muss gleichmäßig sein, damit keine Blasen entstehen. Lassen Sie alles über Nacht trocknen.

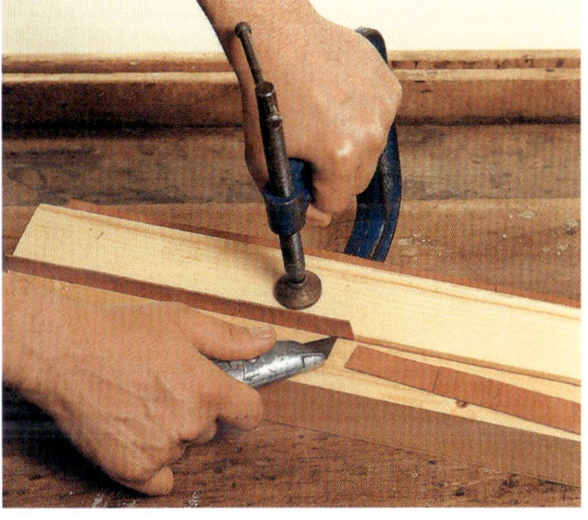

5 Wenn der Leim trocken ist, entfernen Sie alle Zwingen bis auf eine. Lassen Sie die Formzulage noch an ihrem Platz, während Sie überstehendes Furnier mit dem Teppichmesser abschneiden. Der Bügel der noch vorhandenen Zwinge erweist sich als brauchbarer Griff.

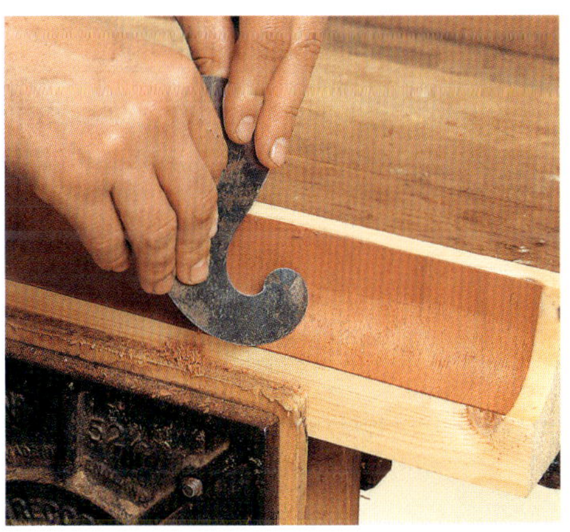

◁ 6 Entfernen Sie die letzte Zwinge sowie die Formzulage. Säubern Sie das Furnier unter gleichmäßigem Druck mit einem »Schwanenhals«. Es sollen dabei nur kleine Späne entfernt und nicht die Fasern beschädigt werden.

▷ 7 Glätten Sie das Furnier mit feinem Schleifpapier. Ein Stück der Formzulage eignet sich gut als Schmirgelblock.

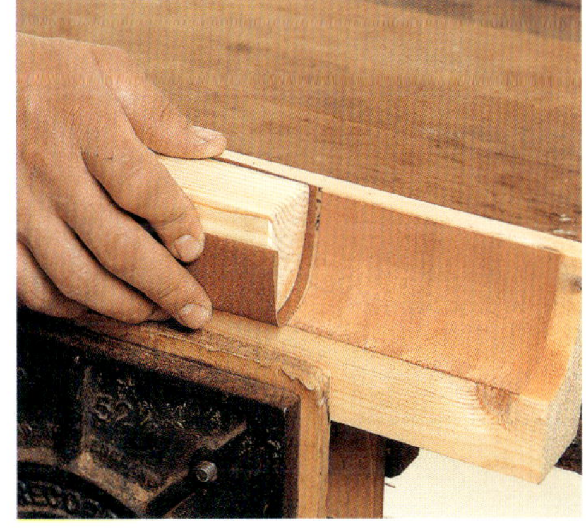

Bandintarsien ersetzen

Dekorative Furnierintarsien am Rand von Tischen, Kommoden oder Schränken werden auch als Querfurnierbänder bezeichnet. Sie bestehen meist aus demselben Furnier wie das Möbelstück, sind aber quer zur Maserung geschnitten, damit sie sich von der großen Furnierfläche absetzen. Ihre Randposition macht sie für kleinere Schäden anfälliger, so dass sie oft als erste Furnierstücke absplittern. An diesem Tisch fehlen Teile der Bandeinlage.

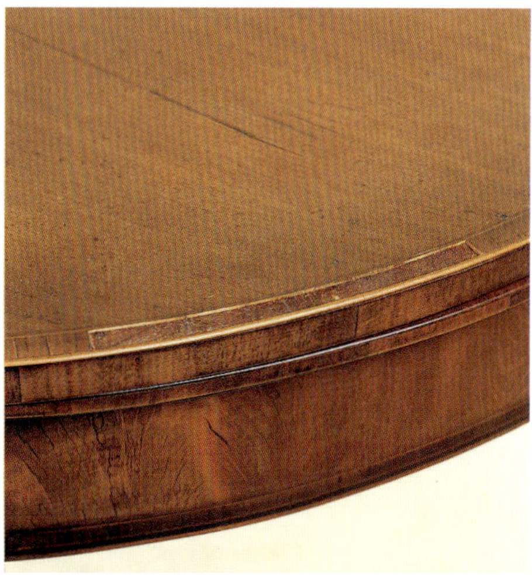

Material und Werkzeug

- Furnier
- Teppichmesser
- Stechzirkel
- PVA-Leim
- Zulagen
- kleine Schraubzwingen
- Stecheisen
- feines Schleifpapier
- Spiritusbeize
- Baumwolllappen
- Polierballen
- Politur

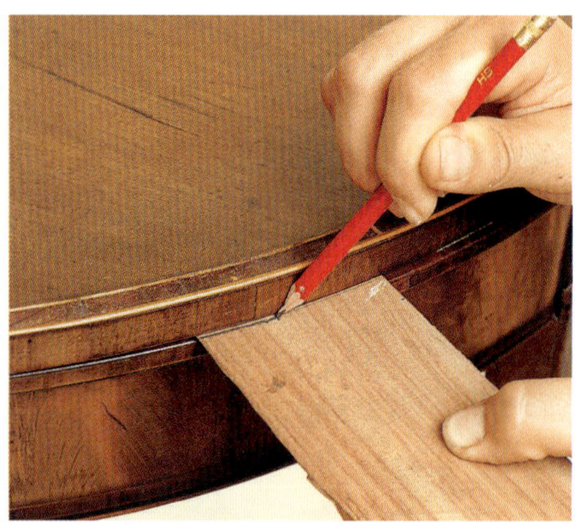

1 Schneiden Sie den ausgewählten Furnierstreifen mit dem Teppichmesser in etwa 10 cm lange Abschnitte. Ist die Tischplatte rund, legen Sie ein Stück Furnier um die Kante, oder wie hier um den unteren Rand, und zeichnen Sie die Kontur des Randes nach.

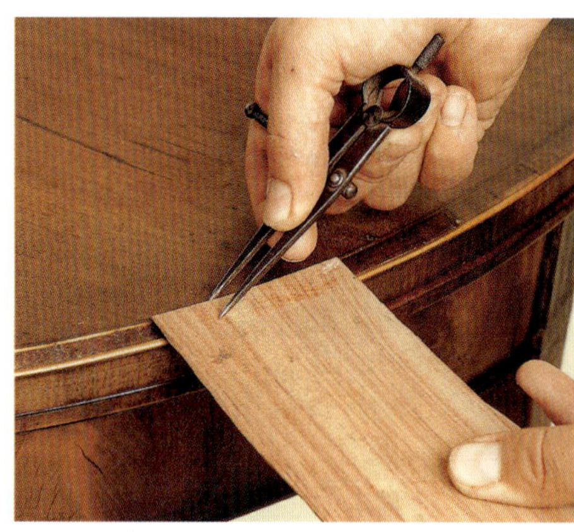

2 Markieren Sie die Breite des fehlenden Furniers mit dem Stechzirkel auf dem Streifen. Achten Sie darauf, quer und nicht längs der Maserung zu markieren. Schneiden Sie den Streifen zu.

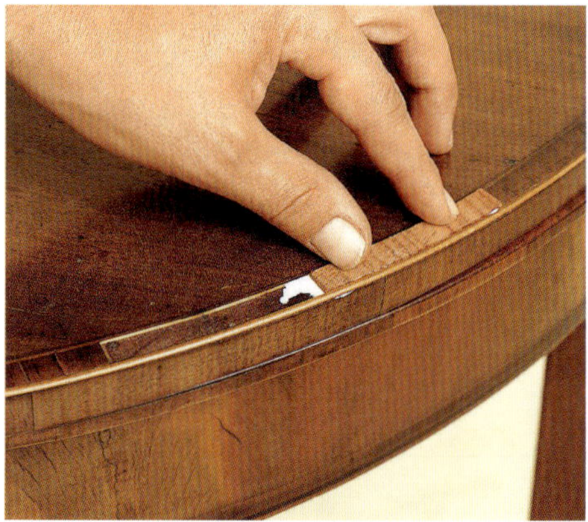

3 Säubern Sie den zu furnierenden Bereich, dann streichen Sie eine dünne Schicht Leim auf, legen den Furnierstreifen darauf und drücken ihn fest. Bringen Sie Zulagen und Zwingen an und lassen Sie alles einige Stunden trocknen.

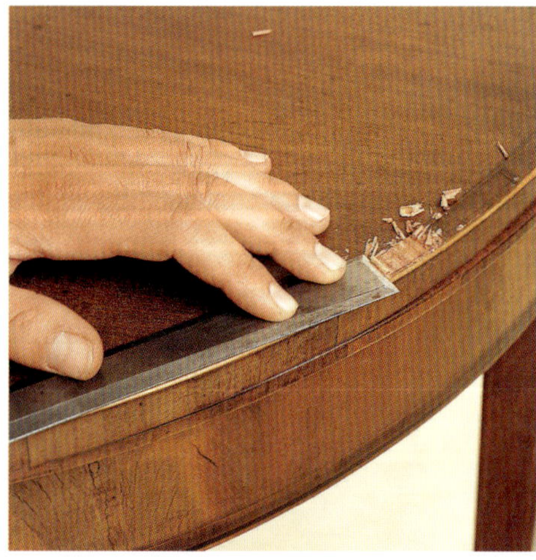

4 Ist der Leim trocken und die Verbindung fest, entfernen Sie Zulagen und Zwingen. Glätten Sie das Furnier vorsichtig mit dem Stecheisen.

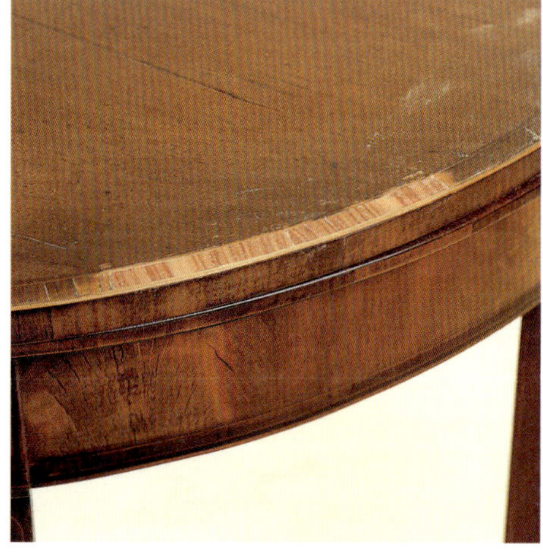

5 Verfahren Sie ebenso mit den restlichen Furnierstreifen, schleifen Sie zum Schluss alles mit feinem Schleifpapier. Die neue Bandeinlage sollte sich nahtlos einfügen.

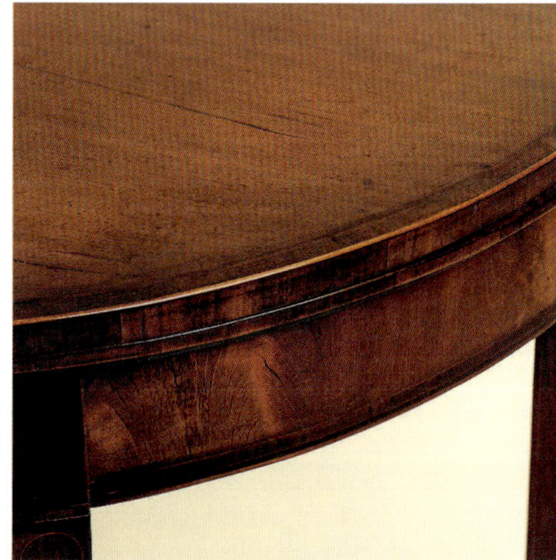

Nachdem die Platte gebeizt und poliert ist, sollte das neue Querfurnierband perfekt zum alten Furnier passen und der Rundung des Tischs folgen.

Adern ersetzen

Sehr schmale, dünne Furnierstreifen, die wie feine Adern wirken und meist aus Buchsbaumholz bestehen, bilden ebenfalls dekorative Bandintarsien. Sie laufen oft parallel zu Querfurnierbändern und sind für Beschädigungen gleichermaßen anfällig – wie bei diesem Tisch, bei dem die Aderung teilweise fehlt. Bei dieser Restaurierung müssen die Streifen eingeweicht und feucht verarbeitet werden, damit sie sich geschmeidig um die runde Kante legen.

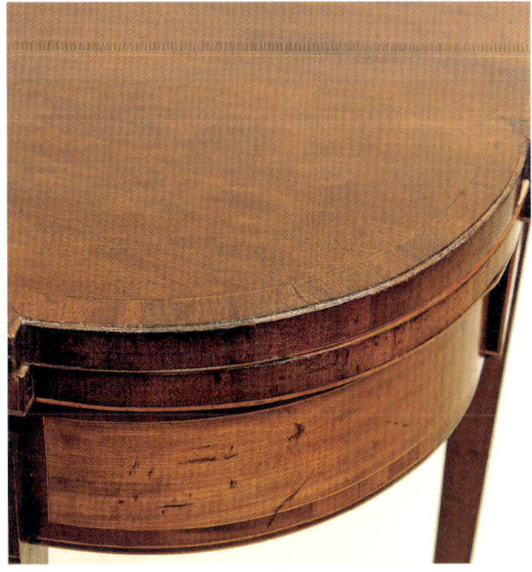

MATERIAL UND WERKZEUG

- Teppichmesser
- Buchsbaumader
- PVA-Leim
- Abdeckband
- Stecheisen
- feines Schleifpapier
- Spiritusbeize
- Baumwolllappen
- Polierballen
- Politur

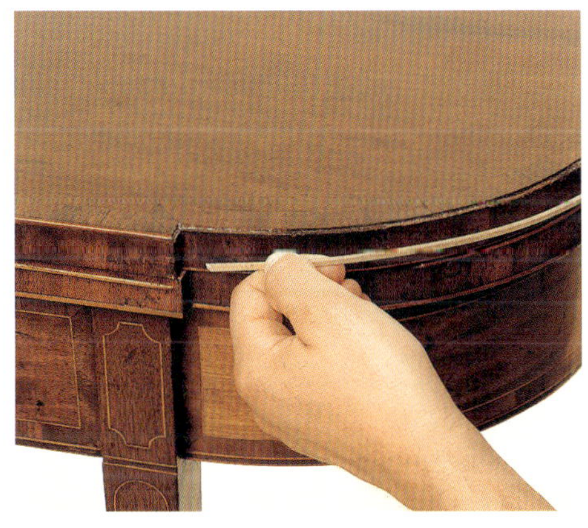

1 Schneiden Sie mit dem Teppichmesser einen in Farbe und Größe passenden Furnierstreifen zu. Weichen Sie den Streifen in warmem Wasser ein, damit er biegsam wird.

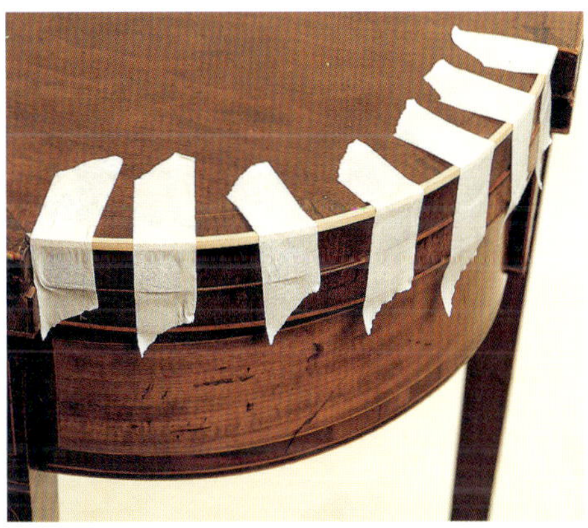

2 Die noch feuchten Furnierstreifen werden um die Tischkante geleimt und dann mit Abdeckband fixiert, bis sie trocken sind.

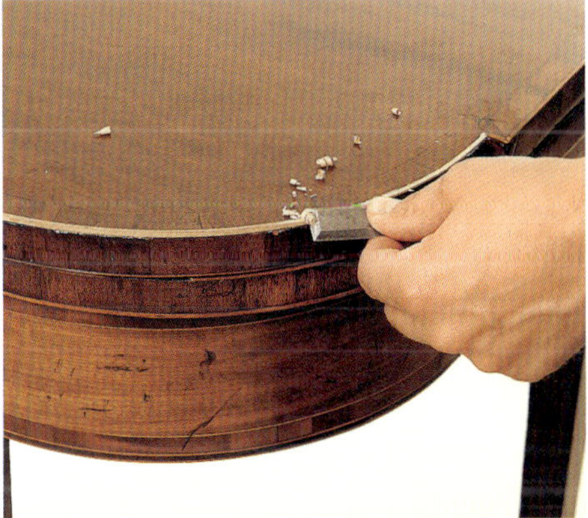

3 Nach dem Trocknen gleichen Sie Oberfläche und Kanten mit dem Stecheisen aus. Arbeiten Sie vorsichtig, um das Furnier der Tischplatte nicht zu beschädigen.

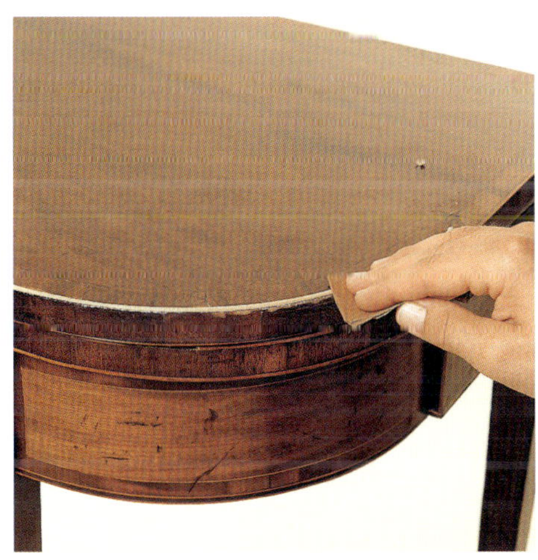

4 Glätten Sie die Streifen mit feinem Schleifpapier, bis die Kanten stumpf und das Furnier gleichmäßig eben ist.

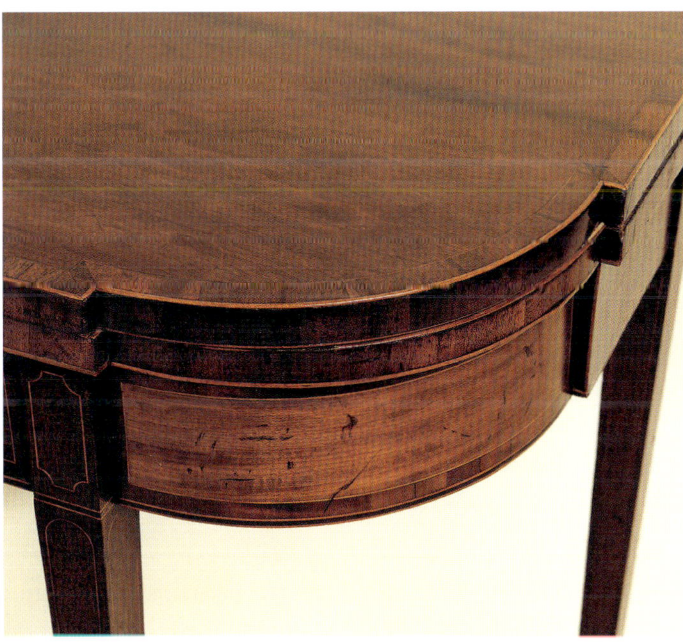

Nach dem Beizen und Polieren (s. S. 69 und 66–67) unterscheiden sich die neuen Furnierstreifen nicht mehr von den alten.

Marketerie reparieren

Furniere mit Intarsien – Blumen, Blätter oder andere Motive aus der Natur – werden als Marketerie bezeichnet. Dieser Tisch entstand um 1740 in den Niederlanden. Das massive eichene Trägerholz ist mit Nussbaum furniert und mit Marketeriepaneelen aus Buchs, Sykomore und Nussbaum verziert. Das Stück zeigt eine schöne Farbe und Patina, aber der Korpus hat sich verzogen und die Marketerie ist infolgedessen beschädigt. Bei eingehender Prüfung wurde deutlich, dass frühere Verluste an Furnier und Marketerie bereits mit farbigem Füllmaterial kaschiert wurden.

Material und Werkzeug

- feine Stahlwolle
- kleines Stecheisen
- Pauspapier
- Furnier
- Stichsäge
- PVA-Leim
- Abdeckband
- feiner Pinsel
- Spiritusbeize
- Polierballen
- Politur

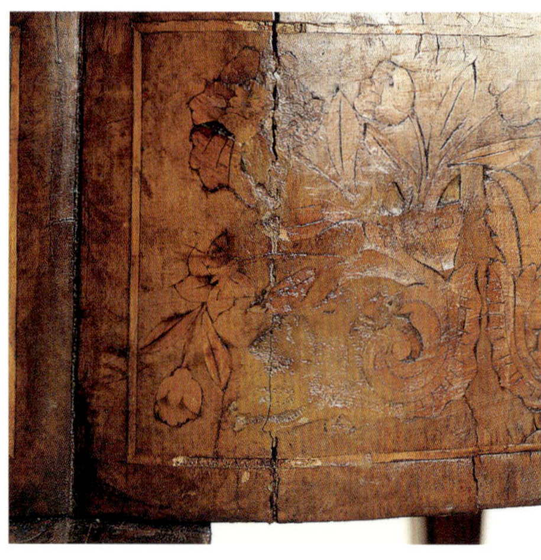

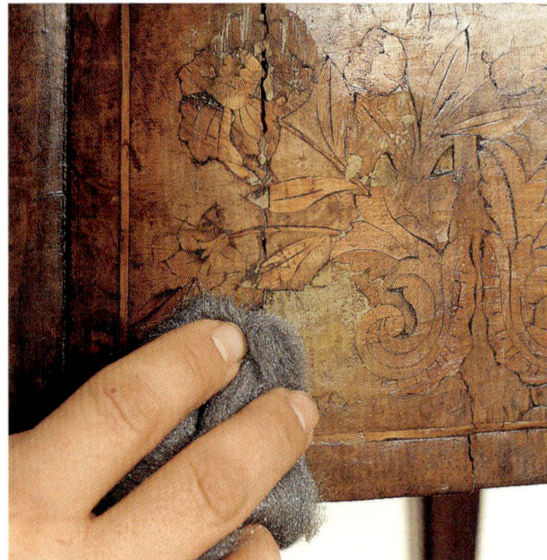

1 Legen Sie zuerst die früher restaurierten Teile frei, indem Sie in diesem Bereich die Oberflächenfarbe mit feiner Stahlwolle abschleifen.

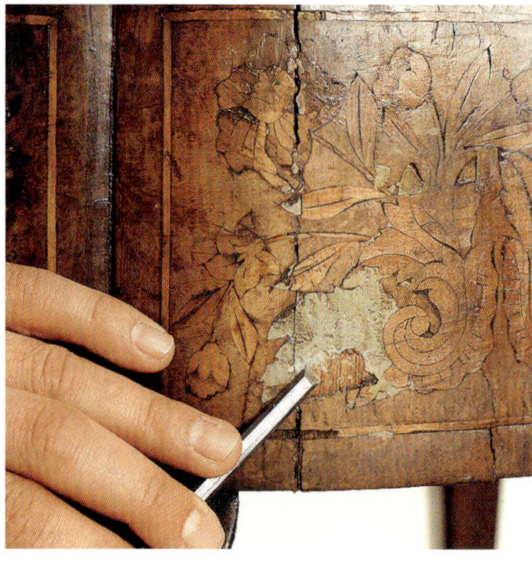

2 Nun erkennt man, wo Teile der Marketerie fehlen. Entfernen Sie das alte Füllmaterial mit einem kleinen Stecheisen, ohne das Trägerholz zu beschädigen.

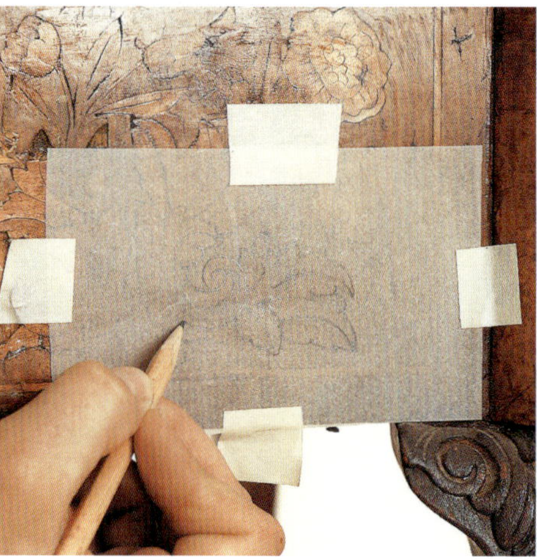

3 Kopieren Sie Stil und Formen der fehlenden Marketerie, indem Sie sich an entsprechenden Mustern im unbeschädigten Teil orientieren. Pausen Sie sie sorgfältig ab.

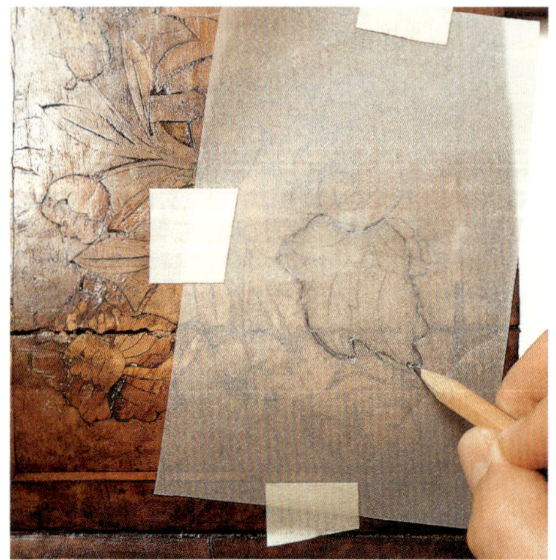

4 Legen Sie das Pauspapier auf den zu ergänzenden Bereich und passen Sie die kopierten Muster genau ein, um sie dann exakt aussägen zu können.

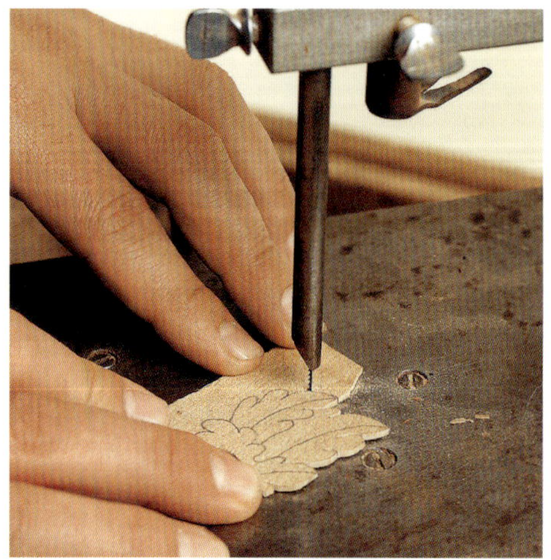

5 Schneiden Sie das Furnier mit der Säge ganz genau zu. Jedes ausgesägte Teil wird sofort aufgeleimt und mit Abdeckband fixiert, bis alles trocken ist.

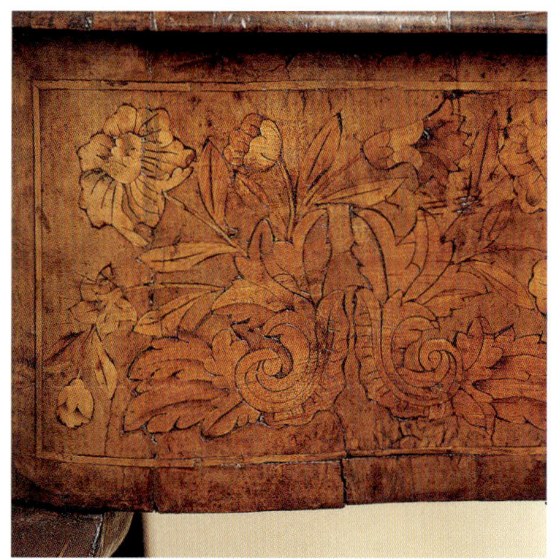

Nach dem Einsetzen der fehlenden Furnierteile muss die Fläche gebeizt und poliert werden (s. S. 69 und 66–67). Der Tisch sollte dann so aussehen wie zum Zeitpunkt seiner Entstehung.

Parketterie reparieren

Furnierintarsien aus geometrischen Formen wie Rauten und Quadraten werden als Parketterie bezeichnet. Ihre oft dreidimensionale Wirkung beruht auf verschiedenfarbigem und unterschiedlich gemasertem Furnier. Einige Teile der Parketterie an diesem Schrank waren abgenutzt und mussten erneuert werden.

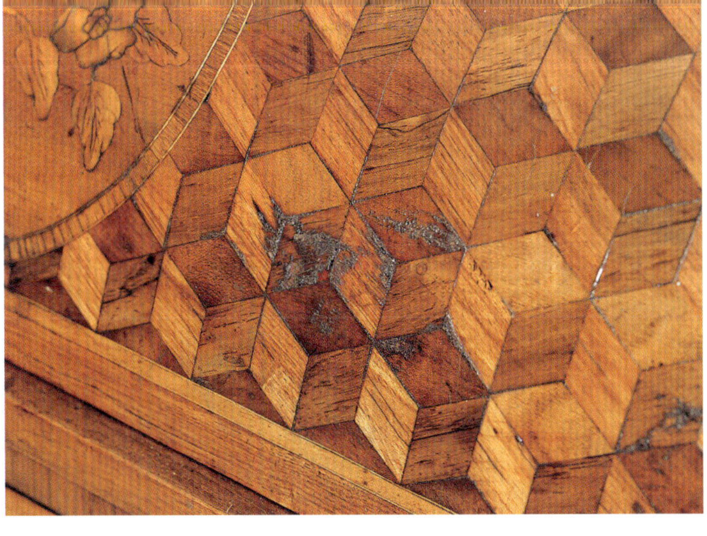

Material und Werkzeug

- Furnier
- Schmiege
- Teppichmesser
- kleines Stecheisen
- PVA-Leim
- Abdeckband
- kleine Klinge
- Spiritusbeize
- Baumwolllappen
- Polierballen
- Politur

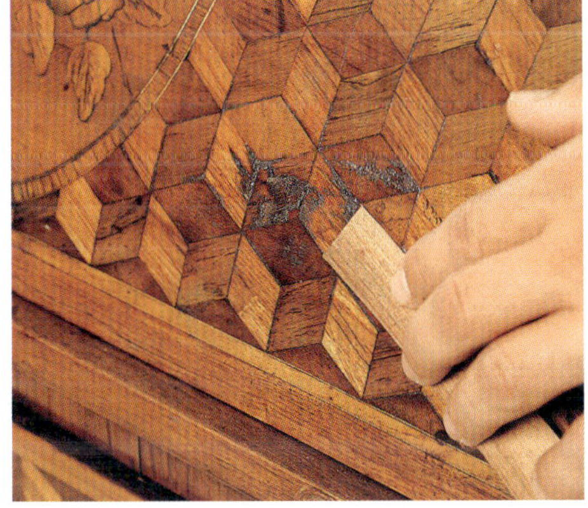

1 Wählen Sie ein Ersatzfurnier mit ähnlicher Maserung, das sich durch Polieren der Farbe des vorhandenen Furniers anpassen lässt.

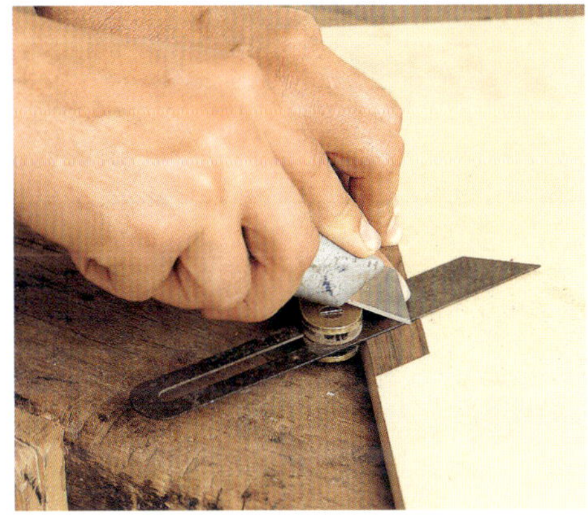

2 Schneiden Sie das Furnier mit Teppichmesser und Schmiege auf die erforderliche Größe, um sicherzugehen, dass die Winkel stimmen und das Teil sich genau einfügt.

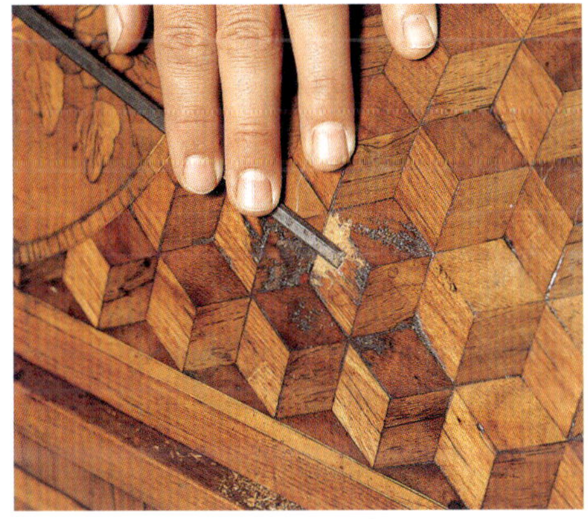

3 Entfernen Sie das beschädigte Furnier mit einem kleinen Stecheisen. Achten Sie darauf, die Teile komplett von der beschädigten Stelle zu entfernen und das angrenzende Furnier nicht zu beschädigen.

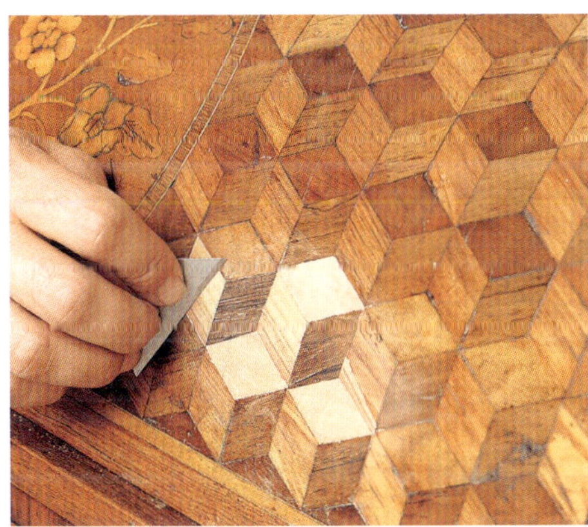

4 Leimen Sie die neuen Teile mit PVA-Leim auf und fixieren Sie sie mit Abdeckband. Wenn der Leim getrocknet ist, gehen Sie mit der Klinge über die neu eingelegten Teile, bis sie mit den anderen plan sind.

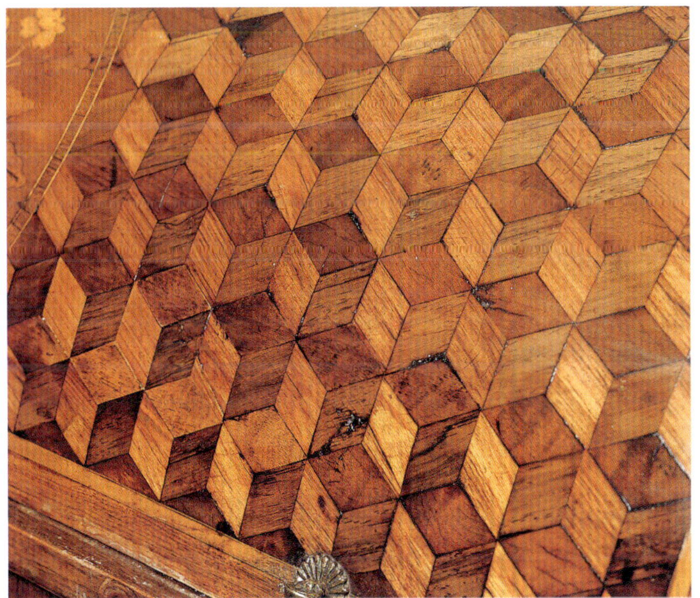

Auf die sorgfältige Auswahl des Furniers folgt das fachmännische Beizen und Polieren (s. S. 69 und 66–67). Es gewährleistet, dass die restaurierten Bereiche in Maserung und Patina zur Original-Parketterie passen.

PROJEKT: PALISANDER-KAMINSCHIRME

Kaminschirme kamen zu Beginn des 18. Jahrhunderts in Mode. Sie sollten den zarten Teint der Damen vor der Hitze des Feuers schützen. Mit Einführung der Kohlenheizung im späten 19. Jahrhundert wurde ihre Produktion eingestellt. Als interessante Dekorationsobjekte sind sie heute sehr gefragt und wert, restauriert zu werden, zumal sie alle erdenklichen Beschädigungen aufweisen können.

DIE ARBEIT PLANEN

Furnier und Holz dieses Palisander-Kaminschirms aus der Zeit Williams IV. sind an mehreren Stellen beschädigt und müssen repariert oder ersetzt werden. Vor allem müssen die beiden fehlenden Rahmen neu gebaut werden. Recherchen über Kaminschirme ergaben, dass sie oval gewesen sein müssen. Der Besitzer wählte dafür ein passendes Material.

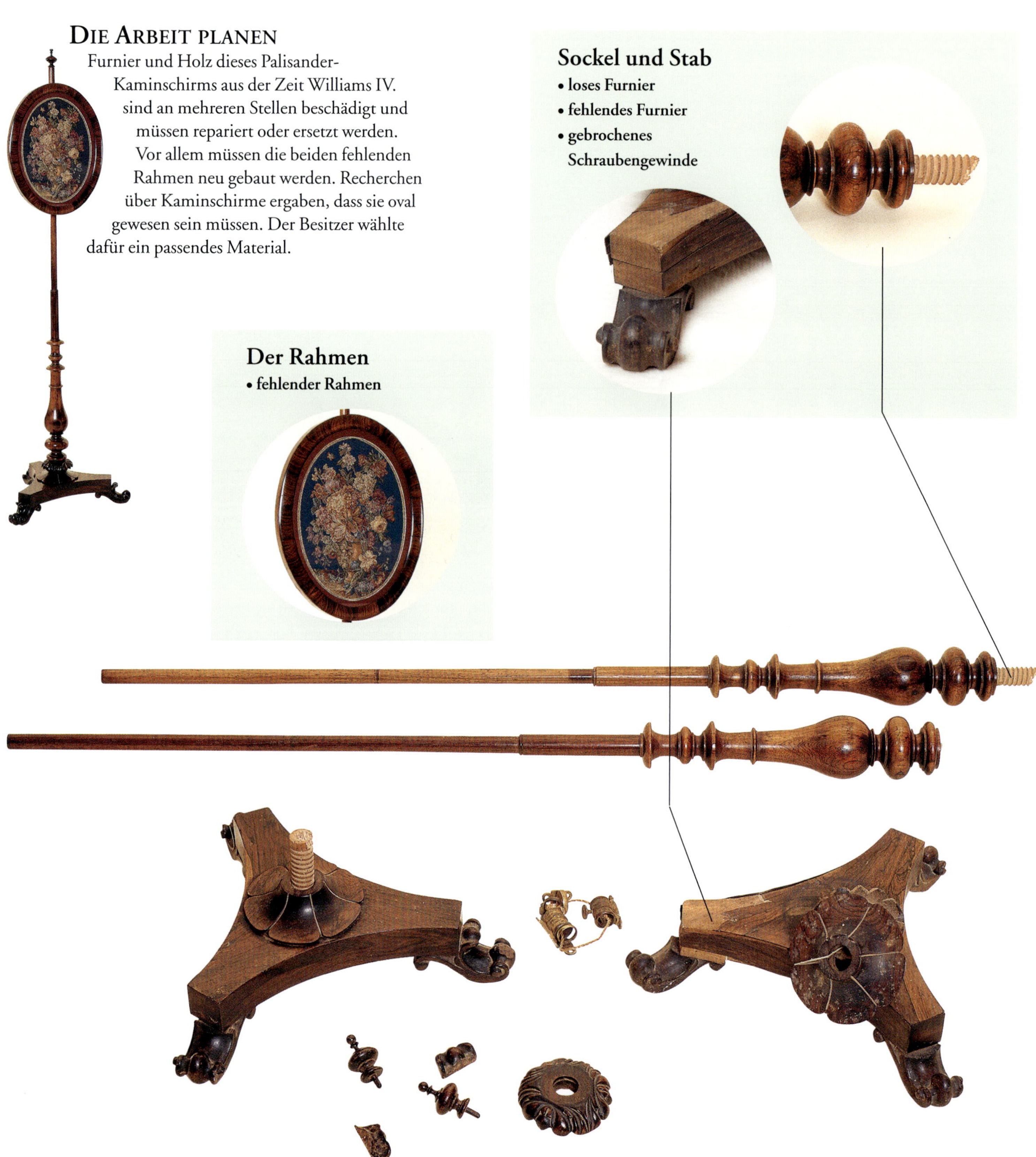

Sockel und Stab reparieren

Der Leim, der Furnier und Trägerholz verbindet, hat durch Wasserdampf gelitten, dadurch hat sich das Furnier gelöst und ist an einigen Stellen sogar abgesplittert. Auch der Leim, der Sockel, Stab und die oberen Teile zusammengehalten hatte, ist brüchig geworden. Während einige der vorhandenen Teile einfach wieder aufgeleimt werden konnten, müssen fehlende Teile nachgeschnitzt werden. Die Stange war durch Holzschrauben mit dem Sockel verbunden, von denen eine abgebrochen ist und ersetzt werden muss.

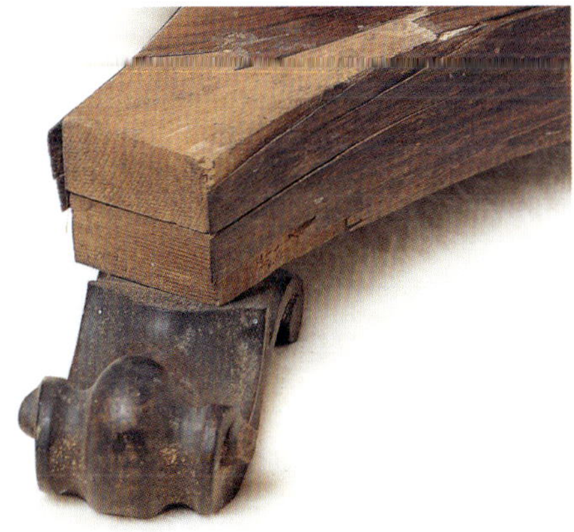

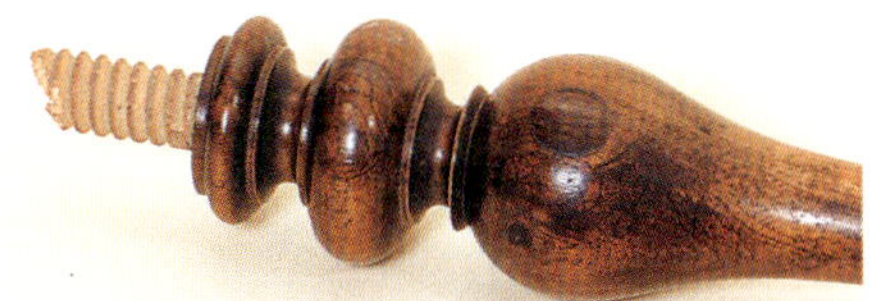

Material und Werkzeug

- PVA-Leim
- Parallelzwinge
- Messer mit flacher, breiter Klinge
- Messingstifte
- Hammer
- Zange
- Nadelholz (Weichholz)
- Bandsäge
- Simshobel
- Schraubzwinge
- Kneifzange
- Teppichmesser
- Stecheisen
- Abdeckband
- Bügelschraubzwingen

Furnier sichern und ersetzen

Loses Furnier zu sichern ist nicht so kompliziert, es zu ersetzen ist wesentlich schwieriger – vor allem, weil man ein passendes Stück finden muss. Um ein Furnier an einem geschwungenen Möbelteil zu ersetzen, muss ein entsprechendes Gegenstück aus Nadelholz geschnitten und modelliert werden, ähnlich einer Formzulage (s. S. 81). Dieses Teil wird auch als Klischee bezeichnet.

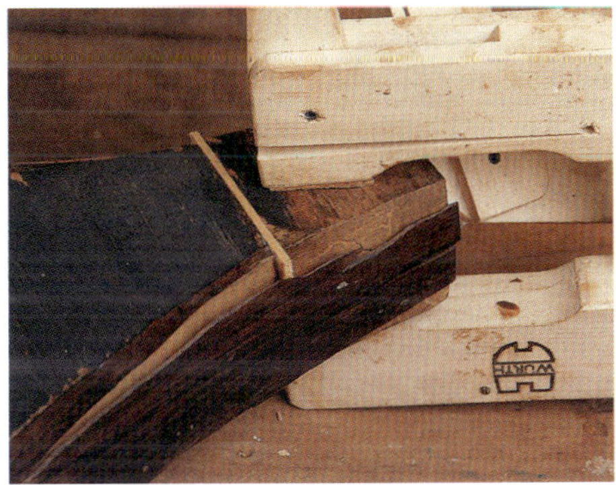

1 Legen Sie das Sockelteil auf eine Werkbank. Drücken Sie PVA-Leim in alle größeren Risse und abgesplitterten Stellen im Holz. Bringen Sie Schraubzwingen an und lassen Sie das Teil trocknen.

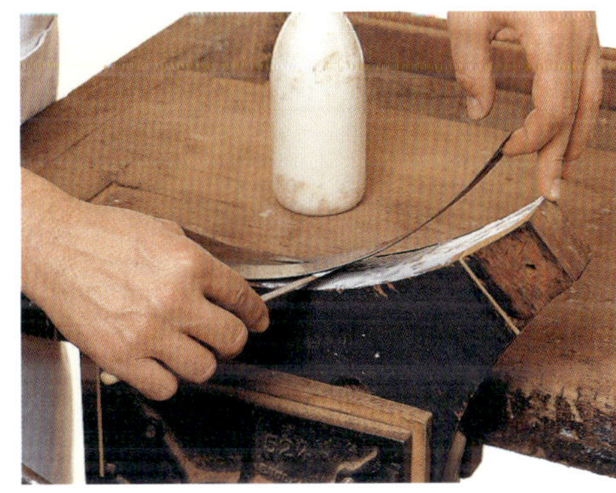

2 Befestigen Sie loses Furnier, indem Sie es zunächst vorsichtig hochheben. Dann wird Leim mit dem Messer auf das Trägerholz gestrichen.

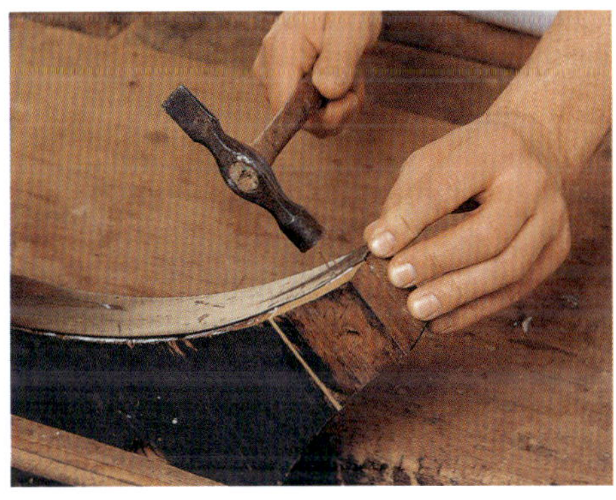

3 Hämmern Sie zwei oder drei kleine Messingstifte ein, damit das Furnier fest sitzt. Zwicken Sie überstehende Furnierstücke ab, aber lassen Sie dabei etwas stehen, um es später mit der Kneifzange zu entfernen.

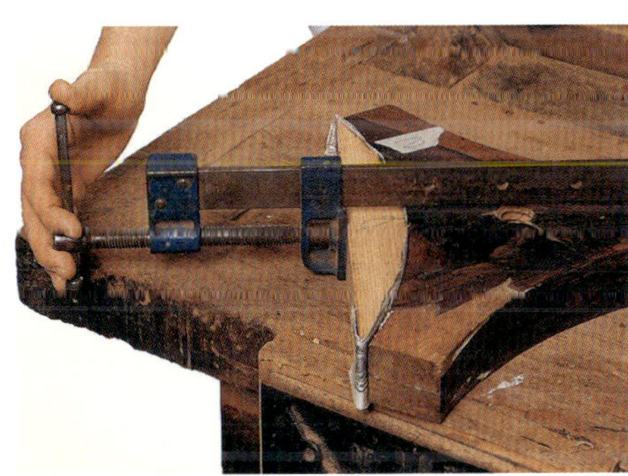

4 Bereiten Sie ein Klischee vor, das sich der Rundung genau anpasst. Legen Sie ein Stück Zeitung zwischen Klischee und Furnier. Mit einer Zwinge sichern, trocknen lassen. Entfernen Sie dann Klischee und Zwinge und ziehen Sie die Stifte mit der Zange heraus.

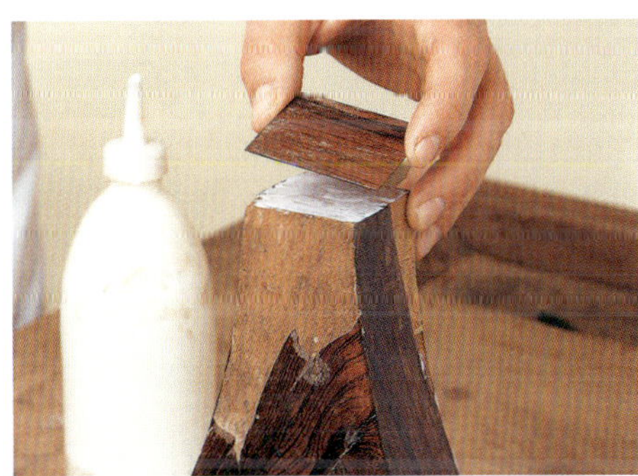

5 Ersetzen Sie zuerst die fehlenden Enden des Furniers. Schneiden Sie das Furnier mit dem Teppichmesser zu und bestreichen Sie das Trägerholz mit Leim. Legen Sie das Furnier auf den Leim, sichern Sie alles mit der Zwinge und dem Klischee und lassen es trocknen.

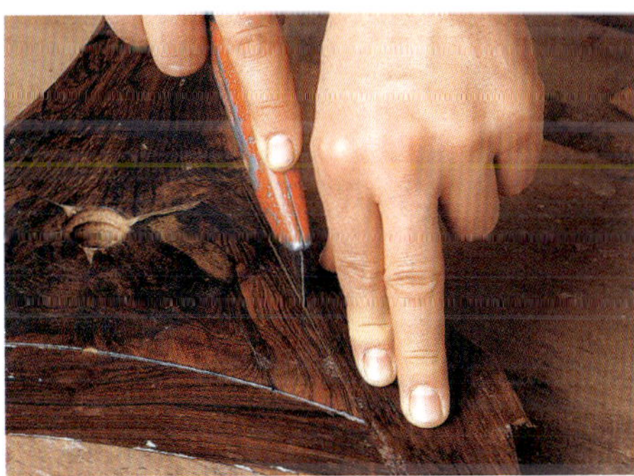

6 Legen Sie das Ersatzfurnier für die Oberfläche des Sockels über die schadhafte Stelle. Markieren Sie mit dem Teppichmesser, wie viel von dem alten Furnier entfernt werden muss, um das neue Stück an einer geraden Kante einzupassen.

▷

Furnier sichern und ersetzen ... Fortsetzung

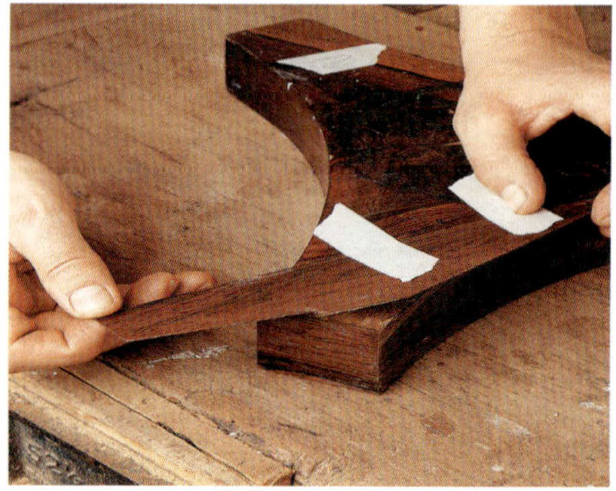

7 Entfernen Sie den gesplitterten Rand des alten Furniers, indem Sie ein scharfes Stecheisen zwischen Furnier und Trägerholz schieben. Fixieren Sie das neue Furnier mit Abdeckband und drehen Sie den Sockel um.

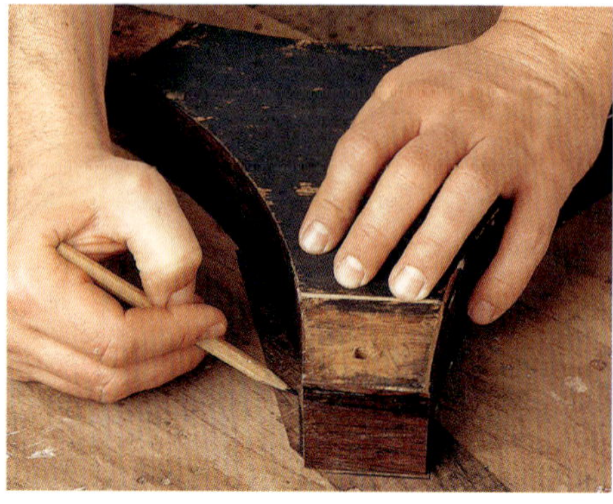

8 Markieren Sie die Form der konkaven Basis mit dem Bleistift auf dem Furnier. Drehen Sie den Sockel um, nehmen Sie das Furnier ab und schneiden es entlang der Bleistiftlinie mit dem Teppichmesser.

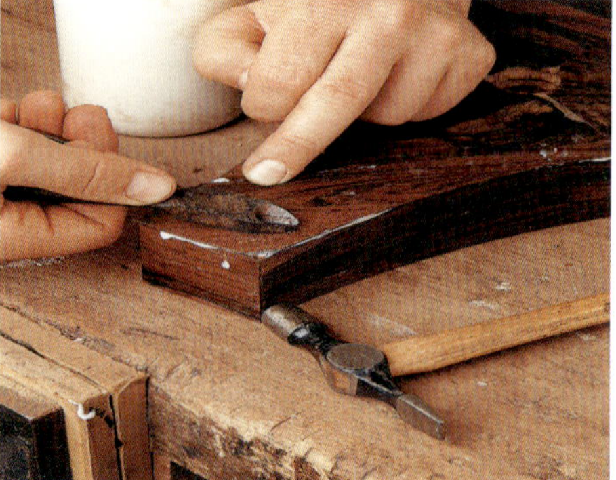

9 Leimen Sie das Furnier auf und sichern Sie es mit zwei oder drei Messingstiften, deren Enden Sie abkneifen. Lassen Sie das Teil in der Zwinge trocknen und entfernen Sie dann Stifte und Zwinge. Ersetzen Sie auf die gleiche Weise weitere fehlende Furnierteile.

Füsse und Stange reparieren

Die geschnitzten Schnecken- oder Knotenfüße bestehen bezeichnenderweise aus zwei Teilen. Der obere Teil ging verloren, nachdem er sich gelöst hatte, und muss somit neu geschnitzt werden. Die Füße bestehen aus Palisander, so dass sich gebeiztes Nussbaumholz als Ersatz anbietet. Für eine feste Verankerung im Sockel benötigt die Stange auch ein neues Schraubengewinde, das mit einem Gewindeschneider aus einem passenden Holzstück angefertigt werden muss.

Material und Werkzeug

- **schön gemasertes Nussbaumholz**
- **PVA- oder Knochenleim**
- **Schnitzwerkzeug**
- **feines Schleifpapier**
- **Schraubendreher**
- **feine Stahlwolle**
- **Politur**
- **feiner Pinsel**
- **Polierballen**
- **gut abgelagertes Buchenholz**
- **großer Hohlmeißel**
- **Greifzirkel**
- **Stecheisen**
- **Gewindeschneider**
- **Baumwolllappen**
- **Wachs**

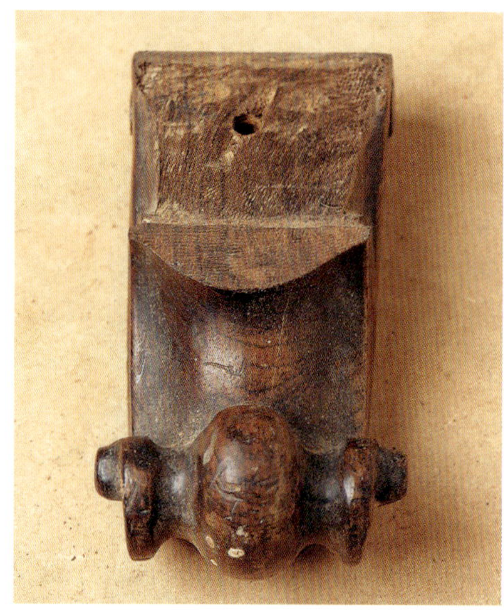

1 Der Fuß besteht aus zwei Teilen: dem Teil, der auf dem Boden aufsteht, und der eingerollten Lasche am oberen Ende, die hier fehlt.

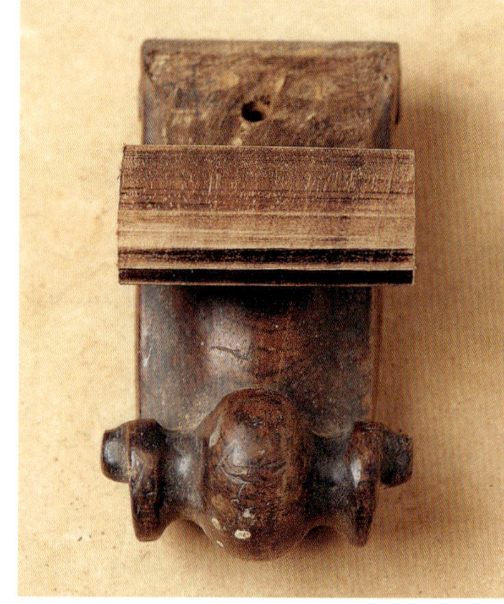

2 Die Schneckenfüße bestehen wie die Stange aus Palisander, das schwer zu beschaffen ist. Deshalb wurde ein Stück schön gemasertes Nussbaumholz gewählt. Leimen Sie das Holzstück auf den beschädigten Fuß.

▷ **3** Skizzieren Sie die Form der fehlenden Lasche und schnitzen Sie eine neue, die denen am Tisch genau entspricht. Glätten Sie die fertige Lasche mit feinem Schleifpapier. Dann schnitzen Sie den zweiten Fuß.

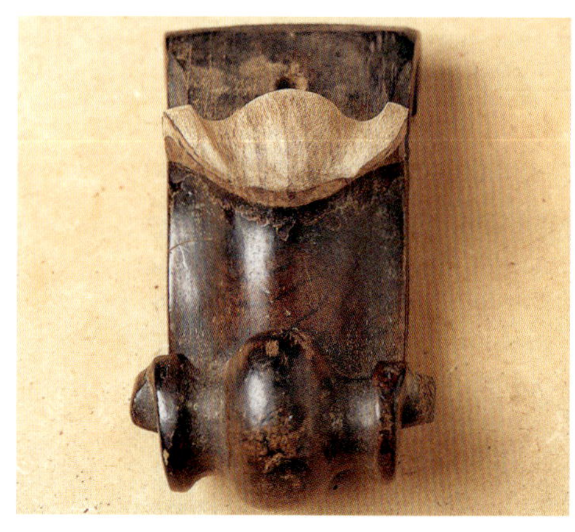

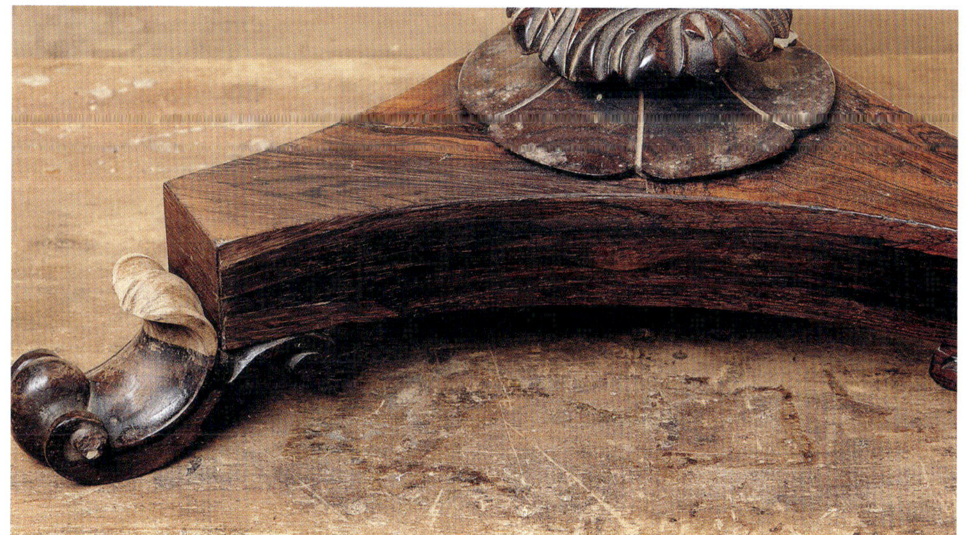

4 Schrauben Sie die reparierten Füße provisorisch an den schon restaurierten Sockel, damit Sie vor dem Verleimen prüfen können, ob alles richtig sitzt.

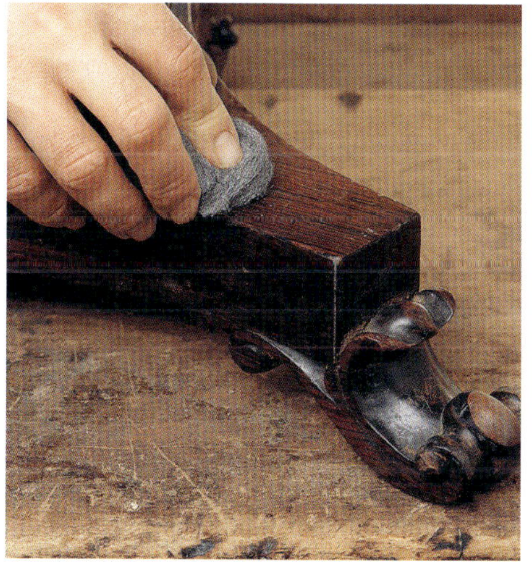

◁ **5** Entfernen Sie vor dem Polieren sämtliche Schmutz- und Wachsrückstände mit feiner Stahlwolle. So verbindet sich die neue Politur besser mit der alten Oberfläche.

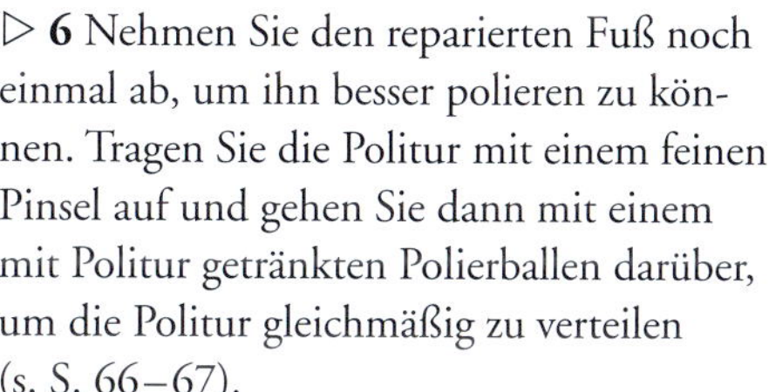

▷ **6** Nehmen Sie den reparierten Fuß noch einmal ab, um ihn besser polieren zu können. Tragen Sie die Politur mit einem feinen Pinsel auf und gehen Sie dann mit einem mit Politur getränkten Polierballen darüber, um die Politur gleichmäßig zu verteilen (s. S. 66–67).

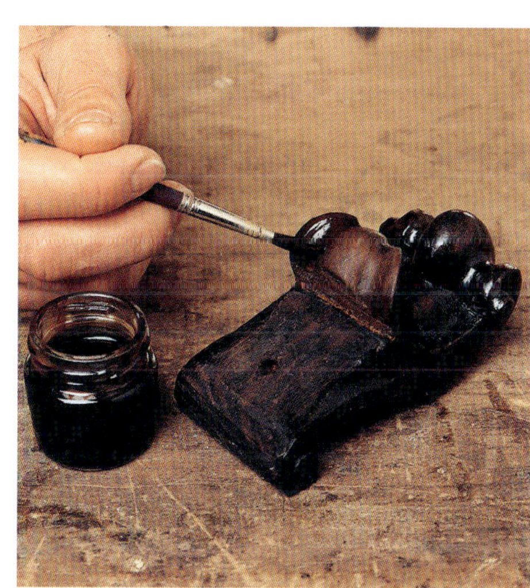

Schraubengewinde

Die Stange war mit einem Schraubengewinde am Sockel befestigt. Da dieses abgebrochen ist, muss ein neues gedreht und mit dem Gewindeschneider (s. S. 25 und unten) geschnitten werden. Hartes Buchenholz eignet sich am besten, da es stark genug ist für die Reparatur und hart genug, um ein stabiles Gewinde zu bilden.

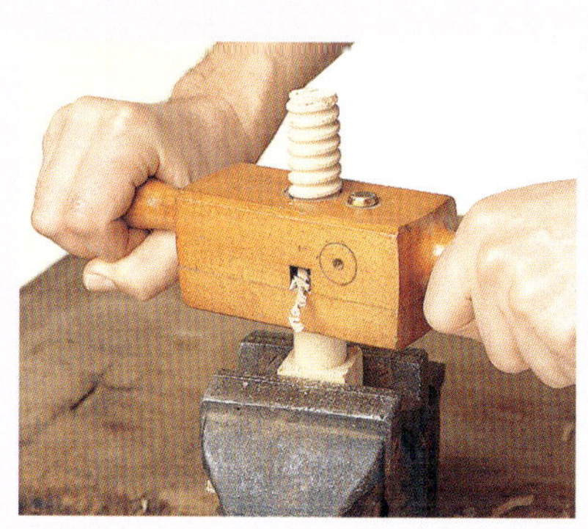

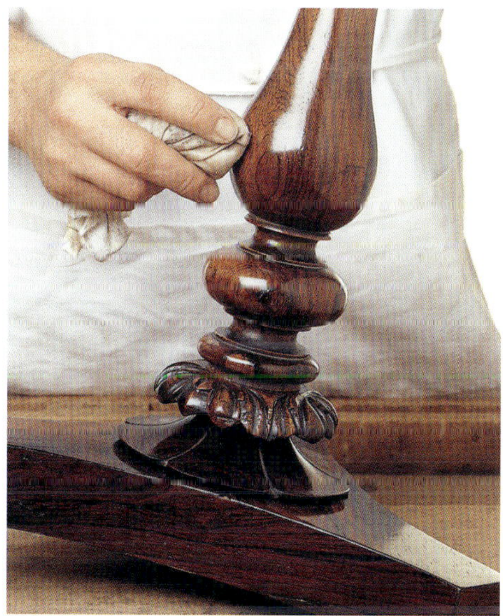

7 Drehen Sie aus gut abgelagerter Buche ein neues Schraubengewinde für die Stange (s. Abb. links) und befestigen Sie die Stange am Sockel. Tränken Sie einen Polierballen mit Politur und bringen Sie eine Politurschicht auf dem Sockel auf. Zum Schluss wird alles gewachst (s. S. 67).

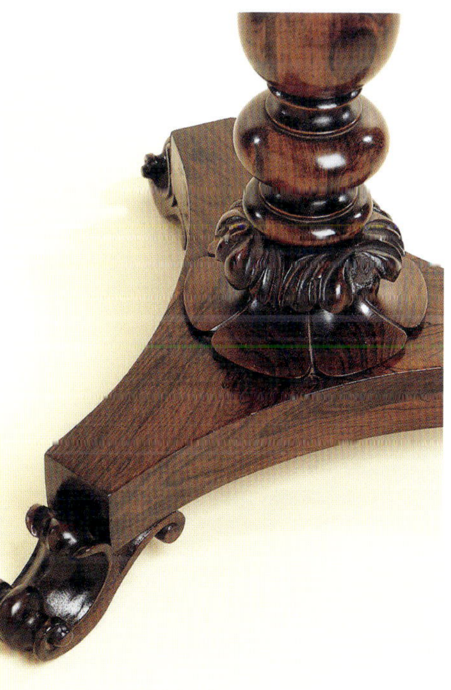

Der restaurierte und polierte Fuß der Stange

▷

Einen Rahmen anfertigen

Der neue ovale Rahmen wird mit Hilfe einer Schablone aus einer MDF-Platte gefertigt. Diese Schablone wird auch für den Rand, der aus Furnierstreifen und quergemasertem Palisander besteht, verwendet. Mit einem passgenau aus einem Stahlband hergestellten Bandspanner werden die verschiedenen dünnen Furnierschichten der Umrandung gesichert. Die profilierte Vorderseite des Rahmens besteht aus massivem Palisander, das, aus mehreren Stücken aufgebaut, sorgfältig zugeschnitten und dann auf dem Rand fixiert wird. Damit sich der Rahmen in Farbe und Patina der Stange anpasst, wurde dasselbe Palisanderfurnier verwendet. Billigeres Nussbaumfurnier wäre eine Alternative für die inneren Teile.

Material und Werkzeug

- Sperrholz
- Stichsäge
- Stoff
- MDF-Platte
- Stahlrichtscheit
- Stechzirkel
- Hammer
- ovale Nägel
- Schnur
- Kneifzange
- Bandsäge
- Stahlband
- Stanze
- Bohrmaschine
- Metallbohrer
- Versenker
- Hartholz-Zulagen
- Schrauben
- Schraubendreher
- Feile
- Zwinge
- Furnier für Trägerholz
- Zahnhobel
- Schneid-Streichmaß
- Teppichmesser
- Hirnholzhobel
- Abdeckband
- großes Brett
- Zeitungspapier
- Bürste/Pinsel
- PVA-Leim
- Holzklötzchen
- Palisander-furnier
- Knochenleim
- Schwamm
- Ziehklinge

Das Rahmengestell bauen

Die profilierte Vorderseite des Rahmens wird am Rahmengestell, das Glas, Stoff und die Rückseite trägt, befestigt. Voraussetzung dafür ist, dass es stabil und gleichmäßig gearbeitet wird. Es entsteht durch schichtweises Verleimen von Furnier um eine Schablone und wird mit Leim und einem eigens hergestellten Bandspanner aufgepresst.

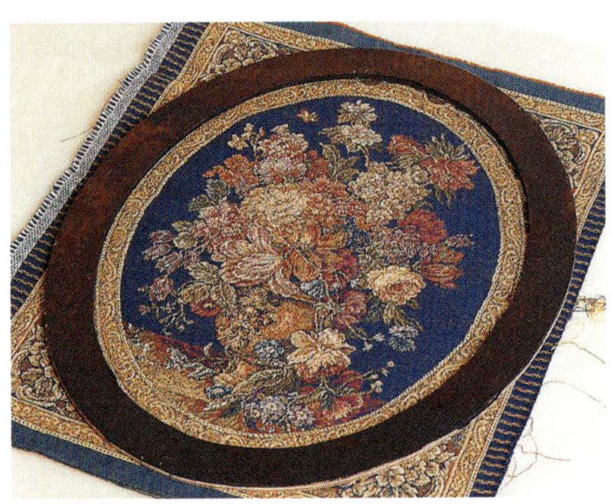

1 Bevor Sie den neuen Rahmen bauen, ermitteln Sie die beiden Durchmesser des Ovals, damit der ausgewählte Stoff später passt. Dann sägen Sie ein Oval aus Sperrholz zu und legen alle Teile probeweise darauf. So vermeiden Sie, dass der Rahmen zu klein ist.

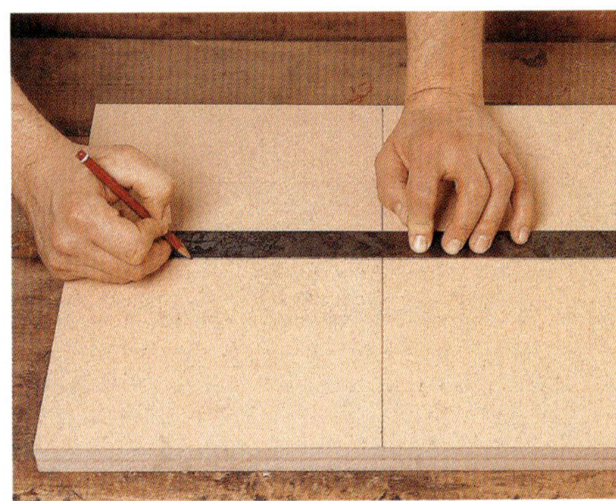

2 Sägen Sie mit der Stichsäge eine MDF-Platte zu, die etwas größer als der Rahmen ist, und legen Sie sie auf die Werkbank. Zeichnen Sie mit dem Stahlrichtscheit zwei orthogonale Geraden, um die Platte in Viertelsegmente zu unterteilen.

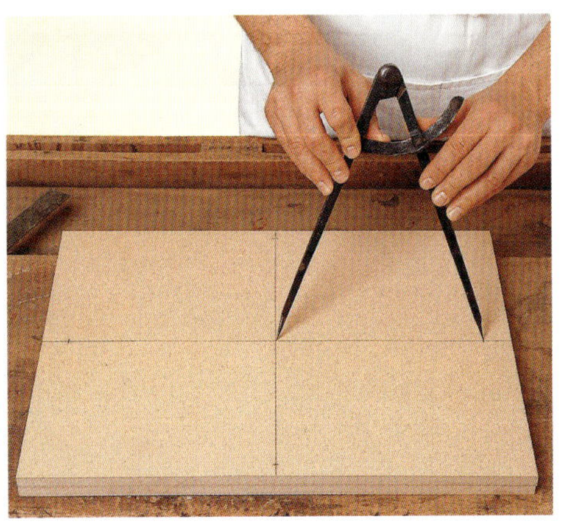

◁ **3** Markieren Sie auf jeder Geraden mit einem Zirkel die Endpunkte, die jeweils dem halben Durchmesser (Halbmesser) von Höhe und Breite entsprechen.

▷ **4** Stechen Sie den Zirkel am Endpunkt des kleinen Halbmessers ein. Beschreiben Sie einen Kreis, der den großen Durchmesser an zwei Punkten (Brennpunkte) schneidet.

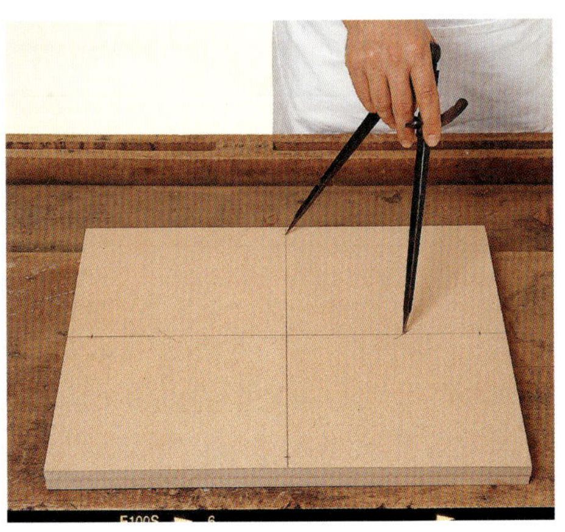

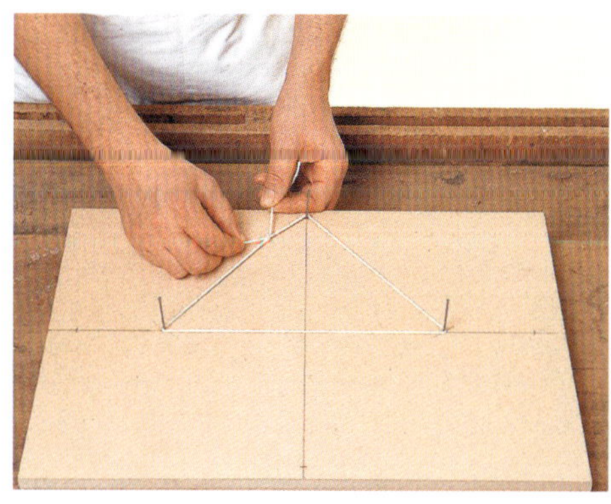

5 Schlagen Sie je einen Nagel in die Brennpunkte und in den Endpunkt des kleinen Halbmessers. Spannen Sie zwischen den Nägeln eine Schnur. Entfernen Sie den Nagel in der Mitte.

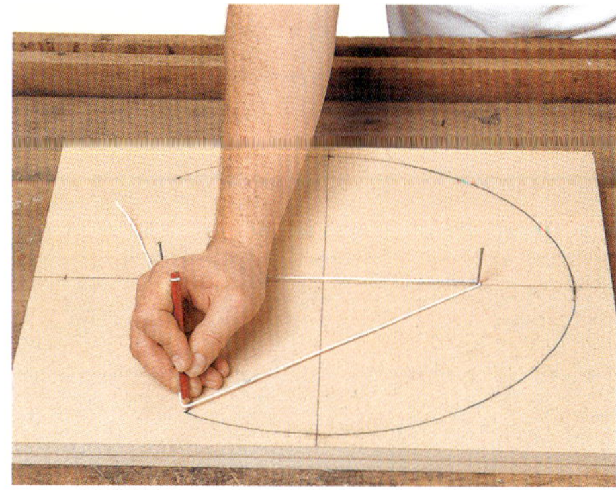

6 Ziehen Sie mit einem spitzen Bleistift entlang der Schnur eine Linie; die Spannung der Schnur darf dabei nicht nachlassen.

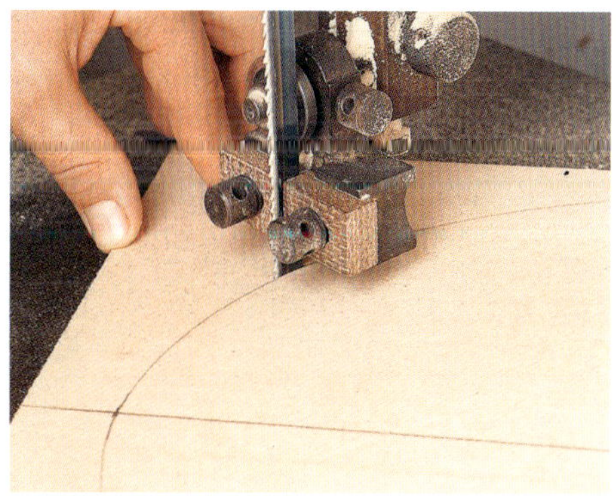

7 Sägen Sie die Form entlang der Linie mit der Bandsäge aus. Das so entstandene Oval entspricht der Größe des Rahmengestells und dient als Schablone für den Rahmen.

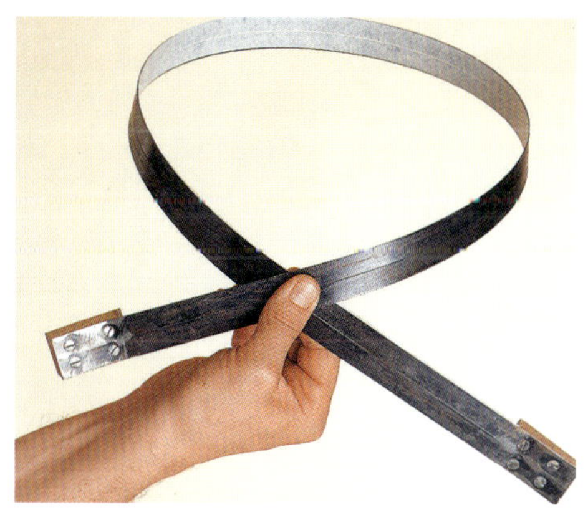

8 Fertigen Sie einen Bandspanner, wie auf S. 21 erklärt. Er muss im Umfang exakt dem jeweiligen Rahmen entsprechen und wird deshalb eigens angefertigt.

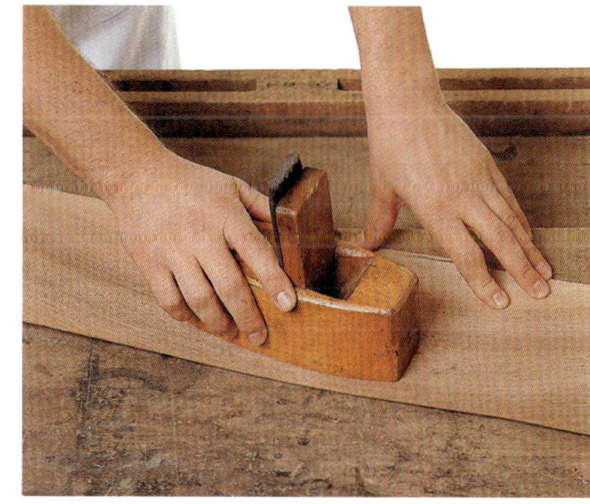

9 Wählen Sie ausreichend Furnierblätter aus dem preiswerteren Furnier für das Trägerholz aus, um fünf oder sechs Lagen um den Rand der Schablone aufzubauen. Legen Sie das Furnier auf die Werkbank und rauen Sie die Oberfläche mit einem Zahnhobel auf.

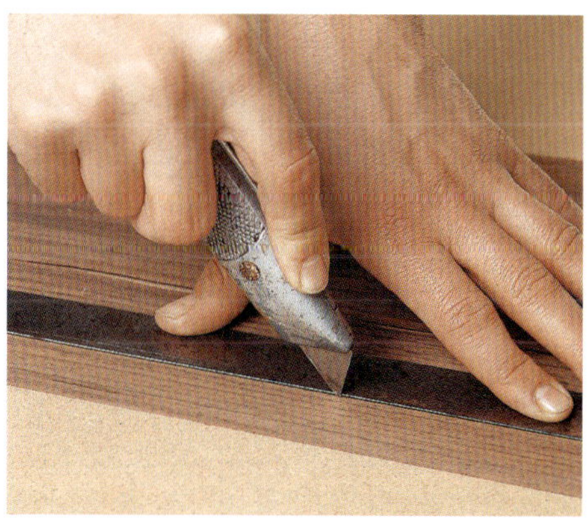

10 Legen Sie das Furnier auf eine ebene Fläche und reißen Sie mit einem Schneid-Streichmaß eine Parallele an, etwas breiter als der Rand der Schablone. Dann schneiden Sie das Furnier mit dem Teppichmesser entlang der Markierung; es sollte etwas länger als der Umfang der Schablone sein.

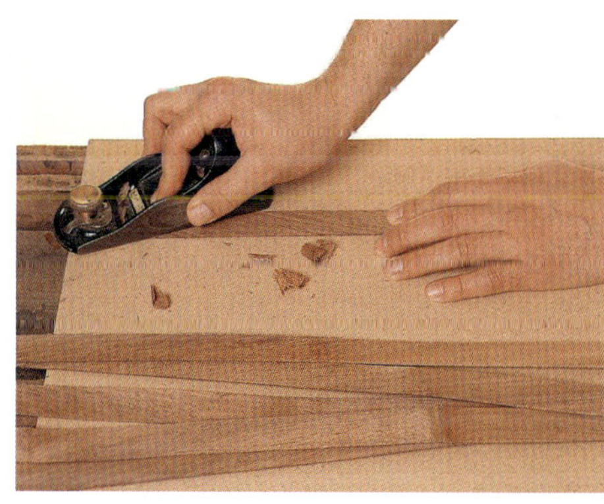

11 Reißen Sie fünf weitere Furnierstreifen an und schneiden Sie sie zu. Schrägen Sie je ein Ende von zwei der Streifen mit einem Hirnholzhobel leicht an. Es handelt sich jeweils um den ersten und letzten Streifen des Aufbaus.

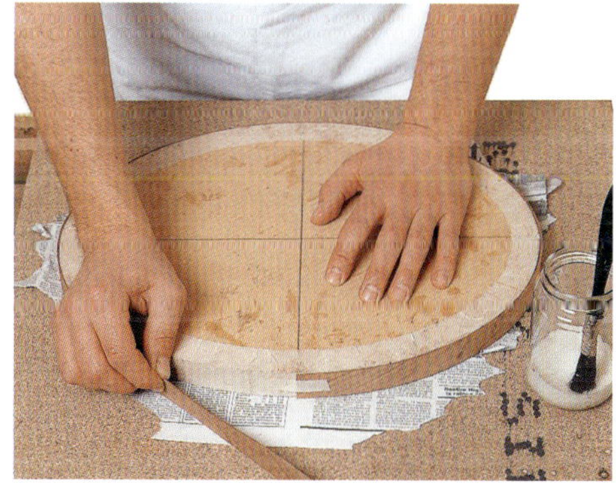

12 Fixieren Sie Abdeckband auf dem Rand der Schablone, die auf ein großes Brett geschraubt wird. Befestigen Sie einen der gehobelten Endstreifen mit Abdeckband an der Schablone und legen Sie ihn dann um den Rand. Markieren Sie, wo das gesicherte Ende überlappt.

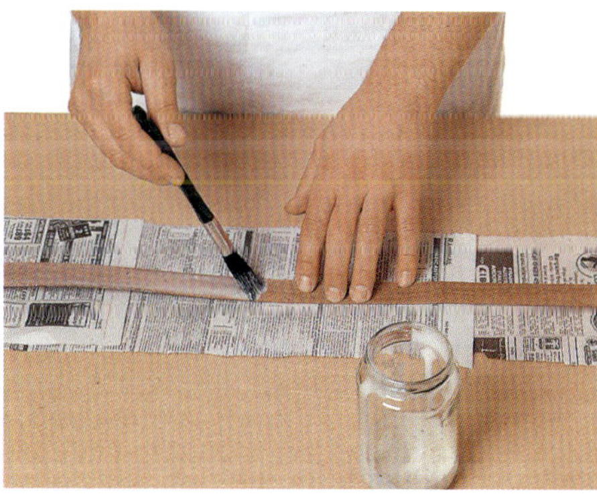

13 Nehmen Sie den Streifen von der Schablone und streichen Sie PVA-Leim auf die Unterseite der eben markierten Stelle. Legen Sie den Furnierstreifen um die Schablone und drücken Sie die einander überlappenden Enden fest an.

▷

Das Rahmengestell bauen … Fortsetzung

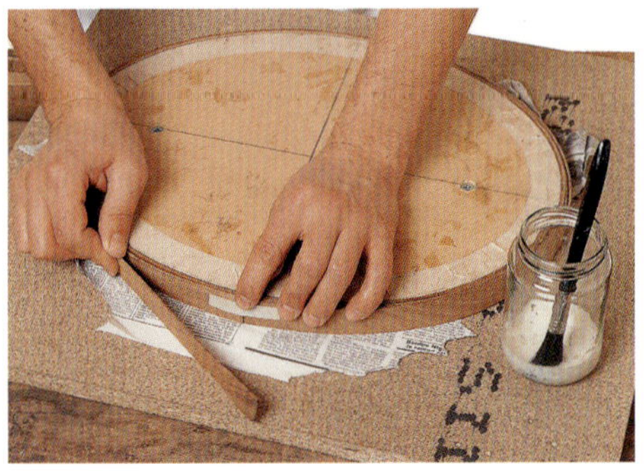

14 Streichen Sie jeweils Leim auf, bevor Sie die nächsten Streifen anbringen und fixieren. Sichern Sie den Übergang vom Ende eines Streifens zum nächsten mit Abdeckband. Schneiden Sie die Enden gerade. Zuletzt wird der vorbereitete Endstreifen aufgeleimt.

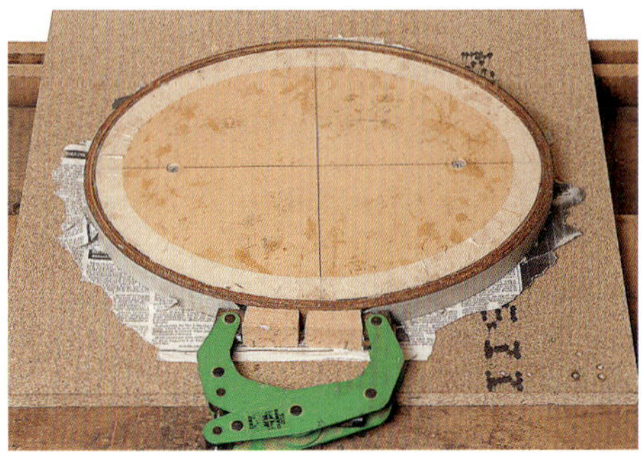

15 Halten Sie alles mit einem Bandspanner und Hartholzzulagen gepresst. Lassen Sie den Rahmen mindestens zwölf Stunden trocknen, bevor Sie den Spanner lösen.

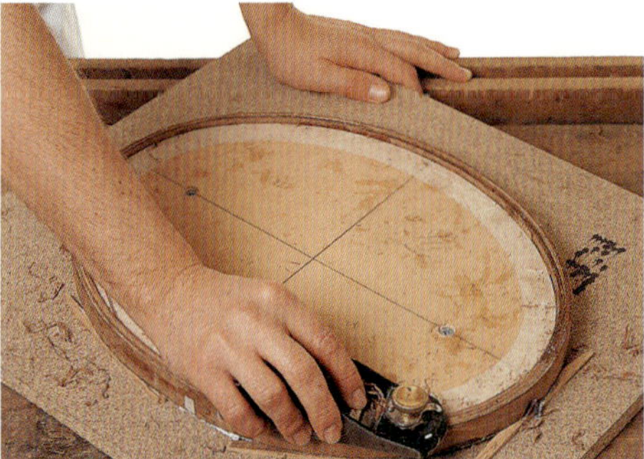

16 Heben Sie den Rahmen durch Unterlegen von kleinen Holzlatten gleicher Höhe leicht über die Ebene der Schablone an. Glätten Sie den Rand auf der Ober- und Unterseite mit einem Hirnholzhobel. Nehmen Sie den Rahmen ab und lösen Sie die Schrauben der Schablone.

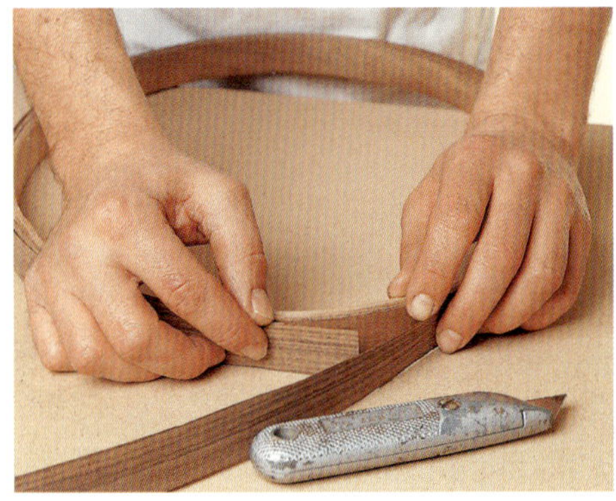

17 Schneiden Sie einen Streifen Palisanderfurnier zu, der der Breite des Rahmens und dem Umfang des Rahmengestells genau entspricht. Schneiden Sie die Enden passend zu. Bestreichen Sie die Innenseite des Streifens mit Knochenleim.

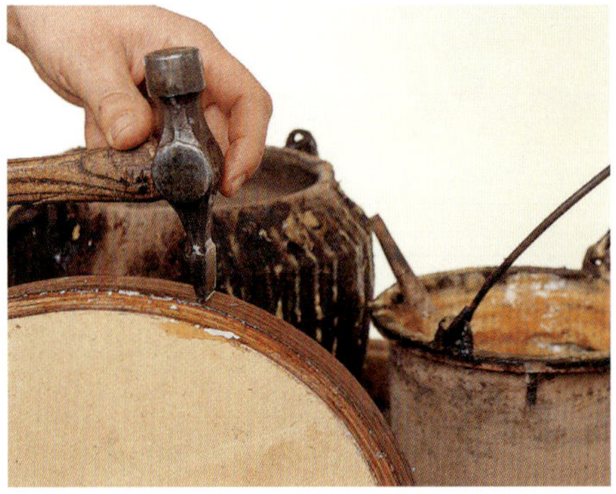

18 Legen Sie den Streifen um den Rand, die Enden sollten auch jetzt genau anschließen. Legen Sie das Rahmengestell wieder um die Schablone und spannen Sie es in einen Schraubstock. Richten Sie das Furnier mit der Breitseite eines in heißes Wasser getauchten Hammers randbündig aus.

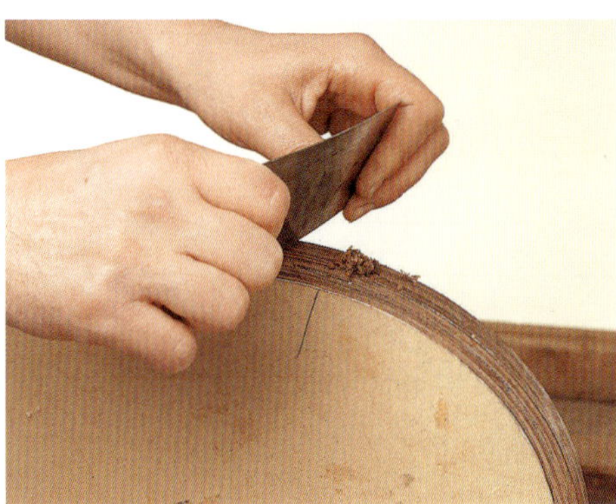

19 Lassen Sie das Furnier im Schraubstock trocknen, dann säubern Sie den äußeren Rand mit der Ziehklinge. Nehmen Sie das Rahmengestell von der Schablone, die noch für die Rahmenleiste benötigt wird.

Modellieren der Profilleiste

Die profilierte Vorderseite des Rahmens wird aus Palisanderholz gefertigt, das gut zum Palisanderfurnier passt. Die Querfurnierbänder müssen dem Rand entsprechend zugeschnitten und dann in Form gehobelt werden.

Material und Werkzeug

- Palisander
- Stechzirkel
- Bandsäge
- Schablone
- Teppichmesser
- Stichsäge
- Abdeckband
- Stecheisen
- PVA-Leim
- Bügelschraubzwingen
- Schabhobel
- Schneid-Streichmaß
- Parallelzwinge
- Bohrer
- feines Schleifpapier
- Korkblock
- Messer mit breiter, flacher Klinge
- Hammer
- Hobelklinge
- Knochenleim
- Lack zum Versiegeln
- Polierballen
- Schellackpolitur
- klares Bienenwachs
- weicher Baumwolllappen
- Glas
- Sperrholz
- farbige Seide
- kleine Schrauben
- Schraubendreher
- Messingklemmen
- laminierte Nussbaumstreifen
- schwarze Wasserbeize
- kleine Stahlstifte (Klemmen)

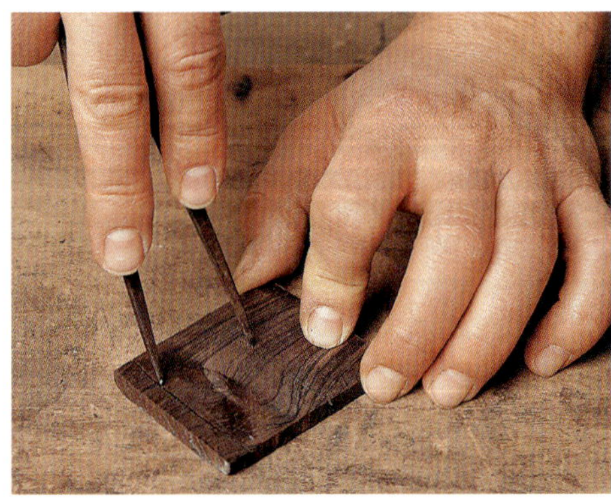

1 Schneiden Sie Palisander in der erforderlichen Stärke in kleine Abschnitte. Markieren Sie mit dem Zirkel die ungefähre Breite des Rahmens und geben Sie für die Rundung etwas zu (s. Schritt 8). Sägen Sie die quergemaserten Palisanderstücke mit der Bandsäge zu.

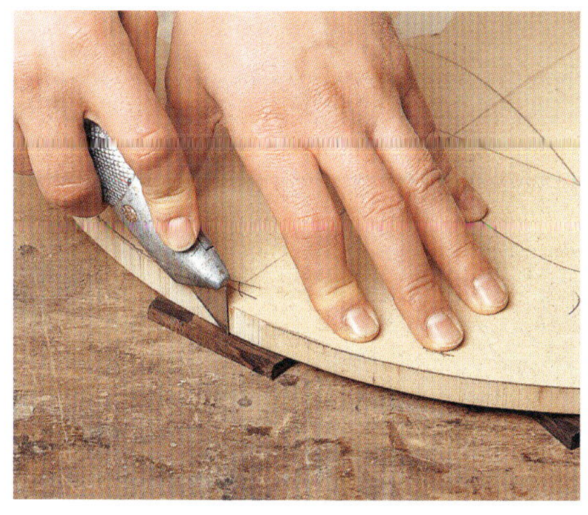

2 Legen Sie die Palisanderstücke unter die Schablone und lassen Sie die Zugabe für die Rundung überstehen. Reißen Sie den Palisander rundum mit dem Teppichmesser an und sägen Sie entlang dieser Linie mit der Bandsäge.

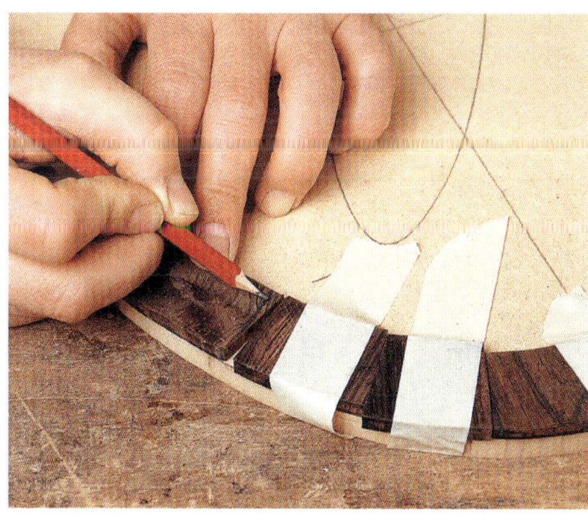

3 Halten Sie nach dem Zusägen jedes Stück an das vorige und markieren Sie die Linie für einen nahtlosen Anschluss mit dem Bleistift.

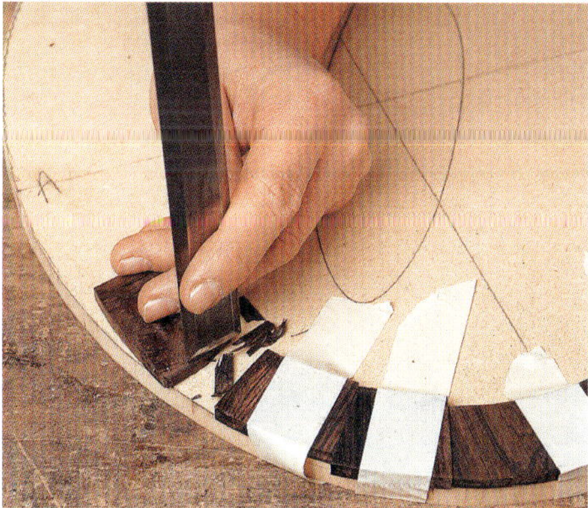

4 Schneiden Sie entlang dieser Bleistiftlinie mit einem scharfen Stecheisen, um zu gewährleisten, dass die Schnittkanten genau aneinanderpassen. Fixieren Sie die einzelnen Stücke jeweils gleich mit Abdeckband. Arbeiten Sie weiter, bis der ganze Rahmen bedeckt ist.

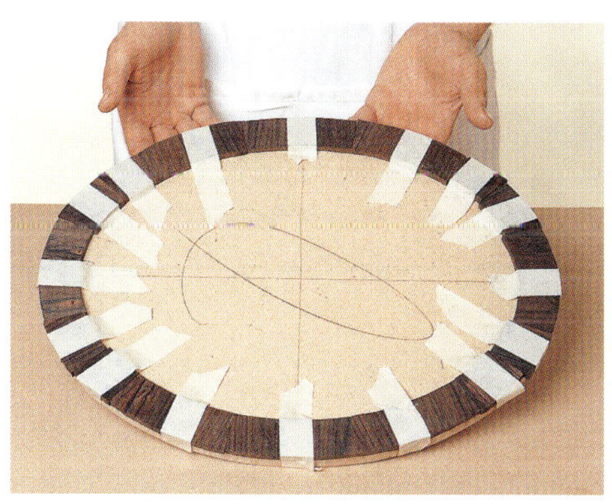

5 Die Rahmenelemente sind nun zum Verleimen vorbereitet. Prüfen Sie nochmals, ob wirklich keine Lücken zwischen den einzelnen Palisanderstücken klaffen.

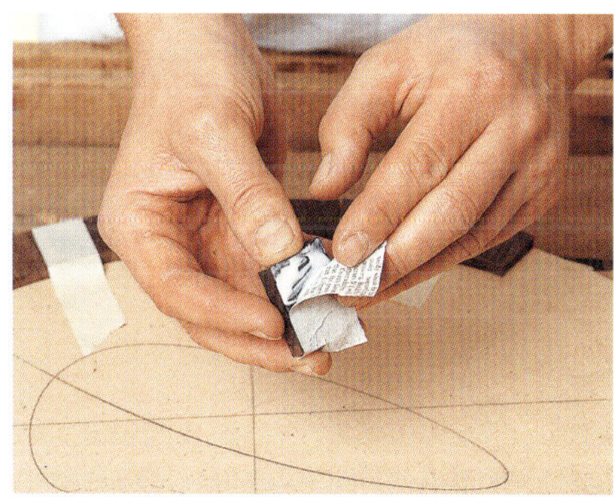

6 Schneiden Sie Zeitungspapier in derselben Größe wie die Palisanderstücke und kleben Sie sie mit PVA-Leim auf die Unterseite des Palisanders, damit der Rahmen nicht an der Schablone klebt. Streichen Sie den Leim auf die Holzkanten und auch etwas auf das Papier.

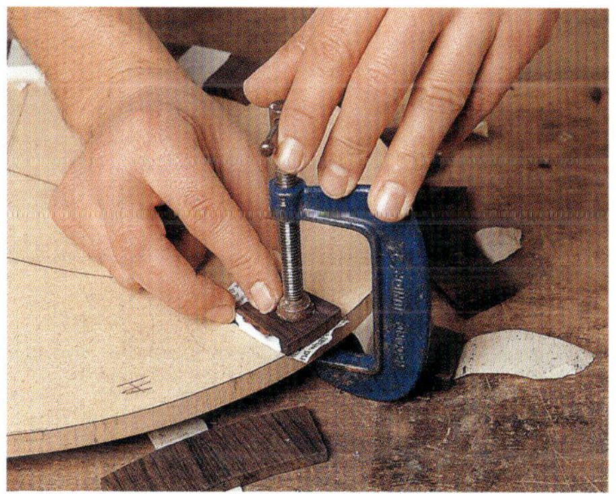

7 Klappen Sie die anderen Palisanderstücke zurück, legen Sie das erste auf die entsprechende Stelle der Schablone und sichern Sie es mit einer Schraubzwinge. Belegen Sie die ganze Schablone, leimen Sie die Enden jeweils zusammen und lassen Sie sie trocknen. Nehmen Sie die Zwinge ab.

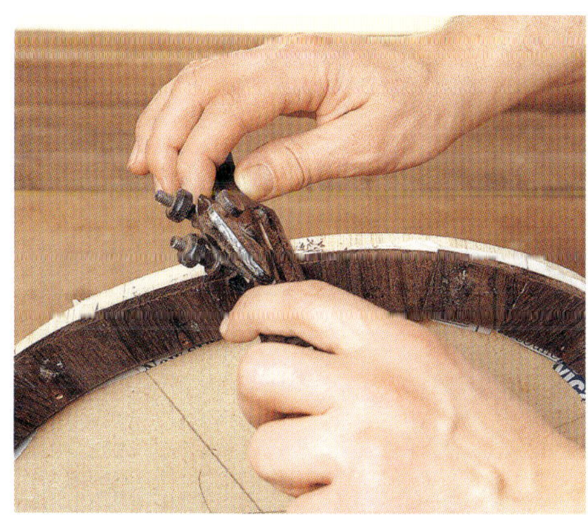

8 Schablone und Rahmen in einen Schraubstock geben, Innenwand mit Schabhobel säubern. Rahmen aus dem Schraubstock nehmen, mit einem Schneid-Streichmaß eine Linie im Umkreis des inneren Rahmenrands anreißen.

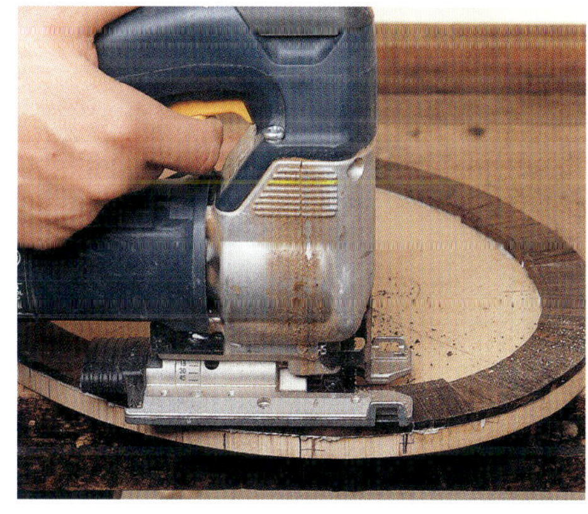

9 Befestigen Sie die Schablone so an der Werkbank, dass ein Stück übersteht. Bohren Sie auf der Innenseite des Rahmens ein Loch in die Schablone und sägen Sie von da aus mit der Stichsäge entlang der markierten Linie.

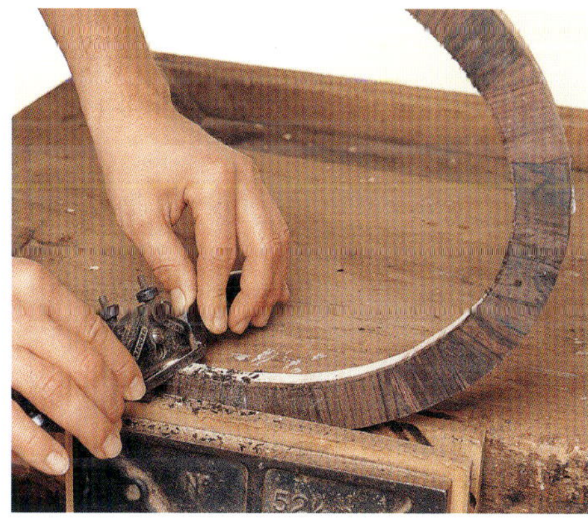

10 Spannen Sie den Rahmen, der immer noch an der MDF-Platte befestigt ist, erneut in den Schraubstock und säubern Sie die Innenfläche mit dem Schabhobel, bis sie ganz glatt und auf gleicher Höhe mit der angerissenen Linie ist. ▷

Modellieren der Profilleiste … Fortsetzung

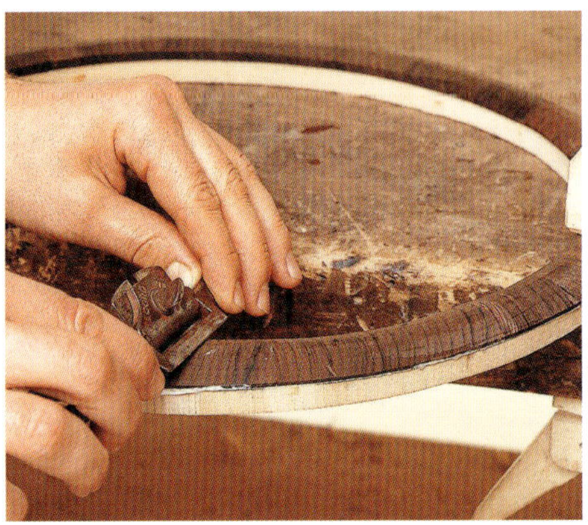

11 Befestigen Sie MDF-Platte und Rahmen mit der Schraubzwinge an der Werkbank. Modellieren Sie mit dem Schabhobel eine konvexe Form an der Vorderseite des Rahmens.

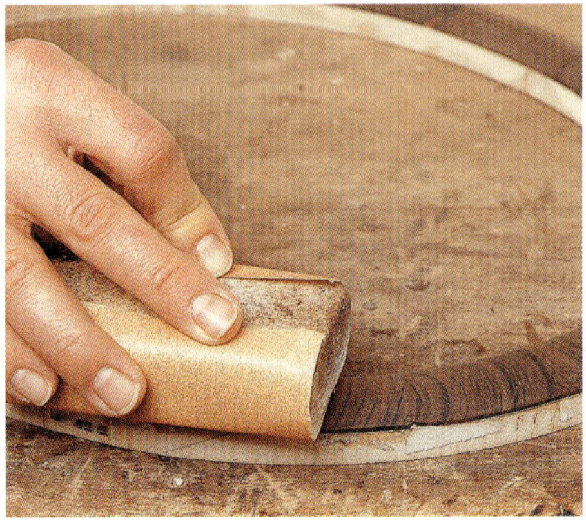

12 Nehmen Sie Rahmen und Platte aus der Zwinge. Bearbeiten Sie den Rahmen mit um einen Korkblock gewickeltem feinem Schleifpapier. Er sollte ganz glatt und ebenmäßig sein.

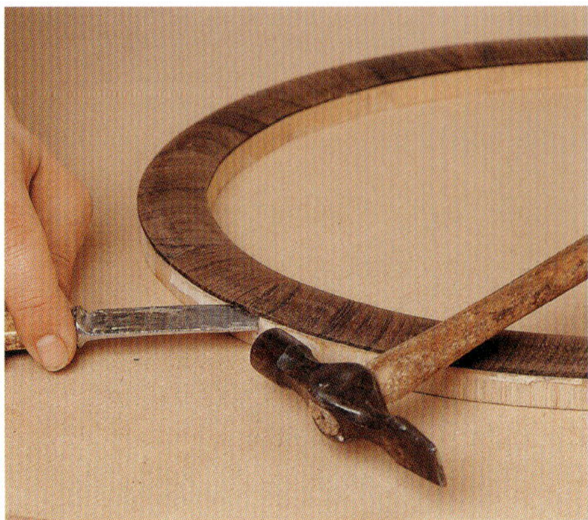

13 Legen Sie Rahmen und Platte auf eine glatte Unterlage und schieben Sie das Messer dazwischen. Drücken Sie leicht mit einem Hammer gegen das Messer, damit sich der Rahmen löst – vermutlich in einzelnen Stücken.

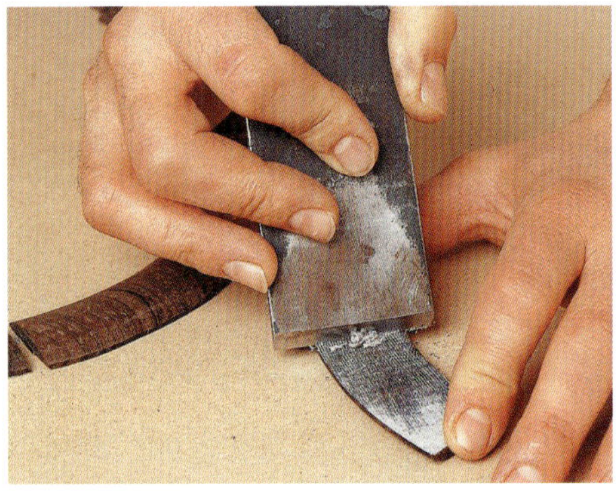

14 Legen Sie die einzelnen Rahmenstücke auf der ebenen Fläche in entsprechender Reihenfolge aus. Mit einer Hobelklinge entfernen Sie Reste von Leim oder Zeitungspapier von der Unterseite des Palisanders.

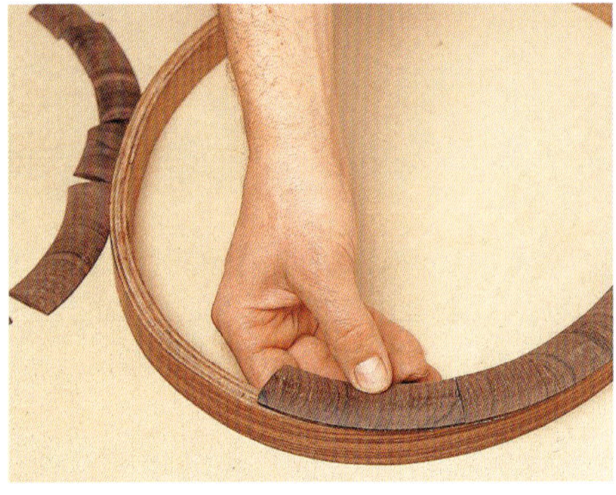

15 Bestreichen Sie die Unterseiten der äußeren Hälfte der Rahmenstücke mit Knochenleim und legen Sie diese auf den Rand. Achten Sie darauf, dass die Stücke genau so positioniert sind wie zuvor auf der Schablone. Lassen Sie sie trocknen.

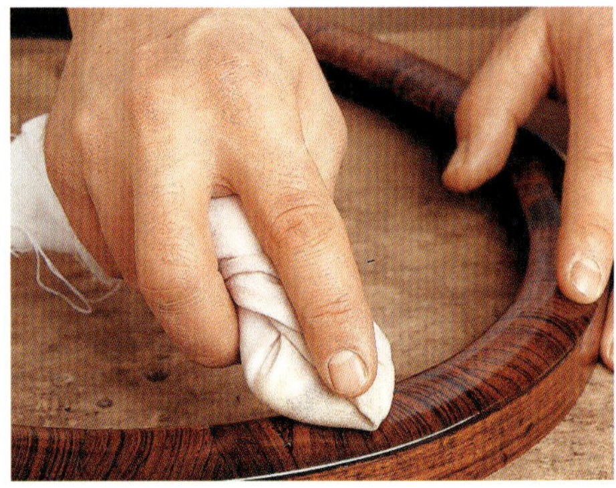

16 Wenn der Rand getrocknet ist, wird er mit feinem Schleifpapier behandelt. Um das Holz vor dem Polieren zu versiegeln, tragen Sie mit einem Pinsel etwas Lack auf. Polieren Sie den Rahmen dann mit einem in Politur getränkten Polierballen (s. S. 66–67).

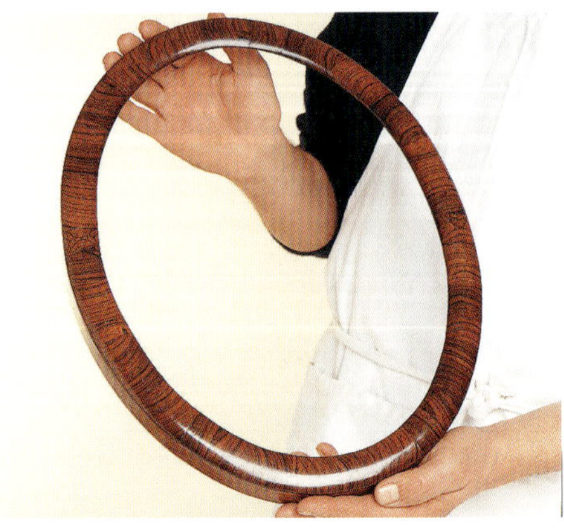

17 Geben Sie eine Schicht Wachs auf den fertigen Rahmen, damit er nicht zu hart glänzt (s. S. 67). Er sollte sich in Farbe, Maserung und Textur der Stange anpassen.

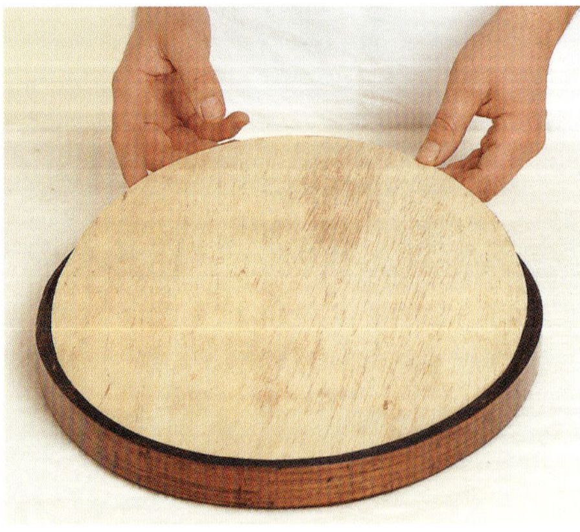

18 Schneiden Sie eine Glasscheibe und ein 3 mm dickes Stück Sperrholz zu, das genau in den Rand passt, sowie einen kleinen Sperrholzstreifen für die Halterung.

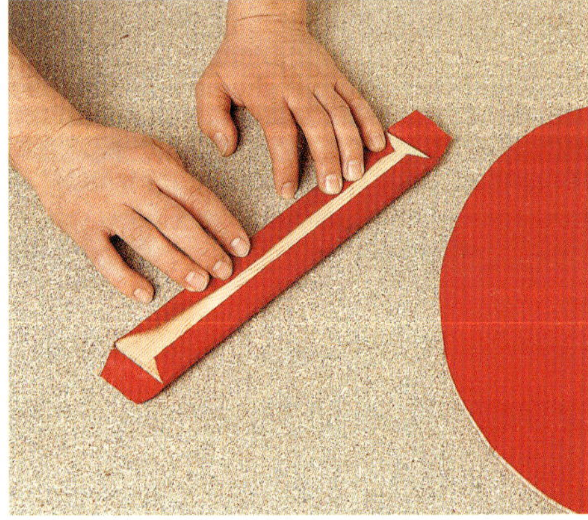

19 Beziehen Sie die Rückseite von Sperrholz und Halterung mit Seide in einer passenden Farbe und schrauben Sie beide Teile von hinten zusammen.

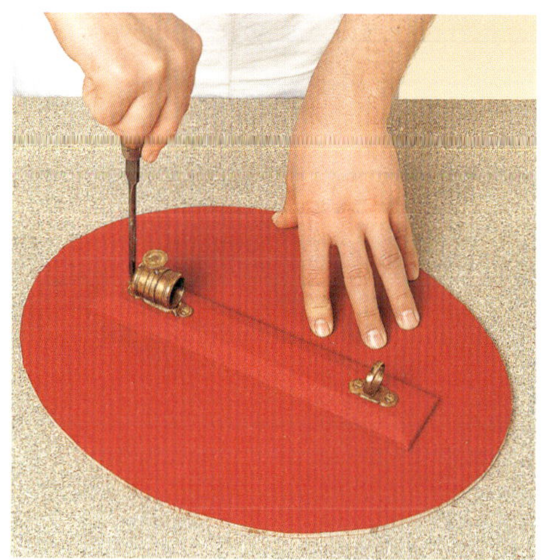

20 Schrauben Sie entweder die alten Halterungen oder einen passenden Ersatz an. Vergewissern Sie sich, dass sie richtig positioniert sind. Passen Sie die Glasscheibe, den Stoff und die hintere Platte ein.

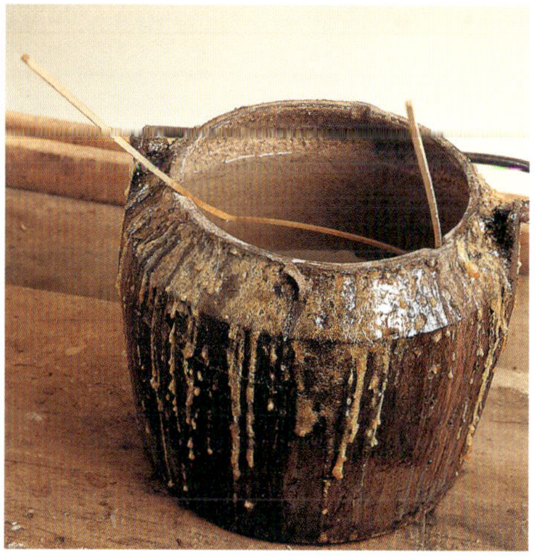

21 Die Rückseite wird mit einem laminierten Nussbaumstreifen befestigt. Legen Sie ihn vorher in warmes Wasser, damit er sich biegen lässt. Gut geeignet dafür ist der Wassertopf vom Leimkocher.

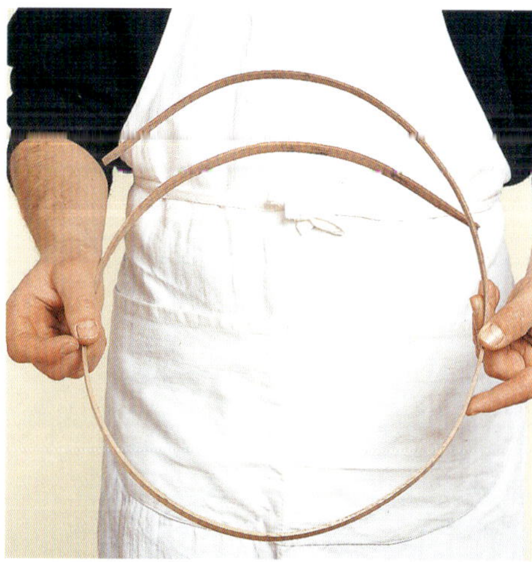

22 Der feuchte und biegsame Nussbaumstreifen schmiegt sich problemlos an die Innenseite des Rands an und trocknet von selbst.

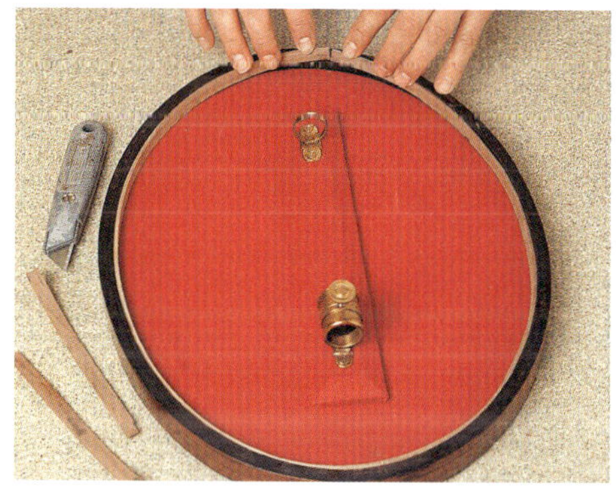

23 Passen Sie nun den in Form gelegten Nussbaumstreifen ein und schneiden Sie ihn mit dem Teppichmesser auf Stoß. Entfernen Sie ihn wieder und streichen Sie den Rand mit schwarzer Wasserbeize (s. S. 69).

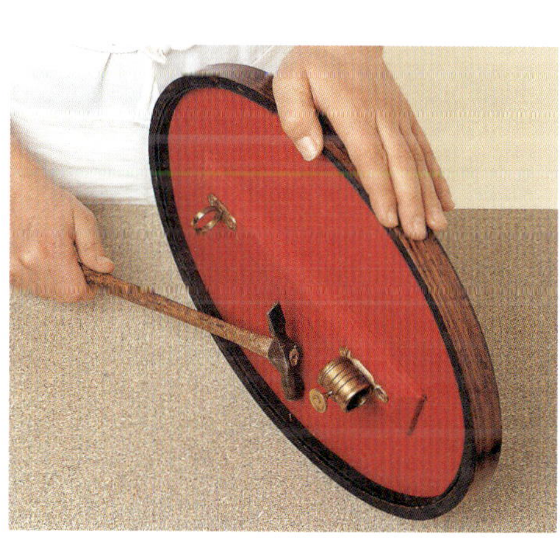

24 Legen Sie den Nussbaumstreifen wieder ein und fixieren Sie ihn mit kleinen Stahlstiften. Befestigen Sie den Rahmen mit den Messinghalterungen am Ständer.

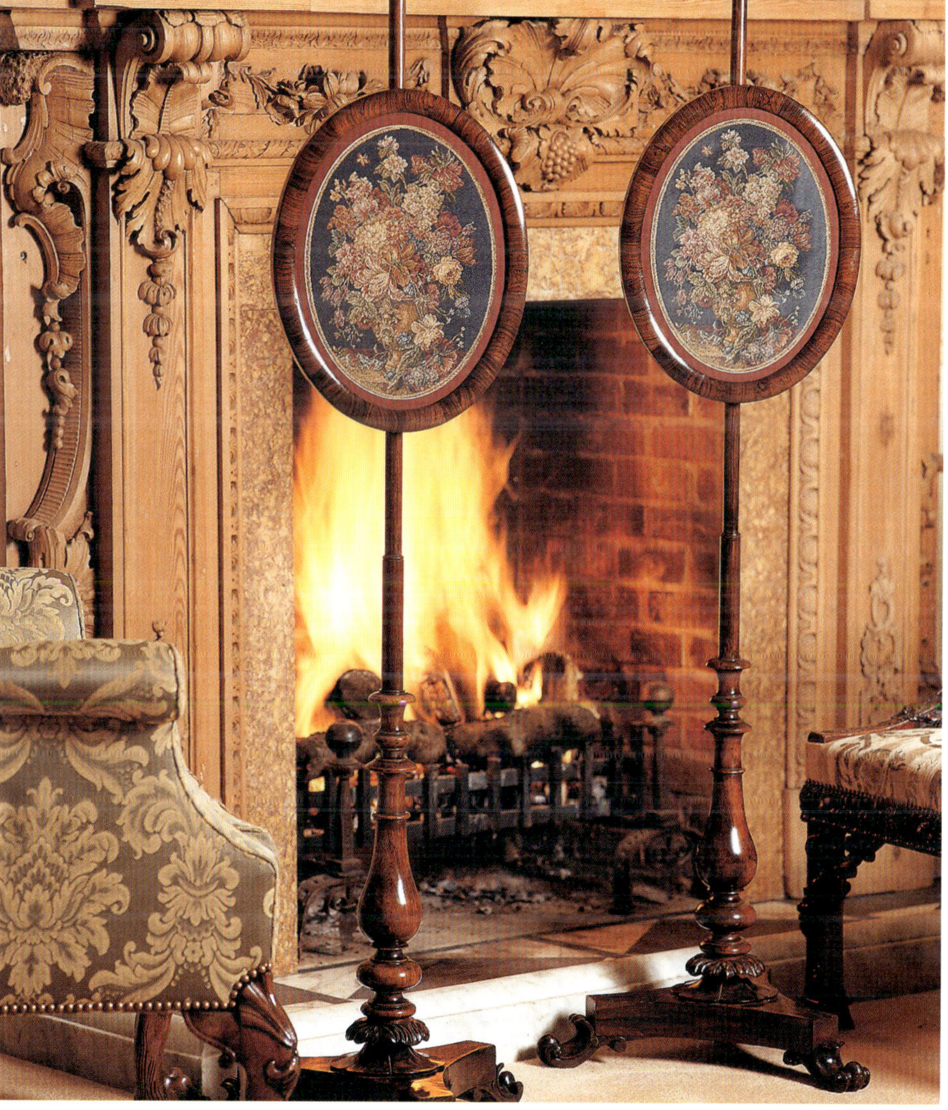

Ein Paar Palisander-Kaminschirme, mit viel Liebe wieder in den Originalzustand versetzt.

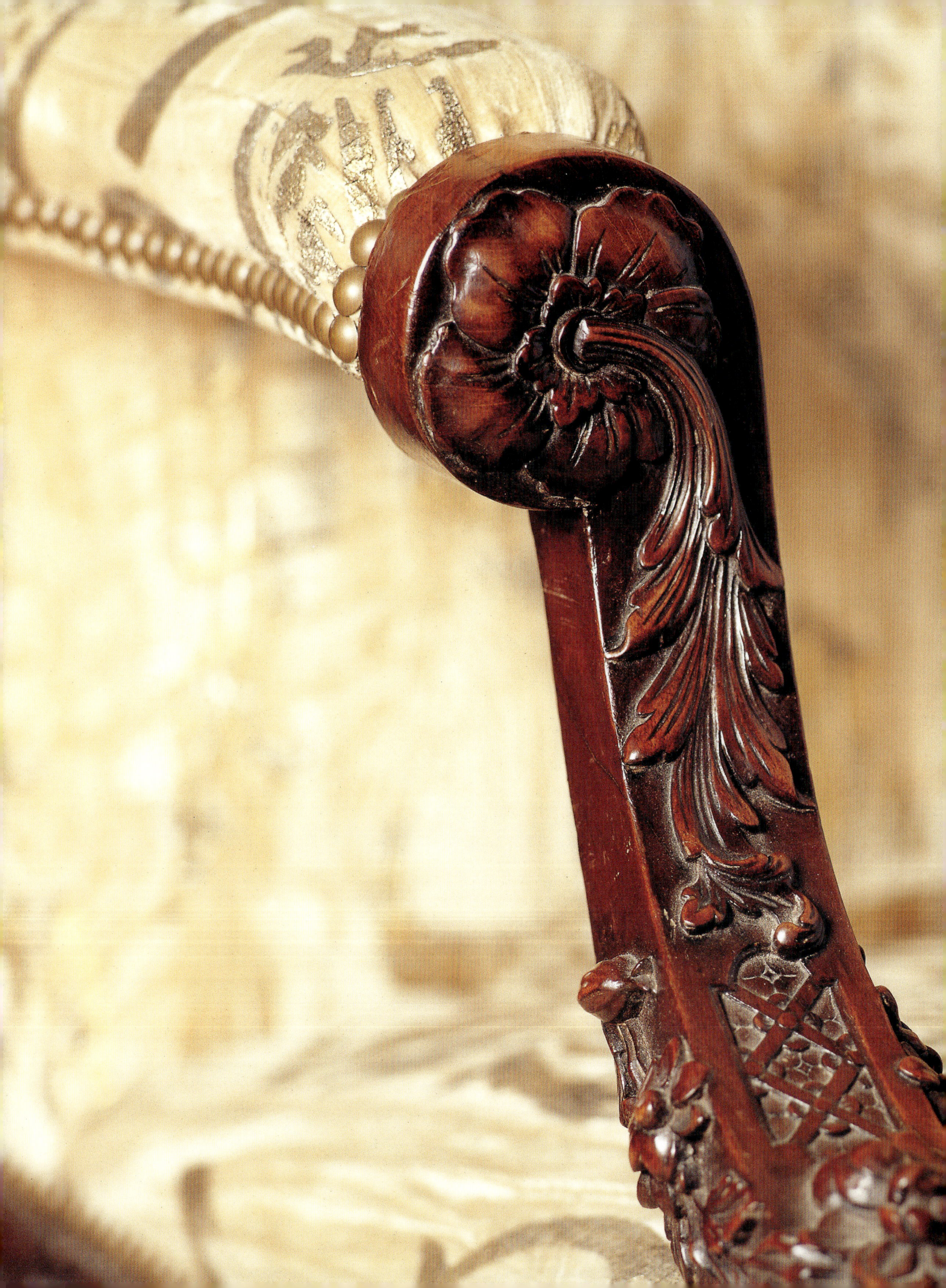

Stühle

Kaum ein anderes Möbelstück wird so stark beansprucht wie Stühle. Die Spuren, die diese Beanspruchung mit der Zeit hinterlassen, äußern sich in den unterschiedlichsten Verschleißerscheinungen. So finden sich immer wieder Verbindungen, die sich gelockert haben, Bruchstellen im Bereich kunstvoll geformter Lehnen und Beine, Schäden an empfindlichen Schnitzereien oder ganze Teile, die verloren gegangen sind, Polsterbezüge, die so abgewetzt sind, dass sie erneuert werden müssen, oder auch nur einem anderen Stil entsprechend einen neuen Bezug erhalten.

Geschichte des Stuhls

Im Lauf der Geschichte hatte der Stuhl immer auch Symbolcharakter. Als imposantes Zeugnis der Autorität war er der Thron, von dem aus der Monarch Recht sprach, und das englische Wort *chairperson* bezieht sich noch heute auf eine wichtige Amtsperson.

Während sich Material, Form und Stil der Stühle mit der Zeit wandelten, ist ihre Bauweise im Grunde gleich geblieben.

Ungeachtet ihrer Herkunft sind die schönsten Exemplare heute weltweit begehrte Sammlerstücke.

Der Stuhl gehörte zu den wenigen Möbelstücken der ansonsten spärlich ausgestatteten großen Hallen im mittelalterlichen Europa. Er war dem Familienoberhaupt vorbehalten, der übrige Haushalt saß auf Schemeln oder Bänken. So führt das Inventar von Gilling Castle im englischen Yorkshire 1594 für die Halle 28 Schemel auf, aber nur einen Stuhl.

Stilistisch zeigen die Stühle im Mittelalter und im späten 15. Jahrhundert bereits unterschiedliche Formen. Die Kastensitze entwickelten sich vermutlich aus den frühen Truhen (s. S. 204) und verdanken ihre Arm- und Rückenstützen der Verlängerung von Vorder- und Rückpfosten. Es gibt Kastensitze aus dem späten 15. und frühen 16. Jahrhundert, die unter dem aufklappbaren Sitz, gleich einer Truhe, über einen Stauraum verfügen. Diese oft mit kunstvollen Schnitzereien versehenen so genannten *close chairs* spiegelten Ansehen und Rang des Hausherrn wider; für den erforderlichen Sitz-Komfort sorgte ein mit feinem Samt bezogenes Daunenkissen. Im Lauf der Entwicklung verzichtete man auf den Kasten unter dem Sitz, und aus den Eckpfosten wurden auffallend gedrechselte Beine, die durch flache Stege verbunden waren. Wie die meisten Möbel aus dieser Zeit bestanden auch die Stühle aus Eichenholz.

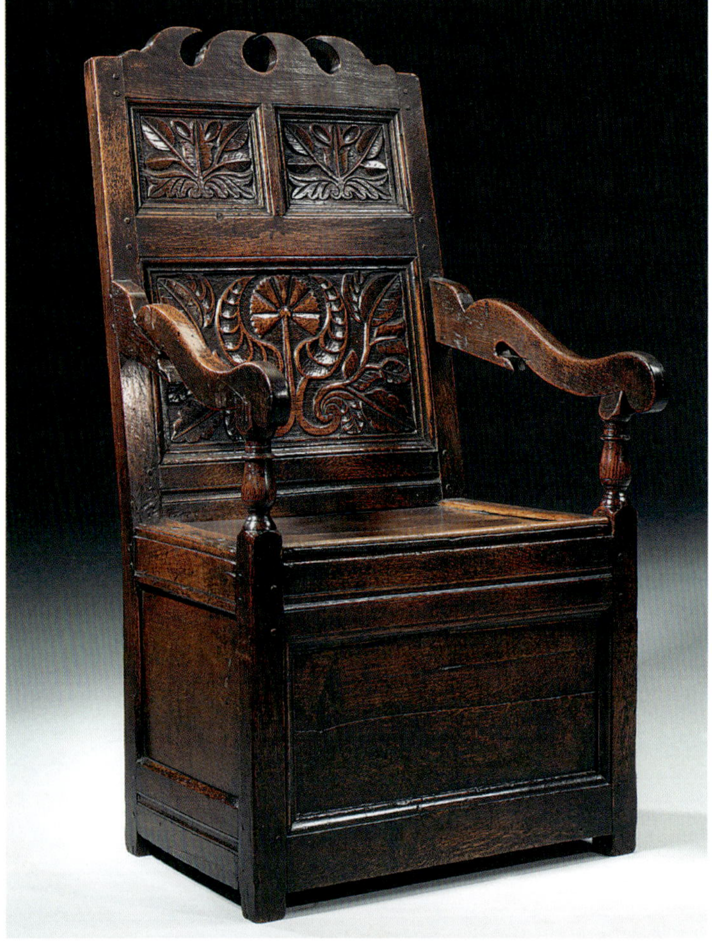

Der aus dem 17. Jahrhundert stammende eichene Armlehnstuhl zeigt die vom 15. bis zum 17. Jahrhundert verbreitete Kastenform, eine Kombination aus Sitz und Stauraum.

Im ersten Viertel des 16. Jahrhunderts entwickelte sich ein weiterer Stuhltyp, der in ganz Europa Nachahmer finden sollte. Es war der italienische Scherenstuhl, für den der *sella curulis* der Herrschenden im antiken Rom Pate gestanden hatte, ein gepolsterter Faltstuhl mit x-förmiger Beinkonstruktion. Als Sitzfläche dienten zwischen den seitlichen Rahmen verspannte Gurte, auf denen ein bequemes Kissen lag, während die Seiten mit edlem Samt oder Brokat bedeckt waren. Solche Stühle sind nicht erhalten, da sie oft aus Buchenholz bestanden, das anfällig für Ungeziefer ist. Sie sind insofern jedoch von Bedeutung, als sie die ersten im eigentlichen Sinn gepolsterten Stühle darstellten.

Ein drittes frühes Sitzmöbel ist der so genannte *back stool*, ein Hocker mit Lehne, der in seiner einfachsten Form einem Schemel mit angesetztem Rücken entsprach. Charakteristisch für diesen Typus waren die vertikal von der Sitzfläche zum Boden gehenden hinteren Beine. Dass die Rückenlehne in der englischen Bezeichnung explizit erwähnt wird, erklärt sich daraus, dass die Stühle vor dem 16. Jahrhundert alle Armlehnen hatten.

Ein letzter Stuhltyp, weniger kunstvoll und wesentlich einfacher in der Konstruktion, war der Sprossenstuhl, der meist aus Esche, Ulme oder Eibe gefertigt wurde. Er setzte sich aus miteinander verbundenen Streben und Querstegen zusammen, die kunstvoll profiliert und zu Spindeln gedrechselt waren. Im Gegensatz zu den bei Kasten- oder Scherenstühlen üblichen Nut- und Zapfenverbindungen fanden sich hier meist Dübelverbindungen. Schreiner aus der Provinz fertigten diese Stühle nach Mustern, die von Generation zu Generation weitergegeben wurden. Frühe Beispiele finden sich in den illuminierten Handschriften des 13. und 14. Jahrhunderts. Nach diesen Vorbildern entstanden im 17. und 18. Jahrhundert in Europa und Amerika viele regionale Varianten. Die berühmteste ist wohl der Windsor-Stuhl mit seinem soliden Holzsitz, den gedrechselten Beinen und dem halbrunden Rücken mit gedrechselten Stäben und Spindeln. Das Design dieser Stühle ist seit

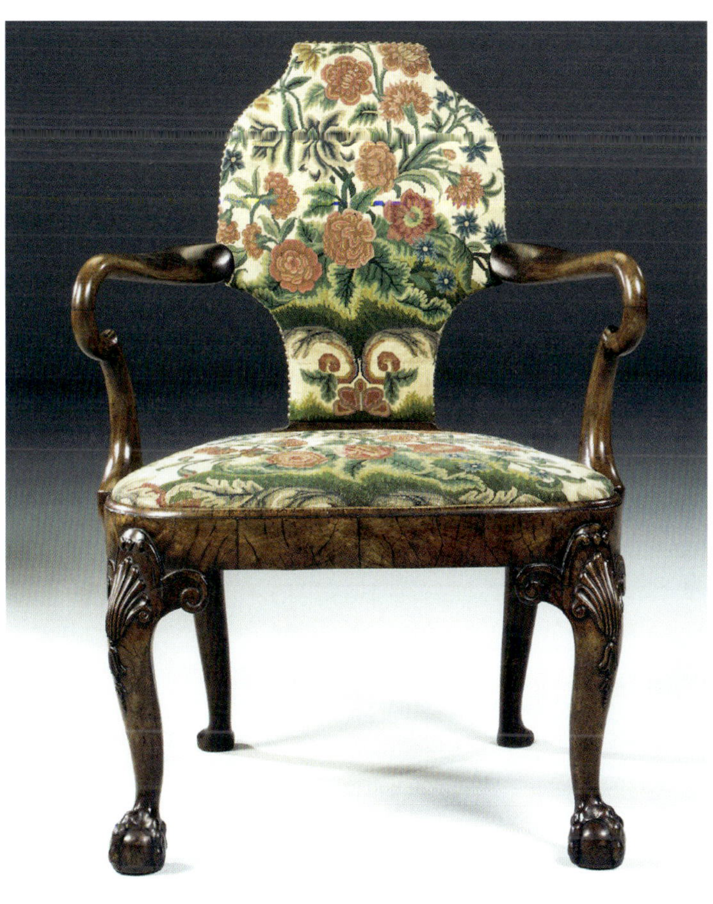

Dieses schöne Beispiel zeigt, wie im späten 17. Jahrhundert dekoratives Nussbaumholz sowohl massiv als auch in Furnierform verarbeitet und mit feinster Stickerei versehen wurde.

dem 18. Jahrhundert nahezu unverändert geblieben, obwohl es von Zeit zu Zeit Varianten gab – geschwungene »Cabriole«-Beine, Kissenfüße oder durchbrochene Rückenlehnen. Es waren damals die meistverbreiteten Stühle und sie sind es bis heute.

Die Kastensitze allerdings unterlagen vielen Veränderungen, und die Entwicklung verlief nicht nur in eine Richtung. Der französische Plauderstuhl, der so genannte *caquetoire*, kam Mitte des 16. Jahrhunderts in Mode. Sein Sitz verengte sich hin zum hohen schmalen Rücken und den nach außen gebogenen Lehnen. Ende des Jahrhunderts entwickelte sich der *farthingdale*, ein einfacher Stuhl, der nach dem Reifrock benannt wurde, den mit Fischbein verstärkten Krinolinen der damals voluminösen Damenmode. Er ermöglichte es den Damen zu sitzen, ohne ihre Garderobe zwischen den Lehnen einzuklemmen – er hatte nämlich keine.

Mitte des 17. Jahrhunderts zeigten Armlehnstühle oft kunstvoll geschnitzte Pfosten, Stege und Rückenlehnen, die mit Rohr, Samt oder Leder kombiniert wurden. Eiche blieb ein gefragtes Holz, doch auch das billigere Nussbaumholz, das sich leichter verarbeiten und schnitzen ließ, wurde immer beliebter.

Bequemlichkeit wurde für das Stuhl-Design zunehmend wichtiger: die Rückenlehne war nicht mehr ganz so gerade, sondern leicht geneigt, und neuerdings ebenso wie die Sitze mit Polster versehen. Bei edleren Stühlen wurden die sichtbaren Flächen aus Nussbaumholz gelegentlich durch eine geschnitzte, bemalte und vergoldete Gesso-Auflage ersetzt. Während Stühle im 15. und frühen 16. Jahrhundert von den Truhen-Schreinern gefertigt worden waren, spezialisierte sich im späten 17. Jahrhundert eine neue Generation von Tischlern wie Thomas Roberts und Daniel Marot auf das Entwerfen von Stühlen. Marot war für die Durchsetzung des neuen anglo-niederländischen Stils verantwortlich. Das frühe 18. Jahrhundert erlebte die Einführung eines neuen und charakteristischen Nussbaum-Stuhls. Er hatte einen breiten, der Körperform angepassten Rücken mit vasenförmigem, furniertem oder geschnitztem Mittelbrett über einem bogigen Sitz, und stand auf Cabriole-Beinen mit Kissenfüßen. Die frühesten Beispiele waren durch Stege verstärkt, die später zugunsten einer klareren Linienführung entfielen. Im Anschluss daran wurden Kugel- und Klauen- oder Löwenklauenfüße bevorzugt. Von dieser Zeit an entwickelt sich eine wahre Vielfalt an Stilen und Funktionen. Armlehnstühle, ausgestattet mit Stickerei oder Samt, wurden für den Platz neben dem Kamin entworfen, für das Wohnzimmer gab es Salonstühle, kunstvoll furnierte Lehnstühle mit herausnehmbaren Polstersitzen waren für den Esstisch bestimmt.

Das Aufkommen des Palladianismus in der ersten Hälfte des 18. Jahrhunderts mit seiner Rückbesinnung auf klassisch-römische Stilelemente fiel zusammen mit der durch das französische Embargo für den Nussbaum-Export bedingten zunehmenden Verwendung von kubanischem Mahagoni. Das dicht gemaserte Mahagoni war ein ideales Holz für das reiche Schnitzwerk dieses von der Architektur inspirierten Stils. Mit dem so genannten *Gainsborough* entstand ein neuer Stuhltyp, der die Galerien, Bibliotheken und Wohnzimmer der eleganten englischen Landhäuser schmückte. Später prägten Designer und Möbeltischler wie Thomas Chippendale (1718–1779), William Ince (gestorben 1804) und John Mayhew (1758–1804) den Möbelstil des Jahrhunderts. Sie erkannten den Wunsch

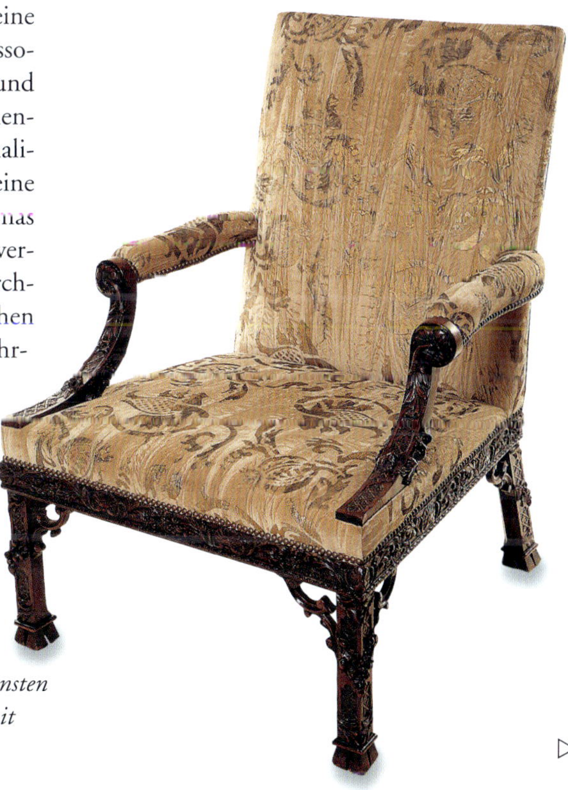

Mitte des 18. Jahrhunderts wurden die schönsten Gainsborough-Lehnstühle aus Mahagoni mit geschnitztem Laubwerk verziert.

▷

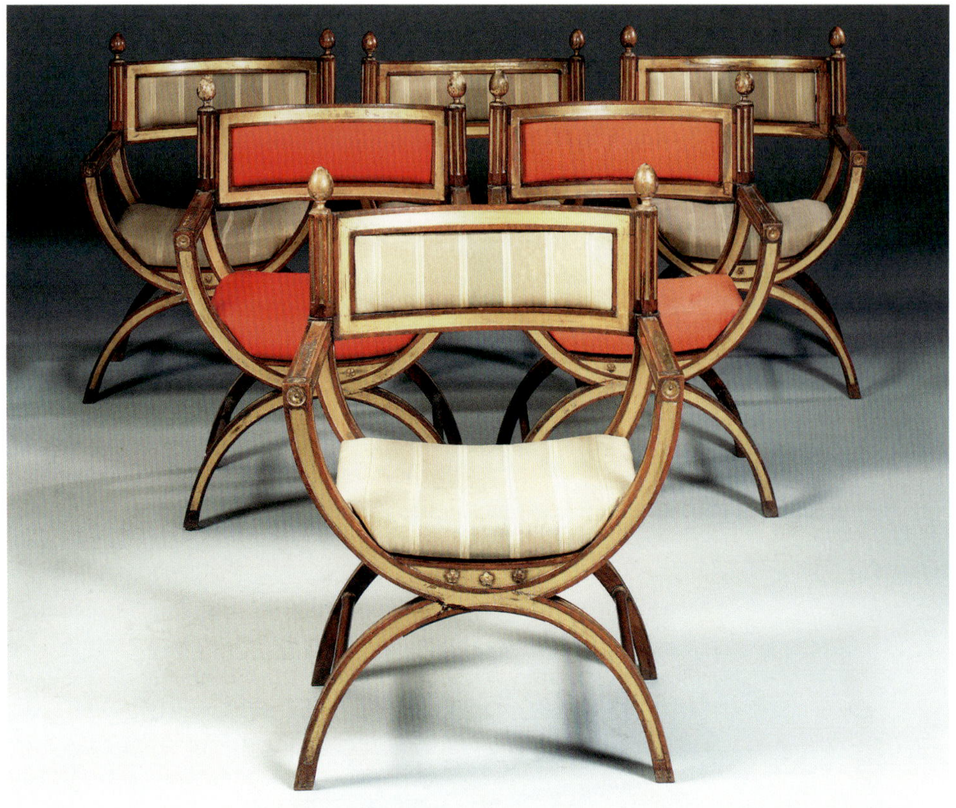

Im frühen 19. Jahrhundert prägten römische und griechische Vorbilder das Stuhldesign.

der Kunden, ihren Reichtum zu demonstrieren, und bauten dementsprechend wunderschön geschnitzte Esszimmerstühle, die unverkennbar unter dem Einfluss Frankreichs und des Rokoko standen.

Ein weiterer entscheidender Wandel des Möbelstils wurde mit dem Aufkommen des Klassizismus in der zweiten Hälfte des 18. Jahrhunderts eingeleitet. Der Architekt und Möbeldesigner Robert Adam (1728–1792) führte leichtere, klassischere Formen ein. Vergoldete Dekorationen mit zart geschnitztem Laubwerk dominierten ebenso wie Themen aus der griechischen Mythologie. Ende des 18. Jahrhunderts kam der Wunsch nach einem feineren, eleganteren Stil auf, den Thomas Sheraton (1751–1806) meisterlich beherrschte. Das Resultat waren japanisierend lackierte, bemalte und vergoldete Stühle.

Im frühen 19. Jahrhundert wandte sich der Zeitgeschmack von den leichteren Formen im Möbelbau ab. Das Design der Stühle sollte nun zunehmend vom wachsenden Interesse an anderen Kulturen beeinflusst werden. In Europa griff man griechisch-römische und ägyptische Stilmerkmale auf, die in Frankreich den Stil der Empire-Möbel inspirierten und durch die Inthronisation Napoleons entscheidend gefördert und verbreitet wurden.

Dank der vielen unterschiedlichen Entwürfe entstanden im 18. und 19. Jahrhundert weitere neue Stuhltypen, darunter die Bergère, ein Sitzmöbel mit einem Rahmen aus Mahagoni oder Palisander, einer geflochtenen Rückenlehne und herausnehmbaren Sitzkissen. Erwähnt werden sollten aber auch der Hallenstuhl mit seiner stabilen Lehne und dem Sitz aus Mahagoni sowie der ungewöhnlich konzipierte Lesestuhl, auf dem man rücklings sitzen konnte und dessen schönste Exemplare mit Tabletts, Kerzenständern und schräger Buchablage ausgestattet waren.

Mit der Etablierung der zu Wohlstand gekommenen Kaufmannsklasse in der zweiten Hälfte des 19. Jahrhunderts erfuhr die Stuhlproduktion einen entscheidenden Aufschwung. Das inzwischen bezahlbare Mahagoni wurde zu einem beliebten Importholz. Da nun mehr Wert auf Funktion als auf Moden gelegt wurde, entstanden ausgeprägtere und robustere Stuhltypen. Abseits der Trends in der kommerziellen Entwicklung ersann William Morris (1834–1896) unkonventionelle Möbelkonzeptionen. Im Sinne der Arts-and-Crafts-Bewegung setzte er sich für den Wert traditioneller Handwerkskunst und gegen die mindere Qualität der modernen Massenproduktion ein. In Frankreich beeinflussten die natürlichen Wellenmotive der Art Nouveau mit Künstlern wie Émile Gallé das Stuhldesign so nachhaltig, dass ganz neue Formen entstanden.

Das 20. Jahrhundert brachte den Aufbruch zu frischem Design. Die Kunstrichtung des Art déco machte sich – von Lack bis zu Spiegelglas – alte und neue Dekorationstechniken zunutze und schuf durch und durch moderne Möbel. Später wurde mit neuen Materialien wie Chrom oder Schichtholz experimentiert, was Mitte des 20. Jahrhunderts zur Entstehung von Meisterwerken wie dem klassischen, Palisander-laminierten Stuhl des amerikanischen Designers Charles Eames beitrug. Es war nicht zuletzt die rasante Entwicklung eines zunehmend dichteren internationalen Kommunikationsnetzes, das im Vergleich zum 18. und 19. Jahrhundert einen sehr viel rascheren Wechsel der Stile mit sich brachte und diese weltweit propagierte.

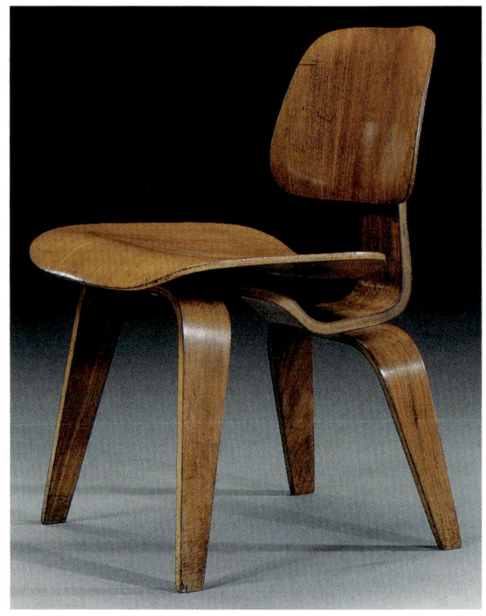

Ein Esstischstuhl aus laminierter Birke, vom Designer-Ehepaar Charles und Ray Eames Mitte des 20. Jahrhunderts entworfen.

STUHLKONSTRUKTION

Da alte Stühle immer individuell angefertigt wurden, finden sich auch immer kleine Abweichungen – Unterschiede, die nicht nur auf den Zeitpunkt der Entstehung zurückzuführen sind, sondern auch auf den Standort des Handwerksbetriebs, und oft sogar auf einen ganz bestimmten Kunsttischler verweisen. Aus diesem Grund sollte man sich vor jeder Restaurierung eingehend mit der Konstruktion des Stuhls befassen, um die Reparatur dem ursprünglichen Stil der Handwerksarbeit möglichst vollkommen anzupassen.

Anders als bei modernen Stühlen findet man bei alten Sitzmöbeln ganz verschiedene Konstruktionsmethoden. Allgemein gilt: Je älter der Stuhl, desto schlichter die Bauweise. Der mittelalterliche Rundstollenstuhl *(thrown chair)* zum Beispiel wird durch einfache konische Dübelverbindungen zwischen Sitz, Armen und Beinen zusammengehalten, die frühen Lehn- oder Kastenstühle der gleichen Zeit hingegen durch Nut- und Zapfenverbindungen. Zur Verstärkung findet sich oft noch ein Dübel im Zapfen. Im späten 17. Jahrhundert sind die Beine hochwertiger Stühle durch Nut und Zapfen mit der Zarge verbunden. Während des 19. Jahrhunderts ersetzen Verbindungen mit Holzdübeln oft die traditionellen Nut- und Zapfenverbindungen.

Auch die Eckverbindungen änderten sich im Lauf der Jahrhunderte. Im 18. Jahrhundert wurden sie in die Falzfuge des Rahmens geschnitten. Bei einem Stuhl mit eingelegtem Sitz können es auch einfach nur kleine, massive Eckstücke sein; sie dienen der Sicherung der Ecke der Zarge und dem besseren Halt des Sitzes. Vom Beginn bis zur Mitte des 19. Jahrhunderts wurden diese Eckstücke größer, sie bestanden aus soliden Dreiecken, die innen im Rahmen verschraubt wurden.

Stege sind ein weiteres Konstruktionsdetail, das Beachtung verdient. Wie bei allen anderen Teilen bestimmt der Zeitpunkt der Fertigung des Stuhls oft die Form. Ihre Verwendung ging im 19. Jahrhundert jedoch generell zurück.

Auch die Rückenlehnen unterscheiden sich, von den aus schlichten Stäben bestehenden geraden Lehnen des Sprossen- oder Windsor-Stuhls bis zu den mit raffinierten Schnitzereien durchbrochenen Mittelbrettern hochwertiger Chippendale-Stühle. War der Sitz mit Stoff bezogen, so fand sich als Verbindungsstück zwischen Mittelbrett und Sitzrahmen ein so genannter »Schuh«, der die Polsternägel am hinteren Rahmen kaschierte.

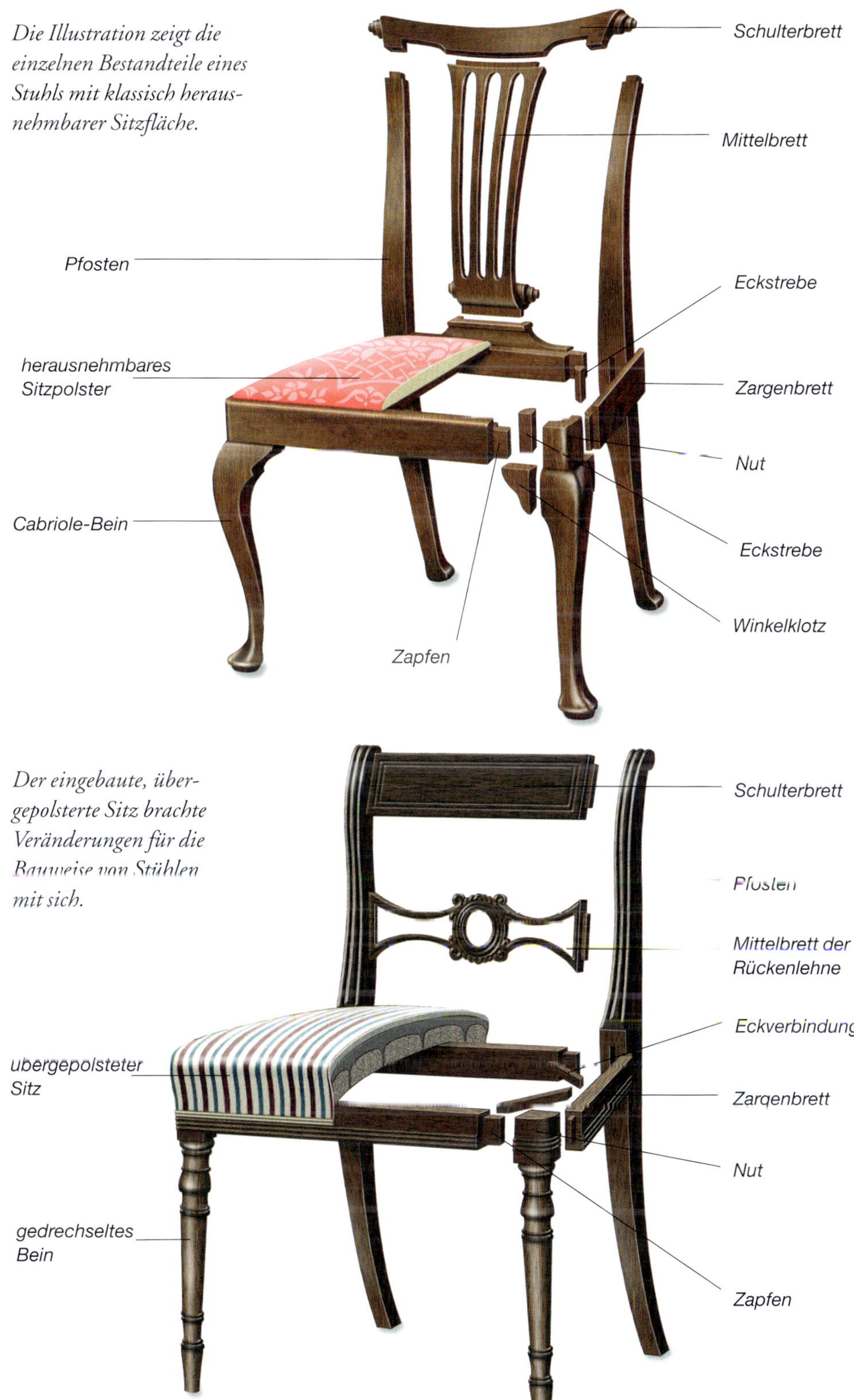

Die Illustration zeigt die einzelnen Bestandteile eines Stuhls mit klassisch herausnehmbarer Sitzfläche.

Der eingebaute, übergepolsterte Sitz brachte Veränderungen für die Bauweise von Stühlen mit sich.

Stühle auseinandernehmen und wieder zusammensetzen

Ein Restaurator muss wissen, wie man Stühle auseinandernimmt und wieder zusammensetzt. Zu den häufigsten Problemen bei Stühlen gehören lose Verbindungen, und der einfachste Weg, dieses Problem zu beheben, ist den ganzen Stuhl zu zerlegen, die Verbindungen neu zu verleimen und den Stuhl wieder zusammenzubauen. Bei anderen Schäden, etwa an der Zarge oder der Rückenlehne, muss der Stuhl vielleicht nur teilweise zerlegt werden, bevor man mit dem Restaurieren beginnt.

Die Polsterung entfernen

Sitzpolster, die so stark abgenutzt sind, dass sie ersetzt werden müssen, wird man ohne größere Vorsichtsmaßnahmen einfach herausnehmen. Ist das Polster selbst jedoch noch in gutem Zustand, heißt es behutsam vorzugehen, um es nach der Reparatur des Rahmens wieder verwenden zu können.

Das Polster dieses Regency-Esszimmerstuhls ist einwandfrei erhalten, muss aber entfernt werden, damit der Schaden an der Rückseite repariert werden kann. Es lohnt sich also, sorgfältig und systematisch ans Werk zu gehen, damit die Polsterung intakt bleibt und erneut aufgebracht werden kann.

Material und Werkzeug

- Nagelheber
- schwerer Holzhammer
- Stechbeitel
- Werkzeug mit schmaler, flacher Klinge
- Zange
- Teppichmesser

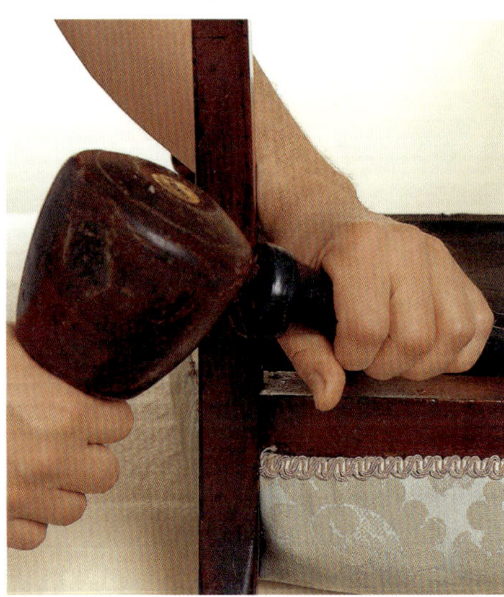

1 Stellen Sie den Stuhl umgekehrt auf eine Werkbank, auf der zum Schutz eine Decke liegt, und entfernen Sie die Polsternägel mit Nagelheber und Holzhammer. Durch das Gewicht des Hammers und langsames Drehen lassen sich die Klemmen gut entfernen. Arbeiten Sie in Richtung der Holzmaserung, damit das Holz der Zarge nicht splittert.

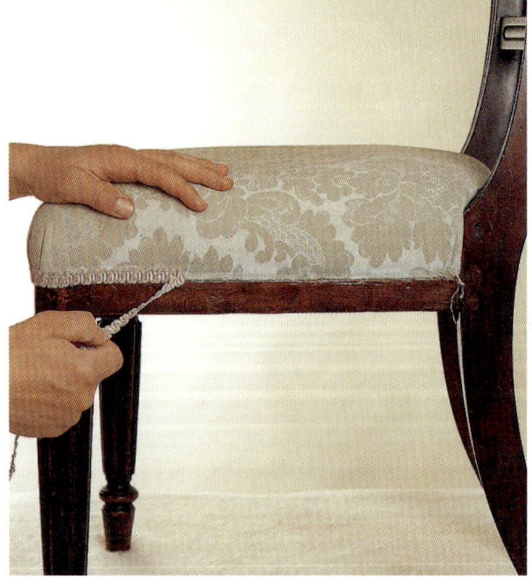

2 Die dekorative Litze ist meist, wie hier, mit Klebstoff und einigen kleinen Nägeln befestigt. Entfernen Sie die Nägel mit dem Stechbeitel und ziehen Sie dann die Litze ab, die vielleicht auch nur angeklebt ist. Ist der Stuhl dicht genagelt, lassen sich die Nägel leicht mittels Holzhammer und Nagelheber herausziehen.

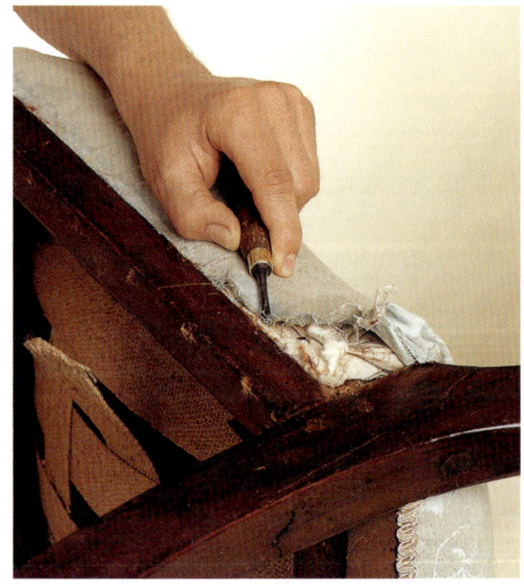

3 Drehen Sie den Stuhl auf die Seite, um die obere Polsterabdeckung vorsichtig zu entfernen. Der Stoff lässt sich nach der Reparatur vielleicht wieder verwenden. Entfernen Sie die Polsterzwecken mit dem Nagelheber. Klemmen lösen sich, wenn Sie ein flaches Werkzeug zwischen Klemme und Rahmen schieben und die Klemmen anheben, bevor sie mit der Zange entfernt werden.

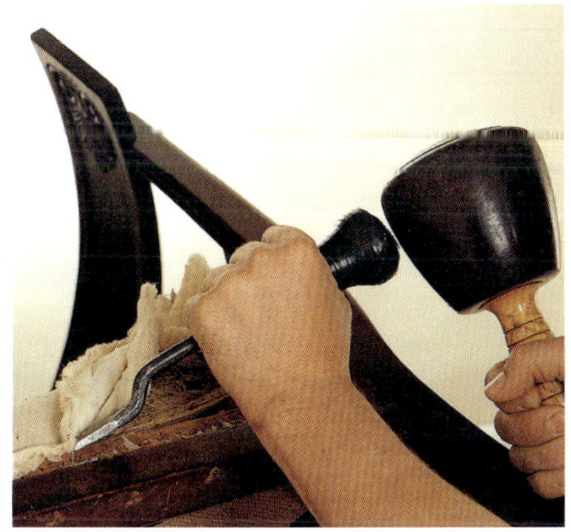

4 Ist die Abdeckung entfernt, können Sie die verschiedenen Schichten von Stoff und Füllmaterial abnehmen. Arbeiten Sie wieder mit Nagelheber und Holzhammer. Wenn nötig, entfernen Sie jede Schicht einzeln. Vielleicht brauchen Sie auch ein Teppichmesser, um durch einige der Polsterschichten zu schneiden.

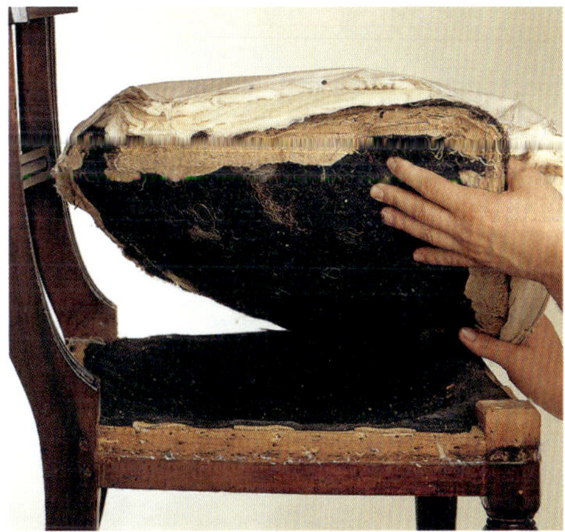

5 Wenn alle Kammzwecken entfernt sind, wird die Polsterung herausgenommen. Lassen Sie das Rosshaar und anderes Füllmaterial sorgfältig beieinander.

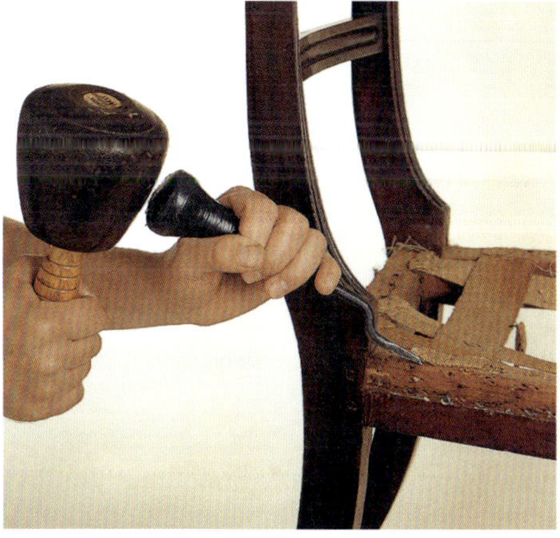

6 Zum Schluss werden die Gurtbänder entfernt. Sie sind oft mit den stärksten Nägeln befestigt und erfordern kräftige Hammerschläge. Sorgen Sie also dafür, dass der Stuhl sicher auf der Werkbank liegt; wenn möglich, bitten Sie jemanden, ihn zu halten.

Den Stuhl zerlegen

Unabhängig vom Stil oder Typ des Stuhls – bei den meisten Restaurierungsarbeiten wird man ihn ganz oder teilweise zerlegen müssen. Das erfordert Vorsicht und Geduld, um dabei keinen weiteren Schaden zu verursachen. Der Rahmen dieses Stuhls ist in recht gutem Zustand, was zugleich aber bedeutet, dass man beim Auseinandernehmen die Verbindungen nicht beschädigen darf.

Material und Werkzeug

- **Abdeckband**
- **Zange**
- **Hartholzblock als Zulage**
- **Hammer**
- **Schraubendreher**
- **Bohrmaschine**
- **Holzbohrer**
- **Metallbohrer**

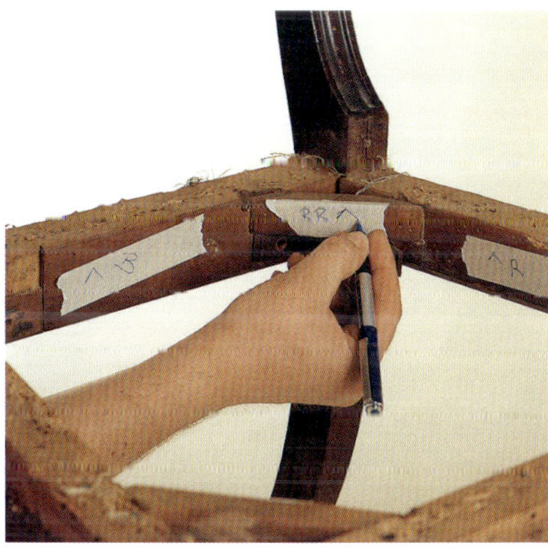

1 Beschriften Sie zuerst alle Teile des Stuhls. Ein einzelner Stuhl lässt sich zwar leicht wieder zusammenbauen, werden aber mehrere Stühle gleichzeitig repariert, können die Teile schon einmal verwechselt werden, was dann zu Problemen führt.

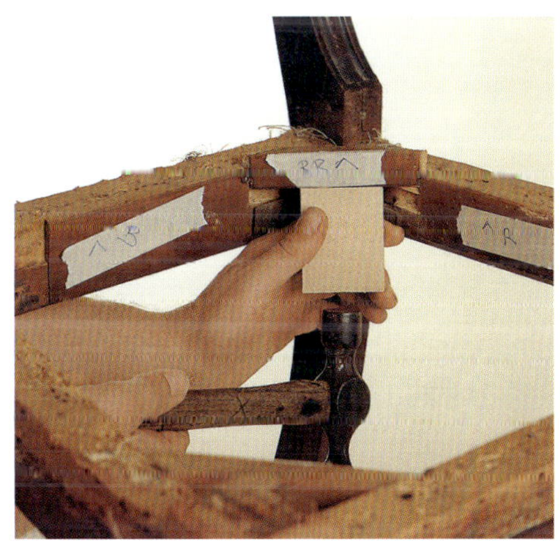

2 Prüfen Sie, ob die Eckstreben an den Rahmen genagelt sind – dann müssen sie mit der Zange entfernt werden. Wenn sämtliche Streben entfernt sind, werden sie mit einem festen Hammerschlag gelöst – nicht ohne sie vorher mit einer Zulage gegen Druckstellen zu schützen.

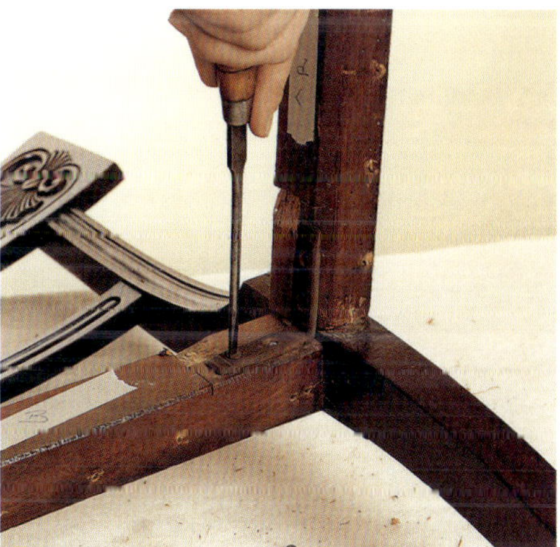

3 Schrauben Sie als nächstes alle Metallbänder ab. Sie stammen oft von früheren Reparaturen, konnten das Problem aber nur vorübergehend lösen, denn eine so reparierte Verbindung lockert sich garantiert wieder.

▷

Den Stuhl zerlegen ... Fortsetzung

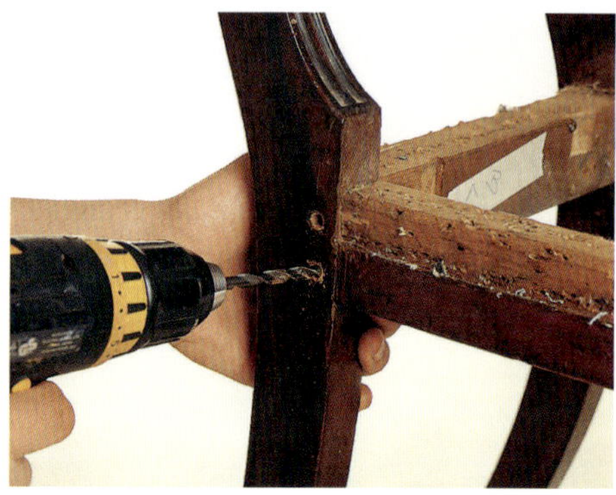

4 Prüfen Sie alle Teile des Stuhls auf eventuelle Holzpflöcke und Schrauben in den Nut- und Zapfenverbindungen, die vielleicht früher zur Verstärkung eingebracht wurden. Wenn Sie welche finden, bohren Sie diese aus.

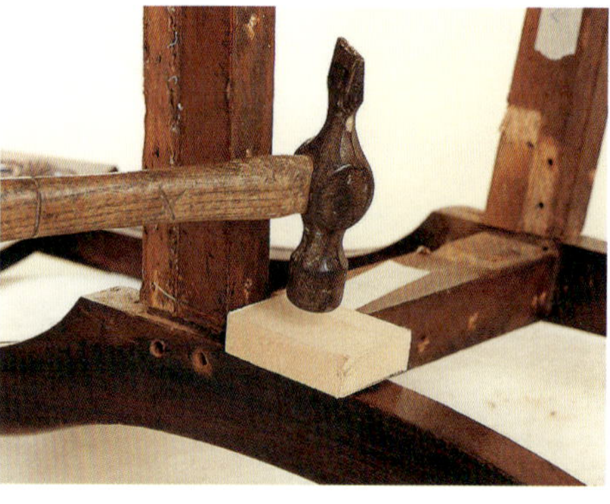

5 Lösen Sie die seitlichen Zargenbretter vorsichtig von den Pfosten der Lehne. Heben Sie die Lehne von der Werkbank und schlagen Sie sie in der Nähe der Verbindungsstelle mit mehreren festen Schlägen ab. Schützen Sie die Pfosten durch Hartholzzulagen.

Tipp

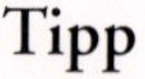

Wenn eine Verbindung sehr fest sitzt, lässt sich durch Einspritzen von etwas Methylalkohol nachhelfen. Dieser weicht den Leim auf und erleichtert das Auseinandernehmen.

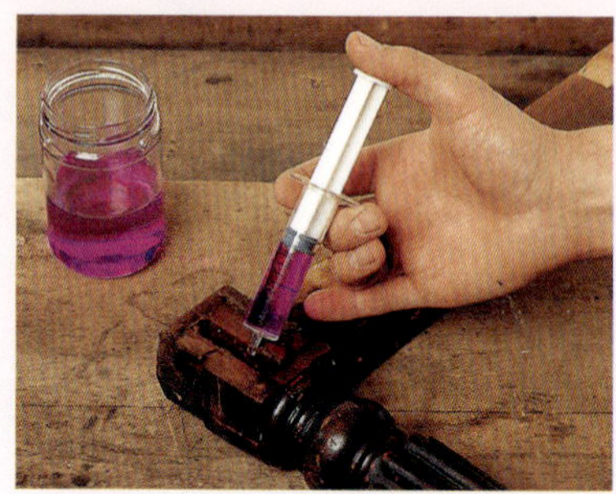

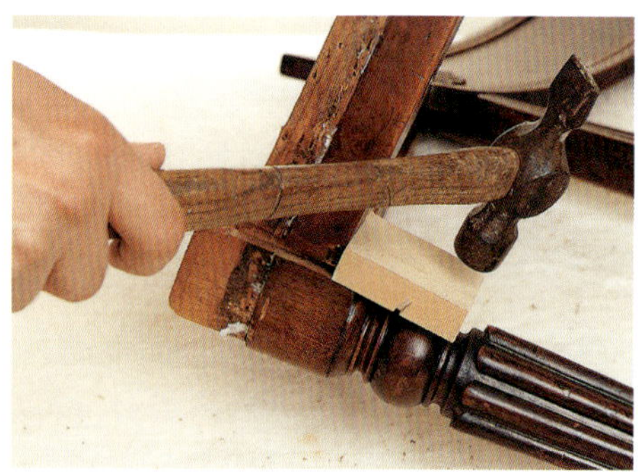

6 Verfahren Sie ebenso mit den anderen Verbindungen an der Vorderseite des Stuhls. Sollten einige Verbindungen so fest sein, dass sie sich nicht ohne Schaden lösen, versuchen Sie es mit Methylalkohol (s. Tipp) oder lassen Sie sie stehen.

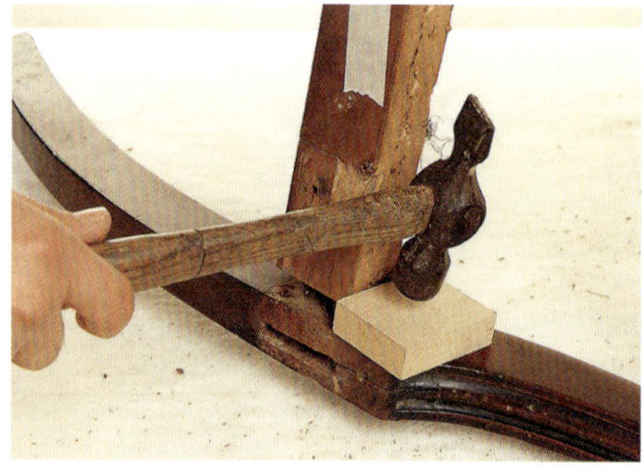

7 Entfernen Sie zum Schluss das hintere Zargenbrett, die Rückenstütze und das Schulterbrett. Bei vielen Stuhlreparaturen wird dies jedoch nicht nötig sein – man hört vorher mit dem Zerlegen auf und lässt die Lehne intakt.

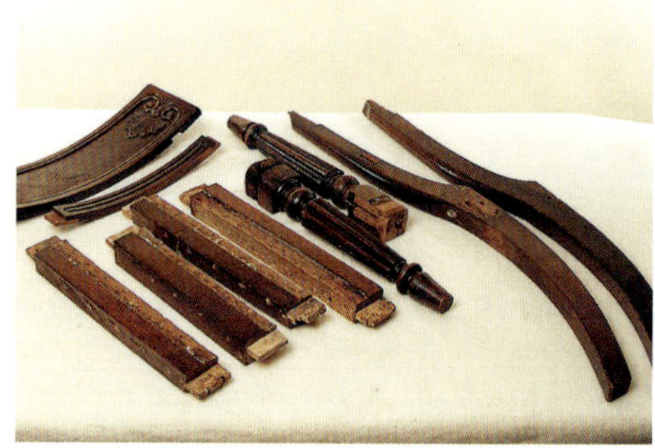

8 Wenn der Stuhl auseinander genommen ist, prüfen Sie nochmals, ob alle Teile vorhanden sind, bevor Sie mit der Restaurierung beginnen.

Den Stuhl wieder zusammenbauen

Nachdem die nötigen Reparaturen erfolgt sind, kann der Stuhl wieder zusammengebaut werden. Unabhängig von Stil, Form oder Holz – das Prinzip, nach dem Stühle zusammengebaut werden, ist nahezu immer gleich. Das Verleimen von Verbindungen während des Zusammenbaus löst zugleich auch manches andere Problem wie wacklige Beine oder Knarren.

Material und Werkzeug

- **Zahnbürste**
- **Raspel oder Feile**
- **PVA-Leim**
- **Schraubzwinge (Spannknecht)**
- **Zulagen**
- **Messlatten**
- **Hartholzblock**
- **Hammer**

▷ **1** Reinigen Sie alle Verbindungen mit einer Zahnbürste und warmem Wasser, um den Knochenleim zu lösen. Wo dies nicht wirkt, nehmen Sie eine Raspel oder Feile. Arbeiten Sie vorsichtig, damit nur der alte Leim gelöst und das Holz nicht beschädigt wird, denn ein dünnerer Zapfen führt zu einer instabilen Verbindung.

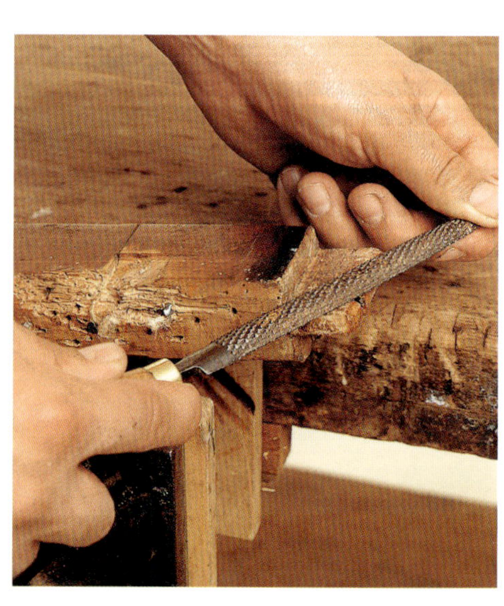

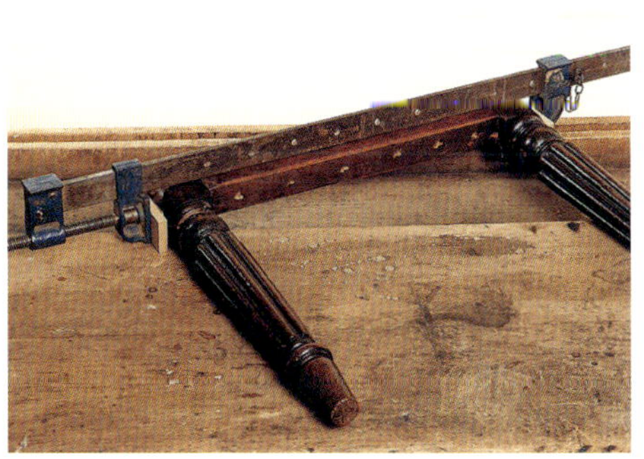

2 Leimen Sie die vorderen Beine und die Zarge zusammen und sichern Sie sie mit einer Schraubzwinge und Zulagen. Prüfen Sie, ob die Beine parallel sind, indem Sie oben und unten messen. Lassen Sie alles über Nacht trocknen.

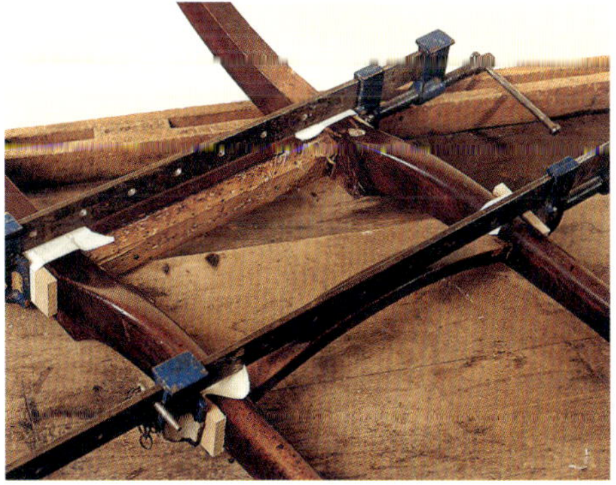

3 Leimen Sie die hinteren Pfosten zusammen, das Zargenbrett muss gleichzeitig mit dem Schulterbrett eingesetzt werden. Messen Sie wie bei den Vorderbeinen nach, ob die Pfosten genau parallel sind und lassen Sie alles über Nacht in der Zwinge trocknen.

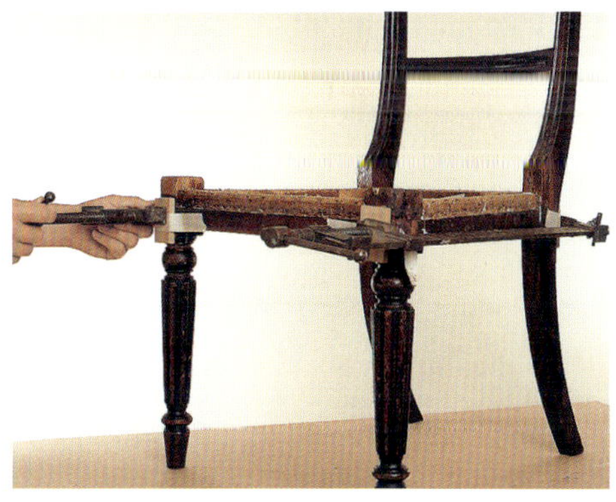

4 Nehmen Sie die Zwinge ab und passen Sie die seitlichen Zargenbretter ein, damit der Stuhl zusammenhält. Stellen Sie den Stuhl auf eine ebene Fläche und prüfen Sie, ob alles richtig sitzt und nichts wackelt. Bringen Sie dann erst die Zwingen an.

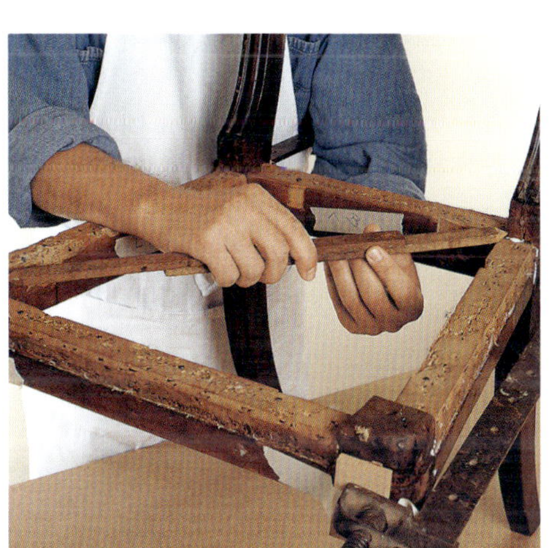

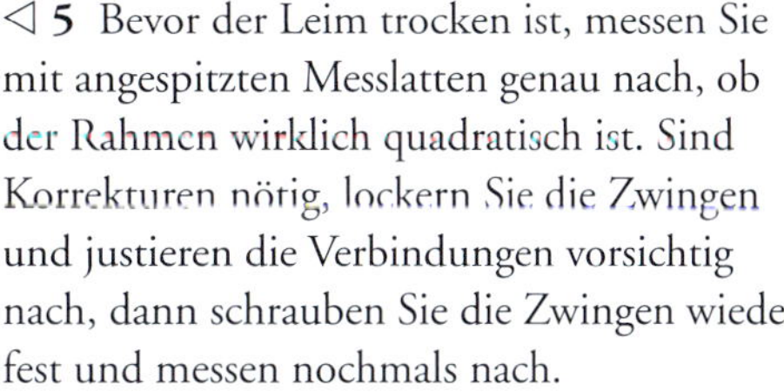

◁ **5** Bevor der Leim trocken ist, messen Sie mit angespitzten Messlatten genau nach, ob der Rahmen wirklich quadratisch ist. Sind Korrekturen nötig, lockern Sie die Zwingen und justieren die Verbindungen vorsichtig nach, dann schrauben Sie die Zwingen wieder fest und messen nochmals nach.

▷ **6** Wenn der Leim getrocknet ist, setzen Sie die Eckstreben ein. Arbeiten Sie vorsichtig mit Hammer und Zulage, damit nichts verschrammt. Belassen Sie die Zwingen währenddessen an der Zarge, damit sich die Verbindungen beim Hämmern nicht lockern.

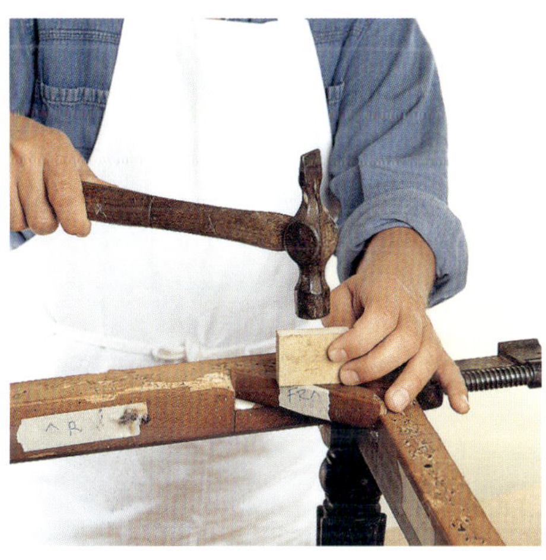

7 Jetzt können Sie das Schulterbrett einpassen. Bei Verbindungen mit Keilzinkung, wie an diesem Stuhl, wird das Schulterbrett zuletzt eingesetzt. Bei Stühlen mit Nut- und Zapfenverbindungen am Schulterbrett sollte es erst eingesetzt werden, wenn beide Pfosten verleimt sind.

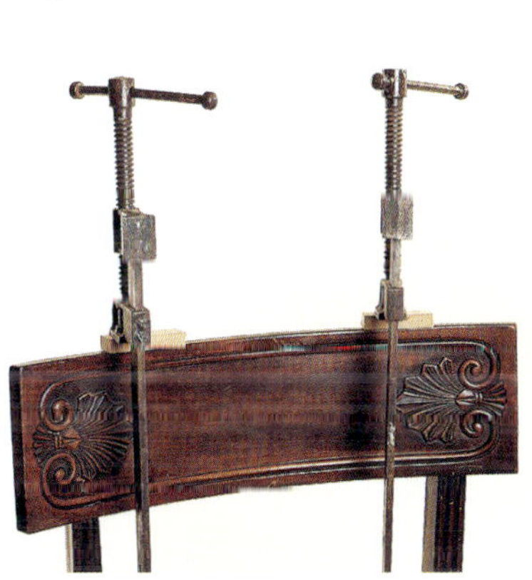

8 Setzen Sie das geschwungene Schulterbrett mittels Zwingen leicht unter Spannung und arbeiten Sie mit Zulagen, um Schrammen zu vermeiden.

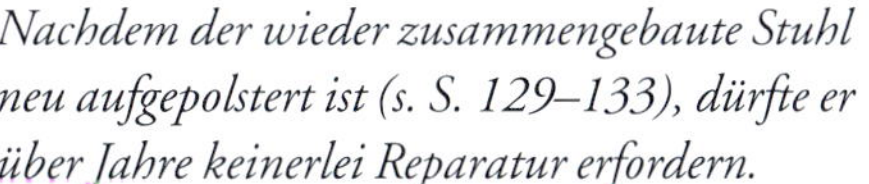

Nachdem der wieder zusammengebaute Stuhl neu aufgepolstert ist (s. S. 129–133), dürfte er über Jahre keinerlei Reparatur erfordern.

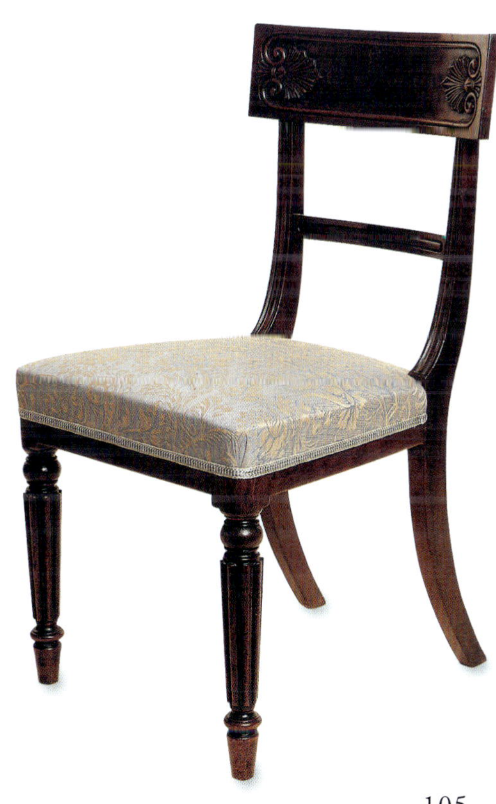

Lehnen und Stuhlbeine reparieren

Lehnen und Stuhlbeine sind besonders anfällig für Schäden. Am häufigsten sind abgestoßene Füße, ein Schaden, der sich kaum vermeiden lässt und der in besonders schweren Fällen dazu führt, dass die Füße abgesägt und ersetzt werden müssen. Leider wird mit Stühlen oft wenig sorgsam umgegangen, sei es, dass man sich zu stark zurücklehnt oder auf zwei Stuhlbeinen hin- und herschaukelt, was die Konstruktion unweigerlich belastet und gelockerte Verbindungen oder ein Verziehen des Rahmens verursachen kann. Aber selbst der schlimmste Schaden lässt sich beheben.

Einen abgestoßenen Fuß restaurieren

Tagtäglicher Gebrauch fordert bei den meisten Möbeln und vor allem bei Stühlen seinen Tribut. Dieser Ball- und Klauenfuß ist aufgrund seiner ausgeprägten Form besonders gefährdet. Nicht reparieren wird man einige der größeren Kratzer und Schrammen, da sie nun einmal zur Geschichte des Stuhls gehören. Eine einfühlsame Restaurierung sollte den Zustand des Möbelstücks verbessern, dabei aber sehr behutsam vorgehen, um Farbe und Patina nicht zu entfernen. Grundsätzlich sollte eine Reparatur der Oberfläche der alten Textur angepasst werden.

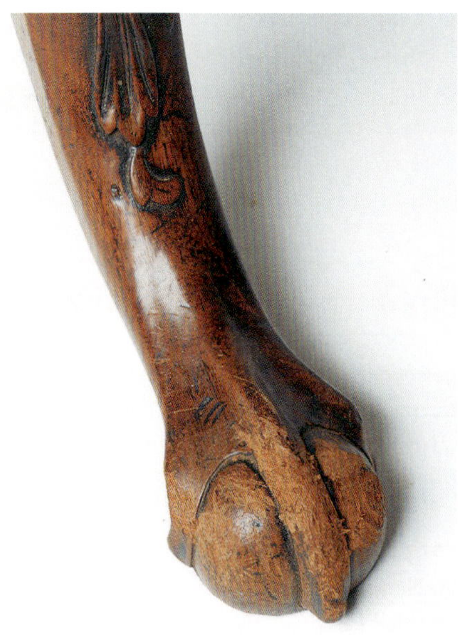

Material und Werkzeug

- feines Schleifpapier
- Pinsel
- Spiritusbeize
- Polierballen
- Politur

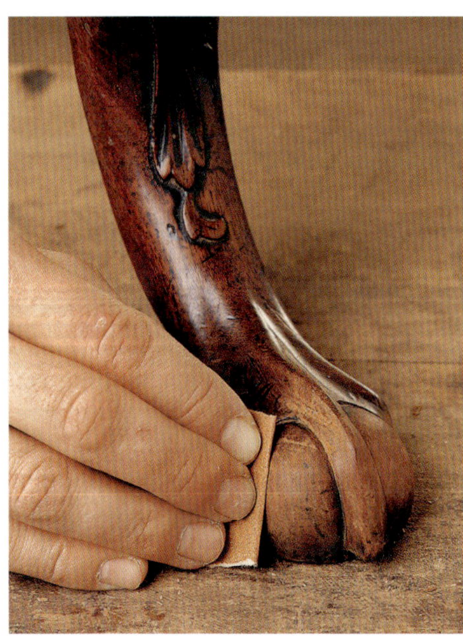

1 Stellen Sie den Stuhl auf die Werkbank und behandeln Sie die verschrammte Stelle mit feinem Schleifpapier, bis die alte Politur und die Schrammen beseitigt sind.

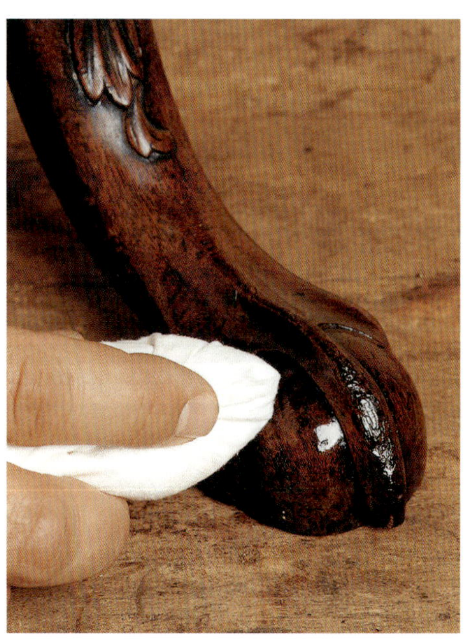

2 Mischen Sie Farbe in der gewünschten Tönung (s. S. 41) und überstreichen Sie den Fuß, bevor Sie ihn mit dem Polierballen polieren (s. S. 66–67), bis der Farbton angeglichen ist.

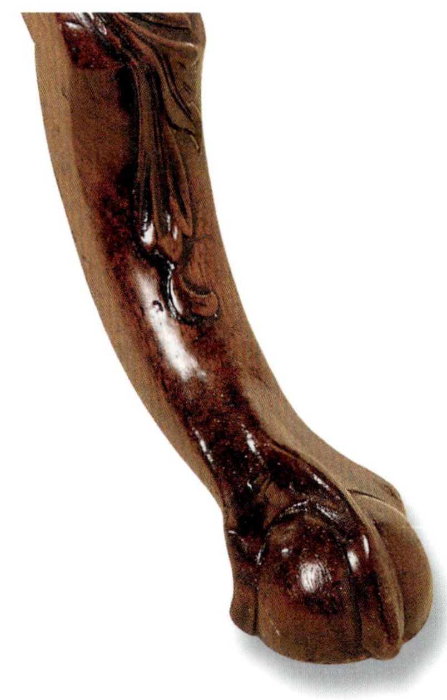

Der restaurierte Fuß sollte nicht nagelneu wirken, sondern sich vielmehr den anderen Stuhlteilen anpassen. Nur Farbe und Glanz wurden wiederhergestellt.

Eine angeknabberte Armlehne ersetzen

Es gibt Hunde und Katzen, die gerne an Holz knabbern oder ihre Zähne daran wetzen. Manchmal entstehen dabei nur kleine Kratzer, es kann aber auch vorkommen, dass eine größere Reparatur erforderlich ist. Dieser im 18. Jahrhundert aus kubanischem Mahagoni gebaute Kinderschaukelstuhl wurde vom Hund der Familie schwer zerbissen. Bevor Arme und Beine wiederhergestellt werden, muss ein Teil des beschädigten Holzes abgenommen werden.

Material und Werkzeug

- kubanisches Mahagoni
- PVA-Leim
- Schraubzwinge (Spannknecht)
- Bügelsäge
- Schabhobel
- feines Schleifpapier
- Pinsel
- Spiritusbeize
- Polierballen
- Politur

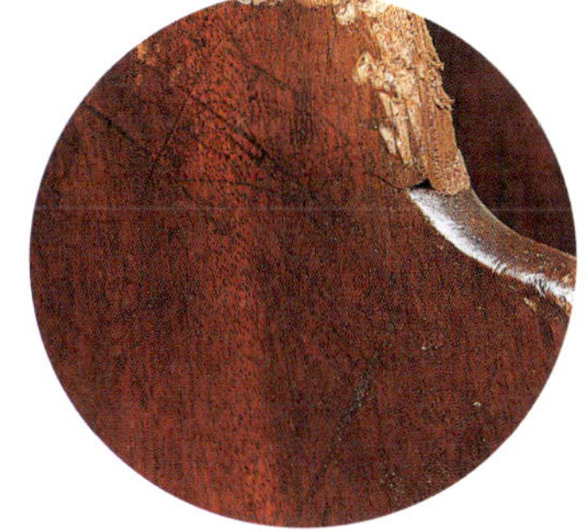

Der angeknabberte Arm

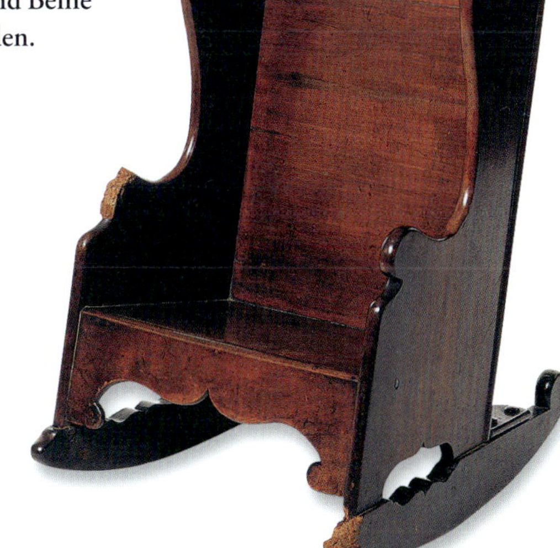

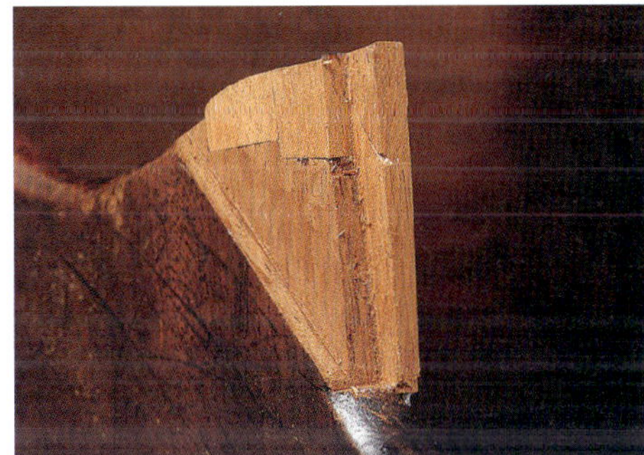

1 Wählen Sie passendes Mahagoni als Ersatz und bauen Sie schichtweise die Form der Lehne auf. Arbeiten Sie mit PVA-Leim und beginnen Sie an der Innenseite. Die neue Lehne sollte geringfügig größer als die alte sein.

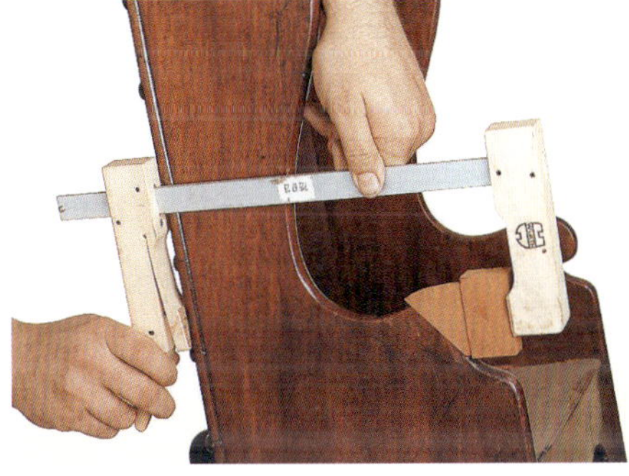

2 Leimen Sie einen einzelnen Mahagoniblock außen auf die Oberfläche und einen größeren an dessen Vorderseite. Dann fixieren Sie die wiederhergestellte Lehne mit der Zwinge am Stuhl, bis der Leim getrocknet ist.

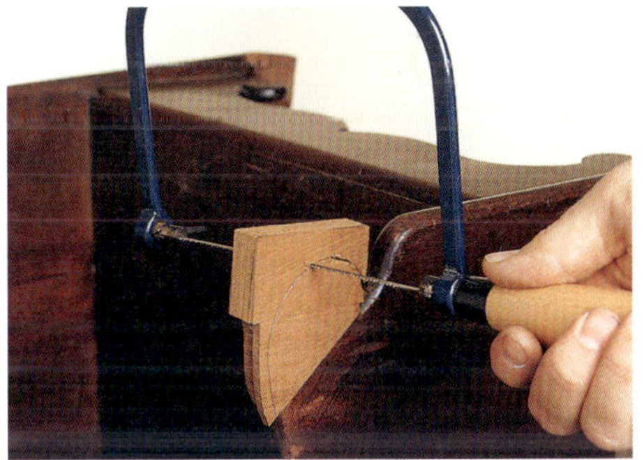

3 Nehmen Sie die Zwinge ab und zeichnen Sie die Form der Lehne, etwas größer als das Original, auf das neue Holz. Sägen Sie mit der Bügelsäge entlang der Linie.

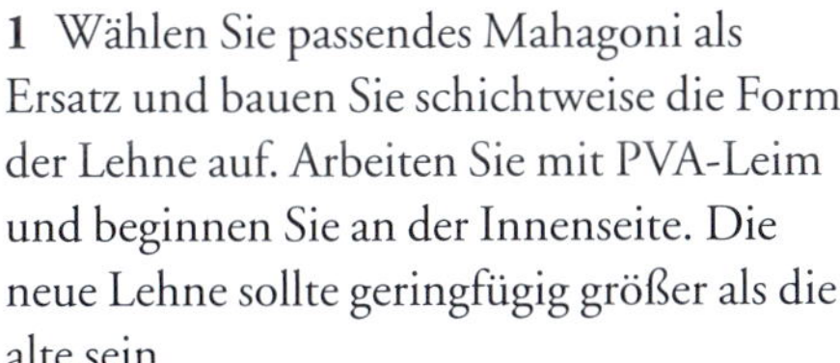

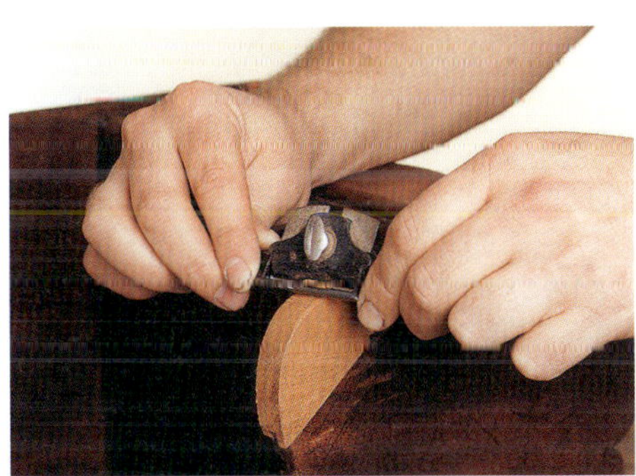

4 Modellieren Sie die Kante mit dem Schabhobel, indem Sie dem Umriss der anderen Lehne folgen, bis beide übereinstimmen. Reparieren Sie nach dem gleichen Prinzip auch das beschädigte Bein.

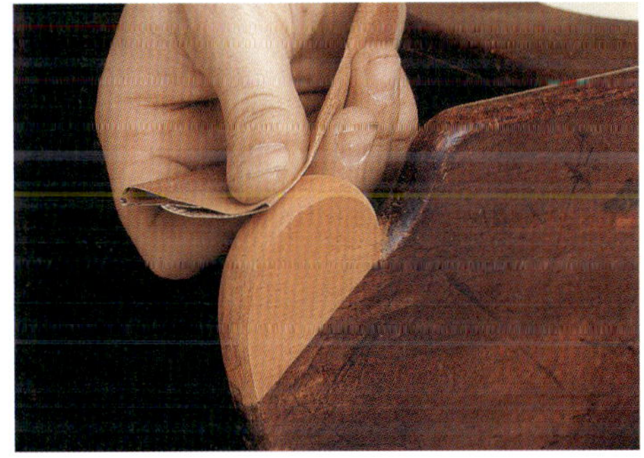

5 Glätten Sie die reparierten Teile mit feinem Schleifpapier. Mischen Sie Farbe im erforderlichen Ton an, überstreichen Sie die neuen Teile und polieren Sie sie passend zum Stuhl.

Rechts: *Nach dem Polieren ist die Reparatur nicht mehr zu erkennen. Der ursprüngliche Zustand des Stuhls ist wiederhergestellt.*

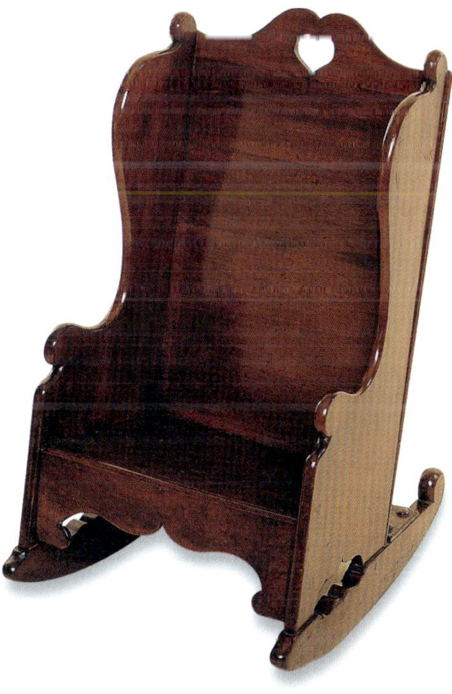

Ein Cabriole-Bein reparieren

Dieser viktorianische Ballonrücken-Stuhl, der im 19. Jahrhundert aus Nussbaumholz gefertigt wurde, hat ein typisch gebrochenes Bein. Aufgrund der geschwungenen Cabriole-Form und der mangelnden Dichte von Nussholz in Faserrichtung reagiert dieser Stuhltyp besonders empfindlich, insbesondere bei unsachgemäßer Belastung.

Selbst bei einem glatten Bruch wie diesem erreicht man allein durch Leimen keine ausreichende Stabilität. Vielmehr muss man in beide Seiten der Bruchstelle Löcher bohren, dann Dübel einbringen und alles zusammenleimen, damit das Bein dauerhaft hält. Die Methode ist einfach, heikel ist lediglich das Ausrichten und Bohren der beiden Dübellöcher. Zum Glück gibt es dafür einen Trick, für den man nichts weiter als einen Nagel braucht.

MATERIAL UND WERKZEUG

- Hammer
- 25 mm langer Nagel
- Hobelmesser oder Blechschere
- Kneifzange oder Seitenschneider
- Bohrmaschine
- Holzbohrer
- Holzdübel
- dünnes Stecheisen
- Holzleim
- Parallelzwingen
- feines Schleifpapier
- Polierballen
- Politur

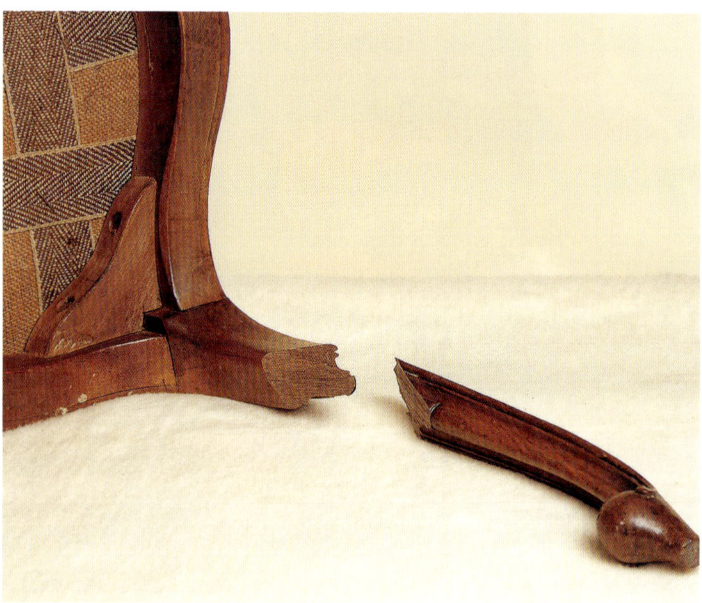

▷ **1** Legen Sie den Stuhl mit den Beinen nach oben auf die mit einer Decke geschützte Werkbank. Schlagen Sie als Markierung für das Dübelloch einen 25-mm-Nagel auf halbe Länge in den oberen Teil der Bruchstelle.

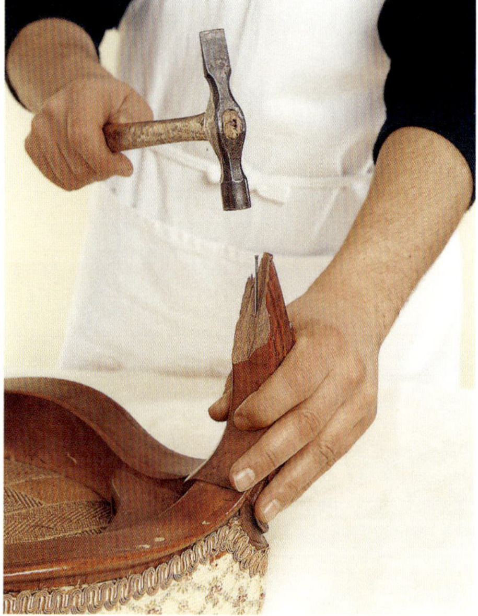

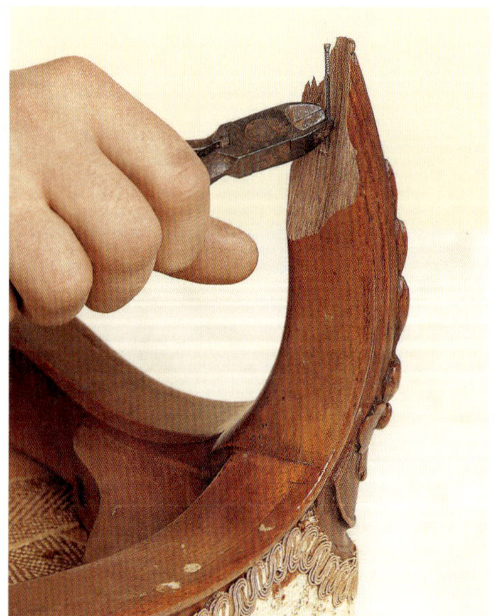

2 Zwacken Sie den Nagel mit der Zange so ab, dass eine Spitze stehen bleibt.

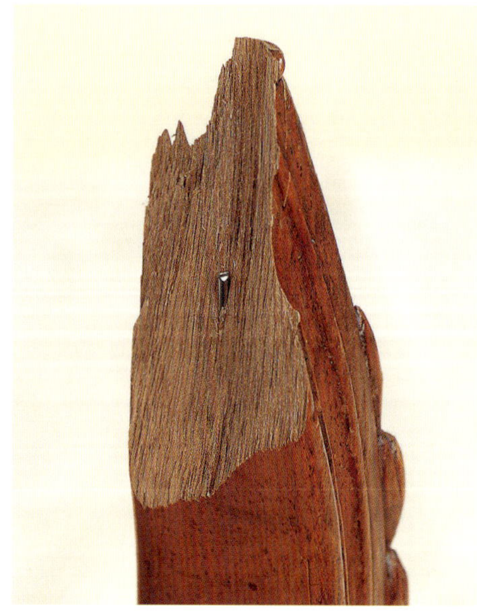

3 Mit der Spitze des Nagels wird das Bohrloch an der unteren Bruchstelle markiert.

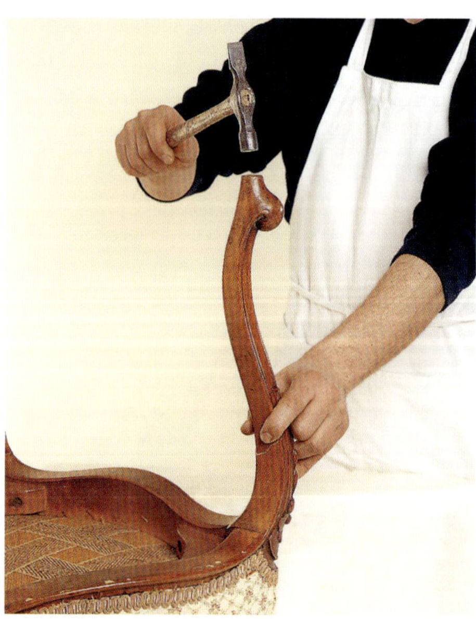

4 Fügen Sie beide Teile des Beins zusammen und schlagen Sie von unten mit dem Hammer dagegen, damit die Nagelspitze eine Markierung hinterlässt. Nehmen Sie das untere Teil ab und entfernen Sie den Nagel mit der Zange.

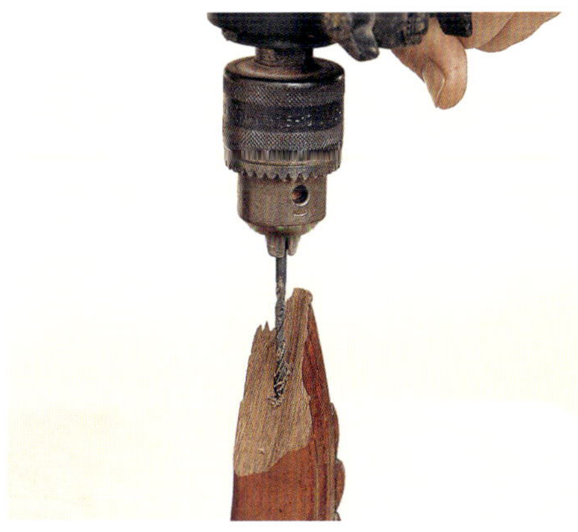

5 Bohren Sie an beiden Bruchstellen an den durch den Nagel markierten Stellen je ein kleines Loch vor.

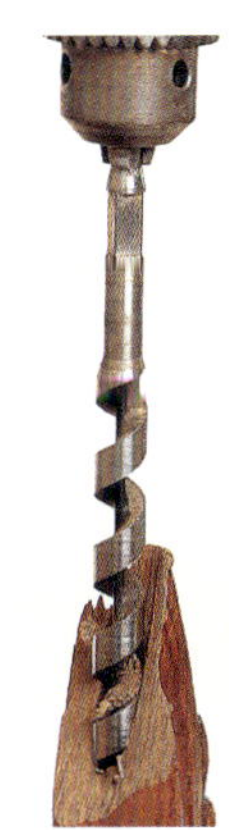

6 Wählen Sie einen Dübel, der etwa ein Drittel so dick wie das Stuhlbein und 75 mm lang ist. Der Bohreinsatz sollte dieselbe Größe wie der Dübel haben. Bohren Sie in beide Teile des Stuhlbeins ein etwa 38 mm tiefes Loch.

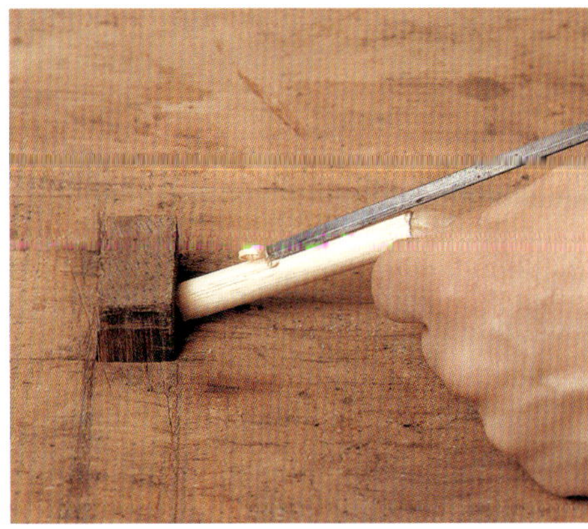

7 Legen Sie den Dübel an ein kleines, auf der Werkbank fixiertes Holzstück an. Schneiden Sie mit dem Stecheisen einen schmalen Längsschlitz in den Dübel. So kann überschüssiger Leim entweichen.

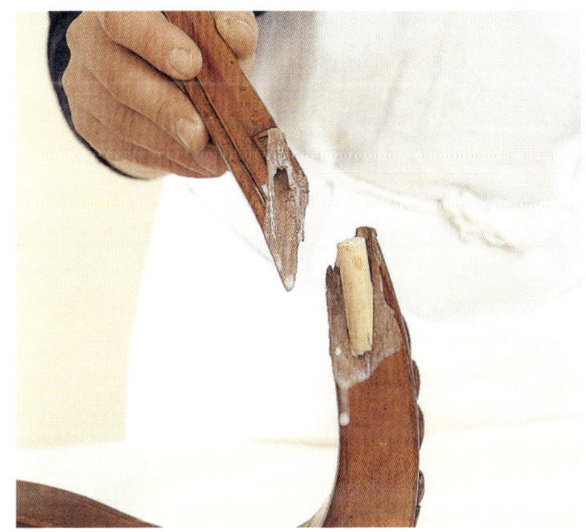

◁ **8** Streichen Sie Leim auf beide Bruchstellen und den Dübel, führen Sie den Dübel dann in das obere Teil ein und drücken Sie eventuell mit einigen Hammerschlägen nach, bevor Sie beide Teile zusammenfügen.

▷ **9** Vergewissern Sie sich, dass die Kanten glatt sind, dann erst verspannen Sie das Bein in den Zwingen und lassen den Leim trocknen.

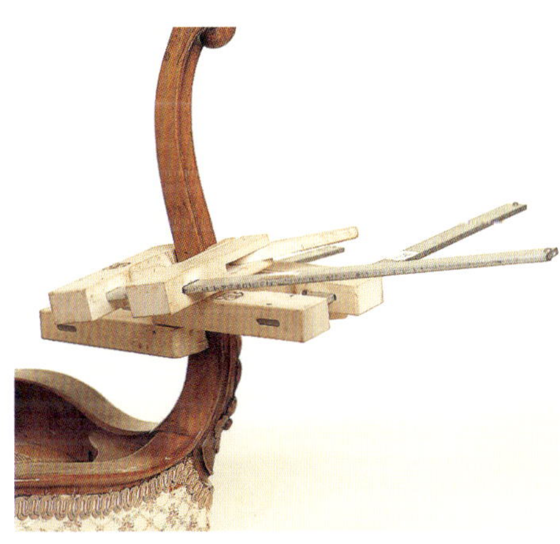

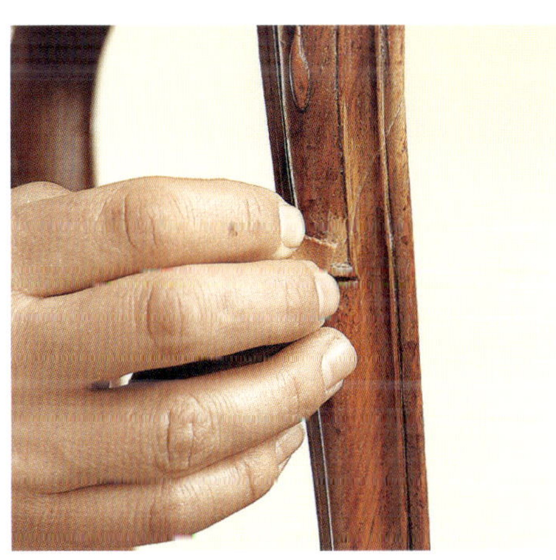

10 Nehmen Sie die Zwingen ab und stellen Sie den Stuhl auf die Beine. Glätten Sie die reparierte Stelle mit Schleifpapier, bevor Sie das Bein mit der entsprechenden Farbe polieren, um es dem Rest des Stuhls anzupassen.

Rechts: *Nach dem Polieren sollte von der Reparatur nichts mehr zu sehen sein, während die Stabilität des Stuhlbeins sich entscheidend verbessert hat.*

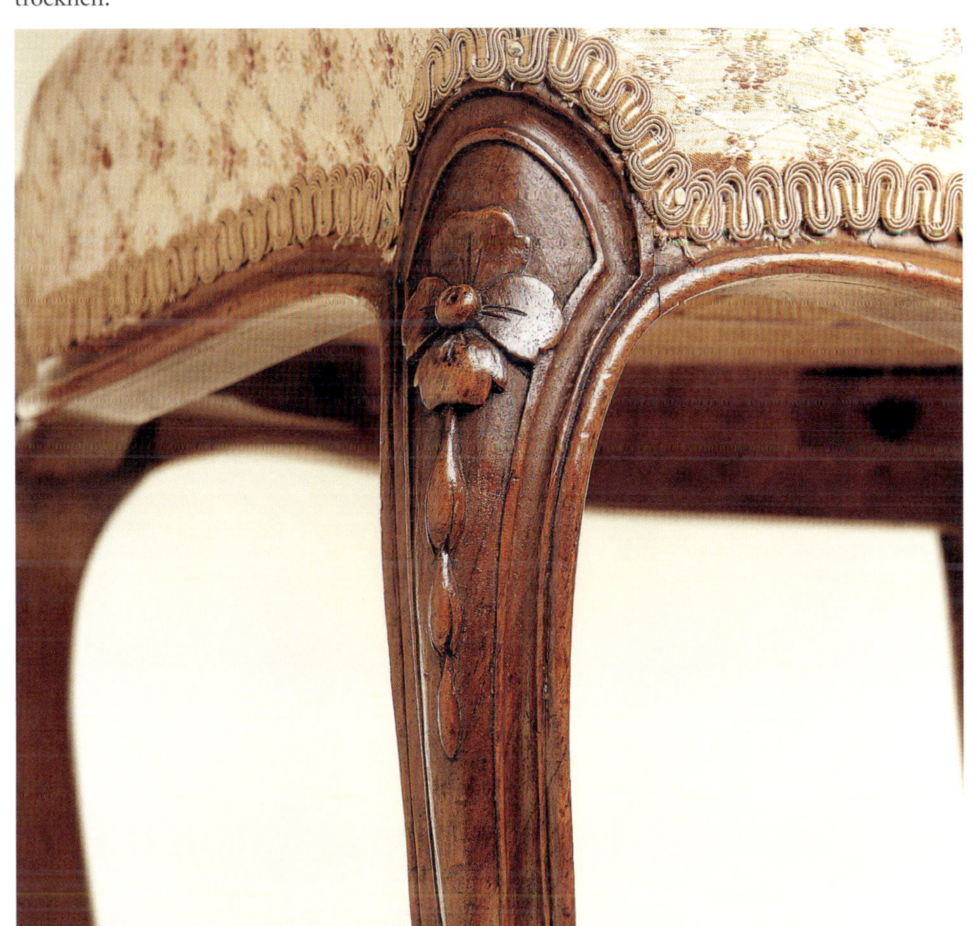

Einen gebrochenen Pfosten reparieren

Dieser georgianische Stuhl illustriert beispielhaft ein Problem, das immer wieder auftritt: Man muss sich nur etwas zu heftig zurücklehnen und schon ist es passiert – der Stuhl bricht an seinem schwächsten Punkt entlang der Längsfaser, genau über der Sitzfläche.

In diesem Fall war die Stelle schon einmal repariert worden, denn der Schaden folgt der alten Bruchstelle, was belegt, dass eine provisorische Reparatur nur von kurzer Dauer ist. Für eine langfristige Reparatur muss ein neues Stück Holz eingesetzt werden, damit beide Teile des Pfostens sicher zusammenhalten.

Material und Werkzeug

- kartoniertes weißes Papier
- Winkelmaß
- Feinsäge
- Hobel
- Schere
- Mahagoni
- Bandsäge
- PVA-Leim
- Bügelschraubzwingen
- Zulagen
- Schabhobel
- Schraubzwingen (Spannknechte)
- feines Schleifpapier
- feiner Pinsel
- Beize
- Polierballen
- Politur

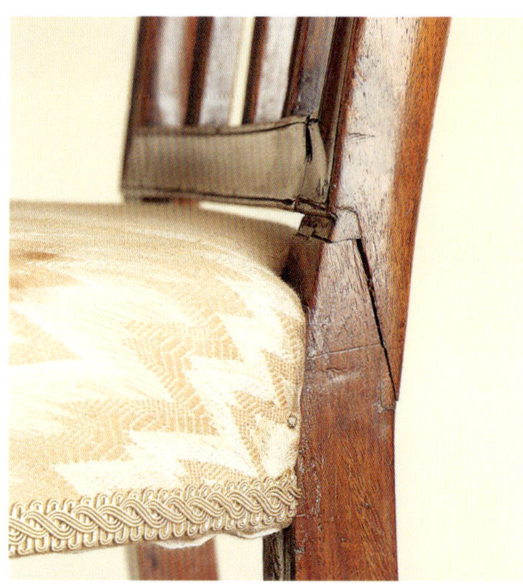

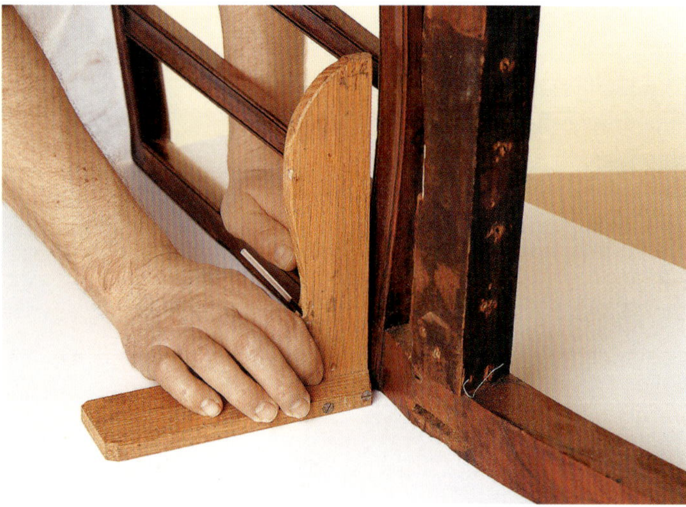

1 Legen Sie den Stuhl auf die durch eine Decke geschützte Werkbank, entfernen Sie das Polster (s. S. 102–103) und nehmen Sie den Stuhl auseinander (s. S. 103–104, Schritt 1–5). Legen Sie den unbeschädigten Pfosten auf einen Bogen kartoniertes Papier und zeichnen Sie die Umrisse mittels Winkelmaß ab, um eine Schablone (Muster) für das neue Holzstück zu erhalten.

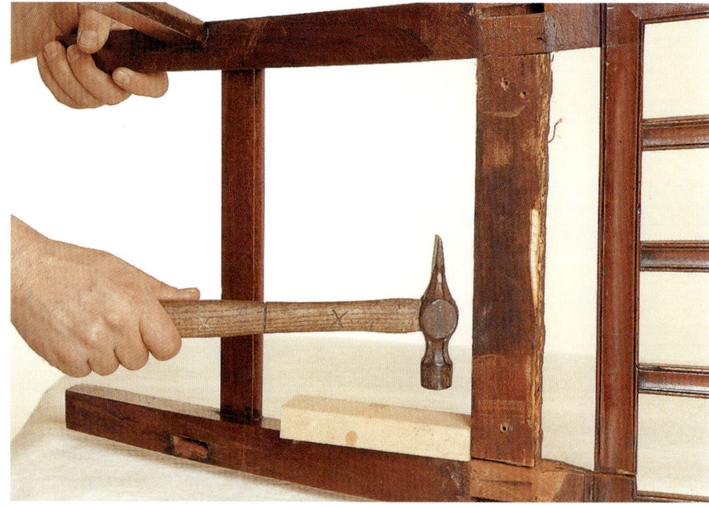

2 Lösen Sie nun die hinteren Pfosten von Steg, Zarge, Rückenlehne und Schulterbrett.

Tipp

Um von einem Pfosten mit Profil eine Schablone zu zeichnen, verwenden Sie am besten ein einfaches selbst gefertigtes Winkelmaß. Verbinden Sie ein gerades Holzstück im rechten Winkel mit einer Richtplatte und bohren Sie ein Loch hinein, durch das Sie die Mine eines Kugelschreibers stecken können.

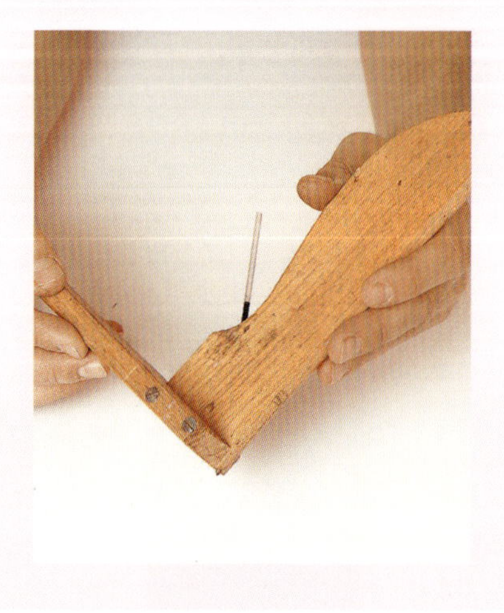

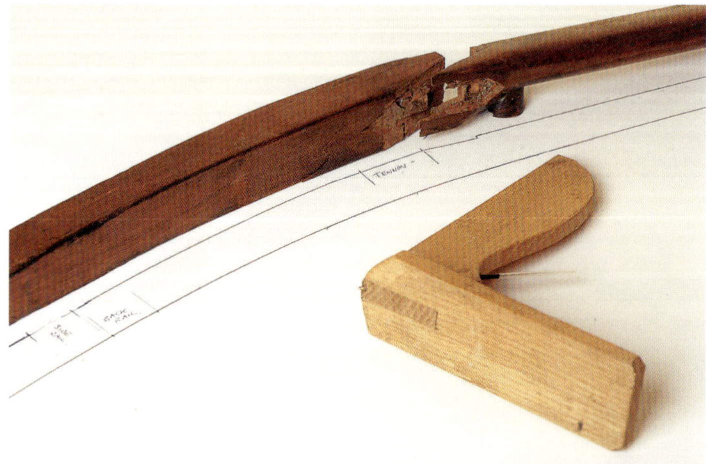

3 Vergleichen Sie den gebrochenen Pfosten mit der Skizze.

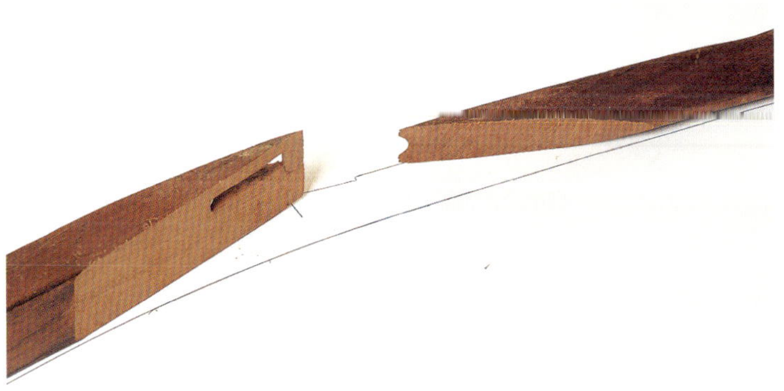

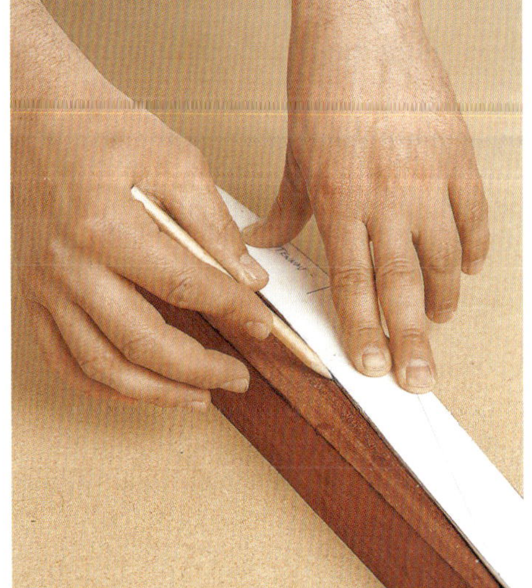

◁ **5** Schneiden Sie den Umriss als Schablone aus dem kartonierten Papier. Legen Sie ihn auf ein passendes Stück Mahagoni und markieren Sie die exakte Größe. Sägen Sie das Holz entlang dieser Linie mit der Bandsäge aus.

4 Sägen Sie die beschädigte Stelle mit der Feinsäge heraus und hobeln Sie die Kanten der Schnittstellen glatt. Positionieren Sie die beiden Teile genau auf dem Muster. Die Lücke zeigt Ihnen, wie groß das neue Holzstück sein muss.

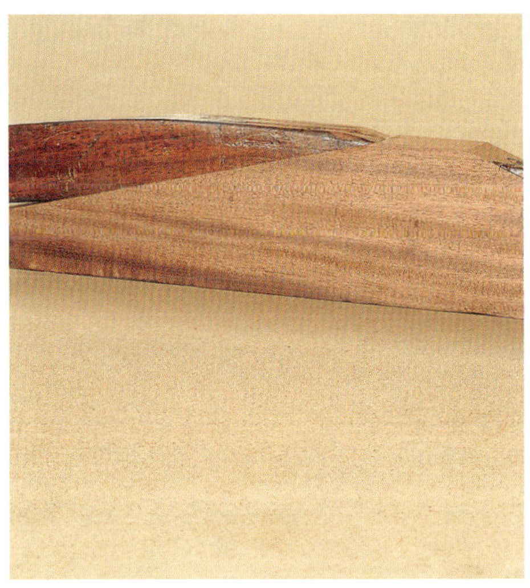

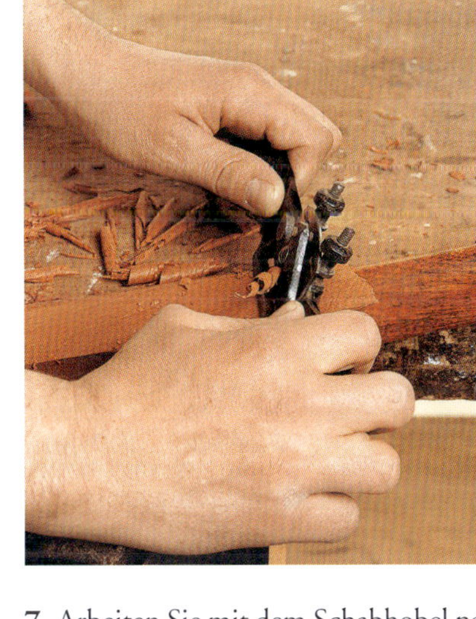

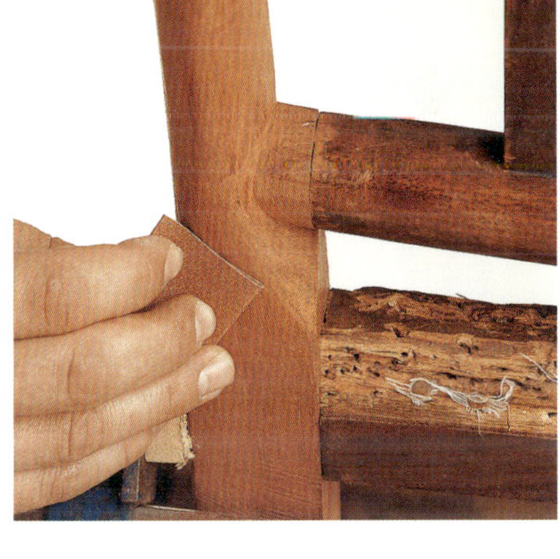

6 Leimen Sie das neue Stück fest zwischen die beiden Pfostenteile und lassen Sie alles über Nacht in der Zwinge trocknen, damit der Leim gut abbindet.

7 Arbeiten Sie mit dem Schabhobel nach, Vorbild für die Form ist der unbeschädigte andere Pfosten. Schneiden Sie drei neue Nuten (s. S. 119) in den Pfosten, sie sind für die Zapfen der beiden Zargenbretter und der Rückenlehne vorgesehen.

8 Fügen Sie die Stuhllehne wieder zusammen und lassen Sie sie in der Zwinge trocknen. Dann entfernen Sie die Zwingen und glätten das neue Holz mit feinem Schleifpapier.

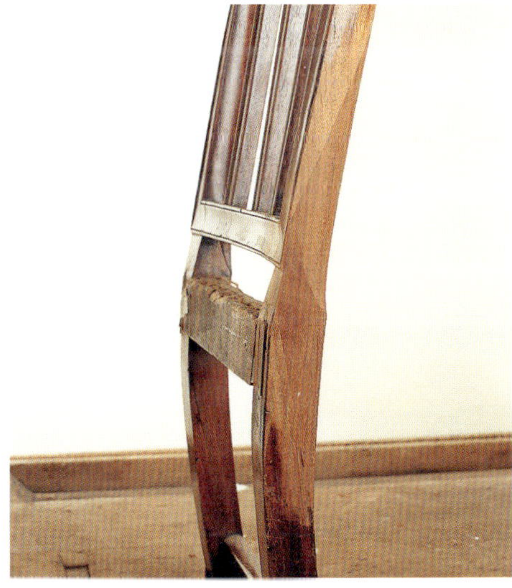

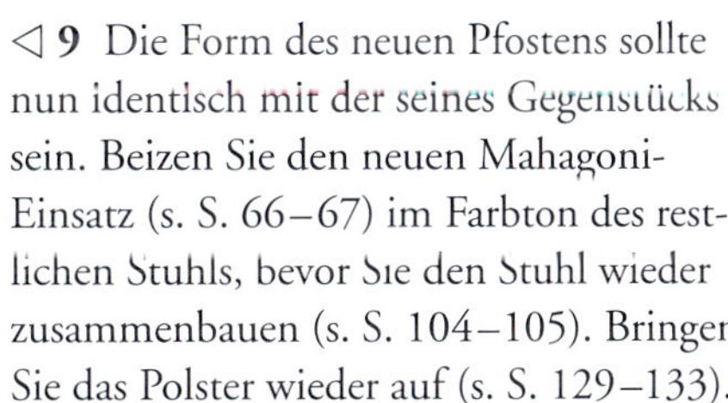

◁ **9** Die Form des neuen Pfostens sollte nun identisch mit der seines Gegenstücks sein. Beizen Sie den neuen Mahagoni-Einsatz (s. S. 66–67) im Farbton des restlichen Stuhls, bevor Sie den Stuhl wieder zusammenbauen (s. S. 104–105). Bringen Sie das Polster wieder auf (s. S. 129–133).

Der Mahagoni-Einsatz an diesem restaurierten Stuhl sollte so gut wie unsichtbar sein.

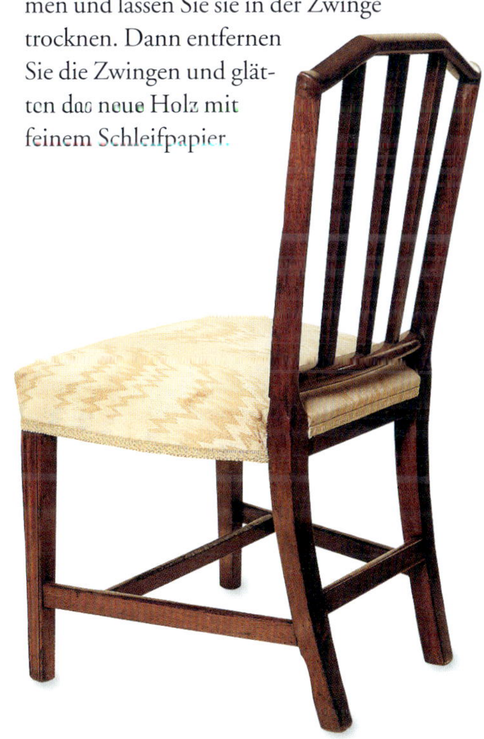

Eine zerbrochene Armlehne reparieren

Die meisten Armlehnen sind an zwei Stellen befestigt: an der Rückenlehne und der Zarge. Manche weisen eine Nut- und Zapfenverbindung oder Keilzinkung auf, andere sind nur mit großen Schrauben befestigt. Wenn Sie eine Lehne reparieren wollen, sollten Sie sich, wie bei jeder Restaurierung, den Schaden und die Bauart des Möbelstücks genau ansehen. Erst dann werden Sie in der Lage sein, über die richtige Vorgehensweise und die geeignete Technik zu entscheiden.

Der Arm dieses Ahornstuhls hat sich sowohl an der Zarge als auch im Bereich der Lehne gelockert – ein Schaden, wie er schnell entstehen kann, wenn ein Stuhl umfällt, einen Stoß erhält oder beim Transportieren an den Lehnen anstatt am Sitz angepackt wird. Die Armlehne muss vor der Reparatur abmontiert werden.

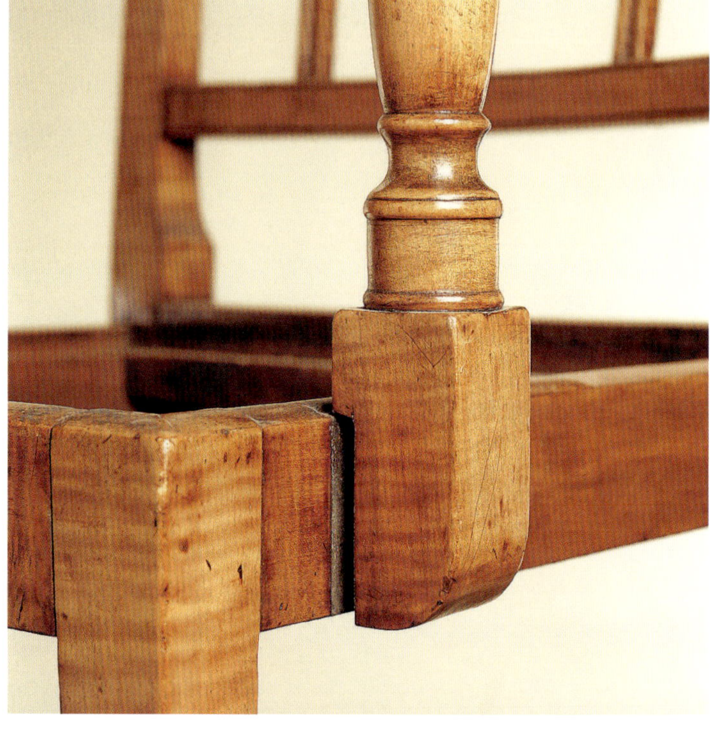

MATERIAL UND WERKZEUG

- Schraubendreher
- Hammer
- Hartholzblock
- Stecheisen
- Zahnbürste
- PVA-Leim
- Bügelschraubzwingen
- Parallelzwingen
- Zulagen

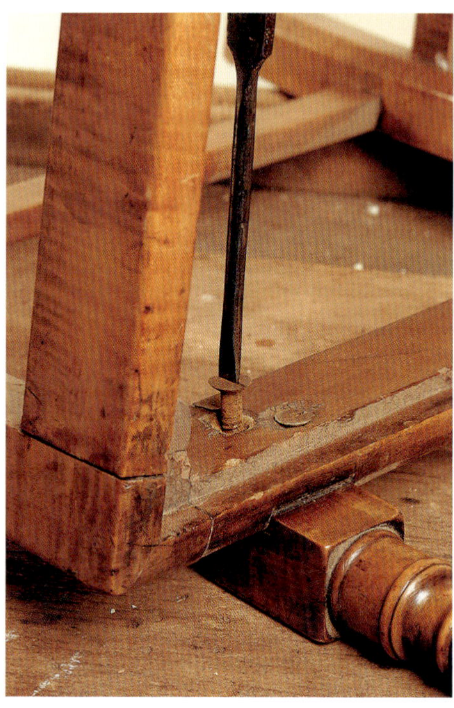

1 Legen Sie den Stuhl seitlich auf eine Werkbank und lockern Sie zunächst die beiden großen Schrauben, mit denen die Lehne an Zarge und Rückenlehne fixiert ist, bevor Sie sie entfernen. Die Schrauben sitzen innen an der Zarge und werden gewöhnlich durch den gepolsterten Einlegsitz verdeckt. Heben Sie die Schrauben gut auf, um die Armlehnen am Schluss wieder festzuschrauben.

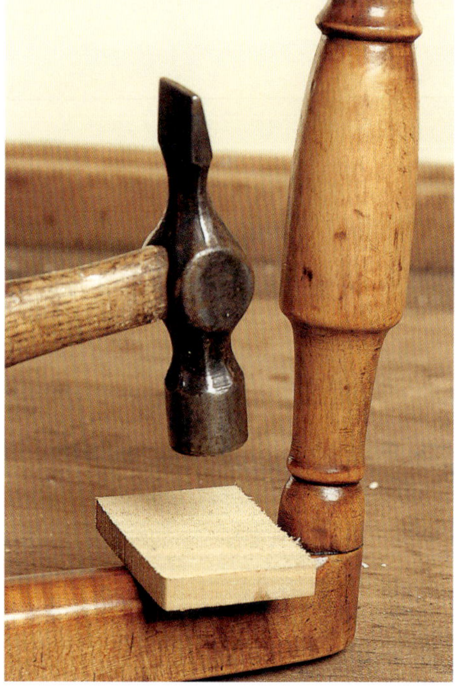

2 Lösen Sie die Nut der Armlehne vorsichtig vom Zapfen in der Rückenlehne. Auf diese Weise lässt sich die ganze Lehne vom Stuhl abnehmen. Die Dübelverbindung zwischen Armlehne und Armstütze hat sich ebenfalls gelockert. Legen Sie die Lehne auf die Werkbank und klopfen Sie die Verbindung mit dem Hammer und einem Holzblock heraus.

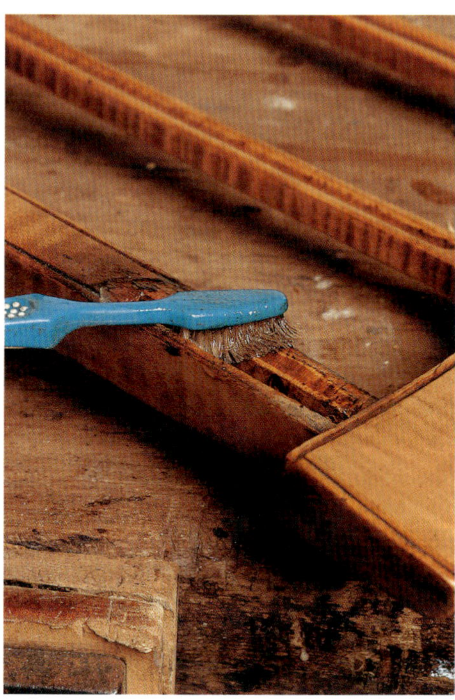

3 Entfernen Sie sämtliche Leimrückstände mit einem scharfen Stecheisen, ohne dass dabei Kratzer im polierten Holz entstehen. Kristalline Leimreste weisen auf Knochenleim hin, der sich mit heißem Wasser und einer Zahnbürste entfernen lässt. Das Wasser weicht den Leim auf und löst ihn, muss aber entsprechend sparsam verwendet werden, um keine Flecken zu verursachen.

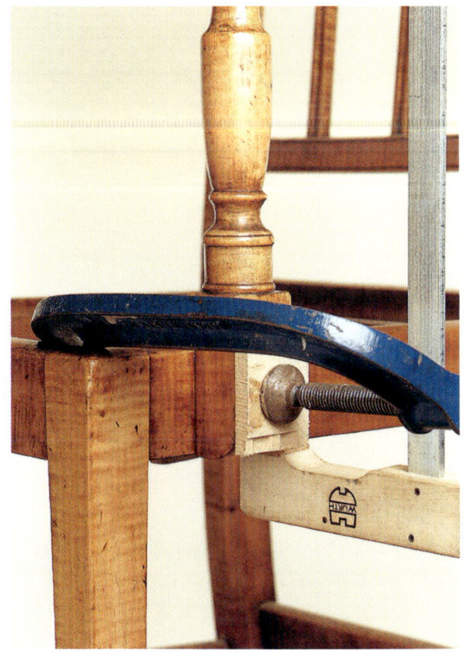

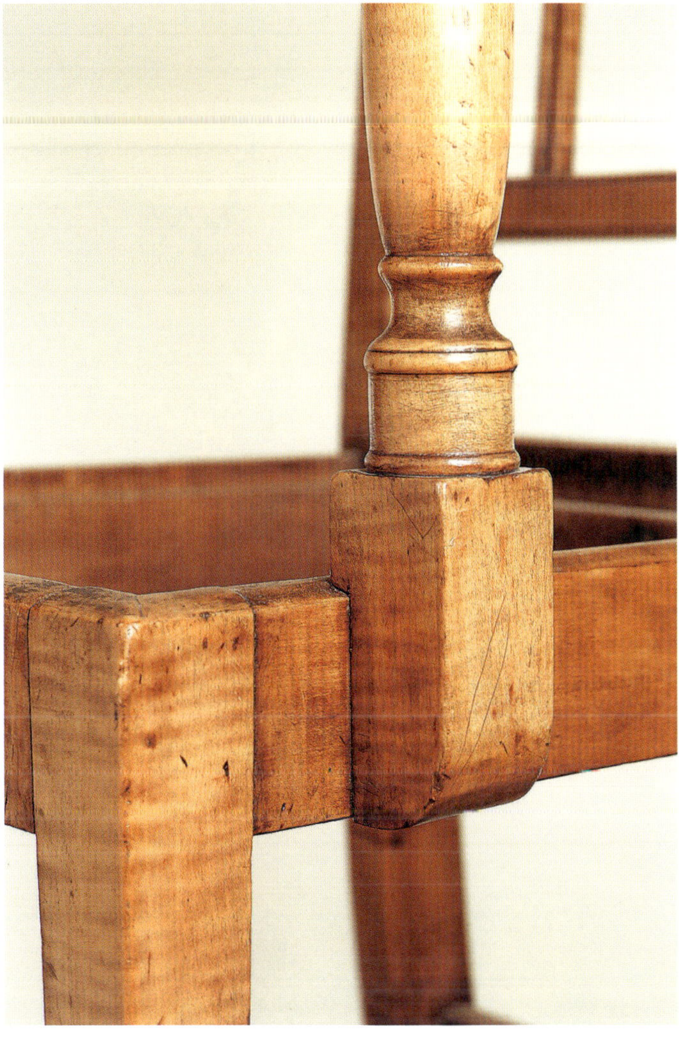

Wenn der Leim getrocknet ist und die Zwingen entfernt sind, sollte der Stuhl so stabil sein wie zur Zeit seiner Entstehung.

4 Prüfen Sie, ob alle Verbindungen fest sind, bevor Sie sie neu verleimen und Armlehne und Stütze wieder einsetzen. Sichern Sie die Verbindung zur Zarge mit einer Bügelschraubzwinge und die Verbindung zur Rückenlehne mit Parallelzwingen. Verwenden Sie dafür Zulagen. Wenn der Stuhl einen geschwungenen Rücken hat, müssen Sie diese vorher entsprechend anpassen.

Eine gebrochene Schraube entfernen

Wenn eine Schraube über Jahre, vielleicht sogar über Jahrhunderte, in Gebrauch war, kann sie so porös sein, dass der Schaft beim Herausschrauben bricht. In diesem Fall gibt es drei Lösungen:

Sie können aus der alten eine provisorische neue Schraube fertigen, indem Sie eine neue Rille in den gebrochenen Schaft schneiden (s. Anleitung).

Oder Sie bohren seitlich am Schraubenrand entlang ein Loch, etwas größer als der Schaft der Schraube, das Sie dann mit dem Schraubendreher geringfügig erweitern. So können Sie die Schraube mit der Nadelbackenzange herausziehen. Vor der Wiederbenutzung wird ein mit Leim bestrichener Dübel in das Loch gesteckt.

Alternativ können Sie das Loch mit einem Metallbohrer mit demselben oder einem etwas größeren Durchmesser ausbohren, aber auch dann müssen Sie das Loch, um es wieder zu nutzen, zustopfen.

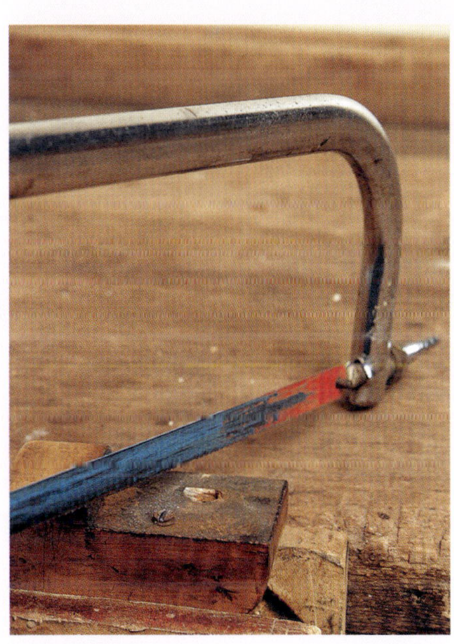

1 *Wenn ein Schraubenschaft beim Herausschrauben bricht und einen störenden Stumpf an der Oberfläche hinterlässt, sägen Sie ihn mit der Bügelsäge ab.*

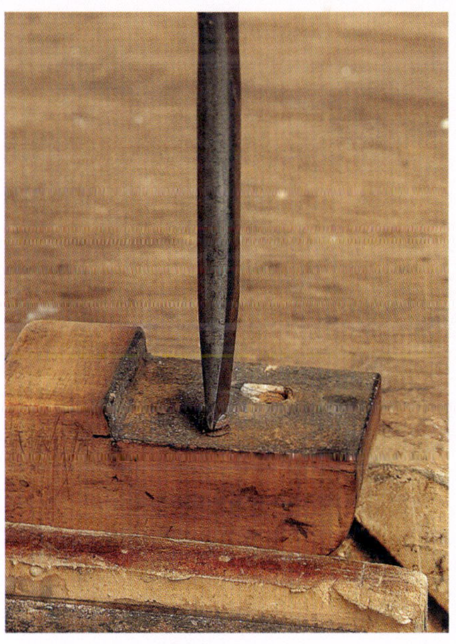

2 *Drehen Sie die Schraube einfach wie gewohnt heraus. Wenn das Metall porös geworden ist, nehmen Sie einen Schraubendreher, der genau in den Schlitz passt.*

Ein Stuhlbein mit Kanneluren

Im 18. Jahrhundert kamen kannelierte Verzierungen an gedrechselten Möbelbeinen in Mode. Bei sich verjüngenden Beinen müssen sich auch die Kanneluren von oben nach unten verjüngen, um parallel zu verlaufen. Für diese Arbeit braucht man einen Rillenschneider (s. unten). Er besteht aus zwei parallelen Seitenbrettern, die der exakten Führung der Schneide dienen. Kopf- und Fußende sind, je nach Länge des Beins, verstellbar. Hier handelt es sich um einen Sheraton-Stuhl von etwa 1790, bei dem das gebrochene Bein verloren ging und ersetzt werden muss.

MATERIAL UND WERKZEUG

- Greifzirkel
- Holz
- Drehbank
- Drechselwerkzeug
- Stechzirkel
- alte Bandsäge oder Ziehklinge
- Rundfeile
- Rillenschneider
- Tischlerwinkel
- rückwärts gebogener Meißel
- Ziehklinge
- feines Schleifpapier
- Hohlbeitel
- feiner Pinsel
- Beize
- Polierballen
- Politur
- Wachs

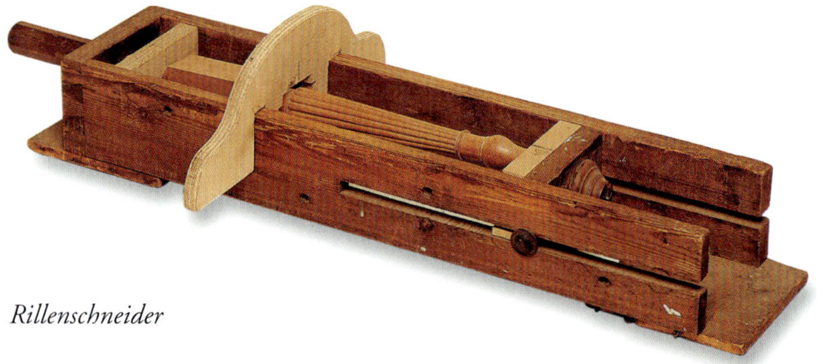

Rillenschneider

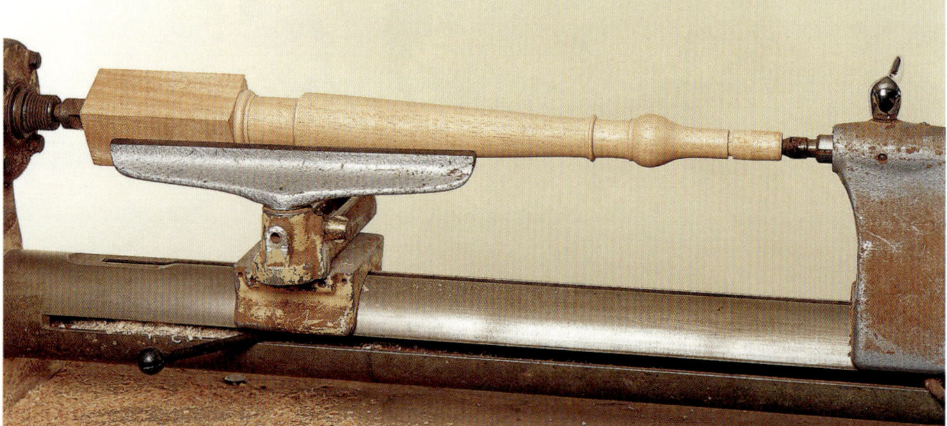

◁ **1** Nehmen Sie die Maße des erhaltenen Beins ab, indem Sie den Durchmesser mit einem Greifzirkel ermitteln. Achten Sie darauf, dass der Durchmesser groß genug ist, um die Kanneluren schneiden zu können. Drechseln Sie das Bein in der Drehbank.

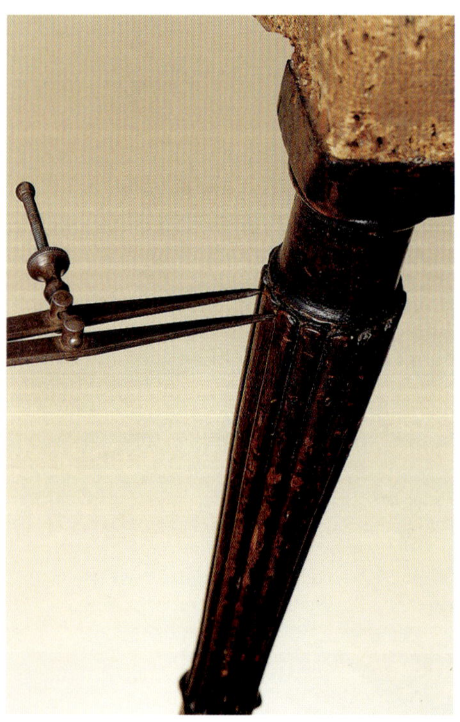

◁ **2** Messen Sie die Breite einer Kannelur mit dem Stechzirkel. Übertragen Sie das Maß mit dem eingestellten Zirkel auf das neue Bein und markieren Sie das obere Ende, entsprechend dem Originalbein.

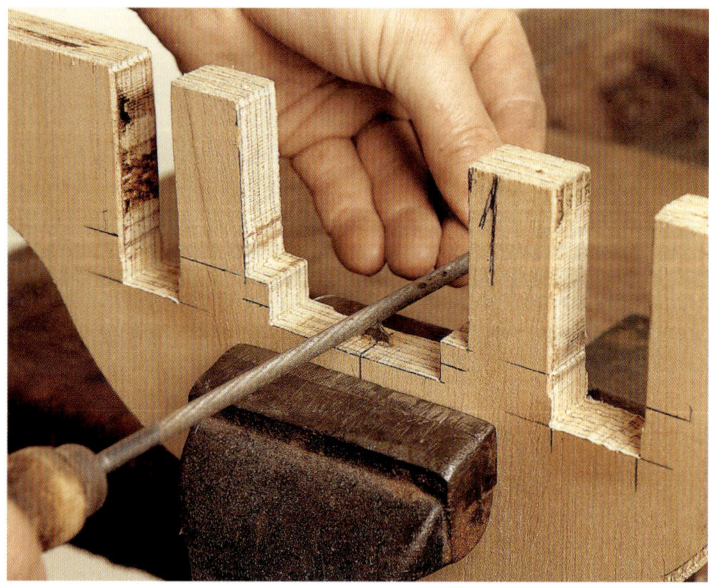

3 Feilen Sie in ein Stück einer alten Bandsäge oder einer Ziehklinge Größe und Profil der Kanneluren ein. Da diese Schneide eher kratzt und schabt als schneidet, muss sie genau im Lot sein.

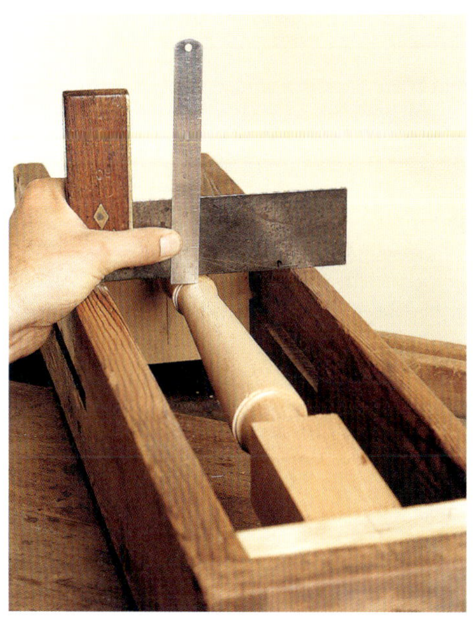

◁ **4** Passen Sie das Bein in den Rillenschneider ein, knapp unterhalb der oberen Seitenkanten. Messen Sie oben und unten mit dem Tischlerwinkel nach, ob das Bein genau parallel zu den Seiten liegt.

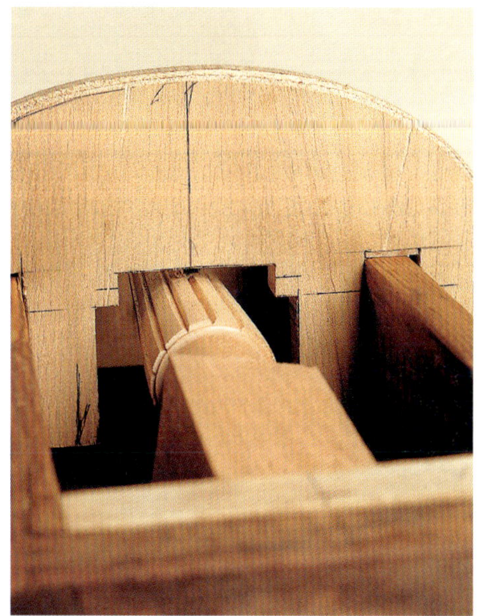

▷ **5** Schieben Sie die Schneide vor und zurück, um die Rille auszugründen. Arbeiten Sie mit gleichmäßigem Druck. Ist eine Rille fertig, drehen Sie das Bein zur nächsten Markierung und fertigen Sie die nächste Rille.

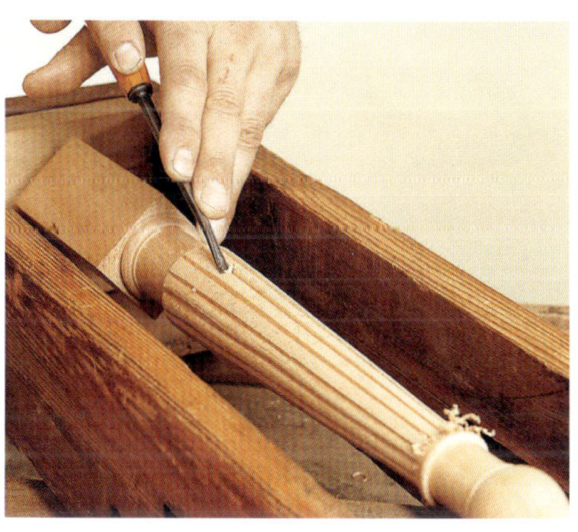

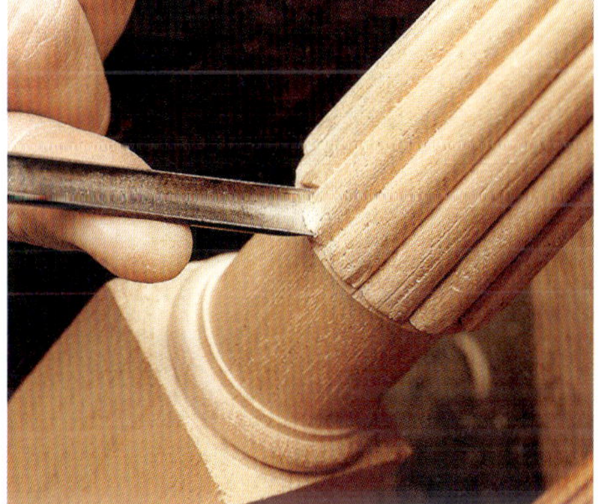

6 Die Schneide produziert V-förmige Kanneluren. Wenn Sie eine abgerundete Kehlung bevorzugen, arbeiten Sie mit dem rückwärts gebogenen Meißel.

7 Säubern Sie die Rillen mit einer Ziehklinge. So erhalten Sie eine saubere Oberfläche und einheitliche Kanneluren, die noch mit feinem Schleifpapier und einem Schleifklotz geglättet werden.

8 Bei manchen kannelierten Stuhlbeinen ist das obere Ende nicht eckig, sondern rund – ein Effekt, der sich mit einem Hohlbeitel erzeugen lässt.

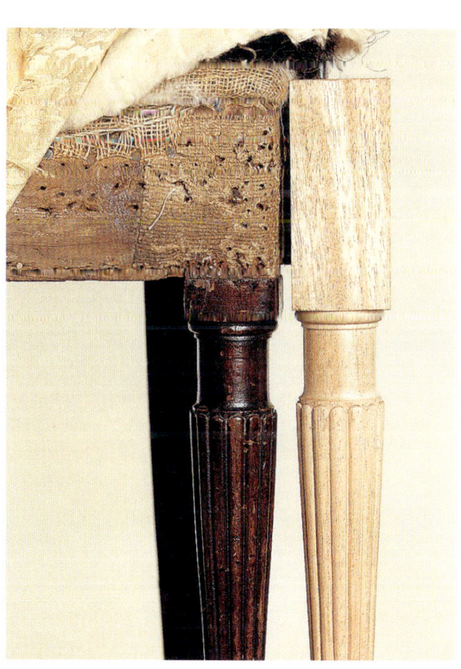

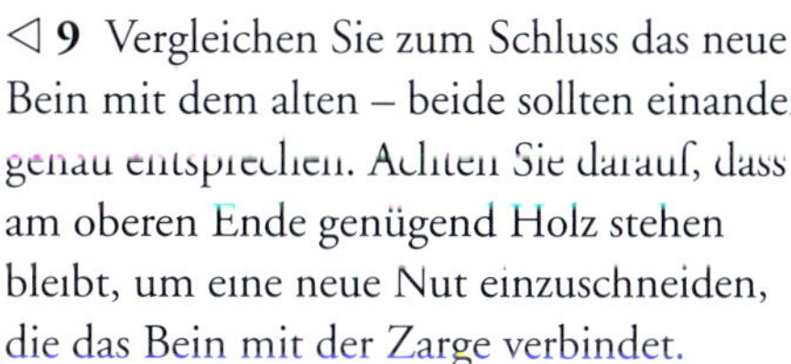

◁ **9** Vergleichen Sie zum Schluss das neue Bein mit dem alten – beide sollten einander genau entsprechen. Achten Sie darauf, dass am oberen Ende genügend Holz stehen bleibt, um eine neue Nut einzuschneiden, die das Bein mit der Zarge verbindet.

Das neue Stuhlbein kann nun gebeizt, poliert und gewachst werden (s. S. 66–69). Eine perfekte Anpassung der Patina erhält man, wenn man entsprechende Alterungs- und Verschleißerscheinungen imitiert.

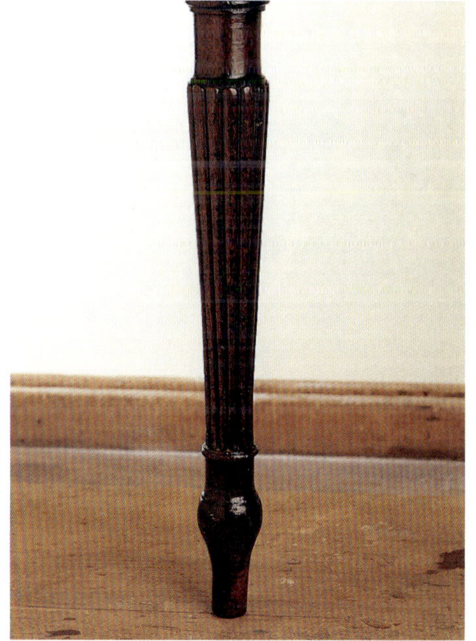

Rückenlehnen und Zargen reparieren

Bei den meisten Schäden an Stuhlzargen handelt es sich um gebrochene Nut- und Zapfen- oder Dübelverbindungen. Schulterbretter brechen leicht an den beiden äußeren Enden im Bereich der schwachen kurzen Faser. Wenngleich diese Teile meist recht umfangreiche Reparaturmaßnahmen erfordern, lohnt das Ergebnis doch die Mühe. Dübelverbindungen lassen sich am leichtesten reparieren, da man die gebrochenen Dübel einfach nur ausbohren und durch neue ersetzen muss. Wesentlich heikler sind gebrochene Zapfen, da ihre Stabilität darin besteht, dass sie ein integraler Teil der Verbindung sind. Die Lösung besteht darin, den gebrochenen Zapfen zu ersetzen, indem Sie eine »Holzzunge« in einen neu eingesägten Schlitz (Nut) einsetzen.

Schneiden einer Zapfenverbindung

Die Standardverbindung bei Stühlen sieht folgendermaßen aus: Das vorstehende Holzteil am seitlichen Zargenbrett ist der Zapfen, der Schlitz, in dem er steckt, die Nut. Allerdings kann der Zapfen, wie an diesem Regency-Mahagonistuhl, schon einmal abbrechen und verloren gehen.

Für die Reparatur muss ein perfekt passender neuer Zapfen angefertigt und in einen in die Zarge gesägten Schlitz geleimt werden. Die Nut selbst muss nicht ausgebessert werden. Nach dem Schmirgeln und Polieren wird nichts mehr von der Reparatur zu sehen sein.

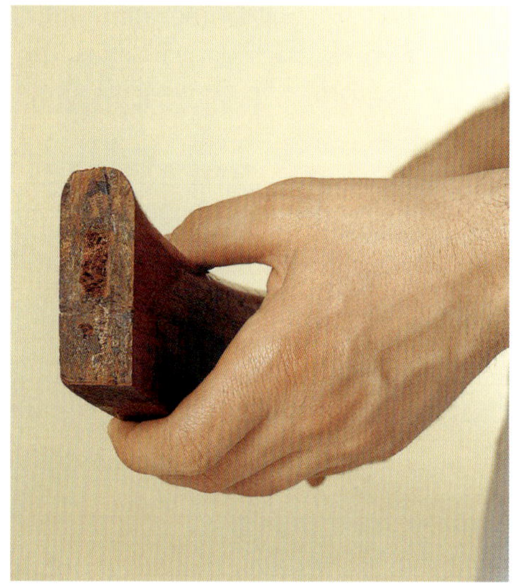

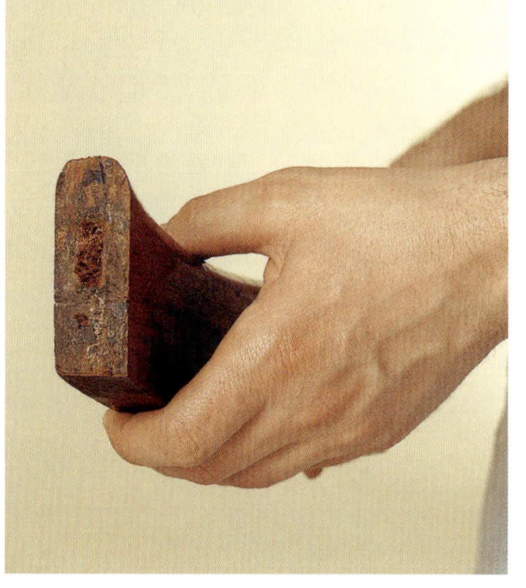

Material und Werkzeug

- Zapfenstreichmaß
- Feinsäge
- Lochbeitel
- schwerer Hammer
- Mahagoni
- PVA-Leim
- Zulagen
- Bügelschraubzwinge
- Reißschiene
- Schabhobel
- einfache Gehr- oder Schneidlade
- Hirnholzhobel
- feiner Pinsel
- Beize

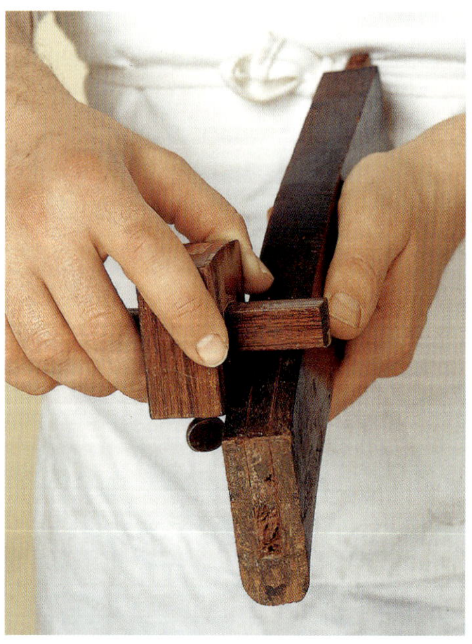

1 Nehmen Sie den Stuhl auseinander. Setzen Sie das Zapfenstreichmaß auf das Zapfenloch an der Seite des Stuhlpfostens und führen es über das gebrochene Ende der seitlichen Lehne und etwa 10 cm nach unten.

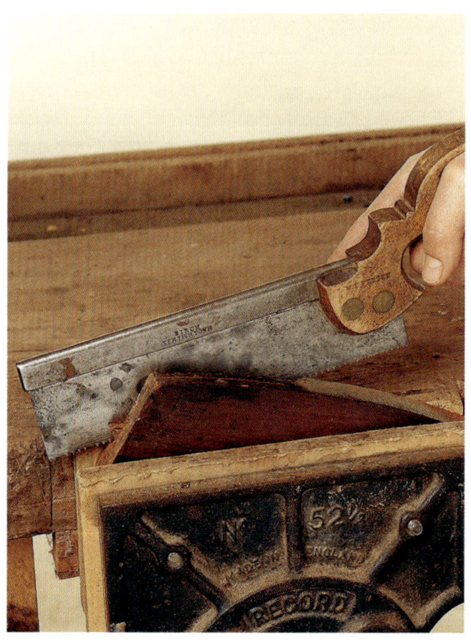

2 Spannen Sie das beschädigte Zargenbrett in einen Schraubstock. Sägen Sie mit der Feinsäge entlang der vom Zapfenstreichmaß markierten Linie. Sägen Sie keinesfalls über diese Linie hinaus.

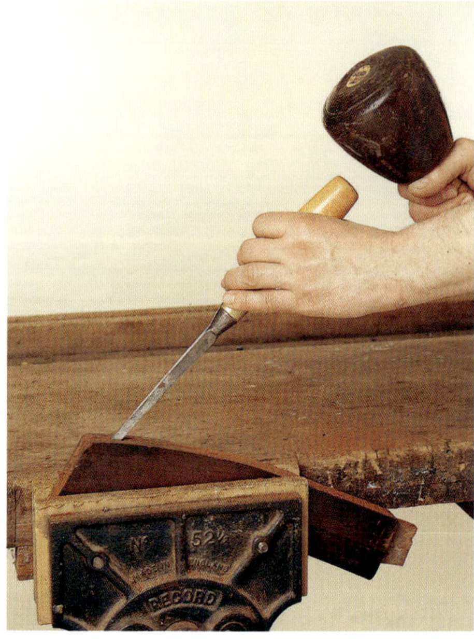

3 Entfernen Sie das zwischen der Markierung ausgesägte Mahagoni mit dem Lochbeitel und einem schweren Hammer. Es ist wichtig, tief genug zu sägen, um zu gewährleisten, dass die neue Verbindung ausreichend fest sitzt.

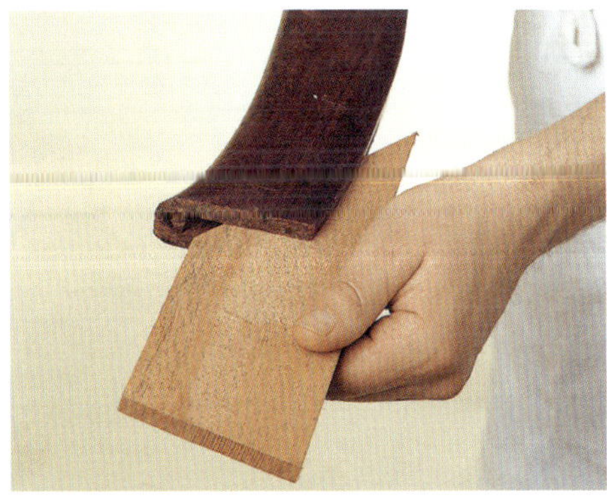

4 Sägen Sie ein Stück Mahagoni zu, das in den neuen Schlitz im Zargenbrett passt. Es sollte etwa 15 cm überstehen.

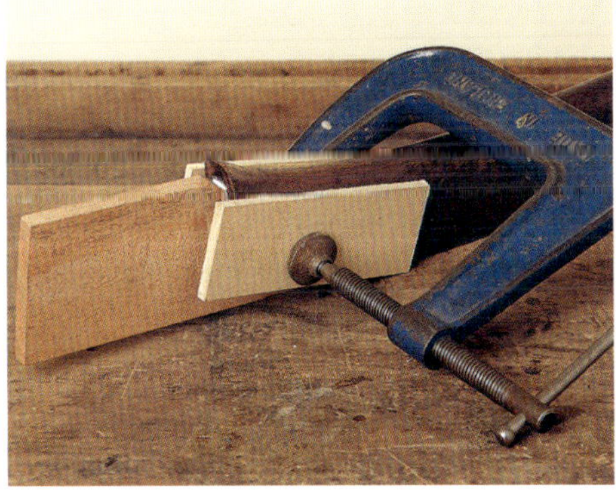

5 Bestreichen Sie das neue Teil mit PVA-Leim und stecken Sie es in den Schlitz im Zargenbrett. Lassen Sie es, geschützt durch zwei Zulagen, in der Zwinge trocknen.

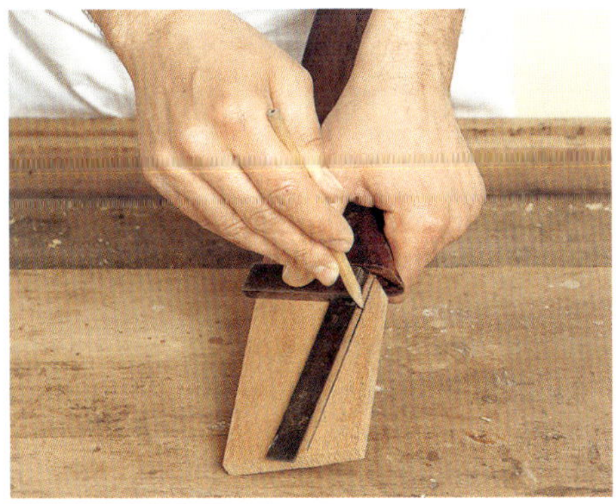

6 Entfernen Sie Zwinge und Zulagen. Legen Sie eine Reißschiene an das Ende des Zargenbretts und markieren Sie mit dem Bleistift die Form des Zapfens. Prüfen Sie wiederholt die Passform. Der Zapfen sollte genau in die Nut passen.

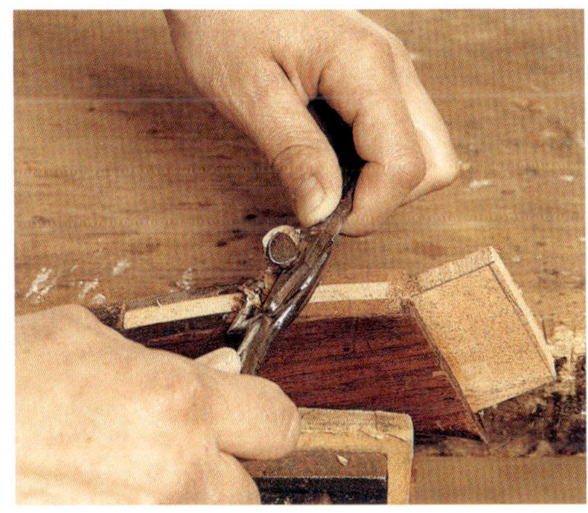

7 Sägen Sie mit einer Feinsäge entlang der Bleistiftlinie und hobeln Sie dann überschüssiges Holz mit dem Schabhobel ab.

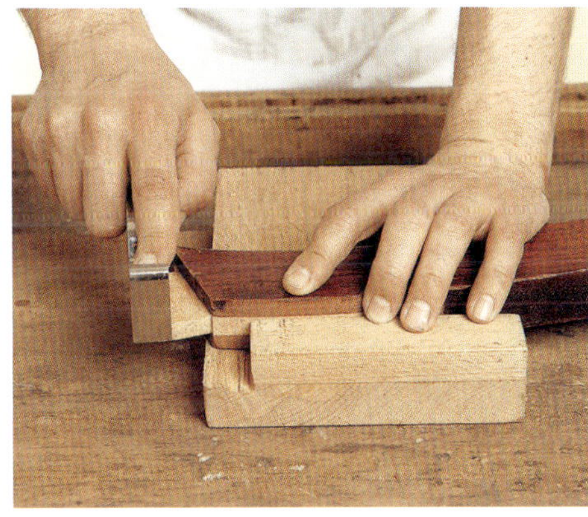

8 Legen Sie das Zargenbrett auf eine einfache Gehrlade (s. Tipp) und fertigen Sie die Nut in der richtigen Breite. Probieren Sie immer wieder, ob sich der Zapfen gut einfügt und die Verbindung fest sitzt.

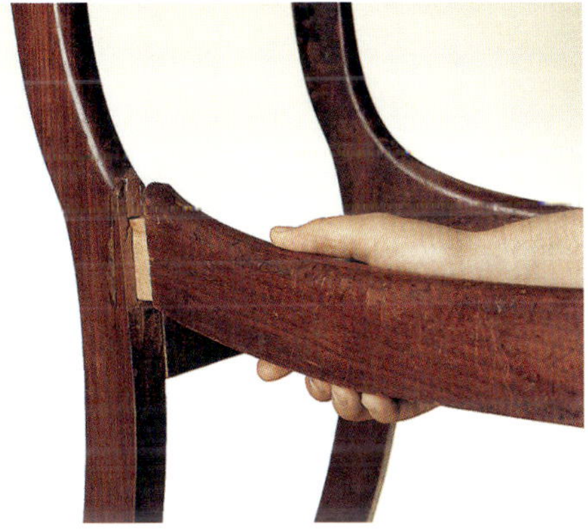

9 Nachdem der Zapfen entsprechend zurecht gehobelt ist, bauen Sie den Stuhl wieder zusammen (s. S. 104–105) und lassen ihn trocknen.

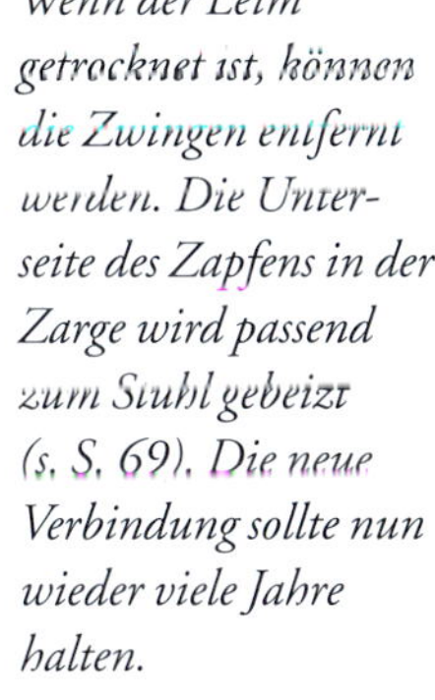

Wenn der Leim getrocknet ist, können die Zwingen entfernt werden. Die Unterseite des Zapfens in der Zarge wird passend zum Stuhl gebeizt (s. S. 69). Die neue Verbindung sollte nun wieder viele Jahre halten.

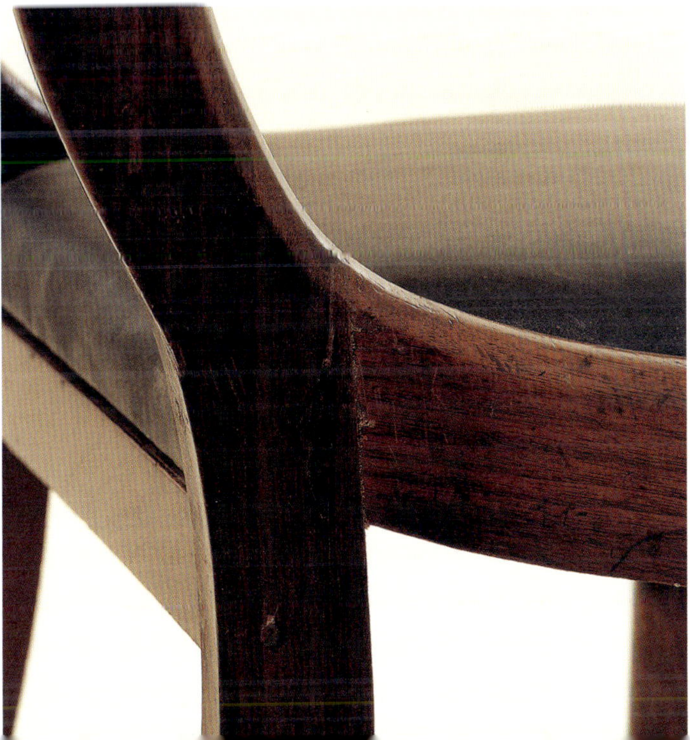

Tipp

Eine einfache Schneid- oder Gehrlade besteht aus einem Brett mit einer Leiste oben und unten – die eine Seite wird an den Rand der Werkbank angelegt und die andere dient als feste Anschlagkante für das Werkstück. Bauen Sie eine Gehrlade aus einem etwa 2,5 cm dicken und etwa 25 x 17,5 cm großen Holzbrett. Schneiden Sie zwei 12,5 cm lange Vierkanthölzer mit 2,5 cm Seitenlänge zu. Leimen Sie eine Leiste randbündig an das obere Ende des Bretts, dann drehen Sie das Brett um und leimen die andere Leiste randbündig an das gegenüberliegende Ende.

Eine Nut- und Zapfenverbindung erneuern

An diesem Mahagonistuhl aus der Zeit Georges III. ist die Nut- und Zapfenverbindung im Bereich der Zarge beschädigt. Aufgrund einer unsachgemäß ausgeführten früheren Reparatur muss eine neue Verbindung gefertigt und eingepasst werden. Dafür muss das beschädigte Holz abgesägt und die neuen Teile aus ähnlichem Material als Nut und Zapfen gesägt werden. So erhält man eine Verbindung, die ebenso stabil ist wie das Original.

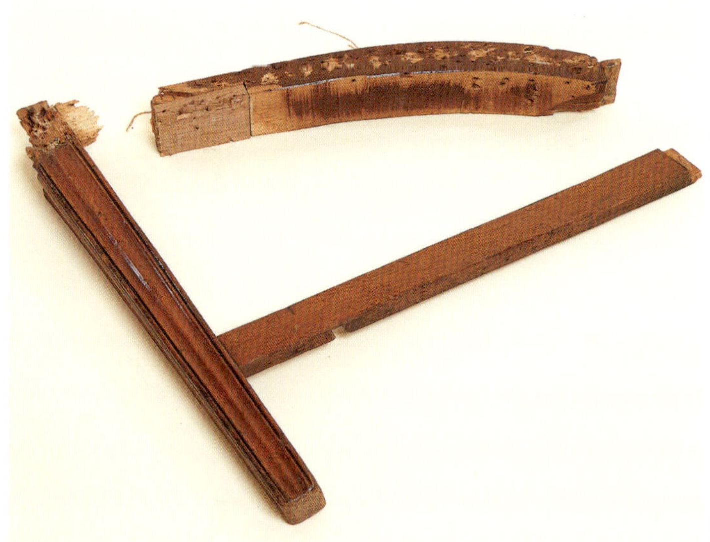

MATERIAL UND WERKZEUG

- Feinsäge
- Mahagoni
- PVA-Leim
- Bügelschraubzwinge
- Schabhobel
- Tischlerwinkel (Gehrmaß)
- Teppichmesser
- mittelfeines und feines Schleifpapier
- Bankeisen (langes Stecheisen)
- Bohrer
- Holzbohrer
- Locheisen
- Schnitzwerkzeug
- Zapfenstreichmaß

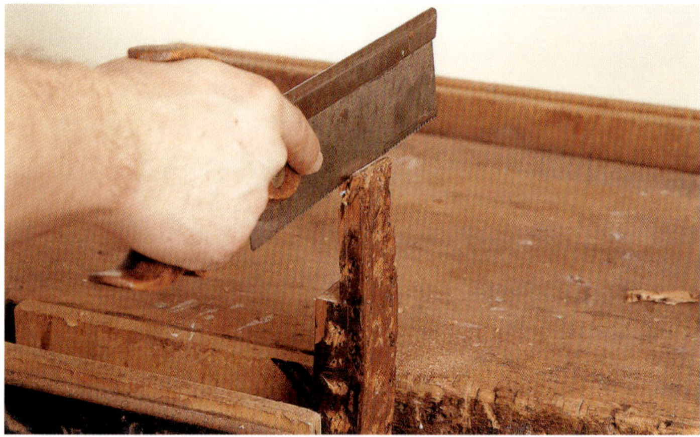

1 Nehmen Sie den Stuhl auseinander (s. S. 103–106, Schritte 1–6) und spannen Sie die Armlehne in den Schraubstock. Sägen Sie die Reste des Holzes, das für die vorangegangene Reparatur verwendet wurde, ab, damit die Oberfläche glatt und eben ist.

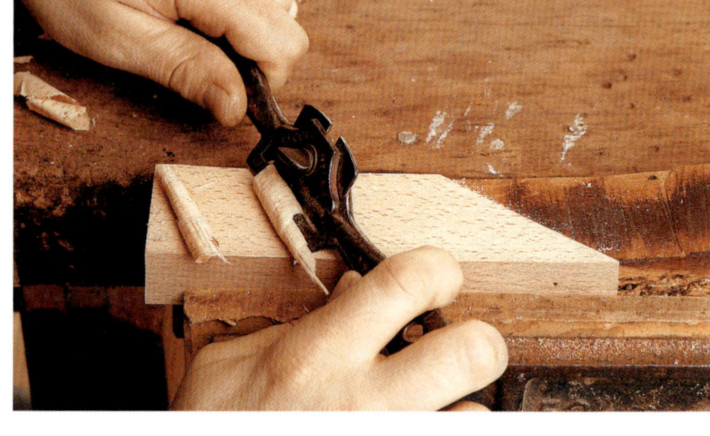

2 Schneiden Sie ein Stück Mahagoni für den Ersatzzapfen zu. Kleben Sie das Holzstück mit PVA-Leim in die Lehne und lassen Sie alles in der Zwinge trocknen. Dann hobeln Sie das Holz mit dem Schabhobel der Biegung der Lehne entsprechend zu.

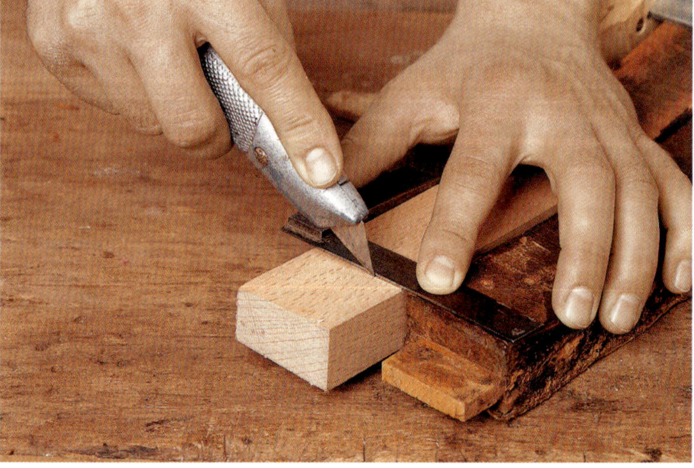

3 Nehmen Sie die unbeschädigte andere Seite der Armlehne als Muster und übertragen Sie die Maße mit Tischlerwinkel und Teppichmesser auf das neue Holz. Schneiden Sie den Zapfen.

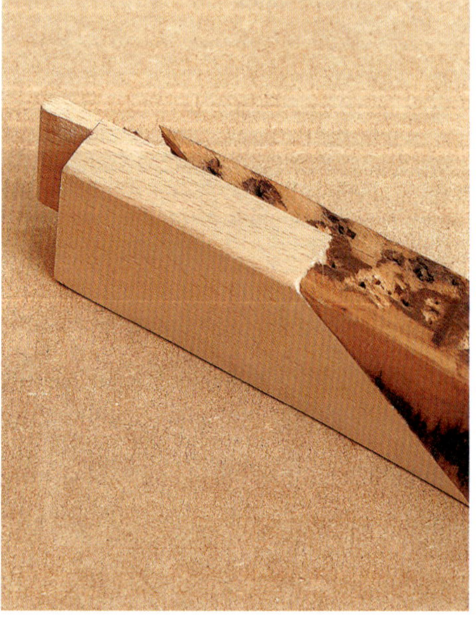

◁ **4** Glätten Sie das neue Holz und die neu geschnittene Verbindung mit Schleifpapier.

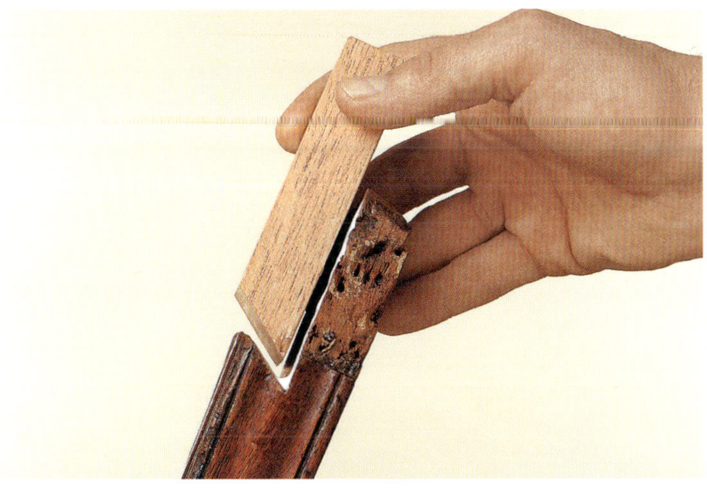

5 Entfernen Sie das beschädigte Holz und die Überreste der früheren Reparatur mit dem Locheisen aus dem Stuhlbein. Dabei soll ein keilförmiger Ausschnitt entstehen. Sägen Sie ein passendes neues Holzstück zu. Leimen Sie es ein und lassen Sie es in der Zwinge trocknen, bevor Sie diese abnehmen.

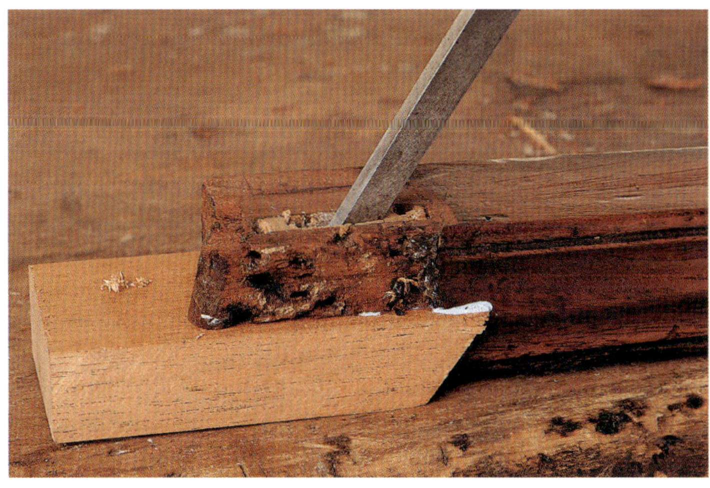

6 Entfernen Sie die Reste des alten Zapfens, die noch in der Nut stecken. Bohren Sie zunächst Zugangslöcher, um dann mit dem Locheisen das restliche Holz zu entfernen.

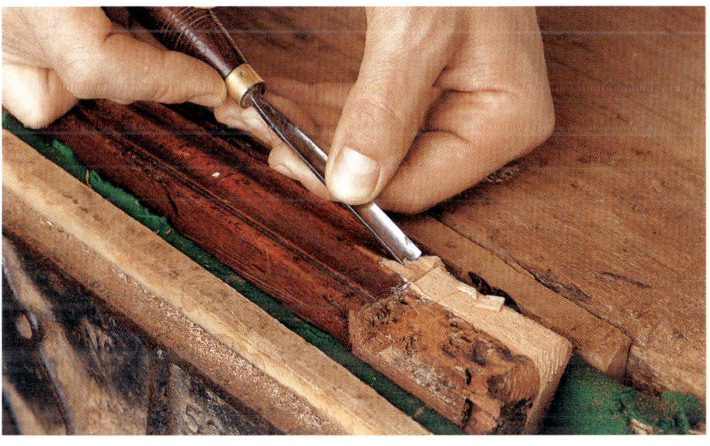

7 Spannen Sie das Stuhlbein in den Schraubstock und schneiden Sie das neue Holz passend zu. Bearbeiten Sie es mit Schnitzwerkzeug, bis es passt, dann glätten Sie es mit mittelfeinem Schleifpapier.

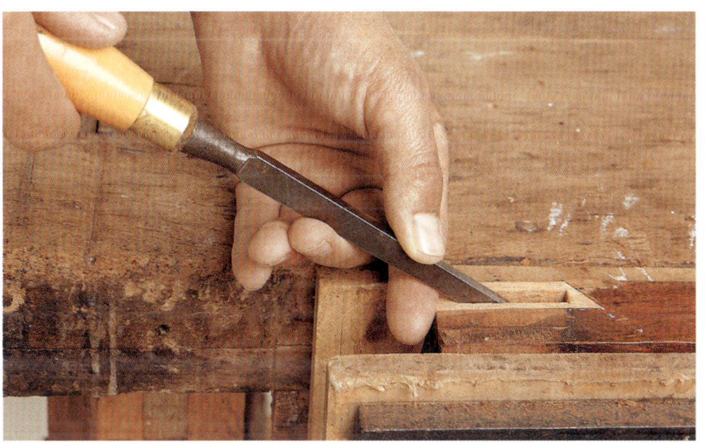

8 Jetzt schneiden Sie eine neue Nut in das neue Holz. Mit dem Zapfenstreichmaß wird die richtige Breite markiert. Das Holz wird mit dem Locheisen entfernt.

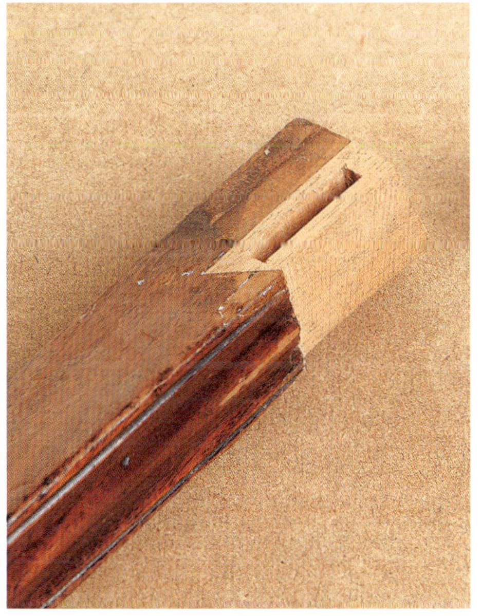

◁ **9** Glätten Sie die Verbindung mit feinem Schleifpapier, dann prüfen Sie, ob sich der Zapfen gut in die Nut einfügt. Damit die Verbindung perfekt sitzt, müssen Sie vielleicht noch etwas nachschleifen.

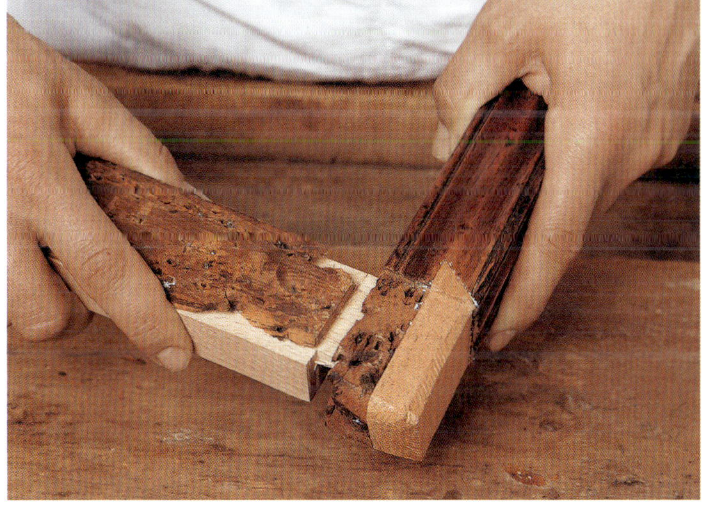

Die Stabilität der restaurierten Nut- und Zapfenverbindung entspricht der des Originals. Der Stuhl kann somit wieder zusammengebaut werden.

Reparatur einer Dübelverbindung

Während vom 17. bis zum Beginn des 19. Jahrhunderts im Möbelbau vorwiegend Nut- und Zapfenverbindungen verwendet wurden, setzten sich für bestimmte Stücke danach – bedingt durch die seit Mitte des 19. Jahrhunderts zunehmend florierende Möbelproduktion – auch Dübelverbindungen durch, die eine wesentlich schnellere und einfachere Fertigung erlauben. Diese sind in der Stabilität durchaus mit der Nut- und Zapfenverbindung vergleichbar, nur dass zur Verstärkung der beiden Teile Dübel eingebohrt werden. Wie Nut und Zapfen kann allerdings auch eine solche Verbindung brechen und einen Ersatz erforderlich machen.

Die Dübelverbindung dieses viktorianischen Ballonrücken-Stuhls ist gebrochen. Eine frühere Reparatur mit einem Metallband zwischen Zarge und Rückenpfosten war erfolglos. Die Verbindung muss nun sachgemäß repariert werden. Nachdem die Polsterung entfernt und der Stuhl zerlegt war (s. S. 103–104, Schritte 1–5), wurde das Ausmaß des Schadens ersichtlich. Die Dübel der einen Verbindung sind abgebrochen und müssen aus dem Pfosten entfernt werden, bei der anderen Verbindung waren die Dübel herausgenommen und die Stelle mit einem »Flicken« aus Mahagoni überdeckt worden, in das nun neue Dübellöcher gebohrt werden müssen.

Material und Werkzeug

- Bohrmaschine
- Holzbohrer
- Feinsäge
- Dübel
- PVA-Leim
- Hammer
- Drahtstifte
- Kneifzange
- Schraubzwinge (Spannknechte)
- Zulagen
- Abdeckband
- Handbohrer
- Stecheisen
- Polierballen
- Politur

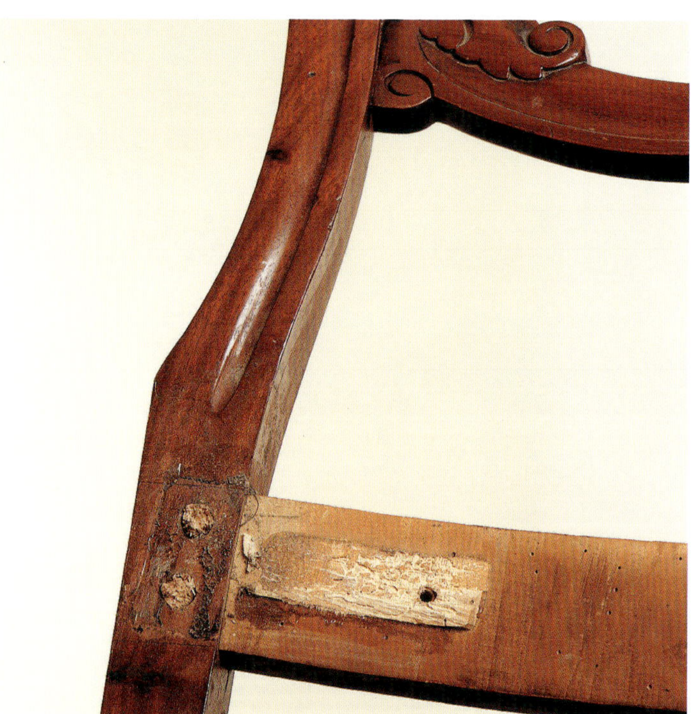

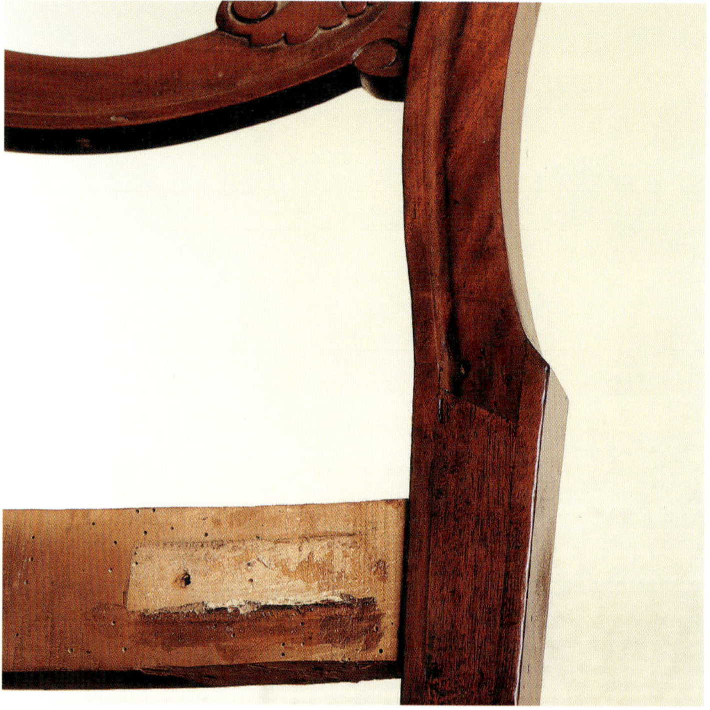

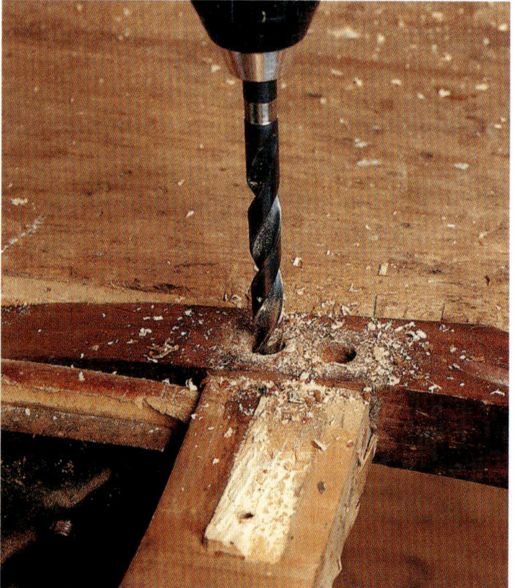

◁ **1** Spannen Sie den linken Pfosten in den Schraubstock und bohren Sie die noch vorhandenen Dübelreste aus. Die Bohrspitze muss denselben Durchmesser haben wie die Dübel. Bohren Sie auch die Dübelreste in der dazu gehörenden Seitenlehne aus, dann leimen Sie neue Dübel in die Löcher.

▷ **2** Wenden Sie sich jetzt wieder dem Pfosten zu und spannen Sie das andere Zargenbrett in den Schraubstock. Stecken Sie in jedes der beiden Bohrlöcher einen Dübel, leimen ihn aber noch nicht ein, denn zuerst müssen die Dübel auf gleiche Höhe mit der Schulter der Verbindung geschnitten werden.

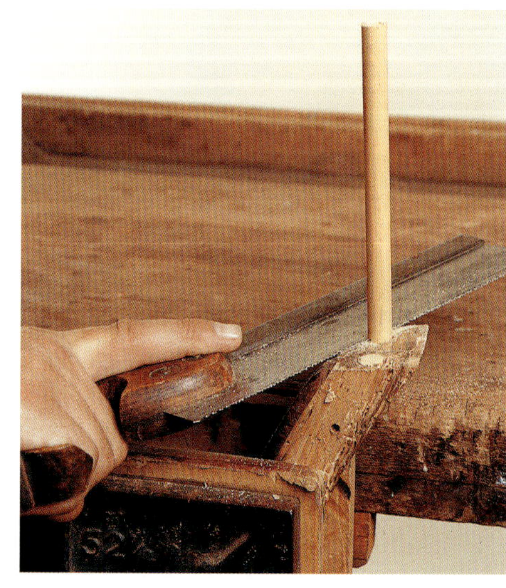

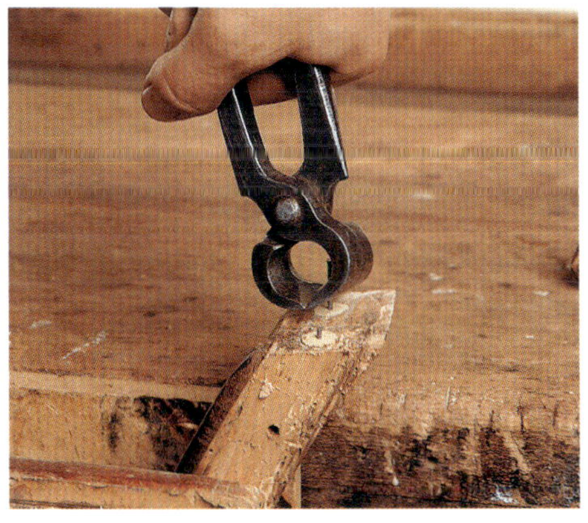

3 Hämmern Sie Drahtstifte in die Mitte jedes Dübels und kneifen Sie die Enden mit der Zange so ab, dass nur noch eine scharfe Spitze heraussteht.

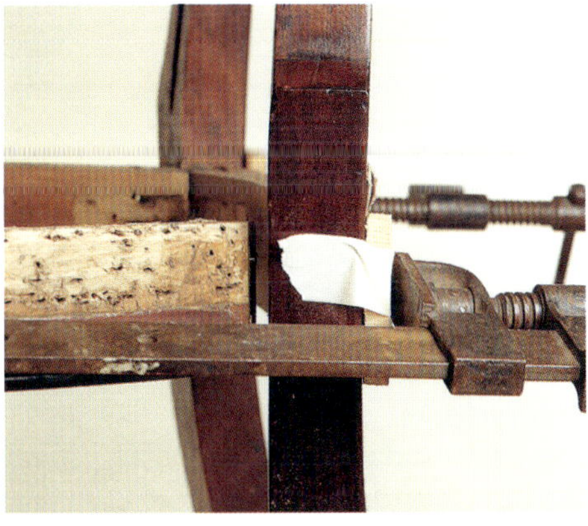

4 Positionieren Sie das Zargenbrett am hinteren Pfosten und fixieren Sie es mit der Schraubzwinge. Setzen Sie auch am anderen Zargenbrett eine Zwinge an, um den Rahmen genau waagerecht auszurichten. Befestigen Sie die Holzzulagen mit Abdeckband.

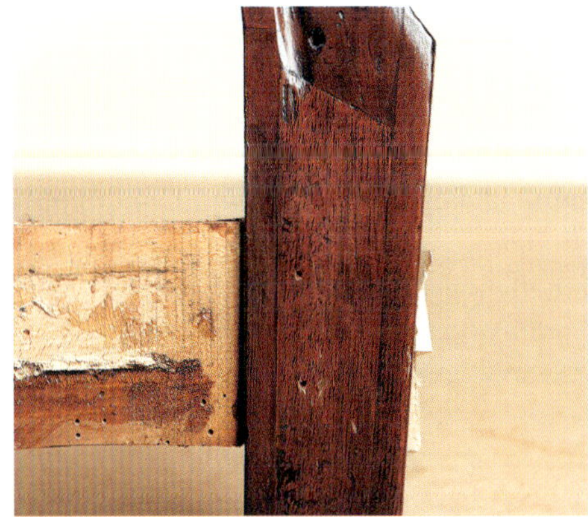

5 Lösen Sie die Zwingen und entfernen Sie dann das vordere und die seitlichen Zargenbretter. Die spitzen Drahtstifte zeigen an, wo die neuen Dübellöcher im Mahagoni einzubringen sind.

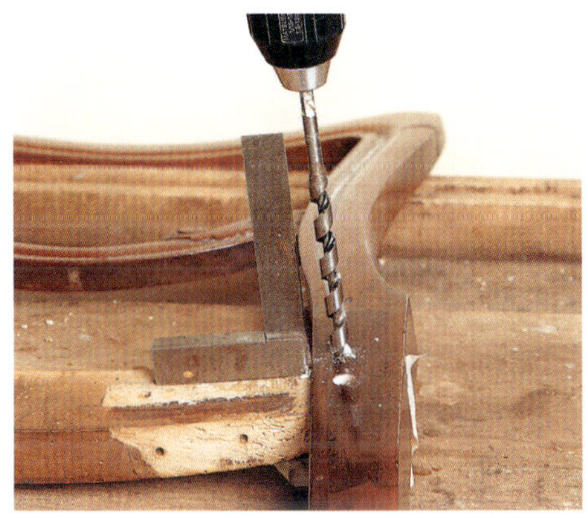

6 In den Markierungen bohren Sie mit dem Handbohrer bzw. einer Bohrspitze, die so groß wie der Dübel ist, je ein Loch vor. Bohren Sie rechtwinklig zur Rückenlehne; achten Sie darauf, dass die Schulter der Verbindung auf gleicher Höhe mit dem Pfosten ist.

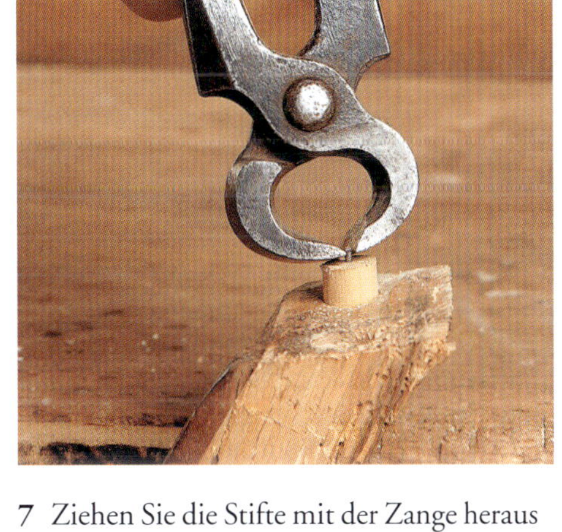

7 Ziehen Sie die Stifte mit der Zange heraus und messen Sie anhand der Stifte, wie lang die neuen Dübel sein müssen.

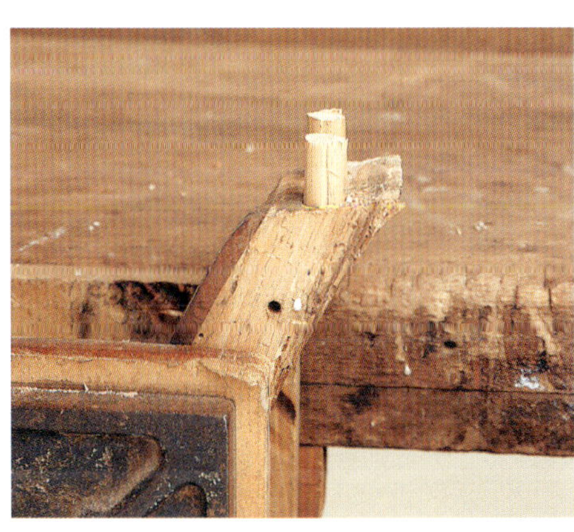

8 Schneiden Sie die neuen Dübel und leimen Sie sie in die Verbindung, dann bringen Sie mit dem Stecheisen kleine Rillen in die Dübel ein, durch die überschüssiger Leim entweichen kann. Bauen Sie den Stuhl wieder zusammen.

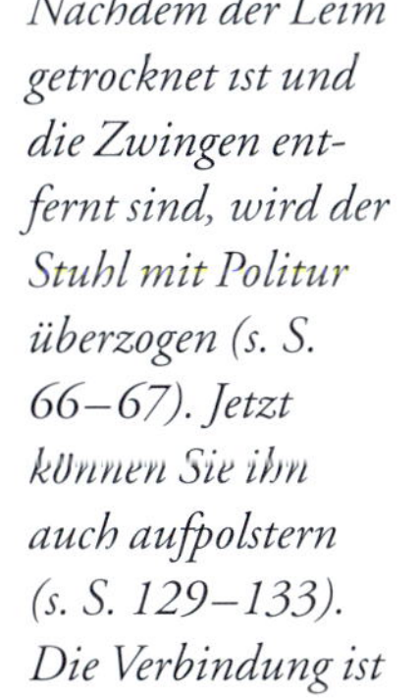

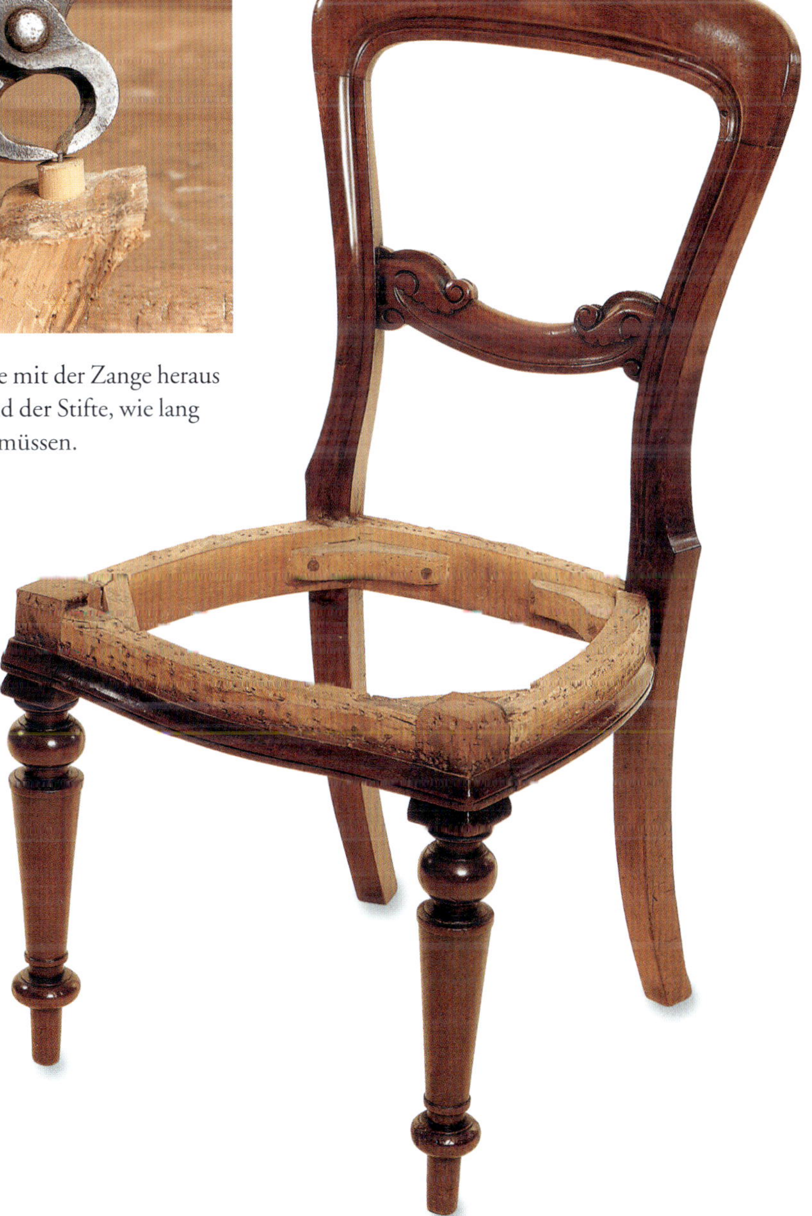

Nachdem der Leim getrocknet ist und die Zwingen entfernt sind, wird der Stuhl mit Politur überzogen (s. S. 66–67). Jetzt können Sie ihn auch aufpolstern (s. S. 129–133). Die Verbindung ist so stabil wie einst.

Eine gebrochene Rückenlehne reparieren

Ein Problem, das bei Stühlen immer wieder auftritt, ist ein gebrochenes Schulterbrett. Das kann passieren, wenn man sich zu stark zurücklehnt oder schaukelt und die Verbindungen dabei splittern. Brüche dieser Art erfordern meist umfangreiche Reparaturen.

Hier ist das Schulterbrett eines aus der Zeit Georges III. stammenden Stuhls aus kubanischem Mahagoni gebrochen; zu allem Unglück ist auch der Zapfen kaputt gegangen. Was die Reparatur zusätzlich erschwerte, war die Original-Rosshaarpolsterung. Nach eingehender Überlegung entschied man sich, sie während der Reparatur in situ zu belassen, was bei der Arbeit doppelte Vorsicht erforderlich machte.

Material und Werkzeug

- Abdeckband
- Feinsäge
- kubanisches Mahagoni
- kleine Bügelsäge
- PVA-Leim
- Bügelschraubzwinge
- Zulagen
- Zapfenstreichmaß
- langes Stecheisen (Bankeisen)
- Hammer
- Nägel
- Schabhobel
- Bandspanner aus Nylonband
- feines Schleifpapier
- Messer mit breiter, flacher Klinge
- Wachskitt
- Pinsel
- Beize
- Polierballen
- Politur

▷ **1** Montieren Sie das Schulterbrett und die vertikalen Rückenstützen ab, die alle durch Nut und Zapfen verbunden sind. Hier zerbrach das Schulterbrett beim Abnehmen in drei Teile. Markieren Sie die unterschiedlichen Teile mit Abdeckband (s. S. 103).

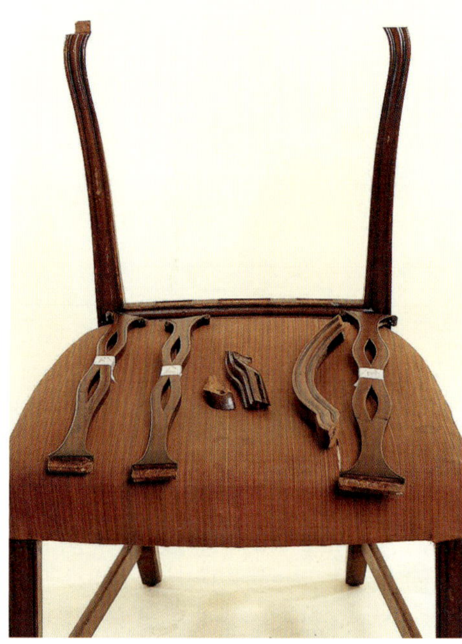

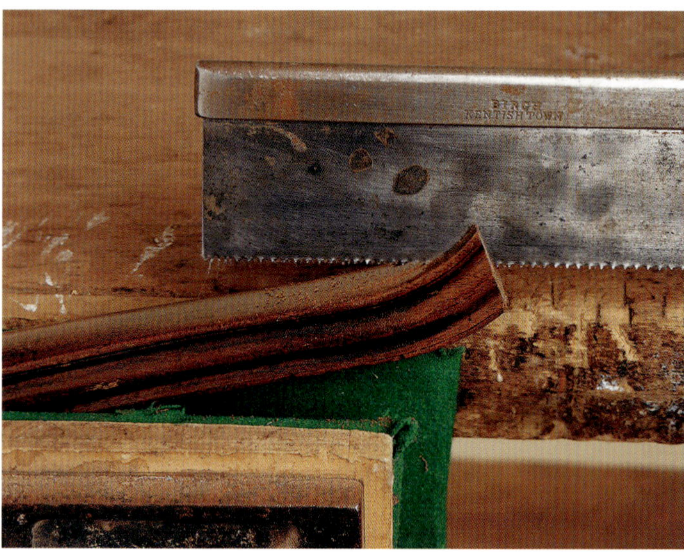

2 Bevor ein neuer Zapfen gesägt wird, muss der Rückenpfosten repariert werden. Polstern Sie den Schraubstock mit Flanell und schneiden Sie die beschädigte Stelle mit der Feinsäge heraus.

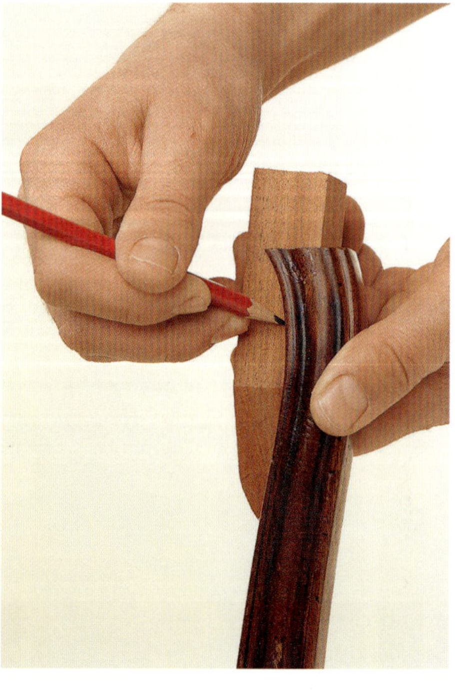

◁ **3** Nachdem das beschädigte Stück vom rechten Pfosten entfernt wurde, wählen Sie ein passendes Stück kubanisches Mahagoni aus. Halten Sie es genau an die ausgesägte Stelle und zeichnen Sie darauf den Umriss des Pfostens nach. Dann sägen Sie es mit der Bügelsäge entlang der Linien zu.

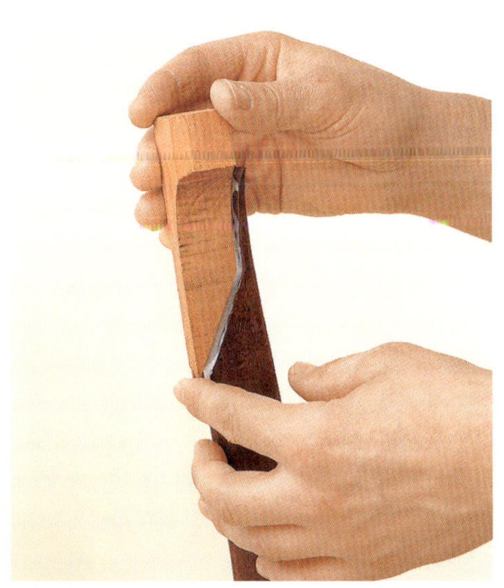

◁ **4** Leimen Sie das Mahagonistück ein. Stecken Sie es mit Zulagen in die Schraubzwinge, bis der Leim durchgehärtet ist. Aus dem eingesetzten Stück soll der neue Zapfen entstehen.

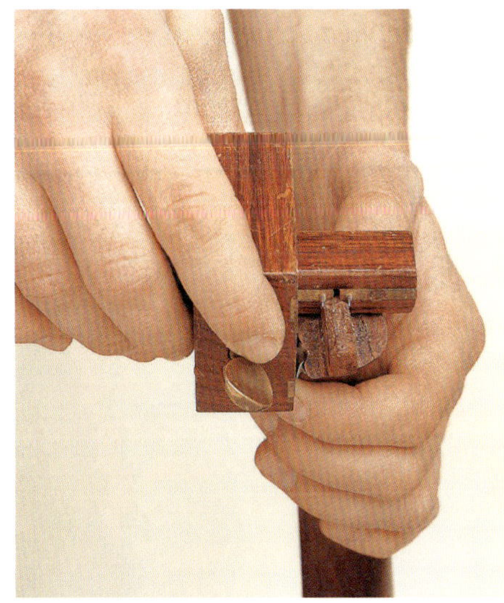

◁ **5** Nehmen Sie die Maße für den Zapfen mit dem Zapfenstreichmaß vom alten Zapfen ab. Übertragen Sie die Maße auf das Holz.

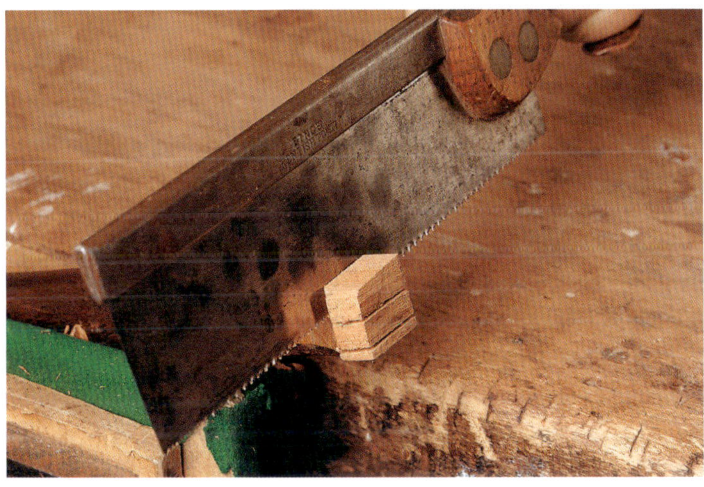

6 Sägen Sie den neuen Zapfen mit der Feinsäge zunächst etwas größer als die Markierungen. Er lässt sich später noch etwas kleiner schleifen, um exakt zu sitzen.

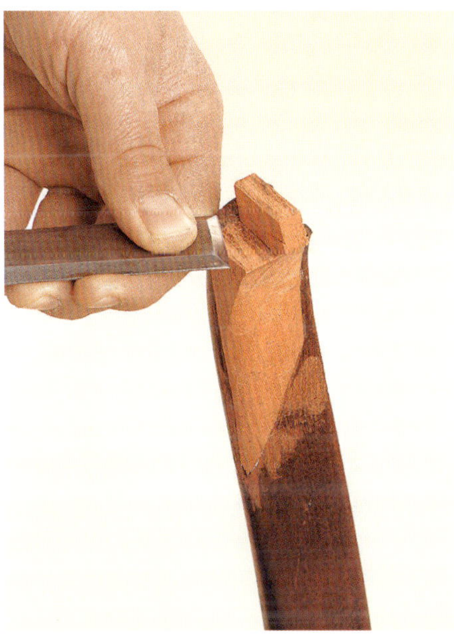

◁ **7** Säubern Sie die Verbindung mit einem scharfen Bankeisen. Vergleichen Sie die Maße immer wieder mit der Nut im Schulterbrett, um sicherzugehen, dass die Verbindung fest sitzt.

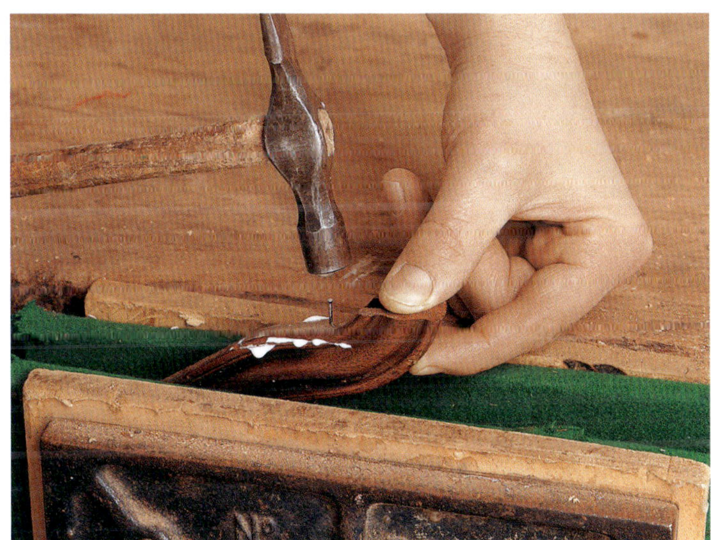

8 Der Zapfen auf der linken Seite des Schulterbretts ist abgebrochen. Leimen Sie größere Stücke wieder an und sichern Sie sie mit Nägeln. Versenken Sie die Köpfe der Nägel.

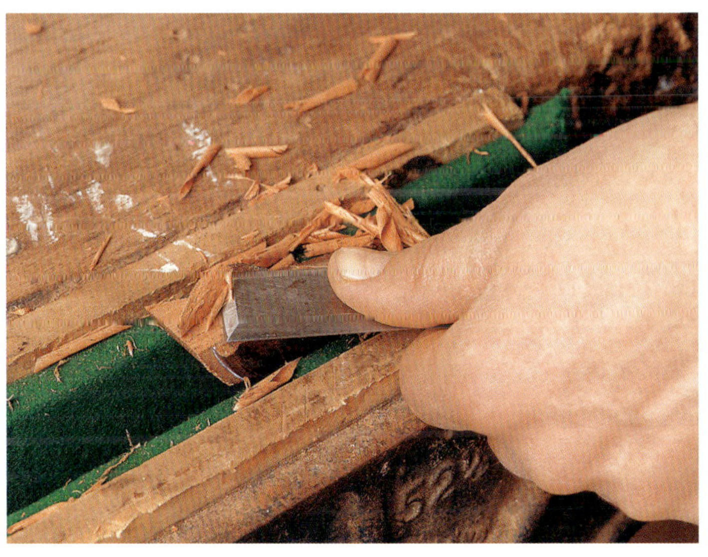

9 Ersetzen Sie den weitgehend zerstörten Teil des Schulterbretts mit Mahagonistücken und richten Sie diese zunächst grob mit dem Stecheisen zu. ▷

Eine gebrochene Rückenlehne reparieren … Fortsetzung

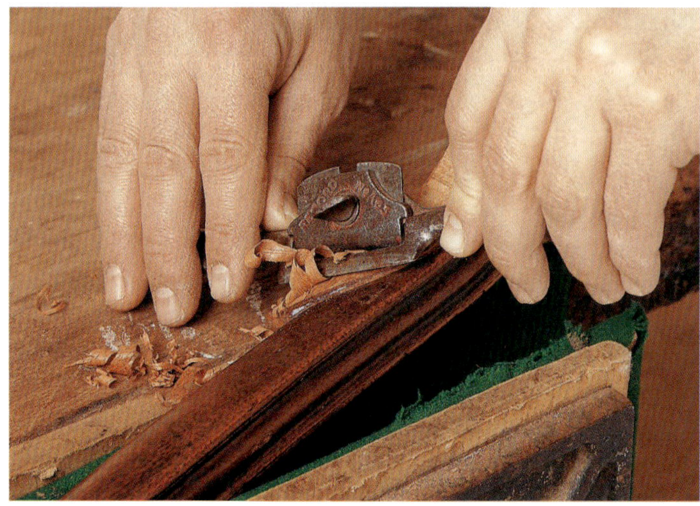

10 Modellieren Sie den neuen Holzeinsatz im Schulterbrett mit dem Schabhobel. Hobeln Sie nicht im Bereich der beiden Verbindungsstellen, bevor der Stuhl wieder zusammengebaut ist, denn nur so wird sich das Schulterbrett richtig in den Pfosten einfügen.

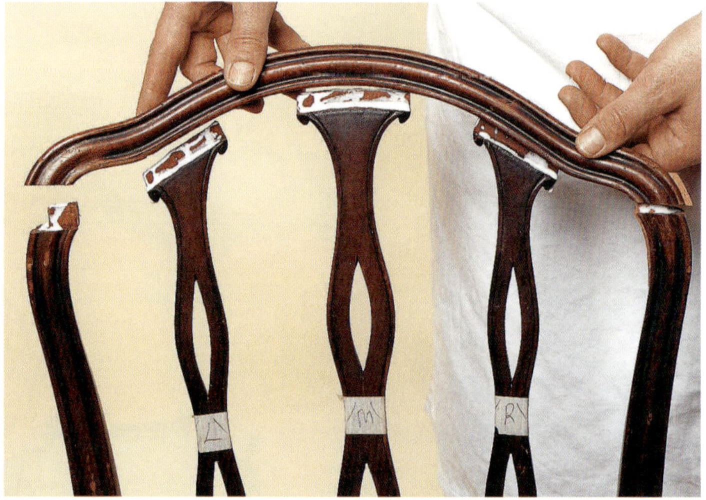

11 Leimen Sie die vertikalen Stützen wieder an Schulterbrett und hinteres Zargenbrett, und dann die hinteren Pfosten an das Schulterbrett. Sie sehen hier (rechts), dass das neu eingesetzte Stück noch nicht ausgeformt ist.

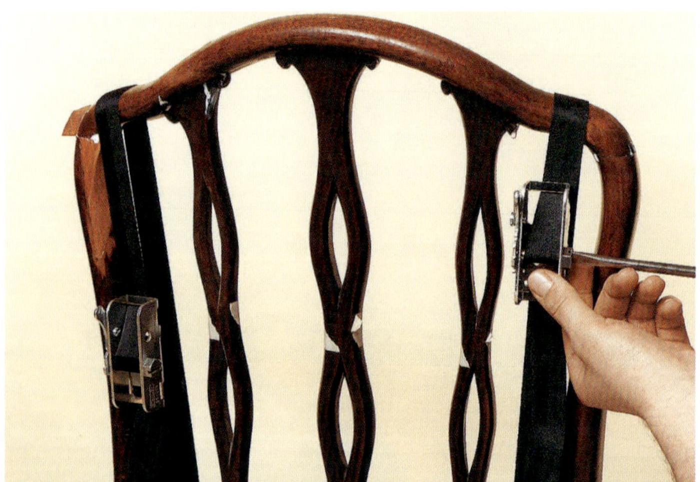

◁ **12** Verwenden Sie Bandspanner aus Nylonband, um Druck auszuüben. Sperrhaken im Nylon ermöglichen einen gleichmäßigen Druck. Bandspanner sind ideal zum Verleimen geschwungener Stuhlrücken. Wenn der Leim getrocknet ist, werden sie entfernt, dann wird das neue Mahagonistück der Form des Pfostens und des Mittelbrettes folgend bearbeitet. Zum Schluss wird die Stelle mit feinem Schleifpapier geglättet. Füllen Sie mit einem flachen Messer Wachskitt in die Löcher der versenkten Nagelköpfe (s. Schritt 8).

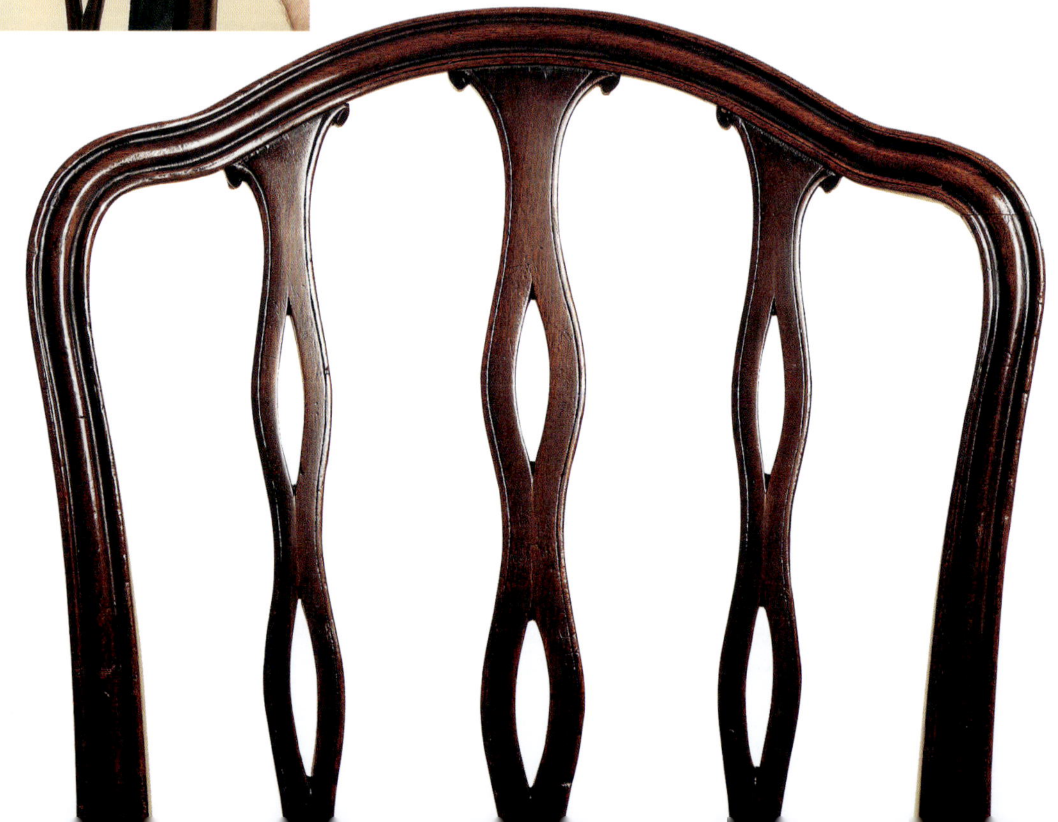

Beizen (s. S. 69) und polieren (s. S. 66–67) Sie die reparierte Stelle, damit sie sich der restlichen Oberfläche anpasst. Wenn die kaputten Teile der Verbindung sachgemäß erneuert und nicht nur wieder zusammengeleimt werden, erhalten Sie einen absolut stabilen Stuhl.

Ein Schulterbrett reparieren

Das Schulterbrett dieses Mahagoni-Stuhls im Regency-Stil des 19. Jahrhunderts hat sich aufgrund eines Bruchs in der verdeckten Schwalbenschwanzzinkung gelockert. Es handelt sich um einen alten Schaden, der irgendwann schon einmal provisorisch mit einem Dübel behoben werden sollte – ein Versuch, die Zinkung zu verstärken, was einen erneuten Bruch jedoch nicht verhindern konnte.

Nun muss die Verbindung richtig repariert werden. Dazu gehört das Ausbohren der beschädigten Teile von Schulterbrett und Pfosten und die Anfertigung beider Teile der Schwalbenschwanzzinkung.

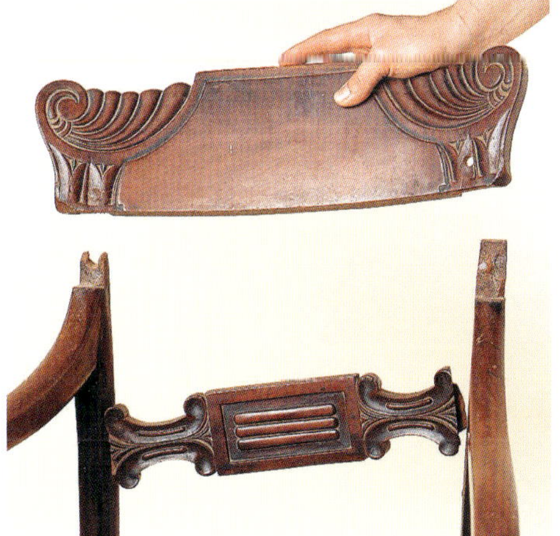

Material und Werkzeug

- Feinsäge
- kubanisches Mahagoni
- Hobel
- PVA-Leim
- Bügelschraubzwinge
- Schabhobel
- feines Schleifpapier
- Stecheisen
- Schraubzwinge (Spannknecht)

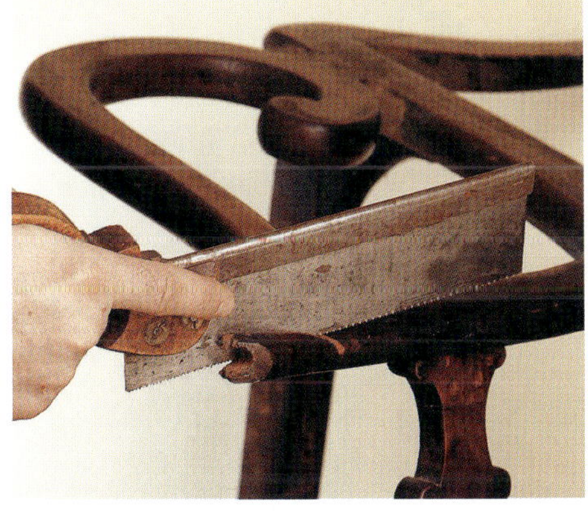

1 Sägen Sie das beschädigte Stück mit der Feinsäge aus dem Pfosten. Erzeugen Sie eine schräge Schnittfläche, damit eine starke und kaum auffallende Verbindung entsteht.

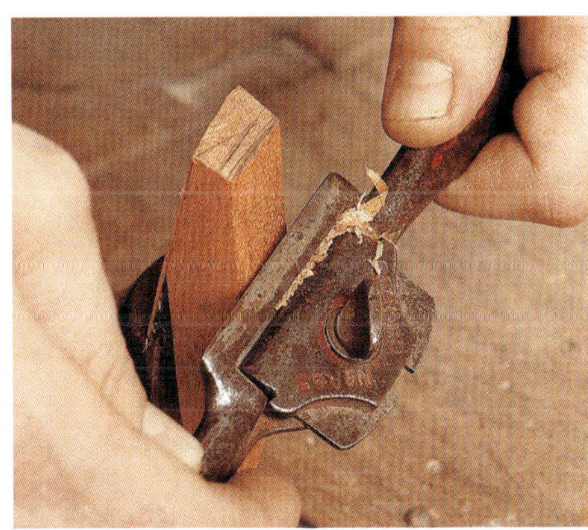

2 Sägen Sie mit der Feinsäge ein annähernd passendes Stück Mahagoni zu. Hobeln Sie eine Seite glatt, leimen Sie das Einsatzstück an den Pfosten und lassen Sie alles über Nacht in der Zwinge. Sobald es fest ist, formen Sie den Einsatz zunächst grob mit dem Schabhobel.

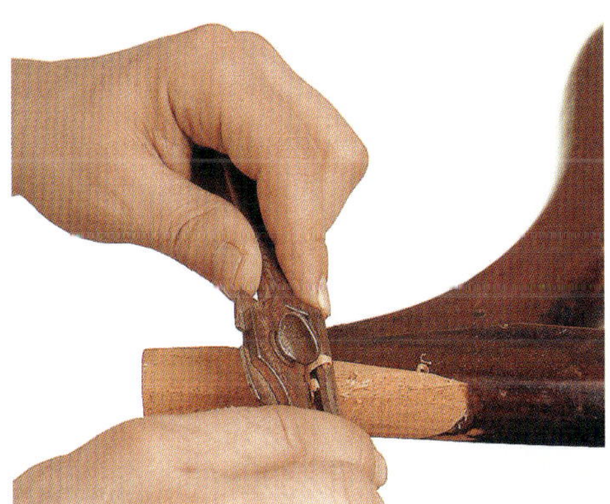

3 Modellieren Sie dann mit einem feineren Schabhobel weiter, indem Sie so sorgfältig wie möglich das Profil des erhaltenen Pfostens nachzubilden versuchen. Die Reparatur sollte sich nahtlos einpassen. Glätten Sie das Teil mit feinem Schleifpapier.

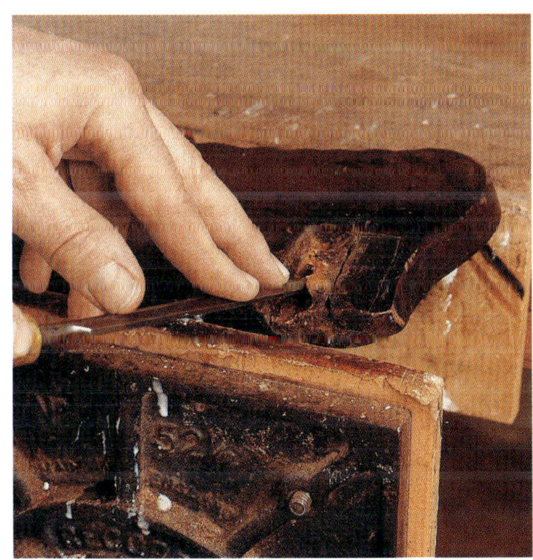

4 Die beschädigten Teile des Schulterbretts werden mit einem scharfen Stecheisen entfernt. Für eine gute Verbindung müssen alle Kanten sauber und glatt sein.

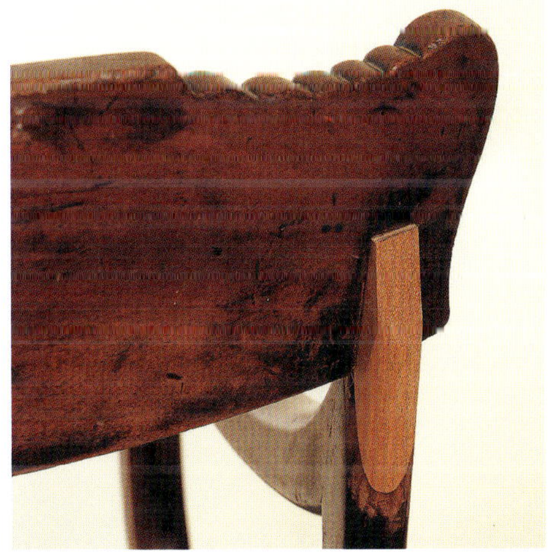

5 Verleimen Sie Schulterbrett und Pfosten mit PVA-Leim und lassen Sie alles über Nacht in der Schraubzwinge, damit die Verbindung gut haftet.

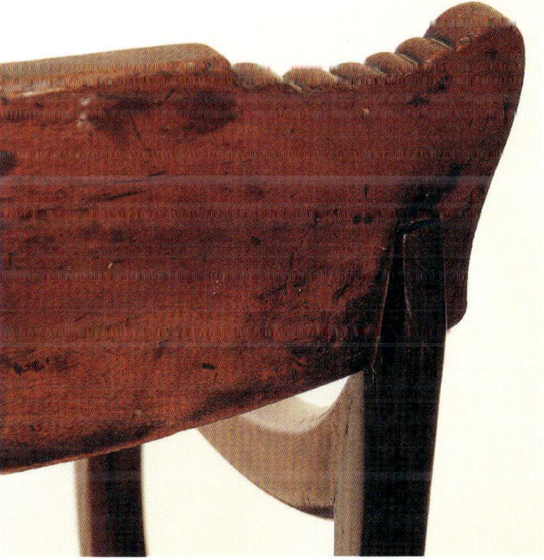

Wenn die Verbindung fest ist, wird das neue Holz passend zur alten Holzfarbe gebeizt und poliert. Die reparierte Stelle sollte nahezu unsichtbar sein.

Polsterarbeiten

Früher waren die meisten Sitzmöbel, vom Hocker bis zum kleinen Sofa, in der einen oder anderen Form gepolstert. Obwohl die Wahl des Stoffs letztlich eine persönliche Entscheidung des Besitzers ist, sollten Sie doch darauf achten, dass Bezug und Polsterung dem Stil entsprechen, denn mit Bau und Design eines Sitzmöbels verbinden sich nun einmal spezifische Polsterungen und diese spiegeln gleichermaßen die persönliche Entscheidung des damaligen Tischlers wider. Setzt man sich über diese Einheit von Stuhl und Polster hinweg, wird nicht nur die Ästhetik eines Stücks empfindlich beeinträchtigt, sondern auch sein Wert gemindert. Im Sinn der Authentizität empfiehlt es sich, beim Aufpolstern Polsternägel (Kammzwecken) und keine Klammern zu verwenden.

Die früheste nachweisliche Erwähnung von Polstern finden wir im 15. Jahrhundert. Allerdings waren es in jener Zeit Betten mit Baldachin, die verschwenderisch mit Stoff dekoriert wurden, während die Sitzgelegenheiten lediglich einfache Polster oder lose Sitzkissen trugen. Die Polsterung dieser Stühle bestand aus Daunen oder Rosshaar, während der im 16. Jahrhundert gebräuchliche Scherenfaltstuhl oft mit Samt oder Seidendamast bedeckt war (s. S. 98).

Polster kamen aber bald in Mode, und im 18. Jahrhundert reicht das Spektrum der verschiedenen Typen und Stile vom einfachen Sitzkissen für einen Rohrstuhl bis zu kunstvollen Ohrensesseln, die, komplett durchgepolstert, nur noch ihre dekorativen Holzbeine zeigten.

Auch die Techniken und Materialien variieren je nach Entstehungsort des Stuhls. Obwohl heute moderne Materialien zur Verfügung stehen, sollte man, wenn irgend möglich, den traditionellen den Vorzug geben.

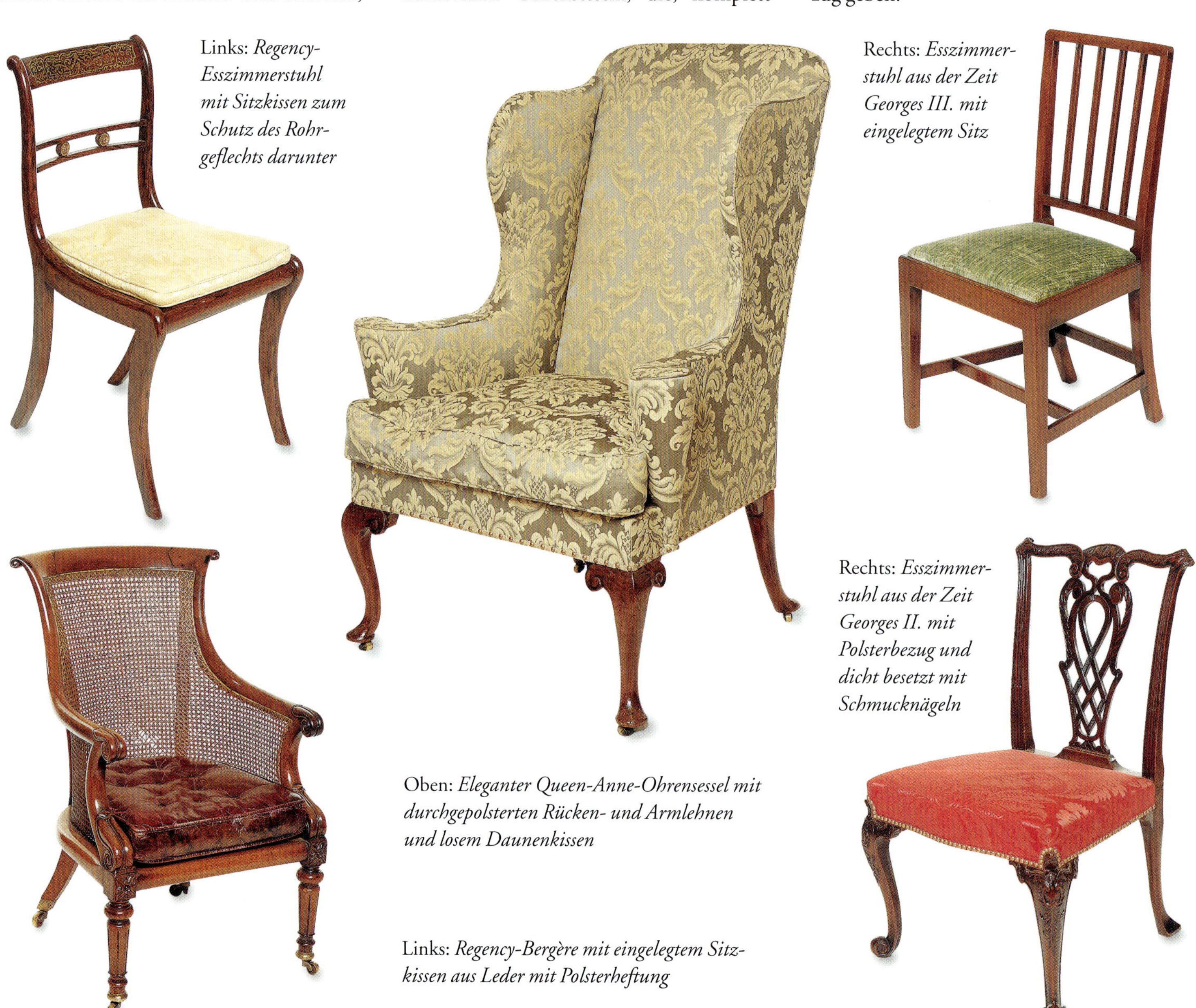

Links: *Regency-Esszimmerstuhl mit Sitzkissen zum Schutz des Rohrgeflechts darunter*

Rechts: *Esszimmerstuhl aus der Zeit Georges III. mit eingelegtem Sitz*

Rechts: *Esszimmerstuhl aus der Zeit Georges II. mit Polsterbezug und dicht besetzt mit Schmucknägeln*

Oben: *Eleganter Queen-Anne-Ohrensessel mit durchgepolsterten Rücken- und Armlehnen und losem Daunenkissen*

Links: *Regency-Bergère mit eingelegtem Sitzkissen aus Leder mit Polsterheftung*

Rohrgeflecht

Rohrstühle findet man in den verschiedensten Formen und Stilen, wobei das traditionelle sechslagige Muster an alten Möbeln am weitesten verbreitet ist. Rohr, oder besser Rattan, besteht aus der Rinde einer Palme aus dem tropischen Fernost. Die Streifen werden abgeschält und dann in verschiedenen standardisierten Breiten verarbeitet. Die äußere Rinde des Rattan wird zu Sitzflächen verarbeitet, die innere dient als Peddigrohr zum Korbflechten. Die Verarbeitung von Rattan erfordert zwar nur wenig Werkzeug, dafür aber umso mehr Sorgfalt und Geduld. Beispiele für Flechtwerk finden sich hauptsächlich an Sesseln, Stühlen und den Kopfenden von Betten.

Bei Stühlen spricht man von offenem Flechtwerk, einer Technik, bei der lange Rattanstreifen zu einer starken, flexiblen Fläche verwoben werden, auf der das Sitzpolster liegt. Bevor Sie mit der Arbeit beginnen, entfernen Sie das alte Rattan, einschließlich der Stifte oder Stöpsel. Man zieht sie am besten mit einem Bohrer heraus, der einen etwas kleineren Durchmesser als die Löcher hat. Prüfen Sie, ob der Rahmen stabil ist, denn die Bespannung eines beschädigten oder wackeligen Stuhls ist sinnlos.

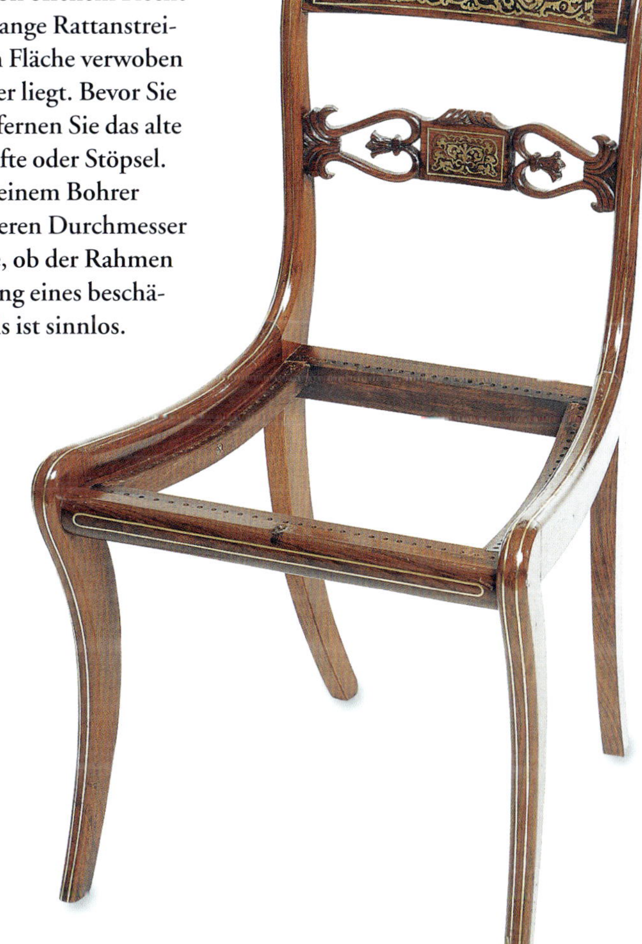

Material und Werkzeug

- Rattan
- Baumwolllappen
- Rattanstöpsel
- dünne Ahle
- Baumschere
- Hammer
- Beize oder Wachs

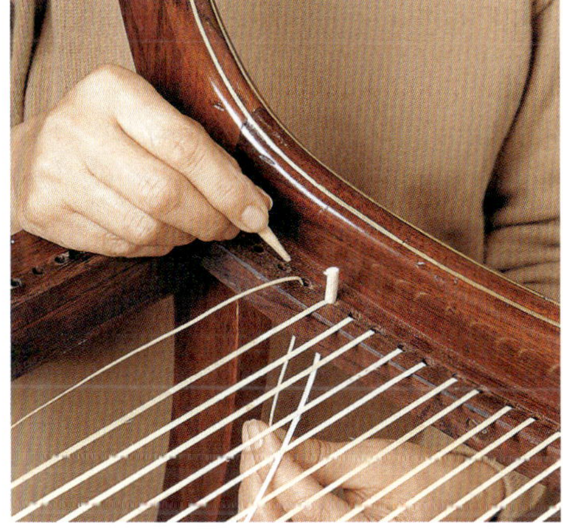

1 Bei der ersten Längsschicht (Flechttour) führen Sie einen feuchten Rattanstreifen von oben nach unten über den Rahmen, halten ihn mit einem Stöpsel und fädeln ihn durch das gegenüberliegende Loch. Nachdem Sie das Rattan mit einem provisorischen Stöpsel gesichert haben, führen Sie es von unten durch das nebenan liegende Loch und wiederholen den Vorgang in der anderen Richtung.

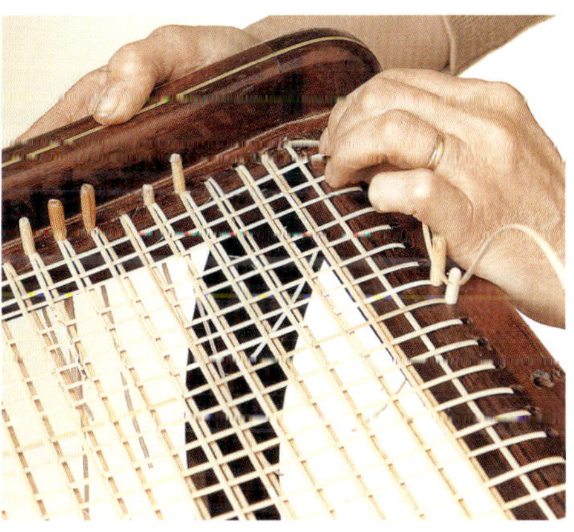

2 Bei der ersten Querschicht führen Sie das Rattan von rechts nach links. Dann fädeln Sie eine zweite Reihe, die zweite Querschicht, durch dieselben Löcher, jedoch etwas nach rechts versetzt, um eine doppelte Breite zu erhalten.

Tipp

Obwohl Rattan sich trocken verarbeiten lässt, fällt die Arbeit leichter, wenn es vorher kurz in Wasser eingeweicht und dann in ein feuchtes Tuch eingeschlagen wird, damit es geschmeidig bleibt, während die Arbeit am Stuhl fortgesetzt wird. Beachten Sie, dass Rattan weder zu nass noch zu lange feucht gehalten werden sollte, da die Qualität des Materials ansonsten leidet.

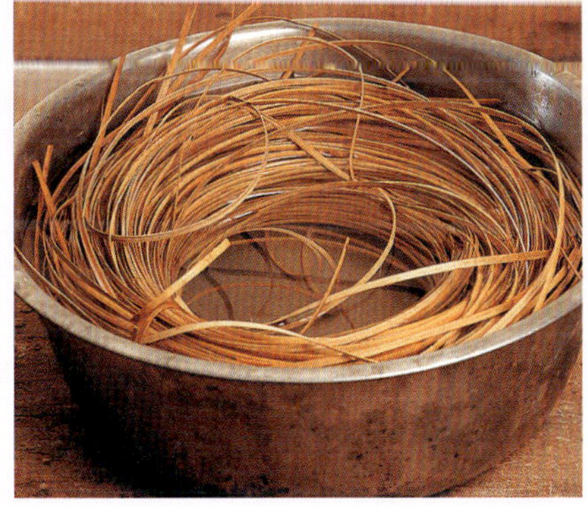

▷

Rohrgeflecht ... Fortsetzung

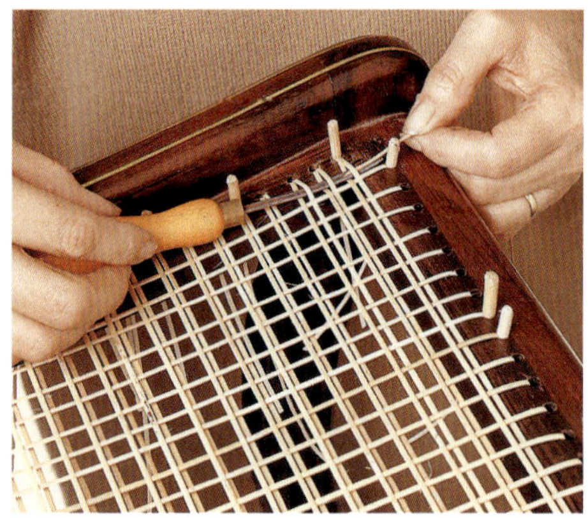

3 Bei der zweiten Längsschicht wird das Rattan wieder von vorn nach hinten geführt, dieses Mal jedoch geflochten – über die zweite und unter der ersten Querschicht hindurch; alle vier Streifen müssen miteinander verwoben werden. Eine Ahle erleichtert das Führen des Rattans durch das Geflecht.

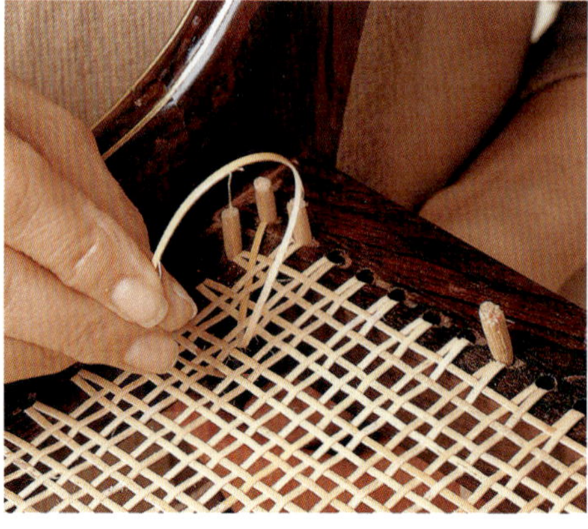

4 Bei der ersten Diagonalschicht wird das Rattan über die Längs- und unter der Querschicht geflochten, also über die doppelten, von rechts nach links führenden Streifen und unter den von vorne nach hinten führenden Streifen hindurch geführt.

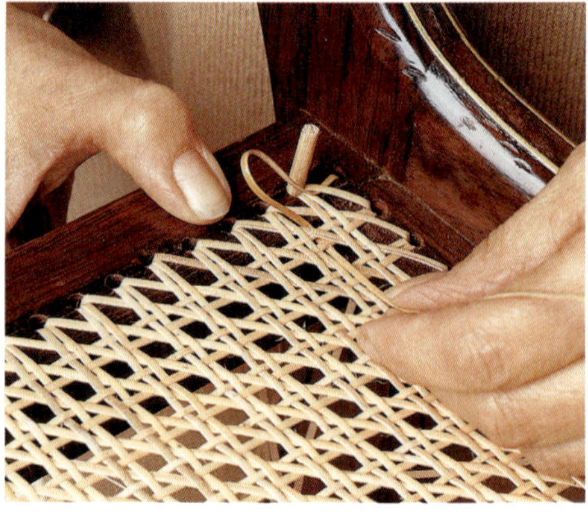

5 Wiederholen Sie diesen Flechtvorgang in der anderen Diagonale. Bei der zweiten Diagonalschicht werden die Streifen unter den Längs- und über die Querstreifen geführt, genau entgegengesetzt zum vorigen Schritt. Das Rattan sollte ordentlich über die Ecken der ersten und zweiten Längsschicht laufen.

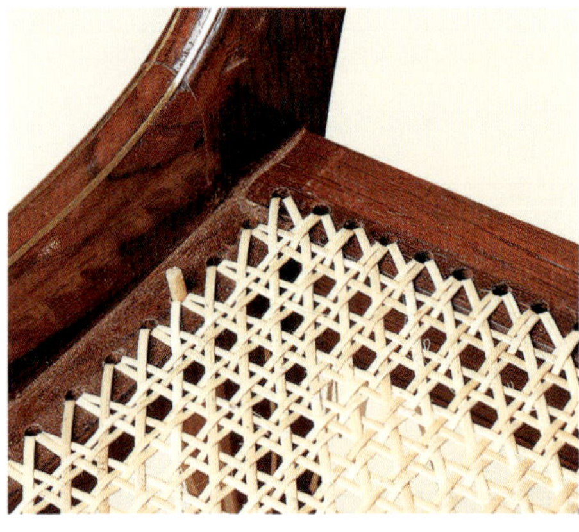

6 Sichern Sie das Rattan in den Löchern mit Stöpseln; wenn es fest gespannt ist, schneiden Sie es mit der Schere randbündig ab. Die Stöpsel werden nicht verleimt, hämmern Sie sie nur mit einem leichten Schlag fest.

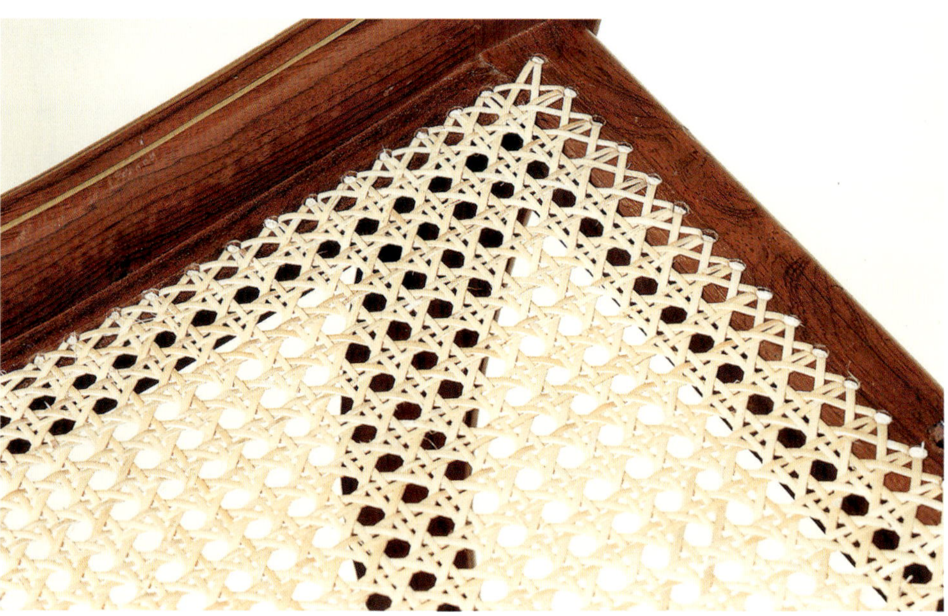

Der fertige Sitz sollte ein gleichmäßig geflochtenes geometrisches Muster zeigen, das stabil und flexibel ist. Man kann das Rohr im Naturzustand belassen, oft empfiehlt es sich jedoch, gefärbtes Wachs oder Wasserbeize aufzutragen (s. S. 68–69).

Umrandung

Vor 1850 arbeitete man meist einen gestöpselten Rand (oben), später wurde eine Deckschiene aus Rohr bevorzugt (rechts). Im Zug einer Restaurierung wird man sich bei der Wahl des Abschlusses grundsätzlich an dem Stil der Entstehungszeit des Stuhls orientieren.

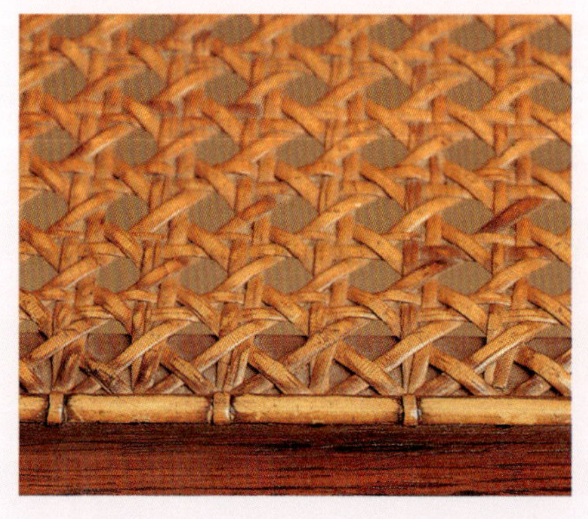

Einen Stuhl aufpolstern

Stühle lassen sich auf ganz unterschiedliche Art aufpolstern. Wie immer werden Stil und Arbeitsmethode von Entstehungszeit und Entwurf des jeweiligen Möbels bestimmt. Im 18. und 19. Jahrhundert war es üblich, das Polster über einem darunter verspannten Gurtgeflecht aufzubringen. Sachgemäß ausgeführt, erhält man einen Sitz mit gleichmäßig flacher Linienführung, die nicht nur bequem, sondern auch dauerhaft ist, und die Form des Stuhls dekorativ unterstreicht.

Heute wird in einer Polsterwerkstatt oft die Heftmaschine (Tacker) neben traditionell eingeschlagenen Nägeln benutzt, was zweifellos Zeit spart. Hammer und Nägel sind jedoch bei der Restaurierung von Qualitätsmöbeln immer die richtige Wahl.

Dieser Stuhl wird mit traditionellem Werkzeug gepolstert. Auch wenn Sie einige der erforderlichen Dinge wie Hammer, Zange und Schere besitzen, werden Sie sich doch zusätzliches Arbeitsmaterial in einem Spezialgeschäft für Handwerksbedarf anschaffen müssen. Aber auch auf Flohmärkten oder in Secondhand-Shops können Sie fündig werden.

Material und Werkzeug

- Gurtband
- Kammzwecken
- Hammer
- Gurtspanner
- Klüpfel
- Kneifzange
- Schere
- grobe Leinwand (Rupfen)
- Zwirn
- Garniernadeln
- Rosshaar
- Kaliko (Kattun, ungebleichter Baumwollstoff)
- Polsternägel
- Vlies zur Oberflächenwattierung
- Bezugsstoff
- Ziernägel für die Borte
- Borte
- Klebstoff
- Hammer

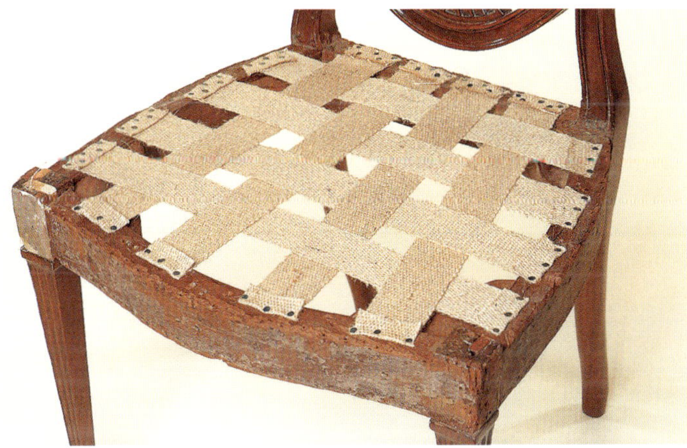

1 Schlagen Sie die Enden von vier Gurten über der Zarge ein und nageln Sie sie in gleichen Abständen in das hintere Zargenbrett. Ziehen Sie die Gurte mit dem Gurtspanner nach vorne, schlagen Sie die Enden ein und nageln Sie sie fest. Verfahren Sie ebenso in der anderen Richtung und verweben Sie die Gurte, eins auf, eins ab (s. Abb.).

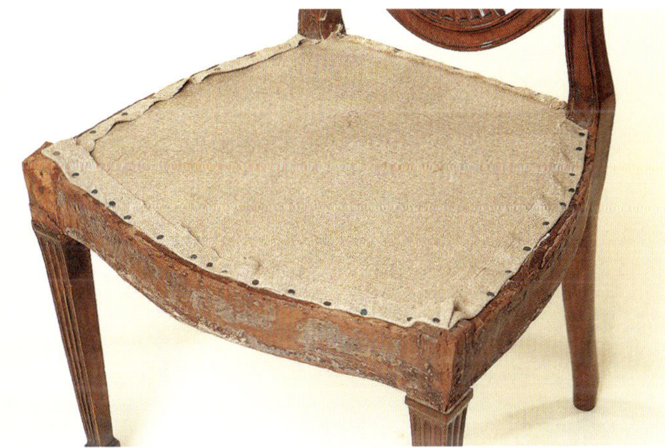

2 Schneiden Sie ein Stück Leinwand (Federleinwand) zu, das etwas größer als die Zarge ist. Legen Sie den Stoff über die Gurte, schlagen Sie die Enden ein und nageln Sie sie fest.

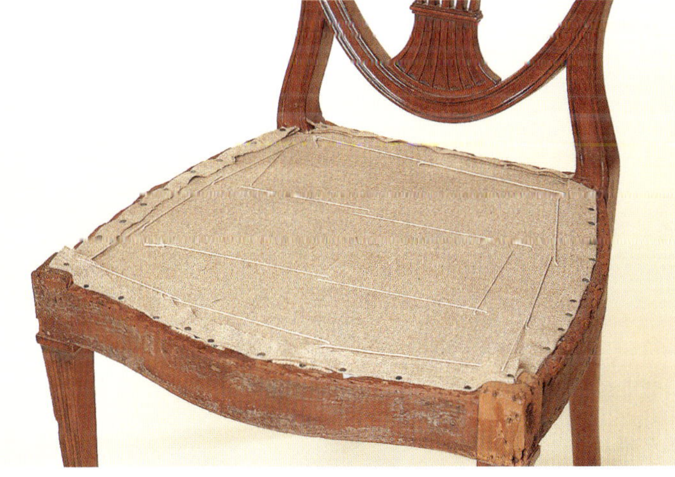

3 Sticheln Sie mit der Garniernadel und Zwirn mehrere Reihen lockerer, großer Garnierstiche um den Rand der Leinwand und quer über die Fläche; sie dienen später dazu, das Rosshaar zu fixieren.

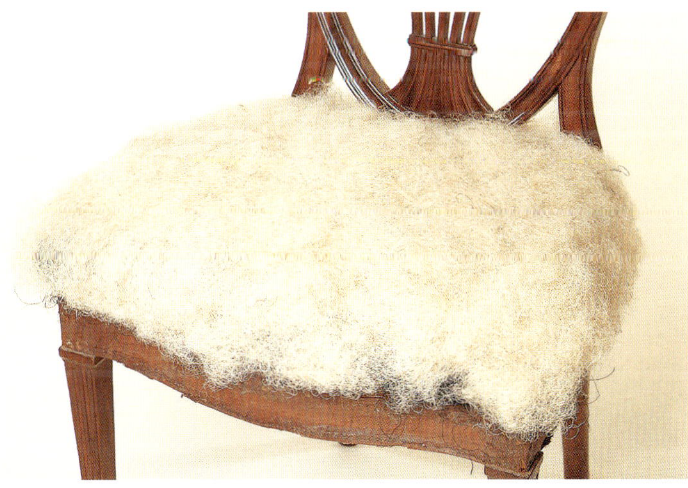

4 Legen Sie, von der Mitte ausgehend, jeweils eine Hand voll Rosshaar auf die Leinwand und stopfen Sie es in die Schlingen, damit es fest sitzt. Füllen Sie Rosshaar auf, bis die Fläche gleichmäßig bedeckt ist. ▷

Aufpolstern … Fortsetzung

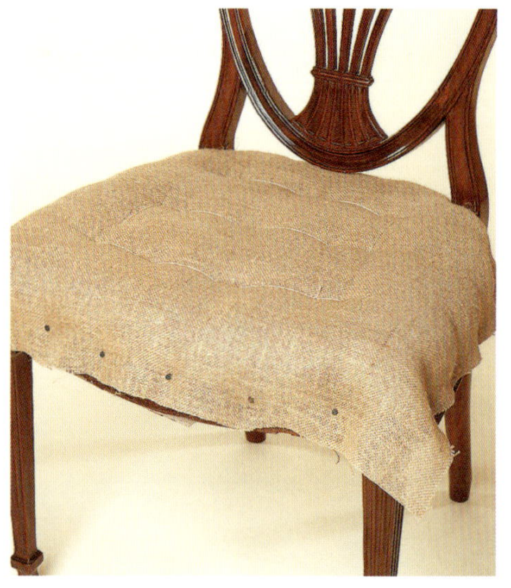

◁ **5** Schneiden Sie ein zweites Stück Leinwand (Fassonleinwand) zu und legen es über das Rosshaar. Spannen Sie den Stoff provisorisch mit Kammzwecken um den Stuhlrahmen. Ziehen Sie mit der Garniernadel weitere Schlingen durch den Sitz, sie werden gebraucht, um die Polsterung flach zu halten und gleichzeitig zu fixieren.

▷ **6** Entfernen Sie die provisorischen Nägel mit Klüpfel und Nagelheber. Ziehen Sie den Stoff zurecht, dann nageln Sie ihn rundum fest. Achten Sie besonders an den Ecken auf straffen Sitz – Nachlässigkeiten in diesem Bereich sind später nur schwer zu beheben.

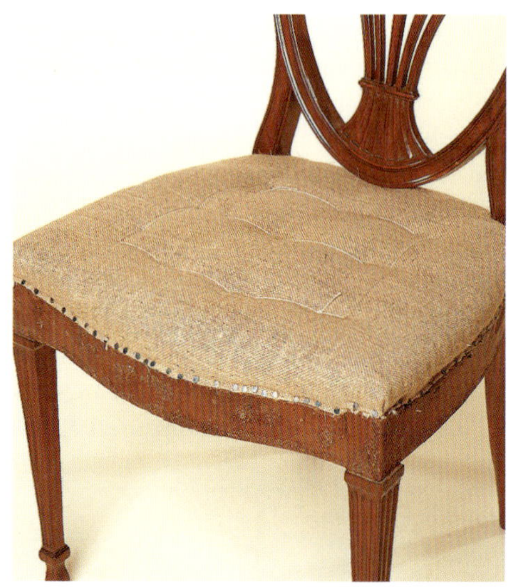

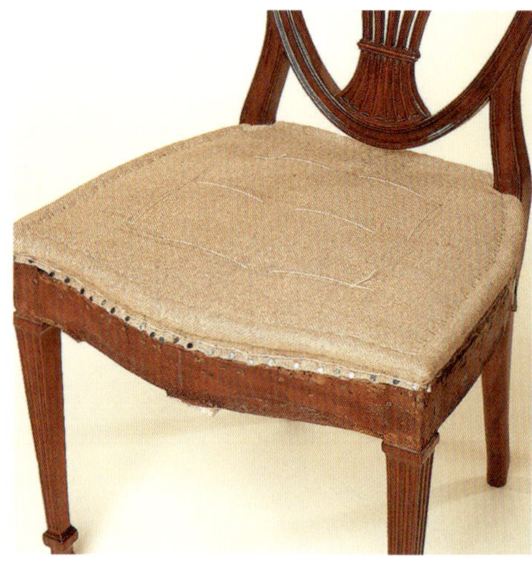

7 Ziehen Sie weitere Schlingen durch den Sitz, dann bringen Sie mit einer langen Garniernadel Blindstiche im Umkreis des Rands ein, etwa 2,5 cm über der genagelten Linie. Beginnen Sie mit der Kante, damit das Rosshaar während der nächsten Arbeitsschritte nicht verrutscht.

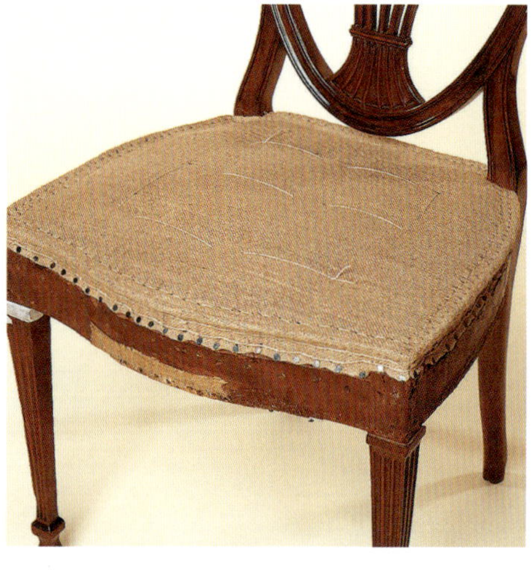

8 Verwenden Sie die Schlingen, um die Rosshaarfüllung gleichmäßig flach zu stopfen. Bringen Sie neben den vorigen weitere Blindstiche ein und achten Sie dabei wieder besonders auf die Ecken. Der fertige Sitz sollte flach und die Ecken straff sein.

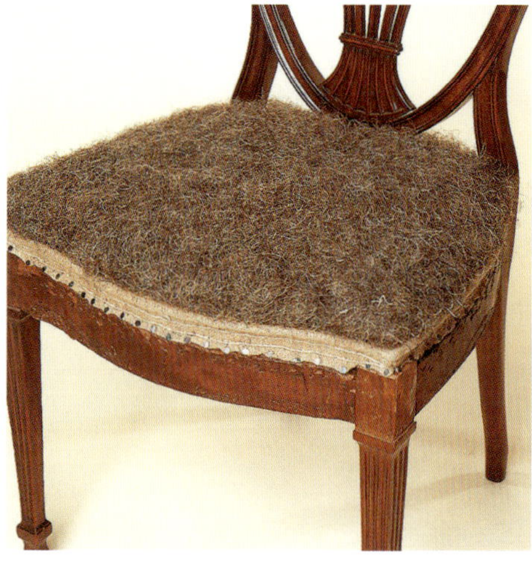

9 Legen Sie eine weitere Schicht Rosshaar auf die Leinwand und stopfen es so, dass es sich, der Form des Sitzes angepasst, leicht wölbt.

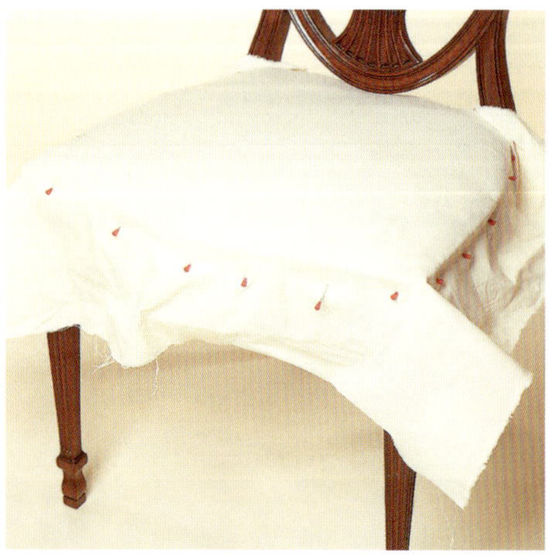

◁ **10** Bedecken Sie das Rosshaar mit einem Stück Kaliko (Kattun), das, straffgezogen, mit Polsternägeln befestigt wird. Der Sitz sollte weich und gleichmäßig geformt sein.

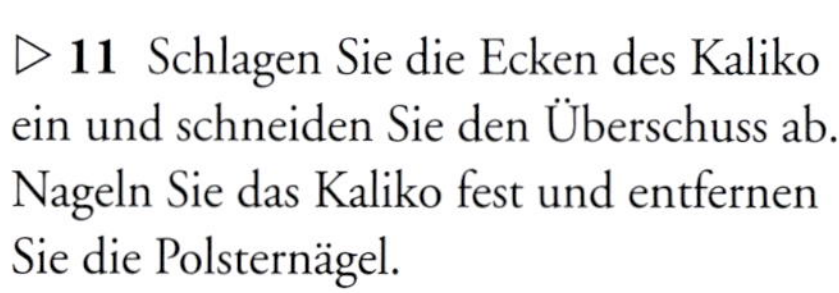

▷ **11** Schlagen Sie die Ecken des Kaliko ein und schneiden Sie den Überschuss ab. Nageln Sie das Kaliko fest und entfernen Sie die Polsternägel.

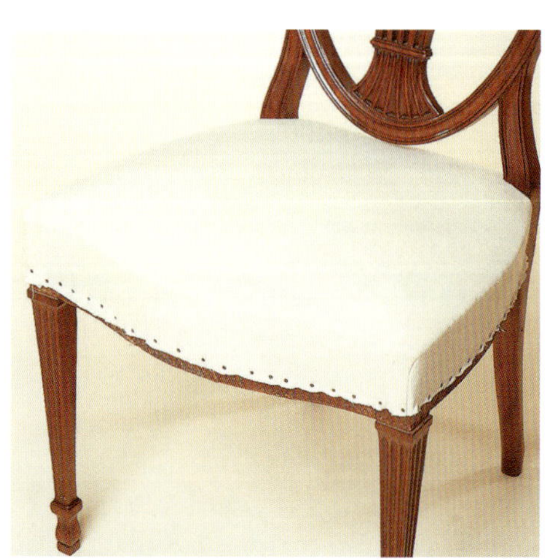

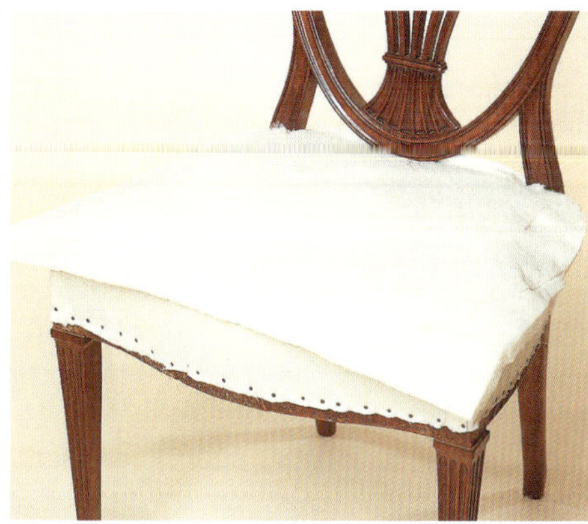

12 Schneiden Sie ein Stück Vlies (Polsterwatte) in der doppelten Länge des Sitzes zu und legen Sie es zusammengefaltet über den Sitz. Es verhindert ein Durchstechen des Rosshaars.

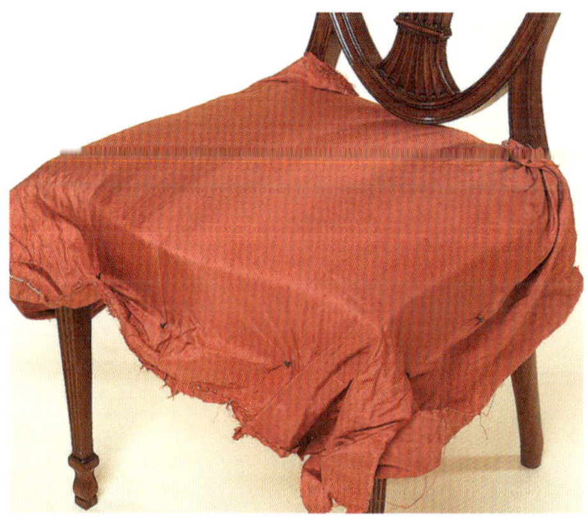

13 Nun legen Sie den Bezugsstoff darüber. Bringen Sie unten an der Zarge provisorische Nägel an. Prüfen Sie zugleich, ob das Muster richtig sitzt und der Stoff nicht zu straff gespannt ist.

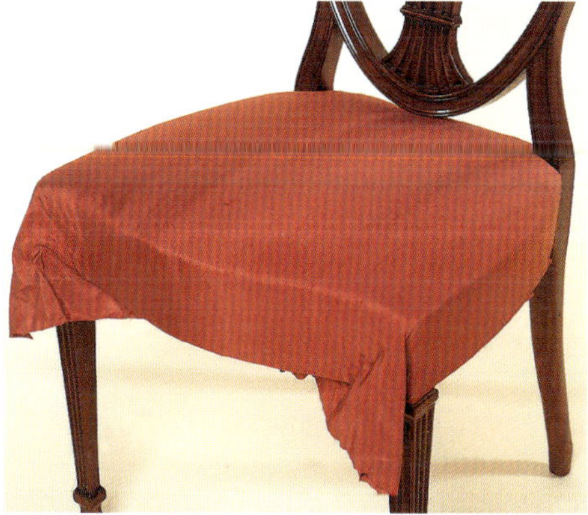

14 Korrigieren Sie, wenn nötig, die Position der provisorischen Nägel. Befestigen Sie den Stoff, indem Sie unten weitere Nägel in die Zarge schlagen. Richten Sie die Ecken und falten Sie sie nach außen um.

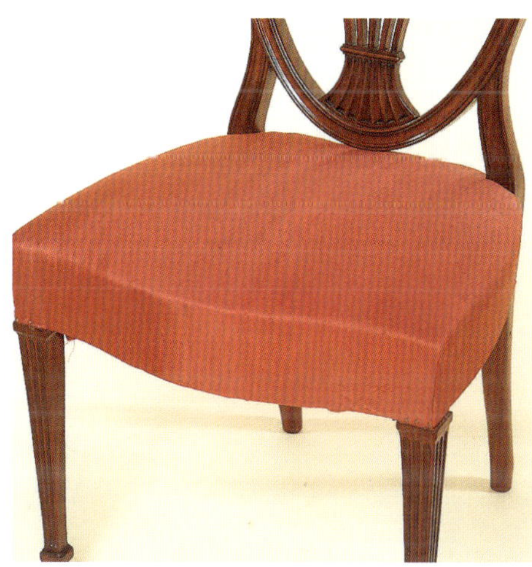

15 Die Ecken werden mit dem Hammer und kleinen Ziernägeln befestigt. Der Bezug sollte glatt und gleichmäßig sitzen.

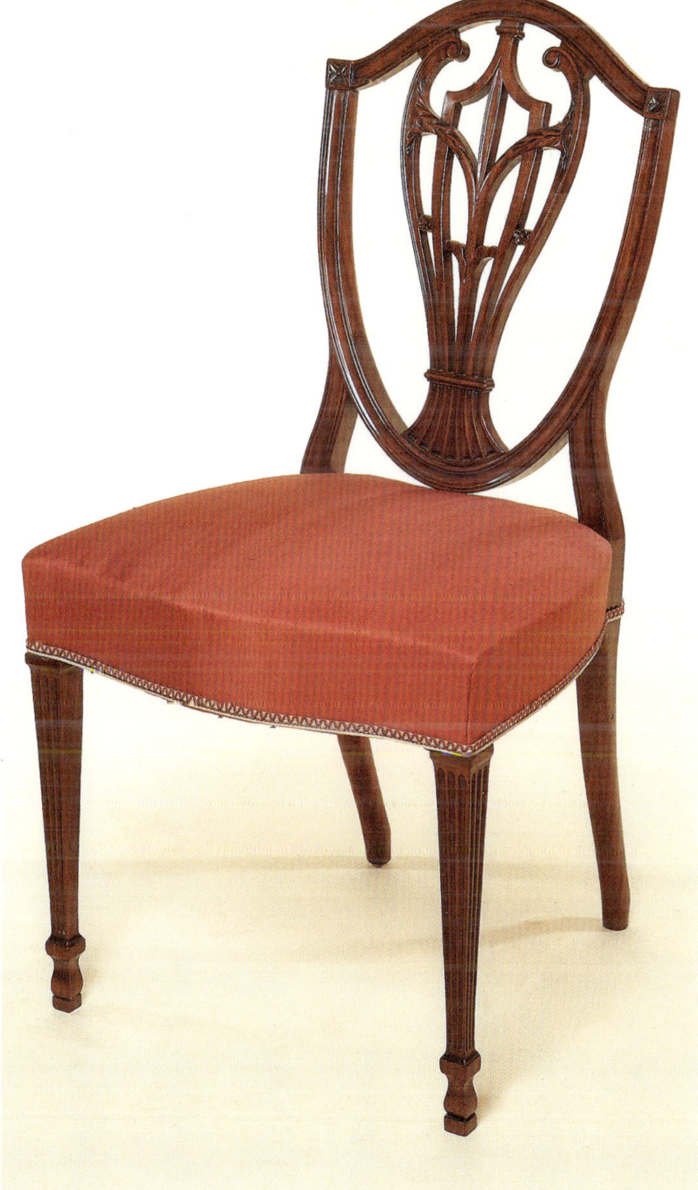

Das neue Polster sollte die Schönheit des Stuhls unterstreichen, bequem sein und vor allem jahrelang halten.

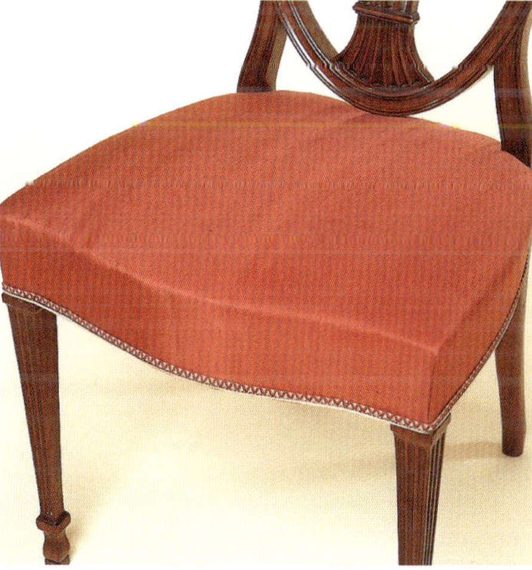

16 Kleben Sie die Borte mit Spezialkleber an und schneiden Sie alle losen Fäden ab.

Ziernägel und Borten

Für die abschließende Umrandung von Polstern bieten sich mehrere Möglichkeiten an. Dazu gehören die verschiedenen Arbeiten am Polster selbst, sowie zusätzlich vielerlei dekorative Borten und Ziernägel (Gimpen) für die Zarge, die praktischerweise auch für einen sauberen Abschluss der Stoffkante sorgen.

Grosser Nagelabstand

Die Borte wird mit Spezialklebstoff angeklebt, dann werden Nägel mit großen Zierköpfen in regelmäßigen Abständen eingeschlagen. Diese Verzierung eignet sich gut für Regency-Möbel des späten 18. Jahrhunderts.

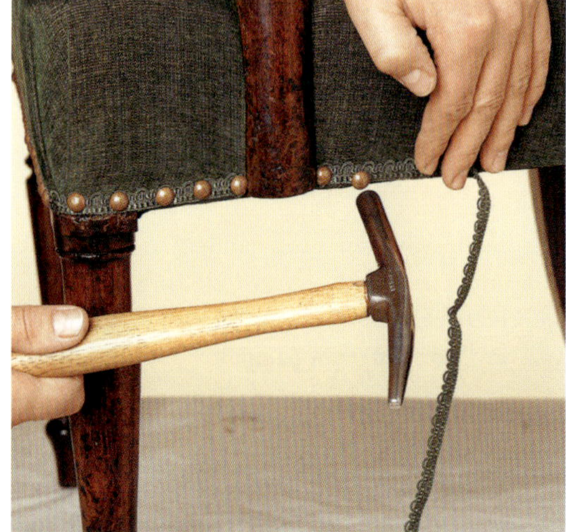

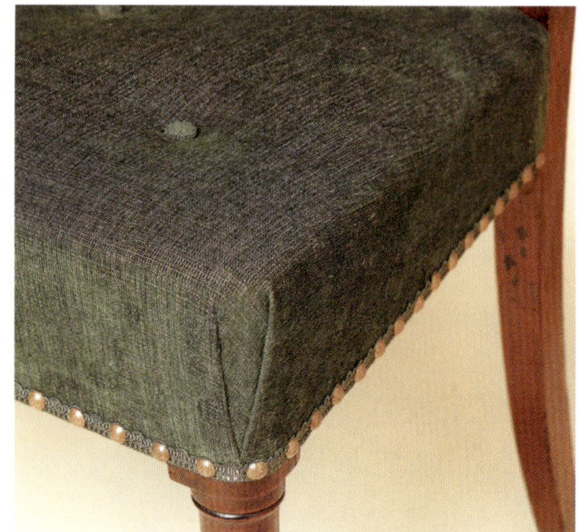

Dichte Nagelung

Die Nägel werden rundum dicht an dicht in die Stuhlzarge geschlagen, eine Technik, die besonders gut zu Tapisseriebezügen und zum Möbelstil Mitte des 18. Jahrhunderts passt.

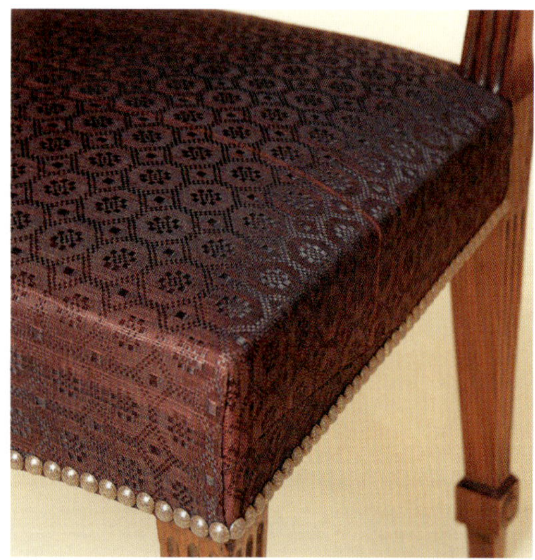

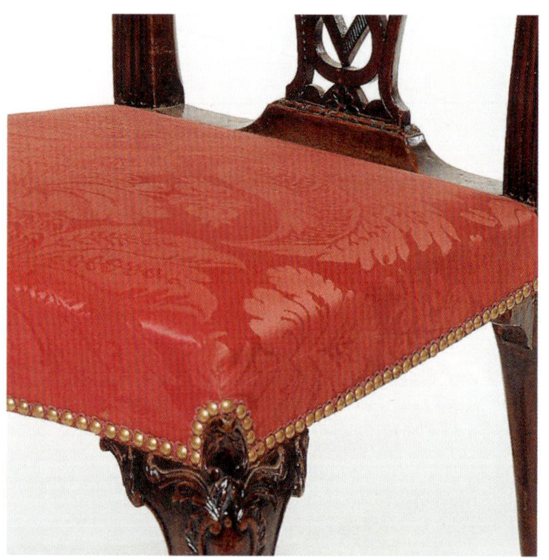

Borte

Zierborten gibt es in großer Auswahl in vielen Formen und Farben. Sie werden mit Spezialklebstoff aufgeklebt und können zu jedem Stoff verwendet werden.

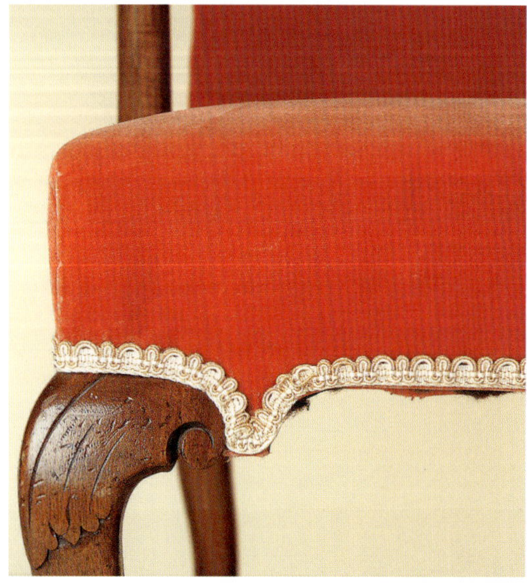

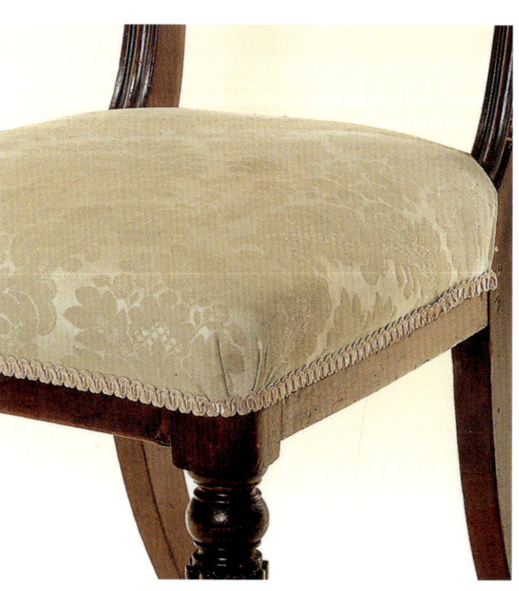

Kordelbesatz

Mit Kordeln und Paspeln lassen sich die Ränder von Kissen und Sitzen betonen. Besonders gepolsterte Sitze wirken dadurch plastischer.

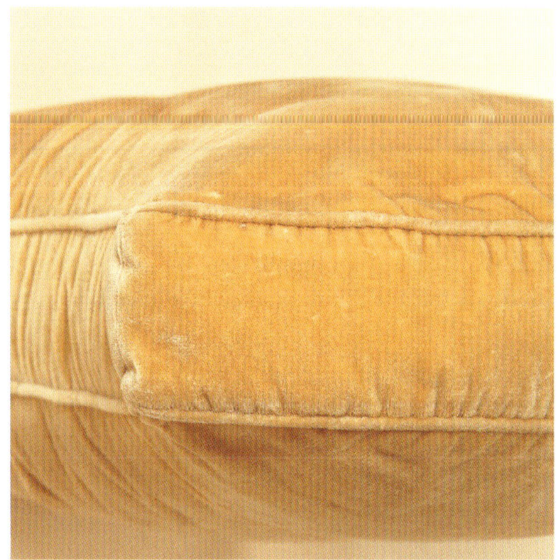

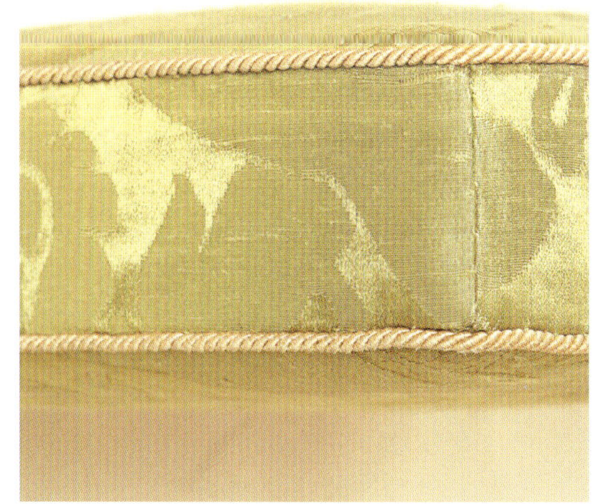

Polsterknöpfe

Polsterknöpfe verleihen Stühlen in Verbindung mit Schmucknägeln, die in gleichmäßigem Abstand auf die Borte genagelt sind, ein elegantes Aussehen. Die Bilder zeigen, wie man die Knöpfe anbringt.

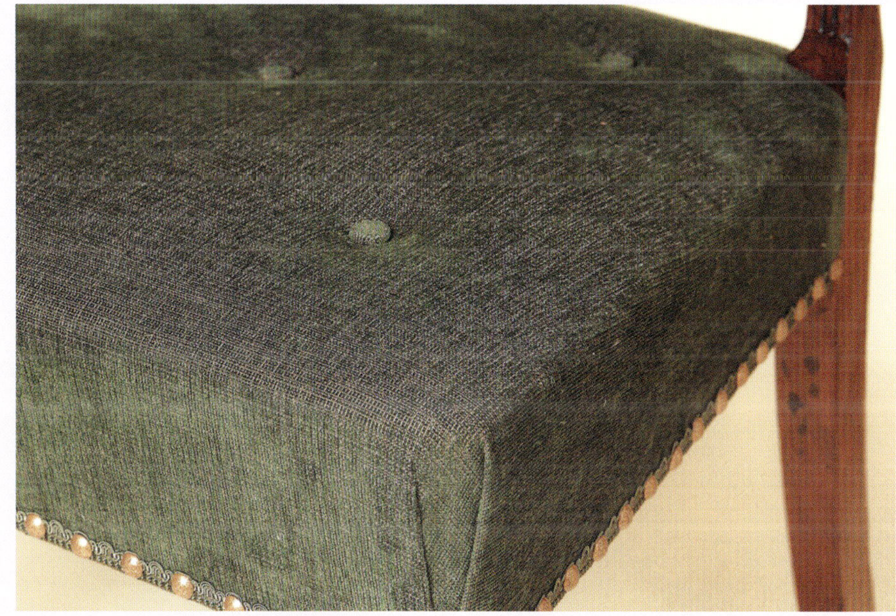

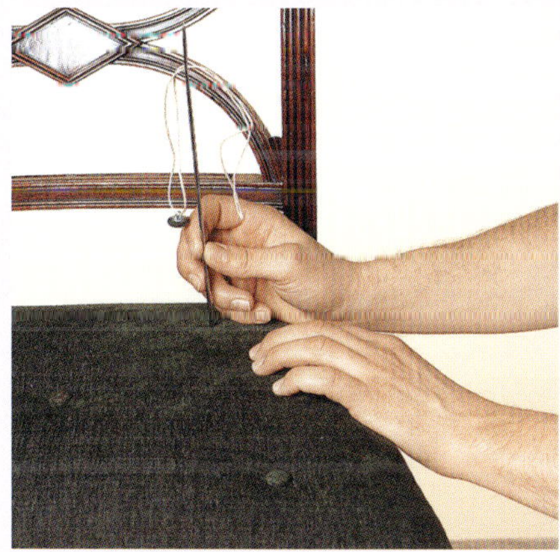

1 *Ziehen Sie Polsterzwirn durch den Knopf, und führen Sie eine lange Nadel mit doppeltem Faden durch das Sitzpolster.*

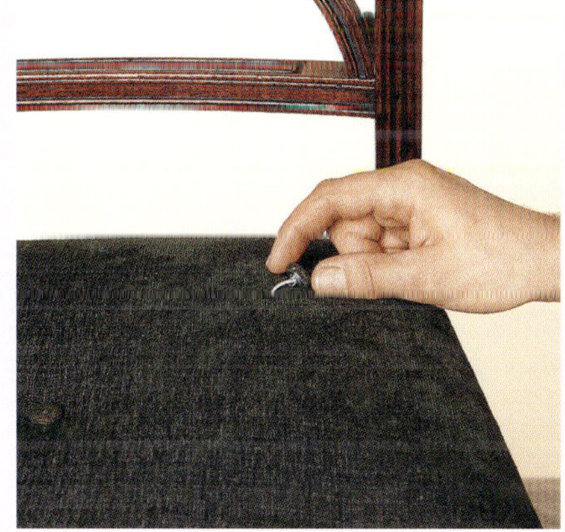

2 *Platzieren Sie den Knopf an der richtigen Stelle und ziehen Sie die Fäden unten fest. Dabei sollte eine kleine Vertiefung in der Sitzfläche entstehen.*

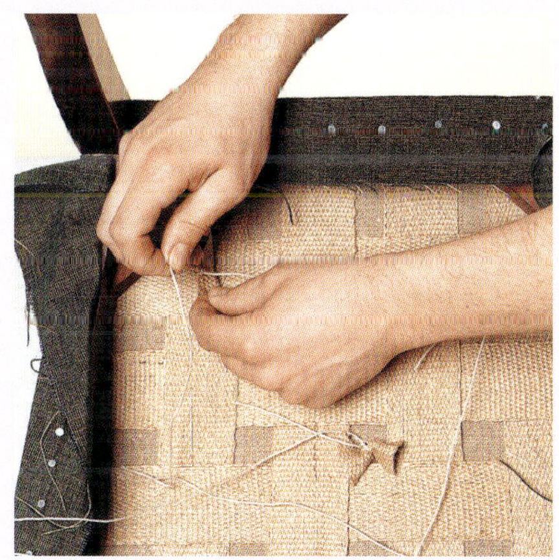

3 *Verknoten Sie die Fäden unter dem Sitz, nachdem Sie als »Zulage« ein Reststück des Gurtbands integriert haben, um den Druck zu verteilen. Verfahren Sie ebenso mit den anderen vier Knöpfen.*

PROJEKT: RAYNHAM-STUHL

Als dieser Stuhl auf einer Auktion erworben wurde, war sein Alter unbekannt. Er besteht aus kubanischem Mahagoni, der Stil der Innenpfosten und die Schnitzereien verweisen auf die Mitte des 18. Jahrhunderts, sie erinnern an Stühle von Thomas Chippendale oder William Vile für den Marquess of Townsend in Raynham Hall, Norfolk. Daher schien es sich um ein wichtiges Stück zu handeln, das eine einfühlsame Restaurierung erfordert, um den Originalzustand wieder herzustellen. Besondere Zuwendung erforderte die Zarge, um die Verschleißerscheinungen vergessen zu machen und die fehlenden Teile durch neues kubanisches Mahagoni zu ersetzen. Aber mit viel Geduld und sorgfältiger Arbeit konnte die Schönheit der alten Handwerksarbeit wieder hergestellt werden.

PLANUNG DER ARBEIT

Der Stuhl erforderte eine umfangreiche Restaurierung. Beim Entfernen der Polsterung kam die ursprüngliche Heupolsterung zum Vorschein. Allerdings war die Zarge locker und von Holzwürmern befallen; sie musste also mit neuem Holz verstärkt werden. Darüber hinaus schienen die Beine zu kurz für die Höhe des Stuhls und Teile der Schnitzerei fehlten. Die Füße sahen aus, als ob sie abgesägt worden wären, und hatten im Übrigen keine Laufrollen.

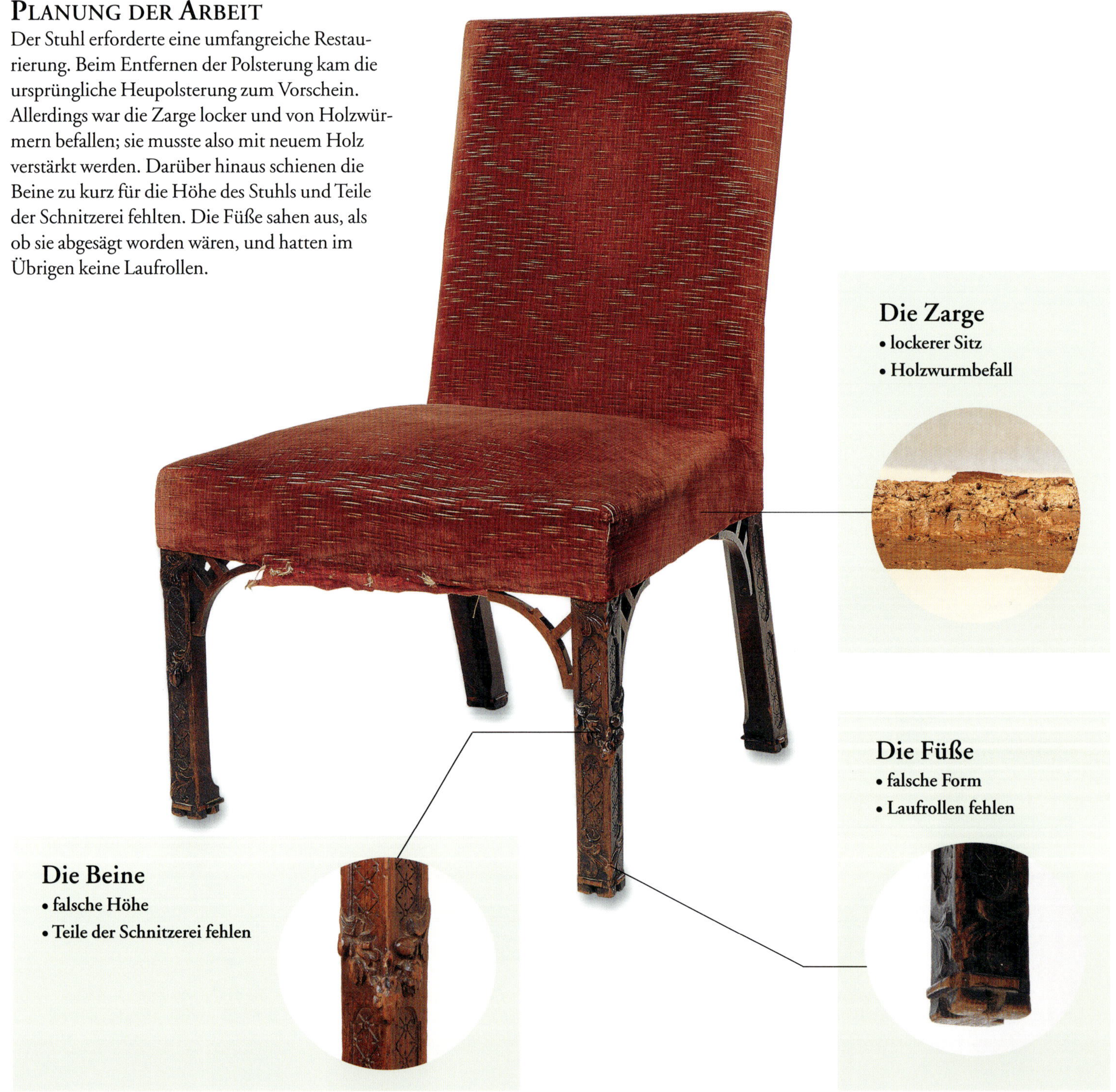

Reparatur der Zarge

Die Zarge war locker und durch Holzwürmer stark beschädigt. Wie generell beim Restaurieren galt es auch hier, das Original so weit wie möglich zu erhalten, die Zarge also sorgfältig auseinander zu nehmen und einfühlsam zu restaurieren. Methodisch erschien es ratsam, das Trägerholz zu entfernen und es durch neues Holz zu ersetzen. So lässt sich die Stabilität des Stuhls wieder herstellen, während das äußere Originalholz für die Datierung des Stuhls aufschlussreich ist. Komplett erneuerte Stühle können beträchtlich an Wert verlieren.

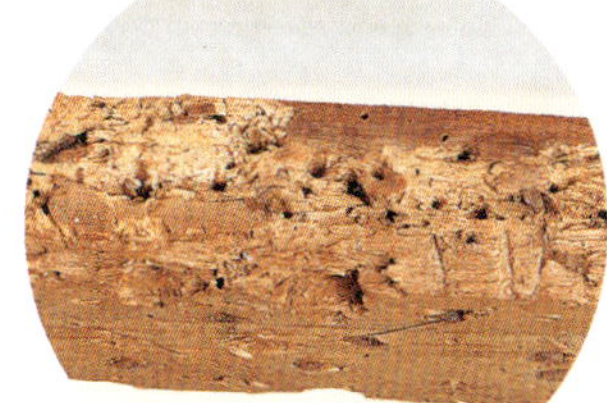

Holzwurmbefall

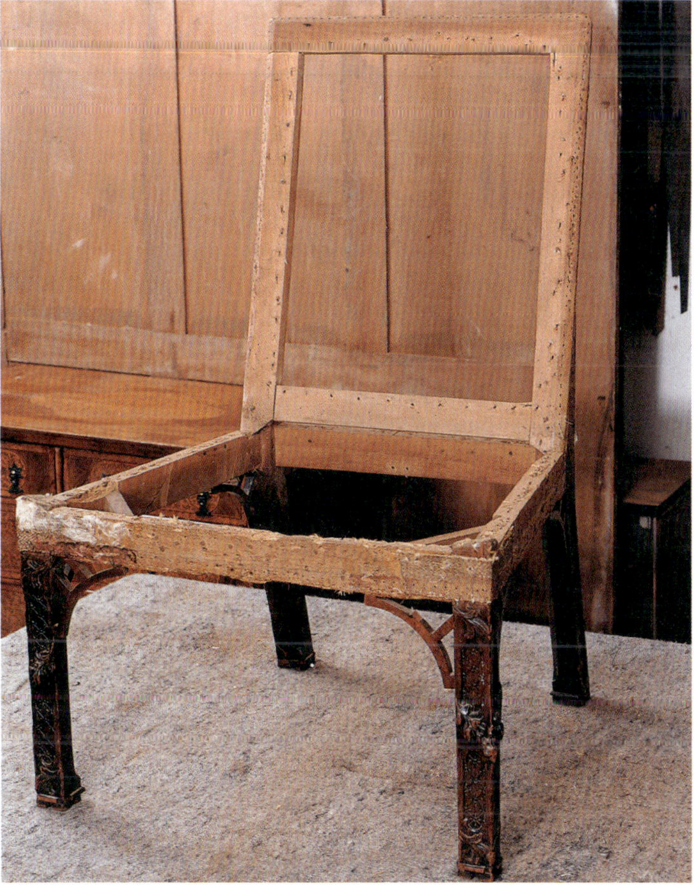

Material und Werkzeug

- Nagelheber (Losschlageisen)
- Hammer
- Hartholzblock
- Abdeckband
- Kreissäge
- Buchenholz
- PVA-Leim
- Zulagen
- Bügel-schraubzwingen
- Feinsäge
- feiner Pinsel
- Spiritusbeize

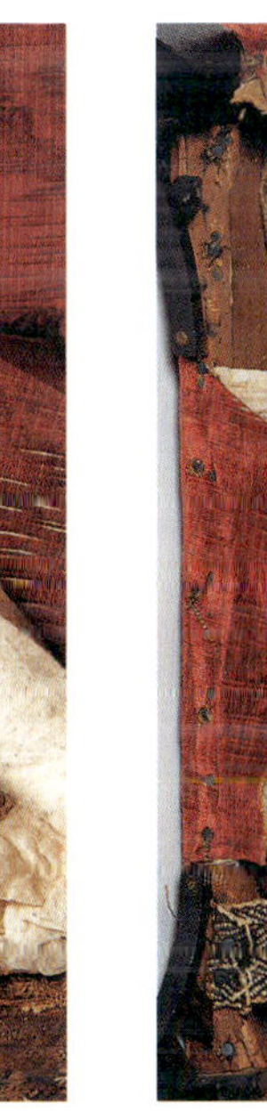

1 Entfernen Sie die Polsterung und legen Sie sie beiseite (s. S. 102–103). Der Stuhl muss letztmals im 19. Jahrhundert aufgepolstert worden sein, da sich noch ein Teil der alten Heufüllung fand. Nachdem die Polsterung entfernt ist, sieht man, dass die Zarge überall im Original erhalten ist.

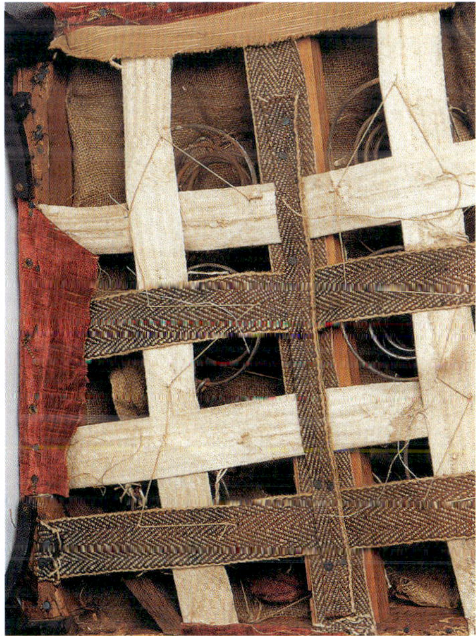

2 Lösen Sie mit dem Nagelheber die Enden der nun freiliegenden Gurte und reißen Sie sie ab. Man sieht nun die unten an die Gurte genähten Sprungfedern.

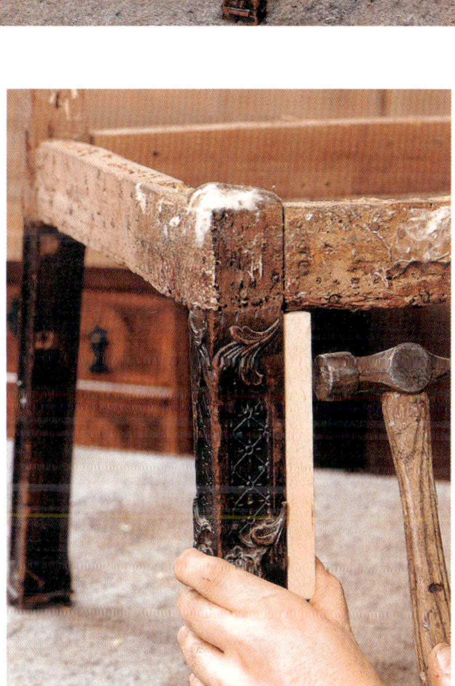

3 Nehmen Sie den Stuhl mit dem Hammer und einem unterlegten Holzstück komplett auseinander (s. S. 103–104). Das Holzstück sorgt für gleichmäßigen Druck, außerdem schützt es die Mahagoni-Oberfläche.

▷

Reparatur der Zarge … Fortsetzung

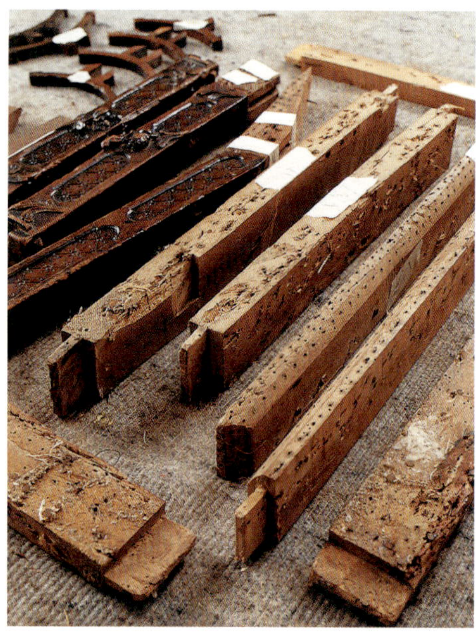

◁ **4** Machen Sie es sich zur Gewohnheit, die einzelnen Teile gleich beim Zerlegen zu beschriften, auch wenn die Verwechslungsgefahr bei einem einzelnen Stuhl nicht so groß ist wie bei mehreren.

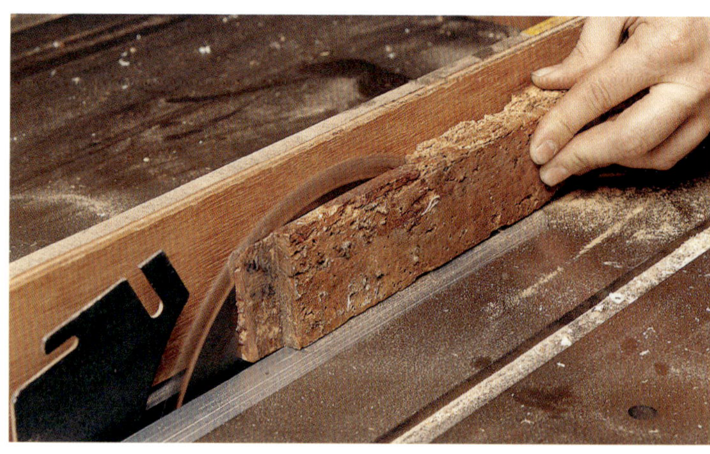

5 Da eines der Zargenbretter besonders stark vom Holzwurm befallen ist, muss ein neues Holzstück eingesetzt werden. Sägen Sie mit der Kreissäge durch die Länge des Zargenbretts und entfernen Sie das innere Stück. Beachten Sie, dass für das Foto die Schutzvorrichtung an der Säge abgenommen wurde.

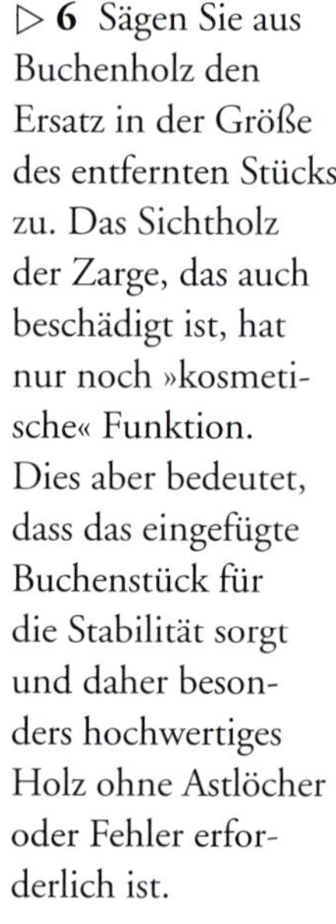

▷ **6** Sägen Sie aus Buchenholz den Ersatz in der Größe des entfernten Stücks zu. Das Sichtholz der Zarge, das auch beschädigt ist, hat nur noch »kosmetische« Funktion. Dies aber bedeutet, dass das eingefügte Buchenstück für die Stabilität sorgt und daher besonders hochwertiges Holz ohne Astlöcher oder Fehler erforderlich ist.

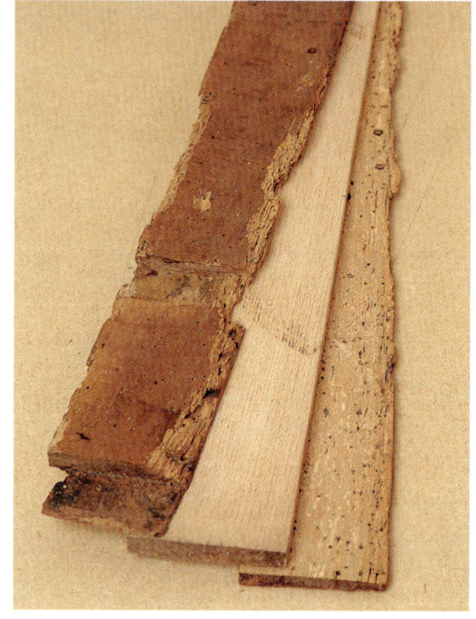

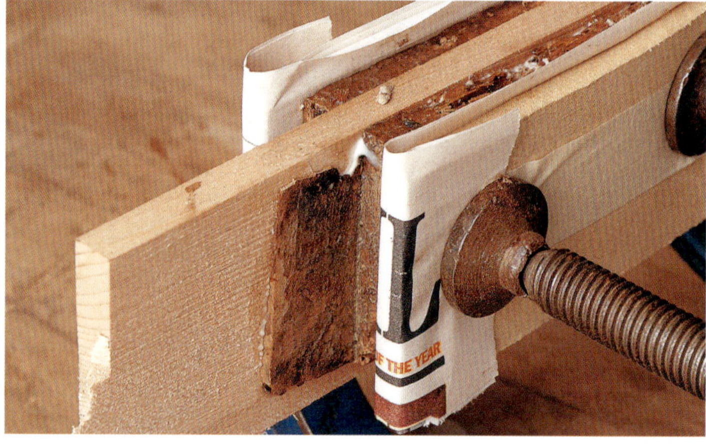

7 Verleimen Sie die drei Teile. Das neue Buchenholz, das den Zapfen bildet, liegt dabei in der Mitte. Spannen Sie die Teile mit Zulagen in die Schraubzwinge, durch Zeitungspapier gegen eventuell durchschlagenden Leim geschützt, und lassen Sie alles trocknen. Schneiden Sie eine Zapfenverbindung (s. S. 117).

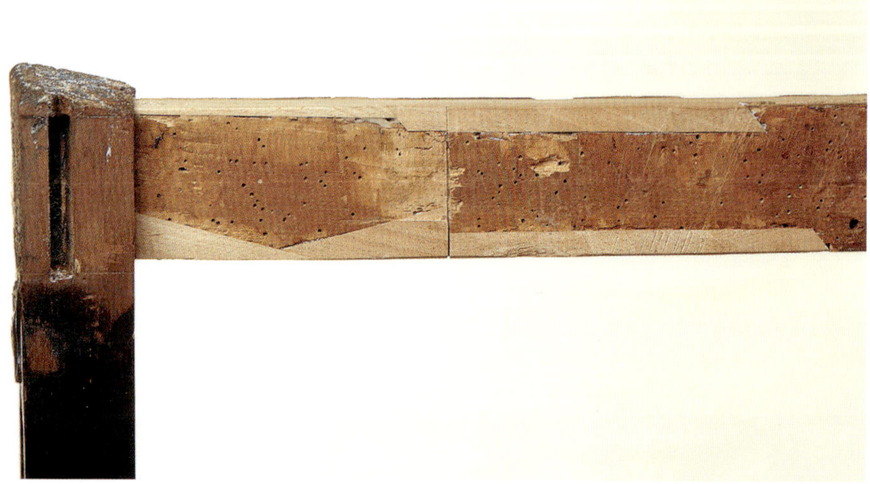

◁ **8** Obwohl die anderen Zargenbretter nicht ersetzt werden müssen, sind sie doch auch vom Holzwurm befallen und werden mit neuem Holz ausgeflickt. Dabei gilt es, so viel wie möglich von den Zargenbrettern zu erhalten. Falls Verbindungen restauriert werden müssen, versichern Sie sich, dass sie gut sitzen, bevor der Stuhl wieder zusammengeleimt wird. Dann beizen Sie alle Reparaturen passend zur Originalfarbe.

Reparatur der Füße

Nachdem die Zarge nun instandgesetzt ist, kann man sich dem Problem der gekürzten Stuhlbeine widmen. Irgendwann einmal müssen sie um etwa 4 cm gekürzt worden sein, wahrscheinlich weil sie beschädigt waren. Nur so lässt sich die etwas unproportionierte Form des Stuhls erklären. Die Lösung heißt Aufleimen von Mahagonistücken, die passend zurecht geschnitzt werden. Beschädigte Teile der unteren Leisten im Umkreis der alten Füße werden mit neuem Holz ersetzt, das anschließend so modelliert wird, dass es zu den erhaltenen Teilen passt.

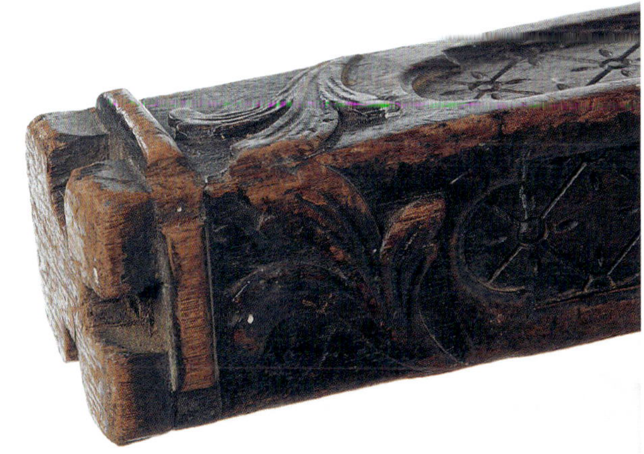

Material und Werkzeug

- Feinsäge
- kubanisches Mahagoni
- PVA-Leim
- Schraubzwinge (Spannknecht)
- Bügelschraubzwingen
- Sprungfeder zum Fixieren
- feines Schleifpapier
- Teppichmesser

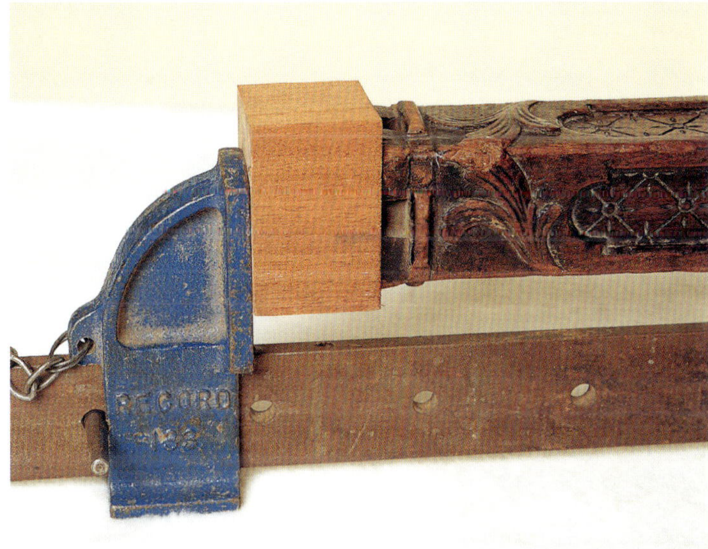

◁ **1** Schneiden Sie vier jeweils 4 cm große Blöcke aus kubanischem Mahagoni zu. Sägen Sie die Unterseite der Füße eben und bestreichen Sie die Fläche mit PVA-Leim. Dann wird je ein Block an die Vorderfüße geleimt und mit einer Zwinge fixiert.

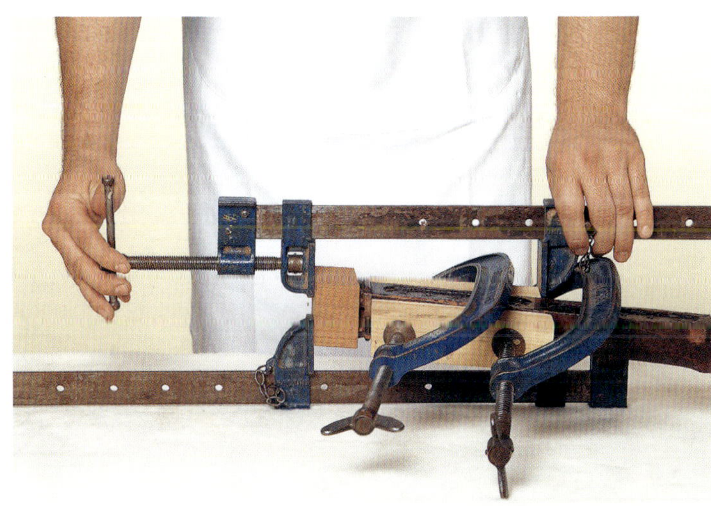

2 Wenn Sie die Hinterbeine verspannen, müssen Sie den Winkel ausgleichen, indem Sie seitlich Zulagen anbringen. Sie sorgen dafür, dass das neue Holz genau richtig anliegt.

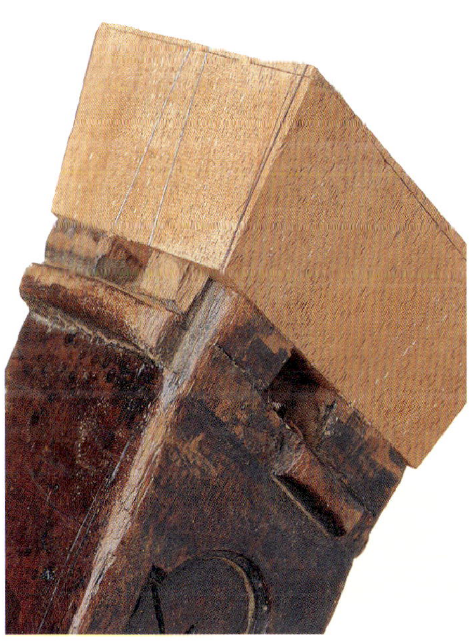

◁ **3** Entfernen Sie die Zwingen, wenn der Leim getrocknet ist, und fangen Sie an, den ersten Fuß mit dem Stecheisen zu modellieren, bis er der Form des Originalfußes gleicht. Markieren Sie die Einkerbungen am Originalfuß mit dem Bleistift.

▷

Reparatur der Füße … Fortsetzung

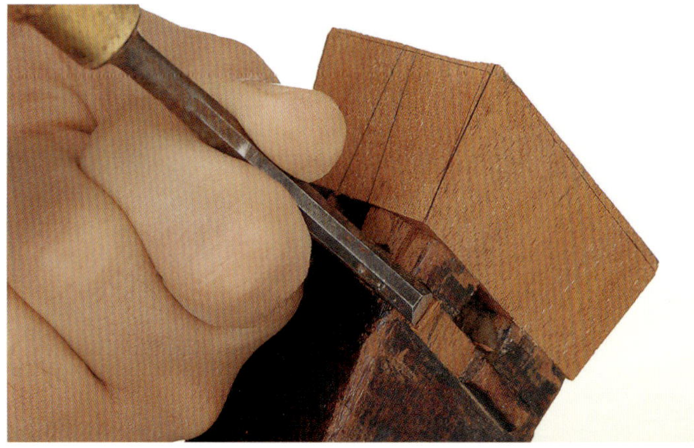

4 Entfernen Sie beschädigte Teile der Profilleiste mit dem Stecheisen, damit das neue Holz aufgeleimt und später dem Original entsprechend geschnitzt werden kann.

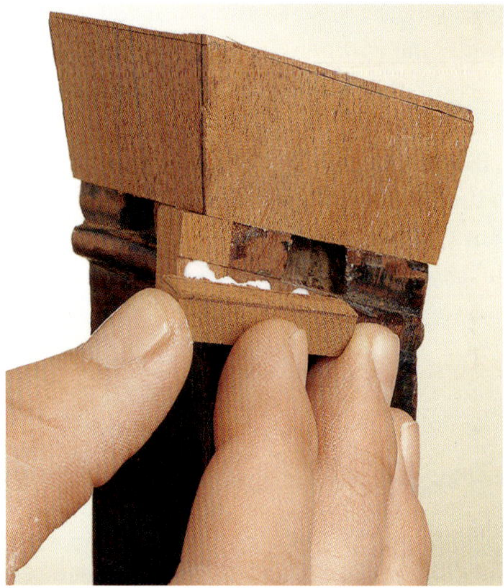

◁ **5** Sägen Sie kleine Mahagonistücke passend zu, leimen Sie sie mit PVA-Leim auf das neue Holz und den vorhandenen Fuß und drücken Sie das neue Holz fest an.

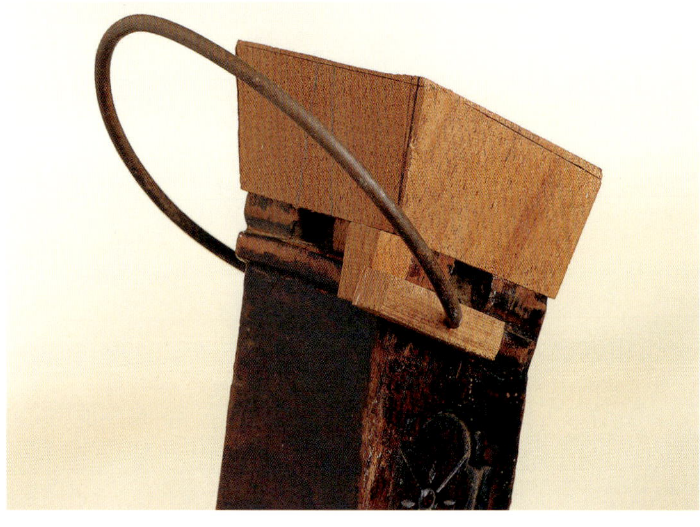

6 Da das neue Stück innerhalb der Profilleiste nur eine kleine Fläche einnimmt, ist eine Schraubzwinge ungeeignet. Verwenden Sie zum Fixieren eine Sprungfeder, bis der Leim durchgehärtet ist.

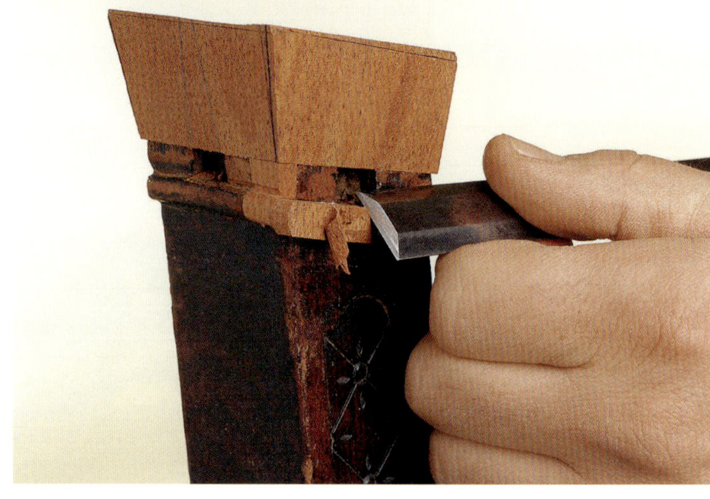

7 Entfernen Sie diese Ersatzzwinge, sobald der Leim getrocknet ist. Schnitzen Sie die Profilleiste mit einem Stecheisen mit Fase nach; sie muss mit dem unbeschädigten Teil des anderen Fußes identisch sein.

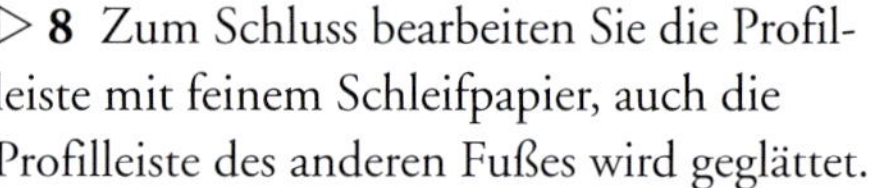

▷ **8** Zum Schluss bearbeiten Sie die Profilleiste mit feinem Schleifpapier, auch die Profilleiste des anderen Fußes wird geglättet.

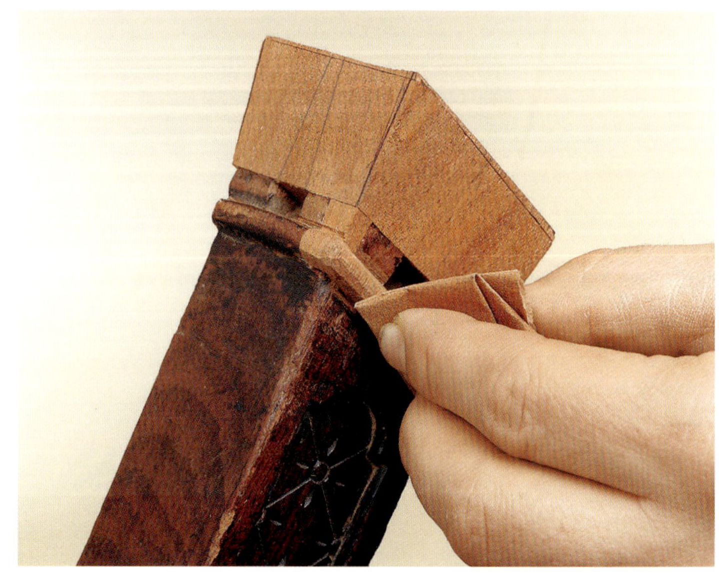

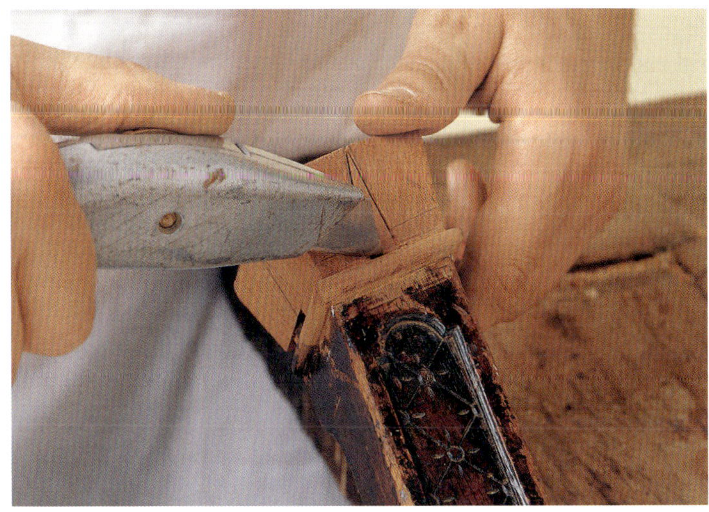

9 Reißen Sie mit dem Teppichmesser entlang der Bleistiftlinien am Fuß eine Markierung an; sie dient später beim Aussägen der Einkerbung als Orientierung.

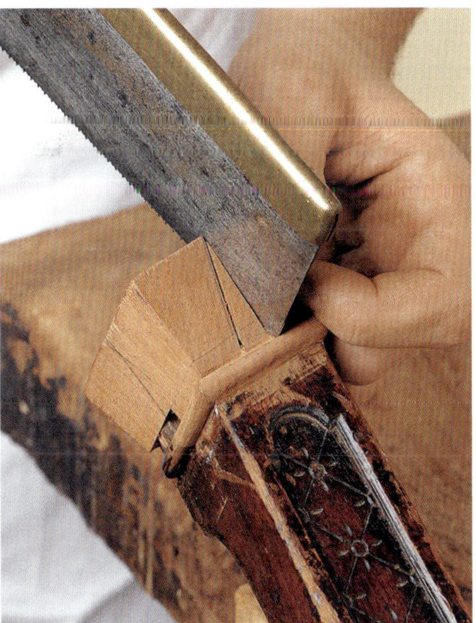

◁ **10** Sägen Sie mit der Feinsäge entlang der V-Form des Fußes, allerdings nicht tiefer als 1 cm.

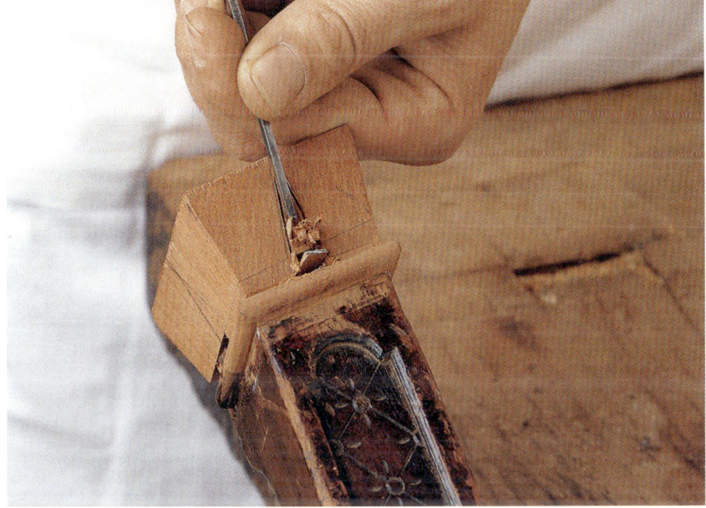

11 Gründen Sie die V-Form mit einem kleinen Stecheisen aus. Folgen Sie dabei exakt der Linie, denn Fehler in diesem Stadium lassen sich nicht korrigieren.

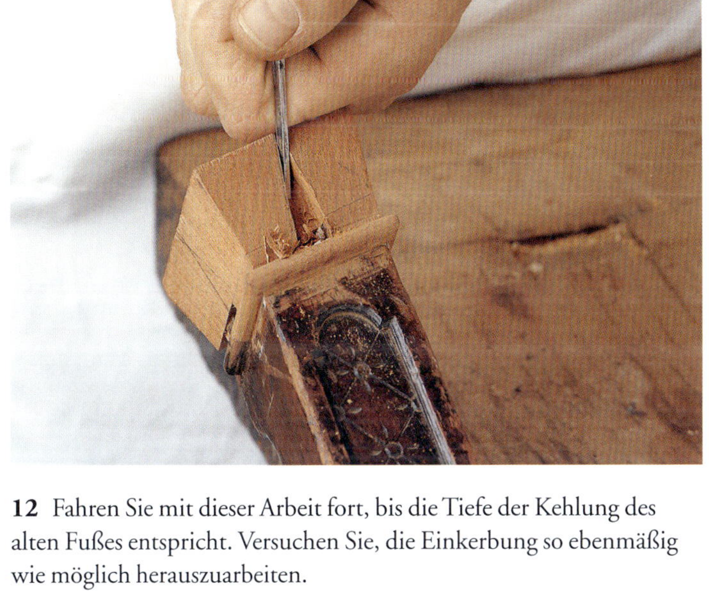

12 Fahren Sie mit dieser Arbeit fort, bis die Tiefe der Kehlung des alten Fußes entspricht. Versuchen Sie, die Einkerbung so ebenmäßig wie möglich herauszuarbeiten.

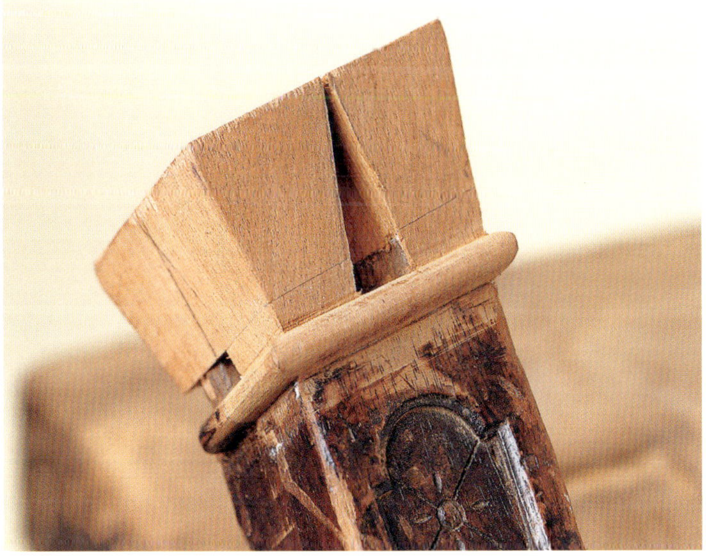

◁ **13** Der restaurierte Fuß sollte den Originalfüßen so weit wie möglich entsprechen. Was seine Form anbetrifft, so orientierten wir uns an Vorlagenbüchern, die Aufschluss über die verschiedenen Stile während der Entstehungszeit des Stuhls geben. Sobald die Reparatur der Stuhlbeine abgeschlossen ist, wird der Fuß gebeizt und poliert.

Reparatur der Stuhlbeine

Die Beine sind abgenutzt und an einigen Stellen sind die Schnitzereien komplett verschwunden. Geschnitztes Zierwerk an Möbeln ist oft so empfindlich, dass es für Schäden oder Kratzer geradezu prädestiniert ist. Auch können im Lauf der Zeit kleinere Stücke abbrechen. Die Lösung besteht im Aufleimen neuer Holzstücke, die dem fehlenden Original nachgeschnitzt und dann entsprechend gebeizt und poliert werden, um zum alten Holz zu passen. Wichtig dabei sind Stilvorlagen, nach denen sich die Schnitzerei gestalten lässt. In diesem Fall war es glücklicherweise möglich, die Details von einem erhaltenen Fuß zu kopieren.

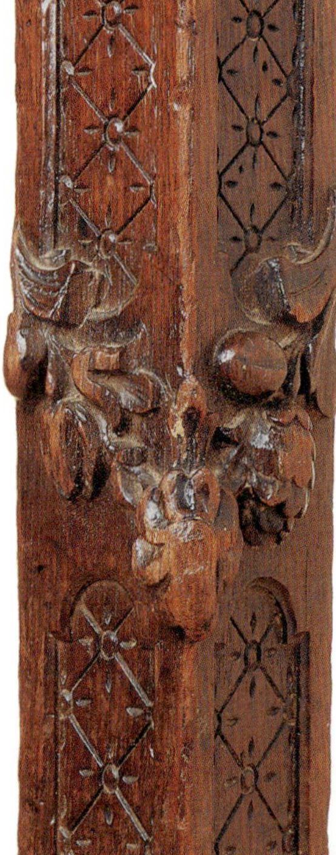

Material und Werkzeug

- Stecheisen
- Feinsäge
- kubanisches Mahagoni
- PVA-Leim
- Schnitzwerkzeug
- feine Pinsel
- Pottasche
- Politur
- Bimsmehl
- Baumwolllappen
- Polierballen
- Methylalkohol
- Wachs

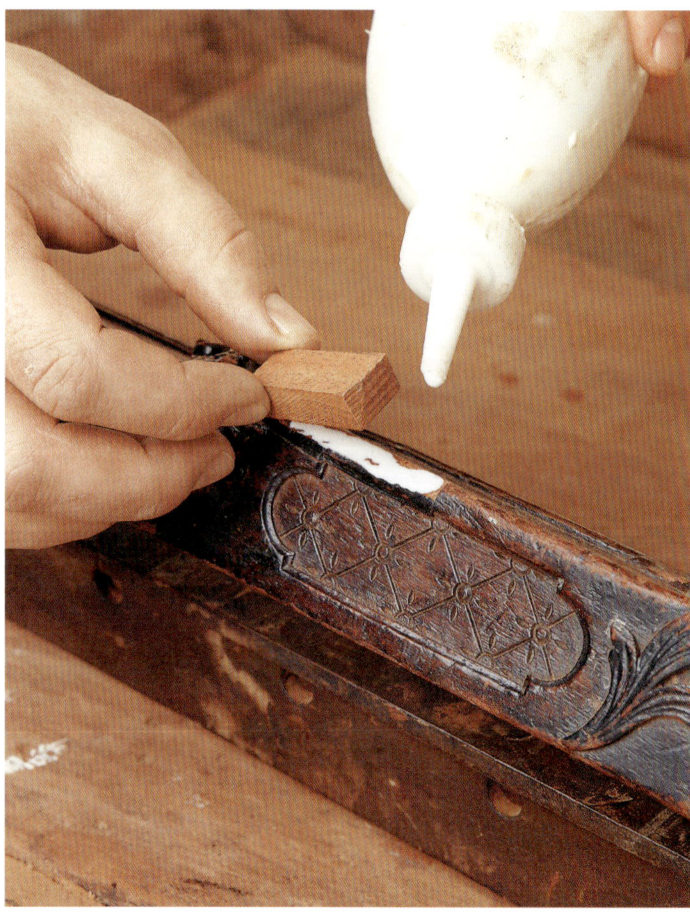

1 Bearbeiten Sie die Fläche mit einem scharfen Stecheisen. Sägen Sie längs der Faser ein Stück Mahagoni zu, das etwas größer als die zu schnitzende Fläche ist, und leimen Sie es auf.

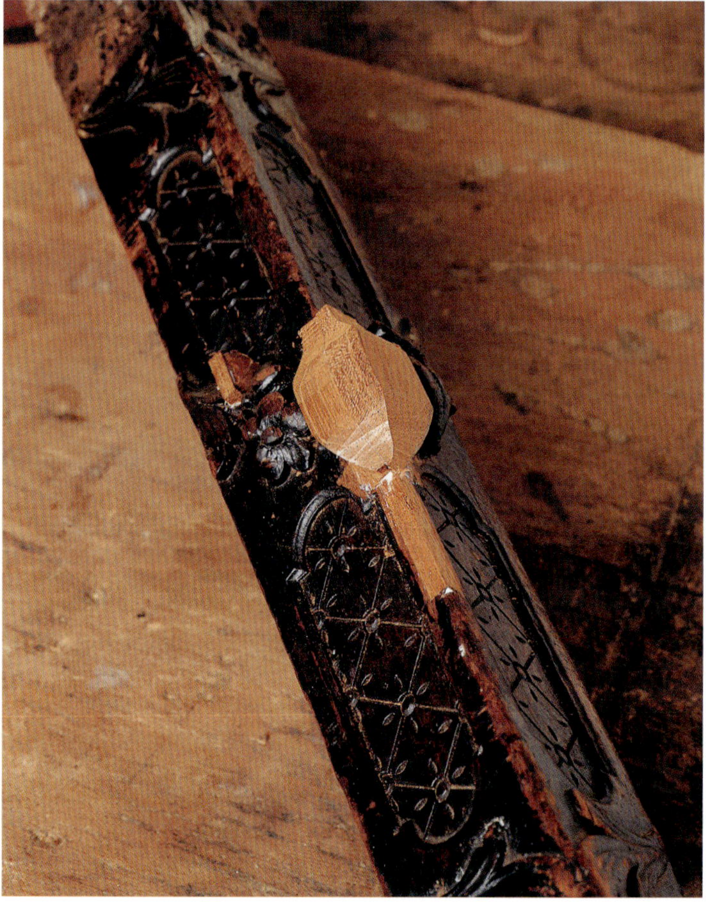

2 Orientieren Sie sich an der intakten Schnitzerei der anderen Füße und formen Sie nach diesem Muster das neue Mahagoni zunächst grob mit dem Stecheisen.

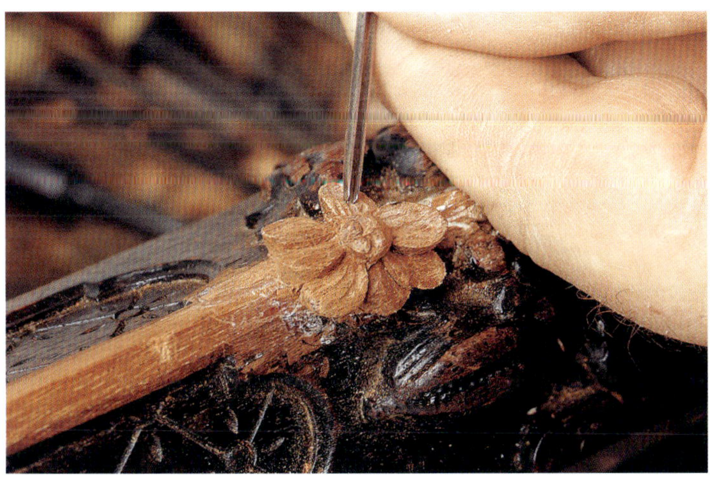

3 Folgen Sie dem Muster, und, mehr noch, dem Stil der alten Schnitzerei und arbeiten Sie die fehlenden Teile nach. Es kommt bei solchen Restaurierungen vor allem darauf an, den Stil des Handwerkers, der die Schnitzereien ursprünglich geschaffen hat, zu imitieren.

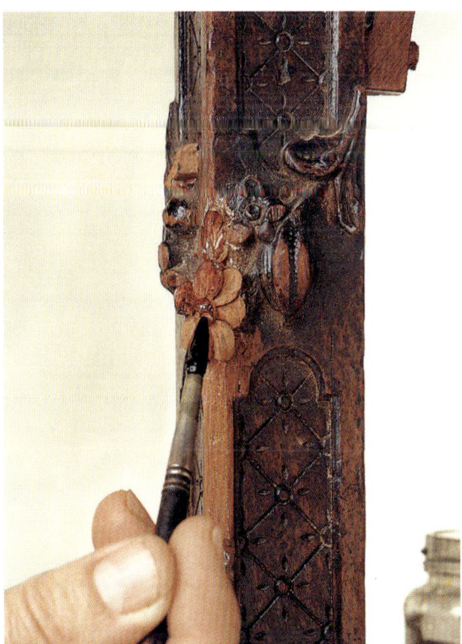

◁ 4 Die natürliche Farbe von Mahagoni ist meist röter als gewünscht. Um die Farbe etwas zu dämpfen, bringen Sie nach dem Schnitzen eine Schicht Pottasche auf. Die chemische Reaktion mit dem Tannin im Holz ergibt einen schönen bräunlichen Farbton.

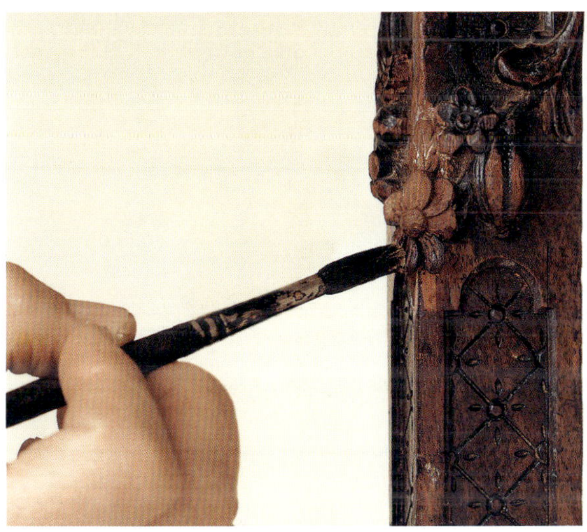

5 Tragen Sie die Politur in dünnen Schichten mit dem Pinsel auf, um sicherzugehen, dass sämtliche Teile der Schnitzerei überzogen sind.

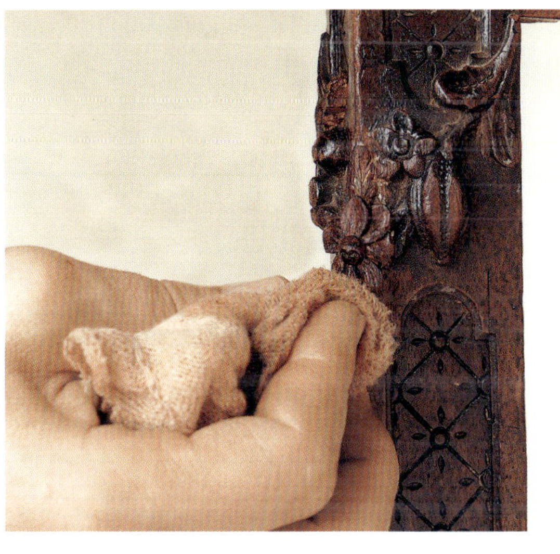

6 Geben Sie etwas Politur auf einen Baumwolllappen, streuen Sie darauf etwas Bimsmehl und reiben Sie diese leicht mattierende Politur in die Fasern. Polieren Sie das Holz auf diese Weise, bis die Fasern gefüllt sind.

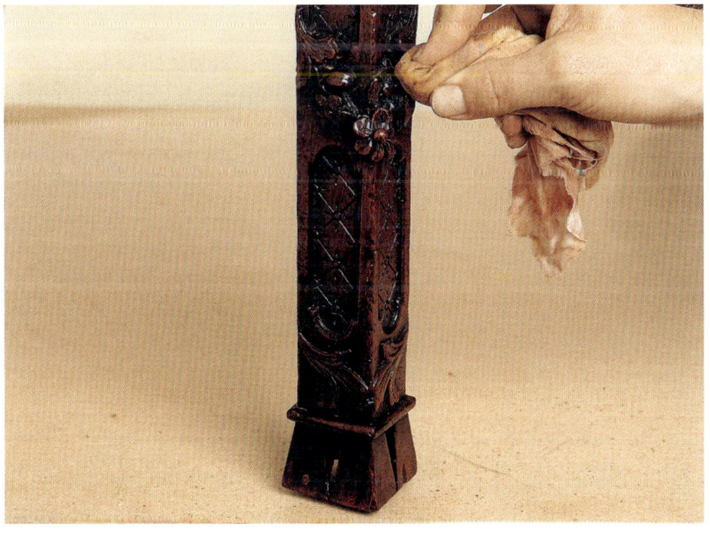

◁ 7 Tränken Sie für die abschließende Beschichtung einen Polierballen mit Politur (s. S. 66–67) und gleichen Sie das neue Teil der Farbe des alten Holzes an. Reinigen Sie die alte Politur mit einem sauberen, mit Methylalkohol angefeuchteten Lappen, und polieren Sie alles, um die Oberfläche aufzufrischen (s. S. 68). Abschließend tragen Sie dunkles Wachs auf. Die anderen beschädigen Stuhlbeine werden ebenso behandelt.

▷

Den Stuhl wieder zusammenbauen

Es ist nicht schwer, die Zarge wieder zusammenzubauen, man muss jedoch aufpassen, dass sie rechtwinklig ist.

MATERIAL UND WERKZEUG

- **Stecheisen**
- **PVA-Leim**
- **Schraubzwingen**
- **Zulagen**
- **Holzleisten**
- **Messstäbe**
- **Zwingen (Spannknechte)**

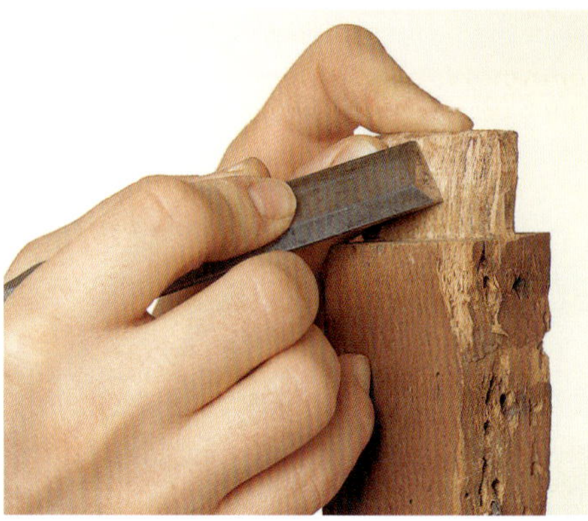

◁ **1** Wenn die neuen Füße angeleimt und geschnitzt und auch die Beine repariert sind, kann der Stuhl wieder zusammengebaut werden. Entfernen Sie alte Leimreste mit dem Stecheisen aus den Nut- und Zapfenverbindungen. Passen Sie auf, dass Sie dabei den Zapfen nicht verkleinern oder beschädigen, da die Festigkeit der Verbindung ansonsten leidet.

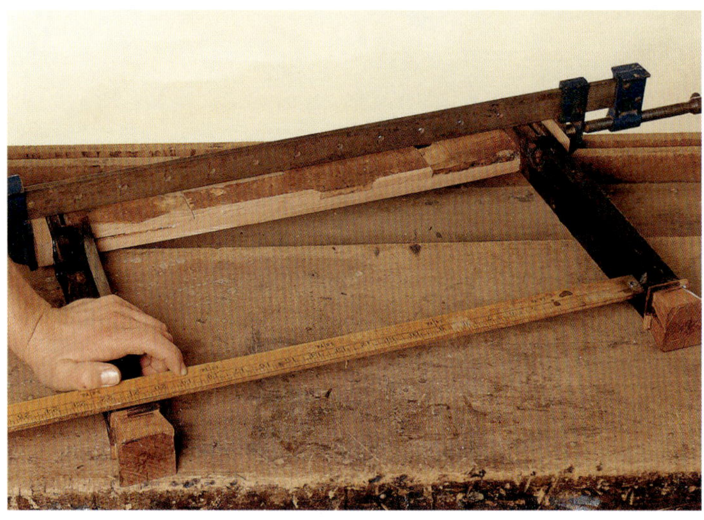

2 Leimen Sie Vorderbeine und Zarge zusammen, sichern Sie die Arbeit mit Zwingen und Zulagen. Messen Sie oben und unten den korrekten Abstand der Beine.

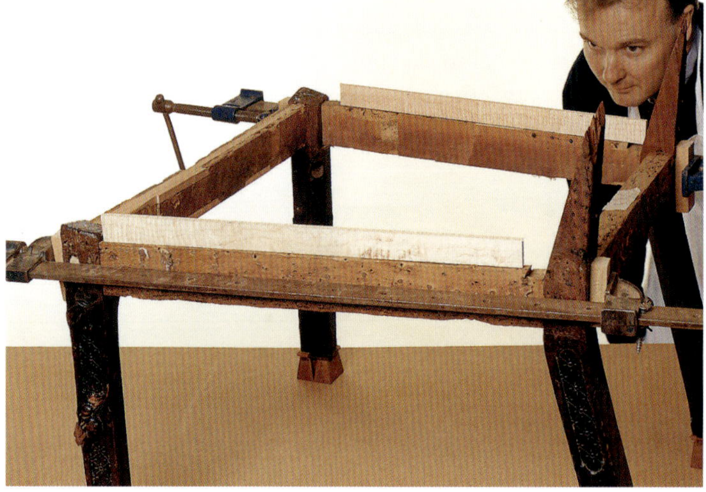

3 Leimen Sie nun auch die hinteren Beine an, dann die vorderen und hinteren Zargenbretter. Ist die vollständige Zarge in der Zwinge, stellen Sie den Stuhl auf eine flache, ebene Fläche. Prüfen Sie mit zwei gleichgroßen Holzleisten alle vier Seiten auf Höhengleichheit (Augenmaß). Die Kanten sind parallel, wenn die Winkel stimmen.

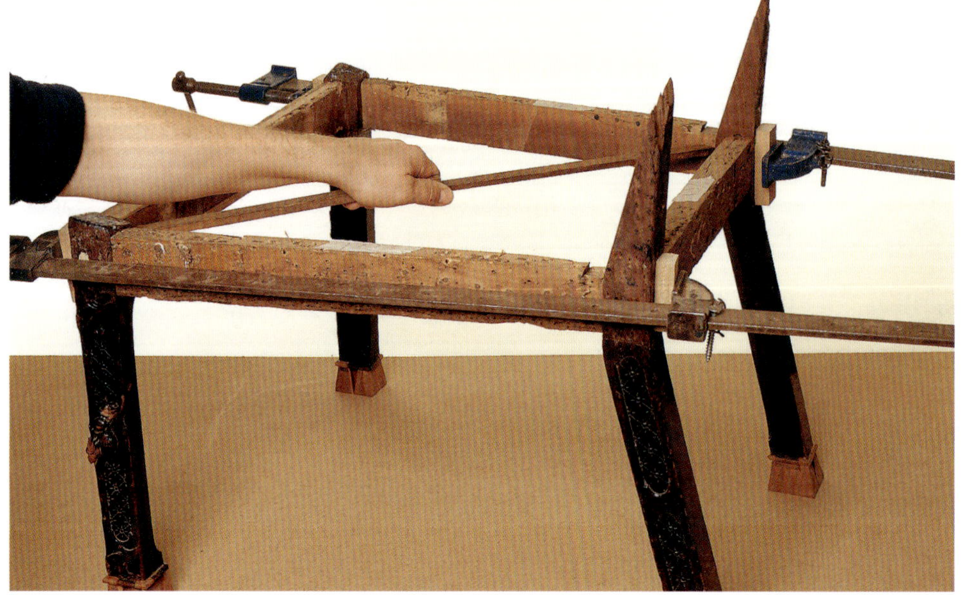

◁ **4** Prüfen Sie die Diagonale jeweils mit den Messstäben – sie bestehen aus zwei Holzlatten mit eingespitzten Enden. Diese müssen die entgegengesetzten Ecken berühren. Ohne dass die Latten in Ihrer Hand verrutschen, legen Sie die Messstäbe in die andere Diagonale. Sind beide Maße gleich, ist der Stuhl quadratisch. Falls noch Korrekturen nötig sind, müssen die Zwingen gelöst, die Verbindungen nachjustiert, die Zarge wieder in die Zwinge gespannt und die Diagonalen erneut geprüft werden. Lassen Sie die Zarge trocknen.

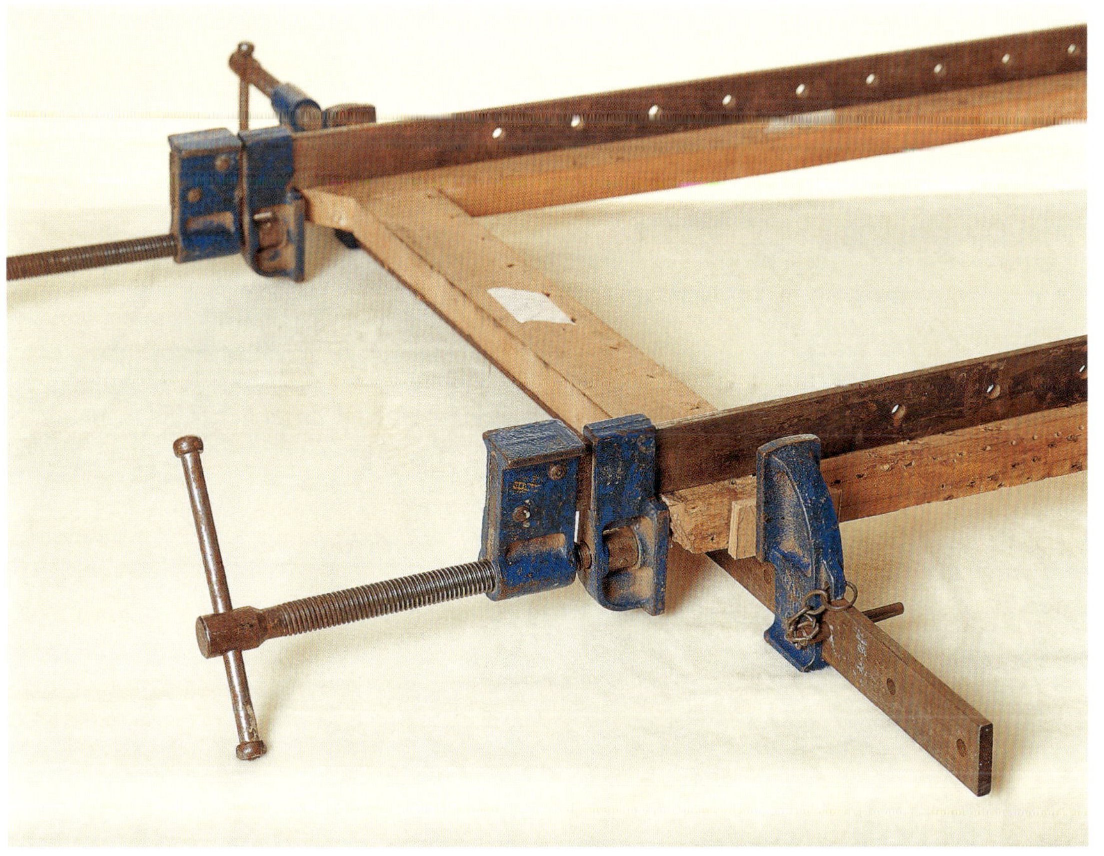

◁ **5** Nun leimen Sie alle vier Teile der Rückenlehne zusammen und lassen sie in der Zwinge mit Zulagen trocknen. Prüfen Sie die Winkel mit den Messstäben und lassen Sie alles über Nacht trocknen.

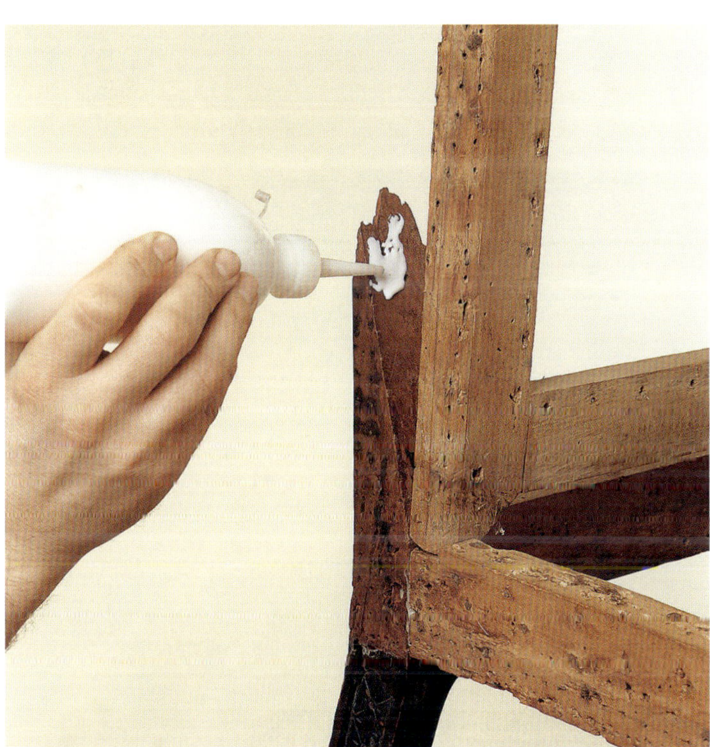

6 Streichen Sie reichlich Leim auf das Stück, an dem die hinteren Beine auf die Pfosten der Rückenlehne treffen. Dieser Teil des Stuhls ist besonders empfindlich und kann bei falscher Nutzung leicht beschädigt werden.

▷ **7** Verspannen Sie die hinteren Beine und die Rückenlehne mit Bügelschraubzwingen (Zulagen nicht vergessen) und lassen Sie alles über Nacht trocknen.

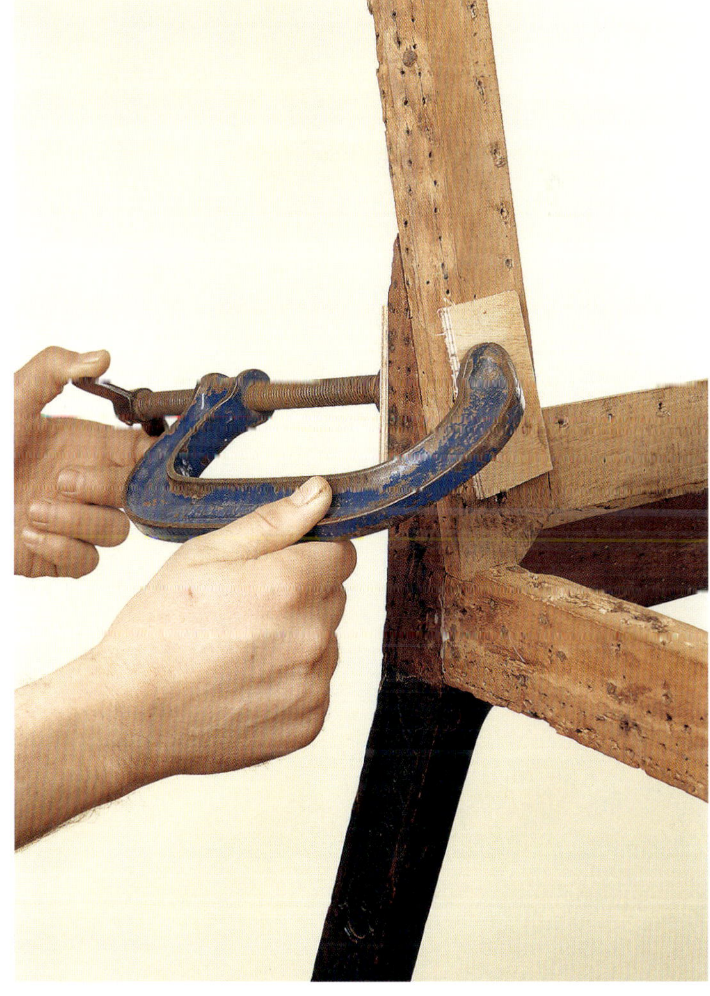

▷

ANBRINGEN DES LAUFROLLEN

Im 18. Jahrhundert sollten Laufrollen an Möbeln vor allem den Eindruck größerer Leichtigkeit erwecken, das Umstellen der Möbel war dabei weniger wichtig. Bei diesem Stuhl waren die Laufrollen verloren gegangen, also mussten passende Alternativen gefunden und angebracht werden.

MATERIAL UND WERKZEUG

- **Laufrollen**
- **Bohrmaschine**
- **Holzbohrer**
- **Stecheisen**
- **feines Schleifpapier**
- **feine Pinsel**
- **Beize**
- **Politur**

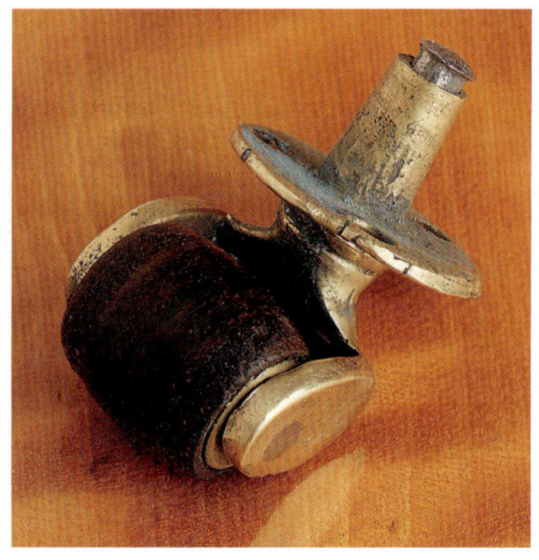

1 Versuchen Sie, Laufrollen aus einer ähnlichen Stilperiode zu finden, anderenfalls kaufen Sie gute Repliken in einem Fachgeschäft.

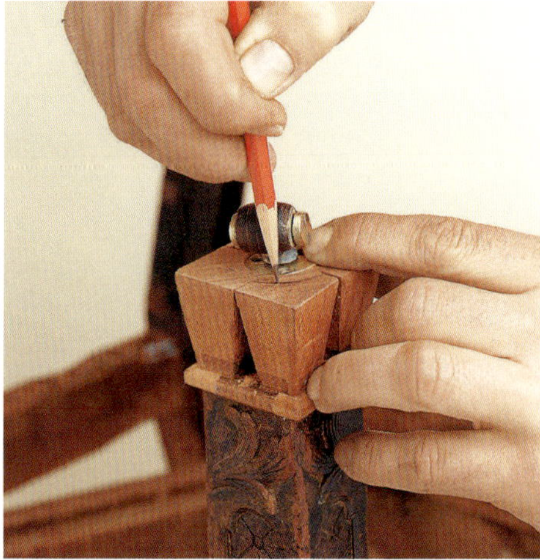

2 Bohren Sie in der Mitte des Fußes ein Loch für den Zapfen der Laufrolle vor. Legen Sie die Laufrolle auf den Fuß und markieren Sie deren Umfang. Achten Sie darauf, dass die Laufrolle genau in der Mitte sitzt.

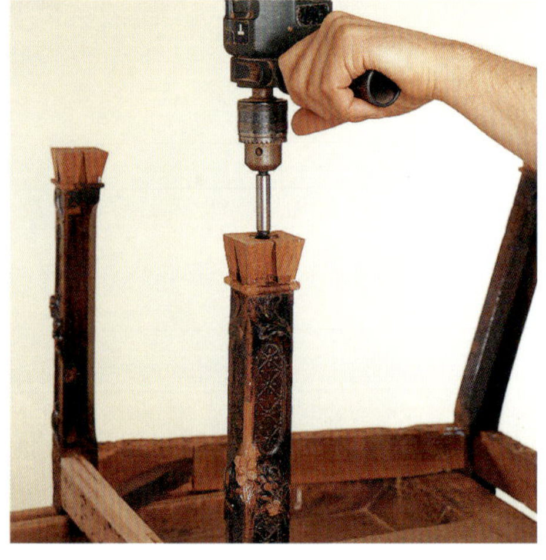

3 Bohren Sie ein Loch in einem der Platte der Laufrolle entsprechenden Durchmesser, das fast so tief wie Platte und Laufrolle zusammen ist. Das Rad sollte kaum sichtbar sein, wenn die Laufrolle angebracht ist.

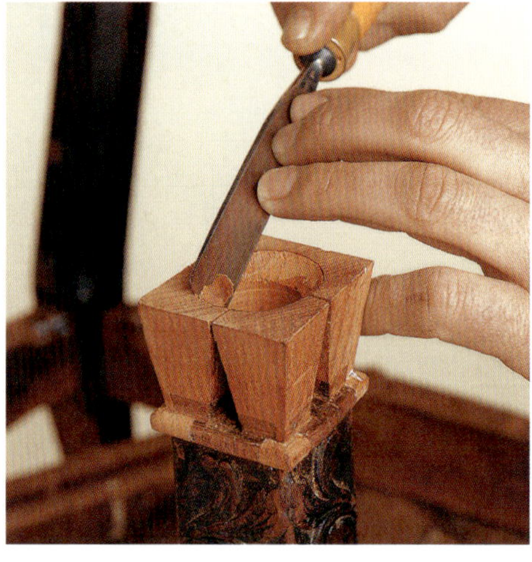

4 Höhlen Sie die Rundung um das Loch mit dem Stecheisen so aus, dass die runde Platte genau hineinpasst.

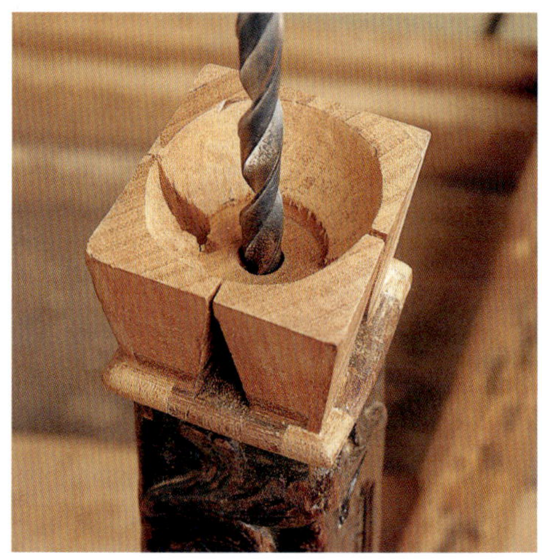

5 Bohren Sie das Loch für die Spindel der Laufrolle exakt in der Mitte des Fußes, seine Größe sollte möglichst genau stimmen.

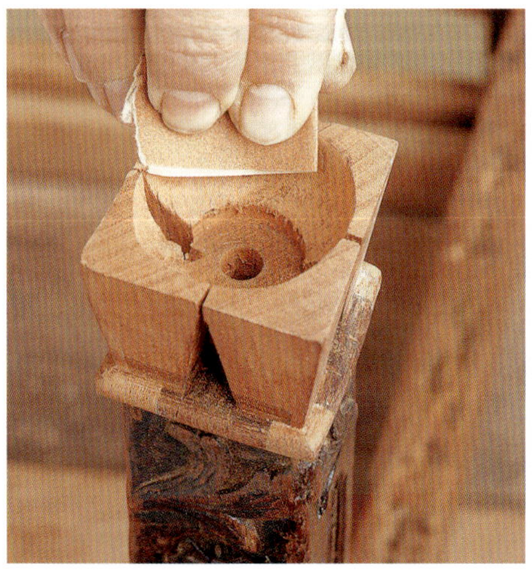

◁ **6** Glätten Sie das ausgeschabte Loch mit Schleifpapier, bevor Sie die Laufrolle einschrauben. Dann bearbeiten Sie die drei anderen Füße auf gleiche Weise. Abschließend werden die Füße mit einem feinen Pinsel gebeizt und poliert, damit sie zum restlichen Holz passen.

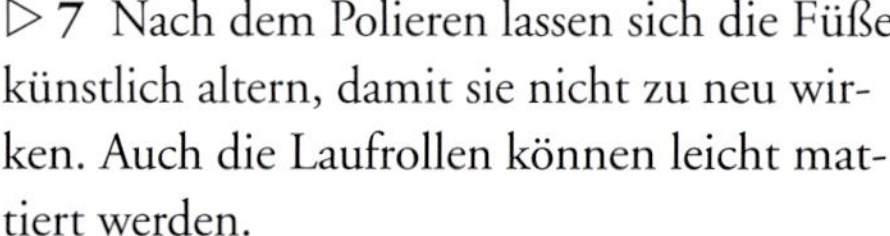

▷ **7** Nach dem Polieren lassen sich die Füße künstlich altern, damit sie nicht zu neu wirken. Auch die Laufrollen können leicht mattiert werden.

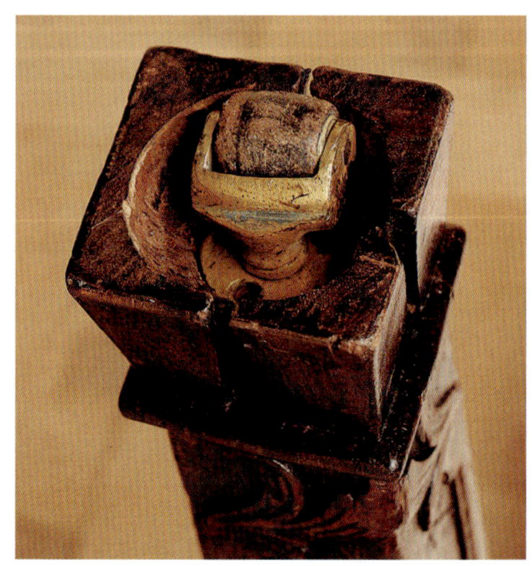

Einpassen der dekorativen Eckstreben

Dieser Stuhl hat geschwungene Zierstreben zwischen Zarge und Stuhlbeinen. Sie waren ursprünglich mit Leim und Dübeln befestigt, doch die alten Dübel wurden bereits einmal herausgebohrt und die Löcher gefüllt, um eine neue, feste Dübelverbindung herzustellen. Ebenso wird jetzt verfahren, also müssen neue Löcher gebohrt und neue, passende Mahagonidübel angefertigt werden.

Material und Werkzeug

- **Bohrmaschine**
- **Holzbohrer**
- **Feinsäge**
- **Mahagoni**
- **Hammer**
- **Stahlplatte**
- **PVA-Leim**
- **Stecheisen**
- **feines Schleifpapier**

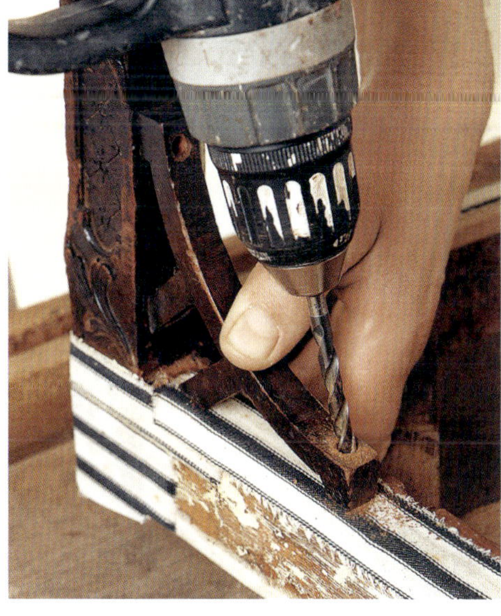

1 Halten Sie die Zierstreben fest und bohren Sie mit einem genau passenden Bohreinsatz durch die alten Dübellöcher in die Beine und das neue Holz bzw. in die gefüllten Dübellöcher der Zarge.

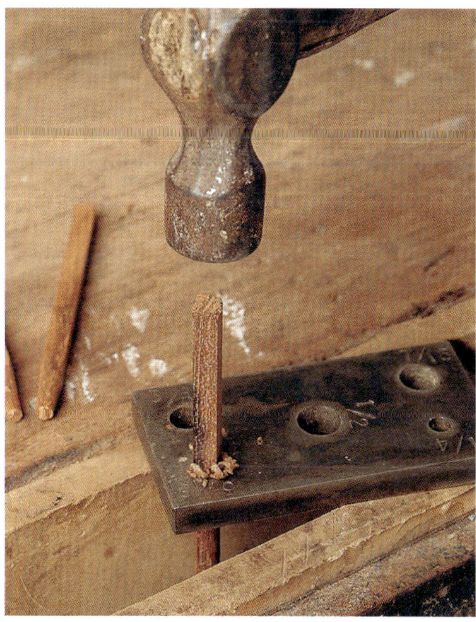

2 Sägen Sie Mahagonistücke für die Dübel und schlagen Sie diese mit dem Hammer durch ein Loch in der Stahlplatte, damit sie richtig rund werden und den entsprechenden Durchmesser haben.

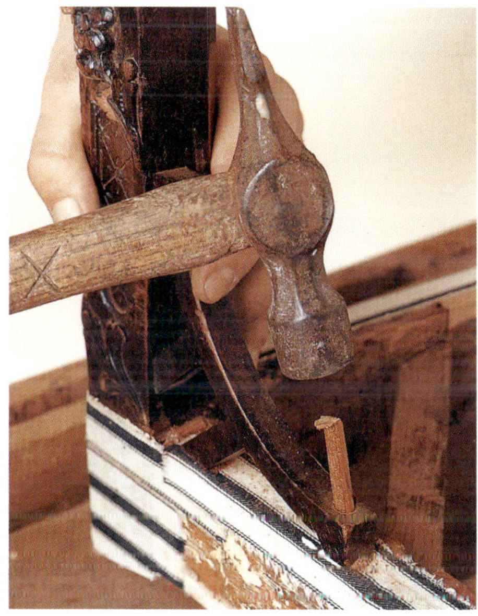

3 Leimen Sie die Zierstreben an, schlagen Sie die Dübel mit dem Hammer durch die Streben in Zarge und Beine. Sägen Sie die Dübel mit der Feinsäge ab und schlichten Sie überstehendes Holz mit dem Stecheisen, bevor Sie alles mit feinem Schleifpapier glätten.

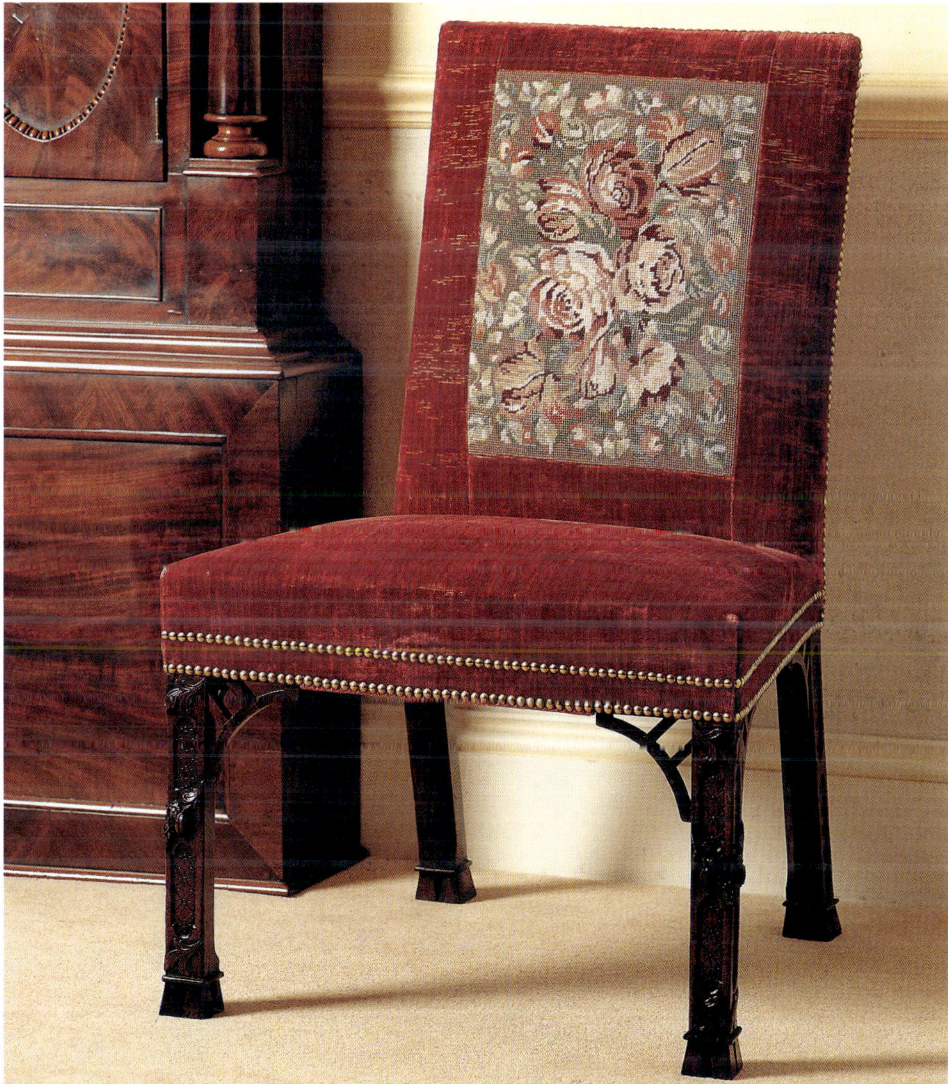

Rechts: *Nachdem der Stuhl aufgepolstert (s. S. 129–133) und poliert (s. S. 66–67) ist, sieht er wieder wie neu aus und könnte weitere 250 Jahre halten.*

PROJEKT: WINDSOR-STUHL

Dieser aus dem 19. Jahrhundert stammende Windsor-Stuhl aus Buchen- und Ulmenholz hatte jahrelang in einer Garage gestanden, bevor er in geradezu desolatem Zustand entdeckt wurde. Die unterschiedlichen Schäden erforderten ganz unterschiedliche Reparaturmaßnahmen. Trotz ihrer Schlichtheit sind diese Stühle so reizvoll, dass sich eine derart umfassende Restaurierung lohnt, um sie in ihren Originalzustand zurückzuversetzen. Sachgemäß instand gesetzt, wird man sich über einen soliden und optisch ansprechenden Stuhl freuen dürfen, der noch viele Jahre seinen Dienst tut.

DIE ARBEIT PLANEN

Ein Schaden, der spontan ins Auge fällt, ist der abgebrochene Arm. Bei näherer Prüfung zeigte sich, dass die Verbindungen von Lehnen, Rückenpfosten und Sitzfläche gebrochen waren und erneuert werden mussten. Außerdem waren die hinteren Stuhlbeine gekürzt worden, damit man sich bequemer zurücklehnen konnte. Dies aber hatte zur Folge, dass sich die anderen Beine und Verstrebungen aufgrund der ungleichmäßigen Belastung lockerten. Die hinteren Stuhlbeine müssen also abmontiert und wieder verlängert werden. Außerdem war der Sitz, ungewöhnlich für einen Windsor-Stuhl, gerissen und muss geleimt und mit Schwalbenschwänzen gesichert werden.

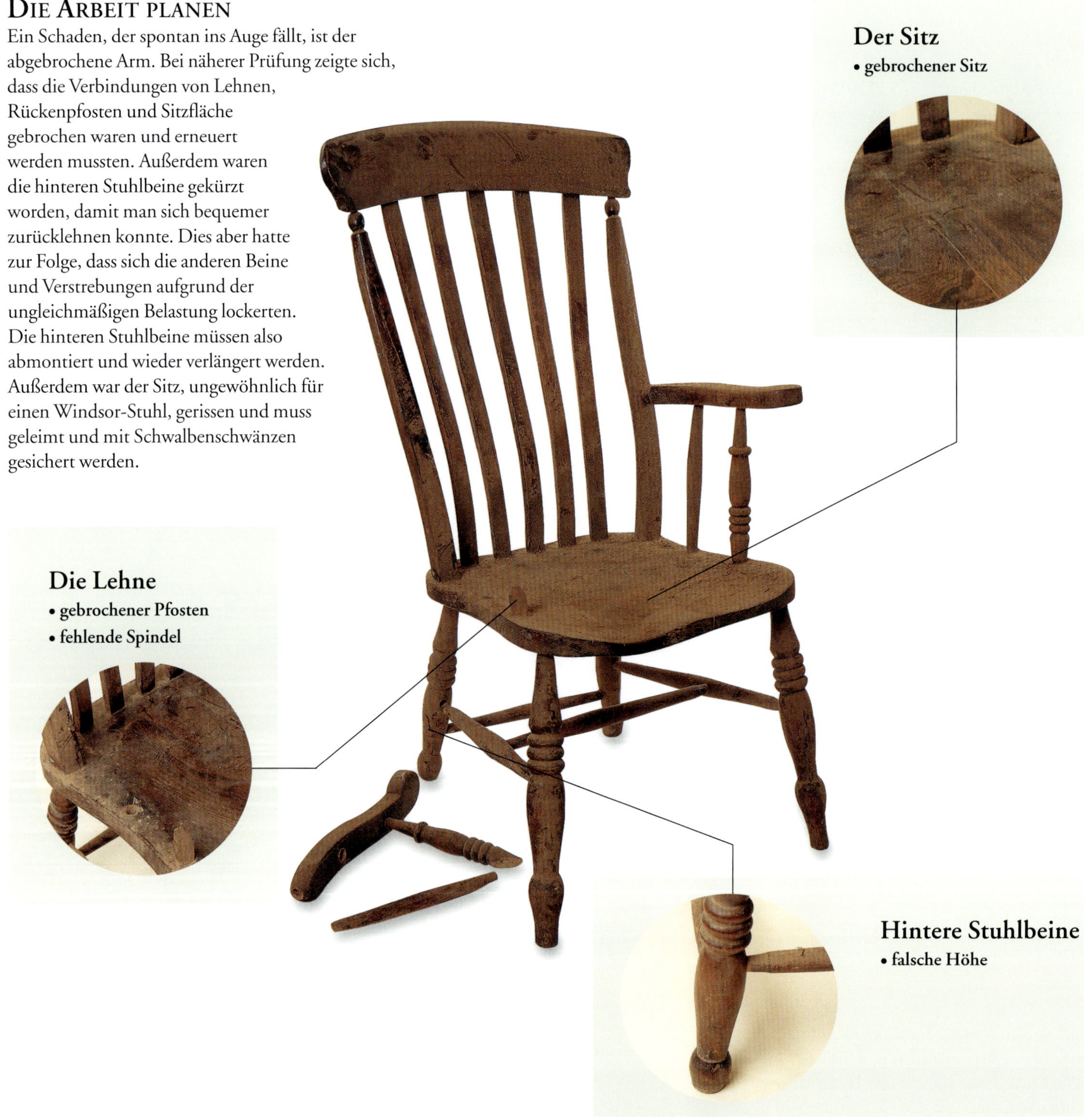

Der Sitz
- gebrochener Sitz

Die Lehne
- gebrochener Pfosten
- fehlende Spindel

Hintere Stuhlbeine
- falsche Höhe

Reparatur der Sitzfläche

Der Riss ist wahrscheinlich nicht nur auf unsachgemäßen Gebrauch, sondern auch auf Temperaturschwankungen zurückzuführen. Windsor-Stühle sind nämlich so robust, dass derartige Schäden kaum je vorkommen. Zum Glück ist die Reparatur nicht schwierig. Leim und Schwalbenschwänze sorgen dafür, dass der Stuhl noch viele weitere Jahre hält. Nadelholz, das passend zum Originalholz gebeizt werden kann, erfüllt den Zweck vollauf. Man benötigt einen Grat- oder Zinkenfräser, um die Schwalbenschwänze zu arbeiten, und, da die Sitzfläche eine leichte Höhlung aufweist, einen Grund- oder Nuthobel mit Führungshilfe, um eine ebene Arbeitsfläche zu haben.

Material und Werkzeug

- Feinsäge
- Nadelholz
- Grund- oder Nuthobel
- PVA-Leim
- Schraubzwingen
- Zulagen
- Sperrholz
- Hammer
- Nägel
- Hobel
- Wasserbeize
- Flachpinsel

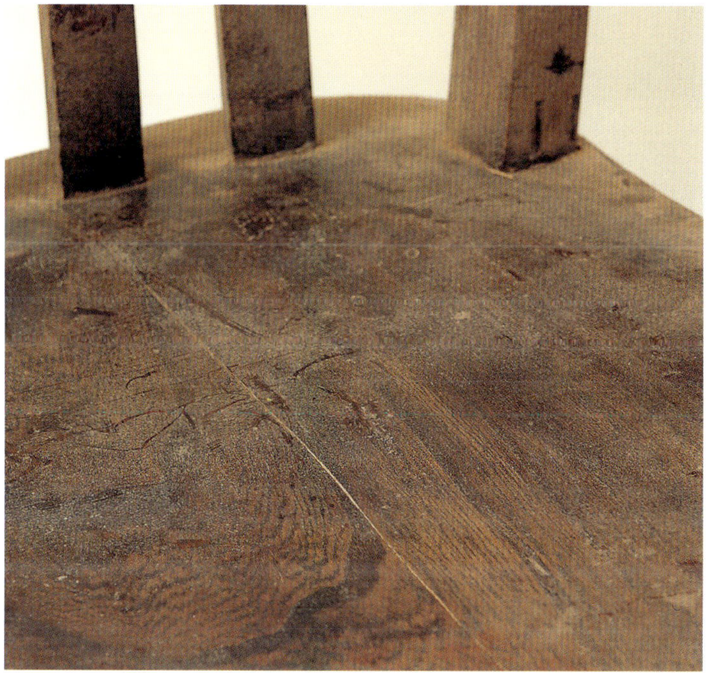

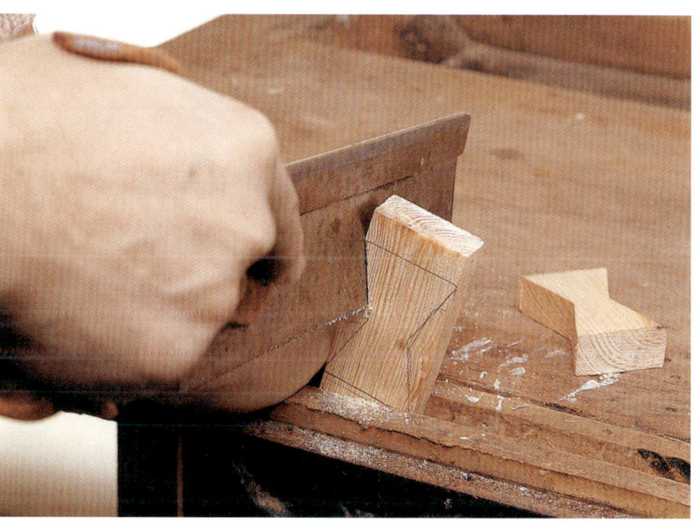

1 Sägen Sie vier Schwalbenschwänze aus Nadelholz zu (s. S. 230). Montieren Sie alle Stuhlbeine ab. Drehen Sie die Sitzfläche um und setzen Sie einen Tiefenanschlag auf den Nuthobel, der etwas kleiner als der Schwalbenschwanz ist. Leimen Sie den Riss und spannen Sie den Sitz dann mit Zulagen in die Zwinge.

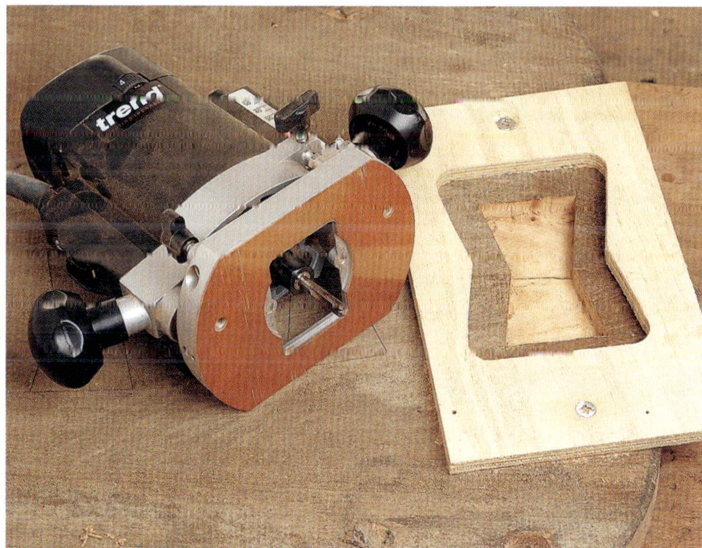

2 Sägen Sie aus Sperrholz eine Schablone, die etwas größer als die Schwalbenschwänze ist. Nageln Sie sie auf die Unterseite des Sitzes, dort wo der erste der Schwalbenschwänze eingesetzt werden soll, und achten Sie darauf, dass dessen schmalste Stelle über dem Riss sitzt.

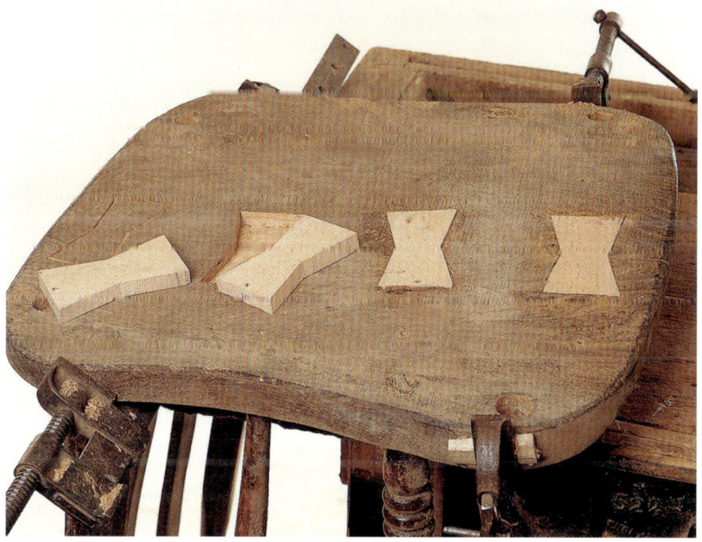

3 Sägen Sie die anderen drei Stücke und leimen Sie sie an der richtigen Stelle fest. Der Riss ist nun gesichert. Lassen Sie den Leim trocknen.

▷

Reparatur der Sitzfläche … Fortsetzung

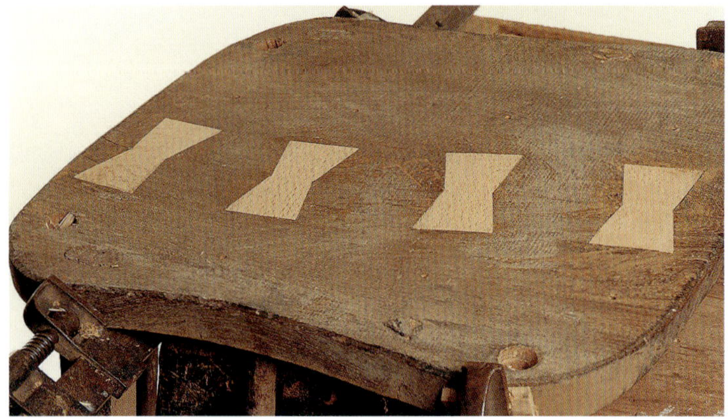

4 Nun werden die Schwalbenschwänze gehobelt, bis sie mit der Fläche bündig sind; dann können die Zwingen abgenommen werden.

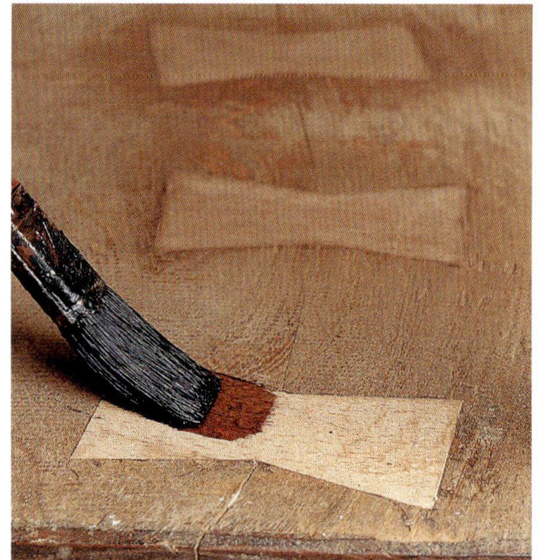

◁ **5** Mischen Sie Wasserbeize in der zum Holz passenden Farbe an und streichen Sie sie über die Schwalbenschwänze. Sobald die Sitzfläche gereinigt und gewachst ist, wird der Riss kaum noch sichtbar sein.

Reparatur der Armlehne

Die Armlehne war an ihrer Basis abgebrochen und konnte nicht mehr angeleimt werden, da die Verbindung nicht mehr stabil genug war. Daher muss ein neues Stück angefertigt und eingepasst werden.

Die Verbindungsspindel zwischen Arm- und Rückenlehne war abgebrochen und ist verloren gegangen, so dass auf der Drehbank ein neues Stück gedrechselt werden muss.

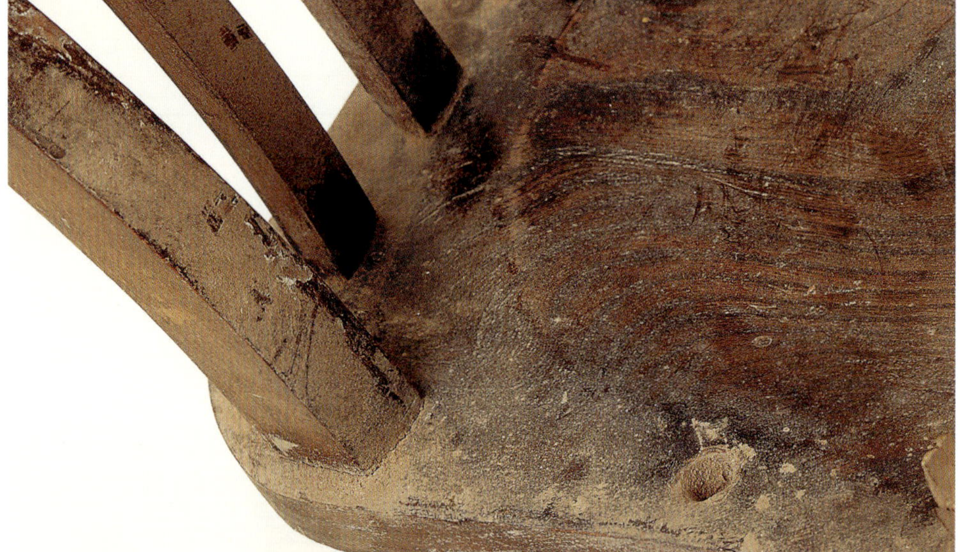

Reparatur der Stütze

Die Armlehne war zylindrisch geformt und an einem Ende so zugespitzt, dass sie in ein Loch in der Sitzfläche passte. Da sich eine solche Form nicht auf der Drehbank fertigen lässt, muss sie von Hand modelliert werden.

Material und Werkzeug

- **Bohrmaschine**
- **Holzbohrer**
- **Buchenholz**
- **Feinsäge**
- **Hobel**
- **Bankeisen (langes Stecheisen)**
- **PVA-Leim**
- **Parallelzwinge**
- **Schabhobel**
- **feines Schleifpapier**
- **Hammer**

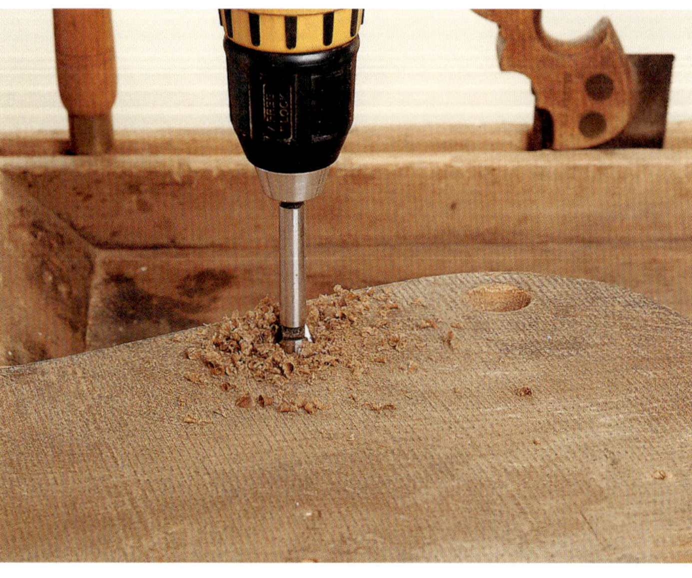

◁ **1** Entfernen Sie den zerbrochenen Teil der Stütze, die noch in der Sitzfläche steckt, indem Sie ihn von unten herausbohren. Wählen Sie einen Bohrer, der dem Durchmesser des vorhandenen Lochs entspricht.

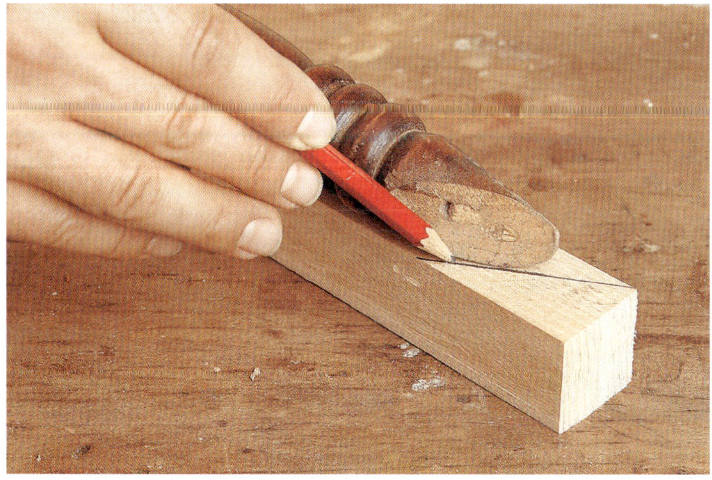

2 Winkeln Sie die Stütze mit dem Hobel an und übertragen Sie die Schrägung auf ein Stück Buchenholz, das etwas größer als die Stütze ist.

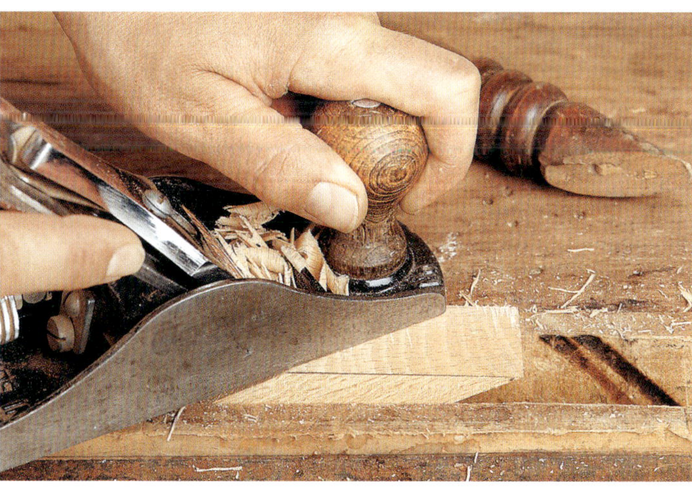

3 Sägen Sie das Holz entlang dieser Markierung aus. Hobeln Sie das längere Stück glatt, bis es genau passt.

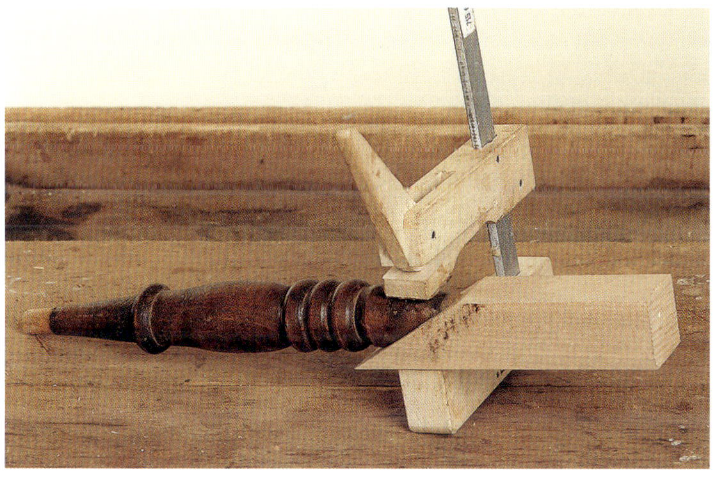

4 Leimen Sie die Stütze in die Mitte des glatt gehobelten Holzendes und befestigen Sie es mit der Zwinge. Nach dem Trocknen entfernen Sie die Zwinge.

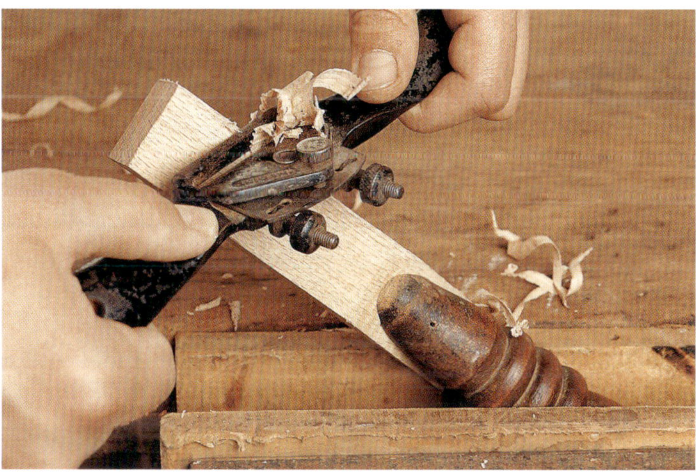

5 Klemmen Sie die Stütze in den Schraubstock und formen Sie das Holzstück zunächst grob mit dem Schabhobel, bis die Form zylindrisch ist und sich in das Loch der Sitzfläche einfügen lässt.

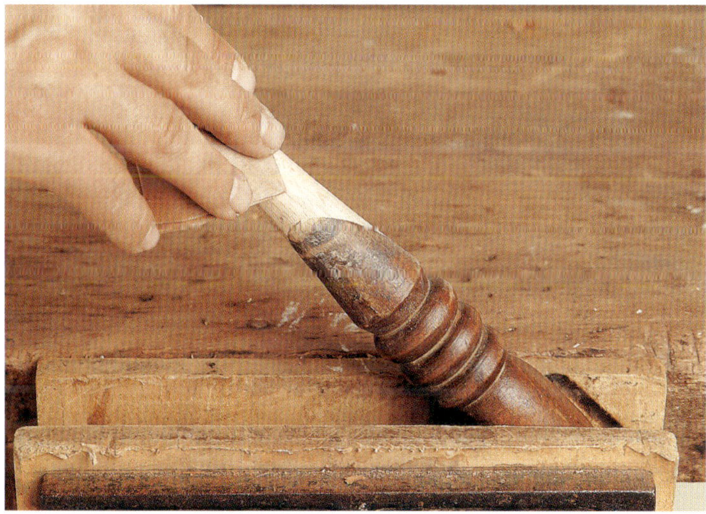

6 Glätten Sie die Stütze mit Schleifpapier, bis sie der Stütze des anderen Arms entspricht. Vergleichen Sie immer wieder, damit Sie nicht zu viel abschmirgeln.

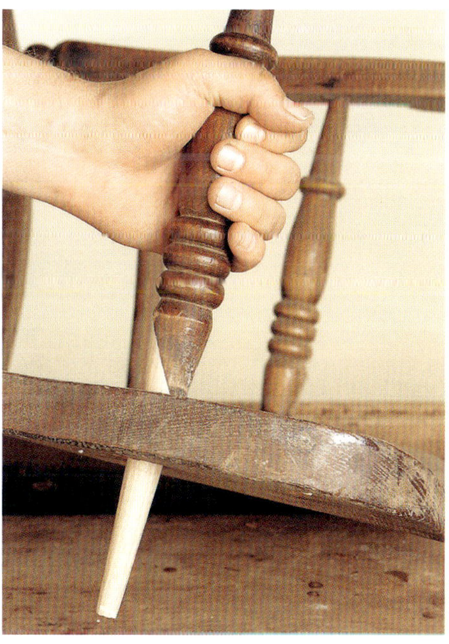

◁ **7** Stecken Sie die Stütze in die Sitzfläche. Vergleichen Sie die Höhe mit der anderen Stütze, vielleicht müssen Sie nochmals schleifen, um sie in der Höhe genau anzupassen.

▷

Reparatur der Armlehne … Fortsetzung

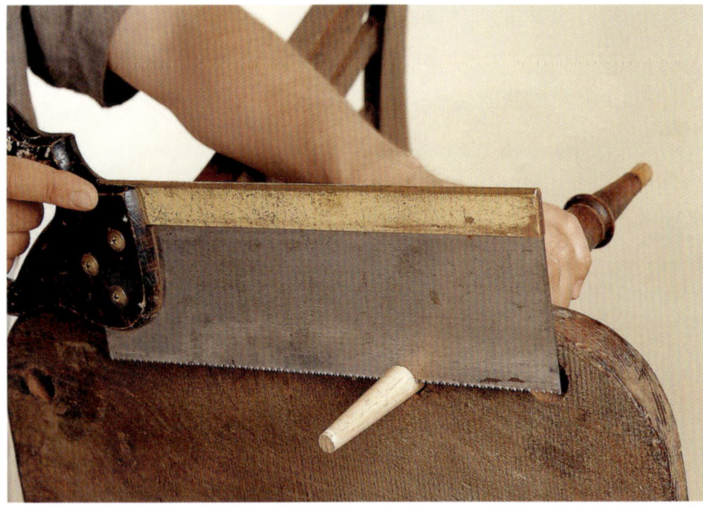

8 Steckt die Stütze im Sitz, sägen Sie das überschüssige Holz so ab, dass es kaum noch über die Sitzfläche heraussteht.

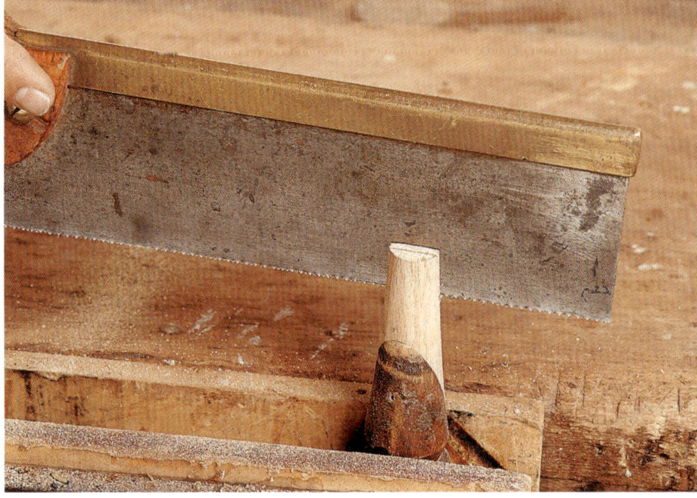

9 Spannen Sie die Armlehne in den Schraubstock und sägen Sie auf der Unterseite einen etwa 1,5 cm tiefen Keil aus.

▷ **10** Stecken Sie die Stütze wieder in den Sitz und streichen Sie Leim in die keilförmige Öffnung. Sägen Sie einen Keil aus Buchenholz, der etwas größer ist als die Öffnung und hämmern Sie ihn hinein. Dies verlängert das Ende der Stütze und sorgt für eine straff sitzende Verbindung. Wenn der Leim getrocknet ist, schlichten Sie die Unterseite mit einem Hobel oder Bankeisen.

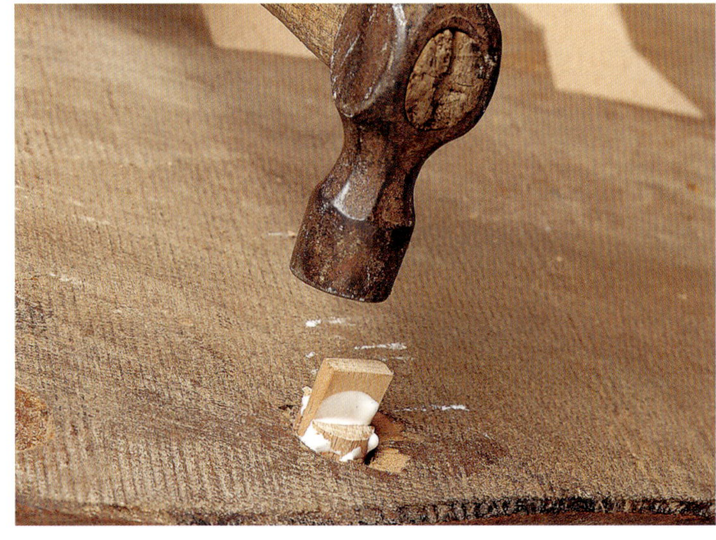

Eine Spindel drechseln

Für die fehlende Spindel muss ein Ersatz angefertigt werden, der in der Größe der Spindel der unbeschädigten Armlehne entspricht. Das Drechseln an der Drehbank ist eine heikle Arbeit.

Material und Werkzeug

- **Bohrmaschine**
- **Holzbohrer**
- **Buchenholz**
- **Drehbank**
- **Drechselwerkzeug**
- **Zirkel**
- **Greifzirkel**
- **sehr feines Schleifpapier**
- **einfache Gehrlade**
- **Feinsäge**
- **PVA-Leim**
- **Zwinge**
- **Zulagen**

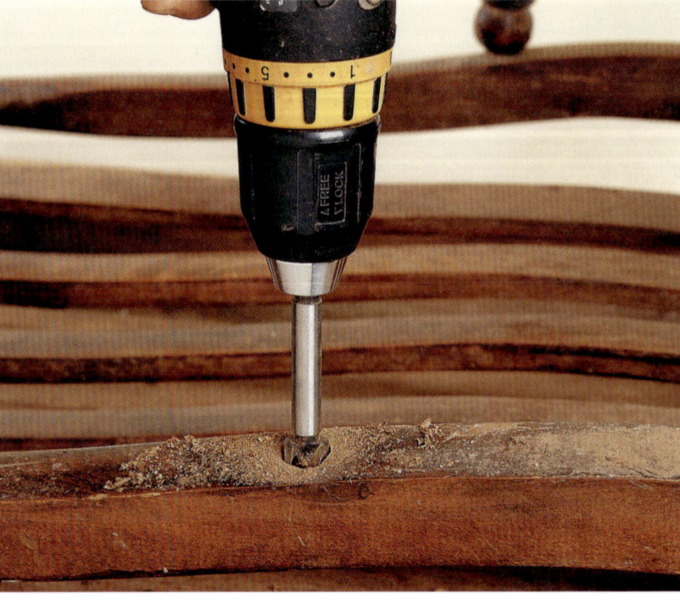

◁ **1** Bohren Sie die Reste des Zapfens heraus, der die Spindel mit dem hinteren Pfosten verbindet. Verwenden Sie einen Bohrer, der dem Durchmesser des Originallochs entspricht.

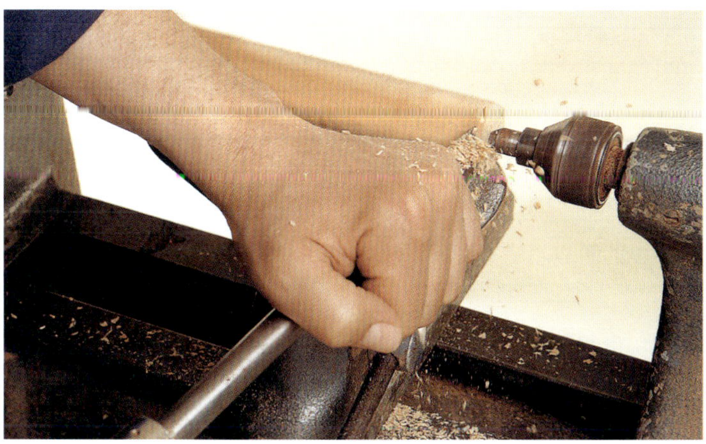

2 Drechseln Sie ein Stück Buchenholz, das in etwa dem Durchmesser der Spindel des anderen Arms entspricht. Arbeiten Sie vorsichtig und bedächtig, denn wenn der Durchmesser zu klein wird, müssen Sie mit der Arbeit von vorne anfangen.

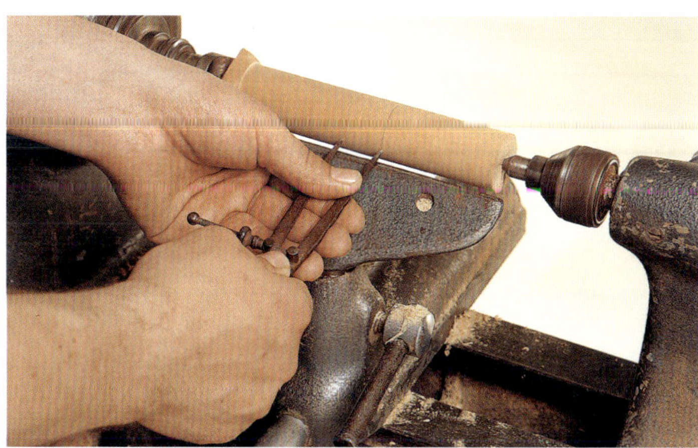

3 Messen Sie den Umfang der alten Spindel mit dem Zirkel, und markieren Sie dann die Ringe und Kehlungen auf dem soeben gedrechselten Teil.

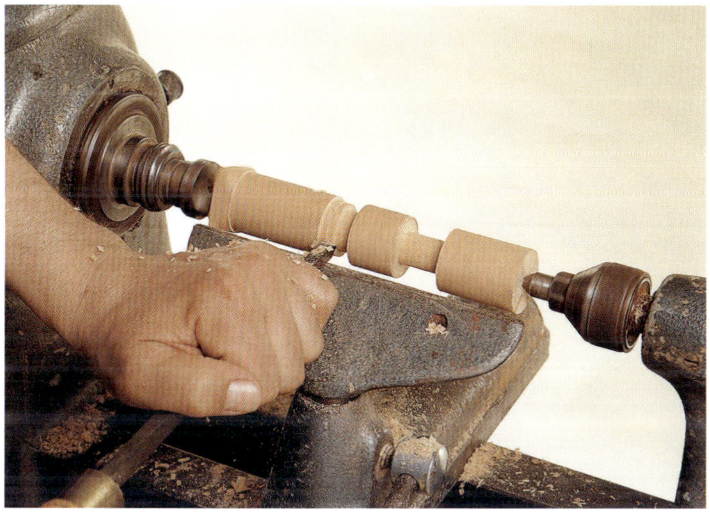

4 Formen Sie die verschiedenen Durchmesser der neuen Spindel rundum mit dem Bankeisen.

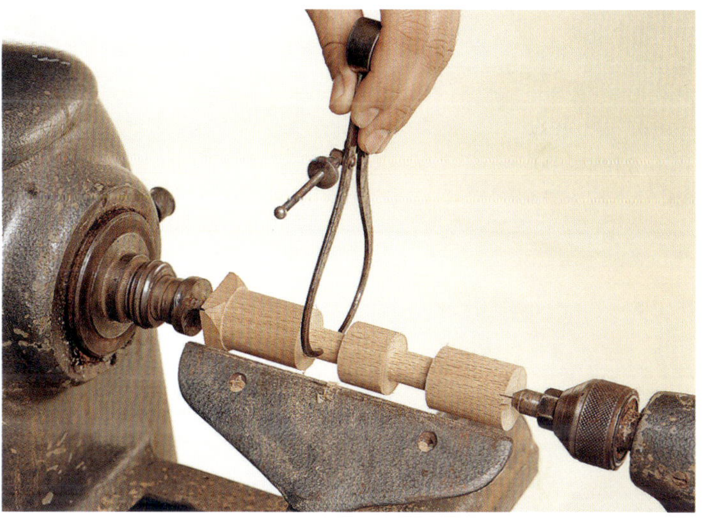

5 Arbeiten Sie, bis die verschiedenen Rundformen stimmen, prüfen Sie die Maße immer wieder mit dem Greifzirkel, den sie vorher an der alten Spindel einstellen.

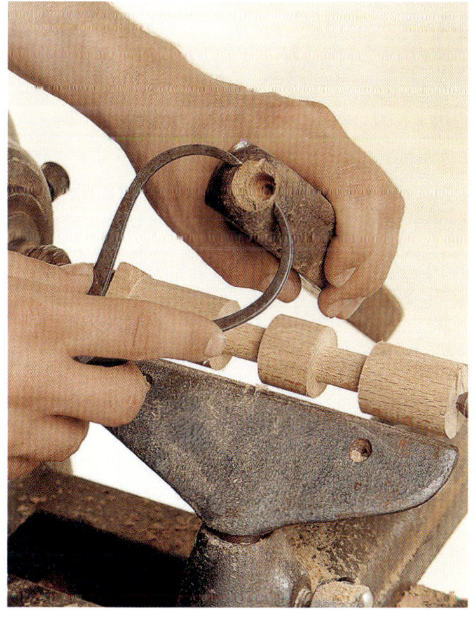

◁ 6 Messen Sie den Umfang des Zapfens, der etwas größer sein sollte als das Zapfenloch im Stuhlarm, um eine straffe und feste Verbindung zu gewährleisten. Achten Sie jedoch darauf, dass kein zu großer Durchmesser die optische Ausgewogenheit oder Proportionen des Originalstücks beeinträchtigt.

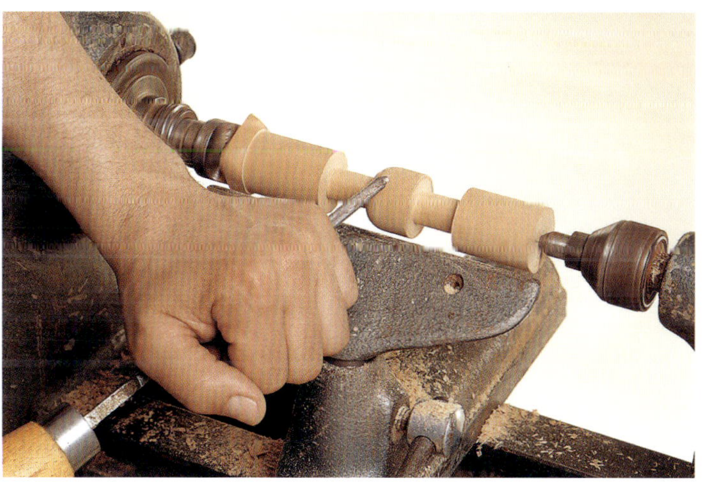

7 Mit einem Stecheisen mit schräger Fase erhält die Spindel ihre endgültige Form. Die Handhabung dieses Eisens ist nicht einfach und erfordert Geduld und Erfahrung. ▷

Eine Spindel drechseln … Fortsetzung

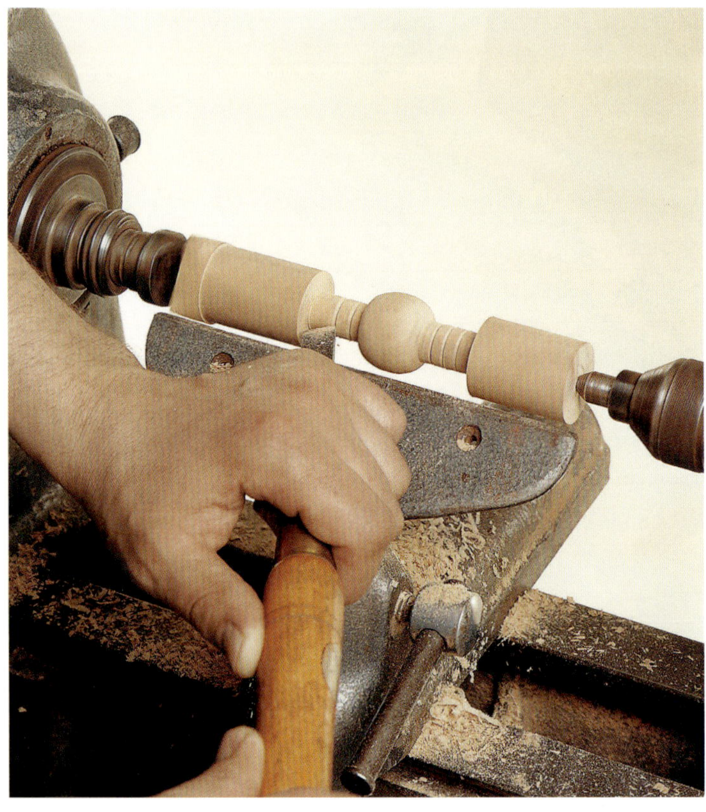

8 Wenn die Spindel fertig ist, arbeiten Sie mit dem Drechslerbeitel einige flache Kehlen in die zwei Zapfen, damit überschüssiger Leim austreten kann; wo diese Möglichkeit nicht gegeben ist, riskiert man, dass das Holz splittert.

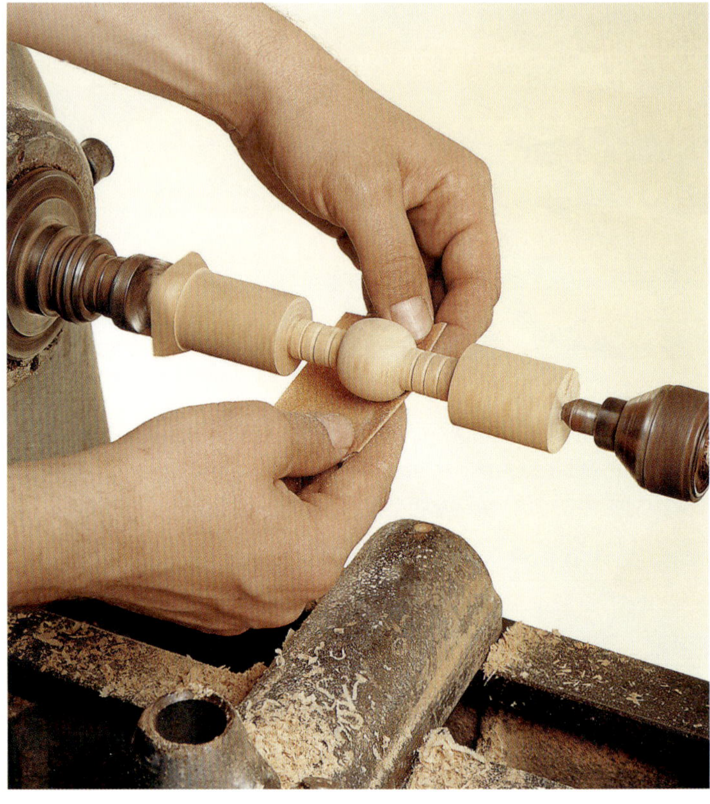

9 Gut geschärftes Werkzeug und die entsprechende Technik vorausgesetzt, dürfte nachträglich nicht viel zu säubern und nur ein abschließendes Glätten mit sehr feinem Schleifpapier erforderlich sein. Die beiden Zapfen werden nicht geschliffen.

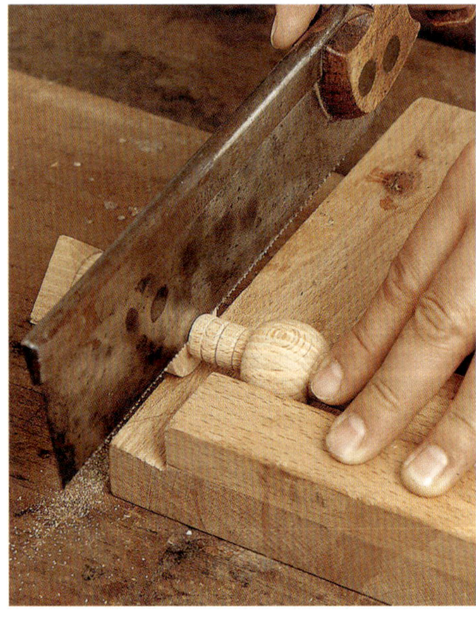

10 Nehmen Sie das Holzstück aus der Werkbank, legen Sie es an die Gehrlade an und sägen die Enden mit der Feinsäge ab. Achten Sie darauf, dass genügend Holz für den Zapfen bleibt, damit die Verbindung sowohl zur Lehne als auch zum hinteren Pfosten gesichert ist.

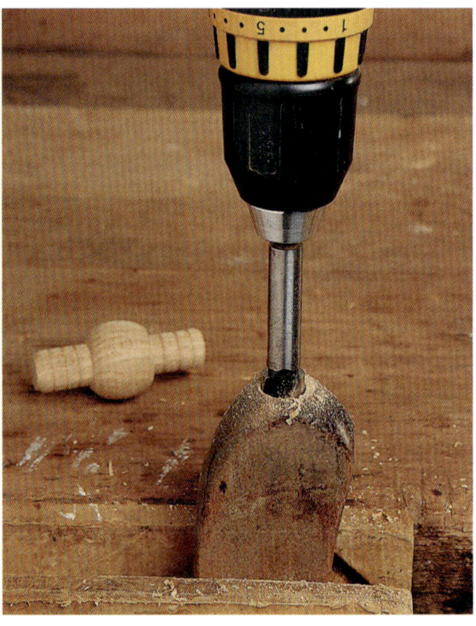

11 Bohren Sie mit der Bohrmaschine ein Loch in die Armlehne; verwenden Sie einen Bohrer, der der Größe des neuen Zapfens entspricht.

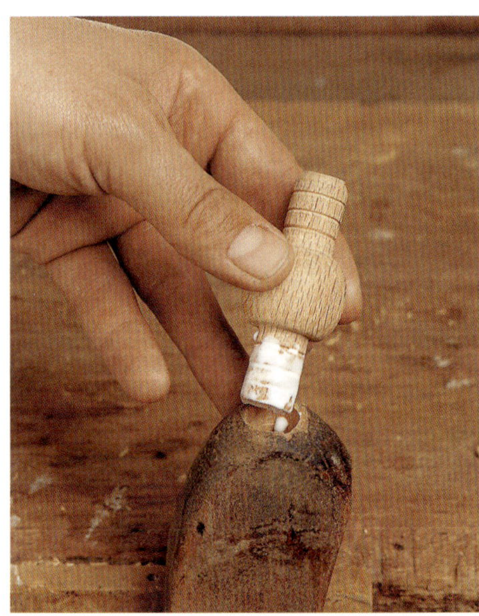

12 Leimen Sie einen Zapfen in die Armlehne, den anderen in den hinteren Pfosten. Dann leimen Sie die Armlehne an die neue Stütze und lassen alles in der Zwinge trocknen.

Reparatur der Stuhlbeine

Die hinteren Stuhlbeine waren verkürzt worden und müssen wieder verlängert werden, damit der Stuhl wieder richtig steht. Da sie im Winkel abgesägt wurden, kann man nicht einfach neue Holzstücke aufleimen. Man verlängert die Beine am besten am Fuß, wo sich das Holz nahezu unsichtbar an der alten Verbindung ansetzen lässt. Als Muster für Größe und Stil dienen die erhaltenen vorderen Stuhlbeine.

Material und Werkzeug

- Buchenholz
- Feinsäge
- Stahllineal
- Bohrmaschine
- Holzbohrer
- Drechselbank
- Drechslerwerkzeug
- Stechzirkel
- feines Schleifpapier
- einfache Schneid- oder Gehrlade
- Zentrumsfinder für Rundhölzer
- PVA-Leim
- Schraubzwingen
- feiner Pinsel
- Spiritusbeize
- Polierballen
- Politur
- Baumwolllappen
- Wachs

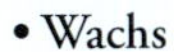

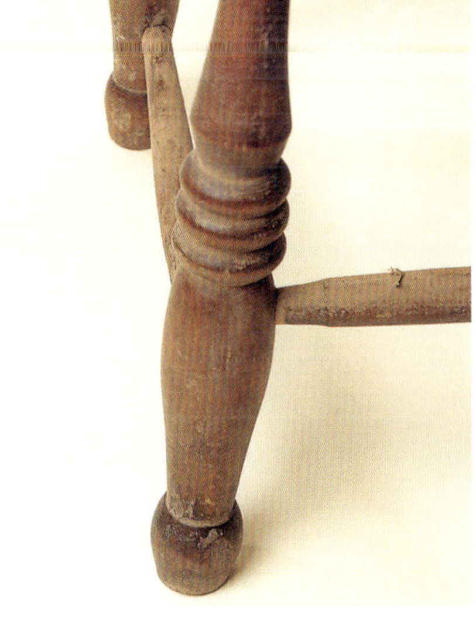

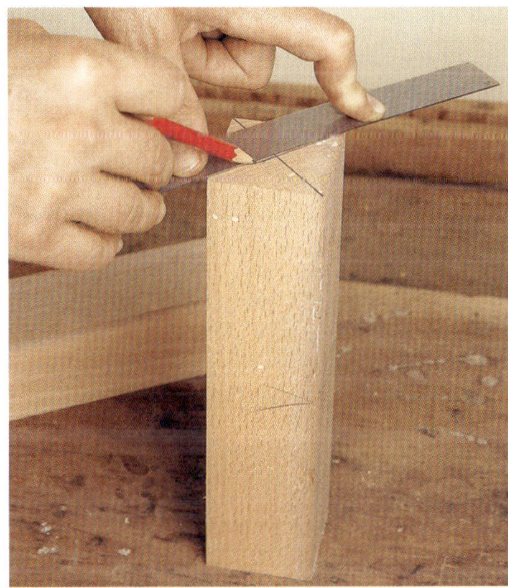

◁ **1** Wählen Sie ein zum Holz des Stuhlbeins passendes Stück Buchenholz, und sägen Sie es in der entsprechenden Länge und etwas breiter als der Durchmesser des Fußes zu. Markieren Sie an jedem Ende mit einem Stahllineal die exakte Mitte und bohren Sie dort je ein etwa 1 cm tiefes Loch.

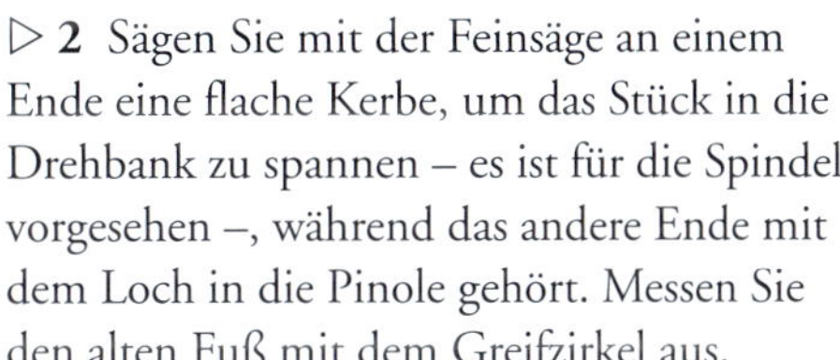

▷ **2** Sägen Sie mit der Feinsäge an einem Ende eine flache Kerbe, um das Stück in die Drehbank zu spannen – es ist für die Spindel vorgesehen –, während das andere Ende mit dem Loch in die Pinole gehört. Messen Sie den alten Fuß mit dem Greifzirkel aus.

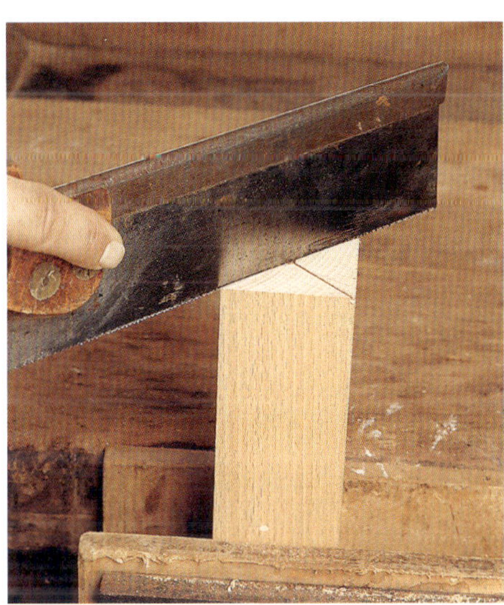

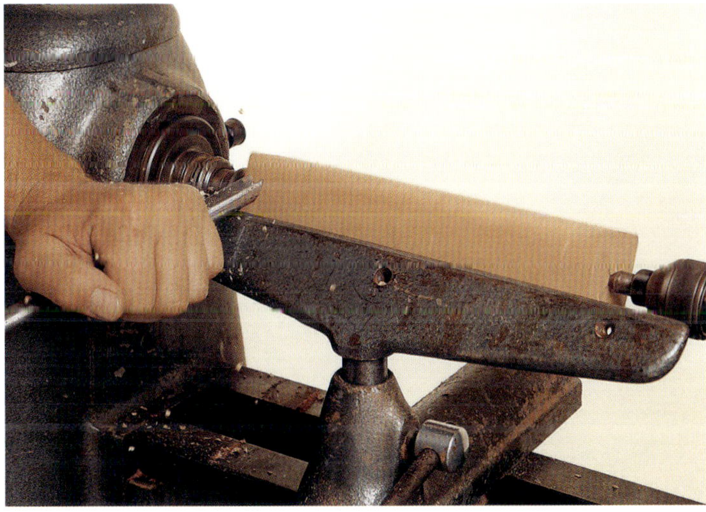

3 Stecken Sie das Buchenholz in die Drechselbank und drehen Sie den breitesten Teil des Fußes mit einem großen Eisen. Drücken Sie das Eisen nicht zu fest oder in einem zu spitzen Winkel, da das Holz sonst springen könnte.

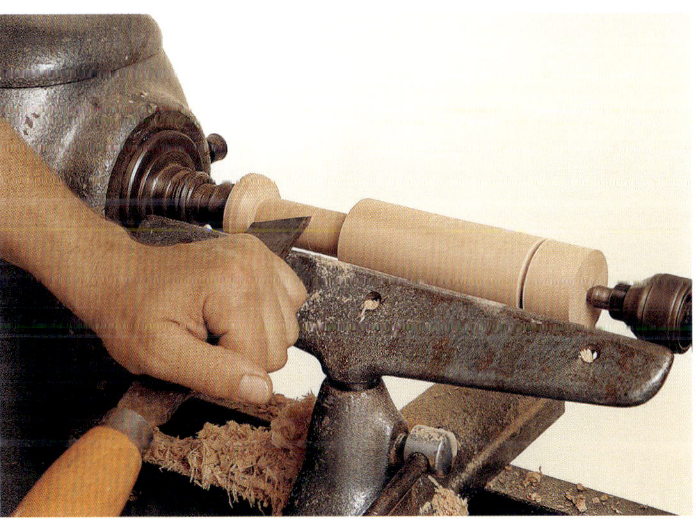

4 Markieren Sie mit dem Greifzirkel das Ende des Fußes und arbeiten Sie dann mit dem Drechslerbeitel eine flache Kehle. Drehen Sie einen Zapfen, der später in das Bein eingefügt wird.

▷

Reparatur der Stuhlbeine ... Fortsetzung

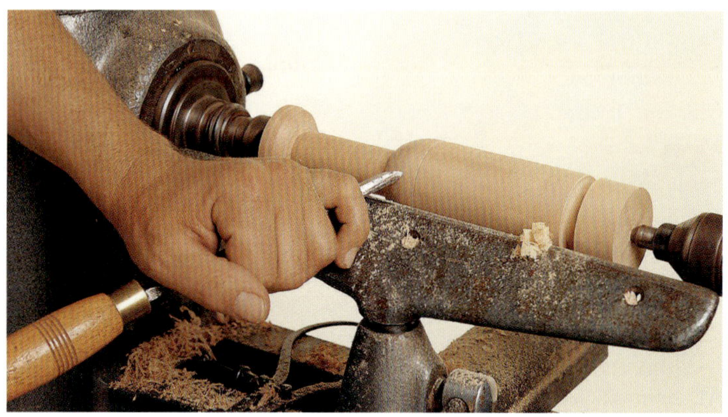

5 Markieren Sie die Linien, um die Zwiebelform zu drechseln, dann formen Sie den Fuß mit einem Stecheisen mit schräger Fase. Halten Sie die schräge Kante gegen das Holz. Sobald sich das Stecheisen hebt und drechselt, steuern Sie es mit ruhigen, rollenden Bewegungen. So entsteht die gewünschte Form.

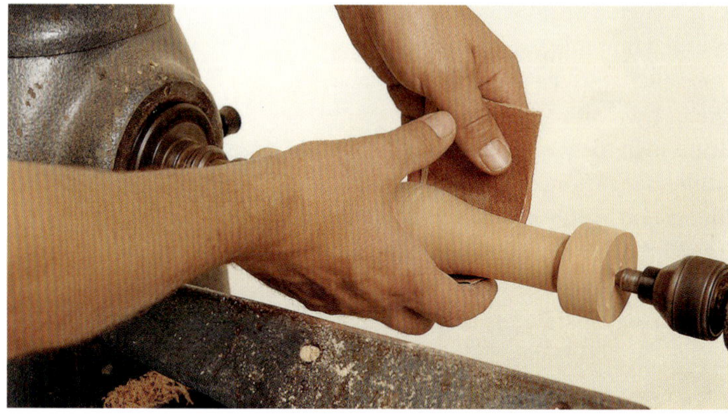

6 Der fertige Fuß wird vorsichtig mit feinem Schleifpapier abgerieben, um eventuelle Werkzeugspuren zu beseitigen. Sägen Sie den Fuß und dann den Zapfen auf die richtige Länge zu.

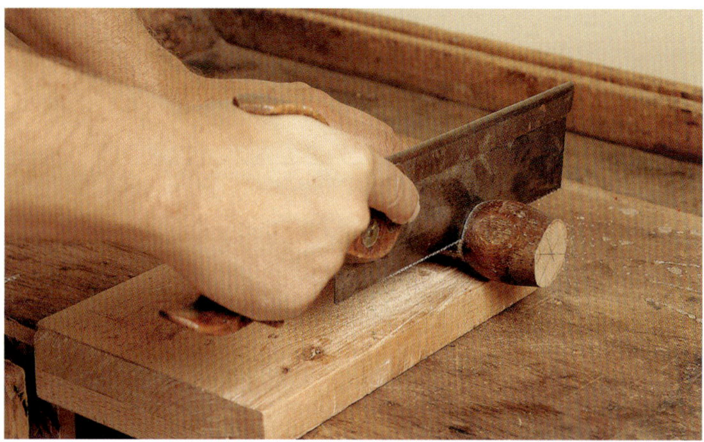

7 Legen Sie das Bein auf eine Gehrlade und sägen Sie den gekürzten Fuß genau auf "Knöchelhöhe" ab. So können Sie den neuen Fuß an der natürlichen Verbindung ansetzen und kaschieren, dass es ein späterer Ersatz ist.

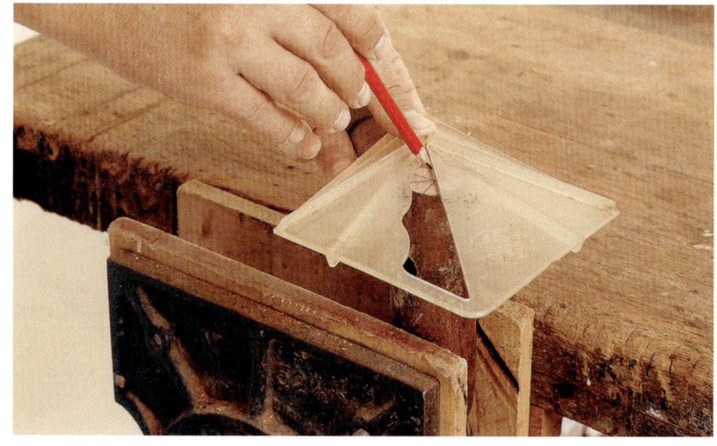

8 Markieren Sie die Mitte des Fußes. Ein Zentrumsfinder für Rundhölzer zum Messen des Mittelpunktes ist ein nützliches Werkzeug.

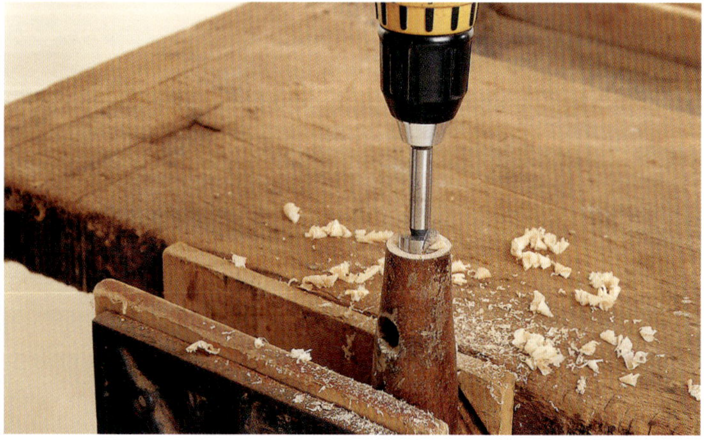

9 Bohren Sie ein Loch in die Mitte, dessen Durchmesser dem Zapfen am oberen Ende des neuen Fußes entspricht. Der Bohrer muss genau parallel zum Bein gehalten werden; am besten lässt man sich dabei helfen, damit der Bohrer nicht abrutscht.

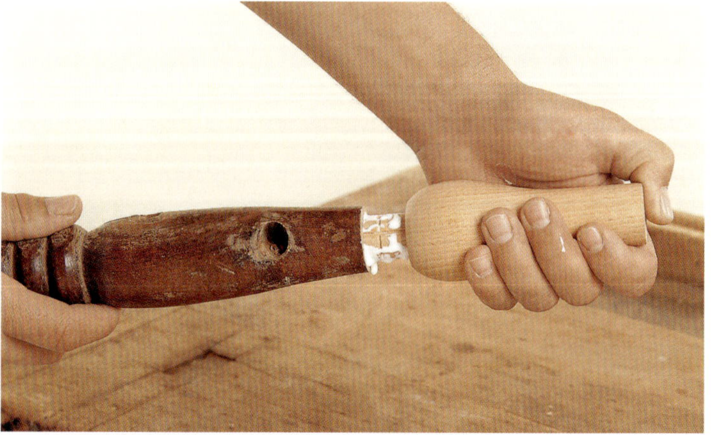

10 Leimen Sie den Fuß an das Bein und spannen Sie alles unter Druck in eine Schraubzwinge. Diese Verbindung ist ebenso stabil, als wenn Fuß und Bein aus demselben Holz gedrechselt worden wären. Nach dem Trocknen wird die Zwinge entfernt.

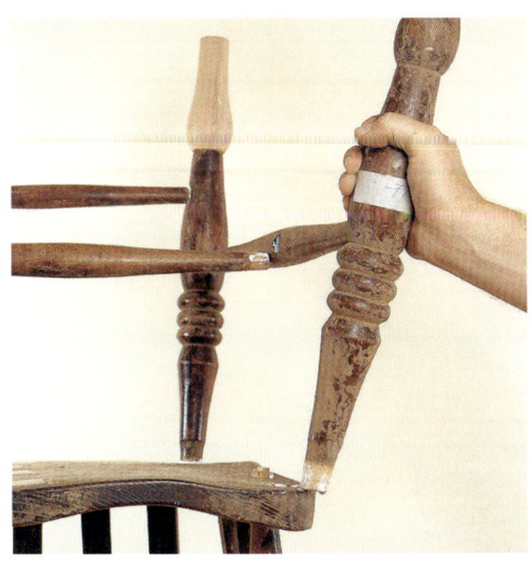

11 Der andere Fuß wird ebenso angefertigt. Dann werden Bein und Stege gesäubert, die Verbindungen geleimt und der Stuhl wieder zusammengebaut.

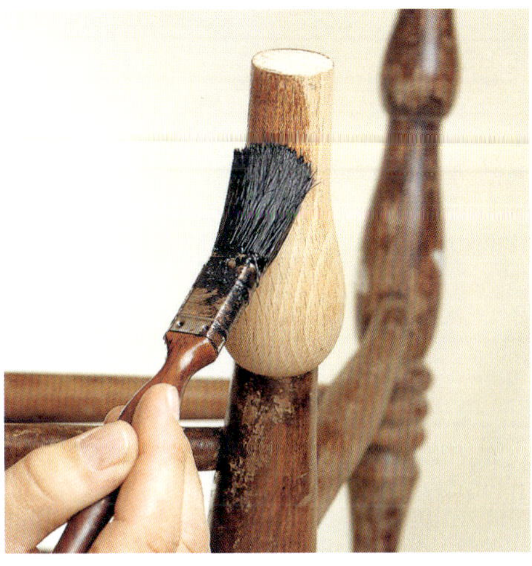

12 Mischen Sie Spiritusbeize in der zum Holz passenden Farbe an (s. S. 41) und beizen Sie die beiden neuen Füße.

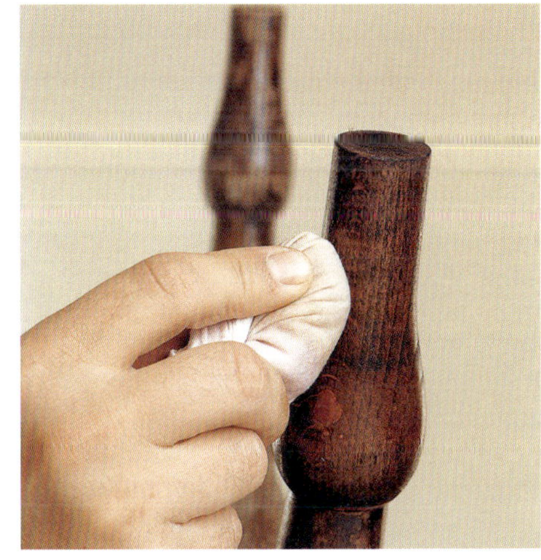

13 Tragen Sie mit einem Ballen eine Schicht Politur auf die neuen Füßen auf (s. S. 66 bis 67). Abschließend wird der ganze Stuhl gewachst, um die Reparatur farblich anzupassen (s. S. 68).

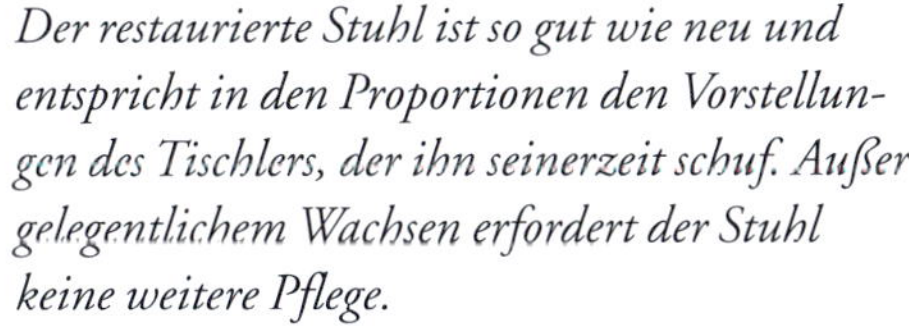

Der restaurierte Stuhl ist so gut wie neu und entspricht in den Proportionen den Vorstellungen des Tischlers, der ihn seinerzeit schuf. Außer gelegentlichem Wachsen erfordert der Stuhl keine weitere Pflege.

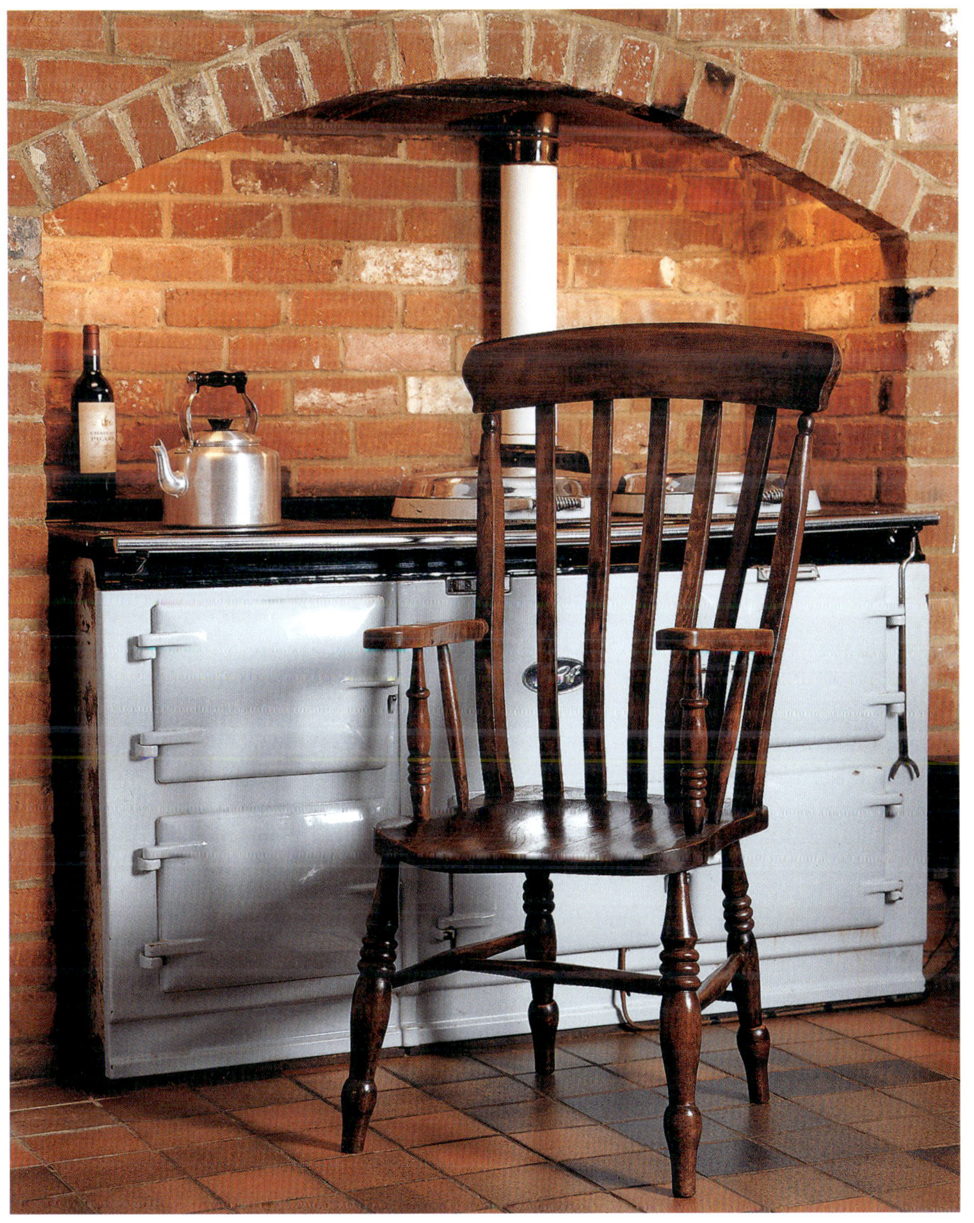

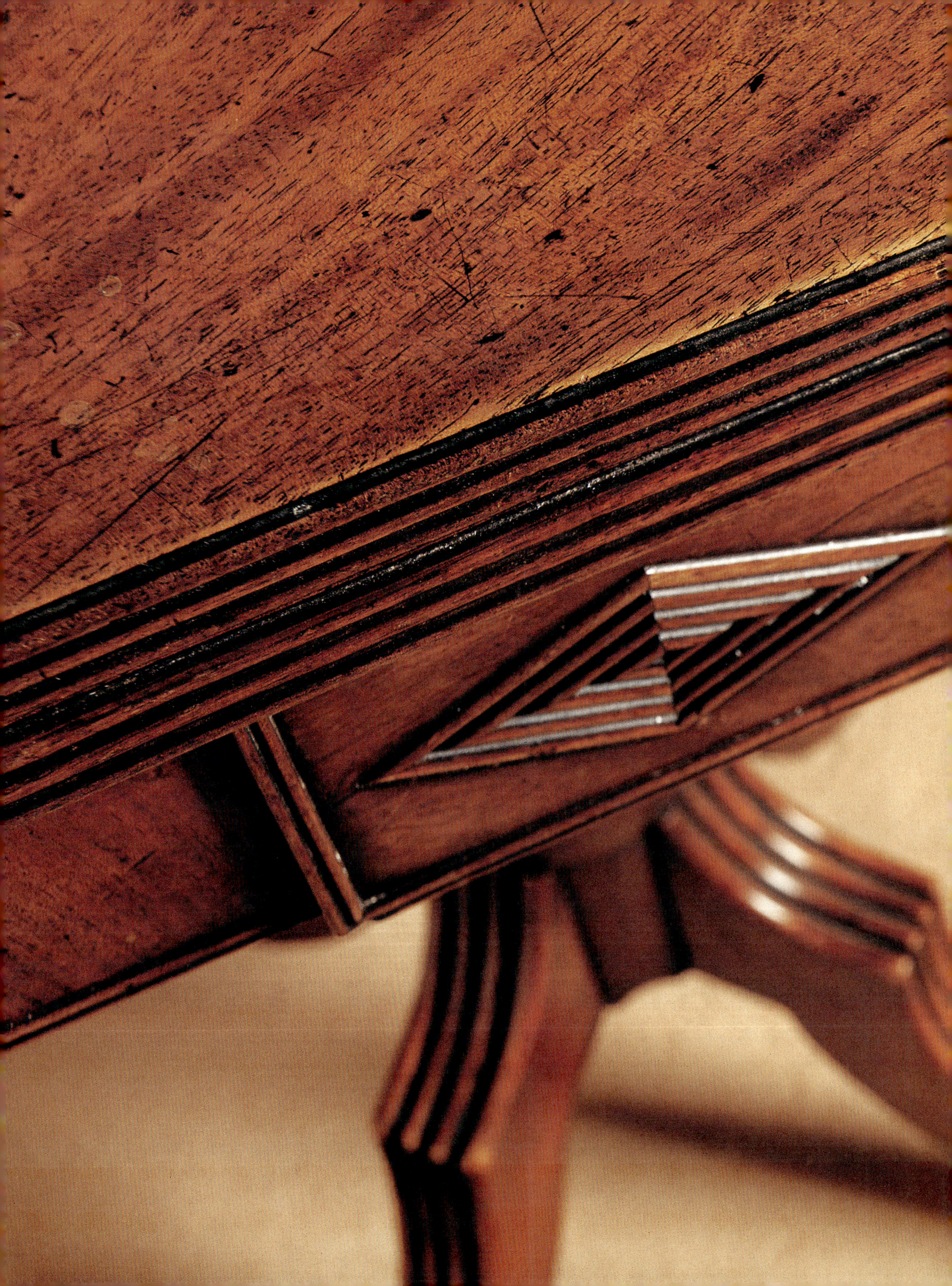

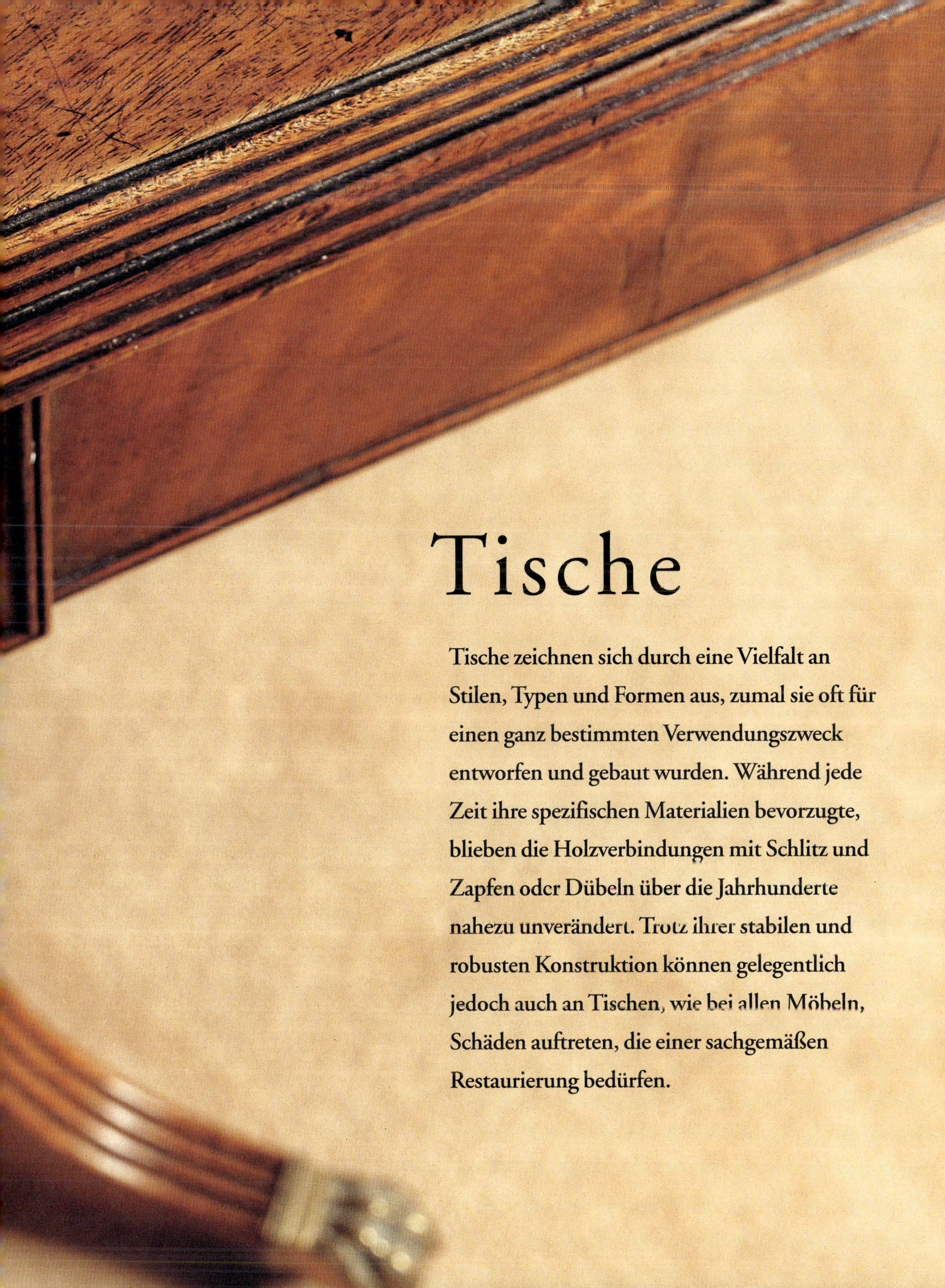

Tische

Tische zeichnen sich durch eine Vielfalt an Stilen, Typen und Formen aus, zumal sie oft für einen ganz bestimmten Verwendungszweck entworfen und gebaut wurden. Während jede Zeit ihre spezifischen Materialien bevorzugte, blieben die Holzverbindungen mit Schlitz und Zapfen oder Dübeln über die Jahrhunderte nahezu unverändert. Trotz ihrer stabilen und robusten Konstruktion können gelegentlich jedoch auch an Tischen, wie bei allen Möbeln, Schäden auftreten, die einer sachgemäßen Restaurierung bedürfen.

Zur Geschichte des Tischs

Betrachtet man das Gros der Möbel, so zeigen Tische einen Formen- und Einfallsreichtum, der sich im Lauf der Zeit entwickelte und vom reinen Gebrauchsmöbel bis zu ästhetisch anspruchsvollen oder auch repräsentativen Stücken reicht. Um die Geschichte des Tischs nachzuzeichnen, heißt es weit in die Vergangenheit zurückzugehen, als die äußerst spärlich möblierten Räume nur das enthielten, was wirklich vonnöten war. Doch das schlichte Design dieser frühen Tische sollte sich bald schon weiterentwickeln und entfalten.

Im Mittelalter stand der Esstisch in den großen Hallen der Herrenhäuser. Er war dem Hausherrn, seiner Frau, den Familienmitgliedern sowie besonders geschätzten Gästen vorbehalten. Meist handelte es sich um große Tische mit massiver Holzplatte und einer durch Zapfen verbundenen Zarge. Sie ruhten auf kräftigen, gedrechselten Beinen, die durch niedrige Streben verbunden waren. In der Halle standen vielfach aber noch weitere Tische mit Platten aus Planken, die auf Böcken auflagen. Sie waren leicht wegzuräumen, wenn es nach dem Essen Platz zum Tanzen zu schaffen galt.

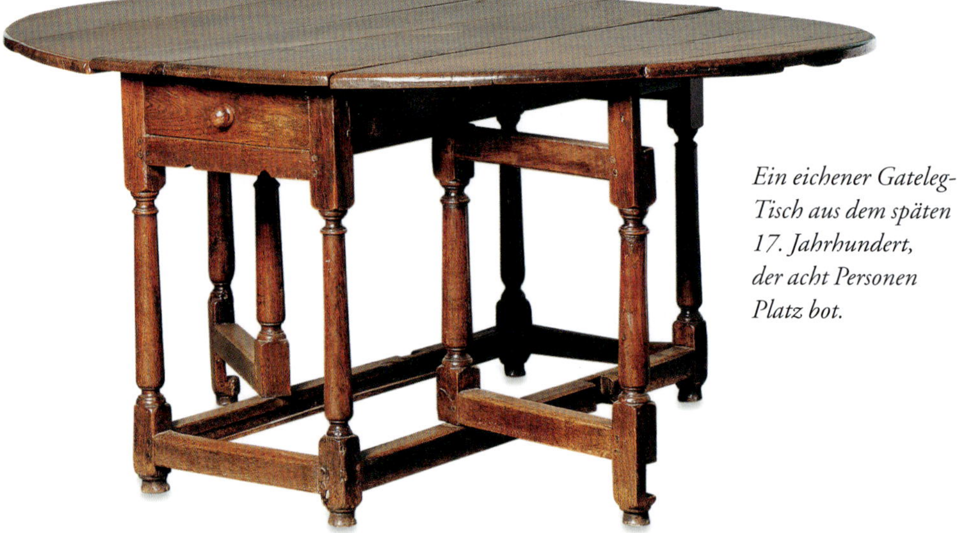

Ein eichener Gateleg-Tisch aus dem späten 17. Jahrhundert, der acht Personen Platz bot.

Mit dem Ausziehtisch entwickelte sich im 16. Jahrhundert eine interessante Variante – ein Refektoriumstisch, der sich, durch zusätzliche Platten ergänzt, bei Bedarf vergrößern ließ. Überdies gab es kleinere Tische, die so genannten Cricket-Tische, die man im Winter an den Kamin stellen konnte, und die wie die Refektoriumstische aus Eichenholz bestanden. Ihre Konstruktion war simpel – auf drei gedrechselten Beinen lag eine runde Platte. Abgesehen vom wechselnden Stil der Schnitzereien blieben Refektoriumstische bis zum 17. Jahrhundert nahezu unverändert.

Ende des 17. Jahrhunderts kam man vom Dinieren in der großen Halle immer mehr ab. Die neueren Herrenhäuser verfügten vielfach über kleinere, intimere Räume, und entsprechend mussten auch die Tische kleiner sein. Der Gateleg- oder so genannte Torbeintisch, an dem acht bis zehn Personen Platz finden konnten, hatte ähnlich wie der Refektoriumstisch eine rechteckige Platte, dazu jedoch zwei halbkreisförmige »Flügel«, die sich herunterklappen ließen, wenn ein kleinerer Tisch gefragt war. Gewöhnlich aus Eichen-, manchmal auch aus Nussbaumholz

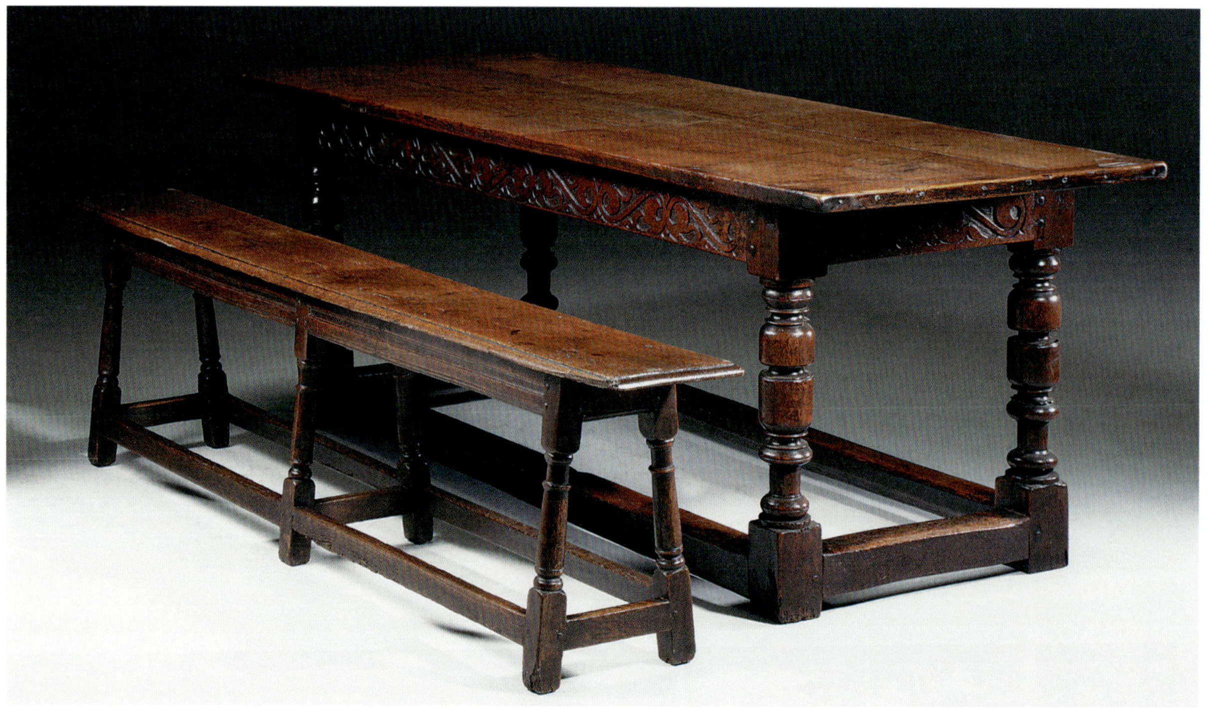

Refektoriumstische mit einer Platte aus Planken und reich geschnitzten Zargenbrettern waren vom Mittelalter bis ins 17. Jahrhundert beliebt.

gefertigt, übernahmen diese Tische die Rolle des Refektoriumstischs, der nun in deutlich kleinerem Format nur noch als Kredenz oder Beistelltisch fungierte. Auch andere kleine Tische, die als Beistell- oder Schreibtisch genutzt wurden, waren in ihrem Erscheinungsbild unverkennbar am Refektoriumstisch orientiert.

In Palästen und herrschaftlichen Häusern tauchen erstmals in der europäischen Möbelgeschichte kunstvoll ziselierte und vergoldete Tische auf. Besonders geschätzt waren Tische mit Gesso-Ornamenten und Schnitzereien. Dennoch sollten erst gegen Ende des 17. Jahrhunderts Tische gebaut werden, die, ihrem spezifischen Verwendungszweck entsprechend, einen ganz eigenen Stil und Charakter entwickelten.

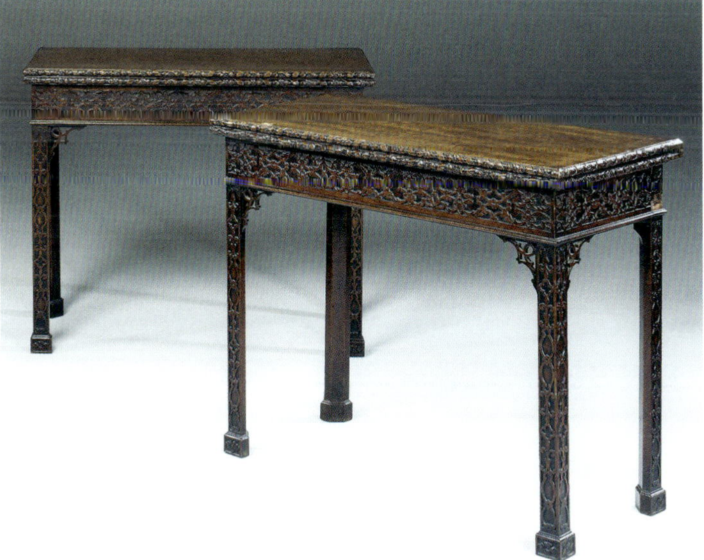

Seit dem späten 17. Jahrhundert, als Spielen zum immer beliebteren Zeitvertreib wurde, bauten die Möbeltischler kunstvolle Spiel- und Kartentische.

Im 15. Jahrhundert gelangten Kartenspiele nach Europa, während sich Würfelspiele von jeher großer Beliebtheit erfreuten. Spieltische in größeren Stückzahlen entstanden dennoch erst im 17. Jahrhundert. Die frühesten waren mit Nussbaumholz furniert und besaßen aufklappbare Platten mit einem oder zwei ausschwenkbaren Beinen. Sie wurden im 18. Jahrhundert weiterentwickelt, allerdings nur, was die Verwendung verschiedener Hölzer und die Verzierungen betraf. Anfangs waren die Platten mit Samt oder feinen Gobelinstickereien überzogen, bis man im frühen 18. Jahrhundert dann allgemein zu Boi, einer Art Flanell, überging. Das 19. Jahrhundert brachte entscheidende stilistische Veränderungen – das Gateleg-Prinzip wurde durch vier separate Tischbeine abgelöst, alternativ auch durch eine Mittelsäule mit Plattform, auf der die drehbare Tischplatte auflag.

Auch die Einführung von Mahagoni im frühen 18. Jahrhundert leitete stilistische Veränderungen im Möbelbau ein. Die Zargen wurden leichter, die Stege verschwanden, die Tischbeine zeigten, der Mode folgend, leicht geschwungene Formen und endeten in geschnitzten Löwenklauen-, Tatzen- oder Kissenfüßen. Mit den immer weiträumigeren Landhäusern und den in großem Umfang gepflegten Tafelfreuden wurden auch die Tische immer größer, wobei die langen Platten zunächst auf mehreren zusätzlichen Beinen auflagen, bis der elegantere und mehr Sitzkomfort bietende Säulenfuß (Piedestal) eingeführt wurde. Diese Tische, an denen bis zu 20 Personen Platz fanden, wurden bis ins 19. Jahrhundert gebaut, nur Stil und Form der Säulenfüße änderten sich dem jeweiligen Zeitgeschmack entsprechend.

Zur gleichen Zeit wandelte sich auch das Bild der rechteckigen Tische. Eigens für kleinere Stadthäuser vorgesehene Modelle ließen sich in der Länge zusammenschieben und somit einer wechselnden Zahl von Gästen anpassen. Als Stütze für die Platte wurden verschiedene technische Verbesserungen ent-

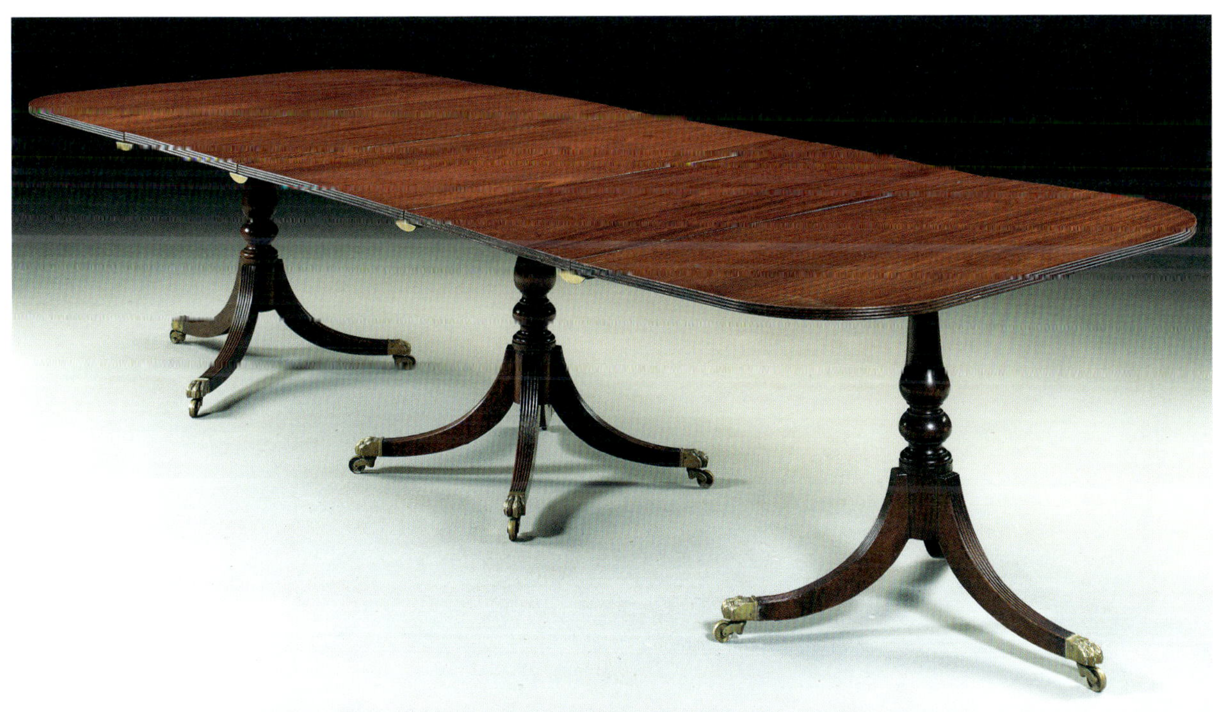

Als es im 18. Jahrhundert Mode wurde, in großem Kreis zu tafeln, bestellten die Besitzer großer Landhäuser lange Tische mit drei, vier oder fünf Säulenfüßen.

▷

wickelt, wie etwa die Concertinas und integrierte ausziehbare Streben. Um die Mitte des 19. Jahrhunderts hatten sich jedoch vier Tischbeine gegen eine Bauweise mit vielen Beinen durchgesetzt, wobei das Gewicht der Tischplatte zusätzlich durch ein Metallband gestützt wurde und sich der Tisch durch einen zentralen Kurbelmechanismus unter der Platte erweitern ließ.

So wichtig der große Esstisch war, so gab es doch auch zierlichere Tische. Ursprünglich für das Frühstück im kleinen familiären Kreis entworfen, sollten diese gegenüber den riesigen Tafeln, an denen man sich doch eher verloren vorkam, ein Gefühl der Nähe vermittelten. Hinzu kam, dass sich diese so genannten Frühstückstische im Format bestens in die vielen kleineren Stadthäuser einfügten und sich im späten 18. Jahrhundert somit großer Beliebtheit erfreuten.

Erwähnenswert ist eine besondere Form des Tisches, die Mitte des 18. Jahrhunderts in Irland für Totenwachen verwendet wurde. Die lange ovale Platte bestand aus einem schmaleren Mittelteil und zwei mit Scharnieren befestigten D-förmigen Blättern. Während der Totenwache stand dort der Sarg, wobei Speisen und Getränke für die Trauergäste auf den am jeweiligen Ende aufgeklappten Blättern angerichtet waren.

Der wirtschaftliche und kulturelle Aufschwung im 18. Jahrhundert, der mit einem wachsenden Interesse an den schönen Künsten einherging, förderte nicht zuletzt die Entwicklung weiterer Tischformen. Eine Zeremonie, die die englischen Kunsttischler jener Zeit mehr denn jede andere Gepflogenheit inspiriert haben dürfte, war die tägliche Teestunde, die als Höhepunkt des Tages zugleich eine willkommene Gelegenheit bot, Reichtum und sozialen Rang zu demonstrieren. So entstand eine Vielfalt an Teetischen, nicht zu vergessen die mit kunstvollem Schnitzwerk ausgestatteten Beistelltische für den silbernen Teekessel, Tische mit grazilen Beinen für Urnenvasen und Silbertische mit feinstens ziselierten Galerien, durchbrochenen Konsolstützen und eleganten Verstrebungen, auf denen in der Mitte des Salons das silberne Teegeschirr präsentiert wurde. Ähnlich wie der Spieltisch, aber meist mit furnierter, nicht mit Boi bezogener Platte, waren sie ideal für kleine Geselligkeiten. Aber auch neben Sofas und Stühlen standen zierliche Dreifuß-Tische mit runder Platte.

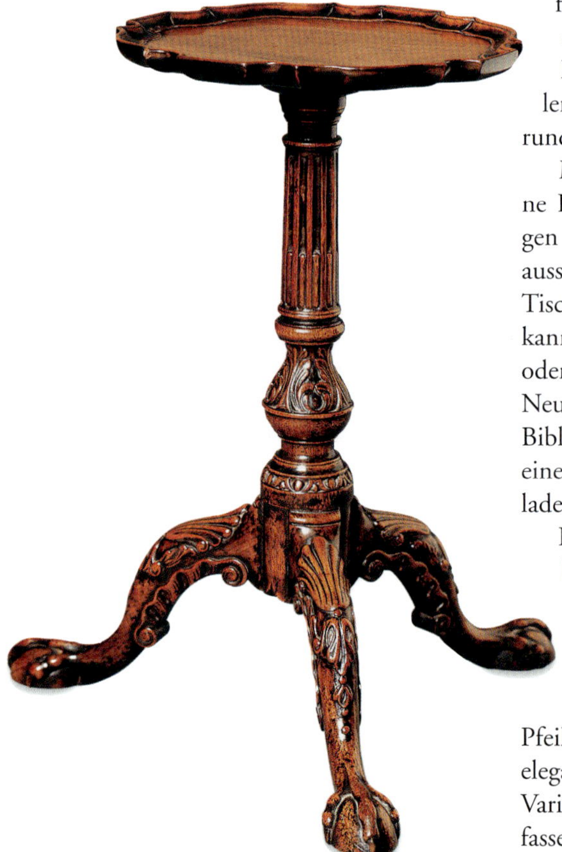

Ein besonders schöner Teetisch aus dem 18. Jahrhundert

Mitte des 18. Jahrhunderts kamen kleine Klapptische in Mode. Die Blätter hingen nun an Scharnieren und hatten kein ausschwenkbares Bein wie der Gateleg-Tisch. Sie wurden als Pembroke-Tisch bekannt und dienten meist zum Frühstücken oder als Damenschreibtisch. Eine weitere Neuentwicklung für Arbeitszimmer und Bibliotheken war der Trommeltisch, der eine runde Platte mit eingebauten Schubladen besaß.

In den Wohnzimmern befanden sich zu beiden Seiten der Fenster oder neben dem Kamin große Konsoltische – eine Weiterentwicklung der Karten- und Beistelltische –, überragt von einem der damaligen Mode entsprechenden Pfeilerspiegel. Hinter dem Sofa stand ein eleganter Sofatisch, eine längere, rechteckige Variante des Pembroke-Tischs. Zusammenfassend lässt sich sagen, dass es im 18. Jahrhundert Tische für jeden nur erdenklichen Anlass gab. Die Grundformen blieben das gesamte 19. Jahrhundert hindurch weitgehend unverändert, doch wurden sie mit Intarsien und dekorativen Hölzern geschmückt. Was sich indes deutlich abzeichnete, war der Hang zu einem entschieden robusteren Stil.

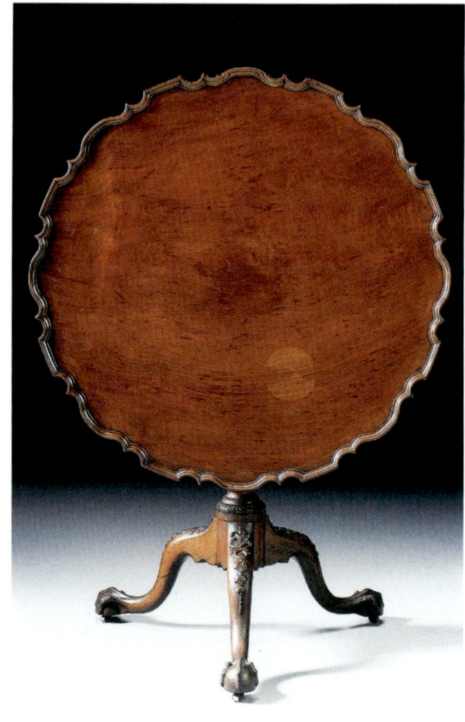

Dieser außergewöhnliche Tripod- oder Dreifußtisch aus dem 18. Jahrhundert könnte englischen Ursprungs sein, entstand jedoch in den USA – ein Beweis, wie Möbelstile jenseits des Atlantiks aufgegriffen wurden.

Zu Beginn des 20. Jahrhunderts entwickelten Designer wie Charles Rennie Mackintosh (1868–1928) geradezu virtuose Entwurfsideen für Tische, doch erst in den zwanziger Jahren sollte die Funktion über die Form dominieren. Nachdem immer weniger Wert auf die Einnahme gemeinsamer Mahlzeiten gelegt wurde, hatte der Esstisch seine traditionelle Rolle als Treffpunkt der Familie eingebüßt. Man ging mehr und mehr dazu über, in der Küche zu essen, so dass der große Tisch lediglich festlichen Gelegenheiten und Einladungen vorbehalten blieb. An seine Stelle traten Kaffeetische – und neuerdings Computertische.

Galt es einst, zwischen Mahagoni, Eichen- oder Nussbaumholz zu entscheiden, so werden heute für Tische häufig Verbundwerkstoffe, Stahl, Chrom und Kunststoff verarbeitet.

TISCHKONSTRUKTION

Die ungeheure Formenvielfalt, die Tische vom Mittelalter bis zum Beginn des 20. Jahrhunderts zeigen, lässt sich nur mit den unterschiedlichen Funktionen und Anlässen erklären, für die die Tische entworfen und gebaut wurden. Dabei blieb das Konstruktionsprinzip weitgehend gleich, auch wenn die Holzverbindungen und bestimmte Details kleinere Veränderungen erfuhren. So entwickelten etwa die frühen Refektoriumstische, die aus wenig mehr als einer Platte auf Böcken bestanden, im Lauf der Zeit ihren eigenen Stil und Charakter.

Seit dem 15. Jahrhundert wurden Tischzargen generell mit verdübelten Zapfen gearbeitet. Diese Verbindung, die ein hohes Maß an Stabilität gewährleistet, wurde erst mit der Entwicklung besserer Klebstoffe in den Hintergrund gedrängt.

Als die kleineren Gateleg-Tische in Mode kamen, wurde eine Gelenkverbindung erfunden, dank der sich ein Teil der unteren Zarge mit dem »Torbein« ausschwenken ließ, um das von Scharnieren gehaltene Blatt zu tragen.

Der Sofatisch, der später im 18. Jahrhundert entwickelt wurde, hatte an jedem Ende zwei durch einen Steg verbundene Stützen. Diese Stege wurden, den zunehmend schwereren Zargen entsprechend, immer niedriger. Im frühen 19. Jahrhundert wurden die Zwillingsstützen oft durch eine Mittelsäule ersetzt, die auf kleineren geschweiften Konsolfüßen ruhte. Diese waren mit Schwalbenschwanzverbindungen an der Mittelsäule oder dem so genannten Piedestal angebracht, um das Gewicht der gleichnamigen Tische auf mehrere Punkte zu verteilen. Oft wurde als zusätzliche Verstärkung eine Metallplatte angebracht. Bei Trommeltischen kann die Mittelsäule bis in die drehbare Platte hineinreichen. Eine besondere Holzkonstruktion, der »Vogelkäfig« oder *birdcage* mit herausnehmbarem Keil, ermöglicht es, Fußgestell und Platte voneinander zu trennen bzw. mit Hilfe des Drehzapfens zu kippen.

Seit dem späten 17. Jahrhundert wurde immer mehr Wert auf dekorative Details gelegt. Im 18. Jahrhundert kamen Tische mit filigranen erhabenen Rändern, so genannten Galerien, in Mode, die kostbares Geschirr zugleich vor dem Herunterfallen schützen sollten. Diese »Geländer«, die jeweils aus drei Blättern Furnier aufgebaut wurden, jedes zur Verstärkung im rechten Winkel zum nächsten, sind ein frühes Beispiel der Schichtholzverleimung. Aus diesem laminierten Verbund wurden mit der Laubsäge kunstvolle Ornamente herausgeschnitten, bevor das Ganze mit feinsten keilförmigen Verfugungen zum Rund geschlossen und befestigt wurde.

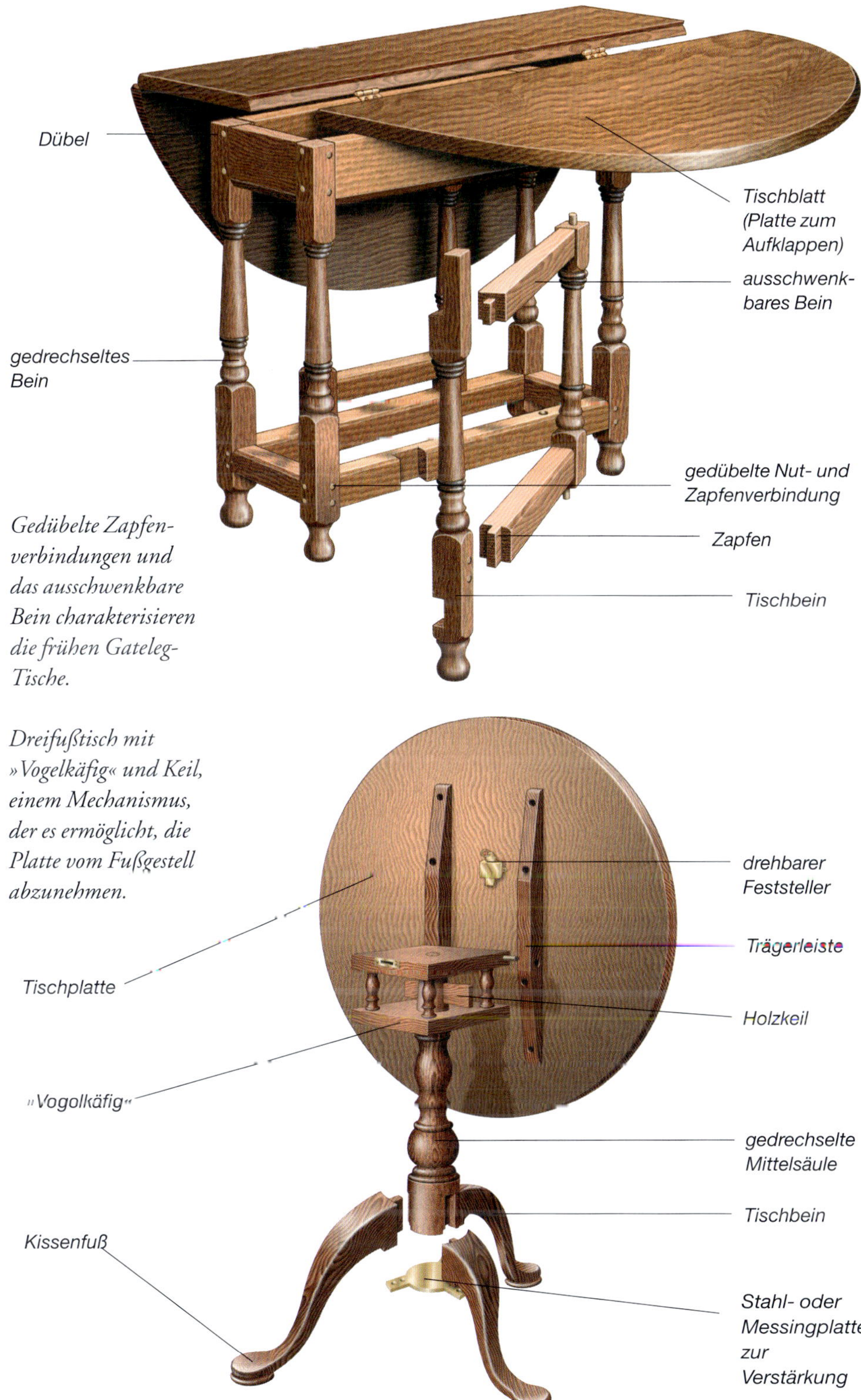

Gedübelte Zapfenverbindungen und das ausschwenkbare Bein charakterisieren die frühen Gateleg-Tische.

Dreifußtisch mit »Vogelkäfig« und Keil, einem Mechanismus, der es ermöglicht, die Platte vom Fußgestell abzunehmen.

Tische auseinandernehmen und wieder zusammenbauen

So unterschiedlich Tische im Stil auch sein mögen, ihre Konstruktion und somit auch die Technik des Auseinandernehmens bleibt im Prinzip nahezu gleich. Beim Auseinandernehmen geht man am besten Schritt für Schritt vor. Achten Sie vor allem auf die Art der verwendeten Verbindungen. Wo diese nicht sachgemäß identifiziert und auseinandergenommen werden, riskiert man weitreichende Folgeschäden.

Nachdem der Tisch auseinandergenommen wurde, wird man die Teile im Einzelnen begutachten, bevor man die nötigen Reparaturen vornimmt und den Tisch wieder zusammenbaut.

Den Tisch auseinandernehmen

Dieser Pembroke-Klapptisch aus kubanischem Mahagoni entstand um 1800 im Stil Georges III. Im Lauf der Jahre haben sich die Verbindungen gelockert. Vor der Reparatur muss der Tisch auseinandergenommen werden.

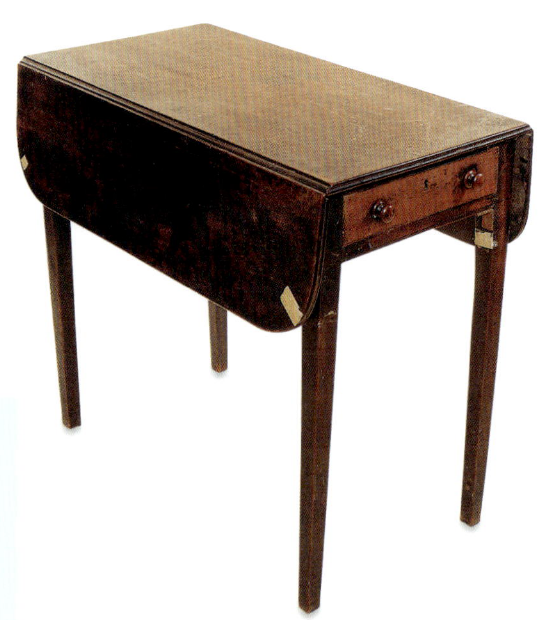

Material und Werkzeug

- **Kreide oder Abdeckband**
- **Schraubendreher**
- **Hammer**
- **Hartholzbrettchen**
- **Zahnbürste**
- **Raspel**

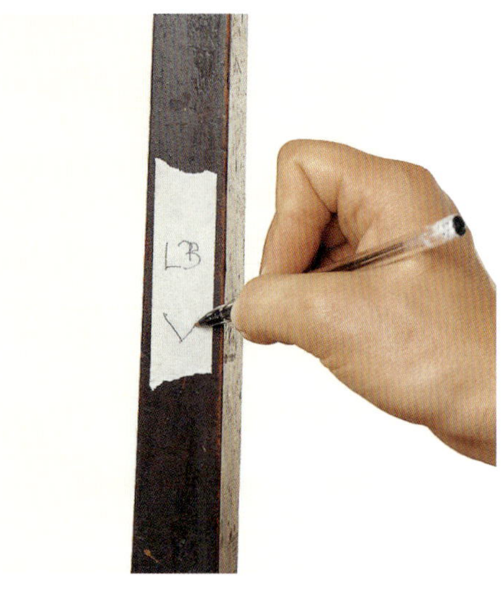

1 Beschriften Sie die einzelnen Teile mit Kreide oder mit Hilfe von Abdeckband, das keine Spuren auf der Politur hinterlässt.

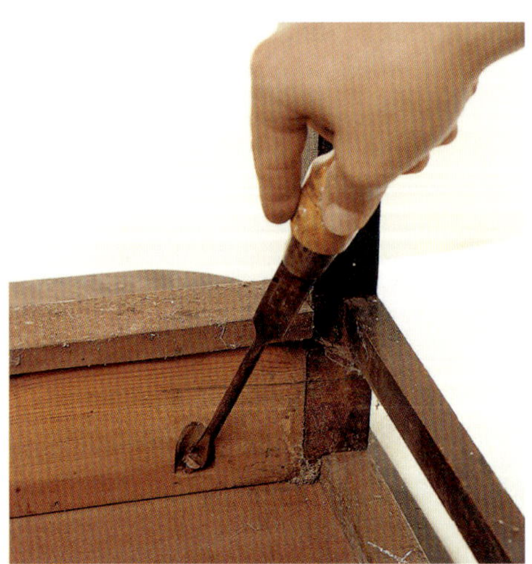

2 Drehen Sie den Tisch um und legen Sie ihn auf die abgedeckte Werkbank. Entfernen Sie alle Schrauben aus der Zarge und nehmen Sie die Tischplatte ab.

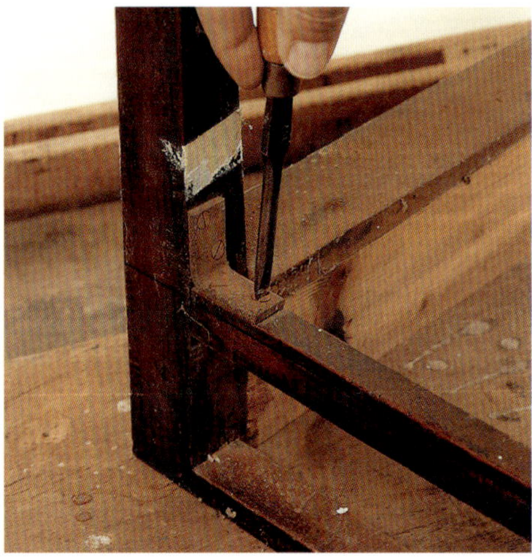

3 Schrauben Sie die Metallscharniere ab, mit denen früher oft schwache oder beschädigte Verbindungen verstärkt wurden.

Tipp

Wenn eine Schraube schwer zu lösen ist, setzen Sie die Schneide eines alten Schraubendrehers in den Schlitz, schlagen Sie mit dem Hammer fest gegen den Griff und ziehen die Schraube leicht an. Auf diese Weise löst sich die Spannung erfahrungsgemäß, und die Schraube kann entfernt werden.

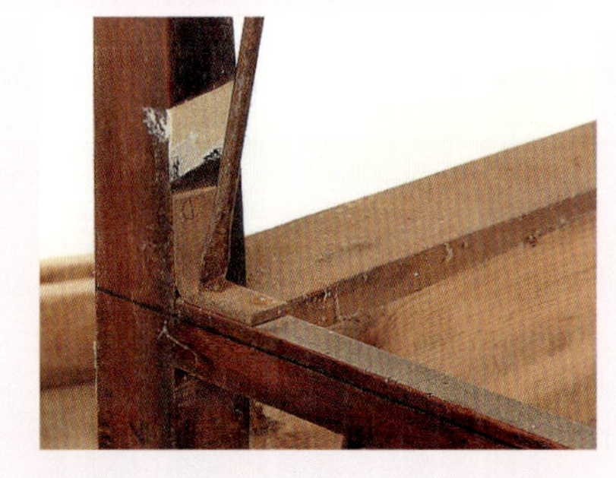

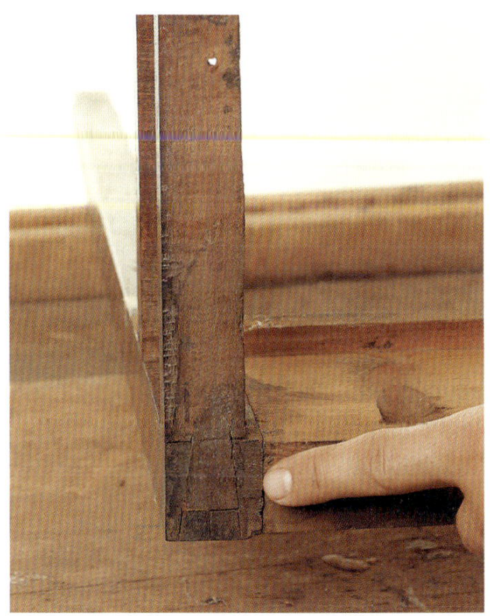

◁ **4** Sehen Sie sich die Verbindungen genau an, um den Tisch möglichst sachgemäß auseinanderzunehmen und keinen weiteren Schaden zu verursachen.

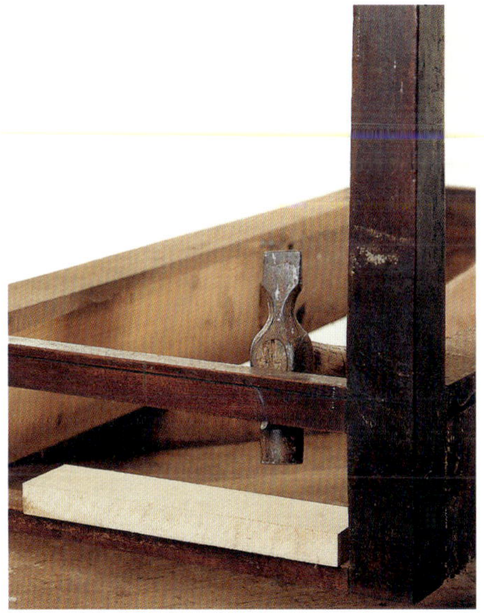

◁ **5** Montieren Sie die einzelnen Teile ab und achten Sie besonders darauf, die Verbindungen nicht zu beschädigen. Sie könnten herausbrechen und müssten dann vor dem Restaurieren und Zusammenbauen des Tischs erneuert werden. Verwenden Sie bei Arbeiten mit dem Hammer ein Hartholzbrettchen als Unterlage, um Druckstellen zu vermeiden.

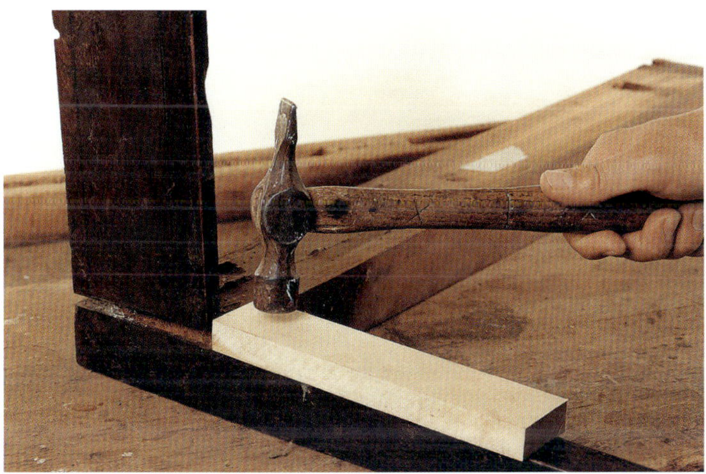

6 Wenn Sie die Seitenzarge mit dem Hammer von den Beinen lösen, verwenden Sie wieder das Hartholzbrettchen als Schutz gegen Druckstellen. Hämmern Sie möglichst in unmittelbarer Nähe der jeweiligen Verbindung.

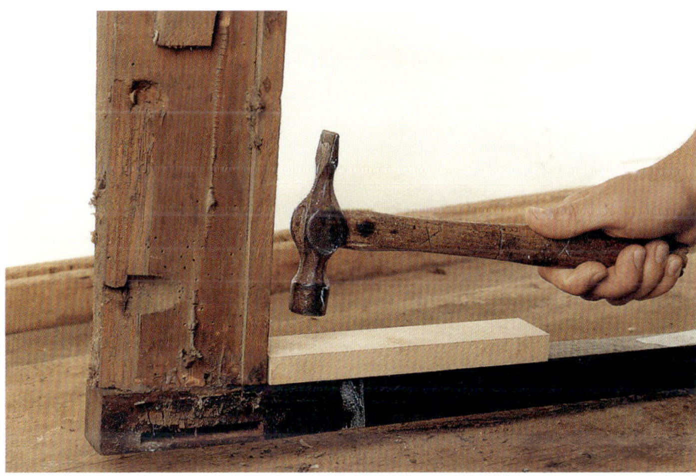

7 Dann lösen Sie die Beine vom Rest der Zarge, arbeiten Sie wie vorher und vergessen Sie nicht die Hartholzzulage zwischen Hammer und Tischbein zu legen, um Schäden zu vermeiden.

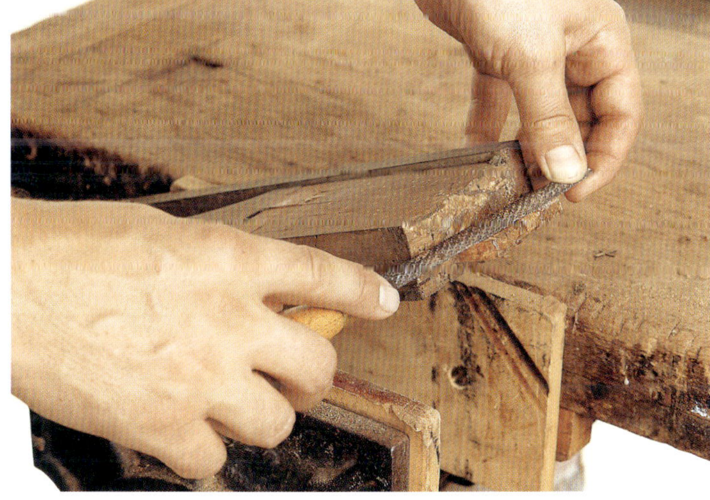

8 Entfernen Sie die Leimreste mit heißem Wasser und einer Zahnbürste. Kristallisierter Knochenleim wird vorsichtig mit einer Raspel entfernt, ohne dabei etwas vom Zapfen abzunehmen.

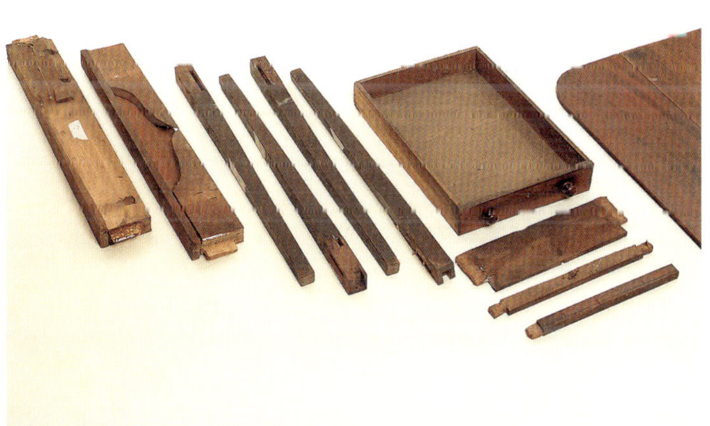

9 Prüfen Sie alle Einzelteile des Tischs, bevor Sie mit der Restaurierung beginnen.

Den Tisch zusammenbauen

Nachdem alle Restaurierungsarbeiten ausgeführt wurden, kann der Tisch wieder zusammengebaut werden. Am besten verwenden Sie PVA- oder Knochenleim.

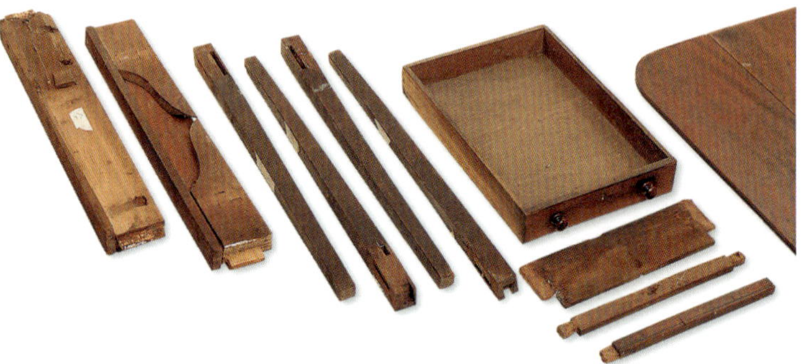

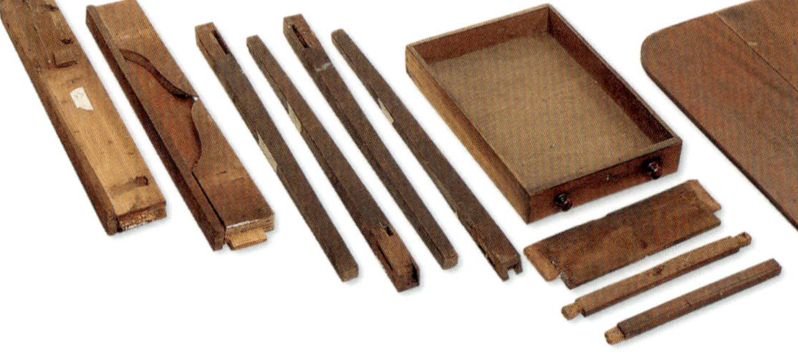

MATERIAL UND WERKZEUG

- PVA- oder Knochenleim
- Schraubzwingen
- Zulagen
- Hammer
- Hartholzbrettchen
- Abdeckband
- Bohrmaschine
- Stufenbohrer
- Scheibenschneider
- Mahagoni
- Stecheisen
- feines Schleifpapier
- Handbohrer
- Holzbohrer
- Schraubendreher
- Schrauben
- Messer mit breiter, flacher Klinge
- Wachskitt
- Lappen
- Methylalkohol
- Polierballen
- Politur
- Wachs
- Pinsel
- Spiritusbeize

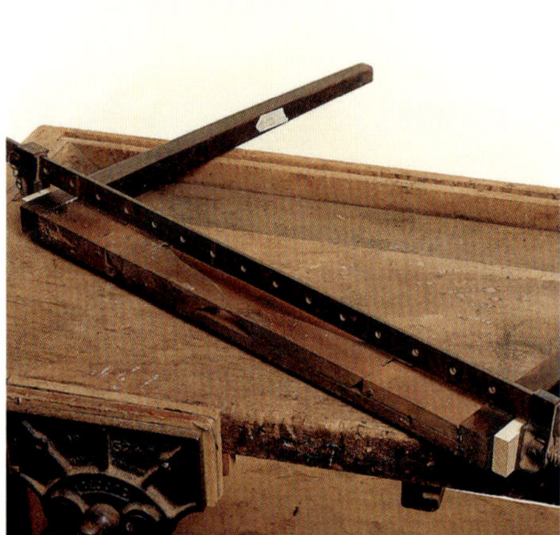

1 Leimen Sie die vorderen Tischbeine an die vordere Zarge und lassen Sie sie unter Druck mit Zulagen in der Zwinge trocknen. Ebenso werden die hinteren Beine und die hintere Zarge zusammengeleimt.

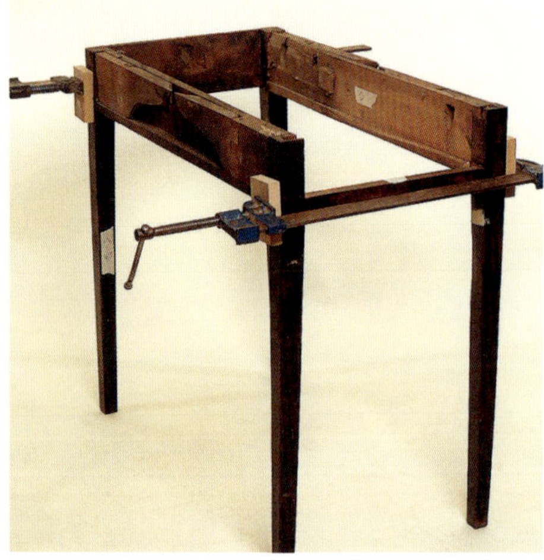

2 Nun leimen Sie die Tischzarge mit beiden Beinpaaren zusammen, unten am Schubladenende und am anderen Tischende am seitlichen Zargenbrett. Der Tisch muss auf einer glatten, ebenen Unterlage stehen. Messen Sie die Diagonalen, um die Rechtwinkligkeit zu überprüfen, und setzen Sie dann die Zwingen.

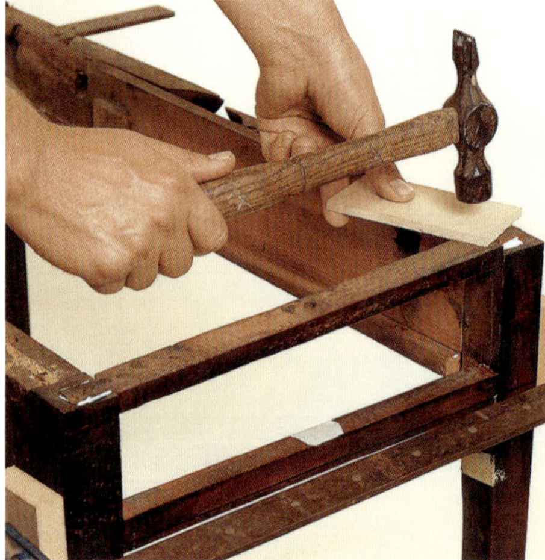

3 Die obere, durch Schwalbenschwanzverbindungen gesicherte Zarge wird jetzt angeleimt. Hämmern Sie die Schwalbenschwänze in ihre Schlitze; legen Sie dabei das Hartholzbrettchen unter. Hat der Tisch eine Nut- und Zapfenverbindung, so muss sie gleichzeitig unten am Zargenbrett eingepasst werden.

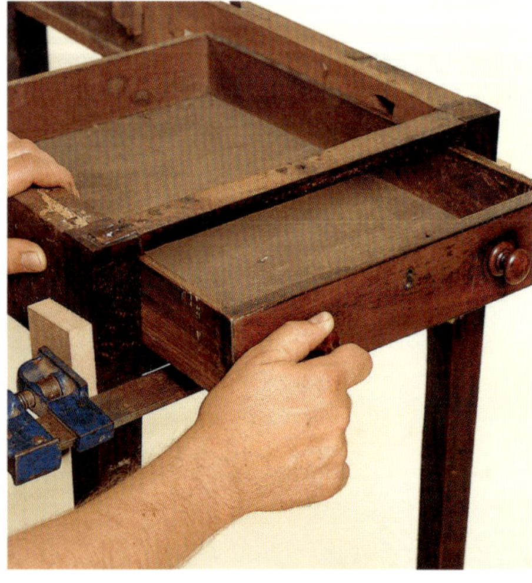

◁ **4** Setzen Sie die Schublade ein, bevor der Leim hart zu werden beginnt. So stellen Sie sicher, dass der Tisch rechteckig ist. Falls die Schublade klemmt oder reibt, müssen Sie nachbessern. Wenn der Leim über Nacht ausgehärtet ist, werden die Zwingen entfernt.

▷ **5** Unter der Tischplatte zeigte sich, dass die alten Schrauben herausgenommen worden waren, um das Scharnier an einer anderen Stelle anzubringen. Da die Platte nun wieder wie im Originalzustand montiert wird, können Sie diese Schraubenlöcher verschließen.

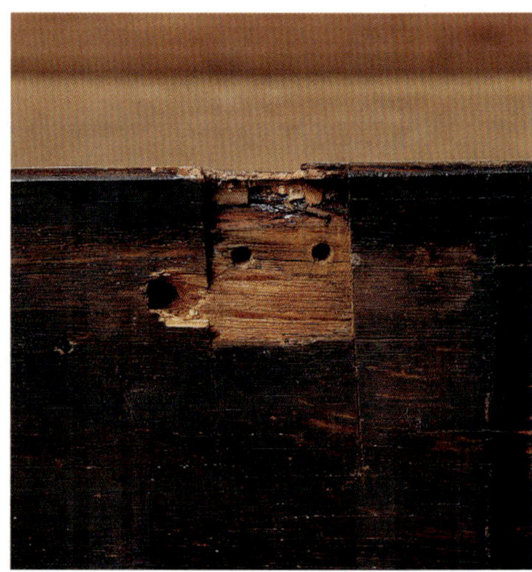

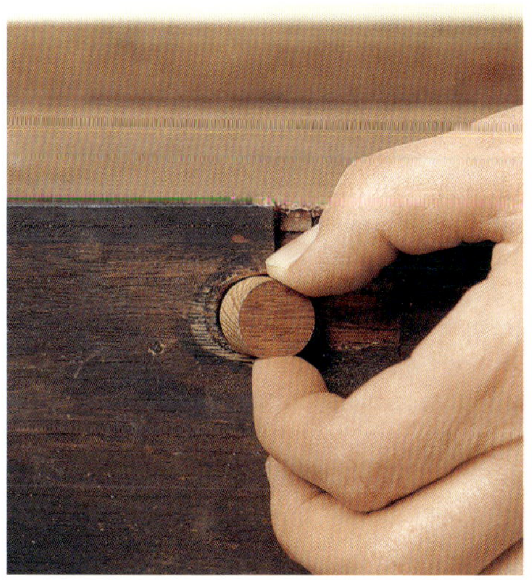

6 Vergrößern Sie die vorhandenen Löcher der Schrauben (s. S. 177, Schritte 1 und 2). Schnitzen Sie kleine Holzzapfen und leimen Sie sie hinein.

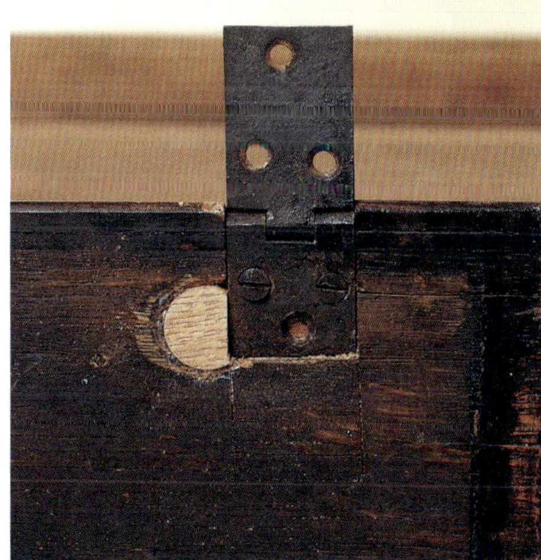

7 Nach dem Aushärten des Leims wird eventuell überstehendes Holz von den Zapfen mit dem Stecheisen entfernt. Anschließend werden die Stellen mit feinem Schleifpapier bearbeitet, bis die Unterseite des Tischs glatt und eben ist.

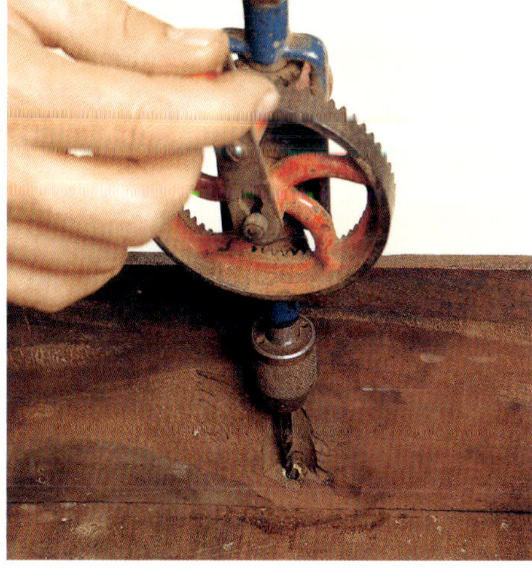

8 Drehen Sie die Platte um und legen Sie sie auf die abgedeckte Werkbank. Stellen Sie die Zarge in die richtige Position. Da die alten Löcher gefüllt worden sind, bohren Sie Löcher für die neuen Schrauben vor.

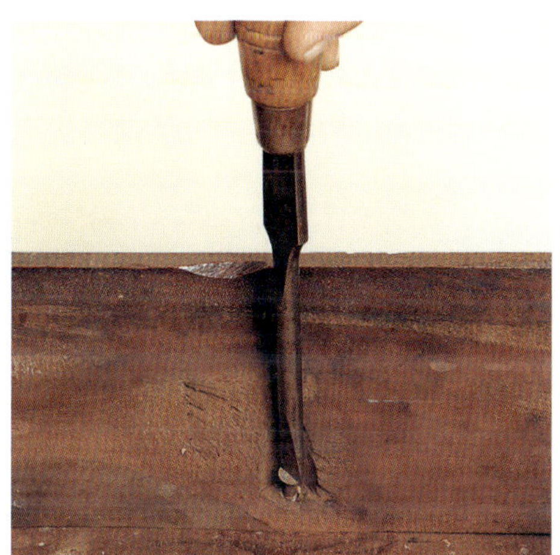

◁ **9** Wenn Sie die alten Schrauben weiter verwenden, schrauben Sie sie in die neuen Löcher. Bei neuen Schrauben vergewissern Sie sich, dass sie nicht zu lang sind, denn sie dürfen nicht durch die Tischplatte reichen und dort Spuren hinterlassen.

▷ **10** Die von den entfernten Metallscharnieren stammenden Schraubenlöcher werden mit einem Streichmesser mit Wachskitt in derselben Farbe wie das Mahagoni gefüllt.

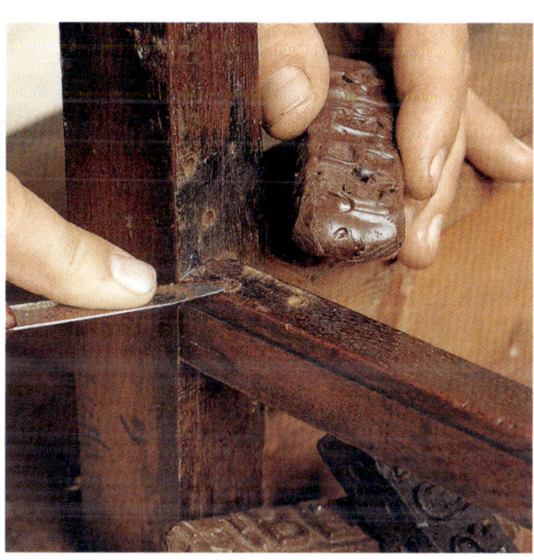

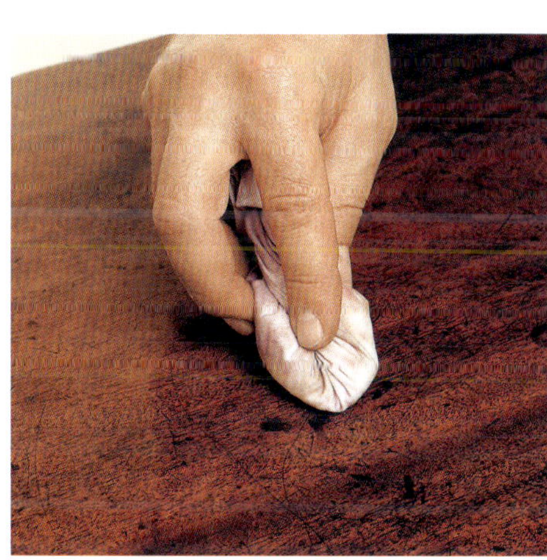

11 Gleichen Sie die Reparaturen mit farblich passender Beize an. Die Fläche wird dann mit Methylalkohol gereinigt, mit Politur behandelt und abschließend gewachst und mit einem weichen Tuch auspoliert.

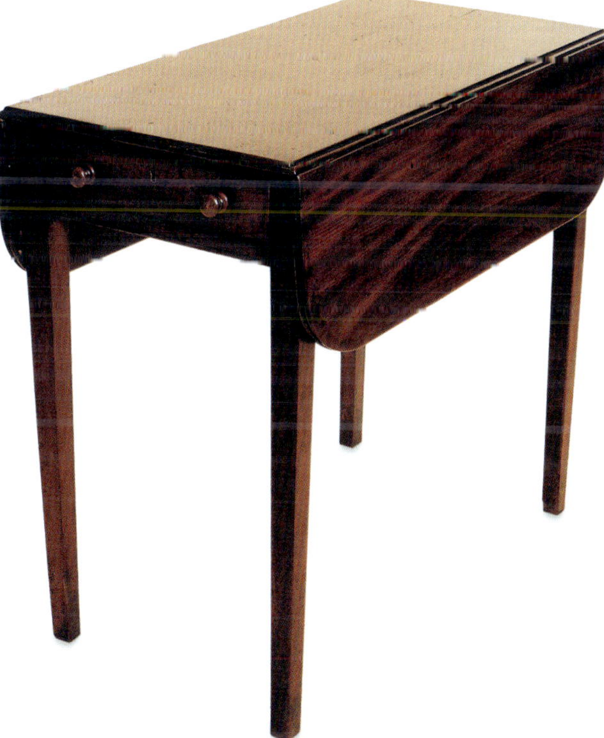

Wieder zusammengebaut und schön poliert, präsentiert sich der restaurierte Tisch in altem Glanz. Er wird noch viele Jahre seinen Dienst tun.

Schnitzwerk reparieren

Obwohl Möbel bereits im Mittelalter gelegentlich mit Schnitzereien verziert waren, sollte sich erst im 17. Jahrhundert eine Vorliebe für reiche Dekorationen ausbilden.

Eine wichtige Voraussetzung für das erfolgreiche Restaurieren von Schnitzwerk ist ähnlich gemasertes Holz. Es lohnt sich meist, ein Probestück anzufertigen, um sicherzugehen, dass das ausgewählte Holz geeignet ist. Hölzer mit ausgeprägter Maserung wird man eher reißen als schnitzen können, bei zu weichem oder fast bröckligem Holz lassen sich keine sauberen Kanten schnitzen.

Eine beschädigte Zierstrebe schnitzen

Im 17. und 18. Jahrhundert waren geschwungene und geschnitzte Tischbeine oft mit Zierstreben oder so genannten »Ohren« ausgestattet, die als separater Teil des Beins auch gesondert angebracht wurden. Daher kann es schon einmal passieren, dass sie abfallen und verloren gehen, wenn der Knochenleim brüchig wird.

Da an diesem Tisch die Zierstrebe eines geschwungenen Beins verloren ging, muss das Bein abmontiert und eine neue Stütze geschnitzt werden. Als Vorlage dient die Schnitzerei einer erhaltenen Zierstütze; das neu gefertigte Teil wird dann den anderen Beinen entsprechend gebeizt und poliert.

Material und Werkzeug

- Feinsäge
- kubanisches Mahagoni
- Schabhobel
- Knochenleim
- Ton zum Modellieren
- Hammer
- Kopiertinte
- Filzstift
- Schnitzwerkzeug
- Schraubendreher
- feine Pinsel
- Pottasche
- Politur
- Bimsmehl
- Baumwolllappen
- Polierballen
- Farbe
- feine Stahlwolle
- Wachs
- großer weicher Pinsel

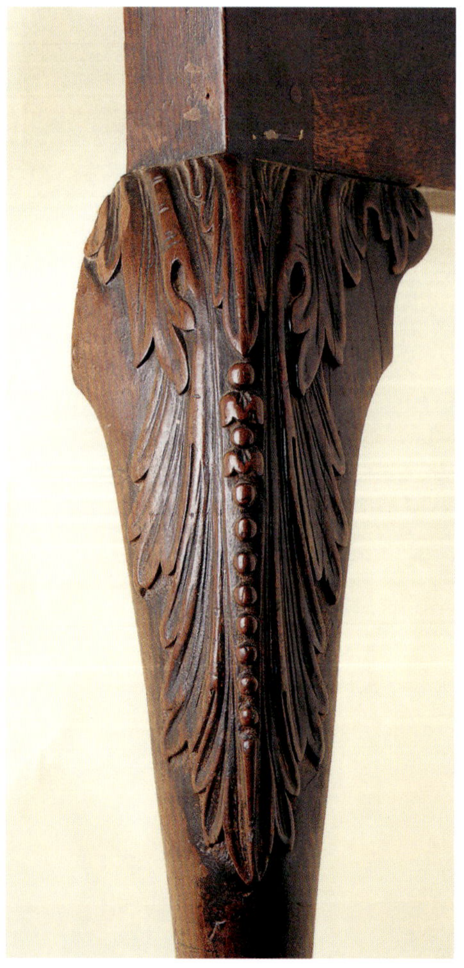

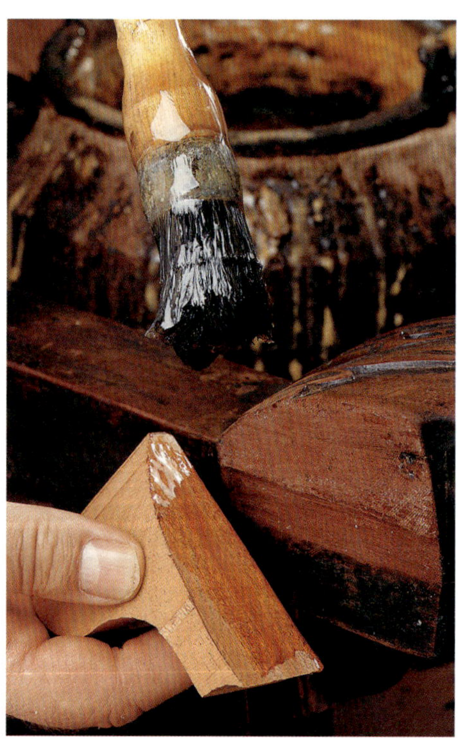

△ **1** Sägen Sie eine Zierstrebe aus kubanischem Mahagoni und formen Sie sie mit dem Schabhobel. Sie sollte der fehlenden Zierstütze gleichen, aber etwas größer sein, denn nur so lässt sich verhindern, dass sie nach dem Schnitzen zu klein ausfällt. Leimen Sie die Stütze an.

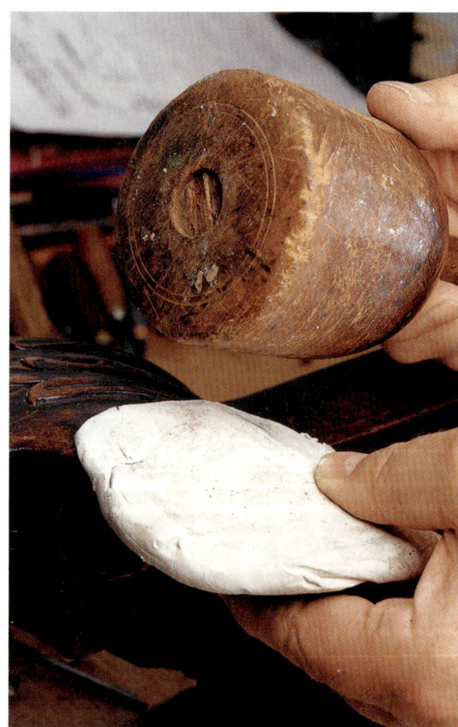

△ **2** Für das exakte Profil brauchen Sie einen Tonabdruck von der erhaltenen Zierstütze des anderen Beins. Drücken Sie den Ton leicht mit dem Holzhammer (Klüpfel) an und heben Sie ihn dann vorsichtig ab.

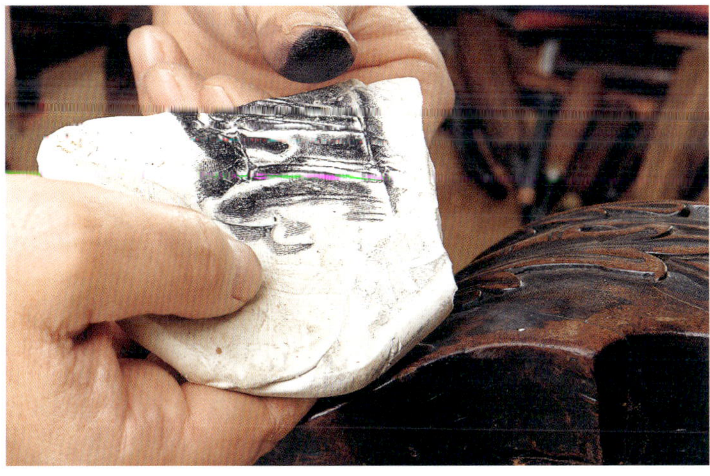

3 Drehen Sie den Tonabdruck um und verteilen Sie auf der Abdruckseite mit dem Daumen Kopiertinte. Dann legen Sie den Abdruck vorsichtig auf die neue Strebe, um die Umrisse der Schnitzerei auf das Holz zu übertragen.

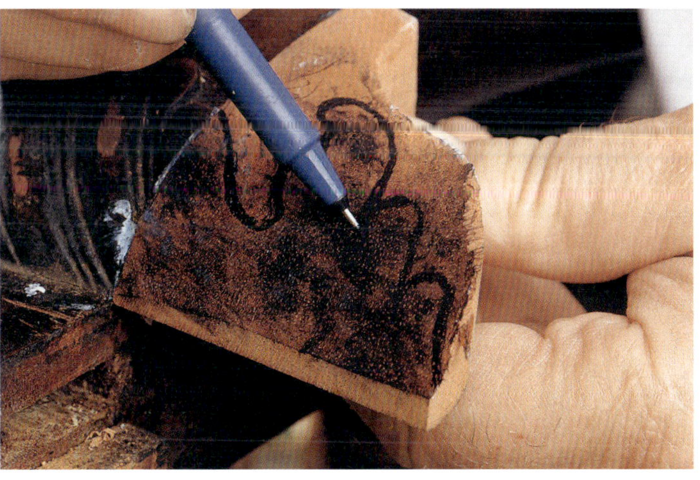

4 Entfernen Sie den Ton und verstärken Sie die Linien des Abdrucks mit einem Filzstift. Achten Sie darauf, dass die Übergänge zur erhaltenen Schnitzerei der Stütze ohne Bruch verlaufen.

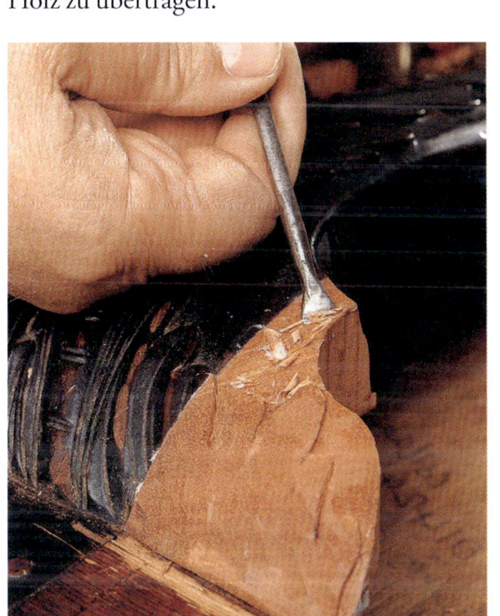

◁ 5 Nachdem die Linien der Schnitzerei markiert sind, schaben Sie den Grund mit einem angeschliffenen Hohlbeitel aus; das Ornament bleibt erhaben stehen.

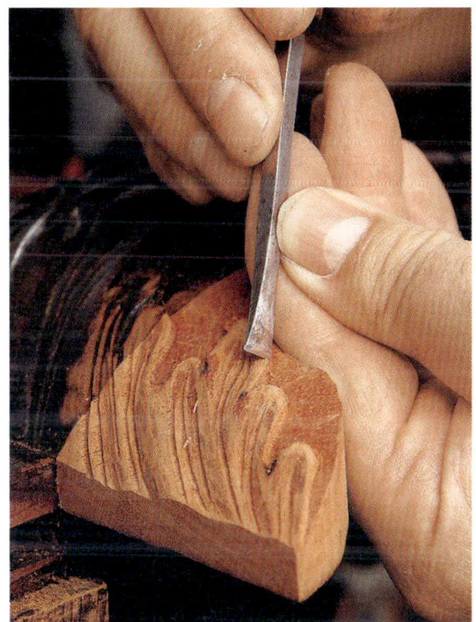

◁ 6 Nachdem die groben Konturen der Schnitzerei umrissen sind, können Sie das Relief im Detail mit dem Aderschneider oder Schnitzmesser ausarbeiten. Die Schnitzerei muss nicht gesäubert werden, da das messerscharfe Werkzeug für eine perfekte Konturierung sorgt.

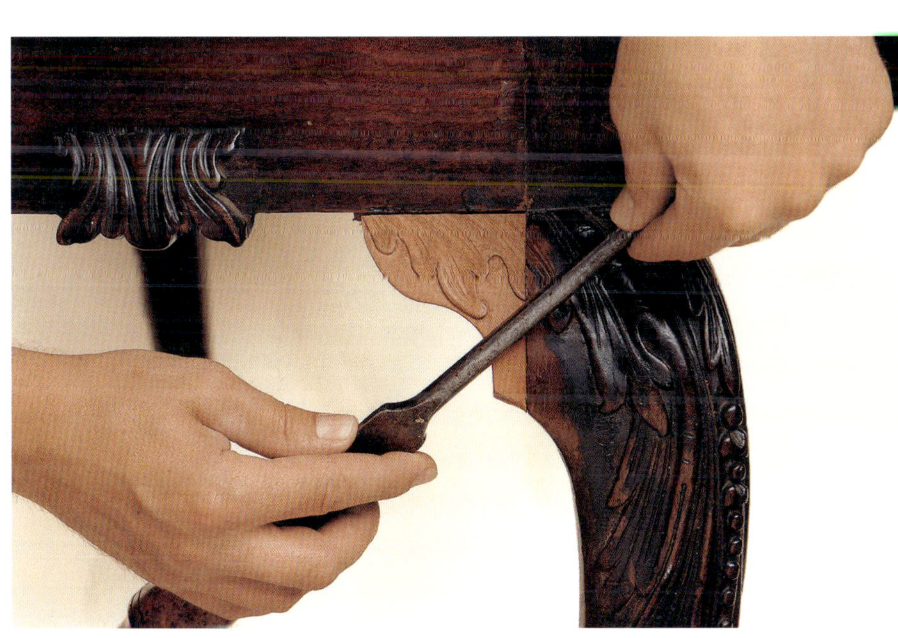

◁ 7 Montieren Sie die beiden geschwungenen Beine wieder an der Tischplatte und glätten Sie scharfe Kanten mit dem Schaft des Schraubendrehers oder einem ähnlichen Werkzeug.

▷

Eine beschädigte Zierstrebe schnitzen … Fortsetzung

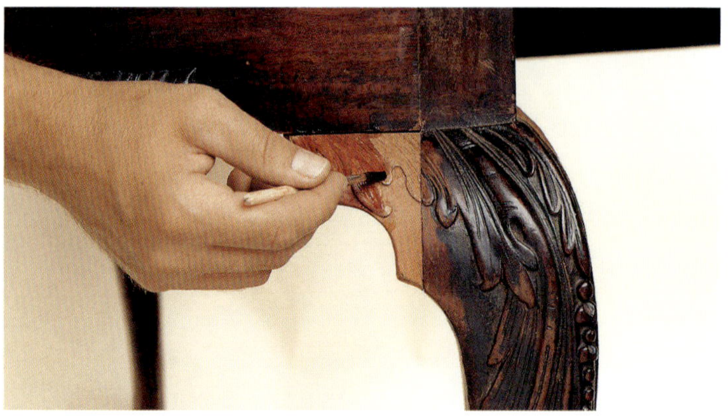

8 Mahagoni, von Natur aus rot, nimmt mit den Jahren eine bräunliche Tönung an. Um diese Patinierung nachzuahmen, verwenden Sie Pottasche, die als chemische Beize auf das Tannin im Holz reagiert und den gewünschten Braunton ergibt.

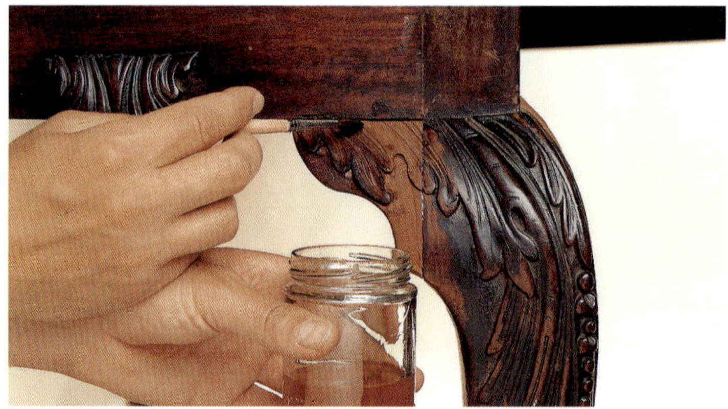

9 Tragen Sie die Politur gleichmäßig mit dem Pinsel auf. Da nur die Fasern gefüllt werden sollen, verstreichen Sie die Politur sparsam, damit keine Streifen und Tropfspuren entstehen.

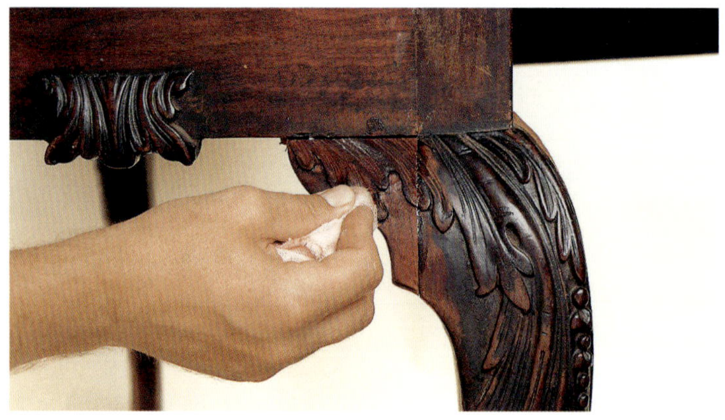

10 Tränken Sie einen Baumwolllappen mit Politur und streuen Sie etwas feines Bimsmehl darauf. Reiben Sie diese Mischung in die Fasern. Arbeiten Sie an den Kanten und den erhabenen Stellen vorsichtig, damit das Holz nicht durchscheint.

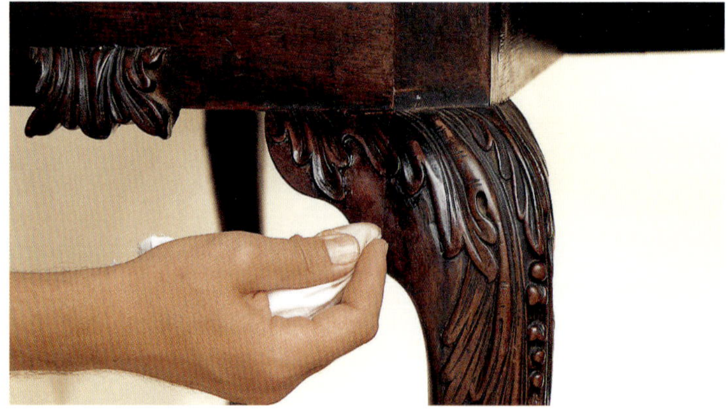

11 Sind die Fasern gefüllt, wird mit dem Polierballen weitere Politur aufgetragen, die mit etwas Farbe vermischt ist, damit der Farbton der Zierstrebe sich demjenigen des Beins anpasst (s. S. 66–67).

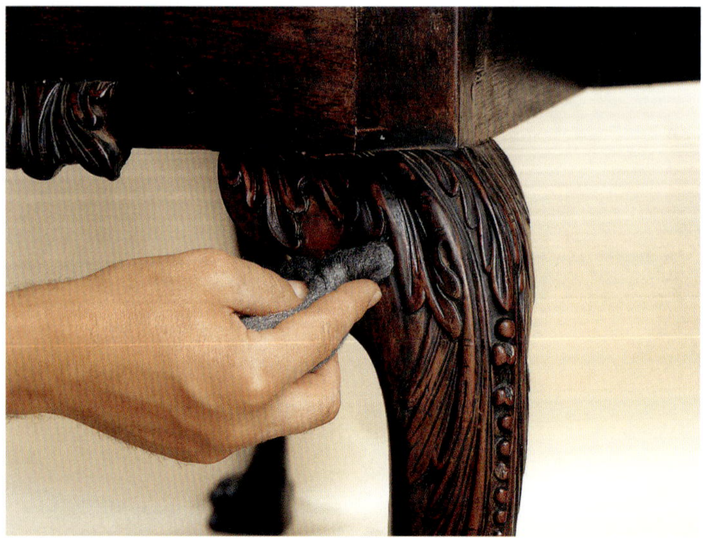

12 Nach dem Aushärten der Politur wird die Zierstrebe mit feiner Stahlwolle abgerieben und anschließend gewachst (s. S. 68).

Nachdem die Zierstrebe gewachst und poliert ist, lässt sie sich vom Original kaum noch unterscheiden. Es lohnt sich, die neue Strebe mit der alten zu vergleichen, um Patina und Altersspuren der Oberfläche anzugleichen. Übertreiben Sie dabei aber nicht, denn die neue Strebe sollte nicht wie eine Fälschung aussehen.

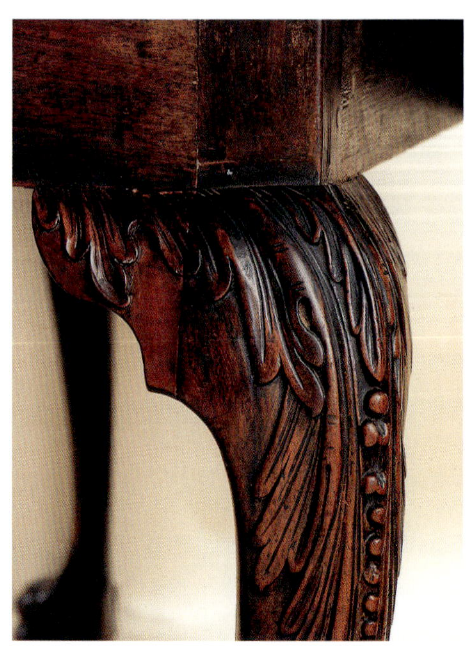

Kleinere Teile schnitzen

Wir haben eben gezeigt, wie man ein größeres fehlendes Stück einer Schnitzerei ersetzt. Wenn es aber darum geht, nur Details zu ersetzen, wird mit einer ganz anderen Technik gearbeitet: Hier werden die fehlenden Partien unmittelbar am Original nachgeschnitzt und entsprechend modelliert. Da sie nahtlos in die vorhandene Schnitzerei übergehen sollten, können sie nicht vorher geschnitzt und dann aufgeleimt werden. Bei dieser Konsole mit geschnitztem Laubwerk fehlten etliche Blätter.

Material und Werkzeug

- Mahagoni
- Stichsäge mit dünnem Sägeblatt
- Knochenleim
- Schnitzwerkzeug
- feine Pinsel
- Beize
- Politur

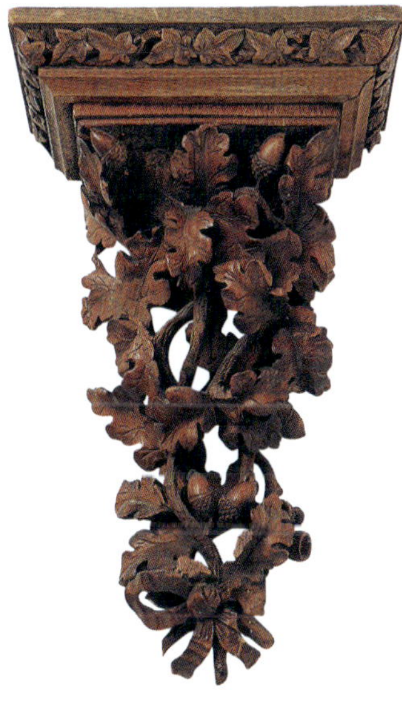

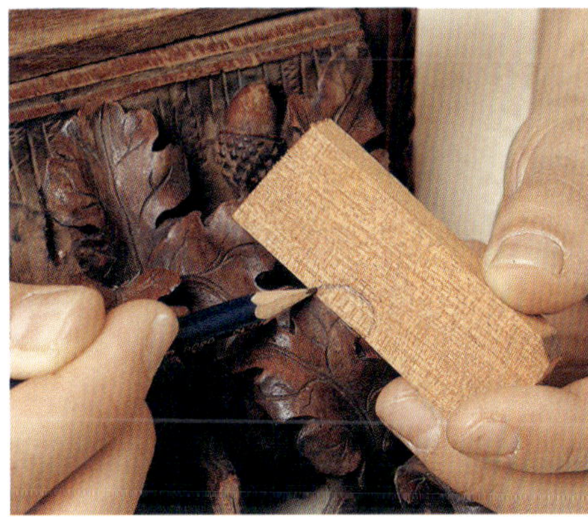

1 Halten Sie ein neues Stück Mahagoni an eine der fehlenden Stellen und skizzieren Sie die Form grob mit Bleistift.

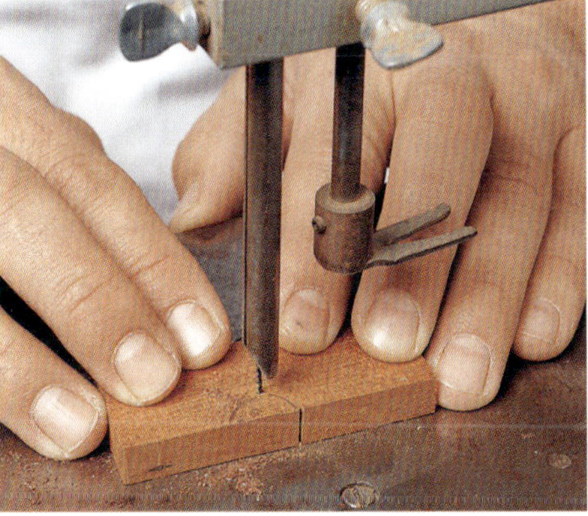

2 Sägen Sie ein Stück Holz mit der Stichsäge in annähernder Größe zu. Bereiten Sie dann das Holz für die anderen fehlenden Details ebenso vor.

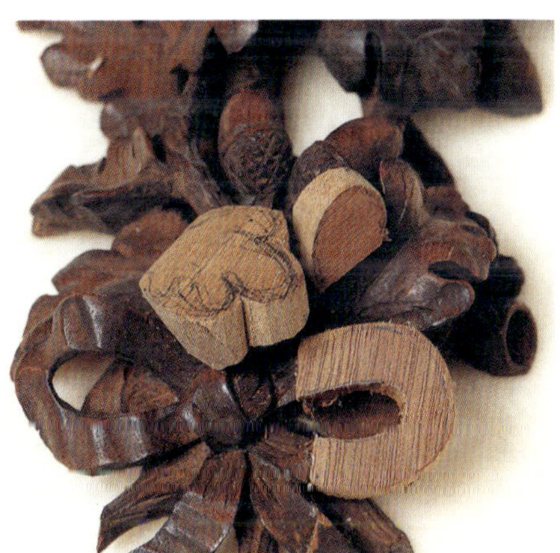

◁ **3** Leimen Sie die Stücke in die vorhandene Schnitzerei und lassen Sie den Leim aushärten. Skizzieren Sie die ungefähre Form. Dabei müssen Sie weitgehend nach Augenmaß arbeiten.

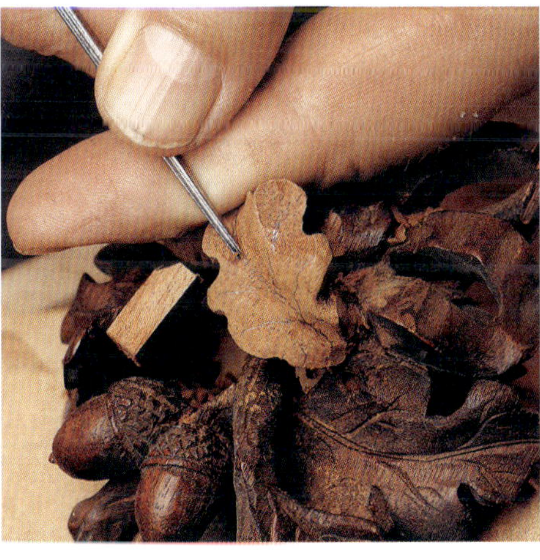

◁ **4** Nachdem Sie grob vorgearbeitet haben, schnitzen Sie die fehlenden Formen und Muster. Arbeiten Sie immer nur mit messerscharfem Werkzeug, um zu verhindern, dass die neuen Teile abbrechen und wieder angeleimt werden müssen. Schnitzen Sie zum Schluss die feinen Details.

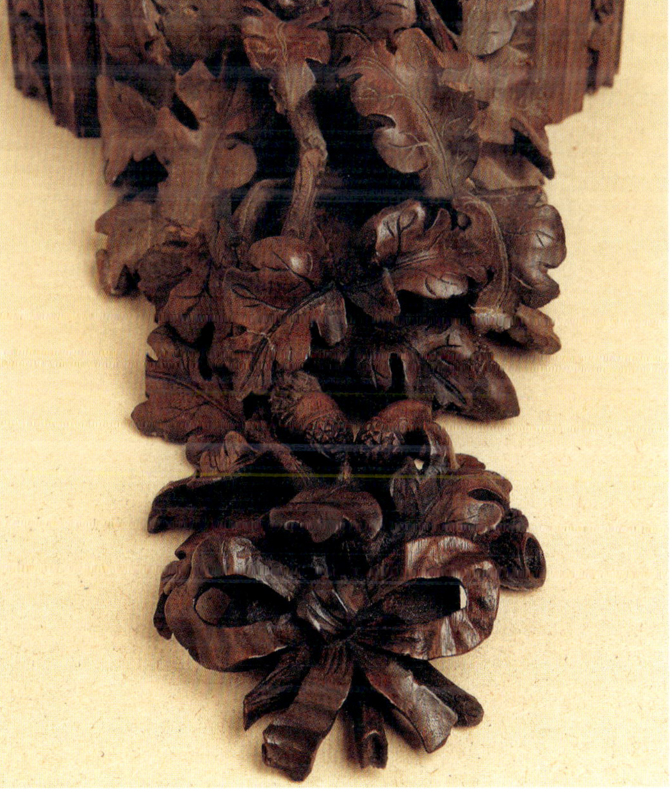

Nach dem Schnitzen müssen die neuen Teile durch entsprechendes Beizen und Polieren dem Original angepasst werden. Das Relief erfordert den Einsatz feiner Pinsel.

Tischplatten reparieren

Da Tischplatten mehr als alle anderen Teile des Tischs strapaziert werden, gibt es hier immer wieder Kratzer, Dellen oder Flecken. Die Restaurierung solcher Schäden wird im Abschnitt »Restaurieren beschädigter Oberflächen« (S. 54–55) eingehend erklärt. Es kommt aber auch vor, dass sich Platten verziehen, dekorative Kanten können splittern oder beschädigt werden. Mit der richtigen Restaurierungsmethode lassen sich aber alle diese Mängel beheben und der ursprüngliche Zustand einer beschädigten Tischplatte wieder herstellen.

Eine beschädigte Tischkante restaurieren

Dieser Dreifußtisch oder Tripod stammt aus georgianischer Zeit und ist aus kubanischem Mahagoni gefertigt. Da ein Teil der dekorativen Umrandung abgebrochen ist, muss ein neues Stück Holz zugeschnitten, eingepasst und dann angeleimt werden, bevor es im passenden Farbton gebeizt und poliert wird. Mit dieser Methode lassen sich auch die teilweise mit Schnitzwerk versehenen profilierten Kanten der Piecrust-Tische reparieren, die für den Stil Chippendales so typisch sind.

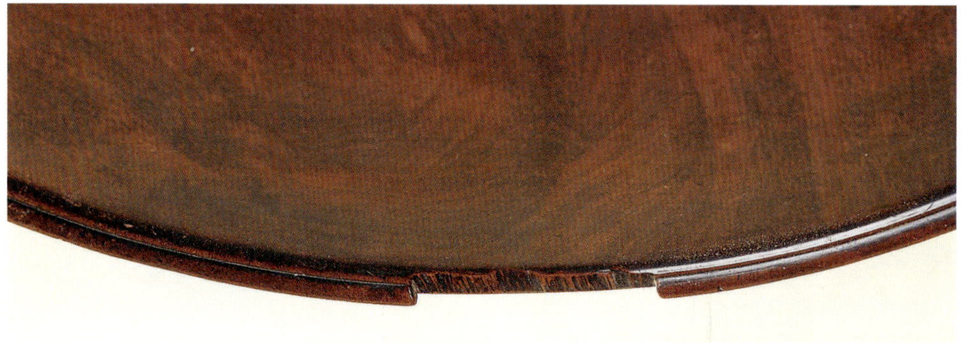

Material und Werkzeug

- Schraubendreher
- Mahagoni
- Stichsäge
- Fein- oder Zapfensäge
- Stecheisen
- Bleistift
- PVA-Leim
- Federspange
- Hobel
- Schnitzwerkzeug
- Schabhobel
- feines Schleifpapier
- Pinsel
- Beize
- Polierballen
- Politur

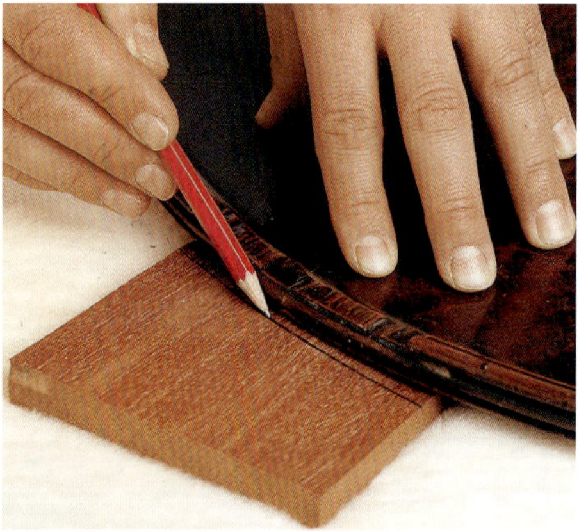

◁ **1** Drehen Sie alle Schrauben heraus, lösen Sie den Tisch von der Zarge (s. S. 162) und legen Sie die Platte umgekehrt auf eine abgedeckte Arbeitsfläche. Legen Sie ein Stück Mahagoni, etwas breiter als die dekorative Umrandung, unter die Platte und zeichnen Sie darauf die Rundung der Tischkante ein. Verschieben Sie das Mahagonistück um etwas mehr als die Breite der Kante nach außen und ziehen Sie eine zweite geschwungene Linie.

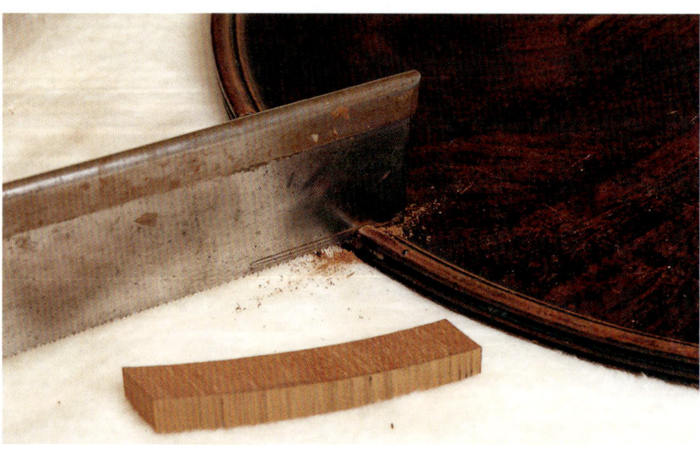

2 Sägen Sie das Mahagonistück entlang der Bleistiftlinien mit einer Stichsäge aus, dann drehen Sie die Tischplatte wieder auf die rechte Seite. Sägen Sie den beschädigten Rand mit der Fein- oder Zapfensäge sauber aus.

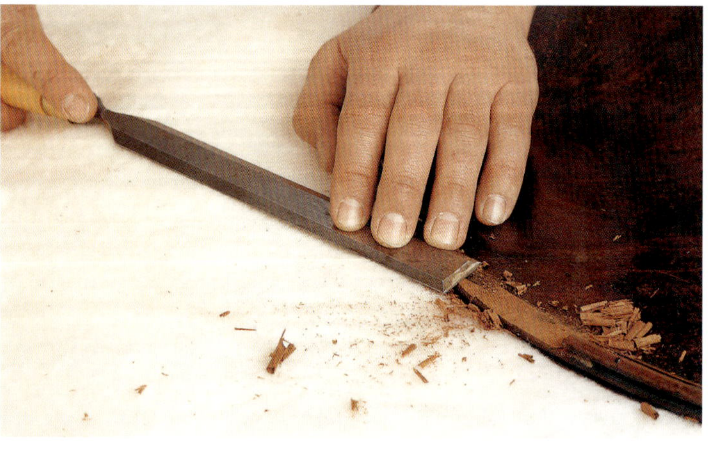

3 Entfernen Sie das beschädigte Holz unter dem Ausschnitt mit dem Stecheisen. Die Oberfläche sollte glatt und eben sein.

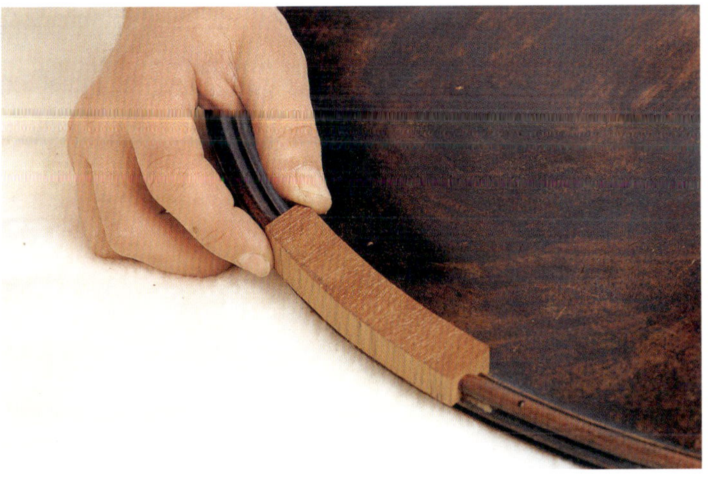

4 Prüfen Sie, ob das ausgesägte Mahagonistück an die vorgesehene Stelle passt, leimen Sie es auf und sichern Sie es mit der Federspange (s. S. 215). Lassen Sie es trocknen, bevor Sie die Federspange entfernen.

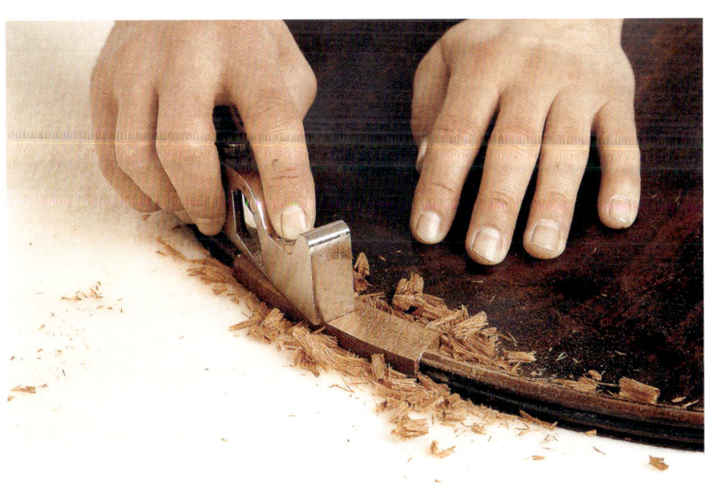

5 Hobeln Sie das Mahagonistück ab, bis es bündig mit der Kante ist. Arbeiten Sie vorsichtig, damit die Platte nicht beschädigt wird.

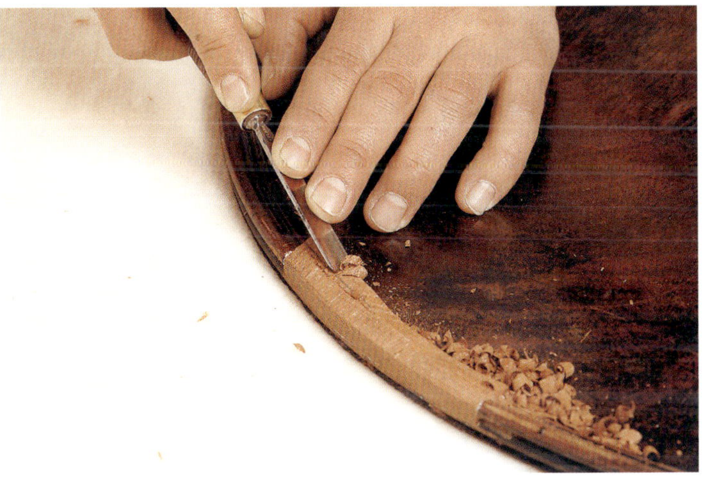

6 Formen Sie den inneren Rand der Wölbung auf der Platte mit einem geeigneten Schnitzmesser. Achten Sie auch hier darauf, das Mahagoni nicht zu beschädigen.

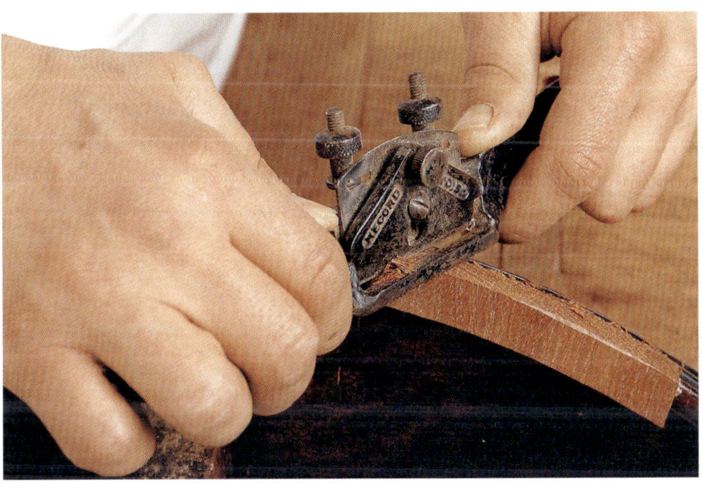

7 Verwenden Sie für die Rundung der Kante einen Schabhobel, mit dem Sie besser modellieren können als mit einem Hobel.

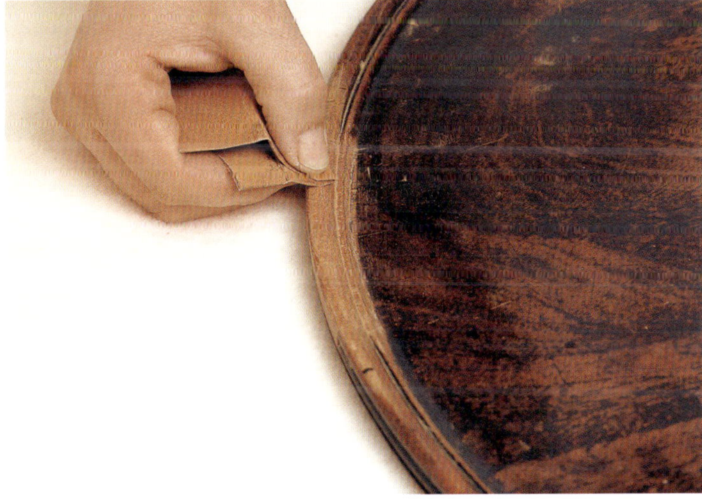

8 Glätten Sie die fertige Leiste mit einem kleinen Stück feinem Schleifpapier, das Sie halbieren und nur zwischen Daumen und Zeigefinger halten, um exakt arbeiten zu können.

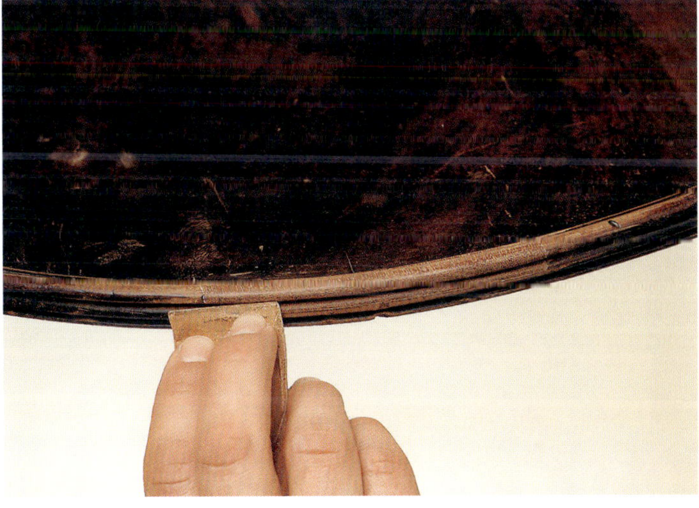

Nachdem Sie die Wölbung der Randleiste sauber geschmirgelt haben, beizen (s. S. 69) und polieren (s. S. 66–67) Sie das neu eingesetzte Teil; es sollten keine Spuren der Restaurierung erkennbar sein.

Eine Gegenprofilverbindung reparieren

Klapptische haben oft Lappenscharniere mit Gegenprofilanschlag, konkaven Profilen, die in konvexe passen, ohne dass ein Spalt dazwischen entsteht. Sie ermöglichen das Aufklappen des Tischblatts und sorgen für einen sicheren Halt entlang der gesamten Länge. Wenn man diese Platte unsachgemäß anhebt, kann das Scharnier ausreißen und der Spalt so groß werden, dass man ihn sieht.

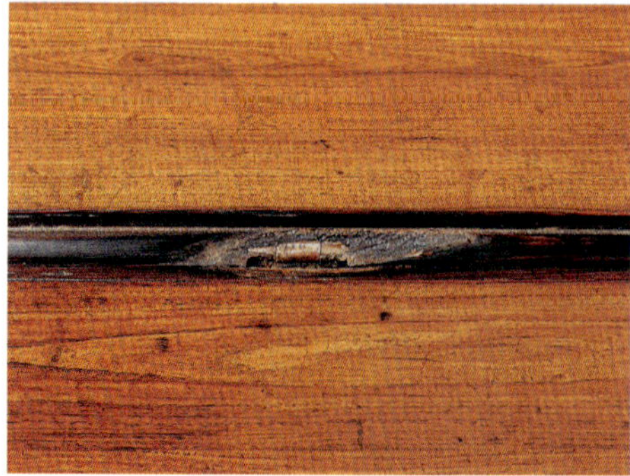

Material und Werkzeug

- Feinsäge
- Mahagoni
- PVA-Leim
- Federspange
- Stecheisen
- feines Schleifpapier
- feiner Pinsel
- Beize

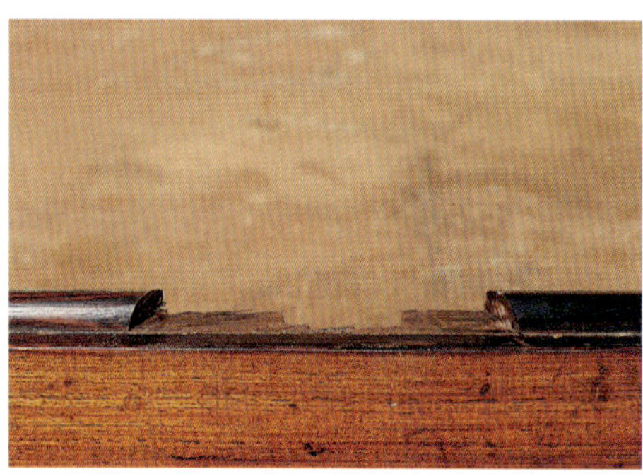

1 Entfernen Sie die beschädigten Teile des Profils mit der Feinsäge. Sägen Sie die Enden in einem Winkel, der die Reparatur nach dem Polieren möglichst verbirgt.

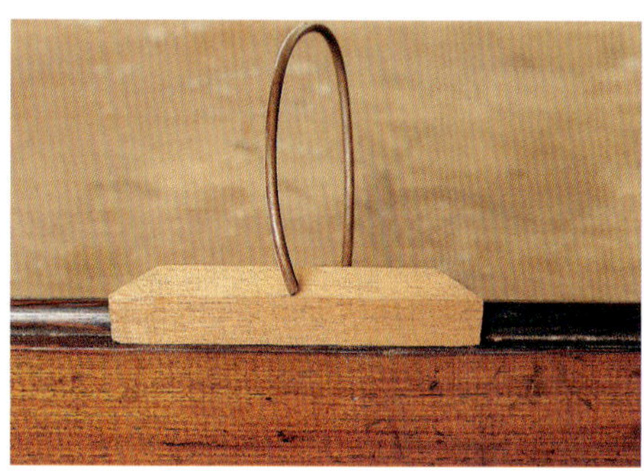

2 Sägen Sie ein Mahagonistück in passender Länge und etwas breiter als die Lücke zu und leimen Sie es ein. Lassen Sie es in der Federspange (s. S. 215) trocknen, die ideal für kleinere Reparaturen ist. Entfernen Sie die Spange.

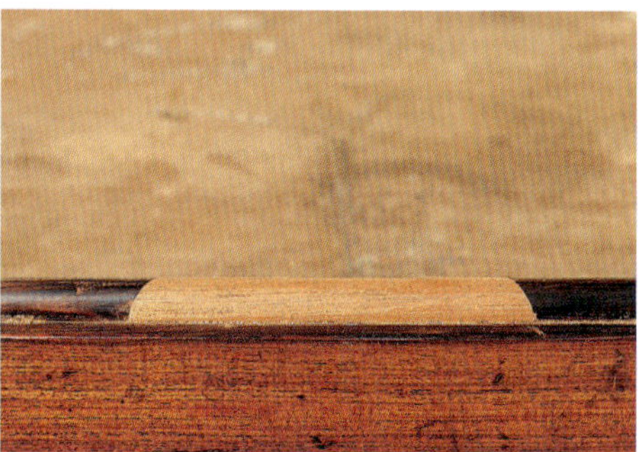

3 Modellieren Sie das Holz mit dem Stecheisen und feinem Schleifpapier – es sollte genau der Linie der Verbindung folgen, da sich die Klappe später sonst nicht richtig öffnen lässt. Zum Schluss wird das Holz farblich passend gebeizt.

Beschädigte Schrauben herausbohren

Die Abbildung unten zeigt ein Problem, das immer wieder auftritt: Die Schrauben am Klappenscharnier eines Spieltischs wurden abgefeilt, um die Schlitze zu entfernen. Die Klappe muss also neu justiert werden, was allerdings nur möglich ist, wenn die Schraubenköpfe ausgebohrt und beide Scharniere herausgenommen werden.

Material und Werkzeug

- Zentrierkörner
- Hammer
- Bohrmaschine
- Metallbohreinsatz
- Nadelbackenzange
- kubanisches Mahagoni
- PVA-Leim
- Stecheisen
- Schraubendreher

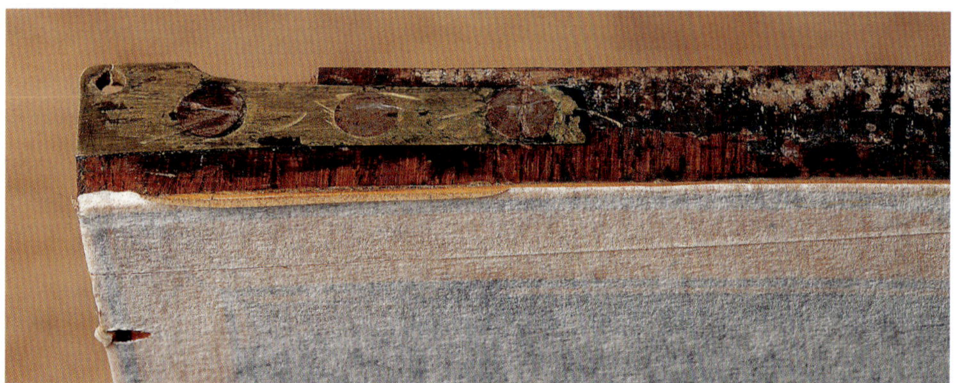

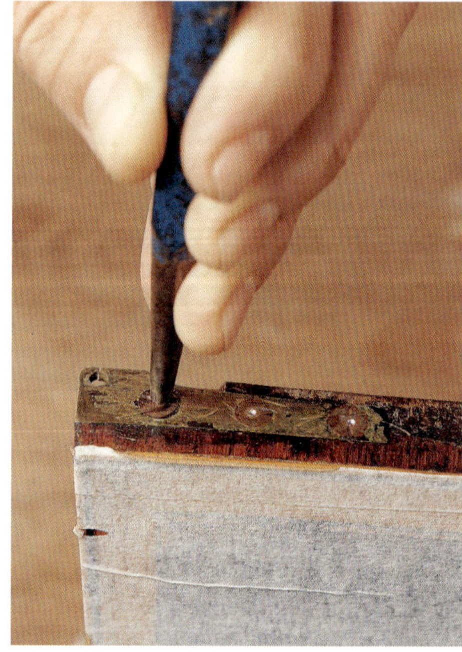

△ **1** Ein Zentrierkörner wird in die Mitte eines jeden Schraubenkopfs geschlagen.

▷ **2** Bohren Sie die Schraubenköpfe heraus, passen Sie dabei aber auf, dass die Löcher im Scharnier nicht noch größer werden als sie bereits sind. In diese versenkten Löcher setzen Sie die Ersatzschrauben, wenn das Scharnier wieder befestigt wird.

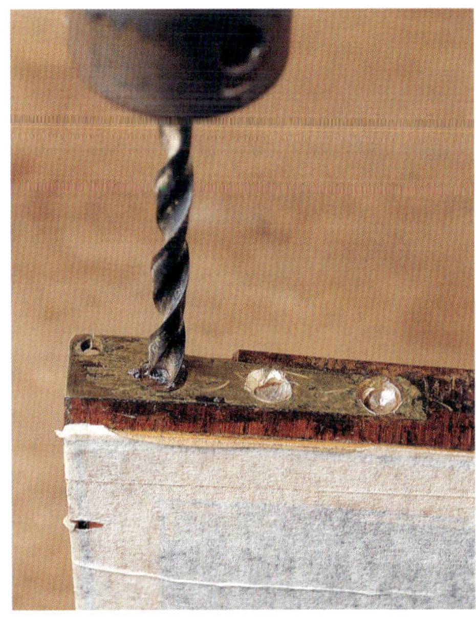

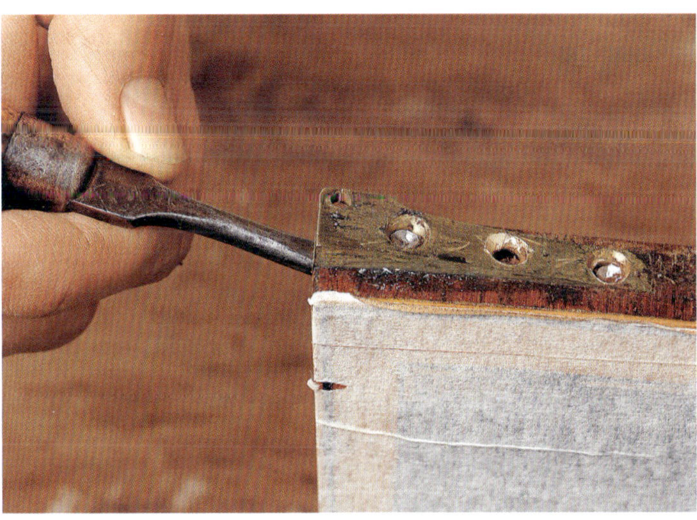

3 Lösen Sie das Scharnier vorsichtig mit einem kleinen Schraubendreher; die Lappen sollten sich nicht verbiegen.

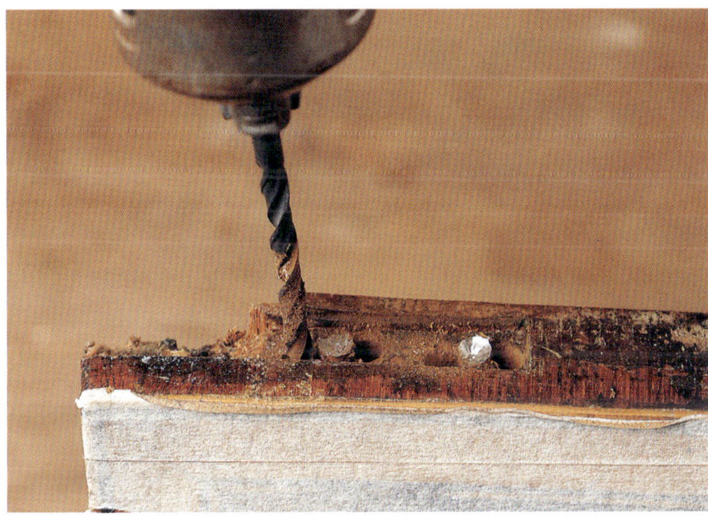

4 Nach Entfernen des Scharniers sehen Sie die Schraubenschäfte, die noch im Holz der Tischkante stecken. Bohren Sie so dicht wie möglich an beiden Seiten der Schäfte kleine Löcher.

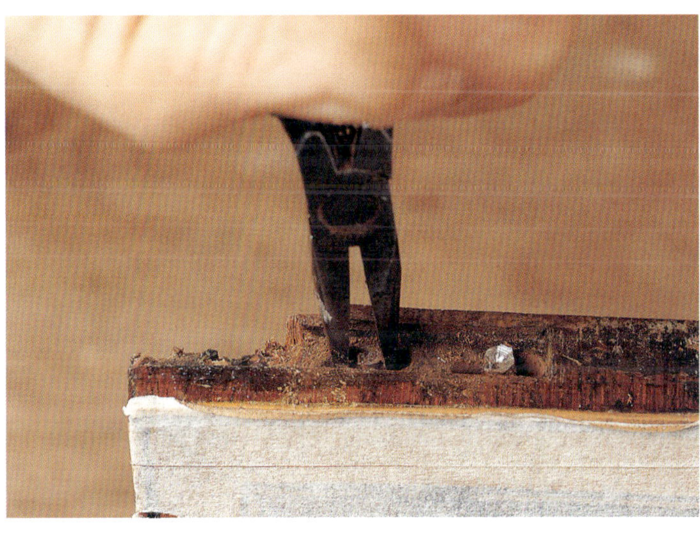

5 Greifen Sie mit der Nadelbackenzange in die eben gebohrten Löcher und ziehen Sie nach und nach alle Schrauben heraus.

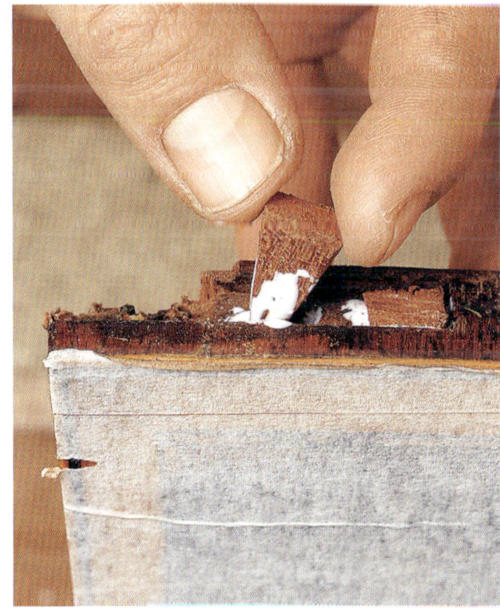

◁ **6** Die Löcher müssen wieder gefüllt werden, bevor die neuen Schrauben eingefügt werden. Schneiden Sie kleine Pflöcke aus kubanischem Mahagoni und leimen Sie sie hinein. Überstehendes Holz wird mit dem Stecheisen entfernt.

Rechts: *Nach der Reparatur können die Scharniere wieder angebracht werden.*

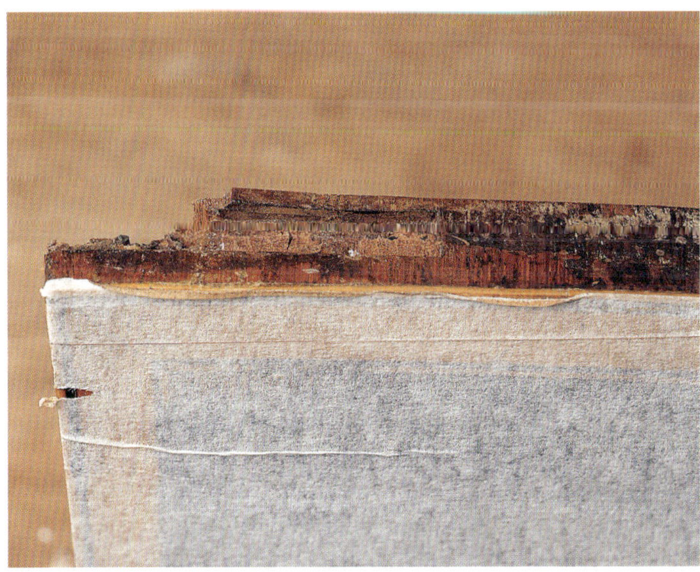

Gitterwerk reparieren

Die Abbildung zeigt die Schäden an der durchbrochenen Galerie eines um 1760 entstandenen georgianischen Silbertischs. Auf solchen Tischen präsentierte man im Salon einst das silberne Teeservice. Die eleganten Tische besaßen oft Galerien aus durchbrochenem Gitterwerk, die zur Verstärkung aus drei Furnierschichten gearbeitet waren.

An der Galerie dieses Silbertischs sind einige Stücke herausgebrochen und verloren gegangen. Die erhaltenen Stücke werden wieder angeleimt, für die fehlenden muss Ersatz angefertigt und eingefügt werden.

Material und Werkzeug

- Kraftkleber
- Papier
- Holzlatte
- Zulagen
- Bügelschraubzwingen
- kubanisches Mahagoni
- Bandsäge
- Zahnhobel
- Harnstoffharzleim
- Farbpigment
- Pinsel
- Hammer
- Furnierstifte
- Zange
- Hobel
- Bohrmaschine
- Holzbohreinsatz
- Laubsäge mit feinem Sägeblatt
- langes Stecheisen (Bankeisen)
- Pinzette
- feine Feile
- Spiritusbeize
- Politur

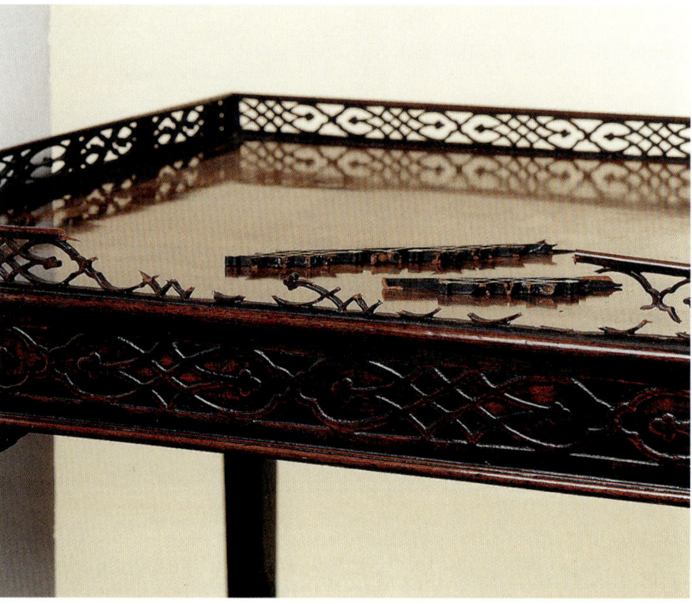

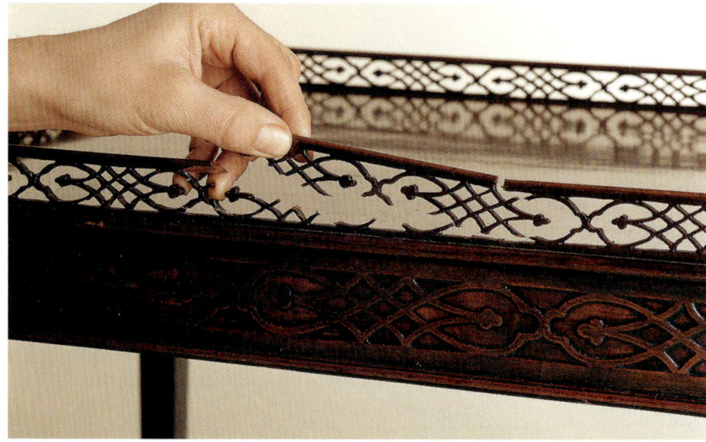

△ **1** Leimen Sie zuerst alle erhaltenen Stücke an. Da Kraftkleber schnell härtet, haften die integrierten Stücke im Nu in der richtigen Position.

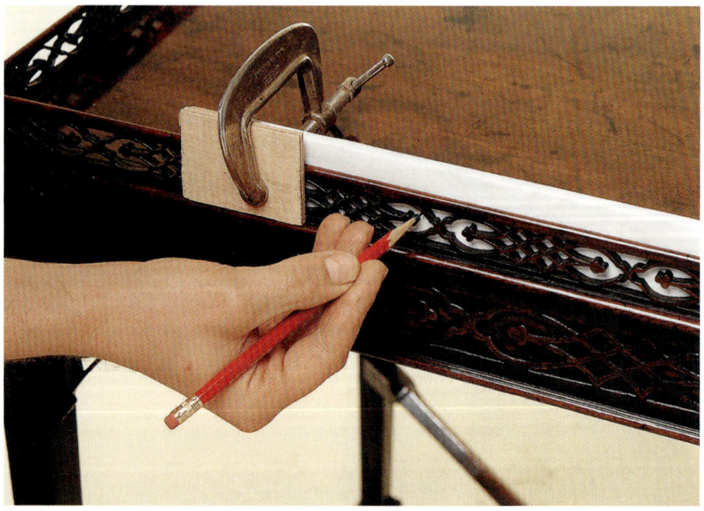

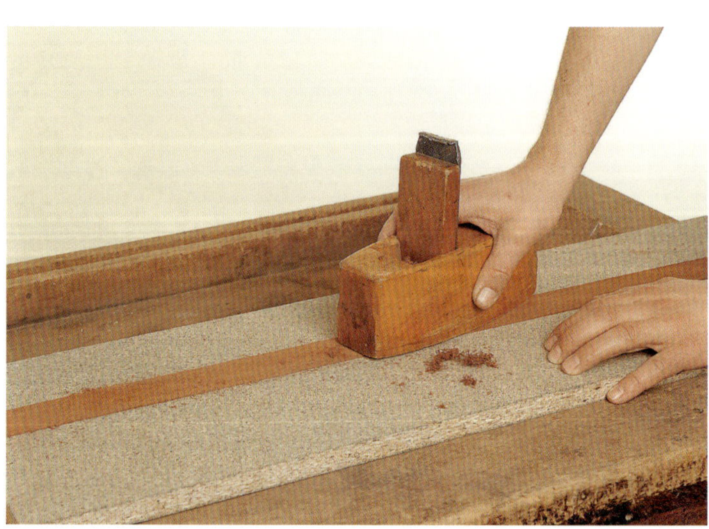

2 Wickeln Sie einen Streifen Papier um eine Latte, die Sie mit Bügelschraubzwingen und Zulagen an der Galerie fixieren. Zeichnen Sie darauf die Umrisse der fehlenden Ornamente sorgfältig nach, dann entfernen Sie Zwinge, Zulagen und Papier.

3 Sägen Sie mit der Bandsäge drei Mahagonistreifen in etwa der Länge des fehlenden Gitterwerks. Rauen Sie sie mit dem Schabhobel an, zwei nur einseitig, den dritten auf beiden Seiten – Sie verbessern dadurch die Haftfähigkeit des Holzes beim Zusammenleimen.

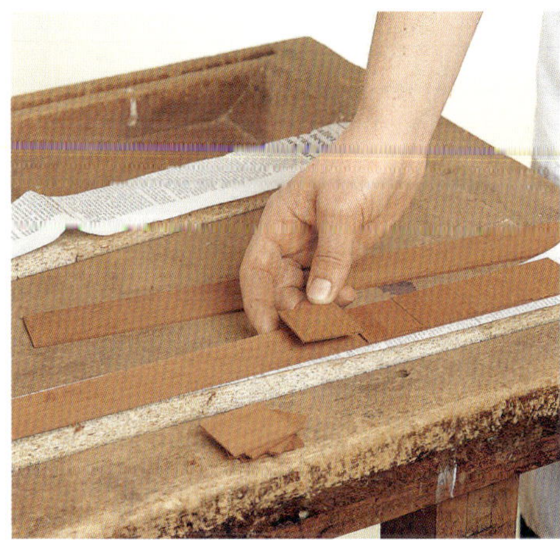

4 Sägen Sie einen Mahagonistreifen in mehrere gleich lange Stücke – sie sollten in der Breite den anderen Streifen entsprechen und als Trägerholz zur Verstärkung des neuen Galeriestücks beitragen.

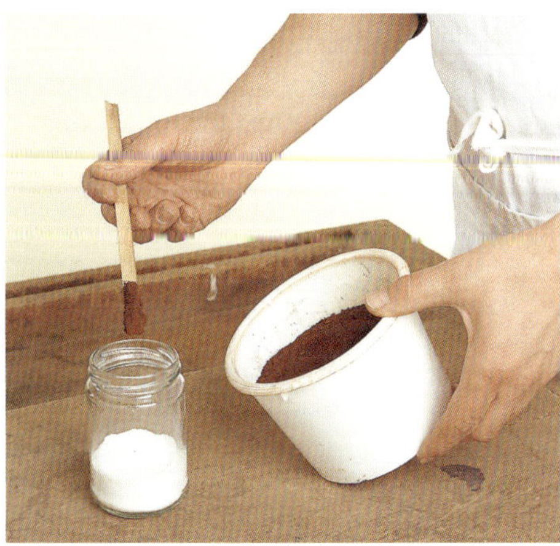

5 Da der für diese Arbeit gut geeignete Harnstoffharzleim (s. S. 39) eine weiße Linie hinterlassen kann, fügen Sie etwas Farbpigment bei, bevor Sie ihn mit Wasser anmischen.

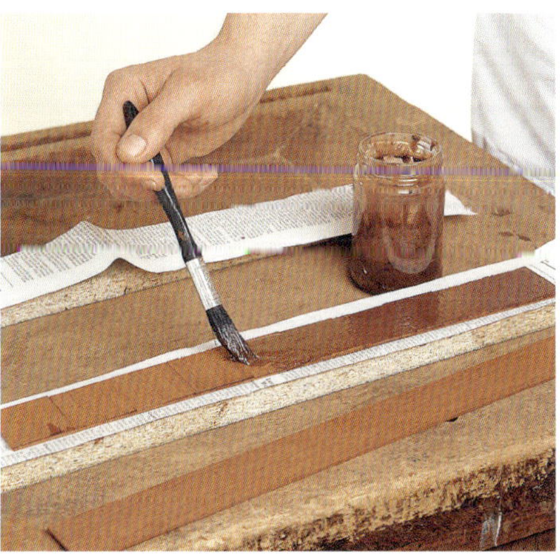

6 Bestreichen Sie die abgehobelte Seite eines Mahagoni-Streifens mit Leim und legen Sie dann die anderen, ebenfalls mit Leim bestrichenen Streifen als zweite Schicht darauf.

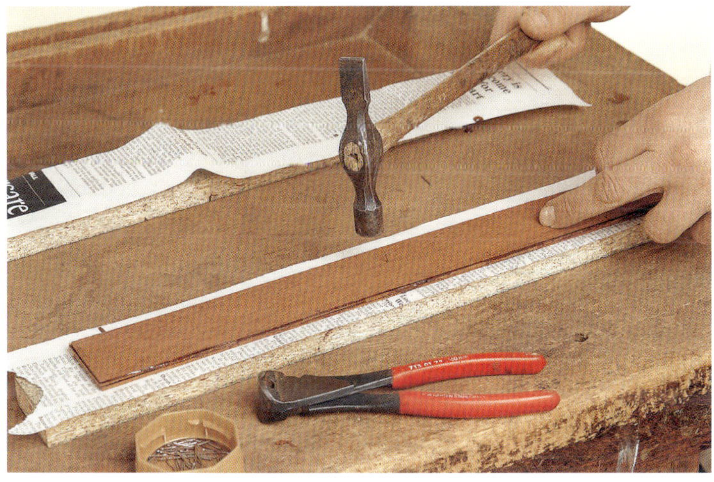

7 Leimen Sie den zweiten Streifen mit der gehobelten Seite nach unten auf. Schlagen Sie zwei bis drei Furnierstifte ein, damit die Streifen in der Zwinge nicht verrutschen.

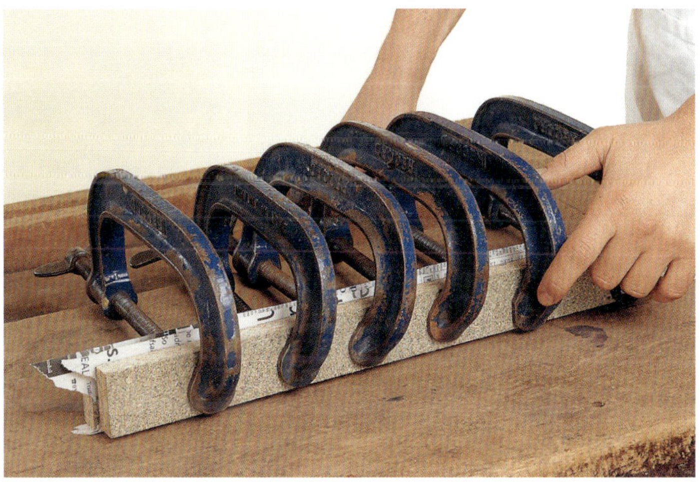

8 Legen Sie Papierstreifen auf beide Seiten des Mahagonis und bringen Sie die Zwingen an. Das Papier sorgt dafür, dass nichts verklebt. Lassen Sie alles mit Zulagen unter gleichmäßigem Druck über die ganze Länge trocknen.

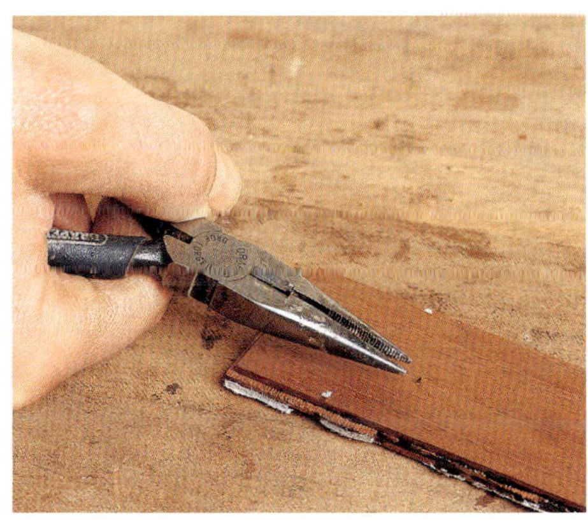

9 Entfernen Sie Zwingen und Zulagen und ziehen Sie die Stifte mit der Zange heraus – Sie könnten sonst das Sägeblatt beschädigen.

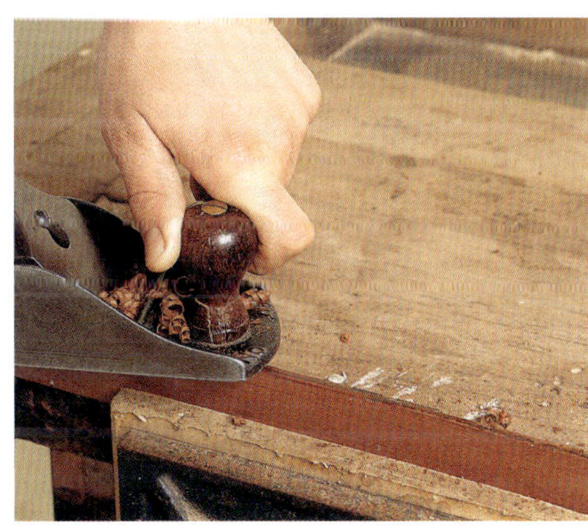

10 Spannen Sie die Galerie in den Schraubstock und hobeln Sie den Rand mit dem Schlichthobel glatt.

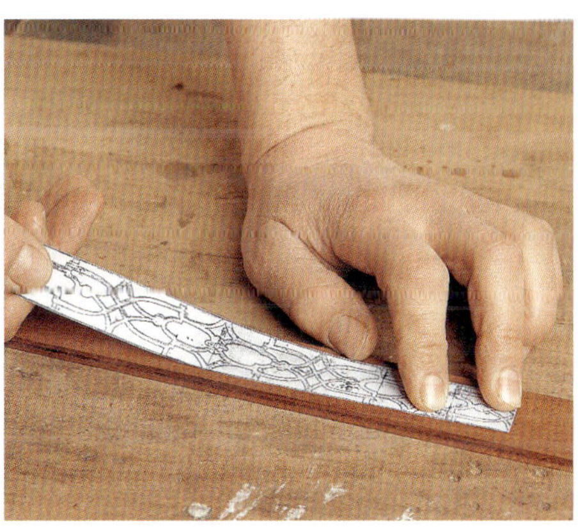

11 Nachdem die Schichten haften, kleben Sie das Papiermuster (s. Schritt 2) auf.

▷

Gitterwerk reparieren … Fortsetzung

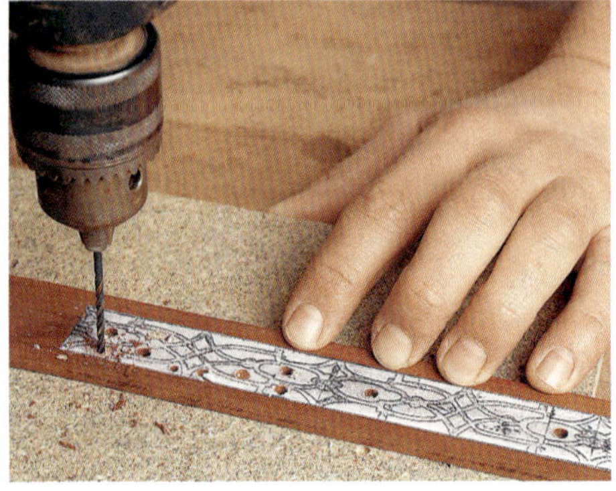

12 Um die Laubsäge einführen zu können, bohren Sie Löcher in die Teile, die ausgesägt werden sollen.

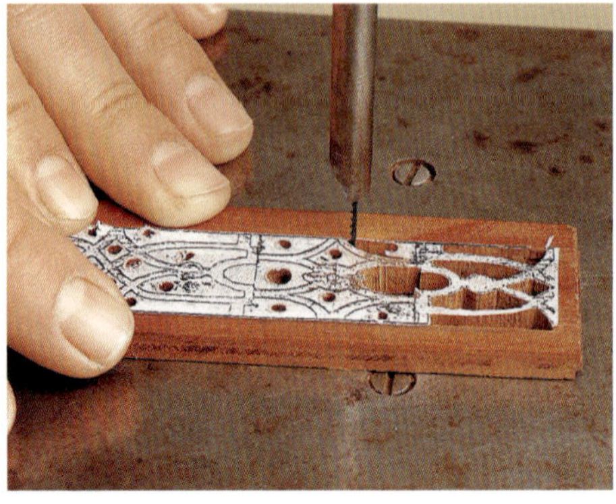

13 Mit einem feinen Sägeblatt wird das Muster des offenen Gitterwerks ausgesägt. Arbeiten Sie vorsichtig, damit bereits ausgesägte Teile nicht beschädigt werden. Kratzen Sie die Reste des Papiermusters ab.

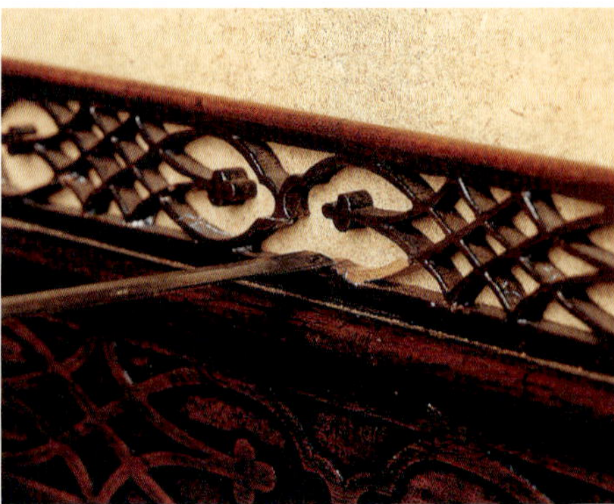

14 Bevor Sie das restaurierte Gitterwerk anbringen, entfernen Sie kleine Splitter und Späne mit einem scharfen Bankeisen. Legen Sie dabei eine Holzzulage als Schutz hinter das empfindliche Gitter.

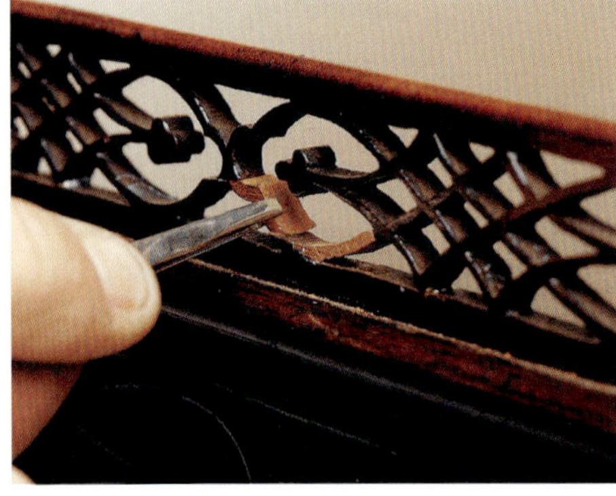

15 Sägen Sie mit der Laubsäge Teile aus dem neuen Gitterwerk aus, fügen Sie sie in die Lücken der Galerie und leimen Sie sie sorgfältig ein.

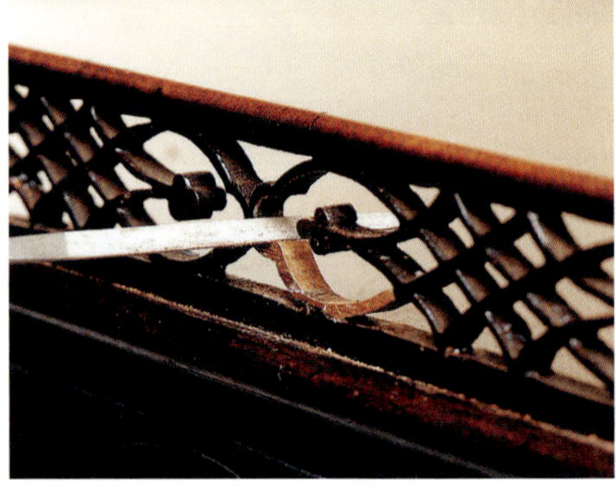

16 Glätten Sie die Anschlussstellen zwischen alten und neuen Galerieteilen mit einer feinen Feile. Achten Sie dabei darauf, die Form nicht zu verändern.

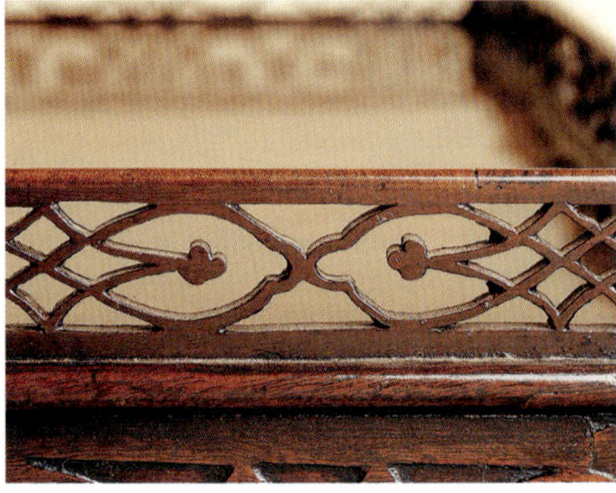

17 Ergänzen Sie nach und nach alle Stücke. Zum Schluss werden die neuen Teile passend gebeizt und poliert.

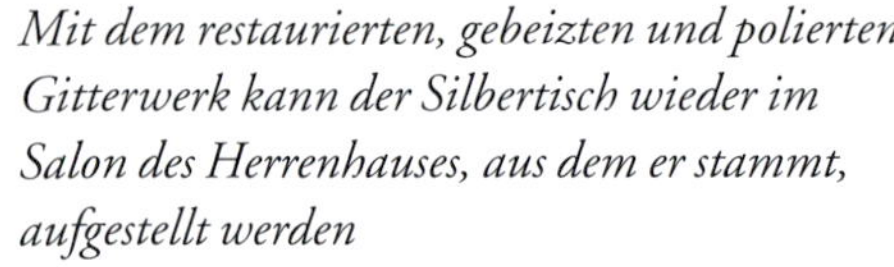

Mit dem restaurierten, gebeizten und polierten Gitterwerk kann der Silbertisch wieder im Salon des Herrenhauses, aus dem er stammt, aufgestellt werden

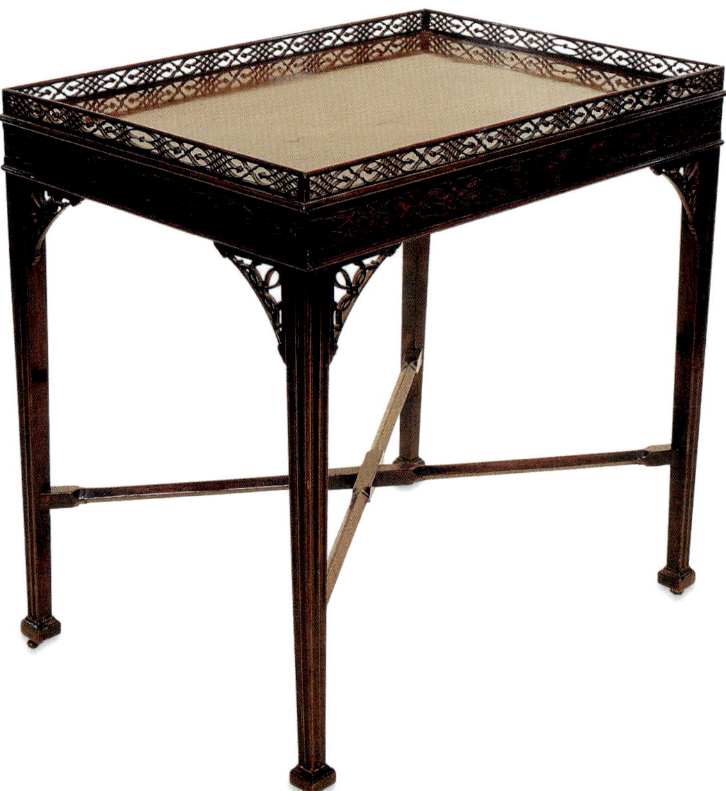

Schraubenlöcher füllen

Es gibt Möbelstücke, die im Lauf der Jahre bereits mehrmals repariert wurden, sei es, dass zusätzliche Scharniere oder auch Verstärkungen angebracht wurden. Wenn beim Restaurieren die Schrauben entfernt werden, bleiben die Löcher zurück, die sich aber mit Holzdübeln zum Glück leicht wieder schließen lassen.

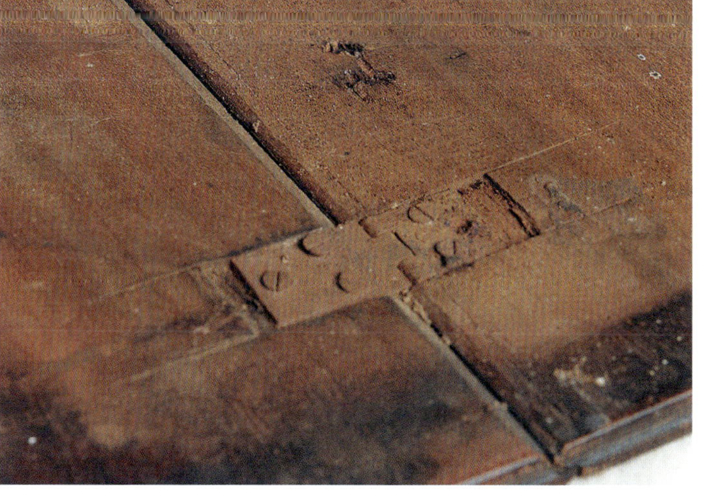

Material und Werkzeug

- Abdeckband
- Bohrmaschine
- Stufenbohrer
- Scheiben-schneider
- Holz
- PVA-Leim
- Stecheisen
- feines Schleifpapier
- Pinsel
- Beize

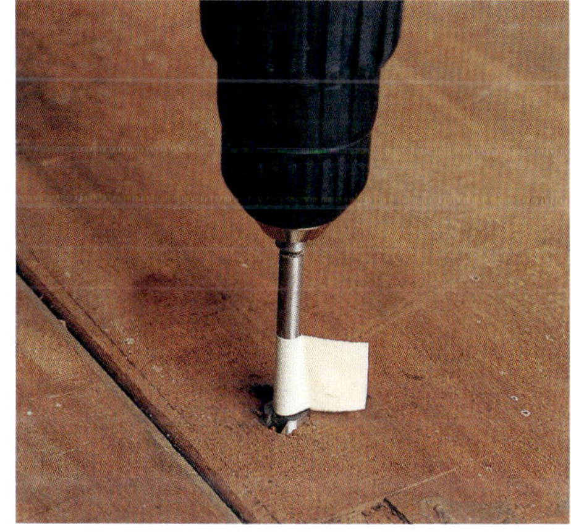

1 Markieren Sie die erforderliche Tiefe des Lochs am Bohreinsatz mit Abdeckband (s. Tipp). Dann bohren Sie ein Loch, das etwas größer als das alte ist.

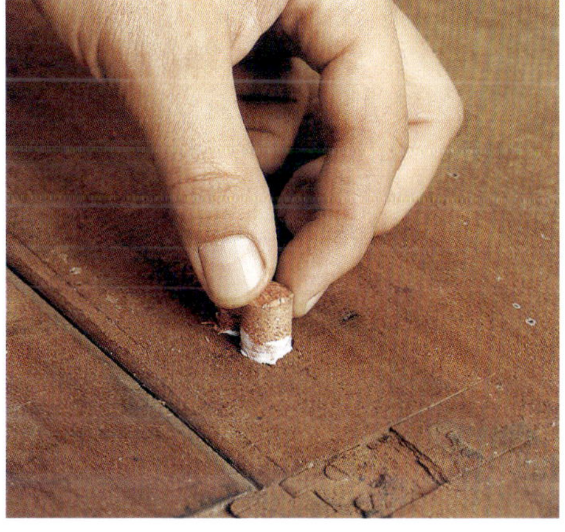

2 Fertigen Sie aus passendem Holz mit einem Scheibenschneider einen Dübel, der etwas länger als das auszufüllende Loch ist; leimen Sie ihn ein.

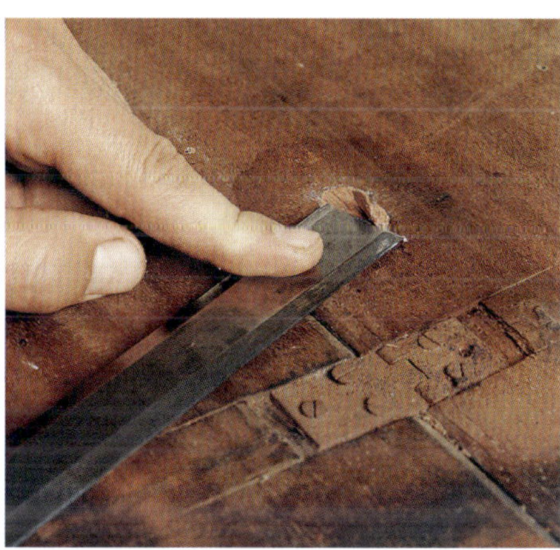

3 Wenn der Leim gehärtet ist, entfernen Sie das überstehende Holz mit einem scharfen Stecheisen und schmirgeln die Fläche glatt.

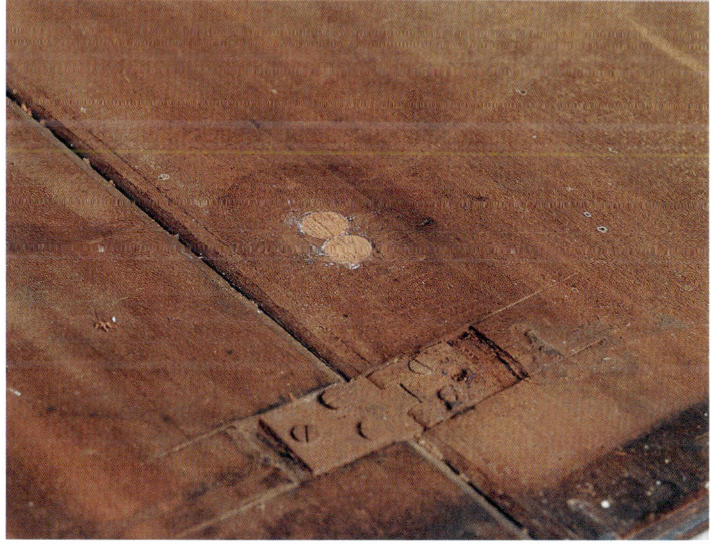

Nach der Reparatur wird die Fläche gebeizt.

Tipp

Da Sie nicht das ganze Holz durchbohren wollen, müssen Sie wissen, wie tief Sie bohren können. Schätzen Sie die Tiefe, indem Sie den Bohrer gegen das Holz halten, und markieren Sie diese Länge am Bohreinsatz mit Abdeckband. Hören Sie mit dem Bohren auf, wenn das Abdeckband die Oberfläche berührt. So bleibt das Loch an der anderen Seite unsichtbar.

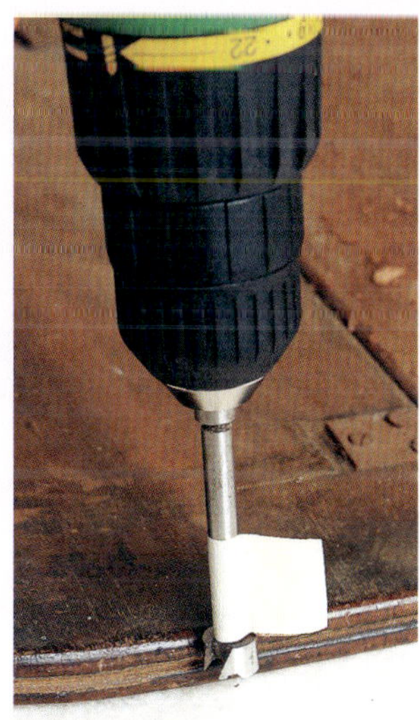

Einen verzogenen Kartentisch reparieren

Die Ursache von verzogenen Tischplatten ist meist zu trockene Raumluft. Die Blätter von furnierten Kartentischen und anderen Klapptischen sind aus zwei Gründen besonders gefährdet: Zum einen müssen sie um der besseren Handhabung willen relativ leicht sein, zum anderen sind sie »freistehend« und lediglich durch die Scharniere mit dem Tisch verbunden.

Material und Werkzeug

- Messer mit breiter, flacher Klinge
- Schraubendreher
- Abdeckband, 5 cm breit
- wattiertes Packpapier
- Baumwolllappen
- Bügeleisen
- Pappe
- Ziehklinge
- Streichmaß
- Spanplatte
- Säge
- Nadelholz
- Bohrmaschine
- Holzbohreinsatz
- Schrauben für Spanplatten
- MDF-Platte
- Oberfräse
- Hohlbeitel
- Putzhobel
- Stichsäge
- feines Schleifpapier
- PVA-Leim
- große Holzstücke
- Schraubzwingen
- Polierballen
- Schellackpolitur
- Porenfüller
- Boi
- Teppichmesser
- Zackenrädchen

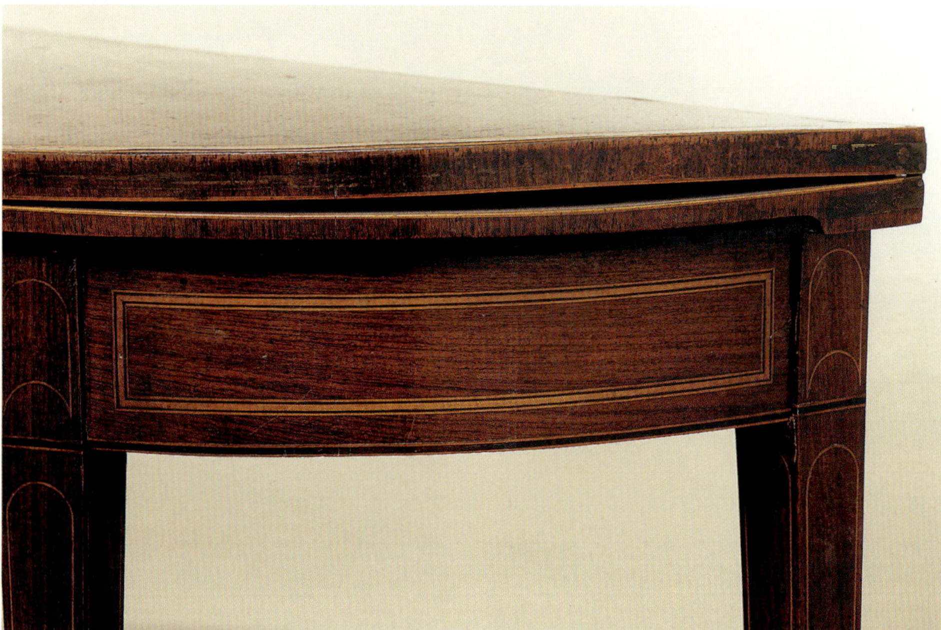

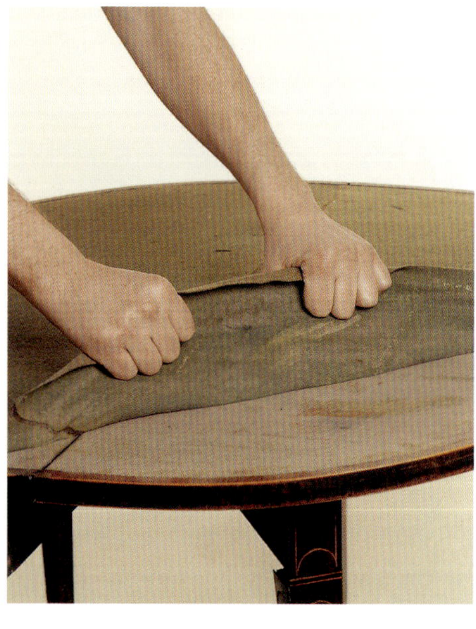

1 Lösen Sie die Boi-Bespannung mit dem Messer von der Platte. Fassen Sie den Stoff fest mit beiden Händen und entfernen Sie ihn mit einer gleichmäßigen Ziehbewegung. Schrauben Sie die Scharniere von der Klappe los.

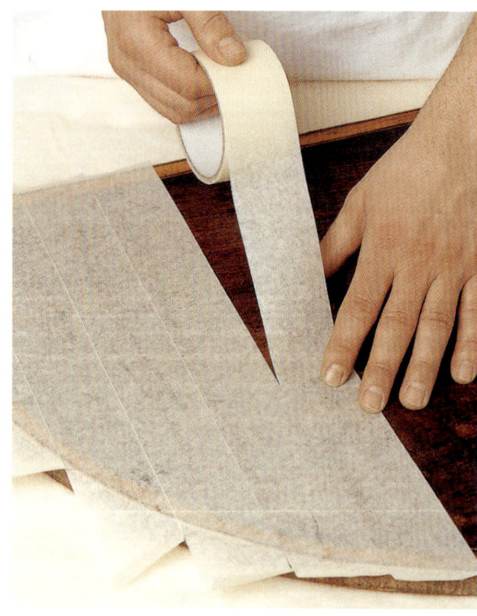

2 Legen Sie die Klappe mit der furnierten Seite nach oben auf die abgedeckte Werkbank. Bekleben Sie die Oberfläche komplett mit Abdeckband, damit Furnier, Querfurnierband und Aderung zusammenbleiben.

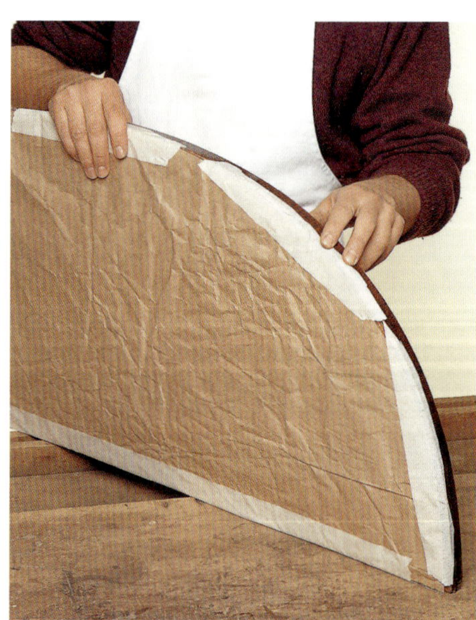

3 Schneiden Sie einen Halbkreis aus wattiertem Packpapier in der Größe der Klappe zu und befestigen Sie diesen mit Abdeckband, um das Furnier zusätzlich zu schützen. Drehen Sie die Klappe so um, dass die freie Seite oben liegt.

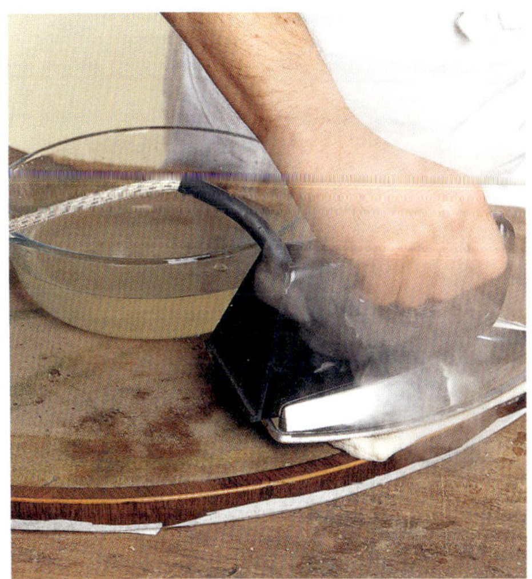

4 Befeuchten Sie einen Lappen und legen Sie ihn über die Bandeinlage. Drücken Sie einige Sekunden ein heißes Bügeleisen darauf und entfernen Sie dann den Lappen. Der Dampf weicht den Leim auf, mit dem der Querfurnierstreifen auf das Trägerholz geleimt war. Achten Sie darauf, den Streifen nicht zu versengen.

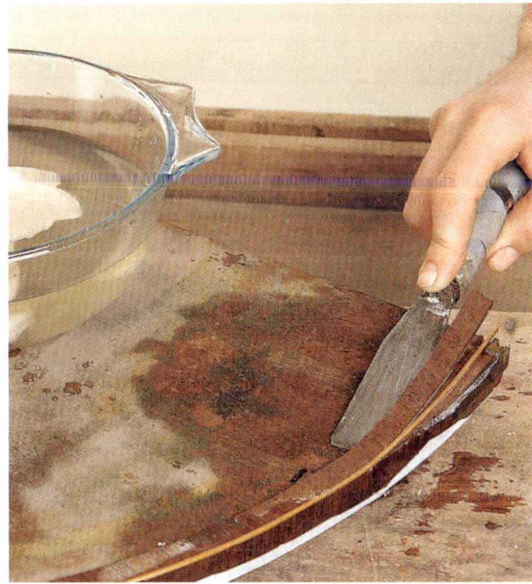

5 Schieben Sie das Messer unter den Bandstreifen, solange der Leim noch weich ist und heben Sie ihn nach und nach ab. Auch die Ader sollte jetzt entfernt werden. Fahren Sie mit Bügeleisen und Abheben fort, bis Querfurnierband und Ader entfernt sind.

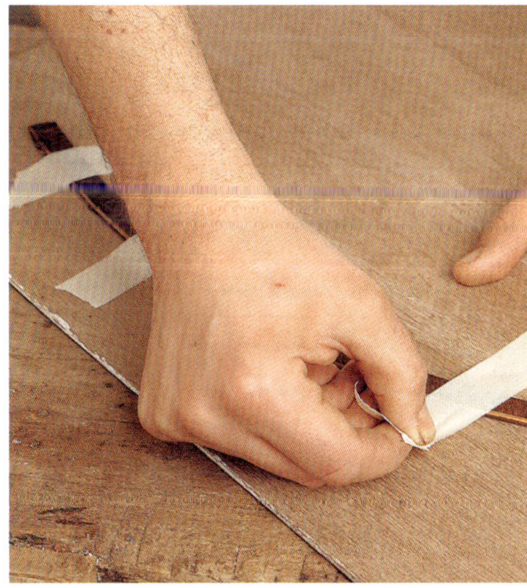

6 Kleben Sie Bandintarsien und Adern mit Abdeckband auf ein Brett, wobei Sie sie genau so positionieren, wie sie vorher auf der Platte angeordnet waren, damit sie später wieder richtig eingesetzt werden können.

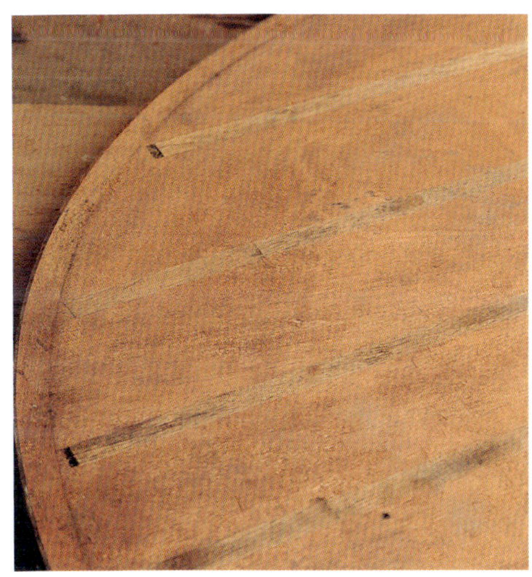

◁ **7** Entfernen Sie mit der Ziehklinge sämtliche Boi-Reste von der Platte. Bei diesem Tisch kann man die Spuren einer früheren, leider erfolglosen Restaurierung erkennen: Holzstreifen aus der oberen Schicht der verzogenen Platte wurden entfernt und nach dem Glätten der Fläche durch neues Holz ersetzt.

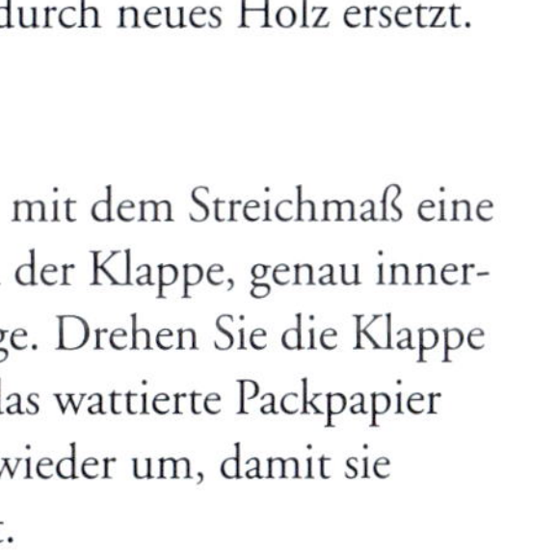

▷ **8** Markieren Sie mit dem Streichmaß eine Linie um den Rand der Klappe, genau innerhalb der Bandeinlage. Drehen Sie die Klappe um, entfernen Sie das wattierte Packpapier und drehen Sie sie wieder um, damit sie flach und eben liegt.

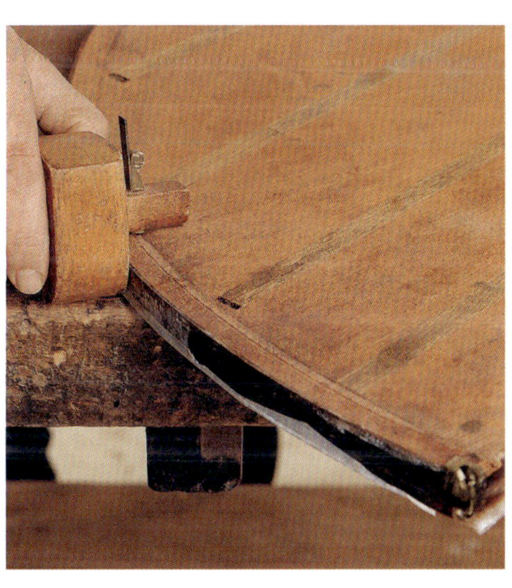

Tipp

Um die Klappe während der Arbeit fest und unverrückbar zu fixieren, sollten Sie mehrere Holzblöcke anfertigen, die auf einer Spanplatte über der Klappe angeschraubt werden. Sägen Sie einzelne Blöcke aus Weichholz, 5–7,5 cm lang und mindestens 12 mm dicker als die Platte. Sägen Sie in jedem Block einen L-förmigen Ausschnitt in der Tiefe der Klappe aus. Bohren Sie zwei Löcher in jede Formzulage, legen Sie die Klötzchen auf die Spanplatte und schrauben Sie sie fest.

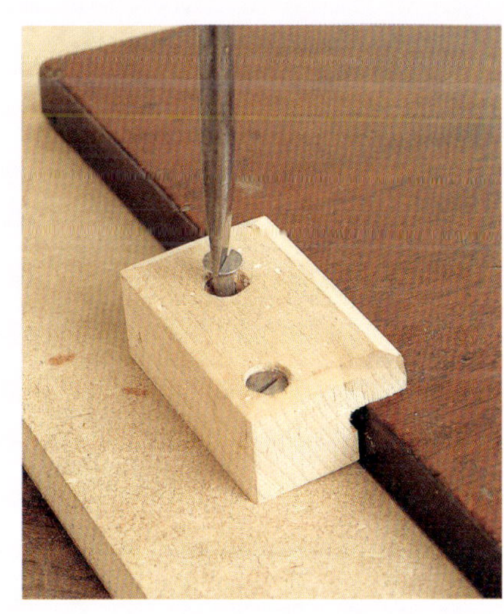

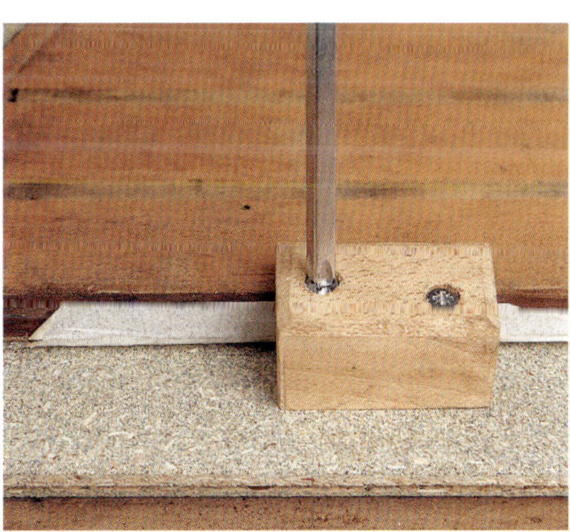

9 Legen Sie die Klappe auf eine Spanplatte und drücken Sie sie mit beiden Händen fest an. Bringen Sie in regelmäßigen Abständen Formzulagen auf (s. Tipp).

▷

Einen verzogenen Kartentisch reparieren … Fortsetzung

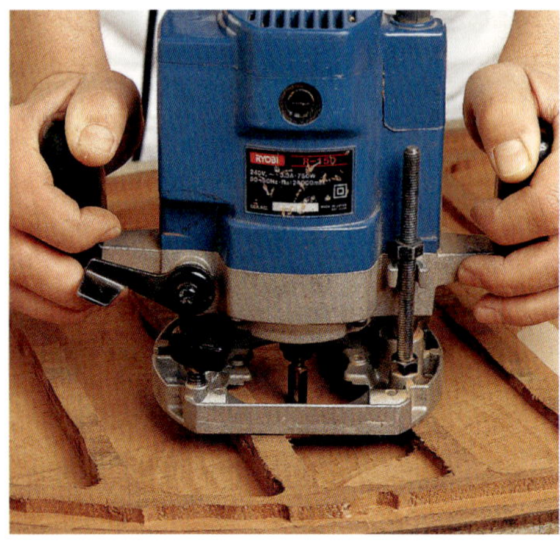

10 Suchen Sie für das Trägerholz eine entsprechend starke MDF-Platte aus. Hobeln Sie die Unterseite der Klappe in dieser Stärke ab, lassen Sie dabei aber Stege für die Arbeit mit der Oberfräse stehen.

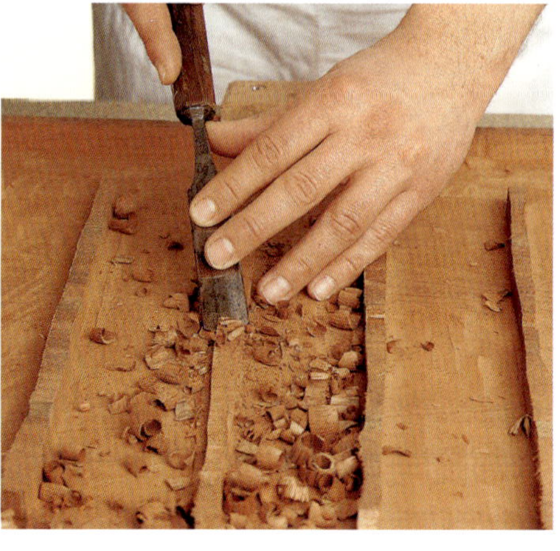

11 Entfernen Sie die Stege mit dem Hohlbeitel. Arbeiten Sie vorsichtig, um das Furnier nicht von unten zu beschädigen.

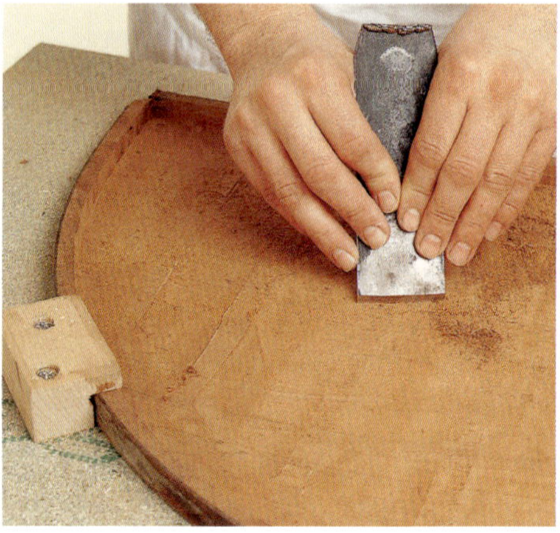

12 Glätten Sie die Oberfläche mit der Schneide eines Putzhobels, bis sie gleichmäßig eben ist.

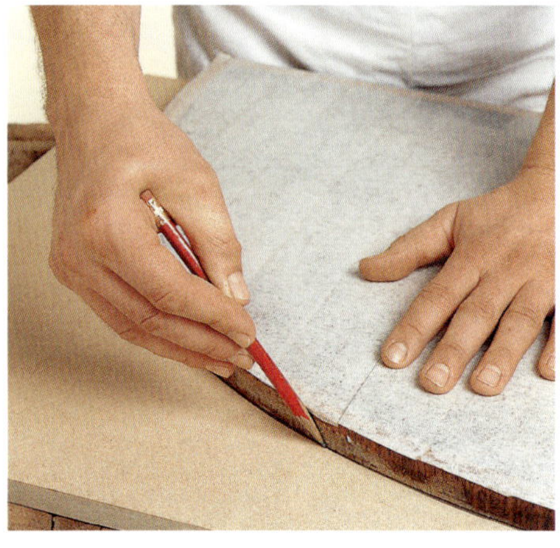

13 Legen Sie die Klappe auf die MDF-Platte, zeichnen Sie den Umriss nach und entfernen Sie sie dann wieder. Sägen Sie die MDF-Platte entlang der Linie mit der Stichsäge aus.

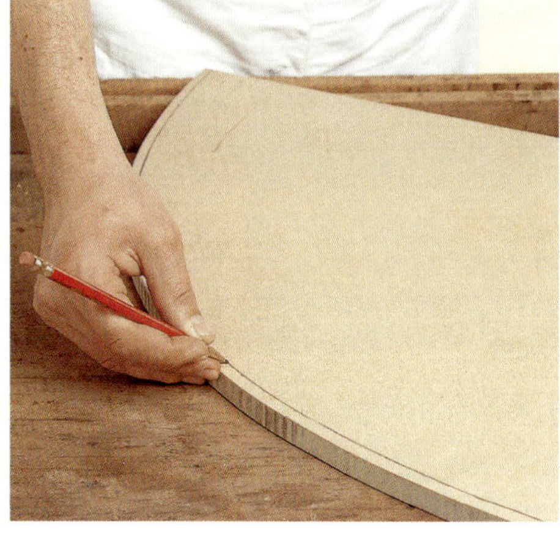

14 Markieren Sie auf der MDF-Platte eine weitere Linie in etwa der Breite der Bandeinlage und sägen Sie entlang dieser Linie. Prüfen Sie, ob die MDF-Platte genau der ausgesägten Fläche der Klappe entspricht – anderenfalls schmirgeln Sie etwas nach.

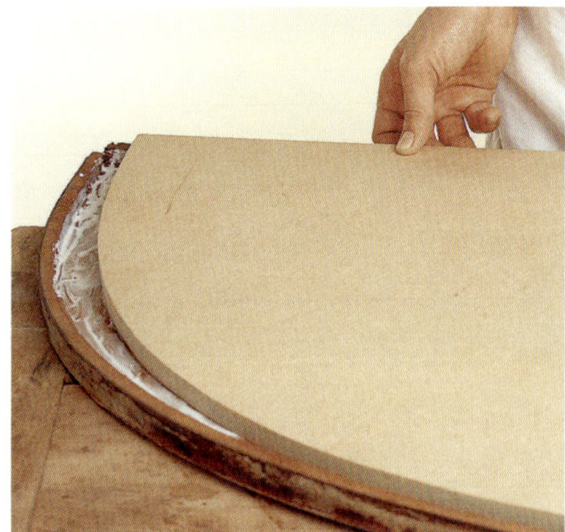

15 Streichen Sie Leim über den ausgesägten Teil der Klappe, fügen Sie dann die MDF-Platte ein. Legen Sie die Platte zwischen zwei Holzstücke und pressen Sie sie unter Druck in der Zwinge. Lassen Sie sie trocknen.

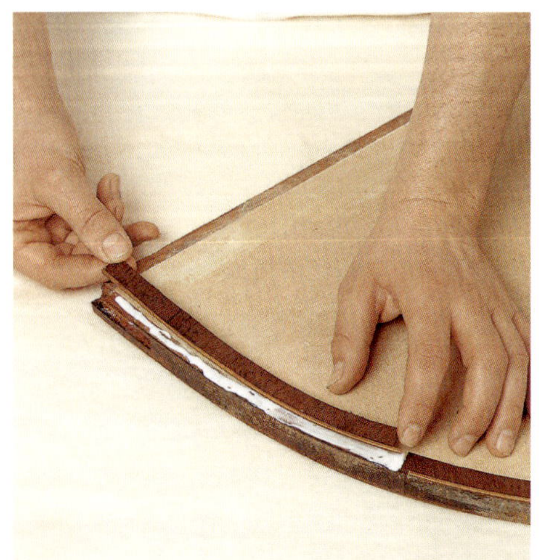

◁ **16** Entfernen Sie Zwingen und Holzstücke, drehen Sie die Klappe um und entfernen Sie das Abdeckband von der furnierten Seite. Legen Sie die Klappe mit der furnierten Seite nach unten auf die abgedeckte Werkbank. Streichen Sie Leim auf den Rand der Klappe und legen Sie Bandeinlage und Ader wieder ein.

▷ **17** Befestigen Sie die Klappe wieder am Tisch und polieren Sie die Bandeinlage leicht mit Schellack. So werden Wasserflecken entfernt, wie sie bei der Arbeit mit Dampf leicht entstehen können.

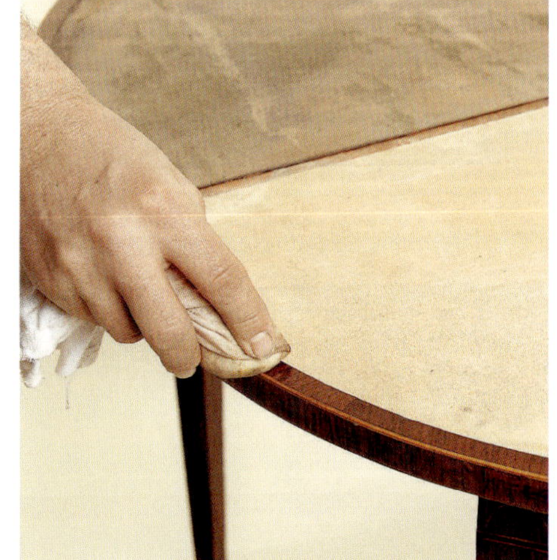

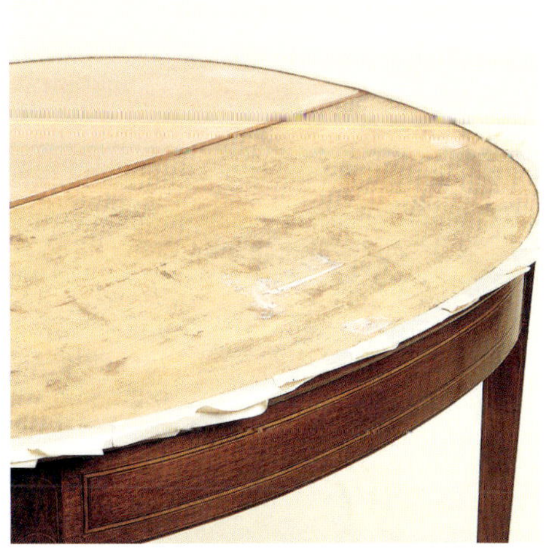

18 Entfernen Sie eventuelle Boi-Reste mit der Ziehklinge, mit der Sie dann auch Porenfüller auftragen, falls kleine Schäden entstanden sein sollten. Schützen Sie Bandeinlage und Ader mit Abdeckband.

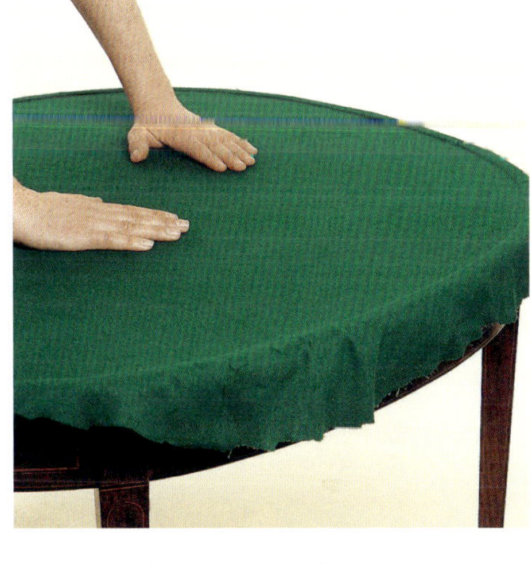

19 Schneiden Sie ein Stück Boi zu, etwa 7,5 cm größer als die Fläche von Klappe und Tisch. Bestreichen Sie die Tischfläche mit Leim und legen Sie den Boi darauf. Streichen Sie den Stoff von der Mitte aus sorgfältig nach außen, damit keine Falten entstehen.

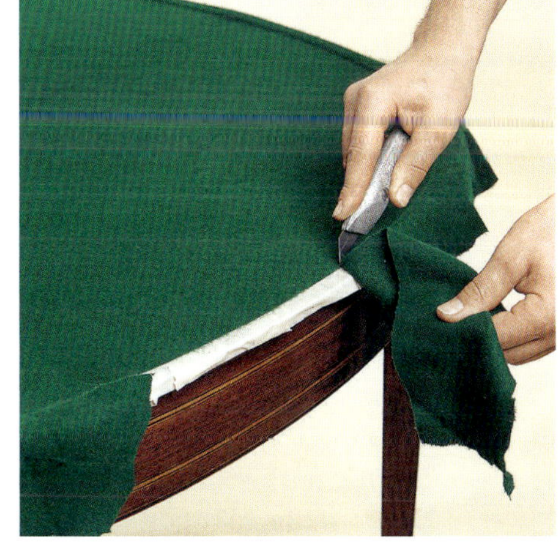

20 Schneiden Sie den Boi mit dem Teppichmesser so zu, dass er genau bis an den inneren Rand der Bandintarsien reicht. Schneiden Sie vorsichtig und gleichmäßig, die Zierbänder dürfen nicht beschädigt werden. Nach dem Trocknen wird das Abdeckband entfernt.

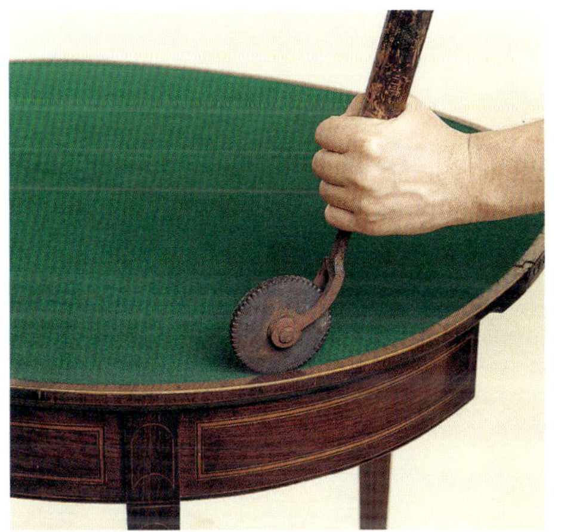

◁ **21** Versiegeln Sie den Boi, indem Sie ein Zackenrädchen auf der Herdplatte erhitzen und mit festem, gleichmäßigen Druck um den Rand des Stoffs führen.

Tipp

Wenn eine Oberfläche nur leicht verzogen ist, empfiehlt es sich meist, sie so zu belassen. Um zu prüfen, wie stark das Holz sich verzogen hat, halten Sie einen Messstab gegen die Fläche. Wenn Sie Ihren kleinen Finger zwischen Messstab und Platte stecken können, ist eine Restaurierung empfehlenswert.

Unten: *Da sich MDF-Platten nicht so leicht verziehen, besteht kaum Gefahr, dass dieser Kartentisch sich wieder »werfen« könnte.*

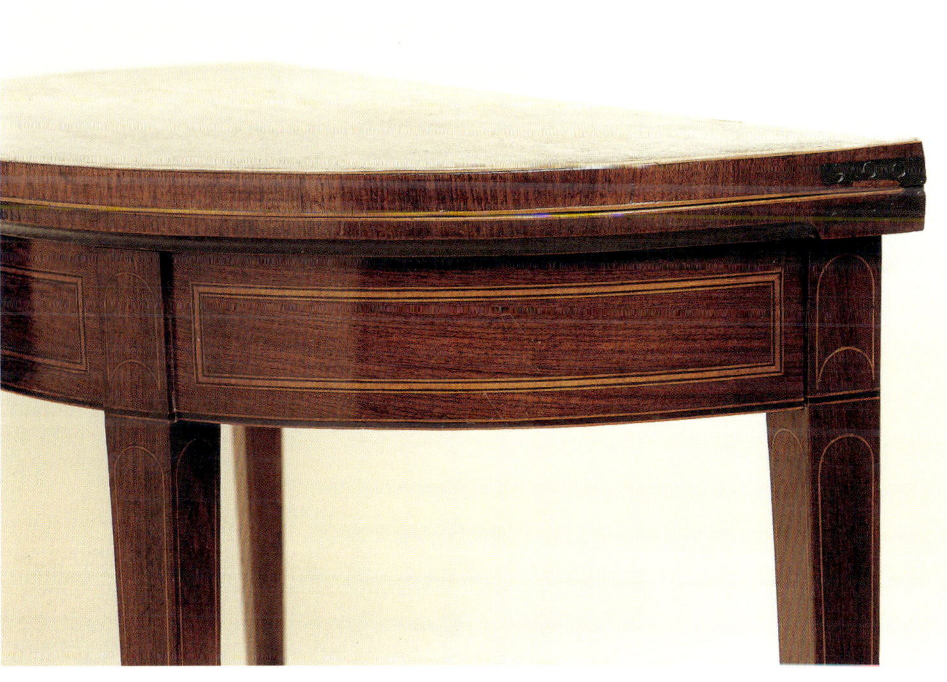

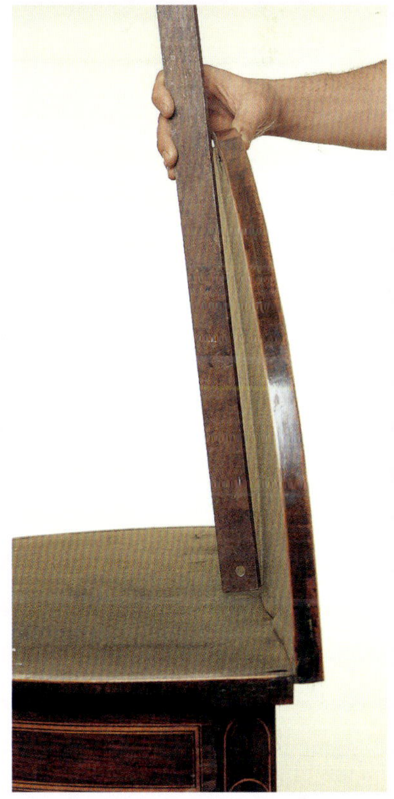

Eine gerissene Tischplatte reparieren

Risse an Tischplatten entstehen entweder in der Faserrichtung, oder, wenn die Platte aus verleimten Brettern besteht, im Bereich der Fugen. Risse in Faserrichtung sollten mit einer Keilzinkung aus schwalbenschwanzförmigen Zapfen gesichert werden (s. S. 230). Risse im Bereich der Fugen werden einfach neu verleimt und mit Zwingen verspannt.

Die Platte dieses Piedestaltischs aus Mahagoni besteht aus zwei verleimten Holzplatten. Da das Haftvermögen des alten Leims nachgelassen hat, entstand eine Lücke zwischen den Platten. Es ist relativ einfach, sie neu zu verleimen, weit mehr Arbeit bereitet das Zerlegen und erneute Zusammenbauen des Tischs.

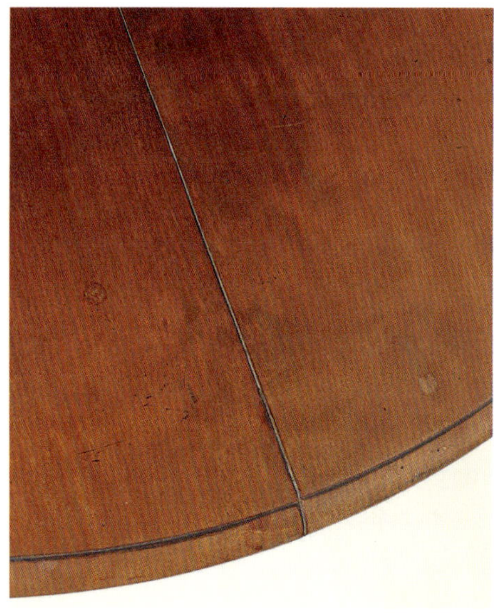

Material und Werkzeug

- Schraubendreher
- Kreide
- Messer mit breiter, flacher Klinge
- Bohrmaschine
- Stufenbohrer
- Stecheisen
- Hobel
- PVA-Leim
- Schraubzwingen
- Zulagen
- Hammer
- Hartholzbrettchen
- Mahagoni
- Scheibenschneider
- feiner Pinsel
- Beize
- Polierballen
- Politur
- Lappen
- Wachs

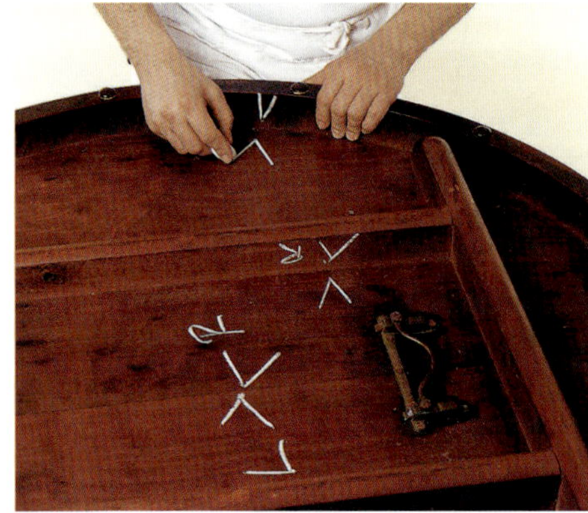

1 Stellen Sie den Tisch umgedreht auf die abgedeckte Werkbank. Schrauben Sie die Mittelsäule mit den Beinen von den Trägerleisten ab. Kennzeichnen Sie die einzelnen Teile der Platte mit Kreide.

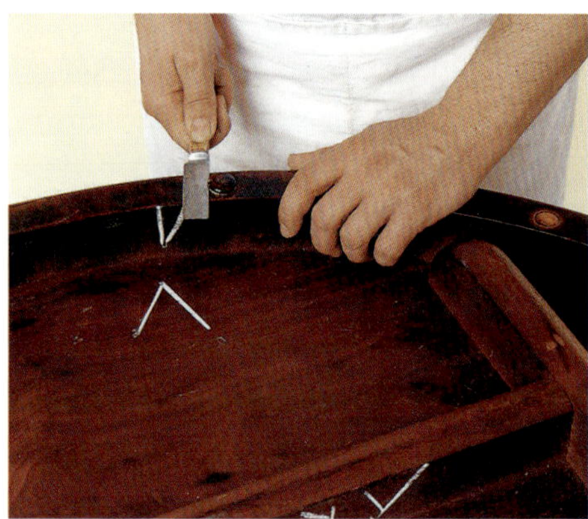

2 Heben Sie die dekorativen Mahagoni-Verblendungen über den Stahlschrauben am Rand vorsichtig mit dem Messer ab. Bewahren Sie sie gut in einem entsprechend beschrifteten Gefäß auf (s. Tipp).

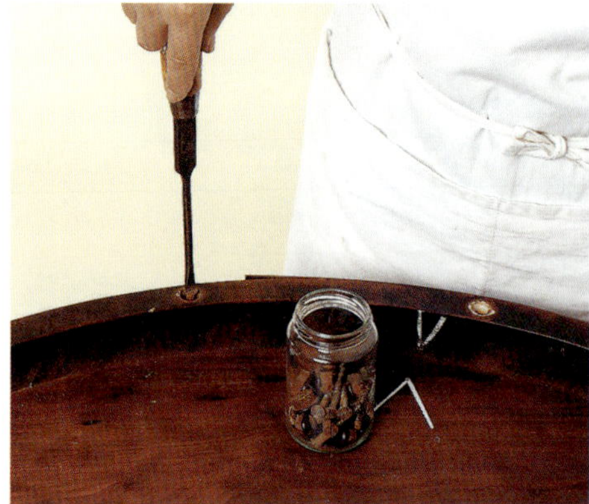

3 Schrauben Sie die Schrauben am Rand ab und legen Sie sie in das Gefäß. Nehmen Sie den Rand von unten ab und legen Sie ihn zur Seite.

Tipp

Kleine Schrauben und Verblendungen gehen leicht verloren. Wenn Sie an mehreren Möbelstücken gleichzeitig arbeiten, verlieren Sie mit der Suche nach dem richtigen Teil unter Umständen viel Zeit. Daher empfiehlt es sich, die verschiedenen Teile – wie Verblendungen, Schrauben, Scharniere oder Knäufe – immer jeweils zusammen in einem entsprechend beschrifteten Gefäß aufzubewahren. Stellen Sie dieses Gefäß in Reichweite auf die Werkbank.

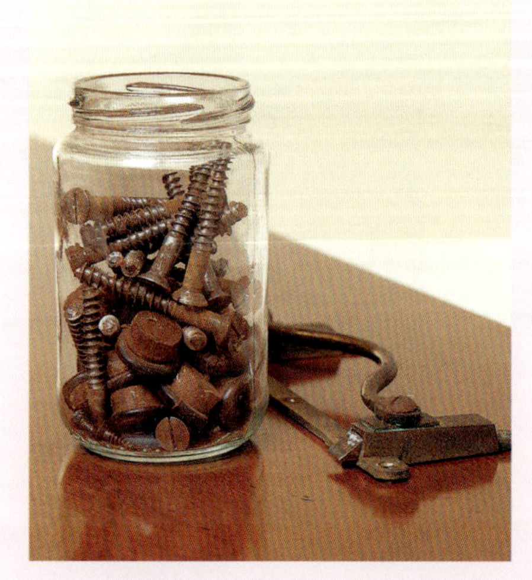

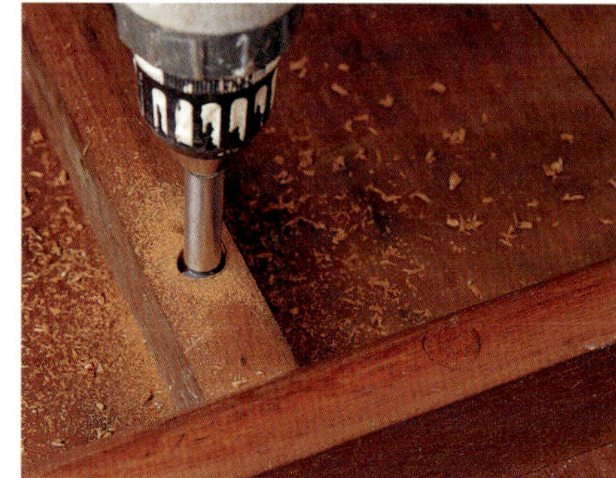

4 Bohren Sie die Holzverblendungen, mit denen die Schrauben in den Trägerleisten bedeckt sind, mit einem Stufenbohrer heraus. Hören Sie jedoch auf, bevor Sie die Schraubenköpfe erreichen.

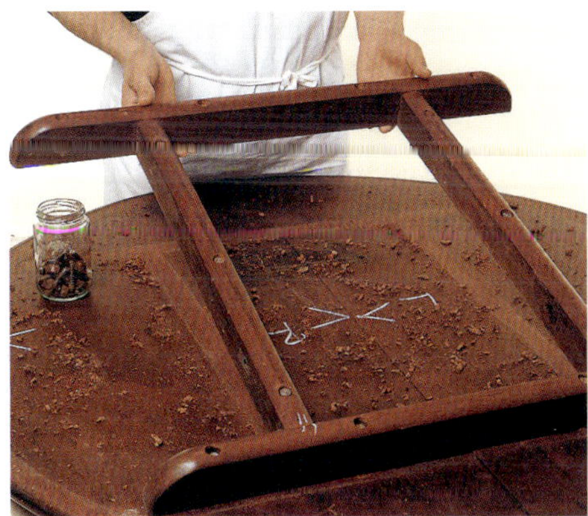

5 Lösen Sie mit dem Schraubendreher die Schrauben von den Trägerleisten und legen Sie sie in das Gefäß. Nehmen Sie die Leisten von der Platte und stellen Sie sie zur Seite.

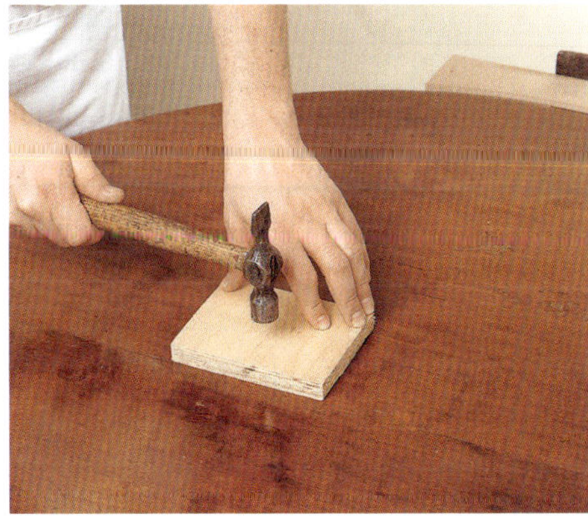

6 Stellen Sie den Hobel so niedrig wie möglich ein und fahren Sie damit ein- bis zweimal über die Anschlussstellen auf der Platte. Streichen Sie Leim auf und spannen Sie die Teile in die Zwinge. Erhöhte Stellen werden mit Hammer und Hartholzbrettchen zurückgeklopft.

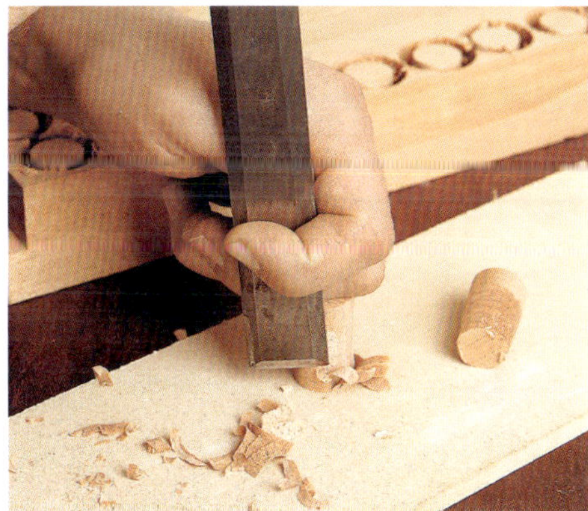

7 Fertigen Sie mit dem Scheibenschneider neue Mahagoni-Verblendungen an. Schrägen Sie je ein Ende mit dem Stecheisen an und bringen Sie gleichzeitig kleine Längskehlen an.

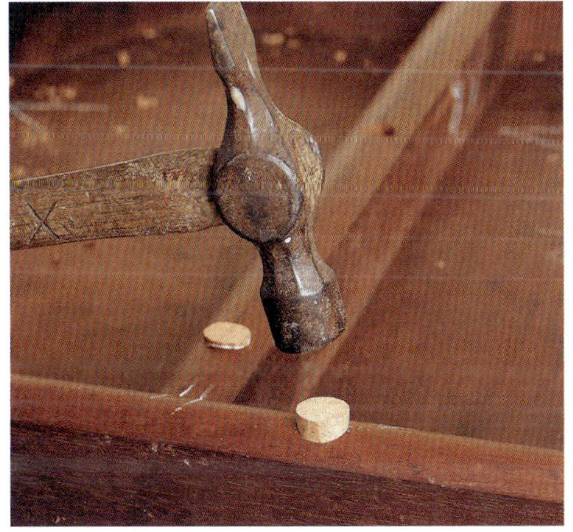

◁ **8** Fixieren Sie die Leisten mit den Originalschrauben wieder an der Tischplatte. Streichen Sie etwas Leim in die Schraubenlöcher, dann setzen Sie die Verblendungen darüber.

▷ **9** Glätten Sie die Verblendungen mit dem Stecheisen, bis sie mit der Höhe der Leisten plan sind. Achten Sie darauf, die Leisten nicht zu zerkratzen.

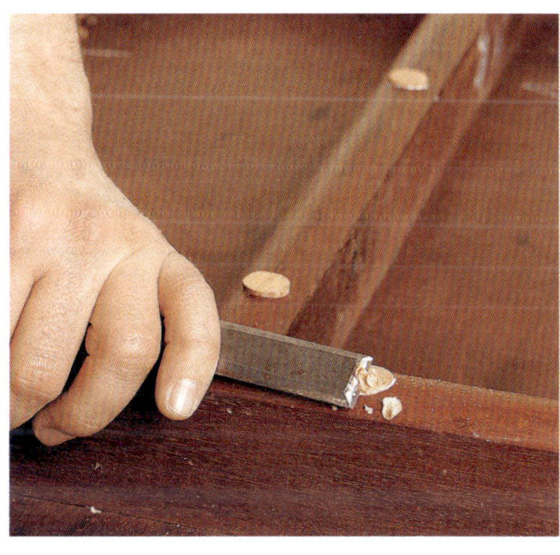

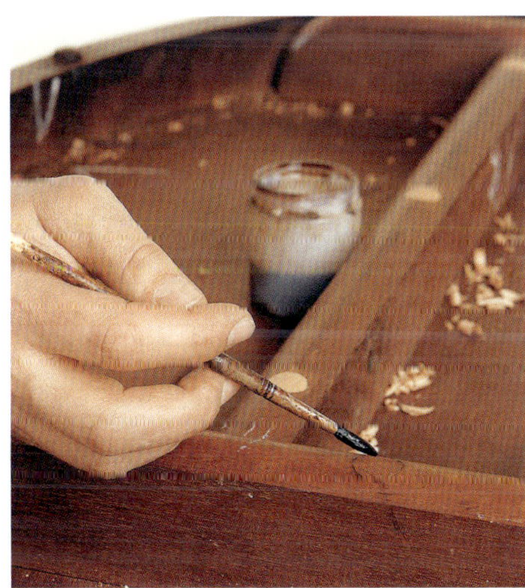

10 Mischen Sie Wasser- oder Spiritusbeize in der Farbe der Leisten an (s. S. 41) und tragen Sie die Beize mit dem Pinsel auf. Nach dem Trocknen werden Mittelstützen und Beine wieder angebracht. Bringen Sie eine dünne Schicht Politur auf die Platte auf (s. S. 66–67). Abschließend wird die Platte gewachst (s. S. 68).

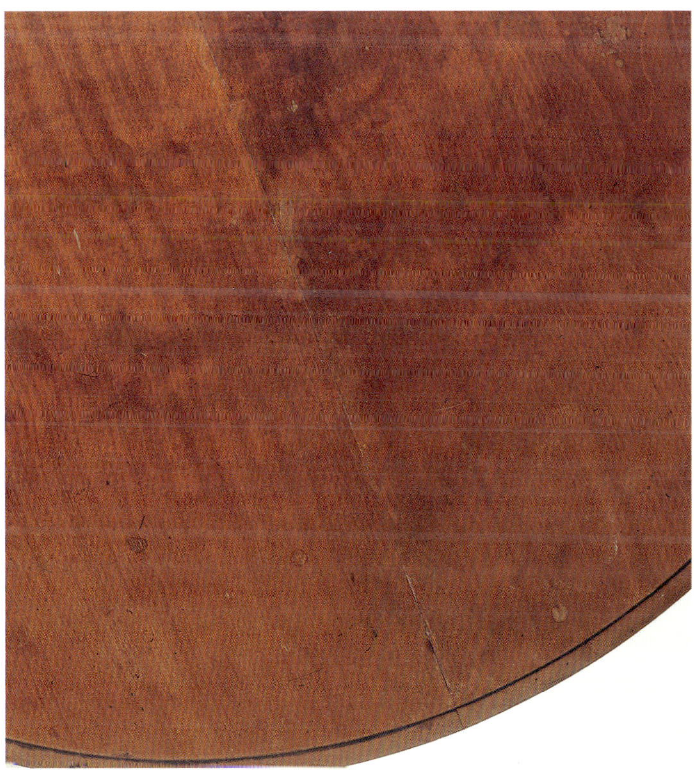

Die Lücke zwischen beiden Teilen der Tischplatte ist verschwunden. Die Arbeit war schnell und einfach zu bewerkstelligen und führte zu einem guten Ergebnis.

PROJEKT: PEMBROKE-TISCH

Im frühen 18. Jahrhundert begann man die Vorzüge des so genannten Pembroke-Tischs, eines auch als Drop-leaf-Tisch bezeichneten Tischs mit Klappflügeln als Esstisch zu schätzen. Dass man ihn samt Platten platzsparend wegstellen kann, wenn man ihn nicht braucht, trägt noch heute zur Beliebtheit dieses Tischtyps bei, insbesondere in kleineren modernen Wohnungen. Leider wurden solche Tische oft wenig sorgsam behandelt. So reichen die Schäden von fleckigen und verfärbten Platten bis zu ramponierten Zargen und Beinen.

DIE ARBEIT PLANEN

Dieser Tisch aus der Zeit Georges II. entstand um 1720. Er ist aus dichtem, rötlichem Nussbaumholz gefertigt. Die plastisch ausgearbeiteten Kissenfüße verweisen auf einen irischen Ursprung. Eine gerissene Leimfuge in einem Brett der Klappe lässt eine frühere Reparatur der Dübelverbindung zutage treten. Auch der Korpus ist am Furnier und an der Konsolstütze beschädigt, an einem Fuß fehlen mehrere Stücke, außerdem ist eines der geschwungenen Beine abgebrochen und verloren gegangen, muss also ersetzt werden.

Die Platte

- **gerissene Platte, bereits mit Dübeln repariert**
- **Wasserflecken und Kratzer**

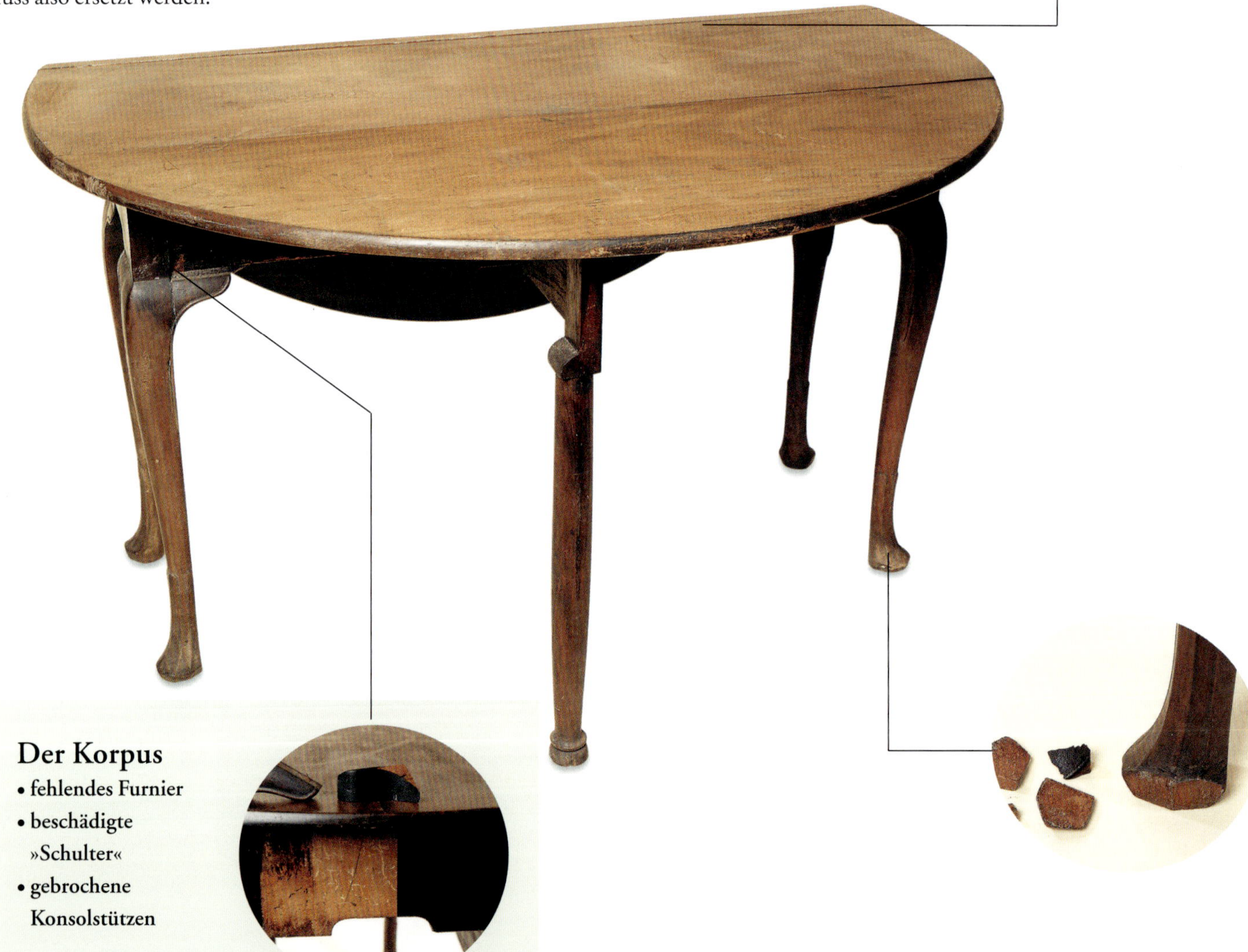

Der Korpus

- **fehlendes Furnier**
- **beschädigte »Schulter«**
- **gebrochene Konsolstützen**

Die Platte reparieren

Durch Wasserdampf hat der Leim, der die beiden Teile miteinander verbindet, gelitten: Die Platte ist gerissen. Dabei kam eine frühere Reparatur mit Dübeln zum Vorschein. Da die Dübel noch in gutem Zustand sind, kann man sie wieder verwenden. Zusätzlich zu dieser Reparatur müssen Flecken und Kratzer auf der Oberfläche beseitigt werden.

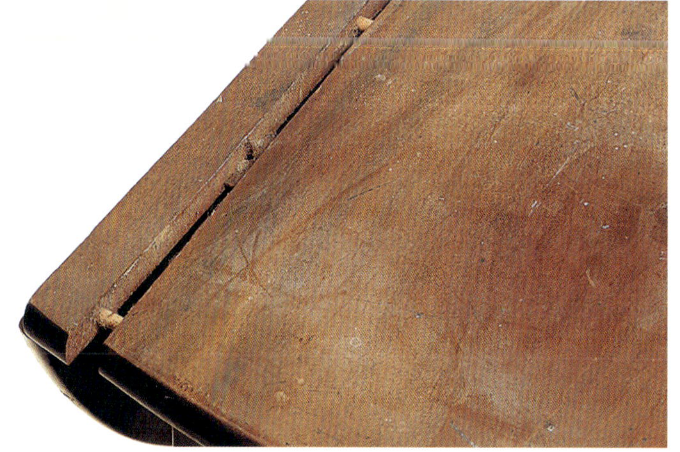

MATERIAL UND WERKZEUG

- Schraubendreher
- Kreide
- Zange
- Hobel
- PVA-Leim
- Schraubzwingen
- lange Holzzulagen

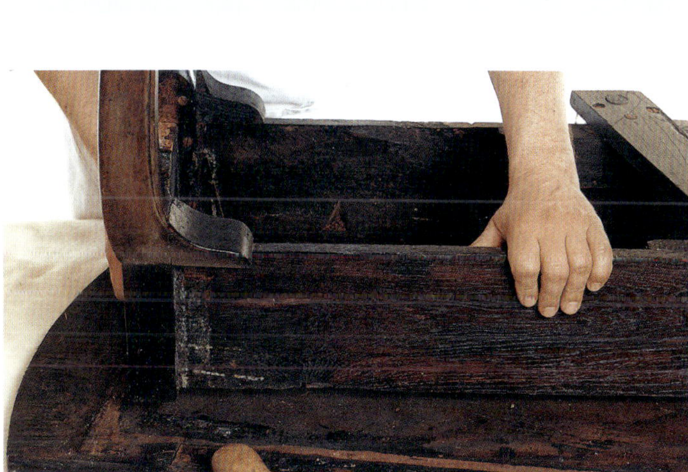

1 Legen Sie den Tisch umgedreht auf die abgedeckte Werkbank. Entfernen Sie die Schrauben und stellen Sie Zarge und Beine zur Seite. Nachdem die Zarge entfernt ist, kann man die Klappen und das erhaltene, ausschwenkbare Bein abmontieren.

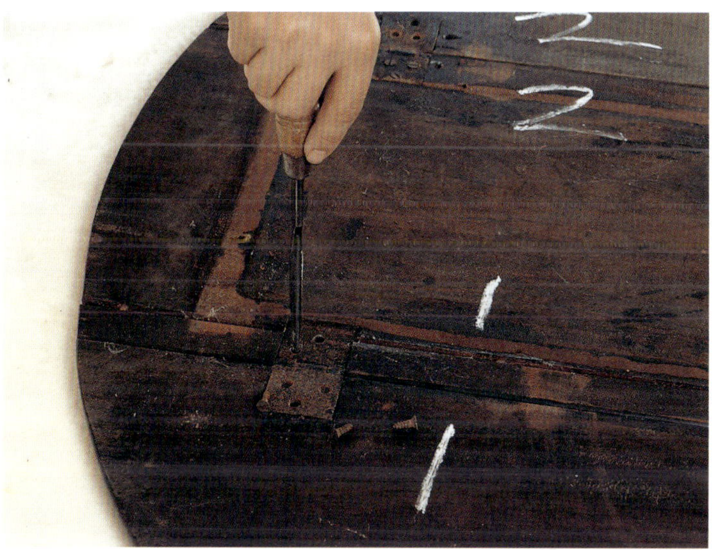

2 Schrauben Sie die Scharniere zwischen Platte und Klappe los. Kennzeichnen Sie die Unterseite der Platte mit Kreide, damit Sie die Klappen nachher wieder richtig anbringen können. Ziehen Sie die Dübel mit der Zange heraus.

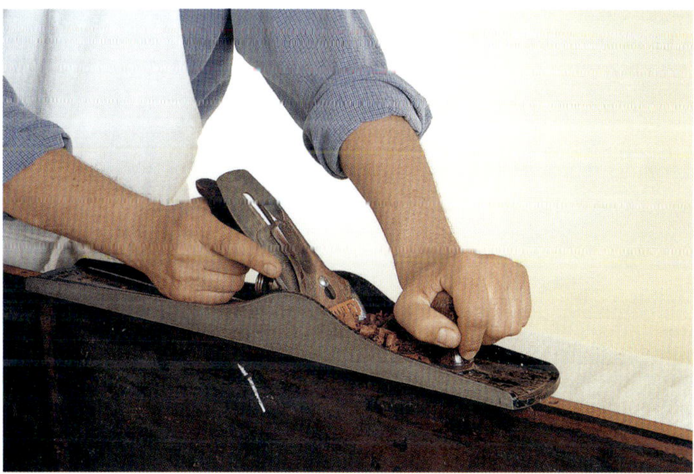

3 Legen Sie den Hauptteil der Platte in den Schraubstock und hobeln Sie die gerissene Kante des Holzes glatt. Nehmen Sie dabei nicht zu viel Holz ab. Verfahren Sie ebenso mit der anderen gerissenen Kante.

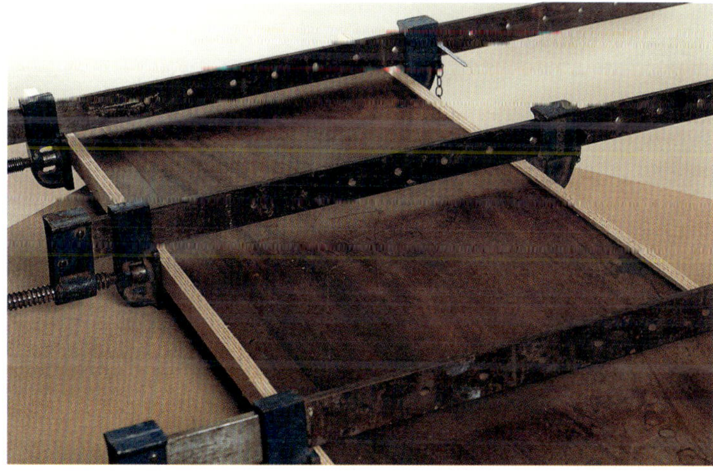

4 Streichen Sie Leim auf die beiden Kanten, ersetzen Sie die Dübel und klemmen Sie alles mit langen Zulagen in Zwingen. Wenn der Leim trocken ist, können Sie die Zwingen entfernen.

▷

Den Rahmen reparieren

Der Rahmen bzw. das Gestell des Tischs ist in gutem Zustand und muss nicht auseinander genommen und neu verleimt werden. Allerdings fehlen einige Stücke des Furniers, zwei Konsolstützen sind abgefallen und müssen wieder eingepasst werden. Auch eine der »Schultern« ist beschädigt. Die Patina ist insgesamt so gut erhalten, dass für die Restaurierung ausschließlich altes Furnier verwendet wird.

Konsolstützen anbringen

Eine der Konsolstützen ist abgebrochen und muss wieder angeleimt werden. Auch die zweite Konsolstütze ist infolge eines Schadens genau an der Verbindungsstelle zum Tischbein abgebrochen. Dies bedeutet, dass vor dem Anbringen erst die »Schulter« repariert werden muss.

Material und Werkzeug

- **Zahnbürste**
- **PVA-Leim**
- **Federspange**
- **Feinsäge**
- **rötliches Nussbaumholz**
- **Hobel**
- **Bügelschraubzwinge**
- **Zulagen**
- **Hohlbeitel**
- **feines Schleifpapier**

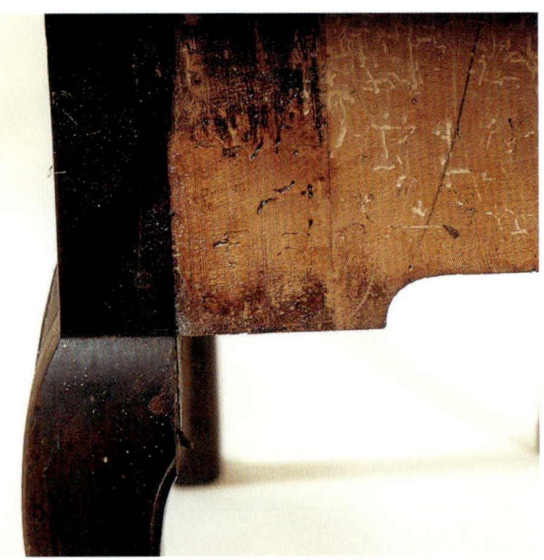

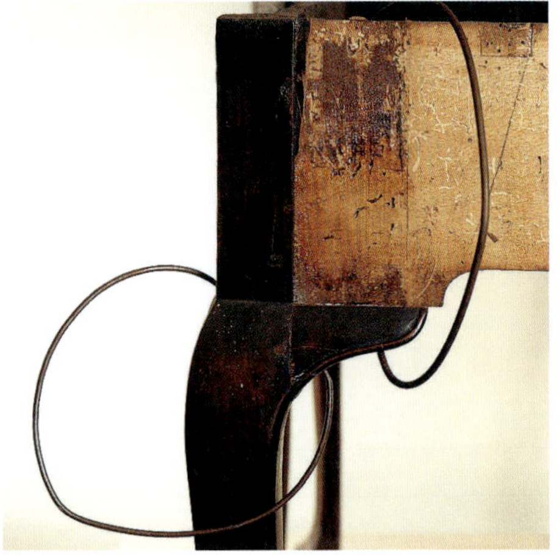

◁ **1** Entfernen Sie den alten Leim an den abgefallenen Konsolstützen mit einer Zahnbürste und heißem Wasser. Leimen Sie die Stütze unter dem fehlenden Furnierstück mit PVA-Leim an. Setzen Sie die Federspange an (s. S. 215), während der Leim aushärtet.

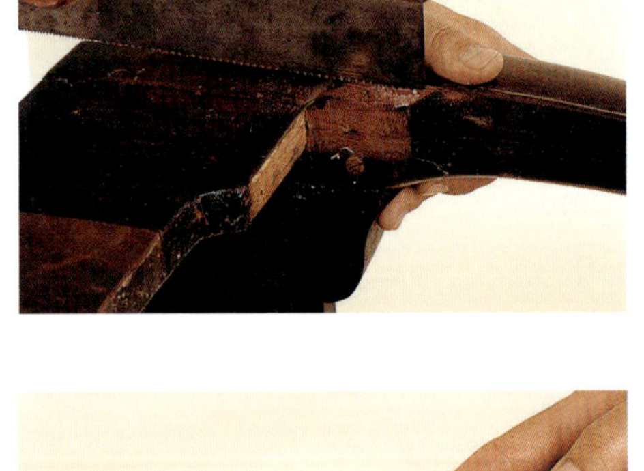

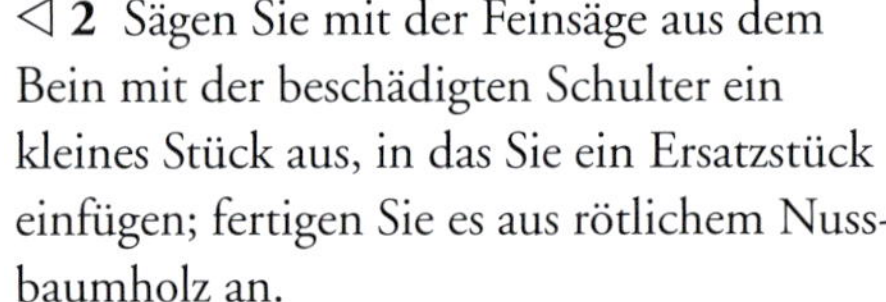

◁ **2** Sägen Sie mit der Feinsäge aus dem Bein mit der beschädigten Schulter ein kleines Stück aus, in das Sie ein Ersatzstück einfügen; fertigen Sie es aus rötlichem Nussbaumholz an.

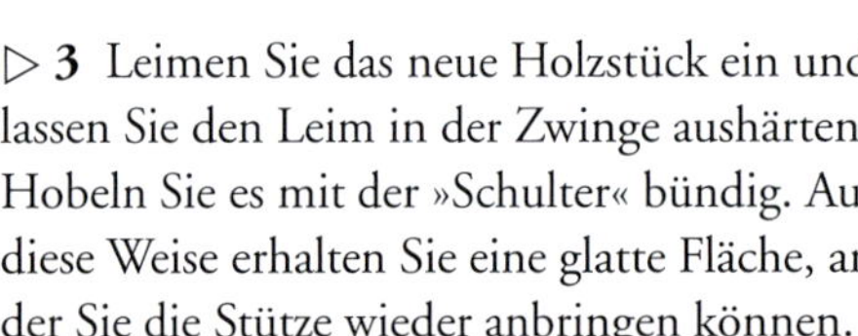

▷ **3** Leimen Sie das neue Holzstück ein und lassen Sie den Leim in der Zwinge aushärten. Hobeln Sie es mit der »Schulter« bündig. Auf diese Weise erhalten Sie eine glatte Fläche, an der Sie die Stütze wieder anbringen können.

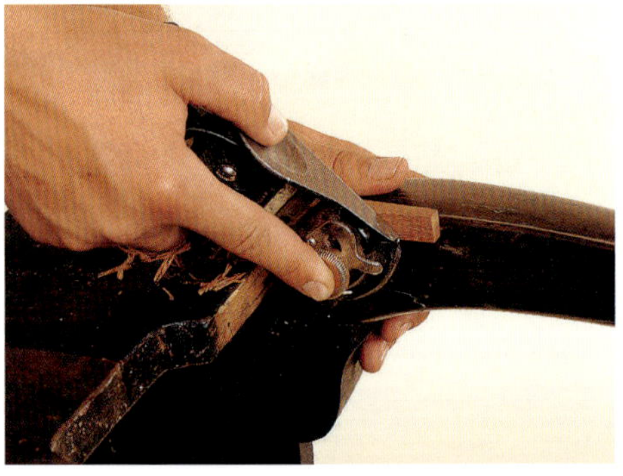

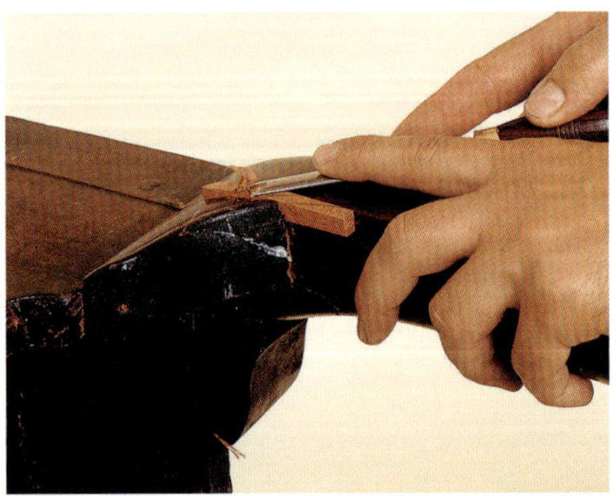

4 Leimen Sie die alte Konsolstütze wieder an und schieben Sie das neue Holz zwischen Bein und Stütze. Lassen Sie es in der Zwinge trocknen. Entfernen Sie überstehendes Holz mit einem entsprechend profilierten Hohleisen.

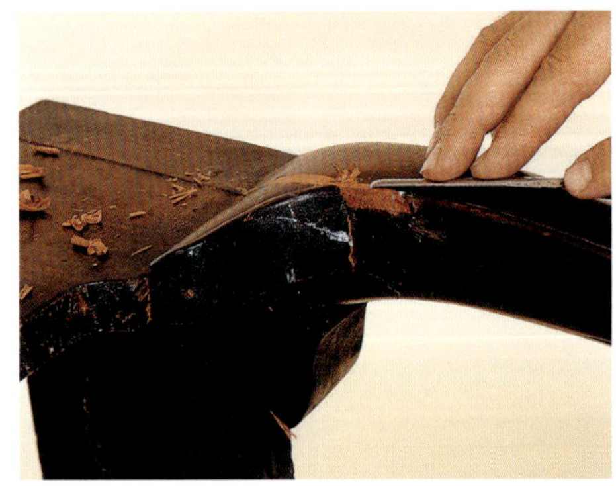

5 Modellieren Sie mit einem kleineren, abgerundeten Hohleisen den profilierten Rand der Konsolstütze, damit die Reparatur so gut wie unsichtbar erscheint.

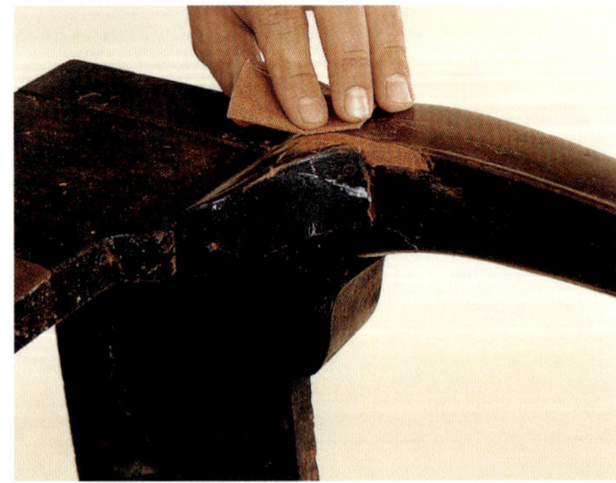

6 Schmirgeln Sie die reparierte Stelle mit feinem Schleifpapier, um etwaige raue Stellen zu beseitigen. Arbeiten Sie vorsichtig, damit die polierte Fläche nicht verkratzt wird.

Furnier ersetzen

Teile des dekorativen Furniers an der Basis hatten sich gelöst und waren abgegangen, nachdem die Haftwirkung des Knochenleims nachgelassen hatte. Sie müssen durch passendes altes Furnier ersetzt werden.

Material und Werkzeug

- altes Furnier
- Zahnhobel
- Teppichmesser
- PVA-Leim
- Zulagen
- Bügelschraubzwingen
- feines Schleifpapier

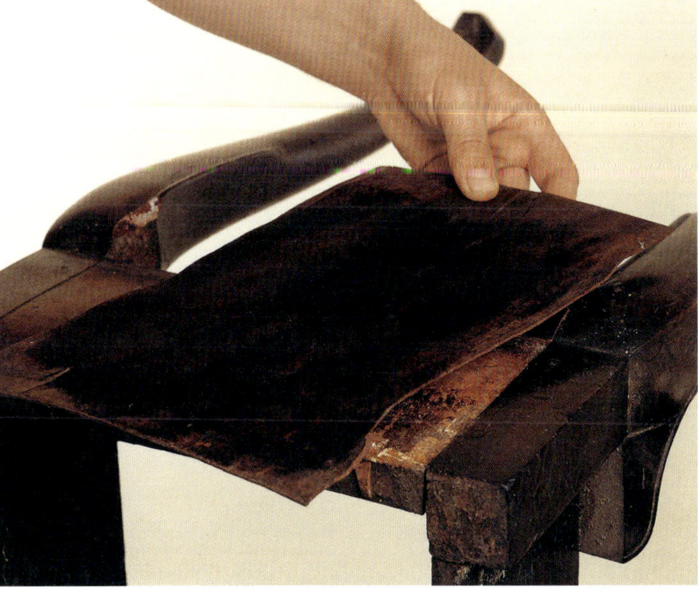

◁ **1** Suchen Sie passende Furnierstücke für das fehlende Stück in der Zarge aus und halten Sie sie an das alte Furnier, um zu sehen, welche in Maserung und Farbe am besten harmonieren.

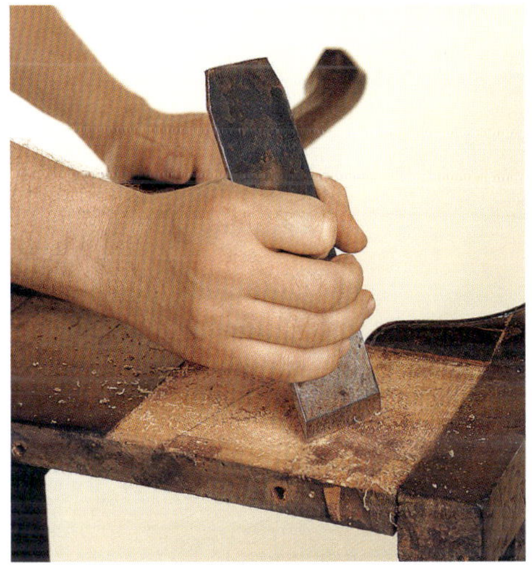

◁ **2** Bevor Sie das neue Stück einpassen, entfernen Sie alle Reste des Knochenleims mit der Schneide eines Zahnhobels. Kratzen Sie nur den Leim vorsichtig ab, ohne den Untergrund zu beschädigen.

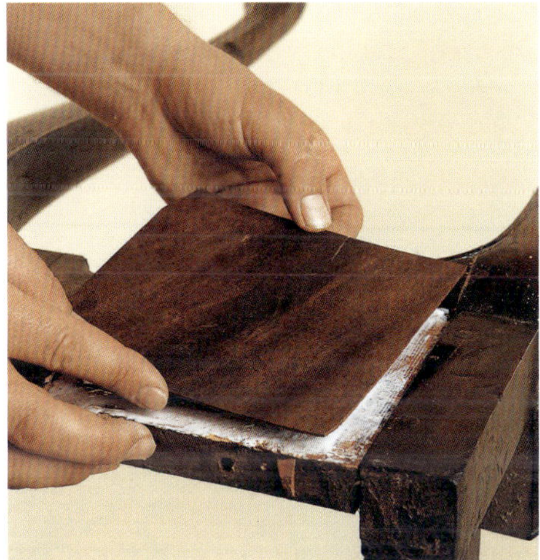

◁ **3** Schneiden Sie das Furnier in annähernd richtiger Größe zu und leimen Sie es ein. Achten Sie dabei auf den richtigen Faserverlauf, damit die geflickte Stelle nicht ins Auge fällt.

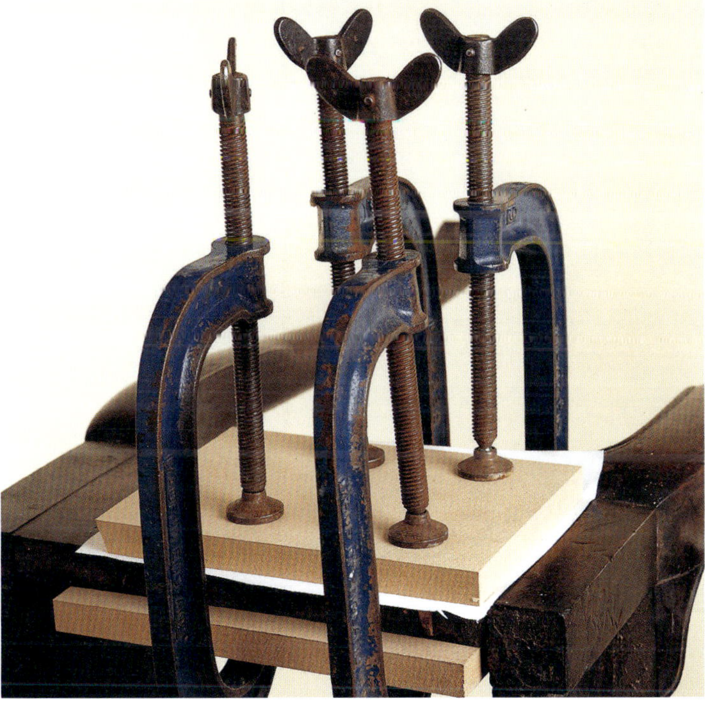

◁ **4** Legen Sie Papier auf das Furnier und bringen Sie auf beiden Seiten der beschädigten Zarge Zulagen und Zwingen an, die nach dem Trocknen entfernt werden.

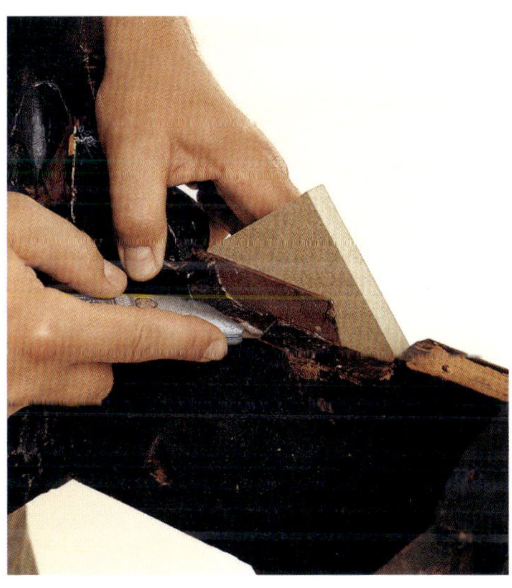

5 Halten Sie eine Zulage gegen die vordere Zarge, damit Sie das Furnier besser mit dem Teppichmesser schneiden können. Folgen Sie dabei der Form der Zarge. Anschließend glätten Sie die Kante mit Schleifpapier. ▷

Die Tischbeine reparieren

Dieser Tisch ist insofern ungewöhnlich, als seine Beine in zwei verschiedenen Stilen gearbeitet sind. An den vier Ecken finden sich Cabriole-Beine mit trapezförmigen Facetten am Fuß, von denen einer erneuert werden muss. Die ausschwenkbaren Beine sind gedrechselt und haben kleine Kissenfüße. Sie sind in »Schwingtoren« an der Zarge befestigt und stützen die geöffnete Klappe. Da eines dieser Beine fehlt, muss ein passender Ersatz angefertigt werden.

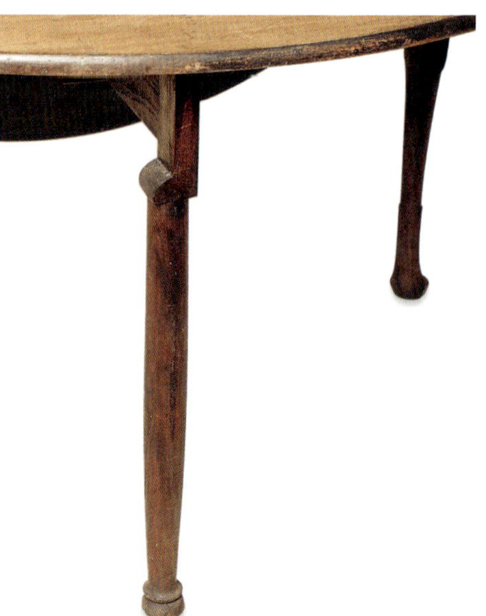

Material und Werkzeug

- **rötliches Nussbaumholz**
- **Stahlrichtscheit**
- **Feinsäge**
- **Bohrmaschine**
- **Holzbohreinsatz**
- **Drehbank**
- **Greifzirkel**
- **Drechselwerkzeug**
- **Stechzirkel**
- **feines Schleifpapier**

Ein neues Tischbein drechseln

Tischbeine brechen selten entzwei, doch wenn sie einen substantiellen Schaden erleiden, müssen sie ersetzt werden – es ist wichtig, dass sie stabil und robust sind. Da eines der ausschwenkbaren Beine dieses Tischs fehlt, muss ein neues gedrechselt und eingepasst werden.

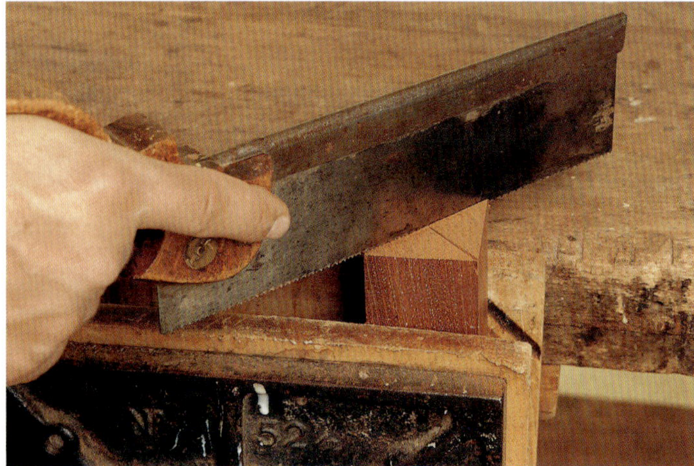

1 Sägen Sie aus rötlichem Nussbaumholz ein Stück zu, das etwas größer als das Bein ist. Markieren Sie an jedem Ende den Mittelpunkt, indem Sie mit dem Stahlrichtscheit zwei Diagonalen ziehen. Sägen Sie an einem Ende entlang einer dieser Linien mit der Feinsäge eine flache Kehle.

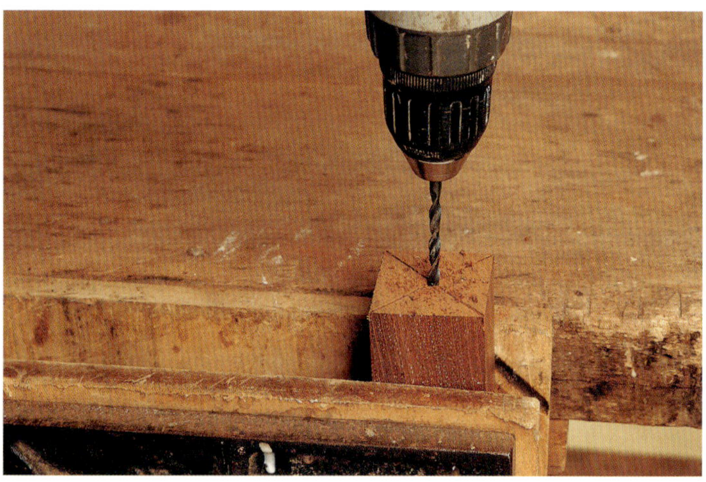

2 Bohren Sie in die Mitte eines jeden Endes ein etwa 1 cm tiefes Loch. Ein Ende wird im Reitstock der Drehbank befestigt, das andere mit der Kehle am Spindelstock.

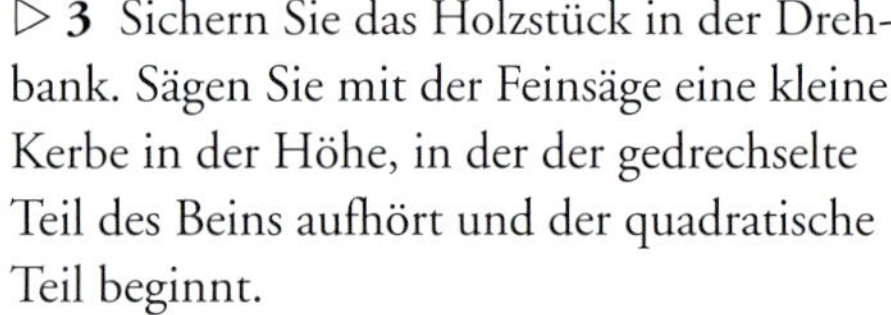

▷ **3** Sichern Sie das Holzstück in der Drehbank. Sägen Sie mit der Feinsäge eine kleine Kerbe in der Höhe, in der der gedrechselte Teil des Beins aufhört und der quadratische Teil beginnt.

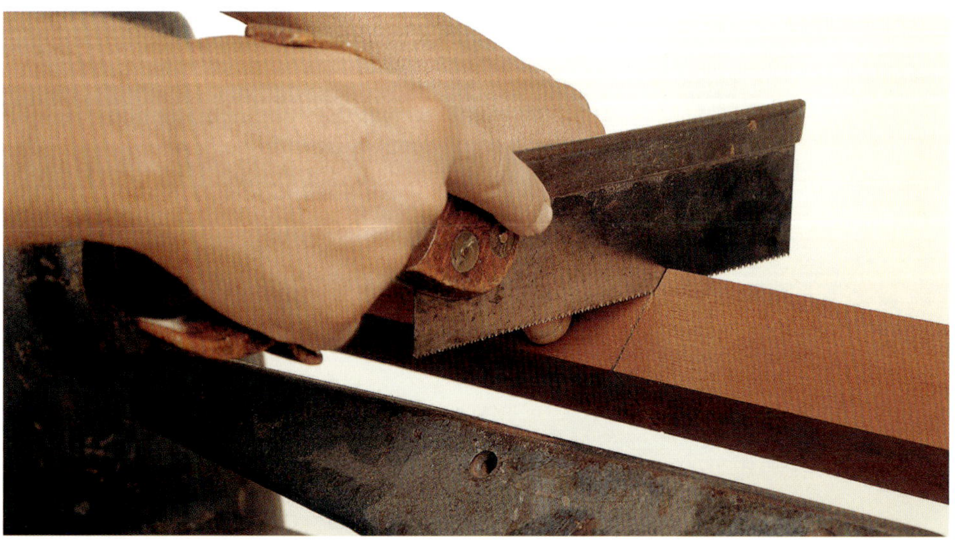

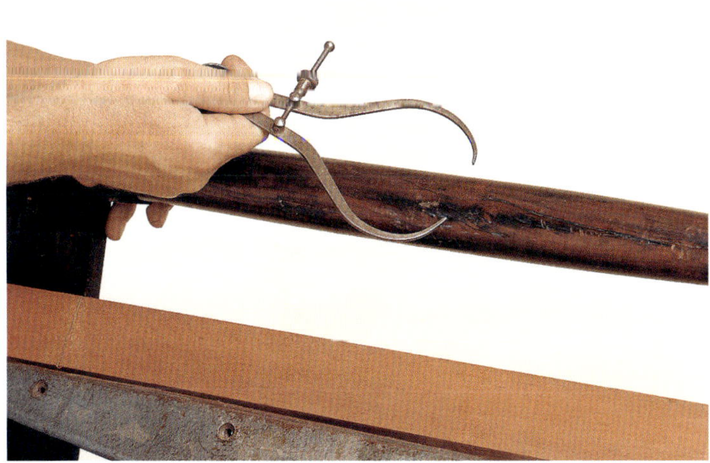

4 Messen Sie mit dem Greifzirkel die breiteste Stelle des erhaltenen Beins, damit Sie das neue Bein mit den richtigen Maßen drechseln können.

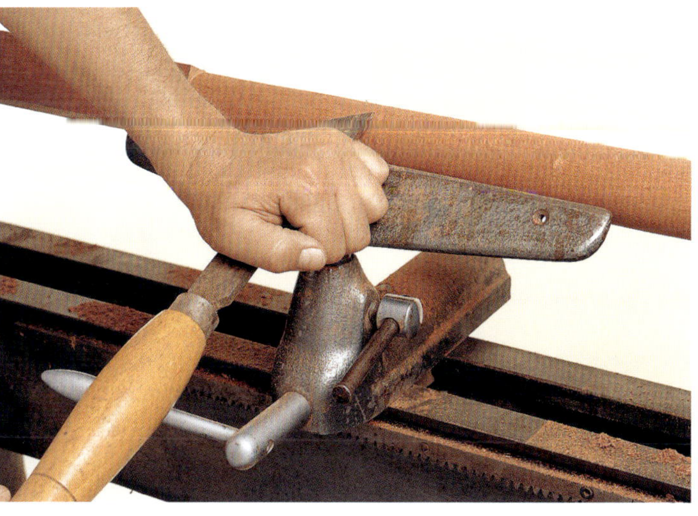

5 Drechseln Sie das Holzstück, bis der richtige Durchmesser erreicht ist. Vergleichen Sie die Maße immer wieder mit Hilfe des Greifzirkels mit dem anderen Bein, damit Sie nicht versehentlich zu viel Holz entfernen.

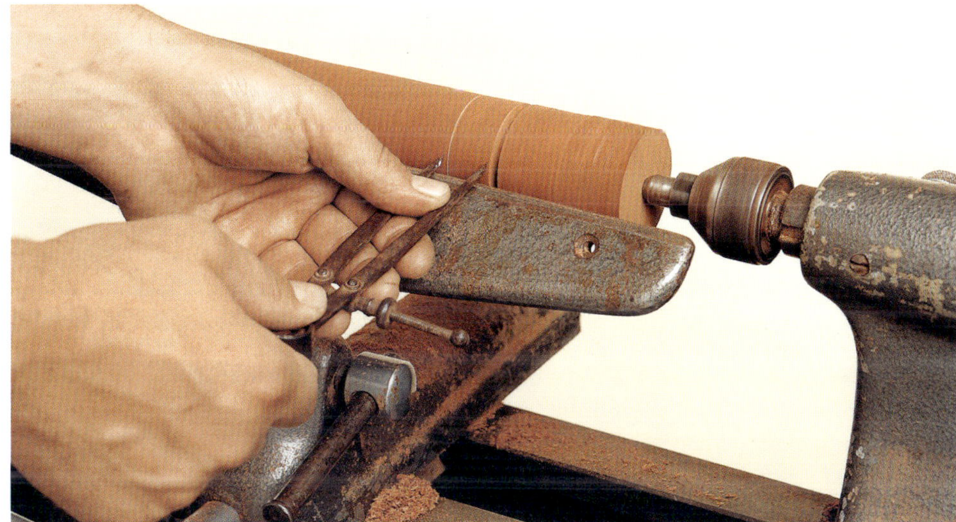

◁ **6** Nehmen Sie mit dem Zirkel am anderen Bein die verschiedenen Maße des unteren Teils mit den Füßen ab und übertragen Sie diese auf das Bein in der Drehbank.

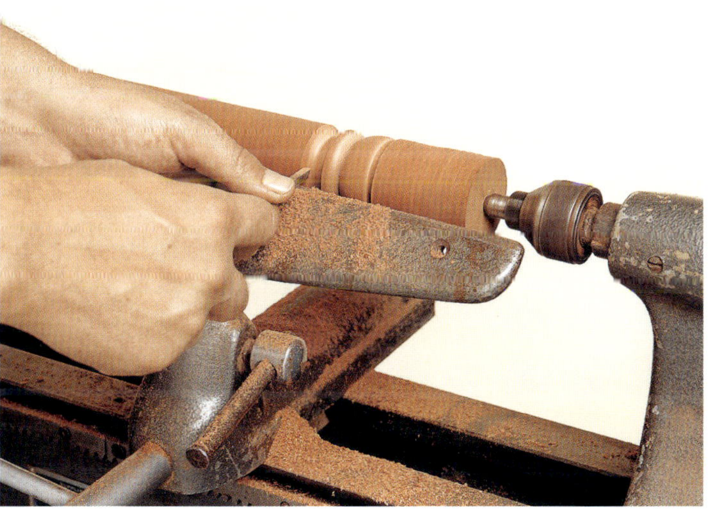

7 Bearbeiten Sie die dekorativen Teile des Fußes mit einem sehr kleinen Hohlbeitel. Entfernen Sie zunächst weniger Holz, als Sie vielleicht denken, und vergleichen Sie regelmäßig die Maße.

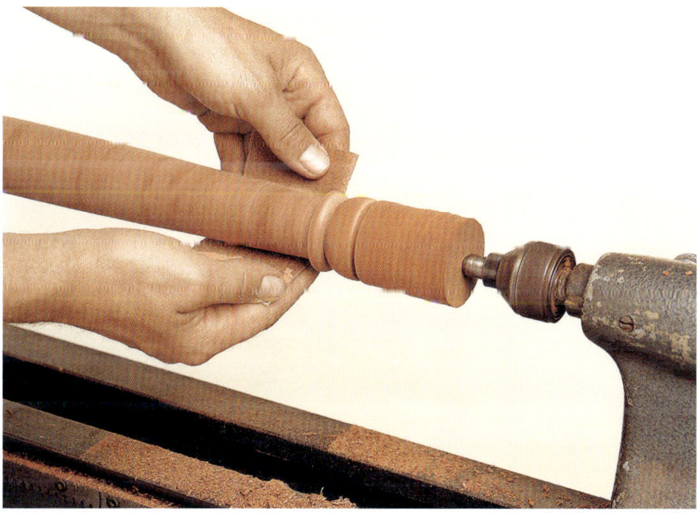

8 Wenn das Bein die richtige Form hat, wird es mit feinem Schleifpapier geschmirgelt und geglättet. Nehmen Sie das Bein aus der Drehbank und sägen Sie es auf die richtige Länge.

▷

Die Nut schneiden

In den oberen quadratischen Teil des neuen Beins muss eine Nut geschnitten werden. Dann kann es am Zapfen des »Tors« befestigt werden.

Material und Werkzeug

- Anschlagwinkel
- Teppichmesser
- Zapfenstreichmaß
- Bügelschraubzwinge
- Zulagen
- Lochbeitel
- Karton
- Feinsäge
- PVA-Leim
- Schraubzwinge
- feines Schleifpapier
- Pottasche
- feine Pinsel
- Wasserbeize
- Polierballen
- Schellack
- Schraubendreher

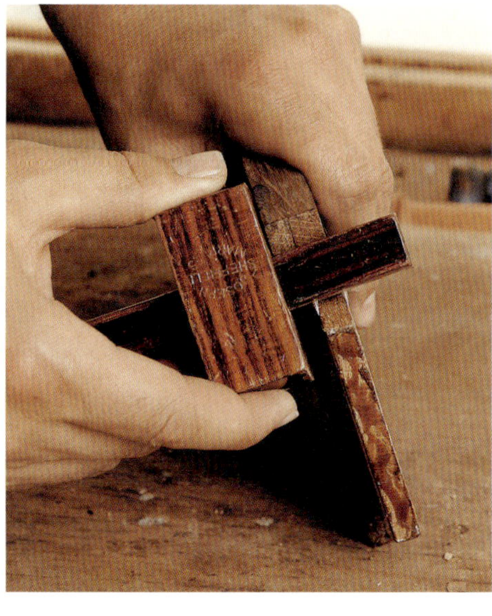

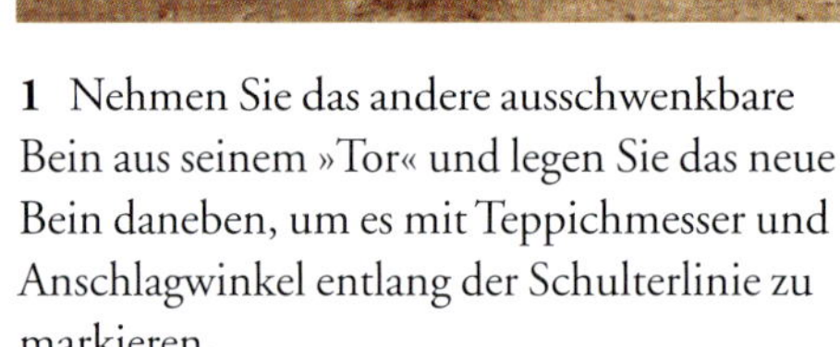

1 Nehmen Sie das andere ausschwenkbare Bein aus seinem »Tor« und legen Sie das neue Bein daneben, um es mit Teppichmesser und Anschlagwinkel entlang der Schulterlinie zu markieren.

2 Messen Sie mit dem Zapfenstreichmaß die Breite des Zapfens am »Tor«, an dem das fehlende Bein befestigt war.

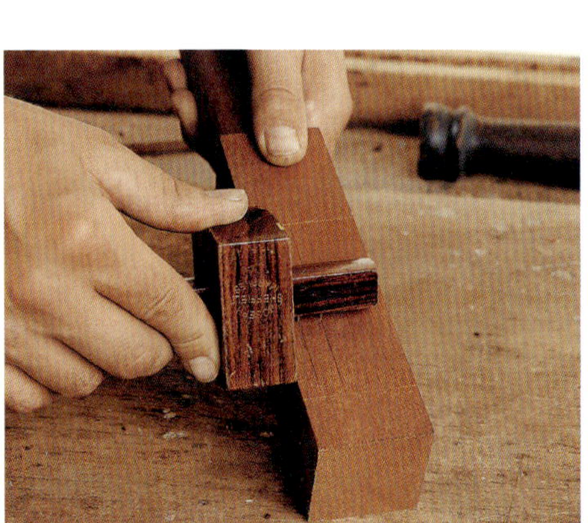

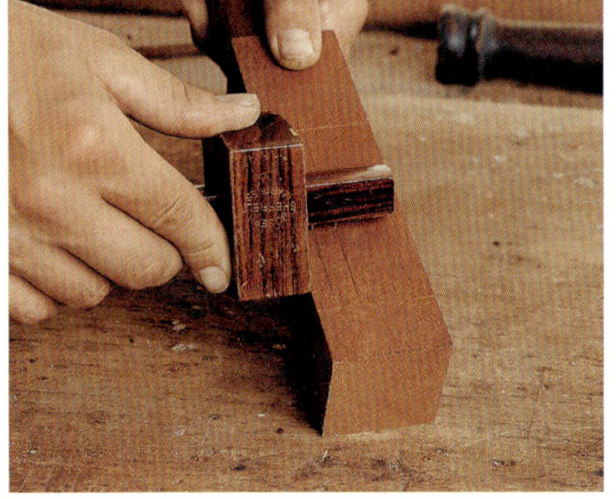

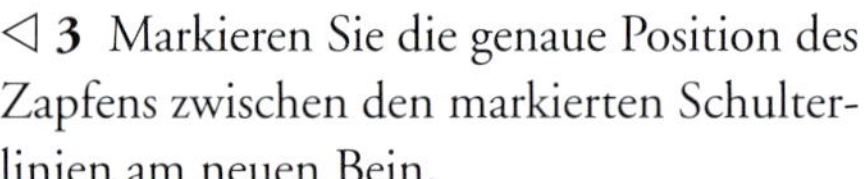

◁ **3** Markieren Sie die genaue Position des Zapfens zwischen den markierten Schulterlinien am neuen Bein.

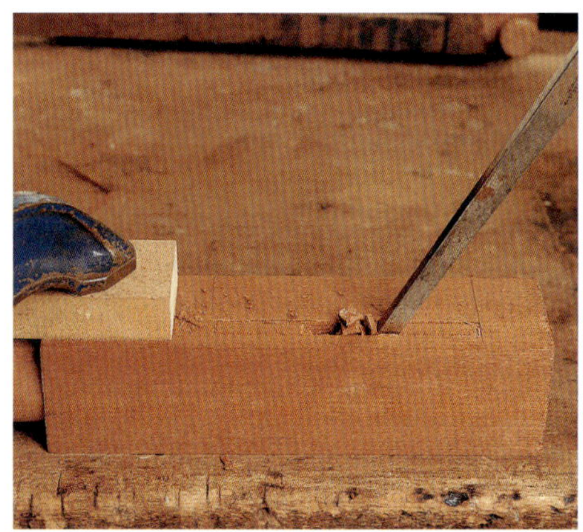

▷ **4** Fixieren Sie das Bein in der Werkbank und verwenden Sie Zulagen, um jegliche Druckstellen zu verhindern. Arbeiten Sie den Zapfen mit einem passenden Lochbeitel aus.

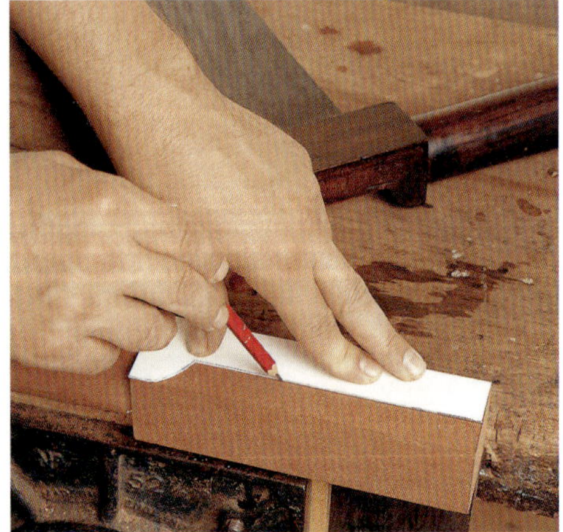

5 Übertragen Sie die Form vom oberen Ende des anderen ausschwenkbaren Beins auf ein Stück Karton und markieren Sie sie anhand dieser Schablone auf dem neuen Bein. Sägen Sie überschüssiges Holz mit der Feinsäge ab.

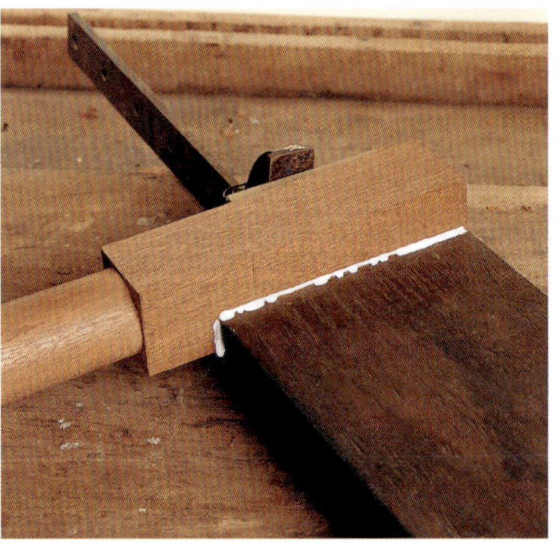

6 Streichen Sie Leim auf das Ende des alten Zapfens und schieben Sie ihn in die neue Nut. Pressen Sie die Verbindung unter Druck und mit Zulagen in der Schraubzwinge. Nach dem Trocknen werden Zwinge und Zulagen entfernt.

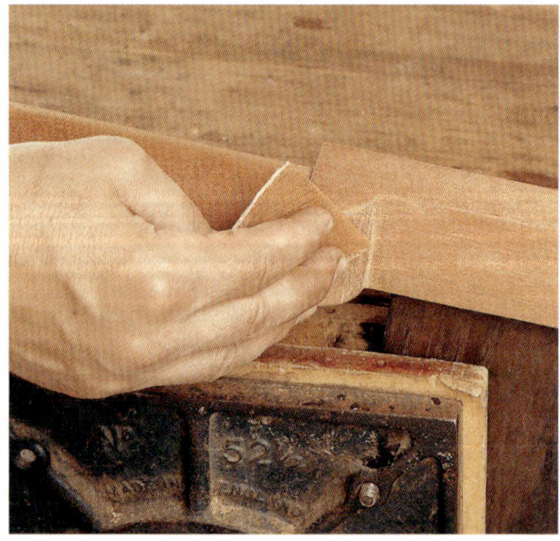

7 Glätten Sie den oberen Teil des Beins mit feinem Schleifpapier. Feuchten Sie das Holz zwischendurch leicht an, damit die Fasern sich jetzt heben und nicht erst später, wenn Sie die Wasserbeize auftragen.

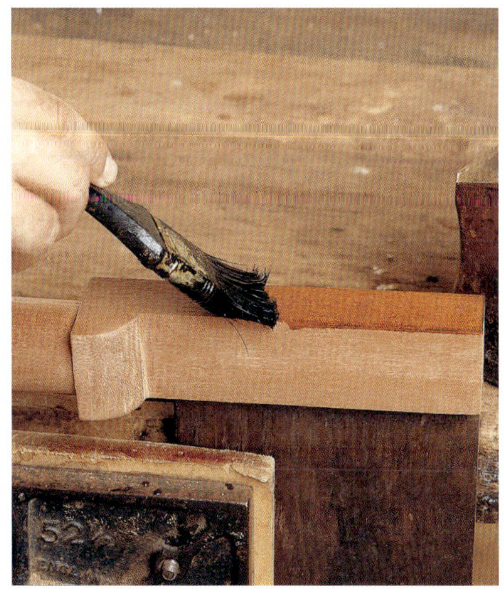

8 Streichen Sie eine dünne Schicht Pottasche über das ganze neue Bein, um den rötlichen Ton des Nussbaumholzes in ein entsprechendes Braun zu verwandeln.

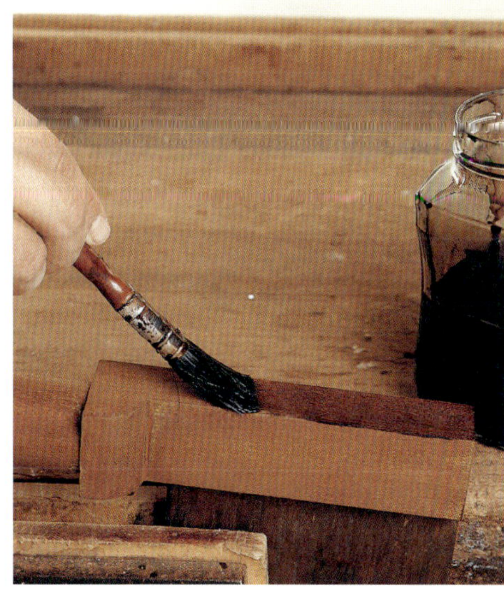

9 Mischen Sie eine farblich passende Wasserbeize an und tragen Sie sie auf das neue Bein auf.

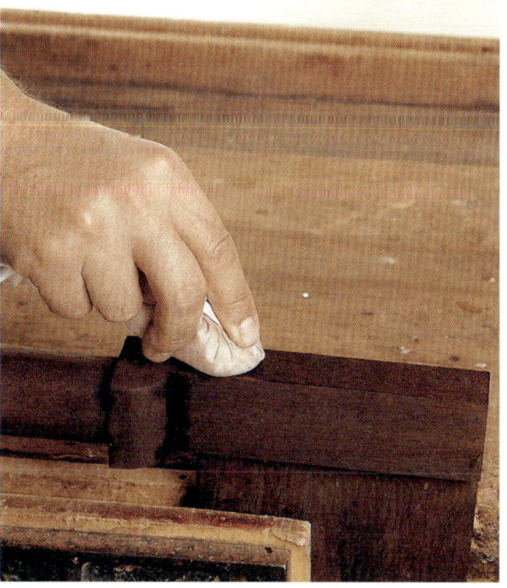

10 Tragen Sie mit dem Polierballen Schellack auf. Bringen Sie einige künstliche Verschleiß- und Alterungsspuren auf, damit sich das Bein äußerlich dem alten anpasst.

Einen Fuss reparieren

An einem Kissenfuß sind verschiedene Teile abgebrochen. Aufgrund der beschädigten Kanten kann man sie nicht einfach anleimen, sie müssen ersetzt werden. Fertigen Sie nach einem unbeschädigten Fuß eine Schablone, damit Sie den Schaden richtig einschätzen und einen passenden Ersatz zusägen können.

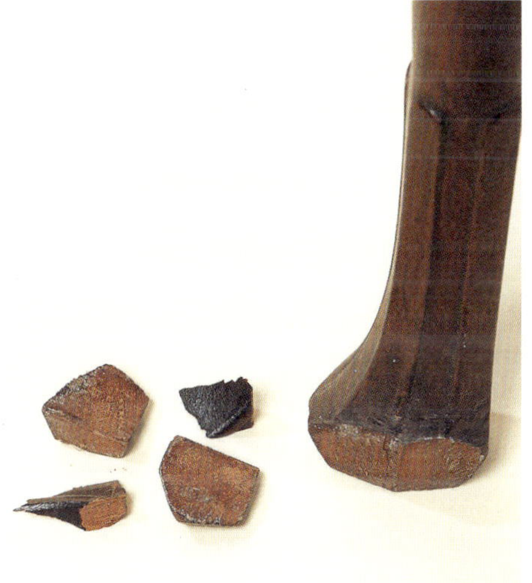

Material und Werkzeug

- Winkelmaß
- fester Karton
- rötliches Nussbaumholz
- Feinsäge
- PVA-Leim
- Federspange
- Teppichmesser
- Hirnholzhobel
- Bügelsäge
- Feile
- Schnitzwerkzeug
- Pottasche
- feine Pinsel
- Politur
- Baumwoll-lappen
- feines Bimsmehl

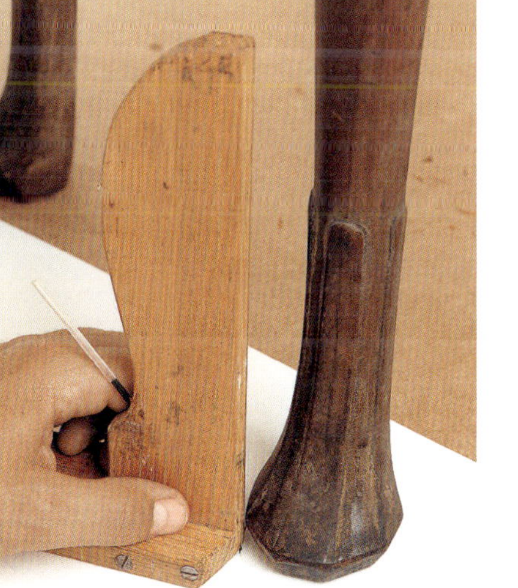

◁ **1** Zeichnen Sie den Umriss eines unbeschädigten Fußes mit dem Winkelmaß (s. S. 110) auf festem Karton nach. Die Schablone dient als Muster für die Reparatur des beschädigten Fußes.

▷ **2** Stellen Sie den beschädigten Fuß auf die Schablone und zeichnen Sie die abgebrochenen Stellen nach, um eine Vorstellung von Form und Größe der neuen Holzstücke zu gewinnen. Schneiden Sie das Holz passend zu. Leimen Sie die Teile jeweils Stück für Stück an, um das Profil aufzubauen und dem Fuß Stabilität zu verleihen.

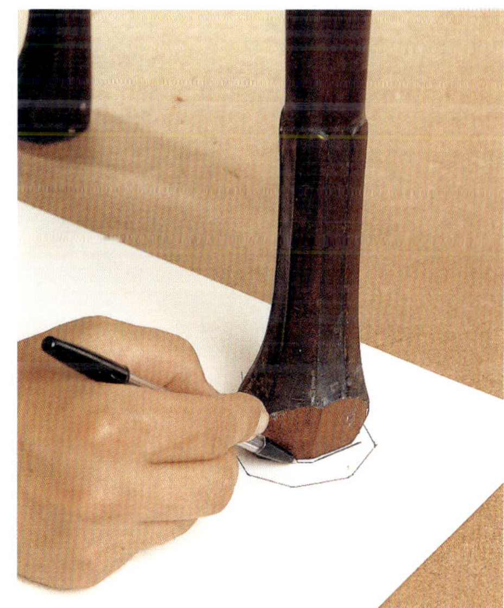

▷

Den Fuß reparieren … Fortsetzung

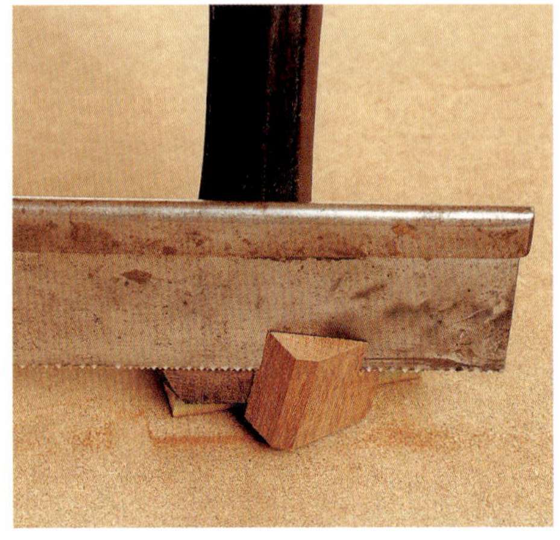

3 Sägen Sie überschüssiges Holz mit der Feinsäge ab. Bedenken Sie, dass der Fuß noch modelliert werden muss und lassen Sie dafür etwas Holz stehen.

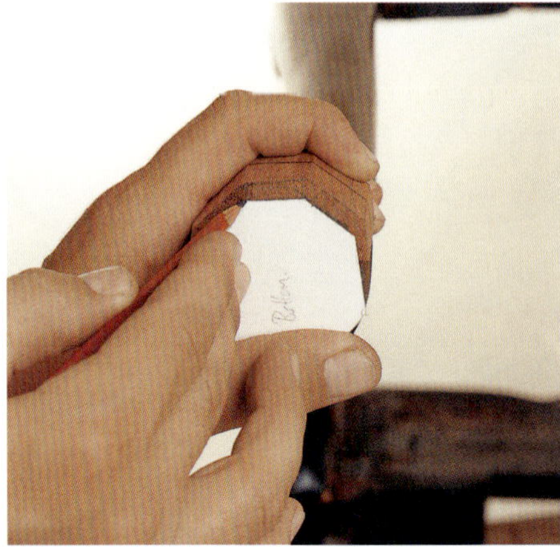

4 Für das Profil der Abschrägung benötigen Sie eine zweite Schablone, diesmal vom vollständigen unteren Teil des erhaltenen Fußes. Schneiden Sie die Schablone aus, legen Sie sie auf den soeben restaurierten Fuß und markieren Sie den Umriss.

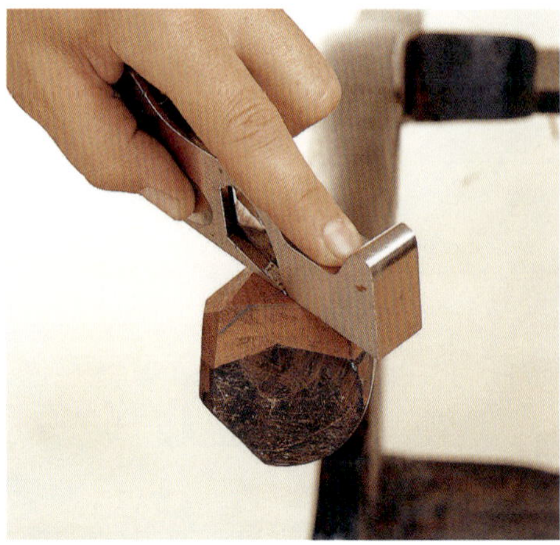

5 Verwenden Sie einen kleinen Hirnholzhobel, um, der gezeichneten Linie folgend, die entsprechende Abschrägung zu erzeugen. Hobeln Sie dabei immer in Faserrichtung, nicht dagegen. Sie riskieren sonst, dass das Holz reißt.

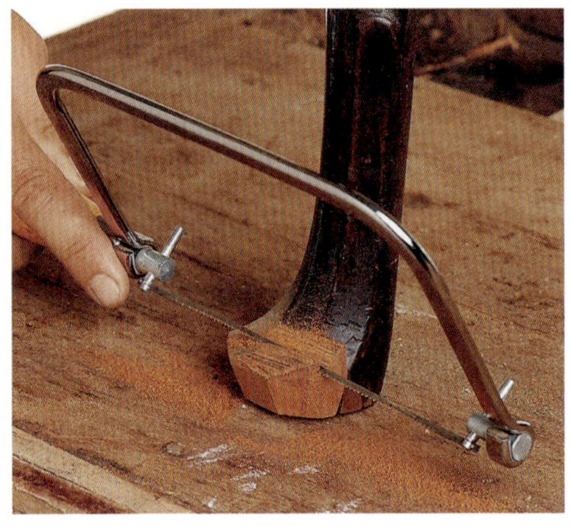

◁ **6** Sägen Sie die Form des Kissenfußes mit der Bügelsäge. So können Sie im Winkel arbeiten und den Fuß besser formen.

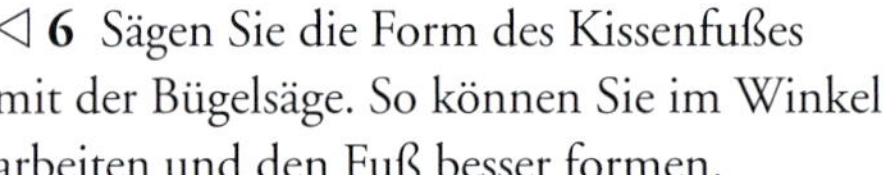

▷ **7** Das gewünschte Profil wird dann mit der Raspel ausgeformt. Nehmen Sie aber nicht zu viel Holz ab, da noch die trapezförmige Facette geschnitzt werden muss.

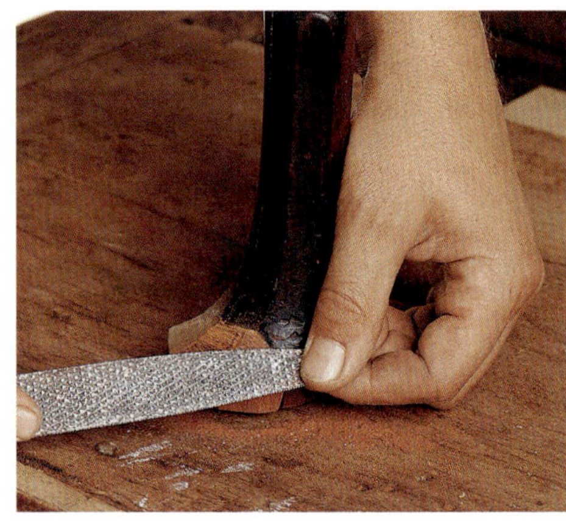

8 Vergleichen Sie die Form immer wieder mit dem erhaltenen Fuß. Folgen Sie der Linie der erhabenen Dekoration am Originalbein, nach der Sie das Profil des restaurierten Fußes schnitzen.

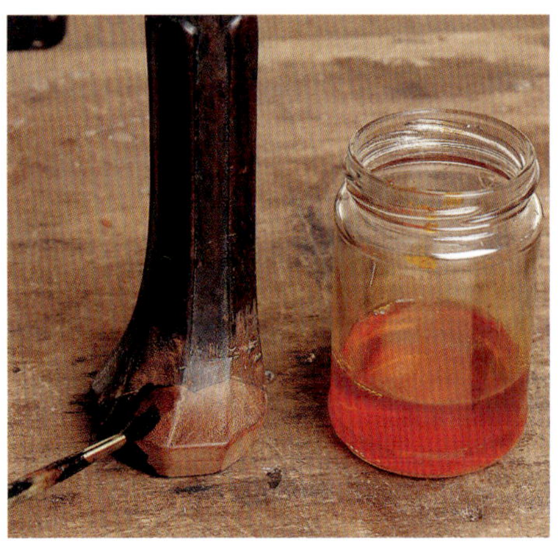

9 Streichen Sie mit dem Pinsel eine dünne Schicht Pottasche auf den Fuß – eine chemische Beize, die auf das Tannin im Holz reagiert und den rötlichen Holzfarbton in ein passendes Braun verwandelt.

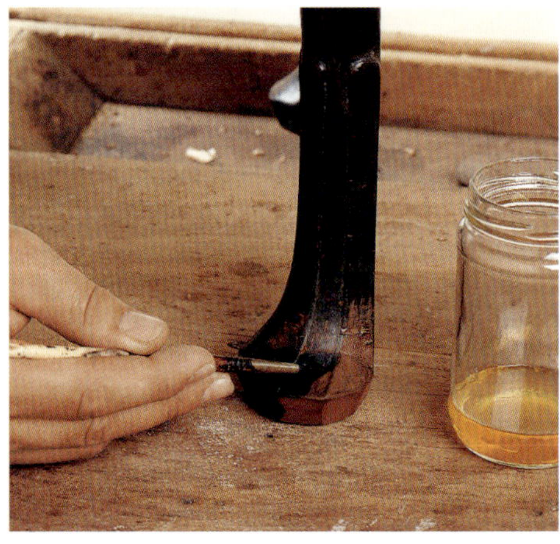

10 Bringen Sie mit dem Pinsel eine dünne Schicht Politur auf. Feuchten Sie einen Lappen mit Politur an und streuen Sie etwas Bimsmehl darauf. Arbeiten Sie diese Mischung in die Fasern ein, um die neue und alte Holzfläche einander anzugleichen.

Zusammenbauen und polieren

Nachdem sämtliche Restaurierungsmaßnahmen abgeschlossen sind, kann der Tisch wieder zusammengebaut werden. Die alten Schrauben lassen sich wieder verwenden. Da alle Teile beschriftet und ihre jeweiligen Positionen beim Zerlegen notiert wurden, sollte die Arbeit gut zu bewältigen sein.

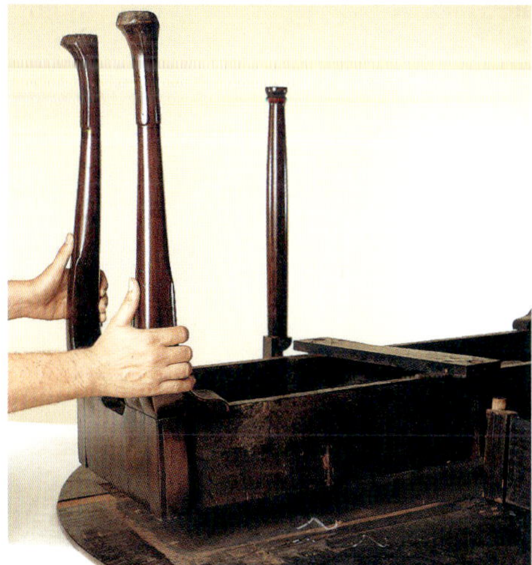

Material und Werkzeug

- Schraubendreher
- Methylalkohol
- Baumwolllappen
- feiner Pinsel
- Beize
- Polierballen
- Politur
- Wachs

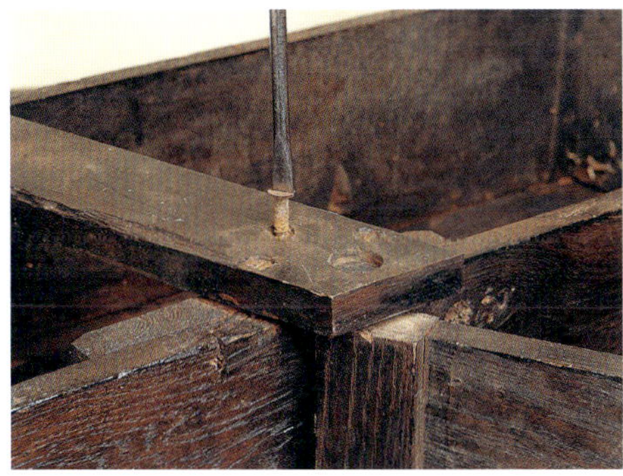

1 Stellen Sie den Tisch umgedreht auf eine abgedeckte Werkbank, um Kratzer oder Dellen zu vermeiden. Schrauben Sie zuerst Zarge und Beine wieder an, dann die beiden Tore für die ausschwenkbaren Beine. Verwenden Sie die Originalschrauben.

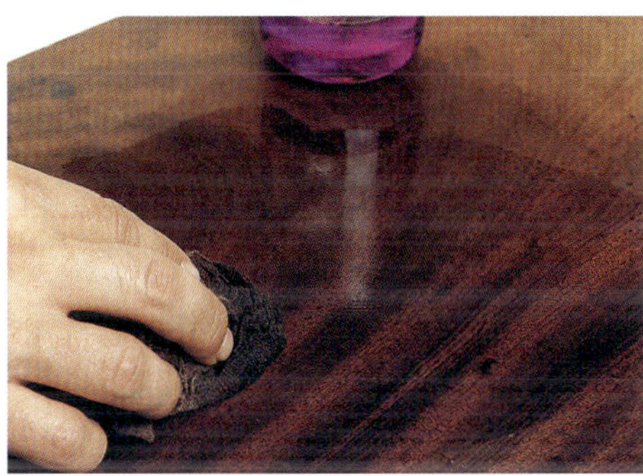

2 Tropfen Sie etwas Methylalkohol auf einen Lappen und wischen Sie mit leichtem Druck über die Oberfläche, um von der alten Politur so wenig wie möglich abzutragen. Achten Sie auch auf Kratzer und Flecken (s. S. 54–59).

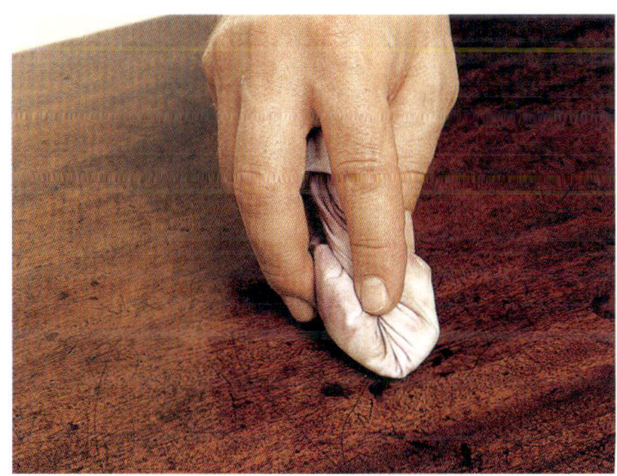

3 Beizen Sie die Reparaturen. Dann wird der Tisch mit Politur überzogen, gewachst und mit einem weichen Lappen auspoliert.

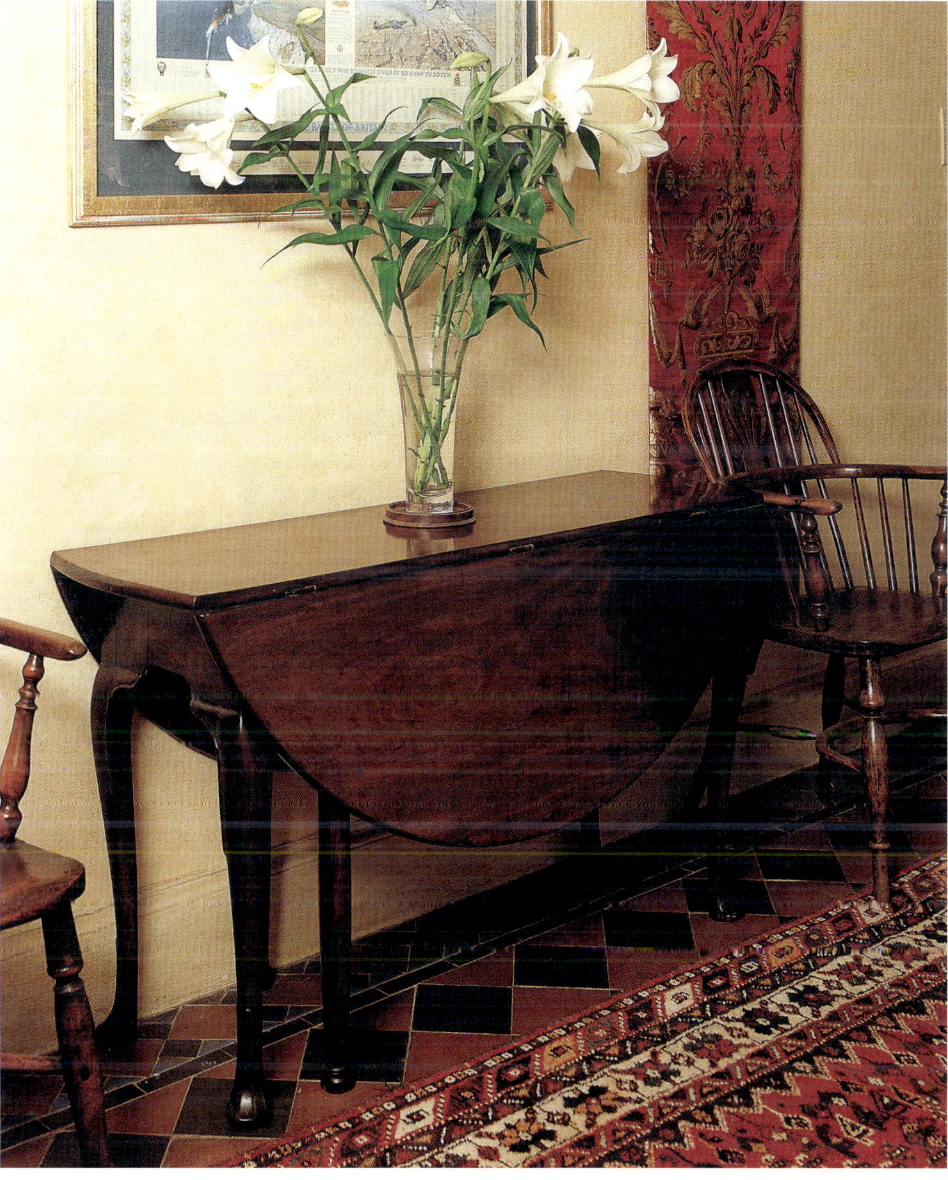

Der restaurierte Tisch mit den ersetzten Zierstützen, dem neu eingefügten Furnier, dem reparierten Fuß, seinem neuen Bein und der polierten Oberfläche kommt jetzt wieder bestens zur Geltung.

Projekt: Sofatisch

Unter den Begriff »Restaurierung« fallen eine ganze Reihe von Techniken, die vom einfachen Entfernen von ein oder zwei Kratzern bis zu auf den ersten Blick scheinbar hoffnungslosen Fällen reichen. Dieser Sofatisch, um 1810 im Stil Georges III. entstanden, ist mit Palisander furniert und in Substanz und Farbe gut erhalten. Das ursprünglich als Sofatisch entworfene Stück stand lange als Frisiertisch unter einem Schlafzimmerfenster. Unseligerweise entzündete sich an einem sehr heißen Tag – die Sonnenstrahlen wurden durch eine vergessene Lesebrille gebündelt – zuerst der Vorhang und dann die hintere Seite des Tischs, so dass einige Teile ganz, andere teilweise zerstört wurden.

Die Arbeit planen

Die Bandintarsien entlang der vorderen Kante wurden komplett zerstört, der Schaden reichte teilweise bis in das darunter liegende Trägerholz. Die Front einer falschen Schublade ging verloren, mit ihr auch die gedrechselten Palisanderknäufe. Durch die Hitze der Flammen ist auch die Leimfuge im Mahagoni-Trägerholz gesprungen. Zum Glück hat sich das Furnier sauber gelöst und ist nicht gerissen. Von den Bandintarsien am Rand fehlen einige Stücke. Die Beine, die sich infolge von Verschleiß gelockert haben, müssen abgenommen, gereinigt und wieder fest eingebaut werden. Am Piedestal fehlen Teile von Furnier und Einlagen.

Die Platte

- **Riss entlang der Leimfuge**
- **Furnier, Querfurnierband und Ader am Rand der Platte beschädigt**

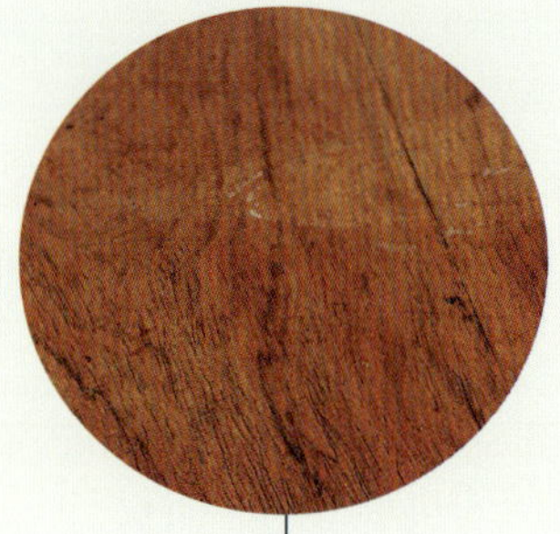

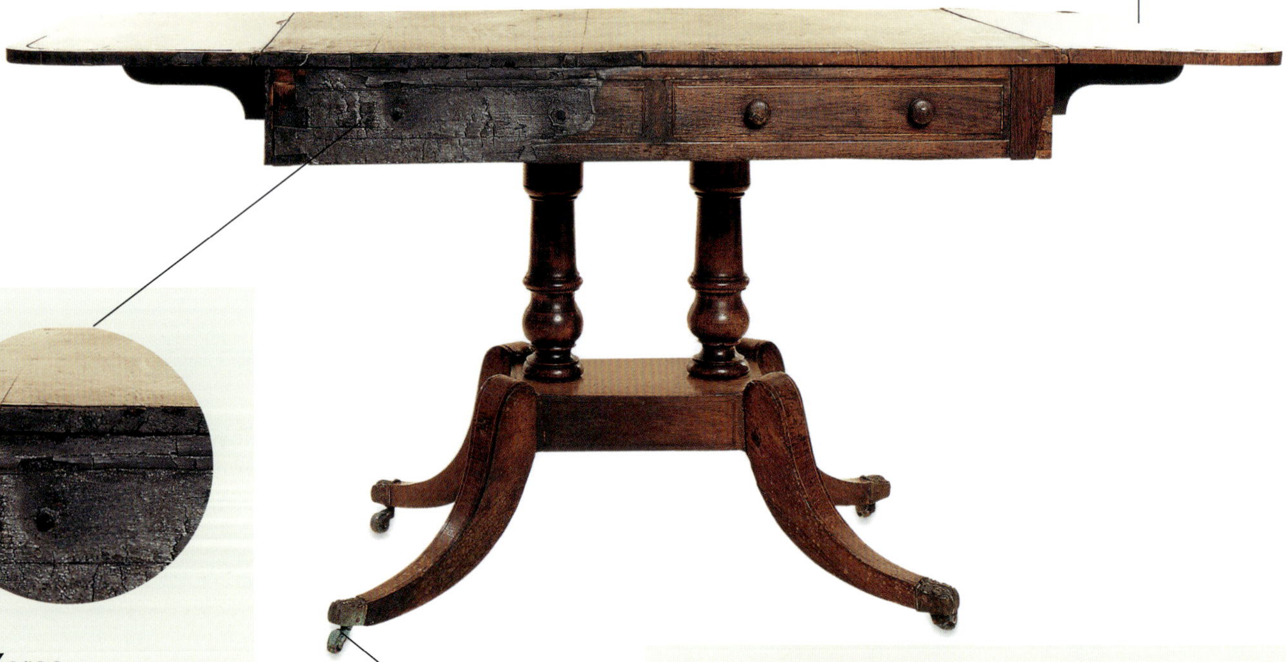

Die Zarge

- **Furnier und Trägerholz zerstört**
- **Knäufe zerstört**

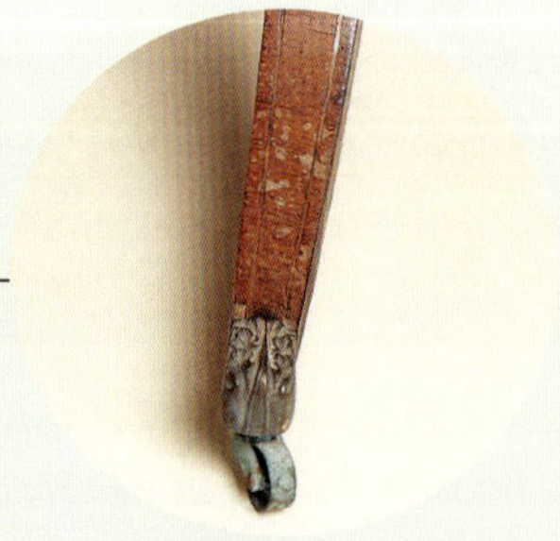

Die Basis

- **Furnier und Aderung fehlen**
- **Beine locker**

Reparatur der Tischplatte

Die Platte ist gebrochen, da der Leim im Bereich der Kante unter der Hitze der Flammen gelitten hat. Auch Furnier, Bandeinlagen und Aderstreifen am Rand wurden vom Feuer beschädigt. Bevor die Kante restauriert werden kann, muss der Bruch repariert werden.

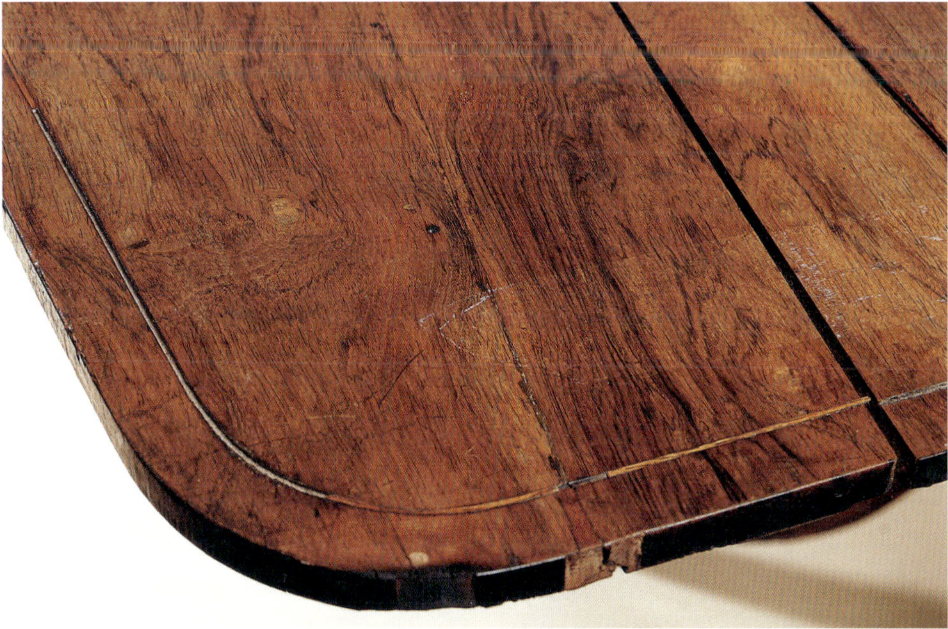

Die Klappe sichern

Der Schaden an der Platte sieht schlimmer aus, als er tatsächlich ist. Der Sprung verläuft im Bereich der Leimfuge, kann also einfach neu verleimt und gepresst werden.

Material und Werkzeug

- Schraubendreher
- Zahnhobel
- PVA-Leim
- Schraubzwingen
- Zulagen
- Bügelschraubzwingen

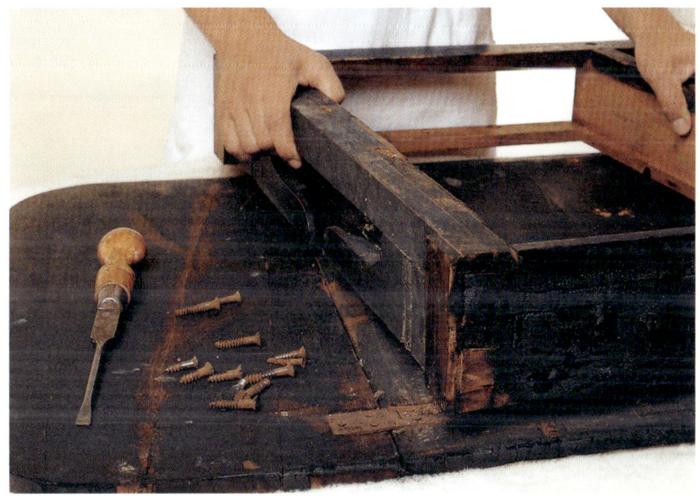

◁ **1** Stellen Sie den Tisch umgekehrt auf eine abgedeckte Werkbank. Entfernen Sie Unterbau und Zarge, nehmen Sie dann die beiden Klappen ab. Heben Sie die Schrauben sorgfältig auf (s. S. 182), Sie können sie wieder verwenden.

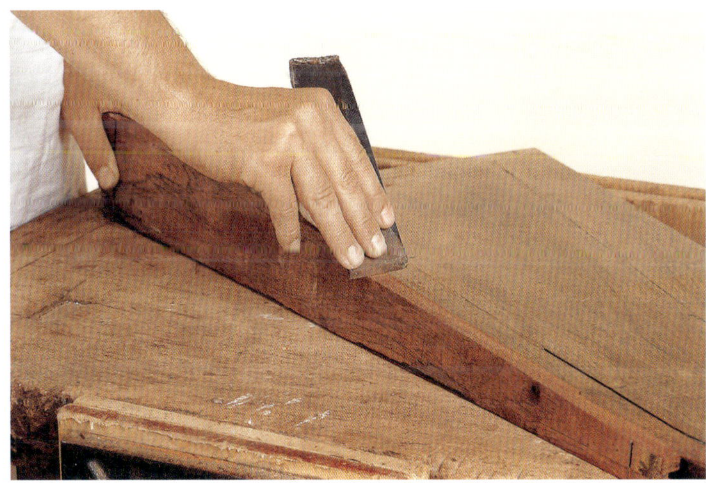

2 Nehmen Sie die Platte an der Bruchstelle vorsichtig auseinander. Entfernen Sie die Leimreste mit dem Eisen eines Zahnhobels, damit verbessern Sie zugleich die Haftung für die neue Leimverbindung.

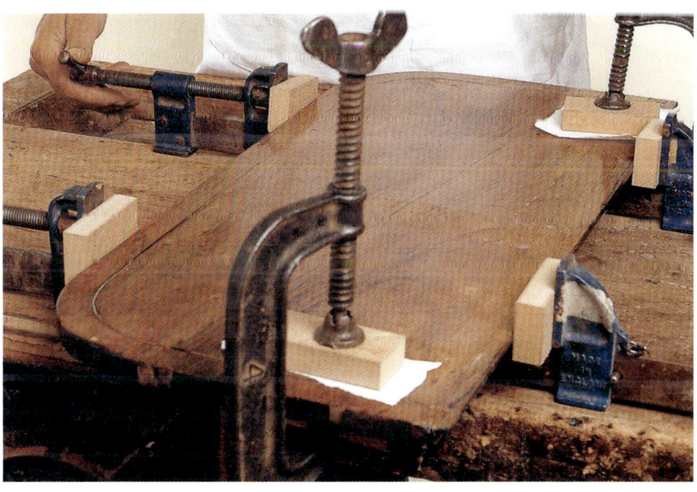

3 Leimen Sie die beiden Teile der Platte wieder zusammen. Verwenden Sie Schraubzwingen und Zulagen, um die Fuge unter Druck zu fixieren. Legen Sie Papier unter, damit nichts kleben bleibt.

▷

Die Tischkante wieder aufbauen

Die Kante der Tischplatte hat schwere Schäden erlitten. Trägerholz, Furnier, Querfurnierbänder und Adern sind vollkommen zerstört und müssen ersetzt werden. Zum Glück hat sich der Schaden nicht über die Bandeinlagen hinaus ausgebreitet. So kann man das neue Furnier an die unbeschädigten Teile anlegen. Der Aderstreifen macht diese Reparatur fast unsichtbar.

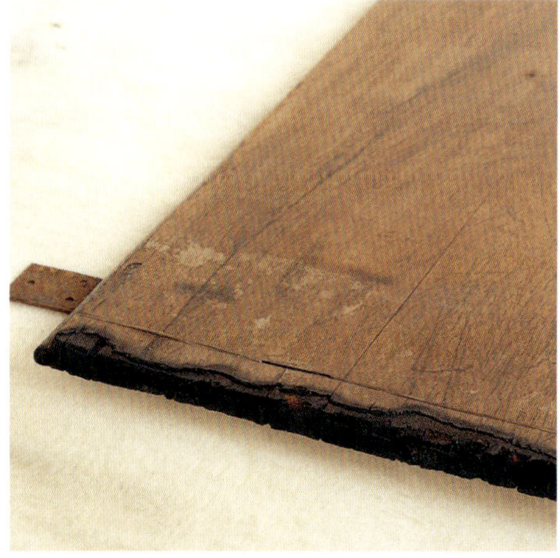

Material und Werkzeug

- Oberfräse
- Anschlagvorrichtung
- Nadelholz
- Feinsäge
- PVA-Leim
- Abdeckband
- Hobel
- Stecheisen
- Zahnhobel
- altes Furnier
- Buchsbaumadern
- Zulagen
- Teppichmesser
- feines Schleifpapier

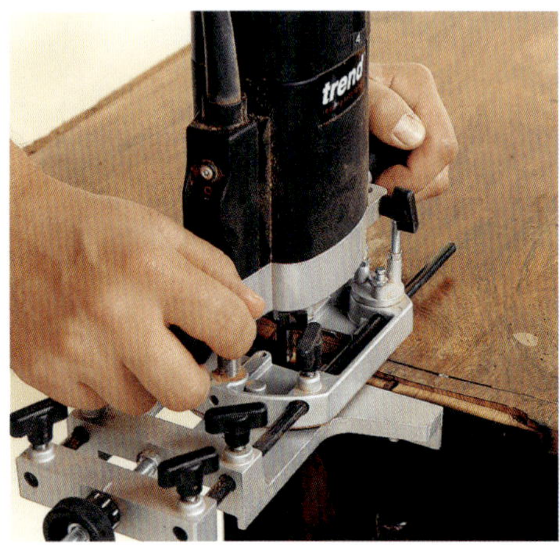

1 Entfernen Sie mit einer Oberfräse mit Anschlagvorrichtung das beschädigte Furnier und das Trägerholz. Lassen Sie jedoch eine Nut stehen, in die Sie Teile des neuen Trägerholzes einleimen können.

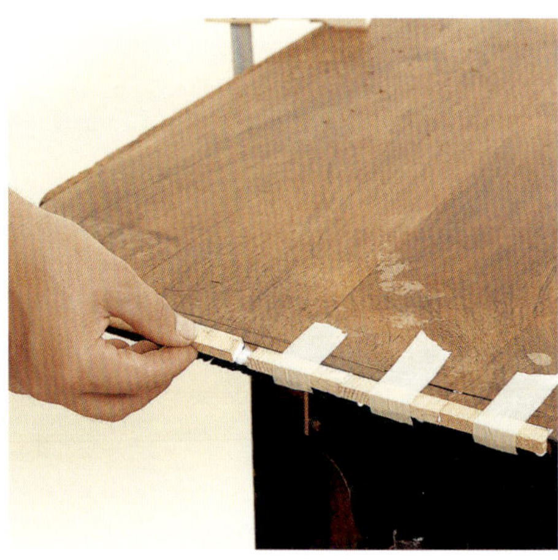

2 Schneiden Sie Stücke aus Nadelholz zu, die in das ausgefräste Trägerholz geleimt werden. Bestreichen Sie die Fläche mit Leim und passen Sie die Stücke ein. Fixieren Sie sie mit Abdeckband, bis der Leim trocken ist.

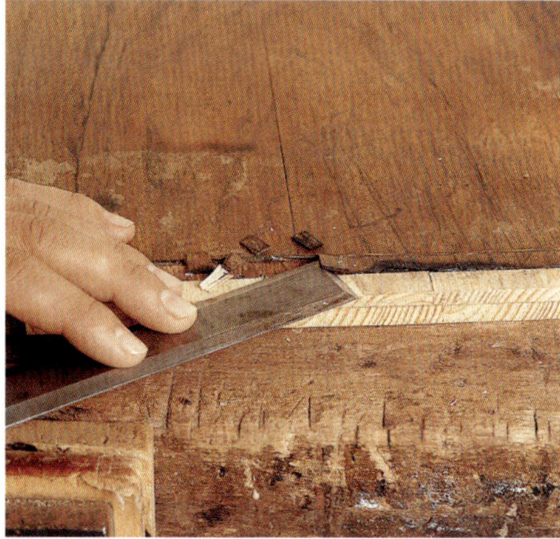

3 Hobeln Sie das neue Trägerholz mit der Vorderkante bündig. Die Reste des alten Furniers werden bis zur Kante der Bandeinlage mit dem Stecheisen entfernt. Bearbeiten Sie das abgehobelte Trägerholz mit dem Eisen eines Zahnhobels.

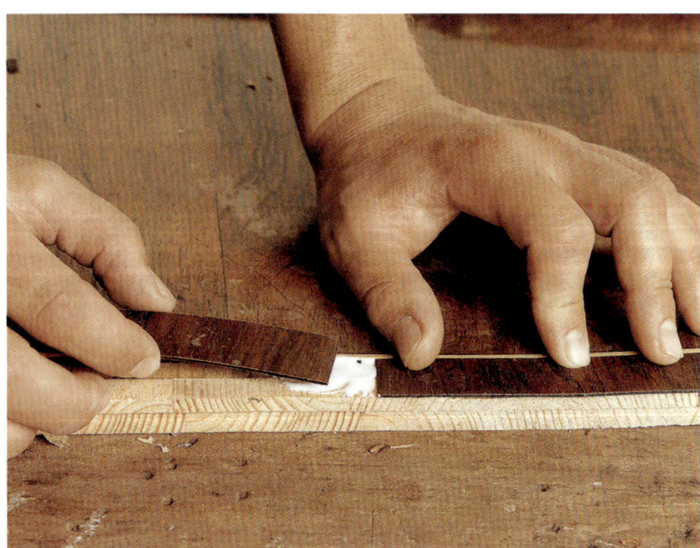

4 Nehmen Sie ein Stück altes Furnier, das zum Originalfurnier passt, und leimen Sie es auf das alte und neue Trägerholz. Fügen Sie im gleichen Arbeitsgang auch die Aderstreifen ein (s. S. 83), um zu gewährleisten, dass sie sich sauber anschließen.

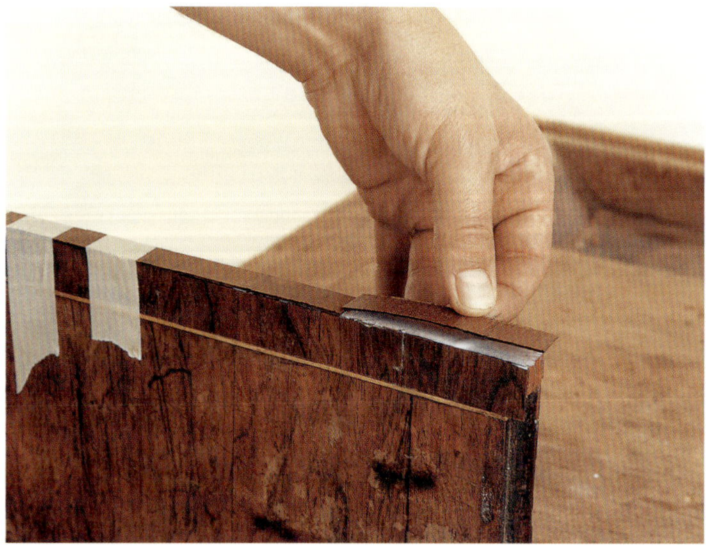

5 Schmirgeln Sie die neuen Bandintarsien mit feinem Schleifpapier bündig mit der Kante (s. S. 187, Schritt 5). Bessern Sie weitere fehlende Bänder ebenso mit altem Furnier aus.

Reparatur der Zarge

Die halbe Vorderfront war zu Kohle verschmort. Auch wenn der Schaden zunächst irreparabel scheint, so ist eine Restaurierung doch möglich. Sie erfordert allerdings größte Sorgfalt, zumal neues Trägerholz eingefügt, passendes Furnier gefunden und neue Knäufe für die Schublade angefertigt werden müssen.

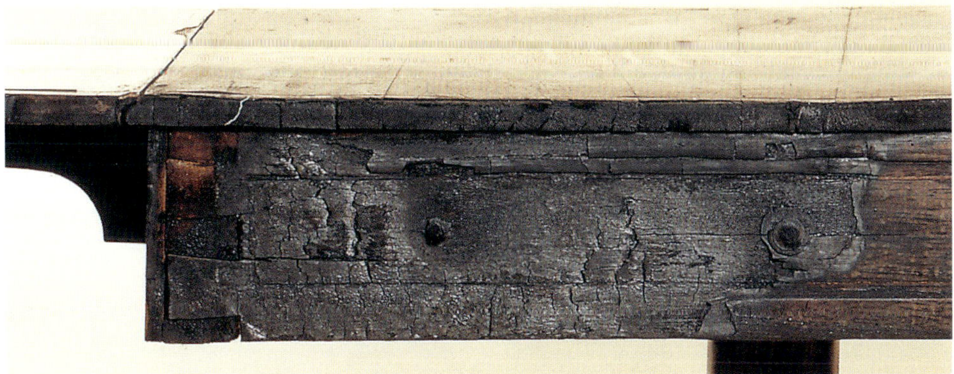

Trägerholz und Furnier ersetzen

Das verkohlte Holz muss entfernt werden, bevor es durch neues ersetzt und furniert werden kann.

Material und Werkzeug

- Oberfräse
- Anschlag-vorrichtung
- Schlichthobel
- Fichtenholz
- PVA-Leim
- Bügel-schraubzwingen
- Zulagen
- Hobel
- Palisander
- Teppich-messer
- Stecheisen
- Schneid-Streichmaß
- Buchsbaum-adern
- Hammer
- Schraubzwinge

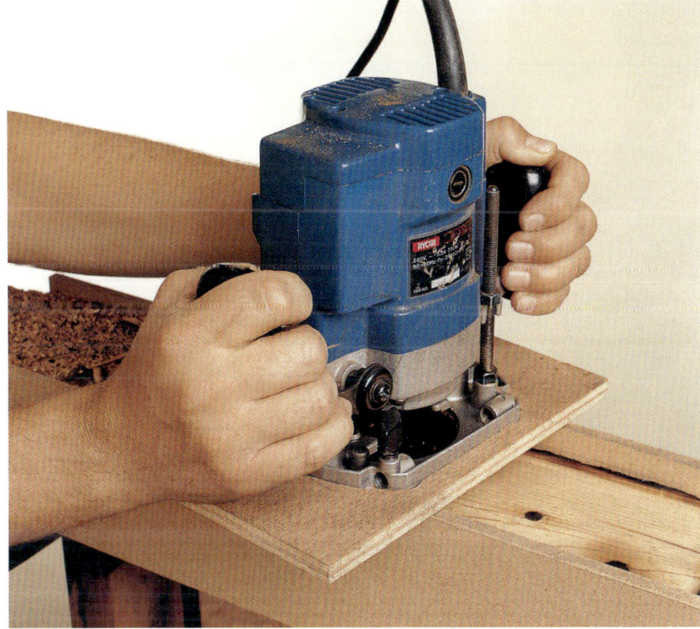

◁ **1** Vor dem Aufbringen des neuen Furniers müssen die beschädigten Teile der Schubladenfront repariert werden. Stellen Sie die Oberfräse auf die entsprechende Tiefe ein, um das verkohlte Furnier und Trägerholz zu entfernen. Arbeiten Sie mit einer seitlichen Anschlagvorrichtung, auf der die Oberfräse geführt werden kann, um eine plane Schneidfläche zu erhalten.

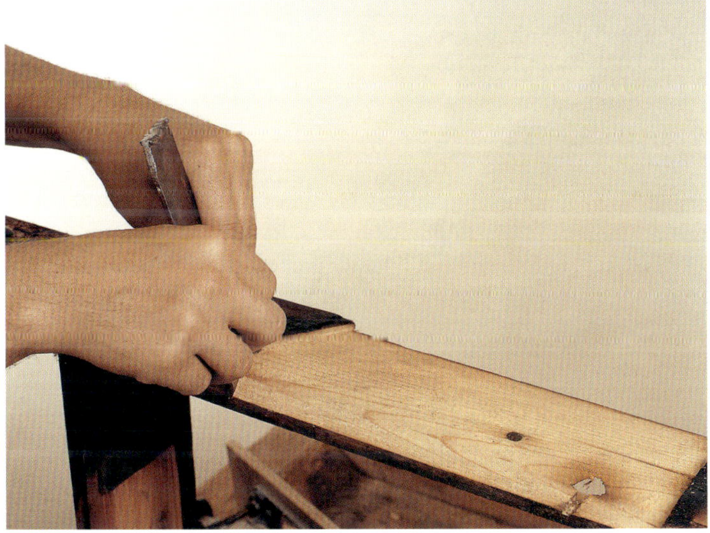

2 Glätten Sie die ausgefräste Fläche mit dem Eisen eines Putzhobels. Eine gleichmäßig ebene Oberfläche garantiert eine optimale Haftung des Leims. Messen Sie die Fläche aus und schneiden Sie ein Stück Fichtenholz zu, das etwas größer ist.

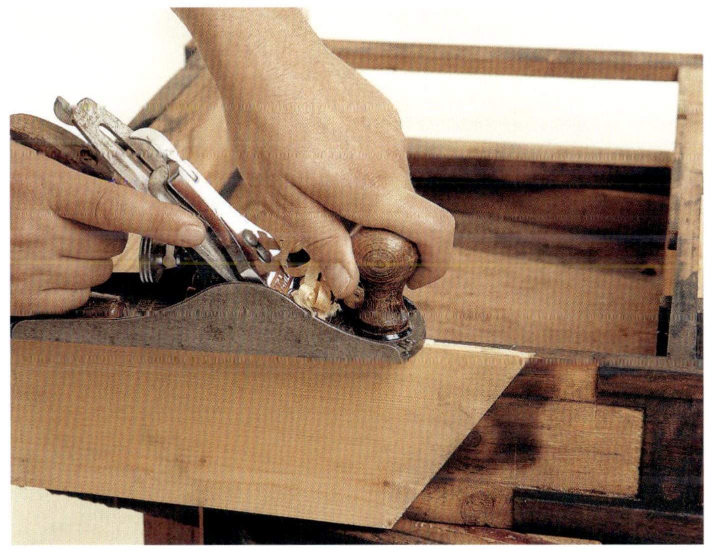

3 Verstreichen Sie Leim auf der ausgefrästen Fläche und legen Sie das neue Holzstück ein. Lassen Sie es in der Zwinge mit Zulagen trocknen. Dann werden Zwinge und Zulagen entfernt und das Fichtenholz bündig mit der oberen und unteren Kante gehobelt.

▷

Trägerholz und Furnier ersetzen … Fortsetzung

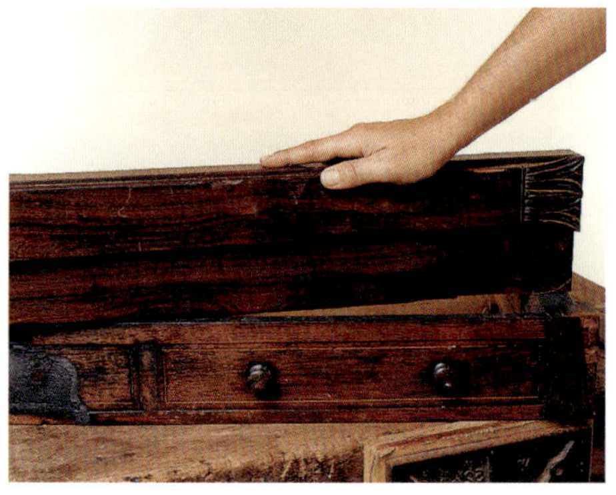

4 Wählen Sie ein Stück altes Palisanderholz, dessen Farbe und Maserung jener des Originalfurniers bestmöglich entspricht, dann entfernen Sie das alte Furnier mit Dampf oder mit der Säge (s. S. 77).

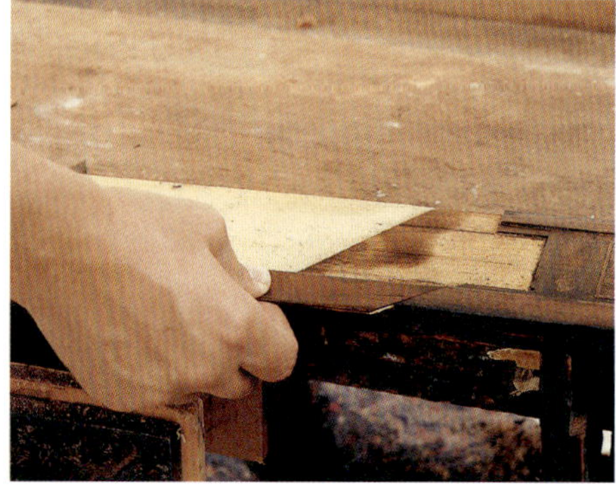

5 Spannen Sie die Zarge in den Schraubstock. Beginnen Sie mit der oberen Schubladenleiste. Schneiden Sie mit dem Teppichmesser die entsprechenden Winkel in das alte und neue Furnier. Leimen Sie die neuen Stücke ein.

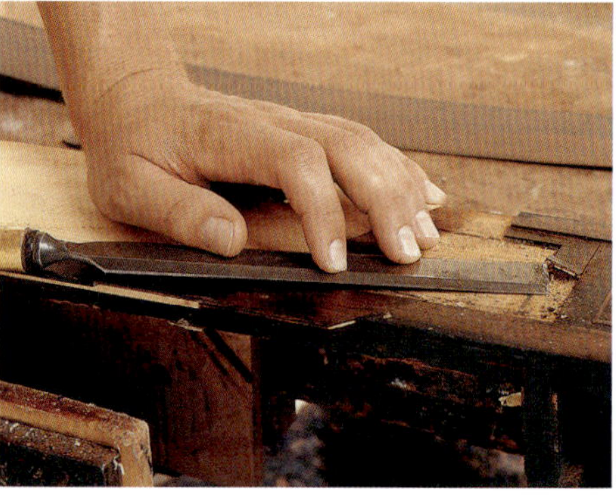

6 Entfernen Sie Reste des beschädigten Furniers vorsichtig mit einem langen Stecheisen.

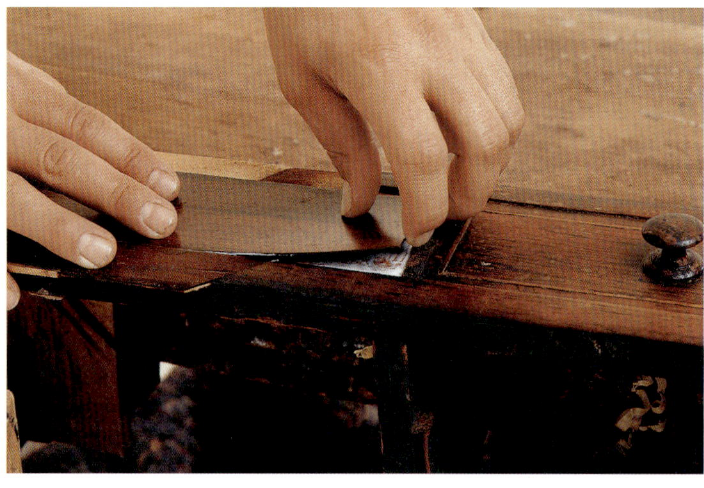

7 Leimen Sie eines der ausgewählten Furnierstücke auf die beschädigte Schubladenfront. Legen Sie eine Zulage darauf, damit sich keine Blasen (Kürschner) bilden, dann bringen Sie die Bügelschraubzwinge an.

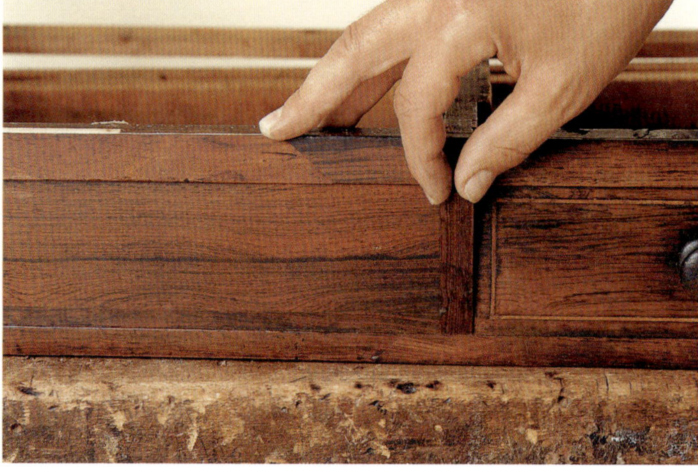

8 Nehmen Sie die Zarge aus dem Schraubstock. Ersetzen Sie das Furnierstück, das im rechten Winkel zwischen den beiden falschen Schubladenfronten verlegt ist. Es sollte in der Höhe leicht überstehen, damit die Schubladen echt wirken.

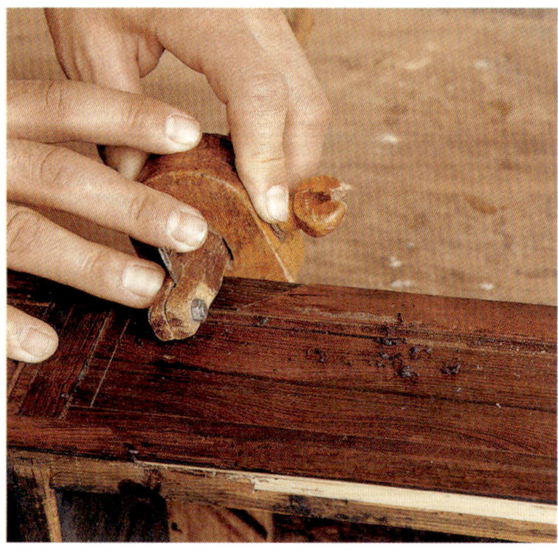

9 Bevor Sie die Buchsbaumadern verlegen, reißen Sie mit dem Schneid-Streichmaß eine Nut in der passenden Breite an.

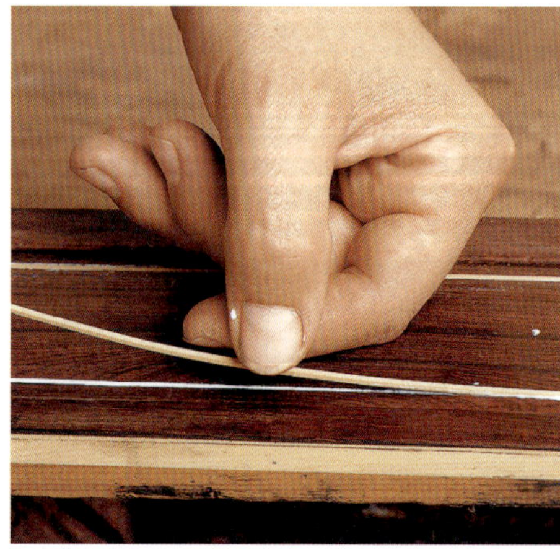

10 Wählen Sie eine Buchsbaumader aus und bereiten Sie sie vor (s. S. 83). Legen Sie sie in die Nut und drücken Sie sie mit der Rückseite eines Hammers an.

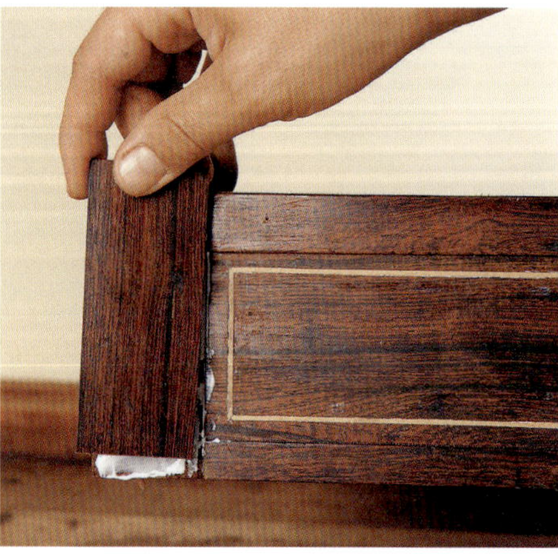

11 Leimen Sie die anderen fehlenden Furnierstücke auf die beschädigten Stellen. Sie werden dann mit Zwingen und Zulagen fixiert.

Die Knäufe ersetzen

Da die neuen Knäufe passend zu den alten gedrechselt werden, müssen Sie die alten Knaufe mehrfach genau vermessen, damit die Form übereinstimmt.

Material und Werkzeug

- Greifzirkel
- Palisander oder Nussbaumholz
- Drehbank
- Drechselwerkzeug
- Zirkel
- feines Schleifpapier
- Bohrmaschine
- Holzbohreinsatz
- Schrauben

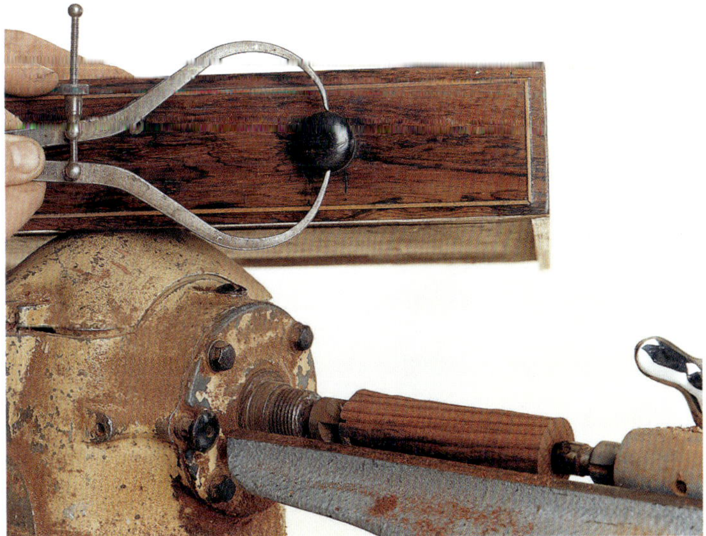

◁ **1** Messen Sie den Durchmesser des Knaufs mit dem Greifzirkel. Falls Sie kein massives Stück Palisander auftreiben können, was schwierig sein dürfte, nehmen Sie ein Stück schön gemasertes Nussbaumholz als Ersatz.

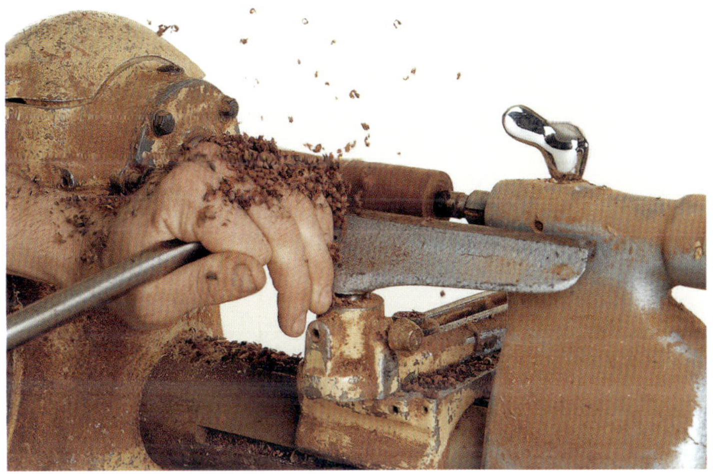

2 Drehen Sie den neuen Knauf mit einem etwas größeren Durchmesser als den am alten ermittelten. Vergleichen Sie die Maße immer wieder mit dem Greifzirkel, denn wenn Sie zu viel Holz abnehmen, müssen Sie wieder ganz von vorne anfangen.

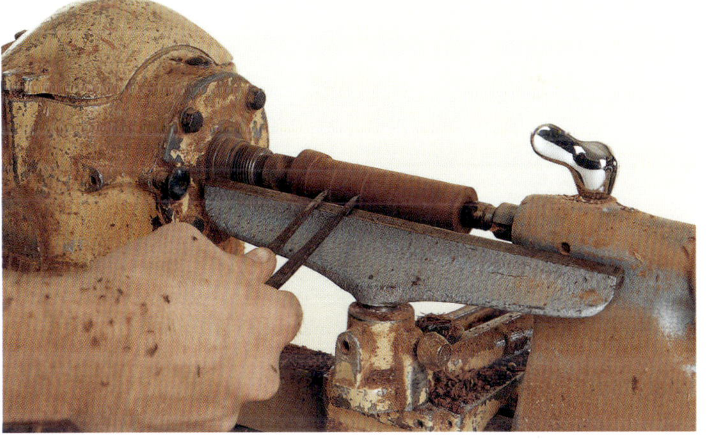

3 Messen Sie den alten Knauf mit dem Stechzirkel und markieren Sie auf dem Werkstück Position und Größe der verschiedenen Teile wie Griff, Stutzen und Fuß.

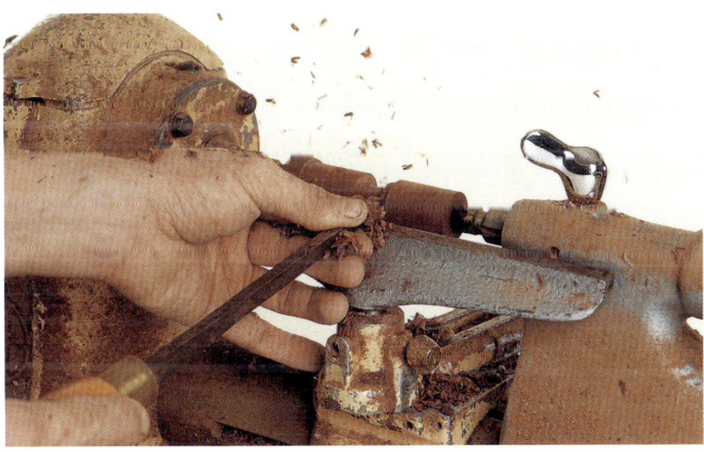

4 Nachdem Sie die verschiedenen Markierungen angerissen haben, drechseln Sie den Knauf auf die entsprechende Länge. Entfernen Sie den Reitstock aus der Drehbank, nehmen Sie den Knauf aus dem Spindelstock und spannen Sie ihn in das Futter ein.

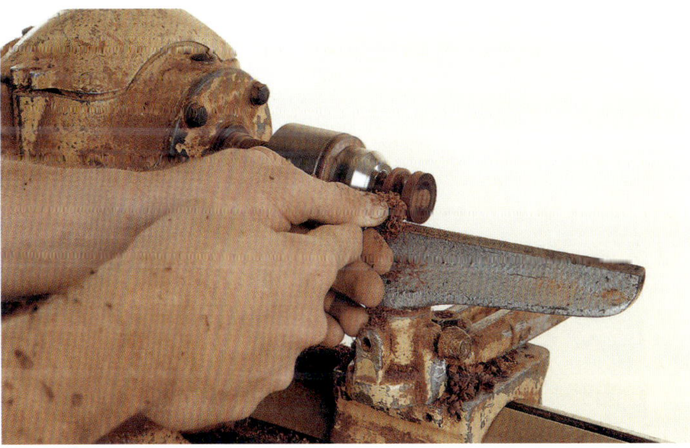

5 Nach dem Vorbild des Originals wird der neue Knauf in derselben Form und Größe gedrechselt.

▷

Die Knäufe ersetzen … Fortsetzung

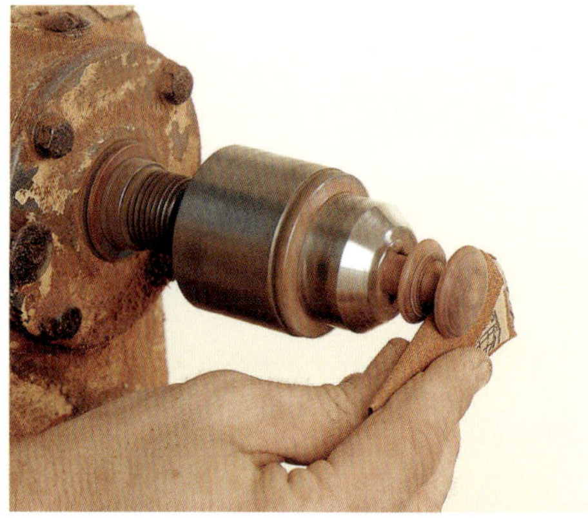

6 Zum Schluss wird der gedrechselte Knauf mit feinem Schleifpapier bearbeitet; verfahren Sie mit dem zweiten Knauf genauso.

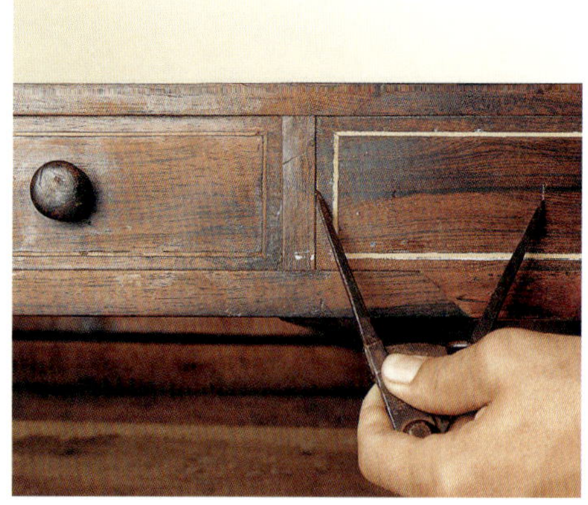

7 Für die Position der neuen Knäufe nehmen Sie mit dem Zirkel die Maße von der erhaltenen Schublade und übertragen sie auf die neue Front.

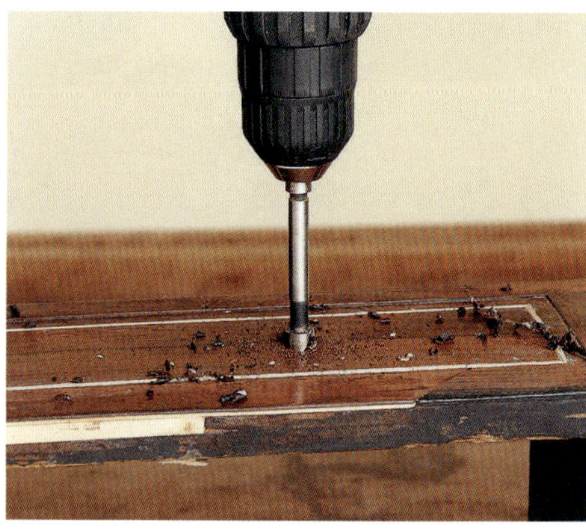

8 Bohren Sie ein Loch in die Schubladenfront und stecken den Knauf hinein. Leimen Sie ihn noch nicht ein, er sollte vorher gebeizt und poliert werden.

Den Unterbau reparieren

Die Tischbeine haben sich durch die alltägliche Beanspruchung gelockert. Sie müssen abmontiert, gereinigt und neu befestigt werden. Auch fehlen einige Stücke von Furnier und Aderung.

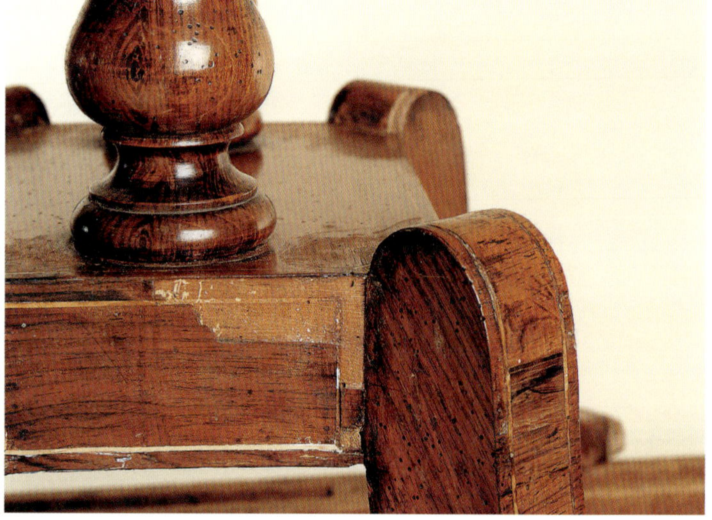

Material und Werkzeug

- Schraubendreher
- Kreide
- Hammer
- Hartholzbrettchen
- Zahnbürste
- PVA-Leim
- Schraubzwinge
- Zulagen
- Palisanderfurnier
- Teppichmesser
- Stecheisen
- Abdeckband
- Stahllineal
- Buchsbaumadern
- feiner Pinsel
- Beize
- Methylalkohol
- Polierballen
- Politur
- Baumwolllappen
- Wachs

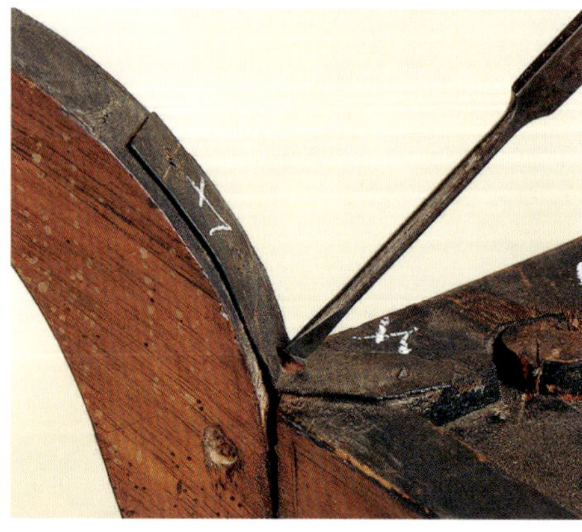

1 Die Beine waren mit Schwalbenschwanzverbindungen am Tisch befestigt, verstärkt durch Metallwinkel. Diese werden entfernt und mit Kreide markiert.

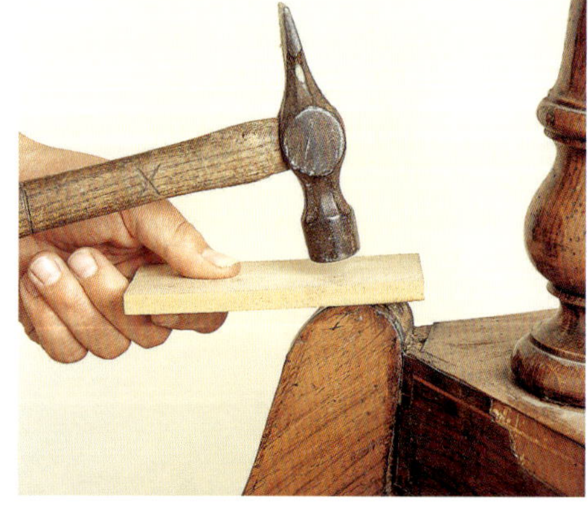

2 Montieren Sie die Beine mit dem Hammer ab, unterlegen Sie dabei ein Hartholzbrettchen, um sie nicht zu beschädigen.

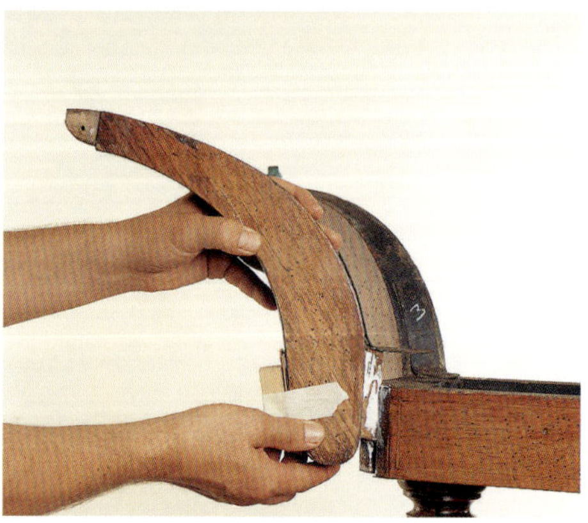

3 Entfernen Sie alte Leimreste mit einer Zahnbürste und heißem Wasser. Leimen Sie die Beine wieder an und sichern Sie sie mit Schraubzwingen. Metallwinkel anbringen.

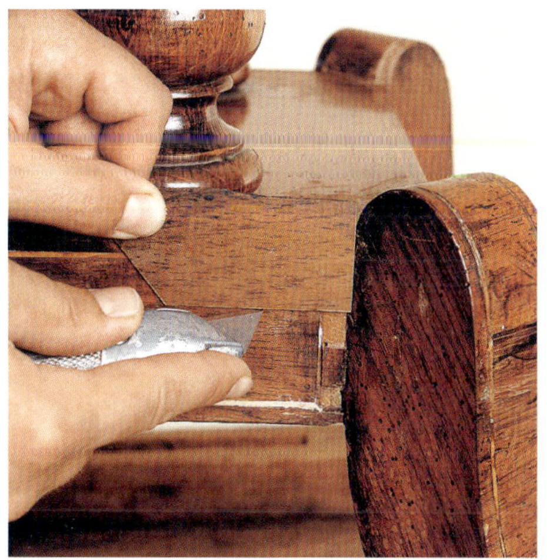

4 Suchen Sie ein Stück Palisanderfurnier aus, das dem Originalfurnier so ähnlich wie möglich ist. Halten Sie es über das beschädigte Stück und markieren Sie den Umriss mit einem scharfen Teppichmesser. Entfernen Sie das alte Furnier innerhalb der Markierung mit einem scharfen Stecheisen.

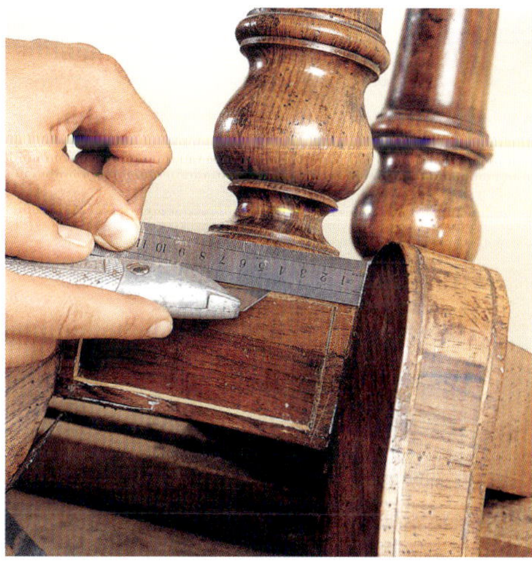

5 Kleben Sie das Furnier ein und sichern Sie es mit Abdeckband. Legen Sie das Stahllineal an und schneiden Sie mit dem Teppichmesser eine Fuge für den Buchsbaumstreifen in das neue Furnier. Wählen Sie eine Buchsbaumader aus und bereiten Sie sie vor (s. S. 83).

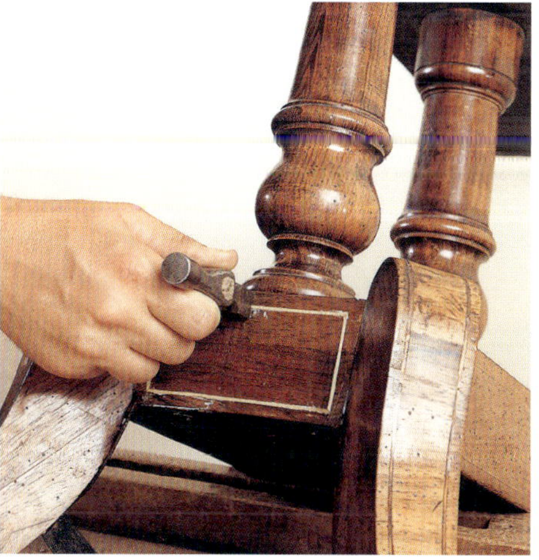

6 Leimen Sie die Buchsbaumader in die Fuge und drücken Sie sie mit der Rückseite des Hammers an. Wenn der Leim getrocknet ist, bringen Sie die Ader mit einem scharfen Stecheisen auf die gleiche Höhe. Gehen Sie behutsam vor, um die Politur nicht zu beschädigen. Bauen Sie den Tisch wieder zusammen.

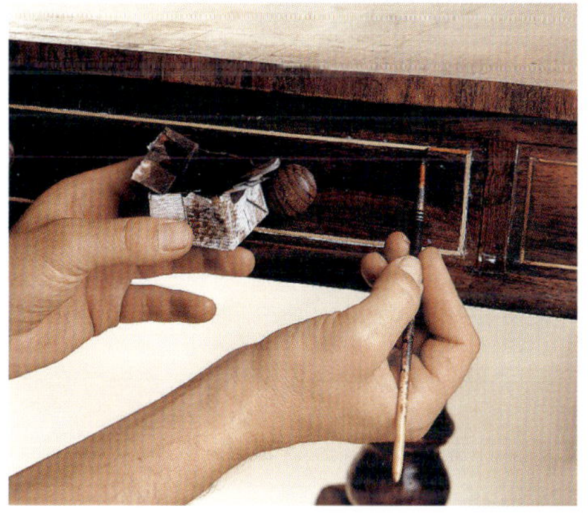

7 Zum Schluss werden die ersetzten Teile farblich passend gebeizt. Beizen Sie alle ausgebesserten Stellen, auch die Knäufe, bevor Sie sie wieder einsetzen.

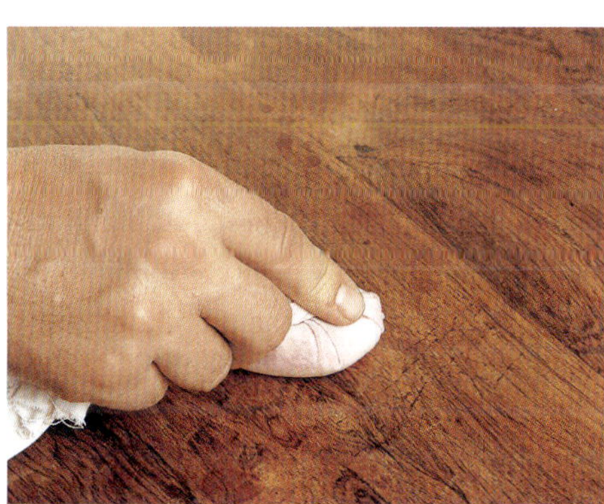

8 Zum Schluss wird die ganze Fläche mit Methylalkohol gereinigt. Polieren Sie den Tisch. Nach dem Aushärten wird er gewachst und mit einem weichen Lappen auspoliert.

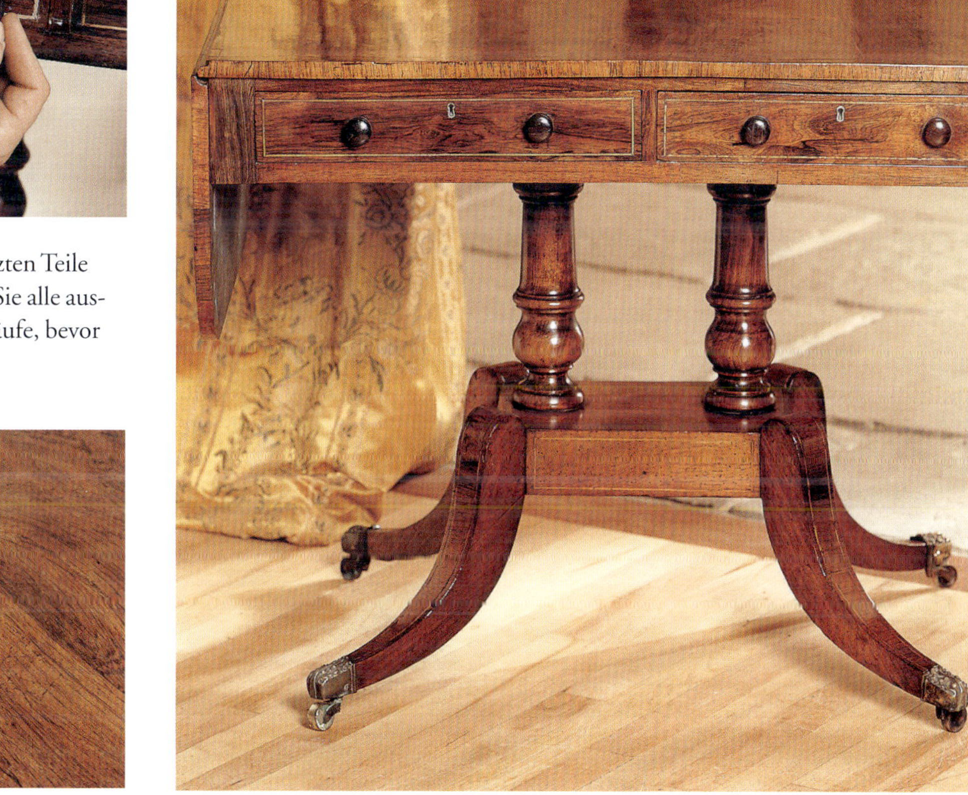

Nachdem die durch das Feuer zerstörten Teile durch passendes altes Furnier ersetzt sind und die Oberfläche aufgefrischt, poliert und gewachst ist, erinnert nichts mehr an den desolaten Zustand, in dem sich der Tisch vor der Restaurierung befand.

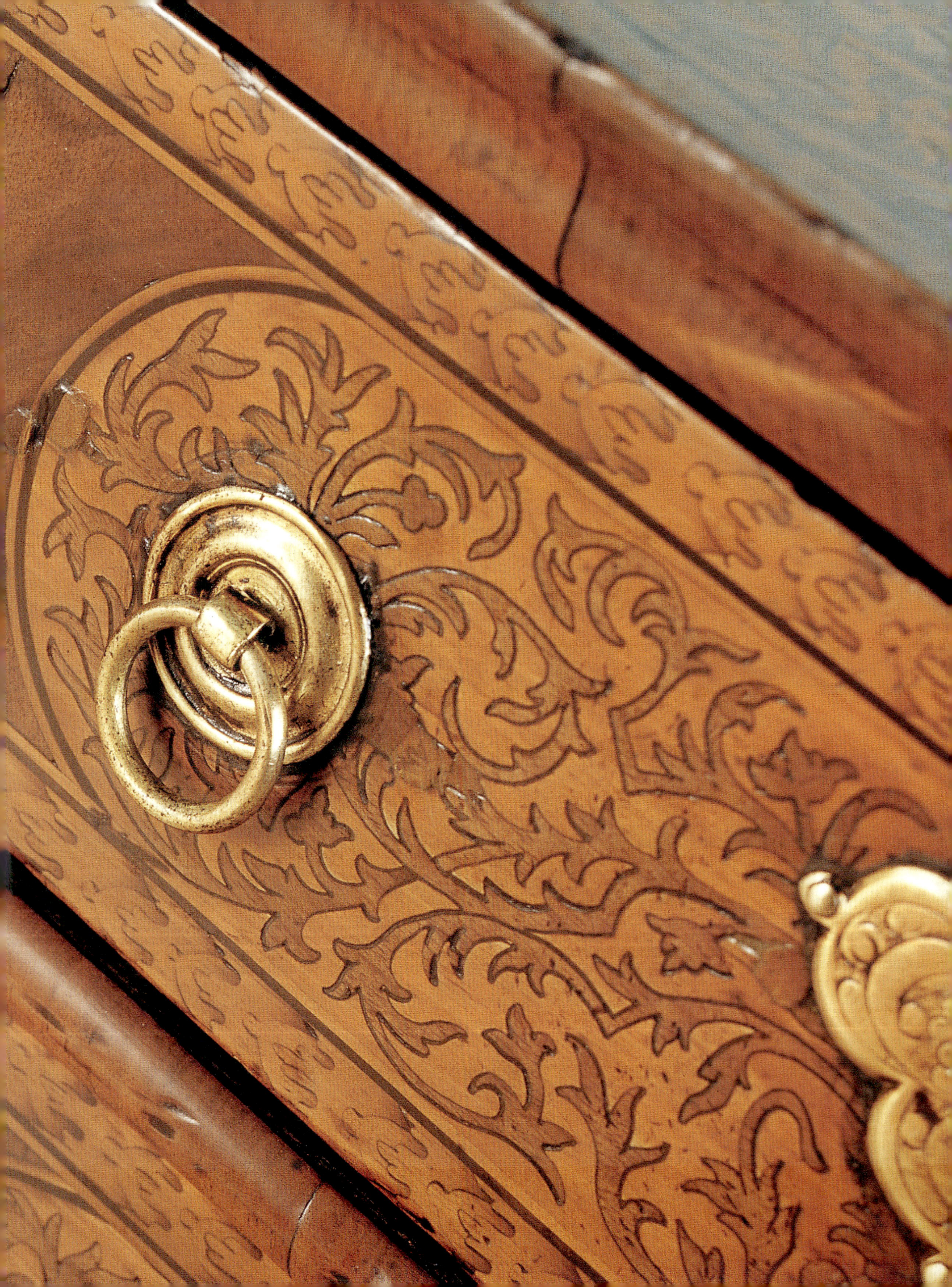

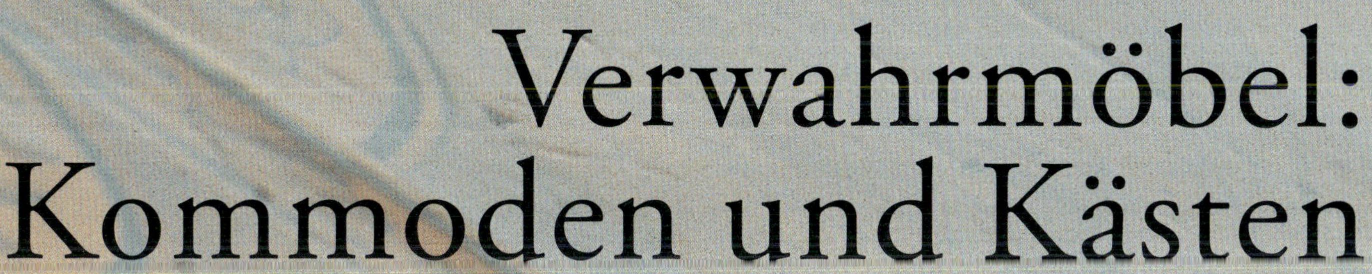

Verwahrmöbel: Kommoden und Kästen

Kästen und vor allem Kommoden erfordern aufgrund ihrer spezifischen Konstruktion auch ganz spezifische Restaurierungsmaßnahmen. So sind im Bereich der Schubladen oft die abgenutzten Laufleisten oder kleinen Anschlagklötzchen zu ersetzen, aber auch Risse zu schließen, die sich als Folge der Austrocknung des Holzes (Schwunderscheinungen) in den Staubböden bilden. An Kästen bzw. Vitrinen wird man die Türen gelegentlich neu verglasen oder ausrichten und manchmal gar den gesamten Korpus auseinandernehmen und neu verleimen müssen.

ZUR GESCHICHTE VON VERWAHRMÖBELN

Im Gegensatz zu Stühlen oder Tischen haben Kästen und Schubladen-Truhen im Lauf ihrer Geschichte eine grundlegende Wandlung erfahren. Obwohl sie von jeher der Unterbringung bestimmter Gegenstände dienten, galten sie immer auch als Statussymbol, das vor allem im 18. Jahrhundert Reichtum und sozialen Rang ihres Besitzers manifestierte. Als solches erhielt die später als Kommode bezeichnete Schubladen-Truhe einen Ehrenplatz im repräsentativsten Raum des Hauses.

Die moderne Kommode geht auf den Kasten oder die so genannte Schubladen-Truhe (ahd. *truha*, »Gefäß aus Holz«) zurück. Im Lauf des 15. Jahrhunderts wurden erstmals Kästen gebaut, die weitgehend unserem heutigen Verständnis von Truhen entsprechen. Damals galten Möbel noch als kostbares Gebrauchsgut. Selbst in den größten Hallen beschränkte sich die Ausstattung meist auf einen großen Stuhl für den Hausherrn, schlichte Hocker für den Rest der Hausgemeinschaft, einen großen Esstisch, einen Schrank und eine Truhe zur Aufbewahrung von Wertsachen, Kleidung und Vorräten.

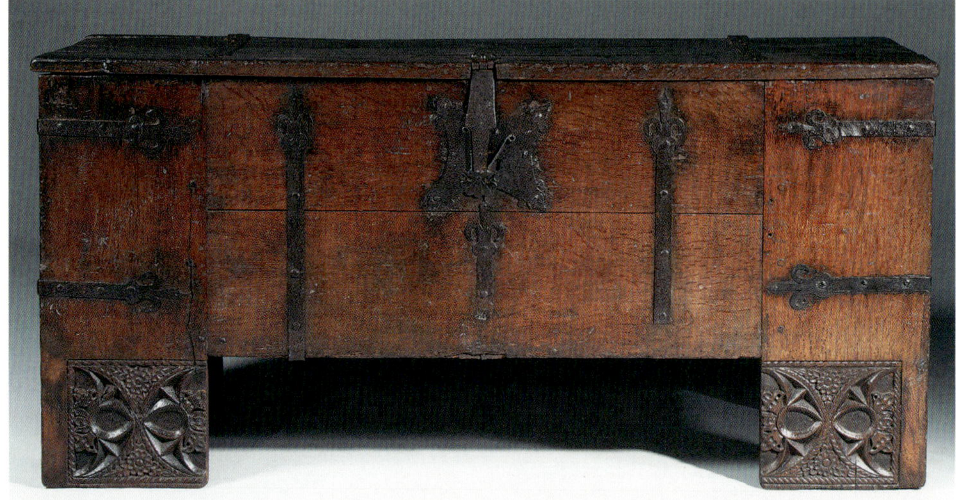

Die ältesten Truhen stammen aus dem späten 13. Jahrhundert und bestanden lediglich aus einem ausgehöhlten Baumstamm mit abgeflachten Außenseiten und einem Deckel, der mit Hilfe von angeschnittenen Rundzapfen in Bohrlöchern gehalten wurde. Als Verbesserung folgte die mit Holzdübeln verankerte Plankentruhe, die dank Verlängerung der Eckpfosten bereits zu einfachen Stollen ausgezogene »Füße« besaß. Gesichert war sie mit großen bandförmigen Scharnieren und Schlössern. Da das verwendete Holz aber kaum je entsprechend abgelagert war, bestand bei der Plankenkonstruktion immer die Gefahr des Reißens. Diese Truhen waren meist mit groben Dekorationen geschmückt, aber auch schon mit frühen Formen des Kerbschnitts und der Bemalung. Einige waren

Oben: *Die frühesten Truhen waren kaum mehr als mit Nägeln verbundene eichene Planken, zusammengehalten von eisernem Bandwerk.*

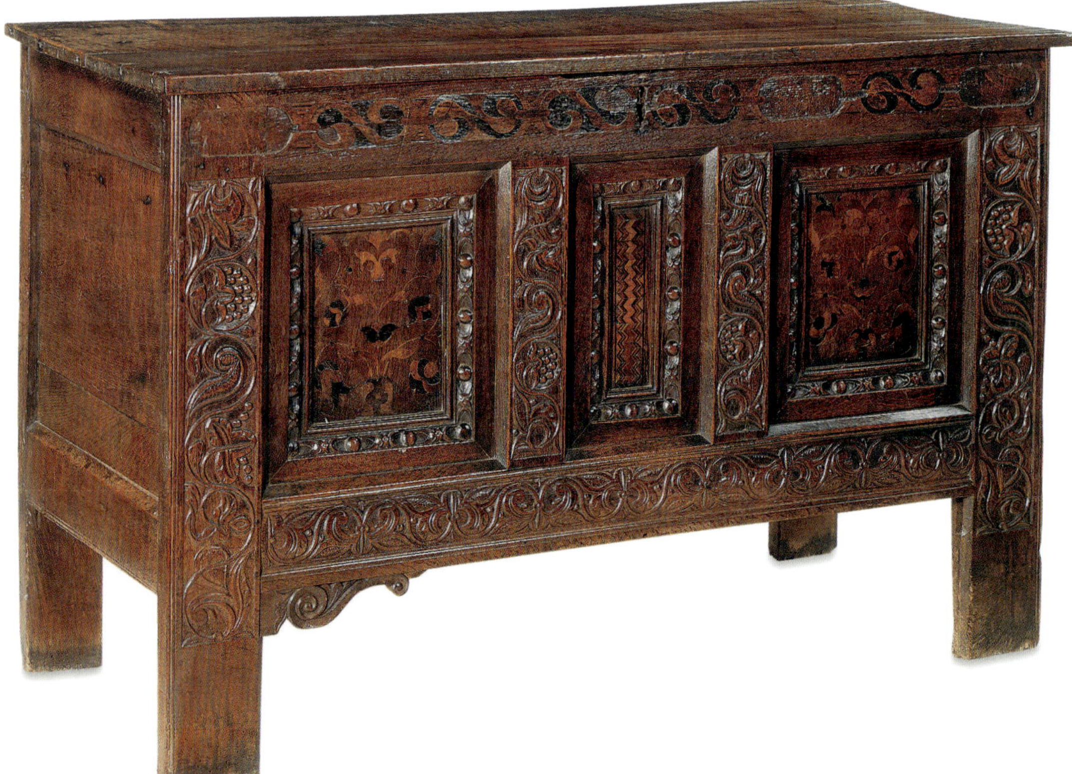

Links: *Im 15. Jahrhundert bot die Füllwandkonstruktion mehr Raum für kunstvolle Dekorationen.*

eigens für Reisen vorgesehen und mit Eisenbändern beschlagen oder mit geprägtem Leder umkleidet. Beidseitig mit Hanfgriffen ausgestattet, erwiesen sich diese tragbaren Truhen oder so genannten Koffer unterwegs als wertvolle Begleiter.

Der nächste größere Entwicklungsschritt sollte Ende des 15. und Anfang des 16. Jahrhunderts mit der Rahmen- und Füllwandkonstruktion folgen. Es handelt sich um eine auf einem eichenen Rahmenwerk basierende Truhe mit Nut- und Zapfenverbindungen. Die Füllpaneele waren nur lose in die Nuten der Höhen- und Querfriese sowie der Verstärkungsbretter eingelegt. Damit war gewährleistet, dass das Holz sich zusammenziehen konnte, ohne dass Risse befürchtet werden mussten. Diese weitaus stabileren Truhen boten dem Kunsttischler bis dato ungeahnte Möglichkeiten für Dekorationen, wie die kunstvollen Schnitzereien jener Zeit eindrucksvoll bezeugen. Später finden sich auch Einlegearbeiten aus Elfenbein sowie aus Stechpalmen- und Buchsbaumholz. Zu den frühesten Ornamenten auf Truhen gehört das Faltwerk, das sich optisch an die natürliche Riffelung des Holzes anzulehnen scheint. Unter den immer komplexeren Schnitzereien finden sich Ende des 17. Jahrhunderts neben figürlichen Darstellungen als Schmuck von Paneelen und Stollen erstmals auch regional geprägte Baustile mit ganz spezifischen Dekorationsweisen.

In dieser Zeit wuchs die Zahl derer, die sich erstmals ein so wertvolles Gut wie Bücher leisten konnten, was zu einem zunehmenden Bedarf an Bücherschränken führte. Auf die ersten, mit massiven Paneeltüren versehenen Kästen folgten Ende des 17. Jahrhunderts Schränke mit feinsten Spiegeltüren oder Einsätzen aus mundgeblasenem Glas.

Die in England als *mule chest* oder Bastardtruhe bezeichnete Vorform der Kommode war im Grunde eine Truhe mit einer großen Schublade im unteren Teil. Nachweislich bekannt ist sie seit dem ausgehenden 16. Jahrhundert, wobei sie sich erst im 17. Jahrhundert annähernd zu dem entwickelte, was wir heute als Kommode bezeichnen würden.

Die Form der noch immer vorwiegend aus Eichenholz gefertigten Verwahrmöbel sollte sich aber bald schon wandeln. Zunächst wurden die Schubladen, deren Seitenwände und Böden aus Nadelholz bestanden, noch genagelt und ruhten auf eingesetzten Laufleisten. Die feineren Versionen wurden bald schon aus im Quartierschnitt gewonnenen

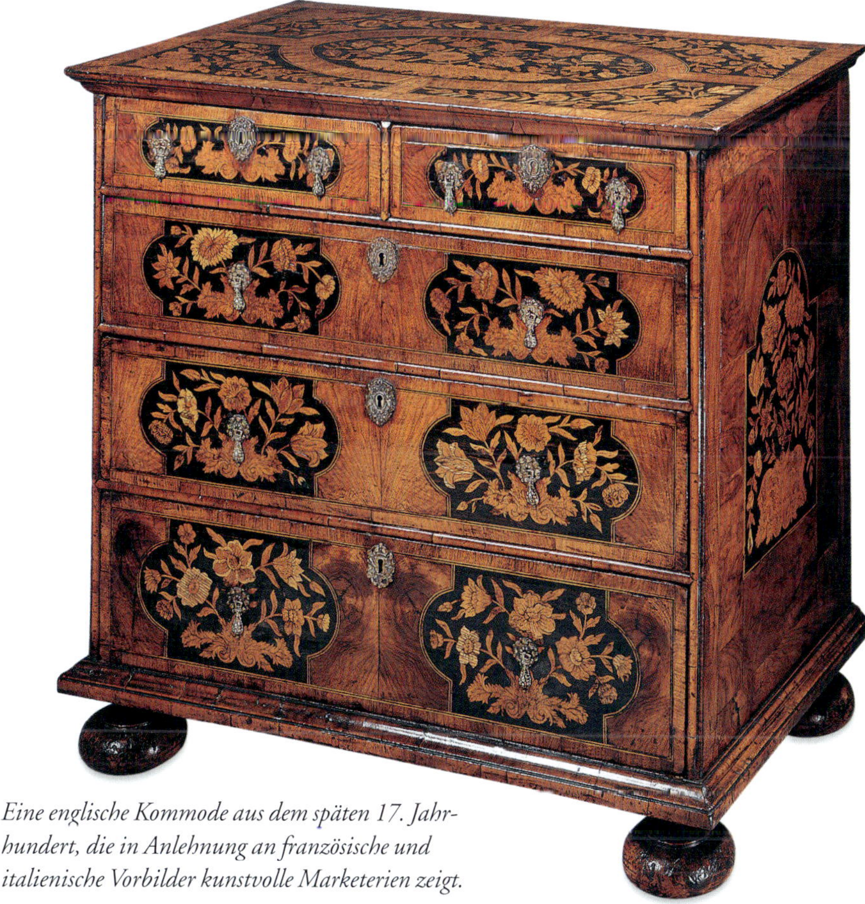

Eine englische Kommode aus dem späten 17. Jahrhundert, die in Anlehnung an französische und italienische Vorbilder kunstvolle Marketerien zeigt.

Hölzern gefertigt und durch eine Zinkung in Schwalbenschwanzform verbunden, was Stabilität und Festigkeit merklich verbesserte. In der zweiten Hälfte des 17. Jahrhunderts wurde zunehmend Nussbaumholz verwendet. Hinzu kam die Einführung von Furnieren. Letztere leiteten einen grundlegenden Wandel in der Konstruktion von Kästen und Kommoden ein. Bestanden diese zuvor aus massivem Eichen- oder Nussholz, wurde der Rahmen nun aus Nadelholz wie etwa Tanne gefertigt, und anschließend mit dekorativem Furnier belegt. Ein Höchstmaß an Perfektion erreichte das Verfahren in Frankreich, wo der Ebenist André-Charles Boulle (1642–1732) mit Schildpatt-Ornamenten und kunstvollsten Messingeinlagen Aufsehen erregte. In Anlehnung an diesen Stil, wenn auch vielleicht weniger differenziert, schuf Gerreit Jensen (Blütezeit: 1680–1715), Kunsttischler am englischen Hof, seine arabeskenartig verschlungenen »Seetang«-Marketerien, in dunkleres Nussbaumholz eingelegte florale Motive aus Stechpalme oder Buchs.

Nachdem furnierte Möbel in den herrschaftlichen Häusern mehr und mehr in Mode kamen, ging man dazu über, die Längsfaser-Profile durch dekorativere, aus edlem Hirnholz geschnittene Zierleisten zu ersetzen.

Bemerkenswert ist, dass, im Gegensatz zu Frankreich und Italien, im England des ausgehenden 17. Jahrhunderts Marketerien kaum noch zu finden sind, was aber keineswegs auf technische, sondern vielmehr auf ökonomische Einschränkungen zurückzuführen war. Es sollte aber nicht lange dauern, bis die Liebe zu dekorativen Furnieren in den für englische Möbel typischen Fischgrät-Bändern und Inlay-Arbeiten erneut auflebte.

Im späten 17. Jahrhundert erfuhren Kommoden und Kastenmöbel eine Reihe struktureller Neuerungen. Um die Schubladen aus dem Korpus herausziehen zu können, wurden die ursprünglich seitlich angebrachten Laufleisten durch am Boden angeschraubte ersetzt. Außerdem hob man den Schrank über die normalen Füße hinaus, indem man ihn auf einen niedrigen Sockel stellte, der seinerseits oft mit einer Schublade versehen war. Diese Stücke bestanden gemeinhin aus Eichenholz oder Nussbaumfurnier, wurden aber, sofern von reicheren Herrschaften in Auftrag gegeben, oft von Europa nach China überführt, um dort mit kunstvollem Lackdekor veredelt zu werden. Wieder zurück, wurden sie mit feinstens geschnitzten und mit Silberornamenten geschmückten Beinen versehen. Diese vereinzelt auch noch im 18. Jahr- ▷

hundert gefragten Stollenschränke *(chest on stand)* wurden dann weitgehend von dem so genannten *tallboy* oder der Kommode auf der Kommode *(chest on chest)* verdrängt. Diese Aufsatzkommoden boten doppelten Stauraum. Die edleren Versionen hatten abgeschrägte Ecken, eine integrierte Schreibplatte oder gelegentlich gar ein Einlegedekor in Form eines Strahlenkranzes auf dem Boden der untersten Schublade.

Die Form der Schubladen-Truhen und Kastenmöbel änderte sich kaum noch, bis mit dem Import von Mahagoni aus Kuba und Honduras um 1720 feinste Stücke von höchster Perfektion entstehen sollten. Dieses eng gemaserte Holz, das sich bestens verarbeiten ließ, war geradezu ideal, um die Ansprüche der Auftraggeber zu befriedigen, zumal diese einen wachsenden Bedarf an immer differenzierteren Verwahrmöbeln anmeldeten, sei es für ihre wertvollen Sammlungen oder die zunehmend umfangreichere private Bibliothek. Während der Kasten oder die Truhe noch immer vorwiegend zur Aufbewahrung von Kleidung diente, kam ein neues Modell hinzu: die aus Frankreich stammende eigentliche Kommode.

Imposanter und weitaus eleganter gestaltet als der schlichte Kasten, erhielt die Kommode einen Ehrenplatz im Salon, wo sie, umgeben von Artefakten aus aller Welt und einem beeindruckenden Gemälde darüber, präsentiert wurde. Die führenden Kunsttischler und Designer des 18. Jahrhunderts, allen voran Thomas Chippendale, veröffentlichten Muster- und Vorlagenbücher für Kommoden und Schrankmöbel, an denen sich der gesamte europäische Hochadel orientierte. Die aus feinstem Mahagoni gefertigten Kommoden und Schränke wurden mit kunstvollen Schnitzereien versehen. Mit der Einführung exotischer Hölzer Mitte des 18. Jahrhunderts und dem Wunsch nach etwas leichteren und grazileren Stücken wurde auch der Marketerie-Dekor wieder entdeckt. Diese zweite Blüte sollte allerdings nur von kurzer Dauer sein, denn gegen Ende des Jahrhunderts wurde die Truhe erneut weitgehend als Verwahrmöbel für Kleidung genutzt, während Bücherschränke und Kästen, in den unterschiedlichsten Größen und Varianten gefertigt, vielfach mit ausziehbaren Schreibplatten, Sockeln mit integrierten Schubladenelementen sowie imposanten Karniesen und Pagoden ausgestattet waren.

Im Lauf der ersten Hälfte des 19. Jahrhunderts wurden die Schubladen-Truhen allmählich größer. Während die Menschen früher nur wenig Kleidung besaßen, verfügte die zunehmend wohlhabendere Klasse der Kaufleute über eine ungleich reichere Garderobe, für die praktischere Kastenmöbel gefragt waren. Um die Fertigungskosten möglichst niedrig zu halten und den Truhen den Weg zu einer breiteren Vermarktung zu öffnen, wurde anstatt Massivholz vermehrt Mahagoni-Furnier verarbeitet. Hinzu kam, dass Messerfurniere des kostspieligen Importholzes im Vergleich mit Sägefurnieren den Herstellungsprozess vereinfachten und somit erschwinglichere, aber nicht minder hochwertige Produkte entstehen konnten.

Prinzipiell blieben Stil und Design der Kommoden und Kastenmöbel ab Beginn des 20. Jahrhunderts weitgehend unverändert, wenngleich die Designer des Art Déco um 1930 eine klarere Linienführung und somit eine entschieden nüchternere Formensprache favorisierten.

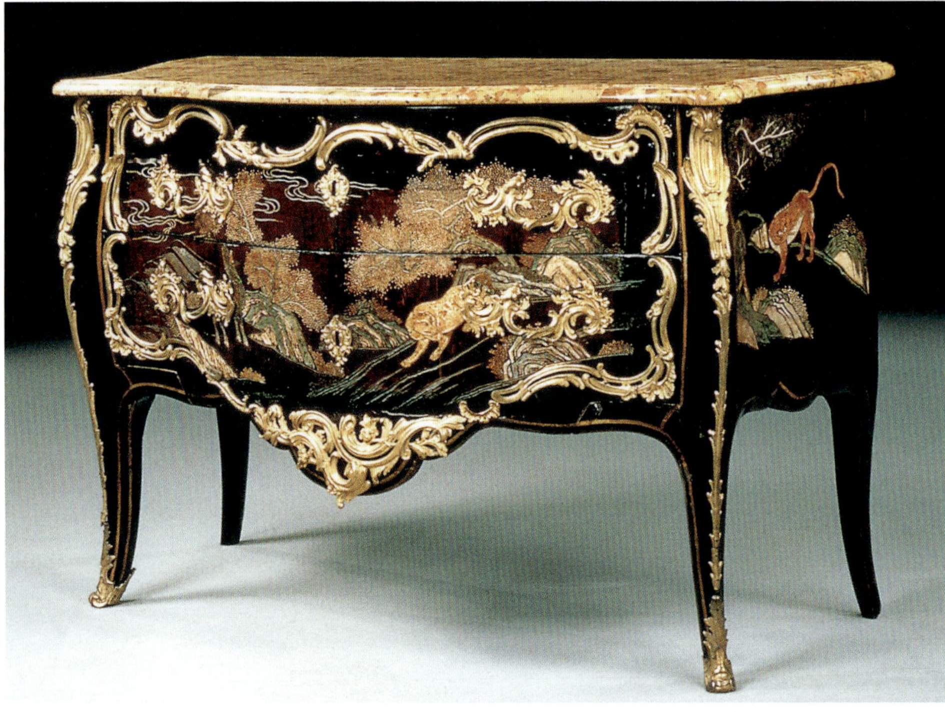

Oben: *Im 18. Jahrhundert waren die edelsten französischen Kommoden oft mit Lackdekor und feuervergoldeten Beschlägen geschmückt.*

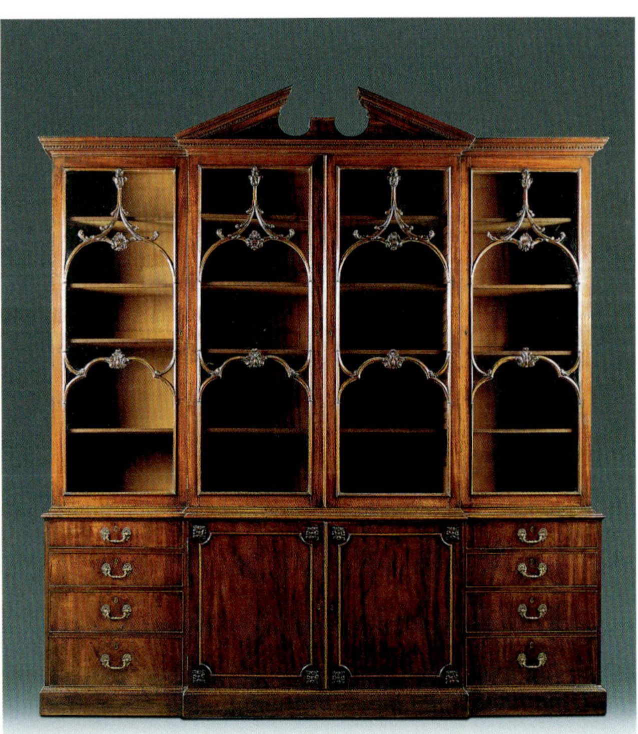

Links: *Dieser georgianische Bücherschrank mit stufenförmig gegliederter Front und Schubladen geht auf die Zeit um 1760 zurück und könnte von Chippendale stammen.*

Die Bauweise von Kommoden

Die Kommode besteht aus einer Reihe von in einen Korpus integrierten Schubladen, die, je nach Entstehungszeit des Möbels, über Laufleisten gleiten. Das Spektrum reicht von der kleinen Herrenkommode mit kaum mehr als 75 cm Breite bis zu Möbeln, die so hoch sind, dass sich die oberen Schubladen nicht mehr einsehen lassen.

Um die Mitte des 17. Jahrhunderts waren die Laufleisten oft am Korpus angebracht, was bedeutete, dass die Schubladen in einer in die Seitenwände eingelassenen Nut liefen (hängende Führung). Gegen Ende des 17. Jahrhunderts ging man jedoch dazu über, die Laufleisten an der Unterseite der Schublade anzubringen, was den Vorteil hatte, dass sich das Gewicht besser verteilen ließ. Außerdem konnte man so auch problemlos Ersatz für abgenutzte Laufleisten schaffen.

Um zu verhindern, dass Schubladen beim Schließen an die Rückwand stoßen, wurden sie durch entsprechende Anschlagklötzchen arretiert. Wie die Laufleisten waren diese jedoch anfällig für Verschleiß und mussten von Zeit zu Zeit ersetzt werden. Im 18. Jahrhundert kamen zwischen den Schubladen integrierte Staubböden hinzu. Diese dienten nicht nur der Verstärkung des Rahmens, sondern ermöglichten auch, wo immer erforderlich, das Anbringen von Schlössern.

Die frühesten Schubladen-Truhen gehen auf die Zeit vom 16. bis zum mittleren 17. Jahrhundert zurück. Sie bestanden generell aus Massivholz und hatten längs zur Faser geschnittene Profile. Manche waren mit Schnitzwerk oder schlichten Einlegearbeiten geschmückt. Mit dem Aufkommen von Furnieren in der zweiten Hälfte des 17. Jahrhunderts ging man allgemein dazu über, den Korpus aus Nadelholz zu fertigen und mit Nussbaumfurnier oder gar Marketeriedekor zu verschönern. Die in Kreuzfugenform aufgebrachten Viertelfurniere wurde häufig mit Bandintarsien im Fischgrätmuster eingerahmt. An die Stelle der längs zur Faser geschnittenen Profile traten Querfurnier- oder Hirnholzleisten, die, ebenso wie das Furnier, weitaus dekorativer wirkten. Die allerfeinsten Dekorationen schufen ab 1680 die Franzosen mit kunstvollen Messing-Inlays auf Schildpatt- oder Ebenholzgrund, wie sie untrennbar mit dem Namen Charles Boulles verbunden sind.

Als man im frühen 18. Jahrhundert erneut auf massives Mahagoni zurückgriff, bedeutete dies zugleich, dass kaum noch Furnier verwendet wurde. Erst mit der Einfuhr exotischer Hölzer wie Seidenholz, annähernd 40 Jahre später, besann man sich erneut auf die Vorteile von Furnieren, was weitere Verschönerungen der Kommode mit sich brachte. So kamen in dieser Zeit abgeschrägte Ecken und filigrane Schnitzereien hinzu, aber auch feine Laubsäge-Intarsien oder eine ausziehbare Arbeitsfläche.

Die Füße geben vielfach Aufschluss über den Stil der Zeit. Der im 17. Jahrhundert beliebte Kissenfuß wurde im 18. Jahrhundert vom Konsolfuß verdrängt, während sich im 19. Jahrhundert an den meist im Schlafzimmer stehenden Kommoden bevorzugt Sockel finden. Aber auch in den Beschlägen spiegelt sich der Wandel der Mode, wobei man immer wieder Truhen sieht, an denen die Griffe offensichtlich mehrfach ausgetauscht wurden.

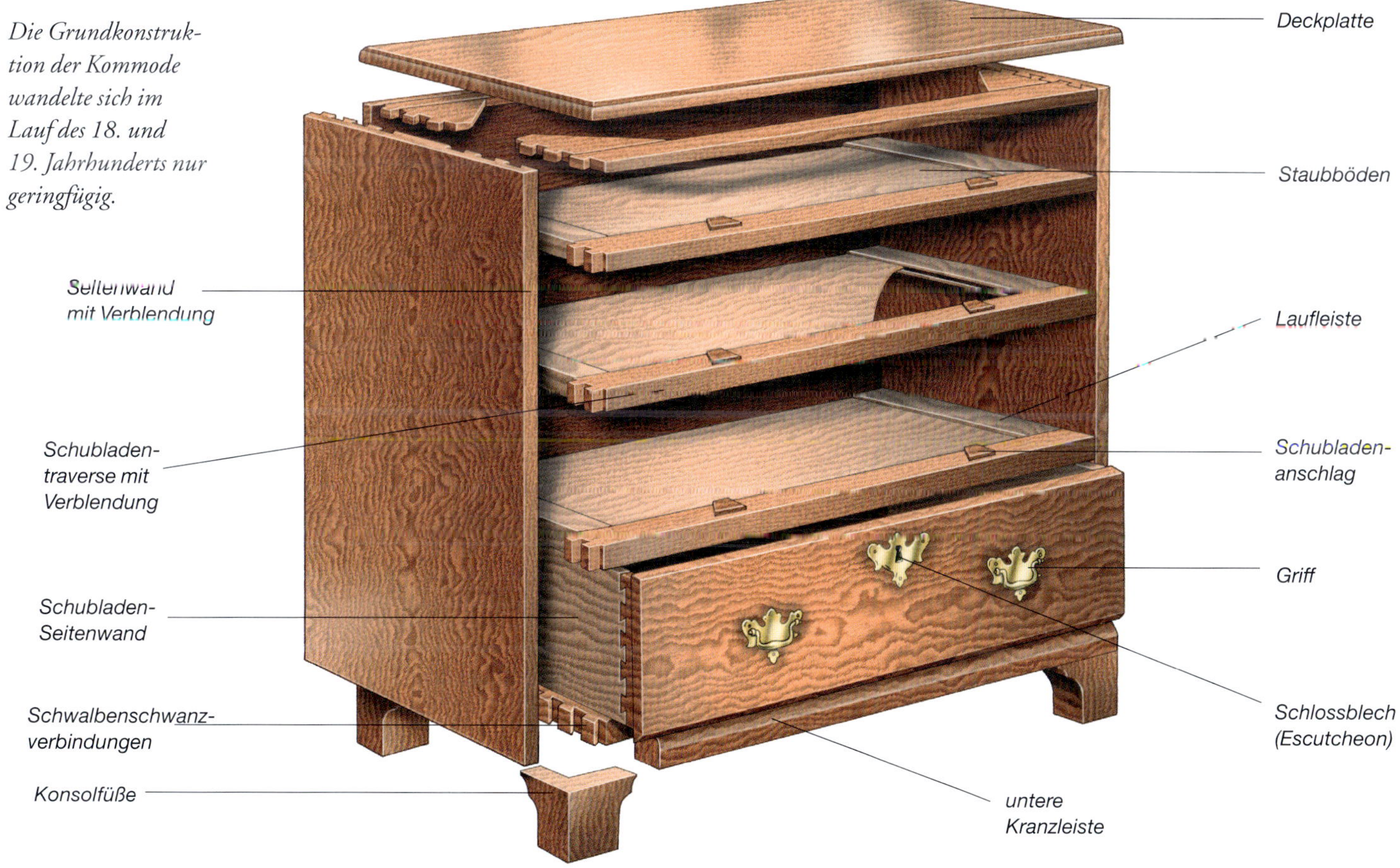

Die Grundkonstruktion der Kommode wandelte sich im Lauf des 18. und 19. Jahrhunderts nur geringfügig.

Auseinandernehmen und erneutes Zusammensetzen von Kommoden

Es kommt kaum einmal vor, dass eine Kommode ganz zerlegt werden muss. Wenn sie allerdings vollkommen aus den Fugen ist oder eine Seitenwand bzw. die Deckplatte gravierende Schäden aufweist, wird man nicht umhin kommen, diese Teile herauszunehmen und sachgemäß instand zu setzen.

Die Vorgehensweise ist für das Gros der Korpusmöbel die gleiche, einerlei, ob es sich um Schreibtische, Bücherschränke oder Aufsatzkommoden handelt. Bevor man aber anfängt, ein Stück auseinanderzunehmen, heißt es, genau zu prüfen, wie es sich zusammensetzt, denn nur so lässt sich vermeiden, dass einzelne Teile oder Fugen beim Zerlegen beschädigt werden. Sämtliche polierten Teile werden auf Decken abgelegt. Eventuell erforderliche Hammerschläge oder jede Ausübung von Druck sollte möglichst im Bereich der Fugen erfolgen, um unnötige Risse zu vermeiden.

Auseinandernehmen der Kommode

An dieser aus der Zeit Georges III. (um 1760) stammenden Kommode haben sich die Fugen gelockert; außerdem hat die Deckplatte einen Riss bekommen. Die für das 18. Jahrhundert typische Korpuskonstruktion zeigt weder Schwalbenschwänze, die überfurniert wurden, noch Nägel oder Schrauben, die, nachträglich eingebracht, für Halt sorgen sollten. Bevor mit der eigentlichen Restaurierung begonnen werden kann, muss die Kommode auseinandergenommen werden.

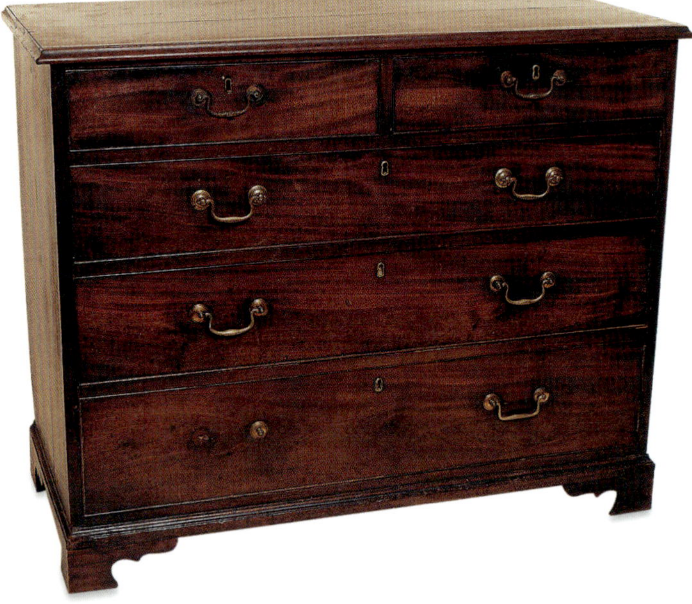

Material und Werkzeug

- Kreide
- Hartholzbrettchen
- Nägel
- Hammer
- Holzhammer (Klüpfel)
- breites Stecheisen
- Messer mit breiter, flacher Klinge

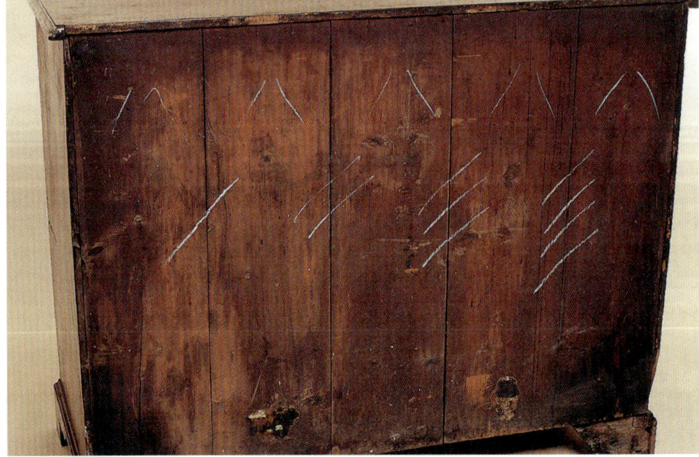

1 Die Rückwand der Kommode setzt sich aus mehreren Brettern zusammen. Markieren Sie, wie diese aufeinander folgen, bevor Sie sie abnehmen. Bewährt haben sich die hier abgebildeten Kreidemarkierungen.

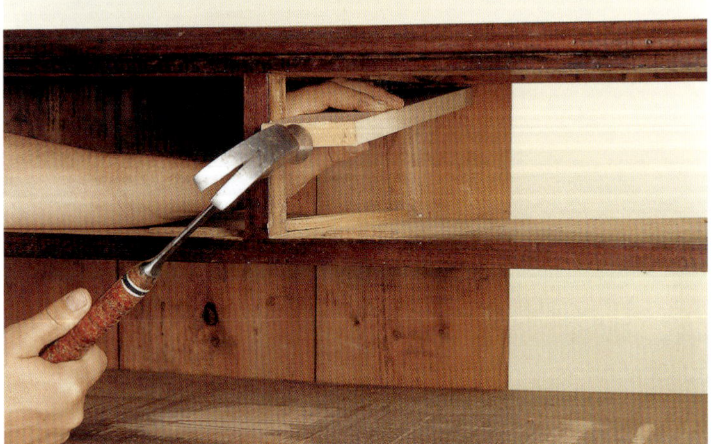

2 Entfernen Sie die Bretter der Rückwand, indem Sie im Bereich der Nagelung ein Stück Hartholz anlegen und dieses mit einem leichten Hammerschlag anklopfen. Um ein unnötiges Reißen der Bretter zu vermeiden, darf nur im Bereich der genagelten Stellen gehämmert werden.

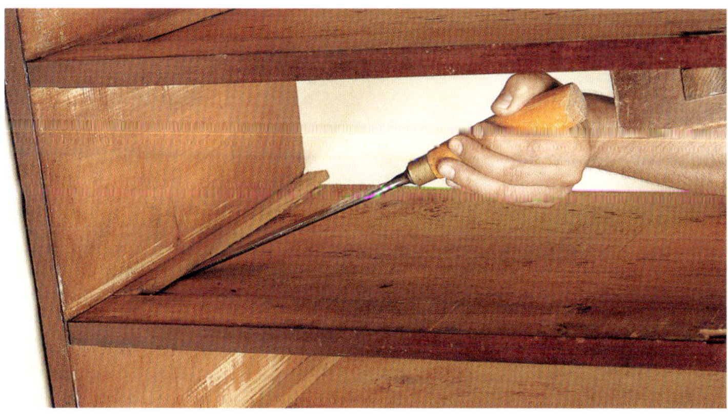

3 Entfernen Sie die Führungsleisten, die die waagerechte Position der Schubladen unterstützen, sowie die Keile, die die Staubböden fixieren. Treiben Sie dafür mit dem Holzhammer ein breites Stecheisen zwischen Brett und Führungsleiste.

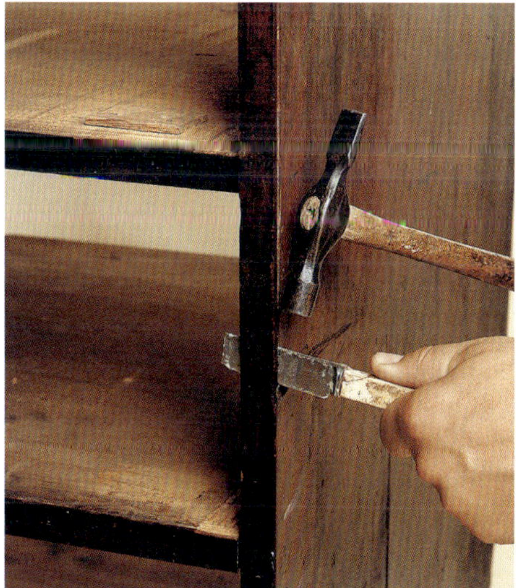

◁ **4** Entfernen Sie die Verblendstreifen links und rechts, die die Schlitze für die Staubböden entlang der Frontränder kaschieren. Schieben Sie dafür ein Messer mit breiter, flacher Klinge zwischen Seitenwand und aufgeleimten Streifen. Verwenden Sie einen Hammer, um das Messer abwärts zu treiben.

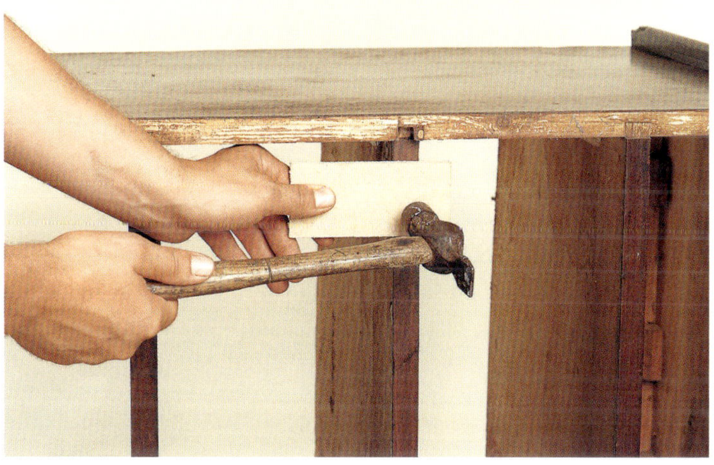

5 Nehmen Sie die Staubböden der langen Schubladen heraus, indem Sie sie (je nach Konstruktion) nach vorne oder hinten klopfen. Legen Sie einen Hartholzblock zwischen Brett und Hammer, um unnötige Druckstellen im Holz zu vermeiden.

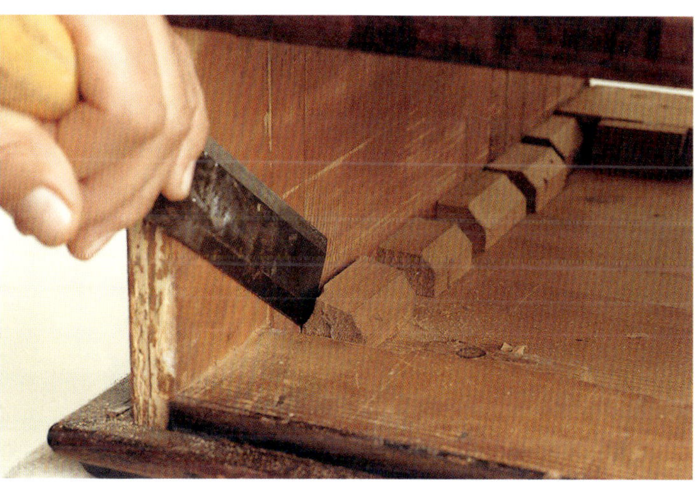

6 Die Fugen zwischen Deckplatte und Seitenwand sind genagelt und zusätzlich durch aufgeleimte Holzklötzchen verstärkt. Entfernen Sie diese, indem Sie sie nacheinander mit einem von hinten eingeschobenen Stecheisen und einem kräftigen Schlag mit dem Holzhammer lösen. Die zurückbleibende Leimspur lässt sich leicht entfernen.

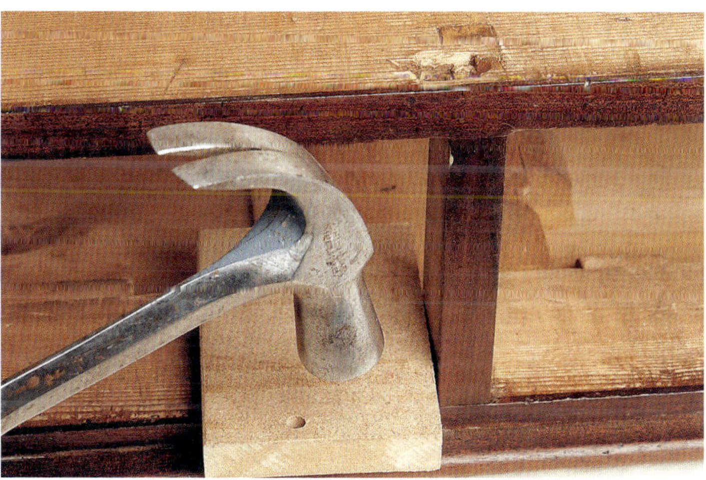

7 Sobald die Staubböden der langen Schubladen herausgenommen sind, ist der Rahmen der beiden kurzen Schubladen an der Reihe, der mit der zentralen Vorderstütze verfugt ist. Vorderstütze und Rahmen müssen also auseinandergenommen werden.

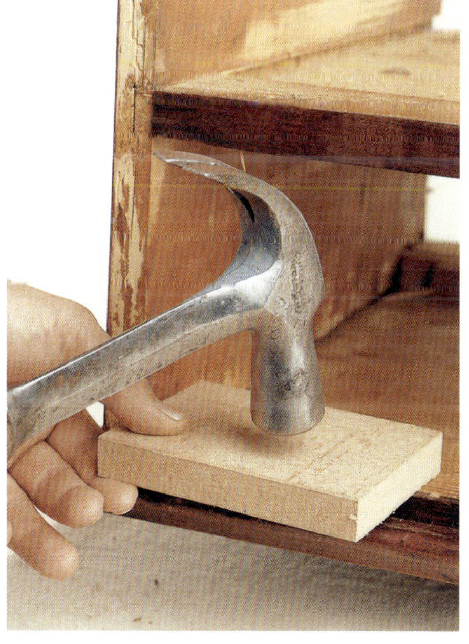

◁ **8** Nehmen Sie die Deckplatte von den Seitenwänden ab. Verwenden Sie da für einen Hammer und Hartholzklötzchen, wie für die Bretter der Rückwand. Schieben Sie den verbleibenden Staubboden heraus. Heben Sie zusammen mit einem Helfer den verbleibenden Rahmen auf die Werkbank; stellen Sie ihn so, wie er normalerweise steht.

▷

Auseinandernehmen der Kommode … Fortsetzung

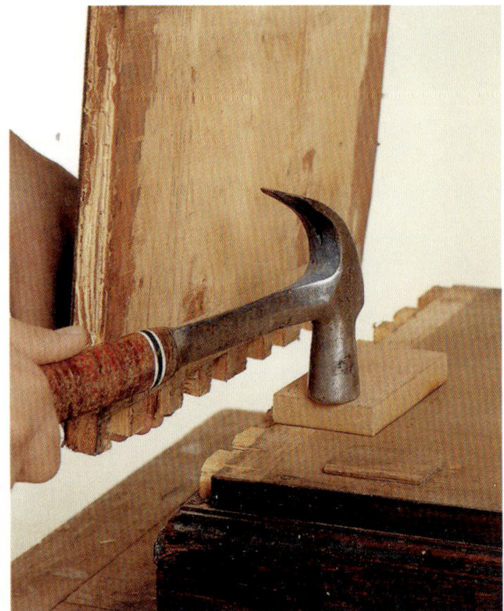

◁ **9** Entfernen Sie nun die Seitenwände, die mittels Schwalbenschwanzzinkungen mit der Basis verbunden sind. Verwenden Sie dafür, wie bereits zuvor, einen Hammer und eine Hartholzzulage. Schlagen Sie auf die Basis, während Sie eine Seitenwand herausnehmen und verfahren Sie mit der anderen auf gleiche Weise.

▽ **10** Die Kommode ist nun weitgehend zerlegt. Lediglich die Füße wurden nicht abgenommen, um weitere Schäden zu vermeiden.

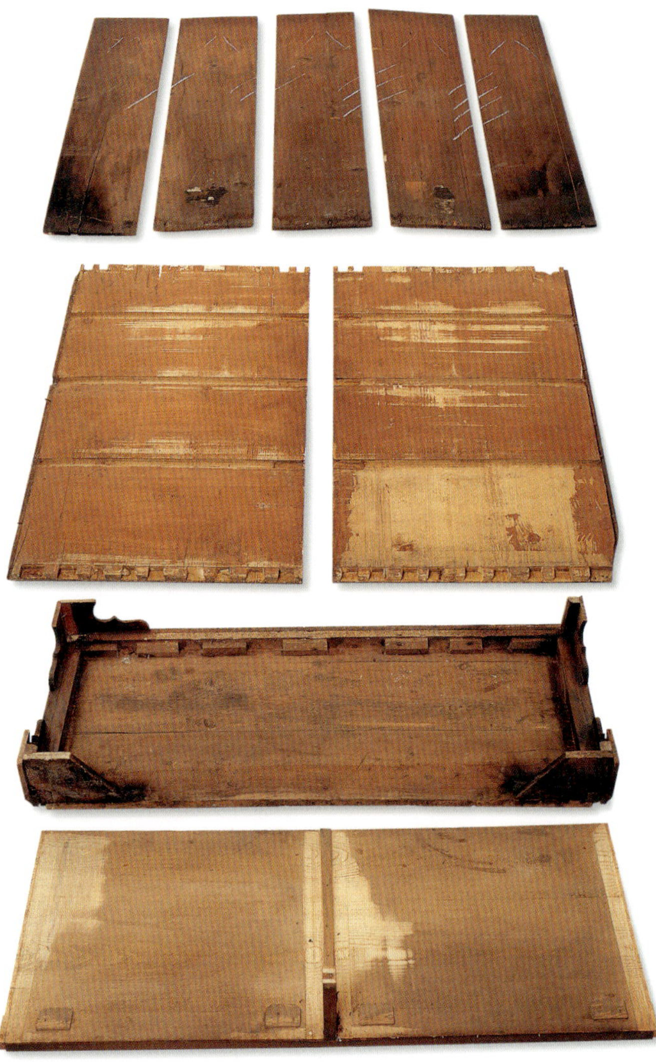

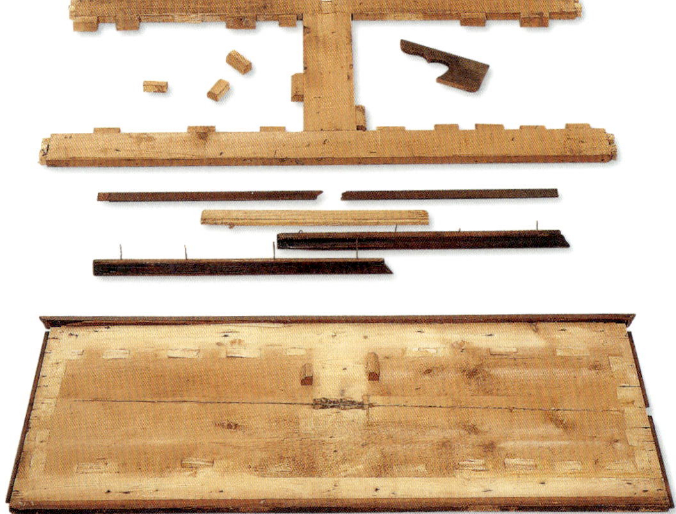

Erneutes Zusammensetzen der Kommode

Wenn die erforderlichen Reparaturen abgeschlossen sind (in diesem Fall musste die gerissene Deckplatte neu verleimt werden), kann die Kommode wieder zusammengebaut werden.

MATERIAL UND WERKZEUG

- Zahnbürste
- PVA-Leim
- Lappen
- Zwingen (Spannknechte)
- Holzzulagen
- Parellelzwingen
- Messlatten
- Hammer
- ein längeres Stück Hartholz
- Abdeckband
- Nägel
- Knochenleim
- Polierballen
- Politur
- Wachs

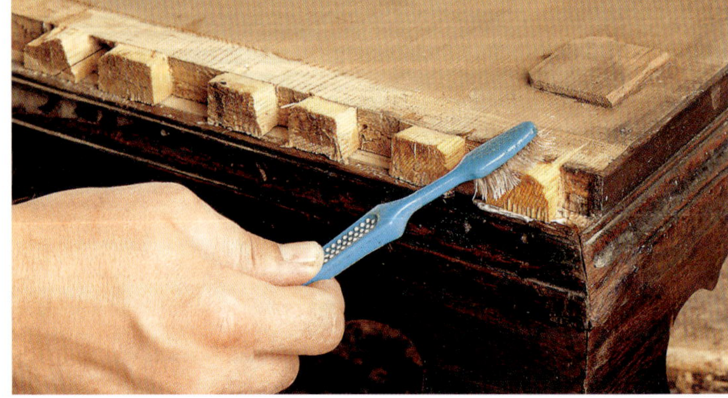

1 Entfernen Sie mit einer Zahnbürste und heißem Wasser etwaige Spuren des alten Knochenleims.

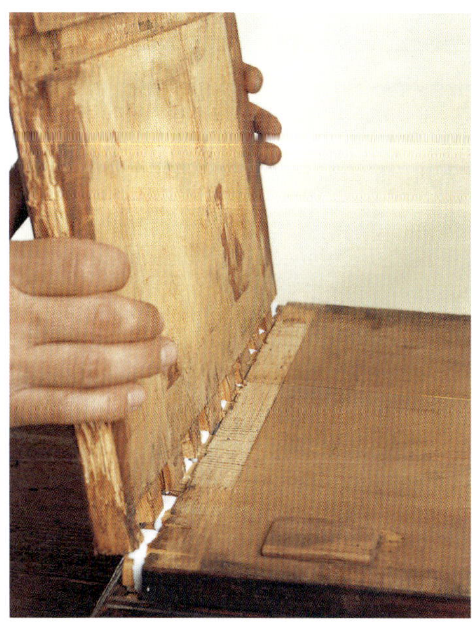

◁ **2** Bringen Sie nur eine geringe Menge des PVA-Leims auf die Fugen zwischen Seitenwänden und Basis auf und fügen Sie die Seiten und den Schubladenrahmen dann wieder zusammen. Wischen Sie den überschüssigen Leim mit einem Baumwolllappen ab und bringen Sie die Spannknechte sowie eine Parallelzwinge an.

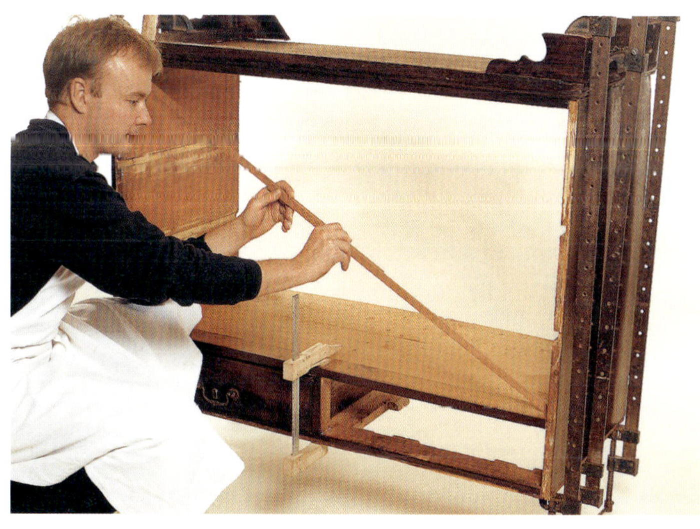

3 Bevor der Leim durchhärtet, schieben Sie eine Schublade ein, um sicherzugehen, dass der Rahmen rechtwinklig ist. Prüfen Sie mit Hilfe von Messlatten auch den Korpus auf Rechtwinkligkeit.

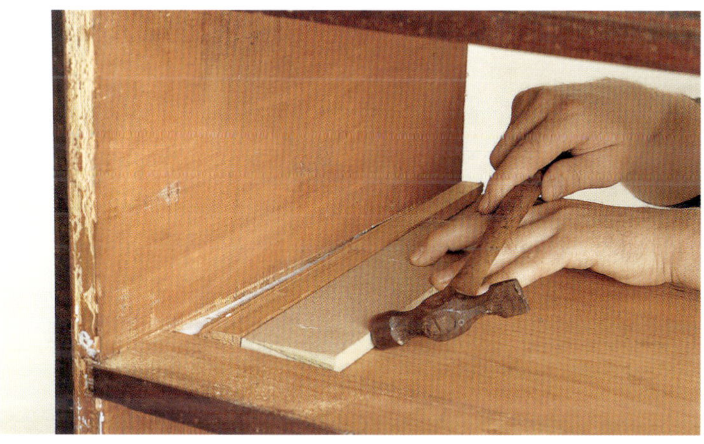

4 Schieben Sie die langen Staubböden wieder ein, dann klopfen Sie die Führungsleisten vorsichtig an Ort und Stelle an, wobei Sie als Schutz gegen Druckstellen ein Stück Hartholz dazwischen legen.

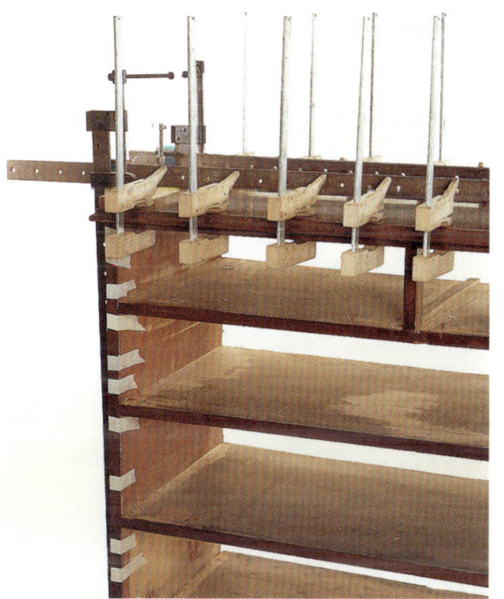

◁ **5** Leimen Sie die Deckplatte erneut auf und sichern Sie sie mit Spannknechten und Parallelzwingen. Bringen Sie die alten Leimblöcke wieder auf, indem Sie sie mit Knochenleim bestreichen und trocknen lassen. Leimen Sie die Blendstreifen wieder auf und fixieren Sie sie mit Abdeckband, bis der Leim abgebunden hat.

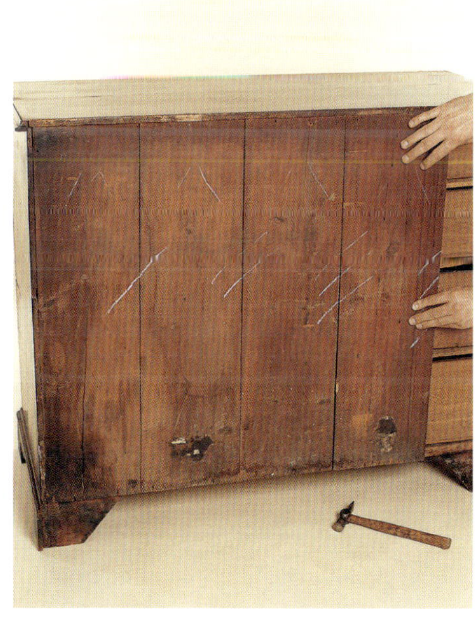

◁ **6** Nageln Sie am Schluss die Bretter der Rückwand wieder auf. Die Kreidestriche müssen genau aufeinanderpassen – nur so ist gewährleistet, dass die Reihenfolge richtig ist.

Rechts: *Sobald die Kommode wieder zusammengebaut ist, können die Oberflächen, falls erforderlich, aufgefrischt, poliert und gewachst sowie die fehlenden Griffe angebracht werden.*

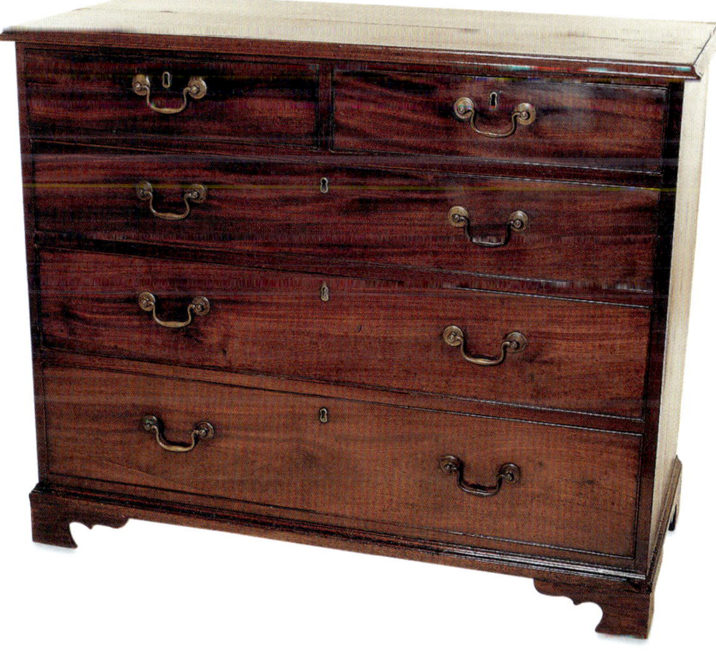

Korpus und Deckplatte reparieren

Der Korpus einer Kommode ist aufgrund seiner soliden Konstruktion bei normaler Beanspruchung kaum anfällig für größere Schäden. Extrem schwankende Luftfeuchtigkeit kann allerdings Risse in Korpus oder Deckplatte verursachen. Auch können schwere Türen übermäßig auf die Scharniere drücken und Sockel oder Füße abgeschabt oder ramponiert sein. Keiner der hier angeführten Schäden stellt jedoch ein unüberwindliches Problem dar, denn durch sachgemäße Restaurierungsmaßnahmen lassen sich erfreulich gute Ergebnisse erzielen.

Eine gerissene Deckplatte reparieren

Deckplatten von Kommoden können infolge starker Temperaturschwankungen Risse bekommen. Falls sich solche Risse im Fugenbereich zweier Hölzer bilden, können sie einfach neu verleimt werden und unter Druck abbinden. Anderenfalls muss die Platte mit einem Zapfen in Schwalbenschwanzform repariert werden. An dieser um 1845 entstandenen, mit Kuba-Mahagoni furnierten Tannenholzkommode ist die Deckplatte gerissen – ein Schaden, der auf Schwunderscheinungen innerhalb des Trägerholzes zurückzuführen ist. Die im Trägerholz erzeugte Spannung führt nämlich unweigerlich zum Reißen des Furniers. Die Randprofile müssen also abgenommen, der Riss behandelt, neu verleimt und anschließend mit Zapfen in Schwalbenschwanzform verstärkt werden. Diese »Füllstücke« werden in aus der Unterseite der Deckplatte eingefräste Lücken gesetzt.

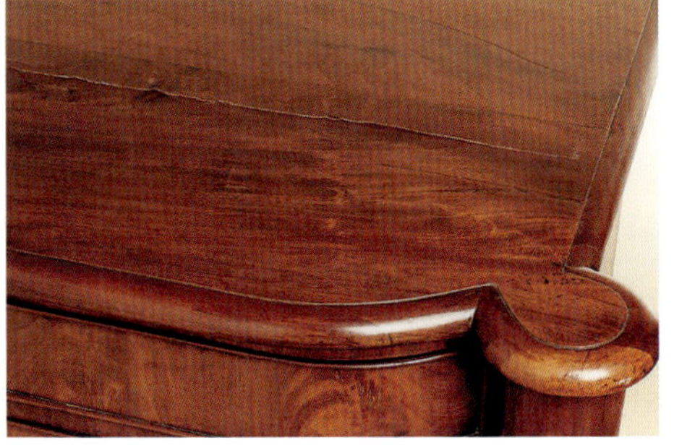

Material und Werkzeug

- Hammer
- Hartholzbrettchen
- Messer mit breiter, flacher Klinge
- Zapfensäge
- PVA-Leim
- Zwingen (Spannknechte)
- Zulagen
- Nadelholz
- Zwingen mit überlangem »Arm«
- kartoniertes Papier
- Teppichmesser
- Oberfräse
- Stecheisen
- Schlichthobel
- Wasserbeize
- feine Pinsel
- Ziehklinge
- feines Schleifpapier
- Polierballen
- Politur
- Wachskitt
- Spiritusbeize
- Baumwolllappen
- Wachs

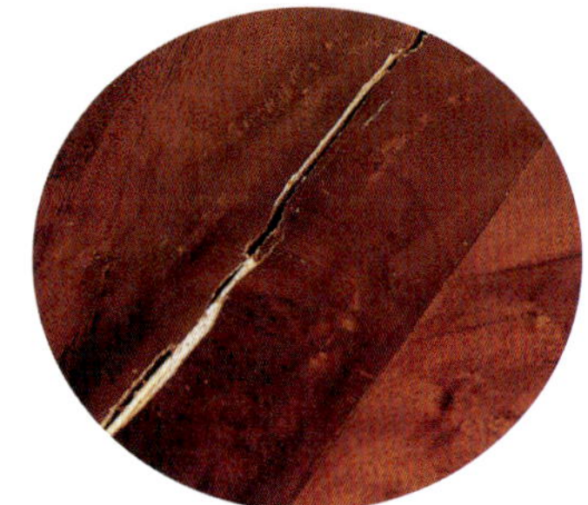

Der Riss in der Deckplatte

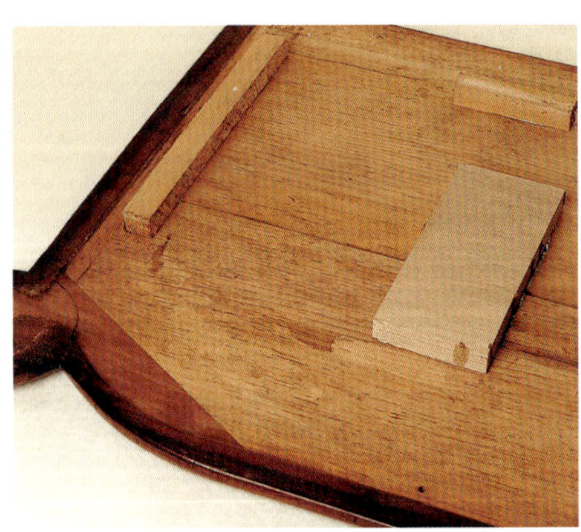

1 Nehmen Sie die obere Platte vom Korpus ab. Legen Sie sie umgekehrt auf die über der Werkbank ausgebreitete Decke. Die rückseitig aufgeleimten Holzblöcke zeigen, dass schon einmal versucht wurde, den Riss zu reparieren. Entfernen Sie die Blöcke mit einem Messer und drehen Sie die Platte wieder um.

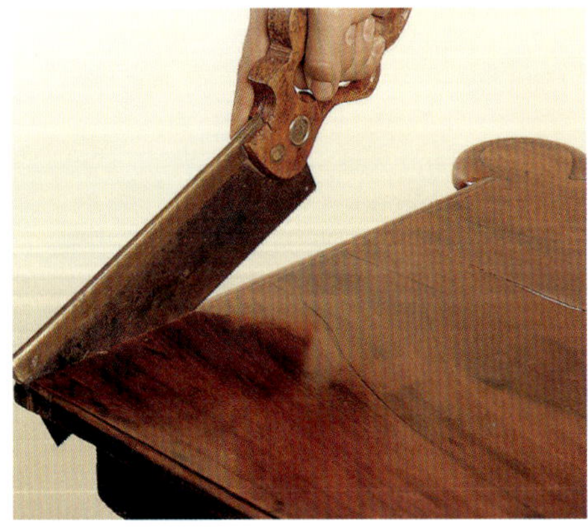

2 Trennen Sie die Mahagoni-Profile, die an dem Riss in der Deckplatte vorbeiführen, mit einer Zapfensäge ab. Da die Profile nicht gerissen sind, lassen sie sich unversehrt entfernen und später wieder aufleimen. Bringen Sie über die gesamte Länge des Risses PVA-Leim auf.

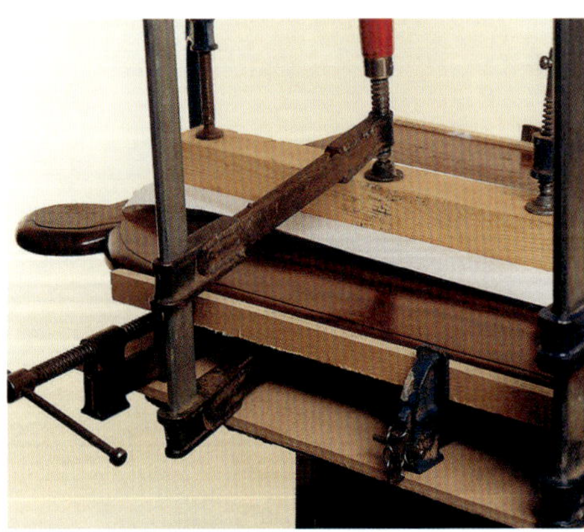

3 Pressen Sie die Deckplatte über die gesamte Breite. Legen Sie zunächst ein Stück Papier, dann ein Stück Nadelholz über den Riss und verspannen Sie alle Teile. So gewährleisten Sie, dass die Oberfläche in einer Ebene verläuft. Lassen Sie die Platte trocknen.

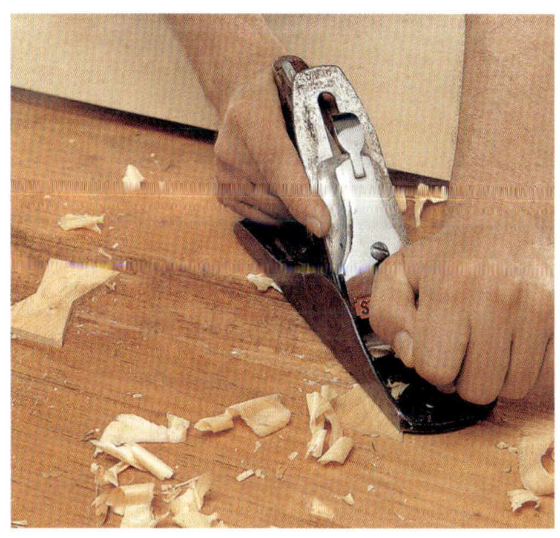

4 Schneiden Sie aus Tannenholz Zapfen in Schwalbenschwanzform zu und fräsen Sie entsprechende Ausgründungen in die Unterseite des Risses (s. S. 230). Leimen Sie die Zapfen ein und schlichten Sie die Fläche. Beizen Sie die Füllstücke passend zur Deckplatte.

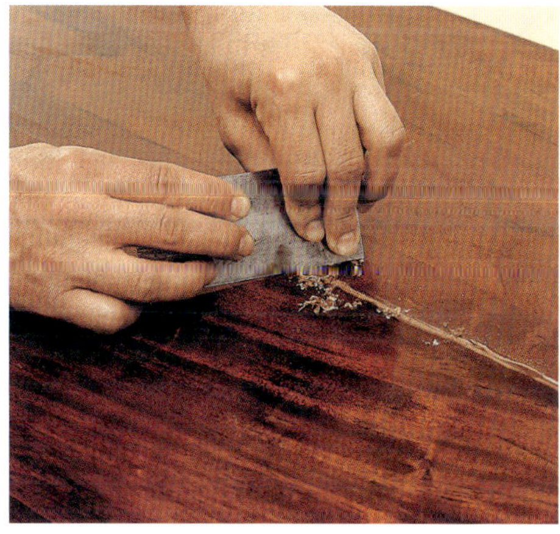

5 Drehen Sie die Platte um und fahren Sie mit einer Ziehklinge der Länge nach über den Riss, um loses Furnier zu entfernen. Nur im Bereich des Risses schaben, damit das umliegende Furnier nicht beschädigt wird. Leimen Sie die nicht gerissenen Profile wieder auf.

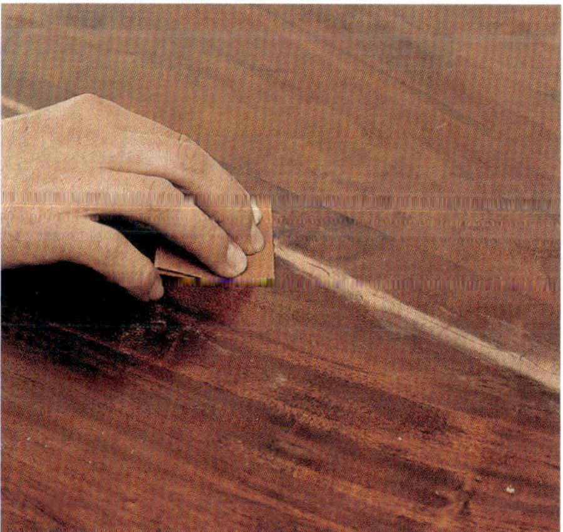

6 Glätten Sie die Umgebung des Risses, indem Sie das Furnier mit feinem Schleifpapier bearbeiten. Vergewissern Sie sich, dass Sie nicht zu weit in das unversehrte Furnier hinein schleifen.

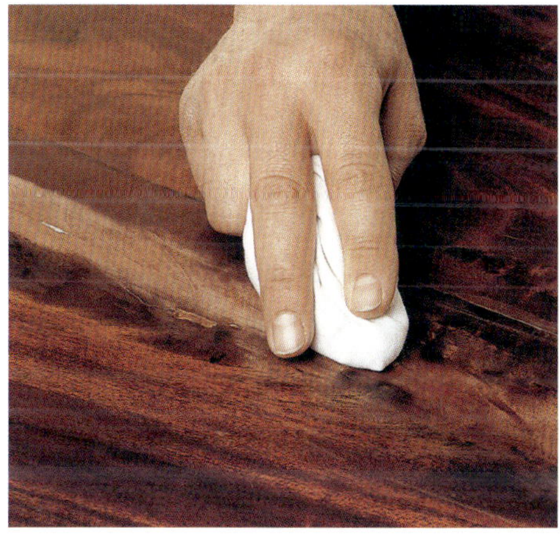

7 Tränken Sie einen Polierballen mit Politur und bringen Sie im Bereich des Risses einen Überzug auf. So kaschieren Sie eventuell fehlende Furnierstückchen (s. S. 66–67). Vom Riss ist nun fast nichts mehr zu sehen.

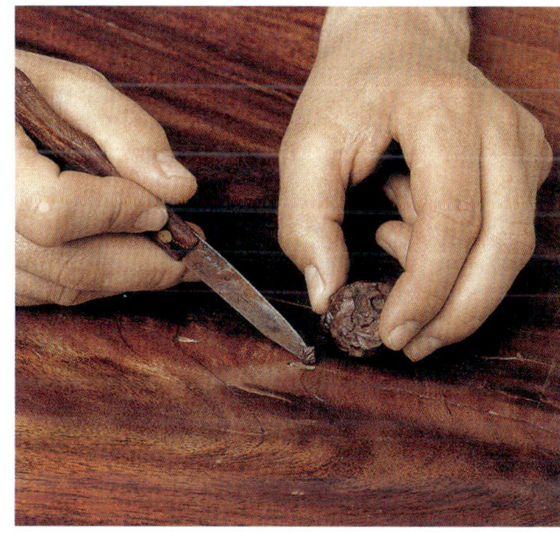

8 Wählen Sie etwas Wachskitt in einer zum Furnier passenden Farbe. Füllen Sie die kleinen Bereiche, an denen Furnier fehlt, mit der Wachskittmasse aus – das gelingt am besten mit Hilfe eines Messers mit flacher Klinge.

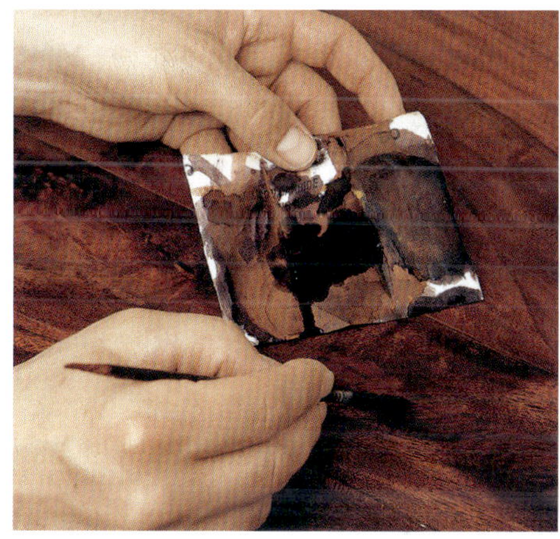

9 Mischen Sie Spiritusbeize in Farbe und Tönung des Furniers an (s. S. 41) und verstreichen Sie sie auf der geglätteten und polierten Fläche. Auf diese Weise lassen sich die beiden Teile beinahe nahtlos miteinander »verschmelzen«, und die Fuge fällt kaum noch ins Auge.

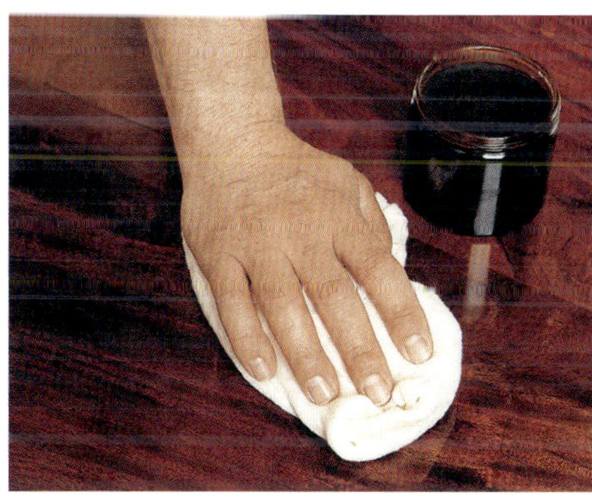

10 Bringen Sie die Deckplatte wieder auf. Behandeln Sie die gesamte Platte mit einem passenden Wachs. Reiben Sie nur leicht über den gerissenen Bereich, um Farbe und Wachs nicht wieder abzutragen.

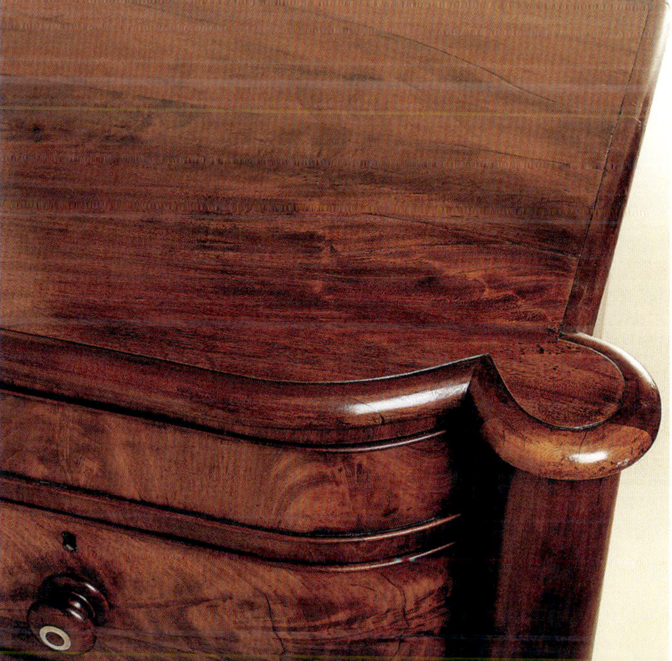

Nach dem Beizen und Wachsen ist von dem Riss praktisch nichts mehr zu sehen. Die zur Verstärkung eingesetzten Zapfen auf der Unterseite sichern die Fuge, so dass über Jahre keine weitere Restaurierung erforderlich sein dürfte.

Einen Konsolfuß reparieren

Die Konstruktion des im frühen 18. Jahrhundert eingeführten Konsolfußes sollte bis zum anbrechenden 19. Jahrhundert im Prinzip unverändert bleiben. Wo lediglich ein einzelner fehlender Fuß zu ersetzen ist, lässt sich der erhaltene als Vorlage nutzen. Fehlen sämtliche Füße, wird man fachmännischen Rat einholen müssen, um über Form und Stil zu entscheiden. An dieser Kommode fehlt ein Mahagonifuß, doch einige der Leimblöcke sind erhalten.

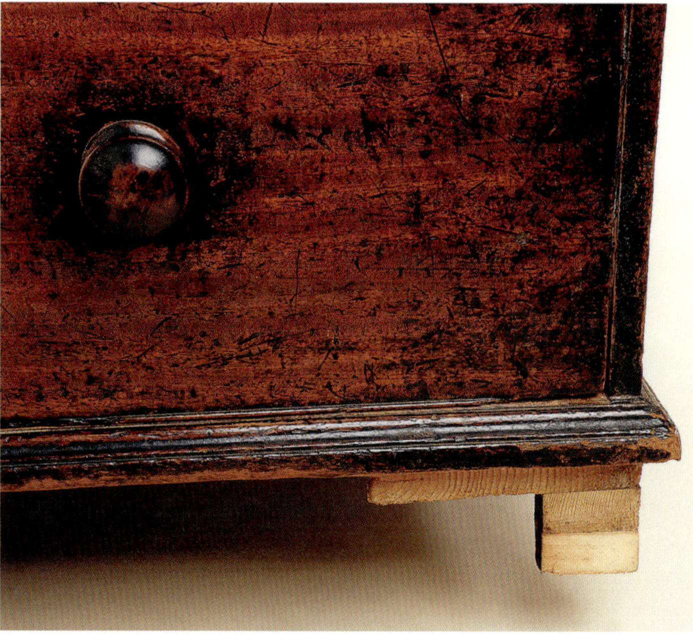

Material und Werkzeug

- kartoniertes Papier
- Teppichmesser
- Mahagoni
- kleine Bügel- oder Bandsäge
- Schlichthobel
- Gehrungsschneidlade
- Knochenleim
- Federspangen
- Nadelholz
- Raspel
- Stemmeisen
- Schraubendreher
- Polierballen
- Politur
- feiner Pinsel
- Beize

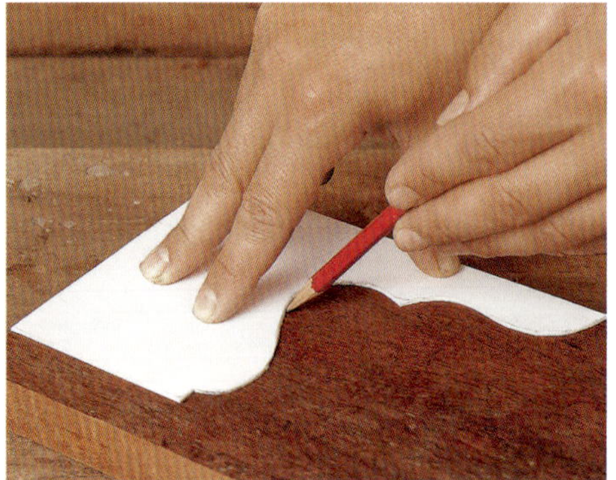

1 Fertigen Sie eine Pappschablone von einem der erhaltenen Füße und übertragen Sie den Umriss des Frontbereichs sowie der Seite des Fußes auf das Mahagoni, das Sie für den Fuß verwenden wollen.

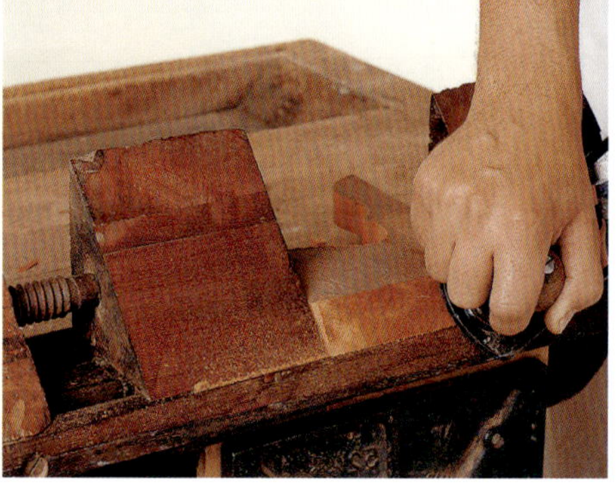

2 Schneiden Sie beide Teile des Fußes von Hand mit der Bügelsäge oder maschinell mit der Bandsäge aus. Hobeln Sie die Gehrungen mit einem Schlichthobel, am besten mit Hilfe einer Gehrungsschneidlade.

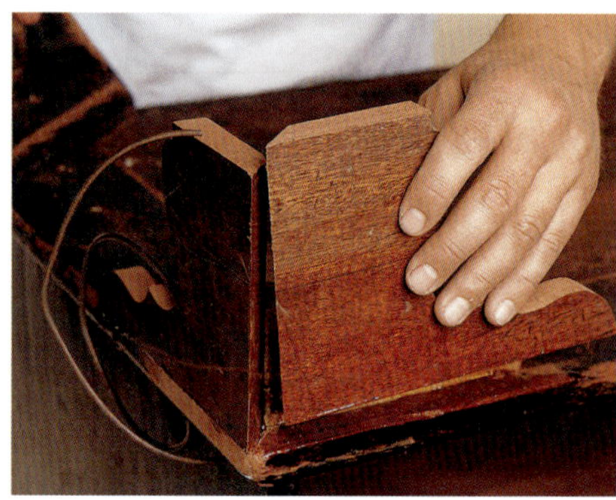

3 Fixieren Sie beide Teile des Fußes mit Knochenleim am Korpus sowie im Bereich der Gehrung. Reiben Sie jedes Teil einige Male hin und her, um die Haftung zwischen Fuß und Korpus zu verbessern. Dann erst werden die Teile mit Hilfe von Federspangen verspannt.

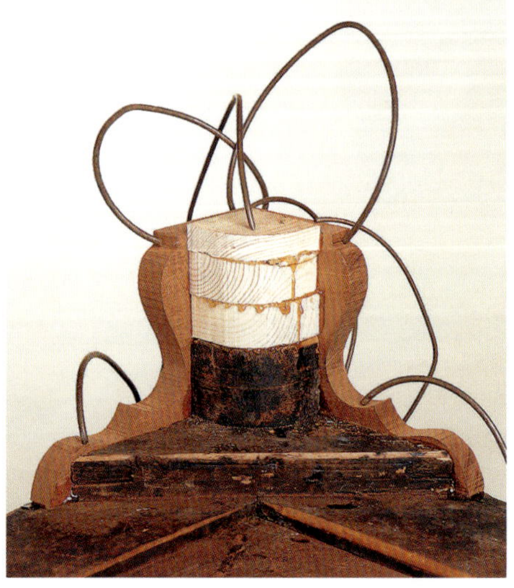

◁ **4** Schneiden Sie neue Leimblöcke aus Nadelholz. Belassen Sie die Spangen, leimen Sie diese Blöcke auf und sichern Sie sie mit weiteren Federspangen. Lassen Sie die Blöcke leicht überstehen; sie werden erst später mit dem Fuß plan geschliffen. So lässt sich das Gewicht der Kommode besser verteilen.

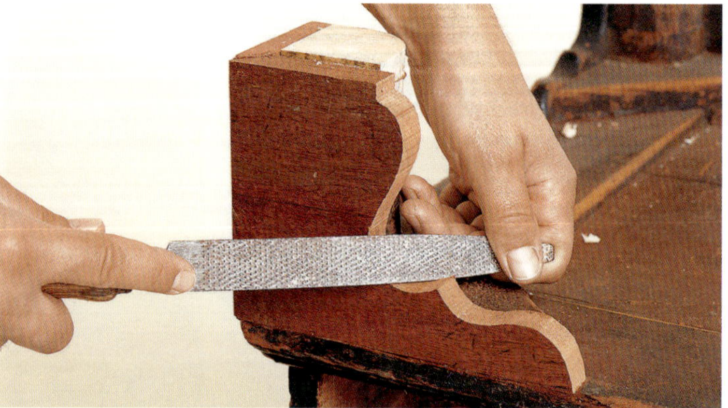

5 Wenn Sie die Teile des Fußes mit einer Bandsäge zugeschnitten haben, entfernen Sie eventuelle Spuren des Sägeblatts mit einer Raspel. Sie können Verschleißspuren, wie sie sich am Original-Fuß finden, imitieren.

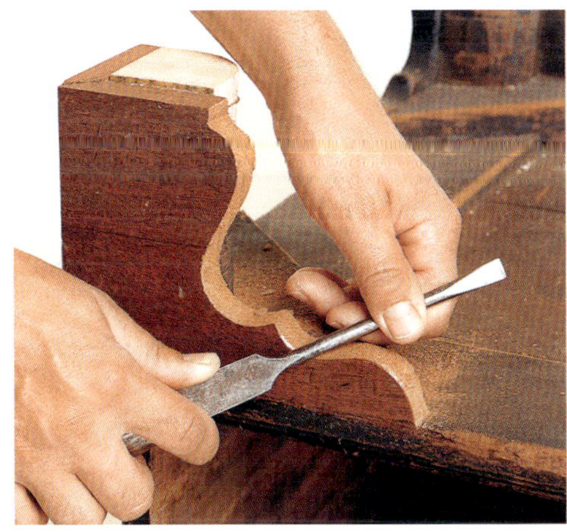

6 Schlichten Sie die Leimblöcke mit einem Stemmeisen oder Hobel. Runden Sie scharfe Kanten mit dem Heft eines Schraubendrehers ab. Sie imitieren so den Effekt, der durch regelmäßige Wachspflege und jahrelangen Gebrauch entsteht. Falls der Fuß aus einem makellosen Stück Mahagoni gefertigt wurde, sollten Sie einige Schrammen aufbringen.

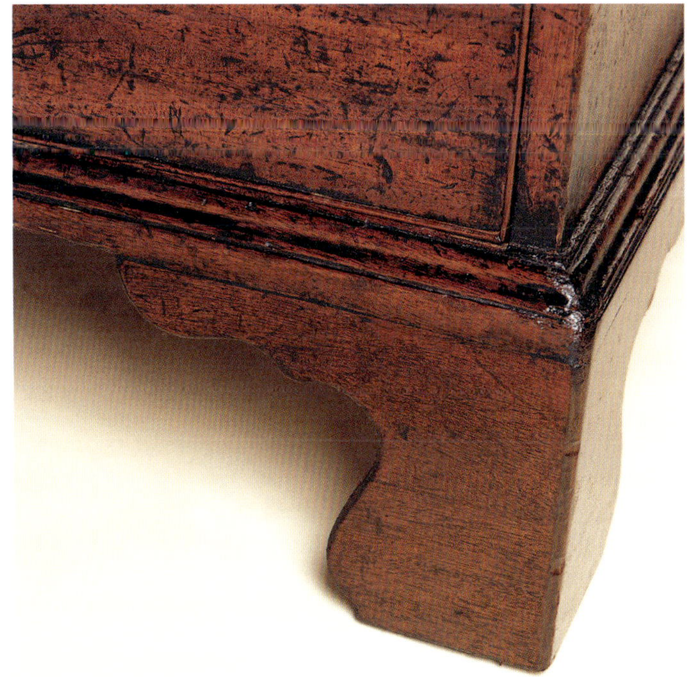

Polieren Sie die Außenseite des Fußes und beizen Sie die Innenseite sowie die Leimblöcke. Der neue Fuß ist in Maserung, Farbe und Beschichtung auf den Korpus abgestimmt. Verschleiß und Patina entsprechen den anderen Füßen der Kommode, so dass kaum ins Auge fällt, wo ein Teil ersetzt wurde.

Federspangen

Es gibt unzählige verschiedene Zwingen, die sich beim Restaurieren von Möbeln bewährt haben. Vielfältig einsetzbar sind Federspangen, insbesondere wenn schwer zugängliche Stellen verspannt werden müssen. Sie lassen sich aus Sprungfedern alter Matratzen leicht selbst anfertigen und erweisen sich als ideal, wenn es darum geht, kleine Teile unter Druck zu fixieren oder einfach nur an Ort und Stelle zu halten.

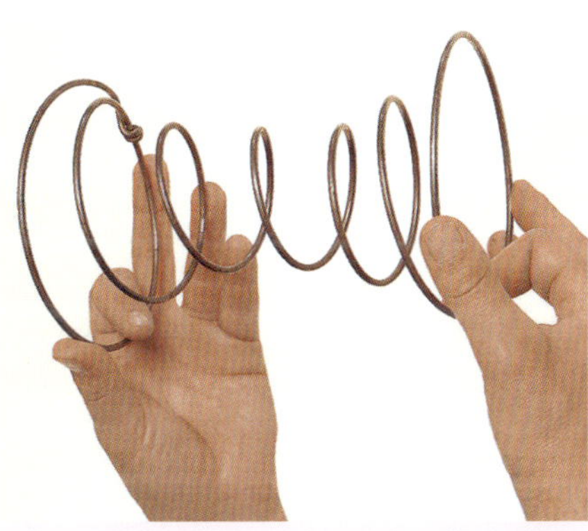

◁ **1** *Nehmen Sie eine große alte Sprungfeder, aus der Sie gleich mehrere Spangen unterschiedlicher Größe fertigen können. Der Stahl der Feder hält die Spannung und übt beim Auseinanderziehen beträchtlichen Druck aus.*

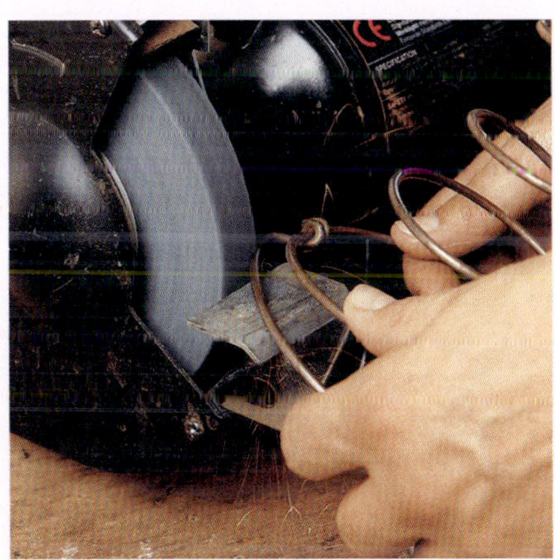

2 *Trennen Sie die gedehnte Stahlfeder mit Hilfe einer Schnellschleifmaschine an zwei Punkten ab, um eine »Rundspange« zu erzeugen, deren beide Enden frontal aufeinander treffen sollten. Auseinandergezogen sollte die der Feder eigene Rundung den erforderlichen Druck erbringen, um mehrere Teile zusammenzuhalten.*

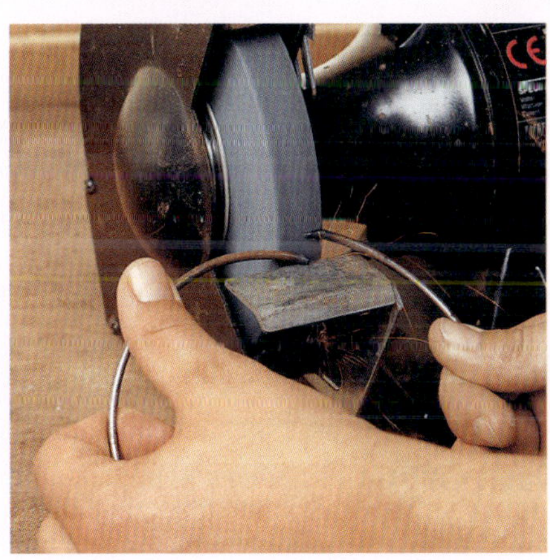

3 *Schleifen Sie an jedem Ende der Spange eine Spitze. Diese Spitzen sorgen dafür, dass die Spange beim Verspannen nicht verrutscht.*

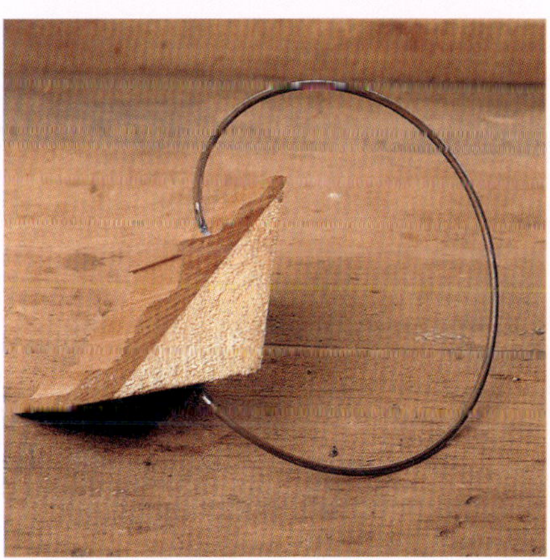

4 *Die fertige Feder lässt sich zum Verspannen unterschiedlichster Teile nutzen. Um die Spannung zu erhöhen, drücken Sie die beiden Endpunkte so weit übereinander, dass sie überlappen. Dann erst ziehen Sie sie auseinander, um die Feder entsprechend zu fixieren.*

SCHUBLADEN REPARIEREN

Bis zum Ende des 17. Jahrhunderts liefen die meisten Schubladen auf Laufleisten, die im Bereich der Seitenwände des Kastens angebracht und mit einer Nut versehen waren. Erst im 18. Jahrhundert wurden die Laufleisten am Boden der Schublade angebracht. Aufgrund der ständigen Beanspruchung finden sich häufig abgenutzte Schubladen-Anschläge (Bremsklötzchen) und Laufleisten. Sobald eine Schublade beim Aufziehen zu sperren beginnt, ist dies ein Zeichen dafür, dass diese Teile ersetzt werden sollten. Unternimmt man dann nichts, kann dies im Extremfall heißen, dass die Kommode sich nicht mehr nutzen lässt.

Schlichte Randleisten ersetzen

Gemeint sind die Leisten, die die Frontseite eingesetzter Schubladen umgeben. Die zu Beginn des 18. Jahrhunderts erstmals auftretende dekorative Einfassung schützt zugleich die Ränder der aufgebrachten Furniere gegen Absplittern und Reißen. Manchmal können diese Leisten sich aber auch lösen oder aufgrund ihrer leicht überstehenden Position brechen. An dieser Schublade hat sich ein Teil der Zierleiste gelöst und ist verloren gegangen, ein weiterer Bereich ist stark beschädigt.

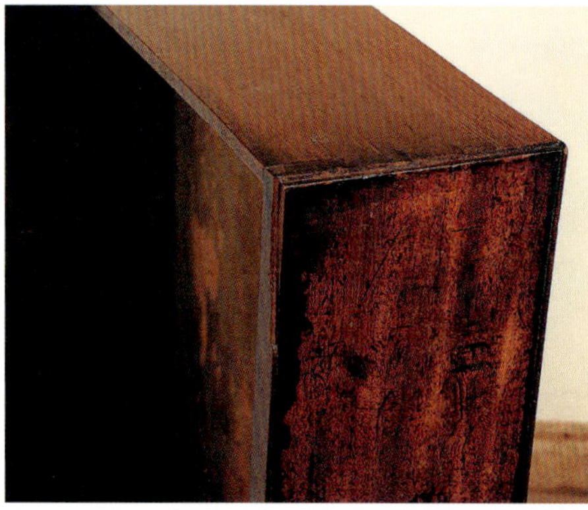

MATERIAL UND WERKZEUG

- langes Stecheisen
- Mahagoni
- Teppichmesser
- PVA-Leim
- Federspangen
- Hirnholzhobel
- feines Schleifpapier
- feiner Pinsel
- Beize
- Polierballen
- Politur

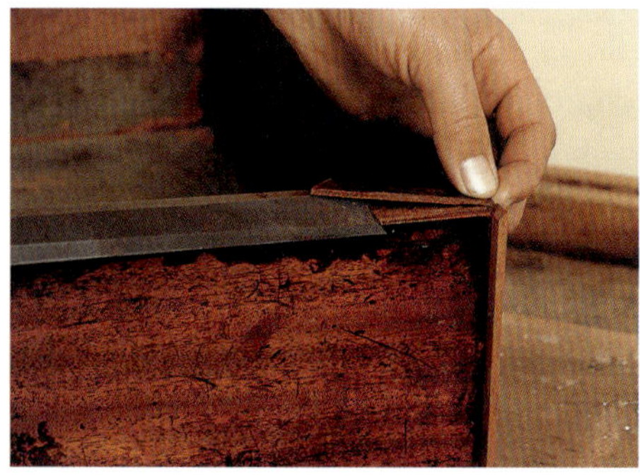

1 Entfernen Sie den beschädigten Bereich der Zierleiste mit einem langen Stecheisen. Wählen Sie ein Stück Mahagoni für die neue Leiste aus.

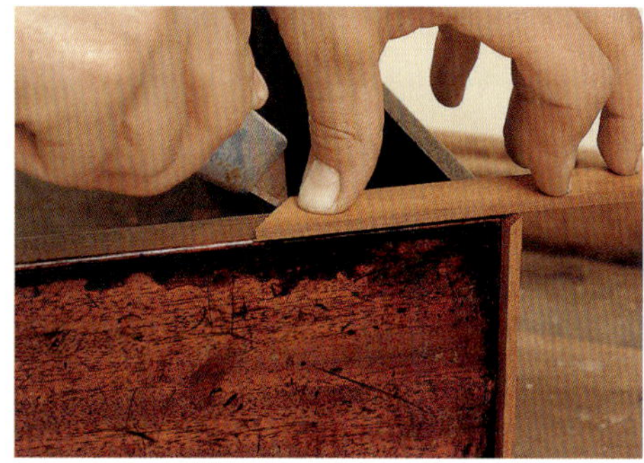

2 Schneiden Sie mit einem scharfen Teppichmesser an jedem Ende der neuen Leiste im 45°-Winkel eine Gehrung. Leimen Sie die Leiste mit PVA-Leim auf und fixieren Sie sie mit einer Federspange (s. S. 215).

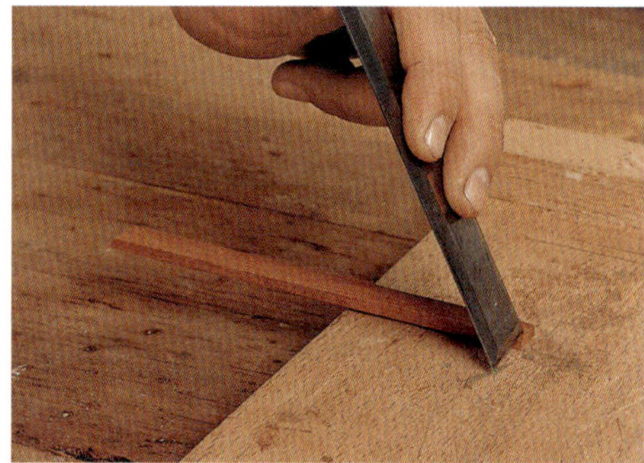

3 Schneiden Sie eine entsprechend lange Zierleiste, um das fehlende Stück zu ersetzen. Sägen Sie die jeweiligen Enden auf Gehrung und bringen Sie die Leiste wie in Schritt 2 beschrieben an.

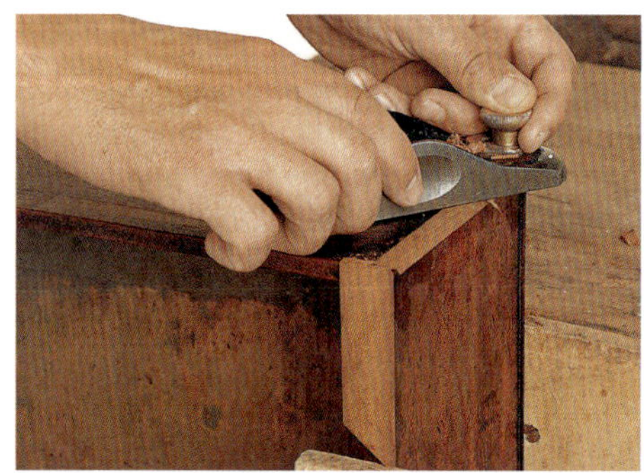

4 Sobald der Leim abgebunden hat, entfernen Sie mit einem Hirnholzhobel sämtliche Partien des überstehenden Holzes. Die Leiste muss randbündig abschließen.

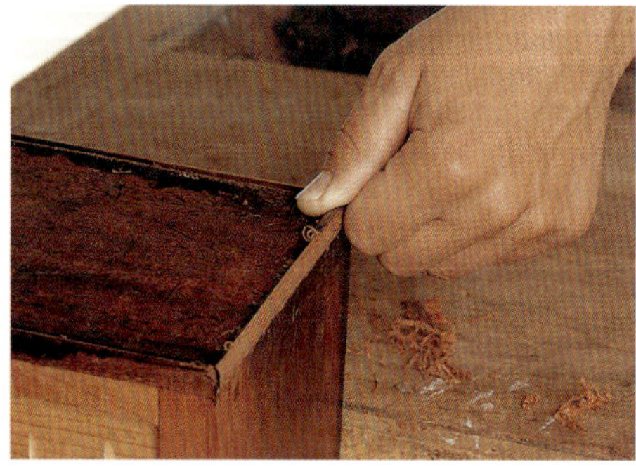

5 Da die Zierleiste meist über abgerundete Kanten verfügt, können diese bereits vorher mit einem kleinen Stecheisen modelliert und mit feinem Schleifpapier geglättet werden.

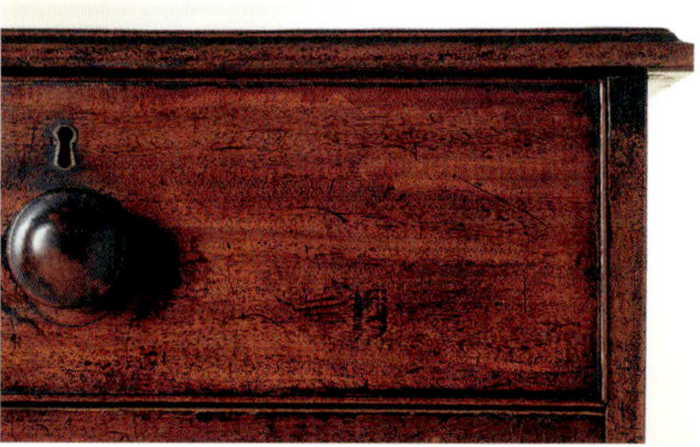

Die neue Zierleiste sollte den noch vorhandenen Leisten entsprechend gebeizt und poliert werden. Damit sie sich besser einfügt, kann man dezente Verschleißspuren aufbringen.

Laufleisten ersetzen

Die Schubladen-Laufleisten dieser Kommode waren an manchen Stellen vollkommen abgenutzt. Weiteren Schaden haben die Bremsklötzchen der Schubladen angerichtet, wie die Furchen im Boden zeigen (s. S. 218). Die defekten Laufleisten müssen entfernt und durch neue ersetzt werden.

MATERIAL UND WERKZEUG

- Messer mit breiter, flacher Klinge
- Hammer
- Putzhobel
- Buchenholz oder Mahagoni
- Zapfensäge
- PVA Leim
- Parallelzwingen
- Zahnbürste
- Stecheisen

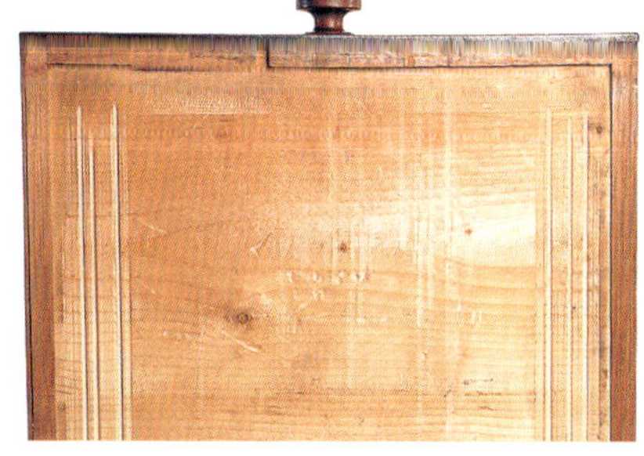

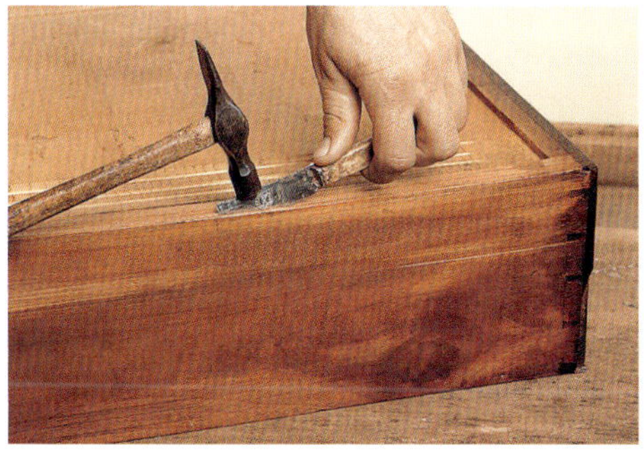

1 Sofern die Laufleisten mit den Seiten und dem Boden verleimt sind, schieben Sie ein Messer mit flacher Klinge zwischen Laufleiste und Seite, um die Fuge aufzubrechen.

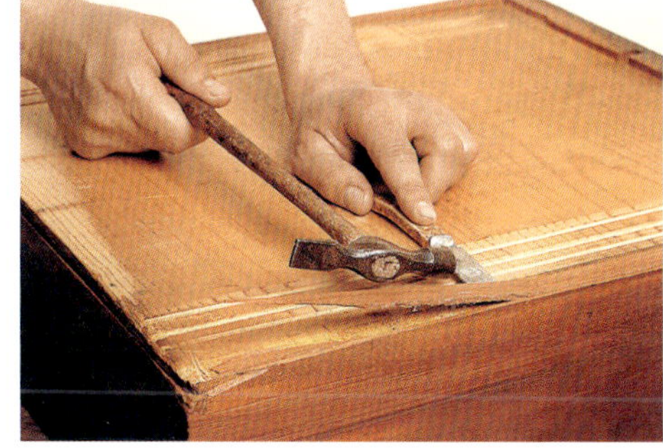

2 Entfernen Sie die beschädigten Laufleisten vom Boden, indem Sie das Messer darunter schieben und es mit leichten Hammerschlägen vorwärts treiben.

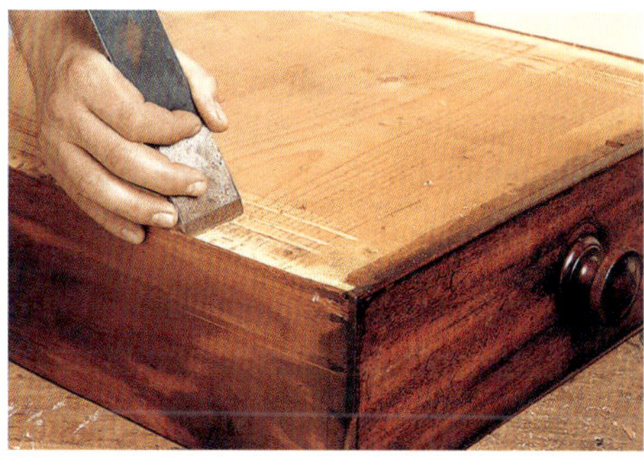

3 Entfernen Sie mit dem Eisen eines Putzhobels sämtliche Spuren des alten und brüchigen Leims.

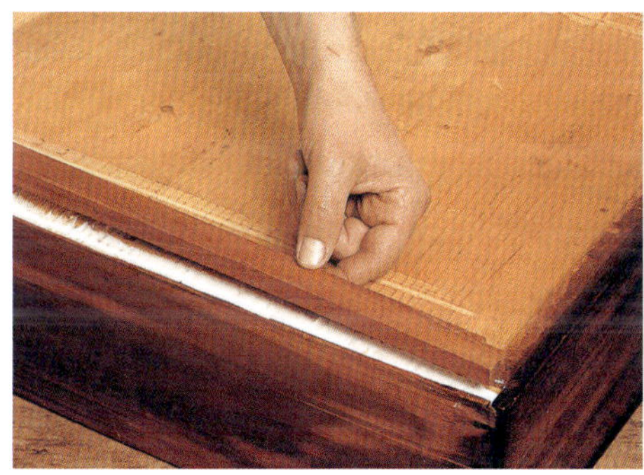

4 Wählen Sie ein den alten Laufleisten ähnliches Holz (meist Buche oder Mahagoni) und schneiden Sie Laufleisten in der entsprechenden Breite und Länge und einer etwas größeren Tiefe zu, damit sie sich später noch hobeln lassen. Leimen Sie sie auf.

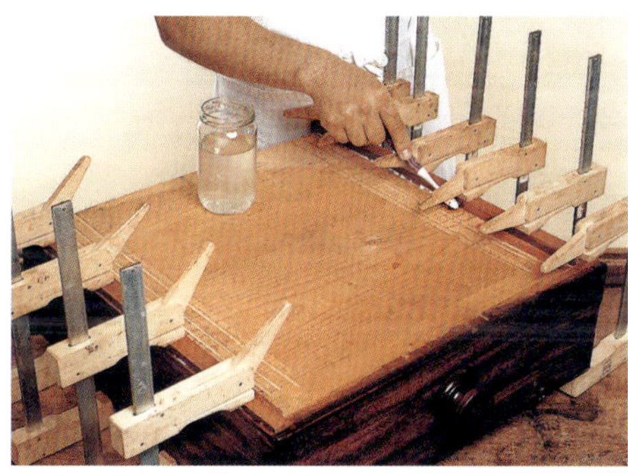

5 Fixieren Sie die neuen Laufleisten mit Parallelzwingen und lassen Sie sie trocknen. Entfernen Sie überschüssigen Leim mit einer Zahnbürste und Wasser.

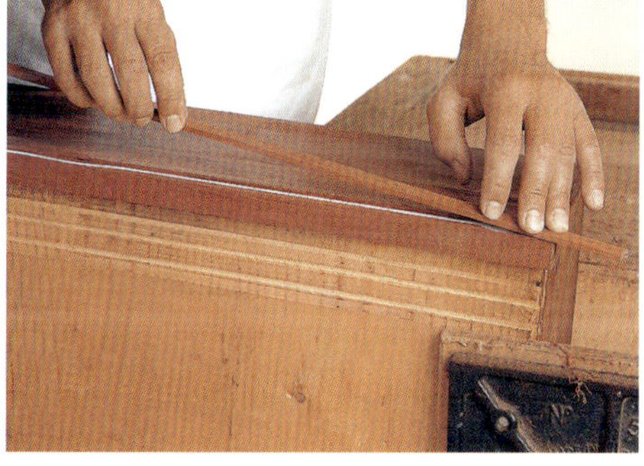

6 Diese Schublade hatte zusätzlich Laufleisten, die außen an den Schubladenseiten angebracht waren. Auch diese zeigten Abnutzungserscheinungen. Entfernen Sie sie und ersetzen Sie sie durch neue, die auf die Ersatzlaufleisten am Schubladenboden geleimt werden.

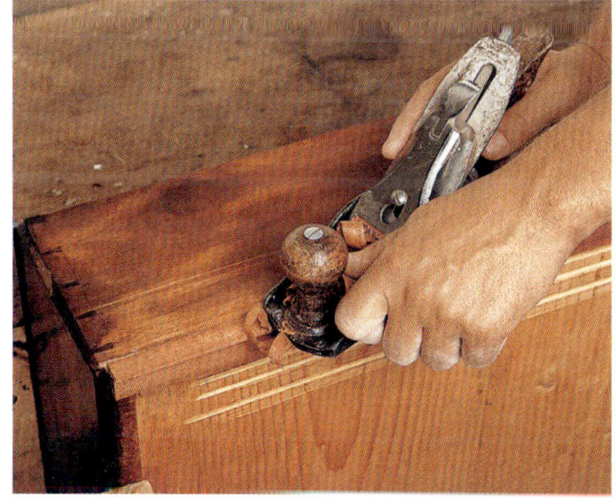

◁ **7** Wenn die Laufleisten trocken sind, hobeln Sie sie auf die entsprechende Tiefe – die Schubladen müssen genau waagerecht im Korpus sitzen. Achten Sie darauf, beim Hobeln nicht zu viel von den Laufleisten abzunehmen, weil die Schublade sonst nicht in der Waagerechten verläuft.

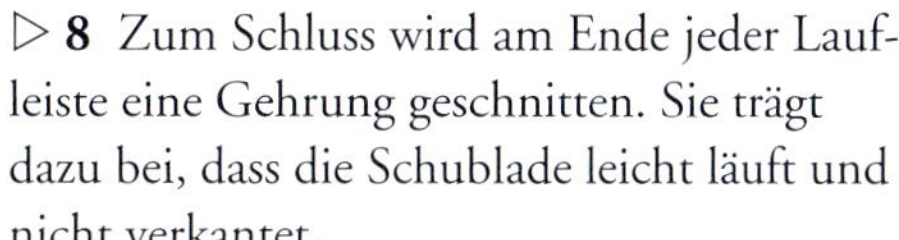

▷ **8** Zum Schluss wird am Ende jeder Laufleiste eine Gehrung geschnitten. Sie trägt dazu bei, dass die Schublade leicht läuft und nicht verkantet.

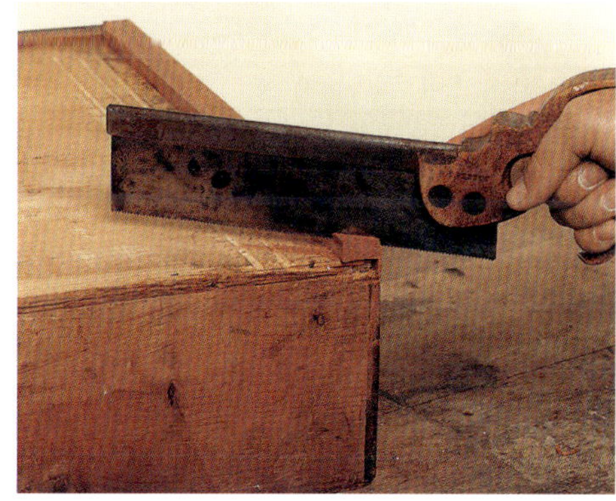

▷

Laufleisten ersetzen … Fortsetzung

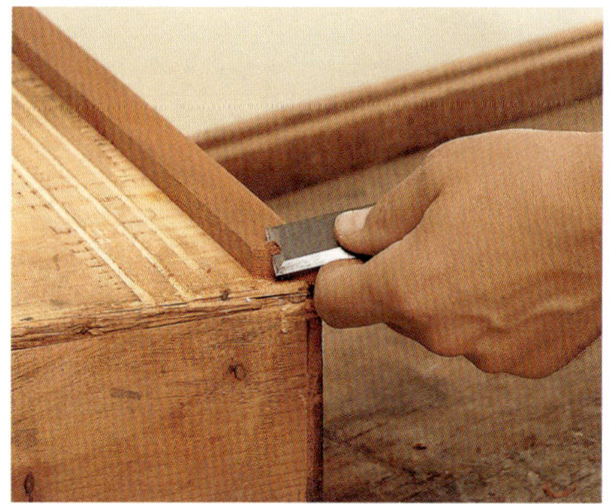

◁ **9** Brechen Sie die Kante der Laufleiste mit einem scharfen Stecheisen. Eine solche Abschrägung erleichtert das Herausnehmen und Einsetzen der Schublade in den Korpus.

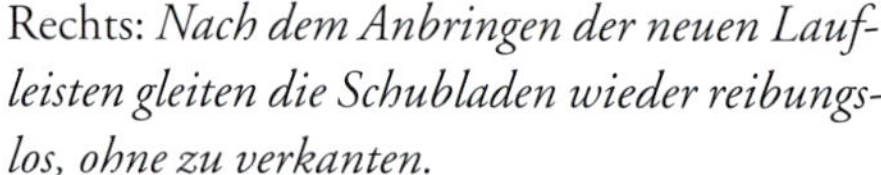

Rechts: *Nach dem Anbringen der neuen Laufleisten gleiten die Schubladen wieder reibungslos, ohne zu verkanten.*

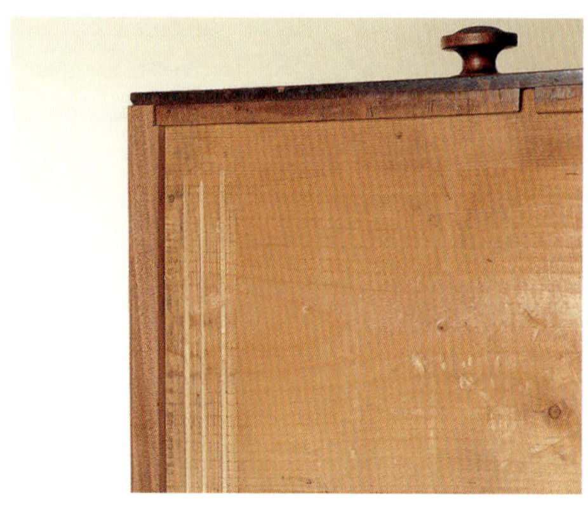

Anschlagklötzchen von Schubladen ersetzen

Anschläge in Form von Bremsklötzchen verhindern, dass die Schublade beim Einschieben an die Rückwand stößt und gewährleisten, dass die Schubladen im Frontbereich akkurat schließen. Diese Anschläge werden normalerweise so angebracht, dass sie an die Rückseite der Schubladenfront anstoßen, sie können aber auch an der hinteren Wand der Schublade fixiert sein. Hier waren die Bremsklötzchen so stark abgewetzt, dass die Nägel herausstanden und den Boden der Schublade aufgerissen haben.

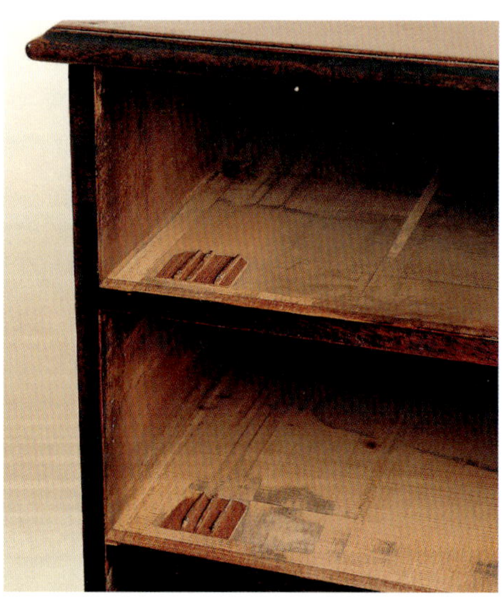

1 Schieben Sie ein Messer zwischen die abgenutzten Anschläge und den Korpus und heben Sie es mit einem Hammer leicht an, um die Klötzchen zu entfernen.

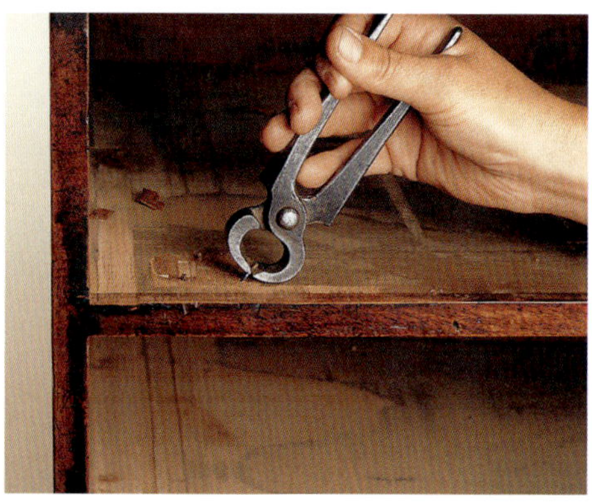

2 Falls die Nägel nach dem Entfernen der Klötzchen noch feststecken sollten, ziehen Sie sie mit einer Zange heraus.

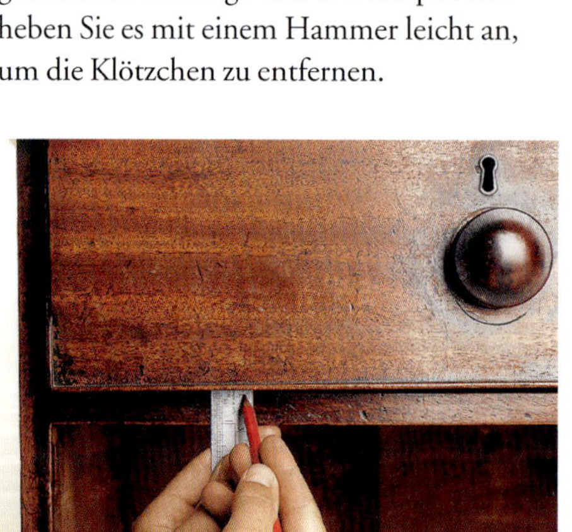

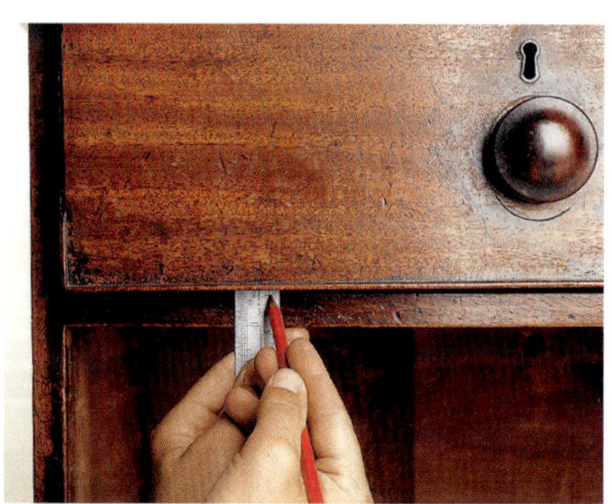

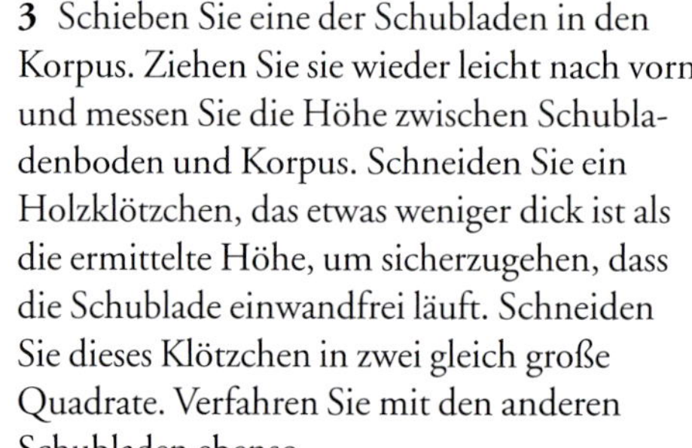

3 Schieben Sie eine der Schubladen in den Korpus. Ziehen Sie sie wieder leicht nach vorn und messen Sie die Höhe zwischen Schubladenboden und Korpus. Schneiden Sie ein Holzklötzchen, das etwas weniger dick ist als die ermittelte Höhe, um sicherzugehen, dass die Schublade einwandfrei läuft. Schneiden Sie dieses Klötzchen in zwei gleich große Quadrate. Verfahren Sie mit den anderen Schubladen ebenso.

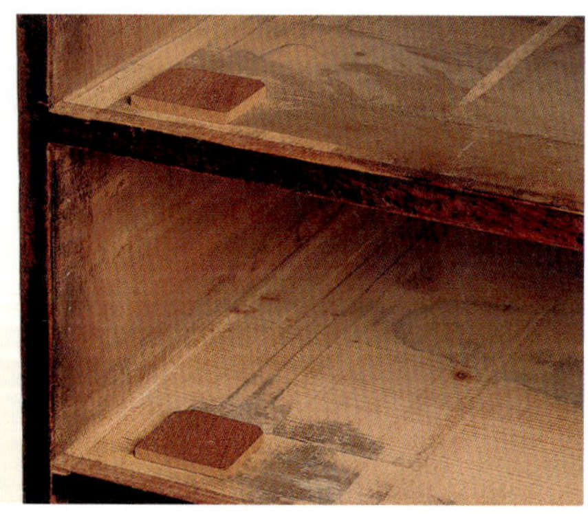

4 Leimen Sie die neuen Anschläge in den Korpus, wobei Sie sie etwas weiter vorne als ursprünglich platzieren. Bevor der Leim trocken ist, schieben Sie beide Schubladen ein, um sie randbündig mit der Front der Kommode auszurichten. So werden die Klötzchen exakt positioniert. Lassen Sie den Leim vollkommen abbinden, bevor Sie die Schubladen entfernen. Falls erforderlich, fixieren Sie die Anschläge zusätzlich mit einigen Klammern.

Material und Werkzeug

- Messer mit breiter, flacher Klinge
- Hammer
- Zange
- Zapfensäge
- Holzklötzchen
- PVA-Leim
- Klammern

Eine Schwalbenschwanzverbindung schneiden

Die Schwalbenschwanzzinkung gehörte im 18. und 19. Jahrhundert zu den meistverwendeten Verbindungen im Möbelbau, insbesondere da, wo zwei glatte, einander überlappende Flächen vorlagen und eine stabile Fuge erforderlich war: im Bereich von Korpus, Sockel, Schubladen und Gesims also. Das Schneiden kleiner Schwalbenschwänze kann heikel sein, zeugt aber zugleich von der Kunstfertigkeit und dem Geschick des Schreiners.

An der Schublade einer aus dem Jahr 1780 stammenden Kommode fehlt eine Seite, die Inneneinteilung für die Tintenfässchen ist zum Glück jedoch erhalten. Bevor man sich an die Arbeit macht, muss die Schublade vorsichtig mit einem Schreinerhammer und einer schützenden Hartholzzulage auseinandergenommen werden. Die ungewöhnlich zierlichen Schwalbenschwänze bedürfen besonderer Sorgfalt, damit sie beim Auseinandernehmen nicht beschädigt werden. Die Schublade besteht aus Kuba-Mahagoni, was bedeutet, dass für die neue Seite ein Stück passendes Holz gefunden werden muss. Nach Fertigstellung der neuen Schwalbenschwanzverbindungen kann die Schublade wieder zusammengesetzt werden.

Material und Werkzeug

- Kuba-Mahagoni
- Zapfensäge
- Streichmaß
- Teppichmesser
- Fein- oder Zinkensäge
- Bügelschraubzwinge
- Stecheisen
- Holzhammer
- Hammer
- Hartholzzulagen
- Zapfenstreichmaß
- schmales Stecheisen oder Oberfräse
- PVA-Leim

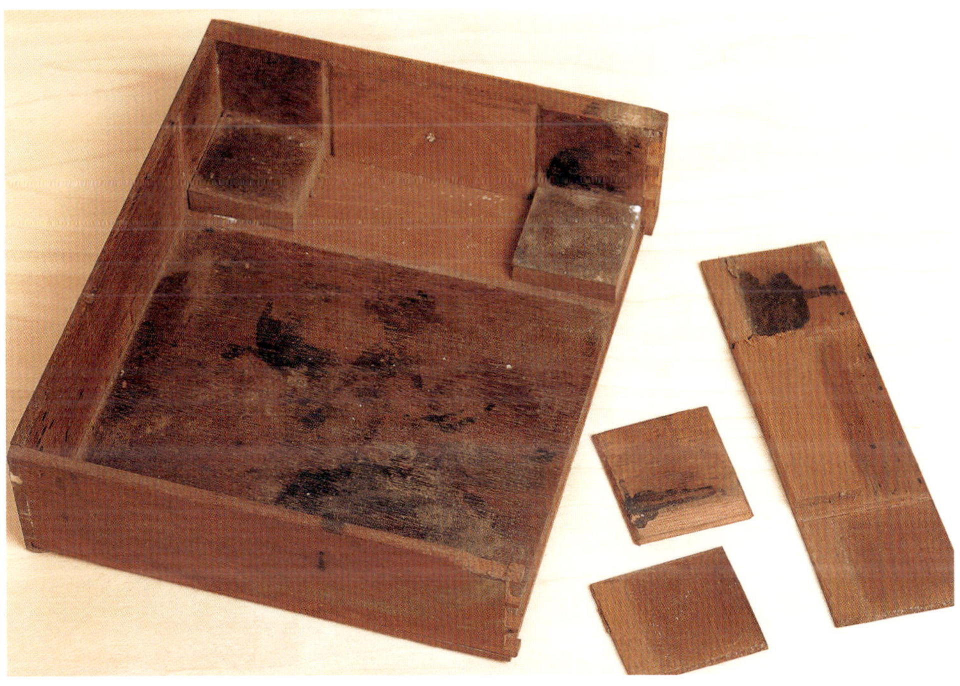

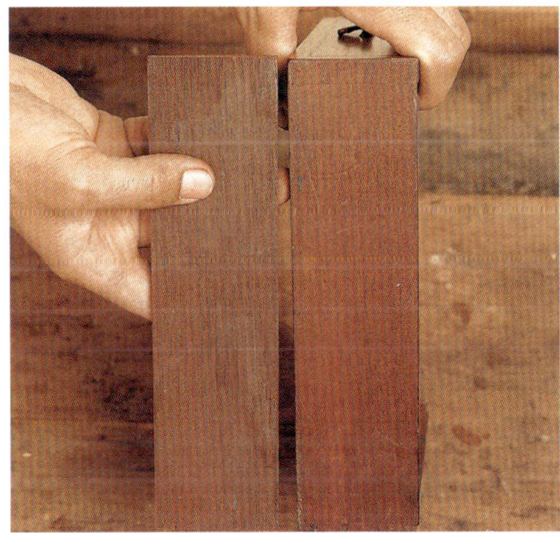

1 Nehmen Sie die Schublade auseinander. Versuchen Sie, ein passendes Stück Mahagoni für die neue Seite zu finden. Falls die Farbe leicht abweicht, lässt sie sich später entsprechend beizen, wichtiger ist, dass die Maserung die gleiche ist. Schneiden Sie das Stück auf die erforderliche Seitenlänge zu.

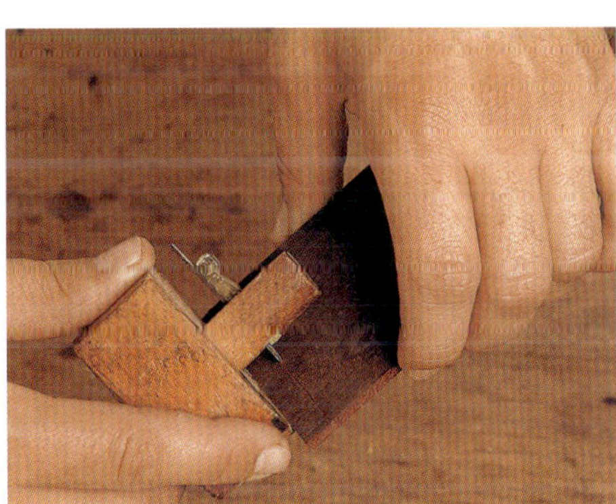

2 Messen Sie die Länge der Schwalben auf der vorhandenen Schubladenseite und übertragen Sie die Maße mittels Streichmaß auf die neue Seite.

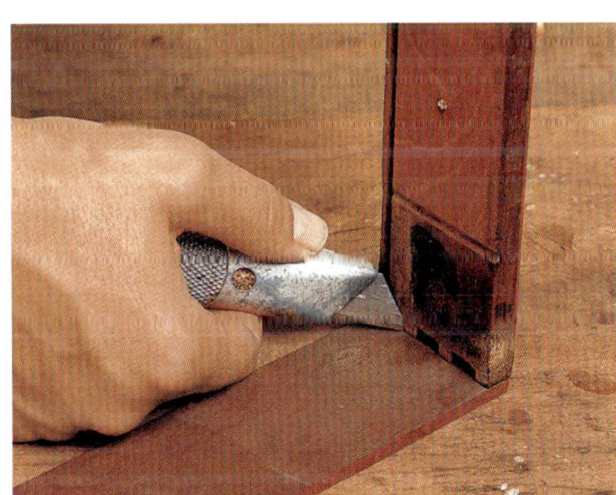

3 Halten Sie die Frontseite der Schublade gegen das entsprechende Ende der neuen Seite und übertragen Sie die Markierungen mit einem Teppichmesser. Verfahren Sie ebenso mit der hinteren Seite, indem Sie sie an das andere Ende der neuen Seite halten.

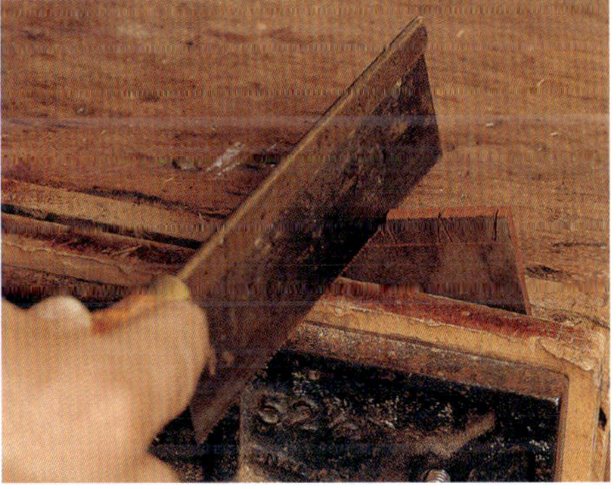

4 Spannen Sie das Seitenteil so in einen Schraubstock, dass die Risslinien senkrecht nach oben zeigen. Schneiden Sie mit einer Feinsäge am äußeren Rand der Markierung entlang. Auf diese Weise erhalten Sie feste, stramm sitzende Fugen.

▷

Eine Schwalbenschwanzverbindung schneiden … Fortsetzung

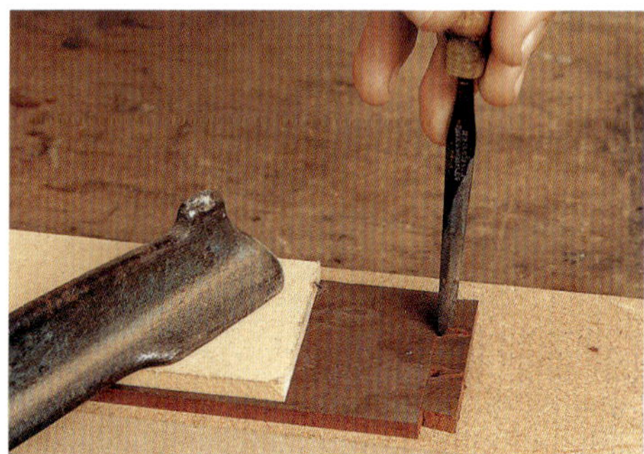

5 Fixieren Sie die Seite auf einem Holzstück und schneiden Sie mit einem Stecheisen und einem Holzhammer das Abfallholz bis auf halbe Stärke durch. Drehen Sie das Teil um und schneiden Sie von der anderen Seite her, um einen sauberen Schnitt zu erhalten.

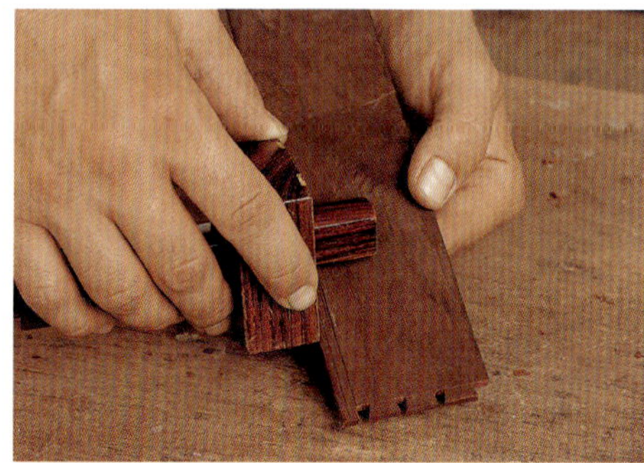

6 Einige Schubladenböden sind genagelt, der vorliegende steckt aber in einer Nut. Markieren Sie diese Nut mit einem auf die Stärke des Bodens eingestellten Streichmaß auf dem neuen Seitenteil.

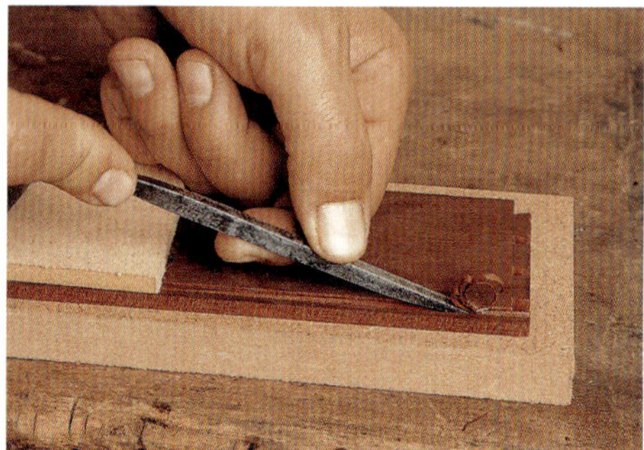

7 Gründen Sie die neue Nut für den Schubladenboden mit einem schmalen Stecheisen oder einer Oberfräse aus.

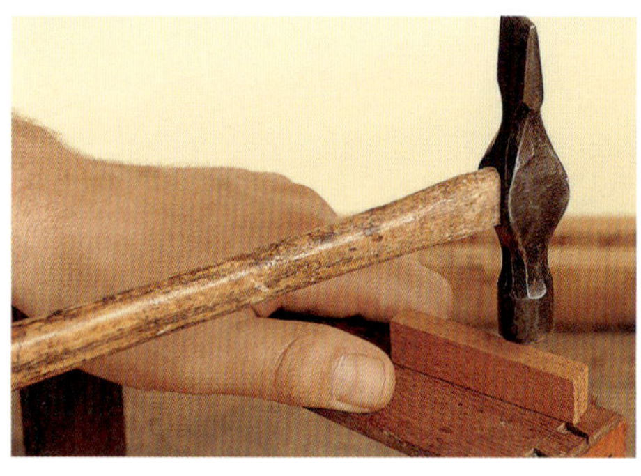

8 Mit einem kleinen Hammer und einer Hartholzzulage schlagen Sie die Schwalbenschwanzzinkung leicht an. Die Fuge sollte fest sitzen und kein Spiel haben. Falls erforderlich, bringen Sie durch Schlichten des Holzes mit einem Teppichmesser kleine Korrekturen an.

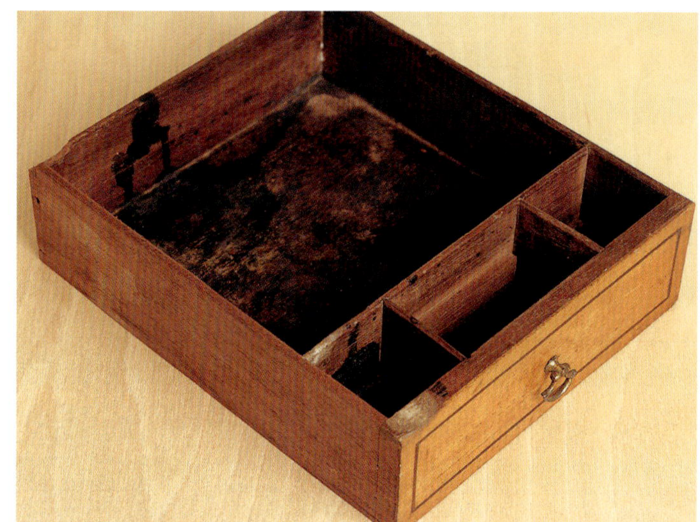

Die Schublade lässt sich nun wieder zusammensetzen und die Inneneinteilung an Ort und Stelle neu verleimen.

Schwalbenschwanzzinkungen einbringen

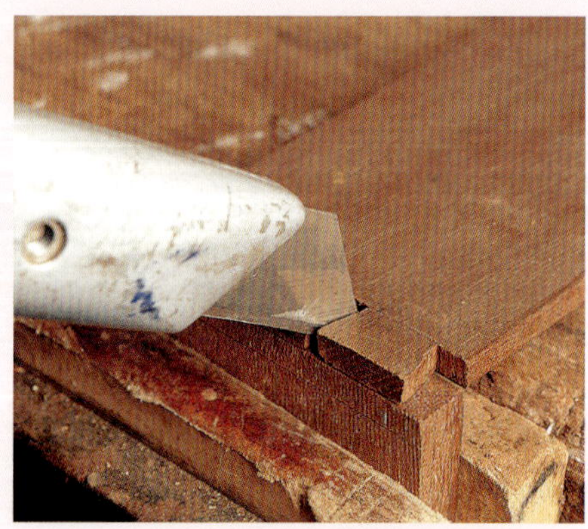

1 Legen Sie die neu eingeschnittenen Schwalben gegen die Hirnholzseite des entsprechenden Anschlussstücks. Markieren Sie die Umrisse der Schwalben deutlich mit einem Teppichmesser. Messen Sie die Tiefe der Schwalben mit einem Streichmaß.

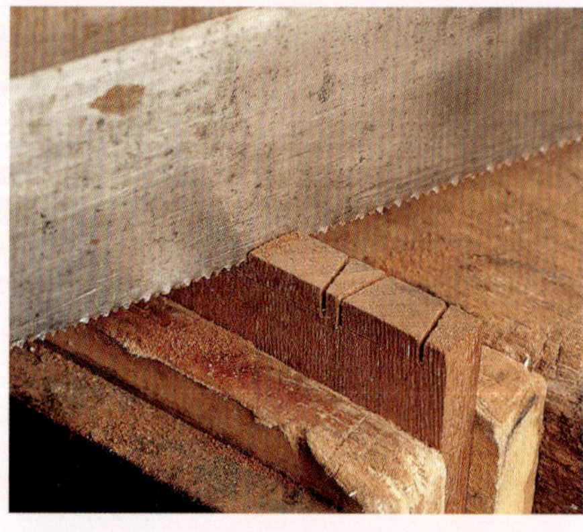

2 Reißen Sie in entsprechender Position eine Linie im Anschlussstück an. Schneiden Sie mit einer Feinsäge auf der Außenseite des markierten Risses, um eine stramm sitzende Fuge zu erhalten. Die angerissene Linie dient zugleich als Tiefenanschlag.

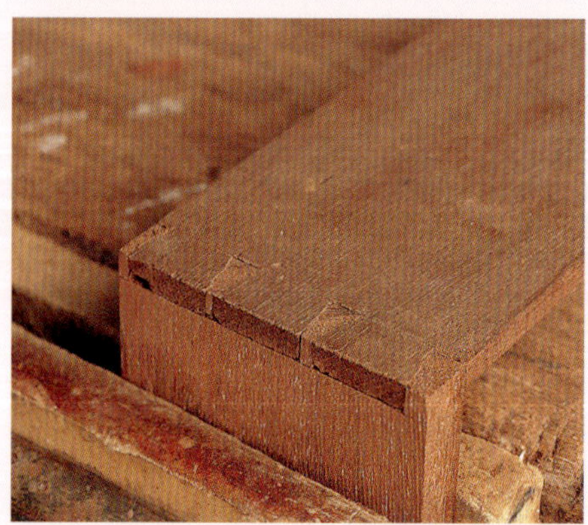

3 Fügen Sie die beiden Teile der Verbindung zusammen. Sie sollten lückenlos sitzen, ohne Spiel zu haben. Fügen Sie etwas Leim hinzu. Bevor der Leim abbindet, prüfen Sie mittels Messlatten, ob die Schublade im rechten Winkel ist (s. S. 142).

Einen gerissenen Schubladenboden reparieren

Im 18. und 19. Jahrhundert wurden die Böden der Schubladen aus mehreren Stücken gefertigt. Diese wurden dann entweder in die genuteten Schubladenseiten eingefügt oder genagelt. Da sich Holz aber mit der Zeit zusammenzieht, passiert es häufig, dass sich die ursprüngliche Leimspur dazwischen löst. Dieser Schubladenboden zeigt einen unschönen Riss. Der Boden muss also herausgenommen und der Riss neu verleimt werden, bevor die Schublade wieder zusammengesetzt werden kann.

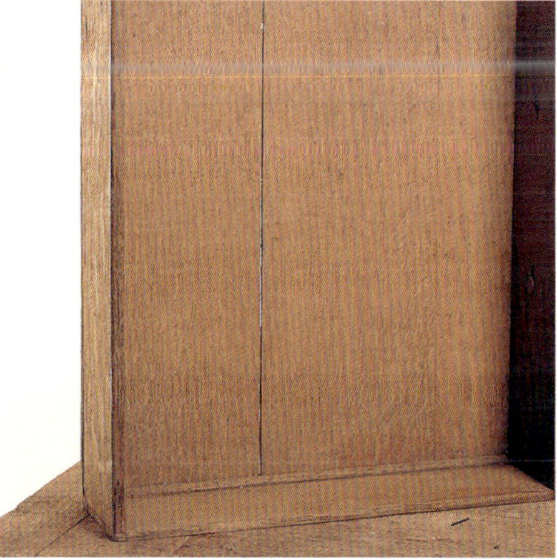

Material und Werkzeug

- Kreide
- Messer mit starker Klinge
- Hammer
- Putzhobel
- PVA-Leim
- Spannknechte
- Holzzulagen
- Nägel
- Baumwolllappen

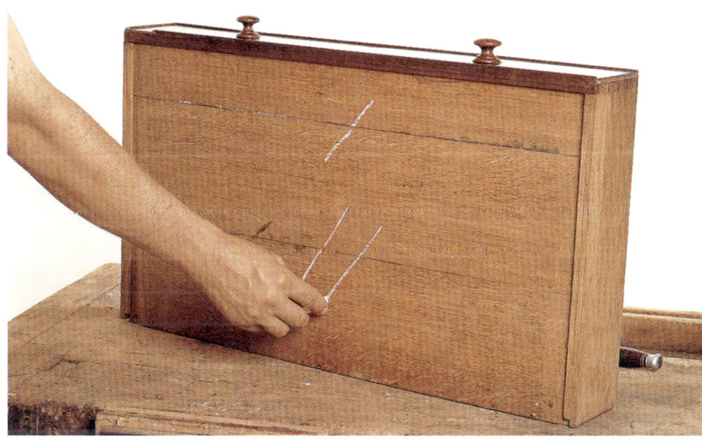

1 Markieren Sie die Unterseiten der verschiedenen Teile des Schubladenbodens mit Kreide, bevor Sie sie herausnehmen. Sie sehen auf diese Weise genau, wo vorn und hinten ist und wie die Teile zusammengehören.

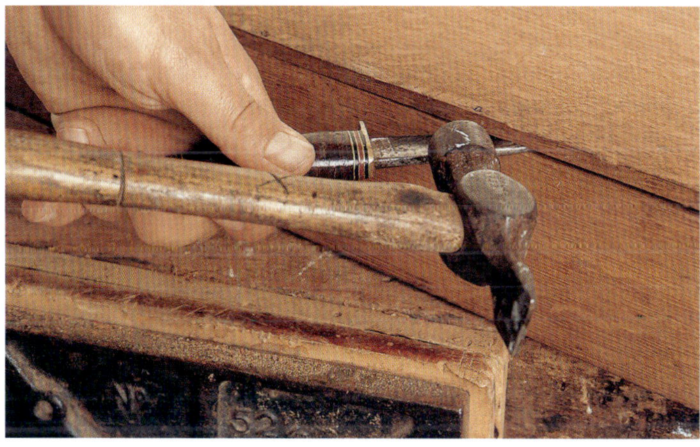

2 Der Boden ist jeweils in eine Nut auf den Schubladenseiten eingefügt und im Bereich der Rückwand der Schublade genagelt, wobei die Nägel in das Holz versenkt wurden. Um sie zu entfernen, schieben Sie ein Messer mit starker Klinge zwischen Boden und Rückwand. Klopfen Sie es mit einem Hammer an, um die Nägel anzuheben.

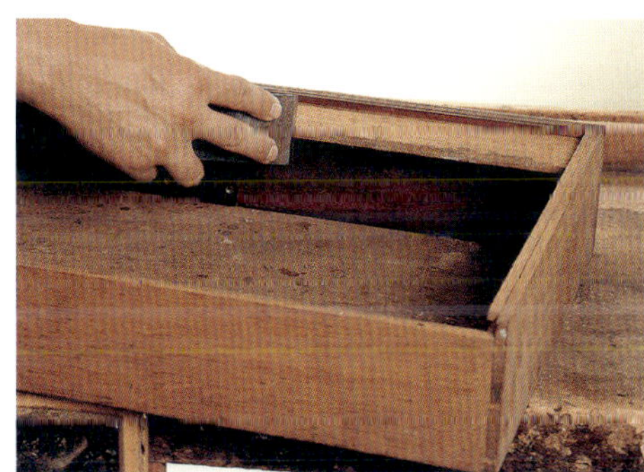

3 Entfernen Sie die Bodenplatten und reinigen Sie sie mit der Schneide eines Putzhobels von alten Leimresten. Setzen Sie die Bodenplatten in der richtigen Reihenfolge wieder ein, wobei Sie entlang der Fugen etwas PVA-Leim aufbringen.

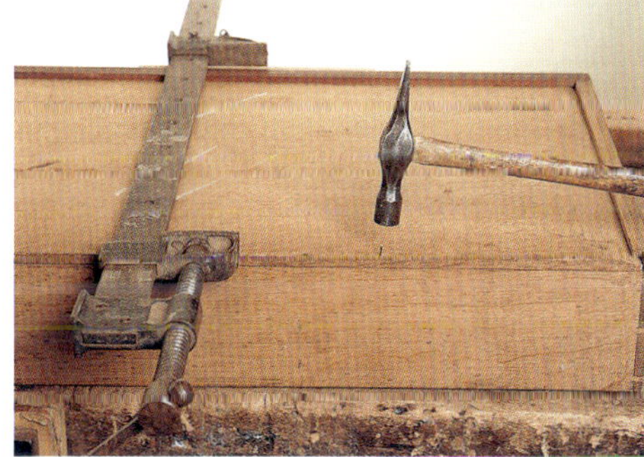

4 Verspannen Sie die Bodenteile mit Spannknechten (Holzzulagen nicht vergessen) und nageln Sie die Rückwand an die Schublade. Wischen Sie überschüssigen Leim und die Kreidemarkierungen mit einem Baumwolllappen ab.

Rechts: *Nach der Restaurierung bietet der intakte Boden der Schublade wieder ein ansprechenderes Bild.*

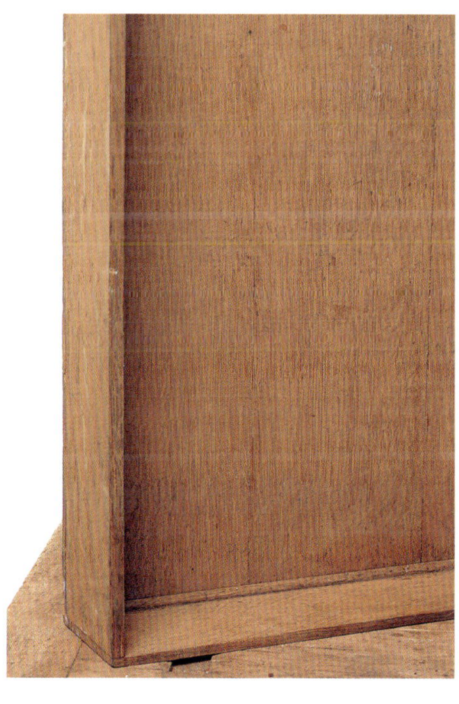

TÜREN REPARIEREN

Die Türen an Möbelstücken sind besonders anfällig für Schäden, die mehr oder weniger komplizierte Reparaturen erfordern. Dass in Glastüren gelegentlich eine Scheibe zu Bruch geht, ist normal, ebenso, dass die Türen beim Öffnen sperren oder sich mit der Zeit verziehen. Wie auch bei anderen Möbeln sind geschnitzte Ornamente oder Profile im Lauf der Jahre besonders gefährdet, aber auch die Metallteile (Beschläge, Griffe und Schlösser) können Probleme bereiten.

Glaspaneele in Türen ersetzen

Seit dem ausgehenden 17. Jahrhundert wird bei der Fertigung von Möbeln auch Glas verwendet. Das seinerzeit handgearbeitete Glas wurde in sehr dünne Scheiben gewalzt. Obwohl Bücherschränke und Schranktüren im Laufe des 18. und 19. Jahrhunderts stilistisch ganz unterschiedliche Zierleisten (Astragal) zwischen der Verglasung zeigen, bleibt die Sicherung der Scheiben durch Sprossen prinzipiell unverändert.

Diese Tür stammt von einem Bücherschrank aus der Mitte des 18. Jahrhunderts. Eine der kleineren Scheiben ist gebrochen und muss ersetzt werden. Sie wird mit Gips, nicht mit Kitt fixiert. Sobald der Gips trocken ist, lässt er sich passend zum ursprünglichen Kitt beizen. Für passendes Glas gibt es unterschiedliche Bezugsquellen (s. »Glas auswählen«, S. 224).

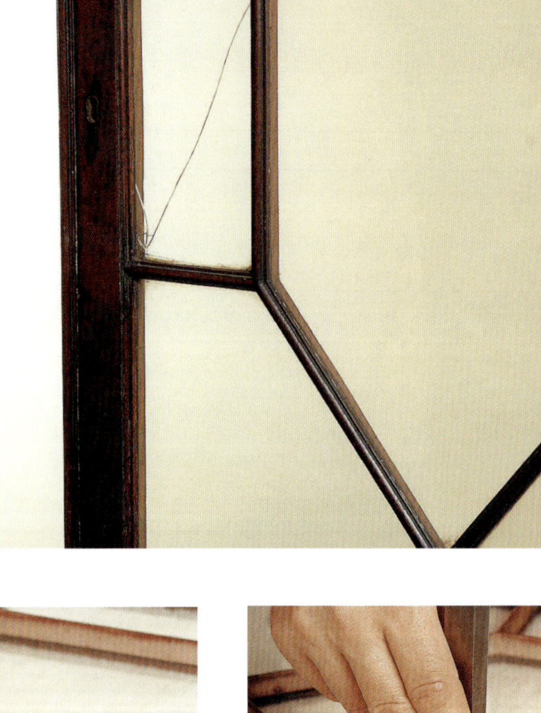

MATERIAL UND WERKZEUG

- Bügeleisen
- Stecheisen
- Glas
- Methylalkohol (Brennspiritus)
- feine Stahlwolle
- Filzstift
- Diamant-Glasschneider
- Stahlrichtscheit
- Gips
- Ockerpigment
- Messer mit flacher Klinge (Streichmesser)
- feiner Pinsel
- Wasserbeize

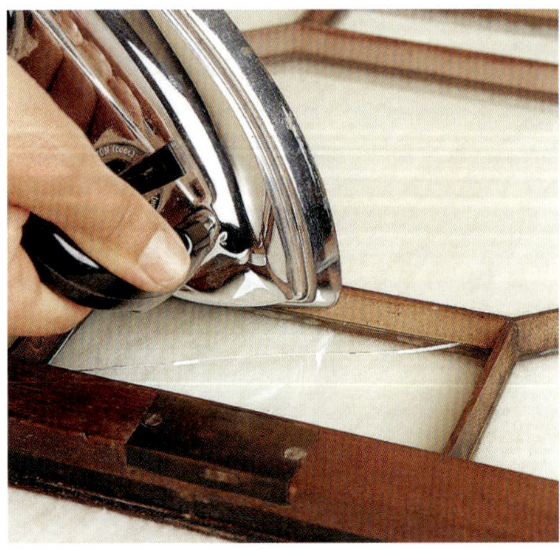

1 Entfernen Sie zunächst den noch aus dem 18. Jahrhundert stammenden Kitt. Am besten gelingt dies durch Aufweichen mit einem heißen Bügeleisen.

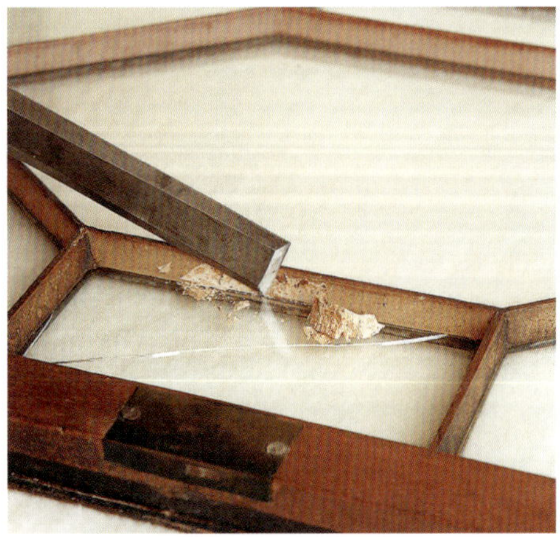

2 Sobald der Kitt weich ist, lässt er sich mit einem scharfen Stecheisen abschälen. Entfernen Sie sämtliche Kittreste von der Rückseite der Leisten.

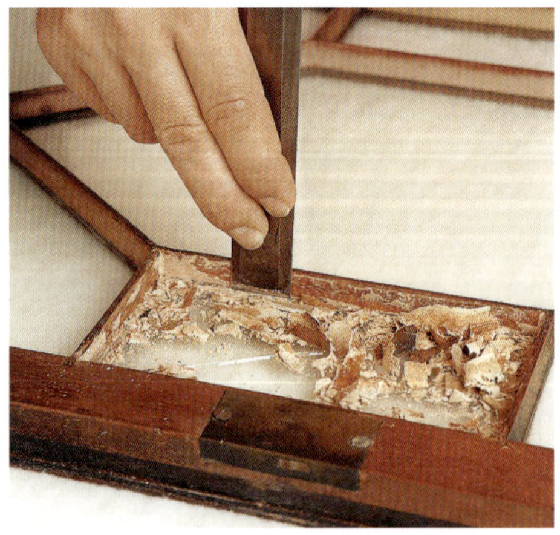

3 Achten Sie darauf, dass Sie die Stützrahmen nicht beschädigen, da Einschnitte die Konstruktion der Tür schwächen würden.

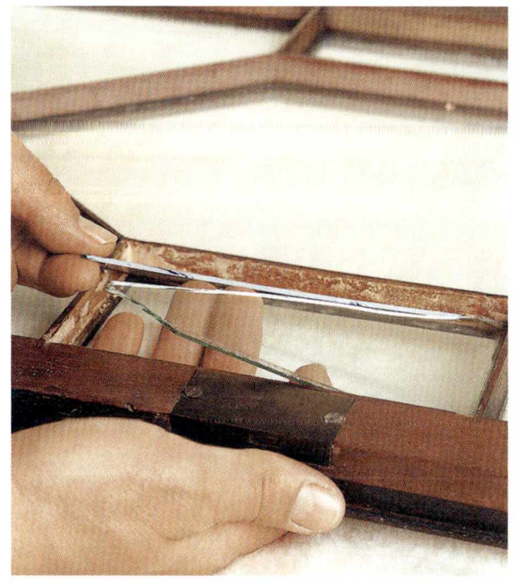

◁ **4** Sobald der Kitt entfernt ist, heben Sie die gebrochenen Glasstücke vorsichtig heraus (tragen Sie dabei Schutzhandschuhe). Falls es sich um altes, mundgeblasenes Glas handelt, sollten Sie die größeren Stücke nicht wegwerfen, sondern zur späteren Verwendung aufbewahren.

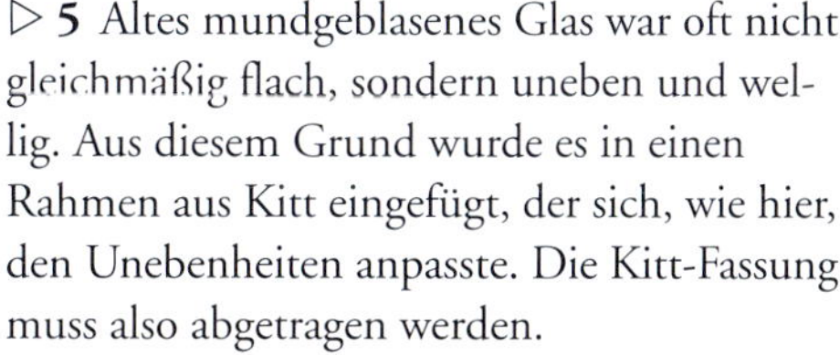

▷ **5** Altes mundgeblasenes Glas war oft nicht gleichmäßig flach, sondern uneben und wellig. Aus diesem Grund wurde es in einen Rahmen aus Kitt eingefügt, der sich, wie hier, den Unebenheiten anpasste. Die Kitt-Fassung muss also abgetragen werden.

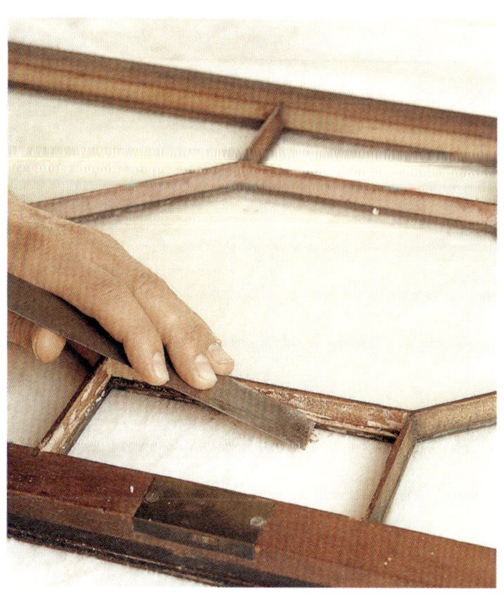

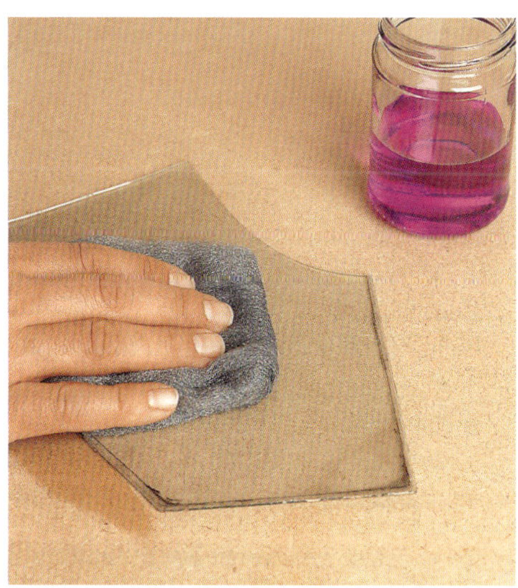

6 Reinigen Sie das ausgewählte Stück Glas mit Methylalkohol und feiner Stahlwolle und prüfen Sie, ob es in Farbe und Art zu dem vorhandenen Glas passt.

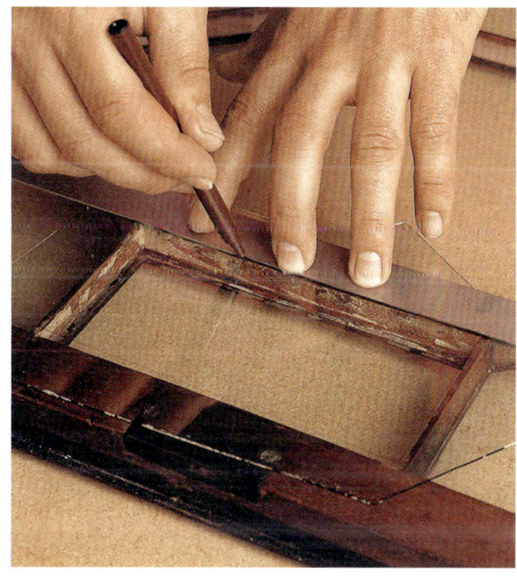

7 Legen Sie das Glas über die Astragalleisten und markieren Sie die Form mit einem Filzstift.

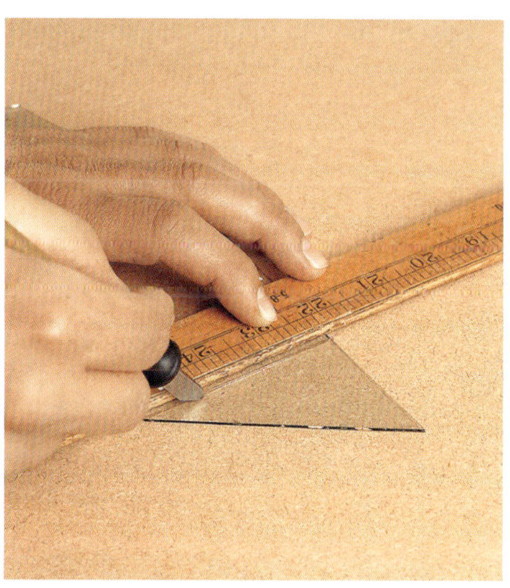

8 Streichen Sie mit einem Diamant-Glasschneider entlang der markierten Linie und schneiden Sie das Glas in entsprechender Größe und Form aus.

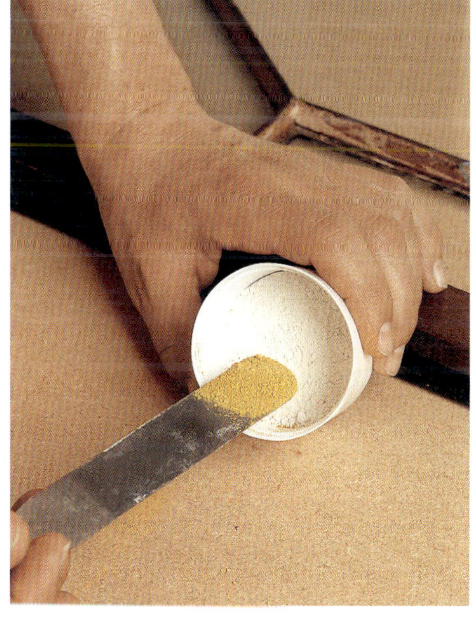

◁ **9** Sie könnten selbstverständlich auch für die neue Glasscheibe Kitt verwenden; allerdings benötigt dieser mehrere Tage zum Durchhärten. Besser geeignet ist Gips, der innerhalb von wenigen Minuten härtet und vorgetönt werden kann. Mischen Sie den Gips mit etwas Ockerpigment, bevor Sie ihn mit Wasser anrühren.

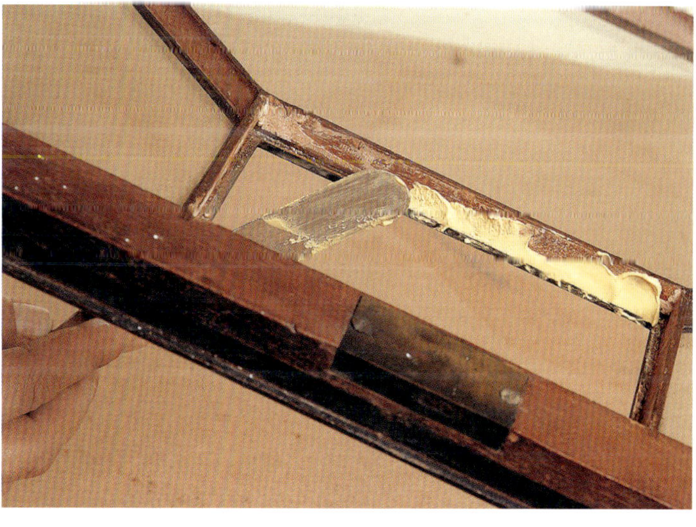

10 Das Glas wird nicht vollständig flach sein. Bringen Sie zum Ausgleich deshalb mit einem Streichmesser eine dünne Schicht Gips auf. ▷

Glaspaneele in Türen ersetzen ... Fortsetzung

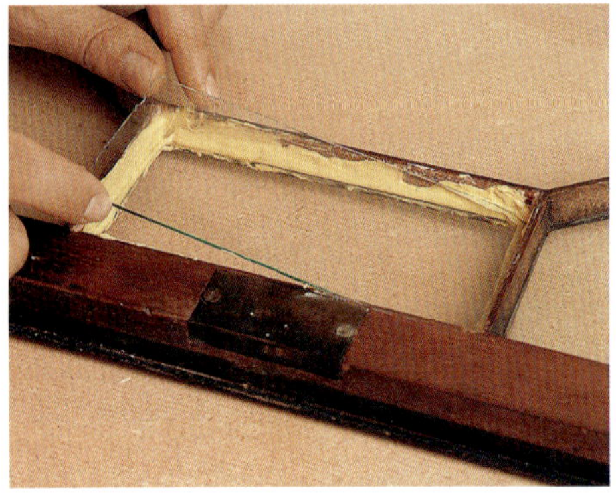

11 Drücken Sie das Glas in dem nassen Gips vorsichtig in die richtige Position.

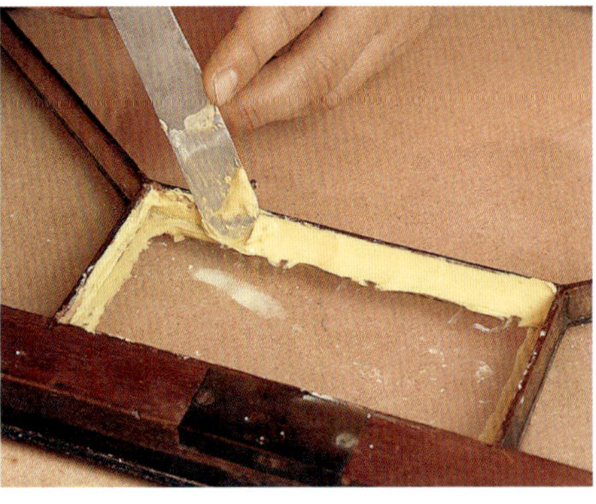

12 Bringen Sie mit der Messerklinge noch mehr Gips auf und schrägen Sie die Kante ab.

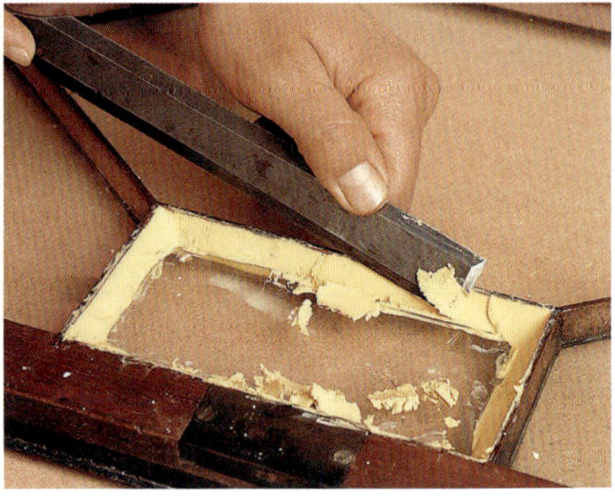

13 Tragen Sie den Überschuss mit einem scharfen Stecheisen ab, solange der Gips noch formbar ist.

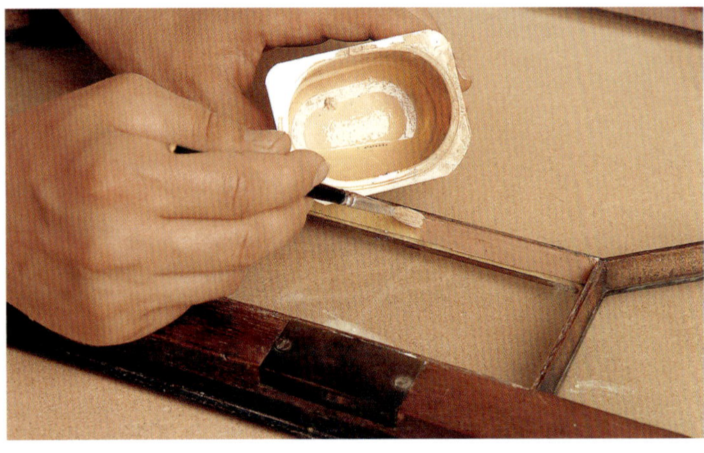

14 Sobald der Gips durchgehärtet ist, färben Sie ihn mit einer Wasserbeize in der Farbe des ursprünglichen Kitts ein.

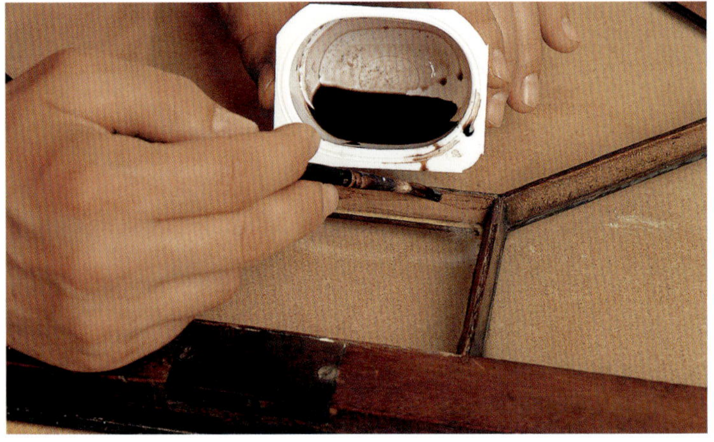

15 Bringen Sie abschließend eine dunklere Beize auf den gefärbten Gips auf, um die Patina des Original-Kitts nachzuahmen. Auf diese Weise wird sich die ersetzte Glasscheibe gut einfügen.

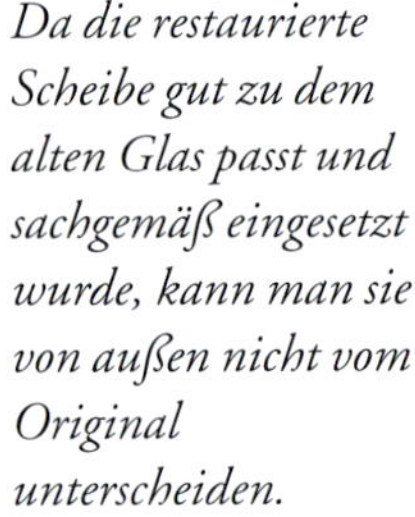

Da die restaurierte Scheibe gut zu dem alten Glas passt und sachgemäß eingesetzt wurde, kann man sie von außen nicht vom Original unterscheiden.

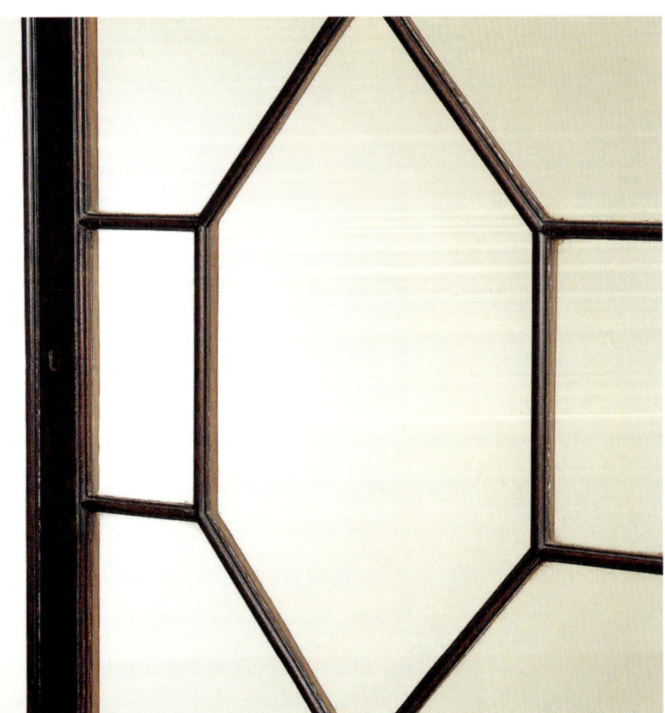

Glas auswählen

Um Glas in einem alten Möbelstück zu ersetzen, verwendet man am besten ein altes Stück, da neues Glas als solches sofort auffällt. Spezielle Glasmanufakturen haben auch altes Glas in ihrem Sortiment, daneben bieten sich als ausgezeichnete Quelle auch alte Bilderrahmen an, ebenso Vorräte von früheren Reparaturen, die sich auf die erforderliche Größe zuschneiden lassen.

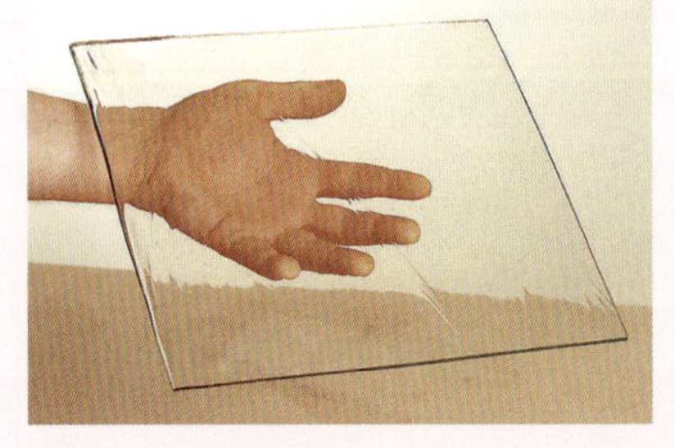

Eine Tambourfront reparieren

Tambour- oder Rollfronten wurden im 18. Jahrhundert eingeführt. Sie basieren auf einer einfachen Konstruktion aus Holzleisten, die sich, auf Leinwand geklebt, um eine Rundung hin- und herschieben lassen.

An diesem im 18. Jahrhundert in Holland gebauten Kasten haben sich mehrere Leisten gelöst. Eine genauere Untersuchung ergab, dass eine frühere Reparatur für den Schaden verantwortlich war. Die Rollfront muss ausgebaut und die Holzleisten entfernt werden, damit die Leisten auf eine neue Leinwand geleimt werden können.

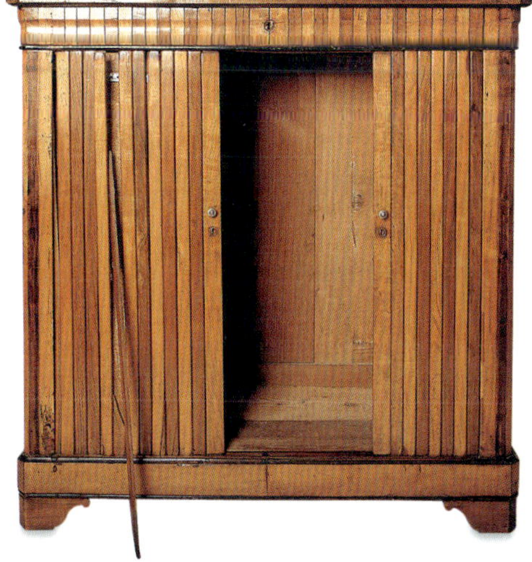

Material und Werkzeug

- Abdeckband
- Messer mit flacher Klinge
- Schraubendreher mit langem Schaft
- Putzhobel
- Leinwand
- PVA-Leim

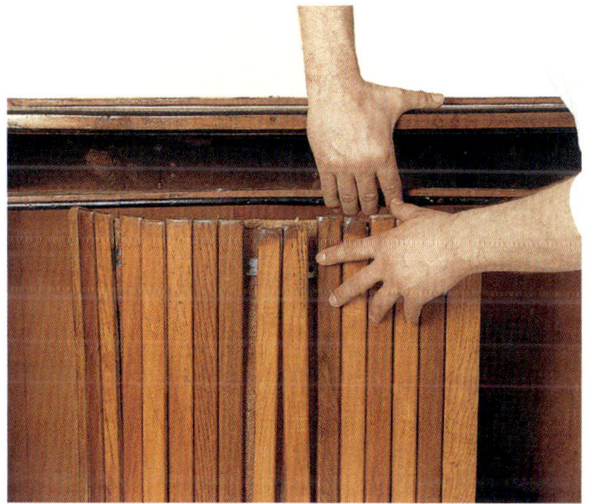

1 Die Tambourfront wird lediglich durch zwei Schienen gehalten, und lässt sich, sobald der Fries darüber abgenommen ist, normalerweise leicht herausnehmen. Notfalls muss man die Rückwand des Kastens entfernen.

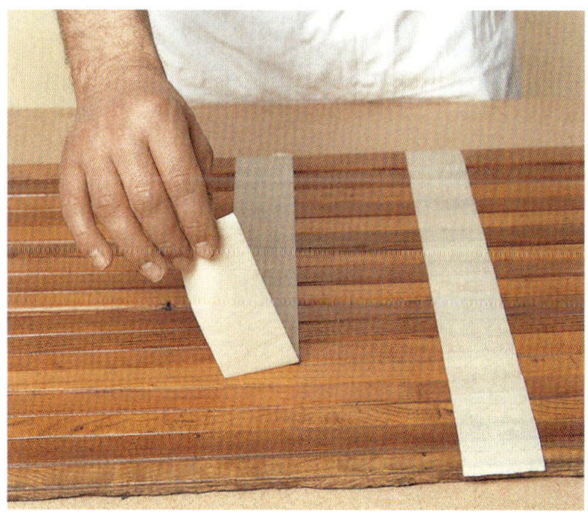

2 Legen Sie die Tambourfront mit der Vorderseite nach oben auf die Arbeitsplatte und sichern Sie die Holzleisten mit 5 cm breitem Abdeckband. Bringen Sie es quer zu den Latten in jeweils 10 cm Abstand auf.

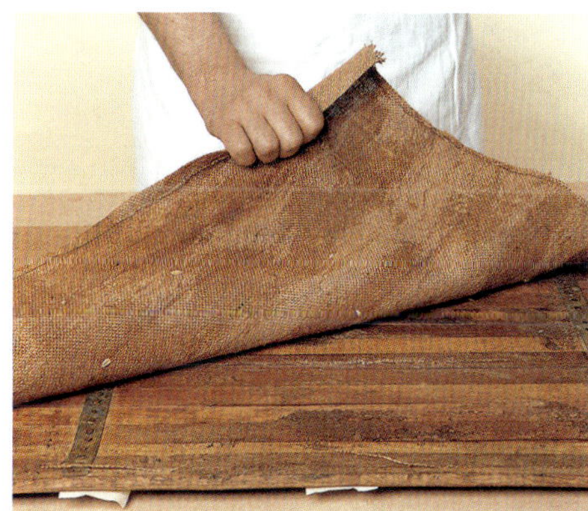

3 Drehen Sie die Tambourfront um. Schieben Sie ein Messer mit flacher Klinge unter eine Ecke der Leinwand. Ziehen Sie diese ab und werfen Sie sie weg.

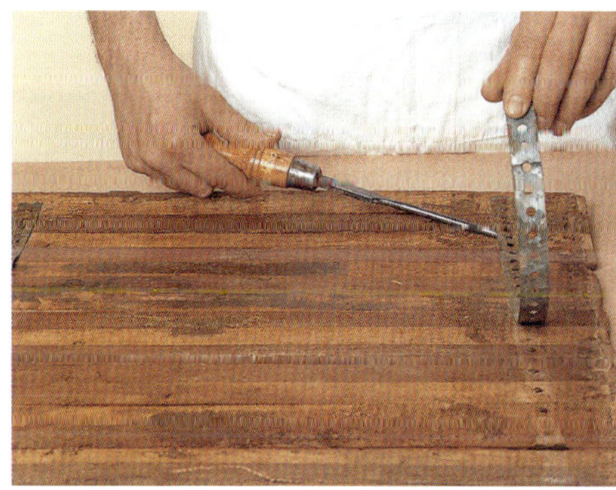

4 Die von einer früheren Reparatur herrührenden Metallstreifen hätten die Leisten zwar zusammengehalten, verfügten aber nicht über die beim Hin- und Herschieben erforderliche Flexibilität. Entfernen Sie die Metallstreifen mit dem Schraubendreher. Kratzen Sie sämtliche Leimreste mit dem Eisen eines Putzhobels ab.

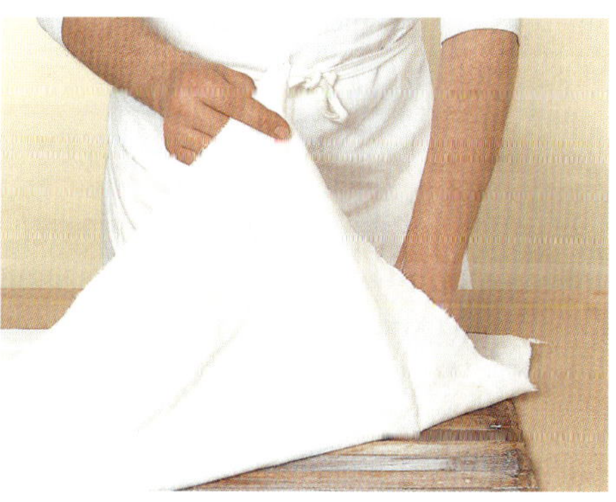

5 Schneiden Sie ein Stück Leinwand auf die Maße der Tambourfront zu. Überziehen Sie den Rücken der Leisten mit Leim und ziehen Sie die Leinwand über der Fläche glatt. Es sollten sich nirgends Blasen oder Falten bilden. Lassen Sie den Leim durchhärten, entfernen Sie dann das Abdeckband. Prüfen Sie die Flexibilität, indem Sie die Tambourfront aufrollen, bevor Sie sie wieder einsetzen.

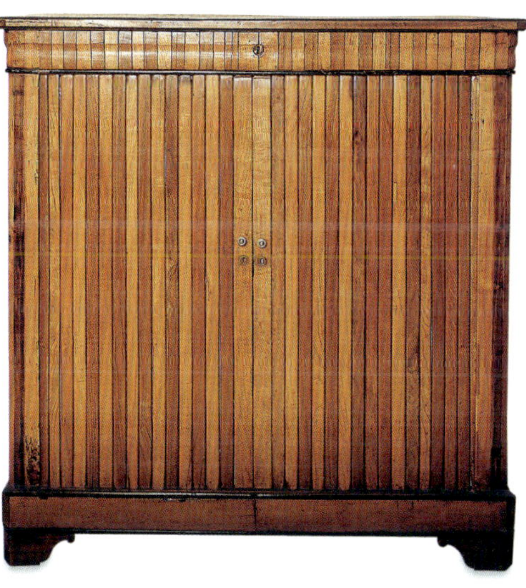

Nach der Restaurierung lässt sich die Tambourfront wieder leicht hin- und herschieben. Sehr dekorativ wirkt der wieder eingesetzte Parketterie-Fries.

Eine Tür neu einpassen

Die Tür an diesem Hängeschränkchen hatte sich aufgrund der Abnutzung des Lappenbands leicht gesenkt. Deshalb saß sie auch nicht mehr rechtwinklig im Rahmen, wie die Lücke am oberen Rand erkennen lässt. Zur Lösung des Problems gibt es zwei Alternativen: entweder ein neues Scharnier einsetzen oder den unteren Teil der Tür unterlegen, was einfacher ist und schneller geht.

Material und Werkzeug

- Messer mit flacher Klinge
- Hammer
- Zapfensäge
- Holz
- Handbohrer
- feiner Pinsel
- Beize

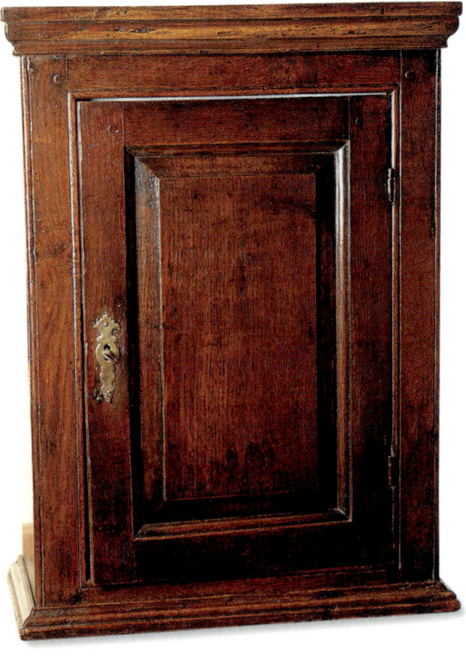

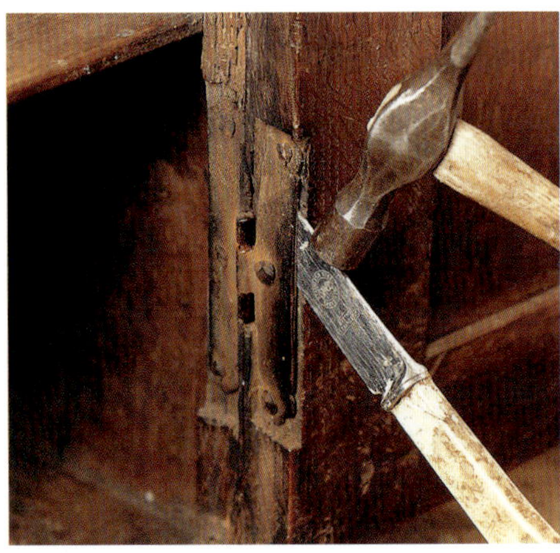

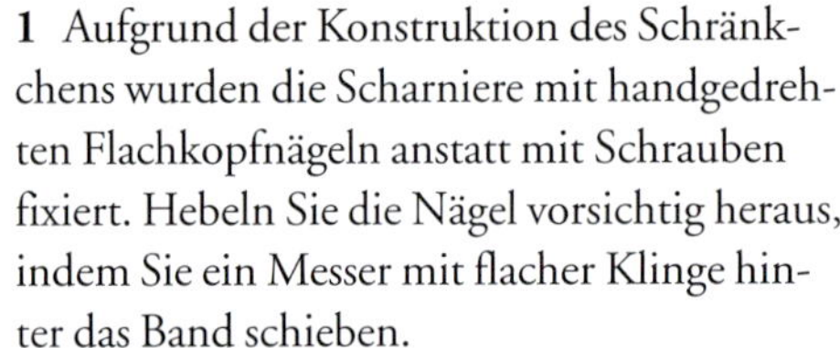

1 Aufgrund der Konstruktion des Schränkchens wurden die Scharniere mit handgedrehten Flachkopfnägeln anstatt mit Schrauben fixiert. Hebeln Sie die Nägel vorsichtig heraus, indem Sie ein Messer mit flacher Klinge hinter das Band schieben.

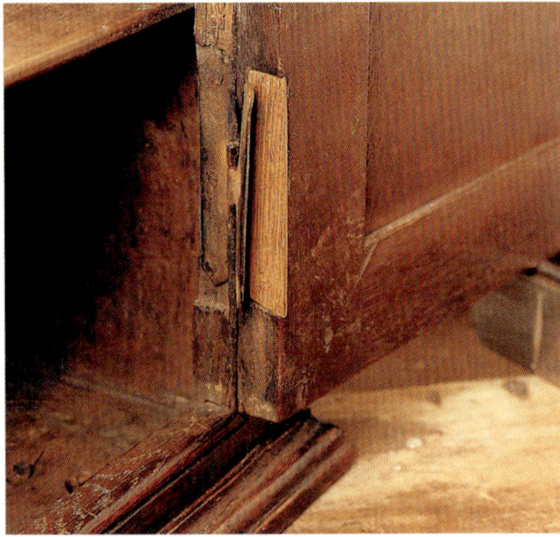

2 Drehen Sie den gelösten Lappen des Scharniers nach vorn, um die Aushebung freizulegen. Schneiden Sie ein dünnes Stück Holz auf die erforderliche Größe zu und passen Sie es der Aushebung an. Auf diese Weise verhindert man, dass das Scharnier durchhängt.

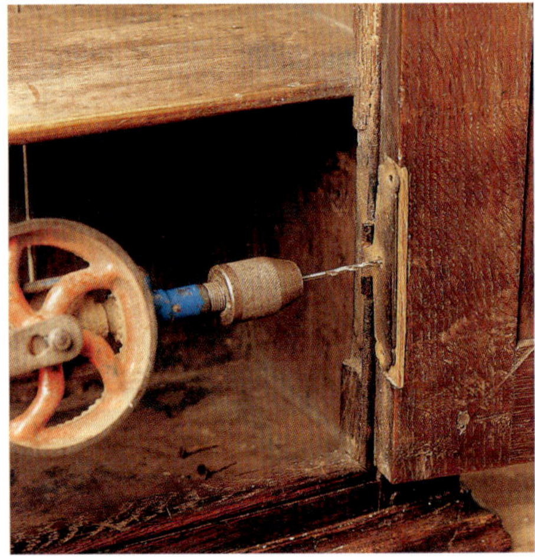

3 Bohren Sie Führungslöcher in das Einsatzholz (s. S. 235). Sie verhindern, dass die ursprünglichen Flachkopfnägel, die mit den Jahren leicht korrodiert sein können, beim Wiedereinsetzen nicht mehr richtig greifen. Beizen Sie das Einsatzstück, um es dem übrigen Holz anzupassen.

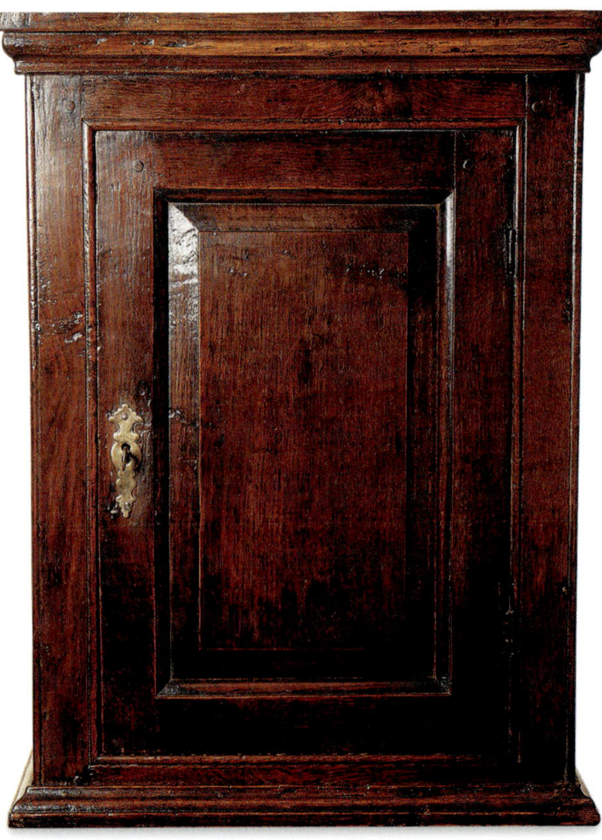

Dank des eingepassten Holzstücks und des neu eingesetzten Scharniers sitzt die Tür nun wieder einwandfrei.

Eine leicht verzogene Tür richten

Wie unterschiedlich Türen in Stil und Design auch sind, allen gemeinsam ist, dass sie sich aufgrund von Temperaturunterschieden werfen, verziehen oder klemmen können. Im Extremfall muss das Trägerholz ersetzt und somit eine ganz neue Tür angefertigt werden. Meist lässt sich der Schaden aber schon durch kleinere Reparaturmaßnahmen beheben. Die Tür dieses aus der Mitte des 18. Jahrhunderts stammenden Bücherschranks hat sich leicht verzogen und schließt nicht mehr richtig. Da es sich um einen relativ geringfügigen Defekt handelt, lässt er sich durch eine Kombination mehrerer Maßnahmen – Unterlegen und Ausstemmen – korrigieren.

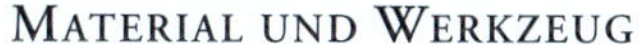

Material und Werkzeug

- Schraubendreher
- Zapfensäge
- Holz
- Handbohrer
- Holzbohrer
- Stemmeisen

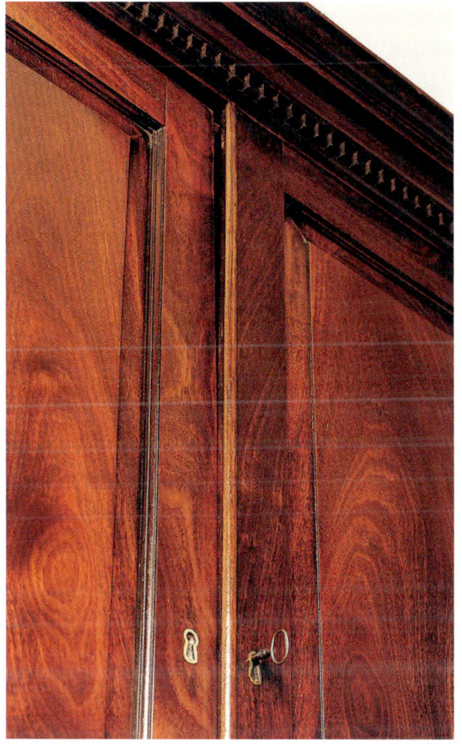

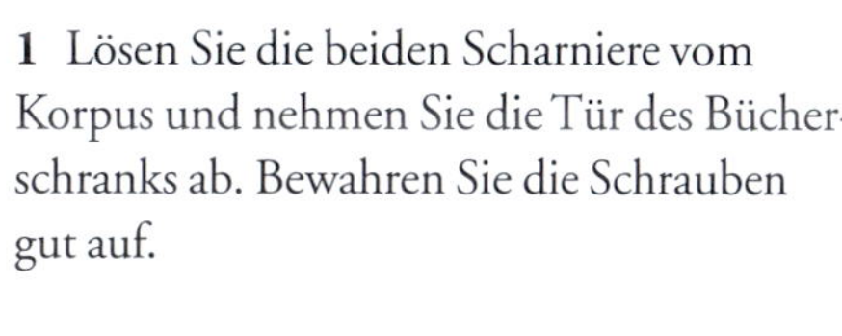

1 Lösen Sie die beiden Scharniere vom Korpus und nehmen Sie die Tür des Bücherschranks ab. Bewahren Sie die Schrauben gut auf.

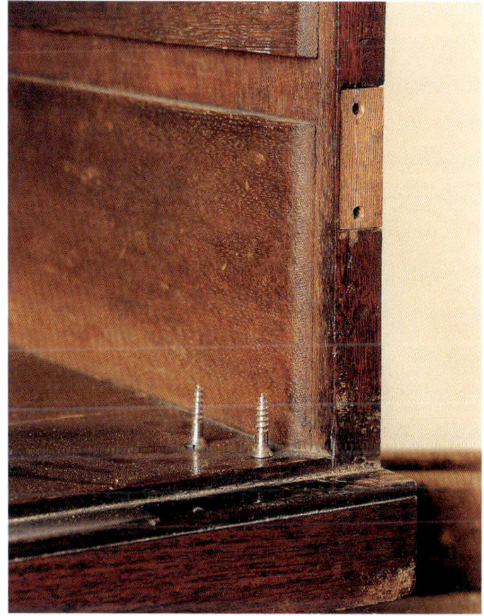

2 Schneiden Sie ein kleines Holzplättchen, das in die Aushebung des unteren Scharniers passt; es drückt die Tür leicht nach außen. Bohren Sie Führungslöcher für die Schrauben vor und setzen Sie das Scharnier wieder ein.

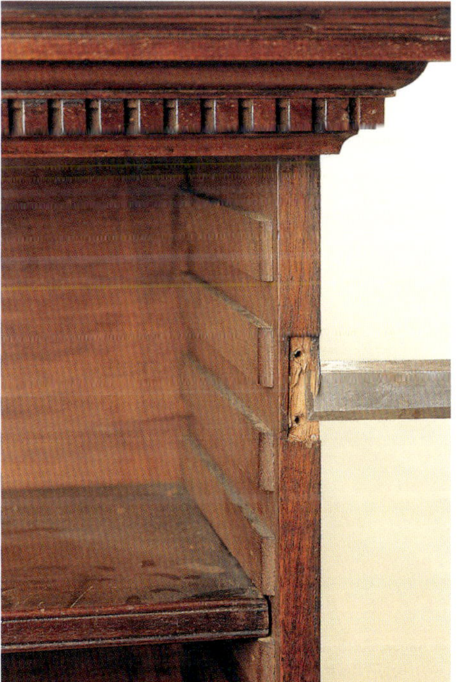

◁ **3** Stemmen Sie die Aussparung für das obere Scharnier leicht aus und setzen Sie dieses wieder ein. Auf diese Weise wird der obere Bereich der Tür näher herangezogen und schließt somit plan mit der gegenüberliegenden Seite. Dieses Unterfüttern und Ausstemmen erfordert vor allem Experimentieren: Gehen Sie also schrittweise vor und setzen Sie die Tür danach jedes Mal vollständig ein, um sicherzugehen, dass sie am Schluss richtig passt. Die unterlegten und ausgestemmten Bereiche müssen übrigens nicht gebeizt werden, da die wieder eingesetzten Scharniere sie vollkommen überdecken.

Rechts: *Durch eine derartige Korrektur schließt die Tür wieder perfekt.*

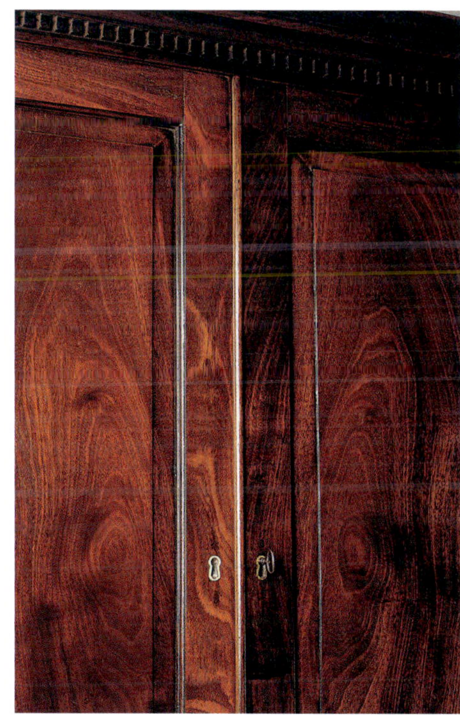

PROJEKT: SCHREIBTISCH AUS DEM 19. JAHRHUNDERT

Beim Kauf dieses Schreibtischs war über sein eigentliches Alter zunächst nichts bekannt. Auf Anhieb ließ sich auch kaum sagen, ob sich eine Restaurierung lohnen würde oder nicht. Nach eingehender Untersuchung stellte sich aber heraus, dass es sich um einen mit Eichenholz furnierten englischen Schreibtisch aus dem 19. Jahrhundert handelte. Trotz desolater äußerer Verfassung sollte er nach einer sachgemäßen Restaurierung seine alte Schönheit zurückgewinnen.

DIE ARBEIT PLANEN

Der Schreibtisch ist mehrfach beschädigt, insbesondere im Bereich der Deckplatte, der Schubladen und der Rahmenkonstruktion. An manchen Stellen fehlen auch Furnierteile. Nachdem sämtliche Schäden eingehend untersucht waren, wurde eine Restaurierung in drei Stufen ins Auge gefasst: Als erstes sollte die Deckplatte, dann die Schubladen und zum Schluss der Korpus repariert und danach der ganze Schreibtisch poliert und gereinigt werden.

Die Deckplatte
- **Riss im Holz**
- **spröde und abgenutzte Lederauflage**

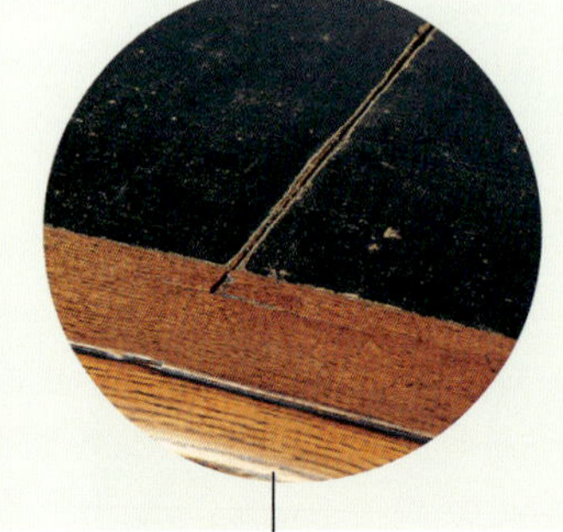

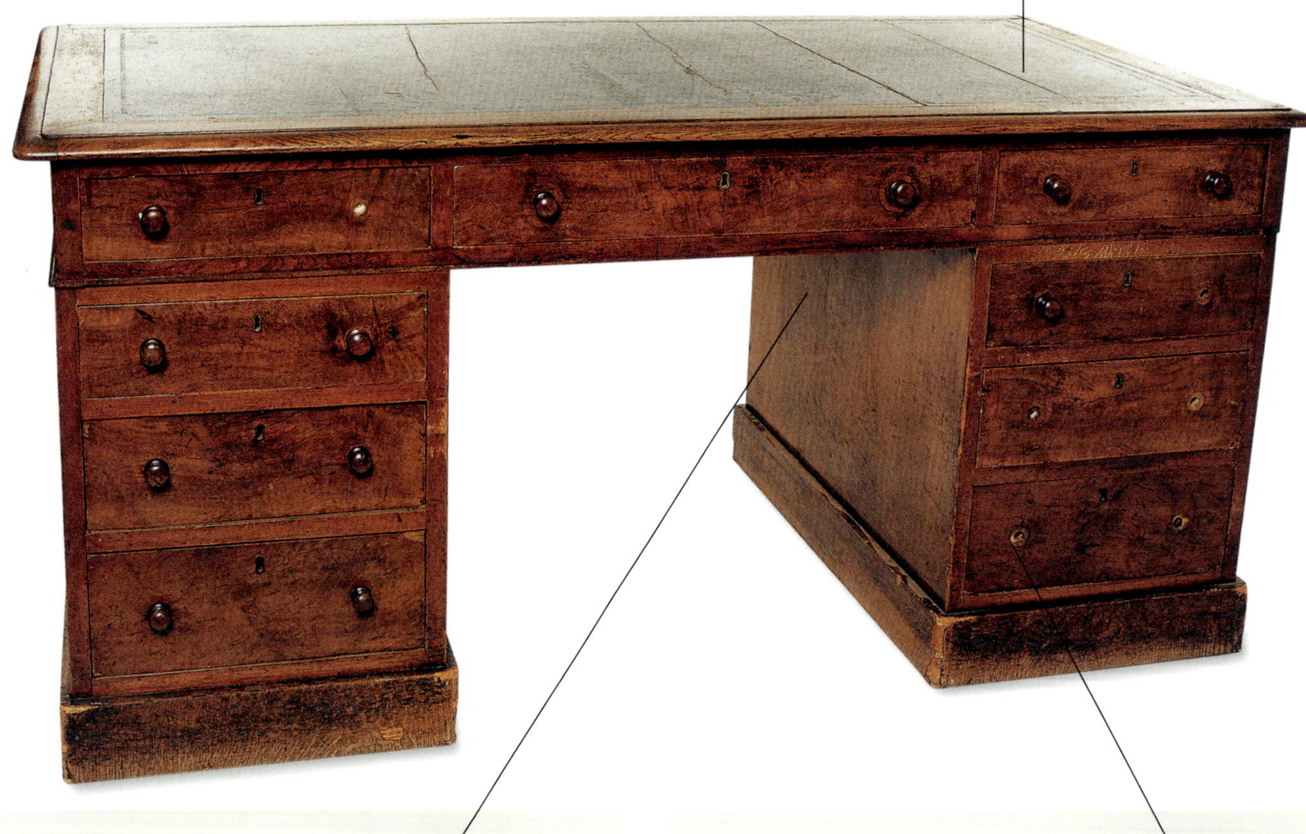

Der Korpus
- **beschädigte Rahmenkonstruktion**
- **Risse im Bereich der Podeste**
- **fehlendes Furnier an den Ecken des Sockels**

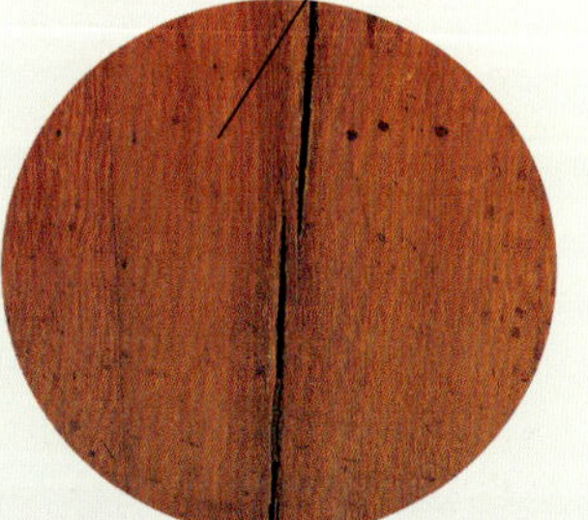

Die Schubladen
- **abgenutzte Laufleisten**
- **fehlende Holzknäufe**

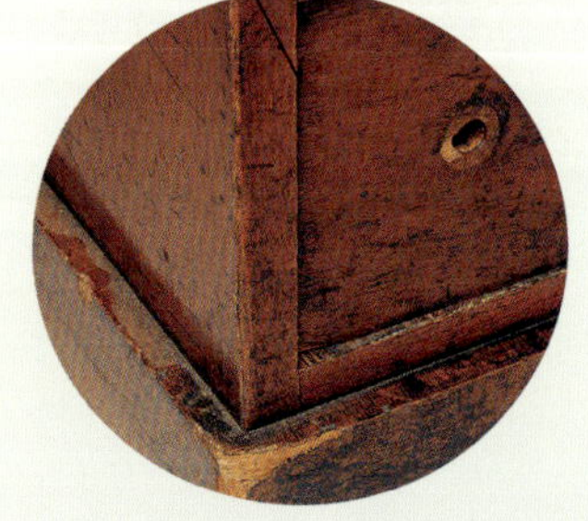

Reparieren der Deckplatte

Das Holz der Deckplatte bedarf einer umfassenden Restaurierung, die Lederauflage allerdings ist derart beschädigt, dass sie komplett ersetzt werden muss. Der erste Schritt besteht darin, die Risse im Holz von unten her mit Zapfen in Schwalbenschwanzform zu sichern. Dann erst werden die Risse von oben her gefüllt, plan geschliffen und poliert, bevor ab schließend neues Leder aufgebracht werden kann.

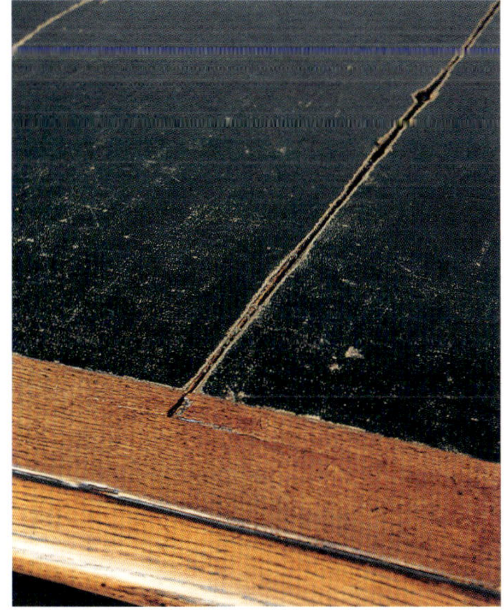

Risse sichern

Obwohl die Risse in der Deckplatte geradezu beängstigend aussehen, lassen sie sich durch eine relativ einfache Maßnahme, das Einsetzen von Nadelholz-Zapfen in Schwalbenschwanzform, beheben. Diese werden von hinten im rechten Winkel zum Riss eingesetzt und verleimt. Die Zapfen dienen der Verstärkung und verhindern ein weiteres Arbeiten des Holzes.

Material und Werkzeug

- **Schraubendreher**
- **langer Rundstab**
- **Bügelschraubzwinge**
- **Holzzulagen**
- **Zahnhobel**
- **kartoniertes Papier**
- **Nadelholz**
- **Zapfen- bzw. Rückensäge**
- **Teppichmesser**
- **Oberfräse**
- **Stecheisen**
- **PVA-Leim**
- **Schlichthobel**
- **feiner Pinsel**
- **Wasserbeize oder Ockerpigment**

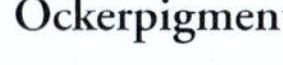

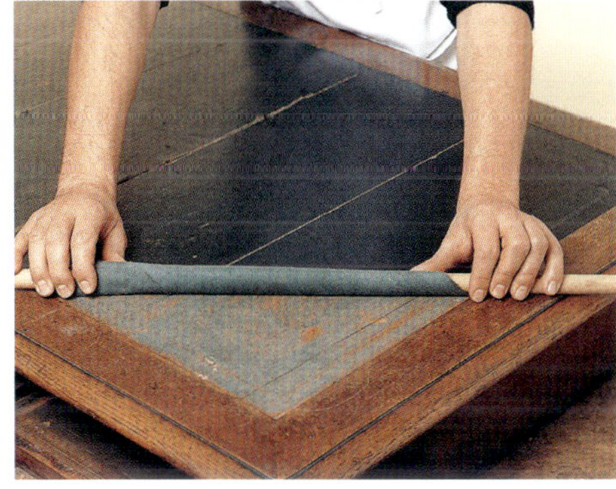

1 Nehmen Sie die oberen Schubladen heraus und heben Sie die Deckplatte mit der Einfassung von den tragenden Teilen ab. Lösen Sie eine Ecke der Lederauflage und wickeln Sie diese um einen langen Rundstab. Ziehen Sie das Leder vorsichtig ab.

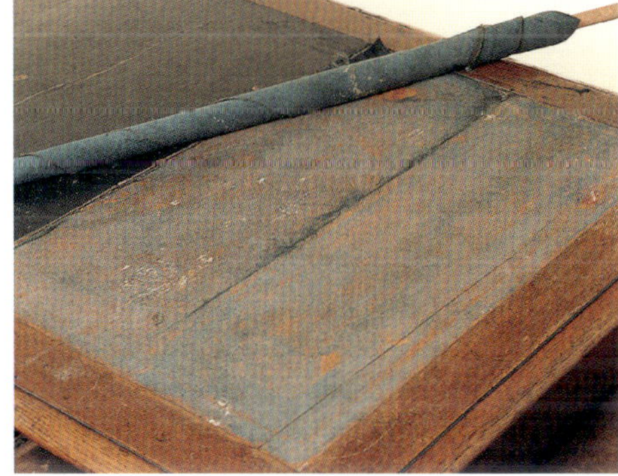

2 Entfernen Sie das zweite Stück Leder auf die gleiche Weise. Sobald die gesamte Auflage entfernt ist, lässt sich das Ausmaß des Schadens überblicken. In diesem Fall ziehen sich die Risse durch das gesamte Holz.

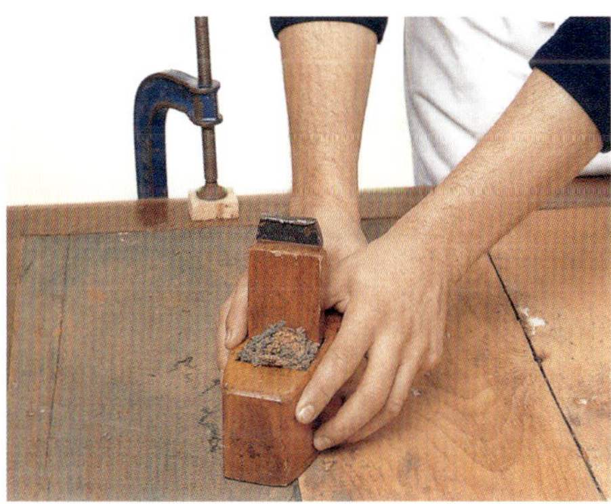

3 Sichern Sie die Deckplatte an der Werkbank mit einer Bügelschraubzwinge und Zulagen. Danach bearbeiten Sie die Fläche mit einem Zahnhobel, um sämtliche Leim- oder Lederreste zu entfernen.

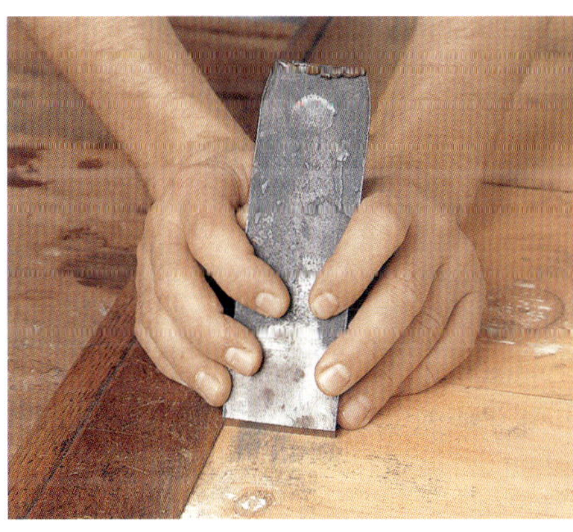

4 Die Ränder säubern Sie mit dem ausgebauten Eisen eines Zahnhobels, wobei Sie parallel zum polierten Rand arbeiten, bis keine Spuren von altem Leim oder Leder mehr zu sehen sind.

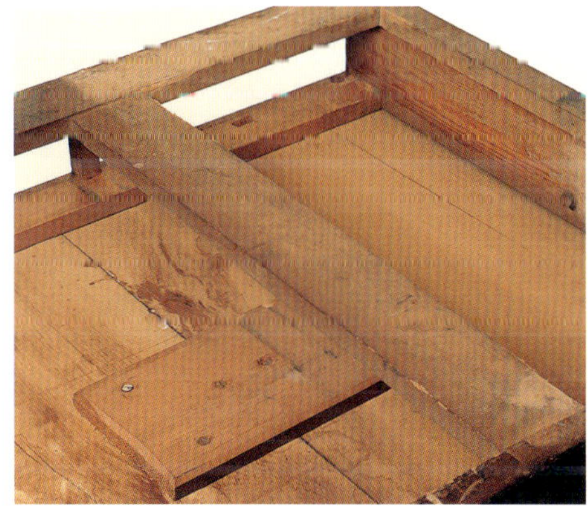

5 Entfernen Sie die Zwinge und drehen Sie die Deckplatte um. Hier hat ein früherer Besitzer wohl erfolglos versucht, die Deckplatte durch ein über den Riss geschraubtes Holzbrett zu sichern. Dieses Brett muss entfernt werden.

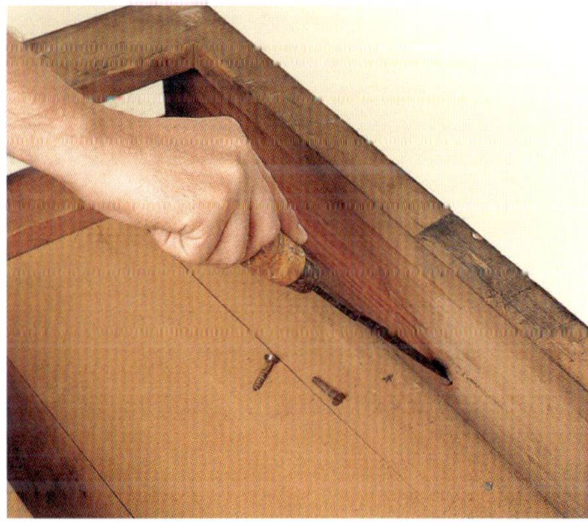

6 Lösen Sie die versenkten Schrauben mit einem Schraubendreher, um die Einfassung von der Deckplatte abzunehmen. Nun erst ist die Deckplatte frei zugänglich. Legen Sie die Einfassung zur späteren Restaurierung beiseite. ▷

Risse sichern … Fortsetzung

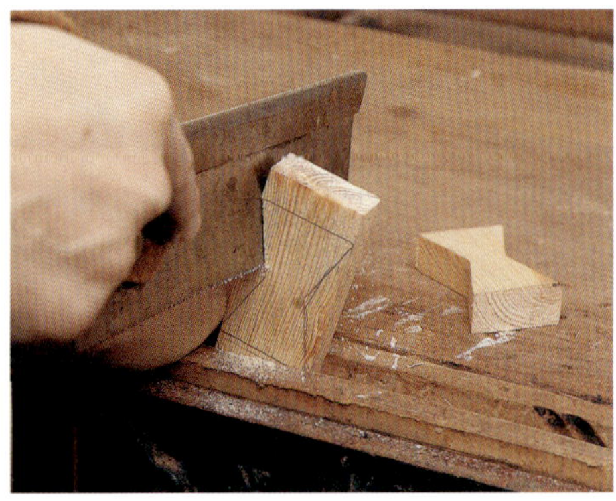

7 Fertigen Sie eine Schablone aus kartoniertem Papier für die Zapfen (s. rechts). Markieren Sie die erforderliche Anzahl auf dem Nadelholz und schneiden Sie die Zapfen mit einer Zapfensäge aus.

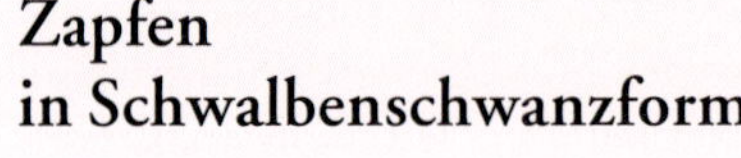

Zapfen in Schwalbenschwanzform

Diese Zapfen bestehen aus schwalbenschwanzförmigen Füllstücken, die im rechten Winkel zu einem Riss eingesetzt werden und verhindern, dass der Riss noch größer wird. Sie sollten aus Nadelholz gefertigt werden, wobei Größe und Anzahl von der Größe des Risses und der Stärke des Holzes abhängen. Falls ein Riss nicht geschlossen werden kann, gewährleistet ein solcher Zapfen zumindest, dass sich der Schaden nicht verschlimmert. Wo sich der Riss aber neu verleimen und verspannen lässt (wie beim Windsor-Stuhl, S. 147), sichern die Zapfen die Leimfuge.

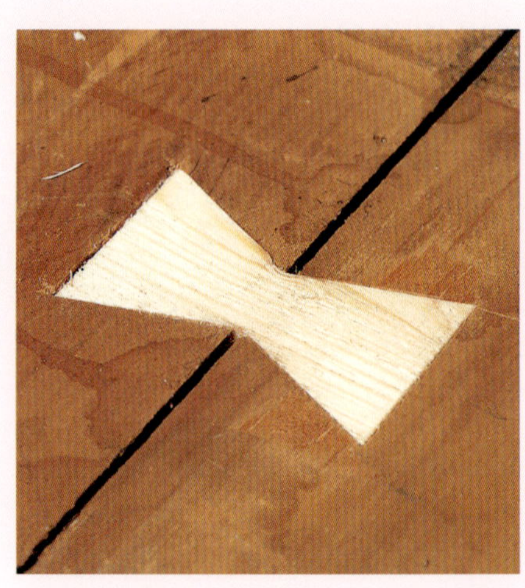

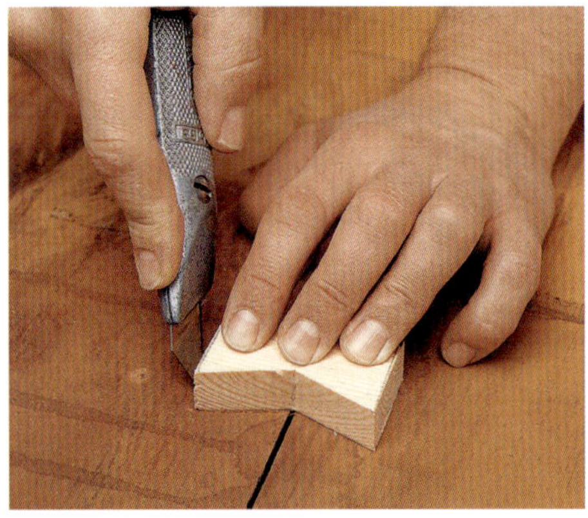

8 Legen Sie einen Zapfen so über die eine Seite des ersten Risses (etwa 13 cm vom Rand der Schreibtischplatte entfernt), dass sich die »Taille« direkt über dem Riss befindet. Reißen Sie die Konturen mit einem Teppichmesser an.

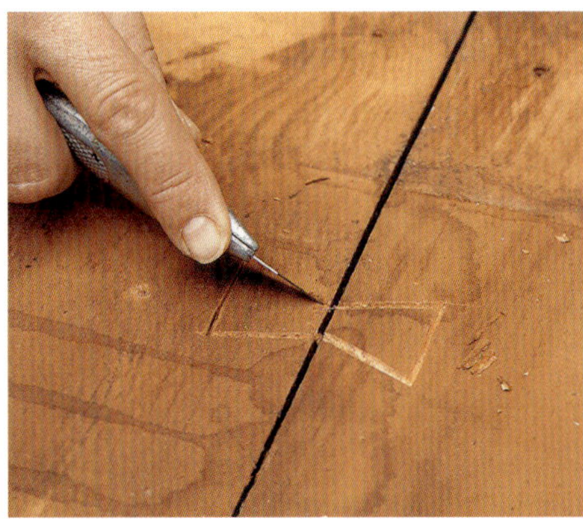

9 Schneiden Sie entlang dieser Risslinie mit dem Teppichmesser im schrägen Winkel eine Hohlkehle ein. Sie verhindert, dass die Kante beim Fräsen ausfranst.

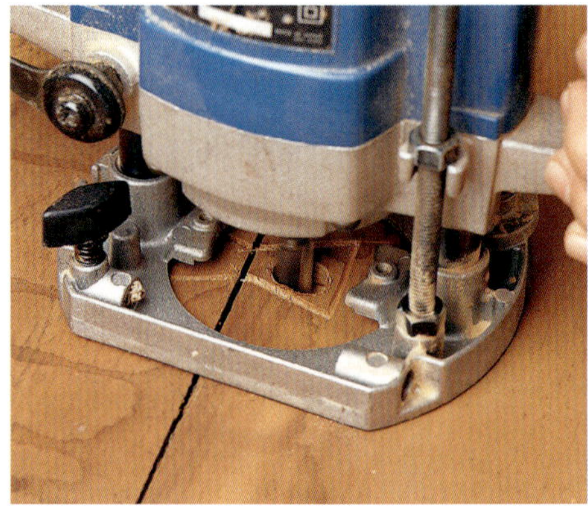

10 Stellen Sie den Tiefenanschlag der Fräse etwas weniger tief ein als die Dicke des Zapfens und schneiden Sie dann den markierten Zapfen aus. Begradigen Sie die Kanten mit einem scharfen Stecheisen.

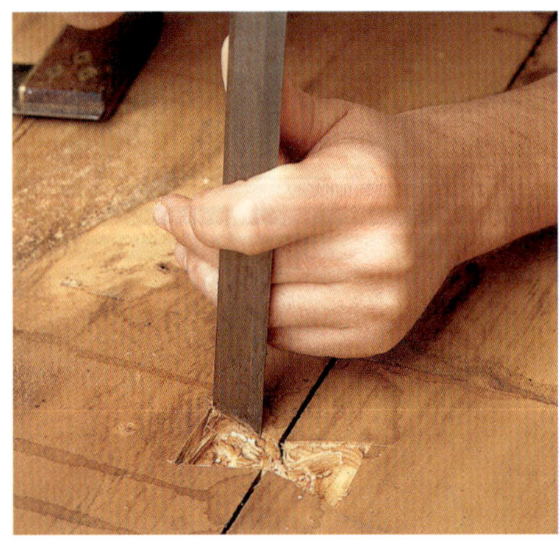

11 Achten Sie darauf, dass die Ausgründung exakt der Form des Zapfens entspricht, denn nur so passt es genau. Fahren Sie fort, im Abstand von 23 cm entlang sämtlicher Risse die Form der Zapfen auszugründen.

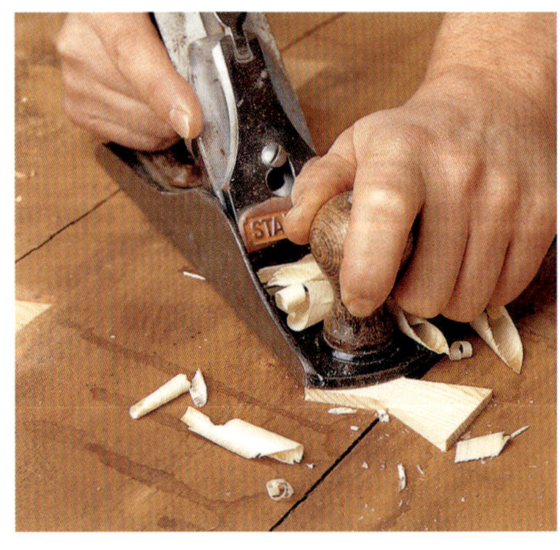

12 Bringen Sie eine dünne Schicht Leim auf jede Ausgründung und drücken Sie den Zapfen hinein. Sobald der Leim trocken ist, schleifen Sie die Einsätze mit dem Schlichthobel plan zur Oberfläche.

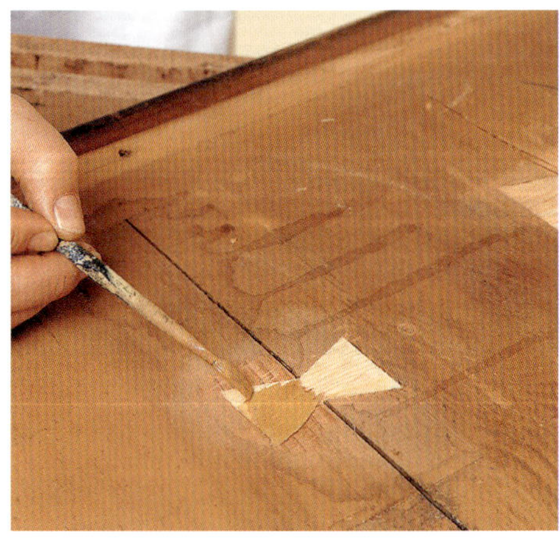

13 Verwenden Sie eine Wasserbeize oder Ockerpigment, um die Zapfen dem Holz anzupassen. Zwar fällt die Unterseite der Schreibtischplatte nicht unmittelbar ins Auge, doch sollte dieser letzte Schliff nicht fehlen.

DIE DECKPLATTE VORBEREITEN

Weil sich jegliche Risse oder Dellen in der Deckplatte des Schreibtischs durch das Leder hindurch abzeichnen würden, war es angesichts der Konstruktion unmöglich, die Platte einfach wieder zusammenzuleimen. Diese Schäden müssen also zuerst verfüllt und die Oberfläche geglättet werden. Für kleinere Risse eignet sich ein Zweikomponenten-Holzkitt. Die größeren Spalten aber müssen mit dünnen Holzspänen gefüllt werden. Das Furnier im Bereich der Umrandung muss »geflickt«, gereinigt und poliert werden, bevor das Leder aufgebracht wird.

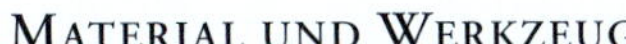

MATERIAL UND WERKZEUG

- **Nadelholz**
- **Zapfensäge**
- **PVA-Leim**
- **Hammer**
- **Stecheisen**
- **Zweikomponenten-Holzkitt**
- **Kittmesser**
- **Putzhobel**
- **Furnierreste**
- **feine Stahlwolle**
- **Methylalkohol (Brennspiritus)**
- **Polierballen**
- **Politur**

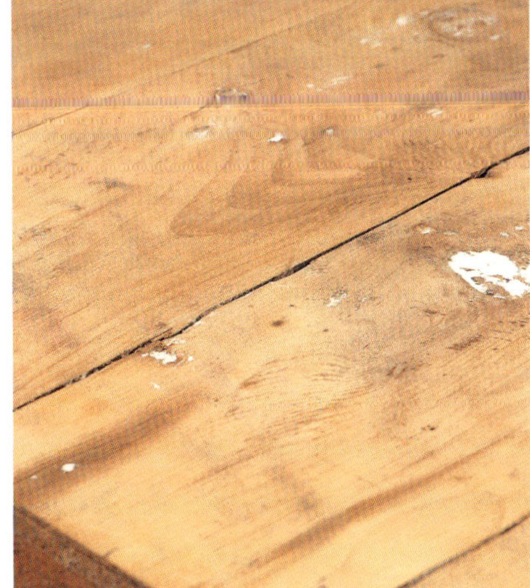

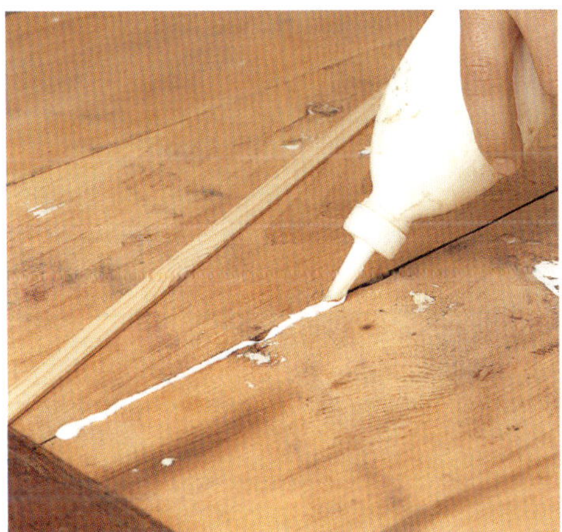

1 Schneiden Sie aus Nadelholz Streifen zu, die sich in Breite und Länge in die größeren Risse einfügen. Geben Sie reichlich PVA-Leim in die Risse.

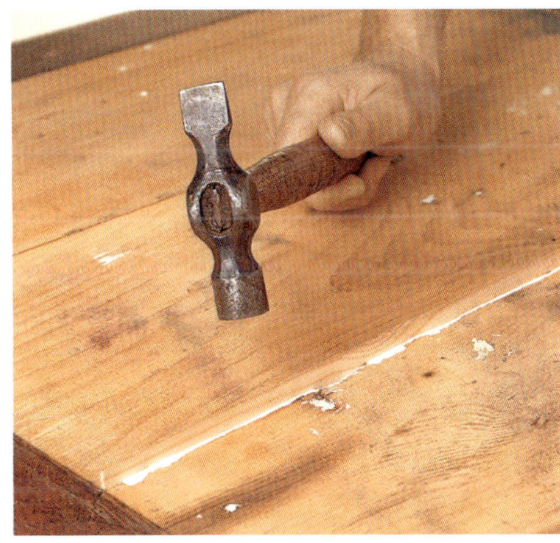

2 Legen Sie jeden Holzspan über den Riss und klopfen Sie ihn mit dem Hammer leicht ein. Wischen Sie den überschüssigen Leim ab und lassen Sie alles trocken.

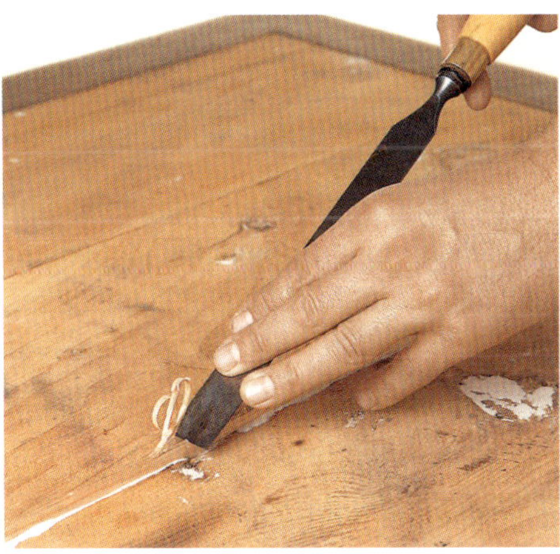

3 Tragen Sie mit einem scharfen Stecheisen das überschüssige Holz ab, bis die Einsätze mit der Schreibtischplatte plan sind.

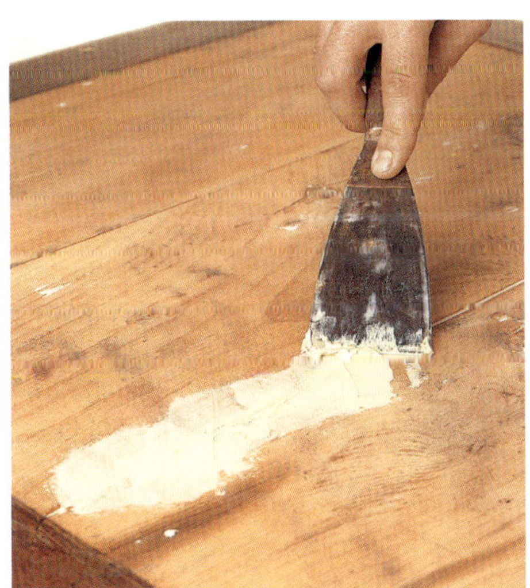

4 Bringen Sie mit einem Streichmesser Zweikomponenten-Holzkitt auf, arbeiten Sie ihn ein und lassen Sie ihn trocknen.

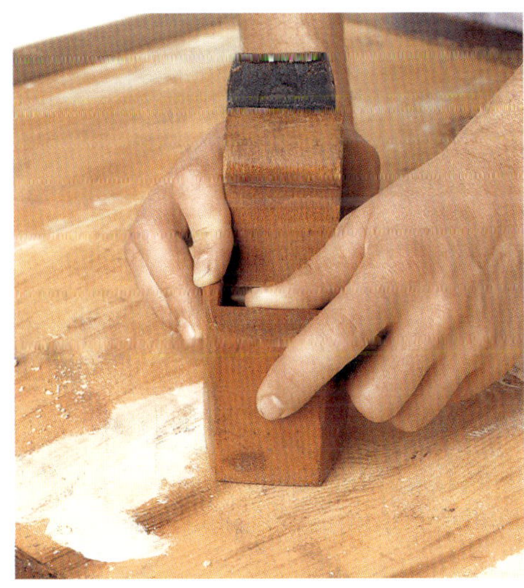

5 Behandeln Sie die Fläche mit einem Putzhobel, um das Füllmaterial zu glätten und die Fläche für die Lederauflage vorzubereiten.

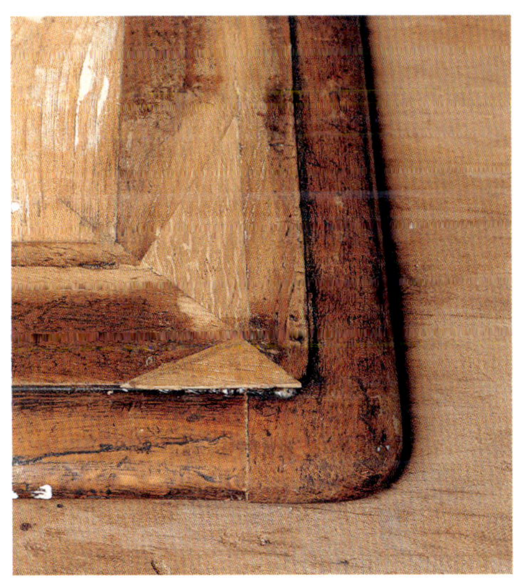

6 Flicken Sie die beschädigte Furniereinfassung und achten Sie dabei auf den entsprechenden Faserverlauf (s. S. 239).

▷

Die Deckplatte vorbereiten … Fortsetzung

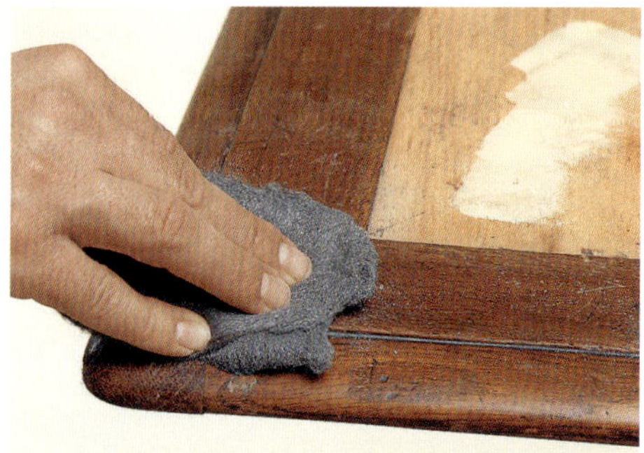

7 Reiben Sie den furnierten Rand mit feiner Stahlwolle ab, um sämtliche Wachs- und Schmutzpartikel zu entfernen. Arbeiten Sie dabei immer in Faserrichtung, weil sonst Kratzer zurückbleiben.

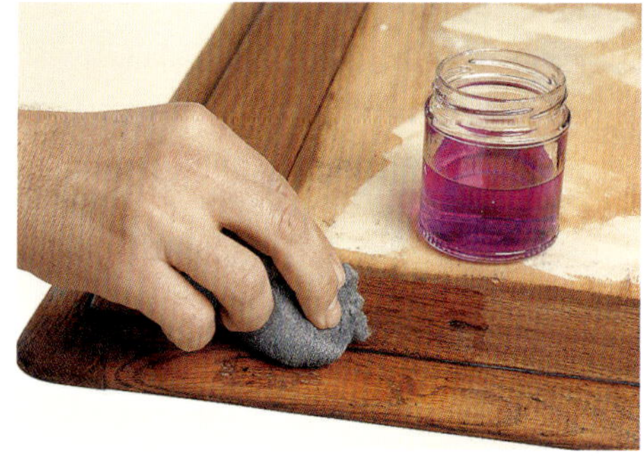

8 Tränken Sie die Stahlwolle mit etwas Methylalkohol und rauen Sie die furnierte Ecke leicht auf, damit die neue Politur besser haftet.

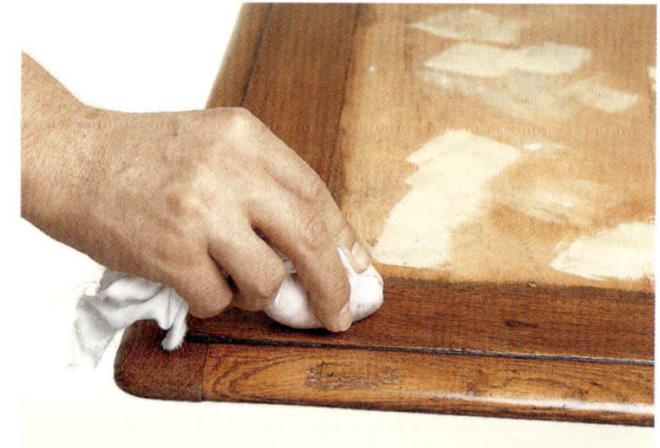

9 Bringen Sie eine Schicht Politur auf den furnierten Rand auf, um Maserung und Farbe hervorzuheben. Eine abschließende Schicht wird aufgebracht, sobald der Schreibtisch wieder zusammengebaut ist.

Die Lederoberfläche aufbringen

Da es sich um einen hochwertigen Schreibtisch handelt, sollte man sich in einer Gerberei nach einem entsprechenden Stück Leder umsehen. Untersuchen Sie es vor dem Zuschneiden auf Narben, Kratzer und Striemen, denn sie treten noch stärker hervor, sobald das Leder gefärbt und poliert ist (s. S. 43). Nehmen Sie sich für diesen Schritt Zeit, denn nur dann dürfen Sie auch mit einem Ergebnis rechnen, das der übrigen Restaurierung angemessen ist.

Material und Werkzeug

- **großer Pinsel**
- **PVA-Leim**
- **Leder**
- **kleine Glasscheibe**
- **Teppichmesser**
- **Baumwolllappen**
- **Polywachs (aus Mikrokristallinwachs und Polyäthylen bestehend)**
- **Wasserbeize**
- **Rollenstempel**
- **Spritzpistole mit Kompressor**
- **Zellulose-Lack**
- **Stechzirkel**
- **eine Rolle Blattgold**
- **Stahllineal**
- **Schmuck-Rollenstempel**
- **Stempel**
- **Wachs (wahlweise)**

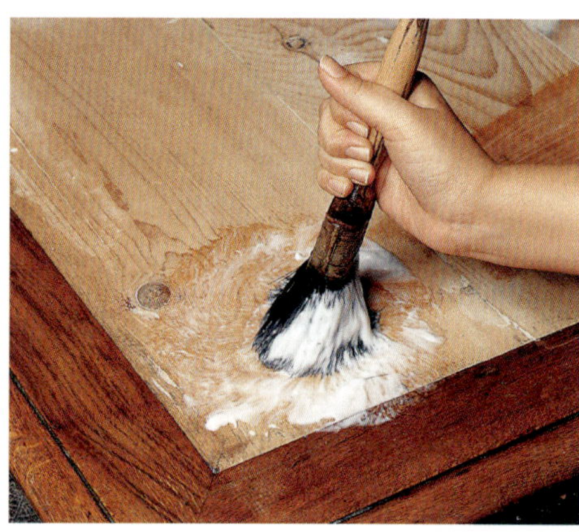

1 Verteilen Sie gleichmäßig PVA-Leim über dem Holz und achten Sie darauf, dass die Fläche lückenlos überzogen ist, insbesondere die Ränder. Legen Sie das neue Lederstück auf die Schreibtischplatte und vergewissern Sie sich, dass sie den gesamten Bereich abdeckt.

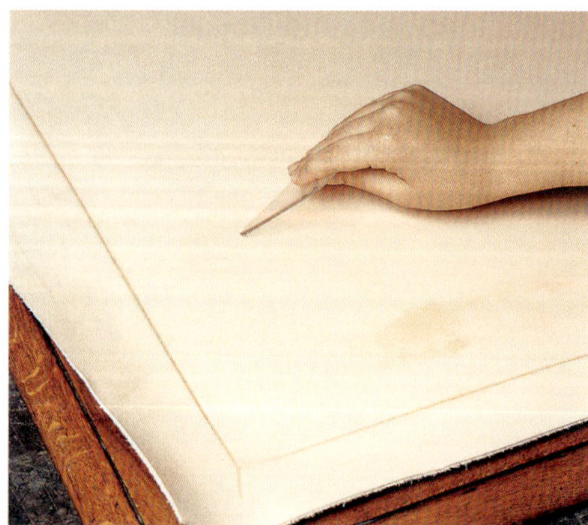

2 Streichen Sie die Fläche mit Hilfe einer kleinen Glasscheibe glatt. Arbeiten Sie von der Mitte nach außen. Verwenden Sie die Kante der Scheibe, um das Leder passgerecht in die Ecken zu schieben (s. S. 43).

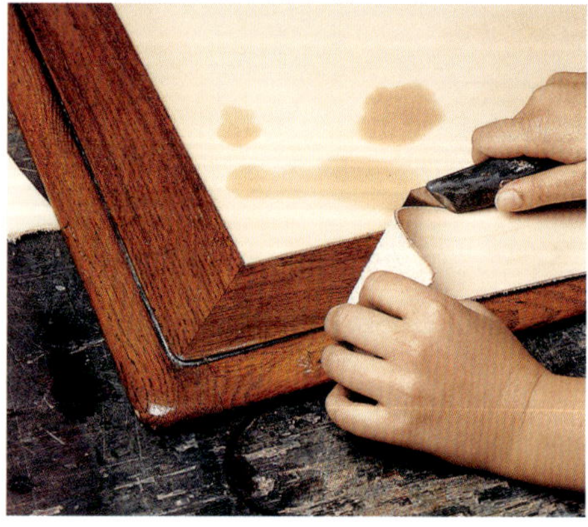

3 Schneiden Sie das überstehende Leder mit einem scharfen Teppichmesser ab. Achten Sie darauf, ganz gleichmäßig zu schneiden, damit keine Lücken entstehen. Die Kante der Furniereinfassung lässt sich als Anschlag nutzen.

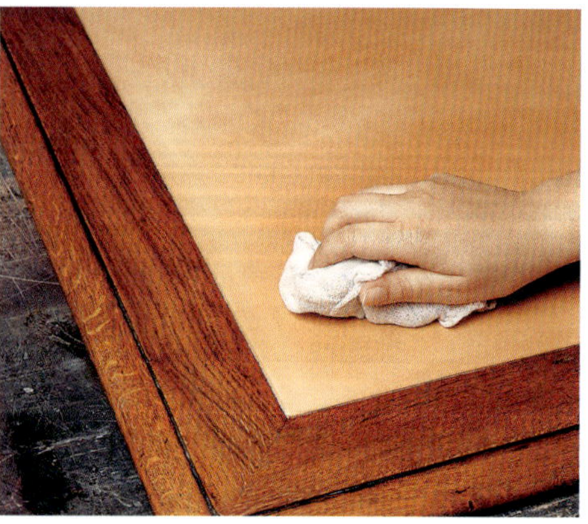

4 Auf das trockene Leder bringen Sie mit einem Baumwolllappen etwas Polywachs auf. Dieser Schutzfilm garantiert, dass sich das Leder gut und gleichmäßig einfärben lässt und keine Flecken bildet.

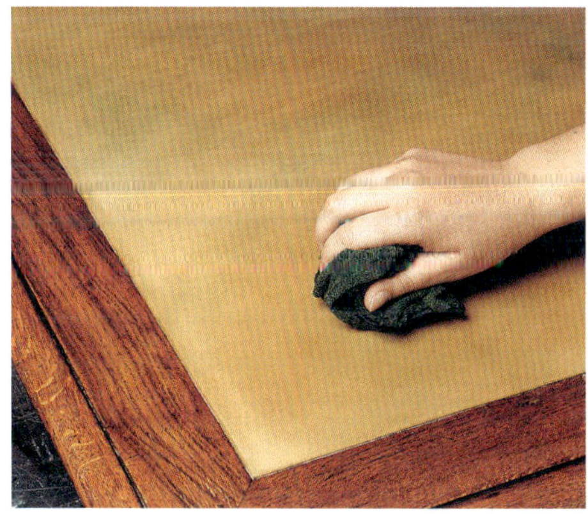

5 Bringen Sie mit einem Lappen in kreisförmigen Bewegungen eine Wasserbeize auf und bauen Sie die Farbe zur gewünschten Intensität auf. Achten Sie darauf, die Furniereinfassung auszusparen.

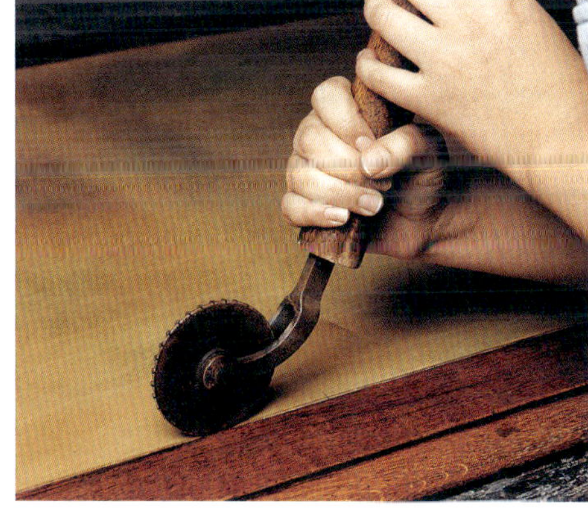

6 Erhitzen Sie einen Rollenstempel, um einen dekorativen Randabschluss einzubringen. Üben Sie gleichmäßigen Druck aus und setzen Sie, einmal angefangen, nicht ab, bis Sie am Ende sind.

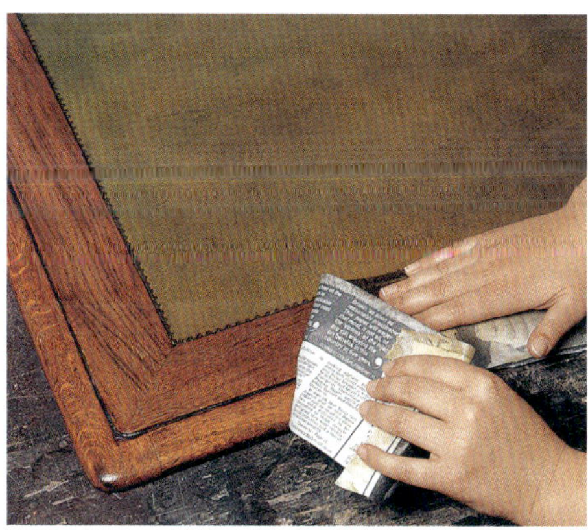

7 Sobald das Leder eingepasst, gefärbt und versiegelt ist, folgt das Lackieren. Um sicherzugehen, dass der Lack nicht ins Furnier eindringt, sollten Sie den Rand mit Papier abdecken.

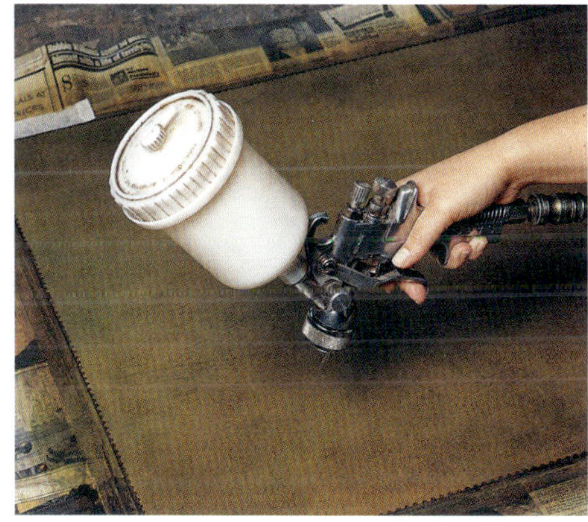

8 Verwenden Sie eine Spritzpistole mit Kompressor, um einen gleichmäßigen Überzug mit Zellulose-Lack aufzubringen. Falls nötig, können Sie nach dem Trocknen eine zweite Schicht aufbringen. Lack schützt die Lederoberfläche, versiegelt sie aber zugleich auch und verhindert somit das »Ausbluten« der Farbe.

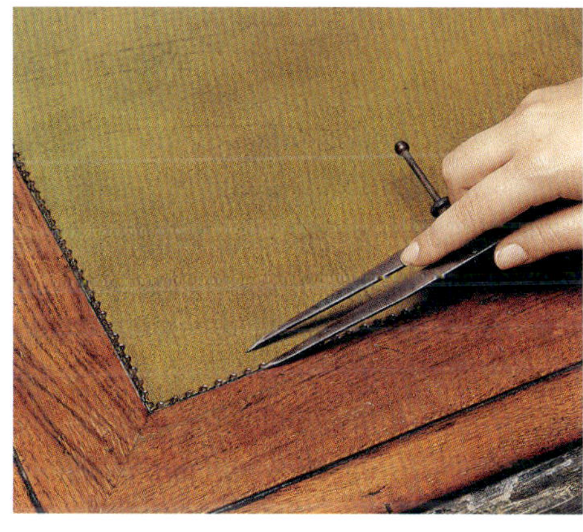

9 Wenn der Lack trocken und das Papier entfernt ist, können Sie sich überlegen, ob Sie eine Schmuckbordüre wünschen. Das Angebot an Stilen und Mustern ist riesig, doch sollte man sich erkundigen, welches Dekor am geeignetsten ist. Versuchen Sie mit einem Stechzirkel die entsprechenden Proportionen zu bestimmen.

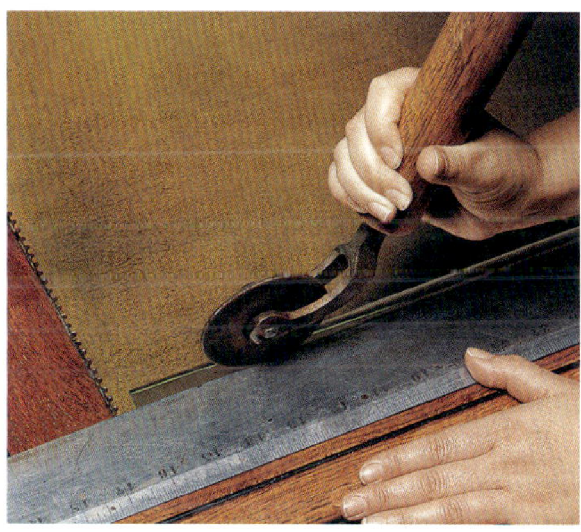

10 Fixieren Sie eine Rolle Blattgold unter einem Stahllineal und fahren Sie mit dem Rollenstempel entlang. Achten Sie auf gleichmäßigen Druck und vergewissern Sie sich, dass die Rolle die richtige Temperatur hat.

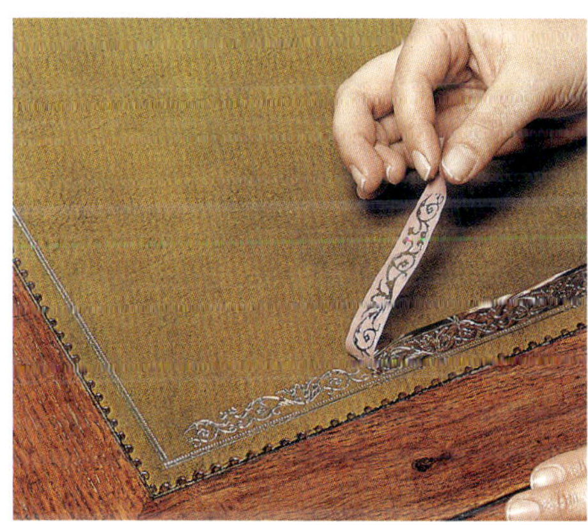

11 Bringen Sie innerhalb der schlichten Prägelinie ein weiteres Schmuck-Ornament auf, indem Sie freihändig arbeiten. Ziehen Sie das Trägerpapier sorgfältig ab.

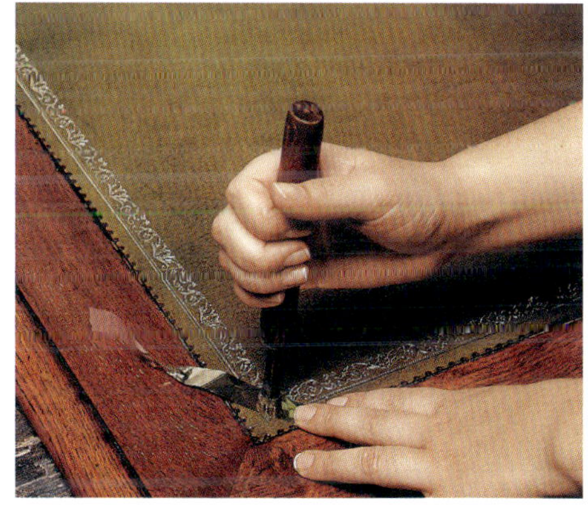

12 Verbinden Sie die Ecken mit Hilfe eines ebenfalls entsprechend erhitzten Prägestempels. So erhalten Sie saubere Ecken. Die Oberfläche lässt sich nun noch mit Polywachs oder einer weiteren Schicht Lack überziehen.

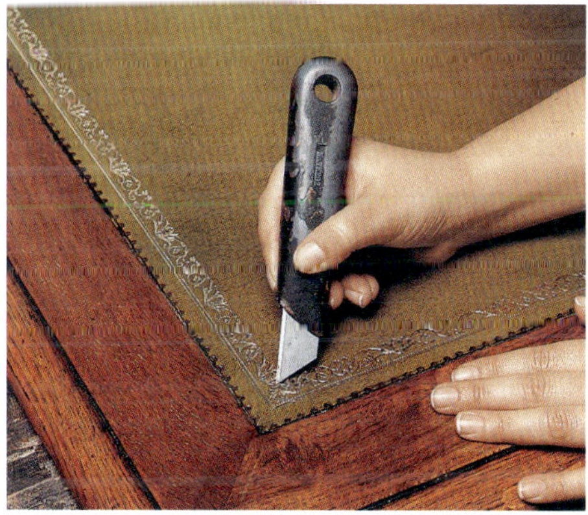

13 Entfernen Sie mit einem Teppichmesser sorgfältig das überschüssige Gold und reinigen Sie die Oberfläche. Um eine einwandfrei gerade und gleichmäßige Bordüre zu erhalten, bedarf es oft jahrelanger Übung. ▷

Schubladen reparieren

Die Laufleisten sämtlicher Schubladen sind so abgenutzt, dass diese schief sitzen und sperren. An zwei der Schubladen müssen auch die fehlenden Knäufe ersetzt werden; außerdem gilt es, angerissenes und abhanden gekommenes Furnier zu restaurieren.

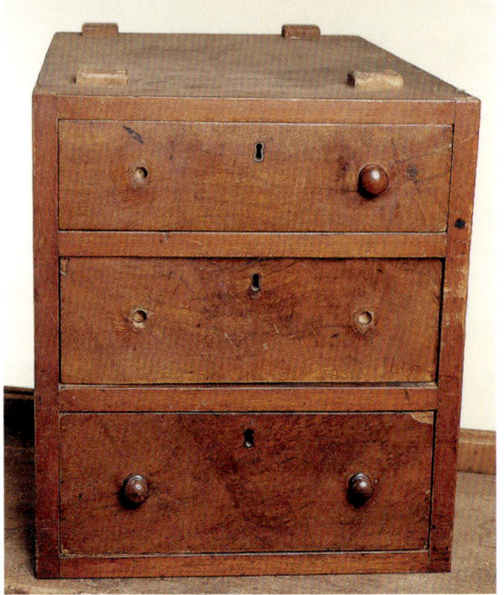

LAUFLEISTEN ERSETZEN

Laufleisten sind oft am Schubladenboden angebracht. Sie gewährleisten, dass die Schubladen leicht laufen und sich waagerecht in den Korpus einfügen. In diesem Fall sind die Leisten an den Schubladenseiten angebracht, was bedeutet, dass die Schublade auseinandergenommen werden muss, bevor man beginnen kann. Entfernen Sie zunächst die Sockel; sie werden zu einem späteren Zeitpunkt repariert.

MATERIAL UND WERKZEUG

- Abdeckband
- Marker
- Messer mit starker Klinge
- Hammer
- Hartholzbrettchen
- Kreissäge
- Mahagoni
- PVA-Leim
- Parallelzwingen
- flaches Stück Holz
- Hobel
- Messlatten
- kleine Stifte (Klammern)
- Bügelschraubzwingen

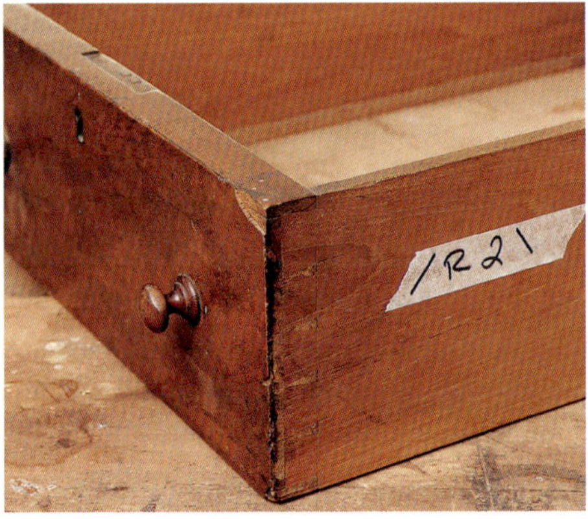

1 Nehmen Sie die Schubladen heraus. Kennzeichnen Sie die einzelnen Teile jeder Schublade, um auf einen Blick zu sehen, um welchen Teil der Schublade es sich handelt und welche Position diese Schublade im Korpus einnimmt.

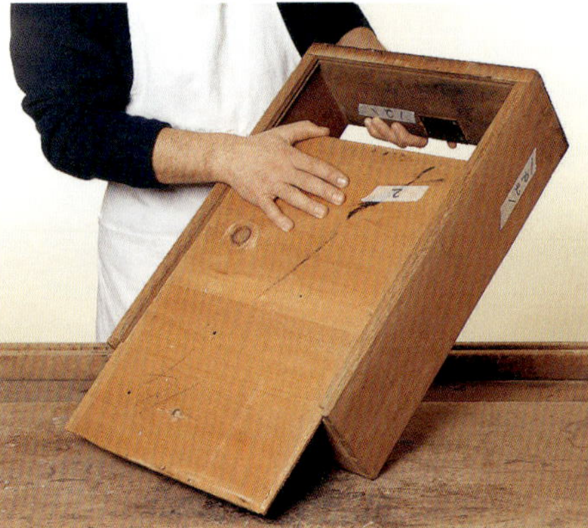

2 Beginnen Sie mit der ersten Schublade, indem Sie den Boden aus dem Rahmen schieben. Es kann sein, dass Sie vorher die kleinen Stifte entfernen müssen (s. S. 221, Schritt 2). Legen Sie den Schubladenboden beiseite.

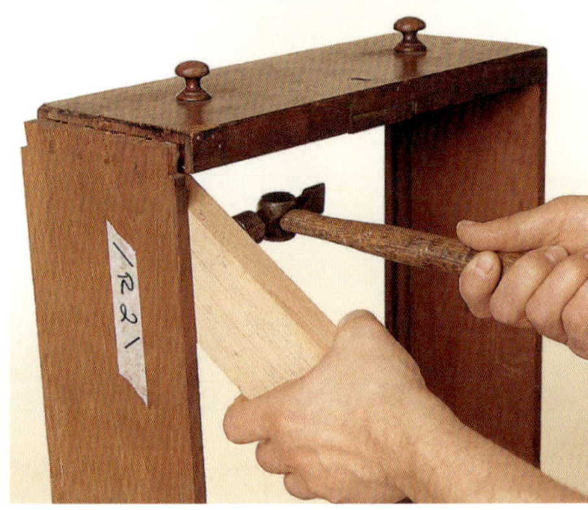

3 Stellen Sie die Schublade auf und legen Sie ein Hartholzbrett innen an die Seitenwand. Schlagen Sie das Brett leicht mit einem Hammer an, bis sich die Schwalbenschwanzzinkung löst und die Teile auseinanderfallen.

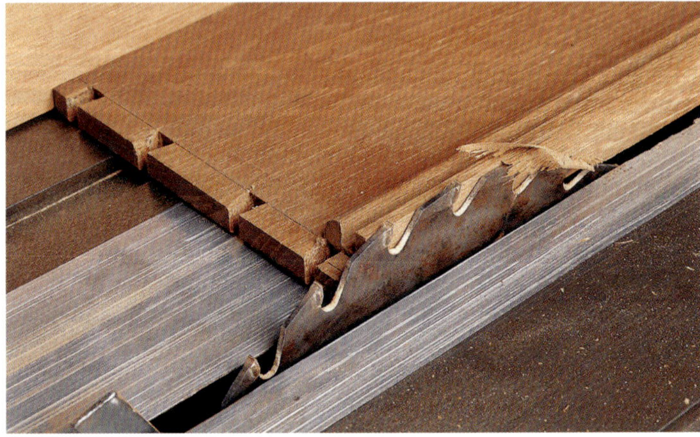

4 Schneiden Sie mit einer Kreissäge mit verstellbarem Anschlag einen schmalen Streifen von der Laufleiste ab. So erhalten Sie eine exakt parallele Ansatzkante für das neue Holz.

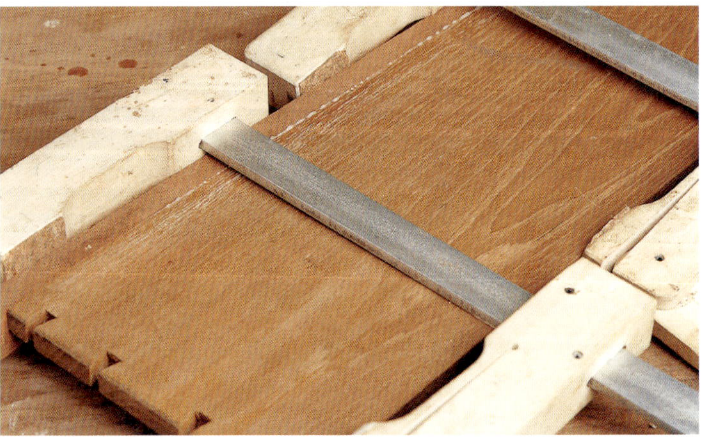

5 Schneiden Sie einen Mahagoni-Streifen auf die entsprechende Länge zu, der etwas stärker als die Seitenwand ist, und leimen Sie ihn auf die begradigte Kante. Lassen Sie das Teil in Parallelzwingen trocknen.

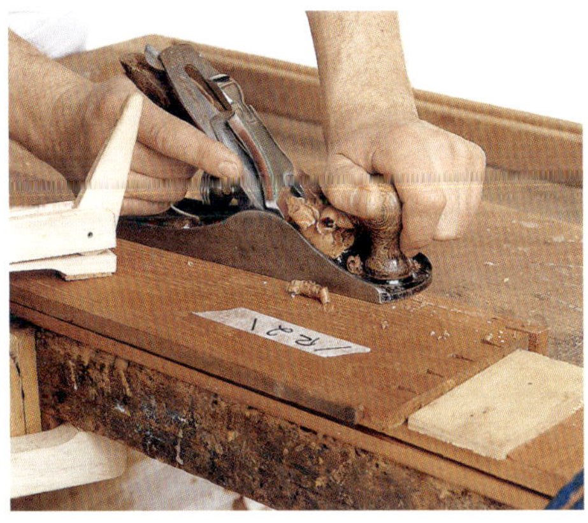

6 Legen Sie ein flaches Holzbrett zwischen Schubladenseite und Werkbank und verspannen Sie beide Teile mit der Werkbank. Hobeln Sie den Rand der Laufleiste mit der Schubladenseite plan und verfahren Sie mit den anderen abgenutzten Laufleisten ebenso (s. Schritt 2–6).

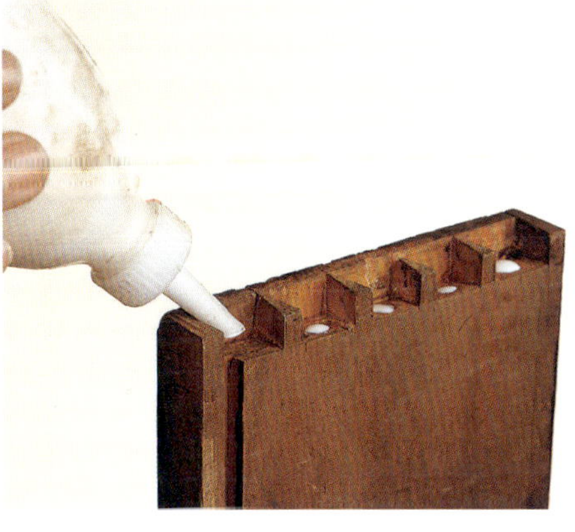

7 Nun können Sie sämtliche Schubladen wieder zusammensetzen. Bringen Sie ganz wenig PVA-Leim auf die Innenseite der Schwalben auf den Front- und Rückseiten auf, denn im Grunde werden sie durch die straff sitzenden Verbindungen zusammengehalten.

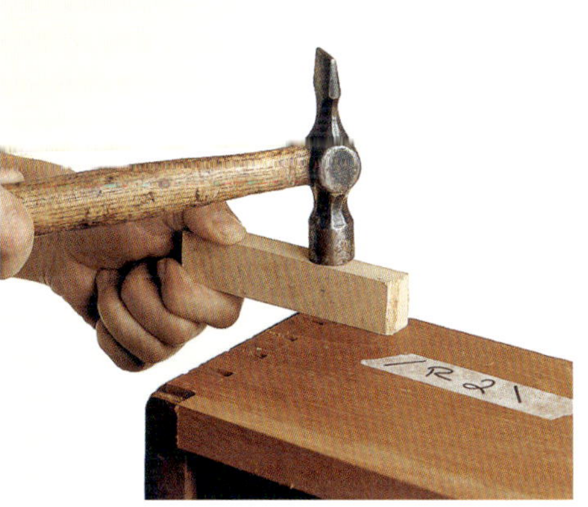

8 Fügen Sie die Zinkung unmittelbar nach Aufbringen des Leims zusammen, indem Sie mit einem Hammer und einem Hartholzblock nachhelfen. Arbeiten Sie mit ganz wenig Druck, um die Schwalben nicht unnötig zu beschädigen.

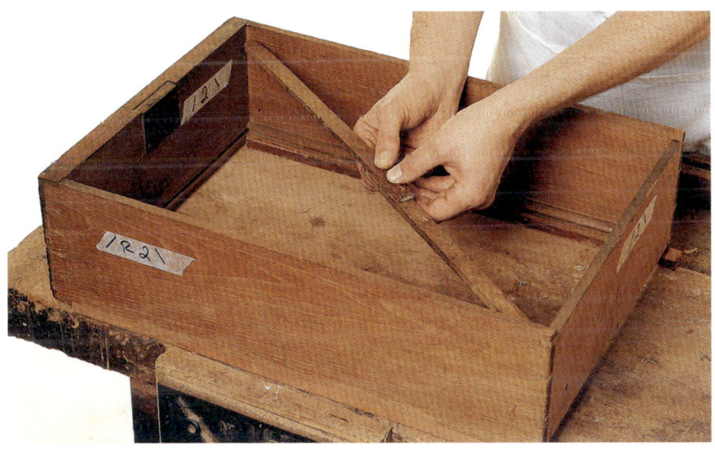

9 Benutzen Sie Messlatten, um zu prüfen, ob die Schubladen genau rechtwinklig sind (s. S. 142). Vergewissern Sie sich unmittelbar nach dem Verleimen, um ggf. noch kleinere Korrekturen vornehmen zu können.

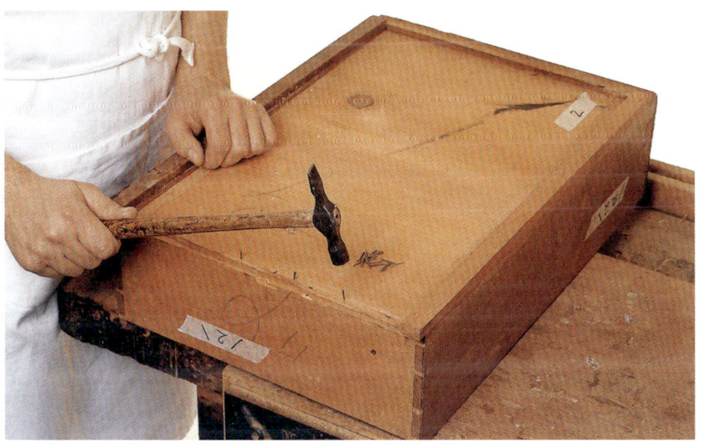

10 Wenn der Leim abgebunden hat, schieben Sie die Schubladenböden wieder ein. Sie lassen sich mit drei bis vier kleinen Stiften oder Klammern sichern.

Vorbohren eines Nagellochs

Wer einen kleinen Stift, eine Klammer oder einen Flachkopfnagel in Hartholz zu schlagen versucht, riskiert, dass dieser sich biegt oder schräg stellt. Durch Vorbohren eines Lochs mit etwas kleinerem Durchmesser als der Nagel (Führungsloch) lässt sich dies ganz leicht verhindern.

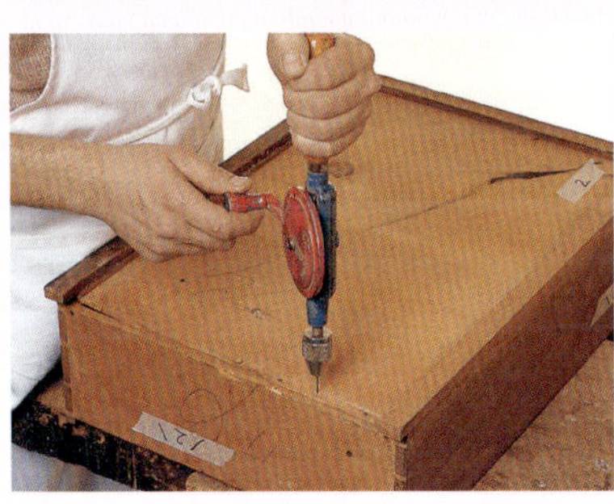

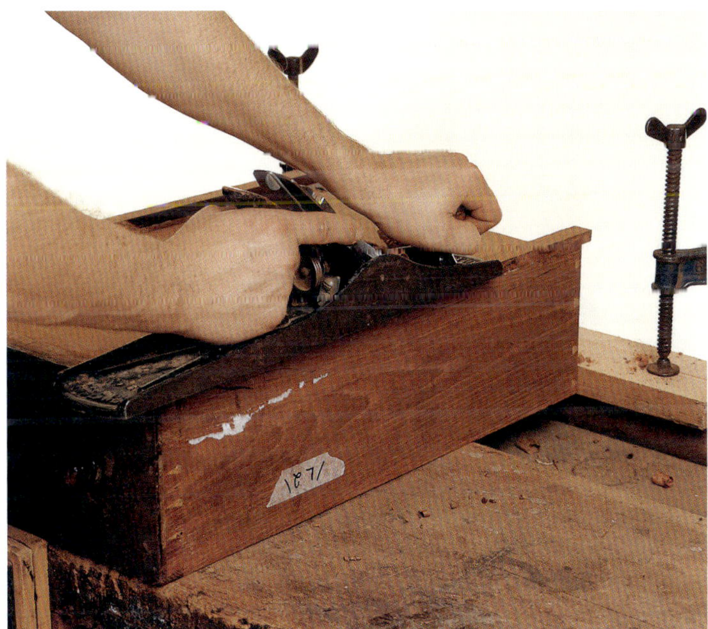

◁ **11** Klemmen Sie eine Hartholzleiste an das Ende der Werkbank, um jede Schublade beim Hobeln zu fixieren. Genau eingepasst, müssten die Schubladen entsprechend leicht laufen.

▷

DIE KNÄUFE ERSETZEN

Der Schreibtisch soll seine ursprünglichen Holzknäufe behalten, obwohl einige sich gelöst haben und inzwischen verloren gegangen sind. Orientieren Sie sich an einem Original und fertigen Sie passende Ersatzknäufe an der Drehbank.

MATERIAL UND WERKZEUG

- **Greifzirkel**
- **Eichenholz**
- **Drehbank**
- **gekröpftes Stecheisen**
- **Stechzirkel**
- **schräges Stemmeisen**
- **sehr feines Schleifpapier**
- **Alkoholbeize**
- **feiner Pinsel**
- **Polierballen**
- **Politur**

1 Nehmen Sie mit Hilfe eines Greifzirkels das Maß von einem Original-Knauf ab, um den Durchmesser des neuen Knaufs zu ermitteln. Bereiten Sie ein Stück Eichenholz für die Drehbank vor (s. S. 153) und drehen Sie es im entsprechenden Durchmesser.

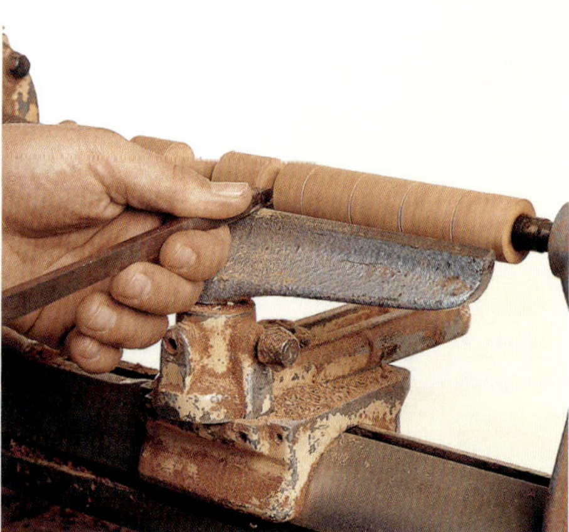

2 Markieren Sie die Höhe des Knaufs mit einem gekröpften Stecheisen und nehmen Sie dann das Teil aus der Drehbank, um es vom restlichen Holz abzutrennen. Setzen Sie den Knauf dann in einen Spannbacken der Drehbank.

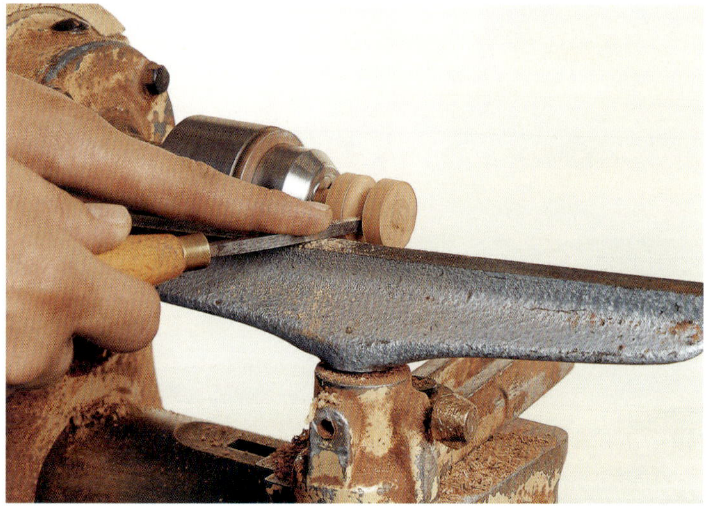

3 Drehen Sie den Holzknauf, wobei Sie ihn mit Hilfe eines Stechzirkels immer wieder mit Form und Größe des Originals vergleichen.

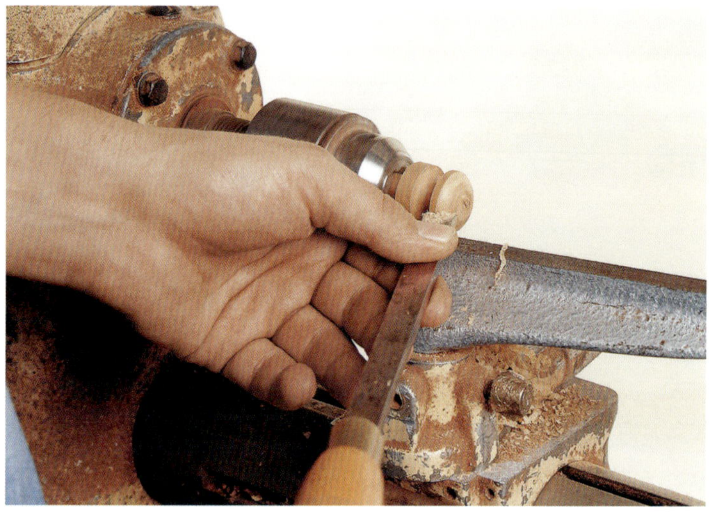

4 Sobald die Proportionen stimmen, drehen Sie die endgültige Form, indem Sie ein schräges Stecheisen verwenden, um die Kuppel des Knaufs zu formen.

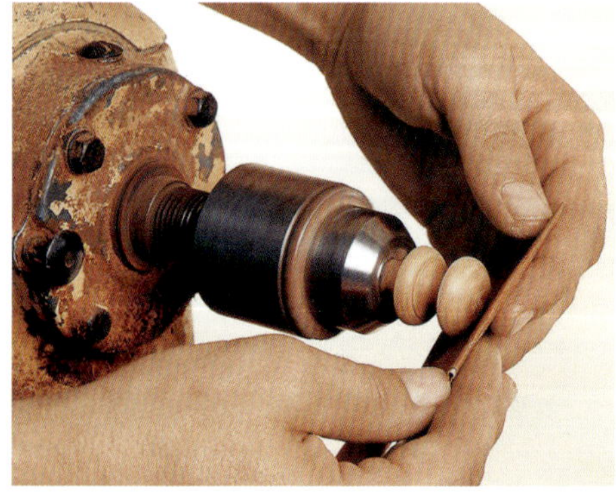

5 Abschließend bearbeiten Sie bei noch laufender Drehbank den Knauf leicht mit Schleifpapier. Gehen Sie behutsam vor, um die Form des Knaufs dabei nicht zu verändern.

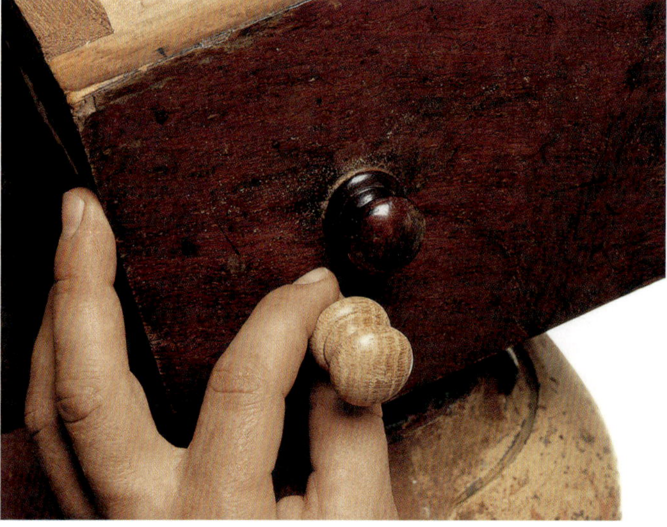

◁ **6** Der vollendete Knauf sollte mit dem Original identisch sein. Drehen Sie nach dem gleichen Prinzip auch die anderen Knäufe, die ersetzt werden müssen. Beizen und polieren Sie sie entsprechend dem Original, bevor Sie sie anbringen.

Den Korpus reparieren

Die Laufleisten haben tiefe Rillen im Rahmen hinterlassen; an einem der Podeste klafft aufgrund von Schwunderscheinungen des Holzes ein breiter Riss im Bereich der Rückwand. Da an beiden Sockeln Furnierteile fehlen, ist das Trägerholz empfindlich beschädigt. Die Traversen für die Schubladen-Laufleisten müssen mit neuen Holzeinsätzen ausgebessert, der Riss geleimt und verspannt werden. Das beschädigte Trägerholz im jeweiligen Sockelbereich muss ersetzt und das Furnier geflickt werden.

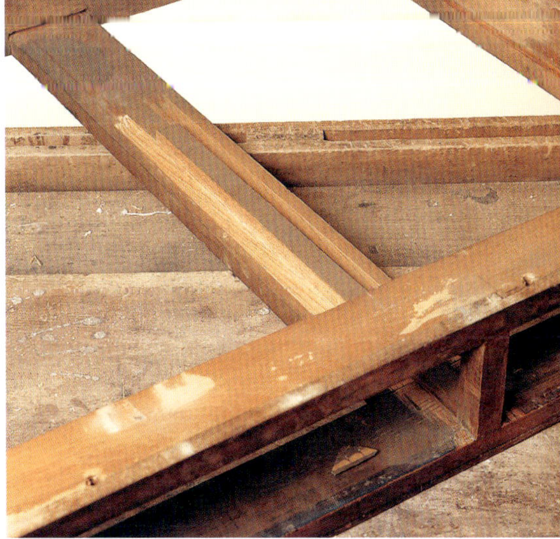

Material und Werkzeug

- Schraubendreher oder Zange
- Hartholzbrettchen
- Hammer
- Kreissäge
- Nadelholz (Weichholz)
- PVA-Leim
- Schlichthobel
- Schraubknechte
- Holzzulagen
- Nägel

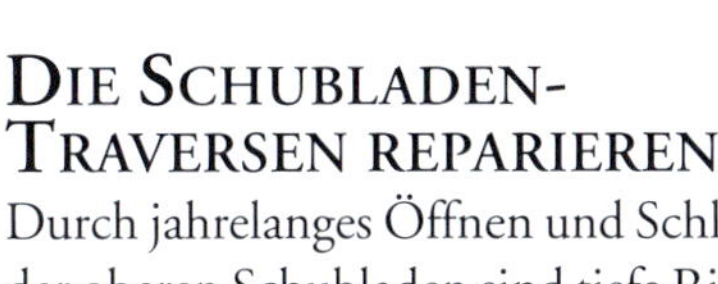

Die Schubladen-Traversen reparieren

Durch jahrelanges Öffnen und Schließen der oberen Schubladen sind tiefe Rillen in den Traversen entstanden. Dieser Schaden muss behoben werden, denn andernfalls riskiert man, dass der Rahmen irgendwann auseinanderbricht.

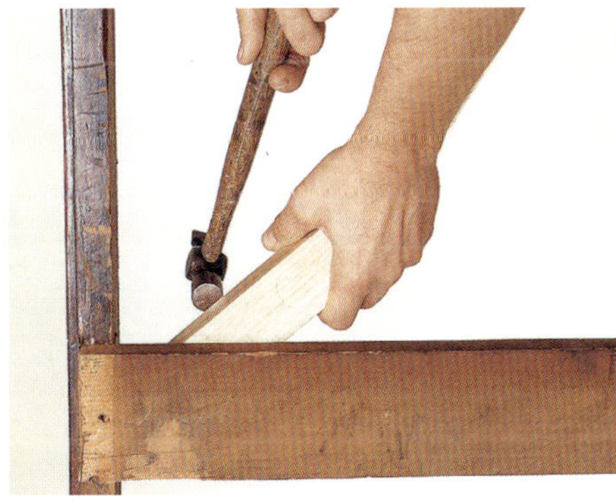

1 Legen Sie den Rahmen auf die Werkbank und entfernen Sie die Schraube oder den Nagel, der das jeweilige Ende der Traverse am Rahmen festhält. Legen Sie ein Stück Hartholz über die Traverse und schlagen Sie sie vorsichtig mit einigen Hammerschlägen heraus.

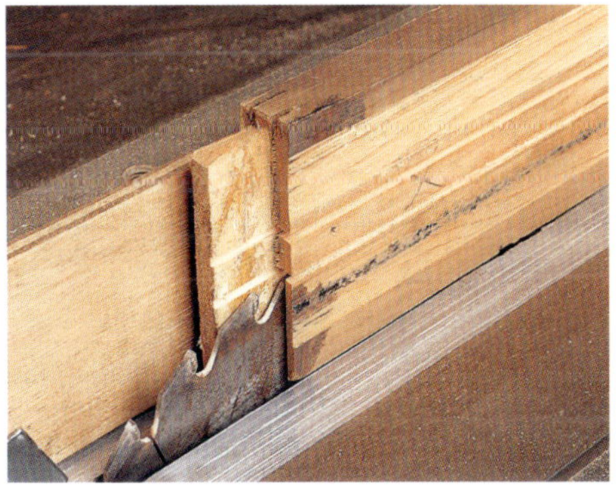

2 Bringen Sie mit einer Kreissäge links und rechts der Mitte über die ganze Länge zwei parallele Nuten ein. Stellen Sie die Säge neu ein und drehen Sie die Traverse auf die Seite. Vergewissern Sie sich, dass die Tiefe stimmt und lassen Sie die Traverse durch die Säge laufen, um die abgenutzten Teile zu entfernen.

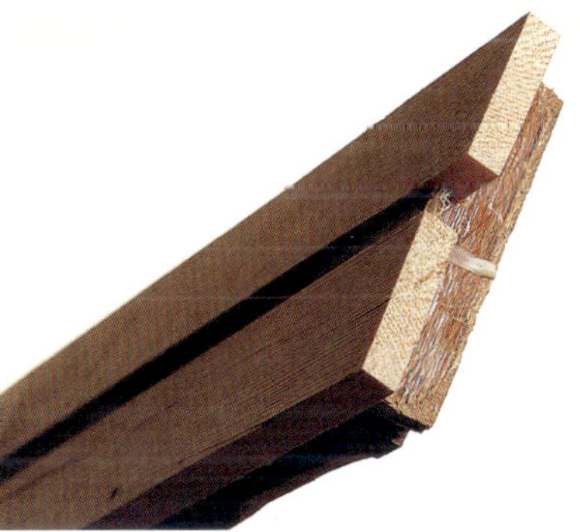

3 Sägen Sie mit der Kreissäge zwei Weichholzbretter zu, um die entfernten Teile zu ersetzen, und leimen Sie sie auf.

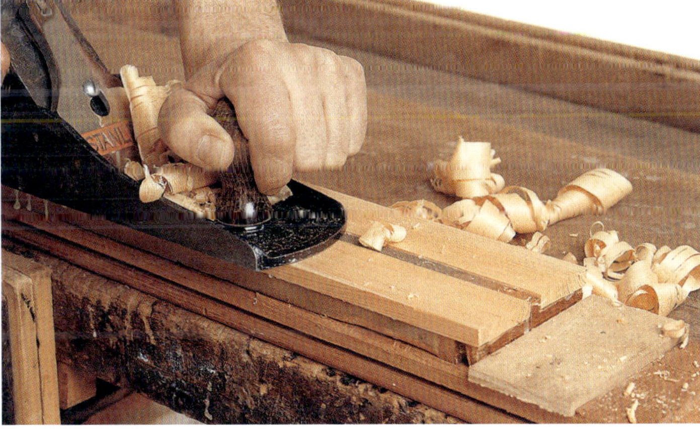

4 Hobeln Sie das neue Holz plan mit dem ursprünglichen. Die Einsätze gewährleisten, dass die abgenutzten Laufleisten in einer Ebene liegen. Verfahren Sie mit der anderen beschädigten Traverse ebenso.

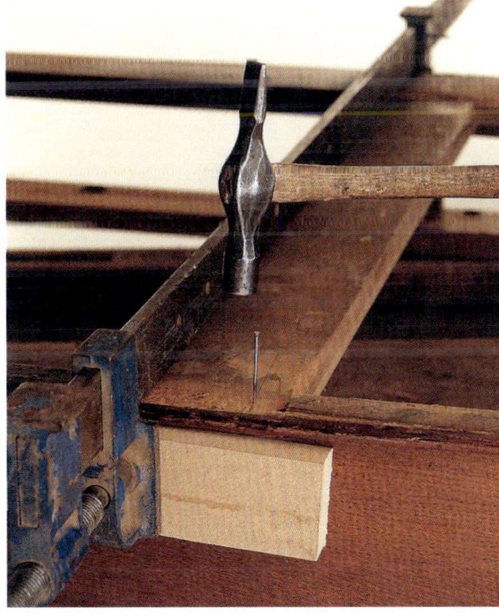

◁ **5** Leimen Sie die restaurierten Traversen wieder an Ort und Stelle ein und verspannen Sie sie, bis der Leim durchgehärtet ist. Hämmern Sie Nägel in jedes Ende, solange die Traversen noch in den Zwingen sind.

▷

Das Podest reparieren

Aufgrund von Schwunderscheinungen des Holzes ist ein Riss entstanden, der sich über die gesamte Höhe des rückwärtigen Paneels eines der Podeste zieht. Eine überfurnierte Schwalbenschwanzverbindung hält Paneel und Seitenteile zusammen. Um Schwalben und Furnier unbeeinträchtigt zu lassen, wird die Rückseite links und rechts außen angerissen und die gesamte Platte herausgenommen. Sobald der Riss repariert ist, wird die durch einen Holzstreifen erweiterte Platte verleimt und mit einer Zwinge unter Druck eingefügt.

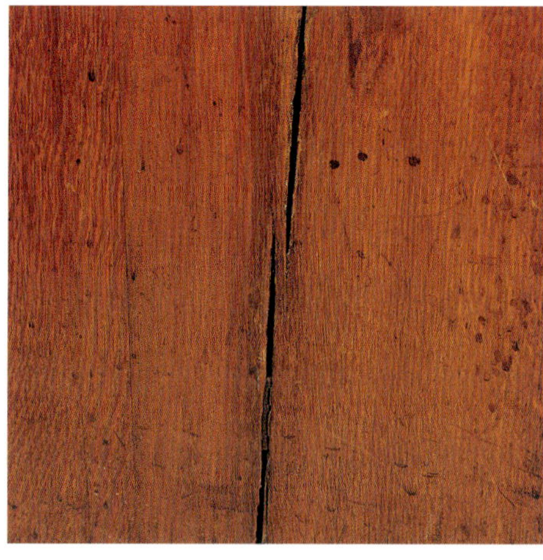

Material und Werkzeug

- Streichmaß
- Kreissäge
- Messer mit starker Klinge
- Hammer
- Bügeleisen
- PVA-Leim
- Spannknechte
- Bügelschraubzwingen
- Holzzulagen
- Hobel
- Nägel
- Furnier

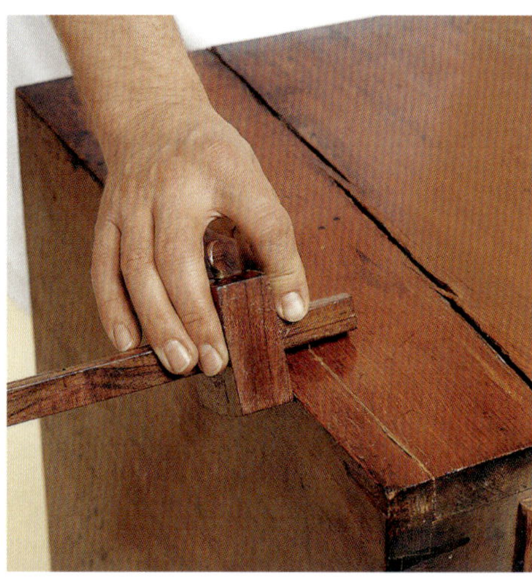

1 Legen Sie das Podest auf die Werkbank und fahren Sie mit einem Streichmaß an beiden Längsseiten der Rückwand entlang. Schneiden Sie mit einer Kreissäge entlang der Linien, um den gebrochenen Bereich herauszunehmen.

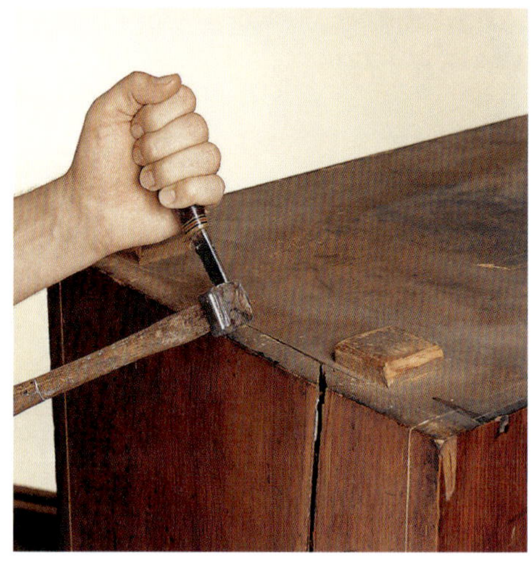

2 Durchtrennen Sie die Leimkante mittels eines Messers mit starker Klinge und des Hammers und stemmen Sie das gebrochene Teil aus dem Podest heraus. Drehen Sie das Podest wieder auf die Vorderseite.

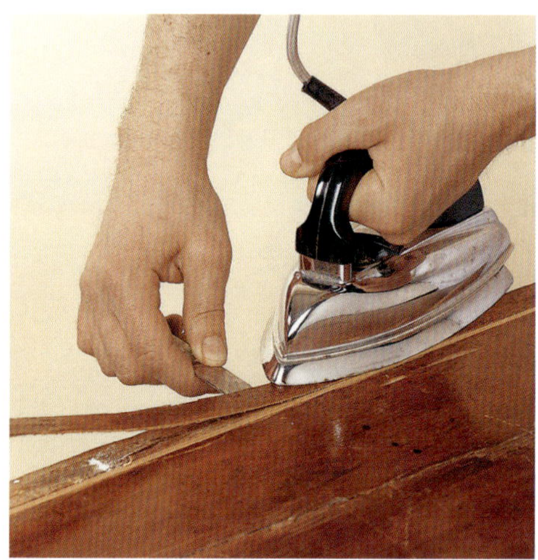

3 Entfernen Sie den dünnen Furnierstreifen, der zwischen dem rechten Rand und der Risslinie zurückblieb, indem Sie ein heißes Bügeleisen aufbringen, den Leim aufweichen und den Streifen vorsichtig ablösen.

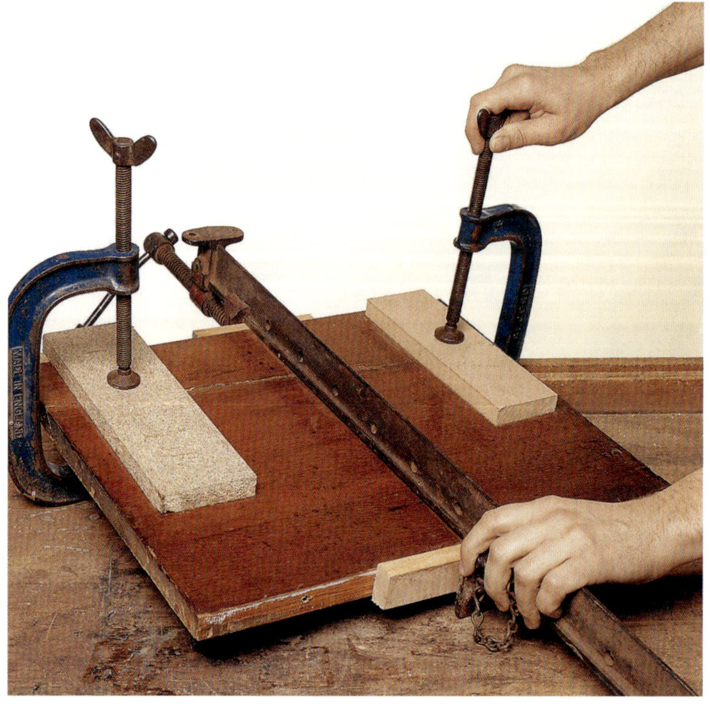

◁ **4** Bevor Sie den Riss ausbessern, schneiden Sie einen Streifen aus Eichenholz zu, um mit diesem auszugleichen, dass die Rückwand nun schmaler ist als ursprünglich. Bestreichen Sie beide Seiten des Risses sowie den Streifen mit Leim und bringen Sie diesen auf den rechten Rand der Rückwand auf. Verspannen Sie die Teile mit Spannknechten und Parallelzwingen und lassen Sie sie trocknen.

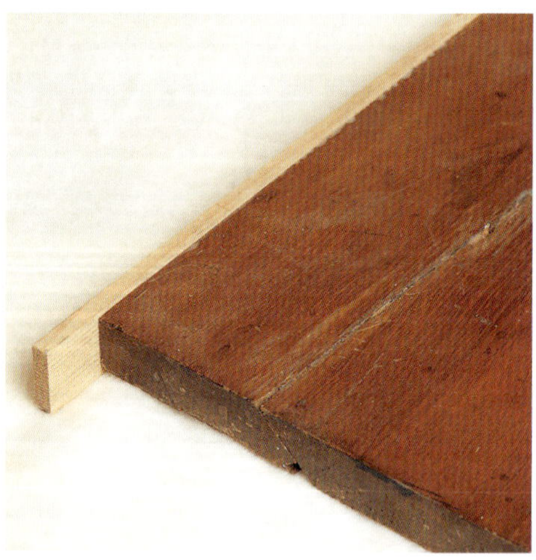

5 Kürzen Sie den Einsatz und hobeln Sie ihn auf die genaue Breite. Leimen Sie die neue Rückwand an und bringen Sie einige Nägel in das obere und untere Ende ein. Mit einem Streifen Furnier lassen sich Einsatzteil und Rand kaschieren.

Schäden an Trägerholz und Furnier restaurieren

Infolge von jahrelangem Verschleiß fehlen an den Ecken der Sockel Furnierteile, und das Trägerholz darunter ist ebenfalls in Mitleidenschaft gezogen worden. Es muss ganz neu aufgebaut und das Furnier geflickt und poliert werden, um das Stück wieder instand zu setzen. Auch wenn es sich dabei um eine relativ unkomplizierte Arbeit handelt, so muss das neue Trägerholz doch richtig zugeschnitten und angepasst werden, bevor es furniert werden kann – eine Maßnahme, die eher kosmetische Funktion hat.

Material und Werkzeug

- **Parallelzwingen**
- **Tischlerwinkel**
- **Teppichmesser**
- **Oberfräse**
- **Holz**
- **Zapfensäge**
- **Gehrlade (mit nur einer Wange)**
- **PVA-Leim**
- **Abdeckband**
- **kleiner Hirnholzhobel**
- **Furnier**
- **Knochenleim**
- **Ziehklinge**
- **feines Schleifpapier**
- **Schleifklotz**

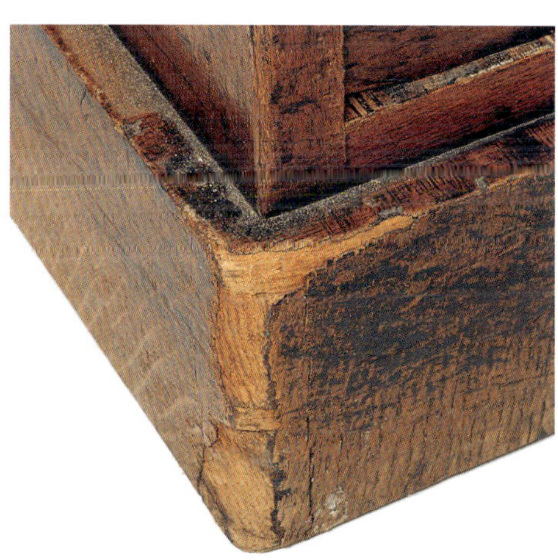

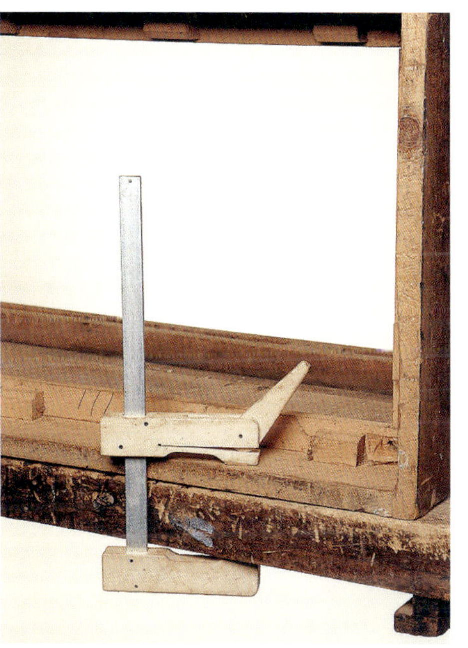

◁ **1** Legen Sie einen der Sockel auf die Werkbank. Fixieren Sie ihn mit einer Parallelzwinge oder spannen Sie ihn in einen Schraubstock.

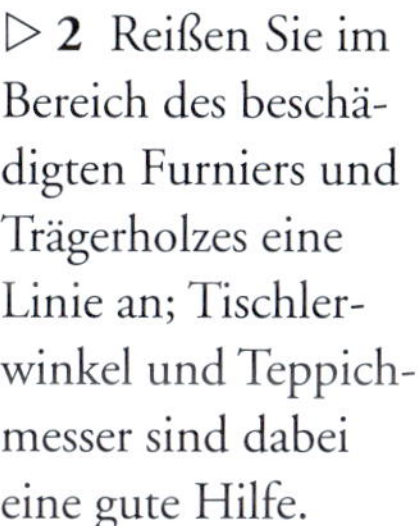

▷ **2** Reißen Sie im Bereich des beschädigten Furniers und Trägerholzes eine Linie an; Tischlerwinkel und Teppichmesser sind dabei eine gute Hilfe.

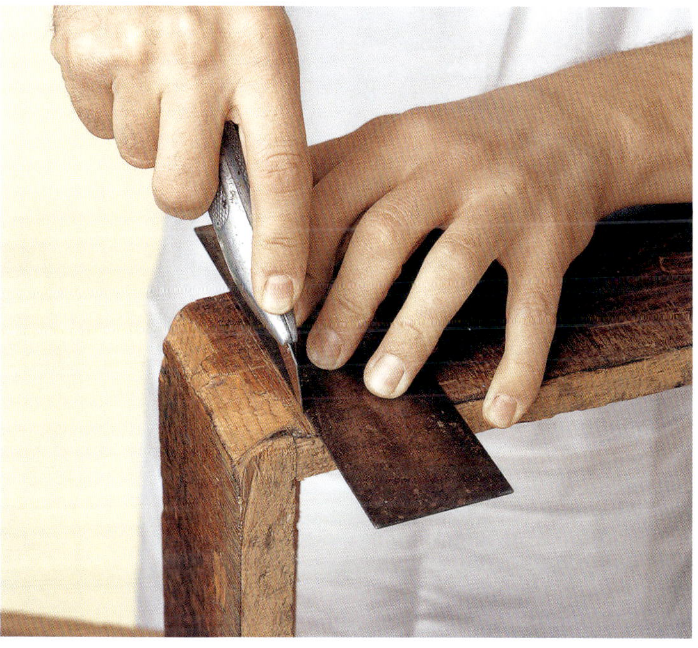

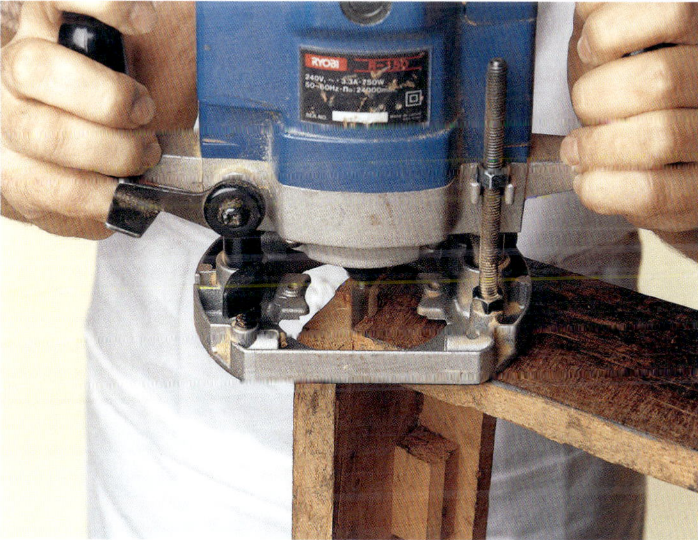

3 Schneiden Sie den beschädigten Bereich des Trägerholzes mit der Oberfräse aus. Verfahren Sie mit den anderen beschädigten Ecken genauso und entfernen Sie, wo nötig, Holz und Furnier. Wo das Trägerholz nicht beschädigt ist, genügt es, das Furnier zu entfernen.

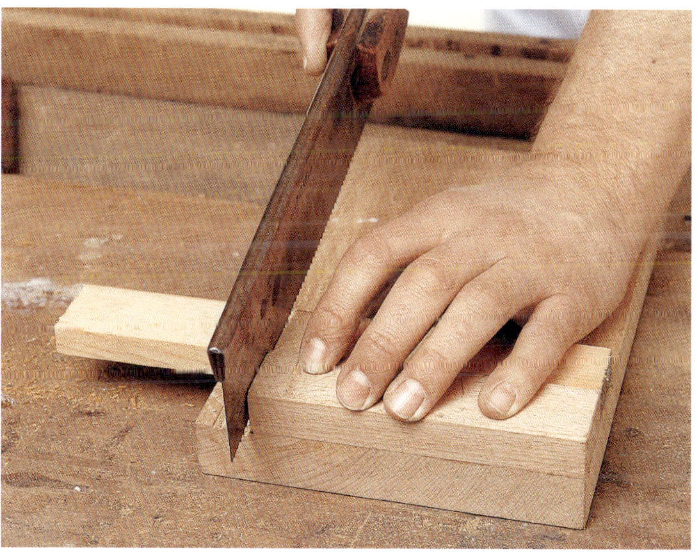

4 Schneiden Sie von einem entsprechenden Holz mit der Zapfensäge und einer einfachen Gehrlade Einsatzstücke zu.

▷

Schäden an Trägerholz und Furnier restaurieren … Fortsetzung

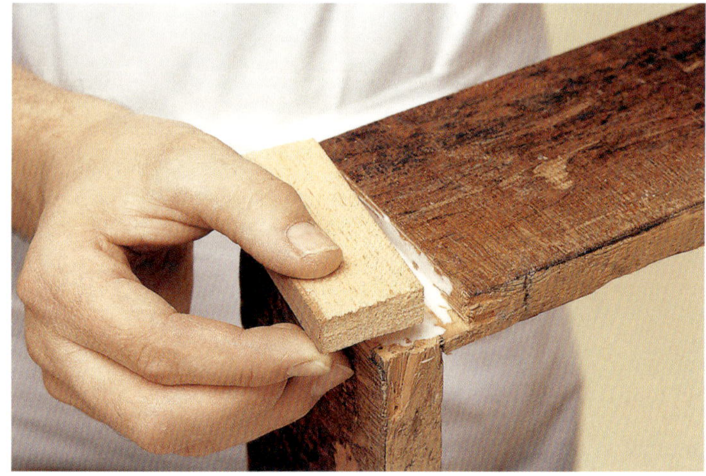

5 Bringen Sie die Einsätze mit PVA-Leim auf.

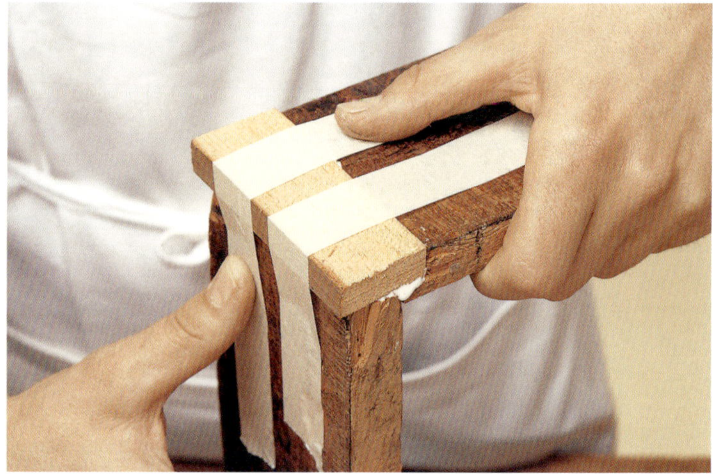

6 Fixieren Sie sie mit straff verklebtem Abdeckband, um die Teile an Ort und Stelle zu halten, bis der Leim abgebunden hat. Vergewissern Sie sich, dass alle Ecken rechtwinklig sind, um eine lückenlose Fuge zu erhalten.

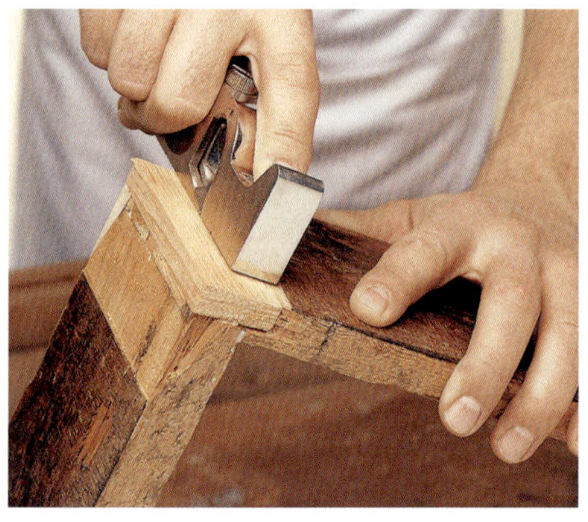

7 Hobeln Sie jeden neuen Einsatz mit einem kleinen Hirnholzhobel um so viel tiefer, dass nach dem Auflegen des Furniers eine Ebene entsteht.

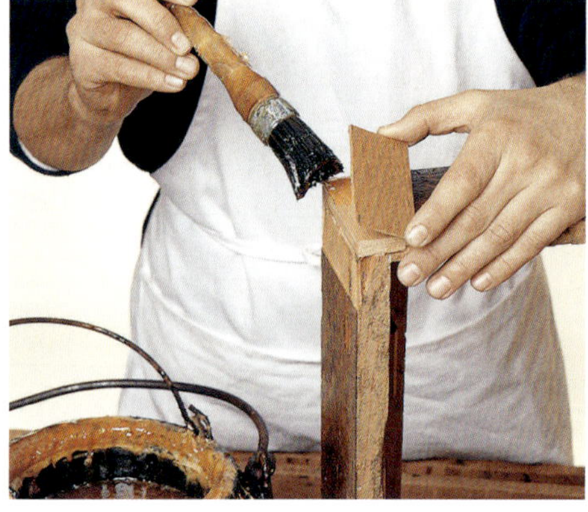

8 Wählen Sie ein Stück Eichenholzfurnier, das farblich passt. Schneiden Sie es auf die entsprechende Größe zu. Bringen Sie Knochenleim auf das neue Holz auf und leimen Sie das Furnier an. Lassen Sie es trocknen.

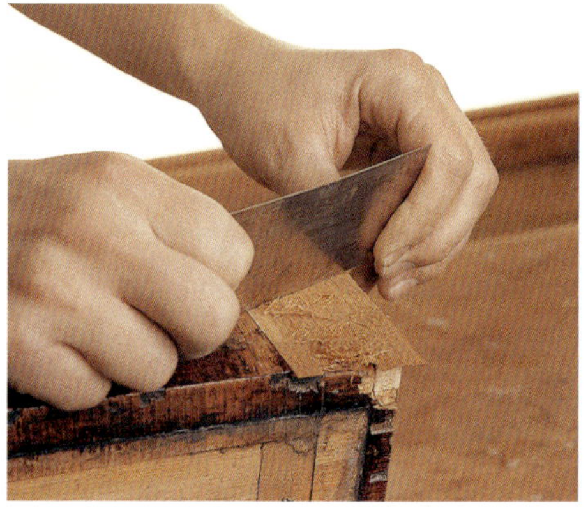

9 Mit einer Ziehklinge schlichten Sie den Furnierflicken, um ihn dem Original anzupassen. Schneiden Sie sämtliche überstehenden Ränder mit einem scharfen Teppichmesser ab.

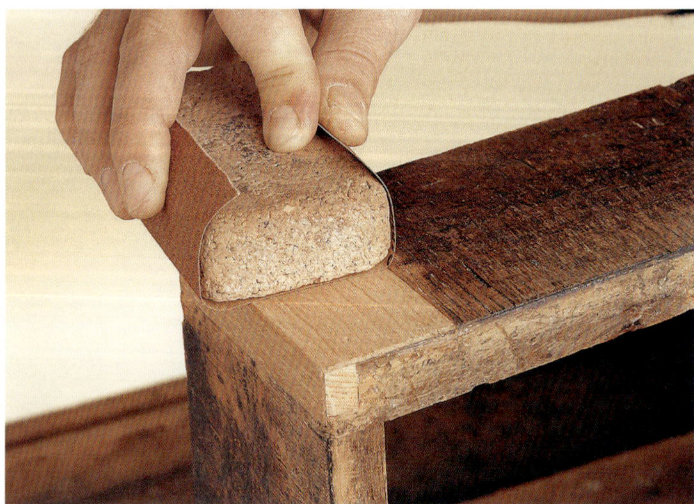

10 Glätten Sie das Furnier mit feinem Schleifpapier, das Sie über einen Schleifklotz wickeln. Verfahren Sie ebenso mit dem anderen Sockel.

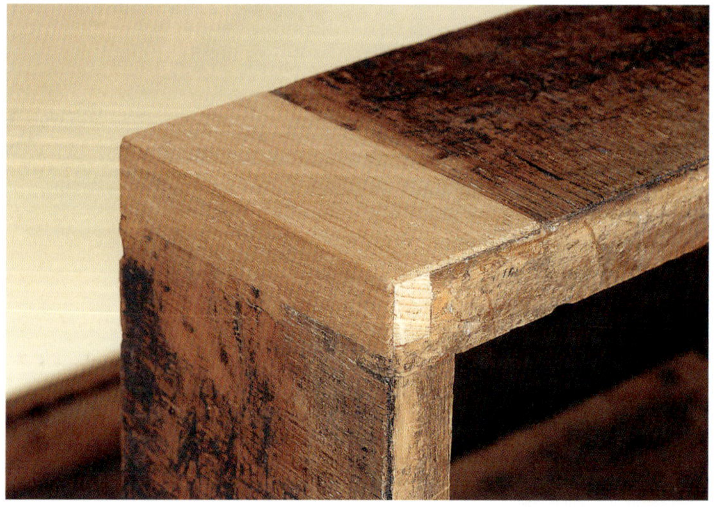

11 Es ist ganz wichtig, das neue Holz passend zur Faser des Originals auszuwählen und anzubringen.

Zusammenbauen und polieren

Nachdem der Korpus vollständig repariert und die Oberfläche gereinigt und aufgefrischt wurde, kann der Schreibtisch wieder zusammengebaut werden. Dazu gehört auch das Ersetzen der Knäufe, nachdem sie dem Original entsprechend gefärbt und gebeizt wurden, sowie das Reinigen und Ölen der Schlösser.

Material und Werkzeug
- **Schraubendreher**
- **Pinsel**
- **Beize**
- **Bimsmehl**
- **weicher Lappen**
- **Politur**

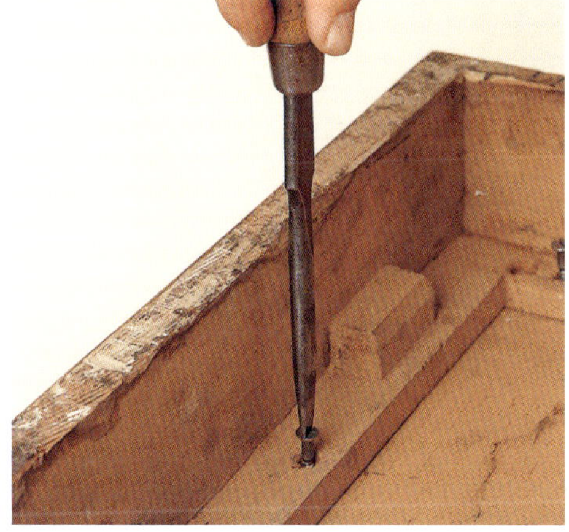

1 Schrauben Sie die Sockel mit den Original-Schrauben wieder an die Podeste. Wenn Sie die zusammengehörenden Teile beim Auseinandernehmen entsprechend beschriftet haben, erleichtert das das korrekte Zusammensetzen.

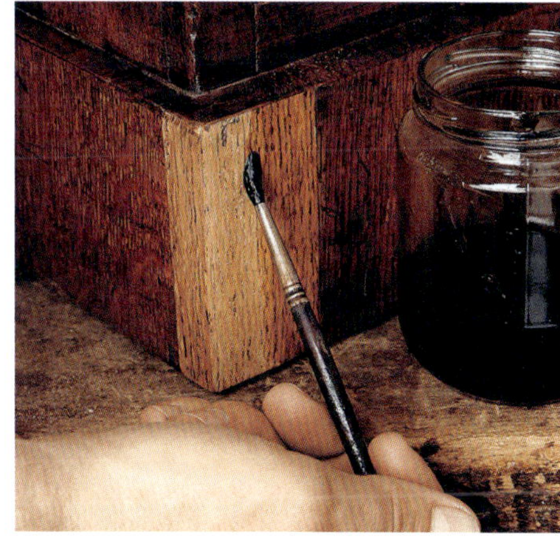

2 Beizen Sie jedes neu eingesetzte Furnier bzw. Profil, um es vor dem Polieren dem Original-Furnier anzupassen.

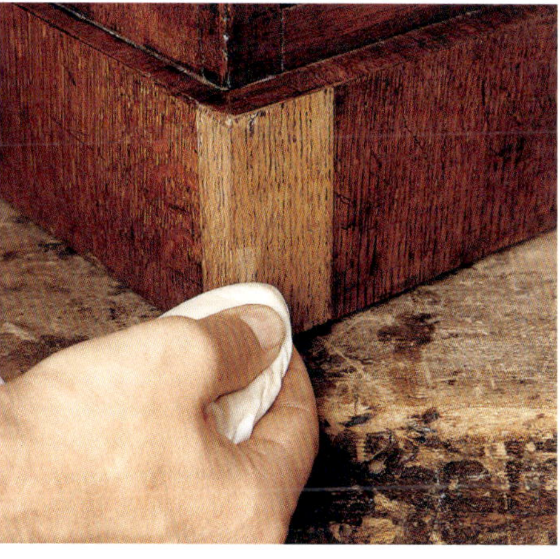

3 Nachdem Sie die Faser mit Bimsmehl und Politur gefüllt und überzogen haben, polieren Sie die neuen Furniere, bis sie farblich zu dem Schreibtisch passen.

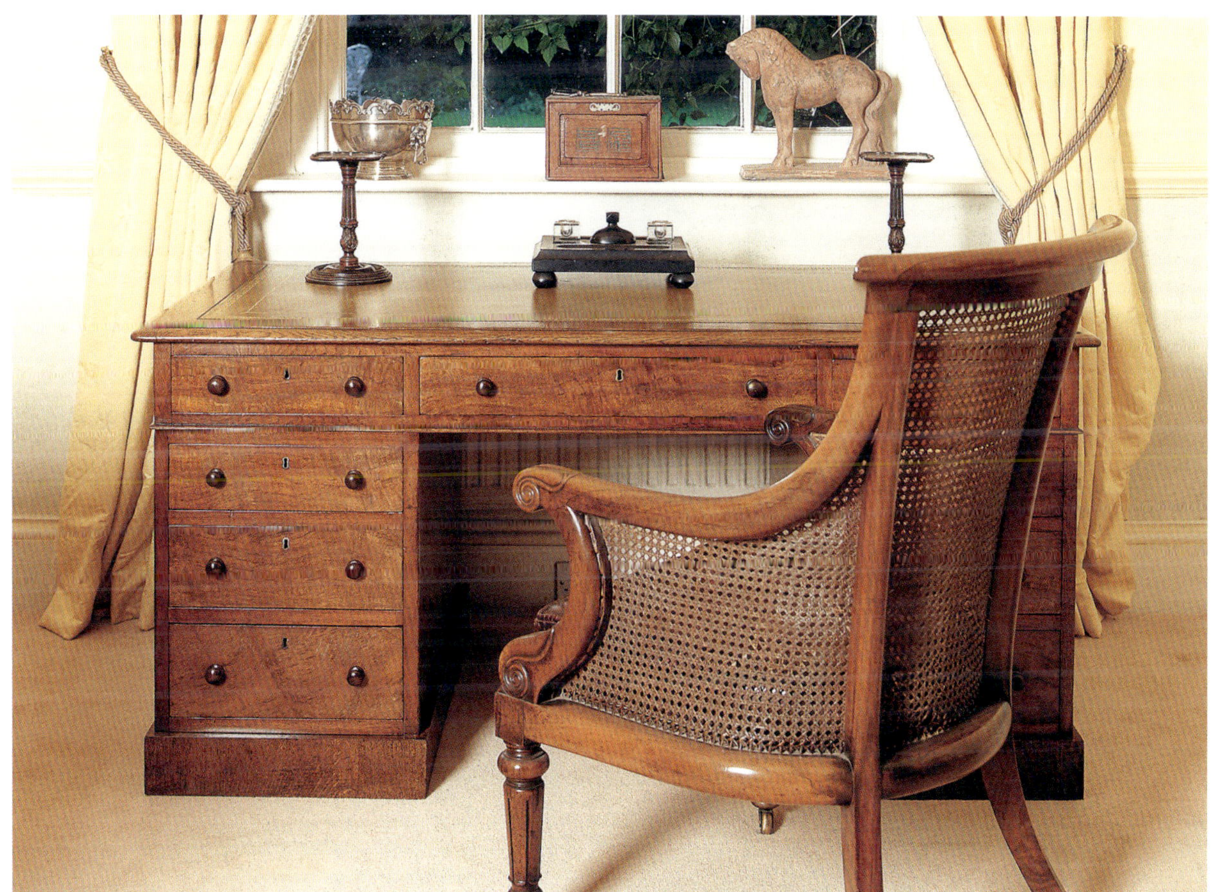

Der restaurierte und wieder zusammengebaute Schreibtisch kann nun wieder genutzt werden. Sorgfältig behandelt, wird er auch bei künftigen Generationen ein beliebter Arbeitsplatz sein.

PROJEKT: STANDUHR

Die Langkasten- oder Bodenstanduhr gehörte von der Mitte des 18. bis weit ins 19. Jahrhundert hinein zum festen Mobiliar unserer Großeltern. Obwohl die ersten Exemplare bereits 1660 in London gebaut wurden, konnten sich Standuhren erst nach 1800 in größerem Maße durchsetzen. Sie treten in den unterschiedlichsten Formen, Stilrichtungen und Größen auf, wobei vor allem die feinen Furnierarbeiten beeindrucken, die Kunsttischler Mitte des 19. Jahrhunderts geschaffen haben. Wie andere Möbel zeigen allerdings auch sie mit der Zeit die typischen Verschleißerscheinungen – man betrachte nur die hier abgebildete Standuhr.

DIE ARBEIT PLANEN

Diese Standuhr enthält ein bemaltes Uhrenschild aus Mahagoni. Das Uhrwerk ist in gutem Zustand, aber das Gehäuse ist an mehreren Stellen beschädigt und erfordert teils neue Profile, teils Ersatz für fehlendes Furnier sowie eine generelle Aufarbeitung des Kastens. Das Furnier, das eine schöne Farbe und Patina zeigt, muss ausgebessert, Kürschner müssen ausgeglichen werden. Schließlich ist fehlendes Rollwerk (Schnecken-Ornament) am Schwanenhalsgiebel zu ersetzen und die Oberfläche aufzufrischen, zu polieren und neu zu wachsen.

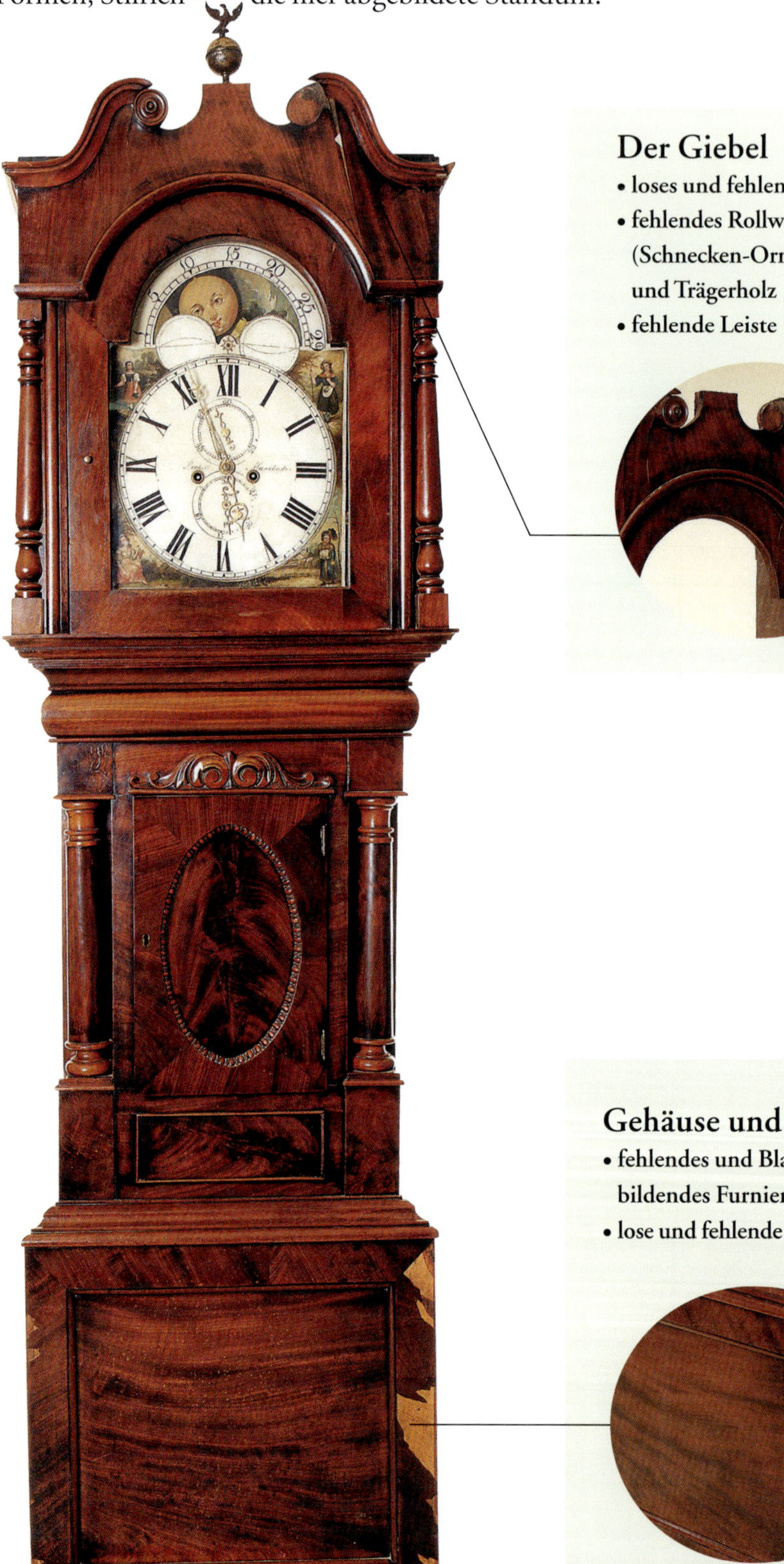

Der Giebel

- loses und fehlendes Furnier
- fehlendes Rollwerk (Schnecken-Ornament) und Trägerholz
- fehlende Leiste

Gehäuse und Sockel

- fehlendes und Blasen bildendes Furnier
- lose und fehlende Profilleisten

Tipp

Das Uhrwerk ist in gutem Zustand. Es sollte vor Beginn der Arbeit am Gehäuse sorgfältig entfernt und in einem trockenen, staubfreien Raum gelagert werden, bis sämtliche Teile so weit vollendet sind, dass die Uhr wieder zusammengebaut werden kann.

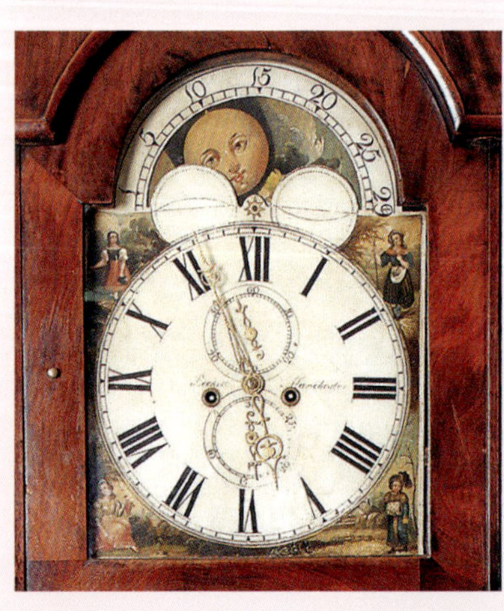

Den Giebel reparieren

Das dekorative Rollwerk am Giebel einer Standuhr kann beim Umstellen des Möbels leicht abbrechen. Hier ist das Furnier beschädigt, ein Stück der längsgemaserten Profilleiste abgefallen bzw. verloren gegangen, das Trägerholz stellenweise abhanden gekommen und ein Schnecken-Ornament nicht mehr auffindbar. Außerdem ist eine Leiste oberhalb der Giebeltür ausgebrochen und muss ersetzt werden.

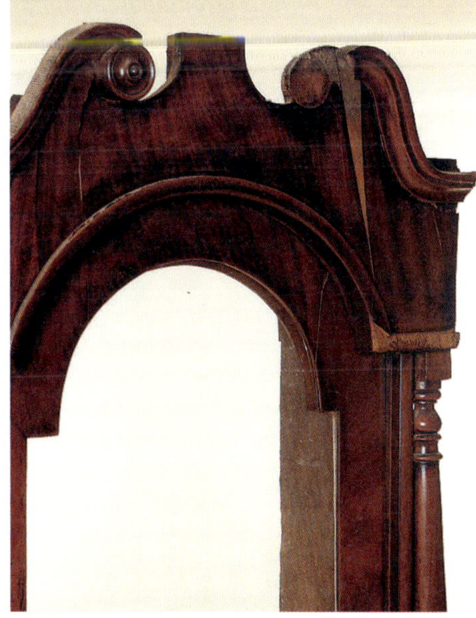

Sichern des Furniers und Instandsetzen des Trägerholzes

Ein Großteil des fehlenden Furniers lässt sich einfach abnehmen, neu verleimen und verspannen. Größere Flächen kann man entfernen, ohne sie mit dem Messer zu zerschneiden. Wenn das Furnier allerdings zu brechen droht, wird man es mit einem scharfen Teppichmesser anreißen, um eine gerade Schnittkante zu erhalten. Doch zunächst muss der Giebel abgenommen werden. Außerdem sollte das Uhrwerk ausgebaut werden.

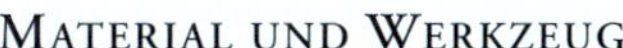

Material und Werkzeug

- **Messer mit flacher Klinge**
- **Putzhobel**
- **Nadelholz**
- **Zapfensäge**
- **PVA-Leim**
- **Papier**
- **Bügelschraubzwingen**
- **Stichsäge**
- **Parallelzwingen**
- **längere Holzbrettchen**
- **Schabhobel**
- **Teppichmesser**
- **kubanisches Mahagoni**
- **Furnier**

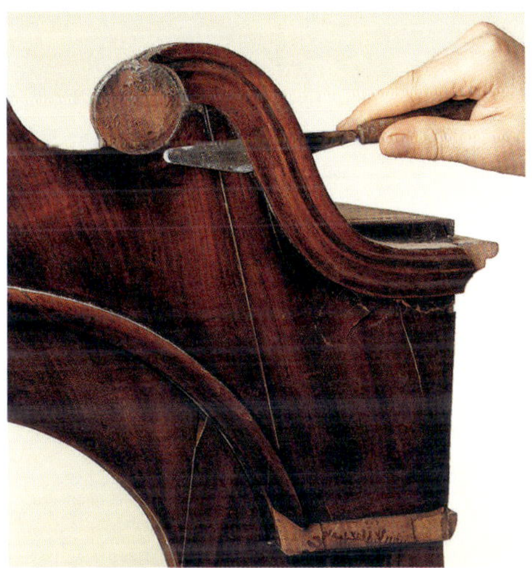

◁ **1** Hebeln Sie die beiden losen Profile vorsichtig aus und lösen Sie dann mit der flachen Klinge eines Messers das Furnier (es ließ sich in zwei Teilen abnehmen). Legen Sie Profile und Furnier beiseite.

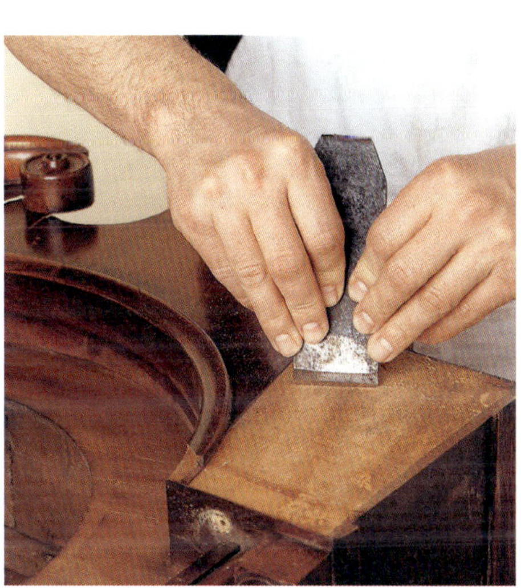

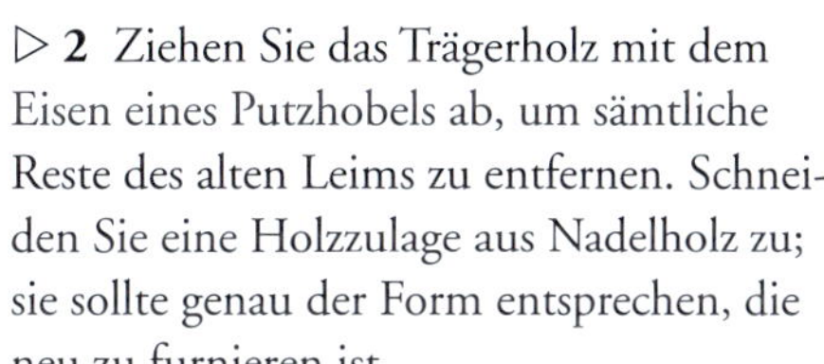

▷ **2** Ziehen Sie das Trägerholz mit dem Eisen eines Putzhobels ab, um sämtliche Reste des alten Leims zu entfernen. Schneiden Sie eine Holzzulage aus Nadelholz zu; sie sollte genau der Form entsprechen, die neu zu furnieren ist.

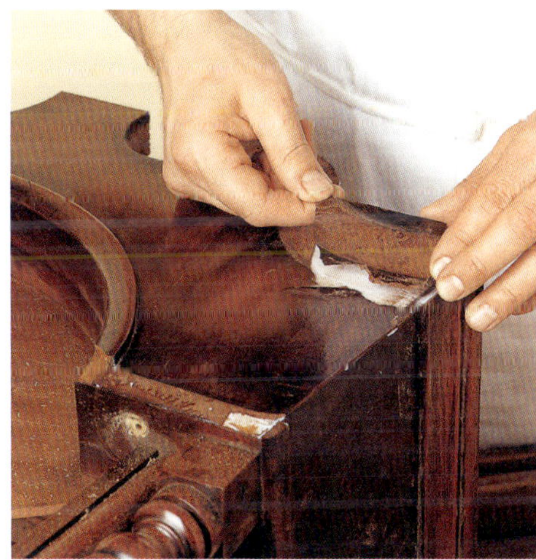

3 Bringen Sie PVA-Leim auf den Giebel auf und legen Sie die Stücke des alten Furniers wieder an Ort und Stelle. Versuchen Sie die Ränder so exakt wie möglich anzupassen.

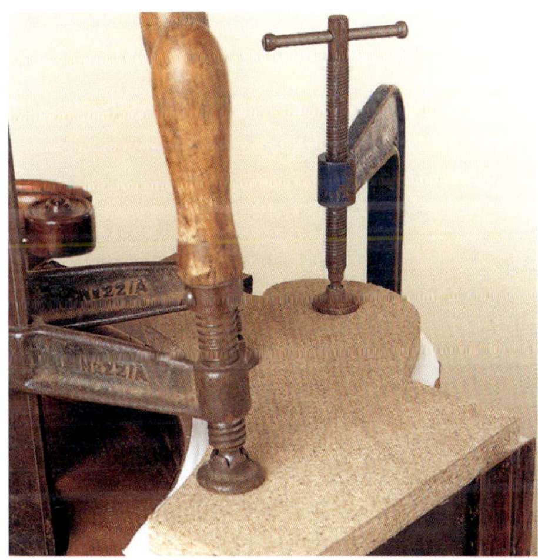

4 Legen Sie ein Stück Papier und die Holzzulage auf das wieder aufgelegte Furnier. Verspannen, bis der Leim abgebunden hat. Fixieren Sie sämtliche losen Furniere.

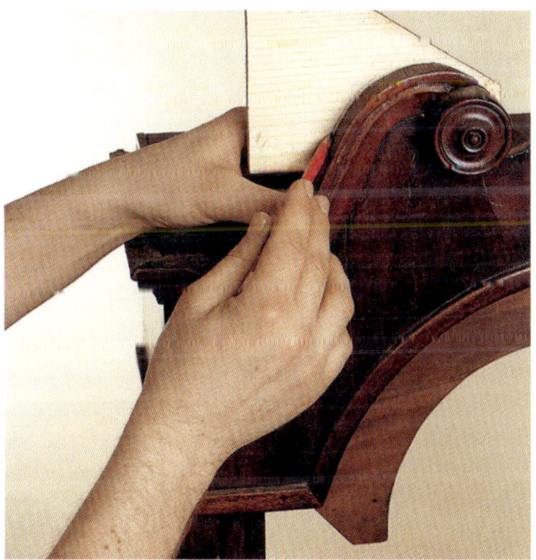

5 Legen Sie ein Stück Nadelholz hinter den Schwanenhalsgiebel, an dem das Trägerholz fehlt, und zeichnen Sie die Kontur nach. Sägen Sie diese Form aus.

▷

Sichern des Furniers und Instandsetzen des Trägerholzes ... Fortsetzung

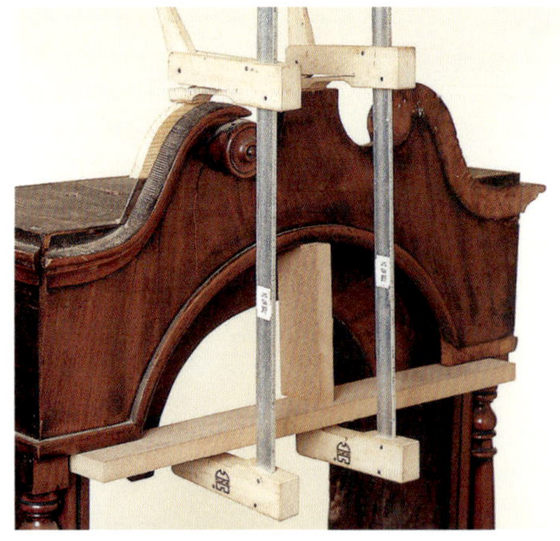

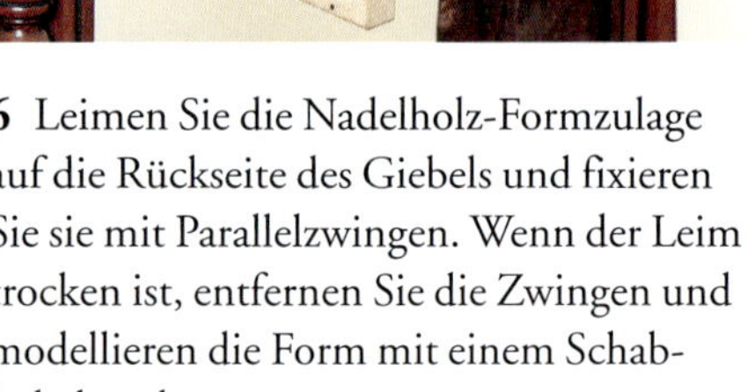

6 Leimen Sie die Nadelholz-Formzulage auf die Rückseite des Giebels und fixieren Sie sie mit Parallelzwingen. Wenn der Leim trocken ist, entfernen Sie die Zwingen und modellieren die Form mit einem Schabhobel nach.

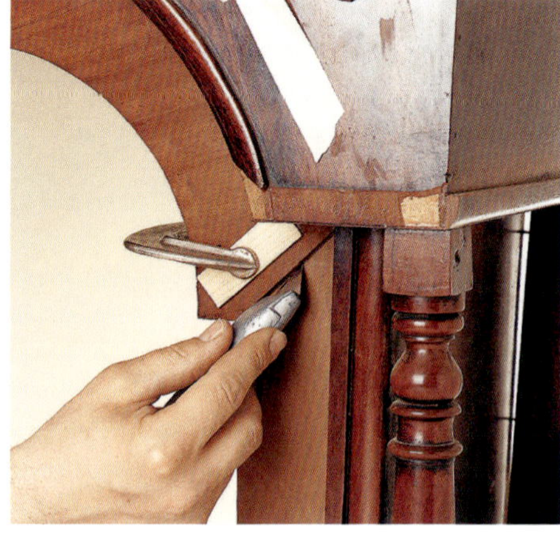

7 Eine der inneren Leisten fehlt an der Tür unterhalb des Giebels. Schneiden Sie ein Stück Kuba-Mahagoni in entsprechender Größe zu und sichern Sie es mit einer kleinen Bügelschraubzwinge, bevor Sie die Gehrung mit einem Teppichmesser anreißen.

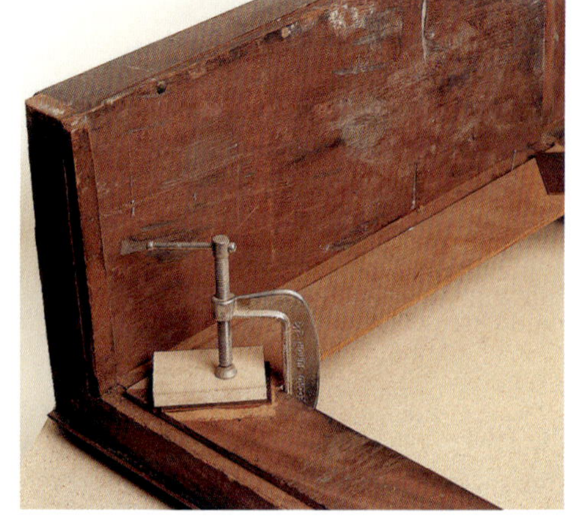

8 Sichern Sie das neue Stück Holz, indem Sie Furnierreste auf die Rückseite leimen. Diese Art der Holzverbindung hat sich dort bewährt, wo lediglich ein kleiner Fugenbereich verfügbar ist.

ROLLWERK DREHEN UND ANBRINGEN

Eines der Schnecken-Ornamente am Giebel fehlt und muss ersetzt werden. Dafür wird die Drehbank mit einer Planscheibe gefüttert; sie garantiert, dass sich ein Stück Holz auf die erforderliche Größe und Profilform drehen lässt. Die Original-Schnecke kann entfernt und als Schablone (Muster) verwendet werden.

MATERIAL UND WERKZEUG

- **Planscheibe**
- **Zapfensäge**
- **Holz**
- **Stahllineal**
- **Stichsäge**
- **Schrauben**
- **Schraubendreher**
- **Messer mit flacher Klinge**
- **Mahagoni**
- **PVA-Leim**
- **Papier**
- **Bügelschraubzwinge**
- **Drehbank**
- **Stechzirkel**
- **Abstechstahl**
- **schräges Stemmeisen**
- **Hammer**
- **Federspangen**

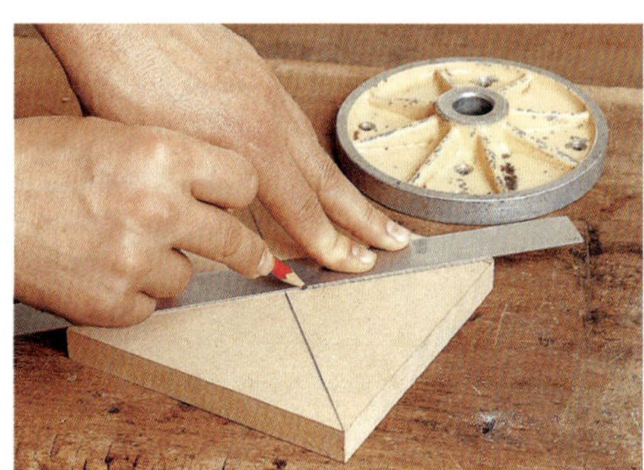

1 Wählen Sie eine Planscheibe in der erforderlichen Größe für das neue Schnecken-Ornament. Schneiden Sie ein quadratisches Stück Holz und markieren Sie den Mittelpunkt. Legen Sie die Planscheibe auf das Holz und markieren Sie seinen Umriss.

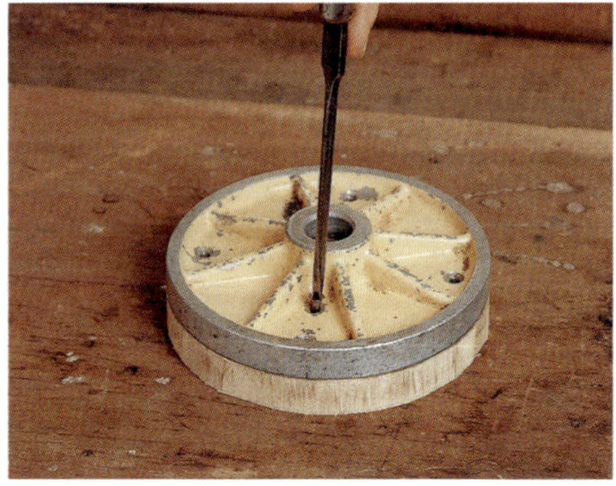

2 Schneiden Sie den Kreis mit einer Stichsäge aus und schrauben Sie die Planscheibe auf das Holz. Lösen Sie die Original-Schnecke vom Giebel; sie dient als Schablone.

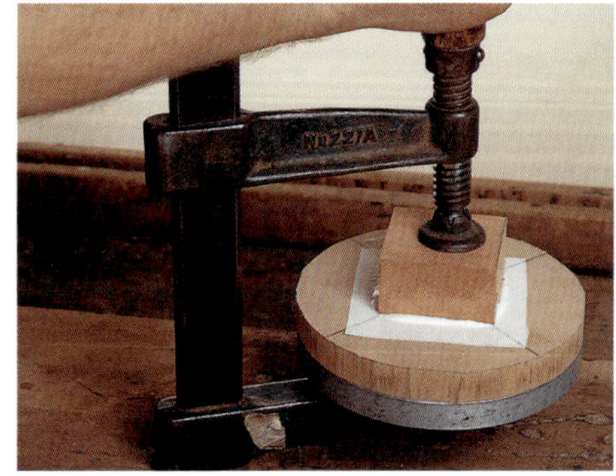

3 Leimen Sie das ausgewählte Mahagoni-Stück, aus dem die Schnecke gedreht werden soll, auf die mit Holz belegte Seite der Planscheibe. Legen Sie beidseitig mit Leim bestrichenes Papier dazwischen.

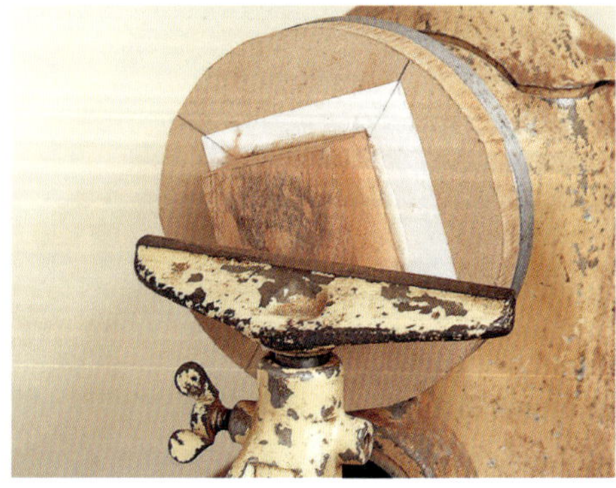

4 Spannen Sie die Planscheibe in die Drehbank und positionieren Sie die Handauflage.

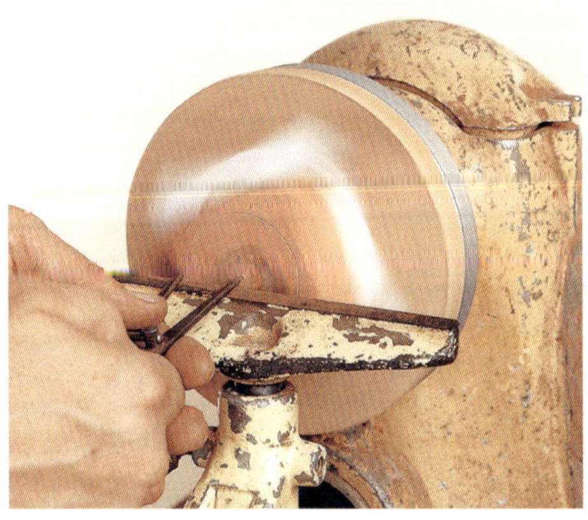

5 Messen Sie den Umfang der Original-Schnecke mit einem Stechzirkel und übertragen Sie das Maß bei laufender Drehbank auf das neue Holz.

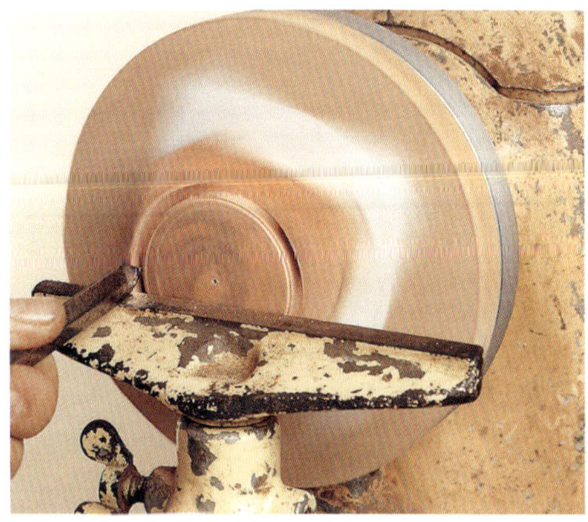

6 Drehen Sie die Schnecke mit einem Abstechstahl auf den korrekten Durchmesser. Vergewissern Sie sich, dass die Seitenfläche im rechten Winkel zur Vorderseite verläuft.

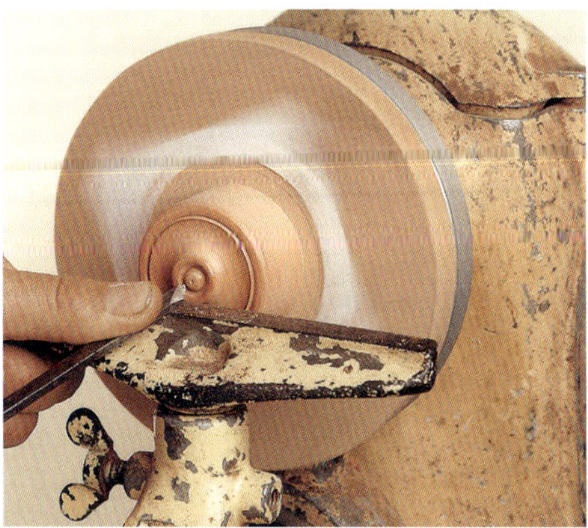

7 Sobald die entsprechende Größe erreicht ist, drehen Sie die Vorderseite des Rollwerks entsprechend dem Original mit einem schrägen Stemmeisen ab. Vergleichen Sie die Form immer wieder mit dem Original.

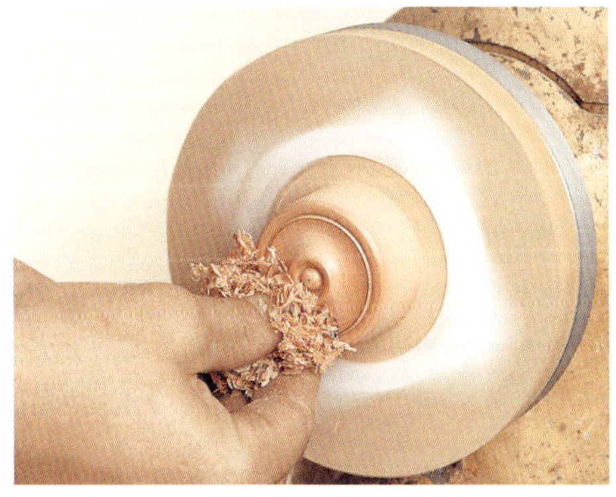

8 Abschließend nehmen Sie eine Handvoll der Sägespäne und drücken sie bei laufender Drehbank leicht gegen die Rundung, um diese zu glätten.

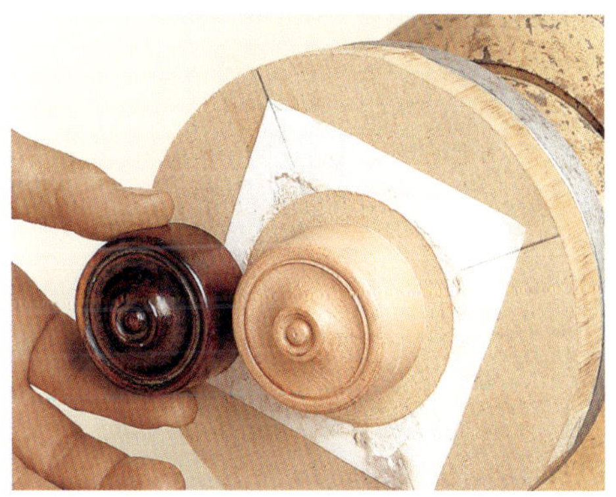

9 Nach der Fertigstellung sollte das Schnecken-Ornament dem Original entsprechen. Entfernen Sie es von der Planscheibe, indem Sie ein Messer mit flacher Klinge zwischen die Papier-Leimfuge schieben.

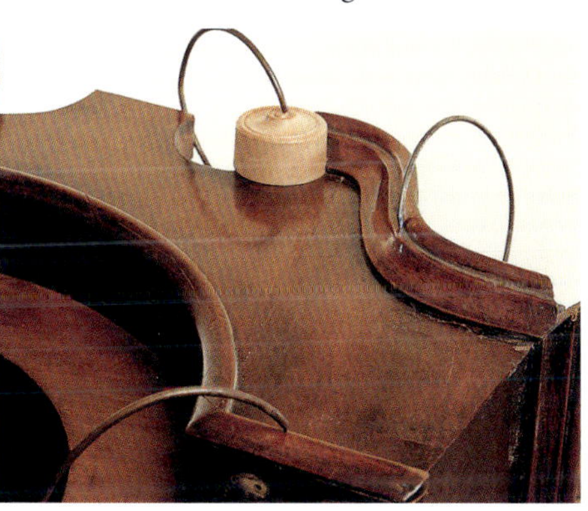

10 Beide Schnecken-Ornamente können nun auf den Giebel geleimt werden. Gleichzeitig werden auch die beiden fehlenden Profile aufgeleimt und mit Federspangen fixiert, bis der Leim abgebunden hat.

Gehäuse und Sockel restaurieren

Obwohl das Gehäuse relativ gut erhalten ist, müssen doch einige Profilleisten ersetzt, mehrere Kürschner geglättet und einige Furnierstellen ausgebessert werden. Es handelt sich um Instandsetzungsarbeiten, wie sie am Korpus alter Verwahr- bzw. Kastenmöbel immer wieder notwendig sind.

Material und Werkzeug

- MDF-Platte
- Bügeleisen
- Papier
- Holzzulagen
- Bügelschraubzwingen
- Baumwolllappen
- Messer mit flacher Klinge
- Furnier
- Kreissäge
- Teppichmesser
- PVA-Leim

Furnier reparieren und ersetzen

Einige lose Furnierstücke lassen sich einfach neu verleimen, für fehlende Teile aber müssen zunächst einmal alte Furniere gefunden werden. Wo immer möglich sollten Furniere, die abgenommen werden, im Bereich des Gehäuses der Standuhr wiederverwertet werden. So fehlte beispielsweise das Querfurnierband an verschiedenen Stellen. Was noch übrig war, wurde zum Flicken anderer Stellen genutzt, während ein neuer Furnierstreifen über die gesamte Länge als Ersatz des Querfurnierbands dient.

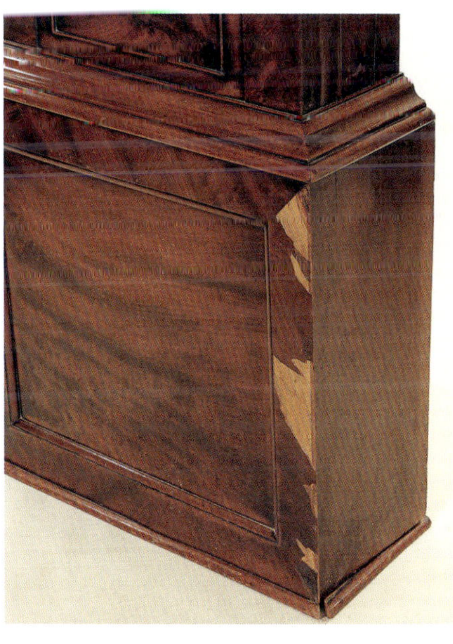

▷

Furnier reparieren und ersetzen ... Fortsetzung

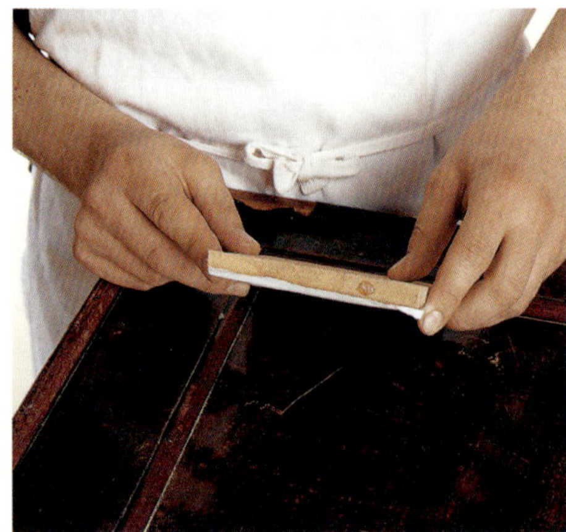

1 Entfernen Sie Kürschner mit Hilfe eines heißen Holzblocks (s. S. 78). Die durch das zuvor erhitzte Holz erzeugte Wärme weicht den Leim unter dem Furnier auf. Mit Zwingen verspannt, verbindet sich das Furnier beim Abkühlen wieder mit dem Trägerholz.

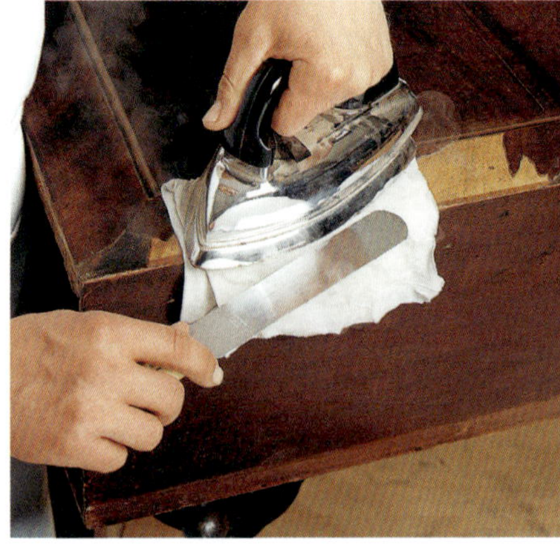

2 Legen Sie ein feuchtes Tuch auf das im Bereich des stark beschädigten Querfurnierbands verbleibende Furnier. Bringen Sie ein heißes Bügeleisen auf das Tuch auf. Entfernen Sie das Furnier, indem Sie es mit einem Messer abheben.

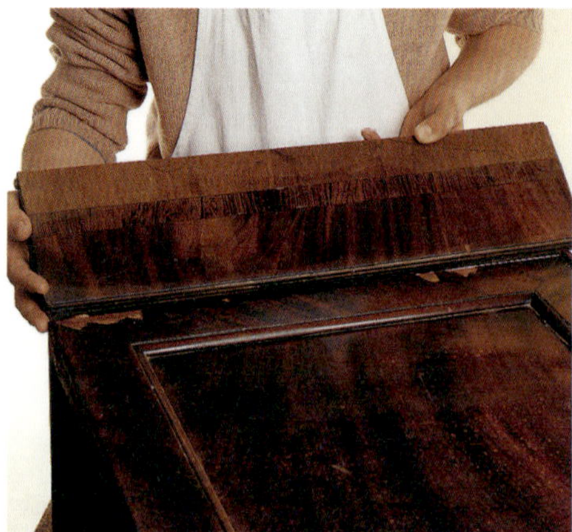

3 Suchen Sie ein passendes Furnier aus. Farbe, Maserung und Patina sollten so ähnlich wie nur möglich sein – ein gut bestückter Vorrat an alten Hölzern (s. S. 28) ist in einem solchen Fall besonders wichtig.

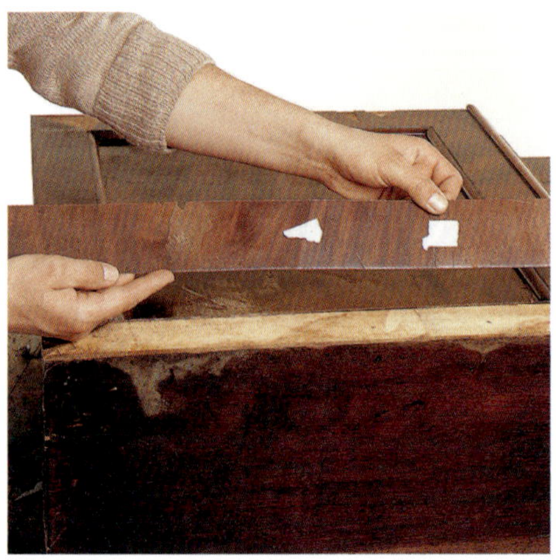

◁ **4** Hier wird man das Furnier am besten mit einer Kreissäge, nicht mit Dampf ablösen. Nur so bleibt die Oberfläche ohne größeren Schaden in ihrem Originalzustand erhalten. Vergewissern Sie sich, dass dieses Ersatzfurnier in der Dicke dem vorhandenen Furnier entspricht.

▷ **5** Schneiden Sie das Furnier, den vorhandenen Ecken entsprechend, mit einem Teppichmesser auf Gehrung. Es muss ganz genau passen, bevor Sie es mit PVA-Leim fixieren. Lassen Sie es in der Zwinge trocknen.

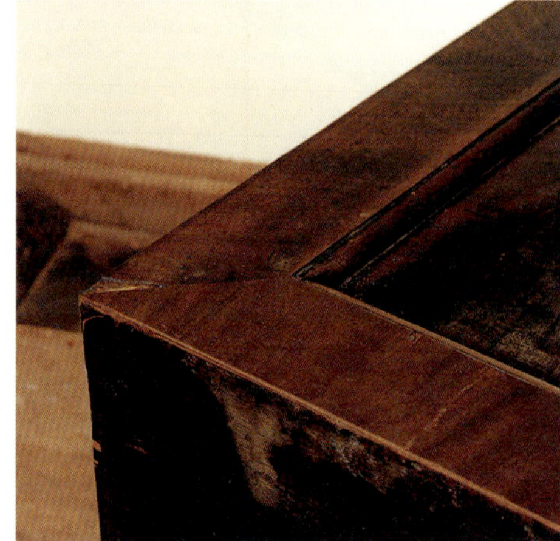

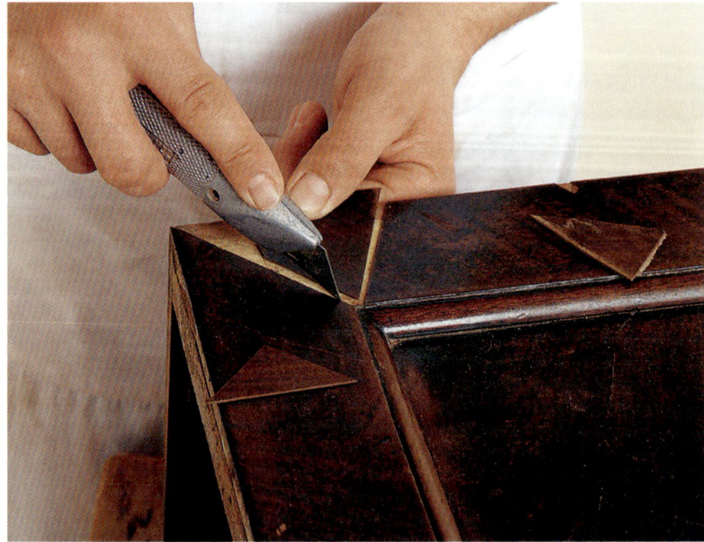

6 Verwenden Sie das zuvor entfernte Furnier, um kleinere Stellen auszubessern. Schneiden Sie die beschädigten Bereiche sorgfältig aus.

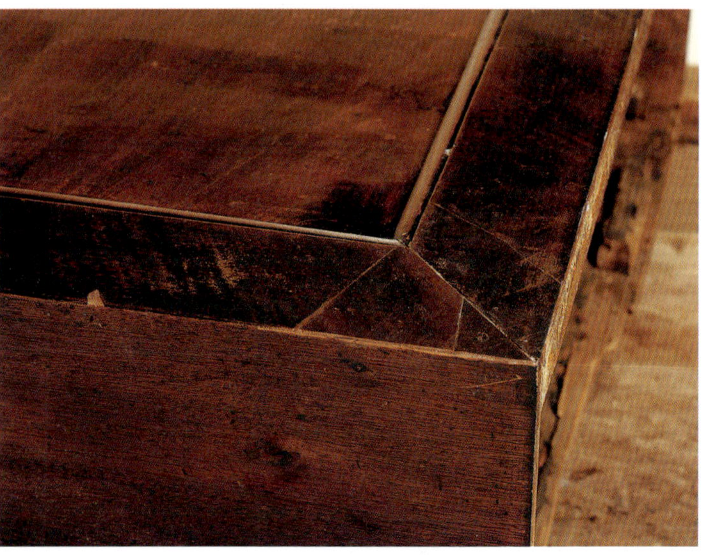

7 Wenn Sie darauf achten, den Faserverlauf genau anzupassen, dürften die Fugen nach Fertigstellung kaum noch sichtbar sein.

Profilleisten ersetzen und restaurieren

Lose Profile müssen wieder befestigt, fehlende Randleisten ersetzt und beschädigte Bereiche geflickt werden.

Material und Werkzeug

- Zahnbürste
- Holz
- Zapfensäge
- PVA-Leim
- Stecheisen
- feines Schleifpapier
- Bügelschraubzwingen
- Holzzulagen
- Schlichthobel
- Messer mit flacher Klinge
- Putzhobel

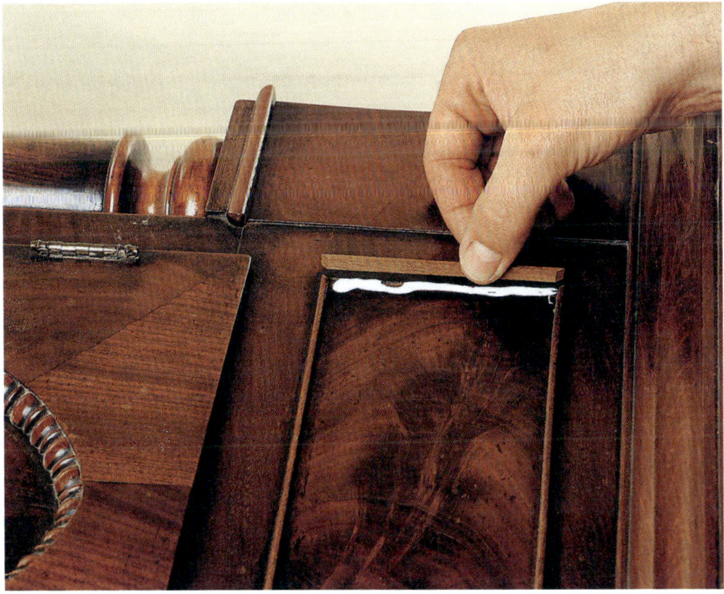

◁ **1** Am Kasten fehlen zahlreiche Teile des Profils. Beseitigen Sie sämtliche Leimreste mit einer Zahnbürste, bevor Sie ein neues Stück Holz, das zu dem vorhandenen passt, auf die entsprechende Größe schneiden und es mit PVA-Leim fixieren.

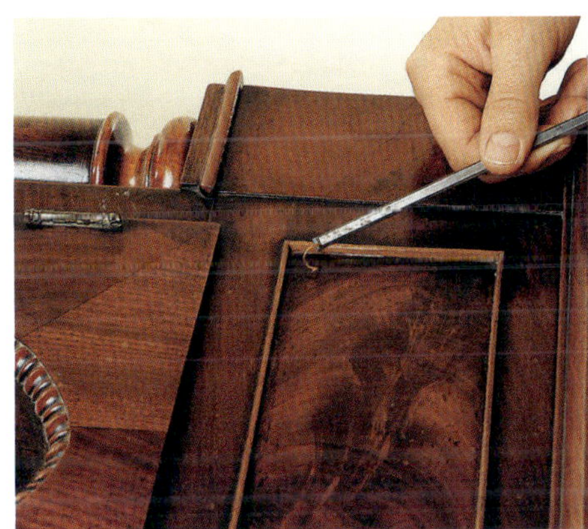

2 Runden Sie die Kanten des Holzes mit einem langen Stecheisen ab, um der Leiste ihr typisches Profil zu verleihen.

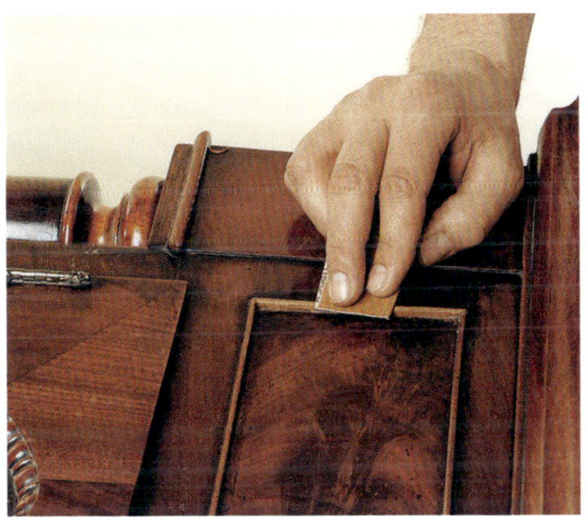

3 Bearbeiten Sie die Leiste mit feinem Schleifpapier. Geben Sie Acht, dass Sie dabei die angrenzenden polierten Flächen nicht beschädigen.

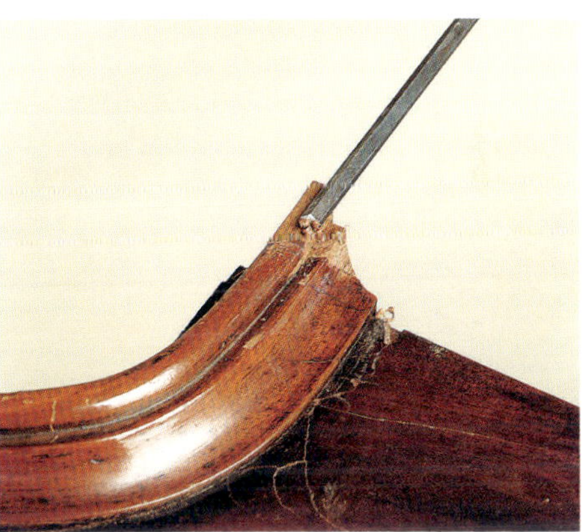

4 Flicken Sie auch die anderen fehlenden Profilleisten aus und gleichen Sie sie mit Hilfe von Stecheisen oder Schnitzwerkzeugen dem Verlauf der Original-Profile an (s. S. 169).

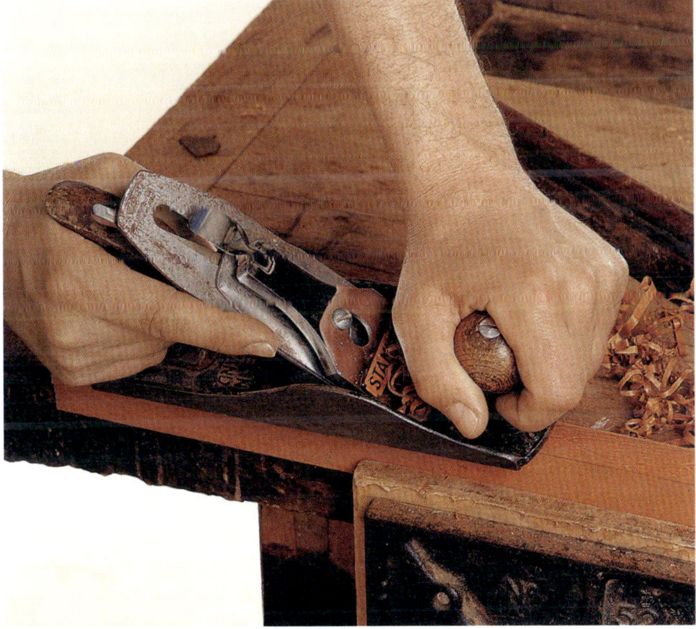

◁ **5** Ein Teil der Sockel-Profilleiste fehlt ebenfalls. Suchen Sie ein passendes Stück Holz aus und hobeln Sie es dem Original entsprechend, bevor Sie es auf die Basis aufbringen. Verspannen Sie die Leiste mit Bügelschraubzwingen und Holzzulagen.

▷ **6** Entfernen Sie die bereits lockeren Profile im Bereich des Kastens mit einem Messer mit flacher Klinge.

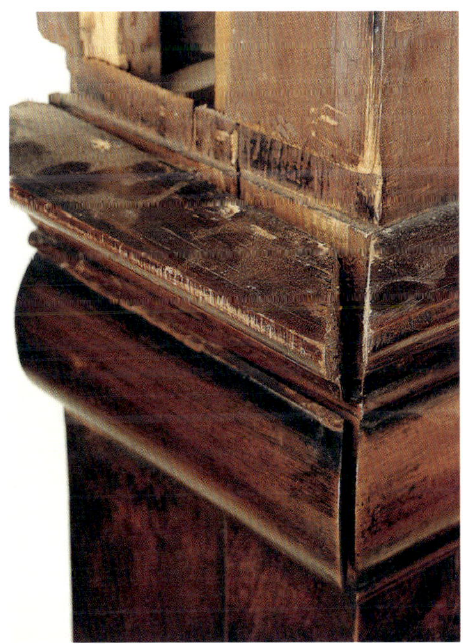

▷

Profilleisten ersetzen und restaurieren ... Fortsetzung

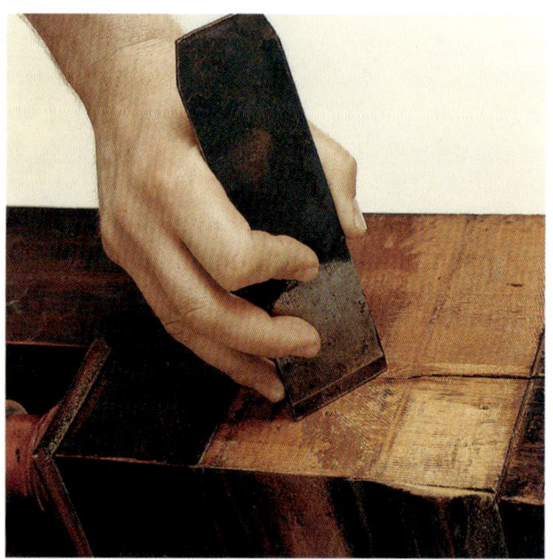

◁ **7** Entfernen Sie mit dem Eisen eines Putzhobels sämtliche Leimreste im Bereich von Korpus und Profilen.

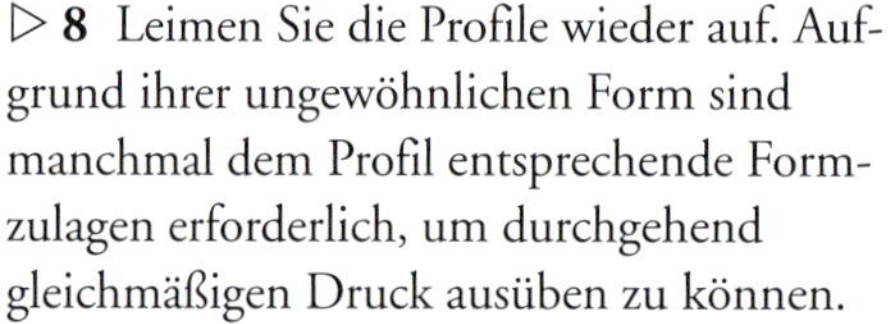

▷ **8** Leimen Sie die Profile wieder auf. Aufgrund ihrer ungewöhnlichen Form sind manchmal dem Profil entsprechende Formzulagen erforderlich, um durchgehend gleichmäßigen Druck ausüben zu können.

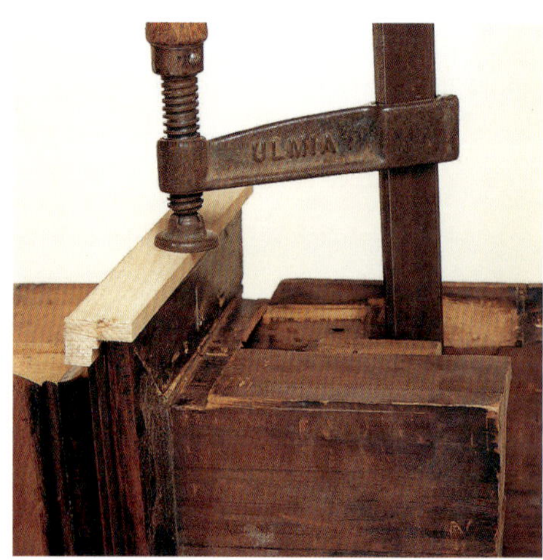

Polieren

Da das Mahagoni-Furnier eine sehr schöne Patina zeigt, wurde das Polieren auf das Einfärben der reparierten Stellen und ein leichtes Auffrischen der Oberfläche beschränkt.

Material und Werkzeug

- feine Stahlwolle
- feiner Pinsel
- Beize
- Polierballen
- Politur
- Baumwolllappen
- Wachs
- weiches saugfähiges Tuch

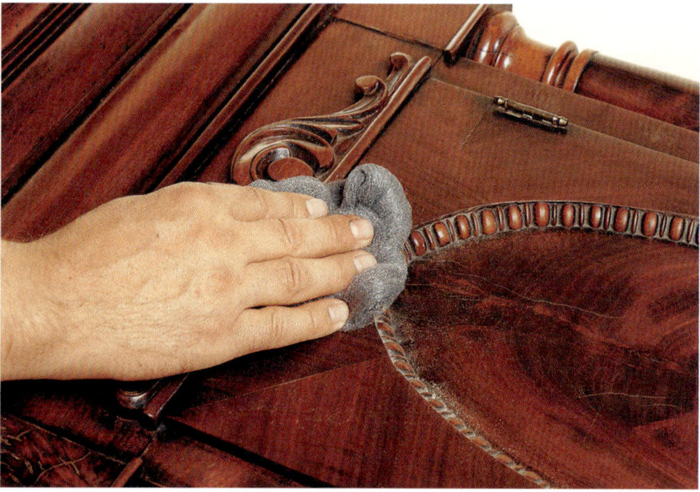

◁ **1** Nachdem sämtliche Restaurierungsarbeiten abgeschlossen sind, bearbeiten Sie die Oberfläche ganz leicht mit feiner Stahlwolle. Ziel ist es, lose Schmutz- und Wachspartikel zu entfernen, ohne die Patina zu beschädigen.

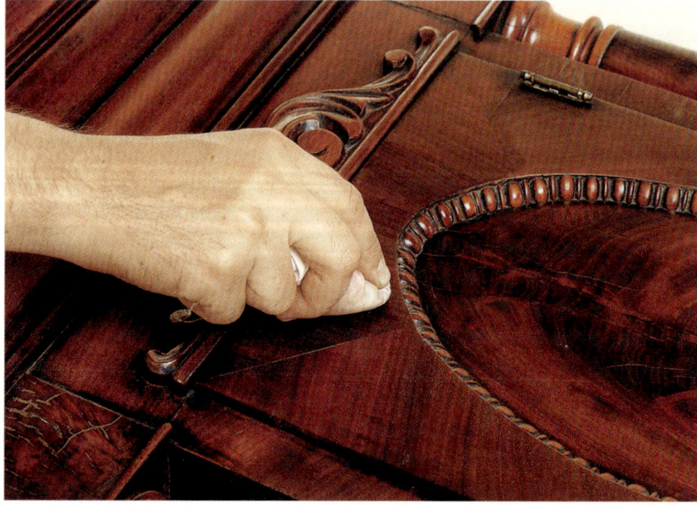

2 Beizen Sie sämtliche reparierten Bereiche. Bringen Sie einen dünnen Überzug Politur auf, um die Oberfläche aufzufrischen. Da ein Großteil der ausgebesserten Bereiche ohnehin aus alten Furnieren besteht, geht es hauptsächlich um ein »Beleben« der Farbe.

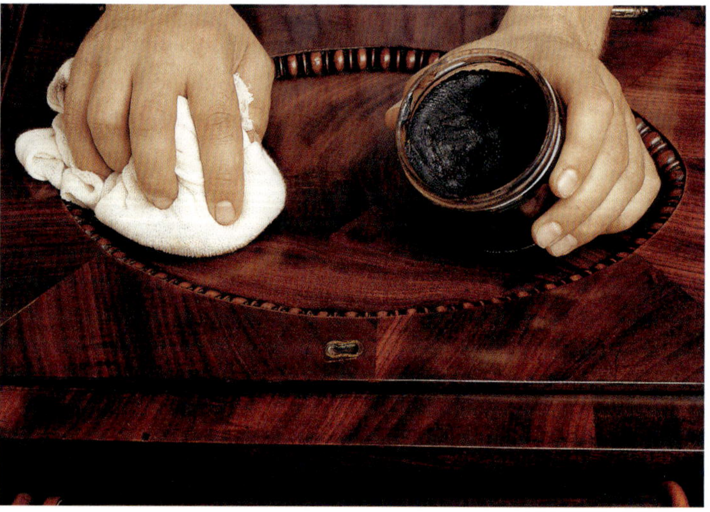

3 Sobald die Politur durchgehärtet ist, mattieren Sie sie mit feiner Stahlwolle und bringen danach etwas Wachs auf, um mit einem weichen, saugfähigen Tuch einen seidigen Glanz zu erzielen.

Ausrichten der Uhr

Das Uhrwerk einer Pendeluhr muss absolut waagerecht aufliegen, um präzise zu gehen. Sobald Sie sich über den Platz der Standuhr im Klaren sind, richten Sie das Gehäuse mit Hilfe einer Wasserwaage aus und verschrauben es zur Stabilisierung an der Wand. Hängen Sie Pendel und Gewichte ein. Nun müsste die Uhr nach leichtem Anschwingen des Pendels laufen. Falls die Uhr nicht genau geht oder gar stehen bleibt, sollten Sie einen Fachmann zu Rate ziehen. Denken Sie daran, dass Uhren aus Großvaters Zeit etwa alle zehn Jahre von einem qualifizierten Uhrmacher gereinigt und geölt werden sollten.

Material und Werkzeug

- Wasserwaage
- Schrauben
- Schraubendreher
- Münzen

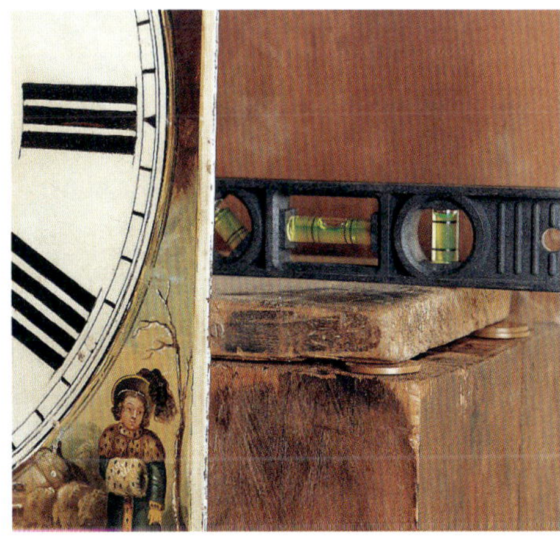

1 Nachdem der Uhrenkasten waagerecht ausgerichtet und an der Wand festgeschraubt ist, setzen Sie das Uhrwerk wieder ein. Die Fläche, auf der das Uhrwerk aufliegt, muss absolut waagerecht sein. Unterlegen Sie zum Ausgleichen notfalls Münzen.

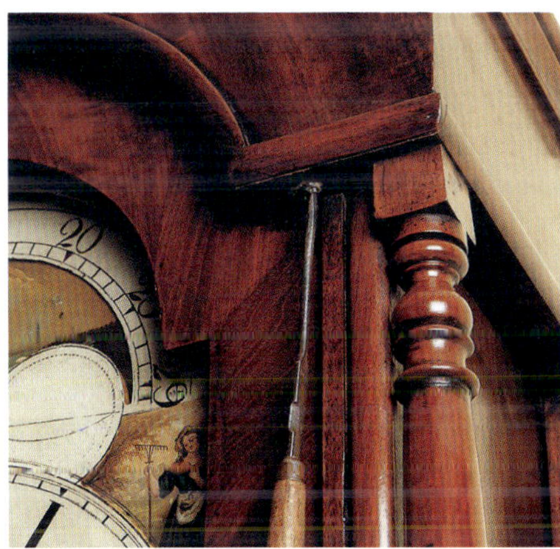

2 Sobald die Uhr an der Wand verschraubt und das Uhrwerk an Ort und Stelle ist, wird der Giebel (Pagodenaufsatz) aufgesetzt und die Tür, falls erforderlich, eingepasst (die meisten Standuhren verfügen über eine Tür, die bereits am Giebel verankert ist).

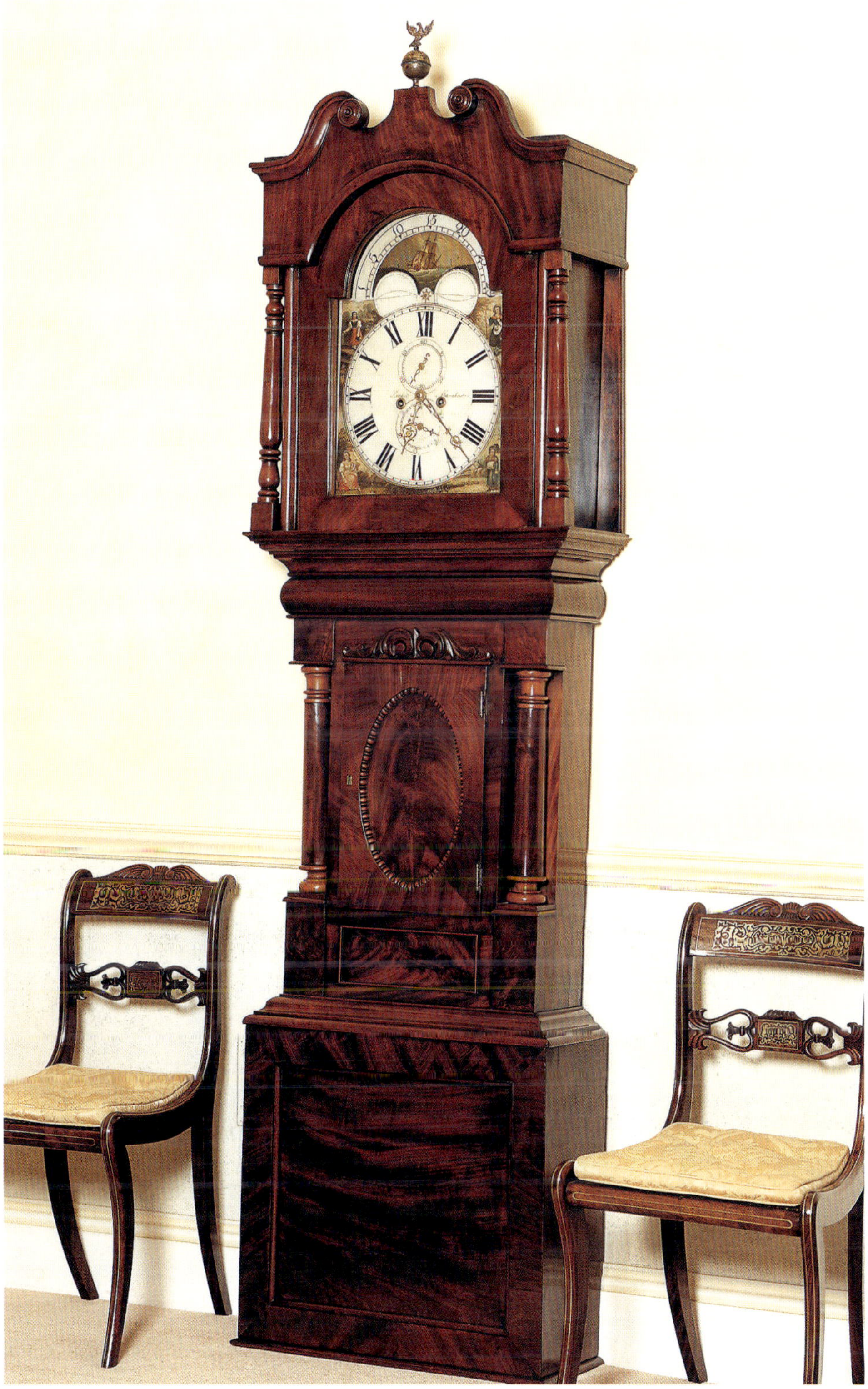

Rechts: *Die restaurierte Uhr, die über Jahre keinerlei Zuwendung mehr erfordern dürfte, außer wöchentlich einmal aufgezogen zu werden, erstrahlt in wiedergewonnenem Glanz.*

Glossar

Ader
Schmaler Intarsienstreifen, meist aus Ebenholz oder Buchs, der aus ästhetischen Gründen und als Schutz am Rand von Möbeln eingelegt wird.

Astragal oder Rundprofilleisten
Zierleisten oder Sprossen zur Sicherung der Glasscheiben an Schrankmöbeln, oft in Form geometrischer Muster.

Bandintarsie
Dekorative Furnierstreifen als Schmuck an Möbeln, in Form von Längs- oder Querfurnierbändern verwendet. An älteren Stücken oftmals kombiniert, so dass ein Chevron- oder Fischgrätmuster entsteht.

Bolus
Auch als Siegel- oder Tonerde bekannt. Wird als Bindemittel zum Auftragen von Gold auf Holz verwendet.

Boulle
Feine Messingintarsien in Schildpatt oder Ebenholz, benannt nach dem französischen Ebenisten André-Charles Boulle (1642–1732).

Escutcheon
Schlossblech, meist aus Bronze oder Messing, als schützende und zugleich dekorative Umrandung des Schlüssellochs.

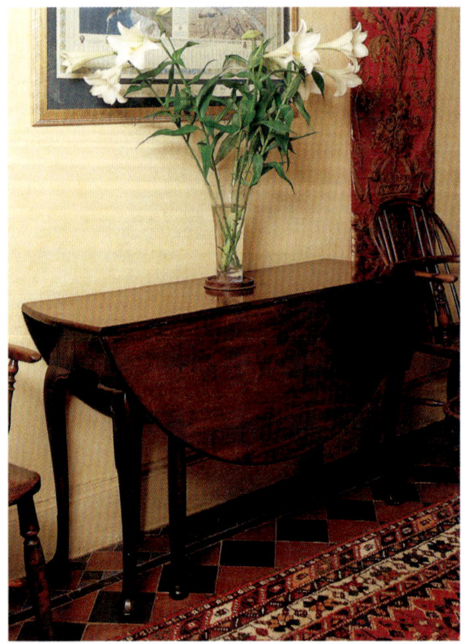

Federspange
Eine aus alten Sprungfedern selbst gefertigte Klemme, ideal zum Anklampen komplizierter Formen.

Feinsäge
Säge mit fein gezähntem Blatt zum Einbringen exakter Schwalbenschwanzzinkungen.

Feuervergoldung
Eine Legierung aus Gold und Quecksilber wird auf einen Metalluntergrund aufgebracht und erhitzt, bis das Quecksilber verdampft und das Gold sich fest mit dem Metallgrund verbindet. Im 18. Jahrhundert vor allem an den Griffen teurer Möbel verwendet.

Gesso
Gipsharzgemisch als Unterlage für Vergoldungen.

Gitterwerk
Mit der Laubsäge geschaffenes Ornament, das in offen durchbrochener Form als Randabschluss oder blind auf einen festen Untergrund gesetzt wird.

Harnstoffharzleim
Leim für Schichtholzarbeiten oder bogenförmig geschwungene Holzteile. Stark bindend, aber spröde.

Kannelierung
Feine Auskehlung mit parallelen, geriffelten Rillen, meist an Tisch- und Stuhlbeinen.

Kanneluren
Erhabene, halbrund geriffelte Dekoration an der Längsseite von Möbeloberflächen.

Keilzinkung
Schmetterlingsförmiges Holzstück (Zapfen), das bei Rissen im Holz zum Stabilisieren und Sichern eingesetzt wird. Die Maserung des Zapfens verläuft dabei im rechten Winkel zum übrigen Holz. Auch als Schwalbenschwanz bekannt.

Kippleisten
Leisten, die im Inneren von Kommoden das Herauskippen der Schubladen verhindern.

Kissenfuß
Kugelförmiger Fuß, der im 17. Jahrhundert beliebt war und im 18. Jahrhundert durch den Konsolfuß ersetzt wurde.

Knochenleim
Auch als Glutin-, Tier- oder Hasenleim bekannt, wird traditionell seit dem 17. Jahrhundert verwendet.

Konservieren
Erhalten eines Stücks mit möglichst minimalen Eingriffen, um seine derzeitige oder ursprüngliche Form zu bewahren (s. a. Restaurieren).

Korpus
Rahmen eines Möbelstücks, je nach Entstehungszeit in Massivholz oder furnierter Ausführung.

Kubanisches Mahagoni
Mahagoni, das im 18. und 19. Jahrhundert für hochwertige Möbel aus Kuba importiert wurde.
Charakteristisch ist die dichte Körnung und die ausgeprägt rötliche Tönung nach der ersten Politur.

Kürschner
Blasen, die sich auf der Oberfläche bilden, nachdem sich ein Teil des Furniers vom Trägerholz gelöst hat.

Laufleisten
Holzleisten am Boden von Schubladen oder den Seiten einer Kommode, auf denen die Schubladen gleiten. Manchmal auch als Bestandteil eines Möbelkorpus.

Marketerie
Intarsien mit dekorativen Motiven.

Marriage
Zwei Teile, ursprünglich von verschiedenen Möbelstücken, die zu einem neuen zusammengefügt wurden. Ein bekanntes Beispiel ist der Aufsatzsekretär.

Maserieren
Auftragen von Farben oder Beizen auf Massivholz, zur Imitation echter Maserung. Beliebtes Verfahren im frühen 19. Jahrhundert.

Pagodenaufsatz
Ziergiebel als oberer Abschluss eines Möbelkorpus, je nach Entstehungszeit als Bogen, gesprengter Giebel oder Schwanenhalsgiebel.

Parketterie
Intarsien mit geometrischen Mustern.

Patera
Erhabenes, rundes oder ovales Schmuckmotiv, das oft am Sims oder oben an Stuhlbeinen, auch in Furnierform, auftritt.

Patina
Schicht, die durch Wachs, natürliche Fette und Staub im Lauf der Jahre entsteht und dem Holz die begehrte schöne Tönung verleiht.

»Piecrust«-Tisch
Begriff zur Beschreibung eines Dreifußtischchens, dessen Platte mit erhabenem Rand an eine Pastete erinnert.

Plinthe
Sockelplatte bzw. Plattform, auf der der Korpus aufsitzt.

Polierballen
In ein Stofftuch eingeschlagener Wattebausch zum Auftragen von Schellack.

Porenfüller
Farbige oder transparente Flüssigkeit zum Füllen der Holzporen, aber auch zum Schließen von Rissen oder kleineren Lücken; wird vor dem Schmirgeln und der Oberflächenbehandlung aufgebracht.

PVA-Leim
Polyvinylacetat-Leim, auch Weißleim genannt. Ein ideales Bindemittel für den taglichen Gebrauch.

Querfurnier- oder Hirnholzleisten
Auf einen Korpus aus Weichholz aufgebrachte, dekorativ profilierte Zierstreben. Im 17. Jahrhundert eingeführt, verdrängten sie bald schon die Leisten im Maserungsverlauf.

Restaurierung
Instandsetzungsarbeiten, um die ursprüngliche Form eines Stückes so gut wie möglich wiederherzustellen (s. a. Konservieren).

Rillenschneider
Werkzeug zum Erzeugen von parallelen Rillen an Stuhlbeinen (s. Kannelierung).

Schellack-Politur
Politur aus Harz und einem Produkt, das von der Lackschildlaus ausgeschieden und zur Herstellung der Politur in Alkohol aufgelöst wird.

Schleifklotz
Holzblock, der in Verbindung mit Schleifpapier zum Schmirgeln verwendet wird.

Schneid-Streichmaß
Mit einer kleinen Klinge ausgestattetes Werkzeug zum Fräsen einer Nut quer zur Maserung.
Früher vor dem Einlegen einer Buchsbaumader häufig zum Ausgründen des »Adergrabens« verwendet.

Schwalbenschwanz
siehe Keilzinkung

Schwanenhals
Nierenförmig geschwungene Ziehklinge zum Abziehen konkaver Formen.

Sims, Randleiste
Abschluss (Kranz) eines Möbelstücks, oft mit gezahnter Zierleiste, Querfurnierintarsien oder einem Ziergiebel.

Tägerholz
Blindholz, das mit Furnier oder Profilleisten verziert wird.

Zahnleiste
Dekoratives Profil, das oft an Simsen auftritt. Beliebtes Zierelement in der Mitte des 18. Jahrhunderts.

Zapfenstreichmaß
Markierungswerkzeug mit einer Anreißspitze aus Stahl, die in Maserrichtung geführt wird, um die Wangen eines Zapfens oder Schlitzes anzureißen.

Zierleiste
Schmales dekoratives Rundprofil, wie es sich oft an der Vorseite von Schubladen findet.

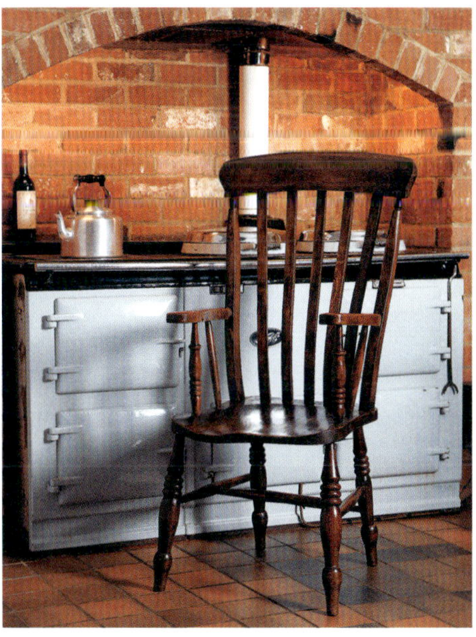

BILDNACHWEIS

Alle Fotos © Anness Publishing außer: Seite 8 rechts, 10, 12 oben, 45, 48, 98, 99 oben, 100 oben und unten, 158 unten, 159 oben und unten, 160 oben, 204 oben und unten, 206 oben und unten: © Christie`s Images.

Register

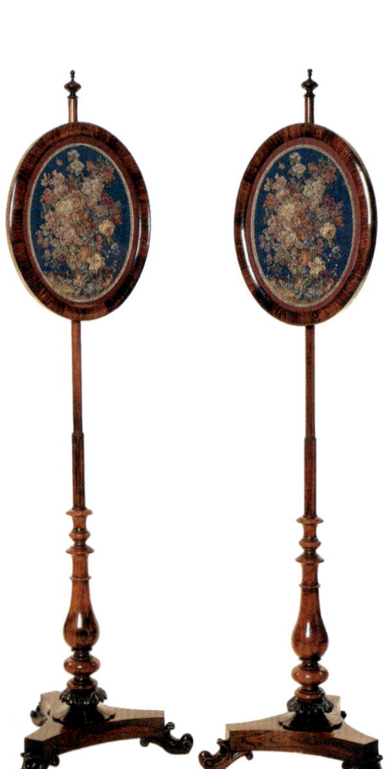

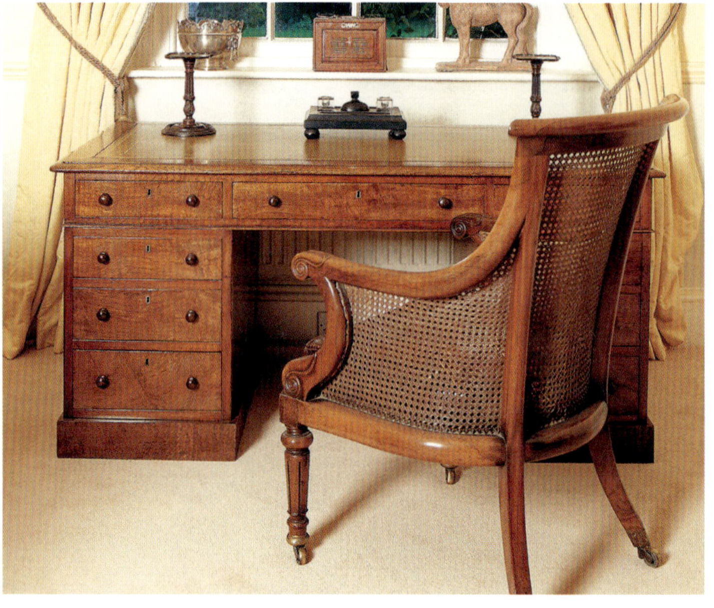

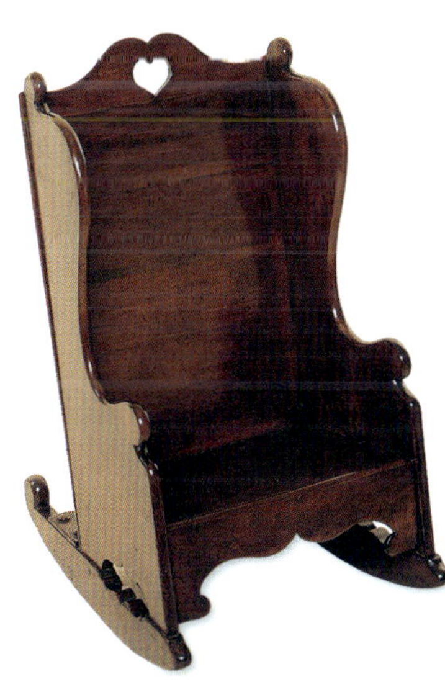

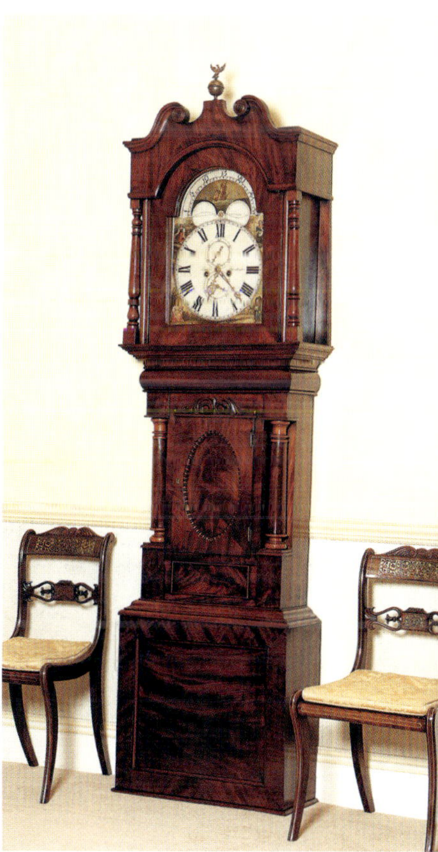

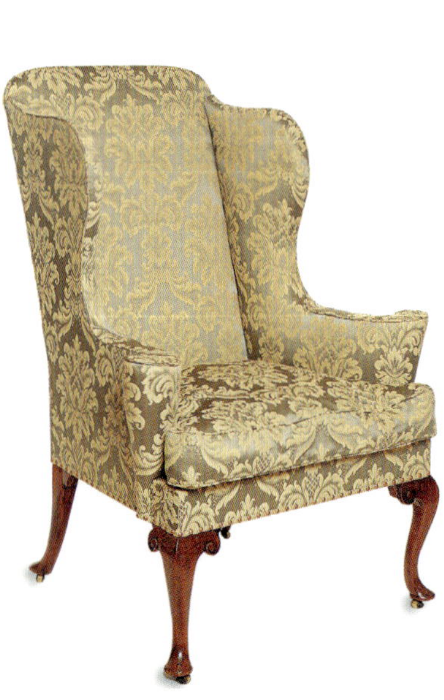

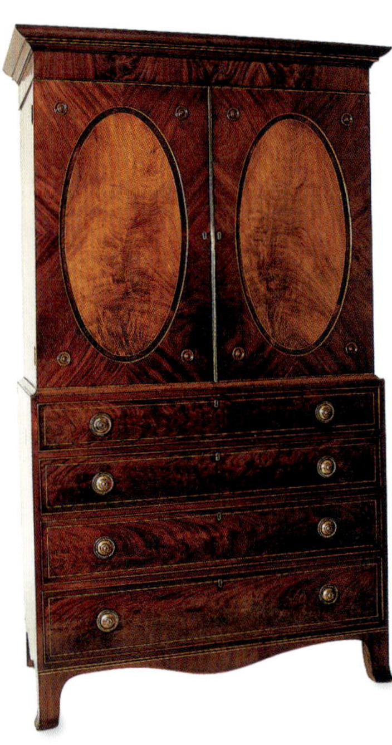

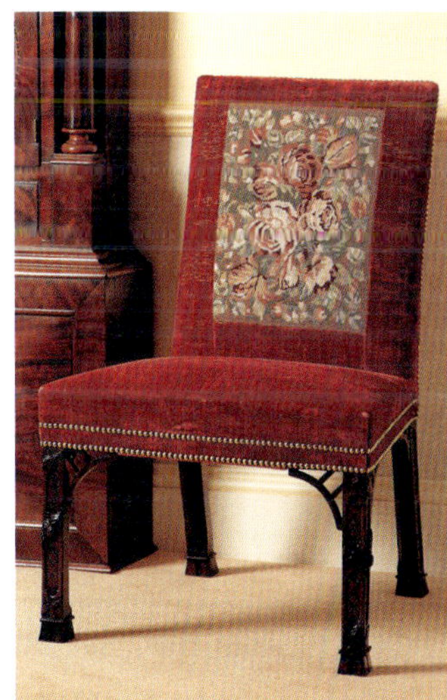

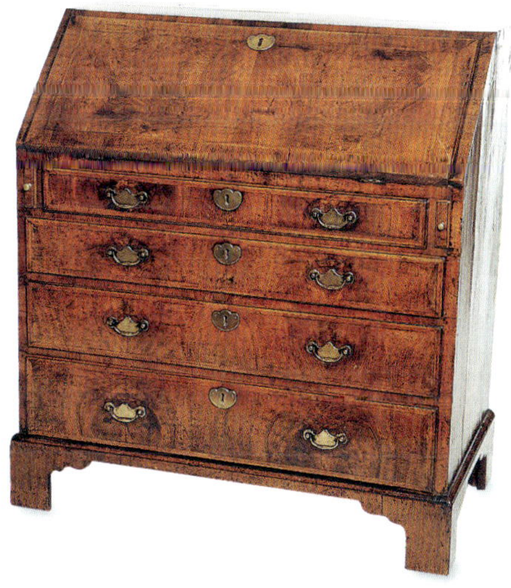

W.J. COOK & SONS

Das Unternehmen W. J. Cook & Sons wurde 1962 von Bill Cook gegründet und konnte sich dank seiner hervorragenden Arbeit bald schon einen Namen machen, was Aufträge des Britischen Königshauses und der Regierung eindrucksvoll belegen. Auch Museen, führende Sammler, Händler und Privatleute gehören zum Kundenkreis der Firma, die außer ihrem Stammsitz in Marlborough (Wiltshire) auch eine Werkstatt in London unterhält. Mit ihrer Kunsttischlerei, der mit zahlreichen Maschinen ausgestatteten Schreinerei und der Abteilung für Oberflächenbearbeitung gehört W. J. Cook & Sons zu den führenden Unternehmen der Branche. Nach der Ausbildung am London College of Furniture traten drei von Bills Söhnen in das Geschäft ein. Sie haben wesentlich zur Entwicklung und Erweiterung des Arbeitsspektrums und der verfügbaren Kapazitäten beigetragen. Inzwischen werden bald schon deren Kinder ins Handwerk einsteigen, um das Familienunternehmen in der dritten Generation weiterzuführen. Weitere Arbeitsbereiche sind Kunsttischlerarbeiten, Vergoldungs- und Schnitzarbeiten, Polituren, Türschloss-Reparaturen, Leder- und Polsterarbeiten. Als reiner Familienbetrieb wird Wert auf äußerst sorgfältige Ausführung der Restaurierungsaufträge gelegt. Wer auf über mehr als vierzig Jahre Berufserfahrung auf höchstem Niveau zurückblickt und außer einer umfassenden hauseigenen Fachbibliothek über Zugang zu den einschlägigen Möbelarchiven verfügt, kann bis ins kleinste Detail für Authentizität bürgen. So werden praktisch sämtliche Restaurierungsarbeiten weitestgehend mit Original-Werkzeug aus dem 18. und 19. Jahrhundert durchgeführt. Die Bandsäge etwa war bereits für die Paneele der *Queen Mary* im Einsatz.

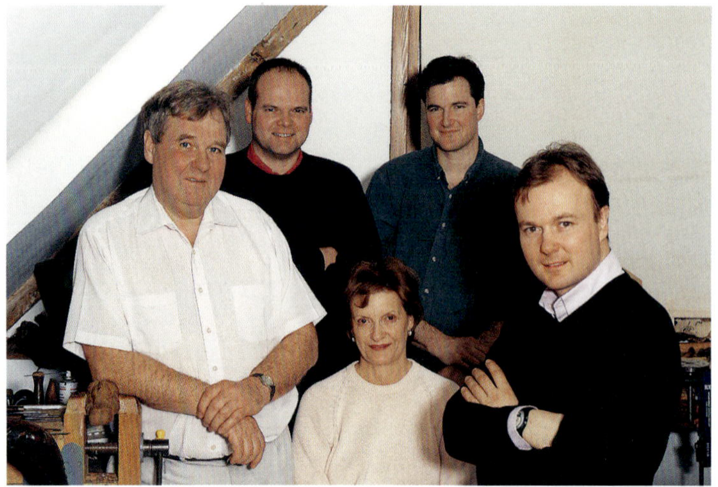

Bill, Stephen, Richard, Billy und (sitzend) Catherine Cook (von links nach rechts)

Eine Bemerkung zum Schluss: Unsachgemäß restaurierte Antiquitäten werden kaum je ihren ursprünglichen Glanz zurückgewinnen. Man sollte bei Bedarf also immer einen qualifizierten Restaurator zu Rate ziehen.

High Trees House
Savernake Forest
Marlborough
Wiltshire
SN8 4NE
01672 513017
william.cook@virgin.net
www.wjcookandsons.com

167 Battersea High Street
London
SW11 3JS
020 7736 5329

Danksagung des Autors

Als man uns nahe legte, dieses Buch zu schreiben, zögerten wir keinen Augenblick, die Idee aufzugreifen, zumal uns seit Jahren bewusst war, dass es eine Marktlücke zu schließen galt. Es gab nämlich bisher kein Buch, das in Wort und Bild die gebräuchlichsten Techniken und Methoden zur Erhaltung alter Möbel in einem Restaurationsbetrieb vorstellte, um sie dem Leser in Form anschaulicher Schritt-für-Schritt-Anleitungen nahezubringen. Auf der Basis einer über vierzigjährigen Berufserfahrung und einem über Jahrzehnte zusammengetragenen Bestand an Materialien und Werkzeugen hoffen wir, einen umfassenden Einblick in die Thematik zu vermitteln.

Obwohl das Gros der Arbeiten im Haus selbst ausgeführt werden konnte, haben wir doch auch große Unterstützung von außerhalb erfahren. Wir möchten uns deshalb bei all denen bedanken, die uns wertvolle Hilfe, sei es in beratender Form oder vor Ort in ihren Werkstätten gewährt haben: Barry Ansell von R. D. Robins Ltd., London, im Hinblick auf die Polsterarbeiten, Geoff Collier von Colliers Castings, Hooe, was Abdruckmethoden anbetrifft, Les Crispin von Capital Crispin Veneer, London, in Sachen Furniere, Alan Dallison hinsichtlich Leder, Bob Dunn von A. Dunn & Son, Chelmsford, im Bereich Marketerie und Optimum Brasses, Tiverton, wo es um Messingbeschläge ging.

Besonderer Dank gilt unserer Belegschaft, die ihren ganzen Ehrgeiz daran setzte, die für dieses Buch erforderlichen Projekte stets rechtzeitig bereitzustellen. Herzlich gedankt sei auch Paul Lyon für sein besonderes Engagement, ohne das dieses Buch nie erschienen wäre.

Ein inniges Dankeschön gebührt unserer Mutter Catherine, die als guter Geist im Hintergrund über die ganze Zeit die Fäden unseres Familienbetriebs in der Hand hielt. Dank verdienen aber auch meine Brüder Richard und Stephen, die unser Team verstärkten, nicht zu vergessen Justin, der auf seine Weise zum Gelingen beitrug.

Danken möchte ich allen, die mich beim Schreiben dieses Buchs unterstützt und ermutigt haben. Zu nennen sind Richard, mein Freund von Kindheit an, der mich, wo immer er in der Welt gerade war, mit seinem Humor aufzuheitern verstand, Nathalie mit ihren klugen Ratschlägen, die wir spontan zwar nicht immer billigen konnten, letztlich aber doch befolgten, sowie meine drei Söhne William, Henry und James, die mir, jeder in seiner Art, Freude bereiten.

Zu guter Letzt sei dieses Buch meinem Vater Bill gewidmet im Namen seiner Söhne, gleichermaßen unseren Söhnen und Töchtern im Namen ihrer Väter, in der Hoffnung, dass sie den Betrieb eines Tages übernehmen und den nachfolgenden Generationen erhalten und weitergeben.

BILLY COOK